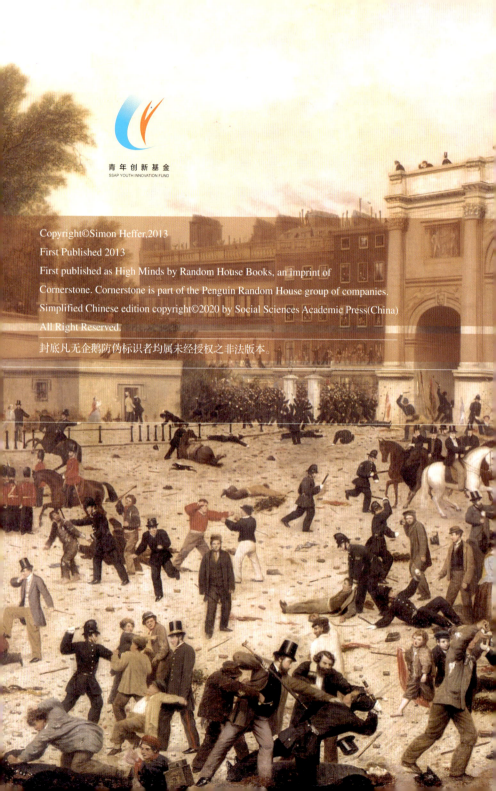

思想會
MIND TALK

High Minds
THE VICTORIANS AND THE BIRTH OF MODERN BRITAIN

高远之见

维多利亚时代与现代英国的诞生

［英］西蒙·赫弗 著
Simon Heffer

徐沛 汪礼男 译

上

社会科学文献出版社
SOCIAL SCIENCES ACADEMIC PRESS (CHINA)

以钦佩和感激之情献给马克·琼斯

我们要完美无缺!

马太福音 5:48,《拉丁文圣经》,

引自马修·阿诺德,《文化与无政府状态》

他怀着 19 世纪的伟大精神——至少是那种被庸俗地认为是特别光荣的精神——奋发图强,决心赶快致富。

查尔斯·金斯利,《奥尔顿·洛克》(第 112 页)

但是,认为人类有能力取得巨大进步,这真的是一个错误吗?嘲笑人类所有伟大的改良计划都是幻想,这真的是智慧的标志吗?

约翰·密尔,《论完美》,1828 年 5 月 2 日

你想成为基督徒还是异教徒?

约翰·罗斯金,《野橄榄之冠》(第 88 页)

在一个进步的国家,变化必然持续不断:重要的问题不在于你是否应该抵制不可避免的改变,而在于这种改变是应该尊重一个民族的风俗习惯、法律和传统,还是应该尊重抽象的原则、武断的和普遍的学说。一种是国家体系;另一种,给它一个绰号,一个高尚的绰号——它也许应该得到这个称号——是一个哲学体系。

本杰明·迪斯雷利,爱丁堡演讲,1867 年 11 月

这个问题已不再是宗教问题，而是政治问题。这确实是问题中的问题，它已成为摆在我们面前的所有其他问题的首要问题。从你把权力托付给群众的那一刻起，他们的教育就变得绝对必要。

罗伯特·洛，关于《改革法案》第三次宣读的发言，

下议院，1867 年 7 月 15 日

在煎蛋卷上放一个小丸子。

塞缪尔·巴特勒，《众生之路》未使用的题词

不只经由东窗辉映，当黎明到来，沐浴晨光；在前方，太阳缓慢爬升，但往西，看吧，大地闪亮。

阿瑟·休·克拉夫，《不要说奋斗终是徒劳》

目　录

第一部分　英国的状况

第二部分　维多利亚时代的思想

第三部分　英国的转型

第四部分　现代的诞生

前　言

从宪章运动所体现的政治意识的兴起，到 1880 年威廉·尤尔特·格莱斯顿（William Ewart Gladstone）在米德洛锡安（Midlothian）竞选后重返唐宁街，并试图通过展示比肯斯菲尔德勋爵（Lord Beaconsfield）（即"迪斯雷利"——编者注）政府在外交政策上的失败来证明其堕落时，英国人的生活几乎发生了翻天覆地的变化。尽管贫穷、疾病、无知、肮脏和不公正远未消除，但在这 40 年左右的时间里，它们受到的打击比英国历史上任何时候都要多。一个可能被工业变革、快速扩张和社会动荡压垮的国家，反而看到了现代化的挑战，并欣然接受了它们。

这本书一部分是社会史，一部分是思想史，一部分是那些年的政治史。严格来说，它并不是对 1838 年至 1880 年间事件的线性描述：它以那个时期的伟大主题为例，试图用它们来说明一种精神或一种心态，这种精神或心态把一个普遍存在着不人道、原始和野蛮的富裕国家，转变成一个包含着普遍存在的文明和民主的萌芽，并在某种程度上成为文明和民主广泛传播之例证的国家。19 世纪中期英国的许多政治家、知识分子和公民都有一种认真、公正的道德目标，这种道德目标驱使他们寻求改善整个社会的状况。在这一时期最伟大的知识分子之一马修·阿诺德（Matthew Arnold）的著作中，有一个永恒的主题贯穿全书，这也是当时许多受过教育的人都认同的一个观点。这就是，即使人类的完美状态永远无法企及，但对它的追求也许是基督徒灵魂（在某些情况下是非基督徒灵魂）所能从事的最崇高的事业。即便这种追求没有达到目标，但至少一切都变好了。

19世纪中叶是宗教仪式衰落的时代，但在那个时代，宗教仍然支撑着几乎所有伟大的国家机构，主导着教育和各种丰富多彩的学术讨论。这是阶级泾渭分明的时代，只有那些极具才能和好运，且不断努力的人，才能够超越阶级，实现社会流动，最终，国家把民主的特权授予了许多工人阶级的成员。这是一个重视教育的时代，但令人遗憾的是，要确保英格兰和威尔士的大多数人都能接受教育，花费了很长的时间——苏格兰在这方面远远领先于其他国家——并且要看到伟大的公立学校和文法学校提供的教学与现代工业国家教育的要求是一致的。它鼓励私人的慈善事业，但也为福利国家奠定了最初步的基础。它热切地展望未来，但它的乡土建筑属于封建中世纪。地主和富裕家庭控制着统治阶级，但改革了诸如军队和公务员系统等伟大的机构，创造了以功绩晋升的机会。这是一个系统地拒绝妇女享有政治、法律和财产权利的概念，并对她们接受教育的企图表示谴责的社会，然而，一位女王作为国家元首，时不时地以独裁的方式行事，这与当时所阐述的君主立宪制理念相去甚远。

这本书省略了19世纪英国经历的两个方面，帝国和外交，这两个方面本身将各自单独成书——尽管这两个词在当时的大部分时间里几乎是同义词，本书也未涉及爱尔兰的动乱（除了马铃薯饥荒对废除《谷物法》的影响）。它所描述和讨论的新思想在英国极为盛行，尽管这本书所关注的某些潮流——如对英国教会39条信纲的质疑所引起的宗教怀疑浪潮，以及为大众提供教育的动力——在英语语境中是必然的，但苏格兰教堂是一种不同的存在，自17

世纪以来，这个民族树立了一个向所有人普及教育的榜样。苏格兰也是离婚的先驱，直到19世纪50年代英格兰和威尔士才迎头赶上。在对英国社会、知识分子和政治生活的探索中，这本书大量依赖于那些要么激励、影响，要么促成变革的男男女女们的日记、信件和演讲。它表明，民众而非政府才是那个时代的主要参与者，尽管政府通过了法律，使有干劲和精力的人们能够做出文明且满足的社会所需要的变革。在这本书所涵盖的几十年里，有三次——1842年、1848年和1866至1867年——英国政治的不稳定如此严重，以至于在一些人看来，似乎革命即将来临。然而，革命被避免了——而且每次都比以前少一点威胁——这不仅是因为开明的政府采取了措施，打破了狭隘的统治阶级对国家的控制，而且它还找到了与那些人在经济和政治上进行接触的方法，否则他们很容易成为革命者。这一时期的启蒙运动来自于一批知识分子、思想家和作家，他们言论和思想的自由表达慢慢地改变了相关人士的态度，这对国家大有裨益。

当维多利亚女王于1837年6月登基时，英国是一个日益繁荣的国家，一个不断壮大的帝国，新兴的中产阶级因工业化而变得更加富裕。然而，它也受到可怕的、破坏稳定的社会问题的困扰。几乎没有或根本没有试图规范公共卫生。霍乱频繁爆发，原因在于没有处理污水，没有人知道霍乱是一种通过水传播的疾病。为穷人提供的医院和住房既简陋又肮脏。由于进口关税，食品价格极为昂贵，而且经常掺假，容易致病。饮用水不安全。城市里到处都是妓女，女孩们因为饥饿的威胁而堕落。男孩和男人经常犯罪，与中世纪相比，他们受到的惩罚野蛮程度略有下降。

穷人住在济贫院里，家庭被拆散。1834年的《济贫法》（Poor Law Act）将极端贫困定为犯罪。精神病患者仍然受到残酷的对待。

妇女是丈夫的财产。只有一小部分成年男性可以投票。对于有选举权的少数人，没有无记名投票。进入公务员队伍和在军队中晋升为军官通常必须花钱。在工业革命扩张所及的许多城市，几乎没有正式的地方政府来提供或监督基本服务，也没有市政或公民自豪感。
XV 旅行很慢，费用很高，大多数人从没有离开家几英里远。直到1840 年 5 月便士邮政问世之前，即使是书信交流（对于那些会写字的人来说）也是不稳定且昂贵的。除了少数例外，在英格兰和威尔士，只有富有的男性才能上学，他们中只有一小部分人能上大学。许多穷人目不识丁，没有办法提升自己——几乎没有什么图书馆、博物馆或美术馆允许他们进入。英国的制造业工厂也许才刚刚开始规范工人们的劳动：当时 8 岁的孩子每天工作 12 小时。煤矿的情况更糟，那里的妇女和女孩在野蛮的条件下与男人和男孩一起工作，为英国的火炉提供煤炭。税收限制了报纸的可获得性，因此限制了言论自由，与此同时，对既定秩序的反对也在增长。作家和评论家们抨击了英国的治国无方——那个时代最重要的辩论家托马斯·卡莱尔（Thomas Carlyle）称之为"英国状况问题"。宪章运动为英国提出了六点改革计划，如果它的要求得不到满足，它似乎承诺要进行革命。

然而，工业化创造了财富，刺激了创新，鼓励了教育，最重要的是，它刺痛了那些因工业化而致富的人的良心。知识精英寻求将思想从宗教教条中解放出来，并推动教育、住房、公共卫生、法律和宪法方面的改革运动。受过教育的阶层试图让越来越多未受过教育的人进入共同文明的范围，共同文明植根于对古典世界的理解，以及从更现代的意义上说，源于不断发展的民主的好处。在 1841年至 1881 年的人口普查中，大不列颠和爱尔兰的人口从 2700 万增加到 3500 万，尽管在马铃薯饥荒之后的移民潮中，爱尔兰的人口减少了300万。1880年，大多数男性拥有选举权，女性不再是丈夫的财产，所有孩子都有上学的机会。英国是世界上领先的强国，在繁荣的同时也发展了强大而独特的时代文化。

　　但在这40年左右的时间里，英国发生的最大变化是显而易见的：整个郊区的住宅、市政厅、博物馆、音乐厅、美术馆、学院、大学、医院、图书馆、火车站、市场大厅和哥特式复兴教堂，似乎都在诉说着这个国家的决心——有共同的方向，把新获得的财富用于改善人民的生活、思想和灵魂。对完美的追求可能是理想主义的，但它仍然结出了硕果。这本书将描述这一令人敬畏的转变，并将颂扬促进这一转变的男男女女。

绪　论　拉格比的阿诺德博士

一

人们对于维多利亚时代依然存有偏见。这种偏见始于 19 世纪 90 年代的一场温和的道德反抗，当时年迈的女王还没有葬在弗拉格莫尔（Frogmore）的墓地里。这种偏见一直活跃到 20 世纪 60 年代，维多利亚时代正在从人们的记忆中消失，那些当时还未出生的人决定停止破坏 19 世纪的遗产。1967 年，伦敦圣潘克拉斯车站（St Pancras Station）的米德兰酒店（Midland Hotel）免于拆迁，这标志着人们的情绪出现了转变。建筑物是维多利亚时代观念和意志最重要的表现形式之一，因此一些人强烈想要摧毁这些建筑。然而，随着人们认识到保存一个时代可见标志的重要性，用新的视角观察维多利亚时代的知识和心理成就便显得极为必要。毕竟，如果没有道德使命感和道德领导力，民众很可能因为感到社会不公而发动革命打倒极少数富人，这种不公正感无异于 18 世纪 80 年代法国的情形。可以说，19 世纪 30 年代至 70 年代的一场社会运动帮助一个封建国家最终转型为一个工业民主国家：实现这一转变的主要原因是上层和中上层阶级负有一种使命感，他们要带领那些被剧烈的社会动荡推向深渊的人们走向光明。19 世纪，激励人们变革的动机是宗教信仰，确切而言是基督教，并且已然成为支持变革的社会主流。这种思潮在公

1　立学校备受推崇，几乎所有公立学校的校长都是神学家。很多人从一个人那里得到了启示：托马斯·阿诺德博士（Dr Thomas Arnold），他在 1828 年至 1842 年间担任拉格比公学的校长。在《维多利亚时代名人传》（Eminent Victorians）中，利顿·斯特雷奇（Lytton Strachey）对阿诺德的虔诚、自命不凡和一本正经进行了猛烈抨击。斯特雷奇觉得他必须攻击一个在维多利亚统治 5 年后就去世的人，作为他攻击那个时代价值观的一部分，这暴露出阿诺德的卓越和持久的影响力。自斯特雷奇以来，其他人也一直试图贬低和诋毁阿诺德。然而，由于他对扩大教育的自由信仰和对社会道德改良的追求，他的影响为维多利亚时代英国的改革阶级定下了基调。他帮助更新了"责任原则"的理念，通过这一理念，更幸运的基督徒努力改善不那么幸运的人的生活。他认为生活是善与恶之间的持续斗争，这一观点得到了许多维多利亚时代人的认同，他们坚信正义必胜。

　　尽管他的直接影响仅限于他的家庭、他所教的男孩和他的同事，但他的精神逐渐渗透到公立学校体系中，并在 19 世纪余下的时间里超越了这一体系。他 20 世纪的传记作家之一班福德（T. W. Bamford）认为："据说他改革了公立学校，但事实上几乎没有证据表明这一点。"[1]

　　尽管他在拉格比几乎没有使课程多样化，但他寻求以更具想象力的方式教授范围狭窄的课程。他还与助教们建立了类似于大学教师之间的关系，并试图改变他们学校的学生，随着时间的推移，也改变了大多数领先的公立学校的学生。

　　阿诺德还通过他的布道集和著作中高尚的道德观，在改变他所处时代的风气方面发挥了重要作用。他是个天生的记者，敢于传播自己的观点——有时这让拉格比的校董事们很恼火。他的儿子马修继承了这一特点。一些原本虚伪的人也受到了他的影响，阿诺德的口吻（即使不总是他的事迹）令他们感到鼓舞，从而使生活变得更加美好，更加高尚，也不再那么刻薄。他在逐渐世俗化的社会倡导虔诚。当时正大肆修建教堂，英国国教会和不信国教的会众都进入各地正在扩张的城镇里的新社区，世俗化就是在这样的背景下，于激烈地宗教争论中出现的。

阿诺德不仅改变了公立学校，也改变了模仿公立学校的文法学校，而且鼓励了其他人——尤其是马修和他的学生阿瑟·休·克拉夫（Arthur Hugh Clough）和阿瑟·彭林·斯坦利（Arthur Penrhyn Stanley）——努力提高英国的道德水准，使人们更加信奉基督教，使他们致力于改善他人的生活以及他们身处其中的社会。正如阿诺德博士所预期的那样，这不仅仅是为了让人们变得更加虔诚和高尚，也是为了扩展文明的精神和物质方面。他们认为，只有开创美好生活的决心植根于信仰，人们的生活才能够得到改善。马修·阿诺德在 1867 年出版的《文化与无政府状态》（*Culture and Anarchy*）一书中，极力主张扩大文明的范围。书籍的题词概括了他的心情："我们要完美无缺！""做一个完美的人！"维多利亚时代中期的人们出于责任感赋予生活高尚的目标而且追求完美，这些执着的追求都源自于阿诺德博士。不可避免的是，这种情绪还导致了极端伪善的事件——比如阿诺德的学生查尔斯·沃恩（Charles Vaughan）在 1859 年因与一名学生有同性恋关系而辞去哈罗校长一职，即便如此沃恩仍继续帮助创建卡迪夫大学学院（University College, Cardiff）。他从来没有完全忘记阿诺德式的信念。

二

阿诺德去世后不久，斯坦利为他挚爱的导师撰写生平时宣称：

"我认为，与其说在他自己的学生当中及其实际工作中，不如说在全英国的所有公立学校中，拉格比公学的阿诺德校长是永远的丰碑。"[2]差不多一个半世纪后，斯特凡·科利尼（Stefan Collini）写道："他［阿诺德］把一所出了名的堕落和放纵的公立学校改造成为塑造性格、敬畏上帝、学习知识的园地，为 19 世纪 40 年代至 19 世纪 50 年代其他公立学校的改革树立了典范。因此，他对世界历史产生了不可估量的影响，间接地为帝国培养了人才，影响了几代统治阶级情感的塑造，并在几代人的时间里帮助塑造（或许是扼杀）了统治阶级的情感发展。"[3]这些主张具有强大的影响力，它们对维多利亚时代社会意味着什么，需要仔细研究。

3　　　阿诺德是早期的精英。他的父亲是怀特岛的邮政局长和海关官员，但死于 1801 年，当时汤姆只有 6 岁。由于手头拮据，汤姆的母亲接掌了邮政局长一职，以维持家庭的开销。汤姆被送到威尔特郡（Wiltshire）的沃明斯特学校（Warminster School）上学，虽然这所学校并不出名，但在学业上却是一所成绩优异的学校。然而，当汤姆 12 岁时，他搬到了温彻斯特。他表现出了很强的能力，他的母亲希望他上大学。但是经济上的困难使汤姆选择了一所奖学金丰厚的学校就读。

在温彻斯特，他成为一位有成就的古典主义者。他还对历史产生了早熟的兴趣。他个性鲜明，在他所属的任何团体中都留下了自己的印记。他的个性和才智恰好使其能够成为一名成功的校长。与此同时，他性格暴躁、没有耐心，但意志坚定。

他获得了牛津大学基督圣体学院（Corpus Christi College）的奖学金。在大学里，他和中学时一样刻苦钻研。他具备诗人的某些特质，而他的大儿子马修则更成功地培养了这一特质。他曾希望进入教会，但从 1817 年他在牛津大学获得文学硕士学位到 19 世纪

20年代中期，他对宗教产生了严重质疑。虽然他在1818年成为执事，但他与《亚他那修信经》、三位一体的性质和《三十九条信纲》的各个方面进行斗争。这种质疑不是怀疑上帝的存在，也不是怀疑基督教的本质，而是有关圣公会教义既定解释的神学问题。该条款将宗教改革后的英国国教定义为与罗马天主教不同的宗教。这些教义在某些方面带有中世纪的教条主义，包括阿诺德在内的许多现代学者都在与之斗争。18世纪，以循道公会为代表的不信国教的思潮兴起，主要是反对《信纲》所包含的教义的教条与僵化。这对一代圣公会教徒产生了影响，促使他们决心分析和反思他们所学到的东西。阿诺德因为对宗教心存疑虑，所以并没有立刻担任牧师，而是成为米德尔塞克斯郡位于拉勒汉姆（Laleham）的一所私立学校的合伙人。他的合伙人是他的姐夫约翰·巴克兰（John Buckland）。1820年，他结婚了。第二年，便有了第一个孩子，他共有11个孩子（其中9个活到了成年）。

　　家庭越来越庞大而校长收入微薄，于是阿诺德在业余时间从事文学创作，尤其是古代历史方面的创作。尽管家境贫寒，但他喜欢教大一点的男孩，并把喜欢的学生带进自己的家庭。这将为拉格比公学定下基调。他寻求了一个更有利可图的职位，申请成为伦敦大学的现代史教授，却被任命为沃里克郡拉格比公学的校长。阿诺德品格高尚，但是在探讨这个问题之前应该指出的是，他选择去拉格比公学并不是因为他有一种强烈的使命感要去教育小孩而非大人，而是因为那项工作收入更高。

　　当他提交申请的时候，人们认为他的机会不大，因为其他人在这个领域的工作时间更长。12位理事中的大多数人——沃里克郡的贵族和绅士们——甚至连他的名字都不知道，而且他申请得很晚。然而，所有的推荐信都高度评价了他作为一名校长的适宜性和资格；其中一封来自爱德华·霍金斯牧师（Edward Hawkins，几周后当选为牛津大学奥利尔学院院长，以顽固著称），"他预测，如果阿诺德当选拉格比校长，他将改变英国所有公立学校的教育面貌。"[4]1827年12月，阿诺德当选，强有力的推荐信甚至使他不必进行面试。尽管如此，他还是不愿意选择拉格比。他还没有完全解决宗教困惑，他想担任圣职在教堂执行圣餐仪式。他很快便被授予圣职，这令他找到了解释《三十九条信纲》的途径，从而消除了他对《信纲》的疑虑。1828年8月他到学校赴任时已经是阿诺德牧师先生，11月他获得了神学博士学位。

他犹豫的第二个原因是，他知道这所学校是一个道德堕落的地方。利顿·斯特雷奇在他关于阿诺德的文章中，将当时的公立学校系统描述为"专制统治下的无政府状态"。[5]阿诺德会用桦树条来管教某些男孩，他和校董都不觉得这样做有什么不妥。他还希望消除特别影响学校声誉和财务状况的不利因素；他也希望开除由于缺乏求知欲而不能适应他严格教学的学生。这两种做法也得到了支持。

阿诺德意识到，他在一个声誉和成就普遍下滑的领域里，正处 5 于一个举足轻重的地位。许多学校是鸡奸和欺凌的窝点，年轻的学生们无法无天。约翰·鲍德勒（John Bowdler）是吉本和莎士比亚的侄子，是阿诺德在各种神学斗争中的战友，声称："公立学校是罪恶的温床。"[6]阿诺德自己也说："这真是个堕落的温床，学生没有学到本可以在家里养成的单纯和诚实，反而变得十分顽劣、卑鄙和下流；他们丧失了谦逊、是非观和爱心，成为粗俗、虚伪和无情的人。"[7]

他界定了开除的两种形式。第一种是作为一种公开的耻辱行为而进行的；第二种比较谨慎，并没有什么不光彩，而只是这样做（正如对当事学生和他们的父母表明的那样）最有利于他们。据说阿诺德自己"每天早上醒来时，都有一种印象，一切都是未知的"，他希望他的学生和工作人员也有类似的看法。[8] 有一次，阿诺德开除了几个道德败坏的男孩。他站在全校的学生面前说："学校有300个学生或者100个学生还是50个学生并不重要；重要的是学生应该是有教养的基督徒。"[9] 他还说："开除学生是一个良性体制的必要做法和常规做法，这样做不是为了惩罚某个人，而是为了保护其他人。如果没有罪恶，这个体制无疑会更好；可是罪恶难以避免，我们不能姑息养奸，作为教育机构我们必须将其铲除，防止罪恶蔓延。"[10]

　　这就是他决心要征服的那种"邪恶"。日复一日，他不断抱怨这件事，每一个新一代的男孩都容易受到同样的污染，他的战斗从未取得胜利。在斯坦利和查尔斯·沃恩的学生时代，当阿诺德进入讲坛布道时，他们都要"兴奋地用胳膊肘推一下对方"，或许这个动作不能代表学生们的反应，却表明阿诺德激励他们一本正经有多难。[11] 他不是随便提到"邪恶"一词。他已经对它进行了界定和分类。在一次著名的布道中，他告诉他的孩子们，世界上有六种罪恶，他把它们列了出来：挥霍无度（或"直接的感官邪恶"，他举了醉酒的例子——性行为不端是不可言说的，在他所有的布道中都没有提到）；系统性的谎言；残酷和欺凌；明知故犯；懒惰；邪恶的束缚，或者换句话说孩子们觉得维系他们之间关系的是恶而不是善。[12] 阿诺德宣称，"让这六样东西同时存在"，"对圣殿的亵渎就完成了"。他设定了一个很高的标准，很少有男孩能达到这个标准。他还明确表示，他不只是在评判他们，如果有必要，还会惩罚他们。上帝也在做记录。

6

不过，阿诺德很乐观："每个学生都有善的一面，起码是在家里养成的，当然也有恶的一面；然而抓住的恶行看起来比善多得多，否则善恶交织在一起就会互相影响；一个学生做了错事就会受到全校的谴责，就像此刻谴责的一些错误，例如偷钱。"[13]他曾经遇到过这样的男孩："有些男孩正在失去童真，但没有一个男孩，或者只有极少数男孩获得了男人的美德。"[14]他的目标是建立一种"基督徒的男子气概"，愿望非常迫切。[15]

其他地方的教育条件和教育管理水平都不高。在其他学校，纪律是野蛮的，但又是武断的。卫生条件常常令人作呕，学校的问题不仅仅是教学质量太差。阿诺德无法容忍这些事情：正是因为他与它们进行了激烈的斗争，并制定了一套改革标准，才帮助开启了一场教育革命。这场革命的传播不仅仅是因为他把拉格比的男人送到其他学校和其他机构，他们带着阿诺德所谓基督教的旨意（下一代人逐渐对体育运动和团体比赛产生兴趣将其发展成为强身派基督教）改变了上层和中上层阶级的态度。他的动机是无私的，其长子的品质就是成功的试金石，这激励着许多改革者。斯坦利称："他自认为正直诚实，鄙视世俗利益，这导致有时他对别人的要求超出了对他们的合理期望。"[16]

正是这种狂热的决心（尽管阿诺德博士不接受这样的形容）使他把生活看作正义和邪恶之间的战场，使他成为批评家们的笑柄，或者是诽谤的对象。洛瑞（H. F. Lowry）是阿诺德的一位支持者，他在谈到阿诺德的学生托马斯·休斯（Thomas Hughes）写的著名小说时描述了这样一幅漫画，"对他们（诋毁他的人）来说，他永远是个道貌岸然的英国人，他把汤姆·布朗的伙伴们变成了最一本正经的人，让小男孩们少年老成……即使在他自己所处的时代，阿诺德也是一种责任的化身，手里拿着一根桦树条，像希伯来先知一样萦绕在他们可疑的梦中，召唤上帝的怒火降临于他们"。[17]

他选聘助教是根据道德和智力两方面的能力，收入也会比以前高。阿诺德希望他们完全投入到工作当中——太多的教师曾是教区的牧师，有时甚至是远道而来的牧师——这是持续学习兴趣的证据。其中一些人在阿诺德不让学生寄宿在城里的圣母院后成了舍监。他敦促身为普通信徒的老师担任圣职，并就此事与教区主教达成协议。在任命员工时，他说："我想要的是一个基督徒、一个绅士、一个活跃的人、一个有常识且理解男孩的人……相对于学识渊博，我更喜欢思维活跃又热爱工作的人。"[18]阿诺德一旦任命某人为职员，就会写信给他说："他应该热心公益，思想开明，诚心诚意地为他所加入的群体谋求利益、荣誉和普遍的体面与声望。"

三

虽然古典文学是课程的核心——而且，正如克拉伦登委员会在19世纪60年代初发现的那样，它们几乎仍然是许多公立学校所教授的全部内容——但阿诺德提高了现代语言、数学和近代史等学科的标准，认为它们变得越来越重要。他引入了地质学的研究，因为这似乎是关于创世的说法，许多神职人员认为这是异端邪说。其他的自然科学没有被尝试过，对此斯特雷奇嘲笑他，但诋毁他的人承认，阿诺德回避这些科目是因为他认为这些课程得不到正确地讲解，而且需要占用他认为更加重要的课程的时间。他赞成开设物理科学课程，但前提是同时开设道德课程。斯特雷奇嘲笑阿诺德认为世俗世界是不安全的，他援引阿诺德自己的话说："与其让物理科学成为我儿子最关心的事情，我宁愿他认为太阳围绕地球转，星星

8　是固定在湛蓝天空上的亮片。当然，基督徒和英国人学习基督教和道德政治哲学是必要的。"[19]

阿诺德反对功利主义把教育看成是死记硬背，而力图让教育成为鼓励学生在遇到问题时找到答案的途径。具有讽刺意味的是，正是那些功利主义者最乐于赞扬他对课程的改进。他带来了数学，一些莎士比亚的作品（他觉得莎士比亚的作品远不及荷马），还有但丁和歌德的作品。他天生对希腊数学家很感兴趣，尤其是欧几里得。尽管他坚信应该教授现代史，他也努力想超越古人："希腊和罗马的历史并不是对遥远的时代和被遗忘制度的一种毫无意义的探究，而是对现存事物的一种生动的描述，至于政治家和公民的教育，这并不太符合学者的好奇心。"[20]他认为，任何深度的科学都只对那些想要进入工业界的人是必要的：在这方面，他帮助培养和影响了上层阶级对英国新财富来源的偏见，而这种偏见会阻碍这个国家的发展。正如另一位传记作家迈克尔·麦克拉姆（Michael McCrum）所写："他的观点是，职业培训没有培养心智，也没有激发道德意识。"[21]

斯坦利论及阿诺德在拉格比公学进行改革时的教育状况时写道："古典阅读有其自身的局限性，而且内容单一，因其狭隘又不实用通常受到自由党的强烈攻击。"[22]他补充说，"他必须教授的不是知识，而是获取知识的手段；他越来越意识到古代作家的价值是我们现代文明不可或缺的"。他继续用苏格拉底式的方法指导学生，通过提问来获取知识，并鼓励学生思考他们给出的答案的质量。斯坦利写道："他全部的教学方法以开发每个孩子的智力为原则。"[23]

阿诺德有一个严重的盲点，那就是他几乎完全没有美感。美术对他没有什么意义。斯坦利复制了他的国外旅行笔记，其中几乎没

有提到法国和意大利的一些文化奇观。他在这个方面没有给自己学 9
校的学生和其他基督教绅士学校的学生树立榜样,这也可以解释维
多利亚时代品味上的一些局限。

他不是独裁者。斯坦利写道:"委员会每 3 周举行一次会议
(为教师),针对学校的所有问题进行了讨论,每一位教师都可以
自由地表达自己的意见,或提出任何一项不与学校行政的基本原则
发生冲突的措施,他本人〔阿诺德〕提出反对并在投票中被击败
的情况并不少见。"[24]在与这些男孩打交道时,他试图"通过善良和
鼓励,引发出那些与他打交道的人的高尚感情",[25]让年长的孩子们
循规蹈矩。他仍然以鞭打的形式"适当的管束学生顽劣的天性,
因此并不意味着这样的学生特别恶劣",但是,按照斯坦利的说
法,"这仅限于道德上的过错,比如说谎、酗酒和习惯性的懒
惰"。他的目的不是惩罚,也不是建立恐惧统治:"我想在学校里
看到的,而我找不到的,是对邪恶的憎恶。"[26]当"邪恶"表现得
过于明显,或者学生辜负了他的信任的时候,他曾有过极度绝望
的时刻。

1828 年 9 月 28 日,正值他任职的第一个月,他写信给他的朋
友、同为牧师的布莱克斯通(F. C. Blackstone)说:"目前还没有
鞭打过学生(我希望不会发生这种情况),出人意料的是几乎没有
违反纪律的情况。起初,我用非常温和的手段惩罚他们,这些手段
是为了防止他们再犯同样的错误而提出的——鞭打只是我最后的手
段——我将尽我最大的努力说教。我相信,如果你表现出你不怕男
孩子,他们也许会被温和的方法和善良所左右,会被更好的感情所
吸引;我曾见过六英尺高的大孩子,因为没有接受教训,我把他们
叫到我的房间里,私下悄悄对他们说话时,他们流下了眼泪,我发
现这样做之后,他们的表现都有了进步。"[27]然而,需要外柔内刚:

"当然，在需要的时候，行动必须是第二语言，否则说出的话很快就会成为儿戏。"

阿诺德并不像19世纪那些狂热的校长，1832年，与他同时代的伊顿公学校长约翰·基特（John Keate）一天内鞭打了80个男孩，这在斯特雷奇所描述的"合法的野蛮与时刻仔细研究奥维德诗歌并存"的管理体制中绝非偶然。[28]尽管如此，阿诺德还是被他的火爆脾气给点燃了。一次他认为一个学生对他说谎而在全班同学面前痛打这个学生。这个男孩从婴儿期起就患有疝气，需要卧床两天才能康复。阿诺德惩罚他从事额外劳动。结果这个学生并没有说谎，阿诺德不仅向他道歉，还向全校师生做出道歉。他的父母带走了这个男孩，并要求他书面道歉。如果这还不足以令阿诺德蒙羞，那么新闻界掌握了这件事，不过那时新闻界通常较为恭敬，但还是使他的声誉大受影响，他的行为表明他有些情绪不稳定。

高年级学生使唤低年级学生的制度是其管理制度的核心，这一制度会让低年级学生体会到高年级学生的彬彬有礼和公正。如果说这个制度是一个雄心勃勃的理想，阿诺德会在他对六年级学生的例行激励讲话中强调这一点，他会赋予六年级学生这样的权力："我希望你们充分领会到这里为你们提供了多少做善事的好机会——行善对你们自己和他人都有持久的好处……我们必须在这里寻找的是，第一，宗教和道德原则；第二，绅士的行为；第三，知识能力。"[29]他告诉六年级的学生，如果他们辜负了他对他们的信任，"你应该觉得自己像陆军或海军的军官，如果他们缺乏道德勇气，就会被认为是懦弱"。评论家兼法学家菲茨詹姆斯·斯蒂芬（Fitzjames Stephen）认为阿诺德有点像伪君子，但他在1859年承认，阿诺德创造了"英国日常生活的领导者——牧师、律师、医生、乡绅、银行和商业机构的初级合伙人，虽然这些人不是贵族，却是名副其实的绅士"。[30]

四

阿诺德的基督教思想体现在他对基督的尊敬和他的事迹中。他的目的是使拉格比公学成为一所符合福音派基督教思想的学校。斯坦利写道："这些男孩仍然被当作小学生对待，但他们长大后必须成为基督徒。""年龄不能阻止他们的缺点成为罪恶，也不能阻止他们的优点成为高尚的基督徒的美德"。[31]对于阿诺德来说，上帝无处不在，他告诉学生们，他们的一举一动都呈现在上帝面前。斯坦利写道，他"最大的愿望是实现世俗世界和精神世界的统一"。[32]除了所有孩子们晨起祷告之外，他还开始让六年级学生单独进行祷告，因为他觉得他们的学业没有"足够神圣到能够享受到上帝的荣耀"。[33]然而，当他为自己的窘况辩护时，他言不由衷的表现有损于他的虔诚。1838年，当他压缩低年级的人数而受到指责时，可以说他表现得很滑头——他不希望拉格比公学有13岁以下的学生——这违背了创始人的意愿。麦克拉姆很重视这件事，正如他所指出的，斯坦利几乎忽略了这一点。[34]

从1831年起，阿诺德就是这所学校的牧师兼校长，他在每周一次布道时明确教导学生基督徒生活的本质。他的学生们静静地坐着，听他说话，有时充满敬畏。这种场面与神学博士基特牧师讲道时的情形可谓天壤之别，此人在伊顿公学布道时经常被淹没在叫喊声中。斯特雷奇提出宗教是阿诺德博士教育体系的核心，他只是想表达他对此极不赞成。[35]他幻化出一幅拉格比公学教堂的场景，"博士本人无比庄严而又充满宗教狂热……全神贯注地沉浸在洪亮的训

11

诚之中"。斯特雷奇的大部分作品都受到激进的世俗主义动机的驱动，都是纯粹的臆断。他对公开发行的五卷本（他称五卷，实则六卷）阿诺德布道集所做的批注淋漓尽致地表达了他的批判，而这套布道集"在广大虔诚的读者中享有赞誉。维多利亚女王也有这套布道集，还在某些段落亲自用铅笔做了标注"。[36]

阿诺德还试图通过与帮助管理该机构的地方长官或决策者建立伙伴关系来改变他的孩子们。作为《物种起源》问世之前的一代人，阿诺德逐渐给拉格比公学灌输一种类似于达尔文进化论的理念：即适者生存，因为道德上和心智上有缺陷便会遭到淘汰。对于那些坚持到底的人来说，他是一个鼓舞人心的人物，尽管偶尔也令人生畏。在他看来，最严重的罪行之一就是对老师说谎。低年级的男孩因此受到鞭打，高年级的则被开除。阿诺德总是相信男孩子的话，因为他总是假定别人一定是诚实的。斯坦利说："人们长大后普遍认为，对阿诺德说谎是一种耻辱——他总是相信一个谎言。"[37]

阿诺德既看到上帝无处不在，也看到邪恶无处不在。斯坦利写道："目睹一群学生聚集在燃起大火的校舍周围，他们或许不怀好意或许粗心大意，他会说：'这让我感到，我在他们中间看到了魔鬼。'自始至终这都是他最忧虑的事情。"[38]最令斯特雷奇感到有趣的是："每天看到这么多年轻的生命掌握在恶魔的手中令他忧心忡忡。"[39]无论他和他的老师们树立了多么正直的榜样，都没有任何进步，"除非有什么东西能在孩子们中间不断地抵消它"。这就是为什么他把权力授予学校里年龄最大的男孩，他希望他们树立的榜样比老师们的任何努力都更能给低年级学生留下深刻的印象。

斯特雷奇对这个体制进行了别出心裁的讥讽："学生们打算像人类一样实现自我救赎，而至高无上的阿诺德在无法企及的天堂通过他挑选的工具远远地操纵着"。[40]斯特雷奇本人上学时受到过欺凌，所以或许他有特殊理由不喜欢学生管理学生的体制，或许他预见到了《蝇王》（*Lord of the Flies*）。斯特雷奇对阿诺德允许六年级学生惩罚低年级学生的决定表示遗憾，他对此进行了嘲弄："年龄较小的孩子们受到阿诺德博士和年龄较大孩子们的鞭策，得到了一切机会去获得纯真、清醒和谦逊的心态，而这些正是青春最好的装饰品。"[41]

斯坦利把阿诺德归类为辉格党人——从根本上相信进步和改善的人——尽管他认为"自由主义的原则不仅仅是他对辉格党信仰的表达，而且体现了他坚持发展和改革的信念，他认为这些原则经过发展完善最终与基督教本身是一致的"。[42]阿诺德的作品充满了对保守主义的不尊重，他认为保守主义是托利主义的一种极端形式。1835 年 12 月 16 日，他在给朋友科尔里奇（Coleridge）法官的信中写道："我认为保守主义远比托利主义糟糕。如果托利主义的意思是喜欢君主政体，甚至专制政府；专制主义往往会促进一个国家的进步，一个好的独裁制度可能是一件非常有益的事情……但是，保守主义总是向后看的，因此，无论在何种形式的政府下，我都认为它是一切善的敌人。"[43]尽管阿诺德主张自由主义，但他也有一些非常狭隘的观点。他希望犹太人被禁止进入大学和成为英国臣民。他还认为犯罪行为是遗传的，那些流放到澳大利亚的人的直系后裔（甚至第三代）都必须被禁止在那里担任任何公职。

斯特雷奇断言："自从他认真研究了《雅各书》（强调遵守基督教义务的重要性）之后，就深信有责任与下层社会相呼应；但是他清楚地认识到，较低的等级分为两类，必须把它们区别开来。有'好的穷人'，也有其他的。"[44]斯特雷奇试图把阿诺德描绘成一个伪君子，因为他做出了这样的区分，与这种区分不同的是，当时许多人的区分是值得同情的人和不值得同情的人。好的穷人是那些

13

没有加入工会或参与宪章运动策划的人，当时很多人都持有这种观点，尤其是迪斯雷利，他在《西比尔》（*Sybil*）这本书中描写了企图颠覆法律的愚蠢行为。

同格莱斯顿（William Ewart Gladstone）一样，他认为政治之中隐含着宗教动机，就像在其他所有领域一样。他希望政教合一。格莱斯顿也是如此，他认为宗教和民族意识是不可分割的，至少在英国是这样，1839 年，他就这个问题写了一本书。格莱斯顿希望益格鲁天主教和国家之间的婚姻；阿诺德则相反，他希望福音主义能引导国家的政治生活，强调没有宗教信仰的人皈依基督教的重要性。到 1841 年，格莱斯顿将意识到他的想法是不切实际的，尤其是自 1833 年以来一直倡导英国国教天主教化的牛津运动（Oxford Movement）朝着他不敢设想的方向发展，人们（包括他自己的妹妹海伦）成为罗马天主教徒。即使是阿诺德，在他生命的尽头，似乎也开始意识到此类事情困难重重。而且，正如斯特雷奇乐于指出的那样，阿诺德本想把某些群体强制排除在这样创建的社会之外。"比如说犹太人，他们显然是局外人；而持不同政见的人——阿诺德争辩说——肯定也在其中。但是一神论者的立场是什么呢？他们是基督教会的成员吗？这是一个令人费解的问题，它加深了博士的眉头紧锁，加剧了他嘴唇的噘起。"[45]对亚他那修信经，阿诺德也有自己的顾虑。他相信如果可以摒弃它，那么一神论者将会愿意与基督徒一道实现他的理想。他无法把这一点与现实调和起来，这给斯特雷奇带来了很多乐趣。

五

阿诺德是我们现在所说的"社会正义"的早期倡导者。他支持 1832 年的改革法案，该法案扩大了政治特权，超越了传统上非常狭窄的限制。他在当时政治潮流的感染下创办了一份报纸，宣传自己以及同自己一样的基督教绅士的观点，它只发行了几期。他强烈渴望发表个人见解，1830 年圣诞节前不久，他给妹妹苏珊娜写信说："公共事务的最高利益对于我而言甚至比学校本身更重要……我必须在假期里写一本小册子，否则我会崩溃的。"[46] 1831 年至 1832 年他给《谢菲尔德报》（*Sheffield Courant*）写了一系列稿件，阐述和分析了国家面临的社会问题，特别是北方新兴工业区的问题。这些文章引起了校董的不快，他们认为他不应该追求这样的影响，有一次他差点辞职。最终他曾塑造过众多学生的品格力量帮助他取得了胜利。正如斯坦利所述，"他管理学校的原则就如同统治一个庞大的帝国"[47] 这就是他的自信，当有人批评他和他的方法时，他拒绝参加公开辩论。他对一位同事说："我不会屈尊为针对学校的攻击行为辩护，因为我相信，事情不仅没有恶化，而且肯定会变好的。"[48]

他认为，教育应该超越特权阶级，扩大文明进程，改善穷人的状况；在学校上学的穷人应该受到教育，而不仅仅是一味地死记硬背。"许多人把阅读和写作与教育混为一谈，他们认为自己一直在教育穷人；却无奈地发现他们的所作所为收效甚微，有人说这无疑证明教育穷人是徒劳的，他们听了茫然不知所措……我从来没见过一个可以说是受过教育的穷人。"[49] 这将成为改革者的一项伟大使命。阿诺德把一个人的"专业"教育和他的"自由"教育区分开，前者教会他谋生，后者训练他接受"一个人的使命感，即作为公民的使命感和做人的使命感，这种使命感是每个人都应当同样具备的"。[50] 他注意到，一个人不具备前者很快就会被发现，而不具备后者则不会，"因为很多人都有这种缺陷"[51] 结果，无知裹挟着社会，

"每个人都参与社会生活，但并不是人人都学习"。结果，"错误的想法被接受并付诸行动；偏见和激情倍增；虐待普遍可见；整个社会充满着困难和痛苦。"1834 年，他还表达了一种信念："如果政府确实面临国家教育问题，我非常希望他们不要过于集权。"[52]这种信念将在未来半个世纪有关教育的辩论中产生共鸣。

他希望阻止出身下层中产阶级的男孩子们不接受初等或中等教育而直接做生意或者工作，主要原因是他憧憬 1832 年后议会的进一步改革。不过，他写道："我不认为我们会变得更明智，也不认为尽管政治权力可能会移交给不同的人，它的行使就会比以往更加纯粹或明智。"[53]按照他那个时代的标准，他是一个极端的民主党人："实现名副其实的公民社会的唯一途径是让社会成员积极地而不是只能被动地参与社会生活。"[54]他阐明了许多受过教育的阶层默默持有的观点：改革将会到来。许多人惧怕这件事，因为他们惧怕那些掌权的人。阿诺德没有这样做，因为他相信那时社会已经培养出了新的主宰者。从维多利亚的批准到第二次改革法案诞生的这 30 年，将对这些假设进行最大限度的检验，因为在这段时间里，有投票权的大众在获取教育机会方面没有取得任何进展。

他同情那些一旦工作就想接受教育的人，但在 1838 年于拉格比机械学院的一次演讲中，他粉碎了他们的观念，指出他们正在进行的事业不能被称为"教育"。"把机械学院称为教育成年人的地方是无稽之谈。教育不能单单依靠自然科学；尽管实证科学在训练论证能力方面极其重要，却不能指导判断；只有道德和宗教知识才能做到这一点。"[55]1834 年，他再次意识到文明进程的重要性，他曾对后来成为普鲁士大使的《圣经》研究学者谢瓦利埃·本生（Chevalier Bunsen）说："人们期待教育希望改善他们的身体状况，但是这种身体状况必须首先得到改善，人民才能易于接受教育。"[56]

　　阿诺德被批评从事新闻工作，而他当时只是写了另一篇文章，长篇论述了像他这样行事完全独立的校长的重要性。我们会看到，尽管他的儿子马修受聘担任督学，但在针对1862年以后修订的学校法规的执行情况而抨击历届政府时与他的态度如出一辙。1838年宪章派为了争取代表公民权利的《人民宪章》得以执行开始骚动，阿诺德立刻密切关注工人组织，他对工人组织不信任。他同情穷人，但不同情宪章教徒。他觉得，由于他们语言中的暴力，他们是"最堕落的奴隶，这种状况不是别人使然，而是他们自己使然"。[57]他撰写的关于穷人的文章有一个不变的主题，那就是他们是"陷入奴隶的境地而无法自拔的"自由人。[58]这样的人最终会憎恨并与"富人为敌"，随之而来的将是无政府状态。他希望这些人能从教育中受益，重要的是把他们提高到他们设法攻击和推翻的那些人的层次。

　　虽然阿诺德对于穷人的态度充满了理想主义，但偶尔在某种意义上会被实用主义所抵消。1838年12月，他发出疑问："世界上可曾见过像大不列颠的工业人口这样对于其赖以生存的社会的方方面面如此危险的人群吗？"[59]他概述了自己担忧的原因，这些原因在30年后的马修著作中得到了呼应：工人们"没有受制于与社会其他阶层的紧密关联"，"也没有因学习知识而变得温和"，而是"聚集在最强大的群众中，充分意识到组织的力量"。正如他所意识到的，至关重要的问题是事态陷入两难的境地而如此具有毁灭性："如果他们是奴隶，或许可以用武力镇压；如果他们是公民，他们会出于利益和责任而和平共处；然而由于他们两者都不是，那么如何是好呢？"

　　他否定了自18世纪以来在英国流行的"公民社会不应干涉其

17　成员"的观点。他认为，穷人需要国家的大力干预，国家有责任"通过抑制强者的力量，保护无助的弱者，为所有人的共同利益提供保障"。[60]随着人口的增长，劳动力变得不那么稀缺（因此也就没那么高薪），这些问题只能有增无减，并且造成了"极其严重的社会弊端"，亟待解决。[61]在卡莱尔批判金钱关系之前阿诺德就提出了相同的主张，他指出："主人和民众之间的关系应该是国家的事务，因为在王国的这么大一部分地区，富人和穷人之间的关系纯粹是商业的，这本身就是最有害的；因为纯粹的商业关系不仅是自私的产物，也不会有更好的产物；它既不产生也不导致任何钦佩、信任、崇敬或爱的感情，而这些才是人与人之间真正的联系纽带。"正如阿诺德对工人阶级的看法带有理想主义色彩，他也不喜欢他的儿子马修称为"平庸"的工业阶层，越来越多的制造业工人受雇于这些阶层。

　　这一论点将促使一些人希望回到幻想的前工业化世界。在许多天生不是革命者的人看来，人成为商品而不再作为人而存在完全是骇人听闻的，这是对资本主义的诋毁，令人深感震惊。正如阿诺德所说，"他们被当成手——没有头脑，没有情感，没有灵魂"。他认为这些人与雇主的关系本质上是暂时的，因此他们与住所的关系也是暂时的，这种暂时性本身就丧失了归属感，缺乏忠诚，而只能进一步侵蚀社会。[62]他援引了辗转全国各地修建铁路的那帮人发迹的例子。这些人希望"跻身于比自己的俱乐部和工会更加多元化并且更有益于身心健康的群体。除非这些愿望能够得到满足，否则在某些要点上他们无异于奴隶而非公民"。但因为他们不像奴隶一样被拴在一起，他们有可能"比奴隶危险百倍"。

　　阿诺德希望教会能给这些人带来所渴望的团体感和永久感，要实现这样的诉求必须实行政教合一，或者基督教首先在真正意义上实现联合，而这是天方夜谭。他敦促成立教堂建筑协会（Church Building Society）——在 19 世纪 30 年代末和 40 年代初，该协会曾试图提供更多的礼拜场所，以帮助拯救下层社会——去"建造活教堂——而不是砖石结构的死教堂。那是一座真正的、活生生的教堂，在没有罗马城墙的地下采石场里，人们聚集在一起祈祷和赞美。这样的教堂将比圣彼得大教堂的所有辉煌更能满足我们的需要"。[63]他补充道："用于建造礼拜场所的钱应该用来提供给牧师。那些牧师都应该有自己的执事……以穷人来访者的名义。"因此，在阿诺德的理想主义视野中，旧式的农村家长式作风将被带入制造业城镇。"一直以来我所敦促的实际上是我们撒克逊祖先的体制。他们充分意识到社会中人与人之间的相互了解是多么重要；不仅如此，他们还要人与人之间彼此负责任。"[64]阿诺德知道社会已经发生了变化，并试图表现出对这种变化的积极接受。但他没有看到它究竟发生了多大的变化，尤其是因为它在 19 世纪头 40 年的增长速度。想要把工业社会中涣散的群众组织在一起根本行不通——至少，教会做不到。

六

到了 19 世纪 30 年代中期，阿诺德的学生们获得了牛津大学（尤其是贝列尔学院）和剑桥大学（尤其是三一学院）的奖学金。他培养出了斯坦利（也是他的传记作者）、阿瑟·休·克拉夫（Arthur Hugh Clough）和他自己的儿子马修。斯坦利后来成为西敏寺教长，并且为阿诺德写了传记。马修在温彻斯特公学并不如意，两年之后便去了拉格比公学，并且取得了辉煌的成就，尽管父亲的期望令他不堪重负。另一位是沃恩，他在剑桥的辉煌职业生涯是成为哈罗公学校长的前奏，但不幸的是，这一任命以失败告终。本杰明·乔伊特（Benjamin Jowett）是 19 世纪最有影响的学者之一，他是斯坦利的亲密朋友，在同斯坦利的交往中他深受阿诺德的间接影响。乔伊特成为希腊语教授，担任贝利尔学院的导师。1893 年他去世时，为他扶灵的是 7 位伊顿公学的校长和时任伊顿公学教务长，全都是他的学生。

阿诺德工作非常努力，为全校建立了一套考试制度。或许是为了那些缺少上帝眷顾的学生们，他将自己的积蓄捐赠给奖学金基金以鼓励学生更加努力地学习。当他以前的学生毕业离开学校后，他仍然对他们保持着浓厚的兴趣，尤其是那些像斯坦利这样的人，他们的职业要么是通过教会塑造思想和心灵，要么是成为校长。无论阿诺德会受到什么样的批评，他的使命感有目共睹。他会帮助昔日的学生为考大学做准备，如果他们生活困难，他有时还会送书给他们。

阿诺德在 1841 年时已经获得很高的声望，他取得的成就受到广泛认可。他为公立学校树立了榜样，在接下来的三、四十年里，尤其是在克拉伦登委员会成立之后，许多学校都将效仿。即使是斯特雷奇，不管他发现了什么，不管他的讽刺多么被需要，也不得不承认阿诺德的影响："一代又一代得意门生开始在大学里传扬阿诺德的声名。在牛津大学，拉格比公学毕业生的虔诚给人们留下了特别深刻的印象。大学生们去做礼拜的次数比他们本应该去的要多，还去拜访穷人，这是一件新鲜事。"[65]斯特雷奇补充道，"他成了名人，他终于成为一个伟人"，这句话似乎是陈述事实而非讽刺。阿诺德还引导他的孩子们从事可能对社会有用的职业。他视陆军和海军为罪恶和亵渎的窝点。他告诉学生他们已经是基督的卫士，没有比他们更好的守护者。那些把基督的旨意和拉格比公学的精神理念传播到世界各个角落的平民百姓是至高无上的，因为他们在某种程度上履行了道德责任。他钦佩那些学习法律和医学的人，却发现二者的实际工作令人不快。他觉得律师的工作最不好，因为"律师总是和道德败坏打交道，而道德败坏远比身体疾患糟糕得多"。"律师插手道德败坏，但问题非但没有纠正，反而加重了。"[66]

阿诺德夫妇把他们喜爱的学生带进了家庭，学生们离开拉格比后在那里住了很长时间。阿诺德的妻子玛丽对此表示赞同。1840年，她在写给理查德·康格里夫（Richard Congreve）——他以前是一名学生，后来回到拉格比当了一名教师，1867年，他创立了伦敦实证主义学会——的信中，说到他们的一个朋友害怕考试，玛丽的口吻与丈夫惊人的一致："我们希望……在任何情况下，考试都将向他们展示什么是大学竞争，以及为迎接竞争而必须进行的认真努力。"[67]康格里夫本人后来在那一年取得第一名，阿诺德在给他的信中祝贺他说："我很理解你的感受，你不知道在知识的广博的花园里该走哪条路，因为你的人生道路已经不再那么狭窄了。但正是在这样或那样的道路之间自如选择的能力才是我们英国教育体系最大的好处，而且已经见到成效。"[68]

1841年，阿诺德被任命为牛津大学钦定近代史教授，并且获得巨大成功。斯坦利在撰写《生平》（*Life*）的时候〔他退休后被格莱斯顿召为索尔兹伯里（Salisbury）的主教〕，温彻斯特公学（Winchester）校长乔治·莫伯利（George Moberly）注意到，在前阿诺德时代"主修宗教的大学生非常罕见，他们在人们的眼中备受嘲笑；而且我可以肯定地说公立学校的毕业生中几乎没有人学习这个专业"。[69]但是最近却出现了"异常显著的"变化，莫伯利断言，"这种变化无疑表明了我们这代人普遍比过去更加虔敬了。但我确信，阿诺德博士本人真诚而质朴的初心、坚强的性格、深远的影响力以及虔诚的品质无人能及，任何人都不会质疑，这是我们的学校在这方面取得进步的主要原因"。他取得了前所未有的成就。

阿诺德的死完全不似他一生中暴躁而情绪化的性格。他的死充满戏剧性，为他身后平添了一抹传奇色彩。在拉格比的最后一个学年，他既担任校长又兼任牛津大学教授。在拉格比，学年被分成两个长短不同的半学期，第二个学期从 1 月底持续到 6 月初。1842年 6 月，阿诺德正在湖区的福克斯豪庄园准备放暑假。他做了告别布道；他为六年级学生举行了告别宴会；并和仆人们结清了账目。1842 年 6 月 12 日拂晓，就在 47 岁生日前夕，他因心绞痛而醒来。他的病情迅速恶化；医生来了，但是阿诺德在 8 点之前就去世了，和他父亲的年龄相仿，也和他父亲一样死于心力衰竭。斯坦利几乎用圣经般的口吻描述了他的死亡，不仅如此，当消息传开时，震惊的感觉传遍了整个学校。在随后立即写给克拉夫的一封信中，斯坦利刻意强调"他的去世堪比王室"，并且当即评价阿诺德"是这代人中最伟大、最神圣的人之一"。[70] 虽然博士去世了，但他的传奇即将被推向辉煌。

阿诺德曾经有三次不朽的机会。第一次是斯坦利的《生平》，它很快成为他的丰碑之一；第二次是他的学生托马斯·休斯（Thomas Hughes）的小说《汤姆·布朗的学生时代》（*Tom Brown's Schooldays*），这本小说使他成为传奇人物。第三次是斯特雷奇写的《维多利亚时代名人传》，书中作者在他去世超过 75 之年后对他进行了毫不留情地解构。他的突然死亡和由此引起的震惊使人们对阿诺德的惊奇和他成就的程度有所夸大。斯坦利（他写了"我对他情同父子"）和休斯的小说中都有大量这样的描写。在休斯那本小说的结尾，布朗已进入牛津大学就读，他在阿诺德去世后回到拉格比公学，内心巨大的悲痛难以释怀。斯特雷奇只不过是第一个撰文指正这个观点的人，在他之后出现了其他不那么尖锐的修正观点。[71] 然而，在斯坦利写作时，这一点并不明显，阿诺德的影响随着他的助理教师和学生走出校门而传播开来。他的儿子马修成为他本质上的自由主义理想最好、最有力的传播者。

休斯在小说中对阿诺德的描述似乎很准确。大名鼎鼎的阿诺德迟迟不见现身，好似神一般的人物，他不仅虔诚地努力教导学生遵从上帝的意愿，而且在学校爱憎分明，令人敬畏。尽管有阿诺德的影响，拉格比的学生和同龄男孩一样卑鄙：阿诺德和他们在教堂里的时候，有一个学生就忙着在他前面的座位背面刻自己的名字，"整个气氛一点也不虔诚"。[72] 然而，就像当时每个拉格比男孩的生活一样，他（布朗）的人生中也发生了那件大事——博士的第一次布道。他描述道："他身材伟岸，眼神炽烈，声音时而像长笛的低音般柔和，时而像轻步兵的军号般嘹亮而鼓舞人心，他每个礼拜日都站在那里为他的主（正义、博爱和荣耀之王）作证和辩护，充满激情，铿锵有力。"休斯还说，他是"第一次让这个小男孩明白了自己生命意义的人……自古以来就是一场战斗……生死攸关。"[73]

在休斯的描述中，阿诺德博士有自己的《旧约》时刻。他会发脾气打学生耳光；还经常鞭打学生。但是当布朗和伙伴们因为玩猎狗追兔子的游戏迟到而被送到阿诺德博士那里时，他的反应不是打他们，而是确定他们没有受伤，请管家给他们喝茶水，并告诫他们长得更高更壮以后才能长时间奔跑。闯祸之后，鲁莽、轻率、粗心大意的汤姆必然会成为一名正直、可靠和敬畏上帝的青年，成为11个人的队长。最后，他和他的朋友们回忆起"阿诺德博士独自一人进行他的所有改革——平静而自然地，用好东西代替坏东西，让坏的消失，不要犹豫，不要着急——这是目前能做的最好的事情，以后的事要静观其变"。[74]这个比喻说明了如何在社会更广阔的范围里实现变革。

斯特雷奇对此一无所知。他在谈论阿诺德的童年时定下了基调："事实上，他在学生时代的家书中带有某种自负，这让他的亲戚们清楚地意识到他长大后有可能成为一个自命清高的人；但是，作为对一个三岁孩子学习成绩的奖励，他的父亲送给了他24卷本的斯莫利特（Patrick Smollett）撰写的《英格兰史》，对于这样的孩子还能有什么别的期待呢？"[75]从1842年斯特雷奇研究的人物阿诺德去世到1918年斯特雷奇撰写这篇文章，英国发生了两个重大事件。第一件是世俗化，它使得阿诺德的极度虔诚看起来很荒唐。斯特雷齐从斯坦利那里引用了阿诺德的名言："撒旦显然是在嘲笑神圣。"[76]

第二件是第一次世界大战，它摧毁了阿诺德所宣扬的价值观的可信度。数量惊人的，由阿诺德建立的维多利亚时代和爱德华七世时期的公立学校体制的产品被西线的战斗所埋葬。斯特雷奇因为身体虚弱，无法参加战斗。由于健康原因，他免于服兵役，从而不能成为出于道义而拒服兵役者。他在作品中运用心理学的研究方法提出自己对问题的独到见解，与阿诺德的方法截然不同。他的观点完全是消极的，《维多利亚时代名人传》基本上就是这样一本书。

虽然斯特雷奇指出阿诺德在提高英国公立学校男生的智力方面几乎没有什么作为（考虑到阿诺德的学生获得的大学奖学金数量，这是一个不公平的断言），但是他也承认，"阿诺德把道德教育和宗教教育纳入教学体系的做法全面改变了公立学校的生活氛围。从此，以伊顿公学校长基特为代表的混乱的管理体制成为历史。自阿诺德博士之后，没有一所公立学校胆敢忽视良好的美德"。[77]

　　玛丽·阿诺德寡居后在写给康格里夫的信中谈到了她丈夫留给她的遗产："你现在是、将来也会是那些积极的正面影响之一，这些积极的影响让我觉得我敬爱的丈夫仍然在这里。我认为他具有双重的使命——他自己与上帝在一起……他也活在他告别的人们的心中和生活中，这让我得到了最大的安慰。"[78]她补充说，关于阿诺德衣钵的继承者，"现在是一个最关键和最重要的时期，我和最亲爱的马修在一起受到了极大的鼓舞，他越来越有思想，我想他亲爱的父亲会因此而无比欣慰的"。

　　阿诺德是维多利亚时代高尚思想的典型代表。在一封写给阿瑟·休·克拉夫的著名信件中，他举例说明了马修所说的"伟大的天性"。[79]20世纪，巴兹尔·威利（Basil Willey）是阿诺德的捍卫者，称他是时代的"领袖"，称他"意识到了一种天赋的使命和责任，无论是对上帝还是对人类尽义务，他在履行使命和责任的过程中让生命充实而有意义"。[80]这些人觉得生命有"重大意义"，他们的工作就是实现它。世俗主义的前进需要像阿诺德这样好战的敌人，但他的影响将是有限的。

　　那些像斯特雷奇一样想要嘲笑的人有很大的余地做到这一点，但是阿诺德在他的事业和个人生活中只关注重大的问题——善与恶，教会与国家，道德与不道德。整个统治阶级将按照他的形象变化来塑造。他自己的孩子和学生有意识地扩展了他的遗产；他们的学生，他们的会众，那些读过他们著作的人，以及那些在各行各业都受到他们影响的人，也是如此。阿诺德意识到，他是在把男孩子培养成男人，培养成男人的领袖。他并不是唯一一个为未来几十年定下基调的人，但很少有人能做到如同托马斯·阿诺德那样。

七

阿诺德的很多学生，如克拉夫、斯坦利和马修·阿诺德，继续在社会发展中发挥着举足轻重的作用，尽管阿诺德灌输给克拉夫的极度强烈的宗教意识在他短暂的一生中基本上阻碍了他的发展。当公立学校为应对社会的繁荣发展带来的需求而扩大规模时，当它们面对工业时代的新挑战而进行改革时，阿诺德对教育的直接影响是巨大的。阿诺德去世 20 年后，当政府意识到伟大的公立学校体制不能停留在 18 世纪止步不前时，克拉伦登委员会提到了阿诺德的名字和他的事迹。许多既没有在拉格比公学上过学也没有在拉格比公学工作过的人知道了阿诺德的成就后身受鼓舞，也想去改革和改进他们自己的学校，尤其是因为他们意识到，有了足够强大的领导，这样的事情是可行的。考克斯特（A. O. J. Cockshut）在研究斯坦利传记时写道："阿诺德不是维多利亚时代的人。但他培养了维多利亚时代的人……他的学生改变了教育的面貌。"[81]

1838 年，阿诺德的助理校长之一詹姆斯·普林斯·李（James Prince Lee）成为伯明翰市爱德华国王学院的院长。乔治·科顿（George Cotton）是《汤姆·布朗的学校生涯》中"小主人"的原型，也是阿诺德的一位舍监。1852 年，他成为马尔伯勒学校（Marlborough）的校长，他最早开始组织学生们一起做游戏用以释放学生们过剩的精力，否则他们就有可能闯祸。1858 年，科顿（Cotton）成为加尔各答（Calcutta）的主教，他踏着木板乘船的时候脚下打滑跌入恒河被河水冲走，再也没有了踪影。乔治·布拉德利（George Bradley）接替他担任马尔伯勒学校的校长，直至 1872 年。布拉德利是阿诺德的学生，曾在拉格比公学任教，后来接替斯坦利（他在牛津大学的导师，他对斯坦利的尊敬堪比斯坦利对阿诺德）担任西敏寺教长。1859 年，与休斯同时代的亨利·沃尔福德（Henry Walford）成为蓝星中学（Lancing）校长。

在 19 世纪 40 年代末和 50 年代，帮助里普顿中学扭转颓势的人物之一是梅西特（G. S. Messiter），他毕业于拉格比公学，也是阿诺德的学生，与他密切合作的里普顿校长斯图尔特·皮尔斯（Stuart Pears）曾是哈罗的一名舍监，是阿诺德的另一位学生沃恩的手下。亨利·海顿（Henry Highton）在阿诺德之后的第二年（1829 年）来到这所学校，后来在那里担任教师，并于 1859 年成为切尔滕纳姆学院（Cheltenham College）的院长。他的同学拉蒂斯劳（A. H. Wratislaw）在 1852 年至 1856 年担任菲尔斯特德学校（Felsted）的校长。科利斯（J. D. Collis）从 1843 年至 1867 年担任布罗姆斯格罗夫学校（Bromsgrove School）的校长。19 世纪 50 年代，爱德华·怀特·本森（Edward White Benson）在拉格比公学任教，虽然阿诺德已经去世，他在那里依然可以感受到阿诺德的精神。1859 年至 1872 年，他成为惠灵顿公学（Wellington College）首任校长，后来他成为坎特伯雷大主教（Archbishop of Canterbury）。19 世纪 60 年代初，约翰·珀西瓦尔（John Percival）在拉格比公学任教，1862 年出任克利夫顿公学（Clifton）首任校长，直至1879 年卸任；后于 1887 年至 1895 年担任拉格比公学校长。其中最后两位证明了阿诺德的影响轻而易举地渗透进维多利亚中期的社会基础之中，还有许多人间接地感受到了这一点。

然而，阿诺德最著名的门生，也是最臭名昭著的门生是查尔斯·沃恩，他在 1844 年至 1859 年间担任哈罗公学的校长。沃恩是阿诺德最喜欢的学生之一。他也是斯坦利的妹夫，是阿诺德遗留的封闭排外的小圈子的代表人物。他出生于 1816 年，父亲是一名牧师，在阿诺德到拉格比任职之后的第二年，即 1829 年加入拉格比。他是一位杰出的古典主义学者，年仅 25 岁就获得剑桥大学三一学院的教职，申请接替阿诺德担任拉格比公学的校长，然而并没有成功。令他感到安慰的是他成为圣马丁教堂（St Martin's）莱斯特（Leicester）教区的牧师，他的父亲曾经也是这个教区的牧师。此后，他在年仅 27 岁时获得哈罗公学的委任。和阿诺德一样，他上任不久便成为神学博士。

当沃恩接手哈罗的时候，哈罗一片混乱，有人警告他"不要让自己陷在里面"。[82]然而，哈罗公学却在他的领导下焕然一新，很快为他赢得了赞誉，尽管这似乎既是事实也是宣传有方。学校的规模从他上任时的 70 名学生发展至他离开时的 460 名学生，由此可见学校在沃恩的领导下确实蒸蒸日上。他把阿诺德的监护制度强加于学校，并全力支持他的监护人员，甚至在 1853 年，其中一名监护人员殴打了一名男孩，严重伤害了他，并引发了一起小丑闻。就像阿诺德的世界一样，上帝是沃恩世界的中心，他重建教堂的重要目的是能让他有一个像样的讲坛，从而像阿诺德一样通过布道影响学生，塑造学生的精神面貌。

然而，事情并非看上去的那样：1859 年，年仅 42 岁的沃恩突然从哈罗公学退休，100 多年后，世人才真正认识到他是个伪君子。他有一个学生名叫约翰·艾丁顿·西蒙兹（John Addington Symonds），1854 年至 1858 年就读于哈罗公学，后来成为著名的唯美主义者和同性恋者。西蒙兹 1893 年去世前写了回忆录，但拒绝出版；他的文学遗嘱执行人于 1926 年去世，去世前把手稿交给了伦敦图书馆，并要求在他死后 50 年才能出版。然而，该图书馆在 20 世纪 50 年代将手稿提供给学者。1964 年出版的菲利斯·格罗斯库尔斯（Phyllis Grosskurth）的《西蒙兹的一生》（*life of Symonds*）

就以这本书为基础，此后，回忆录于 1984 年正式出版。

在西蒙兹和沃恩两人去世大约 70 年后（沃恩于 1897 年去世），正是这本传记最终把维多利亚时代公立学校生活中最可耻的事情公之于众。西蒙兹的回忆录中有一章的标题是"我在哈罗公学最后一年的痛苦生活"，他在这一章的开头讲述自己的所见所闻："在哈罗公学，有一种现象很快引起了我的注意，就是学校的道德状况。"[83]

他继续说道："每个长得好看的男孩都有一个女性名字，他们要么被认为是妓女，要么被认为是某个大块头的'婊子'。婊子是一个常用的词，指的是一个男孩把他自己奉献给了情人。宿舍里和书房里的谈话非常下流。到处都无法避免看到手淫，相互手淫，裸体男孩一起在床上的运动。没有优雅，没有感情，没有激情，在这些事件中，只有动物的欲望。他们使我感到厌恶和恶心。"

西蒙兹所描述的（他以惊人的细节描述了各种各样的男孩对男孩的行为，内容之详细令人惊骇）可能在很多学校都普遍存在，而不只是在哈罗公学；从维多利亚时代晚期至 20 世纪早期的公立学校回忆录看，后辈对此更加不陌生。沃恩没能控制住这种堕落，这表明他缺乏阿诺德的严谨性。最终他拿到了一个男生传给另一个男生的字条，字条的内容是要求幽会，那方面的事情一目了然。他把全校学生召集在一起，没有其他任何老师在场，当众读了字条。他谴责起女性名字的行为。他命令鞭打其中一个男生，命令另一个男生写检查，他的过错仅仅是受到追求。沃恩称这不是惩罚，所以他没有认识到"这种恶行在我们学校有多么普遍"。[84]于是爆炸性新闻接踵而至。

1858 年 1 月，西蒙兹的朋友阿尔弗雷德·普雷托（Alfred Pretor）写信给他，说沃恩和他开始了一段"恋情"。[85]西蒙兹认为普雷托在撒谎，但当普雷托给他看沃恩写给他的"一系列充满激情的信"时，这种印象很快就消失了。如果沃恩发疯与普雷托发生暧昧关系，考虑到他的社会地位，他把自己的感情写出来就不仅仅是精神错乱的问题了。这件让人意想不到的事情对西蒙兹造成的困扰是多方面的。"一方面沃恩身负重任，被教会授予圣职……最近还为我施坚振礼，我从他手中接过圣餐，已经习惯把他视为我的行为典范。拥有这双手的人却跪在弗雷德·普雷托的旁边。"另一方面西蒙兹自己也是同性恋，但他以为这种感觉长大成人后就会消失。沃恩的行为表明情况并不是那样。尽管他厌恶沃恩，但他也一直对沃恩怀有一种难以言表的同情。

普雷托一直给西蒙兹讲他们的风流韵事，给他看沃恩刚刚寄给他的信。西蒙兹觉得这件事既有趣又恶心，可是旋即又不知道是否应该把事情告诉父亲。虽然他很犹豫，但是他敦促普雷托结束这种关系。普雷托没有接受劝告。西蒙兹考虑在图书室与沃恩当面对质这件事，"图书室是他和普雷托秘密欢愉的地方"。[86]西蒙兹还没有鼓起勇气这样做的时候，有一天他和校长讨论希腊抑扬格，这时"他开始轻轻地抚摸我的右腿，从膝盖抚摸到大腿"。事情就此发生了转折。"我从来就不喜欢这个人；他不是我钦佩的智者。现在我开始彻底不喜欢他了。"西蒙兹在深入阅读柏拉图经典的过程中找到了他所追求的道德的真谛。他形容自己冷漠地在哈罗公学度过了最后一个学期。1858 年秋天，他一到巴利奥尔学院就开始与自己的母校保持距离。第二年夏天他把发生的事情告诉了牛津大学的一个朋友，这个朋友明确表示让他把事情告诉他父亲。

28　　　西蒙兹博士相信了他儿子的故事，马上给沃恩写了封信。他说，如果他立即辞去哈罗公学的职位，不在教会寻求晋升，自己就不会揭发他。当时重要公立学校的校长通常都是牧师，成为主教几乎是一种惯例。沃恩收到西蒙兹博士的信后第一反应便是要与控告他的人当面对质，于是他立刻前往布里斯托尔（Bristol），到克利夫顿（Clifton）登门拜访西蒙兹，看看有什么证据指控他行为不检点。看到普雷托信中的内容，他按照西蒙兹博士说的做了，不过是在沃恩太太——斯坦利的妹妹——也来到克利夫顿之前，为了让博士慈悲为怀，她甚至跪拜下来。她"扑倒在我父亲的膝前。'西蒙兹博士会不会原谅他呢？'她的丈夫固然有这种弱点，但这并不妨碍他管理哈罗公学"。[87]

　　然而，西蒙兹博士丝毫不为所动。"尽管父亲告诉我，他看到这个不幸的女人——一个斯坦利家族的人——匍匐在他面前的地板上，感到十分痛苦，但他断定，对一所伟大的公立学校隐瞒这样一件极其重要的事情是不对的，所以他仍然固执己见。"据西蒙兹说，在这一点上，他的父亲得到的支持不是来自别人，正是那个倒在地上的女人的哥哥斯坦利。于是沃恩突然巧妙地摆脱了哈罗公学，声称没有人能在一所伟大的公立学校里待上 15 年以上。而且，正如西蒙兹所说，"公众纷纷高度评价这一辞职行为"。[88]

　　当然，政府对沃恩离开的真正原因一无所知，因此向沃恩提出了一个显然是强制性的主教职位——伍斯特主教。沃恩同样无奈拒绝了。几个月后，帕默斯顿——他不仅是首相，而且还是哈罗公学管理委员会的主席——又给了他一个职位——罗切斯特主教。这一次沃恩接受了，毫无疑问，他认为西蒙兹博士的愤怒已经因为他从哈罗公学辞职而平息了。他错了。消息一传到克利夫顿，西蒙兹博士就给沃恩发了一封电报，命令他要么离职，要么承担后果。沃恩改变了主意，令他的资助者们困惑不解。斯坦利再一次力挺西蒙兹，认为为了教会的名誉，这是唯一正确的做法。正如西蒙兹在回忆录中的记载，沃恩的辞职及随后两度拒绝主教任命引起了人们的猜疑，但是真相却讳莫如深。

正是缘于这种矛盾性，当时和后来的许多人（以斯特雷奇为首）认为维多利亚时代在英国道德史上是一个非常虚伪的时期。不过这也表明高尚的情操即使再堕落也会自我重生。沃恩只能接受唐卡斯顿（Doncaster）比较低级的教区牧师职位，19 世纪 60 年代他主要在那里度过，并且取得了巨大成就。他重振了该镇的文法学校，在霍乱流行期间为他的教众发挥了杰出的领导作用，人们普遍赞赏他在精神和世俗领域的工作。在那里，他还训练了 120 名年轻人接受圣职，他一生培养的神职人员超过 450 人，其中包括 1903 年成为坎特伯雷大主教的兰德尔·戴维森（Randall Davidson）。没有任何迹象表明他与其中任何人或者与任何其他人再度发生不检点的性行为。1869 年他成为圣殿主事官，1879 年成为兰达夫大教堂的教长。

塞缪尔·巴特勒（Samuel Butler）不愿意接受阿诺德式的基督教和人生态度，关于 19 世纪 20 代早期，他写道，那时"阿诺德博士还没有开始培养我们这个时代那些认真的思想家，人们也不明白为什么不应该我行我素，如果这样做看起来并不会对自己产生恶果的话"。[89]1867 年，约翰·斯图亚特·密尔（John Stuart Mill）说得则没那么直白。他认为阿诺德是一位"实践改革家"，"我认为他的工作和他的影响的最大益处体现在实践中，而不是理论上。他为师生之间的友好交流树立了典范，他为教师努力激发学生的道德追求树立了典范，我认为二者具有巨大的实用价值；如果普遍采用这种方法，一定会在整个教学方法和教学效果方面产生（我认为已经产生了）重大改革"。[90]作为学校教学改革的结果，它改变了社会上许多人的看法、语调和意图，并直接或间接地造就了许多人，他们把自己的崇高思想用于改善人民、改善他们所生活的世界以及改善统治他们的制度。这也是为了应对那些可怕的挑战。

第一部分　英国的状况

第一章　愤怒的19世纪40年代：
贫穷、骚动和骚乱

一

1842年5月30日，礼拜一，晚上6点15分，维多利亚女王和她的丈夫阿尔伯特亲王在海德公园骑马散步后乘坐一辆四轮马车从宪法山上下来，这是自下午4点以来她的第4次骑乘，一名男子拔出手枪，好像要瞄准君主。"有人看到枪里的火药闪了一下，但是枪没有响，又过了一会儿，这个恶棍还没来得及装上新的火药，苏格兰燧发枪卫队第二营的一名卫兵……'别住'了他——也就是说，立刻抓住他的两只胳膊。在这种情况下，他推搡着年轻人向宫殿走去，还有两三个士兵来帮助他，不到两分钟，他就被关进了宫殿，被带进了门房。"[1]还有一些人热衷于声称，事实上，正是他们抓住了这个行刺未遂的刺客。有一种说法是，在他游荡的时候，一名叫作坦纳的警官一直对他表示怀疑，一直在观察他，比卫兵先把他"钉"住了。

暗杀失败的刺客名叫约翰·弗朗西斯（John Francis），年仅20岁，只比女王小3岁，"他身高5英尺5英寸，身材有点臃肿"。事实上，这是弗朗西斯两天内第二次试图谋杀女王。5月29日礼拜日，有人看见他在女王从王室礼拜堂回来的路上拔枪。阿尔伯特亲王受到了惊吓，于是派人去请首相罗伯特·皮尔爵士（Sir Robert Peel）来讨论如何才能避免他的妻子受到这样的伤害。结果，第二天下午，王室一行人外出时身边簇拥着士兵和警察。这并没有什么不同：女王的得救不是因为保镖，而是因为弗朗西斯糟糕的射击技术。女王获救的消息传遍了伦敦。为了迅速吸引大批观众，伦敦西区的剧院打听了相关的各种细节。舞台经理向心有余悸的观众们讲述了"恶魔般的企图"刺杀君主的消息，许多人在现场唱起了国歌。第二天，议会对女王的获救表示感谢。

两年前，1840 年 6 月 10 日，一个名叫爱德华·奥克斯福德（Edward Oxford）的人也曾试图在宪法山上的同一地方射杀女王。他曾因叛国罪受审，但因精神失常被判无罪，现住在贝斯勒姆精神医院。女王和她的丈夫都认为，应该通过此次对女王行凶刺客的处理起到杀一儆百的作用。他们认为，奥克斯福德的无罪判决鼓励了心怀不满的人对她进行随意攻击。6 月 1 日，她在报纸上读到一份逮捕令，指控"约翰·弗朗西斯用一把装满火药和子弹的手枪向我们的君主维多利亚女王开枪"。她立即给皮尔写了一封信，说"罪行在于朝女王开枪，而不在于用子弹或其他东西"：她的观点是，如果找不到那颗射出的子弹，就会对案件产生偏见。[2] 不到一个月，弗朗西斯也因叛国罪受审，被判有罪，并被判处死刑。判决最后减刑为终身流放，这并没有让女王夫妇彻底满意。他们似乎是有道理的。两天后，也就是 1842 年 7 月 3 日，另一个心怀不满的臣民约翰·比恩（John Bean）向女王开枪。他的手枪似乎装满了烟草，他只被判入狱 18 个月。

看来，维多利亚的前三名潜在杀手（还会有四名）可能是精神不稳定，或者是为了寻求关注，或者仅仅是为了出名。然而回想起来，1842 年的尝试似乎具有象征意义，因为当时英国正处于严重的内乱时期，饱受贫困之苦。过去半个世纪的快速工业化，以及制造业更高工资的吸引力，吸引了数十万农业工人来到城镇。19世纪 40 年代初，由于需求锐减，这些人和他们的家庭失去了工作岗位，也没有农村社会的封建结构来拯救他们。旨在减轻工业贫困的基本机构——特别是根据 1834 年《济贫法》设立的济贫院——被证明是不够的。数以百万计的工业区居民饥肠辘辘，愤怒不已，躁动不安。人们担心整个社会秩序可能会崩溃，而试图杀死女王的行为，尽管令人震惊，但似乎是她诸多臣民的心声。

皮尔通过阿尔伯特亲王向女王建议，对弗朗西斯的死刑应"减刑为终身流放到重犯定居点"。[3] 女王同意了，但阿尔伯特"非常渴望"见到皮尔并了解叛国罪法律的含义，法官们认为，对于这样的案件，叛国罪法律不能令人满意。他对皮尔说，他认为"君主的生命是社会中最有价值和最重要的……比任何其他个人的生活曝光度更高……当君主是女性时，这种受伤害的可能性就会增加"。此外，"民主和共和观念的增加，以及我们这个时代媒体的放纵，一定会使人们更容易犯下那种罪行"。[4] 法官们曾表示，除非弗朗西斯有意杀人，否则这不是叛国，但他手枪里的火药不足以完成这项任务。阿尔伯特总结道："我不能说现在的法律对君主的人身提供了我承认的前提下所要求的那种保护。"

皮尔向内阁递交了一份备忘录，建议修改叛国罪的法律，以更多地保护女王——攻击"君主的人"应面临"比目前更严厉的惩罚"。[5] 然而，英国内政大臣詹姆斯·格雷厄姆爵士（Sir James Graham）警告他要冷静下来。他认为，流放似乎已经"与犯罪行为不成比例"，任何针对如此轻微袭击的更强有力的措施都"将违反公众舆论"。[6] 皮尔征求了内阁意见后，写信给阿尔伯特说，英国议会将通过一项议案，提议在 7 年内对侵犯女王或试图伤害她的人处以 7 年的流放，包括可替代的"罚款或监禁，至于是否服苦役，是否有体罚，由法院自行裁量"。[7]

  阿尔伯特很感激，但他对"伤害"这个词却吹毛求疵，他想知道这个词是否"足够全面，足以应付所有可能的伤害，以及因企图伤害君主而可能产生的道德和身体上的后果"。[8]他还认为，"暂时的流放或监禁等处罚恐怕会令歹徒感到恼怒，而且他们很快就会获得人身自由"，并"鉴于君主是他遭受痛苦的原因，从而寻求对女王的伺机报复"。皮尔拒绝了这一毫不掩饰的要求严厉惩罚的请求，他在 7 月 12 日给亲王的回信中指出，任何措施都不应"在量刑上与民众当时的情绪和感受背道而驰。如果公众舆论认为这项法律过于严厉，它在阻止犯罪方面所起的威慑作用将不及民众认可的更加道义和更有威信的法律"。[9]一周前，托马斯·卡莱尔曾写信给他的母亲，谈到这个"奇怪的时代"："人民厌倦了治国无方，他们当中的恶棍向可怜的女王开枪……所有人都对这个国家的状况忧心忡忡——我认为他们很可能就是这样。"[10]

二

  当局对国内动乱问题保持警惕，他们一直担心暴乱分子会破坏财产并煽动革命。1842 年 5 月 7 日，皮尔曾召集坎特伯雷大主教、伦敦主教和詹姆斯·格雷厄姆爵士举行过一次会议，讨论"英国某些地区工人阶级的贫苦状况，尤其是佩斯利附近以及兰开夏郡的一些制造业城镇和村庄的情形"。皮尔写道："在这个国家的上述地区，贫困和苦难一直贯穿整个冬天，而且在不断继续，不断扩大——人们的耐心和服从堪称典范。在某些情况下，当地用于向受难者提供慈善援助的资金已接近枯竭，地方官员和其他人士对这些资金完全枯竭的后果深感忧虑。"[11]他建议女王给高级教士们写一封

35

公开信，张贴在英国各地的教堂里为穷人募捐。"以前爱尔兰发生危机的时候这样做过，英国制造业地区出现危机时也这样做过。"最后，他满怀期待地称赞，"对痛苦的人们表现出普遍的同情，对他们和平应对且遵纪守法的品质给予认可，认为这将在道德上产生有益的影响"。5 月 20 日，他进一步对女王说："看来，［陛下］的仆人集体捐助苏格兰和英格兰北部某些地区生活困难的手工业者似乎是明智的，这些集体捐助所得及由陛下给大主教和主教发出的公开信募集的善款将共同用于救济这些难民。"[12]

36

然而，由于事态的紧迫性，皮尔决定"为了立刻提供救济，需要从国库中立即拨出一笔款项，这笔钱将用继续募集的善款偿付"。他建议从王室赏金中拿出 500 英镑率先捐款。那个月早些时候，卡莱尔曾在英国北部旅行过，他告诉朋友托马斯·斯佩丁（Thomas Spedding），在刚到曼彻斯特时，"我注意到的最悲惨的情况是城市里没有冒烟；在我的印象里，曼彻斯特从来没有像现在这样晴朗"。[13]没有烟是因为很多工厂倒闭。不久之后，曼彻斯特爆发了由反谷物法联盟（Anti-Corn Law League）煽动的骚乱，该运动鼓动取消对进口谷物的关税，从而降低面包的价格。在利兹、伦敦、苏格兰和特伦特河畔斯托克（英国瓷都）等各种各样的地区，济贫法体系迫于压力濒临瓦解。[14]

仅在佩斯利，1842 年 2 月就有 17000 人寻求《济贫法》的帮助，钱也花光了。前一个月，14817 名失业者每周可领取 510 英镑的救济金，每人 8 便士多一点。这个城镇几乎只生产一种商品——一种棉花和丝绸的混合物。它的主要出口市场是美国，然而那里的需求已经萎缩。当时，苏格兰的银行纷纷要求清偿贷款，导致破产。有人告诉卡莱尔，"前一个星期六晚上，2000 名男男女女聚集在佩斯利的市长门前，他们安静地站在那里，秩序井然，当被问到他们的目的时，他们说，他们没有钱，没有食物，也没有燃料。他们有孩子，都是劳动人民，他们来到这里，是要看看能否得到救助活下去”。[15]虽然没有发生暴力事件，但附近仍有士兵防止暴乱。

6月30日，佩斯利向上议院提交了一份由6000名居民签名的请愿书，控诉救济穷人的资金发放问题。他们最初得到的是现金券，这是一种法定货币，在镇上任何一家商店都可以使用，但现在他们得到了实物支付，也就是面包、正餐和土豆。更糟的是，这种方式比以前的做法更昂贵。[16]请愿者声称，当地的济贫法专员故意决定发放实物救济，“使劳工的处境愈加不尽如人意，以便诱使他们移民到该国的其他地方”。内政大臣格雷厄姆强硬地驳斥了这一推测。[17]

民众要求由地方法官或牧师、他们自己社区中值得信任的成员分发救济。他们想要的不是慈善，而是想办法扩大他们的产品销路，让他们能够靠自己的劳动生活下去。19世纪20年代之前，佩斯利赖以繁荣发展的纺织业一直是家庭手工业，直到19世纪20年代，纺织业实现了工业化，吸引了更多的人来到这里。因此，需求下降产生了灾难性的集中效应。当请愿书提交时，威灵顿公爵（Duke of Wellington）代表政府满不在乎地做出了回答。请愿书一经提交，佩斯利当地便认为政府已经“洗牌”不再承担责任，而且由于找到足够供给的“巨大努力”只是幻想，“议会将休会，将任由他们挨饿并死去”。[18]每人每周得到1先令2便士的补助，用格林诺克的国会议员罗伯特·华莱士（Robert Wallace）的话说，“不到普通重罪犯在监狱里得到的补助的一半”。[19]

利兹的钱也花光了，只是通过一次募捐筹集到的6000英镑才使人们勉强度过上一个冬季。自1838年以来，济贫院委员会帮助的家庭数量翻了一番。据估计，在1842年第一季度，80000总人

口中有 1/5 依赖济贫院，用于该机构以外的救济费用比一年前高出
23%。同时，反谷物法联盟与宪章运动者之间的联系——政治鼓动
者们寻求实施六项民主权利的人民宪章——变得越来越多，政府开
始担心中下层阶级联合起来反对贵族统治。萧条城镇中当权的中产
阶级，尤其是几位市长，都是联盟成员，他们正在敦促政府同意改
革的要求。到 6 月初，由于贸易下滑，格拉斯哥有 12000 人得到救
济，每天只能配给大约 4250 人的口粮。[20] 警察驱散了城里的失业者
集会，担心他们会酿出什么后果。由约翰·罗素勋爵（Lord John
Russell）领导的自由党也加入了要求废除《谷物法》的行列。皮
尔说，在没有自由进口玉米的时候，曾经有过繁荣。[21] 这忽略了一
个事实：皮尔本人将在 4 年内看到，在经济不景气的时候，可以通
过取消关税来缓解这种局面。

38

三

19 世纪 40 年代本应是社会大发展的时期。铁路的出现改善了
劳动力的流动性，开辟了新的市场，给英国带来了繁荣。然而，这
个国家充斥着强烈的不满情绪，政治上和经济上都存在着巨大的不
平等。问题的根源之一是 19 世纪头 30 年人口的迅速增长。根据官
方的人口普查数据，英国人口从 1801 年的 8308000 增长到 1831 年
的 12993000，30 年间的增长相当于之前的 200 年。人们为了寻求
更好的生活水平而从农村迁移到城镇，在一段时间内，他们的确如
愿以偿。孩子们学会走路后不久就能出去工作，对许多家庭来说，
这是一种商业财产，因此，这些家庭的规模不断扩大。尽管这造成
了过度拥挤和卫生问题，但只要经济运行良好，生活就几乎是可持
续的。如果订单簿空空如也，就像 19 世纪 40 年代初经济衰退后那

样，灾难就会降临。

在这种高失业率时期，政府有必要制定一个成功的策略，在这种时候管理穷人。伊丽莎白一世统治末期，颁布了第一部《济贫法》，规定贫民教区有义务为贫民及其家庭提供基本的生活支持。到了 19 世纪 30 年代，这一体系开始瓦解，因为很多人都搬到了以前几乎空无一人的地方，造成人口高度集中，并且依靠教区提供的救济过活。这项制度是由地方的贫困救济税资助，完全不能满足新的需求。1834 年修订的《济贫法》旨在纠正这一问题，但它不仅激怒了它竭力保护的那些人，也激怒了受过良好教育的阶层。1834 年法案背后的理念是将贫穷妖魔化以防止人们成为穷人。它遵循功利主义的信条，认为报酬将滋生懒惰，因此救济应视工作而定。作为一种威慑，济贫院里的环境比外面恶劣得多。除了要做长时间的摧毁意志的苦差事，如打碎石头、粉碎骨头或摘麻絮，一家人也不能在一起。被收容在那里的人统一穿粗布衣服，进出只有一扇门，并且有门卫看管。济贫院就像监狱，贫穷似乎已经被定罪。卡莱尔把济贫院称为"穷人的巴士底狱"。[22] 1837 年查尔斯·狄更斯所著的《雾都孤儿》（*Oliver Twist*）是一篇反对法令的宣传作品，它对穷困的描述相对准确。

1843 年，《泰晤士报》的所有者、国会议员约翰·沃尔特（John Walter）列举了那些依靠教区救济的人所经历的羞辱、侮辱和堕落，以及这些对他们工作的影响。他引用了一位记者曾经对他说的话，那位记者定期走访济贫院：

> 这是一种令人沮丧的制度，倾向于把贫穷和放荡联系起来，滋生赤贫和犯罪。我对你陈述的情况都是千真万确的。除了病人和老年人以外，每一处都在进行着消极的工作。这就是

该项制度的规定，工会大楼里也是这样执行的。罪恶在贫穷不幸的儿童中，在成年男女当中，在身体健全的人当中蔓延。其具体形式和种类令人作呕，包括了某些最不堪的放荡行为和许多犯罪行为。我所认识的人都说过，虽然没有这些墙许多人也会犯罪，但是墙里的人更恶劣，也更危险。[23]

该法案在农村地区的威慑作用非常成功，农村地区的农业生活方式日益萧条和不稳定，迫使农业工人及其家庭迁往城市地区，在那里他们有更多的机会找到手工工作，而且他们认为这样可以避开济贫院。这也是立法委员们的意图。在 1832 年《改革法案》通过后的第一届下院中，辉格党以多数席位通过了该法案。在这届下院中，相比于贵族的封建家长制，中产阶级的功利主义原则开始发挥更大的作用。

然而，努力在农村谋生的人们发现，搬到城镇后，无疑就是国家乡村济贫院的悲惨生活变成了资本主义城市济贫院的悲惨生活。在经济低迷时期，济贫院有时是避免挨饿的唯一选择。贫困的农村劳动力迁入城市教区，这些教区发现他们的贫困率急剧上升，他们承受着新的负担。由于工人阶级遭遇了长期的困难并陷入失望，他们有充分的动机参与 19 世纪 30 年代日益加剧的政治动荡。1837年 6 月，维多利亚女王开始执政时，英国经济正在经历根本性的重组，而在接下来的十年里，铁路的指数级增长几乎会带来革命性的变革。与所有此类重组一样，负面影响随之而来。贫困的影响震惊了关心社会的中产阶级，引发了一场慈善社会运动，要求减轻贫困。

受卡莱尔的启发，中产阶级作家试图通过后来被称为《英国状况》（*Condition of England*）的小说，提醒同阶层的人关注穷人的困境。伊丽莎白·盖斯凯尔（Elizabeth Gaskell）在 1848 年出版的小说《玛丽·巴顿》（*Mary Barton*）中描述了工人阶级生活的恶劣状况。"他们走过的时候，女人们从门口把各种各样的家用泔水倒进阴沟里面。他们跑到下一个池子那里，池子里的水溢出来了，而且淤塞了。一堆堆的灰就是踏脚石，讲究点卫生的过路人小心翼翼地不让脚踩在上面……往下迈一步，竟然从脏兮兮的地方走进了一户人家住的地窖里。"[24]查尔斯·金斯利（Charles Kingsley）是牧师、小说家，也是一名基督教社会主义者，他在几年后的作品中也提到了这一主题："牛棚和屠宰场、没有排水系统的巷口散发着恶臭，居民们鞋子上踩着脏东西，将它们从后院带到前庭，从前庭一直带到大街上；而街道上方，帷幔犹如峭壁一般——那些街道狭窄、遍地污秽，充斥着贫穷和罪恶；一间间承载着生活的房子潜入了昏暗、肮脏、令人窒息的黑夜。"[25]当时杰出的小说家查尔斯·狄更斯曾在《小杜丽》（*Little Dorrit*）中把伦敦描述成一个黑暗、悲惨和肮脏的城市。"忧郁的街道上笼罩着一层悔罪的烟灰，浸透了那些注定要绝望地望着窗外的人们的灵魂。"[26]

四

到 1842 年 7 月中旬，斯塔福德郡和其他地方爆发了零星骚乱，格雷厄姆派出了国民自卫队。激进的国会议员试图缩短议会休会期，迫使上院和下院在 10 月举行会议，但未能成功。这与其说是为了应对骚乱，还不如说是为冬天做准备，避免恶劣天气加剧贫困"灾难"。[27]政府拒绝考虑这一点，也拒绝保证如果情况恶化会重新召集议会：格雷厄姆说这样的承诺将是"违宪的"。[28]革命的北方地区流传着这样一种说法：一部分是由反谷物法联盟和宪章派的煽动者煽动起来的，但另一部分是简单的事实陈述。7 月 15 日，联盟理事会准备了一份声明，声明"该国正处于革命前夕，政府应该停止运作"，这将是后来导致反对者指责其"叛国"活动的声明之一。[29]

彼得·麦克道尔（Dr Peter McDouall）是来自伦敦南部的外科医生，他是曼彻斯特宪章会议执行委员会领导人之一，正式呼吁举行大罢工。7 月 26 日，麦克道尔在德普特福德再次发出这一号召，并在德普特福德百老汇市中心发言 15 分钟后被捕。警察驱散了集会，这激怒了激进分子。警察告诉他，"你在开一个非法的会议，而且使用了过激语言"。他提到了"这个国家的专制贵族践踏穷人的权利"。麦克道尔的行为很正常，他曾在 1839 年因煽动叛乱被捕，目前仍处在缴纳了 500 英镑的保释阶段。

到了 8 月，"长期持续的失业迫使许多人离开家园，成群结队地在农村四处游荡，表面上是在乞求施舍，但实际上仅仅他们的外表和人数，就在所到之处引起了恐慌"。[30]许多人或在打短工，或在罢工。最终，在宪章得到执行之前，要求举行大罢工的呼声变得普遍起来。在兰开夏郡、柴郡和斯塔福德郡，矿井，磨坊和工厂被一大群人包围并关闭；动乱很快就蔓延开来，不仅仅是失业者。那些仍在工作的人的工资也被削减了。

查尔斯·格雷维尔（Charles Greville）是一名朝臣兼日记作者，他写道，"若不是铁路使得政府有能力立即把军队开进混乱的地区，并立即平息冲突"，这场骚乱"已经足够令人恐慌"。格雷维尔在骚乱一个月后写道："迫在眉睫的危险已经过去，但那些最了解情况的人对未来充满焦虑和忧虑，他们认为最近发生的事情是一系列混乱的开端。"这也是他本人的看法。煽动暴乱的行为多数都不是宪章派的政治意图，但是皮尔和格雷厄姆看到如果这两股力

42

量相遇并互相影响的话，会带来致命的危险。

由于担心 8 月 16 日，即在彼得卢大屠杀的周年纪念日发生暴乱——1819 年，曼彻斯特的一场改革示威游行中，一队骑兵冲锋，造成 15 人死亡，至少 400 人受伤——皮尔派了一营警卫前往曼彻斯特，并发布了一份王室公告，警告人们不要参与有暴力倾向的公共集会。政府迅速通过铁路向北方运送增援部队，很快就恢复了秩序。在伦敦，警察和士兵迅速采取行动，阻止了举行宪章会议的企图：格雷厄姆下令逮捕团伙头目，驱散人群。当斯塔福德郡的事态变得危险之时，皮尔向那里输送武器弹药以保卫德雷顿庄园，那里是他的乡间宅邸。阶级战争的准备，或者可能是反对革命的准备，都已经就绪。

格雷维尔在 1842 年 11 月 2 日写道，他见到了掌玺大臣沃恩克利夫勋爵（Lord Wharncliffe）和枢密院教育办公室常务秘书詹姆斯·凯·沙特尔沃思（James Kay Shuttleworth），"他们两人都来自北方，他们向我描述了这个国家和人民的状况，令人震惊"。[32] 他接着说："有这样一些人，他们极度贫困，甚至可以说一无所有，不想劳动，一无所求，心灰意冷，并且没有安全感，焦虑不安，愤懑不满，这些人数量庞大，而且越来越多……凯说，人民群众的堕落是不可预料的，唯一能阻止他们对财产采取暴力行为的是一种本能的意识，即世道不好，从长远看，他们自身的生存仍然有赖于财产的安全。"虽然格雷维尔似乎是他那一阶层的典型人物，显然不知道该怎么做，但他也和大家一样，对这种情况感到恐惧和绝望。

此生我从未见过目前这种严峻的形势；打破了连续 30 年的持久和平，其间我们一直在不断地改变、修正和进步。根据我们自己的想法，我们不仅是世界上最自由、最强大的人，而

43

且是世界上最道德、最聪明的人……目前事态的一个显著特点
是，没有人能够说清楚，也没有人自诩能够提出解决办法。因
为那些叫嚣废除《谷物法》的人，至少了解此事的人，并不
确信这一举措将会解决我国混乱的局面。我们所拥有的宪法、
财富、工业、创造力、和平以及我们自诩的优秀的智慧和美德
都不足以阻止人间发生巨大的不幸，不足以阻止社会中存在一
个身心都糟糕透顶的阶层，人类竟可以退化到如此地步，我们
拥有的一切有利条件都不能确保避免发生罪恶和伤害，也没有
强大到可以平息巨大的社会政治动荡。这无疑是一件非常可悲
的事情，也是特别值得政治哲学家深思的事情。[33]

1842年12月，《季度评论》用大量篇幅刊登了约翰·威尔
逊·克罗克（John Wilson Croker）的一篇评论文章，他在文中写
道："反谷物法协会（Anti-Corn Law Association）充斥全国的煽动
性小册子、广告和标语牌等一些昙花一现的产物，几乎不值得被视
为文学作品。"[34]克罗克是都柏林大学的前议员，也是威灵顿的密
友，以他的仇恨和愤怒以及他对失败事业的坚持而闻名。1832年，
他离开下议院，发誓永远不会参加改革后的议会。自《季度评论》
创刊以来，他一直在为其撰稿，他的评论都是滥用盲目的倾向性，
而不是以理服人。在本杰明·迪斯雷利（Benjamin Disraeli）的小说
《康宁斯比》（Coningsby）中，他是那个惺惺作态且肆无忌惮的官
吏里格比（Rigby）的原型，如此比较其实是在贬低他。在这篇文
章中，他的批评基调从激进的党派主义转向歇斯底里和非理性。他
说，该联盟的出版物给"舆论法庭带来了近年来最下流、最自私、
也许是最危险的组合"，较之法国大革命时期的雅各宾派（Jacobin）
有过之而无不及，后者"公开声明其真实意图，因此比这些虚伪

44 的组织更容易对付，这些组织'变得像撒旦一样，比过去更聪明'，在追求同一个终极目标的过程中伪装得更加慎重而且更为合理"。

他说，"廉价面包"的"战斗口号"已经取代了"人权"，但"同样具有欺骗性"。他声称，去年夏天的暴动甚至震惊了联盟，联盟的成员（他断言）曾希望暴乱者为他们做肮脏的勾当，但暴乱者并没有感到与他们有什么重大的共同目标。真正让克罗克失望的是，该联盟决定再筹集 5 万英镑，继续其"无法无天的运动"，"把最神圣的话题污染和扭曲成掠夺和流血的动机"。他认为，筹集资金的"公开目的是强迫立法机构修改有关土地的法律"，这种做法即使不会"受到刑事惩罚"，也是"非法的，而且是最严重的违反宪法的行为"。他补充说，任何为这项事业捐钱的人，实际上都是罪恶的帮凶；他还嘲笑联盟极力宣称贸易保护主义助长了几个月前遍及英国北部的暴力行径。

克罗克全面谴责了前辉格党政府，尤其是约翰·罗素勋爵，指责他们在工业城镇策划任命了对其废除政策表示同情的地方官员，此后这些人对骚乱和煽动者会手下留情。他说，这些地方官员"有很多明显的不合格之处——他们的身份和性格都不适合担任任何这类职务——分化和动摇，在本应态度积极的时候怯懦和迟疑"。[35]文章通篇充满了愤怒，一方面是一个不受托利党支配的政府竟然不任命自己人担任地方官员——当然托利党从未做过这种事情；另一方面是反对贸易保护主义的人应该对"下议院在议会无理拒绝听取证词"以及"有权有势的贵族倒行逆施"感到失望。

他更为恼火的是一些贵族成员支持联盟的活动。达西伯爵夫人（Countess of Ducie）和拉德诺伯爵夫人（Countess of Radnor）就是45 其中的女性支持者。他嘲笑联盟不知如何正确提及支持他们的伯爵的一对女儿，并且怒斥那些"本该选择揭露其妻子和女儿是政治煽动者"的人，仿佛那些女人是私人财产。[36]

克罗克在文章中关于暴动和革命的言论危言耸听，预言联盟和宪章派之间的阴谋将造成严重后果，文章在《季度评论》上发表时，两个组织的鼓动者受到起诉，事态的发展使宪章派措手不及，某种程度上也令联盟措手不及。然而，佩斯利市长告诉皮尔，那里的救济行动已经没有钱了，10000 人面临着饥饿和犯罪之间的选择。[37]这位市长受到皮尔的高度重视，但也被克罗克嘲笑，因为他曾公开表示，如果发生暴动，他拒绝命令军队向暴徒开火。[38]克罗克拒绝相信工业区的恶劣条件，并对描述这些条件的人表示蔑视。鉴于这篇文章缺乏直接的观察，它作为一篇新闻毫无价值，但从它所展现的一种心态来看，它是有价值的。其价值体现在，倘若这篇文章广泛传播，便会加速其猛烈抨击的革命的到来。

克罗克夸大了公共秩序面临的威胁，却嘲笑联盟在 1842 年 6 月声称"曼彻斯特的公共和平面临饥饿的危险"，结果证明这个看法比克罗克（此人没说曾去过贫困地区）承认的情况更接近事实真相。[39]他很容易在联盟各种各样的宣传中发现极端分子，发现持不同政见者扬言暗杀皮尔，或声称"冷酷无情的贵族决定挑唆人们叛乱，从而达到暴力统治的目的"。[40]他还认为要求罢工是反动的，蔑视"公平工资、公平工作"的观点。不管怎样，到最后他的潜在动机相当明显，就是害怕联盟获得支持；害怕支持者大量捐款；害怕某些富人和贵族受到联盟的诱惑；最终害怕联盟提出的观点，特别是激进的国会议员、联盟领袖理查德·科布登（Richard Cobden）等人所倡导的论点——"被宠坏的煽动的孩子"——最终会占上风。[41]克罗克对科布登的攻击主要是人身攻击，没有透露出他对科布登的了解，也没有透露出他的动机。

政府仍然不知道如何解决导致国家在 1842 年濒临无政府状态 46

的问题。1843 年 2 月新一届议会召开后，下院进行了为期 5 天的辩论，反映出政治阶层的不安。豪伊克勋爵（Lord Howick）认为，辩论开始时，政府缺乏行动。豪伊克指出，"由于没有宣布所有补救措施"，下院应该"考虑在这种情况下，事情是否可以妥善处置……我认为这个国家的局势是最严重的危险之一"。[42]他不仅描述了工业区令人震惊的状况，还概述了农业工人的遭遇，由于缺乏可支配收入，导致对食品的需求降低，进而也降低了对农业劳动力的需求。煤炭贸易将以更低廉的工资雇佣更少的人，造船厂和船运公司也是如此。连锁反应已经很严重：桑德兰大街上有四五十家商店无人光顾。全国消费税收入下降了 1/4，桑德兰济贫院的花费在五年内增加了一倍多。他担心会发生一场新的暴动："我不得不提醒下院，在去年夏天的骚乱中，就已经对这个问题发出了警告。"[43]

他建议降低关税并运用自由贸易原则来刺激工业，这一补救措施在托利党议员中引起了轩然大波。他告诉他们没有什么可担心的："如果进口大幅增长，出口和制造业也会随之大幅增长。"[44]为了平息皮尔的苦恼，贸易委员会副主席威廉·尤尔特·格莱斯顿（William Ewart Gladstone）称《谷物法》是"暂时的"，试图以此平息事态。这让皮尔感到不安，也让许多托利党人感到不安，但到 1843 年 12 月 20 日，格莱斯顿在日记中指出，"皮尔爵士强烈表示，下一步将要彻底废除《谷物法》"。[45]理查德·科布登将领导废除法案的斗争，他注意到，"贵族阶层无法维持其在财富上的地位，这些财富浸透着孤儿和寡妇的泪水，并从农民的生计中榨取而来"。[46]在一篇期待三年之后政党调整的预测文章中，他写道："那么，是时候不再为辉格党和托利党的措辞而在下院吵来吵去，而是严肃认真地质询国家当前的状况了。"[47]

　　统治阶级意识到贫困问题已经逐渐失控，于是更加绝望。贸易
委员会主席会员里彭勋爵（Lord Ripon）曾说过，"穷人的名字绝　　47
不像人们想象的那样意味着一个不能或不愿意工作的人——一个身
体虚弱或懒惰的人将使他没有资格成为一个有用的定居者。相反，
英格兰南部许多教区的已婚劳工可以被准确地描述为贫民，鉴于就
业短缺，工资水平下降，即使一个人再勤劳，不接受教区救济也无
法维持家庭生活"。[48]然而，里彭的内阁同僚詹姆斯·格雷厄姆爵士
坚持强硬路线，使得思想更为开明的人的担忧得不到回应。他认
为，"1834 年通过的一项措施使《济贫法》得到了全面改进；如果
从基督教的角度来看，我想说的是，基督教的伟大戒律——给衣不
蔽体的人衣服穿，给饥饿的人吃东西，看望生病的人——实际上就
是在这一措施的作用下实施的……在文明世界的任何基督教团体
中，都没有一项法律在病人、穷人和赤贫的人受苦受难的时候，为
他们提供如此人道、如此慷慨、如此宽泛的帮助"。[49]

　　这是一派胡言，原因在于格雷厄姆所称赞的法律在维多利亚时
代没有对是否有资格称为穷人进行必要的区分。他的刻薄和傲慢个
性，以及他所表现出来的冷酷无情，已经使他在下院不受欢迎。自
从 1835 年加入托利党之后，他开始亲近社会保守主义，这使他在
利物浦勋爵（Lord Liverpool）的政府中过得很舒服。皮尔和他亲近
起来，皮尔在 1841 年上任时邀请他担任内政大臣。党内普通成员
则越来越不喜欢他。他完全不支持激进主义和工人阶级的愿望，这
使得他在宪章运动时期作为内政大臣难以胜任。那些进一步寻求改
革的人很快开始憎恶他。后来成为著名慈善家沙夫茨伯里勋爵
（Lord Shaftesbury）的阿什利勋爵（Lord Ashley）于 1842 年 11 月
20 日写信给皮尔，感谢他接见了工人代表。他说："工业区的代
表团对与你们的会谈感到非常高兴；我不太恰当地认为他们对詹

48   姆斯·格雷厄姆爵士的态度截然不同。"[50]

托利党议员杰纳勒尔·约翰逊（General Johnson）认为：

> 没有人能否认——不，甚至连它的支持者也不能否认——
> 这项法律在执行上是极端严酷和残酷的。在许多情况下，监护
> 委员会自己也深信这种行为是残酷的，他们自掏腰包赈济那些
> 按照规定得不到救济的人……基督徒在情感上不可能同意将所
> 有穷人一概而论，不区分坏人和值得帮助的人，不在自我放纵
> 而沦落潦倒与天降灾祸而遭遇不幸之间划清界限。那项法律能
> 像对待基督徒一样对那两个阶级一视同仁吗？……现行法律的
> 原则是把贫穷定为犯罪，而伊丽莎白的法律却没有这样做。[51]

1842 年后，政府愈发难以维持局面。皮尔和格莱斯顿等人越来越
敏锐地意识到，维持《济贫法》和《谷物法》的现状只会带来叛
乱的风险，问题不在于统治阶级是否会采取行动，而在于何时采取
49 行动。那些憧憬变革的人即将占据上风。

第二章 贵族义务：政治与贵族

一

阿诺德博士蔑视托利党反对改革的立场，对新兴中产阶级剥削工人阶级的罪恶感到绝望，1836 年 9 月，他给一位牧师兄弟写信说："凡夫俗子永远不会明白改革的责任，除非他们被《文特雷姆论争》（*argumentum ad ventrem*）所打动；而人类众生，无论富贵与贫穷，永远都是肉眼凡胎。"[1] 阿诺德看得很清楚，改善工人阶级状况的善意尝试也可能失败。他认为《济贫法》"本身是一种明智和公正的措施，但它单独存在，没有其他更温和、更积极的具有改进倾向的措施陪伴，带有一种严厉的情绪，我担心，它将进一步加深贫困阶层的痛苦"。[2]

在某种程度上，他与当时最著名的评论家托马斯·卡莱尔有着相同的观点。卡莱尔和阿诺德是同时代的人，1795 年出生，但比博士多活了近 40 年。像阿诺德一样，他是一个严肃的学者，博学多才，博览群书，思想深刻。与阿诺德不同的是，他是安纳代尔（Annandale）一户农民的儿子，凭借家里的勤劳和付出进入爱丁堡大学，为了省钱他经常在学期开始和结束时步行往返学校。最终，卡莱尔找到了赞助人，开始从事评论写作。他还娶了地位比自己高的富有的简·威尔士（Jane Welsh），后者的家人嘲笑卡莱尔缺乏

50 教养，但也承认了他惊人的才华。

卡莱尔在苏格兰低地生活的几年中勉强维持生计，1834 年他搬到伦敦。卡莱尔喜欢独处，并且有意默默无闻，他似乎患有自闭症：但后来他（他的妻子认为他们夫妻关系不好很可能是因为他们无性的婚姻）成了一个超级社会关系活动者，他早期与约翰·斯图亚特·密尔成为朋友，虽然他激烈地反对密尔的自由主义哲学，后来又与狄更斯成为朋友。1837 年，他因著作《法国大革命史》（*History of the French Revolution*）声名鹊起。这本书集学识与研究于一身，读起来有时就像剧本（尤其是由于卡莱尔与众不同的叛逆风格）。要不是卡莱尔有惊人的决心，这本书也许永远也不会问世，因为他把第一卷手稿交给密尔阅读，密尔的女仆却用它生了火。密尔从经济上补偿了卡莱尔，卡莱尔又重写了这本书。密尔还把自己收集的有关革命的部分著作送给了卡莱尔，以帮助他进行研究。

然而，卡莱尔的主要兴趣在于政治，而非历史。他非常关注社会是如何运作的，或者是如何失控的：他认为社会的一致性至关重要。他从历史中汲取了对贵族统治的信仰，认为作为对其地位和特权的回报，贵族关心它所统治的那些人。这种对封建主义的依恋在人口激增的工业社会是荒诞的，但是他不会受到这些顾虑的妨碍，而且他发现在当时看似不切实际的想法也有支持者。

1832 年《改革法案》出台后的社会动荡让卡莱尔兴奋不已。他觉得他明白为什么这个法案没有解决社会动荡问题，他认为 1838 年以后的宪章运动证明，如果不回归到温和的贵族统治，不取代资本主义制度，就只会有苦难，最终会导致革命。该法案延长了选举权，但还不够。法案保留的政治阶层过于狭隘，排除了许多有智慧的人，更加危险的是，排除了许多有政治动机的人。卡莱尔在 1838 年冬天给密尔写了一封信，表达了他对于如何解决面临巨大困境的人民的社会现状感到悲观，几个月后，他开始撰写长篇论文《宪章运动》（*Chartism*）。"对我认识的人说'进步'是一种痛苦的嘲弄！我的生活中不仅有埃比尼泽·埃利奥特（Ebenezer Elliot），还有机器，以及每天新增加的 1200 人。"[3]

51

　　一年后，也就是 1839 年 4 月 15 日，卡莱尔在写给他哥哥的信中写道，从他所在的避风港切尔西来看英格兰其他地区的情形是："我深信目前这片土地上到处苦难深重；一些人已经开始预测今年又是荒年，到目前为止我们的春天是如此凄凉。北方成千上万的工人拿起了长矛和手枪——可怜的人们内心痛苦，处境艰难而无望……人们应该尽快离开一个不久之后似乎不可避免地将要发生流血和骚乱的国家。"[4]

　　卡莱尔认为宪章运动是富有阶级放弃责任的必然结果，这一观点源于他对封建主义的浪漫信仰。宪章运动是"无知和饥饿的报复……我相信，它的根源存在于我们所有劳动人民的心中"。[5] 1839 年夏天，英国北部和中部工业地区（纽卡斯尔、利物浦、伯明翰和切斯特）爆发了骚乱，德维斯、威尔士浦和沃里克等城镇也爆发了骚乱，随后他发表了上述评论。"除非绅士、教士以及各种各样言语清楚可信的人都认识到他们对待不可信的人的态度违背了上帝的法则，并且很快将其改变。否则人们有理由意识到人类的法则不久便会改变上帝的法则，而且绝不会用温和的方式。"[6] 在同一封信中，他对坎伯兰郡的土地所有者、学者托马斯·斯托里·斯佩丁（Thomas Story Spedding）说了一个非常准确的预言："宪章运动的狂热会过去，其他狂热也会过去；但它象征的东西是不会过去的，除非它所蕴含的真理和正义得到满足，否则它不会过去的——恐怕要过很长一段时间。"

密尔和卡莱尔对政治和英国现状问题的答案持有截然不同的观点，最后分道扬镳。1840年10月，卡莱尔指出了他们的分歧所在。"那么，你什么时候进行写作呢"？他问密尔，"谈谈我们要寻找的新贵族政治吧？在我看来，这就是问题所在，所有的民主都只是为实现这一目标所做的过渡性准备"。[7]卡莱尔希望新获得的选举权能够恢复良性的封建制度；密尔更现实地看待工业进步、旧的社会组织和社会关系的瓦解，以及经济发展。他知道民主是反对革命的唯一壁垒，一旦建立起来，就只能用武力拆除。

52 　　卡莱尔发表《宪章运动》要归功于密尔。在《季度评论》拒绝刊登后，密尔自己主编的《威斯敏斯特评论》（*Westminster Review*）在1839年底发表了它。该文第一部分的标题是"英格兰问题现状"——这个短语将在数十年内引起共鸣——并以一种轻描淡写的说法开始："目前普遍存在一种感觉，即工人阶级的状况和倾向是一种相当不祥的事情。"[8]他嘲笑官方报纸上刊登的政府击败宪章派的报道。他看不到骚乱应该结束的理由，或者说，实际上他也看不到骚乱不应该恶化的理由。他认为这个问题"沉重、根深蒂固、影响深远"。[9]他觉得改革后的议会无法抓住这个难题，而是沉迷于低级政治和个人发展问题。

　　他写道："分化社会上层和下层的斗争遍及欧洲各地，英国尤其严重……斗争会像其他所有斗争一样通过明确什么是正确的和什么是可行的来自行结束和调整。"[10]换句话说（卡莱尔并不总是直接的），需要一位强有力的领导者使用强制手段——可能需要像他心目中的英雄克伦威尔（Oliver Cromwell）那样的人——来重建秩序。然而，这只是其中的一部分。

　　阿诺德博士原本为《济贫法》辩护，却遭到卡莱尔的猛烈抨击。据说这是政府的"首要荣誉"，可想而知，这"体现出政府本来就没有什么可荣耀的"。他继续写道："要对穷人说，你们要吃苦，在此忍受痛苦，完全不需要英雄气概，只需要内心深处的坚韧。"[11] 穷人就像进不去粮仓的老鼠。他们必须工作，否则只能挨饿。"《新济贫法》（New Poor-Law）十分明确地宣告，任何不想工作的人都不应该活着。"[12]

卡莱尔认为，人们想要工作：在封建时代（在机械发明之前，他没有承认机械发明是不可能的），人们可以找到工作。然而，在自由放任和供求规律支配的工业社会中，并不总是有工作要做。这需要更积极的政府——"在当今的英国，按照放任自流的原则建立一个由上层统治下层的政府已经不可能了……没有政府；没有实际的指导和管理，工人阶级不可能继续发展下去"。[13] 然而，教会和国家似乎都不想以这种方式进行教育或指导，它们似乎对下层阶级的苦难漠不关心。

他怀疑宪章运动是否有答案。"从彼得卢到格里夫广场（大革命期间巴黎的广场，曾被用来进行公开处决），所有的骚乱和最疯狂的咆哮都是什么？怒吼是含糊不清的，犹如愤怒和痛苦的哑巴的吼叫；在智者听来是含糊不清的祈祷：'引导我，治理我！我发疯了，痛苦不堪，无法自我指引！'毫无疑问，在一切'人的权利'中，智者指导无知的人，智者温和地或强硬地让无知的人坚持在正确的路线上，这个权利无可厚非。"[14] 这不仅会遭到宪章派的反对，他们的理由是他们已经受够了束缚，也会遭到不幸的统治阶级的反对，对他们来说复辟封建制度是不可能的。尽管如此，他也激励一些人采取更为家长式的做法，例如身为小说家和政治家的迪斯雷利和他领导的"青年英格兰"（Young England）的成员就受到了这种影响。

卡莱尔的这一论断将会得到更多支持——这也是阿诺德的观

点——即人与人之间的关系不再是建立在智者治理蠢人的基础上，而是建立在金钱之上。他写道：在"最完美的封建时代……那时，现金支付还没有发展成为人与人之间普遍存在的唯一联系；那时地位高的人期望从地位低的人那里得到的不是金钱而是别的东西，如果得不到他们就无法生存。地位低的人和地位高的人之间的关系不单单是土地或者其他什么的买方和卖方，在许多层面上还是士兵和长官、族人和首领、忠诚的臣民和领袖国王的关系。随着金钱的巨大胜利，时代已经发生了变化；贵族也必须有所改变。"[15]但事实并非如此：地主阶级忙于"保留他们的游戏规则"。[16]

二

在《宪章运动》出版三年半之后，卡莱尔出版了他最理性、最引人注目、最具影响力的著作：《过去与现在》（*Past and Present*）。他在不到两个月的时间里写出了这本著作，灵感来源于 1842 年夏末他在克伦威尔的亨廷顿郡骑马闲逛时目睹的一些事情，当时他正在收集奥利弗·克伦威尔的信件和演讲。9 月 7 日，当他经过圣艾夫斯的济贫院时，他看见了"在他们的巴士底狱前，在他们的围墙和栏杆内，大约有 50 多个这样的人坐在木凳上。这些人身材高大魁梧，大多是年轻人，也有中年人；他们面相诚实，其中许多人若有所思，甚至看起来很聪明。他们一个挨一个地坐在那里；不过有点萎靡不振，特别安静，令人印象非常深刻……这一切让我想起但丁笔下的地狱，于是我骑马飞快地离开了"。[17]

他对这种对潜力的浪费感到愤怒，这是资本主义工作方式对人通过劳动实现自我的能力的剥夺。他把对克伦威尔的研究丢在一边，开始攻击这个制度。他的许多论点和语言表达都与《宪章运动》相似。然而，除了这本著作，卡莱尔还提出了他的证据，来证明"最完美的封建时代"：他广泛引用了来自伯里圣埃德蒙兹的12世纪僧侣乔斯林·德·布拉克隆（Jocelin de Brakelond）的编年史，后者的著作最近由卡姆登学会（Camden Society）出版。乔斯林描述了一个以伯里修道院为基础的中世纪社会如何为当地人民提供工作和食物。他的意思与其说这是"回归封建制度"，不如说是"模仿封建制度"，他提出某些现代的类似情况是否不能予以考虑。

这部作品充斥着黑色幽默，以席勒（Friedrich Schiller）那个严肃的命题开篇：生活是认真的。他引用报纸上关于父母因无法养活孩子而被控杀害孩子的报道，并质问在他看来富饶的土地上怎么会发生这样的事情。他觉得下层阶级在质问比他们生活得更好的人："你拿我们怎么办？"可是却听不到合理的回答。[18]他们追求的是"公平的工作换来公平的工资"，他将其描述为"人类永恒的权利"，而这种权利被"拜金主义"推到了一边。自宪章运动以来，他从未改变过自己的论调：为了拯救无助的人，需要尽职尽责的贵族。不过，或许这是一个不易察觉的不同类型的贵族："我们受到的统治必须更加富有智慧，统治我们的必须是最智慧的人，我们拥有的贵族必须具有才干！"[19]然而，当他发现真实的情况时，他感到很绝望：因为几乎没有人不知道什么是真正的天才，他们做任何事情都是用英镑、先令和便士来衡量的。正如他所说，"供需、现金支付是人与人之间的纽带，自由贸易、竞争和后来者遭殃，这是我们最新的福音"。[20]在很大程度上，它是"绝望的福音"。[21]

55

如果没有工作的人感到绝望，那么有工作的人的命运也好不到哪儿去。卡莱尔认为他们没有人性，他们的工作是一场"悲剧。人在自主的高速行动时会突然不受控制，不知疲倦，好似触电，好似着了魔"。[22]他还就自由发表了自己的观点，比密尔的观点早了15

年。两者的观点各不相同。"自由吗？你会说，一个人真正的自由在于他找到了正确的道路，或者被迫找到了正确的道路，并且走上了正确的道路。学习或者懂得真正能够胜任的工作；然后经过许可、劝说甚至强迫开始做同样的事情。"[23]民主并不是解决英国问题的答案："民主，意味着找不到任何能统治你的英雄，满足并容忍没有他们。"[24]

卡莱尔的补救措施是，政府应该像提供战斗服务一样，提供其他既能提供工作又能寻求恢复秩序的服务。他率先提出了许多社会主义观点，去世后被嘲笑为法西斯主义者。然而，他的国家不是由人民委员来管理，而是由旧的统治阶级管理。他担心，除非传统秩序重新开始运作，否则社会将会崩溃："不履行职责的上层阶级就像一棵生长在悬崖上的树，大地整个从树根处崩塌。"就目前的情况来看，高贵已成为一个毫无意义的概念。[25]"劳动贵族：磨坊主、制造商、工头……必须开辟一条新路；必须明白，金钱本身既不能代表一个人在这个世界上的成功，也不能代表一个人对另一个人的责任；如果他们希望英国改革，他们就会从上到下改革自己。如果不进行改革，英格兰将不适合生存。"[26]

卡莱尔并非曲高和寡。19世纪40年代早期，一群年轻的贵族和政治家身受卡莱尔极度渴望前工业化社会的不切实际的影响，发展成著名的"青年英格兰"运动。他们还崇尚沃尔特·斯科特爵士（Sir Walter Scott）提出的梦幻般的中世纪，追求浪漫主义的封建制度。这个团队由拉特兰公爵（Duke of Rutland）的小儿子约翰·曼纳斯勋爵（Lord John Manners）、斯特拉福德勋爵的儿子乔治·斯迈思（George Smythe）和海军上将的儿子亚历山大·贝利·科克伦（Alexander Baillie Cochrane）领导。与卡莱尔不同，他们是基于对过去的感性认识。对于卡莱尔来说，封建主义的浪漫正是因为他相信封建制度确实可以用来创造一个幸福有序的社会，并无感性因素作祟。本杰明·迪斯雷利是花花公子和小说家，后来成为托利党政治家，他于 19 世纪 40 年代早期开始写作。正如他对年轻的康宁斯比（Coningsby）（以斯迈思为原型）的描写，1837 年他前往波曼诺尔（Beaumanoir），先将行李寄出，途中步行穿过贝尔沃河谷（Vale of Belvoir），那里实际上是贝尔沃城堡，是曼纳斯家族的乡间宅邸。"这是一片广阔的森林地带，诺曼国王曾经在这里狩猎，撒克逊人曾经在这里抢劫……有时，绿意盎然的大地上密密麻麻地分布着一丛丛高大挺拔的橡树林，树林之间是平整而洒满阳光的林间空地，看上去仿佛必须裁剪下来给女士们和骑士们漫步。"[27]

在所撰写的迪斯雷利的生平中，布莱克勋爵推测他支持这项事业纯粹是为了与下院中一群魅力四射的年轻人保持一致，并引用曼纳斯的话，怀疑迪斯雷利是否真的相信他自己所说的话。他不会是最后一位提出这个问题的托利党人。布莱克自己也不确定。[28]拉特兰公爵认为迪斯雷利对他的儿子产生了腐化的影响，斯特拉福德勋爵认为迪斯雷利对自己儿子的影响也是如此。拉特兰指责迪斯雷利"老谋深算"，事实充分证明了拉特兰的看法——当"青年英格兰"不再对迪斯雷利有用时，迪斯雷利便立刻不再与之来往。[29]迪斯雷利不是贵族，但他采纳了他们的观点和思想，并在他的作品中为他们发声。

虽然迪斯雷利的小说几乎没有什么文学价值，但是杰出的评论家约翰·霍洛韦（John Holloway）称他的小说"生动有趣却不负责任"。[30]它们之所以能在政治圈中获得认可，是因为它们受到了几代认真的、并非特别善于分析的保守派人士的拥护，他们如同迪斯雷利同时代的人及其年轻的追随者一样受到迪斯雷利的蒙蔽。他大量采用隐喻的写作手法，尤其是在 1845 年出版的小说《西比尔》中描写国家分裂时，他力求使用的语言将在未来一代又一代托利党政客中产生共鸣：

57

  "嗯，社会可能还处于婴儿期，"艾格蒙特（Egremont）微微一笑，说道，"但是，随你怎么说，我们的女王统治着有史以来最伟大的国家。"

  "哪个国家？"年轻的陌生人问，"因为她统治着两个"。

  陌生人停了下来，艾格蒙特沉默着，但好奇地看着。

  "是的，"过了一会儿，那个年轻的陌生人又说。"两个国家；他们之间没有交往，没有同情；他们对彼此的习惯、思想和感情一无所知，仿佛他们是不同地域的居民，或者是不同星球上的居民；他们来自不同的品种，由不同的食物喂养，按不同的方式排列，不受相同的法律管辖。"

  "你指的是——"，艾格蒙特说道，他迟疑了一下。

  "富人和穷人。"[31]

  迪斯雷利和"青年英格兰"的其他人一样，或许受到了《过去与现在》这本书的影响，尽管没有证据显示他曾读过卡莱尔的著作。风流贵族家庭的小儿子艾格蒙特在坐落于他哥哥的私有土地上已经废弃的马尼修道院里，遇到一些陌生人，他与其中一人攀谈起来，他被教导说，与世俗化的贵族地主时代相比，马尼修道院院长控制土地的时代具有优越性。这与卡莱尔对乔斯林·德·布拉克隆的诠释完全一致，也与乔斯林对伯里圣埃德蒙兹修道院对社会规范的描述完全一致。当地农民对艾格蒙特的哥哥马尼勋爵（Lord Marney）的不满之情如此强烈，以至于他们开始焚烧他的草垛。

  陌生人告诉艾格蒙特：

"修士们不能拥有任何私有财产；他们不能攒钱；他们不能留下任何遗产。他们的生活、收入和花销都在一起。修道院也是一个永不消亡和永不浪费的所有者。可以确定的是，那时农民有一个永久不变的地主，而不是严厉的监护人，或者永久的抵押权人，或者办事拖沓的法院主事官；领地不必担心领主更迭，也不必担心橡树在挥霍无度的继承人的斧头下战栗……简而言之，修士们在各处为需要救助、忠告和保护的人提供庇护；他们不关心自己，用智慧指导缺乏经验的人，用财富救助遭受苦难的人，经常用权利保护受压迫的人。"[32]

58

然而，与当代贵族进行比较的关键是：

"这些僧侣来自本地居民。他们的收入取之于民，也将用之于民。修士在做其他事情的同时还在建筑和农林方面做出了传世贡献：他们修建大教堂；创办大学；将礼堂和图书馆建成了王国档案室；他们规划布局林地和水域以及农场和花园的规模和理念现在都已不复存在——他们要建设美丽的国家，建设使人民感到骄傲的国度。"[33]

迪斯雷利的小说与其说是文学作品，不如说是宣传作品。尽管它与现实有关，人物设计都是以迪斯雷利所认识的人为原型，但它的情节设计得荒谬可笑，有的非常浅薄，有的令人感觉不可思议。由于对贵族的刻板印象，他们的傲慢和缺乏感情几乎到了反社会的地步。还有工业阶级，对他们的描述或者是野蛮人，或者是驯养版的高级野蛮人。固定的套路是通过极端描写说明问题：贵族们屠杀数以百计的猎物，第二天，他们坐在法官席上，将那些通过偷猎来养活家人的人监禁起来。几十年前，科贝特（Cobbett）也提出了同样的观点。[34]虽然迪斯雷利在写《西比尔》的时候就出于政治上的权宜之计而打算与"青年英格兰"分道扬镳，不过当时贵族还没有堕落，该团体对过去的浪漫主义态度仍然受到尊崇。唯一本能地对穷人表示真正关心的贵族（不像艾格蒙特在倾慕西比尔的过程中才认识到）是圣里斯（St Lys），莫布雷工业城镇的牧师；但那时他的祖先随着征服者而来，而不是在后来的时代通过收买和哄骗进入贵族阶层。西比尔本人有着隐秘的贵族血统，这是吉莉安·比尔（Gillian Beer）所说的"维多利亚时代一厢情愿的文学"的一个常见特征：换句话说，当一个人看起来像来自下层社会并开始行善时，他必须是贵族（不管我们知不知道），因为血统是掩饰不住的。[35]比尔教授提出，达尔文的进化论改变了一切，从此人们意识到我们大家都来自同一个祖先。

59　　迪斯雷利赞同卡莱尔的观点，即慈善家应先解决国内问题，然后再寻求纠正世界其他地区的错误。谈到穷人如何故意不关心他们的孩子，希望他们死掉并减轻父母的负担，他指出，"在英国，杀婴行为像在恒河岸边一样广泛和合法；这种情况显然还没有引起社会对福音在海外传播的重视"。[36]后来，他的作品中的一个人物问道："难道他们就不能从塔希提（Tahiti）为他们在沃德盖特（Wodgate）的同胞们留下一个传教士吗？"[37]一位贵族认为人口增长是停止创造就业的原因，因为这只会鼓励生育。正如书中一个人物提出，"野蛮民族的入侵，你们的哥特人和西哥特人，你们的伦巴底人和匈人，给我们的人民带来了什么？"[38]人口普查数据显示，英国人口从1831年的1380万增加到1851年的1800万。事实上，如果不是1831年和1847年的土豆饥荒和霍乱爆发，人口增长会更快。《西比尔》这本书的高潮是1842年夏天英格兰北部爆发叛乱，这起事件导致杰勒德（Gerard）遇难和马尼勋爵身亡——"准确地说是被石头砸死"。[39]马尼觉得他的员工每周 7 先令都过得很好，这个人物在现实中是有原型的。

三

皮尔试图在迪斯雷利等浪漫的封建主义者和格雷厄姆等顽固的反动派之间保持平衡，而阿什利勋爵（Lord Ashley）则成为改善下层阶级工作和社会条件的主要倡导者。他是沙夫茨伯里伯爵的继承人，也是托利党议员。19 世纪 30 年代，阿什利已成为一名虔诚的福音派教徒，他的崇高思想与这种信仰高度契合。他支持传教团体和运动，但不是那些把福音带给殖民地居民的人，而是那些把福音带给英国贫民窟居民的人。他还致力于犹太人的皈依，认为那些希望将天主教教义和实践引入英国国教的人是极其阴险的。他把自己虔诚的宗教信仰归功于他们家的一个女仆，而不是他的父母。他的父亲是第六代伯爵，非常卑鄙，阿什利成年以后很少与他来往，也很少回家。阿什利在牛津大学的一个朋友亨利·福克斯（Henry Fox）说，老沙夫茨伯里勋爵"令人作呕，比世界上任何一个可怜虫都刻薄"。[40]阿什利的大姐夏洛特比他更惨，他们的父亲在孩子们长大会顶嘴之前对她"恶语"相加，令她感到"恐怖"。[41]

阿什利天资聪颖，首先表现在基督教方面，如同皮尔和格莱斯顿一样。他与辉格党关系良好，总是站在托利党中倾向辉格党的一边，或者说进步派别的一边。1826 年，他的叔叔马尔伯勒公爵（Duke of Marlborough）让他进入伍德斯托克议会，那时他才 25 岁。1843 年 2 月，他在下院呼吁为穷人提供教育时，就证明了自己的宗教动机："我知道只能在福音的教训和实践中寻找这些——真正的基督教在本质上有利于教会和国家机构的自由，因为它赋予你自身的判断力和他人的权利、公共和个人的责任感、扩大慈善事业和自我克制，这些都不为昔日的民主政体所知，而那些民主政体只能称为优雅的古代国家。"[42]在他的一生中，他表现出了一种强烈的家长式作风，与其他改革者一样，人们有时会从他的言辞和文字中发现一种焦虑，即如果政府不采取措施改善穷人的生活，可能会产生可怕的后果。

他思想顽固，很难与其政治同僚相处，这一点像极了格莱斯顿。从早年起，他就被一种社会责任感所驱使，然而他却是一个有着某些自相矛盾之处的人。他强烈反对1832年的改革法案，后来成为无记名投票的顽固反对者。然而，在他众多的公益事业中，他帮助推动了保护精神病患者的立法，并于1833年成为伦敦大都会精神失常问题委员会主席。然而，在19世纪40年代，他的政治生涯致力于改善工业化为城市贫民带来的不利条件。他被迫领导下院改善工厂条件和缩短工厂工作时间的运动。他希望通过法律将工厂每天的工作时间限制在10小时以内，这成了他政治生涯的一个核心事业。1833年，他成功地影响了《工厂法》，但它并没有达到他和他的追随者们想要的目标，尤其是在确保每天10小时工作制方面。然而，它将9岁以下的儿童排除在工厂之外，并限制那些13岁以下的儿童每天工作9小时。它引入了一种检查制度，这是允许国家规范主人与雇工之间关系的一个重要意识形态步骤。

1840年4月，阿什利支持一项法律来规范儿童扫烟囱。人们普遍认为，"爬烟囱的男孩"是"可怜的小动物，没有人保护他们"，对他们的剥削"应该受到国家的谴责"。[43]金斯利在1863年出版的《水孩子》（The Water-Babies）的开篇段落中描述了这些男孩的生活：

他既不会阅读也不会写字，也不在乎这些。他从来不洗澡，因为他所住的院子里没有水。从来没有人教过他祈祷。他从来没有听说过神，也没有听说过基督，除非是用你们从来没有听见过的话语，或者是他从来没有听见过的话语……他不得不爬上黑色的烟道，擦破可怜的膝盖和胳膊肘时他会哭泣；当煤渣进到他眼睛里时他会哭泣，一周里他每天如此；当雇主打他的时候他哭泣，一周里他天天如此；当吃不饱的时候他哭泣，同样的一周里他天天如此。[44]

阿什利觉得"工厂里的孩子比扫烟囱的孩子好十倍"，但议会一直在努力改善前者的境况，对后者却什么也没做。阿什利说利用小男孩来做这件事"导致了比其他基督教国家更大的痛苦和更严重的堕落"。[45]他认为 2000 个烟囱之中或许只有一个不能用机器清扫，其他的都可以。1840 年 6 月他对下院说，他了解到有的地方扫烟囱的男孩才 4 岁半和 6 岁；"还有 23 个扫烟囱的男孩正在纽盖特（Newgate）因为各种罪名而受到监禁。这足以证明这个制度不良的道德影响"。[46]

这一行业受到了监管，而某些城市却对此置若罔闻，这种不幸又持续了二三十年，直到这种行为被切实宣布为非法。不顾及拥有工厂的中产阶级的既得利益而改革工厂的做法是另外一个问题。他在 1840 年 12 月《季度评论》上发表了一篇关于童工的文章，生动地概述了对他们的虐待行为，提到了工厂监查员伦纳德·霍纳（Leonard Horner）所写的小册子，以及提交给磨坊和工厂监管特别委员会的证据记录。霍纳评论说，1833 年的《工厂法》达到了一定的目的，但仍有改进的余地，该法律有缺陷，需要修改来完善。有人辩称，进一步的监管不会对商业造成损害，因为该法所施加的

62

限制，并没有导致一家钢厂因为人手不足而停工或停工一天。不过，阿什利也同样关心孩子们不去肮脏的工厂做工时的生活状况。"大城市里拥挤的小巷和庭院"的"地面潮湿而有损健康"，没有排水系统，"房子摇摇欲坠"，他称这样的居住条件为"我们民族的停尸房"和"混乱肮脏的巢穴"。[47]

这样的居住条件既有害身体也有害心灵。在每天辛苦工作十六七个小时后，青少年会出现"身体虚弱，情绪暴躁"，这是由"强大的"国家"侏儒和没有宗教信仰的人"造成的。他列举了他们在工厂、铁匠铺、铸造厂和磨坊所做的繁重工作。尤其令他恼火的是，孩子们的工作经常不是为了提供必需品而是奢侈品——正如他写道，"展览品、宴会用品和大量的衣物"。工厂监查员在诺丁汉发现了蕾丝工厂，从早上4点到午夜，工人们每天工作20个小时。一些10到15岁的孩子彻夜工作，第二天晚上8点至10点才允许下班。晚上8点较早关门的工厂则在周五至周六连夜工作。有些工厂实行倒班制，所以孩子们一个班只需要工作十个小时，不过一个星期要有两到三次工作整整20个小时。由于1833年法案不适用于蕾丝工厂，因此法律无法禁止这种情况。一名检查员接受了特别委员会的质询，承认该制度"损害健康和道德"。[48]阿什利对此嗤之以鼻："这一切都是为了满足我们颤抖的天性不可或缺的需求——廉价的花边装饰！"[49]

丝绸制品厂也同样糟糕。"8岁、7岁甚至6岁的小孩子每天工作10个小时，其中大多数是女孩。正如我们从监查员那里了解到的，他们太小了，在他们长大够得着要做的活之前经常被放到凳子上。"在他看来，这是一种"家庭奴隶制度"。他指出，普鲁士禁止16岁以下的儿童每天工作超过10小时。英国会紧随其后吗？他强调，重要的是议会强制推行的家长制约了这个问题。因为

"道德和政治上的两大恶魔——社会主义和宪章运动正在这片土地上肆虐；不过二者只是在人民大众之中传播的常见问题，而人们远没有认同现状，他们认为任何事情都比当前状况要好"。[50]

他接着说："我们的系统产生了巨大的易燃物质，这些物质日复一日地等待着星星之火将其引爆，酿成灾难。"在这种制度下，人们会"拿着最少的工资却做着最多的劳动……难怪成千上万的人会反对这样一种制度，这种制度建立了主人和仆人、地主和佃户、雇主和受雇者之间的关系，却没有引起他们之间的相互同情"。[51]把社会维系在一起的人际关系已被破坏，几乎被摧毁。无论这样对待穷人的政治含义是什么，都是对上帝和圣经的冒犯，这位福音派教徒在总结时引用了这句话："用正义消除我们的罪恶，用怜悯穷人消除我们的罪孽，这样做可以延长我们的安宁。"

阿什利与他所在政党的领导人皮尔和格雷厄姆的关系，部分可以用阶级差异来解释，同样可以用他对工业家对待工人及其造成的苦难的强烈不满态度来解释。那个阶级同样不理解他，也同样厌恶他，他们打得难解难分。皮尔和格雷厄姆几乎是同一豆荚里的两颗豌豆，但也不完全是。皮尔的父亲是第一代准男爵，是兰开夏的印花布制造商，购买了土地，成为议员。格雷厄姆比皮尔小四岁，也是来自西北的第一代准男爵的儿子，和皮尔的父亲一样，他也是波特兰公爵的信徒。在1835年之前，他一直是辉格党人，帮助起草了改革法案，但他对社会动荡怀有极大的恐惧。从那时起，他变成了一个相当顽固的反动分子，站在统治阶级的一边，反对有组织的劳工和穷人。

由此可见，阿什利因为承诺10小时工作制而没有再担任过公职就不足为奇了。皮尔希望他在1841年8月加入他的内阁，在王室担任初级职务。然而，阿什利却说除非皮尔承诺支持他所有关于工厂改革的建议，否则他不能参加内阁。1841 年 6 月，他已经给西莱丁（West Riding）的工人们写信承诺拒绝担任限制其代表工人利益的公职，皮尔的传记作者诺曼·加什（Norman Gash）称此举"感情用事且不理智"。[52] 然而，在皮尔提出任职的前几天，他参观了曼彻斯特、博尔顿、阿什顿、哈德斯菲尔德和利兹的工厂，这让他的观点更加坚定。一些棉纺厂主当时宣布他们将原则上反对阿什利企图提出的任何措施，这迫使阿什利着手担任公职。在他确信皮尔将服从代表资产阶级利益的意愿后，他的良心又将驱使他在几个月之内辞职。

皮尔提出让阿什利担任公职时告诉他，自己举荐他正是因为他的道德立场。阿什利回答说，如果他在《十小时议案》（*Ten Hours' Bill*）上食言，他的道德立场将毁于一旦。随着年龄的增长，他的宗教观点变得更加坚定：到了 19 世纪 40 年代，他确信会有来世，这是一种更加狂热而且偶尔失去理智的信仰，这代表了其政治活动的特点。利兹的工人们得知他拒绝任职（他这样做的动机或许只能是猜测），此举提高了他在工人运动中的地位。

1842 年 1 月，他写信给皮尔，问他"你是否已经决定在工人期望进一步限制 13 岁至 21 岁的工人工作时间的问题上做出让步"。[53] 阿什利说，对皮尔来说是时候对他的政策"解除悬念"了。1 月 22 日皮尔回信说，"我不准备保证我自己或者政府其他成员支持限制 13 岁至 21 岁之间的所有人 10 小时工作时间的议案"。[54] 他还说，格雷厄姆正在考虑一项影响工厂儿童教育的法案，"我相信，如果你允许，他会很高兴有机会与你讨论"。阿什利告诉皮尔，他将尽自己的"责任"与格雷厄姆交谈。他之所以这样说是因为"各种各样的触角"已经"伸向"他，"以确定我是否会为了工厂工人的利益而减少我的其他提议。我坚决拒绝了"。[55]

皮尔回信愤怒地申明"我没有像你想象的其他人那样伸出触角"。他继续写道："关于同你就这个问题进行沟通一事，我最不希望对你的意见或采取的行动施加丝毫的限制。"阿什利抱怨皮尔"误解了触角这个词"，假如政府像他担心的那样反对 10 小时这项措施，他就与托利党决裂。[57]他天生不合群，加什称他为"一个令人恼火且难以捉摸的个人主义者"。[58]阿什利丝毫不会为了忠于政党而影响自己的原则。1842 年 2 月 2 日，他写信给工厂区的支持者，宣布皮尔拒绝支持他，他说："我将坚持到生命的最后一刻，你们也必须这么做；我们必须在议会请愿、公共集会、与你们的雇主友好会谈时利用宪法赋予的一切合法手段；但是你们不得触犯法律，不得侵犯业主。我们在一起工作都必须负起责任，我们总有一天会解释我们的动机和做法。"[59]他把这封信的副本寄给了《泰晤士报》（The Times），显示了他在宣传方面的天赋。支持托利党的《晨邮报》（Morning Post）谴责信件是"语气暴躁的"，指责他的语气是"伪善的"。[60]

他于 1842 年 6 月 7 日在下院针对委员会就采矿行业中妇女和儿童状况的报告发表了讲话。尽管他和皮尔恢复了友好关系，但自 2 月份以来，他一直情绪低落。这份报告给了他一个机会，表明他的动机是一个贵族改善人民生活的愿望，而不是赤裸裸的政治考虑。在长达两个小时的演讲中，他说："任何人，不管他的地位如何，只要他良心未泯，阅读这份可怕文件的细节时，都不可能不感到羞耻、恐惧和愤慨。"[61]

他向下院介绍了"不同地区女性就业率差异很大"的细节，但是在大多数矿山里，孩子们才 7 岁，而且常常是 5 岁就开始工作。"在奥尔德姆附近，孩子们的工作年龄很低，'只有 4 岁，在山上的小煤矿里，有些孩子太小了，只能穿着睡衣去工作'。"[62]他说，一些赤身裸体的小男孩拖着手推车，用手和膝盖爬行，如果他们抱怨，就会受伤，还会被鞭打。他们每天例行公事地工作16个小时。更糟糕的是发生在女孩身上的事情。"这些女孩的年龄从7岁到21岁不等。她们通常光着身子干活，腰部以上是赤裸的，而且她们所穿的唯一一件衣服，就是一条宽松的裤子。无论男女，衣服都很少是完整的。在很多煤矿里，这些女孩所服务的成年煤矿工人都是裸体工作的……几乎无法想象还有什么比这些女孩的工作场面更加不堪入目、更加令人作呕。相比妓院有过之而无不及。"[63]

阿什利的观察更进一步，"如果这对儿童和年轻人有害，那么孕妇的情况就更糟。对她们来说，这太可怕了"。[64]他说："一位妇女回家，躺在床上生了孩子，一周之内又去上班了。"他认为，"宗教的每一项原则"都要求妇女离开矿山。[65]许多人到40岁就残废了，50岁就死了。此外，男性对儿童的残忍行为也时有发生。在一个案例中，一个男孩经常被鹤嘴锄击中，包括有一次击中了他的头。切割事故经常发生。一个女人说："我的儿子10岁，已经开始工作。大约半年前，他的脚趾被割断了，可装卸工还是让他工作了一整天，尽管他忍受着巨大的疼痛。"一个男孩说："男孩子们被揪着耳朵拉来拉去。我曾看到他们被打得鲜血直流。他们经常被惩罚到无法站立。"阿什利说："在哈利法克斯，女孩和男孩一样被打得很惨。他们打女孩的脸，把她们打倒。"

接下来的辩论值得详细探讨，因为它揭示了很多与阿什利同时代的上流社会所采取的截然不同的立场。有些人表示同情；有些人自私自利，不屑一顾；一些人指出，改革可能会制止虐待行为，却也会不利于亟须挣钱的家庭的就业；一些人长期以来一直信奉自由放任主义——认为干预是错误的，认为最好的制度可以自我调节。达勒姆的议员、达勒姆伯爵的弟弟黑德沃斯·拉姆顿（Hedworth

Lambton）是一个极端主义者，他也是一位矿主。拉姆顿否认女性在他所在的郡或诺森伯兰的矿山工作。拉姆顿说，他从来不雇 8 岁以下的孩子；如果这样的孩子进入矿井，那是他们父母贪婪的过错。[66] 尽管如此，他补充道："在拉姆顿煤矿，有 3 所很好的学校已经建成或正在修建当中，都由当地矿主出资兴建。并且为每一所学校都精心挑选了一位有能力的校长。校长每年有 40 英镑的收入，并享受房子和燃料。他的学校所需的房子也找到了。其中一所学校正在全面运作；他（拉姆顿先生）已经尽了最大的努力使它尽可能有效，根据最好和最受认可的教学方法来制定规章制度。"

67

可是，孩子们却不能上学，因为父母把他们送到矿井挖煤。"现在"，他继续说，"如果你通过一项法律防止这么幼小的孩子下井工作，你就在提高这部分人的教育方面做了一件大好事。教育是伟大的工具和推动力，你必须用它来铲除罪恶的根源；我希望并且相信，在不久的将来，现有的煤矿不会有矿主自筹资金兴建名副其实的学校。这是上帝和国家的责任"。[67] 不过，拉姆顿在发表上述言论并呼吁立法时，敦促下院"谨慎行事"，不要受到报告编纂者"有些夸大其词"的影响。

格雷厄姆说，下院对发言表示一致赞成令他感到"高兴"，他认为阿什利的论据"令人信服"。[68] 他赞成煤矿不应该雇佣女性，因为这样做是"对国家的侮辱"，"如果坚持这样做将受到严重的道德惩罚——对人们的男子气概产生不利影响，最终导致民族性格的严重退化和丧失"。然而，格雷厄姆强调了拉姆顿关于儿童的观点，并没有把这种虐待归咎于主要投票给托利党的矿主，而是归咎于他们的父母；尽管他信奉"不干涉父母支配权"的"神圣"原则，但他认为在阿什利概述的如此令人震惊的事例中，"立法机关的干预不可或缺"。他向阿什利保证，"女王陛下的政府将全力协助他执行这项措施"。[69]

皮尔感激阿什利为反对"采矿可憎行为"所做的工作。[70]他对阿什利说，"我同样钦佩你把这件事公布于众的那种良好的感情和能力——头脑和心灵的素质"。不是每个人都信服阿什利揭露的情况。1842 年 6 月 24 日，伦敦德里侯爵（Marquess of Londonderry）在上院递交了一份来自诺森伯兰郡和达勒姆郡矿主的请愿书，抗议阿什利援引的特派员的报告中"言过其实的表述"。[71]他"否认如此不人道的做法像陈述中那样普遍存在"，至少他所在的地区不是那样。他敦促上院在立法之前根除"夸大其词"。相反，如果他们的立法是"有害的"，他们要考虑有可能对煤炭工业造成破坏——人们必须假设，包括对伦敦德里侯爵的损害。他声称，这些专员直接从其视察的工厂带来所有可能令委员会感兴趣的偏见，并且在矿工中寻找"类似的压迫"，就像他们在制造业阶层中找到的那样。他们同"机灵的男孩和无知的小女孩"攀谈，向他们提出引导性的问题，从而套出他们期望的回答。伦敦德里还声称，有许多慈善机构在煤矿工作，并否认了教育的必要性，称在煤矿工作是那里大多数年轻人唯一能找到的工作。然后，他读了一封信，这封信说明了"在煤矿里接受实践教育比接受阅读教育更有优势"。[72]

他驳斥了有关 8 岁以下儿童都在东北部煤矿工作的说法，只有一些儿童是被父母"秘密"带进煤矿的。[73]他否认所谓"绑定"制度是对学徒事实上的奴役，这个制度迫使学徒以低廉的报酬工作多年，从事小男孩不能胜任的工作。他声称，大多数年轻的"矿井工作者"每天只工作 10 小时，但也承认有些人的工作时间更长。他们的很多时间"通常是愉快和满足的"，而且经常被发现"忙于一些孩子的娱乐——比如砍柴，做风车模型、马车模型，等等"。这幅矿区生活的玫瑰色图画，在下院的同一天里也得到了拉姆顿的补充。当时阿什利从《矿业和煤矿法案》（Mine and Collieries Bill）的报告谈到了他所在（和伦敦德里的）地区的矿主并不惧怕这项法案，因为他们的做法具有优越性时，拉姆顿进行了干预。

这个观点没有得到一致赞成，博尔顿（Bolton）的国会议员彼得·安斯沃思（Peter Ainsworth）表示他反对限制男孩劳动的条款，因为"大量人员失业"会给兰开夏郡和约克郡（Yorkshire）的煤田带来"巨大的不幸"。[74]安斯沃思的话不无道理：今年夏天北部发生了严重的内乱，任何限制家庭收入潜力的措施都可能带来严重后果。在接下来的一周，有人向上院提交了一份请愿书，要求缓解制造业地区的困境。伦敦德里表示，如果《矿山和煤矿法案》获得通过，这一切将变得更糟。

阿什利担心，女性进入煤矿工作得不到全面禁止，而只是阻止她们在那里工作，这会打开一个缺口，"不计其数的女童会成为童工，由此"借助"地下交易维持女性劳动力供给"。[75]皮尔说，上院修改后的原始措辞（根据司法大臣的建议）过于严格，例如，如果矿主允许一名妇女为她的丈夫送饭到矿井，就会对矿主施以惩罚。此外，"假设一名雇工发生严重事故，阻止将此人移出矿井会产生何种后果。通过法律阻止一个人的妻子和女儿与其接触难道不苛刻吗？"[76]这些反对意见被驳斥了，有人指出，几乎没有听说过有妇女到"地球表面以下200英寻或300英寻的地方"给丈夫送饭，或者在他受伤时照料他。[77]

要求继续推动该法案的压力被削弱了。1842年7月5日，安斯沃思向下院递交了"来自布拉德福德附近工人阶级的15份或16份请愿书"，要求取消对男孩在煤矿工作的限制。[78]他甚至说，虽然他不反对把妇女从矿井中解脱出来，但他确实认为这将增加痛苦。但是，男孩的离开会导致布拉德福德地区"数百名儿童""失业，数百个家庭将被迫进入济贫院"。他说阿什利关于限制工作时间的提议"完全不切实际"，这也损害了教育方面的提议。他驳斥了孩子们因为工作或饮食不良而健康状况不佳的说法。他把他们的状况描述为比"工厂的孩子"优越得多。[79] 在上院，伦敦德里不再以任何借口表示反对，而是在 7 月 14 日明确表示关键问题是保护"1000 万英镑的财产"。[80] 当伦敦德里试图将该法案延期 6 个月时，没有得到任何人的支持。

70　　　然后格雷厄姆决定删除教育条款。阿什利表示反对，说格雷厄姆对这些影响的解释是"不正确的，不，我认为是不公平的"。[81] 他补充说："无疑，你现在不能撤销这项提交讨论的法案——这样做将背离下院、工人们以及我自己的职责。"他觉得格雷厄姆背弃了信仰，他对皮尔说："我相信你不会允许如此肆意滥用权力，就像现在这样。"阿什利承认，"我在议院里没有追随者"，但仍然希望"有人能体谅，不是体谅我自己，而是那些可怜的人"。

　　皮尔认为，"在我们提出的措施中，相信持不同意见的团体会相互合作，对宗教教育事业没有任何好处——我们放弃它总比在宗教冲突和纷争之后失败要好"。[82] 当上院在 7 月修订法案时——伦敦德里尤其强烈反对——阿什利给皮尔写了一封充满感情的信，宣称"在公共生活中还不曾有什么事情让我如此痛苦"。[83] 皮尔的文章引述阿什利的话说："多年来我一直认为皮尔和约翰·罗素是最可耻的人"，格雷厄姆"可恶至极，我找不到一个人愿意为他说话"。[84]

　　当该法案于 1842 年 8 月 6 日回到下院时，阿什利说，修正案"使该法案的原则无效，所以法案本身也就无效了"。[85] 妇女和儿童仍然可以进入矿井，而且难以保障他们不会受到雇用。学徒制仍然存在，没有其他替代性的教育规定。阿什利义愤填膺，主要是因为他能够拿出矿主的来信支持他为之努力的一切。帕默斯顿站在支持阿什利的反对派席上发言；格雷厄姆争辩说，阿什利一直为之奋斗的"伟大原则"仍然存在，他个人支持最初的法案，"对一些细节持保留意见"。[86] 该法案在没有教育条款的情况下通过；即使在那时，苏格兰矿主在下一届会议上也没有成功地设法获得豁免，限制童工对他们的业务产生了严重的影响。然而，国家采取措施补贴矿区家庭收入或者保证为幼儿提供教育仍然是不可想象的，不过针对该法案提出的一些反对意见起到了一定的作用。阻止一个孩子在矿井里工作，也是从他（或她）家人的嘴里拿走面包。

工厂的经营状况问题仍然悬而未决，直到 19 世纪 40 年代才重新浮出水面。1844 年，当议会再次就这一问题进行辩论时，阿什利指出，他发现格雷厄姆反对削减工时——基于实业家和国家的收入损失——这极为"卑鄙、虚伪、冷酷无情"。[87] 格雷厄姆对皮尔说，他"发誓，如果 10 小时工作制继续实施，他就辞职"，因为这将减少产量、利润和工资。[88] 除此之外，还有其他一些问题岌岌可危——格雷厄姆还告诉他的内阁同僚"他认为倘若通过'十小时修正案'，《谷物法》不出 12 个月就将不复存在"。[89] 政府的困境如此严重，以致双方的中间人开始进行非正式的讨论，看看阿什利是否会妥协。阿什利回答说，他对《谷物法》一点也不关心，他只关心别人把他说成是一个伪君子。在初次尝试辩论缩短工时这个问题的过程中，阿什利和约翰·布赖特（John Bright）发生了争执，后者是他最鄙视的中产阶级实业家的化身。布赖特认为对工作时间的限制是对工人赚钱能力的限制（更不用说他雇主的利润率了）。他还坚持古典自由主义的观点，认为国家无权干涉主人与雇工之间达成的协议。他和阿什利还为博尔顿一家工厂里名叫多德的工人的案子发生争吵，多德在一次工业事故中失去了一只手。对阿什利而言，这件事表明了工业生活的恐怖。对布赖特而言，这是我

71

们这个世纪所谓"媒体操纵"的一个例子。[90]

　　1844 年的法案最终被撤回，但阿什利仍不服输。他对下院说："我声明，就我自己而言，任何世俗的考虑都不会使我偏离我努力追求的道路；而且，就我个人而言，我并不关心自己可能会承受的个人后果。"[91]格雷厄姆提出了一项新措施，将在丝绸厂工作的 12 岁以下儿童和在其他领域工作的 14 岁以下儿童的工作时间限制在 6 个半小时。加什说，皮尔的强硬立场并非反人道主义，而是因为他认为阿什利的提议"对国家的经济复苏构成了威胁，工人阶级本身更有可能成为首当其冲的受害者"。[92]北方也有集会和抗议，抗议该法案未能通过，但人们担心 1842 年那种规模的动乱会重演，这种担心最终化为泡影。最终，阿什利和他的支持者们会得到他们想要的，因为统治阶级和资本所有者会感到羞愧而采取行动，但这需要几十年的时间。

四

　　阿什利主张改善城市生活的其他重要方面，而不仅仅是工作时间。他认为，日益严重的酗酒、犯罪率的上升和妓院的激增是一个道德问题，而这个问题与新城市社区缺乏凝聚力有关，尤其是宗教凝聚力。他还投入到关于质疑卫生状况恶劣的运动中，这使他再次意识到雇主和政府的失职。《济贫法》委员会秘书埃德温·查德威克（Edwin Chadwick）写了一份关于穷人卫生状况的调研报告，阿什利读后深感震惊。查德威克曾报告过穷人的卫生状况。他曾指出，"所有清洁习惯的形成都受到供水缺陷的阻碍；每年因污秽和通风不良而造成的生命损失，要大于该国在近代所参加的任何战争中因死亡或受伤而造成的损失；仅在英国，就有 43000 例寡居和

112000 例孤苦无依的孤儿没有被纳入贫困率的计算，这说明绝大多数家庭人口的死亡都是上述具体原因以及其他可消除的原因造成的"。[93]卡莱尔也对查德威克的数据感到震惊。查德威克的数据显示，工业工人的寿命很短，"这是我在拜金主义和自由放任主义的历史上遇到的最可怕的事实之一。实际上，政府必须尽快处理这些问题，否则就会被踢下地狱。我们不能这样下去，也不会这样下去！"[94]查德威克发现，在贝斯纳格林和肖尔迪奇，工人阶级的平均寿命是 16 岁，这要归咎于婴儿死亡率高、天花和最贫困的状况，他们的寿命只有"绅士和专业人士及其家人"所能预期寿命的三分之一。[95]然而，尽管贫穷，伦敦人每年要在杜松子酒上花费 300 万英镑。

尽管阿什利被这些想法弄得心烦意乱，但有一个与工厂条件有关的问题引起了他的重视。孩子们在工厂工作便不能接受教育。1843 年 1 月 30 日儿童就业委员会（Children's Employment Commission）发布了第二份报告，紧接着，2 月份他就在下院提交了有关穷人教育的方案。它涉及《工厂法》未涵盖的工业部门中工作的儿童，描述了印花布、制袜和金属加工等行业的长时间工作。他承认，包括持不同意见者在内的志愿团体已尽其所能教育穷人，但仍然存在"一片巨大而可怕的荒野"：问题的规模还在扩大。在 1841 年的人口普查中，英格兰和威尔士的人口增加到了 15906829 人。阿什利计算出，其中 1858819 人必须接受公费教育（不包括 5 万名济贫院里的儿童）。他概述了曼彻斯特和伯明翰的数据，这些数据显示文盲与犯罪之间存在关联，还显示了文盲在妓院、啤酒馆和公共场所的存在情况。他援引来自警方的证据，证明这些地区的儿童道德败坏，主要是因为他们几乎没有工作，因此有时间在街上闲逛而没有人看管。啤酒馆里发现了只有 9 岁的男孩，他们大多是私生子。

阿什利援引一位牧师的话说："就教育而言，下层社会的状况日趋恶化；时刻反映着成年人口的道德和经济状况。"还有一位牧师说，儿童的状况"对于一个基督教国家的品格可耻至极"。一个孩子回答他的问题说："我从来没有听说过法国。我从未听说过苏格兰或爱尔兰，我不知道美国是什么。"詹姆斯·泰勒（James Taylor）是一个 11 岁的男孩，说他"从来没有听说过耶稣基督；从未听说过上帝，却听见矿井里的人说'上帝诅咒他们'；他也从来没听说过伦敦"。[96]据估计，仅利物浦一年的盗窃和抢劫损失就高达 700000 英镑。[97]

阿什利还指出，一个社会可以监禁、鞭打或绞死那些因无知而堕落或犯罪的人，并以某种方式建立秩序。他抨击"我们的刑法效率低下"，并告诉下院：

> 这个国家厌倦了关于监狱纪律、模范监狱和改过程序的手册和演讲；与此同时，犯罪活动快速发展；许多人因为不能受到惩罚而被释放，许多人因为所受到的惩罚而变得更加恶劣——惩罚因不再能引起羞耻感而缺乏威慑力——这一切，都源于我们要固执地坚持我们自己的任性，反对人类的经验和启示的智慧，认为我们能够重新塑造意志坚定的人而完全忽视其童年受到的影响。[98]

格雷厄姆并不怀疑阿什利所说的话：事实上，他引用了伦敦城市布道团关于霍尔本两个地区的数据。那里有 103 个家庭，包括 391 人，其中 280 人年龄在 6 岁以上，不识字。在 20 岁以上的人中，有 119 人不识字。在毗邻的 102 个区，158 个户主中有 102 个是文盲。[99]他说，枢密院教育委员将会继续向有意设立学校的机构拨款。英国圣公会全国协会也启动了一项基金，在制造业和矿业地区设立学校，在三周内筹集了 3.2 万英镑。女王、皮尔、波特兰公爵（Duke of Portland）和诺森伯兰公爵（Duke of Northumber land）都捐了款。[100]政治家们担心因为缺少校长而出现所谓"缺陷教育"。[101]寻找障碍总是比寻找解决办法容易。

1844 年，政府把孩子们一天的工作时间限制在 6 个半小时，他们也有了上学的时间。[102]除非儿童能够提供入学出勤证明否则不会被雇用。最低工作年龄从 8 岁提高到 9 岁。格雷厄姆希望这些半工半读的工厂学校在教学上能够有所改进，其指导原则可以更加严格地建立在"合理的宗教原则"之上。[103]一些人建议让所有的孩子都接受义务教育，而不仅仅是工厂里的孩子。正如英国国会议员约瑟夫·休谟（Joseph Hume）所言，普遍缺乏教育是一个"主要问题"。[104]格雷厄姆在 1845 年 5 月的一次辩论中充分表达了他难以理解下层社会接受教育的重要性。他说："我认为，任何教育都不会给人民带来任何好处，除非它伴随着一些改善他们境况的努力。"[105]其他人认为，提高教育也可以看作改善环境，而且会带来更多这方面的改善。

五

1846 年阿什利不再担任农村代表，因为他觉得对于废除《谷物法》他无能为力；所以 1847 年"十小时措施"最终获得通过时，他不在议会。他的慈善事业在议会之外继续发展。他从劳动阶级状况改善协会委员会成立（the Committee of the Society for the Improvement of the Condition of the Labouring Classes）伊始便一直担任主席。该组织成立于 1844 年，前身是 19 世纪 30 年代的劳工之

75

友协会（Workers' Friends Society），其主要目的是为下层阶级提供种植粮食的土地。女王和威廉四世的遗孀阿德莱德女王是它的赞助人；阿尔伯特亲王是它的主席；副主席（阿什利是其中之一）由曼彻斯特公爵（Duke of Manchester）和布里斯托尔侯爵牵头。委员会由神职人员和实业家组成。该协会的开会地点设在埃克塞特厅（Exeter Hall），卡莱尔曾在那里痛斥行善。该组织试图为穷人建设美好的家园，减轻多数人在物质和精神上的负担。此外，该组织还成立了互助会，为改善住房条件提供借款。这项工作"秉承基督教的原则并致力实现基督教的目的"。[106]阿什利和协会决定，所有为穷人建造的标准住宅和寄宿的宿舍都应遵守查德威克的卫生原则。然而，他们向投机建筑商提供的投资回报（4%），大约是阿尔伯特亲王本人认为说服建筑商加入该计划所需回报的一半。

更值得注意的是，从 1844 年起，阿什利主持了贫困儿童免费学校（Ragged School）联盟，该联盟创办由城市最贫困地区的儿童志愿者管理的学校。他自掏腰包资助了一个这样的机构。1846 年12 月，他在《季度评论》上发表了一篇关于学校和学校里孩子的文章，理由是他的阶层几乎没有人知道这两件事。他写道，"他们看上去都是野孩子，""他们蓬头垢面，要仔细查看才能从穿在上面的破布里辨别出皮肤；无拘无束的野蛮人的自由散漫令初次接触这些情况的人感到难以理解并且惊愕不已"。[107]他描述了夏天里他们居住之地的气味，"那些地方肮脏、阴暗"，而在冬天里，"数百人穿的衣服比在热带地区都少，个个瑟瑟发抖"。他充满信心地写道，"道德和身体上的堕落还没有摧毁他们的青春"——这些孩子是可以挽救的。

然而很快就会为时已晚。死寂的水池里到处都是"恶臭的物质"。[108]年龄大的居民是"行尸走肉"，"对人类一切物质和精神上的改善都充满敌意"。"潮湿、肮脏和污浊的空气"是这些住宅内部的特征。房间里几乎没有什么家具，而且，阿什利特别惊恐地指出，"个别的房间里有一张普通的床，大人和小孩、男人和女人都睡在上面"。然而这些"和我们一样的人就长期生活在离我们的住所仅一步之遥的地方"，他们的人数随着城市的发展而增加。[109]出身贫寒的人发起了贫困儿童免费学校项目。城市传教士帮助维护这个项目。然而，现在只有那些有钱有势的人才能维持该项目。

尽管在这些令人厌恶的地区租来上课的房屋是最便宜的，而且教师们免费工作，可是钱仍然不够用。学校是在阿什利所说的"噪音、混乱和暴力"中开始上课的，邻居们反对最底层的人在自家门口聚集。[110]然而，一旦一所学校建立起来，秩序就恢复了。"事先有所准备才能创办贫困儿童免费学校；不过，像其他人一样坚持下来就会很快克服混乱；那些没有物质追求的人会留下来听从你的安排。"成群结队衣衫褴褛的孩子闯进来占据屋子不走已经不是什么新鲜事。"不过耐心和原则征服了所有人；现在我们可以看到，每天晚上都有数百名疯狂的年轻人刻苦学习，他们穿戴整齐，思维正常。"

正如阿什利所有的事业一样，这也是上帝的工作。"简单而炽烈的虔诚"指引着志愿者们"坚持真正的基督教慈善精神，不求回报、金钱和名誉"。许多人牺牲安息日去学校工作，而这一天是他们唯一的休息日。他们的工作变得更加困难，原因在于他们学生"家长"的"不安定和无法无天的习惯"，以及"他们生活中身体和道德的污秽"。[111]阿什利体会到，教师们"通过坚韧不拔的毅力和虔诚的希望收获的安慰和他们付出的一样多，他们的全部慈悲和耐心堪比殉道者和苦行者"。[112]

学生们一点也不像"贫穷但爱好和平的孩子"。这些免费学校正是为了容纳那些"被学校纪律所必需的规章制度排斥在高级学校之外"的学生。他继续说道："得体的衣着、洗过的脸、有条不紊的举止、白天的出勤率、每周一便士的费用，这些都等同于一道禁令，将他们排除在英国国立学校录取的行列之外，即使他们有意这样做；除了以上规定，'体面'学生的家长的尊严这种措辞也会促使他们让自己的孩子从这种混合制学校退学。"

1600 个孩子在 15 所贫困儿童免费学校里上学，阿什利发现有 1/10 的孩子——162 人——进过监狱；116 人已离家出走；170 人睡在出租屋里（"大都市罪恶的主要场所"）；253 人靠乞讨为生；216 人没有鞋子和袜子；249 人从不睡在床上；68 人是囚犯的子孙；125 人有继母；306 人失去了父母之一或双亲，其中很大一部分是双孤儿。[113] 许多孩子都是流动的，这就意味着他们的出勤率往往是断断续续的；罚款制度是非分之想；普通学校用来维持秩序的殴打和开除在这里是行不通的；循循善诱而非强迫才是可行的。冬天和恶劣天气是出勤最可靠的保证。

阿什利希望，倘若儿童的境况有所改善，他们在贫困儿童免费学校上学只是暂时的；不过学校将继续为那些生活贫困的人开放。犯罪问题——这些学校希望改善的问题之一——在阿什利从伦敦警察厅获得的数据中可窥一斑。据记载，1845 年有 14887 名 20 岁以下的人被拘留。相当大的比例是女性——15 岁至 20 岁的 3519 人中有 1191 人由地方法官处理，同一年龄组的 1139 人中有 257 人被送交审判。阿什利意识到更多的违法行为没有报告或者没有抓到罪犯。在那些被绳之以法的人当中，他们的罪行主要是偷窃或处理赃物、袭击和醉酒、故意破坏和流浪。

他指出，造成这种情况的原因是缺乏道德培训，但他也谴责了店主、摊贩和伦敦市民，因为他们给道德和经济上的贫困人口带来了如此多的诱惑。孩子们在服刑期间会连续几周从学校消失，然后再回来；他们不在学校的时间都花在偷窃和作弊上。道德上的进步是缓慢的。阿什利讲述了流浪儿抢劫城市传教士的事情，传教士穿了一件不常见的外套，流浪儿没有认出来，不过意识到自己的错误便把手帕还给了他。他试图表明同情和善待下层社会的举动是有作用的，尽管女孩子的改变最为明显。阿什利希望学校充满高尚的道德氛围，加强宗教教育和宗教仪式是一种行之有效的手段，而这却激怒了该运动的一位支持者——查尔斯·狄更斯。他将一位受此影响的老师描述为"总是吹着一套刺耳的精神上的管乐器"。[114]

　　根据最新的报告，贫困儿童免费学校共有 26 所，容纳大约 2600 名学生和 250 名教师。另外 4 所学校刚刚开学，入学人数增至 3000 人左右。筹集到的资金已经足够给有偿聘任的老师发工资，他们一周有 5 天晚上来学校上课。只有两三所学校白天开放，周日开放的学校只讲授宗教。学校在一个星期的开始和结束时进行宗教训导，期间讲授阅读、写作和算术。在一所学校里，一个星期的第五天女孩子学习针线，男孩子学习裁剪和做鞋，讲课的裁缝和鞋匠由慈善机构支付工资。这一天的课程是对其他四天都到校上课的学生的奖励。学校每天晚上 6 点上课 9 点半下课；阿什利统计的最后一晚有 63 个女孩子和 42 个男孩子出勤。

　　贫困儿童免费学校联盟野心勃勃。阿什利希望"在首都最糟糕的地方"创办一所全日制技术学校，"用来接纳生活无着而四处流浪的男孩子"，试图给那些濒临犯罪边缘的人提供一个机会，使他们找到一个可以安身立命诚实生活的行业。[115]在他看来，这些孩子不仅象征着这个国家出了什么问题，还象征着什么可以得到纠正。"我们必须对他们和英国寄予更高的厚望——

公正地认识到他们的权利和我们自己的责任，上帝不仅赐福于他们，帮助他们走出堕落的深渊；还要把他们提升到一个水平，使他们能够作为大英帝国的公民和光荣不朽的继承人，沿着摆在他们面前的道路前进。"[116]

阿什利继续担任精神失常问题委员会的主席，在这个职位上，他设法在每个地区使用公费建造体面的精神病院，努力让精神病患者在早期得到人道主义的治疗。他还领导了一些计划，帮助年轻人移居到前景可能更好的国家。1851 年，他在沙夫茨伯里伯爵领地继承了父亲的爵位，并在上院获得了一席之地。当他这样做的时候，贵族与下层社会的传统关系正在发生根本性的变化。而且，同样具有挑战性的是，中产阶级正寻求与上层社会的人平等地参与公共生活。要把这样一个社会维系在一起，要么需要高超的政治才能，要么需要奇迹。

第三章 资产阶级的崛起：激进主义和《谷物法》的终结

一

维多利亚时代中期兴起的新中产阶级使旧绅士阶层的某些成员感到苦恼。他们用自己的钱购买了以前属于旧绅士们的房子和土地；他们把孩子送到贵族学校，有时甚至是大学；他们试图走到贵族社会的边缘，有时甚至走得更远；他们这样做的时候，态度和品味都不太好，急于想改进；有时，他们还企图与地位比他们高的人结婚，结果成功了。他们做了所有这些事情，这要感谢他们在贸易中赚了大钱，并且比一些地位高于他们的阶层拥有更好的资产流动性。1894 年，随着遗产税的引入，地主乡绅的财富将受到真正的打击。但从废除《谷物法》开始，一些人的财富减少了。难怪会有敌意。在乔治·艾略特（George Eliot）的小说《菲利克斯·霍尔特》（*Felix Holt*）中，牧师林贡（Lingon）对律师杰梅恩（Jermyn）有着明显的非基督教的看法，他把杰梅恩概括为"一个肥胖、油嘴的家伙，用香喷喷的细布手帕；一个受教育程度低的伙伴；一个弃儿，在基督医院免费学了拉丁文；一个中产阶级暴发户，他想和绅士们一起竞选，认为他们会小心翼翼地做这件事，并添置新家具"。[1]有一次杰梅恩在一家客栈里给当地乡绅哈罗德·特罗姆（Harold Transome）系纽扣，男爵马克西姆斯·德贝里爵士（Sir Maximus Debarry）用一种"傲慢的、轻蔑的"的声音告诉他："离开房间，先生！这是一次绅士聚会！"[2]

81　　　　在维多利亚时代中期的英国，每周出版的小说杂志上都刊登着阶级斗争的文章，资本的新主人被描绘成受到地位高的人鄙视，受到地位低的人阴谋反对。工业化造就了一个强大的新中产阶级，他们为自己的新影响力付出了代价，贵族们嘲笑他们的粗俗，但在两代或三代之内，他们中的许多人就会加入贵族行列。然而，一些小说中的商人形象却有几分得体。小说《康宁斯比》中的米尔班克（Millbank）先生或许是一位自由党人，可能对他的漂亮女儿嫁给地位更高的侯爵的孙子一事态度坚决，而他是一位开明的工厂主。他厂里的职员详细地向康宁斯比讲述了米尔班克先生为他民众的身心健康所推行的计划：他如何建造教堂、学校和学院，在房屋和农舍里使用新的通风系统；他如何分配花园，建立了歌唱班。[3]盖斯凯尔夫人在其小说《北方与南方》（North and South）中塑造的人物桑顿（Thornton）先生更加功利主义，但他心肠很软，依然让一个帮助领导罢工的人继续工作。盖斯凯尔展示了阶级偏见是如何两败俱伤的。玛格丽特·黑尔（Margaret Hale）是一位牧师的女儿，他的祖父是地主乡绅，她"很高兴我们不用去拜访在贸易中发财的一家人"。"我不喜欢生意人"，她继续说道，"我认为我们的生活更好，只认识农民和工人，以及不装腔作势的人"。[4]

　　　　玛格丽特的父亲怀着对宗教的质疑搬到达克郡（Darkshire）的制造业城镇兰开夏做私人教师，他的女儿疑惑不解地问道："古代经典、文学作品和成为绅士对工厂主究竟有什么用？"[5]玛格丽特觉得很难理解，一个靠自己发家致富的制造商竟然可能是一位绅士：

这样的人所能做的就是"装模作样"。她从母亲那里接受了这样的教导。她母亲想知道，如果她的丈夫想当一名家庭教师，为什么他不能回到牛津大学"给绅士们当家庭教师"。[6]面对米尔顿——盖斯凯尔虚构的曼彻斯特形象，黑尔夫人惊呆了。"竟然想生活在工厂当中，想生活在工厂里的工人中间！"[7]

　　玛格丽特一见到米尔顿就感觉他盛气凌人。她询问桑顿关于另一个不同类型的人，"他不可能是一个绅士——对吗？"[8]桑顿以前是一名店员，他回答说："我不是那种决定别人是否有绅士风度的人……我不太明白你对这个词的用法。"（金斯利将在《水孩子》中教导他，在书中，他把鲑鱼描绘成鱼界的绅士。"像真正的绅士一样，他们看上去很高贵，很骄傲。然而，像真正的绅士一样，他们从不伤害任何人，也不与任何人争吵，而是只顾自己的事，让粗野的人自行其是。"[9]）后来，当桑顿以一种他认为亲切但对方认为无礼的方式对待玛格丽特时，她指责他这样做是因为他不是个绅士，看不到自己的过错。[10]（同样，金斯利也可以帮忙："鲑鱼，和其他真正的绅士一样，总是选择他们的女人，爱她，对她忠诚，照顾她，为她工作，为她战斗，正如每个真正的绅士应该做的那样；而不像粗俗的白鲑鱼、斜齿鳊或梭子鱼，它们没有高尚的感情，而且不照顾他们的妻子。"[11]）黑尔一家不仅是从南到北，而且相当于去了另一个星球。

　　上层社会几乎无法理解经济转型。他们的财富植根于土地，他们主要是农业业主，但在一些地区是矿主，贸易在这两个领域没有优势。没有农产品和煤炭的贸易，他们就没有收入。他们的财富来源与新富阶层之间的唯一区别是，后者拥有他们的创收手段只有几年，而不是几个世纪。一旦《谷物法》被废除，农业用地的价值就会下降；而在 19 世纪的大部分时间里，制造业为其所有者和股东带来了可观的收入。这对国家财富的贡献将体现在选举权的扩大上，但那些老牌富人却不总是这样认为。

《北方与南方》呈现了这一新的现实。桑顿自己赚钱，他试图告诉他的员工，如果订单枯竭，对他们劳动力的需求也会枯竭；罢工只会更加危及他们的生计；而对机器的投资需求吞噬了利润，使得工厂主几乎没有余力来满足工资需求，这种需求不能由生产力提供资金。桑顿的母亲认为罢工还有另外一个目的，可以说是马克思主义的主张——"控制和占有他人财产"。[12]在她看来，工人"永远对比他生活好的人心存怨恨"。[13]

一名工人打算离开工业生活，回到农村，直到玛格丽特·黑尔让他了解了那种生活的现实："你无法忍受。无论什么天气你都得出去。你会患上要命的风湿。终生从事体力劳动会让你崩溃。"[14]她接着说："它会像生锈一样腐蚀你。那些在农村生活了一辈子的人习惯浸泡在积水里。他们日复一日在热气腾腾的田野里孤独地劳作，从不说话，也不抬起他们那可怜的弯下的身子和低垂的头。刨地的艰苦劳作使他们的大脑停止思考；一成不变的辛勤劳作使他们丧失了想象力……可怜的动物，他们回家时累得要命！除了食物和休息外什么也不关心。"[15]下层社会中唯一接近幸福生活的人是家仆。对大众来说，生活始终是一场斗争。盖斯凯尔对这片土地上生活的描述，解释了为什么在 19 世纪上半叶，成千上万的家庭选择放弃这块土地，转而在黑暗、邪恶的工厂里碰碰运气。

然而，也不只是工人阶级对新资本主义缺乏了解。天生的封建主义者黑尔先生也不能理解，他还就转嫁给工人的苦难与桑顿进行交涉。桑顿努力向黑尔解释道："随着贸易的进行，商业繁荣必然出现兴衰起伏；在衰落时期必然会有一定数量的业主和贫民陷入破产。"[16]盖斯凯尔指出，"他说话的口气就好像这个结果完全合乎逻辑，如果这成为他们的命运，雇主和雇员都没有任何权利抱怨"。这种功利主义情绪震惊了黑尔一家，但这种观点奠定了维多利亚时代资本主义的基础，也奠定了维多利亚时代商业成功的基础。

二

23 岁的弗里德里希·恩格斯（Friedrich Engels）是一位来自德国的中产阶级游客，他记录了工业城镇工人阶级所忍受的状况。恩格斯的父亲是一位普鲁士工业家，对曼彻斯特的一家工厂很感兴趣。1842 年，他把他的儿子送到了那里，希望资本主义的辉煌能够治愈他的社会主义倾向。相反，恩格斯却利用与卡尔·马克思（Karl Marx）的短暂接触进一步发展了这些观点。他还遇到了一位和他一样激进的女性，玛丽·伯恩斯（Mary Burns），她向他介绍了曼彻斯特和工业兰开夏郡最可怕的景象。这些探索的最初成果是马克思在巴黎发表的三篇关于英国状况的文章。马克思还发表了长篇系列文章，这些文章构成了恩格斯在 1845 年发表的德文版 84 《1844 年英国工人阶级状况》（*Die Lage der arbeitendenKlasse in England*）一书的基础，这本书直到 1892 年才出版英文版。

曼彻斯特和索尔福德吓坏了恩格斯。他将这些城镇的工人阶级住所描述为"人类的牛棚"。1843 年，议会街（Parliament Street）上有 380 人共用一个室外茅房。[17] 这些肮脏简陋的住所是为了给投机建筑商赚钱而建造的，从中节省了大笔开支。居民们与周围环境相适应。他写道："一大群衣衫褴褛的妇女和儿童聚集在这里，就像在垃圾堆和水坑里茁壮成长的猪一样肮脏。"[18] 这是一个"令人厌恶的景象"。他补充说："在这样的住所里，只有一个身体退化的种族，被剥夺了所有的人性，在道德和身体上堕落到兽性，才会感到舒适和自在。"[19]这些地区容易发生疾病，尤其是霍乱。恩格斯指出："当瘟疫临近的时候，一种普遍的恐惧席卷了这座城市的资产阶级。"正是这种虚伪导致这些人任命了一个卫生委员会来检查"穷人住所的卫生状况"——不是出于保护穷人，而是出于保护资产阶级，恩格斯对这种虚伪的做法感到厌恶。[20]穷人容易得病，他们也是骗子和江湖郎中的猎物，这些骗子和江湖郎中声称能治好他们，尽管价格远低于医生收取的高昂费用，但仍然难以承受。恩格斯写道："大量的专利药物被出售，用于治疗所有可以想象的疾病：莫里森的药丸、帕尔的生命药丸、曼瓦林博士的药丸，以及其他上千种药丸、香精和香脂，这些药都具有治愈肉体所有疾病的功效。"[21]他估计，帕尔的生命药片每周的销量在2万到2.5万箱之间。他说："这一种用于便秘，那一种用于腹泻，用于发烧、虚弱和所有可能的疾病。"

他强烈谴责一种名叫戈弗雷甘露的饮料，这种饮料含有鸦片，妇女们为了安抚自己的孩子而让他们大量服用"直至死去"——"孩子的身体对鸦片的作用越不敏感，服用剂量越大"。而那些没有死的孩子则"脸色苍白、虚弱无力、萎靡不振，通常不到第二年就夭折了"。[22]这是对"工人阶级普遍衰弱"的又一种贡献。在其他地方，他发现有证据表明，工厂的环境推迟了年轻女孩的青春期，导致所有儿童的骨骼发生问题，长时间的工作破坏了神经系统，为疾病创造了完美的条件。最重要的是，他震惊地发现，穷人买得起的大多数食品都是掺假的，不仅营养不足，在某些情况下甚至是有害的。

除了卖淫泛滥，过度拥挤的生活条件还造成了男性和儿童之间被迫的亲密关系，恩格斯在报告中还指出，工厂主对女工的性侵犯是工业革命的原生问题。他引用了工厂调查委员会的报告，莱斯特的一名目击者说，那里的工厂是年轻女孩的"地狱之门"，镇上的妓女大多是从那里的工厂开始堕落的。[23]一位目击者说，在曼彻斯特，3/4 年龄在 14 岁到 20 岁之间的工厂雇员是"不纯洁的"。至于工厂主的强求，恩格斯断言："开除的威胁足以克服 9/10（如果不是 99% 的话）的所有阻力，因为无论如何，这些女孩对贞操没有强烈的欲望。"[24]这样的断言缺乏事实支持，带有宣传的意味，但可能有一点道理。

宣传意味已经相当明显。恩格斯写道，"无产阶级是随着机器的发明而产生的"。[25]那台机器的主人已经令它的操作人员跌落到如此悲惨的地步。他说，工人之间的竞争是"资产阶级手中反对无产阶级的最锐利武器"。[26]这就是为什么那么多雇主反对工会的原因。恩格斯认为，工人个体与雇主讨价还价的自由毫无价值，雇主总是可以发号施令。他援引伦敦东区一位牧师的描述，每天早晨人们成群结队地聚集在码头上，其中许多人又是两手空空地离开，既没有找到工作也没有挣到钱，"笼罩着失望的阴影"。[27]

恩格斯表达了对中产阶级的憎恨——中产阶级是制造业阶级的一个子集——因为中产阶级"通过工人的贫困直接致富"，并"坚持无视这种贫困"。这种精神与当时小说家的观点不一致，小说中体现出的是阶级仇恨在英国并不十分活跃。但是阶级愚昧和阶级偏见却很严重。恩格斯本人确乎怀有一种全面的偏见。他不无轻率地概括了自己的看法：他承认存在"完全无知"，工人们关心的是"整个"中产阶级与自己有关的"一切"。这种错觉——盖斯凯尔等"中产阶级"作家在描述工人阶级生活时所证明的一种错觉——促使恩格斯宣布，"不久之后"，"一定会爆发一场革命，而与之相比，法国大革命和 1794 年将被证明是小把戏"。[28]这种完全错误的想法应该会使读者对恩格斯的论断产生怀疑，尽管他陈述的事实已经足够清楚了。

他认为，英国即将爆发的革命将会改变国家的方方面面，正如1789年的事件改变了法国一样。然而，关于从英国农业生活中流离失所的人及其在过去的四五十年中繁衍的后代，工业革命提出了一个问题："那些一贫如洗的千百万人将会怎样呢？他们用自己的发明和劳动创造了英国的伟大；他们一天比一天更意识到自己的力量，一天比一天紧迫地要求分享社会的好处。"[29]恩格斯的措辞带有煽动性和论辩性，这对于一个坚定的年轻人来说或许是不可避免的，他所目睹的肮脏场景令他愤慨，促使他下定决心通过政治变革来匡正错误。他感到气愤的是，失业的工人并不打算推翻他认为把人变成商品的制度，而是出去乞讨。对于那些他认为身受剥削的有工作的工人，他们选择将罢工作为武器。"如果所有无产阶级都宣布他们宁愿挨饿也不为资产阶级工作，那么资产阶级必将放弃垄断。"[30]他认为新兴工人阶级被剥夺了在英国农村封建社会存在的某种保护，生活远不及奴隶有保障。"资产阶级……在当今的制度下比在旧的奴隶制度下要好得多；正如亚当·斯密（Adam Smith）令人欣慰地指出的那样，它可以在不牺牲投资资本的情况下随意解雇员工，而且完成工作的成本比使用奴隶劳动力要低得多。"[31]

他的修辞中有一种夸张和理想主义的成分，不过他对生活的描述并非如此。他的大部分证据来自提交给工厂调查委员会的文件，他研究了该委员会的报告，并广泛引用了其中的内容。他的语气是为了宣传，但如果他的目标是煽动英国工业无产阶级的崛起，那么他的目标被击败了，因为他的书直到很久以后才出了英文版。恩格斯根据欧洲大陆的准则对英国工业阶层进行了评估。1842年发生的动乱可能会促使他相信某种变革：宪章运动在1848年宣告失败又将使他的梦想破灭。

　　恩格斯引用了一位来自伦敦东部贝斯纳尔格林的牧师的话，牧师写道，那里有 12000 人住在 1400 所房子里。[32]他还引用了一位验尸官的报告，是一份关于 1843 年伯蒙德西（Bermondsey）一名 45 岁妇女的死亡报告，这名妇女没有躺在床上。人们发现她死的时候"几乎赤身裸体"躺在一堆羽毛上，这堆羽毛是她和 19 岁的儿子共同用来睡觉的地方。"羽毛牢牢地粘在整个身体上，直到尸体被清理干净，医生才能进行检查，然后医生发现，她是饿死的，尸体被虫子咬得伤痕累累。屋子的地面挖出一个洞，是这家人的厕所。"[33]首都以外的地区也有自己的悲惨。在爱丁堡，每天晚上都有 5 万人的粪便被扔进排水沟里，尽管人们努力清理，臭气和疾病的危险仍然挥之不去。在诺丁汉，有 7000 到 8000 间房屋是背靠背修建的，通风不畅，几个房子共用一个厕所。伯明翰的小巷里遍地垃圾。那里的出租屋"几乎都肮脏至极、臭气熏天，那里容留的都是乞丐、小偷、流浪汉和娼妓"。[34]布拉德福德和哈德斯菲尔德的街道上到处都是粪堆。据恩格斯引用的激进报纸《技工报》（the Artisan）报道，利兹许多地区由于下水道不通畅或者没有下水道而充满了"沼气"。[35]有些街道有一英尺深的泥。另外，正如阿什利经常指出的，道德也出现了滑坡。"我们在利兹发现有兄弟姐妹或者男女房客共同住在父母的卧室，想到这些令人不寒而栗。"

三

　　恩格斯对中产阶级是抱有偏见的，这可以从他们中许多人为改善穷人的境况所做的努力中看出。他们集会背后的伟大事业是废除《谷物法》，在拿破仑战争后的大萧条时期，为了保护英国土地阶

88 层的利益，议会引入了关税制度，提高进口谷物的价格。托利党是土地权益党，支持这种保护是因为它保障了他们的收入。贝德福德公爵（Duke of Bedford）的小儿子约翰·罗素勋爵是辉格党贵族的化身，他们也是土地所有者，因此不愿加入任何废除该法案的呼吁。由于与富人相比，食品支出在低收入人群收入支出中所占的比例要高得多，《谷物法》严重损害了工人阶级的利益。19世纪40年代，被嫁接到辉格党的自由主义派别——尤其是以约翰·布赖特为代表的曼彻斯特自由主义者（Manchester liberal），他们教宗式的领袖是理查德·科布登——势力强大，并受到亚当·斯密古典经济学的影响，斯密在70年前曾指出，自由市场是实现稀缺资源最大化、进而实现繁荣的最快途径。

曼彻斯特自由主义者希望他们应用于谷物价格的原则也适用于所有交易的大宗商品。贸易保护主义制度只会对受其影响的行业造成损害，或者令这些行业在其他贸易伙伴的贸易保护主义报复中遭受损害。因此，尽管最穷的人受食品价格过高的影响最大，但降低食品价格的运动是由中产阶级领导的，他们的进一步繁荣取决于对自由贸易经济原则的普遍接受。这也难怪，虽然那些煽动反对《谷物法》的人的行为触犯了土地所有者的利益，但他们也引起了工人阶级中许多人的怀疑，这些人担心自由贸易的所有益处都集中于制造商，而非受雇于他们的人。土地所有者利用这一怀疑辩称，一些制造商之所以支持废除该法案是因为如果他们雇佣的工人用于食品的支出降低，他们就可以支付更低的工资。宪章运动中的一些工人阶级积极分子相信他们的说法，这导致了两派之间的不信任，而此时他们本应团结起来反对托利党和土地所有者。

反谷物法联盟是由早期的反谷物法协会发展而来的。1838年9月，七名中产阶级男子在曼彻斯特成立了反谷物法协会。他们发现反谷物法协会的一些成员没有他们那么好战，于是一些人接管了市议会，接着是市长职位，最后是商会。其目的是向议员施压，迫使他们在下院鼓动改革。为此，反谷物法联盟于 1839 年 3 月成立，并决心成为全国性的运动，而不仅仅是曼彻斯特人的运动。该联盟的最终成功将永远改变英国的政治格局。这将是该运动影响最为深远的结果，甚至超过了贸易自由。在 19 世纪 70 年代中期的经济衰退之前，贸易自由保障了英国的繁荣。通过使国家更加富裕，它将为 19 世纪中叶大规模的社会进步提供资金，特别是在曼彻斯特、利兹和伯明翰等城市，为这些城市提供学校、图书馆和基本的公共卫生。

　　这场运动的两位重要人物理查德·科布登和约翰·布赖特都是成功的实业家。科布登出生于 1804 年，是苏塞克斯郡农民的儿子，有 10 个兄弟姐妹。他的父亲在拿破仑战争造成的经济动荡中遭遇了许多困难，这些困难具有典型的时代特征。首先是他的农场倒闭了，于是他开了一家商店。理查德在父亲的农场倒闭后为他叔父的仓储生意工作，从一名职员做到了商务代表。当他叔父的生意也遭遇失败后，他联合叔父的前合伙人成功地做起了纺织印染生意。到 1836 年，这家 1832 年迁往曼彻斯特的企业年营业额达到 150000 英镑，利润为 23000 英镑。科布登变得足够富有，可以专注于政治——根本原因是其对自由贸易和自由经济的信念，而这一信念的形成尤其得益于对亚当·斯密的深入研究。他也是学校和教育传播的活动家。他是中产阶级自力更生但富有同情心的象征，很多人很难相信这一点。

　　布赖特也有类似的背景，他于 1811 年出生在罗奇代尔一个贵格会教徒的大家庭，他的父亲是一家纺纱厂的簿记员，但在 1823 年开始了自己的棉花生意，而且生意兴隆。布赖特于 1827 年离开学校后加入了这家公司，并于 1839 年与他的兄弟们一起接管了公司。那时，他已经融入了当地的政治，并在罗奇代尔协助建立了禁酒协会和文学与哲学协会。19 世纪 30 年代，他游历了欧洲大部分地区，甚至远至埃及。在国内，他致力于进一步改革，但更直接的贡献是废除《谷物法》。1837 年，他在一次关于教育对下层阶级的重要性的会议上认识了科布登。布赖特领导了反对异教徒必须缴纳教堂税的运动，由此在罗奇代尔声名鹊起。该镇是一个政治意识很强的活跃地区，1844 年合作社运动就是从这里开始的。

但正是布赖特反对谷物法的立场决定了他在 30 多岁时的政治活动。1840 年，他成为反谷物法联盟罗奇代尔分会的财务主管，而且在他妻子罹患结核病前，他经常出现在呼吁废除该法案的讲台上。她于 1841 年去世，他悲痛欲绝：科布登力劝他参加政治竞选，把自己的损失抛诸脑后。就像布赖特所讲述的那样，科布登在他痛失爱妻之后去看望他时说："在这个时候，英国有成千上万的家庭，妻子、母亲和孩子都即将饿死。现在，当你第一次发作的悲痛过去以后，我劝你跟我来，我们永远不能停止，直到废除谷物法。"[36] 科布登建议，最好利用 1841 年秋季的长休会期开展鼓动宣传，布赖特采纳了他的建议。这两个人发现自己被托利党及其媒体喉舌讽刺为极端分子和破坏者。科布登不仅坚称废除贸易保护措施会对经济增长产生积极影响，还声称贸易保护措施的结束将使农业更具竞争力，并改善农业生产方式。在这一点上，正如在他的经济论断中一样，他是先知。

科布登于 1841 年进入下院，在此之前，他是反谷物法联盟的主要发言人。1842 年，兰开夏郡和其他制造业地区的情况恶化，这直接归因于保护主义的影响，布赖特扩大了自己的好战性，呼吁议会改革，反对重新引入所得税。他本人反对宪章派的某些暴力手段，也反对他们倡导的罢工运动，他认为这些方式只会以参与者的贫困而告终。作为一名雇主，他有自己反对罢工的理由。在1839年的罗奇代尔会议上，他遇到了一个分裂工人阶级的难题：来听他演讲的人原来主要是宪章主义者，并主张将通过《宪章》作为废除《谷物法》的必要前奏。没有人想到废除该法案可能会由托利党首相发起。

布赖特给联盟的竞选注入了新的活力，尤其是吸引了一大批反对者：他对失败的可能性不感兴趣。他体现了这场运动的一个持久现实：没有中产阶级的领导，"庞大但无组织的大众"不可能成功地推动废除该法案。废除该法案在很大程度上是一场中产阶级运动，可是宪章派对中产阶级持怀疑态度并且心存厌恶，于是托利党毫不留情地利用了反对派内部的不和。1843年，布赖特进入议会，同年7月当选达勒姆市议员。那年4月，他曾争夺过这个席位，但最终败北，不过胜利者邓甘农勋爵（Lord Dungannon）却因受贿而落选。他很快就因向对手发动人身攻击而名声大噪，并且因此而失去人心。然而他泰然自若，因为他深信自己的事业是正义的。

科布登争取到了当时英国工业重镇曼彻斯特的资本家对同盟的支持，布赖特在1839年2月罗奇代尔的群众集会上发表演说时道出了原因："《谷物法》对国家的商业和工业造成了严重损害，提高了外国工厂的竞争力，给广大人民造成了最严重的伤害和痛苦，土地所有者的垄断行为给工人阶级造成了深深的伤害。"[37] 养活穷人只是自由贸易主张的一部分，但在19世纪40年代初，随着经济下滑，它成了主要理由。《谷物法》有效地阻止了食品的进口：只有出口食品的收入才使得许多欧洲国家能够购买英国的制成品。因此，这个有远大抱负的阶级在1832年获得不完全选举权之后便与贵族阶级产生矛盾，更加憎恶阻断其商品市场的地主所有制。对于生活已经困窘的工人阶级，这种情况导致劳动力需求进一步下降。

1841 年 8 月，科布登在议会首次演讲中对公众认知提出异议，即最近的选举不是检验公众"对垄断的抱怨态度，而只是对内阁的信任问题"。[38]这正是皮尔的观点。科布登还指出，在此的发言不讨论废除《谷物法》的时间和地点。他说正是因为托利党人到目前为止一直无视废除《谷物法》的意见，所以他看不到真正有进行讨论的必要。

他问道："这面包税——食物税和肉税究竟是什么？这是对广
92 大人民的一种赋税；对面的先生们，使他们成为穷光蛋的人，不应该拒绝对这个问题做出冷静、明确和特殊的考虑，因为这影响到工人阶级。"[39]他说，"这些地区有 2000 万人"依靠工资生活，100 万穷人靠"公共救济"生活。他声称，工人阶级为面包支付的价格，比自由贸易条件下高出 40%。一个工人家庭，如果他们在手工织布机上工作，平均每周挣 10 先令。这个家庭平均在面包上花费 5 先令，其中 2 先令是"面包税"：占家庭收入的 20%。家庭越富裕，税率越低：20 先令时为 10%，40 先令时为 5%。一位百万富翁地主的收入受到《谷物法》的保护，他的年收入可能达到 200000 英镑，他每 100 英镑要缴纳半便士的面包税，而手工织布机工人的每 100 英镑要缴纳相当于 20 英镑的税。他认为，如果以这样的税率征收所得税，下院将永远不会接受：那么，下院为什么要接受这种税率呢？

科布登驳斥了保护主义结束将意味着工资下降的观点。这将意味着更多的贸易和对英国商品的更多需求；这将增加对劳动力的需求，从而提高劳动力价格。他提到最近在曼彻斯特举行的一次众多教派的牧师参加的会议。他们报告了"劳动阶级的生活状况"，

"女王陛下的广大劳动人民的生活状况在过去的十年里越来越悲惨，尤其是在近 3 年时间里，随着食品价格的上涨，劳动阶级生活的舒适程度在以同等的比例下降。"[40]科布登说，他讲话不带"党派精神"，不带辉格党或托利党的色彩，而是带着"自由贸易"的色彩。

这将是他在未来五年内就这个日益分裂的问题提出的许多此类经济和社会理由中的第一个：他将被证明是正确的。然而，就连他自己也可能没有意识到，他所提到的可怕局面将会变得越来越糟。工厂里的工人每周可以挣 16 先令到 1 英镑，但只有连续一周每天工作 14 个小时才能赚到这些钱。女性的收入在 10 先令到 12 先令之间。那些在自己家里工作的手工织布机工人，没有最新机器的帮助，工作时间更长，每周也许只能赚到 8 先令。农业工人每周挣 6 先令到 9 先令。1842 年，总共有 128000 人移居国外，英国人口的 1/10（1429089 人）是穷人。[41]

在 1843 年 5 月的一场辩论中，格莱斯顿明确表示"不应"废除该法案。然而，皮尔最无情的同僚詹姆斯·格雷厄姆爵士已经向他表明，废除该法案是不可避免的。1842 年 12 月，他写信给皮尔说："事实上，这是一个时间问题。《谷物法》的下一个变化必须是开放贸易。如果我们的人口以每年 30 万的速度增长两三年，你可以开放港口，农业就不会受到影响。但下一个变化肯定是最后一个。"[43]统治者们意识到游戏结束了，但托利党议员和同僚们仍然毫不妥协，甚至到了 1852 年，迪斯雷利也放弃了保护政策。然而，在 1844 年，皮尔和格莱斯顿都已采取了越来越强烈的立场，支持自由贸易，尤其是在糖税问题上。1844 年 3 月，布赖特警告说，反谷物法联盟的基金已经超过 100000 英镑，而且是认真的。到 1846 年《谷物法》废除时，该基金已达 250000 镑。

四

卡莱尔多年来一直主张废除该法案，1840 年 1 月，他以惯常的洞察力写信给反谷物法联盟成员托马斯·巴兰坦（Thomas Ballantyne），表达了自己的坚定立场，他说关税保护终将废除，同时也以自己一贯的悲观态度警告说，在他看来，保护主义只会给人暂时的喘息之机。他认为，这一事件对"中产阶级和制造业资本家"比对下层阶级更重要，因为保护主义的终结将为英国制造的商品打开更多的海外市场。[45]他认为，大多数主要的改革鼓动者"除了关心他们自己的利益和彰显自负之外，对穷人的事务甚至是对任何事物的处境都麻木不仁"。这反过来又让他觉得"没有希望"。

他肯定地说，"废除《谷物法》对我而言确定无疑，就像 6 点时所有的钟表和钟楼都已敲过 5 点一样。据我估算，废除《谷物法》将很可能在一定程度上拓展英国的工业制造领域；我希望废除《谷物法》将创造更多的劳动需求，在一定时期内提高劳动者的经济状况"。卡莱尔一贯认为，持久的幸福需要在承担领导权的阶级的恰当领导下才能获得——"即使是为了劳动者，这无疑也是最重要的，在那些年里，在一个有责任感的贵族政府的领导下，为劳动者做了多少事情啊！而在一个毫无责任感的政府的领导下将一事无成"。他在《过去与现在》这本书里表达了上述观点，在这本书里他还提醒政府法律的作用——"你计算过它们在每一个公正的英国人心中为你积累了多少强烈的愤怒吗？"[46]他没有详细地分析这些问题："在这个地方，我们不写关于《谷物法》的章节；《谷物法》太疯狂了，没有一章不是如此……《谷物法》要消失了，甚至很快就要消失了——我们像确信千禧年一样确信《谷物法》将要废除！"[47]统治阶级的一些人至少知道这个论点的由来。1844 年 6 月，废除《谷物法》的倡议再次在下院进行了辩论，提案人查尔斯·维利尔斯（Charles Villiers）是伍尔弗汉普顿议员，他宣称人口的迅速增长和玉米供应的限制意味着"女王陛下的大部分臣民生活必需品的供应不足"。[48]格莱斯顿再次要求下院拒绝这项提议，下院确实拒绝了。

但是，皮尔和格莱斯顿在另一个更难解的问题上产生了分歧：政府对都柏林附近的梅努斯天主教神学院的拨款从每年 9000 英镑增加到 26000 英镑。皮尔支持增加税收以安抚爱尔兰人；但是英格兰却不愿意增加拨款，在英格兰，新教仍然占主导地位，而天主教解放仅有 16 年。格莱斯顿持后一种观点。他投了赞成票，但随后从政府辞职，这让皮尔感到困惑。他在 1845 年 1 月给格雷厄姆的信中写道："有时候我真的很难确切理解格莱斯顿的意思。"[49]此时，英国国教被福音派和盎格鲁天主教徒之间的教义争议撕裂，这是基督徒之间的自相残杀给国家造成困难的另一个例子，而国家尚有许多实际问题需要处理。

1844 年的大多数时间，科布登一直缺席议会，在全国各地宣传废除《谷物法》。和布赖特一样，他特别关注农业地区摇摆不定的态度，试图说服农业劳动力，使他们相信他们受到了蒙蔽，他们的繁荣受到的损害不亚于任何制造商或企业。但即使当农业工人开始意识到联盟的重要性时，他们也没有什么价值，因为他们不具备工厂工人对工业的影响力。

1845 年，科布登在下院提出一项动议，指出如果《谷物法》的目的是保护农民，那么它就失败了。他声称，德文郡一半的小农场主资不抵债，而诺福克郡的许多农场主是用资本而不是收入来支付租金的。[50]每一次辩论都火药味十足，鉴于地主阴谋营造的商业环境，科布登指责他们通过收取如此高昂的租金持续欺骗他们的佃户。1845 年 6 月，下院再次就《谷物法》展开辩论，废除该法案的动议以 254 票对 122 票被否决。皮尔认为，废除该法案将使许多农业劳动者失业，就像廉价玉米谷物将淹没英国一样。但这些为土地权益辩护的论点都是陈词滥调。

这个国家正处于严重的危机之中。这绝不是皮尔所面临的第一个问题，他并不缺乏处理这个问题的智慧和决心。他是一个极具个性的人。在哈罗公学，他和拜伦（Byron）交上了朋友，拜伦的功课也很好。1809 年，在 21 岁生日后不久，他在牛津大学获得了双学位，由于他父亲作为一个极为富有的纺织品制造商和托利党议员的影响力，他在下院——爱尔兰腐败的卡舍尔区——寻到了一个席位。几个月之内，负责战争和殖民地事务的利物浦勋爵任命皮尔为他的副大臣；由于利物浦是上院议员，因此皮尔负责下院的战争和殖民事务。25 岁左右的时候，他就像小皮特一样，被视为一股政治力量。他 24 岁时被任命为爱尔兰常务大臣，任职 6 年。皮尔的职业生涯有两个深刻而勇敢的改变。最著名的是关于《谷物法》的问题；但同样重要的是，在他认识到新教徒的统治无法控制爱尔兰之后，他在 1829 年转向天主教解放运动。作为一名爱尔兰国会议员和秘书，他经常就天主教徒不可能拥有政治权利的问题发表演讲，因为他们对外国势力忠心耿耿。不可避免地，他被称为"橘色的皮尔"。当他在 1818 年离开爱尔兰时，尽管利物浦（当时的首相）恳求他加入内阁，他还是离开了政府。最终他妥协了，并于 1822 年成为内政大臣，直到 1830 年才卸任（1827 年至 1828 年只有短暂的休息）。他的伟大成就是建立了一支警察队伍；但他也使英格兰和威尔士的刑法合理化并得到巩固。皮尔反对 1832 年的改革法案，但接受了结果，之后成立了一个新的保守党，其中包括温和的辉格派。1834 年，他的《塔姆沃思宣言》（Tamworth Manifesto）通过承诺进行体制改革，纠正民众的不满，体现了他相对进步的观点。这个宣言以他在议会中代表的小镇命名，他的地产也在那附近。他很清楚工业英国所隐藏的恐怖：他曾经向阿什利承认，煤矿学徒是"伪装的奴隶"。[51]

正是本着这种人道主义精神，他最终决定，为了改善人民的生活条件，为了贸易，必须废除《谷物法》。当 1845 年从爱尔兰传来马铃薯歉收的消息时，他已经明白了这一点。由于一种不寻常的枯萎病，上一年马铃薯的产量从近 15000 吨下降到 10000 吨。考虑到人类和牲畜对这种作物的严重依赖，这将在 1846 年成为一场灾难，当时产量暴跌至 3000 吨。它为自由贸易者提供了完美的机会，他们认为，为了养活爱尔兰人，面包的价格必须下降。1845 年英国也有一次歉收，这一年 11 月，爱尔兰总督海茨伯里勋爵（Lord Heytesbury）写信给皮尔，详细描述了这个问题的严重程度，而且到目前为止"科学家"在这个问题上一直徒劳无功。他写道："无论是灾难的严重程度，还是压力可能变得紧迫的年份，都无法确切预测。"[52]今年歉收的庄稼是明年大多数爱尔兰人的全部口粮。海茨伯里继续说道，"如果这些粮食储备过早消耗殆尽或者遭到损毁，那么粮食短缺甚至饥荒便不可避免"。

他说，欧洲甚至美国都在寻找额外的土豆种子供应，但事实证明这并不成功。他最后说，"在这种情况下"，"明智的做法是及时做出安排，以便我们能够做好准备，尽可能地应对和减轻这场巨大灾难"。在皮尔看来，而且在未来几周内，在他的更多同事看来，这只能意味着一件事：取消针对进口谷物的关税，以便有足够的面包养活爱尔兰人。著名植物学家约翰·林德利（John Lindley）教授告诉皮尔，挖出来的土豆状况很差，他怀疑他们能否熬过冬天。[53]皮尔丝毫不敢掉以轻心，正在做最坏的打算，尤其是因为来自爱尔兰的消息越来越严重。

皮尔所听到的——自 8 月以来他就意识到问题的严重性——是伦敦尽人皆知的事实。1845 年 11 月 16 日，查尔斯·格雷维尔在他的日记中写道，"马铃薯歉收的罪恶"意味着"每个人都在极其焦虑地关注事态的进展，并询问《谷物法》是否会在这种压力下崩溃"。[54]格雷维尔还指出，金融危机导致人们对经济失去了信心，以至于停止了对铁路的投机。11 月 28 日，皮尔收到了当时正在奥斯本的女王发来的消息，消息显示："女王认为，解除食品进口限制的时机已经到来，我们无法成功抵制。如果这是罗伯特爵士自己的意见，女王非常希望他的同僚们不会阻止他做正确的事。"

整个秋天，在爱尔兰马铃薯歉收和英格兰惨淡的收成之后，科布登和布赖特参加了全国各地的联盟会议。他们不相信皮尔的话。尽管如此，他们知道《谷物法》几乎已经失效：只需要再努力一次，该法案将被废除。很快，皮尔和格雷厄姆就明白了，至少在可能发生饥荒的情况下，任何试图维持《谷物法》的努力在政治上都是不可能的。科布登和布赖特在全国各地受到的欢迎证明了这一点。这不仅仅是曼彻斯特的独特现象：北方所有的工业城市都呼吁停止保护。然而，那年秋天的一个关键进展是约翰·罗素勋爵宣布他将废除该法案，多年来他一直为此而纠结。他承认他改变了主意，也承认除了废除它以外，其他任何观点在政治上都是行不通的。其他高级别的辉格党人都很震惊，尤其是帕默斯顿：不过即使是他们也了解了国家的现状，了解了试图改变罗素决定的后果。罗素在一封公开信中宣布了自己的转变，布赖特对他说："您的来信使立即全面废除《谷物法》成为必然；什么也救不了它。"[55]

11月底和12月初，内阁几乎每天都开会。12月4日的一期 98
《泰晤士报》透露，议会将在明年1月开会时废除《谷物法》。这
表明对媒体的控制还不是一个现代现象。"我们得知，下院的罗伯
特·皮尔爵士和上院的威灵顿公爵都准备立即执行这一建议。"[56]该
报纸对这一决定感到高兴，进一步边缘化了托利党的意见。信中写
道，"商人和资本家只要知道，最迟在1月底，所有国家的产品将
以绝对平等的价格进入英国市场，这就足够了"。该报预测，皮尔
的潜在敌人将保持克制："英国贵族没有这种有害和自杀的野心。"
这似乎低估了皮尔所在党派内部顽固分子攻击他的野蛮行径。声明
称："事实上，这是必须要做的。需求没有规律，浮动费率制不能
也不会实行，保护无法维持。这个国家不能一直处于内战状态，最
可怕的嫉妒每天都层出不穷。这种情况必须得到解决，罗伯特·皮
尔爵士正是因其对此事的常识和恰当的观点才成为现任首相，因此
他有责任做这件事。"

两天后，格莱斯顿指出，当首席工程专员兼内阁大臣林肯勋爵
（Lord Lincoln）问及他对《谷物法》的看法时，他的回答是，"旧
法是一种错觉"。[57]林肯在废除《谷物法》之后成为像格莱斯顿一样
坚定的皮尔派（"Peelite"），他认同该法案没有起到好作用，致使
物价上涨，进口下降，二者对于土豆问题都是灾难性的。林肯是纽
卡斯尔公爵（dukedom of Newcastle）的继承人，他认为，"如果可
能的话，使贵族的普遍利益摆脱《谷物法》的制约是特别值得考
虑的"，这一观点对皮尔和格雷厄姆具有影响力，尤其是当他认为
贵族阶层受到现状的"严重损害"时。格莱斯顿在与林肯共进晚
餐时认为，"有些事情即将发生，而且是很严重的事情"。纽卡斯
尔公爵怒斥他的儿子支持废除《谷物法》，不久便对格莱斯顿加以
报复，他是格莱斯顿在纽瓦克（Newark）的赞助人。

　　然而，内阁没有就暂停《谷物法》达成一致。皮尔认为如果他辞职，把爱尔兰和英国的烂摊子留给别人收拾，这是懦弱的表现。随后他意识到，由于内阁内部存在分歧，他别无选择：尽管他设法获得了至关重要的威灵顿的支持。1845 年 12 月 5 日，他要求女王接受他的辞呈，女王派人去请罗素。这件事被保密了好几天。然而罗素未能接受女王的委托，尽管女王向他转达了皮尔的承诺，即他在废除《谷物法》的问题上将得到前任首相的支持。

　　然而，罗素并不相信皮尔会支持辉格党所考虑的大规模措施。他决定接受成为首相的邀请，但他的潜在内阁成员反对帕默斯顿出任外交大臣。帕默斯顿被认为是必不可少的，不会担任其他职务。因此，经过罗素几天的深思熟虑，皮尔发现自己重新掌权了。正如他告诉海茨伯里的那样，一周前他曾给海茨伯里写过一封充满深情的正式告别信，"你会像我一样被最近发生的事情弄糊涂的"。[58] 格雷维尔在 12 月 20 日评论道："没有一部小说或戏剧能像这部政治戏剧那样变化莫测。"[59]

　　皮尔告诉他罗素是如何请来各种各样的政客的（其中包括科布登，他拒绝了罗素担任贸易委员会副主席的提议），然后"他们用了大约 10 天的时间进行磋商——有的人赞成，有的人反对"。我相信在第十天他们以 10 比 5 的比例接受了。皮尔透露，他已经向罗素保证他将支持罗素废除《谷物法》，而且格雷厄姆、赫伯特（Herbert）和林肯也会这样做。然而，就在皮尔打算向女王做最后告别的前一晚，他接到了阿尔伯特亲王的来信，告诉他一个"令人震惊的消息"，罗素最终认为他无法组建政府，"并且请求我在礼拜日 11 点之后前往温莎城堡"。我三点钟去的。一走进女王的房间，她就对我说——你是来向我告别的——但是我没有大臣，也没有政府。

　　"我回答说——我不需要片刻的考虑。我将成为陛下的首相，并保证以首相的身份与议会会面，无论其间发生什么事。"皮尔回到伦敦，告诉他震惊的同事他已经"复职"了。他补充说："问题不在于《谷物法》，而在于政府。格雷勋爵（Lord Grey）、科布登先生和我之间没有选择。威灵顿公爵说他对我给予女王的答复感到高兴。"他告诉海茨伯里他正在做的改变，特别是格莱斯顿将在那一天——1845 年 12 月 23 日——作为负责殖民地事务的国务大臣回归。（格莱斯顿在日记中写道："皮尔非常善良，不，像父亲。""我们本能地握了手，而我也忍不住回敬他一句'上帝保佑您'。"[60]）格莱斯顿重回内阁给皮尔提出了很多中肯的建议，可是这却让他失去了在下院的权力。根据当时的要求，他不得不在下院辞职，并争取在纽瓦克进行补选，直到他被任命。不幸的是，他的赞助人是纽卡斯尔公爵，而纽卡斯尔公爵撤回了对他的支持：因此，在围绕《谷物法》的辩论达到高潮时，格莱斯顿一直不在议会，直到 1847 年，才代表牛津大学重返议会。

皮尔告诉海茨伯里："考虑到没有人会根据保护原则组建政府——约翰·罗素勋爵没能成立一个这样的政府，他放弃了他所从事的工作，理由无非是一个放纵任性的人［格雷］反对另一位先生［帕默斯顿］担任一个特定的职务［外交大臣］（因为那才是他失败的真正原因）——考虑到将近两星期来一直有一段时间充满了悬念和不确定——这个国家没有政府——来自美国的敌对信息迫在眉睫——我想你和弗里曼特尔（Fremantle）至少会赞成一件事——那就是我立刻决定复职。"

五

皮尔做出决定后，开始解释他的理由，并为废除该法寻求必要的政治支持。他运用了他所掌握的每一种手段，例如传阅来自爱尔兰的关于那里人口不良健康状况的医学报告。[61]他在 1846 年 3 月 14 日给海茨伯里的信中写道："我预计这些报告将充分证明我们的情况——这些报告将令那些一直否认爱尔兰各地存在饥荒并指责我们夸大其词的人不知所措。"然而，皮尔担心自己会因为疏忽而使结果适得其反：他下令为爱尔兰提供 50000 英镑的紧急基金，以缓解饥饿和疾病带来的紧急情况。英格兰人不相信爱尔兰情况糟糕的倾向一直存在，而且比皮尔政府存在的时间还长。1846 年 12 月，都柏林大主教理查德·惠特利（Richard Whately）曾写信给阿瑟·

101 休·克拉夫说："这个国家的苦难真实而巨大。我并不奇怪，在英国，每一篇报道都不可信，因为这片土地上充满了谎言；许多人对这个问题感到厌恶，坚决只相信令人愉快的事情。但是，当你考虑到大约有 300 万人几乎完全以土豆为生，而这几乎完全失败时，你可能会猜到后果。"[62]

女王在讲话中说，她的政府"将继续推行旨在通过废除禁令和放松保护性关税的政策来扩大商业、刺激国内技能和产业的政策"。[63]在 1846 年 1 月 26 日的一场辩论中，皮尔明确表示他并不打算将废除该法案的任何措施付诸表决，只是希望给下院一个机会发表相反的意见，如果在马铃薯饥荒之后，下院仍希望这样做的话。他还具体指出，他希望讨论一般的保护原则，而不只是适用于土地利益。他说，他也在考虑降低羊毛和棉花等制成品的关税。兰开夏郡和西瑞丁将要做出牺牲，就像谷物大亨一样。皮具、草帽甚至马车的进口关税都将降低。"我愿意"，他在下院说，"公正合理地应用这项降低保护性税收的原则"。[64]

在表明所有的贸易都将是自由的之后，他又谈到了农业。他希望"通过全面废除该法律，为最终解决这一问题奠定基础"，这样

谷物就可以免税进口。[65]将有一个分阶段的计划，从现在开始到
1849年2月结束，最终取消所有关税。皮尔还提议对道路系统进
行现代化改造，他解释说，由于缺乏规模经济，现行的道路系统依
赖16000个独立的教区来运行，这给纳税人带来了巨大的成本，推
高了价格，让制造商或农民更难在价格上竞争。立法允许各教区为
此目的自愿结成联盟。皮尔提议强制实行工会制度，用600个地方
政府机构取代16000个地方政府机构，并取消众多的地方官僚体制
和开支。

在一篇关于使《济贫法》更加人性化的演讲中，皮尔还谈到
了以下问题：医疗救助问题；监狱管理支出脱离地方政府管辖；开
启税收体制改革。皮尔似乎想通过坚持减轻全体人民的负担并坚持
改善全体人民的生活状况，从而使关税改革的药丸变得更甜。1842
年蝗虫年之后，经济更加繁荣，连续三年的丰收压低了谷物价格，
这使他有能力做到这一点。但1845年第四季度的迹象表明，整体
经济的需求已经下滑，只有他所概述的改革计划才能刺激需求，避
免19世纪40年代初那样的另一场社会灾难。由于爱尔兰马铃薯歉
收，一切都变得更糟了。他恳请下院仔细考虑他告诉他们的话，下
院同意就这些提议进行辩论，并在一周后进行投票。

辩论持续了12天，皮尔在第5天的后半段发言。阿尔伯特亲
王出席了开幕式，标志着宫廷支持皮尔的措施。在皮尔执政的五年
里，阿尔伯特逐渐与他亲近起来，成为他与女王之间的联络官。格
雷维尔在他1845年12月16日的日记中写道，当兰斯顿（Lord
Lansdowne）和罗素在危机期间去温莎见女王时，危机几乎导致辉
格党上台：

他们首先感到新奇的是接待他们的态度；自从他们卸任以

来，一切都变了。从前，女王单独接见大臣；虽然阿尔伯特亲王当然什么都知道，但他们是单独和她谈话的。但现在女王和亲王在一起了，他们一起接待了兰斯顿勋爵和约翰·罗素，他们俩总是说"我们"——"我们想，或者希望，去做，这样那样；我们最好做什么？""亲王非常认同女王，他们是一个人。由于他喜欢做事情，很明显，虽然女王有头衔，但实际上是亲王在履行君主的职责。"他是名副其实的国王。[66]

格雷维尔说："我对此并不感到惊讶，但的确没有想到表现得如此明显。"情况只要限制在枢密院之内就可以得到控制。当阿尔伯特不受英国宪法正常约束的行为明显越界时，例如他参加《谷物法》辩论时的所作所为，麻烦便出现了。考虑到政治圈内人士怀疑阿尔伯特与皮尔关系密切，他的出席犯了一个严重的错误。鉴于女王的角色高于政治，他的出席被解读为对废除《谷物法》施加压力，这是受到宪法约束的危险举动。

争论的焦点主要集中在废除该法案对政党制度的影响上，主要是愤怒的托利党的主张。皮尔认为，与"缓解迫在眉睫的公共灾难的措施，以及一个伟大帝国未来的商业政策所遵循的原则"相比，政党考虑的因素微不足道。[67]他概述了去年12月他试图辞职时发生的事情。他还强调，他现在提议的替代方案是"灾难"，这个词他重复了好几次。长期以来，有些人被认为比他更适合废除《谷物法》；但他们却没能抓住机会成功组建政府。

他承认，那些通常支持他的人可能不太情愿，认为他违背了党的主要准则。但他请他们相信，他这样做是出于"公共责任"。[68]他阐述如下：

内务部国务大臣是我的好朋友，他负责保障公共和平，在饥馑中救助了数百万人，他了解到的事实是什么样的呢？我们确信在这个帝国的一部分地区，有4000000女王的臣民依靠某种食物生存。我们知道依赖的这种食物已经无以为继……在远处，我们看到了饥荒和随之而来的疾病的萧条形式。我们对国家的责任，对支持我们的党派的责任，难道不就是避免被人指责为漠不关心和忽视及时的预防措施吗？在你对这个问题做出最后决定之前，你绝对有必要了解一下爱尔兰的情况。你必须这样做。[69]

只有"灾难"改变了局势。然而，这丝毫没有改变皮尔党派所有人的想法。他注意到一些托利党人对他的论点处理得很粗暴。派系斗争很普遍，1846年1月22日格雷维尔在日记中第一次谈到"皮尔派"，他把这个词称为当时的流行语。[70]这场辩论最极端的例子出现在第8天，好似介于戏剧和脱口秀之间的表演，这时迪斯雷利加入了辩论。

如果说皮尔完美地展现了维多利亚时代的高尚精神，迪斯雷利则表现出截然相反的特征。他的立场是基于偏见而不是理性。如果他有智慧的话——在他的职业生涯的任何阶段，与偶尔战术上的狡猾，独创性的思想从来都不是他的强项——他没有在这次辩论中运用这一原则。虽然他债台高筑，但他是波特兰公爵家族的客户，为资助他的土地所有者的利益说话和办事。他在这场《谷物法》的辩论中没有表现出诚实正直的品质，尤其是在皮尔以政治家的风范发言之后，爆发出了愤世嫉俗的情绪。

在长达两个半小时的演讲开始时，他先是嘲笑了一些为皮尔辩护的人，还嘲笑了政府的大转变。然后他宣布："我将尽力表明，保护制度并不是长期以来人们所认为的那种可憎的制度，"当保守党在 1852 年短暂地再次执政时，包括后来的财政大臣迪斯雷利在内，没有哪位保守派人士会公开提出这样的观点。[71]他认为政党是作为公众舆论的喉舌而存在，在 1841 年把皮尔推举为女王首相的公众舆论并不支持他的政策。

他的争论带有讽刺意味，而且他也试图否认商品进口关税和商品需求不足之间存在联系。他以糖和棉花为例，但他忽略了一个重要问题，这两样都不是用来充饥的基本食物。他把内阁说成是"惊慌失措的孩子"。[72]他说，土耳其对自由贸易的坚持摧毁了该国的制造业。他嘲笑那种认为英国"农民"的状况可以归因于保护的罪恶观点。在他的结束语中，他认为比起制造业，英国更喜欢农业是正确的，因为英国有"领土宪法"，土地是政治决策的基础。[73]

他将此与新的"资本奴役"进行了对比，在这种"资本奴役"中，财富而非智力才是一切，而这些正是他认为皮尔正在向之屈服的利益所在。[74]皮尔在演讲时，用细节轰炸了整个议会，迪斯雷利却选择用观点来冲垮它。即使加上关税，从英国出口到爱尔兰的面粉重量也从 1844 年的 839567 磅增加到 1845 年的 1422379 磅，这就是马铃薯饥荒的严重性。[75]在辩论的第 12 天，也是最后一天，来自下院的乔治·本廷克勋爵（Lord George Bentinck）用缺席羞辱阿尔伯特的出席，以示对阿尔伯特的谴责。他一直到最后一个晚上的午夜才参与进来，讲了 3 个小时，为关税保护做了一个数据统计。在发言结尾时，他以一种会激怒女王的口吻，说他想谈一下"我国的君主立宪制"。[76]下院已经不耐烦了：他不仅已经喋喋不休了 3 个小时，而且一直到很晚才参与进来，用格雷维尔的话说，他的演讲"无聊得令人无法忍受"。[77]他对阿尔伯特的攻击，至少可以说是他演说中唯一有趣的部分。

他使用了一个似乎比下面的引文还冗长的句子，他说：

"他站得离她最近，也理所当然地是她最亲爱的，如果像我这样一个卑微的人，能被允许对着这位显赫而高贵的人物耳语一句，请允许我说，我不得不认为他听取了错误的建议，在这场大讨论的第一个晚上，国王的首相引诱他来到这座房子里，给予极大的炫耀，而且，由于国王的考虑，国王陛下表面上亲自批准了一项措施，不管这项措施是好是坏，至少在英格兰、苏格兰和爱尔兰的土地贵族中，绝大多数人都认为，这项措施即使不会毁灭他们，也会对他们造成严重的伤害。"

媒体上的一些人抓住了批评的矛头，并将其放大：毕竟，本廷克是波特兰公爵的兄弟。阿尔伯特低调行事，专注于建设奥斯本和其他争议较小的项目。

推翻保护主义的动议以337票对240票获得通过，本廷克助了一臂之力。甚至在他之前，格雷维尔就把这场重大的辩论描述为"有史以来最无聊的辩论"。[78]托利党被名义上的托利党首相的胜利所击垮——112票支持，231票反对。投票于2月27日进行。在下一个会期，即3月2日，查尔斯·维利尔斯作为一位长期的自由贸易主义者，提出了一项议案，要求立即全面废除《谷物法》，而不是等到1849年2月1日。西布索普上校（Colonel Sibthorp）是托利党最愚蠢的反动派之一，他领导着反对党。他说，皮尔"以欺骗的方式提出这些措施，侮辱了这个国家"，但至少维利尔斯是"大胆、阳刚和独立的"。[79]他指责皮尔改变了主意，这是公平的评论，但他也指责他缺乏"道德勇气"，这是完全错误的。在他的演讲中，他指责皮尔"欺骗和背叛"了他的政党，并"播下了一场革命的种子"：尽管西布索普是一个极端的例子，但这表明他所在的政党情绪高涨。[80]格雷维尔（辉格党成员和自由贸易主义者）形容他的托利党朋友对他们的领袖感到"厌恶和愤慨"。[81]另一个对托利党关税保护主义者的能力感到失望的人是阿尔伯特亲王。他觉得"他们没有领袖，他们的一位主要成员前几天承认……他们非常分裂，非常嫉妒彼此。有很多年轻人，他们一生中从未关注过公共事业，主要工作是打猎，现在作为伟大的政治家来到下院，互相欢呼，使任何事情几乎不可能进行下去"。[82]

布赖特警告说，在完全废除《谷物法》之前，联盟的鼓动宣传要继续进行，因此，拖延没有任何好处。皮尔理解他所说的话，他坦言政府决定推迟是因为恐怕这样做才是确保下院支持的最佳途径；而且爱尔兰发生的灾难迫切需要关注。他希望不要改变政府的计划，并且得到了反对党罗素的支持。为了有利于最终废除该法律，这项提议被否决了。辉格党和自由党担心，要求立即废除该法律会疏远托利党，后者不情愿地支持皮尔法案，并在议会中占据多数席位。

六

3月晚些时候，该法案进行了二读，最终以88票通过，比2月份的大辩论少了9票。不仅皮尔在党内拥有的支持越来越少，而且很明显他所在的政党决心放弃他。他在二读辩论中站起来发言时，有长达5分钟之久被淹没在自己一方的关税保护主义者发出的叫喊声中，后者想听他们当中的格兰比侯爵（the Marquis of Granby）发言，他是拉特兰公爵的继承人，他故意同时站起来。最终，秩序

107

得以恢复，下院议长认为皮尔的声音可以被听到。然而据在场的格雷维尔说，当他看到关税保护主义者野蛮地欢呼，他知道，其实如果他们愿意，他会被轰出去。[83]

日记作者继续写道："然而，目前皮尔执政的唯一目的就是为法律买单。当他在做这件事的时候，辉格党在保护他。一旦他完成了这件事，辉格党就准备反目成仇。然后，这场伟大的竞争结束了，保护主义者要么在第一次攻击中加入辉格党，要么任由他自生自灭。"有迹象表明辉格党正在为执政做准备，帕默斯顿曾到巴黎晋见法国国王，以及他的主要朝臣和大臣。辉格党人希望与法国保持良好关系。帕默斯顿在那里又害怕又厌恶，任何辉格党政府上台，他都必须担任外交大臣。女王和他的政党担心这会对英法关系产生什么影响。因此，帕默斯顿正在进行20世纪被称为魅力攻势的行动。

1846年6月25日是结束分裂政府的时刻和机会。就在上院对废除《谷物法》的法案进行三读的同一天晚上，政府在下院以292票对219票的结果输掉了《爱尔兰强制法案》（该法案将允许在爱尔兰发生内乱时实行武力统治）。第二天，皮尔召集了一个内阁——据格莱斯顿说，这是"我所知道的最短的内阁"——大家一致同意，政府将辞职，而不是寻求解散。[84]6月29日，皮尔告诉下院，他和大臣已经辞职。他首先说他能够放弃执政真是如释重负，然后对他不请求女王解散内阁的建议做出解释——"解散的权力是掌握在国王手中的一件伟大的工具；而且，如果在没有极为必要的情况下使用这个工具，就有可能把它弄钝"。[85]皮尔的内心非常清楚："在我们掌握权力的五年中，这个国家的利益和荣誉都没有受到损害。"[86]

到目前为止，皮尔的告别演说是人们对一位即将离任的首相的期望。然而，他选择离开时，也没有忘记把他以前的支持者拖下水。他对废除该法律的伟大设计师科布登大加赞赏。"应该与这些措施的成功（废除）联系在一起的名字，并不是高贵的勋爵（约翰·罗素）的名字……也不是我的名字。这些措施的成功应该与之联系在一起，也将与之联系在一起的是另一个人的名字，我相信，他的行动是出于纯粹无私的动机，他以不知疲倦的精力向我们的理性发出呼吁，并以雄辩的口才实施这些呼吁，这使我们更值得钦佩，因为他是朴实无华的。主要与这些措施的成功有关的名字应该是理查德·科布登。"[87]

当回忆起托利党及其傀儡克罗克对科布登进行的公开谴责时——他是激进运动中最严肃的知识分子之一，正如皮尔所肯定的那样，他完全不是出于一己私利——你可以想象这些话对皮尔以前的追随者产生了什么影响。1843 年皮尔的私人秘书爱德华·德拉蒙德（Edward Drummond）遭到谋杀后，科布登曾对皮尔本人出言不逊。有一个人将德拉蒙德误认作皮尔而将其杀害，科布登暗示行刺首相的愿望表明这个国家苦难深重。但科布登一直是联盟背后的推动力量，他牺牲了自己利润丰厚的事业（几乎破产）和健康，投身于一项他充满激情信奉的事业。罗素已经成为科布登的仰慕者，他对皮尔的说法表示支持，甚至重新向科布登提出任职邀请，这一次是内阁的职位，可是科布登再次婉言谢绝。他担心财务崩溃，只有联盟的支持者组织了一场纪念活动，筹集了近 77000 英镑，才让他得以偿还债务，重新站稳脚跟。格莱斯顿指出，"很多人对皮尔昨晚关于科布登的声明进行了评论。我反对它的理由是它并非完全公正。因为如果他有强大的辩论能力，结果很好，那么他的语气就是最严厉的，不断地把恶毒和卑鄙的动机嫁祸给可敬的人"。[88]

皮尔赞扬了科布登之后，又提到了自己。"我的名字将受到所有垄断者的诅咒，他们出于不高尚的动机叫嚣关税保护，因为这有利于他们的个人利益。不过也许我的名字有时会在那些用额头上的汗水赚取每日口粮的劳动者的家中被善意提起，当他们用充足的、无须交税的食物来补充他们精疲力竭的身体时，因为不再有一种不公平的感觉在发酵，所以面包变得更甜。"[89]这一罕见的表述打破了先例，在发表上述言论后，随之而来的是欢呼。不管这件事对皮尔造成多大的创伤，威灵顿都无法理解。他从来没有意识到废除《谷物法》的必要性，但他以军人的口吻对另一个有同样想法的人说："这真是一团糟，但我必须维护国家和女王的安全与和平。"[90]皮尔告诉布赖特，他"完全没有意识到人们对《谷物法》怀有如此强烈的仇恨"。[91]尽管如此，他的所作所为是英国历史上的一次道德壮举。

废除《谷物法》标志着中产阶级及其权力的增长和进步——有些人认为，这是与1832年的改革法案共同迈出的关键一步。科布登完全认同中产阶级反对土地阶级的利益。布赖特是中产阶级进步的化身。保护主义结束后，贵族阶层的收入将会减少。一个价格更低、食品更便宜的时代，极大地促进了所有不依靠土地获得收入的阶层的富裕和繁荣。如果有土地的贵族觉得他们在1832年遭受了最沉重的打击，那么1846年的打击即使没有更大，也是同样程度的。他们的政治权力已经受到削弱，如今他们的经济实力也将随之下降。那些拥有煤矿或者已经将业务扩大至船舶及其他重工业领域的大家族在未来几十年仍然受到保护，而土地则再也没有如此丰厚的利润了。

据我们所知，在维多利亚女王统治的头20年里，我们所理解的政党是不存在的。议会中有辉格党、自由党和激进派、托利党和保守党，1846年后还有皮尔派。直到1859年，主要的辉格党人帕默斯顿和主要的自由党人罗素才共同组建自由党内阁，最重要的是这个内阁还包括皮尔派格莱斯顿。1852 年后，阿伯丁试图统一这些派系，但在克里米亚战争中失败了。一旦皮尔派与自由主义者结合在一起，托利党放弃了保护主义，打造现代保守党的道路就很清晰了。

迪斯雷利是这次重组的一个重要因素，因为他在皮尔派和一些
110 自由主义者（帕默斯顿等辉格党人认为他很有趣）中间非常不受欢迎，以至于他成了共同的敌人和团结的力量。正如布莱克勋爵所写："人们有时会想，迪斯雷利是否不仅可以自称是保守党的缔造者，还可以自称是自由党的无意识创始人。"[92]20 年后他在针对第二次改革法案的争论中表明他是一个最灵活的人，任何看法都不能阻碍他在艰难的职业生涯中向上攀登，也不能妨碍他一旦到达职业巅峰后的生存之道。没过几个月，他就告诉土地所有者关税保护的游戏已经结束，他改头换面头也不回地继续前行，这是对他 1846 年以前强烈反对废除法律的嘲弄。

关于《谷物法》的争论影响了英国政治的长期重组。这也很有可能把这个国家从严重的内乱中拯救出来。据英国贸易委员会的数据估测，一旦这些港口开放，相当一部分英国人就开始依赖"外国面包"：在 1851 年人口普查统计的 21185000 人中，可能有500 万或 600 万人依赖"外国面包"。[93]皮尔知道，他已经把自己的政党带到了一个无法回头的地步——至少在他掌权期间就是这样。他在最后一次内阁会议上表示，"他确信，在他继续执政期间，组建保守党是不可能的"。[94]在接下来的 20 年里，随着各方立场的不同变化，这种重组将继续下去：直到第二次改革法案时，皮尔派已全部加入了当时被称为自由党的政党，一个正在准备引领重组的政
111 党。

第四章　宪章运动：工人阶级政治的兴起

一

19 世纪上半叶的工人阶级是由不同的人组成的联合体，这些人主要的共同点是他们拥有很少或根本没有资本或土地。他们中的底层是体力劳动者，包括农业劳动者、城市劳动者和矿工。底层之上的是拥有在煤矿和工厂操作机器技能的工人。在很大程度上，这两个最低的阶层没有受过教育。在当时的工匠和手工业者中，有一些人是个体商贩，处于中下阶层的顶端，他们大多能写会算。对于处于较低阶层的人来说，生活中的基本问题是生存和能够养活自己和家庭。对于那些更接近顶端的人，他们已经解决了生计问题，注意力转向了获得公民和政治权利的问题。这个政治意识越来越强的阶层日益壮大，并且日趋激进化，于是要求进行更多改革的压力变得不可阻挡。

工人阶级的故事——以及其他阶级如何与他们互动的故事——是"英国状况问题"的小说素材。自拿破仑战争以来，他们或他们的父母越来越多地搬到了城镇。当贸易繁荣时，他们异常努力的工作得到了丰厚的回报，但同时必须忍受肮脏的工作条件，以及卡莱尔所说的"廉价而肮脏"的住房。正如我们所看到的，当贸易不景气时，他们可能会被逼到忍饥挨饿的地步。随着人口的增加以及由此

112 而来的向城市集中，城市的肮脏程度也在增加。1810 年至 1840 年间，杜松子酒的消费量从每人每年 1 加仑上升到 1.5 加仑。[1]1823 年，英国对 1976000 加仑烈性酒征收了关税。1837 年，达到 6620000 加仑。[2]这是更大繁荣的标志，但也表明更多的不快乐。弗里德里希·恩格斯写道："竞争是现代社会一切规则之争的完整表现。"[3]他还在报告中写道，格拉斯哥治安官说，在他的城市，每周六晚上都有 30000 名工人喝醉酒。他说，1844 年伦敦有 40000 名妓女"依靠善良的资产阶级"生活。1805 年至 1842 年间，英格兰和威尔士的犯罪率尽管受到了野蛮的惩罚，但还是增长了 7 倍。主要的受害者是下层阶级。[4]恩格斯援引儿童就业委员会的报告说，所有罪犯中有一半不到 15 岁。此外，"根据专员的说法，无节制的性交看来几乎是普遍的，而且呈现低龄化趋势"。[5]

"英国状况问题"小说旨在提醒有文化的和休闲的阶层注意下层的困境。它们也旨在减少阶级偏见。金斯利在给《奥尔顿·洛克》（*Alton Locke*）写的序言中分析了他所谓的"阶级间可恶的隔离"的起源，这种现象"在旧英格兰是不为人知的"。他继续说：

> 从中世纪到法国战争的最后几年，英国绅士和工人之间的关系似乎比欧洲任何其他国家都更加友好和健康。但随着法国大革命的爆发，情况变得越来越糟。革命吓坏了太多的上层阶级，也刺激了太多的下层阶级。而托利党严厉的镇压制度，其在语言和行动上的坏习惯，就好像"政府"和"人民"必然是对立的一样，从而造成了越来越多的敌意。此外，阶级与阶级、雇主与受雇者之间的旧封建关系也被割断了。大批劳动人民野蛮地独立聚集在制造业地区。农业工人们由于滥用旧的《济贫法》而堕落了，现在回过头来，人们对这种状况感到半

信半疑的恐惧。与此同时，劳动者的处境也变得越来越窘迫。[6]

的确也有一些开明的雇主。然而，公众认为大多数矿主和工厂主已经接受了一种血淋淋的资本主义，把人仅仅看作商品。金斯利用基督教社会主义者毫不妥协的语言表达了这一点：

> 我们将成为犹太人、中间商和毛衣商的奴隶，往往是身体上的囚犯，他们以我们的饥饿为生。我们将不得不像其他人一样，面对不断下降的劳动力价格，以及雇佣我们的承包商从这些劳动力中不断榨取的越来越多的利润——因雇工的反复无常而任意罚款——妇女的竞争——还有孩子和挨饿的爱尔兰人——我们的工作时间将增加三分之一，我们的实际工资减少到不足一半；在所有这一切中，我们将没有希望，没有机会提高工资，而是更加贫困、奴役、痛苦……你知道我们没有希望了。向政府或议会上诉是完全徒劳的。

虽然大多数资本家都不是犹太人，但犹太人不仅是金斯利诋毁的对象，也是狄更斯在《雾都孤儿》和卡莱尔在著作中抨击的对象。奥尔顿·洛克的宪章导师克罗斯韦特（Crossthwaite）对他说：“看看六个月前在街上卖小刀的舍根·艾萨克斯（Shechem Isaacs），现在他驾着自己的马车，一直在翻毛衣。”[8]

如果这个阶级有一个正式的政治声音，资本主义的雇工大军所面对的经济困难可能会更容易承受，但它几乎没有。1832 年的改革法案令 5/6 的工人没有投票权。资产阶级的兴起——在 18 世纪末和 19 世纪初的第一波工业化浪潮之后，财富创造了一个新的中产阶级——进而改变了政治格局。一个主张明确、组织日益有序的

工人阶级试图进一步改变这种状况。它面临着一个决心巩固其新建
立特权的中产阶级——直到 1867 年防御工事瓦解，另一项改革法
案通过，它才放弃了这一决心——和由于害怕其财产和地位受到侵
犯以及工人阶级将发动起义而几乎瘫痪的贵族们。人们不仅讨论建
立一种社会主义形式，而且还讨论使用暴力手段来实现工人阶级的
目标，就像半个世纪前的法国一样。

　　并非所有的激进主义都具有潜在的暴力倾向：乔治·艾略特的
小说《激进者菲利克斯·霍尔特》（*Felix Holt, the Radical*）写于第
二次改革法案获得通过期间，讲述的是第一次改革法案通过后政治
气候的变化，部分内容是关于一个决心以和平方式确保变革的人。
然而，虽然他没有说要使用武力，他对自己信仰的定义却被大多数
有钱阶层视为威胁。霍尔特宣称："我自己就是一个激进分子，我
打算毕生致力于反对特权、垄断和压迫。"[9]盖斯凯尔在为《玛丽·
巴顿》（*Mary Barton*）撰写的一篇注脚中，揭示了她对 19 世纪 40
年代初工业工人苦难的看法，以及这种苦难不可避免的政治后果。
"在过去的三年里，贸易变得越来越糟，食物的价格也越来越高。
工人阶级收入之间的差距，他们的食物价格，在很多情况下导致了
疾病和死亡。整个家庭逐渐面临饥饿。他们只想要一位但丁来记录
他们的苦难。"[10]

　　《玛丽·巴顿》反映了人们对暴力的普遍恐惧，以及 19 世纪
40 年代初基督教价值观在雇主和男性中的瓦解。它展示了饥饿驱
使下的人们通过杀死雇主的儿子来惩罚雇主；还展示了一个人在自
己家庭困境驱使下试图打破罢工而向另一个人泼硫酸；有钱阶级对
工人的苦难漠不关心。盖斯凯尔夫人是一位牧师的妻子，她所传达
的信息是，无论主顾哪一方，只要坚持基督教的价值观，社会就会
渡过难关。这意味着主人们用他们的资源来支持那些因需求崩溃而

114

失业的人，而人们则以对社会秩序的忠诚作为回报。卡莱尔喜欢这本书，也许因为这是他钟爱的封建主义的一个变体。

盖斯凯尔夫人的写作来自她在曼彻斯特的深刻个人经历。1849年1月，杰拉尔丁·朱斯伯里（Geraldine Jewsbury）写信给阿瑟·休·克拉夫，说她认识"《玛丽·巴顿》的女作者"。她补充道："她是一个非常好的女人，在我们怀疑她能写书之前，她就受到了很多人的钦佩。不过，这件事引起了很大的争议，因为据说这件事是完全一边倒的，而且据我所知，我认为当今的主人们不应该得到这样坏的评价。然而，这是一本最强大的书。"[11] 不久之后，当克拉夫遇见盖斯凯尔夫人时，他说她"既不年轻（30多岁），也不漂亮；她很不爱说话，可是只要她喜欢，她就能滔滔不绝——她身上有很多类似牧师太太的地方"。[12]

她写道，"雇主和被雇用者之间的差异"是"制造业地区永恒的话题"。[13] 约翰·巴顿（John Barton）是这位同名女英雄的父亲，他是一位曼彻斯特织布工和宪章派。他的妻子死于分娩。他生存在迪斯雷利的所谓两个国家的分界线上，怒火中烧。我们看到了工厂主的富裕（即使是在需求低迷时期）与他们的雇员（或被解雇的人）的赤贫之间的鸿沟。盖斯凯尔夫人讽刺了这一印象，她说："我知道事实并非如此……我只是希望工人的感受和想法能给人们留下深刻的印象。"[14]

115

<h2 style="text-align:center">二</h2>

改革法案颁布后，立即出现了工会化的尝试，但这些尝试有时遭到了严厉的镇压：最著名的一次发生在1834年，有6名来自多塞特（Dorset）的托尔普德尔（Tolpuddle）的农业劳工因为主持一

个工会成员的非法宣誓而被判处流放澳大利亚。当政府拒绝推翻判决时，引起了广泛的抗议。议会收到了一份巨大的请愿书，这为表达民众对统治者的不满创造了一种趋势，这种不满将在未来几年被进一步利用。1836 年，这几名工人获得赦免返回家乡，并且建立了自己的农场。工人阶级取得了最初的胜利。此时，至少对于那些没有技能的工人来说，建立工会制度成为他们共同的呼声。这些没有技能的工人在威斯敏斯特没有议员代表的工人当中占大多数。与此同时，工会制度几乎是对议会本身最高权威的一种挑战。在中产阶级激进分子的帮助下，工匠阶层推动了宪章运动，而没有技能的工人则利用工会运动，寻求实现比成年选举权更根本的东西——获得维持生计的工资和避免饥饿。

虽然允许工人联合在一起是一大让步，但那些有主见（或者声称有主见）的工人却有更长远的计划。其中一位是威廉·洛维特（William Lovett），他是 19 世纪 20 年代定居伦敦的康沃尔细木工。洛维特渴望知识，但只受过很少的教育，他还参加公开讲座和互助改善社团。他受到社会主义者的影响，想想罗伯特·欧文（Robert Owen）吧，他在格拉斯哥附近建造了新拉纳克（New Lanark）工业小镇，他的原则是，如果他的工人生活在良好的环境中，他们会更快乐，更有生产力。

洛维特加入了各种团体，尤其是激进改革协会（Radical Reform Association）。1830 年法国大革命期间，洛维特公开表示支持英国的暴力起义。他进行了高调的公开抗议，比如拒绝在未经投票的情况下服兵役，以及游说要求取消报纸印花税。他是为工人阶级提供更多教育的早期活动家，1836 年被任命为伦敦工人协会的创始人秘书。从这个群体中诞生了宪章主义。

1837 年 2 月，伦敦工人协会在斯特兰德大街的王冠和锚酒馆

（the Crown and Anchor）举行公开会议，设计了一份支持六项改革要求的请愿书。这些要求（或称为六点要求）成为《人民宪章》（*People's Charter*），主要由洛维特和弗朗西斯·普雷斯（Francis Place）起草，后者是一名倡导改革的中产阶级。他们要求无记名投票；年度议会；领薪水的议员；大小相同的选区；男性普选；取消议员的财产资格。《人民宪章》于 1838 年 5 月 8 日公开发表。每年选举的目的是使贿赂成为不可能，无记名投票将有助于防止工人被他们的主人胁迫，普选将允许工人阶级参与国家的管理。不是户主或土地所有者的领薪议员也可以来自工人阶级。

除了年度议会外，所有的要求都需要在 80 年内获得批准。但是，由于工人阶级各阶层之间的差别，整个运动并没有立即接受这些要求。尽管伯明翰拥有更多的工匠人口，但曼彻斯特和北方的工人——那里的低技能工人占主导地位——觉得自己没有受到足够的重视，于是分裂就此产生。1839 年 2 月，在伦敦举行了第一次全国代表大会，由于法律禁止举行大型会议，与会代表的人数被限制在 50 人以内。很明显，主要的分歧出现在那些主张在必要时使用暴力以达到目的的人与不主张使用暴力的人之间。

宪章派向下院提交的一份请愿书指出了一个令人痛苦的悖论。技术工人生产的优质产品销往世界各地，他们来自一个拥有良好基础设施和港口的国家，该国的农业得益于肥沃的土壤和温和的气候；然而，普通民众却"被公共和个人的痛苦淹没"。我们被沉重的税收压垮了；我们的商人在破产的边缘颤抖；我们的工人正在挨饿；资本不能带来利润，劳动力不能带来报酬；匠人的家是荒凉的，当铺的仓房是满的，济贫院是拥挤的，工厂是荒废的。"[15]请愿者知道谁该为此负责："我们统治者的愚蠢使上帝的仁慈毫无效果。"

117

1839 年春天和初夏，随着天气的好转，骚动在制造业地区蔓延开来；同年 7 月，125 万人签署的支持《人民宪章》的请愿书提交给了议会。这是宪章派的第一次失败：他们吹嘘将收集 300 万个签名。它由伯明翰议员托马斯·阿特伍德（Thomas Attwood）提出。作为伯明翰政治联盟（Birmingham Political Union）的创始人之一，阿特伍德是 1832 年改革法案的幕后推手。阿特伍德详述了无视穷人要求的后果。他提醒下院想想 "1787 年和 1789 年路易十六的情况。当路易昏昏欲睡的时候，废墟正在大地上蔓延。1787 年，一个人在勃艮第（Burgundy）和尚帕涅（Champagne）旅行时发现，几乎所有绅士的房子都被夷为平地，房主被谋杀。两年后，巴士底狱陷落。当革命［1830 年］爆发时，查理十世正在枫丹白露的树林里打猎，他的王冠从头上掉落。詹姆斯二世的王冠同样从他的头上脱落。此刻英国女王的处境又如何呢？"[16]

阿特伍德拒绝使用武力或者暴力来实现工人阶级的目标。然而，约翰·罗素勋爵提醒他——以及下院——他所拥护的人民 "走遍全国，从一个城镇走到另一个城镇，从一个地方走到另一个地方，用最暴力、最革命的语言——与法国大革命最糟糕时期的语言暴力和暴行程度相等——劝说人们用武力颠覆法律"。[17]罗素和其他人也嘲笑普选将保证普遍繁荣的观点。在这一点上，他得到了托利党后座议员本杰明·迪斯雷利的支持，尽管迪斯雷利——他在下院只待了两年——坚信应该给下层阶级一些额外的民权措施。他认为新《济贫法》和宪章运动之间存在着 "密切的联系"。[18]他认为，如果顽固坚持国家集中进行贫困救济，而不是回归到一个更人性化、更易于理解的地方性体制中，这 "不仅将危及国民性，还将危及整个国家"。[19]

下院以 235 票对 46 票否决了该动议，迪斯雷利投了反对票：

118

该宪章过于简单化，甚至支持者也认为每年召开一次议会的要求不切实际。如果说在下院的失败是对协会发起起义的一种挑战，那么协会也没能奋起反抗。有一段时间，宪章运动几乎失去全国凝聚力，而仅仅是通过地方委员会保持存在。由于议会否决了这一提议，洛维特因煽动性的诽谤罪被捕，原因是他批评了被派往伯明翰镇压斗牛场骚乱的伦敦警察对示威者的行为。他在沃里克监狱被监禁了一年。他的影响力因此不及从前了。

1839 年夏天，暴力骚乱始终持续不断。伯明翰发生了暴动。总罢工宣布定于 8 月 12 日举行，可是没有人出来参与，这是对运动公信力的又一次打击。最严重的骚乱发生在 7 月底的泰恩河畔的纽卡斯尔，当时警察和一些刚刚宣誓就职的治安专员与暴徒展开了肉搏。市长约翰·法伊夫（John Fife）曾发布公告，警告那些"自称为会员，并作为一个或多个具有非法性质的协会成员"的人，以及"诱使其他人成为此类协会的成员，并与其进行交往，通过捐款和其他形式对其进行援助和支持的人""犯了非法结盟罪，一经定罪，将被处以 20 英镑的罚款，或送进感化院劳教 3 个月"。[20]

这丝毫不起作用。7 月 31 日晚发生了骚乱，当时法伊夫拒绝了宪章派要求举行公开集会的请求，因为他和地方法官担心这会对"维护和平"产生影响。31 日下午有消息传开，说无论如何要举行一次会议。法伊夫希望更多治安专员的宣誓就职本身就能阻止宪章派，然而，这一策略失败了。下午 6 点，有四五十人举着横幅在城里示威游行，他们走到纽卡斯尔和盖茨黑德（Gateshead）附近时，很快就因其他相同规模和外表队伍的加入而壮大了。"到了 10 点钟，情况变得十分可怕，市长在不同的街道上奔波了很长一段时间，他试图说服这些误入歧途的人，最后又以威胁的方式劝服他们，让他们平静下来，回到自己的家里，但他不得不请求军方的支援。"[21] 商店关闭；所有人都不敢出门。抗议活动的领导人开始向追随者讲话，法伊夫命令警察没收抗议者的横幅。然而，当双方交战的时候，"只见砖块、石头和其他民间武器不计其数地飞来飞去"。据报道，一名抗议者被警察"刺伤了大腿根"。随后军队赶到，"对主要街道进行搜查"。有 40 人遭到逮捕，步兵和骑兵在街道上巡逻直至凌晨 4 点。如果宪章派想开战，他们原本是可以的。

11 月，在蒙茅斯郡的纽波特发生了一场小规模的起义。一位名叫约翰·弗罗斯特（John Frost）的当地报纸记者认为，如果他在威尔士农村发动叛乱，革命就会在英格兰北部的工业中心地带爆发。当北方的宪章派领袖们听说他的计划时，他们尽一切可能劝说他放弃。他们失败了。弗罗斯特带领他的追随者冲进当地民兵的炮火中，其中 14 人死亡，10 人受伤。弗罗斯特的死刑获得减刑，改为终身流放。1854 年，他被赦免并获准返回英国。

三

到 1842 年，由于反谷物法联盟未能取得任何进展，它被拉向与宪章派结盟，科布登等人就是持这种观点的代表。1842 年 5 月 2 日，一份长达 6 英里的请愿书被提交给下院，后面还有一个排了 2 英里长的游行队伍。请愿书要求所有人享有平等的代表权。它说，政府造成了"无法忍受的专制"和"有辱人格的奴隶制"。[22] 它呼吁抵制征税，除非进行选举改革，全国 2600 万人口中只有 900000 人有投票权，吉尔福德有 3290 人，其议会的议员人数与拥有 300000 万人口的托尔哈姆莱茨相同。

议会议事录描述了这一奇观："全国工人阶级的一份请愿书由

一大批人组成的游行队伍带到了下院，这份请愿书是托马斯·邓科姆先生（Mr. Thomas Duncombe）事先通知过的。请愿书的体积太大了，门不够宽进不去，为了把它抬进议会，必须先把它展开。展开时，它占据了很大一片地方，堆得比桌子还高。"[23] 芬斯伯里的议员邓科姆在介绍它时说，这份请愿书已经有"这个国家 3315752 个勤劳阶层成员"的签名。他引述了在下院听到的他们的请求，并解释了为什么他们觉得有必要这样做：

> 这份请愿书连他们有理由抱怨的不平之事的 1/10 都写不下；但是尊敬的议会同意代表们在场聆听请愿者的陈述，请愿者将能够申诉冤屈和痛苦的遭遇——那是无法忍受的不公——这将在所有善良人的心中激起轩然大波，大不列颠和爱尔兰人民长期以来一直默默地忍受着他们的悲惨处境，因为他们被不公正地排除在政治权威之外，阶级立法的种种腐败给他们带来了不幸。[24]

除了伦敦及其郊区提供的 200000 个签名外，来自曼彻斯特（99680个）和纽卡斯尔（92000个）的签名最多。

请愿书还指出：

> 在英格兰、爱尔兰、苏格兰和威尔士，成千上万的人实际上死于贫困；请愿者一方面意识到贫穷是犯罪的重要诱因，一方面对穷人和年老体弱者遭受粮食短缺而感到惊讶和忧虑；我们同样愤怒地注意到，尽管有许多证据表明《济贫法》违背宪法原则，缺乏基督教精神，对劳动人民的工资和王国臣民的生活产生了残酷和致命的影响，议会仍然决心继续执行这个法案。[25]

121 　　从请愿书的两项声明中可以明显看出，请愿者对王室缺乏尊重："当（请愿者）得知女王陛下每天收到 164 英镑 17 先令 10 便士的私人款项时，他们也确定成千上万的家庭劳动者每天的人均收入只有 $3\frac{1}{4}$ 便士，""（请愿者）还了解到，阿尔伯特亲王殿下每天收到 104 英镑 2 便士，而成千上万的人每人每天只能依靠 3 便士生存。"

　　在约翰·弗朗西斯试图刺杀女王的四个礼拜之前，并非只有英国王室受到了威胁：教堂也在请愿者的视线之内。

> 　　每年有 900 万英镑以上的资金被不公正地抽走了……用来维持一种教会体制，而且他们主要是不信国教者；请尊敬的议会注意，这笔巨款即使没有超过，也相当于在世界各地维护基督教的费用。（请愿者）抱怨说强制支持宗教信仰和昂贵的教堂设施是不公平的，不符合基督教的教义，而人民并不同意这些……（请愿者）相信所有人都有权利以他们的良心看来最好的方式敬拜上帝，任何立法都不应该干涉人类及其创造者之间的关系……请愿者请议会注意，每年的巨额收入被主教和神职人员吞掉，并恳求你们将他们的行为与基督教创始人的行为进行对比，这位创始人谴责拜金者，教导人们行善、温柔和兄弟之爱。[26]

　　这种阶级斗争的论调是可以理解的。这一年早些时候，诺福克公爵曾建议工人阶级偶尔喝一杯加一点咖喱粉的水，以消除饥饿感。它为宪章主义者和反谷物法联盟者提供了一个理想的例子，让他们可以在自己的公共讲台上利用它，也加重了一个贸易已经陷入瘫痪的国家的政府的窘迫感。

　　第二天下院就请愿书展开辩论。邓库姆声称宪章派并不是狂热

的革命者，而仅仅是提倡"议会两院中许多杰出人士"之前提出

的措施。[27]他列举了英国几个地区的一些例子，从谢菲尔德开始， 122

27200名谢菲尔德人在请愿书上签名。"截至4月23日，仅谢菲尔

德贫民院就有574人……在过去五周内，新申请救济的人数平均每

周有200人……据说，贸易协会即将解体，原因在于无法继续维持

其资金；如果情况果真如此，成百上千的人将加入赤贫行列。谢菲

尔德目前很平静；在饥饿和痛苦与日俱增的情况下，这种情况还会

持续多久呢？"[28]

在谈到西米德兰兹郡时，他说："整个地区都处于令人担忧的

不安状态。宪章运动正在迅速发展。从前连宪章运动的名称也不知

道的城镇和乡村，现在都有了宪章协会；而且，除非迅速采取一些

有效的措施，消除劳苦的工业子弟目前令人震惊的痛苦，否则后果

可能是最严重的。"伯恩利的一位通信员曾告诉他："所有人都处

于兴奋的狂热状态中。在我的一生中，我从未见过兰开夏郡的这一

部分处于如此的状态……会议——大型会议——由成千上万人参加

的会议，几乎每天都在举行。"他接着说："昨天，在马斯登高地，

至少有7000人。今天有10000名工人在科恩集会，每一次集会都

只有一个意见，那就是宪章必须成为这片土地的法律，才能给工人

阶级带来永久的好处。"[29]

詹姆斯·格雷厄姆爵士反对听取请愿者的陈词；因为当每个人

都承认存在痛苦时，宪章派的申诉将引发革命。尽管意识到这种情

况，他也承认"痛苦是巨大的"，抱怨"是有事实根据的"。[30]然而，

他深信"对我们所有伟大制度的颠覆将必然是请愿书的祈祷获得

批准导致的——他认为这一结果本身比任何其他原因都更加直接地

导致人民遭受更多的苦难"。[31]麦考莱（Thomas Babington Macaulay）

完全理解他的说法，他抨击普选权，并且明确表示格雷厄姆试图避

123
免对请愿者缺乏同情代表了政府的立场。相比之下，约翰·罗素勋爵说，他"表达了我对请愿者的尊重，同时也表达了我对请愿书中阐述的教义的憎恶"。[32]他解释说，这是因为他相信，满足他们的愿望将会"动摇财产"，"破坏社会结构，尽管社会结构错综复杂，却为这个国家带来了如此多的福祉"。[33]皮尔对"君主和劳动者的开支之间最令人反感的对比"表示遗憾。[34]和罗素一样，他认为宪法的整个基础受到了威胁。他不相信君主立宪制能够在普选中存活下来。[35]

接受请愿书的动议以 287 票对 49 票被否决。这是宪章运动最新的一次失败：人民的情绪仍然反对革命，这也许得益于国家提供基本贫困救济的时间之长，以及私人慈善机构的补充。然而，大规模衰退的证据是显而易见的。在以科布登为代表的斯托克波特，过去六年中有 37 家纺织工厂倒闭，3000 所住房无人居住，70000 人得到救济。更糟糕的是在曼彻斯特，116 家工厂闲置，681 家商店和办公室没有租户，5492 户住宅无人居住，入狱人数翻了一番。这是保护主义和缺乏自由贸易造成的损害。

然而，在 1844 年和 1845 年间，穷人的境况问题已不再是热点。铁路热达到了顶峰，每年额外约 1000 万英镑的资本支出为更多的劳动者提供了工作，尤其是来自爱尔兰的移民。至于《济贫法》规定用于救济的资金，1844 年比 1843 年减少了 20%。犯罪率的下降也表明穷人的生活条件有所改善。格雷厄姆在 1845 年 5 月对下院表示，在 1842 年危机最严重的时候，从 1842 年到 1844 年，审判案件从 31309 项降至 26542 项，比例下降了 15.25%。1843 年，法院判处 97 人死刑，4813 人流放。1844 年，这两个数字分别下降到 57 和 3320，降幅分别为 26% 和 23%。[36]1842 年移居到殖民地的人数为 128344 人，但 1844 年只有 70686 人。1845 年第一季度的数据要低得多，折合成全年的数字约为 54000 人。[37]

　　1848 年，在整个欧洲爆发起义的一年中，宪章派决心提醒政府他们的不满仍未得到解决。4 月 10 日礼拜一，他们要求他们的同情者聚集在离威斯敏斯特不远的肯宁顿公园。双方都怀着担忧、恐慌和坚定的心情对待这次事件。成千上万的煽动者向伦敦进军的前景已经够让人担心的了：人群可能会穿过威斯敏斯特大桥，包围议会，这让统治阶级感到恐惧。去年冬末，英格兰北部发生了一系列骚乱，3 月初，格拉斯哥发生了几天的骚乱，被士兵和警察镇压。没有人会低估发生麻烦的可能性。

　　然而，贵族、绅士和中产阶级面对威胁团结一致，马克思对此感到自豪。当时的首相罗素下令 8000 名士兵和 150000 名特种警察进驻首都。格雷维尔在示威前夕的日记中把这些防范措施描述为"如此之多，要么非常高尚，要么非常荒谬"。[38]他写道，所有的政府公务人员都被当作特殊的警察，组成了驻防部队。[39]当那天到来时，抗议如同一门潮湿的哑炮，完全失败。宪章派号称集会有 300 万人参加，而实际人数却只有 2 万到 5 万之间，这一情况受到了新闻界的嘲笑。尽管宪章派的出版物继续发行数年，但宪章派的集会和协会在一些地方受到怀疑，虽然这一运动一直延续到 19 世纪 50 年代，但其终结的开启正是 1848 年抗议的失败。

　　革命之火没有蔓延到英国，这不仅是 1832 年改革法案的结果，也是一个迹象，表明以饥饿为特征的 40 年代最糟糕的时期已经过去，繁荣正在慢慢回归。英国政治的左派并没有消失，但他们的抱负更多地集中在激进运动上，尤其是新兴的工会运动，该运动加大了招募工人的力度。这两个运动都声明放弃宪章运动坚持的暴力威胁，赋予其革新的性质。正是在这样的背景下，那些致力于改善英国人民生活、提高英国人民文明程度的人，在接下来的 1/4 个世纪里取得了举世瞩目的成就。

四

125 　　因为大多数贵族阶层仍然存在家长制作风，社会上层有很多人同情宪章派为改善劳动人民的权利和条件所做的努力，尽管他们并不认同宪章派的方法，认为那种方法是对现有秩序的威胁。我们已经看到阿什利在这个问题上是怎样带头的；但在领导统治阶级改善下层社会命运、拓展文明疆界的运动中，最有影响力的人是女王的丈夫阿尔伯特亲王。虽然阿尔伯特缺乏阿什利那种在穷人中行善的福音派动机，但他的动机似乎有三：他真正的贵族责任感，这使他想帮助穷人；他那永不停歇的求知欲；他在寻找一个角色。

　　阿尔伯特为改造和提升英国而着手开展文化教育运动，并使所有阶层都参与到这场改造之中，尽管如此，他必须先把毒刺从宪章主义者的蝎子身上拔出来。私下里，阿尔伯特对政治，尤其是对废除《谷物法》后宪章派重新掀起的骚动，仍然保持着敏锐的兴趣。他对工人阶级骚乱的担忧，以及他对此的反应，只有在他作为女王丈夫的情况下才显得不同寻常。除此之外，他具有许多开明贵族的情感和想法，有时甚至是受到惊吓的贵族的情感和想法。王室档案中他自己有关 1848 年骚乱的文件在标题中提到了"宪章派的阴谋"。[40]他密切关注这一事件，从议会辩论中截取了一些有关这一问题的剪报。他就这个问题与总司令威灵顿通了信。威灵顿还向罗素和内阁提出建议，于是罗素在肯宁顿示威前夕给亲王写信并断言："如果……宪兵们开火，拔出他们的剑，使用他们的匕首。我毫不怀疑他们会轻而易举地战胜伦敦的一群暴徒。"[41]

　　4 月 10 日上午，阿尔伯特对罗素说："今天，法律、政府和国家的良好意识都将受到宪章派的力量和这个国家所有邪恶之人的考验。"[42]他说，解决办法是"为受苦受难和失业的人提供工作，通过警方安排维持秩序，并起诉煽动者"。[43]他对最近失业人数的增长感到遗憾，他认为这是下院要求节省公共工程开支的结果。他特别遗憾的是，巴特西公园的建设工作被暂停了——"当然，这并不是纳税人在工人阶级身上节省的恰当时机"。他提醒罗素，他觉得"政府有责任尽其所能，帮助工人阶级渡过目前的困境"。

126

女王带着她的孩子与阿尔伯特一起，在肯宁顿示威的前两天前往奥斯本。这个逃跑行为在伦敦，在贵族中间及其他地方引起了流言蜚语，但这是不公平的。就在3个星期前，她生下路易丝公主，这是她8年来的第6个孩子，她仍然处于非常难受的分娩之后的恢复期。4月10日，她收到一封通过皇家海军舰艇"胜利号"在朴茨茅斯港转送的电报，电报说："在肯宁顿公园的集会已经悄悄散去——游行已经被放弃——请愿书将在没有任何展示的情况下提交下院。没有发生任何形式的骚乱，也没有看到一名士兵——政府已经掌控了电报系统，以防止虚假报道在国内蔓延。"[44]

正如罗素对女王所说，这次集会"完全失败了"。[45]他补充道："暴徒们情绪很好。"当时在威斯敏斯特的马修·阿诺德告诉阿瑟·休·克拉夫，"那些宪章主义者一看到准备工作，就怀着巨大的恐惧立刻放弃了，因为他们就是吹牛。"[46]当天晚些时候，女王的侍从查尔斯·格雷（Charles Grey）上校通过"胜利号"从白金汉宫向女王发出了另一个信号，伦敦很快就"完全安静下来"。[47]令人失望的出席人数，以及三辆出租马车将伟大的请愿书送到威斯敏斯特的景象——上面有许多名人的"签名"，包括女王本人、她的多位大臣，甚至是下院中最反动的西布索普上校——让这件事成为英国人幽默感的题材。

各省发生了示威和骚乱，但内政大臣乔治·格雷爵士（Sir

George Grey）于 4 月 13 日写信给身在奥斯本的阿尔伯特说，"从全国各地收到的汇报都令人满意"。[48]阿尔伯特的文件中有两张肯宁顿集会的引人注目的照片，反映了他对这一场合的强烈好奇心：他曾为是否和女王一起去奥斯本而苦恼，因为他似乎希望在抗议活动中成为不被察觉的旁观者。不过，抗议的确没有什么可看的。由于人数低于预期，因此有些人很快就回家了。格雷维尔注意到这一切都是"在令人意想不到的安静中"进行的。[49]他还注意到，更确切地说，当局大规模展示了潜在的力量，有钱阶层决心自卫的行为，给人留下了这样的印象："宪章运动是可鄙的。但是，大家都为这次自卫性的展示感到高兴，因为它给了我们一个伟大而难忘的教训，无论是对那些心怀不满和调皮捣蛋的人，还是对那些忠诚而爱好和平的人，这一教训都不会被抛弃。"5 月，伦敦东部和北部发生了小规模示威活动，但没有发生意外。6 月初，5 名煽动者因煽动叛乱罪被捕。然而，正如格雷维尔所暗示的那样，和平已经确立，社会可以在各个阶层的合作中继续前进。

　　在肯宁顿示威发生之后不久，阿什利给阿尔伯特写信邀请他为劳动阶级状况改善协会在埃克塞特厅召开的会议发表演讲。阿尔伯特想要这么做；但是罗素和格雷劝说他不要接受邀请，以免被宪章武装分子劫持。阿尔伯特对阿什利说："我对此深表遗憾，因为我很难找到另一个合适的机会来表达我和女王对工人阶级的福利和舒适的真诚关心。"[50]他请阿什利转达他的遗憾；并且建议为工人阶级寻找一个途径使他们对改善自己的命运负有更多的责任。他成了家庭佣人勤俭仁爱协会的会长，并对其产生了浓厚的兴趣，规范储蓄银行，鼓励节俭和自力更生。他曾公开表示，当他发现，在伦敦"济贫院里的大多数囚犯都是家庭佣人"时，他感到十分震惊。[51]

　　阿尔伯特后来改变了主意，到 4 月底，他写信给首相抗议道：

"我认为，若一个人还有责任在广大的工人阶级中履行自己的职责（尤其是在这个时刻），就不会使他屈服于对可能带来的不便的恐惧。"这促使罗素说，"如果殿下觉得有责任主持在埃克塞特大厅举行的会议，我没有更多的话要说。我对目前的情绪也可能过于悲观了"。[52]然而罗素同时附上了一本小册子，里面写着对王室的攻击，让阿尔伯特知道他可能会遇到什么，但阿尔伯特不为所动，他告诉罗素，他坚信自己不应该"不去尽可能表达一个人对下层社会的关注和同情"。[53]阿尔伯特说他要叫格雷去见阿什利，并和警察谈妥安全问题。他对激进宪章分子的威胁不以为然。至于罗素寄来的带有威胁性的小册子，阿尔伯特说，这本小册子"为我提供了更多参加会议的理由"。他比以往任何时候都更坚定地表示，王室关心"贫穷的劳工"，"担心他们的福利，并愿意在任何改善他们状况的计划中予以合作"。他接着说："我们可能有这些感受，但大多数人可能对此一无所知，因为他们从未听到有人向他们表达过这种感受，也没有看到任何确凿的证据。"最后他总结道："我是这个协会的主席，有人可能会问：'主席为什么不来？他是怕见我们呢，还是不喜欢我们呢？'"

128

格雷于1848年5月初与阿什利相识。他们一致同意在较小的共济会堂（the Freemasons' Hall）召开会议，并且全部凭票入场。阿什利给亲王写信确认入场券只能通过"最受尊敬的书商"购买。[54]到了那天，他继续说，"我们的朋友都将在前排就座。大约有一百名住在出租屋的人参加会议，他们身材肥胖、性格活泼，他们有兴趣、有愿望，也有能力维持秩序。我们提议他们在大厅里分组就座，这边、那边、三三两两"。他又安慰亲王说："我敢肯定，没有人会干这种不受欢迎的事，去打扰殿下。"

阿尔伯特的剪报显示了他对欧洲大陆剧变的浓厚兴趣：但没有

什么能够阻止他。他和协会的官员们一起去参观那些典型的出租屋，那些为他的会议担任安保工作的"壮实、健壮的人"就来自这些房屋。5月17日，也就是会议前一天，罗素表示愿意和阿尔伯特一起去参加会议，但阿尔伯特告诉他，如果他愿意，他应该以个人身份独自前往，不要让人看到他是在支持政府。[55]

根据《泰晤士报》的报道，阿尔伯特的出席导致大厅被"团团围住"，"在获准进入后的几分钟，也就是活动宣布开始前的一个多小时，宽敞宏伟的大厅里每一个座位和站立的空间都挤满了人"。[56]亲王于中午抵达，由阿什利、阿盖尔公爵、威斯敏斯特侯爵、约翰·罗素勋爵、两位伯爵、五位主教和几位议员陪同。亲王发表的演讲稿由他亲自起草。[57]

129　　　阿尔伯特宣称他是在为"我们社会中那个世界上最辛苦却最不快乐的阶层说话"，他称赞上流社会对这些问题的"无私"影响和关切；他谈到了典型的出租屋、贷款基金和协会为改善下层社会的生活而提供的小块土地。只要他们有所投入，就会变得更加富有，比如对出租屋进行改善。他描述了对那些有资本的人来说，这样的投资是多么可靠。投资的人，以及使用它们的人，都可以从中获利。自1844年该协会成立以来，这一直是它的目标：不是分发食物和衣服，而是为下层阶级提供基础，帮助他们自己变得更加富裕，拥有更好的住房。

伦敦市中心新建了4所出租公寓，旨在为工人提供清洁卫生的住宿条件，这是有利可图的。除此之外，还有为贫穷寡妇提供的住所，小块土地的想法在2000个教区得到推广。自助的观念已经确立起来。现有的出租屋通常脏乱不堪，床是稻草铺成的。有些人过着妓院般的生活，出租房屋的人还剥削客户，索取不必要的高价，致使工人几乎积攒不下什么钱用来改善生活条件。人们通常陷入这样的生活境地而不能自拔，因为即使租一处简陋的房子也超出了他们的经济能力。多亏了阿什利（在立法通过期间成为沙夫茨伯里勋爵），1851 年通过了一项法案，允许地方当局检查这些出租屋，并在必要时关闭它们。在伦敦，这类房屋以肮脏而闻名，伦敦警察厅接管了检查工作，几年之内，标准就大幅提高。

　　"毫无疑问"，公爵补充说，"经常对立的两类人的利益是相同的，只是无知阻碍了他们本可以互相受益的结合"。他说，该协会的工作为其他人树立了榜样：它鼓励下层社会的"自力更生和相互信任"。他警告那些"在上帝保佑下，享有地位、财富和教育"的人"要小心，避免任何对劳动力和就业的独裁干预，以免吓跑资本"。然而，这种干预之所以有害，还有一个更重要的原因：它"破坏了思想的自由和行动的独立，而这种自由和独立必须留给每个人，如果他想要获得幸福的话"。阿尔伯特的意思很清楚：这种品质在 4 月 10 日侥幸逃脱了厄运，它不应该在未来激起工人阶级的愤怒，而应该让他与商人阶级讨价还价，慢慢变得更加繁荣。这句话出自女王丈夫之口或许有些奇怪，但它几乎宣告了顺从的终结。

　　许多上层和中上层阶级的人仍然对英国侥幸避免像欧洲大陆那样的大范围骚乱或革命而感到震惊。他们急切地想找到一种方法，使较低的等级得到充分的满足，以便加以控制。阿尔伯特并不那么愤世嫉俗。他对社会改革的承诺早于肯宁顿。他认为劳动阶级的满足对英国宪法的制定至关重要，因为他所出身的欧洲统治阶级对 1789 年及之后发生在法国的事件记忆犹新。阿尔伯特希望看到改善的愿望远远不止是让工人们高兴。他有一种本能的理解，即社会各阶层取得的更大成功不仅会使财富从上面滴落下来，而且还会刺激慈善事业，从而促进教育的普及、公共卫生的改善和更好住房的建设。他还明白，工商业越成功，工业的发明和创新文化就越能得

130

到发展，基础设施的发展越快，就越能使通信现代化，并促进贸易和其他商业活动。

罗素对女王说，阿尔伯特的演讲"恰如其分，用最好的语言表达出最好的原则——不可能没有好处"，[58]《泰晤士报》在一篇头版文章中说，这大概是对亲王的最高褒奖，"感情上完全是英国的，语言上是英国的，意义上也是英国的"。[59]文章认为，阿尔伯特"理解生活哲学，理解英国社会的原则，理解资本和工业、联合与独立的几种主张，以及在这个国家出生和长大的任何一位绅士"。他们将阿尔伯特的言论与法国最近发生的事情，以及法国所谓的共产主义对"乌托邦"的要求进行了对比。毫无疑问，英国的情况很糟糕，但革命并不是让事情变得更好的方法。

文章抱怨英国的马厩数量之多，不是为了生意，而是为了娱乐。"整个地区的后街都是留给马匹的，不是给人使用……伦敦的穷人住得最悲惨，最不体面。"文章认为，唯一的解决办法是让富人来"干预"，尤其是通过提供更多亲王建议的典型出租屋。第二天，《泰晤士报》这个话题写了更多的文章，提到资金不足的医院和工人澡堂的短缺。在提到某一公共浴池施工进展缓慢的问题时，该报指出，女王、阿尔伯特亲王和阿德莱德女王都向完工基金捐赠了 100 英镑，但目前还缺少 3000 英镑。《泰晤士报》发问，为什么大都市的富人找不到这笔"微不足道的钱"——"3000 英镑对这个大都市的富人来说意味着什么？"[60]

阿尔伯特把报纸上对他的言论给予的好评都做成剪报。约翰·布尔（John Bull）指出："我们很少有幸看到大量健全的意识和健全的感觉被压缩在几个简单却有力的词汇中……这种对劳动阶级真挚的同情使王室充满活力，比现在更幸运的是，在非一般的压力下——社会各阶层都感受到了压力——工人阶级与地位高于他们，但和他们有着相同英国人感情的人团结在一起——这显示了他们坚定不移的忠诚。"[61] 审查员说："当今，一位有良好判断力的王室人士站出来，宣布他的利益与这个国家最贫穷和最不幸的人的利益相同，勇敢地暗示任何地位显赫的人都不应该满足现状，而地位比他们低的人民大众有正当理由感到不满，这是最值得尊敬的话语。"《先驱晨报》（*Morning Herald*）谈到了阿尔伯特的"正确判断和实践意识"。[62] 然而，阿尔伯特如今在英国宪法方面更富有经验，他感觉自己已足够接近政治，能够行动起来了。不久阿尔伯特就会从事一项严肃的事业，并实现他的崇高愿望，领导他妻子的人民进步。　132

第二部分　维多利亚时代的思想

第五章　神圣的信念：民族的叛道和
维多利亚时期的教会

一

19 世纪 40 年代，英国的国家制度建立在新教的基础之上。国王是英国国教的最高统治者，牛津和剑桥的学院院士在当选时必须签署《三十九条信纲》。在英国国教会之外，还有许多不墨守成规和持不同意见的新教教派，如循道公会、浸礼会、一神教，以及这些教派中的不同宗派。随着工业化的发展，以及由此产生的归属感的丧失，这些教派逐渐壮大。在民众看来，新教的统治地位与国家的强盛息息相关。这助长了一种反天主教的意识，这种意识与1829 年《天主教解放法》赋予天主教徒的自由背道而驰。《天主教解放法》允许天主教徒在议会中任职，从事这一行业。这些赋予天主教徒的巨大权利助长了新教徒的斗争情绪。人们普遍认为天主教并非诞生于英国，而是来自于异邦。奥古斯塔斯·威尔比·诺斯莫尔·普金（Augustus Welby Northmore Pugin）是当时一位杰出的建筑师，他皈依了天主教。有一次他在火车车厢里犯了个错误，他为自己划了十字，一位女士看到他大叫道："先生，你是天主教徒！警卫，警卫，我要下车——我必须上另一节车厢！"[1]

但是，如果说新教仍然保持着比较流行的地位，那么，自18世纪异见人士增多以来，老牌教会的影响力一直在减弱。宗教改革中的世俗化是不言而喻的，而且自光荣革命开始，由于资本主义的发展，宗教已经不再是英国社会的中心。旧的社会体系分崩瓦解，在18世纪末和19世纪初，成千上万的人迁入城镇，导致城镇里面几乎没有礼拜场所，也没有固定的教区结构，很少有人再去教堂做礼拜了。那些曾经在教会能够发挥关键作用的社会秩序中占有公认地位的人，在大工业城市里变得默默无闻。土地的迁移打破了封建主义的最后束缚，工人阶级转而与资本力量形成了某种关系，而资本力量本身往往是世俗主义的。19世纪，知识大爆炸推动了理性主义的发展和传播，也使宗教发生了方方面面的变化。世俗主义最杰出的学者之一欧文·查德威克（Owen Chadwick）探究了世俗观念兴起的原因，究竟是由于人们知道得更多，还是由于阶级和物质上的剧变，使他们感到与教会格格不入。

正统基督教最终被证明是不真实的，因为奇迹是不可能发生的，科学证实《创世纪》是神话故事，启蒙运动倡导的理性思维演变为哲学原理，于是爆发了一场思想革命。这场思想革命从大学里发展到新闻界，进而走入家庭，一直影响到管家这样的下层劳动人民，也从报纸上传播到工人的俱乐部。这场革命的内容是，人的灵魂受何驱使，经济发展是否将工人推进了一个新的更加无情的阶级结构，工人阶级是否产生了阶级自觉，工人是否不信任甚至憎恶中产阶级，工人阶级是否意识到教堂是中产阶级的组织机构，工人是否开始利用手中掌握的武器打击中产阶级，工人阶级是否把无神论和进化论的小册子作为武器？[2]

国家则努力维护宗教。新开辟的城市地区缺乏有组织的宗教崇拜，这种局面造成的影响令统治阶级感到恐慌，议会于 1818 年和 1824 年通过了《教会建筑法案》（*Church Building Acts*），自此政府在这些地区投入大量资金修建英国国教教堂。虽然宪章运动在某种程度上预示着基督教社会主义，但是无神论却开始在激进主义者中产生更大的影响。随着社会上抵触上帝的情绪发生转变，诸如约翰·斯图尔特·密尔这样的著名思想家最终承认他们对宗教已经产生了怀疑。《论自由》（*On Liberty*）和《女性的屈从地位》（*The Subjugation of Women*）这两部论著提出了与传统信条格格不入的见解。尽管如此，在人们的意识中，英国仍然是一个绝对的基督教国家。

基督教的捍卫者如同揭露基督教伪善的人们一样激进。即使对于格莱斯顿这样精通神学的人来说，这不仅对于维护社会秩序，而且对于推动进步也变得至关重要。在 19 世纪 40 年代初起草的一份备忘录中，格莱斯顿认为在"废除基督教"的国家会出现以下情况："1. 争斗；2. 死亡；3. 一夫多妻；4. 儿童流离失所；5. 奴役；6. 互相残杀。"在 19 世纪 40 年代的另一份没有标注日期的备忘录里，格莱斯顿特别提到："在当前的危急时刻，我们才能够看清楚国家的处境：不仅国家面临共同的外部敌人，国家内部也是如此，因为敌对势力无处不在，无论是否受到基督教影响，所有地方都是如此。"[4] 在另一篇显然是同一时期的文章中，他反思了现代社会履行宗教仪式所面临的压力。"对我来说，在我继续政治生涯的同时难以履行（某种意义上，我只能想到这个词）英国国教教会人士的全部义务：换句话说，我或许可以像其他人那样以某种方式配合，但是基于我目前的身份，我无法做到这一点。"[5]

至少格莱斯顿努力尝试过。在密尔的理性主义和达尔文的进化论出现以前，很多人甚至不愿意花时间信奉上帝。后来，在 19 世纪

136

80 年代读了卡莱尔的著作《弗劳德的一生》后，格莱斯顿写道："遗憾的是，卡莱尔并没有因为一向坚定果敢的禀性和对魔鬼的蔑视，而摆脱对上帝慰藉的依赖。"他注意到，卡莱尔"在给母亲的信中的措辞都是基督徒的语言……这不是伪善，而是谎言；这是欺骗，或许就从自欺欺人开始"。[6] 约翰·亨利·纽曼（John Henry Newman）是最有影响的英国国教徒（此人 1845 年投奔罗马，最终成为红衣主教），卡莱尔对其恭敬有加。1866 年 2 月 18 日卡莱尔给此人写了一封热情洋溢的信，信中写道："伟大而古老的教会，其自身内部有一半是基督教徒，从而不能在教会之外忽视他们……我们意识到，在观念世界中，基督教和人类确实越来越有必要重新和解。"[7]

137　　教会显然为 1851 年举办的万国博览会进行了积极筹备：伦敦的神职人员制定了周密的计划，并筹集了捐款，以便为"空前涌入的陌生人"提供更大的礼拜场所。教会采取的措施得到阿尔伯特亲王的全力支持。[8] 诚然，当时英国国教的统治相对宽松，因为格莱斯顿执政时期，信仰的潮流到处都在退却。巴特勒写到，"1844 年至 1859 年间《创作的遗迹》（Vestiges of Creation）问世，而《散文与评论》（Essays and Reviews）一书的出版标志着这场风潮的开端，此后数年这场风潮一直在迅速蔓延，在此期间，没有一本于英国出版的书曾引起教会内部的严重骚动。或许巴克尔（Henry Thomas Buckle）的《文明史》（History of Civilisation）和密尔的《论自由》是最触动人心的，但是这两本书也没有触及读者的思想深处"。[9]

　　由于神学统治思想的顽固性——尤其是宗教教义方面的这项特征——普通人中仍然盛行的朴素信仰容易被遗忘。19 世纪 40 年代至 19 世纪 60 年代，英国庞大的教堂建筑计划，也包括那些不信奉英国国教的教堂建筑，代表了普通人中盛行的信仰。世俗化或许不仅仅存在于受教育的阶层，但是教会试图削弱其对下等阶层的巨大影响，此时宗教在根本上有助于维持大众士气，体现为艰难的物质生活之外的一种寄托，甚至营造出一种归属感。

尽管如此，信仰却正在慢慢走向衰落。盖斯凯尔夫人所著的《北方与南方》一书中有这样一段情节，黑尔先生由于心中感到困惑，已经辞去英国国教的神职。他偶然与织布工希金斯（Higgins）闲聊，希金斯的女儿在工厂吸入有毒气体而不幸去世。希金斯告诉这位神父，像他这样"实实在在的普通人"都已经不信奉宗教了："他们真的不相信圣经。他们或许为了表面上敷衍而说他们相信；但是上帝啊，先生，他们早上脱口而出的第一句话是'我应该怎么做才能获得永生？''在这幸福的日子里，我该怎么做才能装满我的钱包呢？''我该去哪儿？我要买什么便宜货？'钱包、黄金和钞票都是实实在在的、看得见摸得着的东西；是他们的真实生活；而永生完全是空谈……"[10]希金斯年仅 19 岁的女儿去世这件事，使得黑尔无法让希金斯相信上帝是存在的；不过，尽管希金斯现在已经不信宗教，黑尔还是在希金斯告辞之前，说服希金斯同黑尔、黑尔的女儿一起跪下来参加他们的家庭祷告。"尽管他是一个异教徒，但这样做对他们都没有坏处，"盖斯凯尔写道。[11]然而，对于很多劳动人民来说，资本主义既然制定了旧的社会秩序，却让上帝凌驾于其上，这简直令人费解。

二

正当宗教在民众当中面临前所未有的挑战之时，一些神学家却把原本简单的信仰问题复杂化。一些英国圣公会教徒逐渐认为，他们的教会在 18 世纪和 19 世纪初变得越来越世俗，越来越愤世嫉俗，越来越堕落。人们普遍认为，造成这种情况最重要的原因就是

《三十九条信纲》所规定的政教合一。这种体制造成了腐败，一方面削弱了教会的独立性，另一方面助长了教会对其财富与捐助的操控。牛津运动认为国家不能极其充分地行使宗教职责，从而试图削弱国家对宗教的干涉；并且决心削弱教会的权力，进而加强国家的权力。部分牛津运动发起人皈依了罗马天主教。即便不考虑《三十九条信纲》对罗马主教的指责，英国天主教徒在某种程度上对其也持不赞成和蔑视的态度。

约翰·亨利·纽曼可以说是牛津运动中最著名的人物，他下令于 1833 年 7 月 14 日开始这场运动。同一天，约翰·基布尔（John Keble）在牛津布道，后来这场布道以《民族的叛道》（*National Apostasy*）为书名出版，这场布道剖析了当时"放弃宗教信仰的思想意识"，谴责了国家干涉英国教会的行为。纽曼在发起运动前五天才回到英国，此前他与朋友理查德·赫里尔·弗劳德（Richord Hurrell Froude）以及弗劳德身为圣公会副主教的父亲在地中海旅行了 7 个月。在游览科孚时，纽曼的神学思想发生了第一次转变，在那里，他注意到东正教和罗马天主教的相似之处；在罗马他意识到宗教崇拜和人民的虔诚之间，迷信思想与教会唯利是图之间存在着矛盾和冲突。

这些所见所闻引起了纽曼心灵极大的震动。两周后，一群高教会派教士在萨福克郡哈德利镇教区长休·詹姆斯·罗斯（Hugh James Rose）牧师的家中集会，讨论解释教义的新方法，休·詹姆斯·罗斯牧师是高教会派新近创办的《英国杂志》（*British Magazine*）的主编。纽曼没有出席此次会议；但是他很快成为已经发起的这场运动的精神领袖。纽曼开始大量撰写文章。1833 年 9 月 9 日他匿名发表了《时代专论》（*Tracts for the Times*）的第一篇文章，探讨使徒的继承问题。此后，他在那年秋季为《英国杂志》撰写了一系列文章，后来这些文章编辑成书出版，书名为《天父的教会》

（*The Church of the Fathers*）。他每星期都在自己管辖的牛津大学教会圣玛丽教区的教堂布道，阐述自己关于英国圣公会需要重新修订的教义的主要观点。阿诺德博士希望教会淡化教义，欣然接纳不信英国国教的教派，纽曼视其为自由主义者。实际上在这之后，阿诺德余生都和纽曼观点相左。

基布尔和希伯来语王室教授爱德华·蒲塞（Edward Pusey）也是《时代专论》的其中两位作者，《时代专论》迅速引起激烈讨论。蒲塞曾于 19 世纪 20 年代在哥廷根大学任教，哥廷根大学后来成为俾斯麦的母校，俾斯麦在那里汲取了现代德国的宗教观念，一度被指责为理性主义者。然而，蒲塞回到英国的目的却是重新回归英国国教，他被任命为神父，即使在宗教改革已经正式任命英国国王为教会的领袖之后，英国国教在本质上仍然以天主教为基础，但这一切最终在光荣革命之后反对教皇的洪流中烟消云散。有人认为纽曼从根本上削弱了英国国教的新教本质，后者认为教会既可以实行改革也可以继续坚持天主教的理论，即纽曼所谓的新教与天主教的中间道路。1834 年纽曼对此做出了回应，他撰写的《时代专论》得到广泛传阅。此次运动大受欢迎：席卷了牛津以及各地思想易受影响的年轻人。圣公会教徒所在的地区产生了恐慌，感受到了一种欲在英国恢复天主教的威胁。

1841 年 2 月 27 日，纽曼发表了至关重要的《时代专论》的第九十号小册子，这也是最后一本小册子。这本小册子主张，圣公会可以坚持天主教教义，但不能承认教皇至高无上的权威，因为《三十九条信纲》本来应该具备一种天主教的解释。这本小册子暗示对宗教改革的全盘否定。3 月 12 日，格莱斯顿读过这本小册子之后，用一个词描述了他的读后感："不祥的预兆。"[12]纽曼受到（牛津）大学副校长、学监以及议会上层的谴责；他的主教强迫他保证不再发表小册子。

140 这件事迫使纽曼离开了牛津——去了利特摩尔，那里距城市 2 英里，仍然属于他的教区。这一经历引起了纽曼的深思，他认真思考英国国教的不足之处，反思英国国教能够给年轻牧师提供的精神和其他的奉献。罗马对他的吸引力更加强烈了。

第九十号小册子引起了一些读者和偶然了解其中观点的人的深深忧虑，但也让另一些人感到厌恶。查尔斯·金斯利便是后者，他在《爱丁堡评论》（*Edinburgh Review*）上读到一篇对该小册子的详细介绍，于是立刻写道：这篇小册子支持"有害的迷信"，他还注意到："不管是有意为之，还是出于自欺欺人，这些人都是耶稣会士，他们在宣誓时带有道德上的保留，这使得他们可以用与作者完全不同的意义来解释这些条款——纽曼先生公开表明相信教皇的最恶劣的教义内容。"[13]

1843 年 10 月，格莱斯顿在日记中写道，他痛苦而沮丧地读完了纽曼写给亨利·曼宁（Henry Manning）的信，信中写的是教会对第九十号小册子的"全面批判"如何正将他驱逐出圣公会，他如何"感受到成了不能接受英国国教的异类"。[14]纽曼感到教会与"天主教原则格格不入"，并发觉"争辩她是天主教会的一个分支越来越困难——谈论天主教是一个梦想"。令格莱斯顿感到宽慰的是，虽然纽曼公开发表自己的主张，但是他无法阻止好友曼宁寻求真理。格莱斯顿写道："他已经没有那么大的影响力了。""他们之间已经出现了巨大的隔阂：但我们仍然可以相信，他不会被抛弃。"

那个愿望是不会实现的。没过几天，曼宁给格莱斯顿送去了纽曼写给他的另一封短笺，"纽曼宣称，自从 1839 年夏天他便坚信罗马教会是天主教教会，而我们的教会因为与罗马没有联系而不属于天主教教会！"[15]这次运动将走向分裂，尤其是 1845 年 10 月纽曼决定投奔罗马，这令基布尔感到痛心。分裂持续了数年之久，一些早期追随者意识到纽曼拥护的英国国教天主教派与罗马天主教之间略有差别。1839 年，为纪念克朗麦（Cranmer）、利特理（Ridley）、拉提麦（Latimer）这三位 16 世纪的新教殉道者而在牛津修建纪念碑，纽曼拒绝定期为其捐款，这件事使得运动的分歧明朗化。纽曼渴望引起争端：他曾在早期的布道中说："我不畏惧说出我的坚定看法，如果对宗教更加迷信、更加偏执、更加悲观、更加狂热，而不是像现在对自身这样，那么对国家来说将是有利的。"[16]他对英国新教以及不信奉英国国教的教派的根本性批判是，它们缺乏宗教上的权威；并且他越来越意识到，只有一个教会具备他所寻求的权威。

　　纽曼的朋友赫里尔·弗劳德在一次声明中说，纽曼的《遗迹》（Remains）（由纽曼和基布尔匿名编辑）将对纽曼的事业产生不利的影响。"我们是没有教皇制度的天主教徒，是没有新教制度的英格兰国教教徒"，宗教生活"被新教制度所束缚"，这种情况已经昭然若揭。[17]1838 年，格莱斯顿在阅读《遗迹》的第一卷后，对该书"一再感到遗憾"，因为他能看到这场运动的走向。[18]该书的编纂者在序言中无力地争辩说，构成《遗迹》这本书的信件"是反对罗马现行体系的有利证据；之所以说证据是强有力的，是因为这些信件的提供者使每一笔可观的津贴都有利于教会；他热切地希望天主教教义获得某种全面发展，但是他很快不得不怀着不加掩饰的悔恨和失望之情，承认那样的发展并不是罗马所希望的"。[19]

　　发表这些言论的那个人还写道："宗教改革是安错的肢体——为了纠正错误必须将其重新折断。"[20]早在纽曼决定投奔罗马之前数年，罗马就成为他的归宿。1841 年 8 月，格雷维尔在日记中回顾了那次晚宴上的会面，怀斯曼（Wiseman）主教是"一位圆通、奉迎又随和的神父"，他的话题只有牛津运动，并且（声称与蒲塞关系密切）

141

说"数量庞大的信众以及蒲塞自己基本上都已经准备好与罗马重新统一，他向我们保证教皇和变体论都不会成为统一大业的阻碍"。[21]

1874年，19世纪50年代曾在牛津的约翰·莫利（John Morley）在捍卫牛津运动时说，"不管怎样，政府声明以强制性方式承认政务机构不得干涉宗教事务。寻求真理和放弃真理都是个人的选择"。[22]后来莫利为格莱斯顿写了传记。格莱斯顿对牛津运动的神学家们越来越感到失望。他对利特尔顿爵士（Lord Lyttelton）说，在他看来，第九十号小册子"与弗劳德的《遗迹》如出一辙，纽曼再一次引火自焚"。[23]他发现纽曼已经"在精神上和认同感上脱离了英国国教"。牛津大学出现了两极分化：1841年12月，一名蒲塞派信徒和公然"反对天主教"的候选人之间展开了诗歌教授席位的竞选。1843年，蒲塞被禁止在两年内于牛津大学布道。

助长了牛津运动（牛津运动也因其成员定期出版的宗教小册子而闻名）的氛围同样孕育了"青年英格兰"：该团体怀有对中世纪和封建主义的浪漫情感，古代宗教是其中不可或缺的组成部分。复兴中世纪就是复兴宗教改革以前的宗教。这种情感体现在为应对人口增长而修建的许多新教堂的建筑风格上：天主教复兴运动是复兴宗教改革以前的时代风貌。重视形式成为牛津运动的主要特征，即详细研究古代的礼拜仪式和教堂建筑学，这对19世纪的教堂建筑产生了重要影响，有的教堂呈现出在英国前所未见的异域风情。

对工业社会的恐慌导致了对时政的激烈争吵，也导致了关于信仰的争论。当社会经历巨变时——就像英国在19世纪上半叶所经历的那样——退回到熟悉的过去是不可抗拒的，也是徒劳无益的。在牛津运动的例证中，仪式主义者更是如此，这是向幻想中的过去的一种后退，任何研究过他们自己的教堂建筑和中世纪建筑的人都会立刻告诉你：尽管一些仪式主义者想要做的事情对于中世纪教堂是不陌生的，比如下房的装饰、图像的使用和宗教改革前风格法衣的使用。此类事情引起了激烈论战甚至诉讼。这就是牛津大学的宗教争论气氛，维多利亚早期和中期的三位最重要的知识分子也参与其中，他们是阿瑟·休·克拉夫、马修·阿诺德和詹姆斯·安东尼·弗劳德（James Anthony Froude）。这三个人将在下一章里登场。

三

　　当上层阶级、中上层阶级与现代神学领域的知识分子进行格格不入的斗争时，新的中产阶级正被不同的教派所塑造，而工人阶级的处境要简单得多。1844 年，恩格斯发现"所有的资产阶级撰稿人都一致认为工人不信奉宗教，也不去教堂做礼拜"。[24] 下层阶级的生活中通常缺乏宗教信仰。他们从来不热衷于宗教，反之亦然，宗教也不关照他们。新社区里居民众多，他们通常是来自农村的第一代或第二代移民，而这些新社区不但没有归属感，英国国教也不在这里尽义务。1851 年人口普查发现城市人口超过半数，这在世界主要国家的历史上尚属首次。除利兹外，在所有工业城市的人口中，超过半数的部分都是来自农村的移民。[25]

　　持不同意见的教会经常不愿意接纳工人阶级，认为工人阶级不是他们的主要信众。居民从旧社区向新社区的流动似乎打破了经常上教堂做礼拜的传统。循道会是一个很有抱负的教派，鼓励勤俭节约；他们从未表现出愿意帮助满足现状的人。1860 年最早研究循道会运动的一位历史学家注意到，循道会在大城市几乎没有立足之地，而是活跃在小城市。[26] 公理会教友持有相似的观点："我们的使命既不是为了非常富有的人，也不是为了非常贫穷的人，而是社会

143

中庞大的中产阶层。"1848 年教派领袖托马斯·宾尼（Thomas Binney）指出，[27]英国国教和罗马天主教肩负起了帮助穷人的职责，而罗马天主教因为爱尔兰土豆饥荒，成为唯一发展工人阶级信众的教会。

1851 年的人口普查首次对宗教崇拜了做了调查。人口普查的前一天是礼拜日，隶属英国国教的 14077 处礼拜场所和不信奉国教的 20390 处教堂提供了详细的礼拜出勤记录。[28]这次调查发现，自 1831 年开始，教会修建了 2029 处礼拜堂，驳斥了所谓"宗教荒芜"的统计调查结果。[29]兰开夏郡的教堂数量已经从 292 处增至 521 处，当地人口数量在 20 年间增加了一倍。米德尔塞克斯的情况也是如此，平均每 4658 人拥有一座教堂，而 1831 年时平均每 5522 人拥有一座。这次全国性调查估计，英国国教 14077 处礼拜场所参加礼拜的人数达 5317915 人次，其中调查当天礼拜日的早晨有 2541244 人次；中午有 1890764 人次；晚上有 860534 人次。[30]

144

一个家庭每个礼拜日可能去教堂做礼拜三次，所以这些数字不应计算在内。在不信奉英国国教的小教堂中，参加礼拜的人次在早晨和下午基本相同，而在晚上达到高峰。只有罗马天主教堂人满为患，许多教堂不只在早晨举行礼拜仪式，而且罗马天主教在解禁后的 23 年里一直在修建礼拜堂。在英国各郡当中，兰开夏的天主教人口数量最为庞大，之所以出现这种情况，主要是因为兰开夏比邻爱尔兰，其次是历史上兰开夏曾作为反对英国圣公会的中心。1850 年教皇在英国建立主教辖区，以应对激进新教徒的愤怒情绪。这件不宽容事件的爆发，正值万国博览会期间，当时英国正忙于接待外国游客。

此次调查统计显示，英格兰和威尔士有 35 个基督教教会及教派。而非基督徒只有总数为 8438 人的犹太人（"民族和教会同时存在"），共有 53 个犹太教堂。[31] 调查认为，礼拜设施供英国 1800 万人的半数使用是"足够的"。[32] 这是因为有"年龄幼小以及礼拜日学校上课"的情况，这意味着将有 3000000 儿童因此而不能参加礼拜。[33] 还有 100 万人因为"体弱多病"而"有情可原地常常缺席公共礼拜"，还有数量相同的人因为家务事或者从事医疗工作而无法参加礼拜。一些人则需要在礼拜日从事"公共运输"的相关工作。

1854 年的报告推断，将有 7500000 人有正当的理由不能参加礼拜，只需为 10427609 人提供礼拜场所。礼拜日进行 3 场礼拜仪式，意味着一些早晨不能参加礼拜的人下午或晚上可以参加：这进一步保证了潜在的狂热情绪："许多人会认为参加一次礼拜就充分履行了自己安息日礼拜的义务。"[34] 然而，虽然农村中人口大量减少，却有许多人在中世纪的教堂参加礼拜，而不断发展中的城市却普遍存在"宗教荒芜"的现象。另一个极端状况是，伦敦兰贝斯区只能为辖区内 24.8% 的人口提供礼拜场所；伯明翰的比例是 28.7%，哈利法克斯是 30.3%，曼彻斯特和布拉德福德是 31.6%。[35] 报告呼吁修建新的教堂，认为这是势在必行的事情：因为在这些城市中，居民归属感的缺失将给当地的财富和利益造成损失。

然而，超过 10000000 的礼拜人次是"花钱买的"——这些都是贵族、绅士和新中产阶级"给教堂座椅付了租金"。这些租金用来给教堂司事和教堂领座人发放薪水；但他们却严格限制安排广大群众做礼拜。报告还承认，"每周日确有 5288294 人次无视宗教规定自行其是，并不因为席位紧张而被迫缺席"。[36] 这些人中大多数去付费的教堂做礼拜，这表明他们几乎都是有钱人。空余的座席表明无须修建教堂，除非在拥挤不堪的地方才有必要；空余的席位还表明，正如恩格斯所述，工人阶级不参与宗教活动，而是寻求其他寄托。报告呼吁，新教堂能够吸引那些不愿在旧教堂做礼拜的人，因为旧教堂的阶级分化和社会僵化是具有排他性的。

报告注意到，如果上流社会和中产阶级希望被视为"生活得体"，参加礼拜就成为流行的做法。[37]然而，在大型城镇中，"由工匠组成的会众所占比例极其微不足道"，这一点也很明显。这使得他们好似"异类"，"完全被我们的宗教所疏远"。令人惊讶的是，报告的作者霍瑞斯·曼（Horace Mann）特别提到一个专门贬低宗教的运动："最近出现一个倡导'世俗主义'的派别；其主要信条是，未来的生活是（依照他们的观点）不确定的，当下生活的现实与需求完全是感性的，因此明智的做法是只关注当前确定存在的——而不浪费精力谋求遥远的、仅仅是有可能发生的偶然事情。"曼发觉劳动人民和"拥挤在街巷中无家可归的难民"普遍都有这种想法，却浑然不觉：他称这些人为"不自觉的世俗主义者——只在乎生计、审判和曾经的喜乐，对未来一无所知且毫不在意"。曼最后指出："我们注意到，最需要宗教约束和安慰的阶级，也是最不需要宗教的阶级，这一悲哀的事实给我们留下了深刻的印象。"

曼指出，手工业者去教堂的时候，的确会产生某种自卑感，因此呼吁废除教堂座席制度。他注意到"宗教……已成为纯粹的中产阶级行为规范及奢侈享受"。[38]如果手工业者发觉阶级壁垒甚至超越教堂座席制度，那么他们就难以或者不那么情愿地去教堂做礼拜。曼认为，英国国教会和不信奉英国国教的教堂应该为劳动人民和他们的家庭专门举行礼拜仪式：他援引了"破旧教堂"仿效"免费学校"的例子，这种形式在几个工人阶级教区都已经出现。

曼还觉察到，工人阶级不去教堂做礼拜的一个重要原因，是他们在礼拜场所遇到的社会上层人士对待他们的行为明显是有悖于基督教的。曼发现"减轻工人阶级的社会负担——贫困、疾病和无知"——这一问题并没有引发"足够的同情心"。在这句话里，曼把自己和他所代表的官场看作是追求完美的；但他也指出，许多富人的个人利益与这一理念相去甚远。尽管他承认神职人员想办法帮助穷人，但他认为许多教堂慈悲为怀并非为了博取受恩惠之人的感激。

曼还谈及许多穷人对他们与之接触的、受过大学教育的神职人员的动机表示怀疑，仿佛基督教意在社会统治，而不是灵魂救赎。他明确地指出，穷人的居住条件，特别是肮脏的住所简直糟糕透顶，从而无法产生对基督教的崇拜。他仔细思考后表示，"现在大量人口通常就住在半空的教堂周围，即使教堂座席全部免费，教堂恐怕也会有一半处于闲置之中"。[39]他认为唯一的解决办法就是传教：他列举了摩门教（Mormons）的例子，摩门教通过这一做法收到了非常好的效果。

伦敦城市布道团创立于 1835 年，布道团派出 300 名传教士到穷人家里分发小册子，并向穷人宣传宗教。他们时常举办祈祷会或圣经课堂；但这仅仅是个别的例子。在适当的时候布道团还会召集传教大会：起初这样的集会并不多，19 世纪 70 年代至 19 世纪 80 年代威廉·布斯（William Booth）和他的救世军与大学和公立学校联合，齐心协力传播教义。曼坚信英国的城市中由于不信奉上帝而隐含的潜在危险已经迫在眉睫，[40]于是他建议"街头布道"，适当地加以管控，这不失为一个应对"可怕的危急关头"的有效手段。当时，教堂数量尚可，但是需要更多的教区牧师。许多城市教区牧师无法应付针对贫民的工作，急需实践上的支持。

为了发展更多的主日学校，为了恢复副主教制度，曼还号召大量世俗人士参与这项工作。由于兰开夏和西莱丁人口激增，在威廉国王驾崩前不久，建立了两个新的主教教区——曼彻斯特和里彭。所有这些提议都面临同样一个问题：不信奉上帝的下等阶层会愿意利用做礼拜的契机而奉献自己吗？曼并没有对这个问题进行任何推测：他只是对他在政府中的上司提出忠告，"世俗社会的繁荣昌盛以及个人和国家的安宁祥和，是不可忽视的，这取决于一个纯粹的宗教被宣扬和实际遵循的程度"。[41]

这就是正统观念：国家为穷人提供的教育有限，其原因在于这种角色是通过教会的代理完成的。曼赞扬宗教是社会控制的一种工具，他早些时候曾说过，下层阶级对宗教是如此怀疑："基督徒几乎不可避免地会变得温和、勤奋和有远见，这是他们宗教责任的一部分；基督教公民从学会尊重神圣的法律中获得对人类法律的尊重。"对曼和整个官方及政治阶层来说，这种观念的确证明了追求完美的合理性，因为追求完美需要扩展虔诚。

尽管曼没有明确提及，但在教士方面，已建立的教会在社会上仍然是排外的，这也被认为是一种障碍。教士中的绝大多数是牛津和剑桥的毕业生。安东尼·特罗洛普（Anthony Trollope）注意到，神学院的男毕业生"不会喝酒和谈论他们的学院，不会为了几小时的幸福时光而放弃这个神圣而僵硬的职业，而仅仅是成为一名英国绅士——在他心中，自己就是副主教不喜欢的神职人员"。[42]言外之意，这样的人容易受到提拔，而他自己这类型的人不受欢迎。1854 年和 1856 年，牛津大学和剑桥大学分别取消宗教考试作为录取新生和获得学士学位的条件。然而直到 1878 年，英格兰和威尔士的 23612 名神职人员中，依然有 16297 人是牛津大学和剑桥大学毕业生。

1851 年人口普查显示，参加礼拜场所的不信国教者几乎和圣公会教徒一样多。1828 年废除《宣誓和结社法案》使得不信奉英国国教的会众迅速壮大，这些会众因为这一法案而被排除在许多公共生活之外，不能进入某些学校和大学，也不能获得某些慈善帮助。无论是浸礼会、循道公会、贵格会、普利茅斯兄弟会，还是其他不信奉英国国教的会众，都认为国家对宗教的干预妨碍了良心的自由，也正是这种认知使不信国教者联合起来！不信国教者在城市里的新社区有着巨大的影响力，笼络了许多新中产阶级。这些人也有虔诚的新教拥护者，他们对圣经原文的解释远远超过了许多圣公会教士马马虎虎的解释，而圣公会教士曾经非常反对牛津运动。

然而，我们将在后面两章看到，矛盾的是：在宗教觉醒的高潮时期，有些地方甚至是宗教复兴时期，宗教的正统教义甚至是宗教本身却开始受到前所未有的质疑。一些从小就是圣公会信徒的人以及一些 19 世纪中期的英国大思想家都开始怀疑自己对信仰的理解，怀疑在生活和社会中处于核心地位的阿诺德的观点。除此之外，一场企图拒绝宗教并从根本上铲除宗教的运动正在逐渐兴起。

卡尔·马克思恰恰也鄙视宗教，因为宗教给穷人的生活带来安慰，企图使他们对自己的遭遇感到麻木。这就是为什么他抨击宗教是"人民的鸦片"。他希望无产阶级反对宗教；而无神论在这场斗争中是最有力的盟友。正像查德威克所指出的，对于世俗主义来说，这个动机与 19 世纪常见的动机有所不同：基督教真实与否对于马克思来说都无关紧要，至关重要的是它阻碍了无产阶级专政。

感到与英国国教格格不入的新中产阶级自然容易持有异见，他们有时间也有机会，更重要的是他们通常受过良好的教育，能够研究哲学问题，这帮助他们脱离教会，但他们依然是基督教徒。1843 年通过的一项法案增加了拨给教士委员会的经费，用以建立新教区和修建新教堂。这件事得到了阿什利的大力支持，他还倡导了与公共资金赠款相匹配的私人筹款活动。正像密尔所意识到的，信仰无神论无疑会招致谩骂、嘲笑和暗杀：因此社会主义运动小心翼翼地脱离了乐于宣称自己是无神论者的少数派。

出于这个原因，大约在 1850 年出现了"世俗主义者"这一词汇，伯明翰大学的讲师和激进分子乔治·霍利约克（George Holyoake）称自己是世俗主义者，以避免"无神论和无信仰的罪名"。[43]1842 年，霍利约克因亵渎神明被判入狱 6 个月，原因是他在切尔滕纳姆的一次公开演讲中给出的一个回答。他比大多数人都更明白谨慎行事的重要性。19 世纪 60 年代，T. H. 赫胥黎（T. H. Huxley）推广使用"不可知论者"这个词，霍利约克采纳了这个表述。19 世纪 50 年代世俗社会在英国部分地区兴起，通常是沿着宪章运动的轨迹，并作为维持宪章主义的最后一种尝试。这种情况在工业中心区域兰开夏和西莱丁最为突出。

无论如何，那时斗争基本上胜利了。查尔斯·达尔文、约翰·斯图亚特·密尔和塞缪尔·巴特勒都确信这场运动将会战胜它的反对者。然而，对于大多数劳动人民和他们的家庭，倒向世俗主义并不是理性之争的结果，也不是意识到教会是社会统治的武器，他们必须反抗社会统治，是因为他们的生活缺少教育和精神生活。1841年至 1870 年，新建和重建的圣公会教堂总共有 2859 座，几乎是之前 30 年的 3 倍：然而，这或许只是教会过于乐观，从而错误计算的结果，仅仅是制造了一个虔诚国家的幻觉。[44]宗教上层建筑无法继续抗衡，下地狱的威胁只是一个神话故事。

150 　　礼拜日的本质正在发生改变。运动或许不该受到鼓励，但是其他娱乐比以前更多了。1841 年，一个名叫托马斯·库克（Thomas Cook）的浸礼会年轻木匠首次为一个戒酒协会组织了铁路旅行。20 年后，一位伦敦神职人员抱怨，由于这种短途旅行的诱惑，人们把礼拜日当成了"节假日"。[45]再过 10 年或 20 年，随着博物馆、公园、音乐厅和美术馆在礼拜日下午开放,自行车带来的出行便利会使更多的人不去教堂做礼拜。特别在下等阶层中,酒类的广泛获取也会对前往教堂做礼拜产生不利影响。

到了 19 世纪 40 年代,的确出现了一个变化,那就是教会一改乔治王朝时期的萎靡不振,更加理解了这些社会倾向和哲学思潮如何威胁着它的根基。任何认为神职人员玩忽职守,喜欢安逸生活的说法,都与事实不符。1842 年 11 月,格莱斯顿注意到托马斯·格伦维尔(Thomas Grenville)在晚宴上说的一番话,"目前为止他看到的最显著的变化"是"神职人员的性格确定无疑发生了变化"。格伦维尔详细说道,"早些年,年轻的神职人员确实很绅士,但是说得严重点,就是对其教区和义务很冷淡;而现在他们的做法却完全相反,他们对本职工作非常热心和虔诚"。[46]

第六章　怀疑的心：在信仰的海洋中挣扎

一

　　牛津运动最深刻的影响并不是约翰·亨利·纽曼皈依天主教，这件事从 1833 年起就可以预见到。这是信仰的危机和许多信仰宗教的人对宗教的重新思考，这在 19 世纪 40 年代成为一种普遍的社会现象和文化现象。正如我们所看到的，这也被写进了小说中，例如盖斯凯尔夫人的小说《北方与南方》中多疑的牧师黑尔先生。黑尔似乎是一个极端的、近乎荒谬的人物，直到人们意识到，他的殉难与现实生活有一些相似之处，对相关人士来说，这些相似之处过于严重。我们将看到，黑尔的经历与阿瑟·休·克拉夫的经历相差不远，对他来说，这意味着他不能再接受英国国教的《三十九条信纲》，信纲拒绝天主教会和教皇，坚持基督教的这种真正形式——甚至认为基督教本身不可避免地具有优越性。黑尔是个可怜的弱者——而克拉夫更具道德力量——但他一直是"教区牧师的完美典范"。[1]黑尔在汉普郡一个宁静的村庄里有一所漂亮的牧师住宅，他的妻子和女儿在那里过着富足安逸的生活，并且一直行善。当时他深受"疑虑"的困扰，"我是多么热爱神圣的教堂，却被拒之门外！"他向不知所措的女儿抗议道。[2]但是，和克拉夫一样，他无法"重新声明自己符合我所在机构的礼仪"。[3]然后，像克拉夫一样，他离开了自己熟悉的环境，来到了工业发达的北方，给一个没什么文化的工厂主当私人教师。而这个工厂主是典型的维多利亚时代的人物，和克拉夫一样，黑尔牧师先生也没能活多久就去世了，他被自己的怀疑所带来的后果折磨得筋疲力尽，也给他的家人带来了不幸。黑尔在殉道前对他最好的朋友说，"我认为上帝没有赐予我太多的智慧或力量"。[4]

圣公会传统中其他严肃的知识分子也面临着各自的问题。对马修·阿诺德来说，这让他重新思考了他从福音派父亲那里学到的深刻的宗教教义。对于詹姆斯·安东尼·弗劳德来说，关于基督教崇拜的辩论动摇了他的信仰基础，一旦他受到卡莱尔和他的日耳曼有神论的影响，他就会从根本上质疑基督教。在剑桥的查尔斯·金斯利远离了这些影响，却发现他的英国国教正在转向基督教社会主义。所有这些人以不同的方式证明他们一直深受宗教的影响，要么顺应宗教，对其重新定义，要么适应更加世俗的社会。他们都是一场对社会产生深远影响的运动中最著名的人物。可能每个人对这个问题都有各自的反应，而产生的累积效应却是开始削弱宗教对英国的控制，并且推动了一种不以信仰为主导的文化发展。

二

用利顿·斯特雷奇的话来说，作为一名拉格比公学的学生，克拉夫是"一种特殊的男孩，阿诺德博士的高调劝诫对他产生的影响与对大多数人产生的影响截然不同"。[5]克拉夫和其他像他一样的人"完全臣服于他（阿诺德）的影响之下，像蜡一样接受着他的塑造，他们对敬爱的老师的教诲充满深深的敬意，这种敬意影响了他们的一生"。克拉夫几乎融入了阿诺德一家。克拉夫书信的编辑弗雷德里克·穆尔豪泽（Frederick Mulhauser）声称，由于克拉夫的家人远在美国，"拉格比是他真正的家，他真正的父亲是阿诺德博士"。[6]博士本人也不会反对这个观点：1837 年，正当克拉夫要去贝列尔时，他写信给克拉夫的叔叔阿尔弗雷德说，"他对克拉夫的感情和兴趣，丝毫不亚于其对自己儿子的感情和兴趣"。[7]

153   克拉夫在拉格比公学成为级长和校长住宅的负责人，校长住宅就是阿诺德自己的家。斯特雷奇指出，克拉夫"只思考道德上的善、恶、影响和责任，除此之外什么都不想"。他成了斯特雷奇的笑柄。"或许一个在这种环境中长大的年轻人在牛津大学本该沦为激烈宗教论战的受害者，他本该被沃德（W. G. Ward）的推理气得发疯，他本该失去信仰；他的余生本该在散文和诗歌里哀叹他失去的一切；他本该最终屈服，认真地为弗洛伦斯·南丁格尔（Florence Nightingale）包好牛皮纸包裹。"[8]克拉夫当然认真地把自己的角色定位成道德楷模。1835 年 10 月 10 日，他在给妹妹的信中写道："学校里发生了许多邪恶的事情，我们担心稗子会把大部分小麦掐死……我想告诉他们，善良并不一定是令人不快的，一个基督徒可能是，也很可能是一位绅士，但他肯定不仅仅是一位绅士。环顾四周，看到人们每天必须与之交往的那些人的一切罪恶和邪恶，是一件令人厌倦的事情……"[9]

    克拉夫获得了贝列尔学院的奖学金，在这个过程中，他本来就很虚弱的健康受到了损害。对于阿诺德和他的学校来说，克拉夫的成功是一种喜悦，但并不令人惊讶。到目前为止，他被认为是阿诺德统治时期最辉煌的成就，而在牛津大学辉煌的职业生涯被认为是他的应得之物。克拉夫注定要成为他那一代的知识领袖：他本应成为塑造维多利亚时代英国的关键力量之一。然而，期望对他也产生了负面影响。1836 年 11 月底，他从牛津大学回来，因为参加了考试，出现了神经衰弱现象，阿诺德太太照料了几天之后，他才恢复过来。

克拉夫在学校的时候是一个很有前途的诗人，但是在牛津大学，从他的信中可以看出，他痴迷于宗教上的争议，这将使斯特雷奇非常开心：阿诺德的新教受到约翰·亨利·纽曼的盎格鲁天主教的挑战。沃德是克拉夫的数学导师，他成为纽曼的忠实信徒，因为支持九十号小册子而丢掉了导师的工作。沃德跟随纽曼去了罗马。受沃德的影响，克拉夫因为宗教上的焦虑不安而分心，这导致他在大学时学习成绩不佳。最终，这使他的学术生涯脱轨，很可能也缩短了他的生命，并因此剥夺了维多利亚时代英国最杰出的人之一。沃德写道："我必须承认，是他（克拉夫）一生中的巨大灾难使他与我产生了联系。我当时的全部兴趣……专注于那些在我看来最重要和最有趣的问题，这些问题占据着我的大脑……强迫一个刚上大学的年轻人过早地注意到这些问题，并强迫他对这些问题做出强制性的判定，这完全是两码事。目的是要把他弄得跟我一样是个狂热的党徒。"[10]他觉得"纽曼先生当时在大学里掌握的权力"加重了他自己的质疑。"结果并不令人意外"，他补充道。"我一直在过早地强迫克拉夫思考，结果产生了副作用。有一段时间，他脑子里的困惑严重地折磨着他的精神；这严重影响了他的学习；我想当然地认为这一定非常严重地干扰了他的宗教实践和宗教习惯。如今想到这一切，我依然无法摆脱强烈的自责"。

沃德并不是唯一对克拉夫产生影响的人。克拉夫开始阅读卡莱尔的文章，他觉得卡莱尔的文章写得"非常好"。[11]他在《宪章主义》出版后不久就得到了一本，他是圣人运用高度独创性的语言影响年轻一代知识阶层的典型例子。克拉夫早先的自命不凡正在褪去，他被卡莱尔的机智所吸引，他喜欢卡莱尔把议会描写成"国家的马屁精"。[12]然而，尽管克拉夫有意识地追求知性，他还是没能

154

获得一等学位，他本应成为贝列尔学者中第一个获得一等学位的人。1841 年，在期末考试后，克拉夫去了拉格比，并告诉阿诺德博士："我失败了。"阿诺德的次子汤姆（Tom）半个多世纪后回忆起这件事时说，"我父亲看上去严肃而慈祥，但我不记得他是怎么回答的，也不记得他是否说了什么。"[13]

克拉夫也没能在贝列尔学院获得研究生奖学金，而是于 1842 年在阿诺德曾经就读的牛津大学奥利尔学院获得了研究生奖学金。然而到了 1844 年，阿诺德很可能在拉格比公学教堂下面的坟墓里死不瞑目，因为克拉夫产生了最极端的质疑。他怀疑神的力量；他怀疑基督教的特殊力量。克拉夫向阿诺德博士的老朋友奥利尔学院院长霍金斯问道："基督教真的比伊斯兰教、佛教……或古老的异教哲学好很多吗？"[14]克拉夫沉浸在牛津大学的论战中，这促使他分析自己宗教信仰的基础，但结果并不具有建设性。

大约在这个时候，马修·阿诺德不再相信复活，卡莱尔本人对基督教的奇迹感到不解，因此他们两个人通常被指责是叛教。1843 年秋，克拉夫怀疑自己能否遵守《三十九条信纲》，这是他继续攻读文学硕士学位和继续担任奥利尔学院导师的必要条件。克拉夫写道："与其说是明确反对这一点或那一点，不如说是总体上不愿意接受，强烈地感觉到是一种束缚，是一种非常沉重的束缚，是一种可能使人终身抽筋和残废的束缚。"[15]他克服了这个问题，签了名。然而，一年后的 1844 年 11 月，他形容自己只不过是一个"工人"，工作是"加工知识皮革，剪成图样，缝合成靴子和鞋子，为的是有利于更智慧的人指导工作。而这几乎让我脱离了任何宗教信仰"。[16]他继续说道：

如果我开始思考上帝，就会产生上千个问题，《三十九条信纲》究竟能否回答这些问题，我是不是不应该用完全相反的意思回答这些问题，这是一个巨大的疑问……我进一步倾向于认为，最好的办法是把猜测变成实践，无疑我的初步探索将在实践上与《三十九条信纲》产生相当大的矛盾……我毫不否认基督徒，但不觉得能把它看作力量。我相信自己处于无意识的信条中，以某种形式或其他形式依附于它的教义，我把它维持在较小的范围内：但是关于我所屈从的这个时代的精神，究竟是这样，还是那样，我实在无法言喻。有时我怀疑它是否会被证明根本不是信仰。

到 1846 年，克拉夫自知不可能做牧师，便如实告知霍金斯。霍金斯感到失望，但并没有尝试改变克拉夫的想法。

第二年，霍金斯说他认为导师要"讲授《三十九条信纲》"，这让克拉夫陷入苦恼。因为正如克拉夫所解释的，"对于这样一个职位，我恐怕很难认为自己够格。我只能给你一个门外汉一般的消极默认"。[17]克拉夫提出，如果霍金斯认为合适，他就离开奥利尔。霍金斯援引了一项大学规定，要求教师签署《三十九条信纲》，但他希望克拉夫留下来，并建议另一名教师就《三十九条信纲》发表演讲。克拉夫所要做的就是确保他的学生在考试前听过一场关于《三十九条信纲》的讲座，了解它们的内容。霍金斯承认，虽然克拉夫本来已经同意了，但他也可能改变主意："我承认，没有人会通过签字同意来保证永远持有同样的观点。""他的签署本身只意味着他当时的同意。"[18]

克拉夫并没有因为霍金斯对他说的话而感到"被剥夺了自由"，但他"怀疑"自己还能坚持多久。[19]克拉夫和霍金斯在一封长信中畅谈了种种敏感的话题，但是他们自己并没有意识到话题的敏感性——这并非他们目睹的事情。到 1848 年 1 月，克拉夫觉得他应该辞去教师一职：他的奖学金在第二年就到期了。霍金斯不希望这样，他说："你不必就《三十九条信纲》发表演讲，我完全相信你不会试图去寻找任何机会教授任何与之相反的东西。"[20] 然而，考虑到克拉夫的想法，这个职位是难以维持的。1848 年冬天，美国人拉尔夫·沃尔多·爱默生（Ralph Waldo Emerson）访问英国时，他们见面并谈起了共同的朋友卡莱尔，"卡莱尔把我们都带到了沙漠里，并把我们留在了那里"。[21] 1848 年 10 月 8 日，克拉夫辞去了他的研究员职位，并告诉霍金斯："我对签署《三十九条信纲》一事无能为力——我对曾经的签署深感懊悔。考虑到要遵守《三十九条信纲》，我无法应允继续接受任何金钱利益。"[22]

　　霍金斯并没有那么轻易地让克拉夫离开。他想和克拉夫私下谈论后者的"宗教困境"，因为"我有可能对事情提出一些看法，使你不必辞职"。[23] 但是，克拉夫还是辞职了，尽管他和霍金斯在 10 月 18 日进行了交谈。在霍金斯记录他们谈话的笔记中，克拉夫告诉霍金斯，"在签署条规的束缚下，他无法诚实地追求真理"。[24] 他还说，他只和马修·阿诺德及斯坦利讨论过这个问题，他承认斯坦利一直反对他辞职。霍金斯提议与斯坦利讨论此事，但毫无结果。克拉夫搬进了牛津的公寓，想通过招收私人学生来谋生：他几乎没有什么钱。他考虑过移民；他考虑过恋爱；他在写诗；他告诉霍金斯，他可能会带一个私人学生去欧洲旅行。

　　从这一点来看，克拉夫的人生轨迹与不幸的黑尔先生没有什么区别。然而，克拉夫并没有在北方工业区受苦，而是接受了（经过一些有关宗教要求的谈判，并且"顾虑重重"）伦敦大学堂院长一职，这是大学学院的延伸。[25] 虽然伦敦大学堂由一神论者资助，但它寻求的是一位非圣职的校长，而不是一神论者。霍金斯仍然不

157

愿意宣布克拉夫已经辞去奥利尔学院的教职，他想知道克拉夫的困惑是否"仍然只是怀疑"，他希望克拉夫"进一步认真探究困惑，或者摆脱困惑"。[26]辞职至少让克拉夫免于公开羞辱：詹姆斯·安东尼·弗劳德的命运就不同了，他在 1849 年 2 月辞去牛津大学埃克塞特学院的教职，并且把他的异端思想写进了他的小说《信仰的报应》（*The Nemesis of Faith*），他因此在教堂布道中遭到攻击，在大庭广众之下遭到谴责，埃克塞特学院的院长威廉·希维尔（William Sewell）公开烧毁他的书。这比沃德的遭遇更具中世纪色彩，沃德只是受到降级而已。

1848 年，克拉夫发表了一首长诗《托布纳利奇的小屋》（*The Bothie of Tober-Na-Vuolich*），这首诗受到了爱默生、弗劳德、萨克雷（W. M. Thackeray）和金斯利的称赞。这首诗描绘的是一位年轻的牛津大学学者在一次徒步旅行中与一名农夫女儿之间的爱情。其中在对待阶级关系方面和谈话风格上被认为是激进的。1849 年 1 月，克拉夫和他的朋友托马斯·伯比奇（Thomas Burbidge）共同出版了一本诗集。阿诺德一如既往地对克拉夫诗歌的质量直言不讳，并提出了建设性的批评：不过，最令人沮丧的观察结果是，他要求克拉夫"反思……因为我不得不在这里做得越来越多，除了一些人的无稽之谈，这个时代和周围的一切是多么缺乏诗意啊。不是不深刻、不是不伟大、不是波澜不惊，而是缺乏诗意"。[27]

1849 年 2 月 28 日，霍金斯终于写信给克拉夫，承认他已经屈服，并把克拉夫的辞职信提交给了委员会。霍金斯透露说，他读过这首诗，并为此严厉斥责了他，"有些地方相当粗俗；我还非常遗憾地发现诗里多处影射《圣经》，更确切地说是对《圣经》拙劣地模仿，这都不是你应该做的"。霍金斯补充道："如果你允许自己拥有这样的自由，你就永远不会远离错误的信念。"[28]然而，霍金斯

158

确实在努力解决这类问题。他问克拉夫："我记得你在你的一封信中说过，我所推荐的这些研究不会解决当今年轻人的困难。你能不能赏光告诉我，根据你的观察，目前最困扰年轻人的是哪一类难题？"

克拉夫曾在他的诗中写道，"我不认为我犯了违背道德的罪行"，他建议霍金斯看看《信仰的报应》，从中领悟年轻人的"困惑"。克拉夫还说，"我认为在其他地方没有什么证据证明奇迹的存在"——卡莱尔的观点。"教义必须证明奇迹的存在，而不是奇迹证明教义。"[29]克拉夫又补充说，"除天主教教徒以外，年轻人没有基督教理想，而他们认为具备基督教理想才是真正的基督徒"。克拉夫的宗教观似乎不断受到侵蚀。他在生命的最后阶段发表了散文《论宗教传统》（*On the Religious Tradition*），他在这篇文章中写道："我不知道基督是否死在十字架上；但我准备在赎罪的教义中找到一些宗教上的真理，《圣经》中没有炼狱。因此我认为没有什么是不可思议的。"[30]

在 19 世纪 40 年代，克拉夫开始表明，他继承了阿诺德的辉格－自由主义观点，而且确实进一步改变了这些观点（就像马修·阿诺德那样）。1844 年 6 月 25 日，克拉夫在一封信中对伯比奇说，他相信"资本对劳动实行暴政，政府一定会干预，防止这种欺凌；我也相信，在某种程度上（原文如此），现在由普遍竞争解决的问题或'后来者遭殃'可能会得到一个更令人满意的解决方案"。[31]他开始与卡莱尔和爱默生通信。他还支持他的妹妹安妮（Anne），她已经成立了一所学校，目的是促进女孩和女性的教育，她将成为剑桥大学纽纳姆学院（Newnham College）的首任院长。

克拉夫关注他的阶级和他被培育的信仰所涉及的一切社会问题。他为牛津的乞丐协会工作，帮助当地的穷人。1844 年 6 月的一个晚上，他"只救济了大约 6 个人"，但他告诉伯比奇，"以前都来 20 多个人，我记得有一天晚上是 80 多人。然而，即使是现在，干草的收成仍然非常少，许多通常有工作的人都失业了……他们的晚饭是一品脱半肉汤和一片面包，（目前）早餐只有一小块面包"。克拉夫还说，他"高度并全面"支持格莱斯顿的议案。该议案要求，如果铁路公司的利润率超过 10%，就必须降低票价，并迫使铁路公司为穷人提供座位。[32]虽然克拉夫的做法是切实可行的；但是他不认同当时的政治团体"青年英格兰"的浪漫幻想。1845年，克拉夫读了《西比尔》之后对伯比奇说："这本书没有什么值得称道的。故事有点单薄，思想内容显然不乏可取之处，至于独到之处，我认为太浮夸了。"[33]

1848 年春天，当宪章运动在英国达到高潮时，克拉夫正在巴黎，观察那里的革命。"呜呼，呜呼，荣耀已经逝去"，他于 5 月 19 日给斯坦利写信，显然是在模仿卡莱尔的风格，"自由、平等和博爱在商店里刺刀的威胁下退却，隐藏在最肮脏的圣安东尼大街"。[34]几天后克拉夫给妹妹写信，后者抱怨人口的增长和矛盾使得状况逐渐恶化，他写道："我认为社会要做的是把下等阶层的物质生活舒适度和道德感提高到一个层面，在这个层面上他们会意识到自己的责任并且做到克制——正如大多数上层社会所做的那样。"[35]克拉夫认为，法国的动荡将"总体上加速英国的变革"，并将在那里创造一种"复兴"：国家的重生。[36]当克拉夫回到英国时，他看到了阿诺德，他们首先做的其中一件事，就是拜访卡莱尔。

现存的阿诺德——克拉夫书信是片面的，因为现存的只有一封克拉夫写给阿诺德的信，这封信写于 1849 年夏天，内容是关于意大利的政治。在时间上紧随其后的一封信被这些书信的编辑称之为"真正不同寻常的一封信"。这封信是阿诺德于 1849 年 9 月在瑞士写的，其有趣之处在于体现了阿诺德的诗人气质，而这种情绪对处于人生最低谷的收信人来说究竟意味着什么，还需要读者自己去体会。克拉夫在牛津大学的生涯结束了；他初次涉足诗歌只是一次成功的尝试；他即将在大学堂开启冒险的学术探索。在这种微妙、孤独和不确定的心态下，他最好的朋友流露出来的不满肯定是有益的。

160

阿诺德告诉克拉夫，他"一直在寻找比以往"更加"道德的氛围去呼吸。我对你说的不是奇迹，你必须重生。"[37]与其说阿诺德阐述了自己的感情（表达感情是诗人的必要条件之一），不如说他阐述了这些感情的力量，并由此推断出社会评论家如何解释社会。"我必须告诉你我从来没有在任何重大时刻有意识地克制自己；我可以幻想克制自己并且纵观全局，但在关键时刻我太容易感情用事。"

阿诺德密切关注时代思潮，他认为英国的变革没有终止而是推迟了；一个由本该了解更多的人控制的没什么文化的新兴阶层似乎正在违背理性和文明，主导了令人不满的现代化进程。"我最亲爱的克拉夫，这是该死的时代——一切都与之相悖——知识的高度增长，奢侈的蔓延，我们体力的衰弱，伟大天性的缺失，与数以百万计小人物不可避免的接触，报纸，城市，无忧无虑且挥霍无度的朋友，像卡莱尔这样的道德亡命之徒，我们自己，以及对我们的困难令人作呕的意识。"卡莱尔的愤怒——在他那篇令人不快的文章《黑人问题》（*The Nigger Question*）中表现得很明显，第二年，在他那本暴躁的《现代短论》（*Latter-Day Pamphlets*）中表现得更明显——导致他开始与他的门徒们发生了争吵。克拉夫已经告诉爱默生，他们被他遗弃在沙漠里。现在阿诺德向克拉夫证实，卡莱尔根本不给他们希望。他们所能做的就是避免狂热，跟随理性的心灵。

大学堂的建设进展缓慢：在克拉夫任期的两年中，他的学生只有十几个，这让管理者们很担心。正如克拉夫在《散文遗迹》（*Prose Remains*）中所回忆的那样，他毫不掩饰地说："（离开牛津）在很多方面令他痛苦。他退出委员会所采取的步骤使他受到很大的孤立。他的许多老朋友都冷冷地看着他，他被扔到这些新结识的人中间，他们对他常常很不友好。"[38] 克拉夫看到了不祥之兆，在悉尼新学院开学时申请了古典文学教授的职位。这个职位与院长的职位相结合，完全是世俗的。克拉夫想要的不仅仅是逃离大学校园，他在大学堂的时光（据他的回忆录）"毫无疑问是他一生中最沉闷、最孤独的时期"，他还想要筹到足够的钱与深爱的布兰奇·史密斯（Blanche Smith）结婚。克拉夫请霍金斯为他写推荐信，霍金斯提出的条件是他不能讲神学；阿诺德写道："正是他的道德素养，加之他的才学深受道德素养的影响，使得他与那些出入公共场合、博学又亲切的人完全不同。"[39]

克拉夫不确定他能否达到目的，而大学堂的董事们听说他已经申请了新的职位，便要求他辞职。克拉夫感到很吃惊，不过显然董事们需要一个理由来解雇他，而这种缺乏责任感的做法便提供了一个理由。克拉夫被告知，"他的辞职将为一位绅士提供一个机会，而这位绅士的社会关系或许能让这个机构恢复一些繁荣"。[40] 克拉夫就这样失去了工作，不出所料，他也未能获得悉尼的职位。借用他对布兰奇说的一句话，他只能面临"贫穷的单身生活和文学工作"，当时他主要通过书信追求布兰奇。[41] 阿诺德结婚了，不可避免地变得更加疏远；克拉夫觉得很沮丧。使阿诺德分心的不仅是他的妻子，还有他作为学校督学的工作。

然而，克拉夫在伦敦的生活使他结识了当时一些伟大的人物：卡莱尔夫妇、丁尼生（Alfred Tennyson）和理查德·蒙克顿·米尔恩斯（Richard Monckton Milnes），后者正在徒劳地向克拉夫未来的表妹弗洛伦斯·南丁格尔求爱。克拉夫与达尔文共进晚餐，达尔文的名气（就像南丁格尔的名气一样）展现在他面前。克拉夫还招收了私人学生。在阿诺德的帮助下，同时也是由于他和兰斯顿的关系，他在教育部谋求了一个副职。他的前雇主大学学院任命他为英语语言和文学教授，他每年从中获得30英镑。到1852年夏天，他已与史密斯小姐达成协议，准备娶她为妻。为了达到这个目的，克拉夫写信给爱默生，询问在美国获得一个学术职位的问题。爱默生答应去询问，并为克拉夫这样才华横溢的人迫于《三十九条信纲》

162 而在英国找不到满意的工作而唏嘘不已。

阿诺德对克拉夫感到恼火，因为他听任自己伟大的才能萎缩，听任自己在面对各种事件时变得被动，以至完全失去了行动能力。尽管阿诺德可能不喜欢他的工作，但这份工作的确激励了他，他认为英国的教育水平和程度是当时最重要的社会和政治问题之一。克拉夫没有这样的动机，甚至没有考虑到一个更好的职位可以实现他结婚的愿望。阿诺德看到了这一点，他很生气。克劳夫没有意识到这个问题的主要原因，可能是他觉得自己没有达到阿诺德父亲的精神期望。1852年6月，阿诺德敦促克拉夫："如果可能的话，在你的任期结束之前做些事情，如果依靠你的资源等待转机的到来，那是一件糟糕而令人沮丧的事情。"[42]阿诺德恳求他利用爱慕他的阿什伯顿夫人（Lady Ashburton）的斡旋，克拉夫最终这样做了。

但在那之前，克拉夫决定尝试移民美国。15年前为他赢得贝列尔奖学金的那种充满活力的才华似乎已经消失了。阿诺德安慰他的朋友说："我越来越相信，这个世界对一般人来说会越来越舒适，而对那些有天赋或有名望的人来说，则会越来越不舒适。"阿诺德在信中的最后劝诫是："没有什么能免除我们的责任，竭尽所能，保持我们的勇气和活力，"从而呼应了克拉夫的佳作《不要说奋斗终是徒劳》。

　　1852 年秋天，在爱默生的鼓励下，克拉夫乘船去了美国。他以马萨诸塞州剑桥市为基地，开始寻找学生做家教。阿诺德在信中敦促他挣钱——"你的目标是在商业上做得好"——这显示出高尚的人已经日益认识到生活必需品的重要性。[43] 就在那年年底前，阿伯丁的贵族内阁取代了罗素的内阁，政府换届给克拉夫带来了希望。阿什伯顿夫人不仅对克拉夫颇有好感，而且还是卡莱尔的主要仰慕者。她的文学沙龙颇具传奇色彩，她试图帮助克拉夫找到一个职位，但她失败了。格兰维尔勋爵（Lord Granville）是她能够接触到的权力阶层中最亲密的人，他试图让克拉夫在民办组织中担任学校督学（监查员）；但是，希望学校接受检查的组织更愿意让一位牧师来做这件事，而不是让一位曾因怀疑而放弃自己信仰的人来做这件事。克拉夫开始写作，但发现很难。他的第一个重要的文学任务是翻译普鲁塔克（Plutarch）的《传记集》（Lives），但他也撰写评论。钱仍然是个问题，尤其是因为克拉夫拒绝接受任何可能迫使他留在美国的学校或大学的职位。到了 1853 年春天，克拉夫的信中充满了回家的渴望。

163

　　克拉夫继续为宗教而苦恼，尤其体现在给布兰奇的信中，因为布兰奇也有困惑；不仅如此，他在给朋友写信时也会抒发内心的痛苦。他的同辈 J·C·沙普（J. C. Shairp）是一名拉格比公学的教师，也是未来的牛津大学的诗歌教授，他责怪克拉夫对他倾诉自己的困惑；自从同霍金斯谈论自己的困惑，困惑似乎与日俱增。"说到基督教的历史方面"，沙普在 1853 年 3 月 19 日写道："这是站不住脚的，因为关于《〈圣经〉新约》的一些书籍的起源，或者把《〈圣经〉新约》说成是一堆'未经证实的记录'（是这个词吗？），两者之间可能存在着不同的联系。"[44] 沙普承认，克拉夫让他心烦意乱是因为"基督教的主要事实与我内心深处的感情密不可分……我将希望在其中生活和死亡，并利用它们作为通往精神世界的梯子"。沙普恳求克拉夫不要再写他的感受，因为那样"只会带来痛苦。求求你，别再这样了！"

然后克拉夫就有了回家的机会。格兰维尔在枢密院办公室给他找到了一份工作。虽然这份工作每年只支付300英镑，但前景广阔。卡莱尔写信给克拉夫，敦促他接受这个职位——"英格兰就是英格兰"，卡莱尔对他说，至于它的低工资，"将教会你高尚的节俭，以及各种高尚的斯巴达美德，较之许多两条腿的猪正在挖掘寻找的黄色垃圾，这些对于一个人更有价值"（淘金热在加利福尼亚继续着）。[45]在格兰维尔的敦促下，阿什伯顿夫人也写信给他，恳求他"宁愿选择我们而不是美国"。克拉夫主要关心的是应该挣到足够的钱结婚，他担心职员职位无法满足这一点。他未来的岳父证实了他的想法：要么500英镑，要么不结婚。[47]然后，史密斯先生提出给这对年轻夫妇一笔津贴，使他们有足够的收入。7月中旬，克拉夫回到家乡，在枢密院的办公室里工作，一年后，他结婚了。

克拉夫与弗洛伦斯·南丁格尔建立了密切的联系，南丁格尔是他妻子的表妹。克拉夫的朋友米尔恩斯多年追求南丁格尔却未获芳心；另一个好朋友斯坦利的妹妹是南丁格尔的密友之一。因为婚姻带来的亲属关系，克拉夫同南丁格尔一度关系密切，在去斯库塔利的路上，克拉夫陪着她一直走到加莱。[48]南丁格尔染上"克里米亚热病"时，克拉夫的岳母前往斯库塔利帮助她。南丁格尔将这种病描述为"一种可怕的疾病，大脑长期处于昏昏沉沉的状态"。他引用南丁格尔自己的话，说这是"智力的复合骨折"。[49]克拉夫写信给他的朋友们，自豪地谈到他的表妹在挽救这么多士兵的生命方面所取得的成就：他和他那代人一样，对进步的观念非常依恋，并对此印象深刻。

　　他在教育办公室的工作并不繁重：他每天工作 6 个小时，还有很长的假期。然而，在 1857 年的暑假，克拉夫被南丁格尔聘为私人秘书，并在次年出版了她的《关于影响英国军队健康、效率和医院管理事项的笔记》(*Notes on Matters the Health*, *Efficiency and Hospital Administration of the British Army*) 的手稿。从 1857 年 7 月大量的校样和校改来看，这份工作比克拉夫的日常工作要求高得多。南丁格尔正在游说政府——在未来几十年里她都会这么做——改善海外士兵的卫生条件。克拉夫对白厅和官僚语言的熟悉对她很有帮助。

　　当克拉夫秋天回到工作岗位时，虽然事务更加繁杂，但他提供的帮助还在继续。他还拿出了一些九年前写的诗——"我的 5 幕书信体悲喜剧"，并试图为出版做准备。[50]阿诺德和丁尼生都在与这种形式做斗争，克拉夫说："英国似乎就像乔叟和斯宾塞之间的那个时代一样没有诗意。"克拉夫正在读格莱斯顿翻译的他所钟爱的《荷马史诗》，以及弗劳德最新写的都铎王朝史。克拉夫知道卡莱尔正在潜心撰写《普鲁士腓特烈大帝史》(*Frederick the Great*) 的前两卷。克拉夫似乎感到了创作的压力，但他为南丁格尔所做的工作变得越来越重要。1858 年的暑假和以前一样，他仍然在为南丁格尔做秘书工作。

　　克拉夫仍然感到经济上的压力，南丁格尔答应付给他一笔薪水帮助他缓解经济压力。为创办护士培训学校，南丁格尔建立了一个基金，请他担任干事并支付酬金。克拉夫在 1858 年 10 月提到，"我认为弗劳德通过写书挣了 1800 英镑。几天前哈勒姆 (Hallam) 对弗朗西斯·帕尔格雷夫爵士 (Sir Francis Palgrave) 说，如果你关心这些统计数字的话，那么他一生的书稿收入总计达 20000 英镑"。[51]克拉夫准备翻译出版普鲁塔克的著作，由于准备索引的工作单

165

调而辛苦，所以放慢了出版进度。当书稿在 1859 年出版时几乎卖不出去，克拉夫认为原因在于价格过高。然而，朗曼同意出版一个节略版，一个更便宜的版本，并要求他准备各种古典作家的版本。虽然克拉夫自己的特点似乎不能显现出来，但他至少能够提高自己的收入。他还获得了晋升，成为罗伯特·洛（Robert Lowe）的私人秘书。洛曾任枢密院副院长，在帕默斯顿第二次组阁时负责教育事务。

南丁格尔意识到她对克拉夫有所亏欠。她的文件上有一张 1859 年 4 月的便条，上面写着：“我希望我父亲和母亲死后我继承的所有的财产都归克拉夫——只有一个条件，那就是他从南丁格尔基金中得到的一切都必须加倍回报。”[52]1860 年秋，克拉夫把南丁格尔《对思考的建议》（*Suggestions for Thought*）的手稿寄给了乔伊特，但没有透露作者是谁。克拉夫最初将其描述为一部“非凡的、形而上学的、具备恶魔般力量”的作品。[53]乔伊特的建议是应该重写这本书——“在我看来，风格过于强烈、狂热和积极——给人留下了太多确定的印象，而没有足够的‘潜在力量’。”[54]然而，当乔伊特得知作者的身份后，他的语气缓和下来——“我希望南丁格尔小姐不要在纠正这些错误上操劳过度。”[55]他补充说：“凭借她的经历，她必须清醒地认识到，努力思考并不总是安全的，因为她的头脑既干净又聪明。她在有生之年会重新撰写这本书，恰如其分地阐述其中的观点。”

1861 年，克拉夫请了长假。他努力从猩红热中恢复过来，而且更加受到南丁格尔的重用，她不顾他的身体和精神状态而交给他大量工作。2 月和 3 月，克拉夫携家人到怀特岛（the Isle of Wight）住了 6 个星期，然后独自前往希腊和君士坦丁堡。他在夏天回来后病得更重了，又再度离开妻子和孩子前往法国南部，为恢复健康做最后努力。他认为“我的健康似乎受到了办公室繁忙的日常工作

的影响"，于是他离开妻子，远在他乡时申请调动到不那么辛苦的
公务员职位。[56] 克拉夫想去伍尔维奇军事学院作审查员，学院每年
只支付 150 英镑，偶尔还会有其他政府工作来补充。但阿诺德警告
他，这样的安排是危险的，这给克拉夫增加了额外的压力。克拉夫
把假期延长到 11 月中旬，但他意识到自己的身体是多么虚弱，于
是在 1861 年 7 月底从法国写信请求休假，直到 1862 年 2 月。克拉
夫承诺，如果他的身体仍然不适，他将辞职[57]

　　克拉夫的妻子为他身患重病又长期独自一人在国外生活而忧心
忡忡。她劝他回家却又有所顾虑，因为他不能停止工作更不能停止
为南丁格尔工作，布兰奇对南丁格尔相当有意见："我确实害怕你
回到这些地方。你回来待上 10 天，看看孩子，陪着我，再也不要
接近什么基金或者弗洛什么的——我认为这些都是可以做到的，但
我确信只有态度坚决才能做得到。"[58] 布兰奇在 8 月初生了一个女儿，
这使得他们的分离更加痛苦。她写信给丈夫，询问该给孩子取个什
么名字。丈夫回信说："布兰奇·雅典娜（Blanche Athena）。"[59] 那
时，他在比利牛斯山遇见了丁尼生，所以至少他的与世隔绝已经结
束了；他等妻子一旦恢复体力就安排她前来法国。布兰奇抵达欧洲
大陆后于 9 月 18 日在巴黎见到了丈夫。他们途径瑞士到达佛罗伦
萨；但是克拉夫越来越虚弱，先是神经痛，之后又感染疟疾，他还
在阿尔卑斯山患上感冒导致肺炎。克拉夫于 11 月 13 日去世，比女
王的丈夫早去世整整一个月，他们都年仅 42 岁。

　　乔伊特称他为"我所认识的最优秀的人之一，有很多天赋，
尽管注定不会结出完美的果实。他拥有天才的能力，也经历天才的
磨难"。[60] 乔伊特对布兰奇说，"在烦恼、忧虑和对宗教的错误看法
降临到他身上之前，克拉夫一直是一个看上去最高贵的年轻人"。[61]
约翰·亨利的兄弟 F. W. 纽曼同样不谙世故，他在唁电中写道：

"我不知道这是否减轻了他郁郁不得志的痛苦，据说（正如我听说）弗洛伦斯·南丁格尔及其慈善计划造成的过度劳累导致他的大脑不胜疲惫。唉，一个人殉道进而牵连另一个人，这令我们感到遗憾。"[62]

167 　　说一个人的表妹累死了这个人的丈夫，这话听起来并不舒心，不过布兰奇没有那么愚蠢，没有对远亲弗洛产生误解。布兰奇写道，"纯粹是过度劳累让他的大脑疲惫不堪，没有力气抵抗最后的攻击"。在克拉夫生命的最后几个星期里，尝试写诗给他带来了快乐，这使布兰奇深受感动。"他在工作时完全放弃了写作，但休息似乎又使他恢复了力量。当我看到这一点时，我不禁希望，我们仍然可以放弃所有赚钱和为南丁格尔工作的机会。南丁格尔已经把他累坏了，让他去海边休息，追随自己的内心。"但是布兰奇知道，克拉夫是不会被说服的。[63]布兰奇把克拉夫安葬在佛罗伦萨的新教公墓。

　　布兰奇确信弗洛对她丈夫英年早逝具有不可推卸的责任，这并不只是她自己的看法。南丁格尔本人可能也有同感，因为她迟迟没有表示吊唁。由于布兰奇非常生气，她要求其他家庭成员不得向南丁格尔透露克拉夫临终前的细节。他们一度是这样做的，这可能有助于解释吊电滞后的缘故。南丁格尔在吊电中表示，虽然她没能及时吊唁，但是这封吊电可以表明她在得知消息时便彻底崩溃了，"每天醒来后她便整日"失魂落魄。布兰奇在回信中不客气地写道："我知道任何人都无法体会他的去世对你意味着什么，我真为你遭遇的巨大不幸而感到难过。"[64]

　　阿诺德写道："人们开始说克拉夫现在什么也不用做了，简而言之就是避免谈论他。我想说现在将会出现另外一种情况，将聚焦他年轻时具有非凡的潜力并且受到特别关注，而长大后却没有实现人们的期望这一独特而令人印象深刻的情况。"[65]阿诺德受到了打击，他对布兰奇说，"很少有人能像我听到他的死讯时那样震惊"。[66]阿诺德甚至还向布兰奇表示，他对克拉夫成就平平感到费解。在谈到克拉夫的男性朋友们曾经多么钦佩他时，阿诺德说："他们相信他一生取得的任何有目共睹的成就，都与他了不起的才干和深邃的思想密切相关。"

最大的挫折是，克拉夫的天赋和承诺仍未实现。正如纽曼所说，"除了他太过谦虚，我总是感觉他自身的完美和责任感抑制了他的表达"。一位早期为克拉夫写传记的作家奥斯本（J. I. Osborne）写道："克拉夫对任何事情的肯定都提高了此事的价值，因为他是一个无比诚实的人。"[67]或许，克拉夫对妻子表妹工作的投入，是对他在牛津大学失去信心的一种补偿，也正因为如此，他决定放弃原本很有前途的教师和知识分子生涯。

168

三

马修·阿诺德是克拉夫最亲密的朋友。他是阿诺德博士幸存的九个孩子中的第二个，出生于 1822 年圣诞前夜。他的父亲让基布尔当他的教父，当基布尔成为阿诺德鄙视的高教会派运动的领袖之一时，他为此事深感懊悔。马修小的时候，家人都认为他很懒惰。但马修的一生成就斐然，他身兼诗人、评论家、教师、督学和知识分子，最杰出的成就是他崇尚批判性，这是带领人类走向完美的核心。他在《文化与无政府状态》的标题中承认了这一点："我们要完美无缺！""要尽善尽美"，这就是阿萨·布里格斯（Asa Briggs）所说的"进步时代"的驱动力。马修·阿诺德教导人们评估一个人的生活环境、文化程度、生活方式的好处，教导人们懂得无论已拥有什么都可以做得更好的理念。作为他父亲的学生，他起初笃信宗教，恪守基督教，直到进入牛津大学之前，这就是他生活的全部和归宿。后来，他自主思考，在思想上广泛借鉴，整个人焕然一新。他开始更全面地观察他的成长经历和生活环境，以及他人的想法和态度。随着马修在 19 世纪 40 年代变得更加世俗，他成了最优秀的诗人。然后他开始成为他自己——评论家、老师、维多利亚时代中期英国的分析家。可以说他是 19 世纪最伟大的思想家，因为他能够切中辩论的核心，能够认清社会问题的实质；而他是在摆脱他父亲对基督教的痴迷之后才成为如此有影响力的人物。

169　　　对马修作为诗人的诸多影响之一——也是最强的影响——是他的家庭和华兹华斯之间的友谊，学校放假期间他们全家住在湖区的福克斯豪，这里是阿诺德博士在威斯特摩兰郡的庄园，距离华兹华斯的住处很近。阿诺德从来没有像斯坦利和克拉夫那样服从他父亲严格的教育，在牛津大学时他想方设法与他父亲作对；诚然他父亲对他的影响是强大的，这种影响从他一出生就开始了，在他成年后表现得尤为明显。阿诺德在 1837 年才进入拉格比公学，在那里只接受了后四年的教育。之前马修在他父亲的母校温彻斯特公学学习不好。他很早就显露出诗人的潜质，1841 年，他获得了贝列尔奖学金。

　　　阿诺德事业有成，他批评同胞们没有自己的思想，而他年少时却没有表现出应有的潜质。他的父亲在 1840 年 8 月写信给威廉·莱克（William Lake），抱怨说"马特不知道工作是什么，因为他几乎不知道思考是什么"。[68] 威廉·莱克此时已经获得了贝列尔学院的奖学金。他正在帮助马特为争取这一奖学金做准备；尽管他父亲心存疑虑，认为这个孩子原本懒惰，马修却最终在 33 名候选人中赢得了两个名额中的一个。

　　　令马修懊恼的是，他在牛津大学的学习生涯以人文学科的二等学位告终。部分原因是他与一伙放荡的酒鬼和花花公子混在一起而精神涣散，部分原因是他沉迷于诗歌。然而，对马修而言，牛津大学在其他方面有着极其重要的意义。马修与克拉夫建立了深厚的友谊，后者在阿诺德加入拉格比之前刚刚离开；他获得了纽迪格特诗歌奖，这坚定了他的职业选择；当围绕着对基督教的诠释产生了纷繁的学术思潮时，他开始质疑自己的信仰。他对《亚他那修信经》和《三十九条信纲》产生困惑，主要原因是他认为二者倾向于分裂基督教世界而不是统一基督教世界。[69]在这个问题上，马修并不孤单：查尔斯·金斯利也有同样的想法，他觉得这个信条带有"偏执、残酷和吹毛求疵"的色彩。[70]金斯利还与三位一体做斗争，发现很难信任牧师，尽管这可能与他父亲的经历有关，他父亲进入教堂主要是为了谋生，而不是出于任何深刻的精神信仰。

当本杰明·乔伊特成为贝列尔学院导师的时候，克拉夫进入该学院读书，他在基布尔和纽曼之间的斗争中支持其中的一方，不久，阿诺德博士作为钦定近代史教授来到学校，他支持斗争中的另外一方。马修在阿奇博尔德·泰特（Archibald Tait）的影响下成为贝列尔派，而且是纽曼的主要反对者。泰特将接替阿诺德博士担任拉格比校长，成为伦敦主教和坎特伯雷大主教，他有五个孩子都死于天花。

阿诺德博士去世后，马修和克拉夫的友谊更加深厚：他们似乎都失去了父亲，一个是真的父亲，另一个是象征意义上的父亲。19世纪40年代，奥利尔的人们生活得亲密无间，阿诺德给克拉夫的信中包含了很多亲密的内容（1848年8月，他以"我亲爱的爱人"的身份给克拉夫写信[71]）以及对后者诗歌的批评（1848年2月，他对克拉夫说，"我怀疑你是不是艺术家"[72]）。他们在1849年至1851年的一段时间里也很亲密，当时两人都住在伦敦，每周会有两次共进早餐。在牛津，他们进入了创作更多诗歌的阶段，不仅受到古典文学的影响，还受到他们经常散步时看到的风景的影响。他们开始大量阅读卡莱尔的文章，这反映出他们的政治参与。阿诺德博士在法国大革命演变为暴力之前一直支持这场革命，他非常钦佩卡莱尔的《历史》（*History*），他的儿子和明星学生都在读《过去与现在》。马修赢得纽迪格特奖的那首诗是关于克伦威尔的，卡莱尔在《论英雄、英雄崇拜论和历史中的英雄》（*On Heroes，Hero-Worship and the Heroic in History*）中恢复了知识分子的意识。不过，没多久，阿诺德就把卡莱尔斥为"道德上的亡命之徒"。[73]

马修暂时回到拉格比公学当老师。随后他再次申请研究生奖学金，并成功获得奥利尔学院的研究生奖学金，与克拉夫一道追随博士的足迹。马修的纨绔习气妨碍了他冒充上流社会人士的企图；他还偏爱香槟。虽然他对宗教的态度不像他父亲那么拘泥于文字，但他被英国国教的文化方面所打动，并坚持自己的信仰；基督教作为一种遗产的重要性为他的批评和社会评论提供了很多依据。但同样重要的影响来自法国，阿诺德从 19 世纪 40 年代中期开始就对法国产生了浓厚的兴趣。他以法国为例，倡导英国的改革，尤其是教育改革。1848 年，他对母亲说："再过几年，当他们看到我们的举止和礼貌是多么虚伪的时候，人们就会更好地理解为什么法兰西是欧洲最文明的民族了。"[74]

171   1847 年，马修成为兰斯顿勋爵的私人秘书，这个职位给了他一份微薄的收入，但也让他有时间旅行和写诗，在接下来的几年里，他出版了几卷诗集。这也迫使他参与政治，之后他再也没有离开。他的朋友们，尤其是克拉夫，对这种新的世俗化感到惋惜，但是这种倾向却唤起了阿诺德的政治意识，这种政治意识加强了他的批评观念和批评能力，而在当时，这种意识却完全没有显现出来。写作这种创造性的表达方式对于阿诺德是极其重要的，而他用来缓解矛盾的是散文而不是诗歌，这体现在他在自己的后 30 年里写了大量的小册子、文章和著作。1848 年，马修·阿诺德和克拉夫一样，对欧洲的动荡感到兴奋，他的朋友形容他"非常狂热"，但在第二共和国失败前的革命余波中，他变得"非常愤世嫉俗"。[75]

阿诺德深受卡莱尔对早期革命描述的影响，他把法国贵族描述为"小酒馆老板"。[76]在写给克拉夫的同一封信中，提到当天上午《泰晤士报》（1848 年 3 月 1 日）在头版头条抨击法国刚上台的统治者提出的社会主义经济政策时，他对抨击嗤之以鼻，表明他正在走向政治理想主义。而特别打动他的是法国人民"博大精深的智慧"，他们因此而具有一种政治意识，他认为这正是他的同胞们所缺乏的。[77]"我们既没有像法国人那样勇敢地投身于这场运动，也没有像精神上的、诗意的、深刻的人那样，把我们的脚踩进我们个性的坚实土壤。"这清楚地体现了阿诺德的信念，即只有加深对文化的理解，人们才会关心自己的政治状况，而这种观点将在《文化与无政府状态》一书中得到提炼。1848 年 4 月 10 日，他前往肯宁顿观看宪章派的示威游行，并告诉克拉夫："宪章派看到（警察和军队的）准备工作时，非常害怕，马上放弃了。他们只会吹牛。"[78]

克拉夫评价他的朋友说，"尽管如此，我认为诗集进展得很顺利"。阿诺德不仅认认真真写诗，相比克拉夫，他还广泛关注社会思想，前者对此似乎兴致不高。1849 年，弗劳德向克拉夫抱怨道："我希望他不要那么执着于幽默感。"[80]那年，《诗论》出版了第一卷，阿诺德的一个姐妹因此评论说，"是道德力量，或者说，至少是道德意识，让我阅读诗歌时感到如此震惊。原本我都做好了准备，无论这些诗是什么样子，因为我能够欣赏的毕竟有限；但是情况完全始料未及，例如我不希望马特受到克拉夫的影响，可是这种影响就在那里"。[81]阿诺德在关于拜伦诗歌的评论文章中表明了诗歌在他分析和洞察世界中所起的作用。他写道："诗人中至高无上的大师对生活的深刻批评与诗歌真善美的法则密切相关。"[82]然而，他坚持认为所有的文学都是"对生活的批评"，并补充说，"但在诗歌中，对生活的批评必须符合诗歌的真与美的规律"，在散文中有事实就足够了，而"措辞和表达方式完美得体"是诗歌的美德。

1851年马修·阿诺德打算结婚，可是他身为高级法官的未来岳父嫌弃他贫穷。幸亏在兰斯顿的帮助下阿诺德获得了一个督学的职位，这个工作给他的婚姻带来了更多的收入和保障。他并没有满怀热情地开始工作——"我想不久我就会对学校感兴趣的"，他对妻子说。[83]但是他看到了他所从事的工作的重要性，并且想到了一个贯穿他余生的重要问题："他们对孩子产生的影响是巨大的，他们在教化下等阶层的后代方面产生的影响或许相当重要，随着事态的发展，下等阶层将掌握大部分的政治权力。"他的婚姻很幸福，妻子生了6个孩子，包括4个儿子和2个女儿。有3个儿子在4年之内相继夭折——其中2个死于1868年，另一个死于1872年。这一连串的不幸对他造成了难以想象的严重打击，给他的生活蒙上了一层阴影。

由于阿诺德的工作领域扩大，他与克拉夫逐渐疏远；但1853年2月，前者告诉后者："无论我做什么或者说什么，我都永远和你在一起，我们永远密不可分。我保证我的发展（上帝宽恕我的d—d表达吧！）必将增进我与你的友谊，我永远与你心心相印。"[84]那年晚些时候，马修对克拉夫说："如果一个人对美丽和有趣的东西本身有足够的热情，他就会创作出优秀的东西，而不会用宗教教条来烦扰自己。"[85]阿诺德博士的目标就是移除宗教和其他东西间的藩篱，这也是其中一个不幸的后果。1852年阿诺德出版了他最成功的长诗《埃特纳火山上的恩培多克利斯》（*Empedocles on Etna*），旋即又将其收回。只是在罗伯特·勃朗宁（Robert Browning）的请求下才同意在1867年重新印行。这首诗揭示了阿诺德内心深处的矛盾、缺乏成就感和无望的感觉。恩培多克利斯跳进火山自杀的情节揭示了阿诺德内心深处的痛苦，可能还有深深的宗教怀疑。

阿诺德的思考力和观察力得益于他经常旅行，而铁路使旅行变得更容易。他作为巡查员的职责范围包括英格兰中部的大部分地区，但对他的思想、人生观和哲学的发展更为重要的是他在法国进行的广泛旅行。阿诺德是个有主见的人，他的上司认为他令人头疼。阿诺德天生不是官僚，传记作家用这个特征来解释为什么他这么有才干的人却迟迟得不到提拔。他工作将近 20 年才成为高级督学，直到 1884 年才成为总督学，而两年之后他就退休了。尽管如此，他仍然得到了公众的认可，这是克拉夫不曾得到的。1857 年阿诺德成为牛津大学诗歌教授，他在这个职位上工作了 10 年。19世纪 60 年代他开始写评论，借此表达自己的政治观点。这些文章在 1865 年收录在《评论集》（*Essays in Criticism*）中，产生了巨大的影响，尤其是宣传了典型的阿诺德式美德——无私的努力。不要误以为阿诺德主要是文学评论家，他还写了许多社会评论，后来他的评论文章还涉及生活和宗教领域。

《国民传记词典》（*Dictionary of National Biography*）第一版将这些著作描述为展示了阿诺德作为"自己国家智力缺陷的总侦探"的才能。[86]作家理查德·加内特（Richard Garnett）在大英博物馆的图书馆里待了将近 50 年，最后成了印制书籍的管理员。他在评论文章中指出，"（他在其他人身上发现的）智力缺陷是典型的英语缺陷"。他的作品表明，当代英国文化不仅在与古典文学的比较中失败了，而且在与法国的比较中也失败了。这使得他在某些圈子里不受欢迎；但是阿诺德却因为不受欢迎而走红。斯特凡·科利尼在《新国民传记词典》（*New Dictionary of National Biography*）中提到阿诺德时，反对他的批评，称其为"事后诸葛亮"；主要原因是阿

174 诺德的文章写于小说的鼎盛时期，而对小说却只字未提。[87]

阿诺德的评论完全没有过时。《当代批评的功能》（*The Function of Criticism at the Present Time*）正如它的标题所示，非常现代。他的散文杰作《文化与无政府状态》也是如此，该书探讨了如何应对 19 世纪 60 年代末英国状况的回潮问题。加内特写道："他对英国人对文学思想的漠不关心深感不满。在政治上，在宗教上，他用辱骂的方式把自己的同胞从他所认为的智力冷漠中唤醒。拉斯金（John Ruskin）或卡莱尔那样的方式完全不能妨碍他。"正如加内特所观察到的，这种方法也有它的问题。他写道："阿诺德就像他攻击的对象一样是片面的，他没有充分认识到，他讽刺的缺点往往是伟大品质所不可避免要附带的缺点。""如果他不摆出一副令人厌恶的'上等人'派头，像他那样教训他的同胞是不可能的。"加内特的话写于 20 世纪初，他承认阿诺德散文作品的"当代影响"是"潮流中一个引人注目的因素，使国民思想更接近阿诺德的理想"。然而，他断言"这些书在未来不太可能被广泛阅读"，对一些次要作品的判断是正确的，但对《文化与无政府状态》和《评论集》的描述却极不准确。阿诺德追求完美的重要性出现在 19 世纪 60 年代，那时，他已经克服了生活中宗教的力量，转而培养自己观察社会问题的思维。

四

阿诺德并不是唯一摆脱了令人窒息的正统宗教信仰的知识分子，他发现了一种新的声音，为英文增添了一种新的语调和方法。詹姆斯·安东尼·弗劳德也是如此。如今，如果还有人记得他的话，那也是因为他为卡莱尔撰写的那本极其诚实且极具争议的传记。在此之前，弗劳德是当时著名的历史学家之一——但作为一名历史学家，他决心讲述英国新教徒的故事，而他的作品助长了维多利亚时代受过教育的人对天主教会的怀疑。弗劳德第一次声名狼藉是早在他的卡莱尔传记问世 35 年之前的事情，那时他在一个宗教疑问上与牛津大学的权威们对峙，相比之下，这让克拉夫的书显得平淡无奇。这件事使弗劳德走上了新教世俗化的道路，并且成为代表性人物，而新教世俗化为 19 世纪后半叶增添了浓墨重彩的一笔。

　　弗劳德的童年和成长经历赋予了他在与权威和争议的对抗中生存下来所必需的人格力量。我们之所以知道这件事的细节，是因为他留下了一些自传片段，幸运的是，他的女儿没有听从父亲的命令将它们销毁，而是把它们保存下来。20 世纪 20 年代，她允许美国学者沃尔多·希拉里·邓恩（Waldo Hilary Dunn）阅读和复制这些手稿。三十多年后，邓恩对它们进行了逐字逐句的解读，把它们作为研究弗劳德一生的基础。

　　1818 年，弗劳德出生在德文郡达丁顿（Dartington）的一个牧师家庭。他的父亲罗伯特·弗劳德（Robert Froude）曾在 1832 ~ 1833 年冬天带着他的长子赫里尔陪同约翰·亨利·纽曼在地中海旅行，这次旅行意义深远。安东尼的母亲在他两岁时去世了。9 岁时，他进入巴克法利学院（Buckfastleigh）学习，后来他在那里获得了奖学金。他经常被父亲痛打一顿："我们是斯巴达式的家庭。淘气必然会带来鞭打。"[89] 弗劳德的姑妈在他母亲去世后接手了照顾他的工作，在他 3 岁的时候，她认为他需要"精神支柱"。她选择的方法是每天早晨把小安东尼从床上抱起来，浸在冰冷的水里，水是从泉里流到后院的花岗岩槽里的。"我现在还记得那次浸入水中的可怕经历，"弗劳德以其文笔特有的文雅补充道："我并没有因此而死，但我并没有变得更强壮。"

如果这种虐待还不够，安东尼还成了他非常自负的哥哥赫里尔的受害者，赫里尔是牛津运动的先驱之一，他似乎继承了他父亲的虐待狂兴趣。安东尼崇拜赫里尔，但赫里尔认为他的弟弟"缺乏男子气概"。[90]他的补救办法很简单，"一条小溪沿着围绕花园的篱笆流着，篱笆里有蝾螈、青蛙和其他一些丑陋的东西。我记得在我很小的时候（赫里尔比他大15岁），有一次赫里尔抓着我的脚后跟，把我的头按在小溪底部的淤泥里搅来搅去"。正如弗劳德所指出的，"这丝毫没有达到他想要的效果"，所以赫里尔把他带到了河流上的

176 一条船上，把他扔下了船，这也没有用，好在弗劳德没有淹死。

上学后弗劳德暂时摆脱了迫害，他在学校里"非常快乐"。"同学一般都很有教养，同学间的氛围也很体面和友好。"[91]他得了疝气，不能参加比赛。在学校里，欺凌被认为是一种重罪，被定罪的欺凌者会受到鞭打。弗劳德是一位杰出的古典学者，他对9岁到12岁在那里度过的3年时光有着美好的回忆。自此以后，生活发生了不愉快的变化。

弗劳德作为聪颖勤奋的学生转到威斯敏斯特公学（Westminster）。他的叔叔把他送到那里，校长提醒他的叔叔，基金会资助的生活很艰苦，尤其是对小安东尼这样弱小的孩子，走读对他来说更好。但那样做是不可能的。最小的学生是14岁或15岁，而弗劳德只有12岁。学生在宿舍里处于无人管理的状态，因此年龄小的同学不停欺负他，年龄大的同学不仅殴打他还使唤他，这很快就成了弗劳德的日常生活。弗劳德讲述了他被点燃的雪茄按在脸上而惊醒，欺凌他的同学让他跳舞而用火烧他的腿，他还被白兰地灌醉。他的身体垮掉了，被送到另一所房子里恢复健康。

弗劳德还因为大一点的孩子们不给他吃东西而挨饿，他的衣服不是被撕破了就是被偷了，他的书的命运也是如此。正如他回忆的

那样，结果必然是"我什么也没学到"。这个"恐怖巢穴"的生活持续了三年半。[92]最终，1833 年底他回家过圣诞节时被告知不用回去上学了。但弗劳德总执事"生气了"，因为校长给他写了很多糟糕的报告，让他很失望。正如弗劳德总执事对把儿子送到如此令人震惊的地方毫无责任感一样，当时的校长威廉姆森（Williamson）也对他领导的管理体制丝毫不感到羞愧。弗劳德离开学校后那里的情况变得更加糟糕，尽管在 19 世纪 40 年代进行过改革，1862 年克拉伦登委员会到学校考察时依然感到震惊，此次考察是该委员会针对公立学校开展的调查工作。[93]

总执事断定安东尼把丢失的衣服和书当掉了。"我被狠狠地打了一顿，我的大哥站在一旁表示赞同。"[94]赫里尔似乎和他的父亲一样对安东尼的遭遇幸灾乐祸。弗劳德总执事要求这个孩子在典当财物的供词上签字，可是安东尼不能说谎，尽管不"承认"还会挨打。然后，总执事把安东尼未来的问题交给了赫里尔，赫里尔宣布这个孩子是个傻瓜，建议要么送到"约克郡的廉价学校"——听起来似乎是多特男童学校（Dotheboys Hall），要么跟着制革工人当学徒。"我认为我没有怨恨这一切，"弗劳德写道："我认为自己太差了，所以总的来说我觉得没有什么。"

令这个孩子感到欣慰的是他似乎得了肺结核。许多亲戚都得了这个病，可恶的赫里尔也开始患病了。弗劳德因为生病而在家里待了两年，其间阅读了大量书籍，他醉心于阅读，而且开始把研究历史当作乐趣。而他的父亲基本上对他漠不关心，不许任何人陪伴他。尽管如此，他的父亲却也注意到他在读书，并且让他去牛津大学奥利尔学院上学。他准备在 1836 年夏天入学。这样安东尼又要与赫里尔密切接触，因为后者已经担任牧师，在该学院任教。赫里尔与纽曼几乎是同龄人，也是吉卜尔的学生。他介绍两人认识，在

177

牛津运动中发挥了关键性作用。赫里尔坚定地投身于牛津运动，与纽曼一道发展教义。他仇视改革，因为他认为改革摧毁了他这一代人如此崇拜的中世纪封建社会。

　　然而，安东尼在牛津大学没有接触过赫里尔。1836 年 2 月，就在弗劳德 33 岁生日前夕，他的哥哥死于肺结核，死在德文郡他们父亲的家中。丧亲之痛使弗劳德总执事变得更加沉默和刻薄。纽曼通过赫里尔认识了安东尼，还参观了达特灵顿牧师住宅，他很快就在赫里尔的弟弟身上看到了另一个潜在的门徒。安东尼起初是被引诱的，"纽曼派声称拥有并行使了除教皇至高无上权利之外的所有天主教教义的权利……我愿意听，为了我的悲伤。"[95] 弗劳德一到奥利尔学院，纽曼就刻意表现得热情友好，可是弗劳德并不接受。对弗劳德来说，纽曼的信条既明确否定了弗劳德总执事对基督教的态度，也使他已故的哥哥成为极端主义者。赫里尔去世两年后，极178 端主义表现得更加明显，纽曼和基布尔把赫里尔的遗稿分成两部出版，每一部分两卷。遗稿主要是赫里尔给同僚写的信，阐述了他亲天主教的观点，生前完全没有打算出版。

　　安东尼的态度截然相反，尤其崇尚改革，他在 1849 年出版的半自传体书信小说《信仰的报应》中表达了他的态度。但是弗劳德从未像他虚构的人物马卡姆·萨瑟兰（Markham Sutherland）那样欣然接受牛津运动然后又背弃这场运动。1842 年弗劳德获得牛津大学埃克塞特学院的教职，由于他也对德国的思想和神学感兴趣，因而被卡莱尔的作品所吸引，这使得他与克拉夫和阿诺德兴趣相投。

　　弗劳德和萨瑟兰一样不愿意接受圣职。1845 年他为了保住教职不得不成为执事，而这也是众望所归。然而，弗劳德很快意识到他不能这样；因为他担任执事就不能从事其他职业了，而他曾经想攻读医学。同克拉夫一样，他在牛津大学努力从事学术研究，而在信仰上却心存疑虑。"我们必须寻找更好的信仰基础，而不是一个腐败堕落的教皇，但去寻找什么，去那里寻找呢？"1845 年秋天，纽曼加入了天主教会，弗劳德不能跟随，也不能在圣公会接受完全的圣职，法律禁止他以牧师的身份成为医生。弗劳德差点去爱尔兰寻求一个学术职位，并考虑移民到塔斯马尼亚成为一名校长。他没有继续他的学术，转而开始写小说。他的第一部小说《乌云的阴影》（Shadows of the Clouds）［有时也被称为《灵魂的审判》（The Spirit's Trials）］对他的父亲进行了微妙而准确的虚构描述，因此他的父亲和其他幸存的家庭成员把他送到考文垂。他没有被吓倒，从 1847 年秋季开始，对这一体裁进行第二次尝试——《信仰的报应》。他还经常和克拉夫探讨他们共同的困惑。

《信仰的报应》几乎得罪了除激进派以外的所有相关派别，基督教社会主义领袖弗雷德里克·丹尼森·莫里斯（Frederick Denison Maurice）相当认可这本小说。1849 年 3 月 9 日，莫里斯在写给他的弟子查尔斯·金斯利的信中说道："这是一本非常糟糕的书，但我认为可能是一本非常有益的书。""如果他不打算让这本书带来有益的结果，那么上帝是不会允许这本书继续传阅的……这本书让我们看到了事情的根源。"[96]主流圣公会教徒认为这证明了牛津运动的腐败和破坏性影响，对于参与和同情牛津运动的人来说这本书是异端邪说。1849 年 2 月 27 日，埃克塞特学院高级导师威廉·希维尔看见一名大学生拿着这本书，他便一把夺过来扔进火里。随后弗劳德在当天辞去教职。年纪的增长并没有使弗劳德总执事变得成熟。但他的儿子现在已经长大，不能忍受他的狂妄自大，于是总执事没有给他一分钱，断绝了与他的关系。

弗劳德辞去埃克塞特学院的教职是对希维尔的侮辱做出回应，

这种解释或许是不对的。院长和院方"态度强硬地要求"他辞职。[97]1849 年元旦弗劳德给金斯利写信表达了他对英国的不满，他提到了牛津运动的主张，他告诉金斯利："我希望放弃教职。我憎恶《信纲》。我已经说过我憎恶院长个人的礼拜堂。"[98]金斯利是杰出的小说家，他刚刚出版了小说《酵母》（Yeast）。弗劳德提醒金斯利他本人的小说即将出版，他说"我的小说太主观了，你不会喜欢"。然而，金斯利几乎是风暴来袭时唯一帮助他的显要人物。

2 月的最后一个星期日，弗劳德发现那座礼拜堂在鼓吹反对他。弗劳德在 2 月 25 日告诉克拉夫他想在第二天辞去教职——那是希维尔烧书的前一天；不过他担心学院在他自愿离开之前就会以"名副其实的异端分子的名义"开除他。[99]弗劳德不止一次对克拉夫说，他发现"我总是感到憎恶"。[100]埃克塞特学院愿意主动与弗劳德脱离关系，牛津运动失败了，霍巴特（Hobart）的长老们对弗劳德亵渎上帝的言行感到非常气愤。

《信仰的报应》这本小说在当时引起了震惊。这本书是半自传体小说，其中的自传部分变成了耸人听闻的情节。主人公萨瑟兰的父亲强迫他担任圣职，他最终还是听从朋友亚瑟（Arthur）的建议屈服了。亚瑟是小说中的收信人，对信件进行了编辑整理。萨瑟兰一直受到牛津运动和纽曼的影响，一些教区居民诱骗他暴露了自己。萨瑟兰辞职前往国外。他在国外遇到一位有夫之妇，这个女人对他的困惑深表关切，由此改变了萨瑟兰的宗教观，这使萨瑟兰的宗教观从盎格鲁天主教转变为彻底的怀疑主义。这个女人的丈夫非常粗野，她和萨瑟兰相爱了，但是这个女人有一个女儿，她不会离开她的丈夫。小女孩着凉死了，就像维多利亚时代的孩子一样。萨瑟兰将所发生的一切视为对自己罪行的神圣惩罚（在弗劳德的罗盘里，一种不忠不可避免地会导致另一种），并考虑过自杀，据说这个人代表了纽曼对他的影响。萨瑟兰转而去了修道院，失去孩子的母亲去了女修道院。从那以后，两个人都生活在痛苦之中。

希维尔烧掉那本书不是因为书中俗气的故事情节，而是因为书中描写了一个牧师在对宗教产生怀疑的情况下担任圣职，随即就背叛了自己的信仰。萨瑟兰不仅离经叛道，而且信奉社会主义——"越来越多悲惨的人必须在疲累和痛苦中度过他们悲惨的岁月，而少数人才可以懒惰地享受生活"，他告诉亚瑟。[101] "如果他们没有希望；如果明天必须像今天一样，他们活着只是为了工作，当他们力量耗尽的时候，他们只能在一个公共慈善机构中度过一个没有养老金可领取的晚年，而这个慈善机构正在削减他们所赖以生存的东西；生活水平因此而下降；如果这就是宿命，那么它通过让绝大多数人知道，我们每个人拥有的无与伦比的最高特权是允许他为人类自我牺牲，教导他们对未来充满希望，使他们坚定决心继续忍受现在的生活，从而来取悦上帝。"

然而，《信仰的报应》中表达的宗教观点是有害的。萨瑟兰告诉亚瑟，"我必须宣布我虔诚地信仰全部的'《旧约》经典'，这样我才能成为牧师；而我做不到"。[102] 萨瑟兰带着厌恶和怀疑补充道，"我猜想，我们要相信这些书都是人们在上帝的直接启发下撰写的，因为上帝教导这些书有益于人类的教育；这些书中讲述的事实都是真实的，赞美诗和预言都是在圣灵口授下写成的"。对萨瑟兰和弗劳德而言，"科学上的困惑和批评性的困惑，还有更糟糕的形而上学的困惑"都表明这种信念是天方夜谭。"我认为无上公正、无上仁慈、十全十美的上帝肯定不会是描述中的真实存在，"萨瑟兰继续说道。因为在萨瑟兰和弗劳德拒绝接受的《旧约》中，上帝反而"嫉妒、多情、反复无常、有仇必报，因为孩子父亲的罪孽而惩罚孩子、诱惑人们，或者至少可以让人变得盲目和愚蠢，然后将其毁灭"。他抗议道："我不能教一个穷人在爱情和希望的痛苦中仰望这样一个人。"[103]

阿诺德对母亲说，他读了《信仰的报应》，"感到很不舒服，除了这些对他的尖叫和诅咒，我还深深地鄙视这本书"。[104]具有讽刺意味的是，攻击弗劳德的其中一个人是卡莱尔，弗劳德像阿诺德和克拉夫一样崇拜卡莱尔，并在30年后为他写了一本革命性的传记。1849年4月4日，在希维尔把书烧掉五周后，这位圣人写道："除了用白围巾勒死的可怜人和闪米特人单调乏味的讲述，弗劳德的书毫无价值。"[105]"一个可怜人把内心的粗俗和怀疑以及精神上的痛苦全部发泄到公众面前，哀号着'看吧！'，这究竟有什么用呢？让他在自己的厕所里随意发泄吧，看在魔鬼的份上，什么也不要说！"卡莱尔是咒骂大师，他从来不用脏话打比方，这表明他由衷地感到不安。或许正是弗劳德在《信仰的报应》中发出的错误的感叹才导致"卡莱尔那样表现的！卡莱尔只提出他无法解答的问题，如果他能让我们其他人像他一样不满，似乎才是他最满意的"。[106]这与事实惊人地接近，并呼应了克拉夫对这位圣人的著名批评。或许在对弗劳德发起攻击之前，卡莱尔甚至没有读到第156页，他的信徒写道："在这个地方，我将不会试图承认我亏欠这位伟人的一切。"[107]

弗劳德决定充分利用自己孤立无援的处境，对信仰采取修正主义态度，这进一步刺激了烧书的人。"为什么认为不信仰上帝的人如此邪恶？更确切地说，为什么假定除非这个人是邪恶的否则不会产生困惑？"[108]他问道。回答蛊惑人心："因为恶意诋毁不信仰上帝的人是对信条加以保护。这是维护信条的一种手段，无疑是一种十足的政治手段，可恶。除非一个人坚持个人信仰，否则可能会失去一切，除了庸俗地热爱真理没有什么能够使人对信仰产生疑问，通常谨慎是安全的做法；可实际上这只是一个庸俗的证据，可恶。"

不久之后，在萨瑟兰闲谈内心痛苦的只言片语中，弗劳德甚至暗示所谓的"罪"是某些人无法避免的。行为受动机支配，"动力取决于性格，而性格取决于与生俱来的天赋和成长过程中经历的人与事的磨炼。因此，通常认为罪是幻想出来的。"[109]

萨瑟兰首先把纽曼称为天才，描述了自己如何臣服于他的洞察力——他写道，纽曼的所有会众都认为纽曼在布道中专门提到了他们，所以这句话似乎是有针对性的。萨瑟兰还讲述了他如何开始看透天主教。他描述了受到启示的那一刻："这是一个比神学家使世界变得与天主教理论相一致更加沉重的问题。我们中的一些人开始意识到，我们即刻就要在他［纽曼］的注视下飞出安乐窝寻找自我。"[110]在他的自传体笔记中，弗劳德会说，是他对卡莱尔的阅读使他远离了牛津运动，此外还有："因此，卡莱尔的教导传递给了我，最终改变了我的整个思想体系，并使我摒弃了一直以来的信仰。"[111]

在《天主教会的复仇女神》（*The Nemesis on The Catholic Church*）一书中，一名前信徒对纽曼主义（Newmanism）进行了极端的抵抗。萨瑟兰写道，"我们不仅有必要谈论憎恨宗教改革，而且我们必须怀着一种虔诚的善意来憎恨它，就像要撕裂基督的身体一样"。[112]他断言，一直信奉天主教的国家已经变得"相对无能"，而信奉新教的国家则"统一崛起"；"自宗教改革以来，天主教没有培养出伟大的科学家、政治家、哲学家和诗人"；现代历史方法已经证明自诩教义绝对正确的权威都是错误的。

令人伤感的是，萨瑟兰似乎更加极端地宣称，"所有罗马天主教国家的人都品格不佳而且刻薄寡恩；他们说话不诚实，行动不可靠，在生活和脾气上不自重"。这要归因于他们养成的"道德依赖"，

"归因于他们把良知从自己的手中交给了神父；归因于天主教理论不尊重现世；人类的意志和个性受到轻视；总而言之，归因于他们受到的精神束缚"。[113]甚至萨瑟兰也意识到他可能说出了一切，因此只是声称，他的判断即使不能说千真万确，"也是可信的"。

许多圣公会的神职人员会同意他的观点：纽曼的主要批评者阿诺德博士也不会给他带来任何麻烦。然而，萨瑟兰——实际上是弗劳德，却追求一种必然的逻辑。他说"我的论点不仅反对天主教，而且反对具有历史性和排他性的基督教"。[114]他觉得，在基督教的影响下，魔鬼被描绘成"世界上似乎最伟大、最强大事物的主要导演"，而这个世界在基督教看来是一个"考验和诱惑"的地方。他抨击《圣经》，因为它"到处谴责世界是上帝的敌人，而不是上帝的朋友"。

这个世俗主义日益盛行的时代，或许最有害的是他宣称，"基督教的根基在于心灵，而不是理性"。[115]纽曼指示其追随者"放弃理性"，主要原因是"在现代人看来，教会信奉的教义日益变得不合理"。[116]弗劳德开始和纽曼争论，暴露了他的一个基本缺点："理性只能通过理性的行为来放弃。"

最终促使弗劳德与纽曼决裂的事情，是他听到他的导师在讲坛上说："《圣经》说地球是静止的，太阳是运动的；而科学表明太阳是静止的，地球是运动的。"弗劳德意识到纽曼诠释《圣经》的诡辩破坏了他自己的信仰。如果它的语言适用于各种解释，"那么《圣经》就变成了一个巨大的神秘组合，而不是一个启示，一个人不知道它究竟是什么……这是在报复性地放弃理性"。[117]他对"不信仰是一种罪，而不是错误，不值得争辩，而是应该受到惩罚"的观点表示遗憾。[118]在这句话中，弗劳德总结了在现代世界中，知识进步对信仰的影响，以及摒弃中世纪主义残余的必要性。如果希维尔意识到的话，他烧掉弗劳德的书的决定，会使得这一论点更具说服力。1853 年夏天，弗劳德对马修·阿诺德说："《信仰的报应》本不该出版。"[119]四十年后，当他（在去世前不久）写自传笔记时，却持不同的观点，他把所发生的一切视为一种宣泄。"忘却了《信仰的报应》，我已经振作精神，能够坦然面对未来，不再惶恐和疑虑。"[120]

184

克拉夫的生活因为辞去教职而受到干扰，相反，弗劳德的生活却因此而改善了，他的视野也开阔了。他的信仰没有受到动摇，也不会动摇，他在反对宗教空谈的基础上开始成为一名历史学家和评论家。几个月后，弗劳德与金斯利妻子的妹妹夏洛特·格伦费尔（Charlotte Grenfell）结婚。他还终于见到了卡莱尔（感谢克拉夫的引荐），并逐渐表达了自己关于宗教、政治乃至工业革命摧毁旧的封建体制的看法。然而，无论弗劳德多么赞同卡莱尔的诸多观点，他也并不想模仿卡莱尔的口吻和风格。在离开埃克塞特后的二十多年里，弗劳德的伟大著作是关于亨利八世、爱德华六世、玛丽一世和伊丽莎白一世的统治史，这本书与《法国革命》（The French Revolution）没有任何关联，但弗劳德仍然非常赞赏后者。

弗劳德的《历史》（History）是 19 世纪最伟大的作品之一，尽管它的写作方法非常激进，哈里特·马蒂诺（Harriet Martineau）甚至说这本书"巧妙的构思和真正的兴趣令人反感。弗劳德可以向麦考莱（包括他的所有缺陷）学习，不要让自己和自己的情感影响到读者"。[121]不过，她也承认，这部作品是"用'世界'来重塑自我的巨大努力"。它最初出版了 12 卷。它的结局不是伊丽莎白之死，而是 1588 年击败无敌舰队。这与作品的主题是一致的，展现了宗教改革的胜利和天主教的丑恶：复仇女神所熟悉的主题。尽管《历史》这部作品在当时的学术水平很高，使用了大量同时代的文献，但它也掺杂了弗劳德深刻的反天主教思想：只要读一下他对玛丽·都铎及其作品的一些描述，你就会感到愤怒。

据弗劳德说，在追捕试图让简·格雷（Jane Grey）女士登上王位的阴谋者时，玛丽"咬紧牙关，拒绝一切阻止或引导她的努力，固执地走自己的路"。[122]她期盼着未婚夫从西班牙到来，"简直到了发狂的程度"。[123]当他到达时，她是他的"憔悴的新娘，在经历了痛苦的一生后，现在相信自己站在敞开的天堂之门前面"。[124]弗劳德过去是、现在也应该是散文大师的一个原因，是他能够用寥寥数语表达自己的信念，即天主教女王丑陋、可怜、愚蠢。关于玛丽的统治，弗劳德带着吃过苦头的感受写道："因此，天主教徒决心继续实行残酷的统治，直到恶贯满盈；直到他们令那些对英国知之甚少的有教养者也感到恐怖；直至天主教的迷信在人民的诅咒中自取灭亡。"[125]

185

《历史》广受赞誉并且广为传阅；这部著作在确定英国是新教国家以及在有教养和有文化的英国人中树立更加牢固的国家观念方面发挥了至关重要的作用。最重要的是，这部著作将关于国家文化的讨论从精神领域带到了现代世界真实的世俗生活领域，这是在教义和信仰方面长期斗争的结果，而从 1830 年至 1850 年，这一讨论一直停留在精神领域。维多利亚时代的人用历史证明英国圣公会的确立，并将宗教政治化，从而加强了其世俗作用，这完全不是弗劳德的首创，麦考莱在他之前就这样做了。尽管如此，麦考莱在其关于光荣革命的著作中论述了教义斗争的第二阶段，而弗劳德则基本上回到了这个问题的原点。

五

英国教会中也有一部分人愿意倾听各方意见，灵活地对待正统观念。他们希望把宗教信仰带给人民，希望宗教服务于人民而不是作为一种社会统治的形式。在阿诺德、克拉夫和弗劳德领导下的知识分子联盟中，查尔斯·金斯利就是这样一位神职人员，因其在小说《水孩子》中极力揭露童工的罪恶现在依然为人们所铭记。金斯利是切尔西教区长的儿子，他在宣传方面的作为比那本小说更富经验、更加敏锐——他的杰出成就不只是儿童小说，我们会看到他还是一位捍卫达尔文主义的神职人员。金斯利很幸运，他就读于剑桥大学而非牛津大学，因而没有卷入关于牛津运动的论战之中。相反，他越来越关注基督教和政治之间的关系，并成为英国基督教社会主义创始人弗雷德里克·丹尼森·莫里斯的信徒。金斯利被基督教社会主义者的分析所吸引，他们认为社会主义不仅存在于耶稣基督的教导中——尤其是耶稣对穷人和无产者的认同——而且在《旧约》的部分章节中也有体现。金斯利的两部小说《酵母》（*Yeast*）和《奥尔顿·洛克》显示了他强烈的基督教社会主义原则和对宪章主义的同情。密尔从不轻易给予褒奖，1859 年他告诉金斯利，"他（金斯利）自身对时代产生了积极的影响，我丝毫不怀疑他（金斯利）的真诚"。[126]

186

两段童年经历塑造了金斯利。1831 年至 1832 年，他在克利夫顿预科学校目睹了布里斯托尔骚乱；后来，他得了霍乱，这使他对维多利亚时代最引人注目的问题——卫生改革和疾病预防——产生了毕生的兴趣。金斯利极具他那一代人认真严肃的态度，他在大约 1835 年给母亲的一封未注明日期的信中写道："我现在比以往更加幸福，但我不愿意说出来，而要用行动来证明。我正在记录我的行动和想法，我希望这样做会对我有所裨益。"[127]1838 年金斯利进入剑桥大学就读。他在那里开始产生怀疑，这既是他与世隔绝的生活方式的产物，也是他神学思想的产物。为了克服病态的害羞和减轻宗教上的痛苦，他成了一个烟鬼（在他 50 多岁时，烟瘾最终导致他的死亡。）当他还是一名学生的时候，他遇到了他未来的妻子范妮·格伦费尔（Fanny Grenfell）。1842 年毕业时，他被任命为助理牧师。范妮显然受到了来自牛津消息的诱惑，正如金斯利———一位强硬的新教徒——在 1841 年给他母亲的一封信中透露的那样。读过《泰晤士报》的一篇文章后，他抱怨说，"这些人都是耶稣会士，他们对《信纲》发誓时道德上都有所保留……至于教皇主义中所有最糟糕的教义，纽曼均声称信奉。帮助我让她（范妮）放弃这个有害的迷信吧"。[128]

莫里斯对金斯利的影响最大。1844 年，在金斯利和范妮结婚之前，范妮向金斯利介绍了莫里斯的作品，就像她介绍卡莱尔的作品那样。莫里斯出生时是一神论者，但成长于一个宗教纷争不断的家庭。在剑桥，他转向了英国国教，并成为使徒会的创始人之一。通过使徒会，他结识了丁尼生，并与丁尼生成了终生挚友。毕业后，莫里斯去牛津大学深造，在那里他遇到了格莱斯顿，并于 1831 年在那里受洗。莫里斯于 1834 年 1 月被任命为牧师。直到 19 世纪 50 年代初，他还为签署《三十九条信纲》辩护，称这是对牛津和剑桥学术生活条款的公开表达，他认为这比不公开讨论要好得多。然而，1837 年他写道，他发现这些小册子的确是"比我自己或他人所承认的更令人不快"。[129]

从大学时代起，莫里斯就受到塞缪尔·泰勒·柯勒律治（Samuel Taylor Coleridge）激进政治思想的启发，柯勒律治将他引向了基督教社会主义。在莫里斯租住在金斯利的父亲位于切尔西的教区长住宅的时候，他与金斯利结识，当时金斯利住在汉普郡埃弗斯利他自己的教区。1836 年莫里斯成为盖伊医院的牧师，1840 年成为伦敦国王学院的英语教授。1846 年，他成为伦敦国王学院的神学教授。作为一名坚定的教育家——他主张教会应该投入更多的金钱和精力来教育穷人——他还将成为位于哈利街的女王学院的创始人，该学院于 1848 年作为第一所女性高等教育机构宣告成立。通过像奥克塔维亚·希尔（Octavia Hill）和埃米莉·戴维斯（Emily Davies）这些后来成为其门徒的慈善家和改革家，莫里斯对整个 19 世纪中期英国的社会进步产生了巨大的影响。

莫里斯和金斯利开始就神学问题进行沟通，莫里斯是老师，金斯利是学生。他教导金斯利基督教需要社会和精神层面，金斯利又天生善于接受别人的意见。金斯利在 25 岁时接管了莫里斯的教区，在一名现任的放荡牧师携教区资金潜逃之后，他把自己的社会维度强加给了他的教众，作为改善他们生活条件和道德的一种手段。为此他建立了一个借阅图书馆和信贷社推动基础教育和自力更生。莫里斯成为金斯利第二个孩子的教父，在莫里斯的帮助下，1848 年金斯利成为女王学院兼职英语教授。

金斯利参加了在肯宁顿举行的宪章大会。他张贴了一张致好战分子的海报，署名是"一名在职的教区牧师"。这导致他被禁止在伦敦教区讲道，尽管他曾明确表示反对武力，公开谴责将暴力作为实现宪章运动目标的手段。金斯利的一个朋友黑尔（J. C. Hare）在他第二次致信宪章派后写信对他说，信中部分内容令他感到"痛苦"，"上周四看到信时痛苦之至，于是我在第 4 封信发表之前致信莫里斯，郑重其事地恳请他如果可能的话不要发传单。他说太晚了，而且他不赞成我的反对意见"。[130]

金斯利声称神职人员歪曲了《圣经》，并且"完全没有履行他们在英国的政治职责"。黑尔对此表示反对，他之所以感到担忧，是因为"如果宪章派中存在一种普遍的情绪，那就是对神职人员的极度厌恶和不信任……你的来信将极大地助长这种感觉。宪章派教徒会说，有一个牧师自己承认，他所有的兄弟派牧师都在欺骗我们，耍弄我们。这样一来，对于那些在 12 个月之内本应获得救济的人们造成的危害将超过政治"。金斯利和莫里斯在支持宪章主义方面走得比黑尔想象的要远得多，他们正在把宪章主义发展成基督教社会主义，莫里斯将成为这一信条的精神领袖。1850 年，莫里斯接受了"基督教社会主义者"一词，并籍此来描述他的运动。在这场运动中，金斯利是莫里斯在人间的牧师，并通过阅读他的著作成为主要的宣传家。莫里斯说，这促使他投身于这场冲突，"我们迟早必须与不信奉社会主义的基督徒和不信奉基督教的社会主义者进行斗争"。[131]

金斯利和莫里斯认为资本主义从根本上是有缺陷的。他们对边沁的功利主义学说（边沁认为人及其劳动主要是商品）望而却步，并且憎恶对工人阶级的剥削。1851 年 9 月，金斯利在伦敦做了一次关于工会组织进入农业领域之重要性的演讲。他在呼吁改革的、受过更多教育的工人阶级中赢得了广泛的声誉。其中一位工人，W. H. 约翰逊（"安东尼·柯林斯"）（W. H. Johnson）在 1858 年 1 月写信给他说："作为工人阶级中少数知识分子的代表，我只能说，只要您到访布莱克本（Blackburn），许多从您的作品中有所收获并且乐在其中的读者都会热情迎接您的到来。"[132]约翰逊说，他是一名无神论者，曾编辑过《伦敦调查》（*London Investigator*）（以及其他无神论期刊），他说，"在晚上或礼拜日，我发现自己最大的乐趣就是在家里和年轻的异教徒朋友们聚在一起，给他们读《奥尔顿·洛克》、《酵母》或《希帕蒂娅》（*Hypatia*）"。

19 世纪 50 年代初的几次疾病发作限制了金斯利的激进主义。他越来越专注于小说创作，基督教的传播对他来说比社会主义的传播更重要。《向西！》（*Westward Ho!*）出版于 1855 年，是一部关于无敌舰队的历史小说，它的宣传是为了新教。金斯利在 1851 年告诉莫里斯，他希望"把基督教确立为唯一真正的民主信条"。[133]然而，莫里斯对金斯利的影响如此之大，以至于金斯利在信中称莫里斯为"我亲爱的主人"。[134]谈到拉斯金将要发表的文章《直到最后》(*Unto This Last*)，金斯利对莫里斯说，他自己"对约翰·斯图亚特·密尔学派的政治经济学十分崇敬，完全不倾向拉斯金在《康希尔》(*Cornhill*) 杂志上发表的观点"（划掉了"胡言乱语"一词）。[135]

189

　　1863 年 5 月金斯利给莫里斯寄去一本小说《水孩子》，关于这本小说，他在给莫里斯的信中写道："我试图用各种奇特的方式让孩子和成年人明白，大自然一切有型的物质之中都潜藏着十分神奇和神圣的元素；没有人知道所有的一切，从这个意义上说，一个人或许在基督身上知晓上帝，或许是对的，也或许是错的。如果我把我的寓言故事写得看似无聊，那是因为只有这样，我才能让完全不相信上帝存在的一代人感到痛苦。"[136]金斯利补充道："请记住，书中的物理科学并非无稽之谈。后来他告诉莫里斯，他一直在读赫胥黎的作品；正如我们将看到的，他还打算用这本书来为达尔文辩护，反对他的批评者，而赫胥黎正是这项事业的领导者。"[137]

　　金斯利在其生命的最后 15 年里享有王室资助，与其说这是因为他对宪章派的同情打动了女王，不如说是因为亲王钦佩他致力于卫生改革、传播新教以及对德国文化怀有好感。1859 年，金斯利成为女王的牧师，次年，再次感谢阿尔伯特（大学校长），他成为剑桥大学历史学教授。金斯利在剑桥大学待了 9 年，那并非一段快乐的时光：他的健康受到烟草的侵蚀，身体虚弱，他觉得这份工作对他来说太繁重了，而且他缺少钱来教育孩子。他还不得不忍受与纽曼的长时间公开辩论。1864 年，金斯利在回顾弗劳德的《历史》时指责纽曼曾表示真理本身未必是天主教神职人员的美德。纽曼对此表示极为愤怒，但并没有妥善解决此事，最后写了《为吾生辩》（*Apologia Pro Vita Sua*）来为自己辩护，以捍卫自己的正直。

1873 年，在王室的默许下，金斯利又搬到了威斯敏斯特大教堂的一所舒适的牧师会。但不到两年，年仅 55 岁的他就因肺部发炎而去世了。然而，在短暂的一生中，金斯利却有惊人的收获。作为教区牧师，他堪称楷模，深受众人钦佩；他对基督教社会主义的发展产生了深远的影响；他是一位受人尊敬的小说家和散文家；他是卫生和医疗改革的活动家；在他所拥有的业余时间里，他还是一名业余科学爱好者，一名植物学家，并对达尔文的著作进行了仔细的研究。他的精力和他树立的榜样是惊人的，因此，他是维多利亚时代忙于实业和寻求进步的典型。

六

19 世纪中叶，知识分子关于宗教所做的痛苦挣扎，对利顿·斯特雷奇这样的人来说，或许显得滑稽可笑，但对相关人士来说，却远非滑稽可笑。这种痛苦并不局限于与神学细节做斗争的深层知识分子。阿尔弗雷德·丁尼生在他的长诗《悼念集》（*In Memoriam*）中写道："相信我，比起信条的一半，人们对诚实的怀疑更有信心。这首诗始于 1833 年他的三一学院朋友阿瑟·哈勒姆（Arthur Hallam）死于脑溢血之后，但直到 1850 年才出版。"

《悼念集》的写作时间超过了 15 年，这段时间恰逢维多利亚时代早期英国知识分子的信仰危机。该诗出版于丁尼生接替华兹华斯成为桂冠诗人的那一年。这首诗最初的标题是《灵魂之路》（*The Way of The Soul*），它的目的是帮助丁尼生度过失去哈勒姆的悲痛日子。哈勒姆命中注定要娶丁尼生的姐姐，成为他的姐夫。这

"新鲜空气"——工业革命时的英国瓷都（特伦特河畔斯托克，斯塔福德郡）

"萨里郡的心脏"（1874）——英格兰南部乡村景色

英国政治家和慈善家、第七代
沙夫兹伯里伯爵安东尼·阿什利·库珀
（摄于 1865 年）。

罗伯特·皮尔爵士，
英国首相（1834–1835,1841–1846）、
保守党创建者，任上废除《谷物法》。

詹姆斯·格雷厄姆爵士，
皮尔内阁中的强硬派。

理查德·科布登，
推动废除《谷物法》的核心人物。

化身面包师，为英国公众
提供廉价面包的罗伯特·皮尔，
刊于《笨拙》（1846）。

詹姆斯·安东尼·弗劳德，历史学家及作家，著有《信仰的报应》。

阿瑟·休·克拉夫，英国诗人，著有诗篇《不要说奋斗终是徒劳》。

查尔斯·金斯利，牧师、基督教社会主义者、达尔文主义者、烟鬼，《水孩子》的作者。

弗雷德里克·丹尼森·莫里斯，神学家、哲学家、基督教社会主义的创始人。

托马斯·亨利·赫胥黎（1890），生物学家、
进化论的捍卫者、达尔文的"斗牛犬"。

塞缪尔·威尔伯福斯主教（1859），
或称作苏比·萨姆，赫胥黎的论敌。

塞缪尔·巴特勒，讽刺作家，
著有《众生之路》。

约翰·斯图亚特·密尔，英国哲学家
和经济学家，有时更重视逻辑而非更务实。

詹姆斯·菲茨詹姆斯·斯蒂芬（1882），
英国高等法院法官，密尔的强敌。

塞缪尔·斯迈尔斯，苏格兰作家，
"帮助人们实现自助"。

本杰明·迪斯累利，英国保守党首相、
第一代比肯斯菲尔德伯爵，
卡莱尔口中"最高级的希伯来魔术师"。

威廉·尤尔特·格莱斯顿，
英国自由党首相，
"那些坚定不屈的自由党人的希望"。

罗伯特·洛，"阿杜拉姆洞穴"中的一位功利主义者。

亨利·科尔，圣诞卡的发明者和阿尔伯特城的主导者。

阿尔伯特礼堂，名义上是乔治·吉尔伯特·斯科特的作品，实际源于集体智慧。

首诗处理的是宗教上的怀疑，即严重的损失可能会导致严重的后果，但结尾时，诗人感到与自己的基督教信仰和解了，至少在人生还有一半路程要走的那个阶段是这样。乔治·艾略特在1855年谈到过这首诗，他宣称"这首诗最深刻的意义在于将人类的爱作为一种宗教而神圣化"。[138]丁尼生的信仰也许比克拉夫、阿诺德、弗劳德或金斯利的信仰简单，但它所引发的感情却丝毫不逊色。

维多利亚女王认为《悼念集》这首诗丝毫没有世俗气息，是她寡居生活中仅次于《圣经》的最大慰藉。在她丈夫死后四个月，丁尼生曾在奥斯本见过她并同她讨论这部作品。阿尔伯特生前喜欢这首诗，丁尼生知道，自己获得桂冠诗人称号部分要归功于阿尔伯特的热忱。丁尼生写这首诗的时候，对宗教的虔诚毋庸置疑，但是需要比女王更敏锐的智慧，才能理解这首诗表达的是诗人在人生特定时期的情感，而不是永远不变的信条。在信仰的问题上，表象并不代表一切。丁尼生也在19世纪下半叶和一个瞬息万变的时代，证明了信仰的流动性，这在他同时代的许多人当中是很典型的。

《悼念集》是关于宗教的一份非常清晰的公开声明，部分涉及灵魂对信仰的挣扎。相比之下，克拉夫和阿诺德的两首诗则反映了他们两人在散文中，尤其是在书信中，广泛表达的关于宗教的思想斗争。克拉夫的《不要说奋斗终是徒劳》（*Say Not, the Struggle Naught Availeth*），似乎是1849年春末夏初在罗马写成的，阿诺德的《多佛海滩》（*Dover Beach*）（据信是1851年写成的，但直到1867年才出版）是表现盛期维多利亚时代思想的诗歌作品之一。这两首诗都在痛苦的自我分析中用优美的语言简洁地说出了弗劳德在《信仰的报应》中所要表达的观念。《悼念集》于1849年完成，其创作时间早于这两首诗，因其影响力和主题而成为维多利亚时代中期最具代表性的诗歌。

1855 年 8 月，克拉夫的诗歌首次发表在美国艺术杂志《蜡笔》（The Crayon）上，关于它有各种非神学的解释：例如，1848 年剧变之后，他哀叹欧洲自由化运动的失败，他目睹了这些：比如，当他写作时，他对罗马剧变后欧洲自由化运动的失败感到惋惜，而当时的欧洲仍然动荡不安。在马志尼共和国（Mazzini's Republic）垮台之际，一份草稿出现在克拉夫的笔记本中，就夹在 1849 年 4 月 16 日至 7 月 17 日写于罗马的日记的起始页上。然而，就我们所知，克拉夫痴迷于他的神学问题，《不要说奋斗终是徒劳》这首诗更有可能表达的是诗人在信仰上的困惑，而非对革命失败的同情。这首诗现存的草稿有五份：第四份的标题是"在普罗富迪"，它暗示了精神层面而非政治层面的东西。[139]

《多佛海滩》直言不讳写的是信仰。克拉夫和阿诺德都用大海比喻宗教信仰的起伏。"斗争"在这两首诗中代表冲突，提醒人们 19 世纪中叶的动荡及其对"永恒"价值观的影响。克拉夫的诗是换行押韵的规范四行诗，给人的第一印象是悦耳动听：

> 不要说奋斗终是徒劳，
> 劳作和创伤皆无益，
> 敌人不胆怯，也绝非弱小。
> 他们一如往昔。
>
> 如果希望受了骗，恐惧可能是骗子；
> 可能，那边隐藏的烟雾里，
> 即便飞逃，同志们仍追逐冲刺，
> 若非你，我们已拥有这片土地。

当疲倦的波浪，徒劳地破碎，
似乎没有一寸痛苦的收成，
遥远的过往，穿过小河跟溪水，
悄悄来临，洪流在海洋诞生。

不只经由东窗辉映，
当黎明到来，沐浴晨光；
在前方，太阳缓慢爬升，
但往西，看吧，大地闪亮。[140]

　　相比之下，阿诺德的诗是自由诗，押韵方式不规则，词的声音和意义被不规则的韵律效果所强化，就像它所描述的大海一样：

今晚海面风平浪静，
潮水涨得正旺，月亮挂得正圆
在海峡；在法国海岸，有光
光一闪，就不见了；英格兰的悬崖耸立，
在宁静的海湾里，闪闪发光，幅员辽阔。
来到窗边，夜晚的空气是如此的甜美！
只是，从长长的浪花中
落潮与被月光覆盖的土地相遇的地方，
听！你听到刺耳的轰鸣声
海浪把卵石吸回去，又抛出去，
当他们回来的时候，沿着高高的海岸，
开始，停止，然后再开始，
用颤抖的节奏慢慢地，带来

193
　　　　　　饱含悲伤的永恒音符。
　　　　　　索福克勒斯在很久以前
　　　　　　在爱琴海听到它，
　　　　　　在他的脑海里，它带来了那浑浊的潮起潮落
　　　　　　人类的苦难；我们
　　　　　　在声音中也发现一种思想，
　　　　　　听到它在遥远的北海。

　　　　　　信仰的海洋
　　　　　　也曾经是满座的，环绕着地球的海岸
　　　　　　像一条卷起来的明亮腰带的褶皱；
　　　　　　但现在我只听到
　　　　　　它忧郁、悠长、退缩的吼声，
　　　　　　退到呼吸中
　　　　　　夜风吹过，巨大的边缘凄凉，
　　　　　　世界上只剩下光秃秃的瓦片。

　　　　　　啊，爱，让我们真诚
　　　　　　对于世界来说，这似乎是另一片土地
　　　　　　躺在我们面前，像一片梦幻的土地，
　　　　　　如此多样，如此美丽，如此新颖，
　　　　　　没有快乐，没有爱，没有光明，
　　　　　　既无确信，也无平静，也无痛苦的帮助；
　　　　　　我们在这里就像在一片黑暗的平原上，
　　　　　　被挣扎和逃跑的混乱警报扫过，
　　　　　　无知的军队在夜间交战。[141]

一些学者认为这两首诗存在着联系：克拉夫传达出的鼓舞人心的信息是对阿诺德提出的"信仰的衰落是永恒的趋势"这一观点的直接回应。由此推测《不要说奋斗终是徒劳》写于《多佛海滩》之后，而阿诺德必然会把尚未发表的作品拿给克拉夫看。但是没有证据证明情况属实。《不要说奋斗终是徒劳》似乎写于 1849 年，当时克拉夫在辞去职位后陷入困境。1849 年 10 月 13 日，他为威廉·阿林厄姆（William Allingham）写了一首诗，两周后寄给了马修的弟弟托马斯·阿诺德。

确定《多佛海滩》这首诗写作的准确年代要难得多。一种解释是，这是阿诺德 1851 年蜜月旅行的产物。[142] 阿诺德一家于 1851 年 9 月 1 日经过多佛，阿诺德夫人对母亲说："大海平静如磨坊池塘，夜晚非常温暖。"[143] 这一年代顺序对那些声称克拉夫是在回答阿诺德的人提出了一个似乎没有想到的问题：为什么不应该是阿诺德回答克拉夫？这是他们友谊紧张的时期，阿诺德对克拉夫的诗歌持高度批判的态度，克拉夫感觉到他们之间拉开了距离，也许阿诺德是在用权威的口吻指责他认为事情只会变得更好的想法。1951 年，D. A. 罗伯逊（D. A. Robertson）写道："克拉夫的'main'可能是阿诺德的'sea of faith'，而克拉夫的'tired waves'可能是阿诺德诗歌中产生的'melancholy, long, withdrawing roar'。"[144] 或者正好相反，或者只是巧合。从克拉夫和阿诺德的通信中可以明显看出，他们在神学上有共同的担忧。学者们发现，修昔底德和索福克勒斯的作品是拉格比公学所有诗人学习的对象，其中充满了海洋意象。[145]

克拉夫在信仰问题上逐渐淡化并驱散了个人奋斗道路上的阴霾，在此之后，他的诗歌表现出乐观主义精神。阿诺德描述了正在进行的斗争，并对结果持怀疑态度。具有讽刺意味的是，克拉夫这样虚弱的人写了一首关于坚强意志重要性的诗；那么阿诺德这样强

194

壮的人，克服了信仰上的困惑，应该写一首表现屈服的诗。克拉夫的诗带有强烈的个人色彩，表现的是克服失败主义，正如克拉夫因宗教感情而遭遇挫折后所做的那样。阿诺德的诗具有更加广阔的视野，关注的是社会而不是个人，他既表现光明也表现黑暗；既表现平静也表现军队的冲突。D. A. 罗伯逊断言，阿诺德诗中的"爱"不可能是他的妻子，因为他不会"恳求"她对自己忠诚。[146]但这是请求吗？它很容易被解读为一种假设、一种劝诫或一个简单的事实陈述。

阿诺德因其对信仰投入的感情过于浮夸和自恋而受到当代评论家的抨击。然而，当代评论家也抓住了精英知识分子对阿诺德试图阐明的问题的共同感受。一位评论家 R. H. 赫顿（R. H. Hutton）写道："当我问阿诺德先生的诗歌为这一代人做了什么时，答案一定是，没有人更加有力和诗意地说出这首诗的精神弱点，其对无法感受到的激情的渴望，其对无法实现的自我主宰的羡慕，其对不能接受的信条的期待，其对不能认同的信仰的同情，其对梦寐以求的和平的向往。"[147]《多佛海滩》发现信仰是不可取代的，阿诺德一直都明白这一点。他的"爱"和他彼此忠诚，只是相互慰藉而不能相互取代。他们仍然在黑暗的荒原上处于一片混乱之中；而我们将看到他把注意力转向其他事情，而永恒的乐章将继续奏响。

第七章　理性思维：知识分子和
世俗主义的成长

一

　　那些因怀疑宗教而受到折磨的人是倾向世俗主义的群体。这也是 17 世纪和 18 世纪作为英国哲学思想特征的怀疑主义的产物，并且在 19 世纪促成功利主义哲学的诞生。这是英国独特的信条：伯兰特·罗素（Bertrand Russell）写道，英国本土的思想家"基本上完全没有受到同时代德国思想家的影响"。[1]这些德国思想家包括康德、黑格尔、叔本华和尼采，这并不是赞美。当基督徒发现自己受到攻击时，他们寻找反攻的目标。他们很快将资本主义作为敌人，并且攻击功利主义，认为功利主义是一种火上浇油的哲学。在 19 世纪初领导了激进运动并创立纲领的杰里米·边沁（Jeremy Bentham）受到一位外国哲学家——法国人爱尔维修（Helvetius）的深刻影响。18 世纪中叶，爱尔维修声称自我利益是人类行为的基础。他认为，人生的使命是避免痛苦和寻求愉悦。在边沁看来，这种影响与洛克和哈特利的思想混合在一起，可以重塑为"最大幸福原则"。边沁想要创造有道德的人：他认为快乐和幸福是好的，痛苦是坏的。任何情况下，快乐超过疼痛要好于反过来的情

197 况。最好的情况是快乐最大程度地超过痛苦。

边沁没有发明这种理论，它存在于 17 世纪和 18 世纪洛克、普里斯特利（Priestley）和哈奇森（Hutcheson）的思想之中。边沁的独特之处在于他"对各种实际问题的积极运用"。[2] 他的观点之一是国家应该为了使个人利益与众人利益相一致而立法。这导致边沁反对因轻微罪行而判处死刑的做法（这种做法直到 19 世纪初仍在实行）。陪审团拒绝对明显的犯罪分子定罪，在陪审团看来，这些犯人罪不至死。较轻的刑罚可以确保罪行受到惩罚并伸张正义，因此，边沁认为废除较轻的惩罚能更好地伸张正义。不久，他的思想流行起来。

对于那些认为最大的幸福完全来源于物质满足的新晋富人，边沁有一种不言而喻的吸引力。他们认为，即使不能变得富有，但雇员的工资肯定会比留在土地上时更高。这的确有些道理。关于短期内或在贸易下降时解雇的雇工，缺乏针对他们的福利体系，就像 19 世纪 40 年代早期的兰开夏郡纺织业一样。金钱驱动的哲学，没有感情，没有考虑到工人阶级的痛苦。功利主义的伦理方面——或者缺乏伦理——吸引了最伟大的批评家，并诱发了文学的一个分支。而且，由于对劳动者劳动价值的认识，功利主义也引发了社会主义，最早的表现形式就是宪章运动和工会。

边沁的哲学建立在理性之上，在他看来，似乎一切都是可以计算的。他在某些方面进行了前瞻性的思考——他是平等、民主，包括女性选举权的热情拥护者——同时在某些方面又是落后的，将安全置于自由之上。作为一个理性主义者，他拒绝相信上帝，这使得他在当时成为一个奇特的人物。他最伟大的信奉者是詹姆斯·密尔，边沁也是密尔的赞助人，在密尔写印度历史的时候，边沁为他提供了一所房子。密尔用边沁提倡的方法教育他的儿子约翰·斯图亚特（John Stuart），这使得年轻的密尔（年轻的密尔指的是詹姆斯·密尔的儿子约翰·斯图亚特·密尔——译者注）知识渊博，但也被一种狭隘的眼界所束缚。对他来说，幸运的是，他很早就意识到了自己的不足，并试图完善自己。罗素抨击詹姆斯·密尔"缺乏情感"，和其他功利主义者一样，密尔憎恶浪漫主义和感伤情绪。当年轻的密尔长大并撰写有关这一主题的文章时，就采用罗素所谓的"边沁教条的软化形式"。[3]19 世纪 40 年代到 50 年代，年轻的密尔是这一哲学新版本的主要代表，因此成为那些质疑它的意义和真实性的人攻击的目标。

年轻的密尔在他的《自传》中承认，他的无神论是遗传的，他的父亲发现可以不信上帝，并且将这一想法传递给了他。密尔否认他的父亲是个教条主义的无神论者，他的无神论是"道德远胜于智力上的。他发现不可能相信一个充满邪恶的世界是创造者的作品，创造者本应将无限的力量与完美的善良和正义结合起来"。[4]当年轻的密尔还是个小男孩时，父亲告诉他："无法回答'是谁创造了我'这个问题，因为我们没有经验，也没有真实的信息来回答这个问题。因此……在这个国家，我是少数几个没有放弃宗教信仰但从来没有宗教信仰的人之一。"[5]至于卡莱尔，他自认是后基督徒，他接受了歌德的上帝内在于万物的想法，并且不相信基督教的奇迹。

攻击功利主义的最著名小说，或许也是最著名的英国现状小说，就是查尔斯·狄更斯的《艰难时世》（*Hard Times*）。这本小说写于 1854 年狄更斯的创作巅峰期，它（具有讽刺意味的）是出于最功利的原因而创作的。狄更斯的周刊杂志《家常话》（*Household Words*）已经停止发行，于是他写了一个新的系列来吸引读者。他抨击以理性主义为基础、剥夺感情的生活（狄更斯是他那个时代最杰出的情感主义者）将是悲惨的。他小说里的人物实例是汤姆

198

和路易莎，他们的父亲是托马斯·葛擂硬议员，一位来自兰开斯特郡科克镇的制造商。他们在一个具有痛苦影响的教育"系统"中被养育，这一体系讽刺了詹姆斯·密尔的作品。小说一开始就讲述了这个故事，葛擂硬是一个"现实的人，精于事实和算计"[6]。为了方便读者理解这两个孩子究竟是谁，他们分别被命名为亚当·斯密（Adam Smith）和马尔萨斯（Malthus）。

葛擂硬告诉学校的一个班级，他既是这个班级的赞助者，也是其精神上的引导者，"现在我想要的是事实，只需要教给这些男孩和女孩事实，无须其他。生活中只需要事实，别的什么都不需要，要根除其他一切。你只能在事实基础上形成理性动物的思想，其他任何事对他们都毫无益处"[7]。葛擂硬被他创造的怪物咬了一口。他的女儿显然无法将感情投入到她父亲与他可怕的、庸俗的、愚蠢的朋友邦德比安排的婚姻中，她崩溃了并且离开了她的丈夫，从此过着不幸的生活。她的弟弟叛逆不羁，不仅一事无成，而且抢劫了银行，逃离这个国家，年纪轻轻就离开了人世。当这些功利的人如此残酷地对待他们的妻子和孩子时，我们可能对他们的行动不抱任何希望。

《艰难时世》成了被冤枉之人的故事——斯蒂芬·布莱克普尔是一名技术工人，可恶的邦德比（正如狄更斯所描述的那样，是一个完全没有感情的人）怀疑他抢劫银行，在科克镇附近张贴了悬赏逮捕他的传单之际，邦德比又公开对他进行诋毁。邦德比太迟钝也太势利了，看不出抢劫他的实际上是他那一事无成的姐夫。由于邦德比的迫害，布莱克普尔意外死亡。迫害始于邦德比完全不理解为什么布莱克普尔拒绝同意罢工，他被工会送到考文垂，并成为其团体中一个被孤立的人物。邦德比诋毁他的工人实现了"生活目标"，即"用金汤匙喂龟汤和鹿肉"[8]。但他也认为，他们所做的令人麻木、会导致肺衰竭的工作是"最愉快的工作，最轻的工作，也是报酬最好的工作"。

这种对作为怪物的工厂主的描述与狄更斯的黑暗漫画意图是一致的，但这也是典型的非工业领域（不论阶级）人口对待新有钱人的态度，后者使英国成为世界工场。狄更斯将"善良的撒玛利亚人是糟糕的经济学家"这一观点归咎于葛擂硬，这几乎完全剥夺了他的人性（尽管当他面对他的"系统"对他的孩子造成的伤害时，他的人性将会回归）。[9]然而，狄更斯、盖斯凯尔夫人和19世纪60年代的乔治·艾略特一样，对工会运动表现出同样的蔑视，在主人们试图抹杀一个人的个性之后，它那煽动人心的决心则摧毁了这个人残存的任何个性。当煽动者斯莱克布里奇攻击葛擂硬和邦德比等人的"磨砺专制"时，恰恰是因为一旦压迫者被推翻，他自己就会拿出相同版本的罪恶。[10]

在这本书的残酷结局中，几乎是瓦格纳式的痛苦、死亡和失望，唯一快乐的角色是茜茜，这是一个拒绝被葛擂硬系统恐吓，允许自己的个性、想象力和感情自我发展的女孩。当她的父亲抛弃她时，她也带走了葛擂硬最好的东西——他的慈善本性——这是任何人都无法比拟的。她是狄更斯最喜欢的主题的唯一受益者，是一个体面而又顽固的人物，就像仙女教母或慈祥的叔叔一样，总是受到命运的眷顾。其他一切都是悲惨的，这就是这部简短而生动的作品与狄更斯的其他作品不同的地方。在他写这本书之前（本来是《家常话》中紧随《北方与南方》之后的一个系列，它不那么滑稽，却有一个相似的主题），随着兰开夏郡的棉纺厂和西部赖丁郡的毛纺厂重新繁荣起来，对工人阶级来说，最糟糕的时期已经过去了。不过，就像盖斯凯尔夫人在她的小说里描述的，甚至正如金斯利在《水孩子》里所做的那样，狄更斯让他的读者意识到，他对一种违背人性基本原理和人类精神的哲学的蔑视。

资本主义不能自由放任。随着制造业和铁路的发展，皮尔政府意识到对这些行业进行监管以保护投资者和客户的重要性。1844年《股份公司法》构成了公司法的基础，时至今日仍然如此。在该法令颁布之前，需要具备皇家特许状或私下的议会法令，才能建立一个合法的公司。因此，工业革命和重商主义革命所催生的大多数新企业都是非法的，这些新企业有时包括上千的股东。对他们采取法律行动几乎是不可能的。《股份公司法》使注册一家股份公司成为可能，使那些处理此类业务的人更容易在发生问题时得到纠正。1855 年引入了有限责任制度，通过减少投资者不负责任的风险，进一步鼓励了投资和经济增长。到了维多利亚时代中期，资本家被适当地引入法律的管辖范围内。

201

二

在狄更斯于《艰难时世》中对功利主义进行了猛烈抨击的五年后，密尔出版了他最著名的哲学作品，对功利主义进行了更为精妙的论述，该作品即《论自由》，作品中增强了关于传统统治阶级之外的人权的辩论。它发展了边沁的最大幸福原则思想，表明自由是幸福的基本要素。第二年，密尔发表了文章《论代议制政府》（On Representative Government），它将更具体地处理民主的压力。1859 年 8 月 6 日，他写信给格莱斯顿："我冒险送给你我最后的出版物，我想以此表达我对作为政治人物中极少数一员的敬意，在我看来，他的公众行为总是尽职尽责，并且在他看来，公共利益的欲望是一种积极的原则，而不是一种被动的约束。"[11]

《论自由》被认为是"第一部对于世俗国家理论的现代性解释"。[12]这一观点不仅终结了对于宗教的极端服从，也预示着顺从社会的结束。两种想法都与文章的目的一致，正如密尔所述："本文的目的是确定一个非常简单的原则，国家有权以强制和控制的方式绝对管理社会与个人的交往，不论所使用的手段是法律惩罚形式的物质力量，还是舆论的道德强制。这一原则是，人类单独或集体干涉他们中任何一个人的行动自由的唯一目的是自我保护。对文明社会的任何成员违背其意愿而合法行使权力的唯一目的是防止对他人的伤害。"[13]只有在这种前提下，对他人行为造成影响的个体行为才是对社会负责的体现。否则，"对他自己，对他自己的身体和思想，个人是至高无上的"。拉斯金在很大程度上不认同密尔，但是他看到了密尔《论自由》中某些观点的影响力，尽管他对约翰·莫利说："你可以正当给予一些人的自由程度，通常与他们对自由的渴望成反比例。"[14]

这样的想法会使他与最能言善辩的批评家詹姆斯·菲茨詹姆斯·斯蒂芬（James Fitzjames Stephen）发生冲突。斯蒂芬认为人性就像刑事律师告诉他的那样，大多数人缺乏成为君主的智慧，不构成对社会的威胁。密尔认为"专制主义是处理野蛮人的合法治理模式，为他们指明了进步的终点和实际达到这一终点的正当手段"。然而，他相信英国人不是野蛮人；充满托利党悲观主义色彩的斯蒂芬则不赞同这一论调（尽管他认为自己在政治上属于自由党）。

如果没有完全的知识自由，密尔想要建立一个拥有自由制度的国家的愿望就无法实现，而知识自由的部分体现就是只要人们愿意，他们就有权摆脱强加的宗教。他在《论自由》中抗议英国王室在1857年以亵渎神明罪起诉一名男子，因其在康沃尔的一扇大门上书写反基督教的涂鸦，他被判处21个月的监禁（随后减刑）。他抗议对无法宣誓作为陪审员的无神论者的歧视，其中一人被法官"严重侮辱"，还有一个人因为不能在法庭上作证而无法为某个小偷申冤。[15]他认为法律将那些有良知的人放在了不法之徒的位置上。密尔界定了时代最大的伪善，"人们信奉基督教原则，但只有在最罕见的情况下，他们才真正遵守基督教原则"。这一观点使批评他的人更加愤慨。他声称发现基督教历史上的宗教仪式在减少。说到最早的基督徒，他写道："当他们的敌人说'看看这些基督徒是怎样爱彼此的（现在任何人都不可能有这种言论）'，他们无疑比以往任何时候都更清楚地意识到他们信条的意义。"[16]

　　当然，在那个阶段，英国国教教会对事情的看法仍然不同。克里斯托弗·华兹华斯是诗人华兹华斯的侄子，不久将成为林肯的主教。1865 年 2 月，华兹华斯在雷丁召开的托利党会议上发问："各位，什么是保守主义？它是基督教在文官政府中的应用。什么是英国保守主义？它是将英国教会的原则作为立法的基础。先生们，我虔诚地说，世界上最保守的书是《圣经》，之后最保守的书是英国国教的祈祷书。"[17]这表明，在密尔看来，宗教对国家的影响严重束缚了个人自由，并使无产阶级在马克思的思想中占有了一席之地。

　　华兹华斯的言论发表两年后，通过的改革法案证实了观念的改变。1871 年 11 月，曼宁给他在牛津时结识的朋友、当时的首相格莱斯顿写了一封信，说："我现在看不到任何原则，只看到多数人的意愿；多数人的意愿不一定就是理性的或者是正确的。我认为没有基督教的社会就是公社……你能带给我什么希望吗？"[18]但是，知识界的世俗化例子正在越来越强烈地被制造出来，不仅仅是通过密尔和巴特勒，还有格莱斯顿的弟子及其最终的传记作者约翰·莫利。莫利发表了对伏尔泰的评价，并且通过对诸如黑格尔等德国知识分子的更广泛理解，挑战了上帝的存在。正如查德威克指出的，19 世纪 40 年代是诸如克拉夫或弗劳德等个别知识分子抱有疑问的年代。到了 19 世纪 60 年代，"英国、法国和德国进入了一个充满怀疑的时代，以单数和大写的字母 D 表示"。[19]

　　密尔作为思想家的显赫地位使他受到了格莱斯顿的尊敬，他经常与格莱斯顿通信，并且能够影响政府高层。1864 年 1 月，他寄给格莱斯顿一本关于美国内战的小册子。格莱斯顿对此感到失望（尽管"我对你更称职的判断表示真诚的尊重"）[20]，但渴望与密尔进行知识交流。他在信的结尾写道："复活节后的每个礼拜四上午 10 点，我的早餐桌都是开放的，如果你在伦敦并且有时间的话，可以给我写个便条，然后接受我的款待。"密尔在 1865 年的 7 月 23 日写信给格莱斯顿，祝贺他在南兰开夏郡当选，密尔将自己和他通信者的工作定义为"进步事业"。[21]

　　二者的关系随着格莱斯顿改革思想的转变而继续发展，密尔似乎已经意识到与如此资深政治家的关系给他带来了影响变革的机会。1866 年，密尔告诉格莱斯顿，"没有什么比获得您加深对我个人认识程度的机会更有价值的了，我很荣幸能获得您的承认"。[22]虽然密尔很少出行，但他继续送给格莱斯顿他的出版物，并将在礼拜四早上与历史学家莫特利（J. L. Motley）和建筑师乔治·埃德蒙·斯特里特（George Edmund Street.）等伟大人物一起吃早餐。[23]密尔用这种方法确保他的思想贯穿于英国的政策之中。

204

三

　　密尔的扩大自由的理想，要想取得成功，就需要解放者有一定程度的自我意识和解放后的责任感。这反过来要求进行更多的教育。对于很多维多利亚时代的成年人来说，教育机会的增多将使他们能够更好地独立思考，并对宗教和政治采取更加怀疑的态度，只不过这种教育机会有点姗姗来迟。那些具备提升意识但是没有提升方式的人联合起来组成工人学院，热心公益的受过教育的人会到那里去演讲。恩格斯这样的激进派鄙视这些联合，觉得那里只是作为工人阶级被灌输资产阶级价值观的一个地方。然而，工人学院确实提高了许多在那里求学之人的水平，包括有时需要资产阶级价值观和知识的人，后者是恩格斯无法理解的。

教育工人阶级的主要机构由莫里斯等人于 1854 年在伦敦红狮广场创立，被称为工人学院。莫里斯号召一批杰出的知识分子到学院任教，包括拉斯金和托马斯·休斯。约翰·斯图亚特·密尔、但丁·加布里埃尔·罗塞蒂和查尔斯·金斯利都给予了支持。莫里斯的目标不仅仅是为那些应该接受教育的、有能力的人提供一条学习的途径，而且是要使他们远离暴力抗议的诱惑。他得到了有组织的劳工及合作运动的支持。

在大都市之外，主要的知识分子对于为工人提供教育没有那么大的兴趣和动力，类似的项目也不太容易尝试。其中的一个尝试出现在利兹。一开始是在一个工人小屋里开会，两到三个人决定在晚上见面交流知识。夏天，会议搬进了花园，其他人也加入这个团体。很快，人员数量超出了小屋的容纳范围，这些人只得寻找别的场所。他们能负担得起的只是一间以前用作霍乱医院的房间，这里因为找不到租客，所以很便宜。这些人将房间收拾干净，他们的成员数量扩大到了 100 人，他们开始邀请发言者。1845 年，他们邀请的是塞缪尔·斯迈尔斯（Samuel Smiles）。

205　　　斯迈尔斯当时 32 岁。他是苏格兰人，是哈丁顿一位商人的儿子，曾就读于文法学校。14 岁生日之前，他是医生的学徒，20 岁时获得了爱丁堡大学的医学证书。然而，他转行放弃了外科医生的职业生涯。1838 年，他在回复了一则广告后，成为一家激进报纸《利兹时报》（Leeds Times）的编辑。在接下来的几年里，他致力于该报倡导的一些事业，特别是选举改革和废除《谷物法》。然而，斯迈尔斯经历了从激进主义到保守主义的政治旅程。他深受卡莱尔的影响，尤其是卡莱尔对宗教性质工作的信仰。他开始不信任宪章派，因为他本能地赞成个人行为，而非集体行为。于是，他为利兹的工人们选择的话题是，"引用其他人做过的事例，作为每个人一定程度上为自己所做事情的例证。并指出，他们在生前身后的幸福必须主要依靠自己——依赖于他们自己勤奋的自我修养、自律和自我控制——最重要的是，依赖于诚实正直地履行个人责任，这是个性的荣耀"。[24]

斯迈尔斯的讲座很成功，人们要求他进行更多的讲座。他以自己和前辈伟人的生活为例，展示了勤奋和毅力是如何带来成功和财富的。几年后，他的一位听众回来看他并告诉他，他自己的事业取得了成功，因为他把从斯迈尔斯那里学到的东西记在心上，并按照他的戒律行事。斯迈尔斯记录了他讲课时说的话，这些记录构成了一本书的基础，它将成为成千上万工人和中下阶层家庭的圣经。这本书就是《自助，以行为和毅力为例》（*Self - Help, with Illustrations of Conduct and Perseverance*），其第一版于1859年问世。

斯迈尔斯在开篇即点明他的目的，"天助自助者"，这也是本书的开场白。[25]他补充说，这是一条格言，体现了"人类丰富经验的成果"。他继续说道，"自助精神是个人真正成长的根源，并且在很多人的生活中展现出来，它是国家活力和力量的真正源泉。来自外部的帮助往往会影响它的效果，但来自内部的帮助总会增强自己的力量"。自助有时表现为颂扬自私的工作，但是，斯迈尔斯是为了国家的利益而调动个人的力量并推动个人的发展。个人进步的伟大目的是改善英国：通过英国人民的努力和聪明才智，巩固其作为世界上最伟大国家的地位。

206

斯迈尔斯写道："国家的进步是个体勤奋、活力和正直的总和，正如国家的衰败是个人的懒惰、自私和罪恶的结果。"[26]努力工作和拥有毅力还不够，自我提升必须有一个道德层面，他将其描述为"正直"。这是很重要的，因为斯迈尔斯可以帮助缺乏好运的人成为绅士。事实上，他书籍的吸引力在于其中的一个特点，使得它直到19世纪末销售了近25万册，这个特点就是斯迈尔斯展示了身份低微的人如何在职业和社会中上升到高位。莎士比亚的父亲是屠夫和放牧人，就像沃尔西的父亲那样；库克队长的父亲是日间工人；本·琼森的父亲是个石匠；伊尼戈·琼斯的父亲是个木匠；利文斯通博士的父亲是个织布工；法拉第的父亲是个铁匠。英国是一个具有社会流动性的国家，拥有贵族能力的时间比拥有贵族阶层的时间要长，维多利亚时代对"贸易"的自以为是的优越感就是如此。

在塑造这本书高尚的道德语气时，斯迈尔斯从他所称的"伟大的阿诺德博士"开始。阿诺德"努力教育他的学生依靠自己，依靠自身的努力成长"，这在斯迈尔斯哲学中占据主导地位。他讲述了一个故事，阿诺德责备一个功课不好的男孩，男孩看着阿诺德的眼睛问道："你为什么生着气说话，先生？事实上，我正在尽我最大的努力。"[27]他说，阿诺德会把这个故事讲给他的孩子们听，他在表扬这个孩子，也似乎是在贬低他自己。斯迈尔斯也引用了斯坦利《生平》中的一句话，这似乎使博士在功利主义者中占据了更高的地位。孩子们刚到拉格比时，阿诺德告诉他们"一项伟大而认真的工作正在进行"。从那以后，一个男孩就会感觉到，"一种奇怪的喜悦涌上了他的心头，他意识到自己是有用的，从而获得了快乐"。[28]他说，这是阿诺德性格力量的产物，尤其是植根于他对真理的承诺和对工作的尊重。

借由本书的基本论点，他还预测到十年后阿诺德的大儿子在《文化与无政府状态》一书中所宣扬的观点。他承认"自修"对有抱负的人很重要，警告社会可能高估有教养的文化的重要性，"我们很容易想象，由于我们拥有许多图书馆、研究所和博物馆，我们正在取得很大的进步"。[29]拥有一个图书馆意味着学习，无非就像拥有金钱意味着一个人是慷慨的那样。"因此，许多人沉溺在自以为是之中，以为他们正在培养自己的思想，其实他们只是在从事卑微的、消磨时间的职业。"斯迈尔斯在这本书中用一个罕见的笑话指出，消磨时间是一件"最好的事情，也许可以说，它能阻止他们做更糟糕的事情"。

207

就像马修·阿诺德一样，斯迈尔斯理解追求完美的重要性，却主张采取一条完全不同的路径。毕竟，正如他所指出的，"早在读书的大众出现之前，英国就已经培养出了明智、勇敢和真诚的人"。这取决于"完美"是什么意思，斯迈尔斯和阿诺德似乎对此有两种截然不同的看法。但他们似乎有一个共同点，那就是斯迈尔斯认为的，如果把"自修看成是'取得进步'的唯一手段"，那么它的作用"可能会被贬低"。[30]斯迈尔斯最终承认，自修"无论如何都会给人带来高尚思想的陪伴"，并由此培养出一种文明感。

品格——斯迈尔斯称之为"生命的皇冠和荣耀"——被他定义为"人性的最佳形态"。[31]有品格的人是社会的良知和"最好的动力"。从好的品格到斯迈尔斯定义的绅士只有一步之遥，这个品格的特殊方面使维多利亚时代的小说家们如此着迷。"诚实、正直和善良"是这一概念的核心。[32]斯迈尔斯认为：这些品质，加上礼貌，并不是任何阶层或地位所独有的，他说："真正的绅士，他的本性是按照最高的榜样塑造的。"真正的绅士也有自尊心、荣誉感和高尚的胸怀。"他不会坐立不安、不会推诿、不会躲闪、不会鬼鬼祟祟；他是诚实、正直、坦率的，"[33]勇敢是不言而喻的。斯迈尔斯表现了他对这种绅士的赞颂，他回忆起1852年伯肯黑德号沉没时发生的事情，当时"妇女和儿童第一"的叫喊声响了起来。"这些人的事例永远不会消亡"，斯迈尔斯注意到，那些把弱者（或假设的弱者）放在第一位的人的死亡是正直的、崇高的。[34]

208　　　为了避免读者和听众想象统治阶级过着安逸的生活，斯迈尔斯也举了像罗伯特·皮尔爵士这样的奋斗者的例子："他在很大程度上具有持续不断思考的能力，他也没有自我放松"。[35]斯迈尔斯也表扬了帕默斯顿（他的精力有时会用在正直的斯迈尔斯不同意的方式上）、罗素、迪斯雷利当然还有格莱斯顿等社会领袖，因为他们向低级官员展示了努力的重要性。斯迈尔斯对那些在失败主义中苦苦挣扎的人发出了忠告，如结果没有很快到来，一定要坚持下去。他引用了拉斯金的话（"耐心是坚韧最好和最有价值的组成部分……耐心是一切快乐的根源，也是一切力量的根源"），并声称"耐心坚持"是成功的关键。[36]这正是皮尔成为一名出色演说家的原因，他的父亲在他还是孩童的时候就训练他即兴演讲："培养坚定的毅力，注意力就会越来越集中。"[37]他学会了逐字重复他在教堂里听到的布道。因此，他发展出来的"精确记忆的非凡力量"让他的议会对手们措手不及。他引用德·麦斯特（deMaistre）的话，并认为这说明了一种观念："学会如何等待是成功的最大秘诀。"

　　斯迈尔斯认为，只知道赚钱是不够的。一个人，随着他在经济上的富足，文化和气质也必须提高。他写道，"商人"习惯于引用一句格言"'时间就是金钱'，但还有更重要的，即他通过自我学习、自我完善和气质养成来获得适当提升。如果每天浪费在琐事或懒散上的一个小时，能够用于自我改善，那么会在几年内使一个无知的人变得明智，并且会使他得到好的工作，使他的生活富有成果，死亡也成为有价值的行为。一天花费 15 分钟的时间进行自我提升，其成果仅用一年的时间就可以体现出来。"[38] 从饥饿的 19 世纪 40 年代到 1873 年的低迷时期，这之间的繁荣时期是一个有显著社会抱负的时代。关于社会抱负，斯迈尔斯警告说："财富的增长无疑会使一些人'社会'化，但那是所谓的社会称呼而已，要在那里受到尊敬，他们必须具备思想品质、举止或心灵，否则，他们只不过是有钱人，仅此而已。现在'社会中'的某些人像克罗伊斯一样富有，但没有考虑到这些，所以不被尊重。这是为什么？因为他们只不过是钱袋而已，他们的力量只存在于他们的钱柜里。"[39]

维多利亚时代的人们被各种各样的伪善所欺骗——其中最主要的是与性和宗教仪式有关的问题——而金钱是另一个主要的困难。斯迈尔斯强调由贸易产生的贵族数量是正确的，尤其是当人们回想起维多利亚时代文学中所引用的，那些无须自己挣钱的人针对那些需要自我奋斗的人的大量刻薄势利和盛气凌人的话语时。也许两三代人之前，这位势利之人的祖父或曾祖父本人也在接受这种赞助。斯迈尔斯在"金钱——它的使用和滥用"一章中表达了"中产阶级"对于财富的态度。他首先说，一个人使用金钱的方式是"实践智慧的最佳测试方式之一"，因此也是衡量一个人的尺度。[40] 他继续说道："虽然金钱绝不应被视为人类生命的主要目的，但它也不是一件小事，不应被哲学所轻视，因为它在很大程度上代表了身体舒适和社会福利的手段。"他抨击"贪得无厌的人"所表现出的"自私"，并且对比了最好的人表现出的"慷慨、诚实、公正和自我牺牲"，以及最坏的人的"挥霍、奢侈和轻率"。

最重要的是——在某些势利小人看来，这可能会被认为是一种相当粗俗的承认——"在世俗的环境中获得舒适，是每个人都有理由通过一切有价值的手段努力获得的一种条件。"然而，对那些指责他宣扬自私和物质主义的人，斯迈尔斯揭穿了他们的谎言。他没有因此自我否定，而是发出了劝告。他写道："每个人都应该设法在他的财力范围内生活。实践是诚实的本质。因为如果一个人不能诚实地按自己的方式生活，他一定是在依靠别人的方式不诚实地生活。"[41]

统治阶级有一种意识，那就是需要为想要求知的成年人做更多的事情。金斯利写道："就像工人们一样，我不能忘记，大学不是专门为了我们自己的阶级而建立的。中世纪的大部分学生都来自下层阶级，助学金、奖学金、展览会，等等，都是为了这些阶级而设立的，而不是为了我们自己。"[42]他还指出，玫瑰战争后有教养的绅士的小儿子不再被允许参加战争，也不容易获取土地和财产，于是他们选择了学习，"凭借其天然的优势"击败穷人的孩子而上了大学。因此，他说："随着工人阶级文明程度的提高和教育水平的提高，大学难道不应该考虑它们现在可能应该努力成为（当然，它们本来应该成为）为各个阶层的天才提供教学和培训的场所，而不仅仅是为年轻绅士提供教育和培训的场所这样的问题吗？"格莱斯顿在阅读《奥尔顿·洛克》时指出"为穷人设立大学基金"的重要性。[43]其他政客也渴望提供文化机构，允许那些已经离开或从未接受过全职教育的人继续丰富他们的思想。1845年《博物馆法》和1850年、1855年及1856年的《公共图书馆法》都为这一事业做出了贡献，但与同时代的其他改革立法一样，这些法令只是在面临不断抗议的情况下，才被议会通过。就像儿童教育一样，成人教育可以在政府不采取行动的情况下启动，而非相反。

四

　　维多利亚时代中期英国对知识的追求，尤其是对科学知识的追求，奠定了现代世俗世界的基础。一种充满发现、探究和好奇心的气氛油然而生，而且就像食欲一样日益增长。对于迄今为止一直被给予精神或神学解释的现象，人们开始寻求理性的答案。达尔文的研究所引起的轰动加速了这一过程，发明了"不可知论"一词的赫胥黎的工作也加速了这个过程。科学的进步迫使思考者把现在对自然科学的理解与宗教教义相调和。乔治·艾略特和塞缪尔·巴特勒（Samuel Butler）等小说家破坏了宗教；当时最受欢迎的小说家查尔斯·狄更斯在任何作品中都没有提到宗教的好处。巴特勒的作品《众生之路》（*The Way of All Flesh*）一直宣扬宗教是为了维系和验证维多利亚时代的虚伪，尽管他的作品被认为如此可耻，但仍于他去世后的 1903 年得以出版。此时世界已经开始发生转变，牛津运动所强调的教义纠纷导致教会日益分裂，只能向内发展，从而降低了其与群众的关联性，教会成为高级教士、理论家和神学家的私有财产。

　　那些在新一代之前就可能带来宗教信仰的人，反而选择表达他们的怀疑。到了 19 世纪 70 年代，尽管像格莱斯顿这样的著名政治家仍坚持教会的作用，但英国已成为一个日益世俗化和理性主义的国家。赫胥黎和约翰·廷德尔（John Tyndall）等科学家展示了他们的不可知论或无神论，他们的思想被科学事实所改变。剩下的是维多利亚时代最重要的虚伪之一——或者说妥协——它公开赞扬宗教在社会中的地位，即使那个社会在没有宗教的情况下取得了疾速的知识进步，往往还得到了基督教知识分子的明确认可。

巴特勒的杰作《众生之路》描述了 19 世纪 30 年代的情形，当他讨厌的父亲（在小说中被称为西奥博尔德·庞蒂弗）被授予神职时，巴特勒写道："在那些日子里，人们相信的只是一种朴实的东西，而我目前在受过教育的男女中并没有观察到这一点。从来没有人跨越西奥博尔德的思想来怀疑圣经中任何音节的字面准确性。他从未见过有争议的书，也没有见过任何怀疑它的人。没错，地质学只是造成了一点恐慌，并没有产生实质性的影响。如果说上帝在六天内创造了世界，为什么是六天，而不是更多或更少的时间。如果说他让亚当睡着了，拔出他的一根肋骨，把它弄成了一个女人，这也被认为是理所当然的事。"[44]

英国最早的重大科学进步之一体现在地质学上。它通过观察证据表明《圣经》提出的创造故事不可能是准确的，从而震惊了乔治王朝晚期几乎被非理性笼罩的科学世界。负责此事的人是查尔斯·莱伊尔（Charles Lyell），他在牛津大学读本科时就对地质学产生了兴趣。19 世纪 20 年代初，卡尔·冯·霍夫（Karl von Hoff）的著作对他产生了巨大的影响，他专门学习德语以进行相关阅读。受霍夫的启发，他开始撰写自己的《地质学原理》（*Principle of Geology*），其中第一卷由约翰·默里于 1830 年出版。在书中，莱伊尔研究了一些地质学家的观点，他们认为地球的发展时期在《圣经》所规定的范围之内。通过研究，他发现地球不可能在几千年内发展成现在的状态。查尔斯·达尔文受到莱伊尔很大的影响，跟达尔文类似，莱伊尔已经发表了一项开创性的科学研究成果，但他的大多数同行都认为这是错误的。

212　　达尔文拿起了接力棒。他生于 1809 年，是什鲁斯伯里一位医生的儿子，是物理学家、植物学家、自然历史学家和诗人伊拉斯谟·达尔文（Erasmus Darwin）的孙子，这是他父亲一边的情况。而工业革命的巨人之一约西亚·韦奇伍德（JosiahWedgwood）则属于他母亲的一脉。达尔文是个聪明的学生，但什鲁斯伯里的课程使他感到厌烦。他 16 岁就辍学了。当他利用业余时间在宿舍里进行实验时，校长塞缪尔·巴特勒——是作为达尔文的崇拜者和批评者的那一位小说家的祖父——斥责达尔文浪费自己的时间。

他去爱丁堡大学接受医生的职业培训，但发现手术使他反感（在麻醉发明之前）。尽管如此，他对自然历史产生了兴趣，尤其是沿着福斯湾海岸的长距离步行中发现的鸟类和无脊椎动物令他感到趣味盎然，他还对地质学产生了兴趣。有人向他介绍了法国动物学家让·巴蒂斯特·拉马克（Jean-Baptiste Lamarck）的作品，拉马克认为通过研究某些无脊椎动物可以解释人体器官的起源和原始功能。这开启了达尔文长达 30 年的冒险之旅，从而催生了他最著名和最重要的著作《物种起源》（*On the Origin of Species*）。

他的父亲决定让查尔斯担任圣职，但并没有意识到他的儿子在爱丁堡受到了挑战创世观念的人们及思想的影响。达尔文于 1828 年进入剑桥大学基督学院，并设法维持了他的基督教信仰。他有个表弟威廉·福克斯（William Fox）在剑桥学习，引导他对收集甲虫产生了兴趣。他很快就以昆虫学家的身份出名；他开始承认自己的怀疑，这使他在教会的职业生涯变得不可能。他精炼并加深了他的地质学知识，同时强调了地质学在为后来被称为进化的现象提供证据方面的关键作用。在皇家海军贝格尔号前往火地岛和东印度群岛的航程中，他获得了一个常驻科学家的职位，1831 年毕业后不久，他就出发了。达尔文在他的《自传》（*Avtobiography*）中承认，五年的航行改变了他的生活，在这艘船多次停靠期间，他在内陆探险。他阅读了《地质学原理》。他所看到的一切都证实了莱伊尔的观点，并提供了地球发展的时间框架的证据，以符合自然选择理论。后来他将莱伊尔的作品描述为"未来的历史学家会认识到，他的工作已经在自然科学领域产生了一场革命"。[45]他还写道，"地质学清楚地宣称，每一片土地都经历了巨大的物理变化"，因此，"有机生物"必须"在自然界中发生变化"。[46]

213

1836年10月，他返回英国不到一个月，就遇到了莱伊尔。两个人成了亲密的朋友，从某种意义上说，他们是合作者。他写道："在伟大的科学家中，从来没有人像他这样友好和善。"[47]达尔文花了几年时间写他关于贝格尔号航行的记述，并为旅途中的收藏品找到了安放之地。他在伦敦科学界和辉格党人的学术生活中都很突出，他暂时没有把进化论思想公之于众。1838年3月，他在伦敦动物园第一次盯上了一只猿猴，并注意到了它和人类的某些共性。他开始相信人类是由他的祖先而不是上帝所决定的。关于科学应该被用来解释上帝创世的观念被颠覆了：科学现在将被用来证明，不能从字面上来理解《圣经》。

到了19世纪40年代中期，他已经发展了进化论，但觉得不应该把它公之于世，这将产生一种敌对的氛围。他认为自然选择发挥着作用，在所有物种中，数量过剩意味着适应者生存，而孱弱者则死亡。他知道，这是在几亿年的时间里发生的，而不是在《圣经》界定的几千年内发生的。19世纪40年代，他研究了藤壶，并确定了它们是如何起源于类似螃蟹的祖先的。这证实了他的观点：随着时间的推移，所有物种都是可变的。然后，他开始研究植物，确定种子可以被洋流（他证明盐水不会杀死种子）或鸟类传播。种子在腐烂的死鸟肚子里或它们的粪便中发芽。就在那时，他对鸽子的研究变得非常重要。长期以来，达尔文一直受到托马斯·马尔萨斯（Thomas Malthus）种群理论的影响，他发现这一理论不仅适用于鸽子，也适用于其他物种。

在莱伊尔的敦促下（"如果你愿意的话，我希望你能发表一些关于鸽子的小片段数据，然后把这个理论公之于世，让它大白于天下——被引用——并被理解"），同时也是在与赫胥黎进行了多次讨论之后，达尔文于 1856 年开始构想关于《物种起源》的研究成果。[48] 在他的研究中，他将人工有意选择培育的驯化动物与那些在没有人类干预的情况下通过自然选择发展起来的动物进行了比较。厌恶切割和排斥解剖的达尔文现在解剖了鸽子、鸭子甚至狗。他发现，驯养的鸭子翅膀中的骨骼比野鸭的重量要小。前者的腿骨重量比后者重：因为野鸭飞得更多，而驯养的野鸭则主要是摇摇晃晃地走路。[49]

莱伊尔之所以敦促他出版，是因为 1855 年阿尔弗雷德·拉塞尔·华莱士（Alfred Russel Wallace）的一篇文章接近达尔文的理论。华莱士确实在 1858 年 6 月给达尔文写了一封信，概述了他自己的理论，称其与达尔文的理论相同，并附上了他写的一篇关于这个主题的文章。达尔文自称"非常沮丧"，华莱士似乎已经超越了他，尽管他确实告诉莱伊尔，"我 1844 年的草稿比华莱士的文章写得更完整"。[50] 达尔文急于避免对剽窃的指控，他告诉莱伊尔他曾经和另外两位科学家分享过他的理论。他想知道他现在是否能够"体面地"发表，因为他收到了华莱士的调查结果。他对莱伊尔说："我宁愿把我的整本书都烧掉，也不愿让他或任何人认为我表现得毫无价值。"为了避免陷入困境，达尔文和华莱士同意于 1858年 7 月 1 日向伦敦林奈学会提交论文，概述他们的观点。这篇论文并不是《物种起源》，而是自然选择理论的第一次发表。那年夏天晚些时候，达尔文开始写一本书，不像他之前写过的那些非常严密的学术论文，但旨在确保最广大的群众能够了解进化的观点。1859 年11 月 24 日，莱伊尔说服他的出版商约翰·默里出版了这本书——

《物种起源》。他安排印刷 1250 本，达尔文认为这是"数量相当大的版本"，但它刚出版就几乎销售一空。[51]

人们普遍认为，《物种起源》的出版是这个时代最重要的知识事件。它推进了理性主义，破坏了宗教，使人们对存在的理解变得激进。达尔文的研究是如此彻底，以至于他的观点不能像 15 年前《创世的遗迹》（*Vestiges of Creation*）那样被攻击，被摒弃——《创世的遗迹》是一本匿名的著作，它推测了不同物种是如何形成的。格特鲁德·希梅尔法布（Gertrude Himmelfarb）观察到，"正是《物种起源》引发了'科学和宗教的战争'，这是一场混乱的、不寻常的、复杂和模棱两可的战争——事实上又与战争无关——就像曾经发生过的所有战斗一样"。[52]

莱伊尔和达尔文的认知有众多的共同点，但最重要的是，如果他们说的是事实，《圣经》就不能按字面解释。而且，如果《圣经》不能按字面解释，那就意味着在一些神职人员看来，基督教和基督教信仰的整个基础都是值得怀疑的。尽管达尔文本人并没有提出这个问题，但有其他人乐于这样做，目的不是羞辱有组织的宗教，而是为达尔文的工作辩护。对达尔文来说，没有比那个后来被称为他的"斗牛犬"的托马斯·亨利·赫胥黎更盲目的支持者了。

赫胥黎的成长方式是非传统的。他出生于 1825 年，在他父亲开办的一所学校里接受过短暂的正规教育，后来学校倒闭了。此后，他在家里接受教育，并阅读了所有他能找到的关于科学的资料。他还读了很多卡莱尔的书，这加剧了他本能上对父母信仰的福音基督教的怀疑。他的两个姐姐嫁给了外科医生，14 岁时他自己也当了一名学徒。他曾短暂就读于伦敦的一所解剖学校，并于 1842 年获得了新成立的查令十字医院医学院的奖学金。由于缺乏资金，他无法获得医学学位，因此，他加入了海军，成为一艘船只上的外科医生助理，专门从事科学研究。

这艘名为响尾蛇号的船绕过非洲航行到澳大利亚，赫胥黎收集了海洋生物，进行解剖，并在显微镜下观察它们。1847 年到 1848 年，他考察了大堡礁的内部通道，并撰写了关于他在那里发现的海洋生物的学术文章。1850 年晚些时候，当他回到英国时，他发现自己受到了好评，并得到了像莱伊尔和著名解剖学家理查德·欧文（Richard Owen）的支持。他也变得更加激进和脱离宗教，鄙视阶级制度及对顶层阶级的尊重，并对国家不充分支持科学研究感到愤怒。他于 1854 年离开海军，成为矿业学院自然史和古生物学的讲师。第二年，他成为皇家学院的富勒生理学教授，并在工人学院开启了一系列的定期讲座。1853 年左右，赫胥黎遇到了达尔文，尽管两人在所有问题上的看法都不一致，但友谊建立在这个年轻人对长者尊重的基础上。

达尔文的思想强烈地影响了赫胥黎，对他的反对创世思想给予了知识上的支持。赫胥黎把人的血统作为自己研究的中心课题。他的第一个目标是理查德·欧文，欧文为智人定义了一个新的亚类，因为它的大脑中有一个欧文称为"小海马"的脑叶。1858 年，赫胥黎在皇家学院反驳了这一观点。他的支持对达尔文非常宝贵，尤其是因为赫胥黎在学术界的影响力日益增强，无论作为教师还是管理者都是如此。他刚刚成功地为伦敦大学争取到一个建立科学系，并能够授予理学学士学位的资格。后来，他致力于将科学引入学校课程，并鼓励妇女接受教育，以便在知识社会中像男性一样占据一席之地。此外，赫胥黎和达尔文发展了一个由各自朋友和科学家组成的圈子，他们分享了广泛的世俗主义、基于研究的科学观，并创造了一种氛围，这是一种达尔文的进化论和自然选择论不会被忽视的氛围。

216

赫胥黎为《物种起源》撰写了热情洋溢的评论，认为它是一次巨大的智力突破，同时也是自由主义事业斗争中的一件武器。他不仅着迷于进化论，还着迷于对物种完美性的追求，以及对完美性更为形而上学的定义。他于 1860 年 6 月底出席了在牛津大学的自然历史博物馆举办的一次英国科学进步协会会议。赫胥黎和牛津主教塞缪尔·威尔伯福斯（Samuel Wilberforce）就达尔文的研究进行了辩论。赫胥黎已经通过对欧文的公开攻击进行了热身，后者重申了他的"小海马"理论，赫胥黎认为这与达尔文的理论存在矛盾之处。

威尔伯福斯主教是奴隶解放者的儿子，因他富有个性，也被称为苏比·萨姆（Soapy Sam）。他是英国皇家学会会员，并且是英国协会（British Association）的副主席，该协会的存在是为了推广科学研究。他也是一名鸟类学家。他于 1845 年成为牛津主教，那时他只有 40 岁。作为一名本科生，他因辩论技巧而闻名，被认为是那个时代中最令人敬畏的演讲者之一。然而，演讲在某种程度上依赖于其内容上的成功：威尔伯福斯虽然长期涉足科学和新科学的评论，但他对自己所谈论的内容的了解并不及赫胥黎。达尔文生病了不能参加这次会议，但幸运的是，有像赫胥黎这样聪明和能言善辩的拥护者。他曾在 2 月份之前写信给达尔文，描述了他与威尔伯福斯关于《物种起源》的争论，主教说这本书是他读过的书中"最违背哲学的"。[53]

虽然没有关于辩论的完整记录，但是许多记录被保留下来，从中可以重新构建当时发生的事情。最全面的重建是由卢卡斯（J. R. Lucas）完成的。威尔伯福斯的声明以逻辑为指导，他反对达尔文的观点"完全是基于科学的依据"。[54]他补充说，他没有找到反对达尔文的证据，因为他相信达尔文"与实际现象相悖……是由启示来教导的"。一份报告说，威尔伯福斯发现达尔文的理论是错误的，因为当达尔文的理论"被归纳科学的原则所检验"时，它

"崩溃了"。威尔伯福斯告诉听众，达尔文提出了一个假说，而不是一个理论；他很高兴许多科学家的感受和他一样，而且这一理论"反对科学与人类的利益"。达尔文的理论是"非哲学的"，他的信仰是建立在"幻想"之上的。

威尔伯福斯的关键依据是地质记录中没有证据表明一个物种突变成另一个物种，正如他所说的，岩鸽一直以来都是岩鸽。根据卢卡斯的说法，达尔文用"地质记录的不完美"来解释这一点。当时，达尔文谦虚地承认威尔伯福斯在阅读《物种起源》时，发现了所有推测之处，并抓住了这些点。卢卡斯引用了1898年《麦克米伦杂志》（*Macmillan's Magazine*）中一个在场之人写的回忆。作者回忆起这场著名战役中最著名的时刻，当时赫胥黎击败了威尔伯福斯。主教"向他的对手发出傲慢的微笑，他想要知道是他的祖父还是祖母告诉他，他是猴子的后裔？赫胥黎先生这时缓缓地站了起来。一个瘦高的身影立在那里，严肃而苍白，非常安静，非常严肃，他站在我们面前，说出了那些精彩的话语——现在似乎没有人能肯定，我想也没有人能在刚说完的时候就记住这些话，因为它的意思让我们无法呼吸，尽管它让我们对它的明确所指毫无疑问。他不为自己的祖先是猴子而羞耻，但他会因为与一个用天赋掩盖真相的人有联系而感到羞愧"。作者说这个指责的影响是"巨大的"。一位女士当场晕厥，不得不被带离现场。虽然威尔伯福斯仍然拥有大量的信众，但赫胥黎后来被围了起来，并传来欢呼，因为在场的少数人认为他取得了胜利。之后有人对赫胥黎说，还想见到这样的时刻，赫胥黎说："一生一次就足够了，不需要太多。"

另一种说法是赫胥黎说他宁愿是猿的后代，也不愿是主教的后裔，但是没有令人满意的证据证明这一点。显然，在回答威尔伯福斯之前，他还对身边的人说："耶和华已经把他交在我手里了。"[55]

218

有些人认为，不管说什么，赫胥黎的语气都是傲慢的。但其他人也认为主教之前也是傲慢的，而且他应该受到惩罚。赫胥黎本人否认对威尔伯福斯如此粗鲁，当几年后，主教的传记作者将这句话归咎于赫胥黎时，赫胥黎接受了，并做了修正。赫胥黎认为，他曾说过："如果我必须在两种情况中做出选择，一种是作为猿猴的后代，另一种是作为一个会利用自己强大的修辞能力来粉碎一场争论的人的后代，我会更喜欢前者。"1860 年 9 月，他确实承认，他觉得威尔伯福斯对他表现"粗俗"，因此，他"决心惩罚他"。另一名观察员法拉后来告诉赫胥黎的儿子，主教低估了在场支持者的情绪，他们认识到主教忘记了"像个绅士"。威尔伯福斯在抗议自然选择理论时得到了一些科学家的支持，尤其是欧文和本杰明·布罗迪（Benjamin Brodie）的支持。然而，赫胥黎反对威尔伯福斯的主要观点是，达尔文的理论是新进化论的起点，这是一条新的研究路线可以规划的基础。这不是一个完成的公理，但它开辟了足够的新领域，激发了进一步的探索，也可以说改变了前进的方向。

在这个足足吸引了 700 人的轰动的会议上，由于对达尔文的工作迅速产生了兴趣，还发生了另外一些奇怪的事件。一位大学教师反驳达尔文的进化论，理由是荷马早在三千年前就存在，但从未被复制，更不用说改进了。一位来自贝格尔号的海军军官举起了一本《圣经》，并恳求说是《圣经》而不是达尔文构成了所有理解的基础。这是一个转折点，尽管历史上还有许多这样的时刻，但辩论的关键性质随着时间的推移而变得更加明显。它确保达尔文的学说被严肃对待，使教会处于守势，提高了赫胥黎作为科学家的声誉。当时它对威尔伯福斯没有造成任何伤害，事实上，在维多利亚时代的其他时间里，胜利仍然是他的。鉴于我们现在所知道的，从达尔文建立的研究线上看，1860 年 6 月 30 日在牛津发生的事情可以看作思想往往植根于盲目信仰的中世纪的终结，同时也是思想根植于理性主义现代的开始。在接下来的几十年里，随着对地质学的研究更为详尽，达尔文的猜想被事实所取代。与达尔文不同，赫胥黎仍然坚决反对神职人员，并且拒绝相信（根据卢卡斯的说法，即使在面对他们时也是如此）任何牧师都可以接受进化论。赫胥黎认为科学和宗教一定是相互矛盾的。奇怪的是，威尔伯福斯似乎从来没有如此自以为是，也没有决心寻求两股势力之间的对抗。不过，这可能是因为苏比·萨姆对失败的可能性不感兴趣，赫胥黎觉得理性的未来取决于萨姆和他的同伴被挫败。

在《物种起源》的最后，达尔文问道：

> 为什么所有在世的最著名的自然主义者和地质学家都拒绝承认物种的多样性？不能断言一种自然状态下的有机生物是不经历任何变化的；不能证明长时段过程中的变化量是有限的；在物种和明显的变种之间没有也不可能有明确的区别……只要世界历史被认为存在时间很短，物种是不可改变的观点就几乎是不可避免的。既然我们对时间的流逝有了一些了解，我们很容易在没有证据的情况下假设地质记录是如此完美，如果它们经历了突变，它将为我们提供物种变异的明确证据。[56]

他比较了如今取信于人的艰难与 30 年前莱伊尔进行抗争的艰苦："我们总是缓慢地承认任何巨大的变化，我们看不到中间的步骤……这种观点不可能诠释一亿年这个术语的全部含义。它无法累计和感知许多微小变化的全部影响，这些变化是在几乎无限的世代中积累起来的。"

在 1882 年去世之前，达尔文在他的余生中不得不应对《物种起源》引发的争议。他不会公开支持无神论——即使是更年轻、更激进的赫胥黎也不会说自己是一个不可知论者，像密尔这样极其哲学面向的人，依然发现，除了作为隐藏的无神论者存在，也很难有其他作为，但他在 1880 年确实对一位曾问他"你相信《新约》吗？"的记者说："很抱歉，我不得不告诉你，我不相信《圣经》是神圣的启示，也不相信耶稣基督是神的儿子。"[57] 当《物种起源》出版的时候，卡莱尔夫人的知心朋友、散文家哈里特·马蒂诺写道，它推翻了"上帝存在"的说法。[58]

从 1860 年到 1872 年，这本书又出了五个版本，其中的许多补充调整回应了达尔文批评者提出的具体观点。现在，与他最相关的短语"适者生存"最早出现于 1869 年的第五版。1871 年，他出版了《人类的起源》（The Descent of Man），其中他谈到了在早期论文中不愿提出的观点——人类起源于猿。这个观点引起剧烈的反响。伍斯特主教的妻子对他说："人类起源于猿，我的天，我们希望它不是真的，如果真是这样，让我们祈祷它不会变得众所周知。"[59] 正如我们所看到的，在批评他的人中，有塞缪尔·巴特勒——在某些方面他是当时最杰出的人之一，也是达尔文校长的孙子。巴特勒并不认为达尔文的理论是在嘲笑上帝，因为他比任何人都更善于嘲笑上帝。相反，他认为达尔文是在开辟新天地。

赫胥黎不仅是达尔文的伟大拥护者，也是科学的伟大拥护者，19 世纪 60 年代和 70 年代，相比于其他人，赫胥黎更多地利用他的影响力，极力宣传好的学校应该教授科学——事实上，在大多数情况下只是简单的教学——他还主张设立大学科学系。通过这些努力，他为密尔的世俗理想主义赋予了实际的力量，确保那些被赋予自由的人接受教育来应对这个问题，并应对科技进步正在取代宗教迷信的世界。他的动机始终在推动理性主义。克拉伦登公立学校委员会（它的工作将在第十二章提到）批评这个国家最好的学校几乎不教授科学。对赫胥黎来说，这是个丑闻。然而，最大的问题之一是如何找到合格的教师。随着时间的推移，赫胥黎将尽其所能来缓解这种情况，不仅是通过鼓励大学进行更广泛的科学教学，而且在他位于南肯辛顿的实验室为教师们提供为期六周的暑期学校，1871年实验室一开放，便可实现这一想法。他还设法说服格莱斯顿政府为他们提供资金。

诸如赫胥黎和达尔文等最著名的科学家在很大程度上是自学的，或者不得不进行未经指导的研究。19世纪50年代中期，尽管剑桥大学自然科学"三角凳"考试（剑桥大学的一种学位考试，考官坐在一种只有三只脚的板凳上，拉丁语称"tripos"。——编者注）的设立恰逢赫胥黎的到来并在杰明街的矿业学院担任古生物学讲师，但在神职人员主导的主流学校和旧式大学，教授科学的人并不多。他的最终成就（在大多数科学机构的反对下）是帮助矿业学院转变为南肯辛顿的师范科学学校。随着时间的推移，师范学校将成为皇家科学学院，最后成为帝国学院，成为全国最强大的科学机构。但是，这一过程需要大量的斗争和呼吁，尤其是赫胥黎的努力和呼吁。

当南伦敦工人学院于1868年成立时，赫胥黎接受了名誉校长的职位，他在1880年任职，而且，他的参与远不仅仅是点缀性的。他决心对人民进行教育，特别是科学教育。他希望重新定义教育的目标。他于1858年在伦敦大学对听众说："一个对科学不太熟悉的人不能参加日常的谈话，也不能认为自己是一个受过教育的人，这样的时代正在迅速来临。"[60]当1870年福斯特的《教育法》允许成立学校董事会时，赫胥黎参加了伦敦的选举，并取得了成功。由此，他进一步当选为伦敦学校董事会教育计划委员会主席，该委员会在全国范围内确立了幼儿园、初中和高中的模式。在这个位置上，赫胥黎利用他的影响力扩大了课程的范围，保证了教师的独立性，加强了卫生标准以更好地维护健康，建立体育锻炼制度，劝阻和严格管制体罚。他还引进了绘画和音乐，他描述后者（显示他自己的思想广度）是"儿童可以受到的最文明和最具启发性的影响之一"。

此外，尽管他自己具有明显的宗教怀疑主义和对世俗主义的信仰，但他坚持认为，《圣经》学习是新课程的一部分。尽管这是出于美学上的原因，考虑到他所认定的权威版本的尊严，也有出于向读者灌输道德框架的想法，他所要求的条件是，"除了《圣经》本身之外，任何进一步的神学教导都被严格排除在外"。然而，他希望孩子们的生活能被某种对道德理想的爱所支配和引导。[61]在说这句话时，他与普遍的舆论达成一致。他确实希望在学校里教授道德，并把它看作那些主张"宗教"和"世俗"教育之人的共同之处，这个例子也说明，奉行这种划分是徒劳的。

他的作用是把一个原始的和不充分的教育体系融入现代世界，使它看到了这个世界的现实。他只花了 18 个月就完成了这一任务，由于过度劳累而使自己的健康状况崩溃，但他确实说过，"我可以回顾我生命中的那一段时间，也许那段时间是最没有被荒废掉的光阴"。[62]他的动机是，他相信没有受过教育的阶层有着不可估量的潜能，包括他们自己在内，所有人都没有发觉。他希望那些有才能的人不会在他们离开小学时，也就是在 12 岁或 13 岁时中断他们的受教育生涯；不是因为功利主义的原因，即他们可以通过自己的进一步发展来为自己和国家谋利，而是因为他们有权利得到教育上的满足。阻止他们发展自己的思想，对他们而言是非常残酷的。

赫胥黎希望在教育之外进行社会改革。1870 年，作为英国协会的主席，他对利物浦的一位听众说，他对"没有洗漱过的、蓬头垢面的、野蛮的人与最精致和最奢侈的象征物共存"的画面感到愤怒。他同情工会和社会主义者"消灭世界的野蛮"的努力。[63]解决问题的出路是"一条巨大的教育阶梯，它的底部应该是排水沟，顶端是大学"。还有一次，他说："指望饥饿和肮脏的人民不暴力和不粗鲁是徒劳的。"[64]赫胥黎环游了英国，指出即便是英格兰北部相对贫困的城镇，也在当地企业的帮助下筹到了钱来建立技术学院。相比之下，伦敦似乎对将工人训练得更好和更加进步不感兴趣。为此，他谴责了富有的伦敦同业公会，因为它没有在提高各自行业的工匠技能方面做得更多。经过一番推动，伦敦同业公会在芬斯伯里资助了一所技术学院，并于 1883 年开学，次年在南肯辛顿市开设了城市和工会学院。虽然城市提供了资金，但赫胥黎提供了专家建议，说明了应该教授的内容和教授的方法。

223

五．

赫胥黎认为基督教和达尔文主义之间不可能实现妥协。然而某些人认为调和是可能的，查尔斯·金斯利就是其中之一。对于 19 世纪末和 20 世纪的几代儿童而言，1862 年他为儿子格伦维尔写的《水孩子》是一个童话故事，讲述了虐待儿童的错误，它轻易地变成了道德故事："那些希望干净的人，他们会变干净；那些希望肮脏的人，他们会变肮脏。"[65]这本书描述了汤姆的生活，他是一个扫烟囱男孩，经常被他的主人虐待，他掉进河里淹死，重生为一个水精灵。在这种新的生活中，他受到了像多斯尤德夫人和贝多比亚夫人这样的仙子们的影响，她们统治着一个邪恶受到惩罚、善良得到回报的国度，因此主旨很清楚。然而，这本书也有力地捍卫了达尔文的理论，更重要的是，捍卫了严谨科学研究的重要性和必要性；他还抨击了那些批评他的人的浅薄和偏见，作为一名牧师，他本可以指望自己也在其中。他不觉得这个理论与他的信仰相矛盾。他在1859年11月写信给达尔文，论证了达尔文所描述的"像我这样的观念并不反对崇高的神的概念"。[66]

224　　在《水孩子》一书中，作者创造了一个以基督教为基础的世界。在这个世界中，那个辱骂汤姆的烟囱清洁工格里姆斯也掉进了河里，但他却下了地狱。尽管格里姆斯虐待汤姆，但汤姆仍在寻找拯救格里姆斯的方法，并且格里姆斯也得到了救赎的机会。这是阿诺德对其下属所描述的那种世界。金斯利并不怀疑天堂的性质和目的：水孩子的世界是他对天堂的隐喻，那里情形是这样的：

> 被善良仙女收养的孩子，他们是残酷无情的父母不愿意养育的孩子；是所有那些没有受过教育和培养的异教徒，以及所有因苛刻、无知或疏忽而遭受不幸的人；所有那些被包裹的小孩子，他们或者在很小的时候就被灌饮杜松子酒，或者从热水壶里喝东西，或者掉进火里；所有那些在小巷里、院子里、破落的农舍里的孩子们，他们死于热病、霍乱、麻疹、猩红热，还有那些当普通人也具有常识的时候，谁也不该有的、谁也不会有的肮脏的疾病；以及所有被残忍的主人和邪恶的士兵杀害的小孩。[67]

然而，这本书的另一方面说明了金斯利的激进主义，他愿意接受将会加速现代世界的知识潮流，推进世俗主义，挑战他自己最根深蒂固的信仰。《水孩子》嘲讽了《物种起源》一书造成的反响，金斯利在《物种起源》出版前就读过它，他很喜欢。1859年11

月，在这本书出版前几天，金斯利写信给达尔文，声称他"观察过驯养的动物和植物之后，不再相信物种的永久性"。更重要的是，他"已经学会了将它看作一个崇高的神性概念，他创造了能够自我发展的原始形态，并将其发展成所有需要的临时形态，神要求采取新的干预行动，以弥补他自己造成的空白"。[68]

英国国教在19世纪及其之前与科学的关系，可以从它直到19世纪20年代末都拒绝在大学里教授地质学来衡量。金斯利用他写的《水孩子》来强调，在评估科学主张时，有必要完全依靠证据。在回答"不存在水孩子这样的事物"的问题时，金斯利说："你怎么知道的？你去那里看过吗？就算你在那里没有看到水孩子，也不能证明不存在水孩子"。[69]他说："智者知道他们的职责在于研究是什么，而非判定不是什么。"[70]金斯利强烈支持达尔文，这表现在他嘲笑理查德·欧文试图反驳人进化自猿的想法。欧文说，人类的"小海马"脑叶证明他们不可能是猿的后裔。金斯利说，有一个"河马测试"可以表明祖先是否为猿猴，他称这个脑叶为"大河马"（'hippopotamus major'）。[71]

进化论得到了支持。金斯利指示他的读者去问一位怀疑论者，"如果他说陆地婴儿变成水孩子太奇怪了，那么问他有没有听说过裂虫、水藻或水母的转变"。[72]贝多比亚夫人宣布，她可能有"根据环境、选择和竞争，把野兽变成人"的能力。[73]进化论带来了道德上的考虑："不管他们的祖先是什么，他们都是人；我建议他们以这种方式行事，并照此行事。"如果你不这么做，那么贝多比亚夫人就会把一个人变成野兽。对金斯利来说，不可避免的是，除了地球上发生的事情之外，在进化过程中还有一个深层的阶段。汤姆往水里走去，但我希望我们大家向上走，走到一个完全不同的地方去。[74]金斯利讲述了这个故事，但他的想象力已经被达尔文所做到的事情扩展，表现出这位牧师对科学家的终极致敬。达尔文曾经引用过金斯利的话语，在 1861 年第三版《物种起源》的序言中，他指出："一位著名的作家和神圣的人写信给我说：他逐渐学会了去了解，神认为他创造了一些能够自我发展成其他所需要形式的原始形式，这与他相信需要一种新的创造行为来填补他的旨意所造成的空缺是一样的，都是一种崇高的观念。"[75]

金斯利不是唯一支持达尔文观点和科学研究重要性的牧师。拉格比的校长弗雷德里克·坦普尔（Frederick Temple）后来成为埃克塞特和伦敦主教，1860 年 6 月，他在牛津举行的会议上发表了一篇布道，鼓励神学家们庆祝科学研究的优势，而不是寻找他们所认为的弱点。他提醒听众，上帝对科学负责，就像对《圣经》负责一样。进一步走向世俗主义和理性主义的旅程已经开始了。当达尔文在 1871 年出版《人类起源》并将人类引入自身的进化前景时，对抗将变得更加激烈和开放。亚当和夏娃将从脚本中被剔除，作为人类的祖先，他们将被猿取代。这样的事情显然不仅仅来自《物种起源》的出版，也可以从莱伊尔和拉马克的早期作品中看到。

达尔文的作品在欧洲各地的科学家之间传播，散布了一种世俗主义的信息，但这不是他想要推进的。正如查德威克指出：

> 没有多少人会读《物种起源》，也不会读懂《物种起源》。世俗的力量不是这本书的作者，或几本书的作者达尔文。是达尔文这个象征，是达尔文这个名字所代表的一个过程，这个名字在世俗主义进程的辩论中从一方传到另一方，这是一个想象中的达尔文，一个模糊的达尔文，没有肯特郡一个村庄里真实的自然主义者那种舒适的、朴实的、实实在在的轮廓，但无论

多么虚幻，多么模糊，它仍然与一项科学成就有直接的关系，很少有人能理解其中的真相，很多人对这一真理表示怀疑，虽然每个人都不知道它究竟是什么，但知道这是一项重大的科学成就。[76]

有神论者和无神论者之间的斗争将持续到我们这个时代。辛梅尔法布认为，在达尔文引起的智力剧变之后，"最后的讽刺是，开明科学和偏执宗教的陈规旧习被新的模式所取代，即一种'科学自然主义'，它独断、狭隘，嫉妒自己新近获得的权威，缺乏社会视野和情感深度；还有一种'灵性论'，它富有想象力，头脑开放，善于变通，能接受新形式的观念和思想"。[77]这可能夸大了事实，但在尼采的怂恿下，基督教在社会中的作用此后将进一步衰落。然而，这一过程是柯勒律治在向康德致敬时发起的，然后卡莱尔为了向歌德和席勒致敬而将之继续下去。它是由卡莱尔的信徒，如克拉夫在达尔文发表演讲之前很久就发展起来的，而密尔等自由思想家也不经意地追求过它。牛津运动引起的骚动也起了腐蚀作用。

227

宗教仍然是英国社会的一种公共教义，由一个英国国教和一个曾是该教会最高统治者的君主加以支持。然而，宗教的个人运用将变得不那么频繁和周全。1858年10月，公众人物约翰·布赖特在经历了一场漫长而严重的疾病后重返政坛，在伯明翰的一次演讲中，他说"为了纪念所有这一切"，"在这里，在你们所有人面前，以虔诚和感恩的心，承认伟大至尊对我的支持，这难道有什么不对吗？"[78]一位20世纪的评论员称这一表现"令人作呕"，但很可能布赖特是完全无意识地说出了他所做的事情。[79]

六

在这个变革的时代，基督教教会的某些方面成为它们自己的最大障碍。1850 年 8 月 25 日，约翰·拉斯金的日记中显示出他的同辈人如何失去做礼拜的耐心，就他而言，他在爱丁堡经历了一场漫长而乏味的布道之后就失去了这种耐心。"真的，我相信，这类布道的唯一好处就是在听这些布道时表现出来的自我克制。我们的整个体系是多么的错误……只能耐心地处在一段无法忍受的死气沉沉的谈话中，如果这段话涉及生活中的任何实际事务，那么它就一刻也不会被容忍，而它之所以被容忍，只是因为基督教根本就不被看作事务。我想知道圣保罗怎么会喜欢出现在一个包厢里，可以一直谈论基督直到午餐时间，而且还要保持举止得体。"[80]

然而，与他同时代的杰出作家却保留了一种无可置疑的、毫无怨言的奉献精神。1868 年 10 月，弗洛伦斯·南丁格尔写信给一位熟人，因他们共同的一位朋友失去自己的第二个孩子而表示安慰，她在信中说：

> "父亲，你的意志将要完成"——我曾经有过这样的机会，尤其是今年，当我失去了最好和最亲爱的学生时——我明白知道从内心说出这一点有多么困难，但我以前经常有借口这样做。在我所有的同事中，只有我幸存下来了。
>
> 但我们知道，死亡只是为了奖励他们为上帝的爱所遭受的苦难。那些仍然繁盛的果实已经成熟，供上帝采摘。我们这些真正爱着他们的人，有什么理由像个无知无觉的人那样为与上帝一起生活在这个世间的人哭泣呢？……我们越爱他们，就越

应该高兴……用他们的死亡来安慰我们自己，让我们想想我们自己的死亡吧。[81]

然而正是这个时代促使欧文·查德威克写道："同时代的人一致认为，英国社会的基调更'世俗'。他们指的是中产阶级对话的气氛，可以在绘图室的桌子上找到的书籍，受过教育的人所订阅的杂志，无论其内容是宗教还是非宗教。火车站的书摊上出售的反基督教的书籍，包括虔诚信奉宗教的人在社会上遇到不信教的人，会真诚地尊重他们，而不是因为他们缺乏信仰就谴责他们。"[82]

詹姆斯·菲茨詹姆斯·斯蒂芬（James Fitzjames Stephen）是一个受过良好教育的人，以一种实事求是的方式来处理他自己对宗教的背离，他先是一名有争议的记者，后来成为一名杰出的法官，并以评论的方式进行写作。他长期与基督教实践和教义做斗争。19世纪40年代，他和他的朋友乔治·基钦（后来成为温彻斯特主任牧师）就洗礼的意义进行了几个月的争论。到1870年，他写信给他的弟弟莱斯利，认为纽曼是一个"老白痴"，斯坦利犯了"愚蠢"罪，他觉得"所有教派的宗教世界都应该受到诅咒"。[83]他尤其关注纽曼和他的全能上帝："很难说这个人自己，还是他想象中的那个人，是更大的傻瓜。"

1853年，他的父亲詹姆斯·斯蒂芬爵士与卡莱尔进行了类似的交谈，此前卡莱尔曾说，"英格兰教会只不过是维持宗教信仰的巨大机器"。[84]斯蒂芬对卡莱尔认为他们对宗教有共同看法感到震惊，于是给他写了一封长信，说情况并非如此。然而，卡莱尔令他心烦意乱，就像他扰乱了比他更年轻的知识分子一样。斯蒂芬承认，他经常感到自己有"困难"，但"很少公开承认这些困难"。[85]

　　直到 19 世纪 60 年代，在他 35 岁左右时，菲茨詹姆斯·斯蒂芬一直相信上帝统治一切。但随着世俗对大众的影响——报纸宣传和他们参与代议制政治的能力——使他们远离宗教，他的信仰也随之衰落。1875 年春天，他写信给格兰特·达夫夫人（Lady Grant Duff）：

　　　　宗教纪念日……人们一直教导我要重视这些节日……复活节和圣诞节对我来说不只是一个名字，那时我完全相信基督教。关于基督教中善恶的平衡，你建议将其作为布道的主题，我对这一主题非常感兴趣，上个礼拜天早上，我实际上写了几页关于经文的假想布道，题为"你们对基督有什么看法？"。还没写多少，我就把它烧了……我想简单地说，基督是那个时代人们渴求的象征，他们所认识的理想，在这个现实世界中既不存在，也不可能实现，它从来没有实现过，它有它的优点，也有它的缺点，为了适应时代的潮流，它被扭曲成千奇百怪的形状，而现在我认为它应该被废弃［过时］，并安静地长眠。我来埋葬耶稣，而不是赞美他——可能是这种幽默的座右铭。[86]

他告诉她，他和妻子是如何抚养他们的孩子的：

　　　　我们带他们去教堂，我们进行家庭祈祷，我的妻子进行诵读。我们总是告诉他们，必须相信上帝，相信对上帝的责任，相信未来的国家，相信机会。当他们长大了，比如说 10 岁左右的时候，我们让他们明白——用最直白的话告诉他们——我们的宗教教导的目的是要给他们一种敬畏之感和对上帝的责任感，我们采取了所能采取的手段，但这些手段是非常不完善的；他们在教堂里所听到的，在《圣经》中所读到的，大部分都是不真实的，牧师和其他人所宣讲的很多教义是最不道德和最危险的。我从来没有让我的任何一个孩子受坚信礼或接受圣礼，而且在有人建议他们受坚信礼时，我也会找机会解释我的观点。我还让他们阅读书籍，这些书籍将向他们展示神学在历史上的作用。

这份名单包括莫特利、弗劳德和吉本——"如果在那之后，还有人会在脑子里想很多神学的话，那我就大错特错了"。他补充道："教孩子什么是假的没有坏处。"他还提出了亚里士多德的观点："什么是好的？我只能像亚里士多德那样说。坚韧、节制、仁爱和正义是好的。"到了 1879 年，他告诉同一名记者，他刚刚在读《旁观者》（Spectator）杂志，这是"除了巡回之外，我现在最接近教堂的方法"。[87] 同年，他写信给利顿勋爵，表示他自己的怀疑现在已经变得深刻，但他担心，这种疾病正蔓延到那些自身缺乏智力和道德毅力的人身上，因此，他们无法比他更好地应对这一困难。"我对我自己观点的传播感到非常震惊。我不怀疑他们是真理，但我非常怀疑一般人是否有能力承受这些事实。"[88]

他在一封未完成的长信中，特地向他的孩子们描述了他对宗教的看法，这封信在他死后被妻子发现并誊写出来。它写于 1872 年至 1876 年间，与他的代表作《自由·平等·博爱》（Liberty, Equality, Fraternity）是同时代的。他告诉他的孩子们，他的想法是为他们准备的，"当你们到了我这个年龄，这些事情就会沉重地印在所有具备思想的人的脑海里"，还说"我一生的大部分时间都花在了构建这些想法上"。[89] 最后一句话无疑是正确的。这篇自我辩护名为《信仰的本质》（*The Nature of Belief*）。[90]

　　斯蒂芬写道，我认为一个人在宗教问题上的观点与他的其他观点不可能截然分开，尽管原因不同，但他和阿诺德博士的观点是一致的。经过对怀疑论和常识的长期研究（"怀疑一词有一种重要的意义，在这个意义上，没有人比我更怀疑"），他告诉他们推理对于概率的重要性。他赞扬密尔的逻辑体系，认为尽管他们在政治上存在分歧，但他们有着共同的理性主义。他告诉他们，"记忆或多或少地影响了我们所有的意见和信仰——但在所有的事情中，记忆是最容易犯错的"。

　　他谈到了知识、语言和观察自然规律的局限性。所有这一切似乎导致了理性主义者对信仰的否定，这与他的信和其他著作中的许多内容一致。然而，这封信的结尾却半途而废。也许他在议员任期内太忙，无法完成这封信件；也许他从来没有冷酷无情地把自己的观点强加给他的孩子们，即使是偶然的；或许他只是和他们讨论过。最不可能的解释是，他改变了主意，回归了上帝的怀抱。他不认为世俗主义是一场大规模的知识分子运动，因为他的观点是大多数人都没有受过教育，因此无法参与这样的活动。相反，"有一群歌手能够淹没所有的不和谐，并迫使广大的非音乐群体倾听他们的声音"。[91]面对群众的攻击，斯蒂芬不得不承认失败："反对密尔先生关于自由的简单原则，就像用一对风箱抵御飓风。"[92]

　　具有讽刺意味的是，斯蒂芬在神学问题上的结局，应该与他最讨厌的密尔大致相同。在 1873 年去世前的几年里，即使不谈及他的无神论，密尔也比以往任何时候都更加坚持对宗教的怀疑。他支持无神论者查尔斯·布雷德洛（Charles Bradlaugh），后者被要求宣誓成为国会议员，但他拒绝了，密尔还赞助了布雷德洛的各种各样的竞选活动。当密尔作为一位议会候选人时，发现他的敌人用所谓的无神论来打击他。1868 年秋季，密尔"决定原则上不回答任何关于自己宗教信仰的问题，因为我不会对这种做法给予任何鼓励，这种做法的结果是：当一个候选人的性格和政治观点都无懈可击时，他的对手们就会竭力从他身上提取素材，以便激起人们对他的宗教偏见"。[93]有人说他对布雷德洛的支持证明了这一点，他提醒他们注意《论自由》中的论点之一，即"无神论者和教授任何宗教，甚至是最坏宗教的人，可能是而且往往也是好人，他们在所有的生活领域中都是值得尊敬和有价值的，应该像对待其他所有人那样，以行动，而非思想观点来评判他们（'通过果实，你们就会认识他们'是基督的话语）。"[94]

密尔对偏离信仰上帝等社会正统观念的人在公共生活中可能受到的潜在伤害保持警惕。有些虚伪的是，他在 1868 年 11 月告诉另一位记者："如果有人再次告诉你我是一个无神论者，我会建议你问他，他怎么知道，在我的众多著作的哪一页，他究竟发现了什么证据，可以证实这一说法。"[95]在同一周的选举中，他在威斯敏斯特被击败，他给布雷德洛写了一封信说，尽管对他的支持可能只有几票，但这并不是他失败的原因。"无论如何，这是正确的做法，我不后悔。"[96]

232

在政治上的自由派看来，这种对上帝的感觉正变得越来越普遍。在 1874 年的《论妥协》（On Compromise）一书中，这个时代的顶尖知识分子，当时 36 岁的约翰·莫利写道："不管命运如何，宗教至少现在几乎不再是一种有机力量。它并不是人类生命中至高无上的、渗透性的、控制性的和决定性的一部分，过去和将来都是如此。"[97]他认为，尽管大家都清楚信仰之海退却的原因，但对宗教的攻击是"看不见的手"完成的。"那些居住在古代信仰之塔中的人们，带着生活在地震中的人们那种匆忙而不安的神情，在他们四周不断感到恐惧、忧虑和惊奇。"莫利指责教会的僵化，因为它没有随时代的智慧精神一起变化。"当人类的精神在寻找新的光芒，并对新的真理精力充沛的时候，教会的精神则永远埋葬在国会法案的四个角落里。"他说，这导致了一个体系"开始时，将精神上的懒惰视为一种美德，将知识分子的狭隘作为神圣性的一部分，当它结束时，对一些太伪善的东西给予额外的重视"，结果导致教会成了"阻碍新思想的政治力量"。[98]

莫利在牛津时，"纽曼之星落山，密尔的太阳代替它升起"。整个 19 世纪 70 年代，他的观点更为典型。塞缪尔·巴特勒则以推动这些观点为业。但它们越来越多地出现在更成熟思想家的头脑中。1875 年 5 月 2 日，拉斯金指出，卡莱尔"脾气暴躁；处于悲伤状态"。[99]他们讨论宗教。卡莱尔认为："总的来说，正确的指令似乎是永恒的自然之声。"他抨击曼宁红衣主教是"世界上彻头彻尾的骗子代表——'是夸夸其谈的人'。我谈到有时候我很想成为天主教徒……卡莱尔说'在这种情况下他更希望我被暗杀'"。除此之外，卡莱尔描述了塔木德，"据他所知，这是一块可恶的腐烂粪堆，里面散落着珠宝"。至于"现代新教"，他说"你不会觉得有必要在某一时刻加速它的末日，所有看到它的人都心知肚明。人们普遍认为他们缺乏真诚，是一群多愁善感和虚伪的人"。[100]

七

19 世纪下半叶，没有一个作家比塞缪尔·巴特勒更清楚地表达了社会激进主义，或者更好地说明了对维多利亚早期价值观的反对。和他的上一代人密尔，以及密尔的上一代人边沁一样，他推进了当代精神的世俗化，消除了被视为阻碍进步的宗教偏执、偏见和迷信。然而，功利主义者用理性主义来对抗上帝，而巴特勒则混合了辛酸的讽刺和敌意。他对维多利亚时代宗教观念的解构和破坏是有效的，但并非完全理性，巴特勒生活和性格的其他方面基本上都是如此。他非常愤世嫉俗，包括对自己的评价，他在《笔记本》（Note-Books）中写道："当我还是个在什鲁斯伯里上学的男孩时"，"老布朗夫人过去常常留着一盘坏馅饼，卖得很便宜。在你品尝它之前，大多数看上去都很不错。我们都是坏馅饼"。[101]

他的语气可以归咎于他的父亲。巴特勒于 1835 年出生在诺丁汉郡兰加尔教区，父母的期望几乎压垮了他。他的父亲是一位具有弗劳德总执事气质的牧师，最后得到的回报是成为维多利亚时代小说中最伟大的怪物之一。在巴特勒的半自传体小说《众生之路》中，父亲被描绘为牧师西奥博尔德·庞蒂弗。巴特勒的私人表达和他的许多公开表达一样，不懂得轻描淡写，比如"从童年开始，我最难和解的敌人肯定是我的父亲"这样的记录。[102]他对于家庭的观点是，"更多的不幸来自这个源头，而不是其他——我的意思是试图过度地延长家庭关系，人为地让大家团结在一起，而这些人本来不想这样做。这种危害在下层阶级并没有那么大，但在中上层阶级中，每天都有大量的人因此而死亡"。[103]

他的祖父塞缪尔·巴特勒是什鲁斯伯里的校长，1836 年成为考文垂和利奇菲尔德的主教。巴特勒按照家族传统去了什鲁斯伯里，然后又去了剑桥的圣约翰学院。1853 年，他写信告诉他的父亲，他已经获得了圣约翰的奖学金（获得新生奖学金的只有五个人），巴特勒说，在宗教测试的那些日子里他不得不发誓，"我绝不隐瞒誓言"。[104]他的朋友兼第一传记作者亨利·费斯廷·琼斯（Henry Festing Jones）指出，当他在圣约翰学院的时候，"接受基督教奇迹是不言自明的命题，并相信拟人化的上帝。在这个时候，

234

他从未见过任何对这件事有疑问的人"。[105]

大学期间，他很明显是一根筋的。他在 1855 年 3 月 31 日的笔记中写道："在圣约翰学院只有 10 个好人，我是一个；读者，计算一下你得救的机会吧。"[106]他引用了另一位约翰尼安，即主教塞尔温（Selwyn）在几个月前向该校发表的一系列演讲中的观点："大学教堂是这里的年轻人经常忽视的地方。"并且补充说"如果每个人的心都是一个小小的大学教堂，心包是一个小小的大学墓地，埋葬着肉体的欲望、这个邪恶世界的浮华和虚荣，那该多好啊！牧师、主教和血液，一股清规戒律和贞洁的血液，都源源不断地流进了静脉和动脉"。一个大学里的蒲赛主义信徒在风琴上演奏"玩弄自己的灵魂会下地狱"。他认为西缅人是"公认的骗子"。

巴特勒在第一等的古典文学学士学位"三角凳"考试中得了第 12 名，名次高到可以考虑获得奖学金。他被期望进入教会，但是用委婉的话来说，很快他的怀疑就使他不可能进入教会。他在圣詹姆斯皮卡迪利教区的贫民窟里工作了几个月，在那里他意识到用精神手段来改善穷人生活是在浪费时间，穷人需要的是金钱。他的一位传记作者总结了巴特勒与基督教的关系问题："他不能接受一种以人类的根本邪恶为基础的宗教，人们的实践以'你不可'禁令为中心，它的教义指向了天堂与地狱之间永恒的分界线。"[107]像卡农·弗劳德（Canon Froude）和卡农·巴特勒（Canon Butler）这样的人当然对教条持这种观点；巴特勒的不幸是由其中一个人造就的。他问"有这样的宗教吗？""其信奉者比其他宗教的信奉者更和蔼可亲和值得信赖？……我发现最善良、最优秀的人一般都不信奉宗教，但他们愿意喜欢所有宗教中最好的人。"

令他父亲沮丧的是，他放弃了圣职。关于他未来的其他想法使他的父母感到不安。他不得不放弃去利比里亚种植棉花，但最终还

是决定当一名艺术家，尽管"在两三年中，我可能一分钱也赚不 235
到"。或者，他的父亲向他提供了一种可能性，进入法律界。[108] 到
1859 年夏末，巴特勒牧师已经受够了。"如果你选择完全违背我们
的判断和愿望行事，你最好对自己的能力有一丝了解——因为我认
为你在其他方面对自己有些高估。当然你可以按照你喜欢的方式行
事，但是我想我应该告诉你，在你的米迦勒节付款以后，在你恢复
理智以前，我不会给你一便士。"[109] 父亲拒绝资助他出国，他仍然对
儿子拒绝接受圣职而感到愤怒，他喊道："上帝总有一天会让你重
见光明。"

巴特勒告诉他的母亲："如果我是个固执的傻瓜，你会认为我
最好的学校就是逆境。"[110] 他告诉父亲他会自食其力。他开始坚持要
成为一名艺术家。他在这方面有一些天赋，但他的父亲很愤怒。父
子就塞缪尔的移民问题进行了商议。一旦其他所有途径——包括外
交和军队——都无法走通，卡农·巴特勒同意让他的儿子去新西兰
学习养羊，并提前给他资金让他去做这件事。这是一项商业交易，
塞缪尔信守诺言，在学习农业机械后获利。他父亲给他 4000 英镑，
这是一笔财富，巴特勒于 1859 年 9 月从格雷夫森德起航。当他乘
坐的船只驶向泰晤士河时，他坐在甲板上。那天晚上，当他上床睡
觉时，他有生以来第一次没有祷告，这是一件非常混乱的事情，他
把它记在了笔记本上。回想起来，更令人惊讶的是，从过去到现
在，仪式居然持续了如此之久。抵达新西兰后，他得知一艘他原本
打算乘坐的船已经沉没，船上的所有人都失踪了。

他找到了一些能成为优良牧场的处女地，作为他商业成功的基
础，但这并不是他唯一的事业。他还仔细研究了这个国家，并通过
组织艺术展览，以适当的维多利亚风格寻求改善殖民地的文化氛
围。也许更重要的是，他失去了他信仰中遗留的部分：1862 年，

他对一位朋友说，"他不再认为自己是基督徒"。[111] 他研究了福音书，对它们前后矛盾的地方感到困惑。因为他找不到基督死在十字架上的证据，所以他认为耶稣没有复活。

1864 年，他回到英国，他成功地进行了一项投资，每年的收益达到 800 英镑。这笔收益使他不再受制于自己的父亲。然而，在 19 世纪 70 年代的一些不明智的商业决定，使他再次不得不依赖他的父亲，直到 1886 年他父亲去世，给他留下了一笔遗产。他从他父亲的教条中解放出来，并且毫不掩饰自己的叛教行为。他的姑姑安娜·罗素（Anna Russell）因此责备他，她怀疑巴特勒一直在试图使她的儿子远离基督教。她抱怨说："你正在对年轻的、争论技巧不如你的人施加影响——试图引导他们。也许，你们所创造的信仰和希望，同样会被毁灭。"[112] 巴特勒的反应就是给她写信，详细地谈了他对上帝的看法，这使她更加震惊和沮丧。巴特勒的家庭坚定地维系他们的信仰，却发现他如此坚决地反对他们——比他们所知道的还要坚决，因为巴特勒当时针对这个问题的著述是匿名的——因此，他们无法理解他的激进路线。

他在伦敦建立了自己的事业，在 7 年的时间里，他先后在几所艺术学校注册成为学生，学习绘画。他深受拉斯金的影响，在圣约翰学院读了《七盏灯》（The Seven Lamps）。然后他读了拉斯金关于绘画的著作。在这个时候，他绘制了他最著名、也许是最好的画《家庭祈祷》（Family Prayers），这幅画以令人窒息的秩序感和封闭的思想展现了在兰加尔的残酷家庭生活，比文字更能表达他对家庭和成长的感受。在纽曼街的希瑟利艺术学校，他结识了一位同学伊丽莎·萨维奇（Eliza Savage），后者成了他的缪斯，并敦促他写小说。查尔斯·达尔文同样在 1865 年祝贺巴特勒"罕见的写作能力"。[113] 巴特勒是一个坚强的人，但对待事务的态度走向了两个极端，喜欢和不喜欢，这有些滑稽，后者之一就是小说。然而，萨维奇小姐坚持敦促他，当巴特勒未能实现他成为皇家艺术院学生的雄心壮志时，他改变了心意。

他的匿名小说《虚幻国》（Erewhon），写的是关于一个乌托邦的故事，内容则基于他在新西兰的经历，在这个乌托邦社会里，宗教是被排斥的，教会被讽刺为银行。对象征实用主义和常识的女神伊德格伦的崇拜已经取代了对古老神祇的崇拜。真正成功的人崇拜她；她的原型是托马斯·莫顿（Thomas Morton）扮演的角色格伦迪夫人（Mrs Grundy），她是一个在社会上有显赫声望和良好判断力的仲裁者的代名词。巴特勒也破坏了父母的权威，攻击了父母必然无所不知的观念。《虚幻国》在 1872 年出版时取得了巨大的成功。当巴特勒是作者的消息传到兰加尔，其无神论的观点震惊了他的家人。他的父亲听从巴特勒的意见不去阅读该书，但是书中的言论还是令他不快，以致巴特勒的姐姐写信给他，让他写一份悔过书，他写了——但是这封信最终被他撕毁了。1872 年 6 月，他父亲在信件中被迫承认："我知道世界上有很多怀疑论"，但他补充道，"不信上帝是这个地球上智者和精英的标志，我并不同意这样的观点"。[114]针对这一点，巴特勒补充道："谁说过是这样的呢？"他的父亲声称对儿子失去了如此坚定的信念而感到痛苦，伤口还会不断加深。他要求巴特勒"目前"不要拜访兰加尔，他和妻子认为他们的儿子是一位异端人士。

巴特勒对小说写作的态度和对其他事情的态度一样，是标新立异的，他嘲笑文学界的观点。1873 年 3 月，他写信给萨维奇小姐："我阅读了《米德尔马契》（Middlemarch）。这实在是太糟糕了。"[115]差不多两年后，他告诉她："我一直在读歌德的《威廉·迈斯特》的译本。很好吗？在我看来，这也许是我读过的最糟糕的

237

书。这不是英国人创作的书籍。我完全不记得书中的任何内容，这种傲慢是我能想到的最好的傲慢。这一切都是恶作剧吗？"[116] 萨维奇说自己在十几岁的青少年时期读过这本书，觉得"令人厌烦……我不会再读《威廉·迈斯特》的"。[117]

1873 年 6 月，彭布罗克勋爵送给他的教父格莱斯顿一本书，这是巴特勒下一部作品《公平港湾》（*The Fair Haven*）的一个抄本，他将这位作家描述为"最彻底的现代自由思想者，书中所有对宗教和教条的辩护以及对疑惑的反驳都是以精心隐藏的讽刺精神写成的"。[118] 他接着说："这是一种几乎令人厌恶的苦涩的讽刺。然而，它的真实本质被如此巧妙地伪装，以至于不止一篇教会论文将其视为庄严而有利的评论。"他把巴特勒描述成一个自由思想者学派的成员，"他的荣耀和骄傲是因为他对后果的肆无忌惮……我希望你能原谅我（因为我送了你这本书）。我感到非常内疚"。格莱斯顿被愚弄了，但很快就进行了自我调适。"亲爱的乔治，自从我星期天给你写信以来，我就知道《公平港湾》是一位不信基督教的作家的作品。它吸引着我。"[119] 几天后，他补充说："他竟然叫巴特勒，真叫人痛心，不过我希望他将来能配得上这个名字。"[120]

238　　1865 年，巴特勒写了些关于复活的文章并送给达尔文，达尔文认为这些文章"写得很有力量，充满活力，也很清晰"。[121] 这些文章集结成小册子，标题为《耶稣基督复活的证据》（*The Evidence for the Resurrection of Jesus Christ*），后来巴特勒在此基础上不断发展，最后写成了《公平港湾》。巴特勒曾就手稿征求过萨维奇小姐的意见，萨维奇小姐认为它是"美妙的"。[122] 1873 年这本书匿名出版时，他寄给达尔文一本。"它使我非常感兴趣，而且非常好奇……正统人士能否嗅出你离经叛道的观念，这是一个有趣的问题。"[123] 达尔文告诉他，"一个正在这里吃饭的评论家莱斯利·斯蒂芬知道你是作者"，并补充说，"我对你努力证明耶稣没有死在十字架上这件事而感到惊讶"。

这本书声称是对基督教信仰的辩护，与作者的回忆录一起在作者死后出版，出版者同样是他虚构的兄弟。巴特勒觉得在早期的小册子里，他对复活有一种理智的看法，但他知道这种事情也有感性的一面，在这本书里，他也想表现出来。当我们被告知作者在多年的精神不适后死于一种脑部疾病时，我们应该接受这个暗示。这本书确实声称是对基督教的辩护，但它是由如此三流的思想发起的辩护，它摧毁了它声称要保护的东西。通过接纳各方评论家的意见，巴特勒证明了他的主要观点，即许多教会知识分子的素质和能力都很低，他们面对相反的证据仍保持坚信的决心非常令人失望。身为"作者"，约翰·匹卡德·欧文说："从来没有像现在这样对［信仰的基础］进行阐述。伪科学似是而非的合理性使数十万人陷入谬误；地质学的误用使许多受害者陷入困境，那些没有歪曲地质学的人，很有可能对自然史产生了误解。"[124]

欧文继续说下去，极力表现出巴特勒决意要揭露和嘲笑的那种脾气："并不是说我要反对真正的科学：真正的科学永远不会成为《圣经》的敌人，《圣经》是伟大造物主和灵魂救赎者所写的旨在拯救人类灵魂的科学教科书。但人类永远有敌人，上帝的保佑让我们更清楚地了解敌人的目的和工作方式，而不是邪恶的人自己考虑如何将祝福变成诅咒。上帝全知全能的安排使他获得如此大的胜利，以至于他将把智者从愚者中筛出，把忠实者从叛徒中筛出。"

这种浮浅的态度贯穿全书，如果格莱斯顿没有被书中对他信仰的嘲弄所冒犯，他无疑会被作为该书基础的一个笑话的引申性质所激怒：传教士在智力上存在缺陷，于是他们不可避免地破坏了自己信仰的根基。针对那些质疑福音书的人，欧文说："如果基督再现的信仰直到那些据说见过他的人去世后才出现，那么当并非他们的行为和教海可能被归咎于他们时，情况就不同了；历史上没有什么比那些说他们在死后看到基督活着的人更可靠，他们是第一个为了坚持自己的主张而放弃一切的人。"[125]巴特勒让他的一个朋友写信给欧文（这封信在书中被复制），请求他停止为基督教辩护，因为它在无视福音书中的差异方面是如此薄弱。这位朋友提到了19世纪最畅销的书籍之一，威廉·佩利（William Paley）的《自然神学》（*Natural Theology*）的弱点，并力劝他揭露这些弱点，但欧文没能这样做。

欧文愚蠢的另一个因素在于他对生活在19世纪中期工业化和日益世俗化的社会中的普通人缺乏了解。他推测，葡萄园里的工人对那些失去工作的人来说一定是一个美好的寓言："除了那些与受教育程度较低的阶层有过很多交往的人以外，很少有人知道，这个寓言每天给那些在其较为幸运的同胞充分工作时仍处于失业状态的人带来的无价安慰。"[126]

欧文只能坚持己见，这是必需的：因为没有证据证明信仰的基础。巴特勒将这一观点融入自己的观念。他说道，耶稣复活"通过最坚实和不可辩驳的证据在外部得到证明，甚至对那些拒绝一切精神证据，只承认最纯粹的理性而不承认任何调查准则的人，也应该有这样的吸引力"。[127]缺乏自我意识和智慧是显而易见的："事实是，我们和所有的反对者都应该同意，除非被证明是真实的，否则不该相信任何事。我们否定了这样一种观点，即信仰意味着在证据不足的情况下接受历史事实。我们不把这叫作信仰；我们称它为轻信，并竭尽全力反对它。"[128]最终的结论是："只要我们能确定我们的上帝死了并从死亡中复活，我们可以让对手去争论每件事发生方式的细节。"[129]

　　欧文毫不怀疑，正如他一再告诉他的读者。但他也不明白，他的对手并不反对复活的方式，而是拒绝相信复活。他作品的结论同样是绝对的，也是荒谬的："在这个时代，理性主义已被公认为信仰的唯一基础，我在理性主义的基础上建立了基督教信仰……基督教和理性主义不仅不再相互对立，而且对彼此的存在也变得至关重要。但愿读者和我一样强烈地感到这一点，但愿他也觉得我提供了可以单独使他们结合起来的要素。如果他问我指的是什么，我的回答是坦率。引导者将我们安全带到基督教博爱的港湾。"[130]这证明了巴特勒的观点，一些教会人士，包括圣公会教徒和天主教徒，都认为他对反对基督教的理性主义论点进行了很好的反驳，因此他们高度赞扬了这本书。事实上，萨维奇小姐把书寄给宗教界的熟人，纯粹是为了看看他们的反应；许多人受骗了。当人们意识到他们被骗了，巴特勒已被打入冷宫。在他有生之年，他后来的作品销声匿迹，除了一小部分行家外，其他人都对他置之不理。

　　1872 年 7 月 2 日，他在策划《公平港湾》时给朋友 F. S. 弗莱（F. S. Fleay）牧师写了一封信，并坦率地告诉他，他打算使"好的有用的真理进入它永远不可能到达的地方。如果我能巧妙地做一只带钩的人造苍蝇，让教堂为之欢呼（我想我能做到），我想会有好结果的"。[131]他承诺"老鼠是闻不到的——我用我的方法把它彻底除臭了"。他后来告诉弗莱："我以一个从未怀疑过的人的身份写了第一章，现在我要以一个转变了的怀疑论者的身份来写，这将使我坚持要求人们理解，我们这一边的立场并不那么可疑。"他还令人震惊地承认，"我会把它（书）……带给查普曼和霍尔或麦克米伦，然后说出我的名字，透露我已改变信仰，并写下结果——事实上，我想我会让我的朋友们知道（除了在家里，我什

241

么都不说）我的观念正在发生变化——它不会以《虚幻国》一书作者的身份出版，它的作者只是'重新皈依的人'，或者某种类似的东西。"[132]

书籍出版后，他告诉弗莱："有人告诉我，我把讽刺写得太隐晦了，如果把范围扩大一些会更好……如果再放开一点，教会的报纸可能会像对待任何严重的攻击一样忽略它，但现在粗心大意的人真的会因此而陷入危险。我很确定我选了最有可能引起争议的话题，这就是我想要的结果。"[133]他承认他仍然怀疑"耶稣复活"时发生了什么。"福音中关于复活的叙述是可以信赖的——那么我认为复活的观点是最有可能的；但不幸的是，我们不能依靠其中单独的一个字，所以一切都变成了猜测。尽管如此，幻觉理论对普通英国人来说也是个大的飞跃了。"

从 19 世纪 60 年代到 80 年代，除了令有组织的宗教暴露在嘲笑和谩骂之下，巴特勒那部分剩余的智慧力量越来越多地被用来攻击达尔文。在什鲁斯伯里和大学里，达尔文和卡农·巴特勒就已相识。1828 年，达尔文在威尔士的一个大学生读书节上激发了卡农对植物学的毕生兴趣。塞缪尔·巴特勒认识达尔文的孩子。《物种起源》——该书出版时，巴特勒正在去新西兰的船上——已被寄送给巴特勒。巴特勒专注地阅读了这本书。1863 年，他为克赖斯特彻奇的一家报纸写了一篇关于进化的文章。在生命的尽头，他写道："我没有发现《公平港湾》给我带来任何社会耻辱。我可以随心所欲地攻击基督教，但没人在乎。但当我攻击达尔文时，情况就不同了。多年来，《新旧进化》（*Evolution Old and New*）和《无意识记忆》（*Unconscious Memory*）毁灭了我的文学前景。"[134]

当《虚幻国》问世时，巴特勒只是对达尔文持怀疑态度，而不是对他怀有敌意，这本书安抚了巴特勒的怀疑，其中讽刺了

《物种起源》。他曾两次在唐顿拜访达尔文，并会见了这个家庭的其他成员，他们关系很好。然而，巴特勒越是思考达尔文的作品，越在这个主题的其他方面展开广泛阅读，他的天性就越使他与达尔文发生冲突。到1877年，巴特勒可能已经满足于他对基督教谬误的处理。他现在决定处理达尔文崇拜现象的谬误。他这样做了，尽管——或者在他看来，也许是因为——他没有受过科学训练：当达尔文的支持者们，以及很多比巴特勒更专业的人开始反对他的时候，他承受了一个自以为是的殉道者应该承受的创伤。

巴特勒的第一次严重攻击是《生活和习惯》（*Life and Habit*），出版于1878年初。他的写作动机似乎是因为害怕有人会领先于他，"查尔斯·达尔文是个名不副实的人"，他想，"如果我不尽快把我的书拿出来，那就太迟了。"弗朗西斯·达尔文（Francis Darwin）是这位伟人的儿子，他和巴特勒关系很好，并且还有通信联系。1877年11月，巴特勒警告弗朗西斯，他即将出版的书"已决定彻底抨击你父亲对进化论的看法，并为我相信的拉马克辩护"。他补充说："我既不打算也不希望这样做，只是被驱使去做而已……仔细阅读你父亲的作品，我会更加怀疑，他和拉马克之间的全面对抗第一次出现在我面前。"巴特勒声称："我一直承认，他（达尔文）教导我们相信进化论，从而给我们带来了不可估量的贡献；但他使我们相信它的理由是我本人不能接受的。"巴特勒最后说："多么遗憾，你父亲本该在我祖父的学校上学，因为我自己不喜欢肯尼迪家族的儿子或孙子攻击我，而我对别人的攻击毫不在乎。"[137]

年轻的达尔文批评巴特勒，认为除了自然选择理论外，他的父亲认为《物种起源》的一切都来自拉马克。"我翻遍了我的书的前一部分，去掉了所有对'自然选择'的支持，使它符合目的论的观点——因为我认为拉马克是这样的。"[138]弗朗西斯回答说：

242

　　我承认，当你说你已经放弃了所有对自然选择的支持，而且你认为它是一根沙绳时，我感到很惊讶。我想，从这一点上你否定了对自然选择的任何影响吧？如果是这样的话，我想你一定会发现这是一个很难坚持的立场。因为你当然必须否认会发生变异。如果你承认变异发生，你必然承认遗传是规则，变异在完美的遗传中只是偶然的错误。我想，是我的教育背景和社会关系使我形成了刻板印象，但在我看来，如果你承认这一点，从逻辑上讲，就不可能说自然选择没有影响。[139]

　　这击中了它的目标，因为当弗朗西斯在 1877 年圣诞节期间阅读巴特勒的《生活和习惯》时，他非常高兴，"认为记忆或遗传之间的所有类比或同一性都得到了很好的解决"。[140]巴特勒送出了两本书，其中之一——如果弗朗西斯是明智的——将被送给达尔文。弗朗西斯向他推荐了赫胥黎的著作，特别是《当代评论》（*Contemporary Review*）中题为《动物自动化》（*Animal Automation*）的文章，在文章中"他试图证明意识是神经机制的一种补充，就像时钟的报时声被添加到普通的生长部分"。然而，弗朗西斯继续说："我想，我不太明白你对自然选择的反对意见是什么。"达尔文的信是对巴特勒的"解救"，他一直"害怕你可能会认为《生活和习惯》是不可原谅的"。[141]他接着说："投入其中，无论如何都要投入到我身上。你给我最大的帮助，就是使我从目前的处境中解脱出来，把我的脖子捆起来，让我露出马脚来。我就是这样对待那些与我意见不同的人的，如果他们认为值得的话，我也希望他们这样对待我。"

　　这本书花了巴特勒将近两年的时间。他停止绘画，专注于文学和思想方面的工作，他的大部分时间都在大英博物馆阅览室里度过。他对迪斯雷利产生了喜爱，并在 1878 年的大部分时间里阅读了他的小说，并承认非常欣赏这个人。他发现迪斯雷利的一些早期作品尽管有"许多精辟的谚语"，但"读起来相当费力"。[142] 虽然他与一些朋友讨论了他的一些想法——特别是与弗朗西斯·达尔文的讨论，获益很多——但他很少跟上科学进步的步伐。《生活和习惯》和巴特勒试图诋毁达尔文的其他著作一样，是一本关于争论焦点的书，而不是严肃的探究。它展示了在《物种起源》出版后，由达尔文主义激起的同时代的思想潮流。当弗朗西斯指出书中基本的错误时，巴特勒接受了，但是也辩称他知道他的工作需要改进。这导致了另外三次深入的尝试，试图论述达尔文为什么是错的，但都没有第一次成功。

244

达尔文和他的支持者们并没有认真对待他，他的每一部新作都令他们感到绝望。巴特勒完全没能使他们改变看法。到了 1880 年，达尔文开始谈到，巴特勒认为他是个"最坏的流氓"，尽管他的沮丧只体现在私人信件中：在公开场合，他没有提到这场争论。[143] 巴特勒不能放弃这样的观点，即达尔文并不是其他人所称的伟大的原创思想家，但他们之间的争论（巴特勒在达尔文 1882 年去世后仍不罢休）只是关于方法，而不是目的。这充分说明了巴特勒性格的古怪，以及他近乎自闭的自我认知的缺乏。科学界越是忽视他，他就越是下定决心让他们意识到他的声音有多么重要。

他的下一个尝试是《新旧进化》，当评论家不再关注《生活和习惯》时，除了重新炒热早期著作中的论点外，新著作还引入了一种更人性化的语气：不是因为巴特勒想要侮辱达尔文，而是因为他对自己思想价值的认可欲望开始凌驾于对良好举止的正常考虑之上。不幸的是，事情发生了更不愉快的变化，因为巴特勒相信自己发现了剽窃。他指责说，始终是人类中最正直的达尔文未能将早期科学家们对他的理论贡献归功于他们。这意味着他不仅要为拉马克挺身而出，还要为达尔文的祖父伊拉斯谟挺身而出。

1879 年 2 月，在《新旧进化》出版三个月前，德国生物学家恩斯特·克劳斯博士（Dr Ernst Krause）在德国科学期刊《宇宙》（Kosmos）上发表了一篇关于伊拉斯谟·达尔文的文章。1879 年 3 月，达尔文写信给克劳斯，建议将他的文章翻译成英文，并附上他自己写的自传体简介。巴特勒的书被寄给了克劳斯，他声称，"达尔文明确要求 K 博士不要理它"。巴特勒的证据是 1881 年 1 月 27 日克劳斯写给《自然》的一封信，他在其中说："达尔文先生明确地要求我不理会巴特勒先生的书。"巴特勒接着声称，克劳斯在翻译之前，用《新旧进化》中的材料改写了他的文章。"他最后愤怒地攻击了《新旧进化》，把那本书当作手枪指着我的头，但（因此无疑是达尔文的要求）他从来没有对那本书直呼其名。"

245 　　达尔文关于他祖父的作品于 1879 年 11 月发表。正如序言所声称，这是对克劳斯作品的准确翻译，但其实不是：这开始激起巴特勒的怒火。它说巴特勒的书是在《宇宙》的文章之后出现的，但在翻译之前，没有提到它曾经参考过《新旧进化》一书。达尔文对这篇文章"被修改成对《新旧进化》的攻击"只字未提。巴特勒说他在 1880 年 1 月 2 日"非常文明"地给达尔文写了一封信，要求他进行解释。达尔文立即承认了这一点，并说当再版的时候，他将承认发生的事。然而，巴特勒想要一封写给《泰晤士报》（The Times）或《雅典娜神殿》（Athenaeum）的信。

达尔文对巴特勒的激烈态度感到震惊：难怪他认为自己是"最坏的流氓"。巴特勒——他的痴迷似乎表明他精神错乱——写信给《雅典娜神殿》，讲述达尔文的学术工作。他说，"我太生气了，"随后做了一个有趣的比较，"我发现达尔文对我的态度就像对待伊拉斯谟·达尔文、布冯、拉马克和维斯蒂一样，我立刻写信给《雅典娜神殿》，并陈述了事实"。不幸的是，杂志发表了这篇文章。达尔文——他犯了一个真正的错误——被激怒了，打算同样公开地否定巴特勒。赫胥黎警告他不要这样做，因为它只会给一个被认为介于笑话和骗子之间的人带来荣誉。弗朗西斯·达尔文认为赫胥黎错了：如果他选择这样做的话，达尔文的才智能力可以一劳永逸地摧毁巴特勒。巴特勒自己在这件事上的记录是这样的："谁也没有回信，我认为没有回信是可能的。"于是，他又写了另一本书。"我知道达尔文不关心报纸上的信件，于是我写了一本书《无意识记忆》，并完整陈述了事实，它于 1880 年 11 月出版。"

这引发了"《圣詹姆斯公报》(St James's Gazette) 上的野蛮攻击"（必须公正地指出，缺乏科学研究的支持自然强化了巴特勒的感情用事），紧随其后的是进化论生物学家、达尔文的门徒乔治·罗曼斯 (George Romanes) 在《自然》(Nature) 杂志上发表的一篇"粗俗讽刺"。罗曼斯开始评论："巴特勒先生已经是公众所熟知的两三本书的作者了，这些书展示了一定的文学能力。因此，只要他的目标仅仅是通过诸如《虚幻国》或《生活和习惯》这样的作品来娱乐他的读者，他就会在一个合适的领域里行动。"[145]

罗曼斯强烈反对巴特勒试图撰写《哲学讨论》(Philosophical Discussion)。他接着说："然而，无论从心智的高度还是从心智的装备上，他都无法适应这个舞台；因此，达尔文先生很可能会因为他的敌人写了一本书而感到高兴。不过，尽管我们可以对这种虚荣心报以微笑，这种虚荣心使一个如此无能和无知的人严肃地在世人面前摆出一个哲学家的姿态，但我们不应该因此而认为《无意识记忆》值得一看。"在滔滔不绝的辱骂中，唯一的好东西是"作者自己对自己的看法"。罗曼斯承认，正是"对处于达尔文先生这样地位之人的人格进行卑鄙和侮辱性的攻击"（他认为攻击是由"微小的恶意"驱使），促使他为达尔文进行复仇。巴特勒给《自然》杂志写信为自己辩护，但没获得任何好处。他认为，关于"卑鄙和虐待性攻击"的评论是"罗曼斯先生关于我对达尔文本人进行了卑鄙和辱骂性的人身攻击的一面之词"[146]。

19世纪80年代末，巴特勒做了一些笔记，内容包括关于《伊拉斯谟·达尔文》（*Erasmus Darwin*）的第二版进行了不情愿（在巴特勒看来，显然不够充分）的澄清的说明，该书由弗朗西斯·达尔文在1887年编辑出版。伤口未能愈合。达尔文对赫胥黎说："这件事使我烦恼和痛苦到了愚蠢的程度；但是，任何人都不愿意被公开称为骗子。他似乎暗示我在克劳斯的文章中加上了某些话语，但他不可能真的这么想。直到最近，他又对我表示了极大的友谊，他说他所知道的关于进化论的一切都是从我的书里学来的，我不知道是什么使他对我这么怀恨在心。"[147]仇恨似乎存在于巴特勒的基因中，可怜的达尔文的道歉并没有稀释这种仇恨，他在给巴特勒的信中表达了歉意，但是巴特勒认为是达尔文才引发了这样的问题。

费斯廷·琼斯认为"这本书的目的之一是要证明，改良血统的概念并非源于查尔斯·达尔文；另一个目的是恢复对宇宙的思维，因为巴特勒认为查尔斯·达尔文的著作倾向于在进化论中过分强调偶然而牺牲计划。"[148]巴特勒因《生活和习惯》没有获得严肃回应而受到了伤害，现在更加沮丧，大发雷霆。作为一个严肃的科学思考者，《无意识记忆》是他棺材中的最后一枚钉子。他最后一本关于这一主题的书《幸运还是狡猾？》（*Luck or Cunning*?）是一种长期的报复行为，出版于1886年。达尔文死了，但他的追随者仍然受到斥责和辱骂，他们同样蔑视巴特勒。直到巴特勒走向坟墓，他仍然相信自己对进化论做出了杰出的贡献。[149]然而，巴特勒的一段自述也为我们评价了这个人物："我是一个文理双全的顽童。如果我不能，我知道我不能让文学界和科学界的大人物给我一先令，那么我知道我能把砖头扔到他们中间。"[150]

或许巴特勒专注于科学问题，是因为他怀疑自己在基督教辩论中的价值。他在 1877 年给熟人寄去《公平港湾》，那是"许多未售出的书中的一本"，他说，这是"第一版，没有序言，因为没有它更好，序言是在没有适当思考的情况下写出来的，事实上是一个错误"。他在攻击达尔文的同时，培养了相当多的其他方面的艺术才能：在完成绘画之后，他开始摄影，并致力于《伊利亚特》（*Iliad*）和《奥德赛》（*Odyssey*）的翻译工作。然而，他的最高成就是他在萨维奇小姐鼓动下写的另一件作品，但未能在他父亲生前发表，1886 年卡农·巴特勒去世后，《众生之路》才得以出版。

巴特勒从 1873 年到 1884 年写了这本书，与他撰写的针对进化论的著作处于同一时期。一开始，他在白天绘画，晚上开始写作，而不是练习钢琴。他知道这部小说会引起他家人的反感。人们在他死后的论文中发现了一个废弃的标题页，上面有这样的座右铭："纵有疾风起，人生不言弃"〔"quand on fait des ommelettes（SiC）il faut croquer des operfs"〕。萨维奇小姐在巴特勒写这本书的时候就读过书中内容，1873 年 8 月，她告诉他："这本小说我读了两遍——一遍是为了寻找错误，一遍完全是为了享受。到目前为止，它是完美的（至少在我看来是这样），如果你继续你已经开始的事情（我敢说你会），它将是一本完美的书。"[152]1878 年 7 月，他还给她寄去了最新一辑的《欧内斯特·庞蒂费克斯》（"Ernest Ponifex"）。他告诉她："它的可读性比我想象的要差得多，而且充满了小的矛盾。"她很喜欢它，并渴望得到更多的新内容。

他不断地修改手稿，尽管萨维奇小姐在 1885 年去世后，这些手稿几乎再没有动过，但她对他的批评是如此重要：在这本书中，她以恩尼斯特善良美丽的姑妈阿莱西娅而不朽。事实证明，直到 1903 年，也就是巴特勒去世的第二年，这部伟大的、革命性的、破坏性的现代维多利亚小说，才得以出版。他对小说会引起的愤怒的预判是准确的，尤其是因为书中主人公之父西奥博尔德·庞蒂费克斯牧师在几页之内就暴露出了伪善的一面，而他的妻子克里斯蒂娜则紧随其后。据说他们的儿子欧内斯特出生于 1835 年，和巴特勒一样；欧内斯特的父亲，就是那位牧师，和巴特勒的父亲年龄相仿。

西奥博尔德是一个自以为是、自怨自怜的反社会者、施虐者、欺凌者、伪君子和自私自利者。他的妻子是一个空虚的、琐碎的、压抑的幻想者，对她卑劣丈夫的许多禽兽行为予以顺从和纵容。当克里斯蒂娜去世时，巴特勒写道："西奥博尔德把脸埋在手帕里，以掩饰他缺乏感情。"[154] 巴特勒的两个妹妹吓坏了，这是不足为奇的，但这很难说是在称赞她们。西奥博尔德身上有一种弗劳德总执事的气质，欧内斯特的校长斯金纳身上有一种阿诺德博士的气质（尽管巴特勒去了什鲁斯伯里，但他很清楚这类人的性格）。

这本书不仅破坏了家庭生活的概念，还攻击了家庭生活的基础——宗教。邪恶的普瑞尔告诉欧内斯特，"如果你从《圣经》开始"，"你已经在不忠的道路上走了三段，而在你知道自己在哪之前，你还会继续走另一段。圣经对我们神职人员来说并不是没有价值的，但对俗人来说，它是一块绊脚石，不能让它太快或太彻底地从他们的道路上消失……再也没有比它更不靠谱的书籍了"。[155] 不过，这只是该书所抨击的虚伪行为之一。"在他急切地想要通过普莱尔建议的方法来重建英国国教会（以及通过这种方法来重建天地万物）的时候，他想到了一个主意：通过到穷人中间生活来熟悉他们的习惯和思想。我想他是从金斯利的《奥尔顿·洛克》那里得到这个概念的。虽然他是个伟大的牧师，但他吞下了斯坦利的《阿诺德的一生》（Life of Arnold）、狄更斯的小说以及当时任何最有可能对他造成伤害的文学垃圾。"[156] 在某种程度上，上层阶级比下层阶级更令人厌恶，因为他们可以毫不费力地惠顾下层阶级。欧内斯特被送进监狱后，他的坏朋友托内利嘱咐媒体不要报道任何事情。"所有上层阶级的报纸都听从了他的建议。只有下层阶级的一本杂志除外，坚持了自身的立场。"[157]

当欧内斯特在监狱里突然意识到，基督教"欺骗"了他时——正如 1858 年，巴特勒在贫民窟工作时的感受——是因为他知道"他所承受的大部分痛苦，间接地、主要是由于基督教教义的影响"。他希望把别人"从多年的浪费和痛苦中（就像他自己不得不度过的那样）拯救出来。如果在基督的死亡和复活的奇迹记载中没有真相，那么整个建立在这些事件历史真相基础上的宗教就会轰然倒塌。'为什么？'，他带着青春的傲慢大声喊道，'他们把一个吉卜赛人或者算命的人关进监狱，因为后者把钱从那些自以为他们有超自然力量的傻瓜那里弄出来；他们为什么不把一个假装能赦罪、声称能把面包和酒变成一个死了两千年的人的血和肉的牧师送进监狱呢？'"[158]

费斯廷·琼斯把他朋友的自传体小说描述为"就像《约伯记》和《奥德赛》一样，善良的人经历磨难，最终获得胜利"。[159] 这并没有考虑到在取得胜利之前必须抛弃和摧毁的东西。《泰晤士报》的评论是典型的，在谈到欧内斯特的童年时，这位评论员指出："我们无法相信，我们认为他夸大了……这本书的这一部分让人痛苦到极点，让平时善良的读者怒不可遏。无论是否夸大其词，我们对待孩子的态度是非常不同的，西奥巴尔德和他的妻子也会听到英国防止儿童虐待协会的声音。"评论家继续批评巴特勒的"苦涩讽刺"，批评他阐述了一种"完全否定"的哲学。1873 年，当这项工作还处于早期阶段时，巴特勒告诉弗莱，"讽刺变得越来越可怕，每次我重写前三章的时候，就会显得越来越痛苦：然而，我想——尽管我几乎不敢这么说——这种痛苦不太可能伤害那些不配得到它的人——这些人也不会因此而受到伤害。"[161]

然而，他承认，幽默鉴赏家是不会失望的。这篇评论的结尾是这样的："在这本书中，我们对巴特勒先生的钦佩几乎超过了他所做的任何事情；但当他利用他的智慧和知识证明《奥德赛》是由一个女人写的时，我们更喜欢他。"比起《星期日太阳报》（*Sunday Sun*）的评论员来说，这可能更像是一种恭维，他们形容这部作品"不是一部伟大的小说，但无疑是一本非常有趣的书"，冠着一个"相当愚蠢的标题"。

250　　巴特勒是 19 世纪世俗主义者的羽翼。尽管他自命不凡，但他没有足够的科学知识或发现来支持这场运动。然而，他有勇气和独创性的思维来挑战社会和神学上公认的智慧，他清楚地看到了几乎所有同辈们都掌握的骗人把戏。他象征着维多利亚时代的决心，要

251 在他们自己创造的基础上建立一种新的世界观。

第八章 政治头脑：崇高的原则，世俗的野心

一

　　19 世纪中叶的政治家和作家或思想家一样，容易受到社会和知识变革的影响。这种新趋势的一个极端例子出现在 19 世纪末，当时被选为下院议员的无神论者查尔斯·布雷德洛拒绝接受基督教的宣誓，因此他无法得到在议会中的席位。然而，新教正统观念在 1829 年天主教解放运动时已经退却，允许犹太人参加议会的要求使基督教很快发现自己在政治领域受到了挑战。与天主教的解放一样，这对根深蒂固的信念和偏见带来了巨大的挑战。

　　19 世纪 30 年代到 19 世纪 50 年代，关于犹太人存在缺陷问题的长期论战显示出当时的政治环境，既处于最好的时候，也处在最差的状态。最好的是指，现在思想已经足够开放，可以讨论这个问题；最差的是指，英国政治生活中还残留着一股强烈的反犹太主义情绪，一部分是出于种族主义者的本性，另一部分是基于一种宗教偏见，这种偏见仍然认为犹太人参与杀害基督徒需要受到惩罚。政治参与的能力也界定了成员的社会资格，三个日益重要的群体：工人阶级、妇女和犹太人发现自己仍然被排斥在外，他们作为局外人的地位对公民社会的稳定构成越来越大的威胁。1829 年，天主教徒通过《解放法令》得以进入议会。犹太人仍然被禁止进入议会，

但给予天主教徒的解脱激起了一波新的游说浪潮，要求同时确保犹
太人的权利。天主教解放运动一年后，一项法案被提出，当年第一
252 次当选的托马斯·巴宾顿·麦考莱因为支持法案和抨击排斥犹太人
的不公正做法而名声大振。该法案在下院被否决，但每年都会重新
提出。到了 1833 年，经过改革的下院通过了这项决议，结果被上
院否决。与威廉国王一样，托利党也表示反对，理由是犹太人被认
为在英国以外拥有更高的忠诚度。当时有大量请愿书要求给予犹太
人这些权利，但都无济于事。

犹太游说团把注意力转向争取地方政府的职位。这样一项法案
终于在 1845 年 7 月获得通过。其成功的部分原因是一些犹太人决心
成为高级执政官和议员，那些打算让犹太人进入议会的人意识到他
们需要准备候选人。当时政治生活中最著名的犹太人是迪斯雷利，
他在 12 岁时皈依了基督教。现在，有一位没有改变宗教信仰的人宣
布参加选举，此人名叫莱昂内尔·德·罗斯柴尔德（Lionel de
Rothschild），来自银行业家族，于 1847 年代表伦敦金融城当选。虽
然没有什么能够阻止罗斯柴尔德成为候选人，但也不是绝对的。一
项使他和其他犹太议员能够这样做的法案在他当选后不久被提交到
下院，以使他的选民意愿占据上风。在这个问题上，意见已开始软
化。莫里斯在 1847 年 11 月对查尔斯·金斯利说，"犹太人是外国人的
感觉过去对我起着决定性的作用，直到我意识到这只应该对我自己的
行为有决定性的作用，没有法律依据可以剥夺外侨的一般权利"。[1]

1848 年夏天，上院以 163 票对 128 票否决了该法案，票数相
差无几。罗斯柴尔德依然没有获得席位。然而，1851 年，银行家
大卫·萨蒙斯（David Salomons）当选为格林威治议员，并坚持要
在下院任职。他领导了争取犹太人担任市政职务的斗争。他提出按
《旧约》宣誓，这个要求得到了议长的允许。但是，萨蒙斯在发誓

弃绝过程中省略了"关于一名基督徒的真正信仰"这句话。议长要求他离开，但他走过去坐在了下院的政府一边。他再次被要求离开，但他警告下院的朋友说，他将寻求法律赔偿，这使出席会议的资深大臣查尔斯·伍德（Charles Wood）惊慌失措，伍德担任财政大臣，他试图拖延到下周举行进一步的讨论，以征求法律意见。有人要求为格林威治的补选签发一份新的令状，因为萨蒙斯没有资格占据这个位置。这一动议被取消了，但下院将在下周一重新开会讨论该做什么。

在讨论他的立场时，萨蒙斯不仅进入会议厅，而且坐在大臣的席位上，这引起了极大的骚动。有人立即提出一项议案，认为萨蒙斯可以在议会拥有自己的座席；但有人表示他不应该拥有。争吵仍在继续，一名议员站起来，对发誓弃绝的合法性提出质疑，这是萨蒙斯已经拒绝接受的。议长援引了罗斯柴尔德没有被允许进入议会的先例。爱尔兰国会议员托马斯·安斯蒂（Thomas Anstey）辩称道，发誓弃绝是针对詹姆斯二世的后代，而不是针对犹太人，他进一步争辩说，自从乔治三世死后，誓言就不再合法了，自从最后一位斯图亚特觊觎者死后，誓言就"过期"了。宣誓的目的不是确认基督教信仰，而是确认维多利亚女王是合法的君主。萨蒙斯是这样做的，但在首席检察官亚历山大·考克伯恩爵士（Sir Alexander Cockburn）看来，誓言就是誓言，如果不按规定的形式宣誓，那就相当于没有宣誓。考克伯恩并没有对《旧约》吹毛求疵：正是因为缺乏"关于一名基督徒的真正信仰"这几个字，他才有了问题。不过，另一位议员指出，前检察官弗雷德里克·塞西杰爵士（Sir Frederic Thesiger）曾说过，即使按《新约》宣誓也是不合法的。

首相罗素说，下院必须为普遍遵守法律的人民树立榜样，并期望他们的领导人也这样做。然而，即使是这种做法也没有成功，因

253

为当时的议员们质疑，曾宣誓维护女王君主地位的萨蒙斯是否非法。就像贵格会教徒自 1696 年以来，只要得到批准就可以进入下院一样，犹太人也应该如此：这一点也是由贵格会议员约翰·布赖特提出的。

理查德·贝塞尔（Richard Bethell）将成为副检察长，他认为：

254

> 在议会法令的规定下，在允许议员们按《旧约》宣誓的情况下，他们认为有权改变形式，他们必须确保议员宣誓时良心受到约束；然而，在做出这一让步之后，他们嘲笑这位议员——他们嘲笑法律——他们告诉他，尽管他们迄今承认了这一原则，尽管他们给了他要籍以宣誓的《旧约》，他们还是违背了法律的原则，正是通过提交的这一法案，他们自己有责任去抹掉"关于一名基督徒的真正信仰"这句话，但他们却拒绝抹掉。他又说，他们嘲笑法律，他们坚持这样做来嘲弄常识。[2]

贝塞尔声称，一旦下院承认了一个人可以按《旧约》起誓的观点，"他们就有道德上的义务去遵循这一点，忽略'关于一名基督徒的真正信仰'这句话"。

会议商定，应将萨蒙斯的退出问题付诸表决。几位议员相继发言，其中一位说，如果萨蒙斯不说出他打算怎样进行下去的话，就会"削弱他自己的力量"。随后萨蒙斯站了起来。有几个人喊着"退出"，但更多的人表示希望听到他的声音，议长也没有阻止他。萨蒙斯说：

> 我被一个大选区送回下院，并相信我并非残疾人士，而且

我有能力满足法律的所有要求，我认为我维护自己出现在这里的权利是正确和恰当的，如果我不这么做，我认为对自己的英国人身份和绅士身份是不公正的——先生，这并不意味着对您有任何不敬之意。我认为我一定要这样做，以捍卫我自己的权利和特权，以及派我来这里的选民的权利和特权。先生，在这样说的时候，我要向您证明，无论议院的决定是什么，我都愿意遵守，只要运用足够的武力使我感到我是在胁迫下行事。[3]

萨蒙斯也指出了该法律的"可疑"之处，并警告下院，这种混乱本身就不是凌驾于选民权利之上的充分理由。

下院以 231 票赞成，81 票反对，决定让萨蒙斯退出议院。正如萨蒙斯所说的那样，他一直等到"下院警卫"把手放在他的肩膀上，他才被迫安静地离开。第二天，罗素提出了一项议案，明确禁止萨蒙斯在下院投票或入座，直到他接受发誓弃绝为止。罗素承认贵格会可以不经宣誓，但法律允许他们那样做：没有任何的法律规定犹太人也可以这样做，罗素也承认，"我控诉法律的不完善，我认为这对犹太人来说是一个很大的障碍"。[4]

为什么不应该纠正这一问题呢？考克伯恩在稍后的辩论中发言，他宣称自己是"一贯支持给予犹太人资格"的人之一。但考克伯恩说，这一次他必须"采取司法行动"。[5] 宣誓的初衷可能是阻止"不遵奉国教的天主教徒"掌权，如此措辞也是为了避免"规避"；而且没有为犹太人修改该誓言的规定。考克伯恩表示，他很抱歉得出结论，萨蒙斯不能获得议员资格，但法律令他别无选择。[6] 然而，其他人针对考克伯恩言辞的评论是，发誓弃绝并非特别针对犹太人，而是出于偶然。

乔治·汤普森（George Thompson）是塔哈姆雷特（Tower Hamlet）的自由党议员，他最先触及了一个尚未讨论的问题：不愿修改法律来允许萨蒙斯，实际上还有罗斯柴尔德坐在下院是一个反犹太主义的问题，无论是主动的还是被动的，他的选区在伦敦金融城东面，包括英国的主要犹太社区，他声称自己代表"联合王国的大多数希伯来人社区"。[7]当他说这话时，他被嘲笑了，并观察到"嘲笑和无礼"的反应泄露了许多议员对英国犹太人的真实感受。他说，"在本案中，他们看待法律的角度不同于那些关心法律的人，而是等同于为适应自己的偏见而对法律进行着色的人。"要在"宗教自由"和"宗教不容忍"间做出选择。罗素说，他将尽一切努力提出一项法案，废除对犹太人的限制。

格林威治的选民要求面对下院的律师公会陈述意见。因此，在罗斯柴尔德的事业中，来自伦敦金融城的选民也提出了这样的要求。在第二天辩论结束时，下院仍然投票拒绝萨蒙斯加入议会。除此之外，他因在下院的三次分组表决中均投票不当而被处以500英镑的罚款。他和支持者们正等待着立法修改誓言。1853年、1856年和1857年，均有法案提交，但都被上院否决。1853年，时任首相阿伯丁试图消除这种资格上的歧视，他在4月29日上院的演讲中，抨击了那些在基督世界大部分地区存在的对犹太人的"残余偏见"，因为犹太人"一直被污蔑犯下了难以想象的滔天罪行"。[8]阿伯丁继续说："我们不应该复仇……我们不应该'报复'。""犹太人是唯一因宗教信仰而被排除在公民权利和政治权利之外的人，这是不能接受的。"[9]阿伯丁说，既然议会把英国人的负担强加给犹太人，那么犹太人也应该被赋予英国人的权利。

然而，阿伯丁遭到沙夫茨伯里的驳斥，后者是托利党中最著名的自由派、也是被压迫者的朋友。首相断言公众的态度支持废除这些限制，他对此表示怀疑。然而，他也对一项措施的逻辑感到不满，这项措施允许犹太人进入议会，却禁止他们担任摄政王、大法官、掌玺大臣，或"禁止向王室提出有关教会的建议"。[10]沙夫茨伯里认为，"如果他们拥有宪法赋予的进入议会的权利，他们也能够享有议会的所有特权和相关的一切"。令沙夫茨伯里感到不满的还有，承认犹太人会导致他们参与制定约束英国国教的法律，而他们却能置身事外。[11]政治和宪法深受新教的影响，这使得关于犹太人的争论远不止偶见的反犹主义。

沙夫茨伯里宣称：

> 赋予犹太人实际和具有影响力的特权和权力，并针对法律行使投票权，将直接影响英国国教，间接地或许会影响整个基督教会——允许他们在立法上尽情放纵他们名字和民族所具备的那种特有的反感——我们被要求不能提及那个代表我们的荣耀、保障和力量的名字。那么，各位大人，这是谁的自由？我说这是我们的自由。我们被要求在一个人面前退缩，他告诉你，他的宗教只能以否定你的宗教而存在；他必须并终将在议会中拥有一席之地，以便至少拥有维护这一宗教的特权，并制定法律，对宗教产生影响，而那种宗教明明是他们种族的耻辱。

257

沙夫茨伯里嘲笑下院"善良"到提供替代宣誓，并谴责政客们"扭曲和改变这些庄严的宣誓给政治提供便利"的想法是"不敬的"。他大声斥责道："在证明议会不应是基督教专属的同时，公平和谨慎地衡量我们将对整个国家产生的影响才是可取的做法。虽然出于讨论的目的，承认尽力接纳不满和不安的人使其得到满足可能有利于政治，但难道没有什么道德上的罪恶感使我们停止这样做吗……?各位大人，我承认，这似乎是一种赋予特权的非常新颖的方式。"[12]他说，他害怕英国宗教的存在遭到破坏。沙夫茨伯里对罗伯特·皮尔爵士所表现出的歇斯底里，并没有随着时间的推移而减弱。

其他同行支持沙夫茨伯里的观点。不过，有一个人也许对基督教有着更超然的看法，他就是都柏林大主教，他认为不允许犹太人进入英国国会下院是对那些选举他们的人的侮辱。都柏林大主教似乎对沙夫茨斯伯里进行了含蓄的指责，他指出，这项法案的反对者"声称消除这些障碍将使立法机关非基督化，这完全是一种错误的立场，他还说罗马天主教并没有使立法机关非新教化，允许持不同政见者进入议会也没有使立法机关违背教会"。[13]索尔兹伯里主教不同意他的意见，理由是这允许亵渎者进入下院；而他又遭到圣大卫主教的攻击。科尔切斯特勋爵严厉批评了对贵格会教徒和犹太人之间的错误类比——"此时贵格会教徒已经摆脱困境……他们宣称信奉基督教"——随后进行了投票，议案以164票对115票被否决。

1854年的《宣誓法案》、1856年的《弃绝誓言法案》和1857年的《宣誓法案》提出时，这些争论再次上演。到1858年，事情终于有了结果。下院通过了一项新的宣誓法案，结果只有应用于犹太人的条款被上院否决。上院反对法案中涉及的两个（正如他们所认为的）问题：一是笼统地修改宣誓，另一个涉及解决犹太人面临的具体问题。反对这一法案的运动是由切姆斯福德勋爵（Lord Chelmsford），现任大法官、前弗雷德里克·塞西杰爵士领导的。切姆斯福德对上院说，他一直反对犹太人进入议会，并打算坚持这一主张。塞西杰爵士意识到自己有可能被认为是心存偏见，于是他指出，另一位贵族曾提到反对解除针对犹太人的限制是"最完美的公正和最善良的情感"。[14]然后他接着暗示，这个问题总是"暗指一两个犹太人中的杰出人物，他们被认为是整个犹太人的代表"，或许并不是所有的犹太人都是那样的〔他可能已经注意到不是所有的新教徒都像首相德比勋爵（Lord Derby）一样，选择避免制造那样的混乱〕。就"品格高尚且受人尊敬的绅士而言……他们在生活中与基督教臣民建立了社会交往，他们完全没有他们所信奉的宗教的排他性精神特征"，这种特征用普遍原则替代了危险的个人意志。切姆斯福德并没有说他担心来自亨德斯戴奇的放债者、旧衣服经销商以及其他蜂拥而至的人，不过在当时，他也没有必要担心这种情况。

　　狄更斯被认为是一位充满人道主义精神的作家，就连他也用"教唆犯"（Fagin）指代英国的犹太人，可见反犹主义是一个多么严重的问题。不过反犹主义也开始被认为是一种丑恶的偏见，这也解释了为何切姆斯福德决心因为在犹太人权利问题上的公正而赞美自己。尽管如此，切姆斯福德不认为"公民权利"一词包括"要求获准担任政治职务或进入议会……各位大人，我认为不是所有公民都可以随便拥有这种权利的"。[15]切姆斯福德丝毫不同情伦敦金融城那些被剥夺了公民权利的选举人，他们坚持让罗斯柴尔德重返议会，他们之所以这样做是因为他们懂得法律。和沙夫茨伯里一样，切姆斯福德抗议说，如果犹太人获准进入立法机关，"那么立法机关将不再是基督教的立法机关"，"因为它不再会考查其成员是不是基督徒"。[16]

　　林德赫斯特勋爵（Lord Lyndhurst）礼貌地反驳了切姆斯福德，他注意到了历年来支持犹太人加入议会的高级神职人员的人数，并不希望国家因为这种情况而丧失基督教的本质。犹太人在加拿大、澳大利亚和新西兰的议会中拥有一席之地，这些国家的宪法已经在上院获得通过，这些国家没有丧失基督教本质，其议会也没有。"那么，什么才是你的原则——你崇高的原则？"他问道："你将其

丢在风中——你认为殖民地的英国臣民不值得受到其保护。"[17]他提

醒下院，在讨论天主教解放的时候，反对的理由是天主教徒敬仰外国君主，寻求皈依。尽管如此，天主教徒依然获得解放。相比之下，犹太人从未敬仰外国君主，也不会改变宗教信仰。

拉特兰公爵和马尔伯勒公爵都发表了反对意见，他们担心英国丧失基督教本质。卡塞尔主教也表示反对，尽管他坚称"我对他们并无恶意。我爱他们"。[18]然而，卡塞尔主教也动情地提醒贵族们，犹太人是"亚伯拉罕的孩子，但他们是堕落的孩子，没有追寻祖先的足迹"。正是他们喊出了"把他钉在十字架上！把他钉在十字架上！"而且，"今天的犹太人亵渎圣名并且诋毁基督徒热爱的上帝，表明他们是其堕落祖先的真正子孙"。[18]这一点早晚会有人提出来。

下院拒绝接受这项修正案。1858年5月10日，罗素作为反对党领袖提议下院不应该赞同上院的意见。罗素的主要观点是，遭反对的宣誓是为了抵制反政府的罗马天主教徒的野心而制定的，而不是为了抵制犹太人。议会决定任命一个委员会再次审议该法案。表决结果以251票对196票通过任命委员会——像通常获得合法授权那样——罗斯柴尔德依然是伦敦金融城的下院议员，但他依然不能进入议会。上院意识到它的意志已得以实现。1858年5月18日，两院在威斯敏斯特宫的有图画装饰的会议厅召开会议商讨一项提议，即两院各自都可以通过决议接纳犹太人，他们在宣誓时将省略"关于一名基督徒的真正信仰"这句恼人的话。

除了受委派参加会议的贵族要向上院汇报下院的主张外，会议没有取得任何一致意见。两周后，斯坦霍普伯爵（Earl Stanhope）在上院的辩论中支持下院的观点，他说下院赞成接纳犹太人的议员是大多数，人数在两年里增加了2倍，从49人增加到153人，上院不能在选举产生的下院中继续忽视这个意见的影响力，选择继续

忽视是不明智的。还有一个选择是与下院发生冲突，这将造成许多难以预料的宪法后果。上院依然存在一些因循守旧的反对派，德罗斯勋爵（Lord de Ros）在这场辩论中是最顽固的，他问道："在任何重大的突发事件中，犹太人是否曾拿起武器保卫这个国家？为什么当英国受到侵略威胁时，犹太人没有像律师和其他行业那样在他们的团体中组建志愿军或者国防军？为什么在女王陛下的船上和军队里找不到他们的身影？事实上，犹太人在他们所生活的国家里总是把自己看作外国人，这就是他们不应该获准进入议会的一个很好的理由。"[19]

后来，事情因为德比生病而推迟。德比于 7 月 1 日回到上院，当时正值被称为"大恶臭"的公共卫生灾难最严重的时期，泰晤士河在热浪中污水泛滥。德比说他改变了主意，为了避免与下院摊牌，上院应该同意犹太人获准进入议会，这让贵族感到震惊。德比承认失败纯粹是出于实用主义："我这样做没有别的想法，就是希望看到两院在一个重大问题上达成和解，对此我看不到其他解决办法。"[20]那些认识德比的人都怀疑他改变主义的诚意。"很难相信他本人曾对犹太人问题有丝毫的关心，或者除了取悦所在政党中的顽固和狭隘分子，他的反对态度还有什么其他动机，"格雷维尔在日记中写道。[21]

两院最终达成妥协，犹太人可以在宣誓时省略那句关于基督教的话，并给出不同的措辞。这一妥协是由克里米亚战争的指挥官卢肯勋爵（Lord Lucan）提出的，他曾命令他的妹夫卡迪根勋爵（Lord Cardigan）在战争中率领轻骑兵。卢肯的妥协凸显在其职业生涯中一个又一个的错误之中。在 19 世纪 40 年代马铃薯饥荒期间。他担任梅奥郡的治安长官，他的行为冷酷无情，招致爱尔兰人的憎恨。他在克里米亚战争中所起的作用使他受到通报批评（他对此提出强烈异议）。他提出的使这项措施生效的法案进入二读阶段，尽管那些认为赞成耶稣基督之死的犹太人仍未受到应有惩罚的家伙一如既往地起哄。

当法案进入委员会时，就连顽固分子也意识到游戏结束了。一些人声称上院的做法违背了宪法，这与被迫接受现实有着相同的含义。尽管如此，法案在委员会阶段未经修改就通过了，在上院接受三读时只有马尔伯勒公爵提出一项修正案，不允许犹太人担任基督教会的圣职，下院的少数反对派企图阻挠这项措施，却以失败告终。米德赫斯特的国会议员塞缪尔·沃伦（Samuel Warren）在 7 月 21 日卢肯法案三读时表达了他"难以抑制的厌恶之情"，但到目前为止，这种态度多见于少数派。芬斯伯里（Finsbury）的国会议员托马斯·邓科姆提到，尽管罗斯柴尔德不能在议会中拥有一席之地，但他可以在委员会中与上院进行谈判，此时上院发现自身处在荒谬的位置，"集顽固、偏见和偏执于一身"。[22]邓科姆认为争取犹太人政治平等的长期斗争即将结束，他是对的。三读以 129 票对 55 票获得通过。

1858 年 7 月 26 日，罗斯柴尔德来到下院，决心利用新的法律进入议会。沃伦在他宣誓时试图打断他，但议长允许他坐下。罗斯柴尔德必须郑重其事地反对要求他陈述的誓词，这样下议院才能商定给他提供可以接受的措辞。沃伦再次插话，这一次被认为是正常的。他说下院正面临"宪法历史和国家历史上一场非常严重的危机，责任感不允许我保持沉默"。[23]沃伦称赞罗斯柴尔德的"品格无可挑剔"，坚称"我心里对犹太人没有丝毫敌意"，但是下院即将采取的行动是"危险的"。[24]另外一两位议员对当前的情况提出了不同意见，敦促其他人反思针对犹太人的不恰当偏见。这些受到指责的人随后否认有任何偏见，反而提到他们的基督教信仰。于是一项允许罗斯柴尔德宣誓的动议提交到下院。

　　然后，罗斯柴尔德如愿以偿地按《旧约》宣誓，他戴上帽子，终于获得座席。在格林威治安排了一次补选，萨蒙斯（1855 年担任伦敦市长）成功胜出，并于 1859 年进入议会。1885 年，纳撒尼尔·德·罗斯柴尔德成为第一位犹太贵族，另一个偏见的堡垒被打破了。

二

　　关于犹太人的辩论代表着走向新秩序，这种新秩序更加世俗化，是更加务实态度的结果。那些推动这一进程的人具备聪明灵活的头脑，懂得什么最有益于国家。威廉·埃沃特·格莱斯顿是最有 262 原则的人，但有时他会在环境发生变化时改变自己的信仰。他从贸易保护主义向自由贸易的转变或许是这方面最重要的例子，产生了一种迫使他彻底转换政党的想法。格莱斯顿避免因为虚伪或者将个人野心凌驾于一切之上而受到指责，因为那是显而易见的，而他的所作所为是基于强大的道德原则和宗教原则。然而，格莱斯顿却是一个内心极度躁动不安的人，性压抑和对性的强烈兴趣困扰着他。

　　19 世纪 40 年代初，格莱斯顿已经成为继皮尔之后的新生代政治领袖。卡莱尔不轻易赞美别人，但在 1842 年，他形容格莱斯顿是"一个最有条理、谈吐文雅、思想纯洁、刚直不阿、外表真诚的人"。[25] 卡莱尔与格莱斯顿的相识始于他阅读《国家与教会的关系》（*The State in its Relationswith the Church*）一书，知识和个性都不会轻易取悦这位圣人，而这本书的思想和学识却给他留下了深刻的印象。这本书是格莱斯顿于 1838 年出版的，他在 1841 年出版了第二部神学著作《作为后果的教会原则》（*Church Principles Considered in their Result*）。格莱斯顿的智慧及其宗教原则铸就了他奋斗的一生。格莱斯顿在较早出版的那本书中表达的观点是，国家除了扮演政治角色外，还具有宗教角色；后面的一本书则重申了圣公会教义作为英国国教的教义在国家中居于首要地位。格莱斯顿努力维护这些教义，这些教义是其政治信条的基础，是他在一个变革和进步时期执行政策的推动力。他对牛津运动的大多数重要人物都很友好。他有一个阿诺德式的愿望，希望建立一个完全意义上的宗教社会，但是作为政治家，生活中的实际情况对他产生的影响使他意识到这种情况是不可能的。格莱斯顿毕生对神学问题有着浓厚的兴趣，作为大臣，他密切关注英国国教的政治和赞助。

　　格莱斯顿对英国人的生活倾注了毕生的心血，直到 1898 年去世。他一生中大部分时间都身居要职。他是 1851 年世界博览会委员会的成员；他是大英博物馆的理事；他是国家美术馆的展览顾问，也是大型建筑工程的顾问；他翻译荷马的作品；他对英国教会内部和议会内部激烈的神学问题施加影响；他影响了牛津大学的改革；他鼓励了一项调查，推动了伟大的公立学校的改革；他筹建了一个拥有 3.2 万册藏书的图书馆；他经常出于崇高的原则而辞职或拒绝任职；他养成了砍伐树木的爱好；他拯救堕落的妇女，把她们带回家里和格莱斯顿夫人一起为她们祈祷。他学识渊博、才华横溢、严肃认真，是个道德巨人。他或许代表了一个思想崇高的时代中最崇高的思想，象征着追求完美、促进文明发展进步，以及改善英国人民生活的动力。

　　在社会和技术快速变化的时代，要做到这一点，就必须达成和解。格莱斯顿的成功主要在于他善于坚持高度的正直和诚实，而在重要问题上做出重大的改变。他这样做是智慧使然，而这偶尔也会给他坚持某种政策和思想方针带来不可避免的困难。格莱斯顿是一位高尚的国教徒，他认为有必要废除爱尔兰教会的国教制。他拥护托利党土地所有者的利益，却在支持废除《谷物法》的问题上与之反目。虽然他厌恶离婚的想法，但在慈善工作方面，他却将大量精力投入到涉及最低级的性堕落的女性身上。他是一个帝国主义者，他意识到给予爱尔兰地方自治权是不可避免的。最重要的是，他是一个托利党人，后来却成为自由党人。

　　威廉·格莱斯顿生于 1809 年，是利物浦商人约翰·格莱斯顿爵士（第一代准男爵）的第 4 个孩子，也是最小的男孩。格莱斯顿一家是苏格兰人，住在利物浦的一个典型社区里。威廉（William）的父母都有虔诚的宗教信仰，都是虔诚的基督教福音派教徒，他受洗成为圣公会教徒。他在伊顿公学上学时开始写日记，一直坚持了 70 多年，日记是他最重要的记录。他进入牛津大学的基督教会，学业优异，正如 20 年前皮尔在那里一样，他还成为牛津联盟的主席。然而，他的伙伴认为他是一个著名的道学先生，主要是因为他的宗教狂热。他认真考虑过接受圣职，直到他的父亲说服他放弃。

　　在牛津大学，格莱斯顿对政治产生了强烈的兴趣，而后在牛津联盟，他通过了一项对威灵顿政府不信任的动议。在这个阶段，格莱斯顿支持托利党中乔治·坎宁（George Canning）一派，他们倾向天主教解放和宽松的贸易关税。格莱斯顿强烈反对辉格党的改革措施，这些措施在 1832 年将选举权扩大到中产阶级，废除腐败的行政区，在这些行政区，是赞助人而非选举人控制着国会议员的选举。然而，格莱斯顿更加反对威灵顿狭隘地否定辉格党的提议，以及不愿意就一项不那么重要的措施进行协商的行为。格莱斯顿在牛津大学的演讲引起了英国议会和政府的注意，1832 年纽卡斯尔公爵提议他担任纽瓦克的议员。格莱斯顿在 1832 年 12 月的选举中获胜，这次选举恰在《改革法案》刚刚通过之后，他于下个月进入议会。1834 年皮尔组建了短暂的政府，当时格莱斯顿担任督导，后来担任负责战争和殖民地事务的副大臣。因为在皮尔执政时，格

264

莱斯顿的大臣阿伯丁伯爵在上议院，所以他获得了经验，年仅 25 岁便在下院领导这个部门。

1839 年 4 月，麦考莱在《爱丁堡评论》上发表了一篇关于《国家与教会的关系》（*The State in its Relations with the Church*）的评论文章，其中对该书作者的描述非常有名，他称格莱斯顿为"那些苛刻和顽固不化的托利党人"中间冉冉升起的希望。[26] 即使那些像皮尔一样有能力理解格莱斯顿语言的人也发现这篇文章在表达上有问题，而格莱斯顿则更加高深莫测。不过格莱斯顿性格上的一个关键之处是，尽管他在欣然接受某些立场时表现得很粗暴，但是他头脑灵活得令麦考莱无法想象；当事实不再支持他所采取的立场时，他就采取一个新的立场。

1841 年 9 月，当皮尔提议格莱斯顿出任贸易委员会副主席时，他的提议遭到了"无知和不恰当的拒绝"。[27] 格莱斯顿用了好几页纸，相当迂回婉转地表达了自己并不胜任。这句话总结了他的态度："就我而言，我担心以任何形式考虑我今后可能适合的公务晋升都是冒昧的；我之所以这样想，只是因为您自己乐于暗示目前的任命可能会提供适当的训练和有利的经验，以便在将来，有可能是较长一个时期，提供其他的职位；正如我所推断的（这个推断是我现在所做解释的唯一依据），所谓的其他职位同样与这个国家的贸易和金融有关。"然而，在又说了几百句这样的话之后，格莱斯顿却接受了这个职位。几乎在同时，格莱斯顿给皮尔写信，告知他的兄弟从利物浦发来情报，那里正在煽动废除《谷物法》。[28]

到了 19 世纪 50 年代，格莱斯顿已经成为托利党中皮尔派的领袖，他在自由贸易问题上追随前任领袖，英国在政治上越来越关注外交事务：克里米亚战争，印度问题导致的 1857 年暴动，以及随后政府从东印度公司手中接管次大陆。就在这 10 年间，格莱斯顿成为

杰出的政治家，显然正在艰难走向"职业生涯"的巅峰。他在 1855
年至 1859 年担任反对党前座议员期间，同在 1852 年至 1855 年担任
财政大臣时一样（1859 年至 1866 年再次担任这一职务），都做到了
这一点。尽管迪斯雷利嘲笑他干瘪和自命不凡，许多人对他充满敬
畏和好奇，但是格莱斯顿的性格与他的公众形象相去甚远。

即使是最善于观察的政治同僚也远远不了解他。格莱斯顿的内
心感情炽烈，这是他与妹妹海伦的共同之处，海伦不仅皈依了天主
教，还是贪食鸦片的瘾君子。格莱斯顿在日记中记录了他的基本生
活状况，有时远远不止这些。他内在的主要问题是肉体上的，即使
是日记这样隐私的记录也几乎没有触及。他与妻子长期分居，他对
色情文学有着浓厚的兴趣，尽管娱乐他的东西与当代对这个词的定
义大相径庭。格莱斯顿的日记编辑科林·马修（Colin Matthew）说
他的兴趣包括"王朝复辟时期的诗歌，彼得罗尼乌斯（Petronius）
等古典作家和故事诗（法国寓言诗歌，其中一些非常色情）"。[29]有
些人把格莱斯顿解救妓女的工作与此相联系，但事实是，1845 年
他加入了一伙牛津运动成员，他们共同决定做定期的慈善工作。格
莱斯顿首先在苏豪区开展工作，工作对象不分男女，但是到了
1848 年，他发现这项工作太耗时间了。

1848 年时，格莱斯顿似乎一度开始在街上搜寻妓女，他在
1849 年 5 月 25 日的日记中首次提到此事。到 1850 年的夏天，有一
段时期他情绪高涨，此时他和皮尔派都受到了他们领袖突然亡故的
影响（皮尔在罗登道骑马时跌落），他开始把这项工作更加系统
化。尽管格莱斯顿夫人不在的时候他似乎做得最多，但是他的夫人
一直充分了解情况。女人们被带到格莱斯顿家里，凯瑟琳·格莱斯
顿（Catherine Gladstone）与她们交谈。格莱斯顿将会安排这些女
人在温莎附近克卢尔（Clewer）的慈善之家接受改造，然后鼓励她

266

们找一份稳定的工作，或者找个丈夫，或者移居国外。

格莱斯顿花了很多时间安排这些女人的生活，但并不是特别成功。他在 1854 年 1 月 20 的日记中写道，他曾与 80～90 名妓女交谈过，但是只能想起有一个人因为受到他的影响而改过自新。其中一个没能从慈善之家毕业的妓女对她说："我毫不怀疑你想帮助我们，但是我不想或许整整 12 个月都要关在这里。我本该自杀的。"[30] 正如马修所说，"对格莱斯顿而言，解救工作不仅成为一种责任，而且成为一种渴望；这是一种性刺激，格莱斯顿觉得他必须经历也必须克服"。"以毒攻毒"的方式成为一种考验，格莱斯顿证明自己能够应付诱惑。

即使在大众媒体和通俗小报出现以前，像这样的组织也面临政治灾难的风险，但格莱斯顿似乎并未意识到。1853 年，他担任财政大臣，此时有一个名叫威廉·威尔逊（William Wilson）的苏格兰人企图敲诈他，他直接报警。他认为自己是在履行基督徒的使命，问心无愧。他在日记中提到了他与妓女的谈话："在世俗的眼光看来，我说的那些话无疑是不慎重的；我不确定基督教的慎重是否允许我这样的人说那些话；我的目的和意图本不必受到指控，但质疑是来教我学会明智的，因此表示欢迎。"[31] 同年 6 月，威尔逊在老贝利（Old Bailey）法庭受审，他承认有罪，被判处一年苦役。

1849 年，格莱斯顿在阅读色情书刊之后开始鞭打自己。1851 年，他开始在遇到妓女之后鞭打自己，如果觉得自己过于兴奋，他就这样做。他确实发现一些女人很美，并在日记中用意大利语进行描述。日记中没有证据证明他是否曾和她们睡过觉，他似乎极不可能那样做，鉴于他大量记载了他对诱惑的抵御和本该发生的精神灾难，如果他抵挡不住诱惑，应该会找到某些证据。1896 年，在一封直到他死后才能打开的信中，格莱斯顿告诉他的儿子斯蒂芬（Stephen），与他已知所流传的谣言相反，他从未有过"所谓对婚姻不忠的行为"。[32]

自我鞭打似乎遵循一种模式。当格莱斯顿的生活中发生某种危机的时候，他会激动地和妓女见面，或许他把这当作一种精神放松的手段。在政治上感受到压力时，或者精神上遇到问题时——例如1851年他的两位挚友（包括未来的红衣主教亨利·曼宁）前往罗马天主教会时，或者当他阅读弗劳德的小说《信仰的报应》时，就会出现上述状况。他隶属的牛津运动成员组织是被称为"接触"的秘密会社，这个组织指出，在违背奉献准则时，自我鞭打是一种必要的赎罪，似乎有可能是这个组织而非任何色情的联想导致格莱斯顿鞭打自己。与其他牛津运动成员不同的是，在这些痛苦的折磨中，格莱斯顿从不寻求精神上的指引。他妻子根本不知道他内心的挣扎。他每个礼拜日去教堂两到三次，一周里的其他日子大多去一次，早晚都做祷告。在他自己最困难的时候，他管理着女王的财政部，而且显然管理得很成功。19世纪50年代末，为了宣泄过剩的精力，格莱斯顿开始喜欢上在弗林特郡（Flintshire）哈瓦登（Hawarden）自己的庄园里砍树。

三

从19世纪50年代初直到1881年去世，本杰明·迪斯雷利是格莱斯顿的长期竞争对手，几乎没有人像迪斯雷利那样，与格莱斯顿有如此大的差异。迪斯雷利轻浮、投机取巧、不择手段，并且野心勃勃。当人们在公共生活中大多努力为社会进步尽义务时，迪斯雷利却使人们想到那些永远在一味索取以满足自己需要的人。正如我们将要看到的，迪斯雷利终于在19世纪70年代领导了一个伟大的改革政府，而主要的改革（其中许多影响至今）都是同僚们倡议

268　推动的。当他艰难地到达职业生涯的顶点时，他最想做的就是享受权力和恩惠，陶醉于他在社会中的地位。而对格莱斯顿来说，几乎再没有比这些事情更不值一提的东西了。

与他的竞争对手相比，迪斯雷利并不是稳稳地爬上了前座议员的座席，具有讽刺意味的是，他在罗伯特·皮尔遭遇政治暗杀时扮演了卑鄙的角色，并且从中获利。迪斯雷利在某种程度上克服了同僚的怀疑（事实上他在关于《谷物法》的智力较量中站错了队），先于格莱斯顿入主唐宁街。这两个人代表了维多利亚时代政治思想最好和最坏的一面——格莱斯顿是一个有原则的人，即使他为了保持原则性不得不偶尔变通；而迪斯雷利是个机会主义者，他渴望权力是为了自身的利益，而不是出于改变英国的大计，正如我们将要在1867年第二次《改革法案》颁布时看到的那样，为了留任他愿意放弃任何原则。尽管19世纪中叶的政治思想有许多层面，但是这两个人代表了政治思想的两极。

对于一个将事业植根于机会主义的人来说，本杰明·迪斯雷利本该另辟蹊径成为19世纪任何一位首相的首选财政大臣。这个后来成为超级贵族化的“青年英格兰”运动的文学灵感来源的家伙，若不是其父亲的意外之举本不该出生的。1804年，他出生在犹太人家庭，是以撒·德·以色列（Isaac D'Israeli）的长子（年轻的本在很小的时候就修改了姓氏，这也是他对自己的过去所做的诸多修改之一）。1817年，以撒·德·以色列让他的4个孩子皈依基督教。这并不是因为当时犹太人被禁止进入下院，而他打算让一名犹太人担任首相，而是因为他希望与伦敦的贝维斯·马克斯犹太教堂（Bevis Markssynagogue）决裂，后者向他索要钱财。

迪斯雷利21岁时出版了他的第一本小说《维维安·格雷》（*Vivian Grey*），受到高度评价。从事写作是因为他从父亲那里得到的钱已经不足以维持他的生活方式，而版税是有用处的。他获得的小名气也是如此。他充分利用自己的天资在上流社会中勤奋地交际，否则他在其中完全就是一个局外人。他的艺术有时遭到评论家的猛烈抨击。其中一位评论家是理查德·蒙克顿·米尔恩斯，他从一开始就非常不喜欢迪斯雷利（他们在下院差不多是同代人）。皮尔倒台后，他写了一篇很长的文章评论小说家迪斯雷利。在这篇文章中，他取笑迪斯雷利喜欢扮演公爵，并且缺乏想象力。另一位评论家是安东尼·特罗洛普，他在自传中谴责迪斯雷利的小说"千篇一律而且不切实际"。特罗洛普认为迪斯雷利的这些小说旨在改变容易受到影响的年轻人的头脑；其写作目的无疑是保持迪斯雷利和"青年英格兰"之间的良好关系，因为到了这个阶段，迪斯雷利意识到迎合富有而有影响的人对于他的事业发展至关重要。"他令他们感到惊讶，并且唤起了他们对一个比他们自己的世界更加辉煌、更加富有、更加机智、更加进取的世界的幻想。但荣耀徒有其表，财富华而不实。机智是理发师的机智，进取是江湖骗子的进取。"

迪斯雷利的小说被用来作为反对托利党正统观念的武器，《西比尔》是比《康宁斯比》更有力的武器，这两本小说直接攻击了《塔姆沃思宣言》和皮尔领导的政府，其动机似乎是个人野心而不是原则。有些人发现迪斯雷利厌恶功利主义；但具有讽刺意味的是，当反对派在迪斯雷利的帮助下推翻皮尔政府后，约翰·罗素勋爵于1846年率领自由党执政，功利主义将更加盛行。迪斯雷利对于功利主义的厌恶无疑是发自内心的，却似乎加强了机会主义的影响，正如他在1841年寻求执政失利后，失望之余的所作所为。他似乎从来没有拿出过一个前后一致的方案；没有迹象表明"青年英格兰"浪漫的托利主义在政策上将走向何方。卡莱尔也不是一个前后一致的人，但卡莱尔是一个辩论专家，善于辩论，而迪斯雷利则渴望成为政治家。

对迪斯雷利来说，政治就是装门面。乔治·本廷克勋爵是一位重要的贸易保护主义者，他是波特兰公爵的小儿子；他成为迪斯雷利的赞助人，他决定资助迪斯雷利，使其作为贵族土地利益的代言人。本廷克和他的两个兄弟把迪斯雷利安排在白金汉郡休恩登一处750 英亩的庄园中，这样他就可以拥有一个伟大的托利党人物的一些特质，并能在议会中代表这个郡，他从 1847 年开始就这么做了。然而，随着交易的进行，本廷克心脏病发作突然去世。随后迪斯雷利绝望地与另外的两兄弟进行了谈判，波特兰继承人最终找到了资助迪斯雷利所需的 25000 英镑。这件精心策划却近乎荒谬的事情扩大了，此时迪斯雷利在其他地方仍然债台高筑，尽管他的妻子曾多次帮助他。

一旦迪斯雷利怀揣政治野心——这似乎是他获得社会尊重的一种手段，加之他对"游戏"有着孩子般的喜爱——他对金钱的需求就变得不顾一切了。他长期负债累累。由于威廉四世去世，两位托利党议员中的一位返回美斯顿（Maidstone），于是迪斯雷利侥幸通过 1837 年的选举进入议会。之后不久，他的同僚温德姆·刘易斯（Wyndham Lewis）便去世了，留下衣食无忧的遗孀玛丽·安妮（Mary Anne），这对他来说是一件幸事。迪斯雷利虽然比这位女士小十几岁，却依然和她结婚了。在 1837 年的选举投票中，迪斯雷利的出身仍然受到人们的嘲笑，人们冲他喊"ou' clo"（犹太商人喊旧衣服的俗称）和"夏洛克"，以此来攻击他。尽管如此，正如他的传记作者布莱克勋爵指出的那样，此时英国已不是反犹主义的温床，迪斯雷利似乎也没有因为这种不愉快的事情而受到打击。他那辞藻华丽的处女演说却不是这样，人们普遍认为那是一场灾难，演说结束时，他在咆哮声充斥的议会上大喊："现在我要坐下，不过总有一天你们会听我说话的。"[34]

虽然婚姻和迪斯雷利期望的一样好，甚至可能比他期望的还要好，但此时他的财政状况却岌岌可危。他努力支付选举开支，而他的债权人得到的安慰是他获得了艾萨克的帮助。艾萨克经常帮助他摆脱困境，但这种情况并没有阻止他的债务在 1841 年攀升至 2 万英镑，这在当时是一笔惊人的数目，相当于今天的 170 万英镑，而此时他的政党在皮尔的领导下重新执政。他继续写小说，尽管这些小说难以让他挣到很多钱；他继续过着奢侈的生活，以便跟上那个他认为天生属于他的社会。他的传记作者间接地提到了在他政治生涯的早期阶段两件引人注意的事情：他的妻子（最终为使他摆脱困境花了 1.3 万英镑）可能长期对他的债务情况知之甚少；他在政治问题上并不总是诚实的，经常否认他曾说过或者写过他确定已经说过或者写过的事情。[35]

1846 年 5 月 15 日，在针对《谷物进口法案》的三读辩论中，迪斯雷利对下院说了最严重的谎言，当时他 42 岁，进入议会将近 9 年时间（所以由于年轻或缺乏经验而一时冲动已经不能成为他的借口）。在 3 个小时的发言中，他多数时间都在攻击皮尔。皮尔不怎么理睬迪斯雷利，后者自从第一次受到羞辱就显露出演讲才华，但这一次是个例外。迪斯雷利指责皮尔欺骗了他的政党，而且"不择手段"，他接着说皮尔"利用了他人的想法和智慧，他的一生就是一个巨大的挪用条款，他窃取他人的智慧，查阅《比特森索引》，从征服者的时代到最近一次的统治终结，没有一个政治家在政治上如此大规模的小偷小摸"。[36]

对于一位后座议员来说，向他所在政党的领袖提出建议，已经不是一件小事儿了，更不要说迪斯雷利公开反对皮尔了。然后，迪斯雷利哗众取宠地总结道——"我相信英国人原始而持久的品格……当他们的精神因为不幸而变得软弱时，他们会重温那些使英国变得伟大的原则……那么，也许他们还会记得，并非出于恶意，那些遭到背叛和遗弃的人既不感到羞耻，也不害怕为'美好的古老事业'而奋斗——有原则的事业是最受欢迎的，有原则的态度完全是民族性的——劳动的事业——人们的事业——英国的事业。"[37]格雷维尔没有上当，他发现这个发言"非常聪明，迪斯雷利在发言中严厉地攻击和诋毁皮尔，毫不留情的折磨他。这个场面令人感到痛苦和可耻。全体贸易保护主义者用胜利的欢呼为他喝彩，喝彩声再次经久不息"。[38]正是基于这种表现，阿什利说他"除了具备个人野心，他没有原则、没有感情、没有人性也没有神性。他使一切美好的、安全的、值得尊敬的和可靠的东西因他而蒙尘，并且还会继续这么做"。[39]

罗素在迪斯雷利之后发言，他支持该法案，随后皮尔站了起来（格雷维尔写道，"他们以最野蛮的态度冲他尖叫和大喊"）。自从皮尔做出废除的决定，皮尔对待这个问题就十分认真。皮尔一反常态，被迪斯雷利的话激怒了。他说，"我出于公共责任感而采取的做法将使我面临严重的牺牲"，"我预见到这是不可避免的结果，我必须放弃我最珍视的友谊——我必须中断我由衷感到自豪的政治关系；然而我预料到的所有惩罚中最小的惩罚是那位什鲁斯伯里议员（Shrewsbury）连续不断地恶意攻击"。[40]皮尔间接地提到迪斯雷利曾在 1841 年向他索要一份工作，他惊讶地表示，他本想"把他的命运和我的职业生涯结合在一起"，而迪斯雷利却指责他犯有"盗窃"罪。

皮尔的发言很长而且很认真，说完他坐下，然后迪斯雷利再次站起来纠正首相，"旁敲侧击"地说他"对执政感到失望"。"我可以向议会保证从来没有发生过那样的事情，我永远不会申请任何职位，那样做完全不符合我的本性。"[41]这是弥天大谎。皮尔可以在关键时刻把那封提出工作要求以及其他要求的信公之于众。皮尔选择不揭露迪斯雷利，而是对议会说迪斯雷利误解了他。如果皮尔揭露迪斯雷利，迪斯雷利的政治生涯可能就此终结。或许皮尔认为那样做会使自己像迪斯雷利一样卑鄙，他对迪斯雷利的道德水准评价不高。正如布莱克勋爵在其举世无双的传记中指出的那样："他的崇拜者们对这个插曲并不关注。"[42]格雷维尔表达了他的厌恶之情，他说"看到首相和下院领袖受到他领导的政党中3/4的人如此傲慢无礼地打击和侮辱，这着实令人感到遗憾，而且对公共福祉非常不利"。[43]

迪斯雷利站在如今被称之为托利党左派的立场上，不赞成严厉对待宪章运动领导人。由于他行为不端、反复无常、财务上不稳定且完全缺乏影响力，所以皮尔在1841年9月组阁时没有考虑他，这导致迪斯雷利给皮尔写了一封信，表示他感到自己受到了公开伤害，他写道："我努力与一场政治仇恨风暴做斗争，这是很少有人经历过的……我在这些审判中坚信总有一天这个国家最重要的人物会公开证明他尊重我的能力和品格。我承认此时你对我的忽视似乎令我难以承受，我恳求你的内心——出于公正和大度，我认为这是你的特质——将我从无法忍受的耻辱中拯救出来。"[44]皮尔不为所动。1846年皮尔将这封本来可以造成伤害的信公之于众，这封信只是证明了在迪斯雷利的时代到来之前他是一个什么样的政治人物。从他的话中，可以明显地感受到一位20世纪末或21世纪初的职业政客的委屈。从皮尔拒绝他的那一刻起，他对皮尔的积怨就开始滋生。迪斯雷利开始感受到，自己在党内就像个局外人。

四

　　格莱斯顿是皮尔最忠实的崇拜者之一，目睹这一可耻行为使他对迪斯雷利有了评估。1852 年 2 月迪斯雷利成为财政大臣，此时他最关心的是寻求德比勋爵的第一届政府继续执政。同年 12 月，格莱斯顿接替他的职位，这使他有机会表现他对审慎使用公共资金的重视。1853 年 2 月 18 日，在格莱斯顿的第一份政府年度预算案出台之前，他给国内税收署的约翰·沃德（John Ward）写信，告知他可供选择的方案。"当然，其中之一就是立即取消所得税，我希望在这个问题上得到最好的建议，我们有什么方式可以替代它，并且使征税商品达到相同或者基本相同的数额？首先，这能够完全做到吗？其次，如果能够完全做到，那么如何做呢？很明显，如果要说解决这个问题的办法在哪里，解决办法就存在于国内税收署。"[45] 他建议征收 2.5% 的土地税并对"蒸汽船收入"征税。

　　这是格莱斯顿和迪斯雷利之间的世仇发展的时期。格莱斯顿是小说《康宁斯比》中奥斯瓦尔德·米尔班克的人物原型，这本小说出版于 1844 年，当时两人名义上都还是托利党人。具有讽刺意味的是，作者曾在沃尔瑟姆斯托的一所小型私立学校接受教育，他本应将老牌伊顿人格莱斯顿描绘成一个在 19 世纪 30 年代的伊顿公学受到尊敬的人。米尔班克来自曼彻斯特，那里的人从事商业；我们第一次听到康宁斯比对他的看法是在主人公指责一个朋友邀请米尔班克共进早餐时。"好吧，"康宁斯比说道，似乎勉强接受，满脸不高兴，"没关系，可是你为什么要请一个可恶的制造商呢？"[46] 这一段表现了迪斯雷利不可思议地对谈话充耳不闻，还有许多这样的段落。迪斯雷利不仅把米尔班克描绘成社会地位低下的人，还通

274

过揭露"米尔班克的秘密是热烈地钦佩和喜爱康宁斯比"来加强对他的侮辱。[47]尽管如此，格莱斯顿对迪斯雷利的文学创作偶尔还是很仁慈的。在格莱斯顿的资料中有阅读《西比尔》时的粗略笔记，主要引用了书中的短语，还把其中一个短语称为"大写段落"。[48]

这两个人在议会中展开的激烈竞争通常可以追溯到1852年12月17日凌晨。那是预算辩论的尾声，是迪斯雷利在行将就木的德比"谁？谁？"政府（之所以起这个名字，是因为每次一个无足轻重的人在上院站起来发言时，那个快要死掉的耳背的威灵顿公爵都冲德比大吼"谁？谁？"，因为这些人他一个也没有听说过）第一次发布预算案的当口。虽然迪斯雷利不想当财政大臣，但是由于他野心勃勃，所以他无法拒绝这个职位。迪斯雷利的预算发言赢得了赞许，或许不仅是因为他的演讲内容，还因为他的发言时间之长（大约持续了5个小时）。迪斯雷利完全不懂经济学（正如他的个人财务状况所示），也不懂得具体问题，只能由他的官员同事们引领。迪斯雷利的预算很快就被批评得体无完肤，尤其是因为削减麦芽税和增加房屋税这两项决定。格莱斯顿在迪斯雷利的每一个薄弱环节都很有实力，他选择了辩论中最后的机会猛烈抨击这些提议。格莱斯顿的批评符合逻辑而且客观，他运用的是分析而非迪斯雷利惯用的讽刺和谩骂。

凌晨一点钟，财政大臣话音未落，格莱斯顿就在拥挤而昏暗的下院里站了起来。迪斯雷利意识到了这些困难，在自己的发言结束时，他警告由皮尔派和辉格党提出的反对他的意见联盟，"英国不喜欢联盟"这句话成为他的名言。[49]格莱斯顿受到德比支持者的嘲笑，部分原因是他们希望回家睡觉，部分原因是格莱斯顿和他们一样，名义上仍然是保守党人，却正在攻击一个自己人，而且格莱斯顿的方式显然不仅仅是伤人而且是置人于死地。格莱斯顿首先在道德上对迪斯雷利提出了批评，因为后者在发言中过于频繁地使用

"人身攻击"。格莱斯顿表示他将坚持事实。

格莱斯顿证明了迪斯雷利提出的税收政策是一种倒退。他阐明275 那个推翻皮尔的人是虚伪的——毕竟一个无所作为的政府因为决定放弃贸易保护主义才执政了这么久，但是皮尔派在商业改革问题上的许多信条仍然存在于政府的计划之中。他质疑迪斯雷利提供的统计数字。他强烈反对迪斯雷利暗示所得税将是永久性的，而皮尔执政时一直希望所得税只是暂时性的。他说投票反对政府年度预算而不是支持它将维护保守主义原则。他的发言持续了两个半小时，结束后便进行了投票，政府在投票中惨遭失败，德比别无选择，只能辞职。

政府更迭致使格莱斯顿和迪斯雷利在最荒谬的事情上发生冲突。尽管格莱斯顿思想高尚，但在与对手打交道时却并未表现出比心胸狭隘更高明，而迪斯雷利则不出所料大肆回敬。格莱斯顿同意在阿伯丁的政府中任职——这个政府本质上是皮尔派的政府——并接替迪斯雷利，前任和现任财政大臣之间立刻爆发了唇枪舌剑。官邸的家具到目前为止一直是财政大臣的私人财产，在换届时，财政大臣之间会达成一笔费用以确保没有人白掏腰包。无疑这种安排很烦琐，家具应该卖给工程办公室，成为其永久财产。因此，1853 年 1 月底格莱斯顿给迪斯雷利写信说工程办公室将为他报销；他还提出："我认为有一件长袍是根据某种交换法则从一位财政大臣传给另一位的，我很高兴作为普通物品从你那里将它取回，不管它成了什么样子。"[50]

然而，迪斯雷利给格莱斯顿写信要求他支付 307 英镑 16 先令的家具费用。迪斯雷利在接替查尔斯·伍德爵士时已经向工程办公室支付了 787 英镑 12 先令 6 便士，但是他表达了"不满"，因为他不得不为"许多我不需要的东西"白花钱。工程办公室已经为迪斯雷利报销了 479 英镑 16 先令"公共接待室"的家具费用，而格莱斯顿则被要求在上任时支付其余的费用。[51]他对那件长袍只字未提，这件衣服是小皮特的，迪斯雷利只是想保留它，这从另一个有趣的方面体现了小皮特的正直。

格莱斯顿回信说工程办公室将负责财务结算，并提醒迪斯雷利他没有回应那件长袍的事情。[52]迪斯雷利并不想从政府那里攫取这笔钱，但他决定为此而纠缠格莱斯顿。一周后，迪斯雷利以第三人称发出了一封简短而无礼的便条，其攻击性可能是也可能不是他决心避免讨论长袍的借口。"迪斯雷利先生非常遗憾，他不得不说，格莱斯顿先生拒绝支付官邸家具费用的信并不令人满意。"[53]迪斯雷利指责格莱斯顿违反了"绅士之间"的规定，这些规定存在于财政大臣的更迭之中，而这是他的前任们所承认的。迪斯雷利继续写道："他一定会像迪斯雷利先生对待查斯·伍德先生那样对待迪斯雷利先生。"这封信的结尾写道："由于格莱斯顿先生似乎对这个问题感到困惑，迪斯雷利先生建议他咨询查尔斯·伍德爵士，他是一个通情达理的人。"

格莱斯顿也以第三人称回复道，他"怀着遗憾和痛苦的心情拜读了昨天晚上收到的迪斯雷利先生的来信。在这封信中努力观察迪斯雷利先生应有的礼貌（"拜读了"后面的"他认为"被划掉了），他不知道应该说什么或做什么事情来调整为迪斯雷利先生所认为可以接受的语气"。[54]格莱斯顿建议对剩下的东西进行独立的评估，试图了结此事；他最后说："格莱斯顿在不顾通常礼节的情况下向迪斯雷利先生讲话，这是非常令人不愉快的；但他没有使用那些措辞只是因为他察觉到那些措辞不受欢迎。"迪斯雷利的传记作者——蒙尼潘（Monypeny）和巴克尔（Buckle）以及布莱克——一致认为，格莱斯顿应该结清费用（最终他结清了），并且不希望工程办公室关于所有权的新规定被追溯；但是他们也一致认为迪斯雷利在长袍这件事情上表现失当，长袍留在了他家里，现在依然在休恩登展览。

与迪斯雷利不同，格莱斯顿在掌握权力时不寻求个人利益。1858年2月22日，他给约翰·布赖特写信说，"我在政府和行政的许多问题上观点强硬，尽管我重视自己被赋予的权力，极力阐明其价值，但我热切地希望永远不要被其外在诱惑的吸引，除非它与至少合理地实现这些观点的前景相符，并且与充分地实现公共利益相符"。[55]然而，格莱斯顿在这个阶段仍然是皮尔派，因此在名义上是托利党人，德比及其支持者包括迪斯雷利认为这是非常重要的。一旦他们在1858年2月再次执政，他们希望建立一个稳定的内阁，这似乎取决于格莱斯顿同意加入内阁，并且争取其他皮尔派追随他。尽管——或者可能是由于——他们之间存在怨恨，迪斯雷利还是送出了橄榄枝。

1858年5月，迪斯雷利给格莱斯顿寄了一封写着"机密"的便条。[56]开头没有称呼语：

> 我认为，对于公共利益真正至关重要的是，此时您应该在行政事务中居于统帅地位，我认为向您陈述某些事实是一项庄严的责任，以免您在做出决定时产生误解。
>
> 我们的相互关系已经成为取得成果的巨大困难，而我总是焦虑地否认这一点。
>
> 听着，不要对这个简短的叙述有成见。

下面是迪斯雷利对其1850年以来的公共生活进行的自我辩解，他说他通过伦敦德里勋爵"努力过一段时间……并对劝说詹姆斯·格雷厄姆爵士接受保守党领袖的职位没有抱希望，我认为那将消除所有困难"。他接着说："当他最终婉言谢绝这个职位时，我努力把猎物丢到你手上。"然而，格莱斯顿并没有接受。1855 年，帕默斯顿成为下院领袖和首相。1858 年初，迪斯雷利再次试图说服格雷厄姆接手政党领袖，"让我们两个人在他的领导下工作"。格雷厄姆回答说，"他的任务已经开始了"。迪斯雷利继续说道：

> 因此您可以看到，八年多来，我一直在积极地准备为公共利益牺牲自己的一切，而不是把自己推到前面去。我的想法与您在保守党政府中接受任命是一致的。
>
> 难道您不认为是时候表现得宽宏大量了吗？
>
> 坎宁先生在能力、学识和口才方面都优于卡斯尔雷勋爵，但是当卡斯尔雷勋爵任利物浦勋爵的助理时，以及在政党需要时，他加入了卡斯尔雷勋爵的阵营……现在什么也不做于您而言是真正的责任。如果您加入德比勋爵的内阁，您会遇到一些热情的朋友；所有内阁成员都是您的崇拜者。您可以把我排除在这两种情况之外，但是我向您保证您犯了最大的错误。此时，这个空缺的职位是英联邦中最有权威的；如果不是，无论您担任什么职务，您的卓越都无人能及；那么如果……有必要正式让我留在最重要的职位上……

278

5 月 25 日，格莱斯顿用"我亲爱的阁下"的称呼做了答复，他说"您的来信如此友好，使我相信我成功消除了您头脑中的一些印象，而您不会因此而感到遗憾"。[57]

格莱斯顿注意到迪斯雷利对他谈及他作为政党领袖的事情，说他"从来没有认为您继续留任是您的耻辱"，他"承认您主动向詹姆斯·格雷厄姆爵士提出辞职的举动是慷慨的"。但格莱斯顿接着说："您认为您本人和我之间的关系已经证明是某些政治安排的主要困难所在——请允许我向您保证我一生中所做出的决定从来不是取决于这些关系。"

格莱斯顿对他的主题越来越充满热情。"您对我说，我曾经错误地没有把您放在我的朋友或崇拜者之列。我再次请求您让我说，我从未见过您对任何一个对此有丝毫要求的人表示赞赏，在我一生中的任何时候，甚至在我们有限的几次发生激烈政治冲突的时候，我对您都没有任何敌意，或者我相信，您对我也没有任何敌意。"格莱斯顿和德比谈话了，不过他告诉迪斯雷利，"他（德比）希望我想办法克服的困难比您想象的要广泛……您本人提醒我有一种凌驾于我们之上的力量，并支配着我们将要做的事情，而且我发现公共生活中的选择范围非常狭窄"。从那一刻起，往日的敌意重新显露出来。

五

有时候，在政治领域里，好与坏交织在同一个人身上——格莱279 斯顿式的原则和迪斯雷利式的权宜之计会体现在同一个人身上。这让人们注意到维多利亚时代的人是多么虚伪。就连格莱斯顿也成为受害者，因为他对妓女的兴趣在本质上存在疑问，不过并没有证据。然而，在其他情况下，并非一切公共事业都像看起来那样。

有些人——如现在已被遗忘的埃德温·皮尔逊爵士（Sir Edwin Pearson）——怀揣对社会进步的独特看法并履行基督徒的义务，为穷人和整个社会做善事。当然还有一些人心怀高度的政治追求，如迪斯雷利，他是这些人中典型的伪君子。皮尔逊手中掌握的格莱斯顿的资料中有一份备忘录，时间是 1872 年 1 月，这份备忘录中写道："1845 年 7 月注册成立了威斯敏斯特改善委员会（皮尔逊任主席），目的是清除威斯敏斯特最悲惨和最不卫生的地区，在那里新修一条宽 80 英尺的大道，连接议会大厦和白金汉宫。"[58]这项工作已经完成，耗资 5 万英镑，新路于 1851 年 8 月 1 日正式通行。此外，还修建了五条横向街道，在地下铺设了 9300 英尺的排污管道，以及超过 12000 英尺的人行道。

备忘录继续提道："这项重要的改进工程取得的社会成果和卫生成果完全符合工程自身的要求。"这个地区从前最为堕落且疾病高发，现在则秩序井然，已经成为伦敦最健康的地区之一。备忘录引述了圣保罗大教堂教长 H. H. 米尔曼（H. H. Milman）的评论，他曾是威斯敏斯特大教堂的教士和圣玛格丽特大教堂的教区长。

在威斯敏斯特改善委员会开始工作之前，没有什么比威斯敏斯特的状况更恶劣了。从我担任圣玛格丽特大教堂教区长的第一个任期起，我就下定决心，考虑到那里人口稠密、拥挤不堪，如果不大规模拆除他们居住的那些糟糕的房子，人们的道德就得不到改善（提到精神状况将会是一种嘲弄）。

那里有相当大的一片房子，住在那里就丧失了一切品格，会沦为小偷和妓女。这些房子（包括修道院院长和全体教士拥有的短期租赁房屋）破旧不堪，不值得修缮。这些房子只能转租给那些支付高昂租金的人，他们为了最坏的目的转租房子来挣钱……任何道德和宗教的影响都不可能成功的触及那些地方。在我来到威斯敏斯特的前几年，那里几乎没有安全感，直到建立新的警察机关……虽然我和助理牧师都没有受到冒犯，但是人们普遍认为，除了牧师和医生之外没有人能安全地进入那里。我说的是道德状况而不是卫生问题，但即使是为了这个缘故，也绝对有必要为了公共利益而清除这些数量众多、肮脏而又简陋的住所，以及那些现存难以改造的，被公认为各

280

种各样的恶棍和爱挥霍却没有什么钱的女人经常出没的地方。

　　这些房子将要大规模拆除令教区长感到高兴。皮尔逊还着手为威斯敏斯特的穷人和"工业居民"建造新住宅。他试图确保不会再发生 1832 年的霍乱疫情，那场瘟疫夺走了大量教区居民的生命，正是他获得了进行工程改良的议会法案。1844 年的一项调查发现，该地区"根本没有公共排污管道；或者即使有也因为破损或者其他原因而不怎么起作用。居民们为保持周围环境的清洁卫生所做的一切努力都因缺乏排水系统而受挫"。皮尔逊专门印制了一份书面证词，其中包含所有这些信息及更多内容。他把证词寄给了格莱斯顿，希望在政府里谋得一份工作，可能是一份财政奖励，并暗示比爵士头衔更高的荣誉。

　　这次努力失败了。于是，皮尔逊在 1873 年 4 月再次给格莱斯顿写信，并附上一份新的特别印制的备忘录，还谨慎地给备忘录加上标题——《信件……关于埃德温·皮尔逊爵士要求女王陛下的政府对其公共服务给予某种实质性承认的问题》。[59]备忘录包含了来自各种大人物和政府官员的信，其中还有格拉莱斯顿本人对埃德温·皮尔逊爵士表示钦佩的信。信中再次提到许多年前发生的事情，如一张卡莱尔伯爵（Earl of Carlisle）（威斯敏斯特改善工作首席工程专员）祝贺皮尔逊工作业绩的便条，时间是 1851 年 4 月 10 日。接下来是埃德温爵士洋洋万言的自我表白，可以想象这对格莱斯顿这样一个谦逊的人会产生怎样的影响。例如，1855 年，这位卡莱尔勋爵怀着对埃德温·皮尔逊爵士所受不公的崇高敬意，游说帕默斯顿，试图为皮尔逊做些什么。尽管皮尔逊做出了巨大贡献，却依然被政府忽视。从那以后，阿盖尔公爵（"我确信这种情况通常都会受到王室的恩典，而您的情况则比通常的情况更加值得王室的恩

典")以及各种各样的主教和法官都被引用来证明埃德温爵士创造
的奇迹。

皮尔逊说服财政大臣哈瑟利勋爵（Lord Hatherley）将他的案
子递交格莱斯顿；1870 年 4 月，后者这样做了。格莱斯顿回复说：
"我不怀疑埃德温·皮尔逊爵士的要求；如果有机会我乐意考虑，但
我不知道会是什么时候。我还没有可以任命他的职位；建议他另作
打算。"几个星期过去了，皮尔逊仍然没有得到任何反馈，于是他便
纠缠他认识的其他内阁大臣，包括卡德威尔（Edward Cardwell）、哈
瑟利（Hatherley）、阿盖尔和检察总长约翰·柯勒律治爵士（Sir
John Coleridge）。他们表示无能为力，于是皮尔逊对格莱斯顿纠缠
不休，直截了当地要求封他为准男爵。他援引詹姆斯·劳伦斯爵士
（Sir James Lawrence）的先例，"考虑到他担任市长期间完成伦敦
改造，他最近被推荐为准男爵"。皮尔逊声称，所有这样的人都有
准男爵爵位，"而除了我自己，没有一条记录在案的例子违背了这
项规定……因此，我大胆地向您提出我的要求，我这样做不仅是出
于好意，而且是出于先例和权利"。

格莱斯顿正在失去耐心。1872 年 1 月，他让秘书回复说："他
不能对您承诺，在女王陛下面前提起您的名字，建议封您为准男
爵。"皮尔逊又问了一次，得到的答复是一样的。然后他声称格莱
斯顿曾通过财政大臣承诺封他为准男爵，于是便有了这个简短的声
明："格莱斯顿先生并不了解你所暗示的那种承诺，他相信你不会
再勉强他纠正你似乎产生的误解。"皮尔逊的厚脸皮令人吃惊，尤
其是，他应该把所有这些拒绝都打印在他下一次向格莱斯顿提交的
文件中。随后他开始揣摩 1870 年 4 月格莱斯顿给哈瑟利写的那封
信的意思——这封信的意思所有人都清楚，除了皮尔逊以外，"他
开始第一次意识到格莱斯顿先生并没有像埃德温·皮尔逊爵士和他

282

的朋友们一样在他给财政大臣的信中表达同样的意思"。这份文件令人感到惊讶，它的结论很明确，皮尔逊对这封写给哈瑟利的信做出的解释比格莱斯顿更准确；格莱斯顿有责任但是没有特权向女王推荐他成为准男爵，向女王传达哈瑟利对皮尔逊的功绩所持有的坚定看法加强了他的推荐。格莱斯顿的办公室一直在强硬的辩护，说他对以前的信"没有什么可补充的"。

曾有一段时间，皮尔逊似乎已经离开了，但在 1873 年 8 月 6 日，正如他所称的"维多利亚街开通周年纪念"那天，他再次声明自己的"权利要求"。[60]信的背面写着一行字："他表现得相当糟糕。"9 月 29 日，他又写了一封信，"因为我没有荣幸地收到针对我上个月给你的信的任何答复"，并有些徒劳地希望"我不会表现的纠缠不休"。[61]勒索还在继续，他写道："我从几个和你关系亲密的人那里得知，你从来没有不履行你的诺言；我坚信，你所承诺的任何事情都能得到实现。"

他坚持称格莱斯顿已经"承诺"授予他爵位。这对格莱斯顿来说太过分了，他对埃德温爵士做的旁注语气已经上升到"他似乎是一个最麻烦的家伙"。[62]格莱斯顿让他的秘书回复，谈到他"很遗憾必须谢绝继续通信，他担心这样做没有任何好处"。他接着写道："我奉命补充一点，关于你暗示的格莱斯顿先生的承诺，如果你指的是他考虑你的要求，他可以向你保证这一点已经兑现了，尽管结果是（他遗憾地说）不利的。格莱斯顿先生真的不能承认还有任何其他诺言。"

皮尔逊决心再说最后一句话，于是他在 10 月 7 日写了一封信，信中写道，"恳请您再一次包涵，关于我要求在某种程度上承认我所做的公共服务的问题，允许我就您写给已故财政大臣（哈瑟利）的信做出我的正确解释"。[63]接下来是对格莱斯顿早前说过的话所做

的大量分析，"我不怀疑埃德温·皮尔逊爵士的说法"和"如果有 283
机会的话我乐意考虑——我还没有可以任命他的职位"这些措辞
让皮尔逊变得兴奋。他声称这些措辞意味着格莱斯顿认为他应该得
到荣誉，唯一的问题是什么职位以及何时得到。他提出这一点，他
说"我感到很惭愧"，"因为我渴望澄清自己，丝毫不想看上去对
您信中的话做牵强解释"。旁边是潦草的批注："似乎不需要回
答。"[64]毫无疑问，对埃德温爵士改善穷人命运的奖赏远在天堂。 284

第九章　进步的思想：世界博览会及其遗产

一

1851年的伟大展览展示了英国的创新、工程和设计。这是维多利亚时代的转折点之一，也是确认英国世界第一强国地位的事件之一。它把维多利亚时代英国的野心提升到了前所未有的高度。然而，它也证实了维多利亚时代伟大的决心和成就的特点，目标是崇高的，但这些目标的实现要归功于创造者的精力和远见卓识。由于英国在这些领域取得的成就以及由此带来的繁荣，对英国的国际尊重得到了更广泛的承认，从而冲淡了制造业和贸易方面的势利感。世界博览会的目标是通过战争以外的方式为英国获得更大的国际影响力，给一个最近被冲突和内乱撕裂的国家的国民带来可以感到自豪的东西，这次展览将展示自由贸易的胜利，以及它对保护主义的优势：阿尔伯特和女王多年来一直有强烈的感觉，这促使他们支持废除《谷物法》。这是维多利亚时代两个主要特征的缩影：野心和相对快速地决策重大事情的能力。实现这一抱负需要领导，女王的丈夫提供了领导。阿尔伯特亲王在英国历史上的持久意义在于他开办博览会的决心。博览会已成为关于他记忆的同义词：南肯辛顿的博物馆和其他文化和教育机构的遗产也被称为阿尔伯特城，其部分资金来源于展览创造的213000英镑利润。

阿尔伯特从未打算把他的遗产局限在伦敦西部的几英亩土地上。这次博览会旨在激发全国民众对科学和艺术的兴趣，前者反映了阿尔伯特关于技术进步重要性的德国观念。多亏了他的领导，这个国家的最高层人士被激励着承诺支持和资助社会改革。在一个不受贸易势利影响的社会中，一个德国人开始把商业的力量运用到国家的荣耀之中。在雄心勃勃和一心追逐名利之人（这些人也是社会和经济变革所创造的新秩序的典型代表）的帮助下，他这样做或许是恰当的。具有讽刺意味的是，其所带来的持久结果是，体制成为国家文化生活重要的一部分，也是追求并促使这一文明目标更加完美的基础。

阿尔伯特能够带着这样一种截然不同的、非英语的心态去思考他妻子统治的社会潜力，这是他成长过程中的怪癖。1819 年 8 月，他出生在科堡附近，是萨克斯科堡哥特公爵（Duke of Saxe-Coburg-Gotha）的第二个儿子，他比妻子小了几周。他的父亲是个花花公子，他年轻的妻子——阿尔伯特的母亲——通过与不同的朝臣发生婚外情来报仇。阿尔伯特 7 岁时，他们离婚，他母亲在他 12 岁时死于癌症。阿尔伯特完全不喜欢他的父亲，他的童年非常悲惨。然而，他的导师克里斯托弗·弗洛赫茨（Christoph Florschütz）却丰富了他的生活，克里斯托弗设计了一套严格的教育方案，涉及的学科范围极为广泛，远远超过那个时代的英国公立学校学生所涉猎的任何科目。

这一点，以及阿尔伯特的孤立无援感（虽然他是和他的兄弟一起接受教育）使他成长为一个严肃、认真、高尚的青年，同时也是主动学习的天才之一。除此之外，他还写作，创作音乐，设计服装，并主要负责奥斯本宫的设计，那是王室夫妇在怀特岛的私人寓所。早年，媒人认为他是在肯特的表妹维多利亚公主的最佳丈

286

夫，维多利亚似乎很可能成为英国女王。1837 年秋天，也就是他表妹登上王位几个月后，阿尔伯特开始在波恩大学继续他的教育。他越来越多地受到巴伦·斯托克马尔（Baron Stockmar）的影响，后者是他叔叔比利时利奥波德国王（Leopold）的医生，后来成为他的首席顾问。阿尔伯特和维多利亚于 1839 年 8 月订婚，1840 年2 月结婚；他们九个孩子中的第一个女儿，即后来的凯瑟琳（Kaiserin），于次年 11 月出生，一年后，他们的第一个儿子出生，也就是后来的爱德华七世。英国的公众舆论为外国人对其女王可能产生的影响感到惋惜，女王还不到 21 岁。政府想尽一切办法让阿尔伯特认清自己的位置：政府拒绝了他的贵族待遇，给他一笔相对较少的津贴（每年 30000 英镑，1816 年利奥波德娶了不幸的威尔士夏洛特公主时，每年有 50000 英镑，这是一种强烈的对比），并把许多人塞进他的家庭。阿尔伯特开始了婚姻生活，觉得很丢脸，不久他也感到沮丧，因为他在寻找一个英国宪法无法为他提供的角色。

然而，阿尔伯特很快就开始改变君主制。王室家庭人多、结构差、效率低。阿尔伯特很快就发现了这一点，并开始按照日耳曼的效率来监督改革。他那严厉的、近乎清教徒式的做法，是继后期汉诺威人的喧嚣和复仇之后的又一股寒流。他开始帮助他的妻子履行她的宪法责任，尤其是她在怀孕期间因为身体不适无法履行职责。《摄政法令》规定，如果继承人是未成年人，他将负起相应的责任。他对英国宪法和历史进行了正式的研究，以确保他不会力所不及。

随着墨尔本（Lord Melbourne）的离开和 1841 年皮尔的接替，阿尔伯特取得了重大突破。皮尔很快与阿尔伯特成为朋友，并建议亲王担任皇家美术委员会的负责人，该委员会的主要目标是鼓励英国艺术的发展。皮尔于 9 月 26 日向女王推荐了亲王，并将其与"促进与建立新议会大厦有关的美术"这一主题联系起来。[1] 皮尔说，如果女王认为皇家委员会适合处理这一问题，"也许基督教青年会认为应该以它的名义邀请亲王担任该委员会的主席，以他崇高名声的权威和影响力，以及他的品味和知识的优势，促进委员会更好地发展"。

这不是纯粹的奉承：阿伯特是个唯美主义者。1841 年 10 月 3 日，他给皮尔写了封信，"你上次来的时候"，"我们的谈话转向了《尼伯龙根之歌》（*Niebelungen lied*）……我想你会看到最近出现的一个非常好的版本，你会觉得很有趣，因此我把它寄给你"。[2]阿尔伯特接着评价了版本插图的优点，然后和皮尔讨论了皇家委员会，说他很高兴皮尔宣布了这件事，"在下院受到巨大的欢迎"。他要求"委员会最好不要有专业的艺术家。艺术家意见的好处可以通过审查和证据来获得。这样做的效果更好，因为这将使委员会能够获得更多艺术家的不同意见"。

阿尔伯特谦虚地说："我给你的只是个人不成熟的观点，我无论如何也不愿意用这些观点去压制别人的经验。"尽管如此，皮尔还是回答说，他认为亲王的观点是"完美的"。[3]皮尔的委员会几乎完全由上院和下院成员组成。[4]阿尔伯特认为，这是一个"令人敬佩的选择，我高兴的是，党派的区别应该被排除在这个全国性的事业之外"。[5]1841 年 10 月，当艺术家科尼利厄斯（Cornelius）来到英国时，皮尔和亲王征询了他对新议会大楼"装饰"的想法。"我完全可以接受科尼利厄斯的观点，"阿尔伯特写信给皮尔说，"尊重英国学派的历史性创作，因为我能理解，他可能对其错误倾向感到厌恶：通过丰富的色彩和斑斓的表现形式来获得纯粹的效果，贿赂感官，获得掌声，同时忽视了它在真实诗意和意象上的不足，以及正确绘图的重要性。"[6]阿尔伯特感到遗憾的是，"公众的品味现在已不是应有的味道了"，事实上，艺术家们自己的品味可以通过进一步的"研究"加以改进。在对壁画的好处进行了大量研究之后，他总结道："如果有人被派去慕尼黑、佛罗伦萨和罗马学习，我一点也不怀疑，他们创作的作品将与现在的德国学派完全一样。"

阿尔伯特亲王对于这项王室任命表现得很积极，皮尔也和他的秘书乔治·安森（George Anson）建立了良好的关系，皮尔意识到了让阿什利在政府任职的困难。1841 年 9 月 7 日，安森问阿什利是否愿意当亲王的侍从，利特尔顿勋爵曾拒绝了这一职位："你觉得阿什利勋爵能够被劝说去接受这个职位吗？他拒绝了大臣提供的职位，同样的拒绝不应用于担任亲王的侍从，当工厂的问题解决后，他可以被调到其他办公室。"[7]但阿什利的态度很坚决。

阿尔伯特亲王利用了他的道德感召力和智慧来改造王室家族。他的家庭生活理念，以及他作为家长的角色，如同宗教感召力一般提升了家庭的价值。无论一个贵族在继续制定何种自己的规则，不断扩大的中产阶级都在努力效仿它，其所宣扬的自律和自力更生的精神，将使中产阶级成为这个国家的真正力量，尤其是中产阶级充满抱负的天性使这个阶级的成员数量更多，更富有，更具影响力。阿尔伯特亲王创建的这种典范，在他去世六年后，被沃尔特·白芝诰（Walter Bagehot）描述为"王位上的一个家庭"[8]。但正是他典型的德国式真挚和他的地位，才确保了这次博览会的成功。

二

首届博览会标志着冲突、黑暗的旧时代的结束，也意味着光明、繁荣的新时代的到来。从拿破仑·波拿巴统治的时代开始，法国人就习惯于举办展览来宣传他们的国家和事业。早在 18 世纪 40

年代，英国皇家艺术协会的秘书弗朗西斯·威肖（Francis Whishaw）就调查了在伦敦举办这种活动的可行性，而阿尔伯特亲王正是英国皇家艺术协会的会长，在 1845 年的一次会议上，威肖提出了博览会的概念。英国皇家艺术协会成立于 1754 年，经历了漫长的衰退期，现在阿尔伯特亲王和议会决定重启它，博览会的举办似乎是重启它的一个绝佳方式，要负责这样一个项目的日常工作，需要一个有非凡动力和远见卓识的人。幸运的是，一名叫作亨利·科尔（Henry Cole）的政府中层官员具备这些素养。

　　科尔将成为这个时代最重要的政府官员之一，他在某些方面的才能非常突出，他出生于 1808 年，15 岁时离开基督医院学校，在文献委员会担任低级职务，文献委员会是一个收集和编目国家公共记录的组织，当时正处在混乱状态。科尔是一个非常有进取心的中产阶级成员，在他漫长而又多变的职业生涯里，委员会的成员将从他全身心投入的一系列项目中获益良多。在文献委员会工作了十年之后，科尔意识到该机构需要彻底的改革，彼时文献委员会的成员甚至比大多数其他政府部门的公务员更腐败，裙带关系盛行。他担当了告密者的角色，1835 年，科尔在《考官报》（Examiner）写了两篇文章揭露了该机构的一些做法而被解雇。对于科尔来说，不幸的是，他发表这些不仅是由于在运作上和文献委员会产生的原则性分歧，也是因为文献委员会不同意他的薪水要求，他的动机受到怀疑。

　　然而，敦促议会进行调查的声音是十分强烈的，结果科尔被免去了罪责并官复原职，文献委员会进行了改革，科尔被任命为四名高级助理之一，但该机构的症结犹在，这将不是科尔最后一次利用他的特质得到他想要的东西，换言之，科尔实现了国家利益和个人利益的统一。

　　当他引起阿尔伯特亲王的注意时，科尔所取得的成就已经不局

限于文献委员会的改革，他是罗兰·希尔（Rowland Hill）建立
"便士邮政"的得力助手，"便士邮政"于 1840 年 5 月 6 日启动，
建立了一个可由全体人民和所有官员使用的通信基础设施，是维多
利亚时代英国现代化的主要工具。由于这项服务的存在，科尔还在
1843 年发明了圣诞卡，作为一名政府官员和一位有成就的记者，
他在建立标准轨距铁路方面也发挥了相当大的作用。才华横溢的他
在 1846 年设计了一项茶叶项目，赢得了皇家艺术协会奖，并投入
了大规模生产，他对全国性展览的热情是在 1847 年协会自发举办
的制造业展览会之后产生的，在接下来的两年成功举办了规模较小
的展览之后，科尔说服了皇家艺术协会，请求议会发起一项全国性
活动，为英国制造业举办一个展览。当时全球各地的市场正在复
苏，英国对海洋的掌控和不断增长的帝国效应使其对这些新兴市场
的渗透变得相对容易。

1847 年，他成为皇家艺术协会理事会的成员，1850 年成为协
会主席，据后来的委员会秘书亨利·特鲁曼·伍德爵士（Sir Henry
Trueman Wood）说，科尔对协会施加了"最强烈的个人影响"。[9]在
他掌权的最初几年里，这种控制是不足为奇的，因为科尔此时已经
深得皇家艺术协会会长阿尔伯特亲王的信任，科尔以主席的身份直
接对亲王负责，他知道如何扮演好臣子的角色，亲王对他无比信
任。科尔和另外两位支持博览会构想的人合作：他们是艺术协会秘
书约翰·斯科特·罗素（John Scott Russell）和农业专家弗朗西
斯·富勒（Francis Fuller）。1849 年 6 月，这三个人与艺术家兼作
家马修·迪格比·怀亚特（Matthew Digby Wyatt）一起前往巴黎，
去了解法国人是如何举办博览会的。

富勒和托马斯·库比特（Thomas Cubitt）进行了一次重要的会
谈，托马斯·库比特是一名建筑师，也是一名建筑商，曾是阿尔伯

特亲王在奥斯本建筑项目设计和施工过程中的合伙人，之后托马斯·库比特和富勒一起从巴黎回国。富勒在南安普顿旅行时，库比特已经着手工作了。富勒把法国之行所学到的经验记录在日记里，他告诉库比特："我们可以通过募集其他国家捐款的方式开展伦敦博览会的筹备工作。"[10]他富有洞察力，说道："如果阿尔伯特亲王在此项工作中起带头作用，他就会在各国之间获得显要的地位。"富勒似乎为阿尔伯特亲王找到了他一直在寻找的不会把他拖入政治困境的角色：虽然他可能重述了科尔已经表达过的观点，即使在那个阶段，科尔也很了解亲王，预料到了可能令亲王获得责任感和挫折感的因素。

在与富勒会面两天后，库比特回到奥斯本并转述了和富勒谈话的内容，阿尔伯特亲王信任他，并受到他的热情的鼓舞，决定进一步采取行动，通过艺术协会，阿尔伯特亲王了解了斯科特·罗素和科尔，在接下来的几天里，亲王与他们进行了非正式的讨论。在 6 月 29 日的一次谈话中，阿尔伯特告诉大家，他的志向是举办一场国际展览而不是全国性展览。第二天，从巴黎考察归来的科尔、罗素、富勒和库比特被召唤至白金汉宫讨论计划，此次讨论提出了一些重要的构想，例如博览会的展览内容和选址，前者将包括"制成品的原材料——来自英国殖民地和外国，机械和机械发明，制成品，雕刻作品和塑料艺术作品"。[11]似乎是阿尔伯特亲王提出在海德公园南侧建一个展览馆的构想，在像萨默塞特大厦和莱斯特广场这样不太可能的地点被否决之后，亲王还意识到为项目筹集资金的重要性，他认为应该筹集 100000 英镑的资金，并且，基金应由皇家艺术协会持有。

白金汉宫会议后，科尔带着妻子和孩子到肯辛顿去考察选址，然后去见了贸易委员会主席亨利·拉布谢尔（Henry Labouchere），向他介绍了这个很快将由阿尔伯特亲王亲自公布的计划。7月9日，亲王写信给亨利·拉布谢尔说："我想和你谈谈一个伟大的全国性甚至国际性展览的项目，这个展览是皇家艺术协会一直渴望在1851年举办的。"[12]阿尔伯特强调了该项目的"至关重要性"，以及如何"与政府协调一致，并在政府的指导下"运行该项目，一部分谈话是关于任命一个皇家委员会监督展览的运行并为参展商确定奖品，此项活动将由皇家艺术协会提供经费，一等奖将获得5000英镑，这笔钱被认为足够有诱惑力。即使是最有抵触心理的制造商也会参加。阿尔伯特提议的委员会成员如下：巴克卢公爵（Duke of Buccleuch）、埃尔斯米尔伯爵、斯坦利爵士、约翰·罗素大人、皮尔、雷恩爵士、德拉贝奇爵士，以及拉布谢尔先生、格莱斯顿先生、科布登先生、富勒先生和斯科特·罗素先生。[13]

科尔立即致函阿尔伯特亲王的私人秘书查尔斯·菲普斯上校（Colonel Charles Phipps），敦促派遣人员正式任命委员会。当名单公布时，《泰晤士报》对委员会成员的公正入选感到高兴，尤其是看到像科布登这样的制造业和贸易代表的当选。新议会大厦的建筑师查尔斯·巴里（Charles Barry）和土木工程师协会主席威廉·库比特（William Cubitt）的当选也受到了赞扬。[14]然而，当务之急是找到一个建筑商，他将以投资的方式参与这项计划，并从展览本身的收入中抽取一定比例作为报酬，库比特估算的项目成本（其本人并不愿意独自承担）大约为50000英镑。富勒通过他的岳父找到了这样一个建筑商：詹姆斯·蒙迪（James Munday）和他的侄子乔治，他们于1849年8月23日签署了建造展览馆的合同。毫无疑问，正是阿尔伯特亲王的威信促使蒙迪的企业愿意冒一定风险参加这个项目。[15]当这一消息传开，伦敦以外的制造商对他们没能参与其中感到恼火，他们抱怨该企业的投机性质以及该公司可能存在的与阿尔伯特亲王的关系。他们认为，如果这个项目注定会成功，展览馆的建造本应发行公债的。委员名单公布后，抱怨烟消云散，从中可以清楚地看出，这些人都是高尚、无私的人，而不是商业冒险家。

阿尔伯特亲王正式授权科尔、富勒和斯科特·罗素视察制造业区，以敦促他们确定参与博览会的项目。[16]科尔也拥有类似的权力，这是皇家艺术协会赋予他的，该协会任命了一个执行委员会来管理博览会项目，科尔、富勒和斯科特·罗素很快就发现，正如亲王本人所说，"制造商普遍对这一计划非常满意"。[17]这笔丰厚的奖金显然卓有成效，但亲王本人的赞助也起到很大作用。重要的是收集有强烈意愿参与博览会的证据，以便在从8月一直延续到1月的休会期结束后向议会提交，此外，那些推动这一计划的人看到了尽快向内阁通报该项目可能取得成功的益处，科尔的不列颠群岛之行——其中在都柏林举行了一次非常成功的会议——以1849年10月17日在伦敦大厦举行的一次激动人心的会议而结束，在那次会议上，科尔向英国的有钱人提出了挑战，寻求他们对制造业的支持，进而制造出比任何欧洲竞争对手都更好、更令人印象深刻的产品。

他向他们讲述不列颠之旅的所见所闻，"在我们咨询过的600到700名绅士中，只有一位先生"赞成将展览只限于英国产品。[18]有趣的是，人们并不认为这一事件仅仅是为了炫耀英国的国力或者为了盈利。一位来自多佛的牧师和科尔会面，他说这可能会对世界和平做出贡献，加速化剑为犁，消矛为钩时代的到来。这是阿尔伯特亲王的观点，但科尔也通过提出博览会的一些构想给人留下了深刻的印象，并创造一种敬畏的感觉："我们可能会展示来自非洲和亚洲的巨大象牙；来自摩洛哥和俄罗斯的皮革；来自巴芬湾的海

293

狸；来自澳大利亚、约克郡和蒂贝特的羊毛；来自亚洲和欧洲的丝绸；以及来自爱斯基摩群岛的毛皮。"更令人兴奋的是，"东印度公司的董事会打算展现印度所能生产的最好的一切"。除此之外，还会有来自加利福尼亚的金子，来自墨西哥、康沃尔的银子，他还承诺展示最新式的机器：不仅是最先进的织机，甚至可以展示每小时生产 1 万份"泰晤士报"的印刷机。

科尔还以极大的热情解释了为什么亲王选择了肯辛顿作为展会地址，"无论阶级高低、贫穷富有，乘坐公共马车的人和乘坐私人马车的人将有同等的机会参加"（喝彩声）。他突然大声说："我想，可能会有几十万人乘坐火车和汽船从世界各地涌入伦敦，来参观这个伟大的展览，我认为我们可以期待这些观众的到来；可能会想要购买我们的商品的外国商人，遍布四方寻求乐趣的人，以及对科学感兴趣、想要了解我们成就的人，总之，伦敦将在这个和平工业的知识盛会中扮演东道主的角色，它由我们敬爱的女王陛下所提议，并由你们自己附议，是一个前所未有的节日。"《泰晤士报》的报道最后说："在走廊的各个角落传来的欢呼雀跃声中，科尔先生走回了自己的座位。"有关推动展览事宜的各种决议随后提交会议并获得一致通过，伦敦金融城的全部商业财富现在是该计划的支持者。

当来自制造业地区的代表通过首相罗素寻求与阿尔伯特亲王的会见并讨论这个项目时，阿尔伯特被敦促去接见他们。1850 年 1 月 9 日，斯塔福德·诺斯科特（Stafford Northcote）告诉格雷（继菲普斯之后已经晋升为亲王的私人秘书），拉布谢尔认为，"亲王

294 亲自接待曼彻斯特的代表会有非常积极的影响，而且可能会确保该区域的友好合作，这些区域已经令皇家艺术协会在推动进程中颇感头疼"。[19]亲王及时接见了他们，伦敦市长以及伯明翰和格拉斯哥的

议员们迅速证明了他们选区的热情，并断言："金钱非所求。"[20] 然而，正如格雷所指出的，对于博览会的热情带来了新的问题，那就是"挑选要展出的物品"。

1850 年 1 月 11 日，委员会的成员在威斯敏斯特举行了第一次会议，阿尔伯特亲王担任会议主席。第一批决议的其中一项是，蒙德公司应该退出投资，建造水晶宫的贷款应有政府承担，因此，在展览管理方面，唯一的商业关系是委员会和皇家艺术协会之间的关系。这给委员会增加了额外的负担，因为它需要寻找资金来担保财政部的贷款，而这些资金将从活动的收益中偿还。执行委员会还承担了皇家艺术协会的一些职责，正因为有科尔这种在两个机构表现都很突出的人，事务才得以顺利推进。

科尔从文献委员会办公室调离，开始全职进行博览会的筹备工作，他请求阿尔伯特亲王批准他一年 1200 英镑的薪金。蒙德公司提出要付这笔钱，但阿尔伯特亲王坚持由委员会支付这一工资。[21] 这使他每年只能赚到 800 英镑。科尔总是处于经济压力之下，他有一个大家庭要抚养。虽然往往关注最小的细节，但阿尔伯特亲王也扮演着一个有远见的角色，他批准科尔在他认为合适的情况下与其他委员沟通，并推动该计划的实施。[22]

斯科特·罗素和斯塔福德·诺斯科特曾是格莱斯顿的私人秘书，现在被任命为委员会秘书，诺斯科特因父亲生病迅速辞职，很快又因父亲的逝世继承了男爵爵位，取而代之的是贸易委员会的官员埃德加·鲍林（Edgar Bowring）。科尔总是雄心勃勃，本来希望担任委员会秘书，但最终却没能获得任何一个正式的高级职位，并且和亲王的关系渐渐疏远，后者只和要职人员打交道。科尔被派去安抚委员会的潜在成员，他们中的大多数人都很乐意为委员会效劳，他仍是皇家艺术协会执行委员会的成员，但该协会现在对委员

295 会是完全从属的关系。他感到被忽视，因此很是沮丧。向亲王提出的允许执行委员会成员参加博览会筹备委员会会议的提议被驳回，因为亲王认为，如果这些人被允许进入委员会，他们的想法仅仅基于公众立场，而在大多数情况下，他们根本没有任何自身的观点，对于项目本身而言是多余的。

　　委员会差不多每周举行一次会议，阿尔伯特亲王很积极地参与了历次会议，他们所从事的这个项目很快就获得"世界各国工业品博览"的正式名称。阿尔伯特的资助使这一构想迅速在全国流行起来，1850 年 2 月，威灵顿写信给他，要求将他的名字列入该项目的捐助者名单。[23] 为展馆建筑费用寻找担保人的任务仍在继续。经过咨询，巴里认为，一共需要 190000 英镑的资金，但后来出售的"旧材料"和茶点的收益将分别筹集 45000 英镑和 10000 英镑，这些钱足以支付成本。科尔不是很自信，他认为这个数字是 50000 英镑，事实上，每个人都不能确定具体的数字，格雷指出，他在《泰晤士报》上看到，一天之内就有 27000 人参观了大英博物馆，所以这一切皆有可能。[24]

　　由于对被排除在主要决策机构之外感到恼怒，科尔很快就获得了一个难以相处的名声。诺斯科特对于筹备委员会"执行不力"的意见表示认同，但是如果科尔和他的执行委员会接管了筹备委员会，他们又没有能力赢得公众的信任。[25] 然而，他也指出，正如他告诉格雷的那样，像科尔这样有学识的人是取得成功事业不可或缺的人才。不过，1850 年 2 月 8 日，在听说巴巴多斯前总督威廉·里德中校（Lieutenant Colonel William Reid）将担任执行委员会主席，并负责与筹备委员会进行联络的消息后，科尔和他的同事温特沃思·迪尔克（Wentworth Dilke）宣布辞职。科尔向格雷明确表示，鉴于他从一开始就参与了这项计划，他非常不愿意辞职，但由于他的被忽视，他别无选择。[26]

　　科尔说，"如果我软弱到同意的地步，筹备委员会的委员们会鄙视我的"。[27]格雷说，改变提议的安排并不是为了使科尔失望，而是为了使他的工作更容易开展；但格雷也警告他，"如果他在里德中校就任主席之后马上辞职，会被看作出于对里德的嫉妒或不愿意被他领导"。但考虑到里德的名声，这是公众不会发现的"玄机"。[28]此外，陛下也会"对你的辞职非常遗憾"，格雷最后说："在目前情况下，我认为你离开执行委员会的决定对展览的筹备和你自己都非常不利。"在沉思了几天之后，科尔写信给已经成为他的主要赞助人的格兰维尔，说他觉得留任是他的"责任"。[29]他不愿放弃与自己创作成果的所有联系，也不愿承认失败：他似乎是那些势利行为的受害者，也许他意识到了这一点。他的中产阶级自尊似乎很难被那些主持这场大戏的王室、贵族、名人们所理解。

　　但是，委员会的执行能力仍然是一个问题。1850 年 3 月，委员会委员皮尔向格兰维尔抱怨他的同事们缺乏活力，里德也具有惰性。与此同时，科尔每天都在日记中记录他的沮丧，而里德却在等待从未到来的命令。里德并不完全符合人们的预期，而委员会秘书斯科特·罗素的"令人不快"和"无礼"让事情变得更糟。[30]到 1850 年 5 月，出现了潜在参展商活动迟缓的迹象。科尔想给潜在的参展商发一份通知，但可笑的是，里德担心把太多的注意力吸引到企业上容易使企业成为工人阶级骚动的焦点。不幸的是，格兰维尔同意他的观点。科尔再次考虑辞职，但他又一次被劝服而放弃了。

三

　　阿尔伯特亲王在这个项目上投入了大量的时间，并参与到它的方方面面，以至于女王开始关注他的健康问题。他为博览会大肆宣传，特别是在1850年3月21日伦敦市长于官邸举行的宴会上，正如《泰晤士报》所报道的那样，"几乎所有的市长或英国其他工业城市的主要市政官员都聚集在一起，穿着长袍，环绕着伦敦的首席行政官"。[31]这恰恰是因为亲王提倡的现代性和进步，而且博览会本身是一个很好的展示平台："才使得这样的聚会成为可能。"考虑到迅速和便捷的交通，这也是现代工程技术的一项胜利。出席会议的还有各国大使、筹备委员会委员、内阁大臣们、贵族、主教以及格莱斯顿。此次会议是在全国范围内发起的，是维持对博览会热情的一项活动的高潮，这项活动由伦敦矿业学院化学教授列昂·普莱费尔（Lyon Playfair）负责，皮尔担心伦敦以外的地区对博览会的热情减弱，因此任命他负责相关事宜。

当阿尔伯特亲王到达现场时，人们"在街上大声欢呼"。他走进了一个大厅，里面装饰着各郡的展品。名人们品尝着海龟汤、龙虾酱大菱鲆、牛脊肉、鸡肉片、甜面包、小牛肉、阉鸡、龙虾沙拉、塞满蘑菇的鸽子、乳脂松糕、橱柜布丁、馅饼、冰糕和萨沃伊蛋糕，与此同时，阿尔伯特亲王发表了讲话。他说，他感到满意的是，"我刚才提出的一个在我看来很重要的建议，应该得到这种普遍的赞同和认可"。他宣称，"我们生活在一个将很快实现人类大同的伟大过渡时期"，在这句话中，阿尔伯特亲王要么表现出他对麦考莱的熟悉，要么出于他本能的辉格派观点。

当回应这一声明的"伟大欢呼"声消失的时候，阿尔伯特谈到，这个世界正在日益缩小：不仅因为现代交通可以缩短距离，还因为学术研究使几乎所有语言都变得易懂，通信手段也发生了革命性的变化。最重要的是，知识实现了前所未有的广泛传播，他提议科学、工业和艺术应该统一起来，"科学发现了动力、运动和转变的规律；工业把它们应用到地球丰富的原料上，但只有知识才能使它们变得有价值；艺术教给我们美和对称的不变规律，并由此指导我们的实践"。随后，他谈到了他的主要观点："1851 年的博览会是为了给我们一个真正的考验，描绘一幅活生生的画卷，指出整个人类在这个伟大的任务中所处的发展节点，它也是一个新的起点，所有国家都能在此基础上实施进一步的努力。"

298

阿尔伯特巧妙地呼吁大家提供资金，把举办博览会说成是整个国家的事业。他坐下来享受"经久不息的热情欢呼"，法国大使、罗素、斯坦利和皮尔等人做了简短的发言，支持阿尔伯特亲王的表态。在晚会激情的影响下，获得财政支持似乎不是那么困难的事了，在格兰维尔的建议下，科尔起草并印制了一本关于博览会的宣传册，旨在通过宣传来提高支持度。它强调了这项运动在道德和实践两方面的改善作用：不仅更多的是把长矛变成钩子，还强调了"维护劳动尊严"和"促进世界和平"。[32] 然而，在参与创造这一想法的人的圈子之外，人们对博览会仍然没有普遍的热情。

除了资金问题外，其他需优先解决的事项还有场馆的选址问题以及建筑的设计问题，对于前者，委员会很快就在海德公园的南边确定了位置；就后者而言，由巴克卢公爵下属的一个小组委员会审议建筑师提供的方案。4 周内提交了 245 件设计方案，其中包括来自海外的 38 件。[33] 委员会最喜欢的两个方案全部都是装玻璃的钢铁架构建筑，一个是法国建筑师赫克托·霍罗（Hector Horeau）提供的，另一个方案则来自都柏林的一家爱尔兰公司，设计师是理查德（Richard）和托马斯·特纳（Thomas Turner），当两个方案公之于众，尤其是被建筑界的媒体公布时，嘘声就开始了，事实上，建筑委员会很快就承认，他们认为所有的设计都不合适，包括建筑师和工程师的方案也是如此，例如英国最伟大的工程师伊萨桑巴德·金德姆·布鲁内尔（Isambard Kingdom Brunel），还有查尔斯·巴里。他们有自己的想法，但这很快也成了被嘲笑的对象：一座像大教堂一样的建筑物"可能需要1300万到1900万块砖"。[34]

此时公众——尤其是海德公园附近的公众——看到了那栋建筑将要建造的计划，他们对这样一个怪物会对公园产生的影响越来越愤慨。《伦敦新闻画报》（Illustrated London News）于1850年6月22日刊登了一幅拟规划中的大厅图片，这引起了一阵争议。虽然筹备委员会曾说过任何建筑物都是临时的，但很少有人相信这样一座具有里程碑意义的建筑会在年底被拆除，其对这片区域土地的破坏是持久的。也有一些人认为这个项目会以灾难告终，纳税人不得不拯救它，以使英国免于在国际上蒙羞。就连科尔也感到了些许悲观，尤其是几天以及几个星期一晃而过，委员会并未要求执行委员会采取任何行动。

一场促使博览会迁往巴特西公园的运动兴起，部分原因在于巴特西公园附近没有人能扰乱博览会项目的推进，部分原因是——有人认为——通过河流把所有展品都带入展馆会更容易。《泰晤士报》已经不在乎博览会是否举办，却在乎博览会是否会在海德公园选址，因为公园周围居住着很多该报的读者。该报在1850年6月27日写道："随着规划的进展……反对海德公园被私占的声音越来越强烈了，我们不是要拥有一个'展位'，也不是要拥有一个木屋，而是要拥有一座坚固的由砖块、铁和石块组成的大厦，它可以承受未来一百年的磨损。"[35]这篇文章回避了一个比圣保罗穹顶更大的穹顶的概念和一份100000英镑的大厦账单。"只要一支规划蓝图的画笔，我们宜人的公园——几乎是伦敦人能呼吸到新鲜空气的唯一地方——将变成介于沃尔弗汉普顿和格林威治集市之间的一种东西。"

可以推断，这两个最后命名的地方并没有大量的《泰晤士报》读者，或者很长时间都不会出现这样的情况。编辑的怒火仍在继续："这个项目看上去很疯狂，即使证据摆在我们面前，我们简直也不敢相信，亲王的顾问们竟敢把他的名字和激起大城市居民的感情和愿望的愤怒联系起来。"更糟糕的是，这个建筑的可怕地方在于：它可能永远不会被移除。海德公园将经历一个"永久的切割"，因为展览期间展品的乱放，周边地区将交通堵塞，这增加了人们对水运便利地址的呼吁，亦即将地址迁往巴特西公园。

第二天，《泰晤士报》进一步哀叹说，几乎没有任何一位英国建筑师提出可以被接受的计划。该报问道："在这一重要的艺术分支和应用艺术方面，我们真的远远落后于世界其他国家吗？"[36]它还抨击了建筑委员会的计划，因为该计划与它在邀请建筑师提交方案之前发布的指导方针相悖，并提到由布鲁内尔设计的穹顶"使建筑物的其余部分变得荒诞可笑"，这将需要在建筑物下面建造一座更大的建筑物，并将成为永久的建筑物。筹备委员会迅速意识到，需要做出庄严和具有约束力的承诺的迫切性，即展览将于1851年11月1日结束，届时该建筑将被拆除。

1850年夏天，一些当地居民因为他们的财产受损，试图申请得到一项禁制令，来终止这一事件，但检察总长拒绝批准。此举引起了下院的强烈抗议：弗雷德里克·塞西杰爵士是前任检察总长，也是未来的大法官，他在7月26日对下院说，公园中20英亩"最具观赏性"的土地即将遭到破坏。[37]他谈到已经被砍伐的成年树木，还有更多的树木面临着同样的命运。他代表当地居民提交了一份请愿书，要求为他们伸张正义。当天下午晚些时候，林肯郡议员查尔斯·德·莱特·沃尔多·西布索普上校（Colonel Charles de Laet Waldo Sibthorp）发起了一场紧急辩论。

西布索普在阿尔伯特亲王的问题上是个坚定的怀疑者，1840年，他在下院提出议案，以确保纳税人不会向亲王慷慨解囊。现在，他认为在海德公园举办展览是对英国人民权利的侵犯。三周前，他已经斥责政府在树木被砍伐后仍允许博览会项目继续进行，他认为这会让海德公园成为罪犯的乐园。"享有公园的权利属于这个国家的人民，并已在查理、威廉三世、乔治二世、威廉四世以及现任国王的统治下得到承认"，议会议事录记下了他的话。他还说："他认为，虽然人们可能做出任何有损于英国人民感情的事情，或者干涉英国人民的权利和享乐，但女王肯定不会置之不理的。"[38]然而，西布索普有一个更广泛的提议，不仅是指人们拥有礼拜天散步的权利。

西布索普觉得这次展览只不过是破坏展品和打击所有正派英国人士气的一种手段，尤其是让他们受到外国的恶意影响，英国似乎301 充斥着外国的垃圾，英国人民会被哄骗买下这些垃圾。他咆哮道：

> 海德公园显然是属于人民的公园，而现在却要被用于那些从道德、宗教和社会的角度来看对人民有害的目的。鼓励这些被认为是合适的——原因是什么？鼓励一切旨在损害人民利益的行为。世界各国的工业展览会，真的！一场关于外国垃圾的展览，伤害了我们已经被压迫太多的制造商，森林委员会作为公众的受托人，有义务保护公众的权利，不允许他们遭抢劫和驱逐。[39]

检察总长不顾民众对公园变成小偷、强盗和妓女巢穴的恐惧，把西布索普晾到一边：海德公园是王室属地，国王可以在那里做他喜欢做的事，只要在法律允许的范围内。同时，在上院，一位有着悠久经验的律师布鲁厄姆勋爵（Lord Brougham）也反对在海德公园举办展览会，试图要在西布索普失败的地方重整旗鼓，但政府坚决不让步。阿尔伯特亲王告诉他的导师斯托克马尔男爵："如果我们被赶出公园，这项工作就完蛋了！"[40]阿尔伯特冒着很大的风险。

　　下院中有一些人希望议会和政府在展览的举办过程中发挥强力作用。然而，兼任贸易委员会主席和专员的拉布谢尔强调，他不打算让议会或政府参与这些事件。[41]他还强调，不需要公共资金来补贴该项目。这是阿尔伯特亲王掌管的事务，他可以在这个问题上随心所欲。阿尔伯特亲王不仅可以利用这个项目促进他发展艺术和科学的目标，而且还可以继续他改善劳工阶级生活状况的工作。他决心在展览会上安排一间模范住宿之家，由他自己花钱投资，并征得总司令威灵顿同意，把它安置在海德公园兵营旁边。[42]

　　一些政客试图阻止这场博览会，结果是徒劳的，尤其是因为他们严重误判了公众舆论。在英国各地，不仅仅是在制造业地区，各团体聚集在一起，讨论如何为这一活动的成功举办做出贡献。它抓住了公众的想象力并提出了一个统一的目标，所有的阶级都可以朝着这个目标努力。举办博览会的举措是一种在不与其他国家发生军事冲突的前提下，彰显英国优越性的方式。1850年5月2日，当地的地主和实业巨头波特曼勋爵主持了一次这样的会议，他在200多人的掌声中宣布，这次展览旨在"为劳苦的子民们喝彩，造福地球上的每一个人"。[43]就连《泰晤士报》也不得不承认，这个计划现在已经得到了"普遍的赞许"，整个计划对阿尔伯特亲王来说是"非常值得称赞的"。[44]

　　由于兼职建筑师阿尔伯特亲王的果断干预，这座建筑的问题很快就得到了解决。几年前，就在约瑟夫·帕克斯顿（Joseph

Paxton）为他设计的宏伟新温室建成不久之后，他和女王在查茨沃思拜访了德文郡公爵（Duke of Devonshire），阿尔伯特对帕克斯顿的建筑技艺感到惊奇。之后，帕克斯顿在设计和建造展厅方面发挥了重要作用，帕克斯顿在六月向科尔表示了他对设计展厅的兴趣，科尔让他去见阿尔伯特亲王。在阿尔伯特亲王的影响下，委员会倾向于钢铁玻璃结构的设计方案，并敦促这个方案进入建筑委员会的议程，尽管提交的截止日期已经过去。这使得筹备委员会不得不拒绝它自己的计划，从而陷入尴尬境地，但它还是在 7 月中旬同意了这个计划，并建议帕克斯顿接受建造展厅的委托。

帕克斯顿最初是公爵的首席园丁——女王称他为"普通园丁的儿子"——但很快就扮演了类似公爵代理人的角色，负责处理公爵的财政事务，还负责房地产的设计建造。展厅以 4500 吨钢铁作为 293655 块玻璃的框架，长度超过 1/3 英里，覆盖海德公园 18 英亩的土地，并把一些成熟的树木涵盖在展厅内，以避免外界对于筹备委员会砍伐树木的争论。方案中还设计了 24 英里长的排水沟，最终的成品可以看作查茨沃思温室的放大版：虽然批评者声称，如果有大风，它就会被吹倒，但这座建筑无疑是世界博览会最为持久的遗产之一（直到 1936 年被烧毁）。

303　　然而，对于建筑师来说，事情并非一帆风顺。1851 年 1 月 20 日，帕克斯顿投稿给《泰晤士报》批评斯科特·罗素，这让阿尔伯特亲王"非常恼火"。格雷写道："如果仔细考虑一下你这样做可能带来的不便，你就不会采取这样的步骤了。"[46]亲王认为，作为建筑师，帕克斯顿是这次展览的荣辱与共的重要组成部分：任何批评都应该私下寄给委员们，而不是媒体。格兰维尔告诉格雷说："过去 6 个月发生的事情改变了帕克斯顿的想法，对于一个自学成才的人来说，受到这样的影响并不奇怪。"[47]看到自己的面包被涂上了黄油，帕克斯顿给格雷回了信，表达了"真诚的歉意"。[48]
这足以让他在年底和建筑委员会的主席威廉·比维特一起获得爵
士头衔。

尽管公众热情高涨，但资金仍然是一个问题。到了 1850 年的
夏天，尽管阿尔伯特亲王付出了很大努力，资金还是远远不够。里
德仍然担心下层民众会利用这次展览作为革命的契机，他几乎全面
禁止了宣传，但没有起到任何作用。科尔成为自由职业者，开始向
他的朋友和联系人求助。一个可以争取的对象是塞缪尔·莫顿·皮
托（Samuel Morton Peto），他是该国卓越的铁路承包商之一。科尔
于 7 月 12 日在改革俱乐部会见了他，作为他们谈话的结果，皮托
致信给阿尔伯特说，他已经提供了 20000 英镑的担保金，他现在将
担保预付提高到 50000 英镑。

阿尔伯特亲王很高兴，由于这次博览会的成功，这项今天价值
约为 450 万英镑的担保金从未被启用：但它对博览会的举办有很大
的帮助。阿尔伯特没有忽视科尔的成就，他当着科尔的面说，展览
中缺少的只是安排展品和布置展厅的关键人物。科尔向格雷自荐。
经过亲王首肯，科尔终于找到了他已经寻觅了好几个月的工作。里
德不太高兴，但接受了任命。格兰维尔也有保留意见，因为科尔有
让自己不受欢迎的能力，尽管他对科尔的天赋毫不怀疑。

在委员们同意委托帕克斯顿建造大厅的那天，他们收到了担保
的消息。第一根钢筋于 1850 年 9 月 26 日吊起。不久，1500 名工人
开始工作，到了第二年 1 月份，施工人数增加到了 2000 人。[49] 1850
年 12 月，委员会在展厅举行了会议，阿尔伯特亲王向工人们赠送
250 加仑啤酒作为礼品。[50] 最终，一座雄伟壮丽的宫殿落成，直到它
被摧毁之前，一直受到公众的喜爱。然而，当它从海德公园搬到西
德纳姆时，当地居民约翰·拉斯金嘲笑它，"并不是比两个烟囱之

间的黄瓜架更崇高的东西"，只是一座鼓励肯特郡的田园生活变得郊区化的建筑。至少在第二个断言中，他是对的。[51]

<h1 style="text-align:center">四</h1>

阿尔伯特亲王继续关注展览的各个方面。1851年博览会筹备委员会的档案里堆满了格雷的信件，从为瑞士参展商提供额外空间到为一支专业的警察部队提供额外资金，都得到了王室的批准。然而，前者被告知不能展示奶酪，而后者则可能需要加班津贴。[52]阿尔伯特亲王意识到博览会的外交重要性，并质疑普莱费尔的一项建议，即应当对展览进行某种形式的官方报告，"英格兰作为主办国"，格雷呼应着亲王的话，"必须非常小心，不要对其他国家的展品做出一份看似轻蔑的报道"，[53]要增加对法国、奥地利和普鲁士的关注力度。

在科尔的建议下，一个由地方委员会组成的联络网建立起来，帮助从不列颠群岛各地招募参展商，各殖民地办事处也在做类似的工作，外交部利用其大使、领事和其他代表吸引了来自世界其他地区的与会者。在这方面，阿尔伯特亲王作为女王丈夫的威望至关重要，该委员会鼓励很多国家设立国家委员会，以达到与地方委员会类似的目的，即寻找潜在的参展商。

普鲁士国王更关心其他问题。和里德一样，他确信，他的儿子普鲁士亲王（Prince of Prussia）和孙子计划参加的展览将成为革命者的掩护。1851年4月8日，他给阿尔伯特亲王致信说："在组织良好的血腥罪犯的领导下，无数绝望的无产者正在前往伦敦的路上。"[54]国王害怕国内的叛乱，同时也害怕家人在国外遭受攻击，尤其考虑到英国的"自由法律"。他把这种担忧告诉了女王和亲王，询问这两位王子是否安全，或者他们是否会落入被弗里德里希·威廉称为"怪物的后代"、"黑帮和乌合之众"的人们手中。

阿尔伯特亲王已经在英国生活 11 年，培养了一种英国式的幽默，他不会因此而偏执，他对国王说：

> 数学家们计算出水晶宫将在第一次强风中爆炸，工程师们认为画廊会把游客压死；政治经济学家预言，由于人口众多，伦敦将发生粮食短缺；医生们认为，由于如此多的种族相互接触，中世纪的黑死病就像十字军东征之后那样很快出现；道德主义者认为，英国将受到文明和不文明世界所有冲击的影响；神学家们认为这个第二个巴别塔会冒犯上帝。对于这些危险，我不能保证，我也不能为你的皇室亲属可能受到威胁的生命负责。[55]

当展览开幕的时间临近时，人们对女王不能出席开幕式感到沮丧和失望。她不太喜欢人群，也许是因为对生命安全的担忧，格兰维尔试图说服她参加开幕式。罗素认为"女王不会在展厅里遇到任何危险或不适"。[56]他提议和阿尔伯特亲王讨论这件事，格兰维尔建议女王在选定之人的陪同下履行仪式。然而，格兰维尔写信给已经成为枢密院大管家的菲普斯，他说："应该非常仔细地考虑与女王同行之人的名单——恐怕现在公众的心情是这样的，特权阶层的界限越宽，不满的人就会越多。"

此外，许多买了季票的人正是为了看开幕式和女王；如果没有开幕式，或者他们被排除在外，不满就会增加。最后，女王"表示她打算满足这一普遍表达的愿望，如果委员会可以安排妥当，她将于 5 月 1 日出席开幕式"（这是 4 月 20 日写的）。[57]阿尔伯特亲王

306

也急急忙忙地邀请了其他要人，尤其是坎特伯雷大主教，旨在"将全能上帝的祝福……赋予这项事业"。[58]

在女王宣布参会后的四天里，季票销售数量从 7000 张增加到近 12000 张。[59]《泰晤士报》建议应该允许相当多的季票持有者进入主通道观看君主的仪容，而不是将他们驱逐到"偏远的走廊"。第二天，据报道将有 5000 个座位被安排在过道上，这些座位"将专供女性，从而形成了一个优雅而有效的屏障以阻挡混乱的人群"。[60]报纸广泛介绍了博览会的内容，如来自不列颠群岛各地的矿物，还有生产工业制成品的过程。

随着从码头和火车站送到大楼的物品越来越多，人们的兴奋情绪开始高涨，这不仅是媒体的功劳，也是口碑所致。4 月 30 日，即开幕前一天，西北铁路额外运送了 5000 名乘客到伦敦。大西线铁路带来了另外 3000 人。其他交通路线也报告了类似的增长，跨越海峡的轮船上也挤满了人。据《泰晤士报》估计，大约有 50000 人在 30 号左右抵达首都。[61]我们现在大致知道，旅游业就从那个时候诞生了。

到了 5 月 1 日，大多数问题都已经解决了——尽管外交使团中的外交官们对他们中是否有人将会向女王致辞一事感到恼火。工人们在开幕前的最后一个晚上通宵工作，以使女王对场地感到舒适。所谓的"国家开放"具有神圣的意义：公众将被允许进入，但仅限于建筑中没有"中堂和耳堂围栏"的部分区域。[62]《泰晤士报》称水晶宫为"大教堂"，它的长街从东向西延伸，中间有一个耳堂。女王不会得到一本《圣经》，而是会收到一份展品目录。但在大主教宣布上帝的祝福之后，唱诗班就会唱起"哈利路亚"。那些靠近入口的人夹在由皇家近卫兵团增援的两长排警察中间：街道上有几百码长的交通堵塞。许多男人和小伙子们在树上观看盛会。女王一次次地受到了"衷心的欢呼"，她以"温柔、亲切"的姿态向大家致敬。[63]

她和她的随从进入大楼：当她登上王室的讲台时，风琴奏响了国歌，阿尔伯特代表委员们向他的妻子宣读了一篇演说，宣布他们已经完成了她交付给他们的任务。他还宣布，目前针对该项目的捐款总额为65000英镑，捐赠方名单中以女王的名字居首，他接着说，有大约15000名参展商，其中一半是英国人，其余的代表来自40个国家。

女王正在尽最大努力抑制自豪的感情，并短暂地回答说，她感到"真诚的满足"，她感到"在我今天所处的这一辉煌场面中，见证了你们的明智和不懈努力所取得的成功"。现场气氛欢欣鼓舞，人群中的一位中国官员"再也无法控制自己的感情，他穿过外国外交家、国务大臣和尊贵的圈子（它和宫廷礼仪环绕着御座），走到女王陛下跟前，向她行了个隆重的敬礼，她非常亲切地接受了这个敬礼"。[64]随后，她与大使们、委员们（包括格莱斯顿、科布登和罗素这样的名人），以及一对陆军元帅（威灵顿和安格尔西侯爵）一起在新的大教堂周围进行了短暂的会晤，同行的还有坎特伯雷大主教和其他王室成员，包括阿尔伯特亲王。

《泰晤士报》的记者指出，"亲王殿下看上去不像女王陛下那样镇定，当仪式和游行愉快地结束时，他的情绪是显而易见的，他会强烈地感受到一场盛会的终结，这也许是这个世界上最宏伟的盛会，从此他的名字和声誉不可分割地与此次盛会联系在一起"。

罗素在给女王的信中，认为博览会是一个"欢欣鼓舞的成功"。[65]女王陛下向利特尔顿女士回了另一封贺信，承认这一仪式发生在"我最自豪和最快乐的一天，正如你真正所说的，这是我的'幸福人生'"。[66]她说她很高兴"看到我深爱的丈夫伟大而善良思

308 想的杰出构想，总是为他人的利益而努力"。《泰晤士报》赞扬阿尔伯特亲王的构想，宣称他的构想已经实现。[67]对他来说，这是一个巨大的胜利，《泰晤士报》的结论是："共和主义者和无政府主义者可能因昨天的仪式所施加的影响而成为君主制的支持者，因为在相反的方向上，任何政治运动都没有什么宏大的前景。"

查尔斯·格雷维尔的人缘很好，可以使他在开幕的时候，被安排在水晶宫里面的一个地方。他认为"观察群众和他们的行为更有趣、更好玩。看到无数的人从四面八方涌来，聚集在蜿蜒的河岸上，一直延伸到水边，真是一种奇妙的景象。没有士兵，几乎看不到警察，但一切都是那么井井有条，令人心情舒畅"。多年来，任何人群在伦敦的出现都意味着麻烦，这确实是一种进步。开幕后十天，他注意到："自那一天以来，整个世界都涌入水晶宫，我们只听到奇迹和赞美的声音。前卫的人都来了，那些曾经厌恶它的人现在都非常强烈地赞美它。"[68]

在伦敦，到处都张贴着告示，说前来参观的霍亨索伦家族（Hohenzollerns）是邪恶的，但没有对他们的人身进行限制。警察很热衷于避开麻烦，阿尔伯特派遣一名官员与警司谈话，"旨在安排更多的工人阶级进入公园的模型房屋"，这样他们也可以从展览中受益。[69]亲王承受住了舆论的压力，把门票价格降到了 1 先令以下。[70]即使在更高的门票价格时，从第一天起就涌进了人群，季票的销售也依旧强劲。

女王本人于 5 月 3 日与亲王和他们的一些孩子返回博览会现场，他们主要参观了黄金、银器和珠宝首饰。一旦他们离开，展厅立即重新向公众开放，剩下的几天都挤满了人：在大部分时间里，情况都是这样。四天后，女王再次前往，这次是为了观赏突尼斯、中国和印度的收藏品，有时她会带着外国皇室来炫耀亲王的成就，

比如 6 月时她带着她的叔叔比利时国王利奥波德前来参观。5 月 5
日，门票价格下降，并没有低于 1 先令，而是从 1 英镑下降到 5 先
令，门票的总收入也从 500 英镑左右增加到 1500 英镑或 1600 英
镑。很明显，这次事件不仅会赚钱，而且会赚很多钱。

根据已经成为阿尔伯特首席科学顾问之一的列昂·普莱费尔的
设计，当参观者进入水晶宫时，他们发现水晶宫的展品被分为四个
部分，分别是原材料、机械、制成品和艺术品。正如阿萨·布里格
斯所写：

> 机器生产方兴未艾，但手工艺品还没有完全衰退，除了美
> 国的缝纫机和奥尔德姆的棉纺机外，还有来自巴塞罗那的黑色
> 蕾丝和塞弗尔的陶器……机械展示区是水晶宫里最受欢迎的区
> 域。人们可以看到一群穿着制服的农民在欣赏农具，其中包括
> 一台来自美国的收割机；利兹和伯明翰的机械师聚集在提花织
> 机和德拉路的信封机周围；女王本人对一台每周可生产 5000
> 万枚奖牌的奖章机特别感兴趣；她也对电报感到惊奇，并借助
> 它向爱丁堡和曼彻斯特的忠实臣民发送了恰当的信息。[71]

布里格斯在后来的一本书中指出，这次展览也为维多利亚时代
的收藏品组装热潮奠定了风尚：事实上，不管是化石、邮票、硬
币，还是图片等藏品，都将成为维多利亚时代新中产阶级获得尊重
的方式之一。[72]

作为东道国，英国占据了一半的展览空间，虽然一些主要的
展品是工业机械，但其他一些展品更为本土化，旨在提升维多利
亚时代中产阶级的舒适感，有多种蒸汽机、蒸汽锤、巨大的液压
机和一小时能复印 5000 份《伦敦新闻画报》的印刷机，还有各

种各样的马车设计。也有阿克明斯特地毯、装饰丰富的钢琴和彩色玻璃，所有这些帮助创造了盛期维多利亚时代的艺术理念，后来则变得日益受人唾弃，主要是因为其功利主义。然而，关于维多利亚时代的思想，最能显露出来的是它的独创性：橡胶管连接到讲坛上，以至于聋人也能听到讲话；还有一把"防御性雨伞"，它的末端有一把细柄，可以用来对付拦路贼；包括几种脚踏车，是最早的自行车。

展览不仅仅是一种消遣。对那些参加过这个活动的商人来说，它令他们开阔了眼界，为他们提供了创造自己和国家财富的灵感。举一个例子就足以说明，一个来自美国名叫斯隆（Sloane）的人准备把他的木螺纹技术专利卖给英国。到目前为止，所有的螺丝都有钝头，这就意味着必须用螺丝刀来钻孔。斯隆的想法是用自己的尖头做螺丝，这样就有了自己的手钻。他还发明了一种更快速、更便宜地制造螺丝的方法。伯明翰的一位实业家约翰·萨顿·内特尔福德（John Sutton Nettlefold）在参观水晶宫时，立刻觉察到了斯隆的发明对他自己事业的潜力。

要购买机器和尖头螺丝的专利，需要 30000 英镑的巨资。但内特勒福担心，如果他不买下的话，他的竞争对手将获得专利，那会是他生意的终结。他和斯隆谈判了两年多，最后在 1854 年获得了这项对英国制造业影响深远的专利。他自己拿不出这么大一笔钱，就请他的妹夫张伯伦（Joseph Chamberlain）与他合作，张伯伦在伦敦经营家庭制鞋生意，是一位卓越的鞋商，他的生意和他姐夫的完全不同，经过深思熟虑，他看到了此项技术的潜力，但他决定派亲信到伯明翰监督投资。他的儿子约瑟夫当时才 18 岁，后来被广泛称为乔，被派到伯明翰和他舅舅一起做生意。一旦乔·张伯伦遇见伯明翰，维多利亚时代其中一项伟大的政治生涯就会开启。[73]据估计，当年轻的乔走进家族企业时，整个英格兰一周内能生产出70000枚螺丝。到了1865年，伯明翰一周就能制造130000枚螺丝，内特勒福&张伯伦一家企业就占到了90000枚。

工程设计确保了盛夏时的水晶宫在挤满游客时，不会令人感到不舒服。在炎热的日子里，很多20英尺高的帘子可以被移除，以改善通风，用大块封闭的棉布进行遮挡能减少太阳的热量；帕克斯顿巧妙地设计了一个很大程度上隐藏的木制排水系统，通过空心铁支撑着不可避免的冷凝水珠，以避免它破坏任何东西或滴落在客户身上。这座建筑在任何时候都可以同时容纳40000名游客——开幕式上有25000人，并且有长达10英里的正面空地可以用作展览空间。

在此之前，在英国乃至世界上还不曾看到这样的景象。这无疑是阿尔伯特亲王的胜利，他对世界和平与友好的希望因他国际主义的理念而增长，但仅仅如此的话可能并没有实质性的意义：但他创造的奇观是具有世界历史意义的，至今仍在引起共鸣。这些努力给他的健康带来了影响，因为他天生体弱，他所付出的努力不仅是为了博览会，而且是为了留下一份宝贵的遗产。4月15日，在开幕前两周，他写信给在科堡的祖母说道："我快要因过度疲劳而死了，博览会的反对者们不断发声，把所有的老妇人都弄得惊慌失措，也快把我逼疯了，这些反对者肯定会在这里进行彻底的革命，谋杀维多利亚女王和我，并在英国宣布建立红色共和国；瘟疫肯定会从如此众多的人群中蔓延开来，并吞噬掉那些还没有被物价上涨冲走的人群。这一切，我都要负上责任，对这一切，我必须做出有效的安排。"[74]然而，从21世纪的角度来看，阿尔伯特通过这些努力和尝试所取得的成就是英国现代化的一个巨大飞跃。

五.

　　博览会开幕两天后，阿尔伯特亲王成为皇家艺术院年度晚宴上的荣誉嘉宾，他的事业非常成功，每天都有成千上万的人排队等候入场，这一丰功伟绩仍在继续。到 1851 年 8 月中旬，以前所有的收入估算都显得极为悲观。当展览结束时，数字惊人。[75] 共有
312　6039195 人被允许入场，仅在最后一周，就有 518277 人。这额外的人流量也使其他旅游景点受益。1851 年，温莎城堡的游客人数为 129400 人，而 1850 年为 31228 人；大英博物馆的人数从 720643 人增加到 2230242 人，甚至德特福德码头也从 3313 人增加到 4465 人。展览本身已经收入大约 506100 英镑 6 先令 11 便士（其中 74349 英镑 15 先令 3 便士是茶点收入），花费了大约 292794 英镑 11 先令 3 便士，包括给警察局的 22357 英镑，剩余大约 213305 英镑 15 先令 8 便士。

　　那些参与博览会筹备的人都获得了奖励。科尔获得了一枚特制金质勋章和一枚巴斯勋章；伦敦警察局局长理查德·梅恩（Richard Mayne）获得一枚骑士巴斯勋章，帕克斯顿和威廉·库比特一样被授予骑士称号。迪尔克被授予爵士头衔，但他拒绝了，因为他已经有了一个男爵头衔；他在 1862 年的展览中担任总监时获得了爵士头衔。斯科特·罗素是唯一未获殊荣的官员，于是大声抱怨。主要参与者也从利润中得到了收益。迪尔克、普莱费尔和科尔都得到了 3000 英镑的奖金，尽管迪尔克告诉格兰维尔他不会接受这笔钱，格兰维尔对此表示怀疑，实际上他真的那么做了。科尔愉快地接受了它，帕克斯顿得到了 1000 英镑，还有许多份更小数目的奖金分给了其他人。[76]

8 月 10 日，博览会已经举办了将近 3 个月的时间，阿尔伯特亲王起草了一份备忘录，指出还有 150000 英镑到 200000 英镑的盈余，"问题是：如何处理这些盈余？"[77] 他不同意用这笔钱将水晶宫维持为一个"冬季花园"。他想检察一下展品，并用这些钱来推动它们产生更深远的影响。他明白这些展品是"通过比较地球上所有国家所进行的事业的过程和取得的结果，来促进人类工业的每一个分支，通过实际说明每个国家从其他国家的劳动和成就中可能获得的益处，来促进所有国家间的友好感情"。

这种理念将是他的行动指南，使他相信购买水晶宫作为"休闲场所"与这些目标是不相称的。他觉得，与水晶宫本身的联系是"偶然的"，它只不过是"我们藏品的一个展示地"，其使命已经结束了，在任何情况下，专员都有法律义务在 10 月底之前将其拆除。他提出的建议是在肯辛顿路的另一边用大约 50000 英镑购买 25 英亩到 30 英亩的土地，重新命名为"肯辛顿·戈尔"。他写道："我会买下这片土地，在上面设置四个机构，与展览的四大部分相对应——原材料、机械、制成品和塑料艺术品，我将把这些机构用于推动所有国家在这四个部门的工业发展。"他决定这次展览的遗产应该是继续加强教育和普及知识。

他认为，这些机构中的每一个都应该包括一个图书馆和书房、演讲厅、为展览目的而覆盖的一英亩的玻璃，以及用于"对话、讨论和商业会议的房间"。根据"一项精心安排的计划，剩余的空间可能是作为公众享受的花园，未来在那里会树立公共纪念碑"。如果可以的话，还会在那里建立一个公共音乐学院。在英国，有许多学术团体追求他口中这四个机构所涵盖的目标和学科，他问它们是否能联合起来进行相关物品的收集，"向所有国家开放，这样就可以将先进成果传播到其他的国家去"。他认为，这将延续博览会的目标，把

"人类不同的产业追求和艺术与科学"带入一个新的主流，而不是局限在以前"彼此隔离的国家"。他还指出，考虑在该地区建立一个新的国家美术馆，这将符合他的总体规划。"我很清楚这只是一个非常粗略的方案，需要在其细节上进行成熟的考虑和实际的测试，但我认为，我的职责是让筹备委员会尽早筹划，以便可以利用余下数周的展览时间进行调查，或许我们可以通过调查发现更可行的计划。"

9 月底，阿尔伯特将这个提案提交委员会议。之后，委员之一格莱斯顿给亲王写信，说他发现这项计划"与展览的主要目标和特点完全吻合"。[78]议会早就认识到建立博物馆所带来的社会效益，而不仅仅是在城市建设上。邓弗里斯议员威廉·尤尔特（William Ewart）在 1844 年提交了一项法案，敦促市议会能够在新的制造中心设立博物馆和美术馆。从伦敦的经验来看，这样一项事业的伟大成果将使"人们抛弃酒吧，更喜欢去那些可以改善思想的地方"。[79]巴恩斯塔夫议员蒙塔古·戈尔（Montagu Gore）支持这一政策，认为这是一项"改善道德、净化人民精神的政策，并将扩大奠定和平、安全及国家繁荣的基础"。[80]

资本总是被要求起带头作用。因此，科尔想在展览结束前参观一次，并提出购买可以构成收藏基础的展品。他的想法是，这些展品将作为针对于设计学校学生的教学范例。多亏了格兰维尔，科尔从交易委员会获得 5000 英镑的支持。科尔和曾任委员会副主席的格兰维尔达成了协议，他将担任设计学校的校长，这个学校可能成为南肯辛顿新庄园的一部分，学校将成为贸易委员会的下属部门，每年支付科尔 1000 英镑的工资。他成立了一个委员会来负责采购，委员会成员包括普金，当时他正在从事新议会大楼的室内设计，同时也是他生命中的最后几个月。科尔还着手在学校的主持下建立地方艺术学校网络。

设计学院已经有了大量的藏品，这使得来自博览会的物品大大扩充。科尔从亲王那里获得了马尔伯勒宫的使用权，用作不断增加的收藏品的临时展览场所，但他知道，1859年，当威尔士亲王（Prince of Wales）18岁生日时，这些展品必须搬走。在他1873年退休前的20年左右，为了国家的利益，科尔将忙于一个经典帝国建筑的建设。他确信这些藏品需要一个永久的安置场所，作为庆祝科学和艺术的学术机构遗产的一部分，这也将成为1851年的遗产。曾在贸易委员会任职的埃德加·鲍林在当时被任命为皇家委员会代理秘书，在这个职位上，他辛苦工作，购买了将被命名为阿尔贝托波利斯的地块。一旦土地被买下，科尔就可以去构思如何建设新的场馆。设计学院的藏品构成了维多利亚和阿尔伯特博物馆的核心，这个项目将是整个过程的开始，它将把一系列博物馆和教育机构带到南肯辛顿，土地购买的资金来自于博览会的盈利。

315

在接下来的几年里，科尔在专家的帮助下，参观了许多皇家和政府建筑，寻找被关在橱柜里或根本不会被使用的漂亮物品，或借来或买下它们作为收藏品。他还收集了所谓的"恐怖密室"，并认为这是击败审美测试的物品，科尔将其放在博物馆里展示，并解释了它们的目的：科尔不仅成为一名杰出的修复者，还使自己成为品味的仲裁者。[81]到1852年末，由展览中的物品组成的核心藏品有了很大的扩展。女王也借了一些瓷器当作展览品，科尔的这一举动突显出，为什么他的同事中那些比较挑剔的人认为他粗俗、不讨人喜欢，却榨取了所有值得宣传的东西。

六

1851～1852年的冬季，阿尔伯特亲王曾针对购买土地进行调

查，发现一个比较理想的地块面积可达 120 英亩，成本达到 40000
英镑。在这一阶段，问题部分来自于集体抱负的一个层面，部分来
自于政府的放任，因为盈余根本没有那么多。有人咨询了托马斯·
库比特的意见，他说，每英亩 3000 英镑的售价，对当地地主来说
"太高了"。[82]政府已经把肯辛顿·戈尔南部的土地视为一个新的、
扩大的国家美术馆的可能地点。

在阿尔伯特和他的部下忙得不可开交的时候，还有一个问题，
那就是如何处理水晶宫。科尔于 1852 年 4 月 20 日写信给格雷，
"没有什么比目前致力于保留水晶宫的运动更糟糕的了"。[83]科尔本
人希望保留海德公园的展厅，不只是为了避免公众争吵，而且是作
为伦敦市中心的永久展览空间。然而，节外生枝的是，森林管理局
316 接到的庄严承诺是它将被拆除，这倒不是说科尔本人对此会有所顾
虑。管理局要求遵守这个承诺，帕克斯顿正在游说让这栋建筑保持
原样。社会上有一种声音认为，它应该被保留，作为伦敦的一个伟
大的展览空间。

4 月份，议会举行了投票，决定不把它留在海德公园——大家
兴奋地认为"如果按照现在的海拔和规划建造，新宫殿将是非常
辉煌的"[84]尽管这次展览取得了成功，西布索普并没有接受它的理
念，也没有接受它的教化使命。从原则上讲，他只是认为它"塞
满了花哨的外国垃圾"。他谈到"水晶宫"时说，"即使有人给他
一千个畿尼，他也不会进入水晶宫，因为一看到它就恶心"。如果
它停留在原来的地方，它就会以"娱乐"的名义，掠夺穷人更多
的先令，这是一个"透明的骗局"。此时大楼已经确定不会保留在
海德公园，布赖顿铁路公司的主席以 70000 英镑的价格买下它，这
笔钱是当场支付的，并提议把它搬到肯特郡的西德纳姆，布赖顿铁
路公司将向那里提供一项运输服务。[86]它作为一个巨大的旅游景点

一直位于肯特，直到 1936 年被大火烧毁。

1852 年，迪斯雷利在短暂的首相任期内，热衷于讨好王室以帮助他获得额外的政府资金，用于建设阿尔伯特城。他告诉阿尔伯特亲王说，"他已经一眼就看出了尽可能大的地面空间的必要性，因此，如果委员们把 140000 英镑花在购地上，他认为政府应该准备多出 150000 英镑"。[87]1852 年 6 月 10 日，阿尔伯特回答说他感到"非常高兴"，这个计划可以继续下去。他计划购地的总费用为250000 英镑；其余 140000 英镑将来自博览会的盈余。[89]以阿尔伯特亲王为首的一群富人聚集在一起，向英格兰银行提供总额为150000 英镑的担保，作为购买肯辛顿土地的贷款。阿尔伯特亲王和贝德福德公爵都担保了 10000 英镑的数额，塞缪尔·莫顿·皮托担保 50000 英镑。其他一些名人承诺担保的数额较小：巴克卢公爵和德文郡公爵各 5000 英镑，帕克斯顿 2500 英镑，科布登 1000 英镑。人们对阿尔伯特所引领的这个项目充满了极大的热情。[90]

科尔很快就开始向阿尔伯特提出建造博物馆地点的建议。[91]阿尔伯特对于政府将国家美术馆移至此处非常热衷，并在 8 月初与德比就这个问题进行了通信。他们曾经接触了矿业学院的一个地质学博物馆；一个实用艺术学校也在询问之列。并非所有潜在的居民都倾心于这一想法。1852 年 12 月，德比写信给亲王，警告他说：皇家学会已经提出反对意见，因为他们希望国家美术馆搬到卡尔顿梅斯附近，并暗示其他学术团体也可能有类似的想法。[93]当女王于1852 年 11 月 11 日召开议会时，就宣布了继续推行该计划的意向。女王在王座上说，"你们很快就会认为，美术和实用科学的进步值得一个伟大而开明的国家予以关注"。"我已经指示，为了促进这些目标，我将向你们提出一项全面的计划，为此我邀请你们进行协作。"[94]

由于意识到具有影响力盟友的重要性，阿尔伯特亲王让迪斯雷利进入委员会，该委员会目前仍由格兰维尔管理。随着1852年12月德比政府的下台，迪斯雷利不再担任财政大臣了。阿尔伯特亲王告诉迪斯雷利，在他看来，"成为我们中的一员才是最重要的"。[95]阿尔伯特很希望政府内部设立一个"实用科学部"，以实现他在肯辛顿创办科学机构的目标，此外，还需要一位负责此事的大臣。[96]枢密院办公室负责国家的教育事务，但接替迪斯雷利的格莱斯顿说服了亲王，他建议，如果要设立这样一个职位，该职位应设在贸易委员会下面：尤其是为了避免枢密院就教育议题拨款时不可避免的宗教问题之争。1853年1月，皮尔派成员，贸易委员会主席爱德华·卡德威尔被授权迅速完成此事。

卡德威尔的助手就是科尔，他希望政府尽可能远离肯辛顿的计划。1853年9月6日，他告诉菲普斯，"我越是努力弄清楚政府领导下的办事程序，出现的困难就会越大，如果邀请公众自己来完成这项工作，我就会有更大的信心。他们不会嫉妒，而是欢迎亲王提出任何建议，并乐意承认他是计划的领导者并执行他的观点"。[97]菲普斯回答说，亲王"非常仔细地"阅读了科尔的备忘录，"大体上同意你在备忘录中所拟定的原则，即规模巨大的工程更应该倾向于由私营企业完成，而不是由政府控制并由议会提供款项"。[98]阿尔伯特亲王深受科尔论点的影响，他希望企业按照他的建议行事，科尔接着起草了一份文件，尽可能详尽地说明此项计划。

七

针对阿尔伯特城或当时仍被称为"盈余计划"的舆论走向，总是令人感到紧张。1853年1月4日，鲍林写信给格雷说，"通过媒体上的讨论，对其施加尽可能大的影响，从而使其开始运转，这是必不可少的"。[99]关于在遗址上建立什么类型的博物馆，人们纷纷提出建议，包括一个专利博物馆和一个动物产品博物馆。[100]1853 年 4 月，英国皇家音乐院（Royal Academy of Music）直接向阿尔伯特亲王申请了一栋大楼，格雷对此评论说，"结果是机器上增加了另一个轮子，将我们缓慢推进到肯辛顿去"。[101]

实现阿尔伯特理想的一个困难是，他在公众心目中的地位起伏不定。1854 年 1 月，格莱斯顿在一份私人备忘录中写道："12 个月前，没有什么比亲王的人气更显辉煌，目前看来，就公共杂志所能承受的批评而言，似乎是阴云密布，当时的做法是对的，现在就错了吗？或者当时和现在都是对的？"[102]新的不受欢迎的气氛是以误解为基础的，这些误解是通过谣言传播的，"当大臣们听取女王陛下的意见时，阿尔伯特亲王通常在场"，"亲王在议会议席就座"。更复杂的是，"他生来就是一个外国人，他与国外的人有关系并与他们保持通信"。当女王出席的时候，阿尔伯特亲王确实参加了内阁会议——但并不存在亲王单独出席内阁会议的情况。格莱斯顿为此辩护：王室高级成员是枢密院议员，因此可以出席此类会议，而且"如果王室管家或副管家与女王本人的关系只是如上面所言，将这些公职人员带进会议室的话，那么看上去就并非完全不合理。因此亲王出现在这里当然是合理的"。尽管如此，格莱斯顿证明，亲王没有参加审议，而只是观摩。

公众的看法则不同。1854 年 1 月底，枢密院办公室的一名初级雇员阿瑟·休·克拉夫给他的美国朋友查尔斯·艾略特·诺顿（Charles Eliot Norton）写信说，女王毕竟要亲自主持议会的新一届会议，"尽管有人说她担心她忠诚的臣民可能会伤害她的丈夫"。他补充说，"你知道吗，很多人真的相信阿尔伯特亲王被送到了伦敦塔，其中一个塔楼正在进行维修，许多人聚集在一起观看，相信这是为了亲王殿下装修的"。[103]克拉夫后来告诉诺顿，他透过白厅的窗口看到了前往威斯敏斯特的游行队伍，"并偶尔听到一些游行成员反对亲王"。[104]人们还认为，1854 年 10 月，当英国在克里米亚与俄国开战时，阿尔伯特有亲俄情绪，但没起到什么作用。

到 1853 年 4 月，一个指导委员会开会讨论建立一个"发明物品博物馆"的问题，并宣称"获得一批好的模型收藏品似乎没有困难"。[105]然而，这样的事情变得乱七八糟：该委员会还告诉阿尔伯特说，"如果模型收藏品与图书馆和印刷规范完全无关，它们将丧失生气"。委员会同意为这样的收藏花费 10000 英镑，以建立一个临时建筑，迪斯雷利警告说，从专利费中筹集资金的想法是"不可行的"，他在委员会里的同事们则担心，当时为这样一项事业筹集捐款是没有用的。

并非 1851 年委员会的所有成员都支持这种高度集中的学术团体和博物馆。巴里强烈反对国家美术馆搬到肯辛顿的想法，他觉得"肯辛顿太靠西了，不方便市区的居民前往，尤其对这个城镇的工业社区及东部和中部的工人阶级社区而言"。[106]他建议地址应该选在布卢姆斯伯里的大英博物馆周围区域，然而这是不现实的。亲王把他的公文寄给格兰维尔，指出，"查尔斯·巴里爵士反对我们，这当然是令人遗憾的。但是，除了备忘录中的自我矛盾以及公众对他的不信任之外，他在这方面的动作已经太迟了"。[107]事实的确如此。1853 年 8 月 20 日，阿尔伯特亲王从奥斯本向其他委员发出了一份全面的备忘录，提出了一项关于整个场址的总体计划。[108]新的国家美术馆将位于皇家音乐学院（Royal College of Music）现在占据的一处场地上，可以通向公园。在它的背后，靠近帝国学院遗址的地方，还有科学和自然历史博物馆，会有两座长方形的建筑物，其中一边是花园和纪念碑，一边是工业艺术和专利发明博物馆与贸易博物馆，以及在南边（位于自然历史博物馆的入口处）通过凯旋门进入的场地。阿尔伯特大厅的两边都是艺术和科学学院的建筑；周围有一些小型雅致的建筑空间，这些建筑是学术团体和其他类似机构的所在。一所音乐学院或一间音乐厅仍在计划之中，还没有最终确定下来；大体位于主干道的南侧，与现在的维多利亚和阿尔伯特博物馆相对。亲王的野心是无限的：如果能买到更多海德公园正面的空地，那么这些计划中的学校就可以扩建，并在构想中的国家美术馆前设计一个美丽的庭院。

八

1855 年 1 月初，有谣言说科尔已从委员会辞职，阿尔伯特亲王对此非常恼火。"如果是这样的话"，格雷发出质问，"这一行为的真正动机是什么呢？我想他很难在没有与陛下沟通的情况下辞职"。[109]那不是真的，阿尔伯特亲王总是对破坏他计划的阴谋感到紧张。1855 年 7 月，在下院举行投票时，亲王向当时的首相帕默斯顿致函，敦促他确保国家博物馆拨款案的通过，"迪斯雷利先生、格莱斯顿先生和科布登先生亲自承诺支持投票"，但是"财政部下属的一些部门，出于嫉妒心理，正在努力阻止这个计划的通过"。[110] 帕默斯顿立即回答说，他将提出投票，并提供政府支持。8 月 2 日，由于格莱斯顿和迪斯雷利的支持，阿尔伯特亲王得到 15000 英镑的资金。

与此同时，到 1854 年末，贯通地基中心地带的道路铺设工作进展顺利，下水道正在铺设。1855 年 4 月，阿尔伯特亲王确定了道路的名称：一条叫展览路，一条是阿尔伯特亲王路，第三条是南

321

克伦威尔路。[112]1857 年，制造业博物馆从马尔伯勒宫迁到阿尔伯特城，女王把它重新命名为南肯辛顿博物馆。它如今坐落在一座由皇家工程师弗朗西斯·福克（Captain Francis Fowke）设计的铁制建筑里。福克是科尔团队的成员之一，他在阿尔伯特城的角色将会变得更加多元。1899 年，它将在一座宏伟的新建筑里重新开放，并被命名为维多利亚和阿尔伯特博物馆。很快，它在一个月内就吸引了 40000 名游客，这显示了公众对文化日益增长的渴望。对阿尔伯特亲王这个文明中心构想来说，其核心是在阿尔伯特城同时拥有国家美术馆和学术团体。1858 年，甚至有人建议将枢密院办公室的教育部门搬到肯辛顿和这个启蒙中心，尽管政府的这种侵扰在王宫里受到了冷遇。[113]然而，议会不愿为国家美术馆的搬迁筹集资金，格莱斯顿对公共财政的关切胜过其他方面。

不幸的是，阿尔伯特亲王把国家美术馆的搬迁作为整个项目的关键。随着障碍的出现，他对所能取得的成就以及对愿景本身的信心受到了损害。《泰晤士报》建议，如果需要一个新的国家美术馆，肯辛顿宫、圣詹姆斯宫和马尔伯勒宫这三处皇家宫殿并没有太多用途，其中一处可以用于这一目的。这激怒了女王，她写信给帕默斯顿，说她对今天《泰晤士报》上"那篇不公平的、调皮的文章感到愤慨，她相信，政府不允许自身在国家美术馆问题上被一些似乎对任何事情都不感兴趣，但喜欢捣乱，并表现出自己的重要性的人所击败。如果把皇家专员、下院委员会、政府等的反复决定永远搁置一旁，所有的进步和准备都将白费力气，那么就真的不可能产生任何对国家有价值的东西"。[114]有人建议使用女王的一座宫殿，这"真的太糟糕了"。帕默斯顿了解到形势的紧急，立即回答说，这一提法是"令人反感和荒谬的"。[115]这个问题并未提出，因为议会断然拒绝投票。

《泰晤士报》影响力的下滑在很大程度上被归咎于这一挫折。1856年7月5日，格兰维尔给亲王写了一封信，把报纸比作"受到憎恨的那不勒斯国王，但在他自己的国家仍然使人恐惧和顺从，我不知道是否可以在不影响殿下尊严的情况下采取任何行动制止这些攻击"。[116]他向亲王指出两个幕后黑手，报纸老板沃尔特和编辑德莱尼，"我提到的第一个人很喜欢指手画脚，但我不怎么认识他。据我所知，他心胸狭窄，脾气暴躁，虽然是个病态的人，但并不是个坏人"。至于那个编辑德莱尼，"是粗俗的，没有太大的能力，但无疑了解他的行业，他似乎不太注重文明礼貌"。

该项目的一位著名历史学家赫敏·霍布豪斯（Hermione Hobhouse）描述了阿尔伯特城发展过程中的"精神分裂症"，原因"是阿尔伯特亲王的雄心壮志与1851年委员会执行力的不足共存"。[117]她振振有词地补充说，这样的项目需要一个"太阳王"，他不仅具备一个愿景，而且拥有执行它的绝对权力。英国人传统上对权威的怀疑，阿尔伯特离开科堡时受到的文化冲击，都不会容忍任何这样的态度。私人财产是神圣不可侵犯的，国家干涉私有财产是令人憎恶的，尽管阿尔伯特亲王的影响力很大，但他最终还是缺乏力量。与其说他能指挥一项宏伟的工程，倒不如说正是他让阿尔伯特城计划最后支离破碎，而且他的寿命也不够长，无法看到项目的完成。该计划主要由亨利·科尔主导。

《名利场》（Vanity Fair）后来谈到科尔：他的手指伸向了如此众多的馅饼里，因为他"肩负着一项特殊的使命，那就是恢复他的同胞们的艺术意识……他的伟大目标一直是提供艺术指导，为此目的……他建立了艺术学校……他是使南肯辛顿闻名的所有事业的灵魂和智慧之源"。[118]科尔实现了所有这些目标，包括后来成为博物馆和阿尔伯特礼堂背后的动力——尽管由于他时而狡诈、时而独裁的手段，以及他猖獗的个人野心，他越来越不受欢迎。

1858 年 5 月，鲍林向阿尔伯特亲王建议，委员们要买断政府对博物馆的所有权，但代表科学与艺术部门的 60000 英镑除外。阿尔伯特亲王认为这个建议"很好"。[119]1859 年，议会通过了《肯辛顿庄园法案》，为亲王所期望的目的保障了这块土地的未来用途。在他的画廊计划受挫后，阿尔伯特为该场地设计了宏伟的花园。他甚至在园艺学会回应合作邀请之前就开始起草计划了。这片土地大致相当于皇家音乐学院和帝国学院现在所处的位置。他招募福克来帮助规划花园，福克将从他对南肯辛顿各种计划的赞助中受益——尤其是阿尔伯特大厅。园艺协会得到了 20 英亩的土地，并在委员会 50000 英镑的资助下承担了这项工作，后者支付了"装饰精美的意大利拱门和耗费巨大的土方费用，那是作为花园建设所需的工事"。[120]阿尔伯特亲王于 1861 年 6 月开放了这些广受欢迎的花园，花园中还有为他修建了一座纪念碑，作为对 1851 年伟大展览的纪念。

也正是在这个时候，博览会产生了另一个不经意的影响：一家自称"北方大皇宫公司"的企业发布了"穆斯韦尔山人民宫"的招股说明书，来效仿水晶宫，这个建筑仍位于西德纳姆，并享有巨大的声望，在 1859 年共有 1384163 人访问它。显然，对于那些住在大都市北部的人来说，这是可以接触到的东西，这份招股说明书出现在阿尔伯特亲王的文件里，这表明他对自己的宏伟构想所带来的这一意想不到的后果很感兴趣。[121]它提议的对"普通教育和娱乐"的投入将由 450 英亩"米德尔塞克斯郡最好的土地"中的 30 英亩作为补充，预留给"与艺术、科学、文学、音乐、园艺和铁路相关的慈善机构"。它会有一个"教育部门"，但这不仅是一项慈善活动，也是一项投机活动，其中一些土地被预留用

于"建造郊区别墅"。主要的参与者是"伟大北方"和其他铁路公 324
司的董事，他们运载游客进出这座五花八门的宫殿就能赚一笔大
钱。由布鲁厄姆勋爵和阿尔比马尔勋爵领导的一些两院议员被列为
赞助者。

　　1860年5月，普通教育学校和艺术学校的计划已接近完成，
科尔询问格雷，阿尔伯特亲王和威尔士王子下个月是否可以为它们
奠基。有人建议1862年在皇家艺术协会的主持下再举办一次展览，
并在肯辛顿使用临时建筑展示展品。科尔也会把他的手指放在这个
馅饼里，也正是在这个时候，在阿尔伯特城建立一个新的文化机构
的可能性出现了：关于"国际音乐厅"的建议是在1861年6月提
出的，阿尔伯特亲王在8月批准了这个建议。

九

　　在科尔的鼓动下，阿尔伯特在十多年后仍在构思一些雄心勃勃
的计划，尤其是科尔——尽管他有种种弱点——仍表现出他能看穿
一切，然后再回来提出更多的建议。1860年1月23日，格莱斯顿
的一封信带来了另一个项目——自然历史博物馆："礼拜六，大英
博物馆董事会以9比8的多数票接受了帕默斯顿勋爵的提议，大意
是在目前的情况下，科尔是可取的人物，自然历史博物馆应该在别
处选址"。[123]董事会最初希望新的选址与布卢姆斯伯里现有的博物馆
毗连。第一次要求将自然历史收藏与其他事物分开是在五年前，建
议来自于该部门主管理查德·欧文教授。欧文与科尔有很多共同
点：颇有能力，但人缘欠佳。赫胥黎曾在1851年写到过他："让人
惊讶的是，大多数同时代人对欧文的仇恨十分强烈。事实上，他是
最优秀的，而且从不掩饰自己的优秀，必须承认，他有时会玩弄一

些很坏的把戏。"[124]

1861 年 10 月 23 日，格莱斯顿写的一份"国库纪要"促成了
自然历史博物馆的建立。10 月 21 日，欧文带着格莱斯顿参观了布
卢姆斯伯里的收藏品，不需要给他留下什么深刻的印象，格莱斯顿
自己也能看到那里收藏空间的不足。1861 年 11 月 14 日，也就是
在去世前一个月，欧文把他的记录寄给了亲王。格莱斯顿主要关心
的是财政问题，他发现如果在肯辛顿而不是布卢姆斯伯里购买土
地，可以节省 350000 至 415000 英镑的资金。福克向南肯辛顿博物
馆的筹备委员会提交了一份计划，将科学与艺术部门的规划费用定
为 214000 英镑，南边和西侧的高地"适合国家公共建筑"的选
址。该委员会表示如此高额的预算是不明智的，但赞同一些有限的
发展。事实上，到 1865 年，该项目总共花费了 519070 英镑，远远
超过福克估计数额的两倍。

1862 年 5 月，格莱斯顿向下院解释说，"绝大多数受托人得出
的结论是，有必要将大英博物馆的藏品分开"，自然历史藏品收藏
的最佳目的地是南肯辛顿。[126]他以适度的成本和扩大的空间为理由
对该地点进行了论证。这将非常昂贵，"可是政府认为"，他继续
说，"针对这所房子提出任何折中办法都是荒唐可笑的"。[127]他继续
说，选择肯辛顿比选择布卢姆斯伯里省下的总资金将达到 300000
英镑，这就满足了财政大臣的原则，在布卢姆斯伯里博物馆，有
50000 平方英尺的展览空间．计划中的博物馆将有 485100 平方英
尺的面积。他对于仅仅吸引严肃的科学家并不感兴趣，他想普及自
然史，并使其向中产阶级和自学成才者开放，"向本地收集鸟类、
鸟蛋、贝壳、昆虫、化石等的收藏家、商人或职业人士开放，这些
人的品味可能会使他将自己的一点点闲暇时间用于探求自然史的一
个特定分支"。[128]

在下院讨论资金问题时，理查德·蒙克顿·米尔恩斯指出：

> 如果你想拥有一所一流的自然历史博物馆，你就不能受到空间的限制；必须让展览与目前的科学状况相匹配。建立自然历史博物馆的旧观念是一只鲸鱼、一只老虎和几只天堂鸟的展览，这些都是公众感兴趣的标本。现在。这样举行的展览不能被称为一座博物馆了。科学的定义一天天越来越清晰，每天都有不同之处，公众甚至是见多识广的人都看不出来。要向科学工作者开放新的发现领域和新的思想领域。看看那本伟大的著作吧，去年出版的那本书在英国开启了一个新的科学时代——那就是达尔文先生关于物种起源的研究。很明显，一个完整的博物馆必须包括许多标本，这些标本虽然对科学家来说是最重要的，但对仅仅是参观博物馆的人来说是毫无意义的。[129]

这是少数人的观点：科学领域的知识革命及其后果超出了许多米尔恩斯的议员同僚的理解能力。他用了一个强有力的比喻：伦敦想要像巴黎的植物园那样有名的建筑，可是没有人想到要把它和罗浮宫结合起来。一个严肃的科学机构对国家和科学事业都是必要的；但无论建在哪里，它都是昂贵的。影响下院决定的是经济问题，而不是智识问题。最终该项提议以 163 票对 71 票被否决。女王对这一结果"非常恼火"，"她知道亲王对这个问题感兴趣"。[130]她觉得这是蓄意阻挠阿尔伯特亲王的构想，这是对她个人的侮辱。她的私人秘书格雷对这次失败感到震惊，他对鲍林说："如果我知道情况是这样的话，我就会设法让一些反对党领袖保持清醒。"迪斯雷利和诺斯科特投了反对票，这尤其令人悲伤。格莱斯顿向女王承认，筹集资金时犯了"错误"，这件事将从头再来。

326

1865 年福克突然去世后，并没有另寻一位工程师来执行福克的计划——就像在阿尔伯特礼堂身上发生的那样，他同样赢得了委托——而是聘请了一位新的建筑师：阿尔弗雷德·沃特豪斯（Alfred Waterhouse），他是继乔治·吉尔伯特·斯科特（George Gilbert Scott）之后的杰出专业人员之一，但直到 30 多岁，他的职业生涯一直鲜为人知。沃特豪斯是哥特主义者，就像斯科特和拉斯金一样，他在欧洲旅行中形成了哥特式的建筑思想。他从 1854 年开始在曼彻斯特执业，那个时候他 24 岁，他的名字与新建立的大小法院联系在一起。1865 年，他搬到伦敦，希望赢得斯特兰德法院设计的招标，但最终失败了。他通过首席工程专员威廉·考珀引起了建筑界的注意，考珀是一位美学家，是拉斯金的朋友，也是一些著名建筑师和设计师的赞助人，正是考珀邀请了沃特豪斯参观自然历史博物馆。

1865 年，格莱斯顿表示，在南肯辛顿要有一个比大英博物馆更大的博物馆，它是"优雅且很少对外展示的"。他提交了一份修订过的计划，并商定所需的 195000 英镑将在 6 年内分摊。然而，事情又失控了，预算需要额外的 463000 英镑，远远超过了福克最初的温和提议。科学与艺术部门的管理费用每年约为 275000 英镑，而且还在上涨。该部门声称它必须履行大学、教师、博物馆、流通展览、仓库管理员、生产者、建筑师、建筑工人、装饰师、裁判员、税收司的职能，这就是它耗资巨大的原因。

据说"伦敦市区的科学家"反对搬迁，然而这不符合事实，由达尔文、赫胥黎、皇家学院院士林奈、地质和动物学协会的研究员签名的一个请愿书被送到格莱斯顿那里，表示支持这一行动。他们声称，"这对国家自然科学的进步至关重要，国家自然历史博物馆的管理应与图书馆和艺术馆分开，由一名直接向女王和内阁负责的官员管理，我们把国家自然历史博物馆的确切地点视为一个比较次要的问题，只要在伦敦都会区就可以接受"。

原打算由沃特豪斯执行福克的计划，然而，该计划在 1866 年至 1868 年保守党德比政府和迪斯雷利政府执政期间被搁置，1868 年大选前不久，当这一计划又恢复时，沃特豪斯被告知，如果他愿意，他可以修改福克的想法。他的新蓝图因造价高昂而被否决。当格莱斯顿于 1868 年上任时，满怀建立新博物馆的热情，著名的古物学家和美学家亨利·莱亚德（Henry Layard）同样怀着这种热情，尤其当他成为首席工程专员时。在 1866 年的请愿书上签字的动物学家斯卡拉特（P. L. Sclater）提醒莱亚德，开设一个独立的博物馆背后有着强大的专业意见。

在莱亚德的文章中，有一份沃特豪斯于 1869 年 3 月所做的估算，仅自然历史博物馆的费用就达 1895000 英镑。[134]不久后，沃特豪斯写道："我总是建议使用砖和陶瓦，我的估计是基于这样的假设，即这些材料会被采用。"[135]到了这个阶段，关于重新安置的辩论已经进行了十多年，但由于没有阿尔伯特亲王式的人物来强力推进这个议题，这一争论已经放缓。委员们告诉历届政府，他们将以非常合理的价格提供土地，但是，政府意识到对公共资金的巨大需求可能非常敏感，所以一直反应迟缓。1869 年 6 月，格莱斯顿授权莱亚德考虑"在堤岸上放置自然历史藏品"，[136]这使事情变得复杂起来。莱亚德的办公室与沃特豪斯讨论了这个问题，1869 年 7 月 16 日，沃特豪斯写道："我暂时不能确定这笔钱的数目，因为不确定建筑是否能完成，不过，我希望莱亚德先生明白，如果不是在堤岸上，预算几乎不会超过 500000 英镑。在我看来，这个地点需要一座宏伟的建筑，然而，如果历史委员会愿意放弃富丽堂皇而满足于一幢体面的建筑，我想我可以冒昧地保证，所描述地点的建造费用可以用 50 万英镑实现。"[137]

直到阿克顿·斯米·艾尔顿（Acton Smee Ayrton）接替莱亚德，才做出按计划在南肯辛顿进行建设的决定。艾尔顿与莱亚德完全相反，缺乏美感，痴迷于节俭，对沃特豪斯来说，幸运的是，艾尔顿还专注于法院的建设，并使它们的建筑师乔治·埃德蒙·斯特里特的生活成为一个完全的不幸；因此，他没有多少时间和精力去干预沃特豪斯。然而，他把预算从 500000 英镑削减到了 330000 英镑，于是沃特豪斯重新设计了他的建筑，建造了足够多的房屋来完成博物馆的大部分空间，但只有在资金允许的情况下，才会完成侧翼和后部的建设。不过它们再也没能完成。在费用上升期间，议会将建设推迟了两年。沃特豪斯不得不进一步减少预算，缩短入口塔楼的高度，减少装饰。

他受到欧文 1859 年制定的一项计划的指导。建筑外观是罗马式的，这与福克最初的想法不同，后者的构想是意大利文艺复兴时期的外观。然而，它更符合沃特豪斯作为一个哥特主义者的血统，是哥特式风格的发展。沃特豪斯对文艺复兴时期风格最大的采纳是建筑的对称性，这一特点在他的其他作品（如曼彻斯特市政厅）中也有体现，但其他哥特主义者对此并不欣赏。680 英尺长的正面有着一排排圆拱形窗户，其规律性令人着迷，这是哥特式的风格，但并不完全是哥特式的风格。

沃特豪斯需要陶土作为动植物模型的外部装饰，这些是欧文自己设计的，由于越来越难以获得所需数量的上述材料，导致承包商在 1879 年夏天破产。[138]这座建筑物直到 1881 年才完工，但延期也有其优势，迪斯雷利政府允许这些塔楼达到计划的高度，以便在发生火灾时能容纳水箱。当 1881 年 4 月向公众开放时，博物馆终于使得阿尔伯特城成为亲王一直梦寐以求的世界级科学机构，公众对教育、探究和自我完善越来越感兴趣，他们拥有了无与伦比的资源。

十

位于肯辛顿花园的阿尔伯特纪念馆——下一章将描述它曲折的酝酿和诞生历程——只是首都对亲王纪念的一部分。人们强烈认为，他的另一个构想——备受讨论的科学与艺术中央礼堂——的实现将是对他的最高敬意。就像纪念馆一样，它是由女王和宫廷推动的，和阿尔伯特城的其他地方一样，这是科尔某一项倡议的结果，他看到了另一个扩展他的帝国的机会。1857 年，科尔首次提议，通过捐款建造一个大型音乐厅，他曾希望音乐厅能作为 1861 年国际博览会基础设施的一部分，1861 年的展览恰逢首届博览会举办十周年，但因为 1859 年法奥战争导致的财政吃紧，展览不得不从 1861 年推迟到 1862 年。

如果资金充足的话，阿尔伯特纪念馆的正南和花园北面，是国家美术馆落成地址的明智之选。1862 年 6 月，查尔斯·伊斯特莱克爵士（Sir Charles Eastlake）向 1851 年委员们正式提出了纪念馆的构想，同时，在女王最悲痛的时候，她决心尽最大可能纪念阿尔伯特亲王，科尔在温莎与女王见了一次面，她批准修建一座礼堂，条件是其与单独的纪念馆一起建造，而不是代替纪念馆。然而资金再度成为障碍。在不得不补贴纪念馆后，政府已不愿为这种奢侈品而拿出更多的公款，尤其是在格莱斯顿担任财政大臣期间。

科尔不会被挫败。1863 年末，他起草了一份计划书，邀请公众捐助建造一座礼堂，他说，这将是"欧洲最适合聆听和观赏的舒适场所"，可容纳 12000 人。[139] 他需要募集 200000 英镑款项，他提议以每人 100 英镑的价格出售 500 张"永久免费入场券"，以每人 50 英镑的价格出售 500 张"终身入场券"，以此筹集资金，并集体安排使用礼堂，我们现在称之为分时使用。然而，委员们认为没有理由为此目的批准土地的使用，他们似乎担心，此项目将不会有足够的资金，该计划将不得不中止，或以政府提供的资金勉强完成。

科尔试图找到一条出路来打破僵局。在赢得福克和格雷将军的支持后（前者曾计划建造一个能容纳 30000 人的礼堂），他们决定把目标锁定在社会精英阶层（包括有地位或财富的人，很多情况下两者都具备），并希望这种方式将使委员们相信该项目不会失败。科尔还有一个王牌，那就是说服威尔士亲王成为礼堂的主席，这将鼓励社会投资，但也会给委员们带来巨大压力，迫使他们屈服于科尔的恳求，格雷精明地建议女王请亲王来担任这一角色，这是他无法拒绝的提议。

为搜寻南肯辛顿博物馆的展品，科尔在欧洲大陆旅行时，还视察了音乐厅，虽然对阿尔伯特礼堂的建设影响最大的，是他与福克在 1864 年对尼姆斯罗马圆形剧场的参观。然而，规划中的建筑将不仅仅是一个音乐场所：在南肯辛顿，一直为阿尔伯特亲王所尊敬和认可的学术团体的存在是至关重要的，它们可以在那里举行学术会议，那里也可以容纳未来博览会的展品。毕竟，水晶宫早已扎根西德纳姆了，为 1862 年展览而建造的那座广受诟病的建筑也已经快要过时了。

1864 年夏天，科尔给格雷发了一份行动计划。格雷看到了一个特殊障碍，那就是科尔个人不受欢迎，但他也意识到，科尔在南肯辛顿的成功可以促使他的音乐礼堂项目被认真对待。德比是当时的反对党领袖，也是纪念委员会的关键成员，格雷说服他去见科尔并讨论这个想法。德比认为这个计划"有远见"，但缺乏热情去推进这项计划。不过，在格雷的建议下，女王暗示她希望这样的计划能继续下去，于是这一切奇迹般地改变了。[140]

一份计划说明书描述了这座建筑将如何获得资金。科尔翻阅了他的通讯录，开始以副主席的身份将大人物聚拢起来。他可能不受欢迎，但在威尔士亲王的帮助下，到1864年年底，他已经赢得了50人的支持。虽然作为纪念馆的建筑师，斯科特被认为是名正言顺的设计师人选，并提交了计划，但要保证项目的推进，还需要科尔与福克能够相互理解。科尔对斯科特作为一名建筑师的表现并不认可，他对斯科特的嫉妒也并不令人陌生，他可能觉得自己已经取得了足够大的成功，已经获得了纪念馆的委托。

科尔在1865年1月29日的指导委员会第一次会议上，把福克制作的礼堂模型带到奥斯本，向威尔士亲王展示了这个项目。委员会包括亲王、菲普斯、格雷、科尔和一位"听从殿下指挥"的同事。委员会看到了福克始自1859年的计划和斯科特的反对意见，科尔还列出了一份70多位愿意担任副主席一职的名人名单。他报告了潜在捐助者的热情，这意味着亲王可以发表以下声明："殿下表示，他希望看到礼堂的建设工作稳步实施，这是亲王建议的作品，因其具有伟大的公共效用，同时，它也将作为该委员会促进科学和艺术的综合计划的必要组成部分。"[141]计划获得了批准——尽管容量缩减为6000人。

5月29日，在德比的领导下，委员们同意以每年1先令，999年租期的租约批准土地的使用，此外还需要50000英镑的现金，以及余款在18个月内付清的附加条件。他们还问是否可以缩减礼堂的规模，但女王对此置之不理。7月6日，"科学与艺术中央礼堂推广者"在马尔伯勒宫举行会议：在场的是这个国家最高阶贵族

332

的一部分，包括6位公爵、2位侯爵、8位伯爵和3位主教，这是坎特伯雷大主教指导的最后一批主教。[142] 亲王谈到了他母亲对这个项目的深切兴趣，以及她同意成为该项目的赞助人。会议上，大家一致支持该项目及其推进的条件。亲王解释了展览的盈余是如何被用在建造纪念馆上的，因此有必要借助公众捐赠来修建礼堂，他认为规划这栋建筑物是有道理的，"长期以来，人们一直能够感到与科学和艺术有关的各种项目的匮乏"。[143]

副赞助人名单上排在首位的是两位王室殿下〔阿尔弗雷德亲王和剑桥公爵（Duke of Cambridge）〕，一位沉静的殿下，来自萨克森－魏玛公国，2名大主教和其他7名公爵。下面是2位侯爵，13位伯爵，4位子爵和9名主教，迪斯雷利是名单上最重要的议员之一，很多学术团体的官员和大多数参与展览和阿尔伯特城开发的官员也在此列——诺斯科特、鲍林、迪尔克、莱亚德、欧文和泰特（William Tite），还有科尔。科尔和鲍林加入了由威尔士亲王和他的兄弟阿尔弗雷德亲王领导的临时委员会，该委员会成员也包括德比、格兰维尔、罗伯特·洛（Robert Lowe）和格雷。

临时委员会声明：在阿尔伯特城建立一个伟大的中央机构的计划，因亲王之死而未能成行，但现在是时候"恢复他的一部分工程，并寻求建立一个规模与国家需要相称的礼堂"了，展厅将可用于与科学和艺术相关的大会、对话和展览，并明确可用于"与科学和艺术相关的任何其他目的"；可以在这里举办"农业和园艺展览；最重要的是音乐表演，包括合唱和器乐，以及管风琴表演，就像在利物浦和伯明翰的各色重要城镇中上演的那样"，礼堂的潜力将由即将通行的、连接大都会的铁路所激发。

到1865年7月13日，在"重点官方职位"和委员会之中，已经有一个特别小组捐助了102000英镑，随后，向更广泛的公众发行债券的做法获得一致同意。[145]以象征性租金授予的999年的土地租约只相当于60000英镑的出资额，但是包括内部和外部装饰的实际建筑成本估计为200000英镑。委员们承诺负担这笔钱的1/4，并且支付2000英镑作为预备开支。剩下的钱通过捐赠来筹集；而且只有在1867年5月1日之前，公众承诺了足够的资金，土地才能被授予。资金来源是出售债券：1000英镑可以购买一个能容纳10人的一层包厢，500英镑能购买容纳5人的二层包厢，或者用100英镑购买圆形剧场中的一个座位。所购买的座位将是"几乎永久"的——它们将与999年的租约一样长。[146]现在计划的礼堂能容纳5600人。待售座位将筹集250000英镑，剩余款项用于礼堂维护；其他座位将在每次活动中出售，某一个包厢或座位的权益可以出售、遗赠或转租。委员会毫不怀疑这些席位将是一项"有报酬的投资"。[147]

还存在一个复杂的问题。1865年12月，年仅42岁的福克突然死于血管破裂。临终前，他坐在椅子上宣布："到此为止。"[148]作为一名工程师而不仅仅是建筑师，福克早已经开始专攻具有广阔空间的建筑专业：他还赢得了建造自然历史博物馆的竞赛。为了完成这个计划，他进行了持续性的高强度工作，这导致他病了好几个月了，在瑞士和伊斯特本长时间的休息也没有起到作用。科尔去探望他的时候，发现"他咳痰都很虚弱"。[149]因此如何处理阿尔伯特礼堂是比处理博物馆更紧迫的问题。人们想知道是否要换一个建筑师，但换成一名外国人被认为是不可能的，而他的替代者斯科特热衷于精致装饰，但这种做法被认为太昂贵了。因此，出于经济原因，福克的计划在可能的情况得以延续下去，工作由科尔的另一个亲信亨利·斯科特上校（Colonel Henry Scott）接手。

次年4月，双方同意继续进行福克计划的外观和内饰设计。尽 334

管乔治·吉尔伯特·斯科特大力抵制，科尔还是推动了这一决定，科尔相信皇家工程师们不会肆意挥霍。斯科特上校在设计上没必要做更多的工作：衣帽间的位置更为方便，提供小房间，走廊和楼梯上安装更好的照明，通往走廊外而非内部的每一层的楼梯，以及走廊本身。最大的变化是舞台的地板向下凹陷，但据了解，福克本人也曾考虑过这一点。[150]

福克对红砖和陶土建筑的设想也成为现实。1866 年 7 月，在已经建造了利物浦街车站和皇家阿尔伯特码头后，卢卡斯兄弟公司被任命为建筑商，总成本估价为 199748 英镑（其中包括价值 27000 英镑的"红土装饰"和价值 8000 英镑的器材）。[151]另一项修改是使礼堂更趋近椭圆形，而不是长方形。[152]正如亨利·斯科特在 1872 年 1 月对他的英国皇家建筑师协会同事们所说的，他只修改了福克计划中很小的一部分，"我一直认为我已故的兄弟官员和朋友天生就具有非凡的建筑和建造能力，我自己没有这种信心"。[153]这个建筑的外部长 272 英尺，宽 238 英尺，由 600 万块砖和 80000 块陶土建造而成。

1867 年 5 月 20 日，在威尔士亲王和委员会的协助下，女王开始了奠基仪式。一个顾及了 7000 名宾客的巨大天棚被修建在舞台上方，亲王还发表了演讲。首相德比给了女王一些硬币，格兰维尔给了她一个玻璃器皿，她把硬币放在里面；借助由建筑商卢卡斯先生递给她的泥刀，女王把器皿放置在石头的一个凹处。阿尔伯特的作品《可叹的和谐》（*Invocazione all'Armonia*）随后响起。[154]同时女王宣布这座建筑将被命名为"皇家阿尔伯特礼堂"。[155]除了捐助者和达官显贵，还有一大群公众聚集在一起，借此难得的机会一睹这位隐居君王的风采。

礼堂的法定章程规定了其用途和目的：用于促进科学或艺术的

国家和国际级会议；音乐会；公共机构和协会团体举办的颁奖仪式；各种各样的展览，包括农业、工业、艺术和科学以及"任何与科学和艺术有关的其他展览"。[156]1867 年 11 月，亨利·科尔夫人为工程奠基，工程进展也很迅速。次年 6 月的任何一个礼拜六，捐赠者都会受邀参观工程并检查进度。屋顶的建造始于 1869 年 5 月 6 日。合同规定礼堂将在 1870 年圣诞节前完工，同时计划于 1871 年夏秋季举办音乐会、管风琴独奏会和其他音乐活动。大楼外面的一条马赛克饰带说明了这项事业的目的："这座礼堂是为促进各国艺术和科学以及工业发展而建造的，这正是阿尔伯特亲王的意图。"

1870 年 12 月，女王参观了即将完工的礼堂。她坐在比观众席更高的皇家包厢里聆听音乐家的表演，她喜欢自己的所听所见。离开时，她说："这看起来就像英国宪法一样完美。"[157]1871 年 3 月 29 日，礼堂正式对公众开放，大厅里挤满了人，女王的许多大臣都出席了这次活动。一个壮丽的护卫队簇拥着女王；一个巨大的管弦乐队出现在舞台上。不可避免地，她穿了一身黑色的衣服。她太激动了，以至于她的儿子不得不继续完成她的演讲，以回应他自己的演讲。他说："女王宣布这座礼堂现在正式开放。"[158]之后女王被引到皇家包厢，欣赏由迈克尔·科斯塔爵士（Sir Michael Costa）作曲、管弦乐队伴奏、合唱团演奏的关于《圣经》篇章的大合唱。最后，在"一场多样化的音乐会"开始之前，她才离开。[159]福克的最终计划也存在一些变动：礼堂被调整为可容纳 7100 人而不是 5600 人；最终花费了 206716 英镑，比估计值高出 3.4%；资金足够充裕，募捐项目也由于很成功而被限制了。根据相关委员会 1872 年的报告，围绕礼堂产生了一些新的想法，例如"为人民举办一系列平价音乐会"和创办"全国音乐培训学校"。[160]随着皇家音乐学院的成立，后者将在十年后成为现实。但随着兰厄姆女王礼堂的爆炸事件，导致亨利·伍德长廊音乐会转移至阿尔伯特礼堂，前一个计划可能还要花费 70 年的时间才能实现。

十一

336　对于一个认为自己正在推进文明建设的国家来说，音乐培训学校也许是其中一个尤为必要的机构。德国人称英国为"没有音乐的土地"，自 1695 年普塞尔（Purcell）去世以来，英国音乐界就再未出现过一个天才。亨德尔（Handel）和乔治·阿恩（George I. Arne）、博伊斯（Boyce）、斯腾代尔·贝内特（Sterndale Bennett）一起来到这里，他们尽了最大努力使英国音乐在 18 世纪末和 19 世纪初保持活力，但依然远远落后于莫扎特、海顿、贝多芬、柏辽兹和瓦格纳。

科尔一如既往地持有自己的看法。1861 年，他在英国艺术学会任职期间，委托他人撰写了一份关于英国皇家音乐院现状和表现的报告。皇家音乐院成立于 1822 年，坐落在汉诺威广场（Hanover Square）附近的狭窄区域里。阿尔伯特一直希望在肯辛顿南部设立一个音乐专科学校，科尔认为把皇家音乐院从梅菲尔区搬出去将有助于实现这一愿望，并能够解决该机构的住宿问题。然而，1865 年，当科尔与委员会就资助问题进行接触时，委员会以资金原因为由直接拒绝了科尔的提议。但当阿尔伯特礼堂建立并由科尔管理后，他再次冒出了这个想法，他决定建立一个国家音乐培训学校，使其独立于皇家音乐院，地点选在阿尔伯特城。1873 年，科尔再次提出他的新建议时，已经有了两个明显的优势，这是他在几年以前缺少的：第一个是王室赞助——爱丁堡公爵（Duke of

Edinburgh）拥有对音乐的热忱和知识，同意委员会推动该项目。第二个原因是，一位著名的南肯辛顿房地产开发商查尔斯·弗雷克（Charles Freake）的妻子对音乐具有浓厚兴趣，于是开发商本人同意为这所学校的设立提供资金。

科尔所要做的就是说服委员会为弗雷克提供一个建设基地，很显然它做到了。委员会以每年 80 英镑的价格，99 年的租期给了弗雷克一些位于阿尔伯特礼堂西部的土地。建筑由另一位皇家工程师和他的亲生儿子科尔·普罗特（Coleprotégé）设计，爱丁堡公爵于 1873 年 12 月为其奠基，1876 年 5 月开建。国家音乐培训学校同样雄心勃勃：它想将自己打造成一个与欧洲最好的音乐学校并驾齐驱的音乐学校；第一任校长亚瑟·沙利文（Arthur Sullivan）很快就会成为英国最著名的音乐家和作词人。然而，国家音乐培训学校很快就陷入了财政困难：委员们没有更多的理由为它提供资金，他们更愿意资助即将搬迁的皇家音乐院。

337

委员们建议皇家音乐院和国家音乐培训学校合并，但问题也会更复杂。1878 年 7 月，政府宣布，将在威尔士亲王的赞助下建立一所音乐学院：该学院于 1882 年成立，并获得王室特许。当它成立时，国家音乐培训学校关闭，皇家音乐学院迁入其校舍，直到 1894 年由布洛姆菲尔德设计的宏伟建筑建成。这个建筑现在位于亲王路南侧。皇家音乐学院完全是另一所机构，它的第一任校长乔治·格罗夫爵士（Sir George Grove）是一个非常杰出的人物，最为人铭记的是以他的名字命名的音乐词典。

格罗夫一直是一位杰出的工程师。他也是科尔的同事，作为艺术协会中的一员，他还管理过位于西顿汉姆的水晶宫。他为皇家音乐学院筹集了巨额资金，令威尔士亲王的名字流传开来。亲王利用他弟弟爱丁堡公爵对音乐的热爱来帮助筹款，1883 年 5 月，当亲王正式开放皇家音乐学院时，它的资金已经超过 11 万英镑。
1887 年，弗雷克把这座建筑交给了皇家音乐学院，作为回报，他
得到了一个男爵头衔。格罗夫说服了英国音乐复兴时期最伟大的
两位作曲家——查尔斯·休伯特·黑斯廷斯·帕里（Charles
Hubert Hastings Parry）和查尔斯·维利尔斯·斯坦福（Charles
Villiers Stanford）——与他一起担任高级教授。从那时起，成功就
得到了保障。50 年后，皇家音乐学院训练了 20 世纪早期的大多数
伟大作曲家，如沃恩·威廉姆斯（Vaughan Williams）、霍尔斯特
（Holst）、豪厄尔斯（Howells）、布利斯（Bliss）、布里顿（Britten）
和爱尔兰（Ireland），这正是阿尔伯特所设想的。然而，要实现他
认为阿尔伯特城应该拥有科学机构的信念，则需要从 19 世纪末开
始了。

十二

阿尔伯特礼堂、自然历史博物馆与维多利亚和阿尔伯特博物馆
都是科尔的直接遗产：现在的科学博物馆，皇家音乐学院和帝国学
院都是他遗留下来的财富，这一切都要归功于他的雄心和远见。可
想而知，在他决定挑起一场争论之后，他就离开了委员会和政府，
不再担任公职人员。这是他与格莱斯顿第一届政府的财政大臣罗伯
特·洛之间的战斗，洛有着科尔的许多特点，但拥有更致命的措辞
和更敏锐的思维。1873 年，委员会成员之一亨利·庞森比上校
（Colonel Henry Ponsonby）告诉女王，当科尔与洛的争论发生时，
由于科尔在南肯辛顿过于"专制独断"[161]，他们决定将科尔的职能
分授给几名官员，并劝说他退休。

尽管委员们熟知科尔刻薄和盛气凌人的态度，但他们还是认为

女王应该给予他荣誉。格莱斯顿对女王说，科尔的敌人如此之多，他们对科尔充满恶意，如果授予他巴斯勋章——这是通常授予高级和有成就公务员的荣誉——将产生一场公共关系灾难。迪斯雷利几乎对他没有什么印象，但在1875年还是设法说服女王为科尔封爵，他希望这起码能使科尔保持短暂的沉默。科尔住在毗邻瑟罗广场的庄园里，他的晚年在写信和写书中度过。他在书信中向委员会成员和全世界抱怨国家的行政部门。他的最后一个王牌就是——当然，他希望女王也能支持他——已故亲王的愿望不应再被委员们否决。因此，他在1876年争论说，1851年委员会应该解散，遗产应该移交给政府。虽然他的这些提案都未受到重视，但他仍然坚持战斗到最后一刻，直到1882年去世。

总体而言，尽管科尔犯了很多错误，但他代表着一种实干的精神。这种精神不仅使阿尔伯特城成为可能，而且使维多利亚时代英国的许多成就至今仍屹立不倒。在伦敦以外的城市里，很多博物馆、音乐厅、学术机构、图书馆和大型市政厅都出自科尔之手，这些都是非常典型的建筑。当然这种精神也是从他的主人阿尔伯特亲王那里继承而来，他们都拥有建立一种宏伟且永恒机构的雄心壮志，这些作品不仅代表着创造者自身，还体现出维多利亚文明永恒的进步。

第十章　英雄精神：阿尔伯特和对伟人的崇拜

一

从 1840 年 5 月卡莱尔发表关于《论英雄》（*On Heroes*）、《英雄崇拜和历史上的英雄》（*Hero-Worship and the Heroic in History*）系列的第一次公开演讲的那刻起，伟人的思想就渗透进了整个维多利亚时代，一个开始质疑甚至否定基督教的社会也是这种思潮自然发展的结果。尽管道德行为的例子迄今为止都是从宗教学中汲取的，但从现在开始，它们都是从人类的生活中汲取的。卡莱尔之所以对伟人大肆宣扬，也是源于他对民主的蔑视，他认为社会的巨大变革和进步只能通过有意义的个人领导行为来实现，只有伟大的男人（女人没有被纳入他的考虑范围内）才有能力做到这一点。他对克伦威尔的信件和演讲的崇拜，以及他八卷本的论述腓特烈大帝的生活的著作，是他对这一思想的主要贡献。

以卡莱尔为榜样，许多维多利亚时代的叙事性历史都是以伟人为中心来讲述的——尽管在他的弟子弗劳德的论述都铎王朝的宏伟著作中，分别用玛丽一世和伊丽莎白一世来体现天主教的邪恶和新教的美德。麦考莱关于光荣革命的历史叙述也是通过成功人物来讲述的，尤其是奥兰治的威廉本人。这也是传记的伟大时代：斯坦利写的关于阿诺德的传记是一个早期的例子，还有乔治·格雷格关于威灵顿的传记（他也写过印度的克莱夫）和后来约翰·福斯特（John Forster）关于狄更斯的传记。

随着这种对英雄的崇拜植根于维多利亚时代的思想中，它也就自然而然地成为一种对死亡崇拜的附属。在这种崇拜中，人们既是出于对已故英雄的尊敬，也是为了给后人树立榜样，英雄的一生都将被纪念和庆祝。在 1852 年威灵顿公爵的葬礼上，这种崇拜表现得尤为明显。那年 9 月他去世后的第二天，《伦敦新闻画报》要求"举行一场公众葬礼，这种葬礼在其他国家是见所未见，闻所未闻的"。[1]结果并未让他们失望。数千名士兵身着全套军装，其中许多人骑着马，军乐队演奏着哀悼曲，跟随着由 12 匹马拉着的像小型蒸汽机车那么巨大的青铜葬礼车，从海德公园角行进到圣保罗大教堂。教堂内，红金相间的棺材被放在一个黑金的罩布上，然后被安置在华丽的天篷下。格雷维尔认为整个过程"都设计得很好"，除了那辆"俗不可耐的古铜色"马车。[2]他觉得这个设计虽然是由阿尔伯特指导的，但这"不能证明他很有品味"。[3]卡莱尔觉得这辆车"更像是一辆兜售门垫的街车，而不是英雄的棺材"。[4]然而，公众还是欣然接受了这一切。正如丁尼生为他作的颂歌里唱的那样："让我们用这个强大国家的哀悼之声，来埋葬这位伟大的公爵吧……最后一个伟大的英国人离开了。"

死亡成为维多利亚文化的重要组成部分。一个越来越意识到自身地位和历史的国家，觉得以一种炫耀和放纵的方式来纪念英雄逝世是一种礼节。它证实了英国人对自己和死者身份的看法，随着英雄崇拜的世俗主义化，死亡的地位被提升为一种对自我的崇拜。虔诚的基督徒试图寻找复活和永恒的生命，而那些弱者或没有信仰的人则寻求一种宗教安慰的替代品。尽管在 19 世纪，预期寿命有了很大的提高，但儿童活不到成年、妇女在分娩时死亡以及男人在三四十岁时被镰刀割伤死掉的情况仍然很常见。精心准备的悼念仪式不是为了纪念死者，而是一种对死亡的崇拜。在丧亲的几个月内（时间取决于他们与死者关系的密切程度），上层阶级会在黑边纸上写信，身着黑色服饰，取消一切社交活动。当葬礼在附近地区举行时，下层阶级会关上百叶窗或窗帘，街上的人们会摘掉帽子。女性还需要忍受一段似真非真的虚弱期。文化方面也吸收并同时反射了这种崇拜：正如我们所看到的，丁尼生以及他的作品《悼念集》广受欢迎，取得了巨大的成功：它不仅成为所有崇拜仪式时的主题音乐，还深受维多利亚女王本人的喜爱。

341

葬礼的仪式越来越广泛。葬礼纪念碑变得复杂起来——这一形式的最高点或者说是巅峰出现在温莎的圣乔治教堂的坟墓里，这里埋葬着1892年逝世的女王的孙子艾迪王子。关于"逝者"和他加入"天堂唱诗班"的委婉词汇逐渐演变，使得维多利亚时代的人们能够讨论这个最引人注目的话题，而不必使用任何过分直白的术语。随着鬼魂、唯心论和来世说的出现，死亡崇拜变得声名狼藉。越来越多的江湖骗子扮成灵媒并通过举办所谓能使死魂说话的降神会来攫取钱财：尽管他们的剥削性生意直到一战的大屠杀之后才真正开始。

在一次特别的死亡之后，崇拜达到了神化。许多维多利亚时代的人有过敬畏死亡、表现悲伤和神圣化记忆的经历，但没有谁像女王那样崇敬、夸张、过度和装腔作势。她渴望看到他已故的丈夫，试图以最高规格来纪念他，从而产生了整个阿尔伯特城中最特别的一个项目，也再一次体现了维多利亚时代的实干精神。虽然话题很敏感，但这也为那些争论自己才是打造维多利亚时代的英国人的自我冲撞提供了一个舞台，甚至引发了一场关于死亡纪念形式、时代风格理念中艺术和美学适度感的辩论，同时还巩固了对阿尔伯特死亡崇拜的中心地位，使他成为表达盛期维多利亚时代悲痛的典范，也为处理 20 世纪的死亡提供了一个示例。

二

　　威尔士亲王阿尔伯特·爱德华（Albert Edward）在还不到 20 岁的时候，就与都柏林一位名叫内莉·克利夫登（Nellie Clifden）的爱尔兰女演员发生了一些不正当的性接触。那是 1861 年的秋天，当时他加入了科拉格（Curragh）的一个军团，而克莱夫登小姐是"接吻和讲述"策略的早期实践者，很快消息传遍了整个都柏林。同时也不可避免地传回了温莎，激怒了女王和阿尔伯特亲王，他们担心王位继承人可能还未意识到要保护自己的继承权。1861 年 11 月 25 日，阿尔伯特去了剑桥西边的马丁利庄园，和他的儿子进行了一次谈话，当时他的儿子正在那里的大学深造。在一个阴冷潮湿的日子里，他们一同外出，聊到深夜。阿尔伯特告诫他的儿子如果他继续这样做，王室的影响力会衰弱，丑闻甚至会影响君主制度。

　　阿尔伯特并不是死于待在沼泽地的那天，虽然他的健康恰巧因为感染了伤寒或患上克罗恩病（肠道炎症的一种）而受到了损害。整个秋天，阿尔伯特都显得疲惫不堪，1861 年 10 月，王室成员在巴尔莫勒尔堡度假，当他在石楠花丛中徒步旅行时，曾被多次淋湿。[5]他的遗孀歇斯底里的最荒谬之处在于——没有更好的形容词来形容——她过度的悲伤让她把父亲的死归咎于长子。事实上，这与 19 世纪的诅咒有着更大的关系，技术和投资很快就会克服这种所谓的诅咒，即糟糕的卫生条件。阿尔伯特死于温莎城堡的排水沟，他从剑桥回来后不久，皇家外科医生詹纳在他刚生病时误诊了，以为阿尔伯特得的是重感冒和神经衰弱，12 月 4 日，女王还告诉她的叔叔利奥波德，阿尔伯特得了流感。然而，在接下来的几天里，阿尔伯特的发烧加剧，病情恶化；直到12月，他的医生才意识到这不仅仅是流感，但即使到了这个时候，也不清楚他们是否意识到这是伤寒。两天后，阿尔伯特去世了，维多利亚就此开始了寡居生活。

阿尔伯特刚一去世，就开始了为亲王和他的成就举行宏大纪念活动的讨论。可想而知，亨利·科尔很快就走火入魔了，他在媒体上发表了一封公开信，呼吁建立一所阿尔伯特大学，虽然这并没有引起任何反应。但科尔曾表示，如果开启一场纪念阿尔伯特的生活和作品的活动，他将（无论其他人是否喜欢）成为这个活动中的一个重要组成部分。伦敦金融城做出了更团结和坚定的努力，发起了一场追悼会。1862年1月14日举行了一次公开会议，由市长威廉·库比特主持，他是建筑商托马斯的兄弟和合伙人。他一直"想为已故的王室殿下建立一个永久的纪念馆，但他一直在思考通过公开募款的措施实现这个目标是否恰当"。[6] 为了深切哀悼英国为失去亲王所遭受的不可挽回的损失，尤其是"因为他长期以来一直在改善下层阶级的状况和在科学与艺术的发展和推广方面所做的努力"，[7] 伦敦主教提出了一个议案。

议案要求委员会的贵族和绅士成员一起支持纪念馆的活动，当时委员会成员包括帕默斯顿、德比和迪斯雷利，他们分别是前任、现任和将来的首相。格雷写信给克拉伦登（Lord Clarendon）说，女王特别希望他与国家美术馆馆长查尔斯·伊斯特莱克爵士一道，为纪念馆提供"选择艺术家的建议"和"执行的方向"。[8] 主持委员会的德比提出了一个问题，他说上院于2月7日宣布已经筹集了27000英镑，但是关于管理和使用纪念基金的不确定性阻止了更多资金的涌入。[9] 下一周，格兰维尔宣布，建立纪念馆是自发性的产物，因此政府不会试图去控制事情的走向，女王拥有最终决定权。由利物浦和格拉斯哥领导的一批省级城镇已经开始为自己的纪念活动制定计划。

由德比、克拉伦登、库比特和伊斯特莱克组成的亲王纪念委员会正式成立，后者是皇家艺术院院长，充当委员会秘书的角色。1862 年 3 月 1 日，双方在皇家艺术院第一次会面。女王几乎没有流露任何悲伤的情绪，只说了她希望的合适规模和她喜欢的方尖纪念碑形制。[10]查尔斯·狄更斯从女王身旁的侍女那里听说："整个上午她都在关注纪念馆的各种细节，然后大哭了一场。"[11]狄更斯在文字中也保留了自己的多愁善感，他说阿尔伯特"既不是一个凡夫俗子，也不是英格兰的救世主，现在的英格兰同他在世时没有什么两样"。

从媒体上可以清楚地看到，"很大一部分公众似乎希望将纪念碑和一些与亲王名字密切相关的机构联系起来"。因此，分两个阶段建造纪念馆的决定将是合适的，该机构将像阿尔伯特所希望的那样，促进艺术和科学的发展。委员会还认为这也实现了他的愿望——在 1861 年 6 月园艺学会花园开幕式上亲王说过——即，这些花园将"在不久的将来形成一个巨大的四角公共建筑的内院"。[12]而一个大礼堂——科尔在 19 世纪 50 年代末首次设想的——将是实现这一目标的完美之所，并将"与所有的机构保持和谐一致"。这个礼堂是如此宏大，以至于纪念碑需要立在海德公园的对面，这样它就不仅靠近展览现场，而且离礼堂足够远，不会被大礼堂建筑掩盖。

立即达成的一致意见是谨慎行事，并支持女王关于方尖碑的想法，最好是红色的，有必要的话可以使用灰色花岗岩。伊斯特莱克和委员会的其他成员收到了建筑师、美学家、石匠和公众关于如何建造纪念碑的大量的建议信。尽管方尖碑非常流行，女王本人也想要这样一个纪念碑，但人们还是怀疑是否具备一块足够有意思或者足够高的石头来制成这个东西。1862 年 4 月，委员会写信给女王提出这些保留意见，而格雷（由于丧亲之痛，短时间内迅速消瘦）回答说他勉强接受了这些意见，[13]但是他要求咨询最好的建筑师。

人们关于阿尔伯特那段不受欢迎的时期仍然记忆犹新，有人担心计划可能会适得其反，导致那位歇斯底里的女王陷入更深的痛苦。然而，对这一想法的热情似乎让人们不再担心它会无果而终。3 月 31 日，格雷写信给鲍林，说他募集了一笔捐款来资助这座纪念碑，但他对此表示怀疑："因为 3000 多万人口中的 4500 人的捐款无法建成一个国家纪念馆。"[14]到了下个月，格雷还向鲍林建议可以建立一个专门用来纪念阿尔伯特的机构——"可以是一座学院、画廊或任何你的构想"——这个想法"值得考虑"。[15]"但是获得所需资金的机会有多大呢？女王不能宣布这样一个愿望，以免因经济原因而不得不放弃它——而且我担心他们也过于乐观，他们认为宣布这样一个计划将会吸引 250000 人的捐款。"他认为，"在我看来，任何有用的项目都可以采用的唯一令人满意的形式"是建立一个机构。他预见到议会可能被要求拿出 10 万英镑，以确保恰当地执行"国家对亲王的纪念"，但是不确定这笔钱会不会拿出来。他让鲍林考虑一下，等他有了想法之后再来讨论这个问题。

1862 年 5 月 9 日，在阿尔伯特死后 5 个月，查尔斯·菲普斯爵士给帕默斯顿写了一封信，提出了"国家纪念馆"的问题。当时女王沉浸在悲伤中，为了不被人打扰而住在巴尔莫勒尔堡，她周围的人都处于紧张状态。菲普斯告诉帕默斯顿，如果议会讨论到这个问题，那么"避免所有反对声音和不利讨论"是非常重要的。[16]毕竟，将国家美术馆移到肯辛顿的方案连提都没有提起（尽管这个想法在一两年后又重新出现），这对女王和亲王已经是一个巨大的伤害。女王不希望悲剧重演，女王把它保留在特拉法加广场，就是为了不让其成为"对亲王个人的反对"。然而，人们对亲王的看法已经改变了，如果要有一个纪念馆的话，肯辛顿显而易见是个合适的地方。

菲普斯警告说，任何建筑都需要"一个管理机构来进行维修、照明和看管，这些费用必须通过捐赠来支付，当然这需要相当多的资金；或者每年由议会投票来支付，除非这个机构能够自给自足，否则资金很难保证"。此外，"由于兰开夏郡的困境"，即美国的内战使棉花产业陷入绝境，女王和她的顾问们认为，为纪念碑的投票应该推迟到下一届议会。菲普斯不得不要求会见帕默斯顿来讨论这件事：必须做点什么了。

1862 年 5 月 29 日，科尔写信给查尔斯·伊斯特莱克爵士，这时他的雄心壮志达到了一个全新的高度，那就是"把南肯辛顿所有的机构都与对亲王的纪念联系起来。包括用于国际展览的园艺花园、南肯辛顿博物馆、科学学会和考试的中心大厅，以及海德公园最高处的个人纪念碑"。[17]女王一心扑在为已故丈夫建造最宏伟壮观的纪念馆上，科尔帝国大厦的关键阶段即将开始。

另一个渴望自己的观点能被听到的人，是乔治·吉尔伯特·斯科特，他是被咨询的建筑师之一。他特意单独写信给伊斯特莱克，分享他自己的独特观点，并强调"我情不自禁，要把我所有的想法都奉献给它"。[18]但是斯科特在获得委员会的认同感之前也要经历一些阻碍。伊斯特莱克给许多建筑师写信，包括斯科特、年轻的查尔斯·巴里、菲利普·哈德威克（Philip Hardwick）、马修·迪格比·怀亚特和悉尼·斯默克（Sydney Smirke），邀请他们提交设计方案。斯科特回答说，如果按照"公众的期望"来建造，建筑的

346

成本将是预定计划的两倍。[19]这个阶段的项目包括中央礼堂和纪念碑，斯科特警告说，如果建筑师没有预见到委员会存在的这个问题——任何人都有可能，除去他本人——问题很快就会变得非常棘手，需要进行大量的修改。

斯科特是那个时代最伟大的建筑师之一，也是最自负的人之一。他是牧师的儿子，来自一个神职家庭，在将神学与哥特式建筑联结方面，他秉承的是拉斯金式风格。出身一个神职家庭确保他能在19世纪40年代初着手修复维多利亚时期被认为需要修理改进的教堂，或以新流行的哥特式复兴风格建造新教堂时得到足够的资助。斯科特小时候就喜欢画中世纪建筑的草图，1827年，他16岁时，父亲让他在伦敦一家建筑师事务所当见习生。

男孩的天赋没有得到认可，他对中世纪的兴趣也并未受到鼓舞。斯科特在这条路上一直艰难前行，直到1835年他父亲去世，他建立了自己的工作室。他雇用了早些年和他一起工作过的威廉·莫法特（William Moffatt），他们也接到了《济贫法》要求修建济贫院的委托，这部法令于1834年通过。1838年，他和自己的表妹结婚并有了五个孩子，在妻子几年来无休止的抱怨下，他解雇了婚前就已经是合作伙伴的莫法特。在这方面他的妻子还比较精明，因为19世纪40年代，莫法特在铁路投机活动中亏了钱，同时他还对斯科特的客户很无礼，过着资不抵债的生活。但是当莫法特最终因债务入狱时，斯科特还是帮了他一把。

19世纪40年代初，受普金的影响，斯科特的设计从济贫院转移到教堂。普金与查尔斯·巴里爵士一起设计了新的议会大厦，这在当时是最著名的建筑。斯科特把他自己虔诚的圣公会主义融入了设计之中：他的哥特式风格非常柔和，连马都不会害怕。然而，他与阿尔伯特亲王的第一次会面是在1843年，在他的一座简陋的建筑——万斯沃思孤儿院的开幕式上。1844 年，他阐述了自己的艺术影响："通过对德国、法国和英国古代教堂的细致思考，作者认为……13 世纪末，即公元 1270 年到 1300 年这段时期是最完美的教会建筑时期，最经典的样本肯定处于这两个时间前后，但也正是在这一时期，风格得以实现最充分的发展。"[20]他认为，他特别提出的三个国家的建筑在某处"巧合地"统一了风格，在这之后又各自分开。每一幅作品"都背离了值得欣赏的简约风格，将一些荒诞和堕落的细节引入建筑中，最终导致风格消失，重回古罗马建筑"。[21]

到了 19 世纪 50 年代，他已经开始竞争一些很大型的公共工程项目，同时在艺术方面广泛写作，也成为一支值得关注的力量。在竞争阿尔伯特纪念馆时，他开始在剑桥圣约翰学院建造教堂，这将采用一座小教堂或大城市教区教堂的形式。据后来描述，他刚从白厅新政府建筑的争议中恢复过来。那些年，他除了继续翻修教堂（包括威斯敏斯特大教堂）和教区总教堂（包括奇切斯特、圣奥尔本、索尔兹伯里、利希菲尔德、切斯特、埃克塞特、罗切斯特和伊利，其中一些教堂只因斯科特的修复才能维持到现在），还修建了位于圣潘克拉斯站的米德兰酒店、利兹医院、普雷斯顿市政厅和格拉斯哥大学的部分建筑。大约 30 个人为他工作，其中包括一些那个时代很有名的人物，比如博德利（G. F. Bodley）和斯特里特都和他共事过。他在这个专业领域一直处于顶尖的地位，将过世亲王的纪念碑设计交给他就是对他最大的奖赏，因为到时候全国人民都会关注他的作品。

1862 年 6 月 10 日，伊斯特莱克向鲍林报告说，包括斯科特、斯默克和泰特在内的一批建筑师进行了调查研究，并提出了以下建议，由伊斯特莱克转达："纪念碑坐落于海德公园，位于骑马街和公共道路之间；中央礼堂位于公共道路南侧，在纪念碑和展览温室

348

中心之间的直线上。"²²海德公园南侧的独立纪念碑提前设计是由于将来其他选址的不确定性。这样的举措将确保，无论建造阿尔伯特城的其余部分花费多长时间，阿尔伯特的纪念碑都不必等待太久。南肯辛顿选址的呼声是压倒性的，但也不是人人都同意：一封以"前议员"的名义写给《广告晨报》（*Morning Advertiser*）的匿名长信说，这是肯辛顿自展览以来发生的又一个"以权谋私"的例子。²³他想在皮卡迪利的伯灵顿大厦旁建立纪念碑，但这个争论很快就平息了。

建筑师们考虑过各种各样的纪念碑，因为没有大小合适的石头可以采购，所以独块巨石被淘汰了。方尖碑也是如此，"用几块石头砌成的方尖碑只会显示出对逝者的不敬"。²⁴一根顶端有雕像的柱子是不行的，因为雕像不够显眼。更可能的设计是"由一组或几组雕塑构成，上面刻有亲王雕像的纪念碑"；但如果选择青铜作为材料"就是一种黑暗的色调，会影响艺术品的效果"。建筑师们提出使用一种金属混合物，"可以获得令人满意的永久颜色"，而且，它必须"大规模使用才有效果"。建筑师们建议建造一个独立的礼堂，因为"我们在伦敦没有像利物浦、利兹和曼彻斯特这样的大型礼堂（可以举办与艺术和科学相关的会议）"。²⁵

现任委员会的领导人德比同意为礼堂保留土地；6月12日，格雷写信给鲍林，确认将向女王提出的建议："亲王的个人纪念碑必须与礼堂相连，从而成为在园艺园与海德公园之间为教育目的而兴建的建筑群中心，这个建筑群主要是为了将科学和艺术应用于生产性行业……这样一所教育机构的形式必须保持开放的状态。"²⁶幸运的是，建筑师小组、委员和最重要的女王都对此表示同意。格雷于1862年6月向伊斯特莱克汇报说，"我无法向你形容女王对国家纪念碑形状的提议有多满意"。²⁷

　　在第一次使用"阿尔伯特礼堂"这个词语的时候，格雷补充道，"无论这些建筑在将来的时间里会向左右两侧延伸多少，'阿尔伯特礼堂'的设计必须居于所有建筑物的中心"。格雷还规定，大理石的亲王雕像是"礼堂内部的主要特征"。到了这个阶段，格雷对纪念阿尔伯特的计划更为积极：他认为，如果礼堂的计划制定得好，毫无疑问整个活动将会变得非常受欢迎，不仅能为今年的捐款项目提供新动力，而且能让政府在下一次会议上有一个完美的投票结果，使议会批准该计划的实施，同时还能得到下院的支持。对建筑师的考量需要更加仔细——"无论是对是错，建筑师通常都会嫉妒福克——公众的意见也对他不利，因为他们不理解为何展览大楼的扩建还未完成"。

　　委员会邀请建筑师于 1862 年 7 月提交纪念碑和礼堂的方案。有人强调要"随时征求女王的意见"，而且这种呼声的规模还相当大。[28]但正如格雷所说，女王的观点是用来与未来的建筑师分享的。她坦然接受了对其方尖碑想法的否决，尤其是因为现在的这个机构可以作为纪念碑的配套设施。7 月 18 日，格雷对伊斯特莱克说："现在很少有事情能比亲眼见证深爱的丈夫造福人类的崇高愿望得以实现更让女王快乐的事了。"[29]她希望能得到除了议会之外的人民和公众的支持。格雷还指出，"这个机构以后一定会找到与亲王名字相关的适当头衔"。斯科特、悉尼·斯默克、威廉·泰特、詹姆斯·彭尼索恩（James Pennethorne）、菲利普·哈德威克、托马斯·唐纳森、马修·迪格比·怀亚特、查尔斯·巴里和爱德华·巴里（Edward Barry）都被要求在 1862 年 12 月 4 日之前提交方案，但后来根据查尔斯·巴里的请求进行了短暂的延期，而泰特和斯默克以年龄为由拒绝了邀请。委员会还收到了许多不同的人主动提交的设计方案，艺术家们出于礼貌考虑了这一点。

　　然而，这种乐观情绪被《泰晤士报》1862 年 8 月 2 日对这些提议的攻击所打消，格雷认为"这是最不负责任也最不公正的评价"。[30]《泰晤士报》称可以支持一座个人纪念碑，但不能支持一座礼堂式的纪念馆。格雷则认为捐赠的资金已经足以建造这座个人纪念碑，所以他建议继续开展这项工作，"无视《泰晤士报》记者的所有恶意攻击和荒谬建议"。他预言说："我相信，通过耐心和坚持不懈的努力，承载着亲王高贵名字的伟大机构和整个建筑设计的想法，将获得及时且成功的进展。"《晨邮报》也充满了批评的声音，这些批评之所以刺痛委员会，是因为该报被指控和帕默斯顿关系匪浅。然而，委员会并没有停止建造礼堂的计划，8 月 14 日，德比写信给克拉伦登，表示该计划得到了威尔士亲王的支持，后者承诺将支付 2000 英镑。

　　斯科特一直坚持阴谋论，他在 12 月写信给伊斯特莱克，抱怨有人对他进行恶意中伤。当然他也进行了反击。[31]他警告伊斯特莱克，因为他是唯一用哥特风格与其他人竞争的人，那些人可能会试图诋毁他，并补充说："如果无法表达我的反对意见，那才是我最可悲的弱点。"他和其他建筑师于 1863 年 1 月底提交了他们的计划。

　　2 月，这些草案被带到温莎，交由女王审阅。她很快就做出了决定。2 月 27 日，格雷写信给伊斯特莱克说，虽然之前委员会已经正式向她提出建议，"陛下还是决定，采用斯科特先生设计的哥特式十字架总体上会更好——并抛弃了已有的建立与之相连礼堂的想法，用哥特式十字架代替方尖碑与陛下最初的想法不谋而合"。[32]"哥特式十字架"是通过一个开放的神龛包围亲王的雕像：可能受到爱丁堡沃尔特·斯科特爵士纪念馆的影响，但更近期的则是受到托马斯·沃辛顿在曼彻斯特所设计的阿尔伯特纪念馆的影响。斯科特本人声称自己最开始受到了埃莉诺十字架设计的影响，所有这些都是他十几岁时画的草图。曼彻斯特纪念馆是 14 世纪的风格，当时的美学家史蒂芬·贝利形容它可能"超前于大众品味"。[33]

斯科特在他的陈述中说，他希望这个建筑拥有"巨大神殿的特征，并用所有可以赋予建筑设计珍贵特性的艺术来丰富它，通过这些珍贵特性展示出建筑学的设计感，同时表达出它所保护对象的价值"。[34]斯科特把神龛看作他"最杰出的作品"，也是他"最巨大和最热情努力"的结果。[35]正如第十八章中概述的他的另一项伟大工程，即在白厅建设政府办公室一样，如果没有这么多的磨难，它最终也无法完成。

女王告诉格雷，她希望纪念馆是"迄今为止所见到的最好的纪念馆"，并详细说明了她希望看到的各种雕像。但似乎还存在另一个担忧——"斯科特先生的设计是否能被执行，资金是一个问题"。[36]他说的是 90000 英镑，但其他人认为会达到 150000 英镑。斯科特本人在 2 月 28 日致伊斯特莱克的一封信中把预估成本提高到了 110000 英镑。[37]后来开始寻找雕塑家和阿尔伯特本人的肖像，尽管委员会告知斯科特他的设计被选中了，但没人想着告诉其他竞争对手他们输了，这引起了查尔斯·巴里的愤慨（他提交了一个真正的意大利风格的纪念性设计，那是一座巨大的圆顶大理石大厦，里面有位于一个高基座上的一座雕像），当他在《泰晤士报》上读到斯科特将成为设计师的时候，他还写了一封信给伊斯特莱克。[38]

三

1863 年 3 月，身为首相的帕默斯顿同意让议会在道德和资金两方面支持这一纪念活动。尽管如此，格雷还是对结果感到紧张，担心人们关于亲王"曾经提供伟大服务"的记忆正在消失，他向鲍林说"祈祷，然后去影响每一个你能影响的人"。[39]帕默斯顿对斯科特也有自己的看法，他发现设计方案里没有什么能给他留下深刻印象的特征——他后来记录道，"当然这并不意味着他认为其他设计更为合适"。[40]他不喜欢计划中的"许多复杂的细节"，因为它们似乎模糊了应该被纪念的生命，而且价格昂贵。他建议改为"在骑马街和马车道之间建一座开放的希腊式神庙"。

科尔在他自己的批评中更显得深思熟虑和详尽，他在3月10日写信告诉了格雷。科尔声称，他很"肯定""这是亲王自身都会同意的想法"。[41]考虑到科尔与已故亲王之间的亲密关系，这相当于在比赛开始就打出了王牌。他建议应该由女王而非斯科特保留控制权，因为在科尔之前他就已名声在外，"女王要随时都能得到最好的建议。"然而，科尔也的确称赞了斯科特的设计。他说，这"区别于所有其他设计，因为它具有严格的纪念特征，这些特质也有着明显的英国感情色彩。在英国的美术具有和欧洲其他地方美术同等地位的几个世纪里，一直受到国内外协会的认可"。[42]

4月23日，帕默斯顿在向下院请求资金时，使用了迪斯雷利的方法，他不动声色地表达了因为亲王的去世所造成的损失。他说："这件事让每个家庭都感到沮丧，深深地激发了女王陛下每一个子民的内心悲痛。"[43]当迪斯雷利本人代表反对党做出回应时，他似乎采取了某种讨好的竞争方式：阿尔伯特的死是一场"大灾难"，他是"无与伦比的丈夫，完美的父亲，一位负着温柔枷锁的主人"。[44]

首相报告了建筑师提案的进展情况，并宣布了纪念馆的位置。他说，这将"为子孙后代树立榜样，激励他们效仿那些为后人所纪念的人所具有的美德和高尚品质"。[45]他告诉下院，纪念馆将是一个值得认可的对象：为了弥补纪念馆的预估成本（110000 英镑）与公众已经捐助的约 6 万英镑之间的差额，投票表决将是非常合适的。最终，拨款的议案获得了一致通过，下院给予支持，拨款50000 英镑。最终将由女王而非议会决定纪念馆的形式，科尔和斯科特在下院见证了帕默斯顿的成就。下院不知道女王已经对议会没有提早行动大为恼火，1862 年 5 月，她告诉现在身为普鲁士王妃（Cravn Princess of Prussia）的王室公主，"在纪念馆方面，政府做得笨手笨脚、一塌糊涂"，"下院的议员是与之相关的最难对付的人群"。[46]

353

　　第二天，科尔向格雷汇报说，尽管斯科特对结果感到高兴，但他对布莱顿的议员威廉·坎宁安（William Coningham）提到斯科特本应建造一座 300 英尺高的"巨型埃莉诺十字架"感到恼火。[47]他告诉科尔，即使和大多数神龛不太一样，纪念碑也仍然是一个"神龛"，雕像本身很开放的容纳了多种元素。[48]无论如何，坎宁安的说法已经被纠正——纪念馆的高度不会超过 150 英尺，女王还没有决定它的确切形式。

　　德比认为，他和他的委员会已经尽了最大努力就建筑师的选择提出建议；但格雷告诉他，女王希望让他们履行监督的任务，但德比知道这可能需要数年时间，而且是一项吃力不讨好的任务。委员会设法说服女王聘请约翰·凯尔克（John Kelk）担任其代理人和承包商，并密切关注进展情况。斯科特一直在警惕别人对他的轻视，对于这项任命侵犯了他作为建筑师的角色，他感到愤慨，并提出抗议。德比很了解斯科特，他知道斯科特会遇到麻烦，任命凯尔克的决定"完全没有参考他的意见"。德比仍然对委员会的作用感到忧虑，"如果我们被迫名义上充当顾问，我预计将会有无尽的尴尬。其他人拥有实际的决定权，我们完全没有进行有效检查的权力，只负责背黑锅，最重要的是，要负责金钱的支出"。[49]

他还得和科尔打交道，因为他要向专家们询问有关纪念碑和雕塑的一些材料的耐久性问题，并试图比斯科特更好地了解斯科特工程的方方面面。科尔反对开放式神龛的想法，1863 年 5 月 4 日，他给格雷寄送了一份长篇论文，解释为什么一再为"埃莉诺十字架"争论。他写道："他很怀疑是否能够举出一个国家曾建造露天装饰性神龛的例子，所以，现在是用亲王的纪念碑进行第一次实验吗？"[50]科尔不停地质疑将亲王的雕像暴露在伦敦天气中的做法，甚至把"它应该建在展览大楼的一个玻璃圆顶下"的建议传达给格雷。[51]他还建议成立一个委员会讨论这个问题，大家应该做出明智决定，通过采取行动来避免这个问题变得一团糟。他还向格雷提供了关于埃莉诺十字架的大量证据，因此以独特的学究风度而著称，正是这种学究风度使科尔在认识他的人中变得如此具有毒害性。

斯科特非常生气，不出所料，他以一种好战的方式驳斥了科尔的建议。"亲王的雕像……应该是即使匆匆一瞥也非常醒目的，同时还要阐释纪念碑的整体思想。"[52]1863 年 5 月，他在发给格雷和其他人的印制备忘录中写道，"把这个（雕像）隐藏在一个让他人看不见的公寓里，就是摧毁了这座纪念碑的全部理念。除非还口头上解释说，较低的楼层有一个房间或小隔间，里面的雕像是被封闭起来的，以保护它不被弄脏或毁坏。在我看来这是非常令人反感的；事实上，这几乎破坏了这样一座纪念碑应该产生的效果"。斯科特表示他对材料的运用是开放的，但设计方面没有商量余地；科尔很快发现自己败阵，于是投降了。决定性的时刻出现在 1863 年 5 月 11 日，地点在奥斯本，当时查尔斯·菲普斯爵士很实际地告诉他要管好自己的事，要争取利用女王的名字，说这些基于品位的决定都是她做的，事情终于结束了。最终这座纪念碑是按照斯科特想法建造的，与此同时，科尔考虑了其他可以影响已故亲王纪念活动的方式。

　　5 月底，格雷写信给下院反对党领袖兼委员迪斯雷利——以确保他知悉情况，迪斯雷利是知道的。格雷承认，他不愿意接触除埃尔乔勋爵（Lord Elcho）外的其他保守党人士，以免弊大于利。但他问鲍林是否可以接触，并与一些"激进分子"交谈。[53] 格雷声称自己"非常担心"鲍林的发现；是否会进一步伤害女王的情绪显然是他首要考虑的问题。到了夏天晚些时候，当费用变得广为人知时，有人抗议这种奢侈行为，一位《泰晤士报》的记者建议把这笔钱送到英格兰北部去救济那里的穷人。[54]

四

　　1864 年 4 月 6 日，女王亲自签名批准海德公园的土地用作纪念馆。然而下个月，下院否决了购买肯辛顿·戈尔另一边土地修建纪念性建筑的提议。格雷深感不满，5 月 19 日，他告诉鲍林，"我一直认为，那些否决了购买这座建筑提议的人，主要是为了给与科学机构等方面相关的肯辛顿计划设置障碍"。他仍然相信，如果建造这样一座建筑，某些伟大的机构会希望它变成临时的，然后是永久的家。现阶段的问题似乎是，宫廷已经决定国家美术馆或国家肖像馆应设在这样一座建筑内，而两个机构都不愿这样做。在科尔的支持下，这个想法最终演变成了一个音乐礼堂和展览馆，这是阿尔伯特名字下公开纪念工程的第二部分，也是因将水晶宫移到了西德纳姆后对科尔的安慰。它还明确地将阿尔伯特与文明的进步联系在一起。然而，1864 年 9 月，狄更斯在惠特比对一位朋友说的话推翻了纪念阿尔伯特是一个普遍受欢迎的事业的观点："如果你在附近任何地方碰到一个人迹罕至的洞穴，借助它，一个隐士可以从对阿尔伯特亲王的记忆和对他的赞扬中解脱出来，请告诉我它的位置。在英国，没有什么地方是足够与世隔绝的。"[55]

伊斯特莱克在 1862 年与鲍林的最初讨论中，曾建议礼堂里应该有一座阿尔伯特的坐像，以将其与纪念碑上矗立的塑像区分开来。[56]幸而，这一构想没有变成现实，否则将导致最严重的问题。

356

女王表达了对卡洛·马罗切蒂男爵（Baron Carlo Marochetti）作为巨大雕像雕塑家的偏爱。马罗切蒂在 19 世纪 50 年代为这对王室夫妇做了一些半身像，令他们非常高兴，因此他被要求在温莎公园的弗罗格穆尔陵墓中为阿尔伯特的坟墓铸造阿尔伯特和维多利亚的卧像。女王似乎已经认定马罗切蒂是唯一可以随心所欲地雕塑她已故丈夫塑像的艺术家。马罗切蒂是撒丁岛的贵族，1805 年出生于都灵，跟随他的律师父亲在巴黎长大，后来在巴黎博克斯艺术学院学习雕塑。他是浪漫主义学派中的一员，从 1830 年起就四处兜售自己并寻找雕塑机会。据说他最擅长的就是为欧洲领导人和士兵塑造骑马雕像。1849 年与女王第一次见面时，他以彬彬有礼的态度给女王留下了深刻的印象，并很快赢得了狮心王理查骑马雕像的委托。这座雕像原本位于水晶宫西门外，多亏了阿尔伯特的干预，这座深受公众欢迎的雕像将永久坐落于威斯敏斯特大厅外。到 19 世纪 60 年代初，马罗切蒂已成为英国最受欢迎的雕塑家之一。

1864 年初夏，他被要求提交一份建造"巨型塑像"的费用估算。[57]这一反应本该是一个警告信号，但女王对委托马罗切蒂雕塑她的已故丈夫塑像的决心是如此坚定，以至于任何警告，无论多么清晰，都不可能得到重视。男爵要价 10000 英镑，而且是即时支付的现金，大约相当于斯科特预算的两倍。后来他接受了 3000 英镑的预付款，但很快就与王室的人发生了争执。1865 年初夏，菲普斯写信给他，说除非他更加合作，否则他将失去佣金。男爵屈服了，1865 年 7 月他与王室签订了一项新的协议。

其他雕塑家——麦克道尔、考尔德·马歇尔、索尼克罗夫特、劳勒、福利（Joseph Poley）、韦克斯、希德和贝尔——在未来几年里会略有调整——被选为雕塑象征全球四个角落和不同经济活动分支的寓言雕塑，这些雕塑将被放置在基座周围。底部是 169 座雕塑的雕带，与伟人崇拜相一致。这些雕塑代表诗人、音乐家、建筑师（在女王的要求下，斯科特将是其中之一）以及雕塑家本身，而且，按照希腊人的范例，它被称为帕纳萨斯的中楣。这将由斯科特、亨利·休·阿姆斯特德（Henry Hugh Armstead）和约翰·伯尼·菲利普（John Birnie Philip）特别喜爱的两位雕塑家完成。女王选择了雕塑家，然而她是在伊斯特莱克的指导下进行的，因为女王喜欢的一两个雕塑家都并未达到标准，所以要巧妙地告知她这一消息。控制对这些艺术家的选择，尤其是马罗切蒂，将会产生一个问题，那就是会推迟纪念活动的时间。诗歌、绘画、建筑和雕塑也将成为神殿上方顶棚不同高度的四个镶嵌图案的主题，这些镶嵌图案由克莱顿（Clayton）和贝尔设计。

监督这一细节本来是伊斯特莱克的责任，但他于 1865 年底去世。经过深思熟虑，委员会决定让奥斯汀·亨利·莱亚德（Austen Henry Layard）担任纪念委员会"艺术部分"的代表，莱亚德是一位自由党的国会议员、美学家、古典主义者和著名的考古学家，他在 19 世纪 40 年代发现了尼尼微。[58]这是格雷和菲普斯的主意，他们就这个问题达成一致的原因，主要是考虑到"他与政府的联系可能有助于与政府人员的交流"。1866 年 1 月 15 日，格雷写信给莱亚德，要求他听从女王的命令承担这个任务。信中说"我不认为你接受这项工作会给你带来很大的困扰"。[59]莱亚德"非常清楚女王授予他的荣誉"，相信格雷的话，回信表示接受这一职位。[60]

莱亚德出生于 1817 年，他的成长经历与众不同。他的父亲曾在锡兰从事文职工作，但是一直患有哮喘，由于气候的原因，他们一家人定居在佛罗伦萨。年轻的亨利在育婴室的床上方悬挂了一幅菲利皮诺－利皮（Filippino Lippi）的祭坛画，使自己沉浸在美术的氛围之中。在他叔叔的伦敦律所实习的尝试失败后，莱亚德去了中东探险，很幸运，他活了下来。他差点因为疟疾死在君士坦丁堡，又为了寻找佩特拉和死海被野蛮的当地人抢劫，几乎被殴打致死。他学习阿拉伯语，并被英国驻奥斯曼土耳其大使斯特拉特福德·坎宁爵士（Sir Stratford Canning）任命为随从。他说服坎宁资助了位于摩苏尔，也就是现在伊拉克附近的一些土丘上的考古工作，并在那里发现了三座亚述宫殿，一些出土的文物被送往大英博物馆，大英博物馆因此提供了更多的资金。莱亚德通过进一步阅读学习后，意识到他发现的其中一座宫殿是尼尼微。

挖掘工作一直持续到 1851 年，此时，莱亚德已经因为自身的成就、学识和勇敢的探索精神而出名。他决定进入政界，1852 年成为艾尔斯伯里的自由党议员。凭借对该地区的深入了解，他对克里米亚战争中阿伯丁的行为进行了激烈的批评。罗素刚刚成为帕默斯顿政府的外交大臣，他就当上了副手。莱亚德同时还是一位很好的鉴赏家，尤其是在意大利艺术方面，他被邀请担任国家美术馆的馆长，但他拒绝了。1865 年 7 月，亨利·科尔与他接洽，想让他在大英博物馆接任帕尼齐的职务——"大家普遍认为你应该是（候选人），你能告诉我你是否会站出来呢?"[61]因为强烈的从政愿望，莱亚德还是拒绝了。

但是他无法拒绝自己的君主，他几乎立刻开始参观纪念馆的雕塑家工作室，同时必须先花时间阅读他加入的委员会的会议记录簿和各种信件和文件。[62]他也经常去镶嵌图案雕刻家工作室，有时和斯科特一起去，并向格雷汇报进展情况。只有当莱亚德在私人办公室告诉多因·贝尔（Doyne Bell）这一进展是值得的时候，白金汉宫才选择向艺术家支付资金。他还必须从他们那里弄清楚铸造"巨大的亲王塑像"需要何种金属——23吨重的"老炮金属"，[63]这种金属的成本为2000英镑，铸造成本为600英镑。[64]2月19日，莱亚德第一次参观了马罗切蒂男爵的工作室，在对格雷的报告正文中，他没有对这项工作的质量发表任何评论，但他提到女王应该尽快去看一看。同时他写了一篇令人担忧的附言："我可以说，""有好几次，马罗切蒂男爵偏离了呈给女王陛下的小素描模型。"

1866年晚些时候，女王参观了马罗切蒂的工作室，并提出了"肖像和服装"方面的建议。她也顺便拜访了阿姆斯特德，向他表达了对他工作的满意。他要求莱亚德向女王转达："在工作进行中，我将尽力证明她乐意接受的意见是正当的。"[65]她还批准了斯科特在执行之前发给她的所有马赛克草图。斯科特和莱亚德在2月底去了阿姆斯特德和菲利普的工作室，在那里，他们注意到那些"还可以改进"的作品。[66]他提醒斯科特有些设计"粗劣而小气"，希望斯科特来处理这些问题，在这一点上，莱亚德并没有吹毛求疵。正如他告诉格雷的，这些镶嵌图案很容易被仔细审视，也最可能受到批评，因为它们与眼睛视线齐平，因此必须创造出最好的作品，"他似乎非常希望能以最令人满意的方式创造它们。"[67]

莱亚德发挥自己作为一个古文物研究者的技能和知识，写信给菲利普，向他介绍大英博物馆里面的罗马雕塑可能就是典型的范例。[68]他给格雷寄去了自己的一封信的副本，格雷说雕塑家应该"永远感激"莱亚德给他们带来的麻烦。[69]1866年9月，多因·贝尔拜访了所有的雕刻家，他们向他汇报了进展情况，贝尔很满意。[70]

然而在接下来的冬天，在王宫里，尤其是在格雷的办公室里，响起了警钟。这是关于雕塑家克莱顿为筹备镶嵌画的花费问题（"他在1867年2月19日问莱亚德，有必要像克莱顿先生所说的那样精心制作油画吗？"），因为"时间真的是一个非常重要的考虑因素"。[71]然而，在接下来的一周，克莱顿写信给莱亚德，询问"是否有人提议将亲王纪念碑镶嵌草图的筹备和交付时间延长到18个月，因为这是一个极其重要的任务。我将建议以下细节作为合同的基础……"

新的时间表意味着最后的建筑镶嵌图案将在1868年7月31日之前交付。格雷辞职后，在与他的同事托马斯·比达尔夫爵士（Sir Thomas Biddulph）（女王私用金的保管者）磋商后，于3月4日向莱亚德承认："我们都认为，除了接受克莱顿先生的提议之外，别无他法——而且最好有一份书面协议。"[73]他说女王将再次参观艺术家的工作室，目的无疑是给予灵感和鼓励。与此同时，莱亚德写信给克莱顿，告诉他必须签署一份具有约束力的合同："我不需要再提醒你，必须严格遵守你提到的草案交付时间的重要性，我相信现在没有任何事情会阻碍他们完成工作。"[74]

阿尔伯特的雕像成了莱亚德最担心的事。1866年12月底，比达尔夫要求他去马罗切蒂的工作室看一看，并"向女王汇报他的工作状况"。[75]一周之后，莱亚德去了。他无法正确评价这尊雕像，因为它被安放在一个小房间里。特拉法加广场的狮子正在同一个工作室里被铸造。莱亚德说想去一个视线更好的地方好好观察一下雕塑，但一旦被移动，这个雕像就将占据更大的空间。格雷让莱亚德带斯科特去看雕塑，几天之后，他去了。

1867年3月7日，他和斯科特参观了马罗切蒂的工作室，在那里他发现阿尔伯特的真人石膏像"快完成了，只需要对头部做一些细微的改动，并在服饰上添加一些细节"。[76]然而，他仍然很紧张："斯科特先生和我认为，女王还不应该看到这座雕像。如果近距离观看的话，这么一大块纯白的石膏很难给人留下好印象，而且没有足够的光线和阴影，也无法展示这个模型更精细部分的效果。"确实，马罗切蒂本人建议在女王陛下参观之前给模型镀金，莱亚德认为，这一微小的花费能避免女王的悲伤。

他还把斯科特的建议告诉格雷，完成的模型"应该放在公园的基座上"，以便委员会可以在雕像被铸造之前评价它的效果。莱亚德支持这一观点，但警告格雷："必须非常小心，只能让女王和那些随时关注纪念碑的人看到，因为公众媒体过早的批评可能会妨碍纪念碑的最终成功。"女王同意了。但是马罗切蒂在3月11日去见了莱亚德，他似乎觉得"雕塑模型给斯科特留下了不好的印象，并认为他可能需要对模型做相当大的改动"。[77]马罗切蒂告诉斯科特，"他毫不怀疑它的效果，因为他的经验会给他提供一切判断手段，但对其他人来说，只要让他们视觉上满意就行了"。[78]1867年3月底，莱亚德建议马罗切蒂为这座雕像铸造底座，说这"绝不会妨碍今后雕像本身可能需要的任何改动"。这一声明显然背离了莱亚德的固有想法。[79]

4月初，马罗切蒂见到了比达尔夫，斯坦霍普向莱亚德报告说："这次会晤比预期的要令人满意和友好得多。"[80]马罗切蒂需要额外的1000英镑来建造模型。4月6日，莱亚德告诉马罗切蒂，格雷已经通知他，女王将在本月底前往公园观看模型，因此要求他与斯科特一起确定模型的位置。[81]1867年4月29日，斯科特已经将所有的事情准备就绪，尽管马罗切蒂最后也不愿意这样做。[82]4月23日，也就是女王参观的前几天，斯科特写信给莱亚德，说马罗切蒂"在现场焦虑地发现，有些地方不对劲，因此把雕塑人物展示出来并不合适，因此他想把时间推迟到女王（从奥斯本）回来之后"。[83]压力越来越大，"他今天下午想见我"，斯科特继续说，"但我不想为这些改变负责"。所以他寻求莱亚德的建议，也写信给格雷。心烦意乱的马罗切蒂写信给比达尔夫，向他保证一切很快都会好起来的。[84]

4月29日，斯科特再次写信，说他已经看到了马罗切蒂的雕塑，并咨询了其他人，那些人认为"有必要进行一些改变"。[85]他列举了这些问题："第一印象似乎是尺寸巨大；第二印象是缺乏精致，坦白说就是有不够雅观的笨重感，"有时甚至可以用"丑陋"和更强烈的说法来形容它。斯科特看了三遍，已经"相当习惯了……当我第一次在工作室看到它时，它给了我一个沉重的打击。"他继续说："我觉得，当一尊雕像被放大到如此巨大的尺寸时，它需要更精美。但是它的比例不够精确，衣服的褶皱减少，当你通过一个巨大的放大镜观察，它甚至和人一样具有攻击性。我本来希望距离和高度能改变这一点，但也没有达到理想的效果。"这还不是全部："他的身体似乎变短了，腿看起来像是没有发育完整。"

按照马罗切蒂的意愿，女王的访问推迟了。他于5月1日会见了莱亚德，避开公众的视线，他们花了两个小时在现场讨论这些问题，旁边就是底座和模型。[86]雕塑家说，问题在于亲王是坐着的，一座骑马雕像会容易些。但莱亚德对格雷说："斯科特原则上是反对骑马雕像的。因为这不符合常规的设计……所以马罗切蒂被要求按斯科特的建议进行修改，尽管他热情不高。"与此同时，另一边也出了问题：5月份，阿姆斯特德和菲利普告诉莱亚德，"他们不可能在规定的时间内完成雕塑"。[87]莱亚德告诉格雷，他们至少要求再多加15个月。这也必须让白金汉宫知晓。

随后，马罗切蒂又重新提出塑造一座骑马雕像的要求，这让斯科特很不高兴。1867年6月24日，他对莱亚德说："我对马罗切蒂男爵支持骑马雕像而不是坐像或准坐像的行为非常震惊。"[88]更糟糕的是，特拉法加广场狮群的设计师埃德温·兰西尔爵士（Sir Edwin Landseer）提出了自己的观点，认为一座骑马雕像是正确的。这一观点得到一些宫廷人士的认真对待，尤其是格雷。[89]多因·贝尔则持相反的观点，他说："当然，由于马罗切蒂男爵要尽最大努力满足女王的要求，允许他尝试每一种实验都是公平的，但这些实验的结果只能在海德公园的基座上进行测试。"[90]底座无法容忍一个骑着马的亲王雕像。

斯科特补充道："当模型被安放就位时，我没有感觉到因坐姿产生的困难是我们所认为现存缺陷的主要原因。"他说，马罗切蒂对透视的把握很差——他没有看到"在座位上竖起一个人像，从而增加膝盖的倾斜度这一众所周知的必要性"。但坚持"巨大的尺寸"才是问题的根源，这并不是马罗切蒂的错。虽然已经同意将雕塑比例缩小 1/10，但斯科特认为"无法想象马罗切蒂男爵这样一个显赫的艺术家"在不改变雕像性质的情况下居然无法解决这些困难。斯科特告诉莱亚德，如果阿尔伯特骑马，那么"从正面看，亲王的身体和头像会被马的头完全遮住，而在唯一一个可以看到亲王位置的侧面，视线又很容易被柱子挡住，看不到这匹马的头和尾部"。

斯科特又补充说，"如果我设计了一座纪念碑，主要的人物是骑马风格的，我肯定会以不同的方式对待它——而且可能会完全忽略桂冠和神龛。整个设计都围绕着坐姿"。斯科特还需要部署更多的武器，以应对为纪念而设计的马赛克图案："人们很难想象一个军事雕像和一个有着独特装饰、被视为艺术和科学象征的纪念碑之间存在任何一致性。"毕竟，这座纪念碑是为了纪念"我们国家艺术、科学和社会美德的伟大推动者"，而不是一名骑兵军官。斯科特的论点摆在女王面前，女王立即下令，"面对斯科特先生强烈的意见表达，绝不能再考虑骑马雕像这个主意"。[91] 这也有助于莱亚德向格雷表明他与斯科特的整个协议，他说斯科特的论点"非常重要"。[92] 科尔无法忍受自己不能染指这个特殊的馅饼，他也主张建立一个骑马雕像：他这么做是因为相信这个，抑或是为了与斯科特对抗，仍是一个值得猜测的问题。格雷把这个坏消息告诉了男爵，让他"必须立即终止这个想法"。[93]

　　7月初，克莱顿的一部分草图已经准备好了，这也令斯科特很不安，他让莱亚德来纪念馆看看。"就总体设计而言，它看起来很好，但在表现风格上，我和克莱顿有很大的分歧。目前而言，它是一种非常欢乐、显著和突出的风格，而我认为它应该具备一种安静、丰富和阴沉的基调，更像是一幅古老的绘画：应该把隐退视为作品中最安静的部分，而不是把自己向前推，挑战公众的目光。"[94] 他说，如果莱亚德同意他的观点，花一些额外的时间来纠正这个问题将是值得的。

五

　　现在，和她的朝臣们一样，女王似乎也对这件事感到焦虑，她要求7月底提供一份关于马罗切蒂正在做什么的报告。几晚之后，斯科特在皇家艺术院见到了他，男爵告诉他，他做了一些改变，"如果现在不行，就什么都做不了了，坐姿就必须被放弃"。[95] 这听起来不太可能，实际上也不可能。"我从中发现，为了应付现存的困难，我已经付出了很大的努力，但我很失望地发现自己错了，所做的一切都是机械地复制前一个人物（裸体），只是比例缩小了1/10。"男爵打算稍微接受一下这个建议，"我觉得这毫无疑问是明智的，因为能展示四肢和身体的轮廓"。但是，斯科特继续说：

"除此之外，再提一个小小的建议似乎也没有什么用处，因为男爵几乎在他还不知道一个人要说什么之前就宣布完全不能接受，不仅如此，他似乎决心要做相反的事情。"然后，致命的一击来了："我自己的结论是，他就没希望成功，而是坚决拒绝纠正由于姿势难题而产生的所有毛病，迫使我们接受骑马雕像，或者把失败的责任从他身上转移到我这边。我相信，如果他真的有一丝想让这个雕塑成功的意愿，他就不会声称有任何困难了；但我已经绝望了，因为他连一丝的努力都不愿意付出。"

最后，斯科特继续描述了马罗切蒂对他本人和他观点的蔑视，并给人留下了一个清晰的印象，那就是这条路要走到尽头了。"我求求你"，他对莱亚德说，"在你离开（去度假）之前，请认真对待这件事，因为对我而言，再多说一句话都属于无用功"。斯科特认为莱亚德也许能够说服男爵理智一点，并终止"不可能的"坐姿雕像的想法。他说，"唯一的希望在于你的影响力"。他在对莱亚德的劝说中提出了许多技术建议，这显然将是一次非常棘手的会谈："这里拉长，那里缩短，在这里和那里升高。"斯科特愤怒地写道，"我再一次想降低椅子的高度，但男爵拒绝了"。真正让斯科特委屈的是，男爵告诉他：他一生都在接受别人的建议，但却不能接受斯科特的建议，因为在视角问题方面，他认为"我的建议中包含了根本性的错误"；斯科特最后很受伤的补充道："我对他很温柔和礼貌。"他的结束语是"让更好的管理者处理这件事吧"。

莱亚德把这件事告诉了格雷，格雷立刻指出将会有"大量的麻烦"。[96]首先，马罗切蒂刚刚写信给比达尔夫要求支付 1000 英镑的款项，声称所有必须做出的改动都会给他带来相当多的额外费用，就好像改动的原因与他无关。格雷觉得如果满足了他的这个要求，将导致可用于其他项目的资金严重减少。其次，更重要的是，

"男爵是由陛下自己挑选来制作雕像的——所以陛下和他达成了一个口头协议"。马罗切蒂还"声称女王批准了这个雕塑"，他担心委员会在这一点上所能做的只是"表达他们的决议"，即没有必要为不能令人满意的马罗切蒂的工作支付报酬，但同时也担心"他自己向斯科特先生提出的替代方案可能还需要被采纳，或者由另一位雕刻家替代"。格雷又把责任推还给了莱亚德，让他想办法告诉马罗切蒂，如果他的工作不能令人满意，他就得不到报酬。

莱亚德回答说，他希望能说服马罗切蒂"创作出一部与他名气相符的作品"。[98]另一种选择更为直截了当："直接取消这个委任，付给他佣金，但这将是一个非常严厉的行为，也会严重损害他作为一位雕塑家的名声。"莱亚德同意，除非他的工作让人满意，否则不应该支付他这 1000 英镑。他的文件包括一些坐着的古典雕像的绘图，大概是为了递交给马罗切蒂。宫廷中对马罗切蒂能否按要求行事普遍感到悲观，贝尔在 1867 年 10 月写道，他很"担忧"这一前景，他认为，马罗切蒂对雕塑的设计"特别缺乏艺术知识"。[98]马罗切蒂说他无法做得更好，这对他正在做的修改来说不是好兆头。不管委员会有多担心，最后都成了女王和男爵两人之间的事。马罗切蒂突然又有了一个漫长的假期，这是关于他如此善变的最新例子。10 月 22 日，他从法国来写信给格雷，说他很快就会回去和坐像继续战斗了。[99]

六

1867 年 12 月 31 日，格雷收到了马罗切蒂儿子的一封信，信中说他的父亲于 29 日在巴黎突然去世。[100]1868 年 1 月 2 日，在等了几个月后，为了想知道男爵在多大程度上采纳了莱亚德的建议，斯

科特写信给莱亚德，"我对今天听到的消息深表同情，并对天才般 366
的马罗切蒂男爵去世的消息感到惊讶！18日，我看到他时他还很
健康，他告诉我，在这个月的某个时候，他将让他的新雕塑接受全
面的审视。关于亲王的雕像，这个意外的发生令我们处于多么奇怪
的境地啊！"[101]斯科特努力控制自己的品味，不使其越界，他侧面补
充道："尽管我对这个问题很感兴趣，不过我担心，对今后的项目
发表任何意见，都有自以为是的危险。尽管如此，我觉得如果还有
一个人适合这份工作的话，那个人一定是福利。"

　　约瑟夫·福利当时正在制作其中一幅马赛克，斯科特也同意
"显而易见的反对意见是，他在团队中落后了"，但斯科特觉得很
快就能完成。"我们伟大的雕像极其重要，也必然面临诸多困难，
我没有看到马罗切蒂男爵一直在做什么，但我想说的是，这位新艺
术家不应该因为被要求与这些仅仅是尝试性的模型打交道而让自己
的想法受到限制，他应该重新开始思考，并提出自己的想法。"莱
亚德很了解福利的工作，并定期与他通信。此外，他和斯科特都能
在福利那里取得话语权，这在男爵那里是根本不可能的。斯科特的
主要观点是："他的艺术力量和影响力被普遍承认，他的作品将获
得认可，而不是招致不公正的批评。"斯科特写了一封类似的信给
格雷，希望在这个困难的时刻和他统一战线。斯科特的商业伙伴阿
瑟·汤普森就不那么圆滑了，汤普森恳求贝尔尽他所能把"我们
从男爵的儿子来信后的困境中拯救出来"。几天后，他向同一个人
报告说，马罗切蒂的员工日以继夜地工作，以完成修改后的雕
塑。[102]

　　1月18日，比达尔夫写信给莱亚德，说马罗切蒂的儿子已经
到了英国，正准备接着完成他父亲留下的雕塑，在他向格雷宣布父
亲死讯的信中，他就已经暗示他会这样做。"这个优点也是问题的

所在，如果女王能够接受这样做，那么这项工作将以什么方式完成?"[103]比达尔夫建议成立"三人小组"——"成员应该是谁还没有定论"——他们的"意见会引起尊重"——并让他们来观看模型并各抒己见。女王认为成员可以是斯坦霍普勋爵、汤顿勋爵（Lord Taunton）和一位来自大英博物馆的牛顿先生。他希望莱亚德同意这个观点，莱亚德点头了，但希望由自己取代汤顿勋爵，成为小组中的一员。

1868 年 3 月初，莱亚德会晤了马罗切蒂的儿子。几天前，也就是 18 日，这三人来到了马罗切蒂的工作室，随后他们把报告寄给女王，女王决定亲自去看看。为了感谢他们，女王决定在去的时候接见这三位顾问。报告中明确表示，他们认为这座雕像"无法令人满意"，并补充说，他们认为"没有任何其他有声望的艺术家会愿意承担做出改动的责任"。[104]

经过深思熟虑后，女王于 4 月 22 日让比达尔夫写信给莱亚德："我认为女王想让你给福利先生打电话，让他为海德公园雕刻这座巨大的雕像。"[105]斯坦霍普和牛顿都同意推荐福利"而不是其他雕刻家"，因此这不可能是男爵的代表作了。福利的正式邀请函是在 4 月 24 日发出的，莱亚德递送了邀请函，并希望知晓他"所需的时间和他期望得到的报酬"。[106]如果福利不能亲自设计雕塑，那么他可以制作一个坐着的、戴着勋章、穿着长袍的模型。但女王陛下不想对雕塑家做出过度精确的要求，不能再重蹈马罗切蒂的覆辙。

福利在 5 月 11 日写了一封信，说他估计这项工作的总成本为10000 英镑，其中"包括镀金和各方面的费用"。[107]他说他可以在两年内完成这项工作。但"我不得不告诉你，我被迫推迟几项'现在正在执行的任务'的完成时间"。因为好像没有注意到这个报告提到的是成品的所有费用，比达尔夫对金额很震惊，"我担心福利先生误解了我的意思，我想要的是一个与雕像大小相称的模型。他肯定会以远低于10000英镑的价格执行这项协议的吧？"[108]当福利被要求仅为一个可以制成雕像的模型报价时，他回答说，这样的程序是"不切实际的。我的经验使我深刻地认识到，模型的作者必须完全控制青铜奠基人和所有其他从事其工作的人"。[109]制作成本会降低，因为铸造雕像所用的基本炮铜已经归委员会所有，委员会将无偿向福利提供。[110]诗人、批评家和选集编著者弗朗西斯·帕尔格雷夫写信给莱亚德，表达了对马罗切蒂雕塑被取消的开心，因为他的皮尔雕像就曾被帕尔格雷夫贬为"可怜虫"。[111]

5月16日，斯科特告诉莱亚德，他在一次晚宴上与福利交谈过，福利告诉他的话证实了建筑师的观点，他将铸造一个适当考虑透视和"布料"的雕像。[112]1868年5月30日，福利和莱亚德最终达成了协议，费用是10000英镑，不包括金属的花费。8月5日，莱亚德写信给比达尔夫，说"福利先生已经寄去了亲王雕像的草图。相比马罗切蒂男爵的设计，草图有了极大的改进，有望成为一件非常优秀的作品"。[113]他已经向莱亚德展示过各种设计，"其中一个是亲王坐在自己的椅子上，另一个是坐在凳子上。我更喜欢后者——因为椅子的扶手总是产生一种不愉快和拘束的外观。我建议修改一下凳子，把它改成一把哥特式的椅子，低靠背，没有扶手"。福利画了新的草图，莱亚德和斯科特在11月6日去他的工作室参观：正如莱亚德那天对比达尔夫所说，他们都对所看到的景象感到满意，亲王的"尊严"和"性格"都清晰地显现了出来。[114]他敦促比达尔夫获得女王对这一设计的批准，以便可以尽快制作出一个大模型：一个小模型将在十天内制做出来呈给女王，同时还能检查一些镶嵌图案。据悉，女王将于11月27日访问海德公园，莱亚德随后被召唤到王宫，讨论福利的计划。12月初，这位雕刻家本人带着最后的素描被召唤到温莎，女王和普鲁士王妃"表达了对它的赞赏"。[115]

不过，麻烦还没有结束。1869 年春天，斯科特写信给莱亚德，向他讲述了阿尔伯特纪念馆的事——基地周围的雕塑"花费了比雕刻家们预算更多的钱"。[116]凯尔克写信给斯科特表达了他的担心，除了成本，这项工作还只完成了一半，但已经晚了四个月。雇用雕刻家凯尔克的承包商写信给斯科特，表达了他的承诺："我只有一个目标，那就是对我的雇主尽我的责任，完成工作，把整个事情从公众丑闻中拯救出来。"[117]斯科特回答说，他知道其中一位雕刻家阿姆斯特德是一个"神经系统容易兴奋的人……我相信，他个人正在尽最大的努力"。阿姆斯特德曾对凯尔克说过，这件事还需要三年时间才能完成，而且"合同的约定就是用来被打破的"。斯科特温和地安慰凯尔克，尽管承包商认为阿姆斯特德侮辱了女王赋予他的权力，因此也侮辱了女王本人。[118]斯科特则温和地指责阿姆斯特德这样"冒犯"了凯尔克。他提醒雕刻家说："事实上，你确实签订了一份关于时间的合同，但事实证明这是一个无法做到的事情；与其说这是在表示遗憾，不如说是在表达轻蔑和不耐烦，其实你的合同的另一方也在表达同样的感情，尤其是当那一方还是作为女王的代理人时。"他安慰阿姆斯特德，指出他在嘲笑另一位雕刻家菲利普，甚至更严重。这是真的：斯科特告诉另一位雕刻家，"我刚才向你提到的那种不耐烦的感觉，现在已经愈发强烈，你必须尽一切努力来表明你急于满足雇主的要求。如果你能照此意见行事，我将非常感激"。[120]

阿姆斯特德回答说："任何一个和我熟悉的人，都知道我只是习惯开玩笑。"[121]他补充说，"在过去的 4 年里，我的生活完全是在工作中度过的。我早上起来去纪念馆工作，直到很晚回到家，疲惫不堪，甚至都无法参加最基本的社交活动"。考虑到整个东区中心在去年已进行整体重建——"34 英尺的真人尺寸"——他说："凯尔克先生打电话来的时候，我承认，当他说我没有进展时，我并不认为他是认真的。"阿姆斯特德说，他"塑造、铸造、镂刻"出了这个化学图形的青铜模型；意思就是"材料几乎准备完毕"，在前一年已经"雕刻了……14 个头像"。他补充道："我相信，以上提到的工作数量证明，就我的行为而言，我没有为了按时履行合同而竭尽全力。尽管从一开始我就说过，六年时间对这项工作来说不算太长。"

　　他重复道："我很抱歉，凯尔克先生本该为我的玩笑感到恼火，如果我能安静地只进行我的工作就好了。但我经历了多年的高压，现在我的神经和脑袋都极为虚弱。如果我晚上醒来，我就再也睡不着了。"他在给斯科特的信中加了一句警醒性的附言，进一步证明了他的观点，"说到我的紧张情绪，我的工头前几天来找我，当时我正在纪念馆潜心雕刻，他说'凯尔克先生在这里'——当时我正在钻孔——我的手颤抖着，钻孔机打滑了，大理石被划伤了，我不得不低下自己的头。"阿姆斯特德和菲利普都签订了固定价格的合同，这项工作花费的时间比他们想象的要长得多：任何一个参观纪念馆并看到雕像群的人都会发现，即使底座周围的所有部件也是高规格的，这就是原因所在。然而，资金短缺削弱了两人的士气，当王室拒绝补足商定的价格时，他们只能强笑忍受。

　　由福利主刀的阿尔伯特本人的主要雕像进行得更顺利了。1869年 7 月初，莱亚德拜访了福利，并参观了他的第二个模型。"就我所能判断的而言，看到这个孤立的模型，我们完全有理由相信福利先生有能力证明女王对他的信任，且能够创作出一个英国王室和公众都认可的作品，第二个模型在许多方面都是对第一个草图的改

370

进。"[122]

1869 年 7 月，女王批准了这篇致辞："维多利亚女王和她的人民／将要纪念女王的丈夫阿尔伯特，／以表达他们的感激之情／他的一生都致力于公益事业！"[123] 11 月，莱亚德离开英国，前往马德里担任大臣，女王对此深表遗憾。他和纪念馆的工作结束了，那项事业也终于走上了稳定的道路。福利完成雕像的速度很慢，但没人对此有意见。1870 年，一个模型被放在纪念馆的基座上，一直保留到 1871 年春天，它由 37 把旧枪熔化的青铜铸成。到 1873 年底，头部已经铸造，胳膊和腿也在铸造中，最后，要将 1500 个不同的部分焊接在一起才能完成这个完整的雕塑，它被称为巨大的雕塑是有原因的。

这座纪念碑于 1872 年 8 月开放，此前一个月，女王第一次视察了它，她觉得"这真的很棒"。[124] 然而还要再等三年，这座巨大的雕像才会变得更加熠熠生辉，经过这么长时间的雕琢，至少这些精美的雕刻受到了大众的欢迎。斯科特被授予并接受了一个骑士的身份：凯尔克拒绝了，因为这是格莱斯顿提供的，他希望他的支持者迪斯雷利能给他一个更好的头衔——男爵头衔。令人失望的是，1874 年福利因胸膜炎去世，他没能活着看到他的工作得以完成：但到那时，他的助手托马斯·布洛克有可能继续完成这项工作。1875 年 10 月，身着长袍、佩戴着骑士勋章、拥有一个伟大展览目录的阿尔伯特雕塑最终完成。等到雕塑完成镀金，所有的工程就都结束了。历经了十多年的时间，共花费了 120000 英镑，这座高 176 英尺、顶部是一个巨大的金色十字架的宏伟建筑终于竣工。

斯科特认为纪念碑是他最杰出的作品，是盛期维多利亚时代哥特式建筑的象征，也是死亡崇拜的中心。这些壁画和寓言作品的主题，以及纪念阿尔伯特对艺术、科学和知识传播贡献的决心，都与那个时代的进步息息相关。斯科特的设计实际上是女王自己选择的风格，显示了哥特式确实是一种媒介，通过这种风格，高雅文化能够被最好地表达出来。在追求完美方面，那一刻——19 世纪 60 年代中期，当它被构思并委托执行时——它是形式和主题的最理想结合。

然而，由于它的风格和它所代表的内涵，这座纪念馆很快就成了一个被忽视甚至被辱骂的对象，对这位伟人的崇拜也已经过时了，维多利亚时代的高雅品味也不复存在。早在 20 世纪初和接下来的 3/4 个世纪的时间里，维多利亚时代的哥特式建筑被认为是过度的、无味的、傲慢的和粗俗的，斯科特的纪念碑被认为是这一流派最滑稽的象征之一。与此同时，他设计的位于圣潘克拉斯车站的宏伟的米德兰酒店也面临着被破坏的威胁，该酒店现已恢复原貌，被视为英国建筑奇观之一。最新版本的《英国建筑》（*The Building of England*）将福克的阿尔伯特礼堂与邻近的神殿进行了比较，并将其与"阿尔伯特纪念馆对面的冗长设计"进行了对比。[125]然而，在考虑纪念馆本身时，编辑们承认它"富有、坚实、有点浮华、有点粗俗，但充满了信仰和自信"。一战期间，金边因遭破坏而被去除，之后，经历过最近的修复，巨大的雕像本身再度镀金，它再次成为一个令人叹为观止的景观。到女王去世的时候，这位亲王的 372 诚挚思想已经完全失宠，消失得无影无踪，因此，除了那些想象力丰富的人以外，谁也不可能欣赏他的纪念碑了。斯科特的杰作再次受到人们的关注，这与死亡崇拜毫无关系，但至少表明我们终于开始理解，阿尔伯特提出的那些为了让英国变得更好的真诚而慈悲的想法。

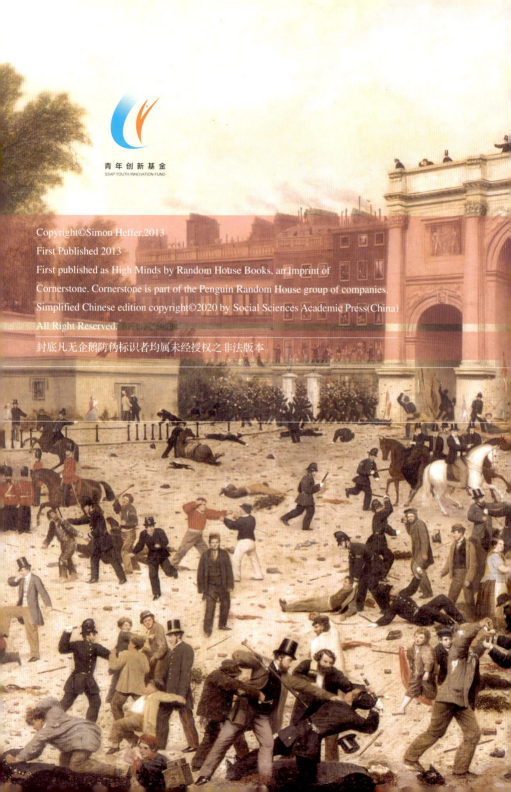

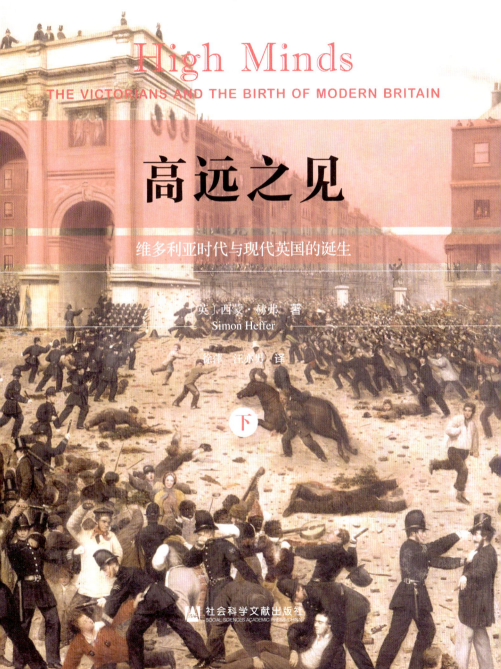

目　录

第三部分　英国的转型

第四部分　现代的诞生

第三部分　英国的转型

第十一章　黑暗中的跳跃：改革与民主的到来

一

　　正如维多利亚时代受过教育的人们被说服去对下层社会的犯罪分子采取一种更为开明的看法一样，他们也被要求参与探讨这样一个问题：怎样做才能加强下层社会中诚实和受人尊敬的成员的社会权利。由于对这个问题的争论，从 1850 年到 1875 年的 1/4 个世纪里，反对教条化倾向的知识分子之间的接触比 1640 年代以来的任何时候都要多。卡莱尔和密尔大体上领导着主要阵营。卡莱尔启发了一小群守旧派，他们（从《过去与现在》中得到启示）回顾封建时代，把它视为完美的社会模式。他带头反对 1867 年的《改革法案》，并嘲笑自由党在 1866 年试图通过这一法案的努力以失败告终。相比之下，密尔支持给予个人更大的自由，尤其是妇女解放，并与格莱斯顿和其他主要的自由派政治家就这一问题进行探讨。在卡莱尔的支持者中，拉斯金［在《时代与潮流》（*Time and Tide*）中］和詹姆斯·菲茨詹姆斯·斯蒂芬［在《自由·平等·博爱》中］等人认为，只有工人阶级受过教育，他们才能被委托投票，才能被赋予选举权。斯蒂芬一开始是密尔的崇拜者，但当他被迫审视《论自由》在现实中的应用时，他开始觉得它带有乌托邦式的特点，不但不可能实现，而且会对社会构成威胁。

然而，反动派越来越多地看到穷人被迫生活在肮脏环境中的证
据，无论是在改革者如亨利·梅休（Henry Mayhew）的真实描述
中，还是在记者对伦敦穷人的调查中，或是在创作了《酵母》和
《奥尔顿·洛克》的查尔斯·金斯利等作家的新一波"英格兰状
况"小说中，这些体现出来的现象都令中产阶级感到万分震惊。
人们也越来越难以忽视那些希望获得投票权的人越来越愤怒、越来
越有组织、越来越大规模的抗议活动。到 1881 年卡莱尔去世时，
反动势力已基本耗尽。改革者们已经俘获了两大政党政客的耳朵，
他们的许多计划都已成为法律，或者说他们的愿望通过法律而有了
实现的可能。改革的愿望似乎是不可抑制的；19 世纪 60 年代末，
沃尔特·白芝浩非正式编纂的英国宪法引起了激烈的争论。与此同
时，历史学家们还在继续试图将一致的国家认同定义为统一社会的
一种手段，尤其是在格林（J. R. Green）的《英格兰简史》（*Short
History of England*）和弗劳德的《都铎王朝史》中。这是宣传史上
的黄金时代——这种风格不仅是麦考莱发展起来的，卡莱尔也做出
了贡献。随着教育和文化的普及，宣传对国民意识的影响越来越明
显。男男女女都希望成为新英国的正式参与者，而不仅仅是旁观
者。有文化的维多利亚时代的人越发感到振奋，受到鼓舞，这提高
了他们的期望：尤其是对人类和社会完美性的期望。

二

在 1831 年人口普查和 1861 年人口普查之间，英国人口从 1390
万增加到 2010 万，其中大多数人居住在城市地区。到 1861 年，由
于棉花贸易的增长，12% 的人口居住在兰开夏郡。在全国范围内，
每年支付 10 英镑或更多租金的户主人数出现了不成比例的增长，

这是英国日益繁荣的迹象。1850 年，英国存在 100 万贫民，其中110000 人住在济贫院。不过，到了 1864 年，城市无产阶级的状况似乎有了明显的改善。赫尔济贫院院长约翰·方丹（John Fountain）在给格莱斯顿的私人秘书约翰·兰伯特（John Lambert）的信中说，"如今，赫尔的工人一般住在码头外的一间小房子里，而不是像大约 30 年前那样在一栋大房子里租用房间。这并不完全是一个选择的问题，许多大房子被拆除是为了改善公共环境。"[1]

　　方丹接着说："现在的家庭生活方式比以前改善很多，他们有了更多的同伴，食物的数量增加了，而且在大多数情况下，食物的质量也得以提升。关于服装，我可以说，一个年收入 90 英镑的人，他的家庭服装比以前昂贵得多（原文如此），这可能部分是由于他有机会远行，能够看到更广阔的世界。"方丹列出了一个表格，说明一个年收入为 90 英镑的人 30 年来的生活成本是如何上升的，他的租金将从 10 英镑上升到 15 英镑，燃料费从 5 英镑上升到 6 英镑，食品费用从 40 英镑上升到 45 英镑，衣服花费从 15 英镑上升到 23 英镑，每年只剩下 1 英镑。[2]

　　一个先进的社会中出现这种情况，一定程度上可以归咎于被如此利用和剥削的阶级在议会中没有代表权。大多数自由人的财产年价值高于一定水平，因而他们都拥有投票权。租户或根据官册享有土地者——封建形式的承租人——通常没有投票权。还有一些地区，在工业化过程中人口日益稠密，但在下院却鲜有代表，因为在那里居住的人很少有资格投票。改革还需要将议会席位进行重新分配，从农村转移到城市，这将违背土地所有者的利益及其在立法机构的影响力。

　　人们越来越渴望，过去二三十年来的经济变化有助于说服那些以前抵制改革的人认识到扩大选举权的必要性。在给《奥尔顿·

378

洛克》所写的序言中，在提到卢德派、斯温船长、彼得卢、烧砖和骚乱之后，金斯利惊呼道："变化真大，谢天谢地！这就是现在的一切。在宗教影响之前，包括福音派和英国国教；在以共同的人道和正义为基础的自由主义原则传播之前，我们的胜利应归功于辉格党的勇气和立足于现实的良好判断力；在贤德、仁慈、宽容的宫廷面前树立榜样；英国上层阶级的态度发生了高尚的变化。世界上没有一个贵族阶层，据我所知，从来没有一个贵族阶层那样诚心诚意地悔过，并且结出了悔过的果实；它曾如此愉快地问自己的职责是什么，以便能够这样做。"[3] 这写话写于 1854 年，即使在当时，这

379 个观点也显得有些乐观。要达到金斯利的理想，贵族们还有很长的路要走。那些在 1832 年获得选举权的中产阶级也是如此，他们将自己的利益与比自己优越的人联系在一起，以期继续往上攀爬。因此，到了 19 世纪 60 年代中期，一场对峙开始出现。

　　1851 年以来，共有 4 次扩大选举权的尝试，但都以失败告终。改革的主要支持者是激进的思想家——如密尔，他认为社会正义要求更多的人（在他的例子中是女性）拥有投票权——和自由派中产阶级成员，如约翰·布赖特，他认为新获得选举权的人是天生的自由派支持者。辉格党的旧贵族阶层也是一个因素，他们担心如果不扩大选举权会危及社会稳定。自由主义者对格莱斯顿的支持更合乎逻辑，正如 1866 年密尔在下院就其《改革法案》发表演讲时所展示的那样。"虽然有那么多的阶级在数量上来说相对微不足道，也似乎不比他们的邻居更易于摆脱阶级的偏见和利益，但我可以冒昧地说，他们在这里被过度代表。有一个阶级比其他阶级人数都多，实际却非常薄弱，因此，作为人类情感的一个问题，到目前为止，有资格获得更多的考虑。因此需要更多的代表，他们日益强大，越来越能够更好地表达自己的主张——但是这个阶级在这里没

有代表。因此依据宪法的保守理论，我们主张工人阶级应该有大量自由的代表。"⁴

然而，密尔过去所倡导的对于改革的支持不仅仅是公正的理念。他声称，作为它的结果，"在真正的工人阶级实现代表权几年之后……每个教区都应该有一所学校，对整个社会免费开放；从那时起的一代人之后，英格兰将成为一个有教养的国家。这些能否实现，取决于你现在的计划，要将教育给已经拥有的人，而且只给已经拥有的人吗？"⁵把教育作为追求完美的一部分的自由主义理想，可以通过扩大选举权来实现，但许多保守派人士却没有意识到这一点：在下院那场辩论中追随密尔的亨利·里德尔（Henry Liddell）将继承拉文斯沃斯伯爵的头衔，他对密尔进行了间接的称赞，称他发表了"一位能干的逻辑学家的精妙演讲"，支持了一项"狡猾的法案"。

与此同时，那些对改革感到紧张的人寻求其他方式来安抚下层社会。1863 年 12 月，诺福克郡的贵族汤森德侯爵（Marquess Townshend）创立了促进工业阶级物质进步的世界联盟。它的主要目的是减少工作时间，促进工人阶级接受教育。然而，一旦格莱斯顿似乎在领导帕默斯顿政府走向改革——尽管帕默斯顿本人仍然强烈反对——世界联盟就予以全力支持。汤森德侯爵对氛围的迅速变化感到震惊，并提出抗议：1865 年 2 月，他在世界联盟中的追随者与他分道扬镳，成立了改革联盟，从那时起，改革的势头才真正增强。

联盟的第一任主席是爱德蒙·比尔斯（Edmond Beales），他是伊顿公学的老律师、激进分子与和平活动家。他招募了一些志趣相投、家境富有的朋友，使这场运动获得了尊重，与之相比，宪章运动者的追求则显得徒劳。它还带来了资金。这个联盟不仅包括政治上活跃的来自于世界联盟的工人阶级成员，还有一个被称为"宣传家"的激进中产阶级团体的成员，该团体由约翰·贝德福德·莱诺（John Bedford Leno）领导，他曾是一位杰出的宪章派，也是社会主义第一国际的成员，该组织由1848年欧洲大动乱时期的极端激进分子组成。由于一个高效的中央组织开展了一场广告宣传活动，该联盟通过地方分支机构迅速发展。1865年，这项计划得益于三个因素：致力于该事业的自由党议员在当年选举中回归；帕默斯顿之死；作为下院的领袖，格莱斯顿准备推进此事（尽管格莱斯顿承认1865年10月18日帕默斯顿去世的消息"使我头晕目眩"）。下院对主流自由主义的激进支持只能通过承诺立法改革来维持，然而这让一些老辉格党人感到沮丧。当帕默斯顿的继任者罗素和格莱斯顿在1866年3月提出他们的《改革法案》时，一场全国性的运动要求扩大选举权。[6]英国各地——尤其是曼彻斯特、伯明翰、爱丁堡、利兹、利物浦和罗奇代尔——举行了大规模示威，支持格莱斯顿及其政策，最后法案得以通过。

381　　　　统治阶级的极大恐惧——这种情绪绝不仅限于保守党——在于：如果把投票权扩大到那些受教育程度不高、不知道如何明智使用投票权的人身上，那么国家及其机构将无异于自杀。问题不仅在于工人阶级的愚蠢，还在于他们偶发的道德缺陷（至少在人们的想象中是这样的），尤其是缺乏资金会使他们易于接受贿赂。毕竟，直到1872年才出现无记名投票。自由党窝藏了一群反对改革的辉格派议员，约翰·布赖特将他们称为"阿杜拉姆洞穴"，以旧约中的堡垒命名，大卫被指定为扫罗的继承人，在这里躲避他。他们由罗伯特·洛领导，他的才智和雄辩能力使他成为罗素所面对的、比任何保守党人都更难对付的对手。他的反对并非像许多保守党人那样基于自身利益，而是基于这样一种观点：没有受过教育的人组成的政府，肯定比那些知道自己在做什么的人组成的政府更糟糕。

然而，格莱斯顿持不同观点。在一份未注明日期的备忘录中，他宣称："这是一种令人反感的教义，即政治选举权不应赋予最低阶层的人民，因为他们除了愚蠢、贫穷或犯罪外，一无所有。"[7]他说，改革"必须作为人类整体改革的前提，而不是其附带条件"。[8]他指出：

> 如果管理得当，这种对物质和被普遍称为国家利益的东西的需要，远不适用于农业阶层：因为他们的迁移更少；与中间层和上层有更直接、更稳定、更友好的关系；不那么容易受到状况突然逆转的影响；聚集的群众之间也不容易产生那种极具传染性的兴奋……但就我们的制造业地区和大城镇而言，不同阶级之间仅仅通过金钱关系密切联系，几乎感觉不到时间的软化和巩固的影响，在这种地方，雇主之间或雇工之间的敌对结合并不少见，在这种地方，工资的变化幅度，以及由此引起的人民身体状况的改善和恶化，都要大得多：当谈到这些问题时，在很大程度上，我们有理由不得不求助于利益方面的考虑，并确切地说，作为国家的一种保证，那些将要选举的人应该拥有一些真正的物质。[9]

382

很明显，一些大臣（包括格莱斯顿本人）反对立即重新分配席位，这将减少人口稀少的乡村地区的议员数量，从而增加城市席位的数量。他们宁愿等到《改革法案》通过，希望不会使情况复杂化。[10]这将引起双方的强烈反对，因为议员们担心，只有在不可避免的情况下，隐藏的议程和再分配的激进范围才会显现出来。罗素和格莱斯顿通提出了一项 7 英镑户主财产可获得选举权的计划，政府估计这需要每周 26 先令的收入。这将赋予工匠阶层的上层以选举权，因为他们有能力租用这样的房产。这些提议将增加400000 男性选民。

1866 年 3 月，英国下院讨论了这一原则，格莱斯顿的声明"受到了非常冷淡的对待"。[11]第一场辩论见证了洛和约翰·布赖特之间的激烈交锋。洛发表了一篇冷静而尖刻的演说，谈到把权力交给无知者的危险。他忍不住要激怒布赖特，后者曾经于 1859 年在布拉德福德谈到一项改革法案时便要求重新分配席位。尽管如此，这项法案没有得到布赖特的支持。布赖特吃了一惊，忘记了自己曾经说过的话。他转而对格莱斯顿说，"如果我的朋友真能在议会通过这项法案，当激情和利益已逝的时候，我不羡慕他的回顾。我不贪图他额头上的一片月桂树叶。我不羡慕他的成功，他的荣耀是使法案通过。我会尽我的微薄之力来抵抗它"。[13]

布赖特则引用了洛在 1859 年的一次演讲，洛承诺如果当选，将支持帕默斯顿提出的《改革法案》。他说，洛要么记性很差，要么就是在要弄议会。布赖特随后用这句话来形容那些反对改革的自由主义者"退隐到他们所谓的'阿杜拉姆政治洞穴'"。[14]洛是主要的"阿杜拉姆"派成员，也是威尔特郡卡恩的议员。威尔特郡是离腐败市镇最近的地方之一，由兰斯顿侯爵控制。相比之下，布赖特已经回归伯明翰一个拥有大量选举权的选区。他嘲笑洛被选为"英格兰西部某个村庄的一员"，并补充道："这位尊贵的绅士在卡恩选民名单上找到了约 174 个名字，据蓝皮书显示，其中约有 7 位是工人……但就选民身份而言，这位绅士实际上是另一个议院（上议院）的成员，他可以派他的管家或马夫来代表选区，而不必亲自上阵的。"[15]极度不快的情绪溢于言表。

1866 年 4 月 12 日，格莱斯顿动议对该法案进行第二次宣读，并立即宣称政府希望避免赋予该法案"党派冲突的性质"，或"阶级与阶级之间的冲突"这类"更严重的危害"。[16]首先，格莱斯顿在一定程度上是正确的。该法案分裂了由洛和他的同事们领导的自由党。洛已经告诉下院，"如果你想要贪赃枉法，如果你想要愚昧无知，如果你想要酗酒，如果你想要胆怯、冲动、不加思考和暴力的人，你会在选区的什么地方找到他们？你是往高处去还是往低处走？"[17]另一次，他曾说，"从工人阶级的特殊性质来看，没有什么比通过现在提议的这项法案更明显的了，你剥夺了有钱人和知识人最主要的权力，并把它交给靠每周工资生活的群众"。[18]在基德明斯特 1857 年的一次选举骚乱中，洛被扔向他的石头砸中头部。石头划伤了他并打碎了他的头骨，也塑造了他对下层社会的感情。从那以后，他再也看不出下层阶级有什么优点。

格莱斯顿试图让他的政党保持团结，因为如果保持纪律，那么议案在下院很容易以多数获得通过。为了避免被指控让不负责任的人获得了选举权，格莱斯顿强调说，"没有人呼吁工人社区自我改进的力量，这个问题还没有得到充分的回答"。[19]他提到了在全国范围内发展起来的工人免费图书馆和机构，以及邮局储蓄银行服务的高使用率。1861 年，他本人为了节省开支而推动创立这家银行，现在已有 650000 名储户。他嘲讽对手说，"议会一直在努力让工人阶级越来越适宜获得选举权"，"没有什么比年复一年地坚持这个计划，然后又盲目地拒绝承认它的合法结果，也就是工人阶级的日益成长，更不明智，更为愚蠢的了；为了行使政治权力？这种权力的适当行使取决于接受它的人是否具备那种能力。你日复一日地在提高他们的能力，但当你承认他们的能力越来越强，准备赋予他们

384

权力的时候，你却想要放弃"。[20]

格莱斯顿声称，国民收入的 5/12 属于工人阶级，并主张，如果经济和政治权力之间的脱节继续下去，税收的负担应该从根本上转向地产。他还驳斥了这样一种观点，即如果工人阶级获得了选举权，他们就完全以一致的阶级立场进行投票。他宣读了一封自称工人阶级的托利党成员的来信，他抱怨说自己没有投票权，而他名义上支持的那些人拒绝给他投票权。

已经有 8 个席位的选民多数是工人阶级成员。他们一共选出了 5 名自由党议员和 9 名保守党议员。具有讽刺意味的是，这种"革命性质"是"就我们狭隘的经验而言，工人阶级占多数的结果"。[21] 格莱斯顿以其一贯的务实态度，排除了将权力从郡向城镇大规模转移的可能性：这一保证旨在获得议会的支持，但这一保证却愈发令联盟感到失望。鉴于农村人口大幅减少，联盟认为这样的转变在民主上应该是正当和适宜的。

亨利·莱亚德代表了自由党温和派的观点，他表示，作为索斯沃克的议员，他登记的工人阶级选民可能比任何其他议员都多。不言自明的是，工人阶级没有得到充分的代表，如果他们有更多的代表，对影响他们的问题进行讨论将会更有效率。关于工人阶级所谓的道德不健全，他建议——这显然是指洛——那些轻视下层社会的人应该承认，"在下院准备好之前，在社会本身准备好谴责和惩罚腐败的人之前，它没有权利谴责和惩罚腐败的人"。[22] 他的结论是，如果扩大选举权，工人阶级"将比以往任何时候都更能证明他们对王室、制度和国家伟大之处的热爱"。[23]

当时主要的自由党报纸《每日电讯报》（*Daily Telegraph*）的桑顿·亨特（Thornton Hunt）写信给莱亚德，赞扬他的这番演讲，但也呼应了受过良好教育阶层残留的恐惧：

　　我无法告诉你，我对你以一种直接而认真的方式为我们没
有选举权的同胞说话，是多么强烈的感同身受。我认为，自愿 385
履行"赞助人"的义务，代表仍被排斥在外的平民，是对这
个国家的宝贵服务；不仅加快了所提要求实现的日期，而且使
我们避免了发生暴力，甚至可能发生流血事件的机会……世界
上没有哪个国家像英国那样，每个阶层都能如此公开而认真地
表达自己的思想，发挥自己的影响力；没有一个国家能使几个
阶级的界限如此模糊，而这些阶级都是经由血缘、婚姻和商业
紧密联系在一起的；没有一个国家能把个人的自由完全保障起
来；没有一个国家，在其中社会地位和个人影响能够左右每一
个阶级。[24]

　　洛没有受到这些争论的影响。他说，提议的是"穷人对富人
的统治"，他认为这是"完全颠覆性的"。[25]他抨击密尔，强力支持
格莱斯顿。他引用了 1852 年密尔的《政治经济学》（*Political
Economy*）中的一句话，"毫无准备的人类，特别是劳动阶级：他
们目前极不适合做任何对他们的智力或品德要求很高的事情"。[26]他
承认，密尔可能在这 14 年里改变了主意，但劳动阶级也许并没有
通过榜样表明他们更适合承担责任。尽管如此，他引用了写于 5 年
前的《论代议制政府》中的一段话，在文中密尔曾说，"我认为，
任何人在不具备读写能力的情况下参与选举是完全不可接受的。普
遍的教育必须先于普遍的解放"。

　　洛担心工会运动中的工业组织被用于政治目的：事实上，总有
一天会这样。他提出了一个强有力的论点，认为工会是对抗资本的
武器，是对行使个体权利而不加入工会之人的强制力。然而，与其
说这是反对扩大选举权的理由，不如说这是反对允许工会拥有不受

约束的权力的危险，或者如洛所说的"潜伏在这些工会背后的恐怖主义体系"。[27]谈到工人阶级可能派到议会代表他们的那类人，他引用了当时正在从毁灭性内战中恢复的美国的例子，"我们看到，在美国，人民拥有无可争议的权力，他们不派遣诚实、勤劳的人代表他们参加国会，而是选举在位的非法买卖者、破产者、丧失人格且被各种体面的生活方式排斥在外的人，以及把政治作为最后资源的人。"[28]他回忆说，当法国在 1848 年尝试普选时，随之而来的政府在三年后的政变中被推翻，"不受任何外力的强迫，没有任何内在的灾难，但在我们的财富过剩和繁荣过度的情况下，我们却要用我们自己鲁莽轻率的双手，将我们头上自由和光荣的神圣庙宇拆毁。历史也许会告诉我们其他一些灾难性的行为，但没有比这更荒唐、更可耻的了。"[29]

迪斯雷利小心翼翼地不公开表示对改革的敌意。这样的反对将给他的政党造成无法估量的损害，使他没有回旋余地，而他很快将需要这样的余地。相反，他批评了该法案提出的速度之快、设计之糟糕、再分配法案的数量之少，"他们所要走的道路是最不公正的，对土地利益是最有害的，也就是说，对英国是有害的。因为，在我看来，土地的合法利益就是英国的利益。"[30]当他推行自己的措施时，他说的一些话会在一年左右的时间里再次困扰他，其中有些话甚至可以追溯到"青年英格兰"运动时的思想脉络。

> 当你拥有普选权的那一刻，总会发生这样的事：选举的人轻视被选举出来的人。他说："我和他一样好，虽然我把他送到议会，但我对他的看法并不比我对自己的看法更好。"然后，当下院完全不具有对行政机构的控制权时，它就会陷入我们所见过的那些欧洲大陆民众集会的情形，这些议会在我们的

386

时代兴起又消失了。缺少传统的魅力；缺少规范的拼写；缺少
具有历史血统的家族；当自由受到攻击时，没有能够让人们聚
集在周围的那些大庄园；没有政治家，没有雄辩，没有学问，
没有才能。取而代之的将是一群自私而平凡的庸才，他们除了
作恶之外别无他法，而作恶则是由当时愤怒的、蛊惑人心的家
伙策划和控制的。[31]

387

其结果将是"以美国模式"重建宪法。

迪斯雷利一如既往地最关心自己的地位和前途。相比之下，格
莱斯顿的观点充满了历史感和宿命感，"我们现在谈论的是所谓的
'创造历史'的过程。我们现在正为将来的许多工作打下基础。这
个场合是一个起点，我认为，我们作为个人和政党所必须进行的事
业在许多方面将具有其特点和色彩。"[33]他继续说道："让我们试着
使我们的观点超越对这个地方和场合的恐惧、猜疑、嫉妒、指责和
相互谩骂。让我们展望我们子孙后代的时代。让我们知晓我们应该
为即将到来的时刻做些什么准备。我想问，劳动阶级是否有一种稳
定的运动，这种运动是向前的运动，还是向上的运动？……日复一
日，甚至是细化到每个小时，这种力量都在起作用。一段时间后，
我们就会从实际经验中认识到，事情已不是它们原来的样子了。"[34]

他的结语引用了《埃涅阿斯纪》（Aeneid）中颇具煽动性的一
句话，这不仅代表了他最精辟的演说，也代表了一种宿命感：无论
当前的苦难如何，目标都将达成。

也许今晚的大分裂并不是这场斗争中必须发生的最后一
次。在比赛的某个时刻，你可能会成功。你可以把我们赶出座
位，你可以埋葬我们提出的法案，但我们将把这句话写在它的

墓碑上，作为墓志铭，对它的实现有一定的信心——"exoriarealiquis ex ossibusultor"（愿你从我们的骨殖里复活，你这个无名的复仇者）。你不能与未来抗争，时间站在我们这边。伟大的社会力量以其强大和威严向前推进，我们辩论的喧嚣丝毫没有妨碍或扰乱这些社会力量——这些伟大的社会力量是反对你们的；他们站在我们这一边；在这场战斗中，我们现在所举的旗帜，虽然在某个时刻，可能会垂在我们沉下去的头上，但很快就会再次飘扬在天堂里，它将由三个联合王国人民的坚定之手所承载，这也许不是一件容易的事，但它将是在一个不那么遥远的时段里所取得的一个确定性胜利。[35]

该法案以 318 票对 313 票的 5 票之差进行了第二次表决。洛说服了其他 31 名自由党人士投他一票，几乎击败了政府。他认为这是一个巨大的胜利。凌晨四点，格莱斯顿和同事们在下院的餐厅里喝茶，给女王写信，仅睡了 3 个小时。由于票数差距如此之小，他和罗素现在别无选择，只能考虑妥协。

三

睡了一觉之后，格莱斯顿写了一些信，读了一会儿书，见了一些人，包括《每日电讯报》的亨特。下午 1 时 30 分，内阁举行了 3 小时的会议，讨论了政府大员是否应该辞职：内阁原本预计将以 15 票的优势获胜。然而，罗素和格莱斯顿希望反对派是"脱节的"，可以进一步分裂。[36]5 月 7 日，格莱斯顿提出一项议案，提议重新分配席位。尽管引发了关于新席位去向的争论，但该法案未经表决就通过了二读。该《改革法案》于 5 月 28 日提交委员会审

议，政府在一项限制贿赂和腐败的修正案中被否决。格莱斯顿反对
这项修正案，他认为它使改革的原则复杂化，应该单独对待。这次
失败是248票对238票，被他形容为"一个不祥夜晚"的高潮。[37]
委员会花了几天时间重新分配席位，辩论中还包括洛发表的另一篇
尖刻的演讲，这似乎进一步挫伤了他所在政党的士气。在委员会的
第三天——6月1日——格莱斯顿表示，如有必要，议会会期将延
长到秋季，只要法案获得通过：他担心退出自由党的成员（阿杜
拉姆派）和保守党计划就此进行讨论。

　　结局出现在6月19日凌晨，阿杜拉姆派的邓凯林勋爵（Lord
Dunkellin）击败了政府的一项技术动议。格莱斯顿警告说，反对投
票意味着政府将不得不选择辞职。最终的结果是315票对304票，
政府以微弱劣势败北，42名自由派人士投了反对票。格莱斯顿对
这一场面并不以为然："随着对手的欢呼，出现了大喊大叫、暴力
地挥舞着帽子以及其他我认为新奇而不恰当的表现。"[38]第二天早
上，他写信给女王，他还读了一会儿科布登的作品，从中找到了慰
藉。内阁在下午3点开会，决定集体辞职，尽管女王收到巴尔莫勒
尔的电报，请求他们不要辞职，显然女王已经知道了这一过程，她
拒绝离开苏格兰，希望罗素能坚持下去。议会暂时休会，等待与君
主进行更多的沟通。内阁中有少数人（尤其是罗素和格莱斯顿）
希望政府解散，这意味着事情将交给国家处理。一个更大的派别要
求辞职，把这个问题交给德比和迪斯雷利，进而来看看他们是怎么
处理的。这是一个更好的计划，因为它将强制推行一项改革措施，
这是自由主义者在其激进主义中从未考虑过的，并有助于确保
1868年第一届格莱斯顿政府的出现。

　　6月26日，女王回到温莎，在那里见到了罗素和格莱斯顿。
格莱斯顿承认，"在过去的几天里，我的压力很大，很高兴事情接

近尾声"。³⁹当女王的接见到来的时候——他和罗素一起前往，却是单独会见——他发现君主"展现了她的地位和时代所要求的所有品质"。在接见格莱斯顿时发生了一件令女王厌恶的事情，她很不高兴，因为她希望继续下去的政府并没有撤回法案，也没有把这件事推迟到"另一年"（具体哪一年她没有指明）。⁴⁰"我提醒过陛下"，格莱斯顿写道，"她早就向我表达过她的希望，如果我们继续讨论议会改革的话题，我们应该将其进行到底"。女王不喜欢被人提起她的反复无常或前后矛盾，而格莱斯顿超级理性的思维却不得不这样做。

　　女王要求两人都去伦敦与内阁会面，看看除了辞职以外，是否还有其他可行的办法。格莱斯顿和罗素听从了她的命令，但内阁仍然觉得别无选择。女王收到了一封电报，格莱斯顿向下院发表了声明。一群人涌向威斯敏斯特，格莱斯顿被誉为平民的捍卫者。他向议会解释说，不可能只依据等级而不依据租赁授予选举权，他表示，在5个选举市镇，这意味着赋予那些应征税额低于4英镑的人选举权，政府将按照自己的意愿赋予这些人选举权。然后，格莱斯顿终于能够放松下来，他去吃饭，看了舞会，营救了两个妓女，从而结束了一天的工作。⁴¹

四

　　1866 年 6 月 27 日，德比接受了女王的任命来组建政府，而迪斯雷利则领导着下院。后者曾希望担任外交大臣，但德比把这个职位交给了他的儿子斯坦利勋爵（Lord Stanley），这使得即将离任的外交大臣克拉伦登松了一口气。斯坦利是一个"比迪斯雷利好得多的人，迪斯雷利对这个职位的渴望有多大，他不适合这个职位的程度就有多深".⁴²在正式组建联合政府问题上，他们曾与阿杜拉姆派有过短暂的暧昧关系，直到他们明确希望同时选择首相（克拉伦登）和下院领袖（斯坦利）；在迪斯雷利的全力支持下，德比跟他们说再见了。女王想要一些辉格党人来服务，德比便设法迁就她。然而，克拉伦登拒绝了外交部的邀请，洛也拒绝了在内阁中占有一席之地，这使得局势很快就变得明朗——没有一位退出自由党的人愿意任职。

新政府是在广泛骚乱的背景下成立的。联盟组织了示威活动，其中最重要的活动位于伦敦，并在海德公园的骚乱中达到高潮。6月29日，当德比正试图组建他的内阁时，10000名民众从特拉法加广场游行到卡尔顿俱乐部（Carlton Club），高声斥责扼杀格莱斯顿法案的人。前一天晚上，一群人聚集在格莱斯顿位于卡尔顿房屋阳台的外面，为他和格莱斯顿夫人欢呼。伦敦工人联合会（London Working Men's Association）一直邀请格莱斯顿在他们打算举行的一次会议上发表讲话，感谢他"在改革辩论期间勇敢而慷慨地为工人阶级辩护，使他们免受……托利党人和自由党叛徒的诽谤".⁴³

由于担心破坏公共秩序，警方试图禁止海德公园的集会。7月18日，也就是5天前，伦敦警察局局长理查德·梅恩爵士告诉比尔斯，这是"不允许的".⁴⁴他是按照德比的指令行事的.⁴⁵梅恩相信，宣传集会的海报中提到了比尔斯的名字，"他将发挥自己的影响力，阻止任何举行这次会议的企图"。比尔斯回答说，感谢梅恩的"礼貌"，但他告诉梅恩，"目前我无法承认你有权力或权利发布任何此类通知，也不能擅自宣布不允许集会"。他要求梅恩告诉他，"你是根据什么条例、法律或法理采取行动的，因为我目前不知道有任何法律或条例曾经授权，授权你试图禁止人民行使他们最重要和最符合宪法的权利之一"。

　　梅恩的提议引起了公愤。布赖特对联盟说："如果不能在公园里公开集会，如果数百万聪明诚实的人不能获得选举权，我们的自由还有什么基础？或者说这个国家除了统治阶级的宽容，还有什么自由可言？"[46]内政大臣斯宾塞·沃波尔（Spencer Walpole）说："我本来希望那些提议召开这次会议的人能够克制自己，不把人们召集在一起。如果他们仍然坚持自己的意图（我相信他们不会这样做），我就别无他法，只能希望警察按照理查德·梅恩爵士发出的通知行事。"联盟告诉沃波尔，他们有合法举行会议的权利，他们会坚持下去。如果警察阻止他们进入公园，他们将游行经过议会大厦，经过白厅到达特拉法加广场，他们也会在这个过程中敦促追随者遵守法律。

　　晚上5点，集会人群在首都周围聚拢。《泰晤士报》的报道说，傍晚时分，公园附近有"大量人群"，但也有1600名至1800名警察，有的骑马，有的步行。[47]同样是在5点钟，大门关闭了，尽管已经有很多人在里面，等着和游行的队伍会合。严肃媒体从业者站在公园路的房屋阳台上，以获得一个完美的观察点；通往公园的每一条路都挤满了人。晚上7点，比尔斯和他的助手们到达大理石拱门。他从克莱肯维尔出发，率领了一支队伍（虽然他们没有游行示威，而是乘坐着双轮马车，组成一列纵队）。当他去跟挡在入口处的警察交谈时，人群立刻围了上来，并试图以一种"令人不愉快的冲击"来让他进去。警察开始挥舞棍棒，比尔斯和他的同盟军迪克森上校（Colonel Dickson）都被击中。他们作了一次战术撤退，并指示汉索姆的双轮马车队转向特拉法加广场。然而，那些没有比尔斯和上校那么成熟、那么有教养的人制造了流血事件。这些人决定忘记特拉法加广场，也不顾那被封堵的大门，冲上去把栏杆撞坏了，记载了这些内容的照片在随后的日子里传遍了英国，显示出无政府状态的特征。

　　《泰晤士报》写道："事实上，警察赶到所有遭受袭击的地方，并在短时间内控制住了人群；但他们的人数根本不足以保卫这么长的边界，一个又一个缺口不断出现，人们很快就撞坏了石雕和栏杆。第一个缺口是在贝斯瓦特路……警方动用了警棍，对一些'暴徒'进行了严厉的处理。"海德公园角的圣乔治医院收治了平民和警察死伤者。一名 17 岁的青年被发现死在公园里，压在两节车厢之间。有人向梅恩扔石头，有人开始起哄。无神论者查尔斯·布雷德洛是寻求恢复平静的联盟领袖之一，但令他感到痛苦的是，他被指控为政府间谍。夜幕降临，但直到有人发表讲话要求德比辞职，并谴责"企图用武力统治国家"的行为后，人群才散去。一群"暴徒"打破了坎伯兰大街的窗户，骚乱一直持续到凌晨一点多钟，留下了半英里长的被毁坏的公园栏杆和废弃的花坛。[48] 这种失控以及潜在的无政府状态，似乎吓坏了比尔斯和他富裕的朋友们。活动结束后不久，约翰·曼纳斯勋爵见到了比尔斯，并告诉他的弟弟，联盟的领导人"比他们曾经吓唬过的人更害怕"。[49] 密尔也看到了比尔斯和迪克森，并表达了同样的感受。[50]

　　第二天，大约 40 名示威者出现在马尔伯勒街的治安官面前，被控犯下了从投掷石块到袭击警察等各种罪行。《泰晤士报》写道，"囚犯们通常属于被称为'暴徒'的一类人"。大约有 6 个人可以被认为属于秩序较好的工人阶级。[51] 官方没有实施惩戒性的报复行为：大多数人被处以罚款或短期监禁，监禁时间很少超过一个月。在接下来的几天里，一支稳定的游行队伍通过了法院。有许多人声称自己被抓错了：警方估计事件发生后有近 10000 人在场。作为当权派的代言人，《泰晤士报》曾痛斥一群"冷酷无情的暴徒所造成的破坏，这些暴徒在很大程度上构成了伦敦人口中最低等的渣

392

滓"，但当权派现在所能做的就是咆哮：权力正在转移。[52]

393　不仅托利党人感到震惊，老辉格党人也感到震惊，罗素的离开让辉格党失去了最后一任首相。克拉伦登的朋友、老辉格党人埃米莉·伊登（Emily Eden）看到这一场面，看到一些自由党人士对它的支持，勃然大怒。她写道："我不明白，如果没有消灭掉那个可怜的懦夫布赖特，我们怎么能平静地死在床上。"她也将矛头指向了莱亚德，"那个人当你的副大臣时，你喜欢他吗？"她问克拉伦登，"或者你只是容忍了他？我可以原谅莱亚德发现了尼尼微……我不能原谅尼尼微人发现了莱亚德"。[53]

骚乱和抗议的规模使政府确信人们的情绪已经发生了变化，而且这种变化具有威胁性。大臣们在下院和新闻界受到攻击，理由是他们在这么多人面前关闭公园大门是愚蠢的。未来的工程专员阿克顿·斯米·艾尔顿谴责政府允许工程专员实施这一禁令，并警告称，"对政府来说，这是一个非常危险的信条，即军队是一台用来对付人民的机器"。[54]似乎不止一条战线正在被划定，这样的谈话只会激发起义的念头。莱亚德称沃波尔的措施是"最不明智的，是愚蠢的"。[55]

密尔说："我们应该祝贺上院议员和对面的先生们，他们昨晚完成了一项工作，这项工作需要比他们更聪明的人花费多年的时间来消除其后果。"[56]比尔斯保持着他的高调，要求在海德公园举行更多集会的权利，并发出了一个含蓄的威胁：必须考虑联盟被剥夺了这一权利的后果。他警告说，"威灵顿公爵同意了天主教的解放，而不是冒着爱尔兰内战的风险。允许在海德公园召开一两个小时的会议似乎比冒着人民和警察之间进一步发生流血冲突的危险要好"。[57]保守党意识到，如果不想在未来 20 年里让它变得不可思议——实际上，它在《谷物法》辩论中一直站在错误的一边——

它最好听从公众对选举权的意见。党的路线一直是声称工人阶级对改革漠不关心，现在没有人还能假装这样了。在暴乱发生后的几天里，联盟的分支机构在全国各地举行了会议，显示他们准备继续坚守自己的事业，这样的信息表达得很清楚。

这场骚乱吓坏了迪斯雷利，至少对他来说，透露的讯息击中了他的痛处。为了保住自己的权力，他曾准备改变路线，他向德比提议，应该立即出台一项改革法案。自由党的提案基于租赁价格，迪斯雷利将把投票权授予在城市行政区（其房产的课税价值为 6 英镑）工作的男性，以及在乡村郡选区（其房产的课税价值为 20 英镑）工作的男性。与自由党的措施相比，这将使获得选举权的男性略少。新的选区将在北部行政区设立，但德比对此仍然持谨慎的态度。[58]用格莱斯顿的话说，时间终将站在他这边。议会将于 8 月 10 日休会，直到 1867 年 2 月 5 日才会重新召开，这给了政府思考的时间。在 19 世纪 40 年代早期，并没有强烈的困难刺激宪章派的行动；但布赖特整个秋天都在全国各地巡回演讲，8 月底在伯明翰（有 150000 人出席）、9 月在曼彻斯特、10 月在格拉斯哥的大型集会上发表演讲。工人阶级运动的势头依然强劲。然而，布赖特的言论被认为吓坏了许多中间派，他们现在可能会支持保守党所设想的温和改革。即使是密尔，对那些可能被认为粗鲁无礼的人的判断也从未达到最佳状态，长期以来他一直认为布赖特"只不过是大多数人的煽动者和朝臣"。[59]

1866 年 9 月，德比在巴尔莫勒尔见到了女王，发现她对再次发生内乱的前景感到不安：她希望这件事尽快得到解决。然而，迪斯雷利对内阁的不团结有些紧张，并试图说服德比将讨论推迟到议会开会时。然而，德比决定继续前进。在女王发表演讲的前几天，内阁同意在讲话中提及改革。德比赢得了《泰晤士报》的支持，报纸开始呼吁解决这个问题。女王在讲话中说，"将再次关注议会中人民代表的状况；我相信，你们本着节制和相互宽容的精神进行的审议，可能有助于采取措施，在不过分扰乱政治权力平衡的情况下，自由地扩大选举权"。[60]

1867 年 2 月 11 日，迪斯雷利向下院解释了这句话的含义：女王陛下希望下院"抛弃"通常是"合法"的"党派精神"，那种精神现在显然是危险的。[61]他说，这是必要的，因为这个国家的观点已经两极分化。格莱斯顿认为这种方法"完全是新的"，这并不是一种恭维。[62]令他感到惊愕的是，英国王室发表的这篇演讲"指导了议会处理这个问题的态度"。他轻描淡写地说，这是一种策略，"在这样的演讲中并不常见"。然而，唯一可行的是策划一场信任投票，将保守党赶下台。迪斯雷利向下院发表讲话后的第二天，罗素在格莱斯顿家的一次会面中提到了这个想法。格莱斯顿对这将酿出的毒酒有更深刻的理解，因此更加谨慎。

德比意识到，必须尽早提出一项法案，但要获得内阁的同意并不容易。在 2 月 16 日的一次会议上，他们作了一次尝试。负责印度事务的大臣克兰伯恩（Cranborne）反对迪斯雷利最初提出的根据课税价值授予选举权的提议，这进而惹恼了负责战争事务的大臣乔纳森·皮尔将军（General Jonathan Peel），他是已故首相的弟弟。皮尔被女王宠坏了，没有辞职。格莱斯顿承诺，如果保守党的提议符合他的原则，他将予以支持。"阿杜拉姆洞穴"想通过家庭选举权来阻止进一步的骚动。由于这将产生大量的区级选举人，德比裁定，以课税价值为基础的家庭选举权将成为该法案的核心，因为它应该获得来自"洞穴"和自由党的支持。

然而，克兰伯恩声称，许多小行政区将被"交到资质不足 10 英镑的选民手中"，[63]这就意味着在工匠阶层之下，还要授予非熟练工人和半熟练工人选举权。他告诉德比，如果有人提议这样做，他必须辞职。在推翻格莱斯顿法案中，他所扮演的主要角色——他认为该法案的破坏性远小于迪斯雷利的法案——仍被人们记忆犹新：他不想被人指责是虚伪的人。2 月 24 日，他在给德比的信中写道："因为我知道计划将产生什么样的影响，如果我现在就同意这个计划，对于那些去年我力劝去抵制格莱斯顿的人，我将无法面对他们。""我相信，如果该法案获得通过，保守党就会垮台。"[64]

殖民地事务大臣卡那封（Carnarvon）也有同感，皮尔又变得焦躁不安起来。卡那封曾与克兰伯恩一起在牛津大学读书，他告诉克兰伯恩，他们的错误在于认为迪斯雷利是出于善意行事：他玩的是一场游戏，而不是分而治之。[65]当德比被告知辞职的威胁时，他写信给迪斯雷利，喊道："彻底的毁灭！我们究竟该怎么办？"[66]2 月 25 日，他召集了内阁，就在两小时后，托利党议员将召开会议讨论此事。德比对女王说，这次内阁会议是"最不愉快的一次"，几乎整个会议都充满了激烈的争论。[67]会议最终同意根据课税价值来推动法案。

保守党对这些提议的热情并不比内阁高多少，但它同意支持德比。迪斯雷利直接去下院概述新计划——这将是一场灾难。他没有动用大脑思考，这个计划是如此新颖，甚至他的修辞技巧也不足以使人信服。他遭到洛的嘲笑，洛劝他不要再支吾其词，直接提出一项议案：尽管洛表示，工人阶级运动的集会并没有引起全国人民的注意，因此没有什么紧迫性。洛怀疑——他基本上是对的——推动托利党计划的主要动机是恐惧。布赖特非常敏锐，他说道："我认为，在我对面的财政部官员中，没有一个人真正相信政府采取的做法是明智的，或者应该坚持下去"。[68]格莱斯顿继续攻击，迪斯雷利受到重创，要求推迟 3 天，然后再进一步考虑。然而，在听说反对

396

派正在组织反对政府的行动之后，他第二天就回来了，并表示最迟下周四，他将提交一份改革法案。一些人害怕暴动，尽管除了偶尔爆发之外，没有出现任何宪章派在 1848 年失败之前使用过的煽动性言辞。然而，抗议的人数无疑更多，改革联盟动员了全国人民。迪斯雷利现在采取了主动，当法案最终进入委员会时，他甚至没有先询问德比，更不用说内阁的其他成员，就接受了具有深远意义的修正案。

这场混乱之后，德比回到了向每个户主提供投票权的政策，并在 3 月 2 日试图说服内阁相信这一点。克兰伯恩、皮尔和卡那封都辞职了，德比认为托利党"完蛋了"，但迪斯雷利利用这个机会提拔了他的 3 位朋友进入内阁，从而在德比最终离任时巩固了自己的权力基础。当迪斯雷利于 3 月 4 日向下院宣布辞职时，他也宣布该法案将于两周后提交。直到第一次宣读的前一周，内阁才最终就其中的内容达成一致。所有住在行政区两年或两年以上、缴纳了贫民救济税（用于支付教区济贫院维护费的物业税）的人都将获得投票权。该法案还同意允许一人多次投票——允许那些缴纳了 20 先令直接税和贫民救济税的人第二次投票。德比的这一决定性行动获得了其政党的支持，使得克兰伯恩领导的派系成为在野派。尽管如此，压力还是让德比的健康受损。不可避免的遗产是痛苦。克兰伯恩辞职后的某天晚上，德比在一个盛大宴会的楼梯上看到了克兰伯恩夫人，他尖刻地问她，提到了克兰伯恩为即将获得选举权的人数而苦恼："罗伯特还在做他的算术吗？"克兰伯恩夫人聪明地回答："是的——他得出了一个相当奇怪的结果。从 15 名（内阁成员）中减去 3 名，什么也没有留下。"[69]

3 月 18 日，迪斯雷利提出了这项法案，但由于其前后矛盾和官僚主义造成的困难，格莱斯顿对他进行了抨击，尤其是在一人多次投票方面，格莱斯顿称之为"欺诈的巨大引擎"，因为人们可以通过腐败的方式对有资格投票的税收进行设计，更糟的是"这是阶级战争宣言"。格莱斯顿当时正在阅读沃尔特·白芝浩的新书《英国宪法》，这本书激励了他："双重投票的作者是抨击英国宪法的人。"[70] 格莱斯顿虽然并不完全反对该法案，但他表示在任何情况下都不会支持双重投票。

托利党人对他们被迫自相矛盾的程度感到愤怒。一个迅速而混乱的修正过程开始了。3月22日，克拉伦登对格莱斯顿说，"政府希望在进入委员会时能看到激进的修正案，并认为这会团结他们的政党。"[71] 他报告说，"克兰伯恩（原文如此）对〔自由主义者〕不反对第二次宣读的决心深感遗憾，但他希望格莱斯顿先生能够进行安排，简单地拒绝这项提议并进入委员会。他并没有考虑到任何修正框架都会使格莱斯顿先生的政党和'保守派山洞'更容易团结起来"。当经过大量修改的法案通过后，巴克卢公爵代表托利党的贵族们发表了讲话，他打趣道，法案中唯一不变的词是第一个，"鉴于"。[72] 迪斯雷利在托利党的反对者中制造了一种怀疑，尤其是在3位辞职的大臣及其追随者中，这种怀疑需要数年才能消除。克兰伯恩在4月1日给卡那封的信中指出，要让迪斯雷利说出他的真实意图是不可能的。"私下里，他们向激进分子保证，他们打算放弃一切，而向托利党则表示，除了二元性，他们什么也不想放弃。"[73]

迪斯雷利和德比对法案及其政党的成功管理削弱了格莱斯顿。在52名自由党和激进派议员的帮助下，格莱斯顿试图修改法案，取消户主投票权的评级资格，这样所有的户主都可以投票。尽管他曾与克兰伯恩串通试图击败政府，但他的努力还是失败了。成功体现为各党派实现大统一，以及格莱斯顿退出了反对该法案的前线。

霍顿勋爵，即前理查德·蒙克顿·米尔恩斯几天后在早餐时遇到了格莱斯顿，他说格莱斯顿已经对"迪兹（即迪斯雷利）恶魔般的聪明才智感到敬畏，后者正在逐渐将所有有关政治荣誉的想法赶出议会，并逐渐适应最令人反感的犬儒主义"。[74]

然而，对联盟来说，保守派的提议是不够的，他们认为这"束缚了家庭选举权的原则"，它选择重新发起抗议运动。[75]4月19日，工人权利协会在公园里组织了一次只有"几百名衣着体面的工人"参加的小型会议。[76]他们在红旗下游行，警察骑马和步行在周围巡逻。这次小型会议的主要发言人是改革联盟菲茨罗伊分会的亨伍德先生（Mr Henwood）。他对群众说，"人民不想要革命，但托利党政府正驱使他们去革命"。4月24日，比尔斯和他的助手们同意于5月6日在海德公园举行一次群众集会：这震惊了政治机构，那些住在公园附近的人写信给报纸，要求禁止集会，因为前一年发生的"可耻场面"仍历历在目。[77]

4月30日，卡德威尔写信给格莱斯顿，告诉他这个消息："我有理由认为，一项禁止在海德公园举行会议的公告正在酝酿之中。"[78]请愿书已递交议会，要求禁止集会。5月1日，沃波尔不顾上一年的困境，试图履行其义务，发布了一份公告，宣布"不允许将公园用于举行此类会议，它妨碍了女王陛下乐意开放公园供其人民普遍享受的目的"。[79]人们被警告和告诫不要参加。那天晚上，当联盟的领导人在布维里大街上与其普通成员会面时，警察将沃波尔的公告分发给他们。比尔斯没有理会这一点，他发表了自己的声明，恳求英国的工人们"成为忠诚、和平、有秩序的公民，成为一切骚乱和动乱的敌人，但坚定不移地要求和坚持自己的权利"。当时在场的布雷德洛也表达了同样的观点，只是措辞更加生动，他威胁说，"如果使用暴力，他将是第一批迎接暴力的人之一"。

沃波尔的宣言贴满了伦敦，但在粘贴的同时就几乎立刻被撕毁了，作为替代品，联盟在该位置贴上了比尔斯的声明。让步开始了，政府宣布，1866 年关闭公园大门是错误的：但那些在 5 月 6 日礼拜一进入公园的人是自己冒着风险这么做的。警察被告知要区别对待那些"旁观"的人和那些想惹麻烦的"暴徒"。然而，该声明还宣布，任何在警告发出后，仍继续向人群发言的人将被逮捕，并被带离公园。梅恩表示，他将带领 5000 名警察前往公园，如果有必要，将使用武力。驻扎在附近兵营的皇家卫队将处于待命状态，并奉命增派部队到大都市。这是礼拜六抗议前的情况。但《泰晤士报》周一上午报道说，"公众将惊讶地听到，也许还会非常满意地听到，政府在最后时刻决定允许海德公园示威，只要确保和平，就不会干扰任何演讲者、游行队伍或可能进入外围的人群"。[80]该报继续写道，他们发现抗议活动"完全合法，当局无权干预"。他们还承诺，如果沃波尔不让步，就会发生一场全面的对抗。尽管该联盟拥有数千名追随者，但有迹象表明，许多伦敦人已经准备好站出来支持政府。人们普遍认为，政府正在尽最大努力确保变革。礼拜六，在禁令被废除之前，人们已经宣誓就任特别警官，预计礼拜一将有 12000 人至 15000 人宣誓就职，所有人都手持棍棒。骑兵也被调到了伦敦。在礼拜六做出 180 度大转弯之前，沃波尔欣慰地收到了 16000 名伦敦人签署的请愿书，对联盟继续开会的计划表示谴责。

400

《泰晤士报》写道，"对自身目标的坚持当然属于改革联盟。引起如此大的骚动，甚至是恐慌的，沃波尔先生将怎样向全国解释——他坚持自己的决定直到最后一刻，直到最后一刻，才发现自己的行为是非法的，这是他自己要考虑的问题。毫无疑问，他在这件事上的整个方针会引起人们的反感"。沃波尔接受了这一暗示，感受到了精神上的羞辱和打击，于是辞去了内政大臣的职务。不过，在此之前，英国下院通过了一项《皇家公园法案》，使禁止联盟举行这样的会议成为合法行为。德比希望他继续担任内政大臣，但沃波尔的妻子坚持要他辞职，因为他的精神健康状况不佳。[81]他当上了大臣，却没有任何成就，他的职业生涯受到了毁灭性的打击。抗议活动以"平静而有序的会议而结束"。《泰晤士报》的记者说，这就像一场"盛大的集市，有杂技演员、打牌的人、数不清的民谣歌手，他们高声吟诵关于改革和沃波尔的杂耍诗，比以往任何时候都更热切地希望解决这个乏味的问题"。虽然这场活动在最后仅有 5 人被捕，其中 3 人是因为扒窃，2 人是因为赌博，但政府获得了警示。

格莱斯顿可能暂时退出了这场争论，但其他自由党人意识到政府的脆弱性，并提出了修正案。迪斯雷利下定决心要使这项法案通过，于是接受了自由党人的要求——一个是房客的选举权；另一个是将郡选举权资格减至 12 英镑的租赁价格，并将其赋予所有拥有每年仅 5 英镑价值房产的人。迪斯雷利废除了给予大学毕业生和专业人士额外投票权的"花式选举权"，此举意在安抚强硬的托利党人。居住资格由两年减至一年。其中一个最具争议性的问题是"复合选举权"，它允许那些由房东从租金中为其支付税款的人投票。这又使英国城市的 50 万租户获得了选举权。迪斯雷利意识到他所在的政党是少数派，他为使自己的法案获得通过做出了卓越的努力：但仅仅是因为巨大的原则性牺牲和立场的转变，他才选择这样做。选民增加了一倍。在这些地区，工人阶级的选票是过去的 5 倍，占选民总数的一半以上。[83]

工业化的北部的八个区获得了议员席位；肯特郡的格雷夫森德也是如此。在这一过程结束时，正如格莱斯顿所希望的那样，所有在各区独自缴纳税款的人都获得了选举权。他已经成为短暂造成自由党不合的人物，这一点他是知道的。他在 7 月 15 日的日记中写道，他"在最后一刻"决定在《改革法案》三读的时候不发言，"因为担心对我们这边造成损害"。[84] 德比随后不得不警告那些在上院占多数席位的保守党同僚，如果他们不能通过该法案，将会面临危险。德比进行警告的其中一位是格雷伯爵，他已经表示将寻求进一步的修改，这让德比胆战心惊。他警告他的同僚们，他不仅将被迫辞职，而且该党将回到《谷物法》崩溃后的状态：出局，并且变得无关紧要。他的同僚们听从了他，于是他引导法案进入二读，并未修改。在委员会阶段只有一些小的变化，发生在德比生病缺席期间。然而，不顾痛风和风湿病，他于 8 月 6 日返回，开始了第三次宣读，这是王室批准之前的最后一步。

　　这是一个重要的时刻，德比的演说反映了这一点。他讲话的背景——尽管他没有明确表达出来——是令人不安的。25 万名男子即将参加投票，在各党派的国会议员看来，其中许多人都没有受过教育，不适合获得选举权。这个国家经历了巨大的动荡；共和主义的浪潮很明显，因为女王不受欢迎，她拒绝参与公共事务，除非是在极少数情况下，同时又从王室年俸中获得大笔款项。德比表示，他希望"通过这项法案，可以找到一种方法，来阻止这个问题的持续发酵。只要这个问题没有得到解决，它就会阻碍全部有用的立法"。[85]

　　后来，在一个流传至今的借用短语中（这个短语在 1866 年的辩论中被多次使用，尤其是在一些阿杜拉姆派成员那里），他沉思道，"毫无疑问，我们正在进行一项伟大的实验，'在黑暗中迈出一大步'，但我对同胞们的理性有最大的信心，我强烈希望，我们现在赋予他们的扩大的选举权将成为使这个国家的机构具有更坚实基础的手段，这项措施的通过将会增加女王陛下臣民的忠诚和满足感"。就在法案通过之前，本杰明·乔伊特曾在牛津给一位朋友写信，期待"犹太人（指迪斯雷利——编者注）的狂喜，他已经成功复仇，战胜了格莱斯顿的美德，将自己的名字写进历史，并确实做出了卓越的贡献（不考虑手段的话）。他已经从曾经嘲笑他的托利党巨头那里讨回了尊严"。[86]

他们不再嘲笑他了。11 月，法案通过 3 个月后，也是内阁辞职 8 个月后，卡德威尔让克兰伯恩和他的妻子留下了。他说："他（克兰伯恩——编者注）和 C 夫人都非常反对迪斯雷利，就像你我一样。他希望看到一个政府的建立，其中包括强大的自由党人，使他们承担适当的责任；认为提出进一步重新分配的问题将是我们的事；他本人也不打算再干涉有关改革的讨论。"[87]那时，克兰伯恩已经在《季度评论》上写了一篇文章，坦率地阐述了他的感受：文章的标题是"保守派的投降"。迪斯雷利知道克兰伯恩在党内的影响力，当他在 1868 年 2 月接替德比成为英国首相时——"对于一个'从人民中崛起'的人来说，能够取得这样的成就是一件值得骄傲的事情！"女王告诉她的女儿普鲁士王妃——她要求诺斯科特试探一下他是否愿意重新加入内阁。[88]克兰伯恩告诉诺斯科特："我告诉他，我非常尊重政府的每一个成员，只有一个人例外——我不认为我的荣誉在这个人手里是安全的。"[89]保守党新首相和最终接替他的人之间的恩怨还需要若干年才会消除。

迪斯雷利开始有意识地将保守党与进步联系在一起，而不是像老托利党人那样，将其与某个派系的利益联系在一起。[90]1874 年后改变英国的进步主义政策并不仅仅是延续了格莱斯顿政府的政策；1868 年迪斯雷利接替德比成为英国首相，从而"爬上了滑腻的柱顶"，但在短暂的执政之后，就被格莱斯顿取代。[91]除了《改革法案》，保守党还通过了《腐败行为法案》（Corrupt Practices Bill）、依法设立了克拉伦登委员会（Clarendon Commission），进行了铁路改革、邮局电报业务的成功国有化，以及废除公开处决。迪斯雷利还成立了针对卫生法律的皇家委员会。

这种向自由主义的堕落激怒了克兰伯恩，即如今的索尔兹伯里侯爵（Marquess of Salisbury），他在1868年早些时候继承了父亲的爵位。他在获得头衔后不久给一位前选民写信说，当时保守党的主要目的似乎是让迪斯雷利继续担任首相，"如果我对他的原则和诚实有坚定的信心，即使他的出身或财产与这个国家的保守阶级有联系——我也可以袖手旁观，设法使他继续掌权。但他是一个冒险家：正如我有充分理由了解的那样，他缺乏原则和诚实。"索尔兹伯里正确地指出，迪斯雷利"独特的阴谋力量"是他掌控政党的关键；他说："在一个政治家异常鲁莽的时代，我认为，他无疑是最不受恐惧或顾忌约束的人。"[92]

五

坚持要求男性在公共场合投票是1832年以前的遗风。这意味着对于房东、雇主和其他一些人而言，如果某个人觉得要将自己的生计或税收归功于他们，他们就能看到这个人把票投给了谁。因此，对经济报复的恐惧常常意味着某人不能依据自己的良心投票。1836年，狄更斯在《匹克威克外传》（Pickwick Papers）中描述了这种腐败，其描述极为著名。1834年，狄更斯重新利用自己在萨福克的苏德伯里的所见所闻，将其虚构为伊坦斯威尔行政区。《菲利克斯·霍尔特》中关键事件引发的暴乱也很好地说明了无记名投票前选举的性质和危险。这不仅是普遍的恐吓，而且是"报复"

所助长的恐吓。甚至在工人阶级获得选举权之前，就可以通过在公共场所提供免费的酒水，招募他们中的一些人充当恐吓者，为的是某候选人的利益。在《菲利克斯·霍尔特》中，即将到来的大选意味着"一个可以免费得到啤酒的时候到了！他们嚷嚷着"。[93]即使是虔诚的持不同政见者里昂先生，对于没有无记名投票权，也有话要说："对于任何一个公正的人，只要他具备公私美德……无记名投票将是有害的，而且……即使它不是有害的，也是徒劳的。"他认为，这不会阻止贿赂，而且这将"关闭通往这些影响的大门，而人的灵魂和公民的性格正是借助这些影响才实现其伟大的作用"。[94]

1869 年，一位普通议员提议引入无记名投票——在一个不公开的投票站进行投票——由于政府拒绝为其腾出时间而受阻。英国内政大臣乔治·格雷爵士向下院表示，他和英国政府接受了无记名投票的案子；但他们不确定什么才是"最好的方法……以确保在我们的市政和议会选举中实现安宁、自由和纯洁"。[95]格莱斯顿强调了这一点。政府承认秘密投票的时机已经到来，但认为需要时间来处理这一过渡，因为这会引起房东和雇主们的愤怒——他们认为自己有权知道租户和雇员的投票情况，除此之外，还有一个仍旧被考虑的因素是，无记名投票非但不能防止贿赂和胁迫，反而会掩盖这一点；而且，在（最近扩大的）选民中，拒绝宣布自己支持谁的做法是"非英国式的"。后来成为 19 世纪伟大改革家之一的理查德·克罗斯（Richard Cross）说，"我本人一直强烈反对无记名投票，相信投票是一种可以公开进行的托付行为"。[96]

另一位反对无记名投票的人是克劳德·汉密尔顿勋爵（Lord Claud Hamilton），他提出了另一种选择："让我们公开宣布，任何犯有受贿罪的人都将被排除在社会之外，就好像他是一个骗子或小偷，那么这就不会成为一个问题了。他们（下院）非但没有这样做，反而沾沾自喜地（或许还有点高兴地）听着贿赂行为成功逃脱惩罚的故事。只要他们承认自己的社会中存在腐败的道德污点，他就不相信他们想要打击贿赂的诚意。"[97]

1870 年进行了另一次尝试。正是哈德斯菲尔德的自由党议员爱德华·利瑟姆（Edward Leatham）提出引入无记名投票这一措施，他列举了两党在全国各地实施恐吓的无数例子。这种情况有多种表现形式：暴徒在投票时威胁选民，或者更微妙的是，房东拒绝与没有按照指示进行投票的男性续签租约。洛锡安勋爵（Lord Lothian）就是这样的一个地主；当被问及此事时，他表示很惊讶，竟然有人指望他会做出不同的举动——"在我所走的这条道路上，我没有看到任何不光彩的地方"。[98]然而，选举权的扩大创造了其他更新颖的条件来影响选民。利瑟姆提到了一份报告，"在受雇于卡莱尔铁路工程和火车站的 154 名选民中，136 人选择了一位杰出的铁路主管，他在最近的一次选举中是卡莱尔市的候选人，由于大多数人持有的是另一种政治倾向，因此可以得出结论，他们这部分选票的一致性是由于压力"。在公开场合，这些人否认受到胁迫：私下里，他们承认为了保住工作，违背了自己的原则。对报复的恐惧是那些仔细检视民意调查的人找不到恐吓证据的原因，也是无记名投票很难实现的原因。

在阿什顿 – 安德莱姆（Ashton-under-Lyme），242 人因为投票给保守党而不是自由党而失业。在格雷夫森德（Gravesend），一群自由党暴徒在投票日冲过小镇，砸碎了保守党成员的窗户。在爱尔兰，情况更糟：在利默里克（Limerick）的每一次选举中，受雇佣且武装的暴徒都是一大特色，而在斯莱戈（Sligo），暴徒被认为是如此重要，以至于他们在选举前 15 个月就组织起来了。面对贿赂，面对"款待"——为选民买饮料，甚至为他们举办盛大宴会——

法律似乎无能为力。然而，正如哈廷顿为政府所辩护的，上次无记名投票法令失败后任命的一个特别委员会（哈廷顿碰巧是该委员会的主席）的审议工作尚未完成。在此之前，政府无法善意地支持一项得到很多大臣极大同情的法案。会议同意将进一步审议推迟到 5 月——6 个星期后——并承诺在审议时，格莱斯顿将出席。

　　5 月，哈廷顿提出了一项法案，旨在消除选举中的腐败行为，并提议进行无记名投票。经过委员会审议，他认为无记名投票不会鼓励贿赂或冒充他人。这一观点并未获得广泛认同，很多国会议员认为，无法查出谁投了谁的票，必然纵容选举舞弊。还有人认为，如果该法案获得通过，就应该附带一项条款，将大学排除在无记名投票之外，因为在如此精英的选民中，不可能存在任何腐败行为。该法案进行了第一次宣读，几周后，在第二次宣读时，格莱斯顿认为希望终将战胜经验，他提出，这个问题不必成为党派政治问题。无论现在还是未来，政府的致命弱点在于，这个问题在 1868 年大选时并未上升到国家层面，也没有证据表明它得到了民众的委托。法案没能更进一步。

　　进行无记名投票的阻力依然很大，1871 年，西苏塞克斯的保守党议员沃尔特·巴塞洛上校（Colonel Sir Walter Barttelot）表达了他的观点："为什么不能像真正的英国人那样自由、独立地投票?"[99]格莱斯顿尊重这样的信念，但他希望该法案将根据其本身的优点来审议，而不是基于反对者的假想恐惧。1873 年成为检察总长的亨利·詹姆斯（Henry James）在委员会上宣布，"他怀着复杂而多样的感情谈到这个问题，因为在他看来，当无记名投票成为国家的法律时，那将是耻辱的一天，对全国人民都是极大的耻辱；不是因为秘密记录投票有什么丢脸的，而是因为，通过采取这种措施，作为一个民族，他们承认，出于应该为他们所掌控的目标和行为，他们被迫令这个国家的选举人保密，不能允许他们以公开的方式记录他们的投票"。[100] 曾两度在保守党政府担任财政大臣的迈克尔·希克斯–比奇（Michael Hicks-Beach）警告称，此次无记名投票将助长"有组织的欺诈体系"的形成。[101] 他害怕大规模的冒名顶替，也不确定是否有足够的保障措施来对付腐败的选举官员。其他议员担心，无记名投票将导致大多数从爱尔兰返回的议员成为民族主义者：这无意中表明，无记名投票鼓励了真正的民主。然而，法案的发起人威廉·福斯特（William Forster）认为，1867 年已经赋予这么多男性选举权，那么作为合理的延伸，就是给他们一张自由的选票。

委员会在 1871 年 7 月的所有时间和 8 月的部分时间里审议了这项法案。7 月 24 日，内阁认为它浪费太多时间，但内阁不能决定是应该推迟或缩短，还是建议举行秋季会议来完成对它的审议。在 8 月 8 日的第三次宣读中，迪斯雷利指责它阻碍了其他重要的立法，即使以他的标准来看，这也是一种极端伪善的行为。该法案已进行了三次无人反对的宣读——如果进行投票，将暴露迪斯雷利与他所在政党之间的问题——并提交给了上院，沙夫茨伯里试图阻止该法案的通过。他说他不会反对这项措施的原则，而是反对当议会即将进入休会期时，甚至当许多上院贵族已经离开伦敦前往里维埃拉或正在前往松鸡沼地的途中时，试图去恰当地讨论这件事——那是 8 月 10 日。该法案以二比一的多数被否决。格莱斯顿得到的教训是，如果他想让这项措施有机会通过，就必须在 8 月之前将其提交给上院进行适当的辩论。1872 年 2 月，在议会重新开会两天后，第二份引入无记名投票的法案就被带到了下院。

1871 年 12 月 7 日，沙夫茨伯里写信给格莱斯顿说："关于无记名投票本身，我深感震惊——我对它的感情和你的一样强烈。"[102]

他说，上院有责任——我坚持认为这是一种爱国的责任——驳回任何他们认为是危险的或仅仅是损害国家真正利益的法案，以做进一步审议。沙夫茨伯里的政党在这个问题上仍然存在分歧，这让格莱斯顿的日子好过了些——尽管迪斯雷利并不这么认为。他个人决定在法案通过时保持沉默，不揭露他所在政党的许多反动观点，这也为格莱斯顿寻求解散议会提供了理由，后者很可能赢得下一场选举，从而结束迪斯雷利的职业生涯。

到1872年，要求无记名投票的呼声变得如此之高，以至于议会做出的任何忽视无记名投票的企图都会产生严重后果。约翰·布赖特尤其认为，许多新获得选举权的人将害怕以一种不被房东或雇主认可的方式投票。福斯特再次让下院通过了这项法案。它采取了与前一年相同的形式。上院于6月10日对此进行了辩论。作为受压迫者的朋友，沙夫茨伯里对人们遭受恐吓的观点不屑一顾，他说，"可能到处都有恐吓的案例，但案例太少，不值得记录下来，我的意思是，不值得在此基础上建立新的立法行动。这难道不是事实吗——有人会否认吗——对于持续滥用职权而言，人民太开明了，雇主太谨慎了，舆论太强烈了？所有的证据都与之相反"。[103]沙夫茨伯里的天真几乎是迷人的，因为他准确地预测了工党的出现，以及引入无记名选票后的现代拉票行为："他说，如果设立无记名投票机制，煽动者会去到全国每个地方的每一间屋子里，说服人们投票给特别的候选人。游说的理由是，如果他们进入议会，不仅税收和税率会降低——那个论点很合理——而且暗示，通过进行一丝微小的立法安排，可能会更好、更公平地分配各种财产。"[104]

他还担心无记名投票会加速君主制的终结。在这样的评论中，我们接近了许多老托利党人讨厌这个想法的真正原因。他以一种并不夸张的歇斯底里式口吻总结道："在目前的事务方面，我已准备好见证我们的诸多制度被颠覆。我已准备好目睹英国国教会的解散，尽管它已被内部纷争撕裂；我已准备好看到针对上院的一次重要攻击，由于其世袭特权而遭人憎恨；我准备为君主制本身颤抖，它失去了真正的支持者；但我不准备接待道德败坏的人。我不愿意看到人民秘密地行使他们的最高权利和特权，因为'他们的行为是邪恶的'而拒绝被曝光。"[105]尽管托利党议员发表了其他几次令人毛骨悚然的演讲，但政府还是得到了第二次宣读的机会。

在委员会阶段，索尔兹伯里抱怨说，由于政府在下院占绝对多数，该法案只能走到这一步。他对自 1868 年以来——实际上是自 1867 年以来——保守党给予自由主义的让步程度极为敏感，并决心在最后关头到来之前不改变原则观点。1870 年，当保守党在《爱尔兰土地法案》上陷入僵局时，他曾对卡那封说，"如果我们在已经采取的非常温和的立场上做出任何实质性的让步，那么我们未来在宪法中的立场将纯粹是装饰性的"。[106]在《无记名投票法案》问题上，他告诉卡那封："如果我们听从自由党的意见，我们就应该接受下院以绝对多数通过的所有重要法案，但这实际上是在抹杀上院的功能。"[107]

下院的许多保守党人不同意他的观点。迪斯雷利的秘密武器——至少他是这么想的——是使他的政党在这段艰难的时期保持团结，让无记名投票成为可选项。下院嘲笑了这一点，这让迪斯雷利非常懊恼。不过，这是上院严肃对待的事情。自由主义者认为，如果保密是可选的，那么通常的嫌疑人会威胁选民放弃保密的权利。索尔兹伯里声称，即使在完全保密的情况下，如果有人担心会投错票，那么选民仍然可能被吓得根本不投票。他的观点动摇了委员会的想法：上院修改了法案，允许选择性保密。

政府没有意识到这些，并利用其多数票在下院否决了修正案。

409

它还否决了一项允许在无记名选票上做标记以追踪是谁投了票的提案。福斯特说，如果修正案生效，它将使该法案"毫无用处，甚至比毫无用处更糟"。[108]迪斯雷利说，保密只应该在那些有被证实发生过恐吓和腐败的地区使用，他声称这项举措应被留下备用，就像反骚乱法令那样。因此，两院发生了对抗，上院威胁说，面对民选议会强烈表达的意见，他们将坚持到底。

格莱斯顿对此深感不安，于是他写信给温彻斯特私立学校前校长乔治·莫伯利，根据格莱斯顿的任命，后者现在是索尔兹伯里的主教。1872 年 7 月，当上院收到这一法案时，格莱斯顿写信请求索尔兹伯里的帮助，"以防止两院之间发生非常严重的冲突，以及由此可能带来的后果"。[109]他向"索比·萨姆"，即威尔伯福斯发出了同样的恳求。格莱斯顿说，"在这个问题上误解民众的情绪是非常危险的"，但选择性保密是荒谬的，该想法必须被扼杀。他还敦促自由党首席党鞭乔治·格林（George Glyn）提醒媒体注意上院击败下院的决心，希望报纸能"指出后果的极端严重性"，[110]从而煽动公众情绪。

格莱斯顿决心不屈服于上院。内阁于 7 月 6 日举行会议，讨论了如果修正案获得通过的备选方案。会议排除了立即辞职、接受修正案、于 1873 年再次尝试，或者像格莱斯顿希望的那样，加封贵族数量，使法案在上院通过的可能性。会议决定，如果该法案被否决，将在秋季召开的会议上重新提交一次；如果仍失败，格莱斯顿将在 11 月寻求解散议会。格林告诉他，自由党将赢得接下来的选举，尽管可能只是以微弱多数获胜。

两天后，上院处理了他们的修正案被否决的问题。站在政府一方的里彭警告说，如果上院坚持进行可选择的无记名投票，该法案将毫无意义。贵族们被提醒说，这个想法在下院被绝大多数人否决了。上院的托利党内部出现了分歧：里士满公爵（Duke of Richmond）坚持进行可选无记名投票，而诺森伯兰公爵则希望他不会这么做。有人试图声称，那些最近在补选后回归且支持无记名投票的托利党议员也会支持可选无记名投票，这遭到了嘲笑。修正案未获坚持：托利党不得不为小学作为投票站而关闭所带来的不便而争吵——这是该措施的另一个后果。无记名投票被写入了法律条文，匹克威克俱乐部的遗书和改革前时代的最后一丝痕迹都被它抹掉了。 410

1867 年的《改革法案》和无记名投票都是走向成熟民主的步骤，它源自那些希望下层社会参与政治进程并允许他们根据自己的良心参与其中之人的崇高动机。也就是说，如果它们是在理想主义中构思出来的，最终则是在实用主义中诞生的，因为统治阶级担心，如果继续不承认这些公民权利，将会产生的后果。从这个程度上看，迪斯雷利在 1866 年至 1867 年的行为，远比他在 1845 年至 1846 年指责皮尔的行为更加无原则，后者当时正试图拯救英国和爱尔兰最贫穷的人，使他们免于饥饿。虚伪再一次润滑了维多利亚时代进步的车轮，但无论如何，它的确带来了进步。 411

第十二章　开阔视野：教育之战

一

罗伯特·洛等人已经预见到了《改革法案》的主要社会后果：迫切需要对现在拥有投票权的人进行教育。1867 年 7 月 15 日，在对《改革法案》进行三读时，洛说：

> 我不赞成强迫人们接受教育。这似乎更符合我们的制度，即制度自行运转和调整。现在整个问题已经完全改变了。我对那个问题的所有意见，都被这个政府的举措抛到九霄云外去了。先生，在我看来，在我们委托群众之前——他们中的大部分人没有受过教育——我们应该动用这个国家的全部力量，多教他们一点使用它的方法，如果不这么做，这就是强加给他们的轻率而突然的措施，我们能做的唯一的事情就是尽可能用最普遍的教育措施来补救这种罪恶。我相信，你绝对有必要说服我们未来的主人学习字母。

他改变了对集权、教育率和监督的看法。

> 这个问题已不再是宗教问题，而是政治问题。这确实是问

题的关键：它已成为摆在我们面前的所有其他问题的首要问题。从你把权力委托给人们的那一刻，他们的教育就变得绝对必要。我们的教育体系虽然不完美，但远比美国或欧洲大陆任何一个国家盛行的大肆吹嘘的教育体系优越，就像一个体系对另一个体系一样，必须让位于一个全国性的体系……你们必须把教育作为首要问题，你们必须毫不拖延地为国家的和平而努力。[1]

不过，值得注意的是，当洛谈到国家教育方法时，他考虑的主要是英格兰和威尔士。维多利亚时代的苏格兰教育则完全不同。17世纪，受宗教改革后创建虔诚民族愿望的启发，苏格兰国会法案规定教区有义务为民众教育建立学校，并向当地贵族征税。同样，大学也为那些希望进入大学的人提供入学机会，但没有颁发任何资格证书。15岁的卡莱尔从达姆弗里斯郡（Dumfriesshire）步行到爱丁堡——全程约80英里——在那里的大学学习，学期结束后再步行回来，住在简陋的公寓里，靠贫乏的饮食度日。古老的英国大学尽管在训练上更加严格，却没有提供这样的机会。至于小学，英格兰比苏格兰落后大约250年。

1867年11月1日，在爱丁堡哲学研究所的一次演讲中，洛承认反对大众教育在道德上是失败的，但现在他提出了功利主义的观点："我们以前这样做是一种罪恶——是一种耻辱，一种道德上的耻辱。但现在这是一个自我保护的问题——是一个生存问题，甚至是我们宪法的生存问题，那些阻挠或阻止通过这样一项措施的人，将负起凡人所能担负的最沉重的责任。"[2]

洛是他那一代头脑最敏锐、最无情的人之一。他出生于1811年，和诺丁汉郡一位牧师的儿子塞缪尔·巴特勒一样，他是一个白

右侧页码：412

化病患者，眼睛几乎不能忍受阳光。他预料自己会失明，后来也的确如此，他年迈的时候失明了。他在温彻斯特（他曾在那里受欺负，过着悲惨的生活）和牛津大学声名鹊起，离开那里时，他以才华横溢而闻名。他认为亚当·斯密的《国富论》几乎具有圣经般的意义，并成为一个狂热的功利主义者，深受边沁主义的影响。

413　他是一个激进的自由贸易主义者，有着远大的个人抱负，有一种搅乱人心的本领：格莱斯顿将让他成为他首届政府的财政大臣。19世纪40年代，有人建议洛去澳大利亚和新西兰，洛接受了建议，到那里为新南威尔士州的政府工作，并想看看光线是否会改善他的视力。虽然那里的光线更强，但情况却更糟了。

　　1859年，帕默斯顿派遣洛到枢密院办公室，担任主管教育的副主席。洛致力于改革主要是因为他身上的功利主义，他像斯密一样，意识到教育是一项可靠的投资。如果政府对学校投资，它将改善个人的生活机会，帮助他们富裕起来，增加社会的繁荣，并消除私人慈善机构和教区的负担。洛对课程表的设置非常功利。在1867年的一次土木工程师晚宴上，他说自己对古典文学的研究（他在这方面很有成就）只不过是"对几千年前人们使用的表达形式和思维方式的一种细微的分析，关于这方面有很多争议，也没有定论"。[3]一次，他从斯密那里得到了启示，认为熟练的阅读、写作和算术对这个国家至关重要。洛在《泰晤士报》上发表的一篇抨击约翰·布赖特的文章中表达了他的哲学："一个人必须是自己财富的建筑师，必须依靠自己的力量获得成功。"政府所能做的就是清除他前进道路上的障碍。[4]魔鬼则会带走落在最后面的那个。

　　这种观点在两党中都很普遍。1859年7月，洛的前任阿德雷（C. B. Adderley）对下院表示，"教育孩子是父母的天然职责，而不是政府的正当职责，政府只在绝对必要的时候才会介入"。[5]只有像马修·阿诺德这样最高尚的人，才会为学习本身的价值而大肆宣扬：它要么具有实用功能，就像洛这样的人会看到的那样；要么根本没有任何功能。进入学校的权利由圣公会和持不同政见者控制，政府每年向他们拨款 20000 英镑（1839 年增至 30000 英镑）。[6] 然而，同样是在 1839 年，政府投票支持花费 70000 英镑建造新的皇家马厩，这显示出重点究竟放在了哪里。

到 19 世纪中期，无论是否接受过正规教育，越来越多的人开始识字，因此能够参与而不是简单地观察社会的发展。这在一定程度上解释了 19 世纪 30 年代至 60 年代政治激进主义的兴起，但还有其他因素的影响。1840 年便士邮政的引入使通信呈指数级增长；出版的期刊和书籍大量增加，反映了中产阶级的壮大，也反映了他们的文化水平和闲暇爱好。报纸也繁荣起来：1855 年，印花税被废除，同年 9 月，《每日电讯报》创刊。格莱斯顿当时是财政大臣，非常清楚这项税收所带来的收入：但他更担心政府通过对识字率和政治意识不断提高但仍然缺乏资金的人口征收这种税，会限制其获取自身活动所需的有用信息。1853 年 4 月，他曾告诉下院，继续"限制知识流通"不是政府的政策。

以狄更斯和特罗洛普为代表的通俗小说家的作品在期刊上连载：1859 年，载有狄更斯作品的《一年四季》（All the Year Round）出版后不到 5 周，每周的销量就达到了 120000 册。[8] 英国已经成为一个读者的国度，追求文化素养是一个民族的理想。正因为如此，以及对自我完善的渴望，图书馆在较大的城镇和较小的城镇都广泛建立起来。当免费图书馆于 1852 年 9 月 2 日在曼彻斯特开放时，有 1000 人参加了这个活动。狄更斯就是其中之一，他对这项事业的描述是："多么高尚的努力，多么明智，多么谦虚；如此巧妙地设计，使这台可怕机器的一部分——一个伟大的工作城镇——与另一部分保持和谐。"[9]开幕式非常重要，除了狄更斯之外，许多其他知名作家也从伦敦赶来：萨克雷（Thackeray）、沙夫茨伯里、布尔韦尔·利顿（Bulwer Lytton）、詹姆斯·斯蒂芬爵士和理查德·蒙克顿·米尔恩斯都在其中。

慈善家们对学校和图书馆越来越感兴趣。从1844年起，沙夫茨伯里在狄更斯等支持者的帮助下，领导贫困儿童免费学校运动长达39年。1844年至1881年间，仅伦敦就有300000名儿童就读于这些学校。1870年的《教育法》设立了董事会学校，但这些学校既不是免费的，也不是义务的。迪斯雷利1874～1880年的政府试图扩大拨款范围，桑登（Sandon）1876年的法案允许地方委员会为家庭没有钱的孩子支付费用。直到格莱斯顿的下一届政府时，蒙德拉（Anthony Mundella）的1881年法案才强制5岁至10岁的儿童每周必须支付3便士。1891年，索尔兹伯里勋爵领导的保守党政府通过了《学费拨款法案》（Fee Grant Act），最终使儿童教育免费。

然而，在19世纪中叶，宗教仍然限制了教育机会。到1851年，英国的非圣公会教徒几乎和圣公会教徒一样多：但直到1871年的《大学考试法案》（University Test Act of 1871）出台，才取消了禁止非圣公会教徒在牛津大学和剑桥大学担任研究员或高级职位的禁令。据说最好的学校也受到资金以外的限制，直到1868年克拉伦登委员会颁布了《公立学校法案》（Public Schools Act），才将英国9所顶尖学校从政府或教会的控制下解放，使它们独立。打破教会的控制，使课程范围超越了古典文学，有助于培养更多的新一代思想家和创新者，使他们更能适应技术和社会不断变化的世界。宗教机构与教育机构的缓慢、渐进和不完全的分离，既受到世俗化进程的推动，也进一步推动了这个进程。与扩大教育运动并行的，是一场质疑宗教对社会的控制、迫使宗教面对理性主义的运动。到了 19 世纪 80 年代，这种思想的开阔将引发社会的深刻变革，尽管这需要经过一场斗争才能实现。

二

教会为下层阶级提供教育的工作得到了不断增加的政府赠款的补充：但这还不足以为所有需要的人提供像样的基础教育，也不足以满足一个快速增长的国家的需求。该国的工业扩张需要更多的熟练劳动力和识字、计算能力强的文职人员。提倡扩大教育的人强调，普鲁士已经实行了国家教育，现在普鲁士人有权利让他们的子女上学并由国家支付学费。

1848 年，来自曼彻斯特的请愿者——那里财富分配不均——请求议会允许征收地方税来支付学校的学费，议会拒绝了。到 1855 年，约翰·罗素勋爵和前殖民大臣约翰·帕金顿爵士（Sir John Pakington）都提出了允许地方政府补贴教育的法案。建立一 416 个公共资助的学校体系，或者部分事业由公共资金资助的学校体系，其问题不仅在于财政，还与宗教有关，因为持反对意见的人不愿为支持英国国教的学校交税。事实上，在 1859 年自由党重新执政后的第一年里，教育支出就占到了整个国家总支出的 1/5，这在克里米亚战争之后是无法负担的。[10] 自 1839 年罗素在詹姆斯·凯·沙特尔沃思爵士的支持下发明了一套拨款制度以来，拨款制度已经发展壮大，花费超过 750000 英镑，这是人口的增长、学校的增加和培训教师费用增加的结果。甚至连分别是凯-沙特尔沃思体系的煽动者和最狂热支持者的罗素和马修·阿诺德也认为，这一体系需要更好的控制。

1855 年 6 月 11 日，奥尔德姆的议员威廉·福克斯告诉下院，据最新数据显示，尽管 1/8 的孩子在学校上学——而 1818 年只有 1/17 的孩子在学校上学——但由于人口增长，"现在英国本来应该上学却没有上学的孩子——达到成千上万——比以往任何时候都要多"。[11]他估计这个数字为 200 万。他说，在 21 岁的普鲁士人中，只有 2% 的人不识字；而在我们的普通士兵中，只有 1/5 的人能享受到军团学校的好处；在每两次婚姻中，平均有一方会在自己的名字上打上记号。帕金顿还表明，英国的犯罪率远高于荷兰和丹麦，而荷兰和丹麦实行的是全民教育。

1858 年，帕金顿试图组建一个皇家委员会，但是"有人告诉他并不需要他收集的信息；关心教育之人所希望的一切事实，可以从枢密院雇用的监查员的年度报告中得到。他被告知，一切都很顺利，没有必要改变；英国在 19 世纪的教育进步比任何其他国家在同一时期的教育进步都要大"。[13]帕金顿和罗素知道这是自鸣得意的废话，帕金顿说："这个国家的广大人民处于最可悲的无知状态。"他知道中央主控的教育管理尝试正在走向失败，一些地方管理是必不可少的；在英国的大部分地区，要么只有糟糕的学校，要么根本417 就没有学校。

1858 年政府更迭时，他获得了关注贫困阶级教育的皇家委员会的资助。该委员会由德比任命。他把这件事委托给第二代索尔兹伯里侯爵，后者选择了纽卡斯尔公爵来领导这件事。纽卡斯尔是贵族，他曾担任阿伯丁政府的战争大臣，从 1859 年起担任帕尔默斯顿的殖民大臣，直到 1864 年他 53 岁生日前夕英年早逝。该委员会成立之初，帕默斯顿的财政大臣格莱斯顿的教育拨款自 1834 年以来首次减少了 30000 多英镑，这并非吉兆，因为儿童的数量在迅速增长。

纽卡斯尔被要求"考虑并报告，如果有的话，需要采取什么措施来向所有阶层的人推广合理而廉价的基础教学"。[14]他引用了自1839年以来出版的27卷《学校调查报告》，但他说："监查员是学校的监查员，而不是教育的监查员。"他们在推行更好的小学教育方面的专业知识无人能及，但是还有更多的学校没有被调查。这项工作非常艰巨：必须任命助理专员访问全国各地的学校。他们集中在两个主要的农业区，西部地区，东盎格鲁和林肯郡；兰开夏郡、约克郡、伯明翰周围的主要制造业地区和波特里斯；东北和南威尔士的矿区；布里斯托尔、赫尔、雅茅斯和利物浦等港口；以及伦敦大都会。

纽卡斯尔考察了天主教学校、持不同政见者学校、英国国家穷人教育协会开办的学校，以及伦敦贫困儿童免费学校联盟等其他慈善学校。1832年之前，没有任何政府寻求促进教育，当时政府同意每年向英国国家协会（National Society）和英国及外国学校协会（British and Foreign Schools Society）捐款20000英镑，用于修建校舍。枢密院教育委员会成立于1839年，每年的拨款增加到30000英镑。拨款稳步上升，1847年后开始支付给罗马天主教学校。到1860年，这个数字是每年798167英镑。1846年，英国建立了"学生教师"制度，国家支付实习教师在学习专业期间5年的工资。

尽管一些助理委员发现，家长们坚持只送孩子上自己教派的学校。但在其他地区，似乎根本没有人关心宗教问题，这反映出世俗化的进步。身为东海岸港口事务助理专员的黑尔说，"我在基督教学校里发现了犹太人，在新教学校里发现了罗马天主教徒，在完全对宗教持异议的学校里发现了国教会里的孩子"。[15]即使是新教情绪强烈的赫尔也发现新教徒"出现在由罗马天主教牧师和修女管理的学校里"。福斯特先生负责坎伯兰郡和达勒姆郡的调查，他说：

"父母们会把他们的孩子送到他们认为最好的学校，完全不考虑宗教的特殊性。"[16]

人们曾希望夜校能让在工厂或土地上工作的孩子接受教育；但是这个制度的失败对纽卡斯尔来说是显而易见的，这一发现将最终导致孩子在 12 岁之前都必须上日校。林恩的一位牧师是当地教育委员会的秘书，他说，那个农业区的孩子可能会在冬天的晚上上学；但一旦白天变长，他们更有可能在工作。约维尔的一位校长在谈到夜校时说，他看到，"夜校在很大程度上是失败的；确保成功所必需的几乎所有要素都是缺乏的，即：设备、好老师，特别是称职的管理者、资金、兴趣和支持。这些工作通常由缺乏经验、未经训练和教育程度很低的人来承担。秩序混乱，进展很少或没有进展；不久，这个最初很大的数字就减少到几个，计划就被放弃了"。[17]主日学校的报告要好一些，很大程度上是因为那些在主日学校教书的人的热情，但他们所做的几乎完全限于宗教教学。

委员会发现，学费占学校收入的 1/4 到 3/5。慈善团体根据父母的收入来收取费用。在学费为一周 1 便士的地方，约克郡只有16% 的孩子觉得有能力支付学费，而兰开夏郡只有 23%。在剑桥等农业区，这一比例升至 61%，而在英国西部地区，这一比例超过 66%。[18]教育一个孩子每年要花费 1 英镑 10 先令，但即使一个家庭每周支付 3 便士（许多人被要求这么做），学校每年的收入也达不到 12 镑；每周需要 8 便士才能涵盖所需费用。纽卡斯尔的一项建议是，所有能负担得起每周 8 便士的人都应该支付这笔费用。

其余的钱大部分来自地主、牧师和家庭的捐款。在制造业地区，许多企业建立并资助了学校，作为对员工义务的一部分。霍纳是一名工厂监查员，他曾参观过工厂学校，发现"绝大多数"工厂学校甚至都没有达到教育孩子的基本标准。[19]他宣称，要求工厂儿童接受教育的法律是"妄想"。"本条例只规定，在一星期的某些日子和每天的若干小时内，儿童须被封闭在称为学校的地方，儿童的雇主应每周收到一份由捐赠者指定的校长或女校长签署的证书。关于指示是什么，一句话也没有说。只要具有最低限度的教授儿童课程基础知识的资格，就足以授予证书。"[20]然而，从1861年7月1日起，12岁以下的男孩不得在任何矿山或煤矿工作，除非有"称职的校长"证明他能读或写，而且他每月必须保证一定的上学时间。这项法律就像禁止10岁以下的男孩在煤矿工作一样，遭到了广泛的蔑视；委员会估计，在达勒姆煤田，9%的男孩不到10岁。[21]

1851年的人口普查是纽卡斯尔所能获得的最新数据，显示出22647所学校共有1549312名学生，其中包括主日学校和夜校。1860年，有917255名儿童就读于枢密院委员会资助的学校，860304人就读于私立学校。其中一些私立学校被形容为"非常糟糕"。[22]不过，更好的学校还是不错的，助理专员在这些学校中发现了许多居住在2英里、3英里甚至5.5英里以外的孩子。老师们也是多变的，来自东海岸的黑尔说："大多数私立学校的校长都是在其他方面失败的人，而且……他们中的许多人靠做各种各样的零工来维持生活。一位目击者指出，以前的理发师、海员、士兵和工厂主都转向了学校，而现在的校长们也对拥有船只或从事税收感兴趣。"[23]助理专员库明先生在普利茅斯发现，一位校长是铁匠，另一位是熟练的制革工人，还有一位是造船厂工人。

420

渣滓是在伦敦发现的：霍奇森博士（Dr Hodgson）是纽卡斯尔的人，他发现"没有一个人认为自己太老、太穷、太无知、太虚弱、太病态，在各方面都不适合管理学校，其他人也并不认为这样的人有什么不妥之处"。[24]他接着说："这个职业本身几乎不存在……它只是穷人的避难所。私立学校的教师中，有杂货商、烟草商、亚麻商、裁缝、律师、画家，德国、波兰和意大利的难民，面包师、牧师、律师和外科医生的遗孀或女儿、管家、女仆和裁缝。"不可避免地，许多人不会拼写，有一两个甚至不会写字。

专员们还估计，有 1248691 名儿童没有从年度赠款中受益。[25] 据估计，5% 至 10% 的儿童根本没有接受过教育，甚至没有接受过夜校提供的无用且混乱的教育。[26] 甚至学生教师计划，这个被认为可以提高接受过培训的教师数量的计划，也失败了，因为它的报酬非常低；英国一些较富裕地区的学校发现，只有当学校的管理者提供的薪水比政府提供的年薪高出 5 英镑时，才会有人愿意接受这样的职位。[27] 学生教师从 14 岁开始每周的工资是 3 先令 10 便士，到 18 岁时增加到 7 先令 8 便士。但是，当一个男孩在谢菲尔德的工厂里一周能挣 10 先令，或者在铁路上当电报员一周能挣 11 先令时，这就没有吸引力了。这项工作异常艰难，尤其对于年轻女性而言；训练是"机械的"，枯燥无味，没有任何事情可以"提升他们的思想基调"。[28]

师范院校的办学水平较高，但也存在不足。一个受过全面训练的人一年可以挣 97 英镑；该委员会至少承认，这些人"毫无疑问地证明"他们"比未经训练的教师优秀得多"。[29] 然而，即使没有义务教育，人口增长也需要更多的教师。繁荣的增长——以及家长们对支付适度学费的预期——将进一步提振需求。幼儿学校的教师严重短缺，全国范围内只有一所训练学院，由本土和殖民地社会部管理，用于培养这些教师。[30] 纽卡斯尔要求枢密院委员会进行"强有力"的干预，以纠正这一问题。[31]

委员会知道，对一些学校来说，学习不仅仅是学习。"对非常贫困的孩子来说，学校是家的替代品；孩子们往往没有体验过家庭的舒适和体面，只有教师和那些对学校有积极兴趣的人才会与他们建立起一种近乎亲密的关系。"[32]学校的道德效应很重要，这是阿诺德博士对公立学校所施加影响的一项成就："一所好学校足以让整个社区变得文明。"[33]

马修·阿诺德曾被任命为教育事务助理专员去视察法国的教育。作为一名经验丰富的监查员，他的建议之一是，不应事先宣布检查的警告，因为学校可以做好准备装饰自己。委员会忽视了他的建议，表示监查人员应该体谅这种行为。阿诺德在法国见过这种情况，但委员会认为这在英国行不通。阿诺德对英国学校糟糕的教育标准表示担忧：尤其是文盲，或者孩子们虽然会读书，却不知道自己在读什么。有人指出，教儿童阅读的书中充满了例子，其目的不是让他们感兴趣，而是给他们上道德课。即使在被调查的最好的学校中，也只有大约 1/4 的男孩被认为"受过良好的教育"。[34]该委员会决定，应向所有学校的主人提供"不同的奖励"，以提高教学质量，并"让他们各自的学生，无论高年级还是低年级，都要达到一定的分数"。[35]与法国进行的这些不利比较是为了推动改进，在某种程度上确实如此。但它们也惹恼了那些与阿诺德不同的人，尤其是詹姆斯·菲茨詹姆斯·斯蒂芬，他嘲笑阿诺德"自我强加的使命，就是要就英国人的种种缺点给他们提出好建议"。[36]

委员会保留了最强烈的措辞，谴责济贫院针对贫困儿童的教育。它想通过法律终止儿童与成年贫民的接触，因为这将导致一个孩子失去"所有谋生的欲望"。[37]委员会想让他们在不同的学校上学，远离济贫院，远离他们无能且常常堕落的父母的"有害"影响。报告称，孤儿院的孩子往往比那些父母在济贫院里的孩子表现得更好。[38]否则他们就会变成"小偷、乞丐或妓女"。监护委员会无法理解这一点。纽卡斯尔的态度极为明确，"贫穷是遗传的……作为这一阶层的成员而出生和长大的儿童构成了大量的贫民和犯罪人口……永久减少贫困和犯罪的最好前景是对这些儿童进行适当的教育。"[39]济贫院以外的学校将"把他们从贫困中解放出来"，因为济贫院的学校资金匮乏，永远无法吸引到像样的教师。

对于最后一类孩子而言，犯罪已经成为他们的一种生活方式，他们就读于感化院或工业学校。委员会引用了一名助理专员关于这些地方的报告，并获得批准。它被认为远远优于他们大多居住的"封闭、肮脏和杂乱的普通公寓"。[40]在一所工业学校，他们有"通风"的宿舍和独立的床铺，有规律的饮食，锻炼工具和新鲜的空气。他们忙得不可开交，被教授各种手艺和技能，比如砌砖和存货管理。最重要的是，"圣经的律法是完全有效的——人若不做工，就不可以吃饭"。这就防止了这些地方对囚犯来说变得"诱人"。他们接受了很多宗教教育，也接受了更广泛的教育。

一些男孩最终在泰晤士河口的海军训练船上完成了学业，"这是对他们父母的恶习或他们自己因早年的贫困和不幸所导致的体质衰弱和堕落倾向的最有效的补救措施"。[41]这样的孩子最终可能会加入海军或陆军，最近的一位总司令曾经说过，他的士兵是地球上的渣滓，"一个在感化院里接受了两三年稳定管理和教育的男孩，在智力和个人习惯方面，很可能确实比直接从我们大城市的大街小巷里带走的普通孩子优越。"[42]报告说，为了社会的利益，对犯罪儿童的教育必须是"强制性的"，那些受到"特别犯罪诱惑"的孩子应该就读于更好的工业学校。[43]

1861年7月11日，当这份报告在议会讨论时，洛表示在政府读到纽卡斯尔的结论之前，较低的教育支出已经得到解决。[44]他承认，集权化低效而昂贵，并承认如果把有限的资金交由地方管理，

花费会更合理；他也承认，对低质量教学和教师的批评是"有充
分根据的"。[45] 他还承认，这个系统很复杂。然而，这是因为个人和   423
私人机构——土地所有者、牧师、宗教团体——在不同的地方慷慨
地资助了不同类型的学校。洛证实政府无意干预这一体系。尽管已
经世俗化，但学校里的宗教教学，以及许多管理学校的基金会的宗
教性质，仍然是最重要的。然而，洛有一个隐藏的议程，即减少宗
教影响以扩大教学的实用性，使非圣公会教徒可以进入教会学校。
随着时间的推移，这将通过国家拒绝为宗教教育支付特定的补助金
来实现。

　　尽管洛承认委员会发现了许多错误，但他不认为纠正这些错误
的一般性建议在政治上是可行的：即维持现有体系，但通过征收地
方税来补充资金。相反，他建议，在向学校支付学费时，应视学生
在核心科目方面是否达到一定标准而定。对于乡村一些最差的学
校，洛表示它们没有收到政府的资助，是因为它们选择不受政府控
制；否则，它们可能会更好。正统的观点认为，国家在教育方面的
所有措施都会取得成功，但其结果往往是把教育普遍搞砸。利兹的
国会议员爱德华·贝恩斯（Edward Baines）在随后的辩论中声称，
"在这样一个国家，自由最终将产生高等教育和更崇高的国民性
格，而不是任何将教育置于政府支持和控制之下的制度"。[46]

　　由于这些建议极具争议，洛建议通过部门会议记录而不是立法
来进行改革。他的上司格兰维尔表示同意，并要求洛制定一项新政
策。洛始终担心把中央控制权交给郡当局所造成的结果。19 世纪
40 年代，他曾试图在新南威尔士州建立一个教育体系，他在那里
的经历显示出中央放弃责任的危险。他征求了亨利·科尔和凯·沙
特尔沃思的继任者拉尔夫·林根（Ralph Lingen）的意见，林根起
草了一份会议纪要，随着时间的推移，该纪要于 1861 年在议会休

会时发布。正如洛的传记作者所说，这部"修订后的法典""完全没有起到安抚作用"。[47]

424 　　这份会议纪要说赠款将根据在规定天数入校学习的儿童的人数支付。该机构表示，监查员不会根据孩子的学习成绩，而是根据他们在同龄人中取得的成绩来评估他们。每个孩子都要接受阅读、写作和算术测试；如果失败，学校将会失去 1/3 的儿童资助。资金还将用于改善培训教师的短缺和设施或设备的匮乏。洛用他自己的哲学来描述这些变化："迄今为止，我们一直生活在一种奖金和保护制度下；现在我们提议进行一点自由贸易。"[48]

　　这些提议几乎引发校长和神职人员一致的愤怒。教育权威人士也对其大加指责：尤其是赫胥黎，他认为该准则有助于"各种虚假教学的发展"，因为教师们试图通过填鸭式教学来让孩子通过考试，而不是拓展他们的思维。其中最受伤害的是监查员，由于各种原因，他们几乎都认为这一法规是不可用的。阿诺德讽刺地说："一个瘸子走路很差，为了让他走得更好，你得折断他的拐杖。"[49] 作为回应，洛表达了他对监查员缺乏信心的态度，并指责圣公会的教士们"敲诈勒索"，因为他们决心在不提高标准的情况下为学校榨取尽可能多的资金。[50] 他认为攻击是最好的防御方式，并竭尽全力避免使改革被指控为一种省钱的做法。然而，洛认为这是一项可以在提高标准的同时进行的工作。

　　阿诺德还认为，每一所学校都有自己的社会背景，这使得所有学校不可能适用于中央规则。如果这些孩子没有参加年度考试，学校将受到惩罚。这些孩子现在成了"按人头计算的补助费"的"挣取者"。这并没有考虑到恶劣的天气、农村地区的收成、父母的需要，以及学校无法控制的其他上千件事情。视察团嘲笑了这样一种观点，即一个孩子在一定的年龄时必须达到一定的标准，因为他们看到了人口流动和城市地区家庭破裂的影响。如此强烈的抗议使得帕默斯顿下令在议会对此事进行辩论之前不执行会议记录。然而，这些措施却得到了格莱斯顿的大力支持，因为它们能够节省开支。

然而，《修正法规》又被再次修订，对按结果支付的重视程度有所降低，尽管2/3的资助仍将取决于考试结果。尤其令洛感到痛苦的是，孩子们不是按年龄进行考试，而是根据老师们认定的知识水平来进行考试。通过这些妥协，经过两次修改的法规得以通过。然而，洛仍然很生气，他通过他的朋友、《泰晤士报》的编辑打了一场代理人战争，反对他认为试图把他打倒的教权阴谋。洛的做法越来越愤世嫉俗，这让阿诺德反思，并认为修订后的法规是"我那个时代对文明和社会进步所造成的最沉重打击"。他希望教育大臣对国家的责任有更广泛的认识，而不是一味地死记硬背。教师和监查员都对这一准则感到沮丧，死记硬背让孩子们感到厌烦，他们更容易受到惩罚。然而，洛确实支持认证教师的事业，他认为认证教师是公共资金合理支出的唯一剩余监护人。

菲茨詹姆斯·斯蒂芬在描述阿诺德的"使命"时，甚至比他自己认识到的还要明智，因为他决心让人们受到更好教育的信念正是如此。1862年3月，阿诺德在《弗雷泽杂志》(*Fraser's Magazine*)上发表了一篇文章，猛烈抨击了"经历了两次修改的法规"。他让人把它印成小册子，凯-沙特尔沃思把它的副本发给了每一位议员和同行。迪斯雷利用它作为攻击法规的摘要。阿诺德读过凯-沙特尔沃思自己写的关于这个主题的小册子，觉得它对普通读者来说"太冗长了"，所以决定自己写一本小册子，篇幅更短，内容更少，但更有刺激性。[51]他说，修订后的法规将大幅减少国家目前为支持贫困学校而提供的拨款。凯-沙特尔沃思估计每年将减少175000

425

英镑，是现有拨款的 2/5。阿诺德嘲笑了洛 "为最大多数的人获得最多的阅读、写作和算术的可能" 的愿望。他显然希望结束过去 "为纪律、为文明、为宗教和道德培训、为聪明和早熟的孩子提供更好的教育" 而产生的 "奢侈" 支出。[52]阿诺德若有所思地说，令人震惊的是，监查员花时间和精力对学校的一般纪律和教学风格进行评估，而 "必不可少的阅读、写作和算术却被忽视了"。

426   考虑到阿诺德担心该法规会造成的破坏，他认为政府声称它将把教育延伸到 "荒芜地带" 是 "完全和彻底错误的"。[53]他举例说，在威尔特郡或诺丁汉郡等农村地区的学校，目前每年将获得 30 英镑的补助，但在《反补贴法》实施后，这些学校的补助只有 10 英镑。

也许还可以根据成绩支付奖金，来作为支付资金的补充，但这并没有考虑到一所学校的总体水平有多好，它的品味有多高，而仅仅考虑阅读、写作和算术考试的统计结果。这些是 "唯一被认为值得资助的事项"，尽管洛对此表示抗议，表示类似的方式将 "鼓励" 宗教教学。[54]阿诺德不相信他和他的兄弟监查员们会在学校里看到任何迫使他们建议削减收入的东西，他认为这个计划从一开始就会被推翻。

他也不认为政府的标准特别苛刻。他觉得只有 1/4 的学生能够熟练阅读。他引用一位监查员的话说，在他访问过的 169 所学校中，只有不到 20 所学校能够找到一个顶尖班级的学生，他们看到报纸就能阅读。政府认为 3/5 的孩子应该能够按照这个标准阅读的想法是无稽之谈，尤其是在经费被削减的情况下。阿诺德认为，这样的熟练程度只能作为普通教育的一部分来教授，在这种教育中，文化因素应被置于体验的核心，而不仅仅是死记硬背。他问道："如果你考虑的目标是良好的阅读和其他学科的培养，为什么要切断对这些学科的所有资助，以期获得更好的阅读呢？你是怎样一步步接近你所看到的终点的呢？你怎么不往后退几步呢？"[55]

阿诺德最强烈的抱怨是枢密院办公室没有费心去咨询像他这样的"对学校非常熟悉"的人，也没有向主要支持学校的志愿机构发出任何通知。[56]他写道，他们自己的监查员、教育团体、学校管理者都感到震惊。他尤其对他所看到的国家和教育之间的联系被切断感到愤怒，"修订后的法规，在简化的、似是而非的要求下，破坏了赋予管理者更大行动自由的这种重要联系，让旧体系失去了活力。"[57]阿诺德知道一些学校的教学有多差，并对"所有严肃的指导，所有国家的启蒙指导"将在新体制下结束而感到遗憾。"它把监查员变成了一组登记员，需要记录大量的细节，"这些人"必然会把他们的注意力从宗教和一般教学以及学校的道德特征上转移开。"他说，如此对待教育的行为就好像一支军队的将领——因为监查员是教育大军真正的将领——其职责仅限于检查这些人的弹药匣。

作为对愤怒情绪的回应，洛已经撤回了对6岁以下儿童进行测试的提议，并发现鼓励学校保留11岁以上儿童的重要性。但他仍计划实施这一法规。阿诺德不认识洛，也不知道他某些苛刻的性格，比如他在1886年至1867年的改革辩论中所发泄的阶级偏见（后来令他感到遗憾和尴尬）。然而，在阿诺德的结论中，当他谴责"上层社会中自私的俗人，在他们的心里认为这种教育慈善完全是垃圾，穷人除了手艺，学得越少越好"时，他几乎把洛的性格也写进了自己的作品中。阿诺德警告说，如果这种心态占了上风，"那么受苦的就只有一个东西：人民的教育"。[58]

这也不是阿诺德的最后一句话。在他1863年作为监查员的总报告中，他写道，旧的检查制度实际上已经结束了——"我指的是旧检查被视作测试和促进学校智力的力量，而不是作为测试和促进他们纪律和良好建设、装修等事务的力量"。[59] 因为对孩子们的测试是根据他们所获得的感觉，而不是根据他们所在班级的环境，"每一个班级作为一个整体的生命力和力量，其构成的合理性，以及老师在其中的处理方式"都没有得到测试。[60] 他认为，如果坚持进行考试，就应该把考试同检查分开，这样检查才能取得最有益的效果。他还让洛面对贫困地区儿童考试的现实："当一个 11 岁、12 岁的男孩非常害羞，在陌生人面前不敢开口说话时，人们可以毫不客气地说，他本应该接受更好的教育，并拒绝资助他；但是，当一个 7 岁的孩子处于这种困境时，一个人很难严厉地说出同样的话来。"[61]

428

部分由于国外的游历，部分由于对体制的不满，阿诺德在接下来的四年里没有提交任何一份总体报告。在 1867 年的报告中，他回顾了当时的情况是如何变化的。他觉察到一种死气沉沉、松松垮垮、灰心丧气的状态，这些都不是进步的迹象。"如果我把它们和欧洲大陆的学校相比，我发现它们缺乏智慧的状况，甚至比我 1859 年从欧洲大陆回来时更令人震惊。"[62] 曾经有一群"热情而活跃的"校长和学生教师，但是"1862 年的学校立法给了他们最大的打击；而我们小学目前这种懒散的状况是不可避免的"。[63] 学生教师制度受到的冲击尤其严重：从 1863 年的 13849 人下降到 1866 年的 10955 人。[64] 第二年，考虑到这一制度有崩溃的危险，学校缺乏适当的合格人员，于是又为教师培训增加了一笔补助金，但其他问题依然存在，例如阿诺德发现人文学科因缺乏资金激励而备受煎熬。随着文学、历史和地理的衰落，他也记录了学校智力生活的进一步衰退。1886 年，他退休了，但直到 19 世纪 90 年代，也就是他去世后，这一制度才最终被改变。

修订后的法规在某些领域的影响将是明显的。爱丁堡一所贫困儿童免费学校的慈善机构主席托马斯·古思里（Thomas Guthrie）于 1864 年 11 月 22 日写信给格莱斯顿，信上说："由于政府教育部门将我们的津贴削减到了一个相对较小的数额，我们现在几乎完全是依赖人民的善意——我很遗憾，我们曾经可以依赖其他事情。"[65]他说，爱丁堡学校的持续偿债能力取决于下个月举行的一场大型公开筹款会议，同时他也恳求格莱斯顿来主持会议，因为这可以吸引大量听众。"我们都觉得，如果能说服你到北方来引导我们，我们的钱柜里就会有好几百英镑，这样，某些孩子就可以免于毁灭的命运。"

在阿诺德之后的几代教育家中，洛一直受到诋毁，原因正如他少有的辩护者之一西尔维斯特（D. W. Sylvester）所说的"使课程变得贫乏"。[66]然而，西尔维斯特指出，在 1862 年以前，缺乏广泛的课程设置的证据；事实上，纽卡斯尔的目击者证明了相反的情况。除了三个 R 之外，第四个 R——宗教指导——占据了课程的主导地位。其他科目，如地理或历史，有时也会教，但只教年龄最大、最聪明的学生。此外，1862 年以后，诸多监查人员也没有发现任何可以表明按成绩付费已将更具观赏性的科目从课程中剔除的证据。洛的政策确保了三个 R 仍然占主导地位；但不能说它已经改变了其他很多东西。

三

洛认为，解决英国国教学校的宗教问题在很大程度上是一个执行"良心条款"的问题，这样不信国教者和天主教徒就可以进入这些学校，而不必接受那里的礼拜或宗教教育。洛因此在教会中树敌，他们看到他把世俗化强加给了一个基督教国家。然而，作为一个功利主义者，他仍然认为很多教育是无用的，他说，"它不能向我们传达知识……它不能向我们传达获取知识的手段，而且……它并没有向我们传达知识交流的方式"，它一直专注于死去的语言。[67]他尤其担心，中产阶级会试图模仿他们前辈的学校，它们的课程大多是装饰性的，洛认为这些课程不适合应对现代生活的挑战。他认为，他们需要的是科学和数学，以便更好地了解现代生活，并帮助这个国家。具有讽刺意味的是，他现在毫不怀疑，确保向这些人提供适当教育的唯一途径就是争取国家的支持。格莱斯顿也是一样，当洛改变主意时，他也完全改变了主意。

洛拒绝在纽卡斯尔委员会任职，因为他认为其他一些成员的水平很低，这带有典型的傲慢。然而，他却以目击者的身份出现，主张改革和结束传授"过时"的知识。[68]正如洛的传记作者所指出的，阿诺德想让这个国家变得文明，而洛想让它现代化。洛认为追求各种形式的快乐是大多数人的主要目标：阿诺德没有这种功利式的犬儒主义，他觉得追求更高的理想，比如品味的发展，更为重要。洛也对其他愤世嫉俗者的攻击持开放态度：其中一位是小册子作者威尔（A. C. Weir），他驳斥了洛的观点，即寻求把人们从无知中解放出来，让他们在现代世界中茁壮成长。他说，相反，洛试图利用教育作为一种社会控制的手段，来帮助维持现状，对抗"非受教育者的破坏性攻击"。他说，教育将是一把刀，被交到"人民群众的手中，用在人民群众自己身上"。[69]在洛自己关于教育和改革的声明中，有很多都支持威尔的观点。1867年，在爱丁堡的演讲中，他这样说：

　　先生们应该了解工人们所知道的事情，这不是更好吗？只有对他们的细节了解得无限透彻，才能在与他们的交往和贸易中，展现出更高的智慧和闲暇所能给予的优越感，并通过更广泛和更开明的教养来重新获得他们在政治变革中失去的一些影响？……下层阶级应该接受教育，以履行他们所肩负的责任。他们还应该接受教育，以便在遇到更高的教养时能够欣赏和顺从；高等阶级应该以一种完全不同的方式接受教育，这样他们就可以向下层阶级展示高等教育，如果高等阶级向他们展示出这一点，他们就会屈服并顺从。[70]

洛的传记作者为他洗清了阶级偏见的罪名，并认为他只是在为1918年后的那种精英统治铺平道路。在向汤顿提供证据时，洛曾主张将一些捐赠基金用于资助为穷人设立的学校和大学奖学金。[71]

1868年，他提出了一项针对公立学校法案的修正案，目的是确保精英学校的男孩每年都要参加一场考试，考试内容包括阅读、写作、算术、英国历史和地理，考试结果会公之于众。这种赤裸裸的功利主义让阿诺德在《友谊的花环》（*Friendship's Garland*）与《文化与无政府状态》中嘲笑他是一个庸俗的人。然而，两人都认为，中产阶级在教育上的所作所为将决定工人阶级在接受学校教育时的行为，所以树立正确的榜样至关重要。阿诺德和洛还一致认为，正确的教育应该是民主扩大的前奏，而不是其后果。然而，1867年以后，一切都太晚了。

431

四

1869年3月30日，格莱斯顿告诉阿诺德，在收到《文化与无政府状态》一书后，"我一直认为，不认识阿诺德博士是我一生中最大的空白之一……和他一样，我的工作也很辛苦，我几乎没有预料到我很快就会被拒之门外"。[72]然而，在去世25年后，阿诺德博士准备对英国教育施加他迄今为止最大的影响。1850年，他的女儿简嫁给了贵格会实业家威廉·福斯特，后者的教育观深受已故岳父信仰的影响，1867年，当时还是自由党议员的福斯特，第一次尝试提出一项促进基础教育的法案，但没有成功。

19世纪40年代，他来到布拉德福德，对大多数人的无知感到震惊：他认为政府有义务纠正这种状况。1849年，他加入了由利兹和布拉德福德的知名人士组成的一个委员会，为建立一个全国性的教育体系进行游说。但许多相信教育的人认为，政府无权干涉父母和孩子之间的关系。他的内兄马修·阿诺德担任学校监查员的经历也让他受益匪浅。格莱斯顿任命福斯特为教育委员会副主席，专门负责提出一项旨在改善大众教育的政府法案。

福斯特的父亲是一位慈善家，母亲是监狱改革家伊丽莎白·弗莱（Elizabeth Fry）的助手。他也有同样的心态，他在20多岁时就遇到了卡莱尔，深受其思想的影响。1842年，他在布拉德福德与羊毛制造商威廉·法伊森（William Fison）建立了合作关系，在接下来的10年里，该业务得到了扩展。1852年，他和菲森搬到了伯利码头（Burley-in-Wharfedale），成为模范工厂主。1854年，他们建立了一所工厂学校，1859年又成立一个健康委员会，并在伯利建造了各种各样的公共建筑。福斯特经常去伯利学校和该地区的其他学校学习教育。他被提名为汤顿"中产阶级学校"调查委员会委员，任期从1864年到1867年。

1869年2月，福斯特提出了一项法案以实施汤顿的一些建议，特别是允许对捐赠学校进行检查，根据校长的能力颁发证书，并将
资助学校的前提建立在允许更多贫困学生就读的基础上。学校送一

些男孩上大学，但是，很多人在 16 岁、17 岁时就离开了学校，进入职业领域，或成为服务业的学员，还有一些人在 14 岁时就进入家族企业工作，尤其是农业领域。在这个年龄，选择职业对很多男孩非常重要，但是许多在克拉伦登学校接受教育的人会发现，为谋生而工作是不必要的或不受欢迎的。因此，让他们接受体面的教育非常重要。

汤顿地区发现，许多学校在阅读、写作和算术教学方面存在严重不足。英国医学协会（British Medical Association）发现，许多寻求接受医生培训的人的科学知识水平非常不能令人满意。[73] 由于在校准备不足，近 40% 的年轻男性在过去 10 年未能通过伦敦大学入学考试。1869 年 3 月，福斯特告诉下院，一共 2957 所捐赠学校的总收入为 593281 英镑，其中 340000 英镑用于教育。他说，这是一笔"应该大有作为"的收入，但实际上并没有发挥作用。[74]

在一所学校，校长满足于靠 200 英镑的捐赠生活。另一个人在一所捐赠了 651 英镑的学校里，让侄子和儿子成为这所学校的下两届管理者。检查这所学校的助理专员"发现它的效率最低下，而且教学缓慢、无序、愚蠢；没有一门学科能够激发男孩们的兴趣，而这些都是利用平均分配的时间来讲授的"。附近还有一所学校，仅仅有 13 名学生，而当时的捐赠基金几乎可以为"整个街区的教育"提供资金。在一个野心勃勃的时代，这是不可接受的。全国各地都存在着几乎没有学生的学校，捐赠基金充当管理者的贿赂基金，或者为他们提供一种室内救济。福斯特还抱怨说，这些学校越来越多地被富人家的孩子光顾，他们不需要补贴。他希望贫困职业人士的子女，如牧师、级别较低的公务员或校长，能更多地从学校的慈善中受益。

福斯特说，"我们需要权力，如有必要，形成新的信托，并改革对这些捐赠的管理"。"我们必须赋予学校权力，在很多情形下，新的管理机构让监管者们看到，老师们教授的是家长们想让孩子们

433 学习的科目——授予校长高于助理校长的权力——让现在受教育程度最低的女孩分享这些学校的优势，我相信这是许多创始人的意图，他们也应该这么做。"[75] 他承诺"凭成绩免费录取"，帮助工人阶级的孩子，帮助他们摆脱贫困。富有的父母无疑会让孩子为入学考试做更好的准备，为了避免这个问题，福斯特承诺小学会预留一定的入学名额。

这种制度是由位于伯明翰的、国王爱德华六世学校的校长查尔斯·埃文斯牧师（Reverend Charles Evans）建立的。学校就像饲养员一样资助小学，福斯特以此为榜样。他决心启动一项严格的检查制度，以确保学校不会反转到以前的匮乏境地。在这个阶段，他退缩了，以前他曾经主张通过立法手段向城镇征税以建造更多的中学。他暗示，在对小学的规定和管理进行更广泛的改革之后，政府将在未来两到三次会议上寻求这样一项法律。

福斯特的法案还试图消除他所说的受捐赠学校的"宗教困难"："所有的公立学校都必须对公众开放。这些学校是公立的，这是它们的骄傲和荣耀；这意味着它们需对公众开放；我们有责任确保那些不是英国国教成员的广大公众不会被排除在外。"[76] 他想让拥有圣公会教师的寄宿学校为其他教派的走读生提供入学机会，这些走读生可以在家遵循自己的宗教仪式。他也不希望强制人们参加圣公会的礼拜活动。

该慈善委员将被指控，从而终止捐赠基金的不当使用。每年都要对儿童进行检查，并由管理者颁发能力证书——或者不颁发，视情况而定。福斯特被一种现代视野所驱动，他与那个时代的精神相结合，正如他所说，他现在处理的许多基金会都是始于那个时代。"现在，新的想法又有了力量——这一新的中心思想，连同许多其他思想，即没有什么特殊的阶级来指导英格兰的命运——不是贵族阶级，不是资产阶级，也不是工人阶级统治英格兰——未来的英格兰实际上是自治的；她所有的公民都有自己的一份权利，不是根据阶级的差别，而是根据个人的价值。"[77]

福斯特希望女孩们能有更多的受教育机会，并能得到更多的资助。然而，他怀疑，即使出现这种情况，女孩对入学名额的需求也会比男孩少，而男孩将因经费削减而处于不利地位。一些议员主张提高女孩的知识文化水平，乔治·格雷戈里（George Gregory）对此不屑一顾。他说，"人们太容易想当然地认为，女性有资格从事的主要工作之一就是教书。他要提醒大家，她们生活中最重要的事情是家庭事务，这是学校里面无法教授的"。[78]诺斯科特断言，"没有人希望女性接受与男性完全相同的教育"。[79]

1870 年 2 月，女王在演讲中宣布，"已经准备好了一项法案，它将成为全面扩充实现国民教育的手段"。[80]几天后，密尔写信给迪尔克，谈到了教育联盟提议对教会学校进行的"斗争"。"我本人宁愿，而且我也认为，工人阶级中有才智的那部分人同样宁愿在未来 5 年里没有全国性的教育法，也不愿拥有一所匆忙建立的、基于教派原则的学校……所有由政府建立的学校，无论是普通学校还是地方学校，都应该是纯世俗的。"[81]他表示，在这一点上他"不会妥协"。

现任财政大臣洛受到乔伊特的影响。乔伊特曾告诉他，在与其他教师一起考虑过这个问题后，得出的结论是，"第一步是建立教育区，监查员可以此为单位提交报告，这将涉及剥夺监查员的教派特征"。[82]然而，乔伊特和他的朋友们反对强迫父母送孩子上学。洛领先他的党派和乔伊特的地方在于，他相信强迫的力量。他认为，从逻辑上讲，这必须来自中央政府，通过地方委员会来实施。他对修订后的法规毫无悔意，希望这些委员会为取得最高成果提供奖励。他所期望的制度应该是世俗的。

　　乔伊特把洛看作教育议题在下院的最大希望，对他新职位的死板感到震惊——洛作为一名逻辑学家，只能表现的死板——有一次，乔伊特冒昧地给洛做了一个简短的演讲，内容是关于如何更加调和，以及如果他想在教育方面有所作为，就必须把人与阶级团结起来。[83] 洛似乎没有听进去，他提出了福斯特在 1870 年《教育法案》中将会采纳的另外两点：正如乔伊特所希望的那样，教派控制的检查结束了，只有当教派学校有良心条款允许学生选择不接受宗教教育时，国家才会向它们提供资金。然后，洛为新系统制定了蓝图，也做了具体说明，在该法案中，所有教区都有义务拥有一所学校，枢密院有责任协助它。尽管 1870 年的法案是福斯特的孩子，洛也堪称一位家长。

　　福斯特在 10 月 21 日提交给格莱斯顿的一份备忘录中，提出了建立全国性体系的四个选项，其中一个是从洛在爱丁堡的演讲中摘取的。第一个选项，是建立一个更大的自愿性体系，福斯特认为这是行不通的；第二项建议是建立一个完全由政府资助的体系，他担心这样做的成本会高得惊人，而且会取消现存的所有激励机制，使这种自愿体系无法继续下去；第三个选项是允许地方当局征收一项费用，在无法借助其他本地途径的地方建造学校，以避免"教育贫困"，但他认为这是不切实际的，因为可能会与拒绝资助宗派学校的纳税人发生冲突。[84] 因此第四个选项被采纳，以教区为基础建立教育"区"来提供教育。

　　格莱斯顿从一开始就对宗教在提供更广泛的国家教育方面存在困难有所警醒。他的政党中充斥着不信国教者，面对他们与国教会之间的分歧，他别无选择，只有尊重。1869 年 11 月 4 日，在读完福斯特的意见书后，他以惯常的实用主义态度写信给枢密院院长德格雷勋爵（Lord de Grey），问道："为什么不采取这样的原则，即国家或地方社区应该提供世俗的教育。要么让纳税人自己选择，超越这个必要条件，只要他们认为在良心条款的范围内，这样做比较合适，要么干脆让双方自愿寻找圣经和其他宗教教育来源？"[85] 普鲁士在制定国家规定时也遇到过类似的问题，格莱斯顿问德格雷这是怎么回事。不幸的是，俾斯麦处理这类问题的专制作风在英国很难复制。

密尔在 1868 年 1 月的一封信中，部分阐述了 1870 年《基础教育法》（Elementary Education Act）所依据的原则。这封信比法案出台早了两年，"所有的父母都应该要求他们的孩子学习某些东西，让他们自由选择老师，但是教学的充分性是由政府对学校的审查和对学生进行的真正、彻底的检查所保证的"。[86] 他坚决反对政府对学校有任何直接的控制，所有的管理都存在于当地的学校委员会中。1870 年 2 月的福斯特法案是宽容的，而不是强制性的，并设法为所有想要接受教育的 5 岁至 12 岁儿童提供一种教育，父母仍需为此付费，儿童也不必被迫接受这种教育。正如密尔所设想的那样，一个由地方委员会组成的体系将对学校进行监管，并有权通过强制入学的地方法规。

早在 1852 年，密尔就写信给南希尔兹的牧师亨利·卡尔，告诉他"穷人和富人所需要的不是被灌输，不是被教会别人的观点，而是诱导和允许他们自己思考……他们再怎么读都不会读得太多。数量比质量更重要，尤其是所有这些涉及人类生活和生存方式，包括地理、航海旅行、礼仪和风俗，以及浪漫的读物，必须倾向于唤醒他们的想象力，教给他们自我牺牲和英雄主义的内涵，简而言之，使他们变得文明"。[87] 而另一些人——比如 1867 年以前的洛——似乎热衷于让他们保持残酷。密尔认为这是中上层阶级教育的一个缺陷，而在这个问题得到解决之前——正如阿诺德博士和他的门徒们所寻求的那样——下层阶级将看不到光明。

　　1870 年 2 月 17 日，福斯特的法案在下院进行了辩论。在一场 100 分钟的演讲中，他声称下层阶级的孩子接受的教育是"不完美"的。[88]政府没有帮助 100 万 6 岁到 10 岁的儿童，还有另外 50 万 10 岁到 12 岁的儿童。他承认，其中一些学校可能会接受自愿资助，但他补充说，"一般而言，得不到政府资助的学校是最差的学校，最不适合为工人阶级的孩子提供良好教育"。[89]他承认也有例外，但监查员的报告将证实他的断言。

437　　工业城市的入学率尤其糟糕。在利物浦，20000 名 5 岁到 13 岁的儿童没有上学，另外 20000 名儿童就读于较差的学校。在曼彻斯特，这一年龄段中有 1/4 的孩子——16000 人——没有上学，但真正贫困的学校更少。"利兹看上去和利物浦一样糟糕；伯明翰恐怕也是如此。"[90]这就是为什么全国各地都要求建立国民教育体系的原因。福斯特补充说："我相信国家要求我们至少要做两件事，如果我们做不到这一点，那也不是我们的错——也就是说，让好学校遍及全国，让家长送孩子去那些学校。我确实知道，希望达到这两个结果可能被认为是空想；但是，克服我们面前的困难的唯一希望，是在我们的头脑中保持一个崇高的理想，并意识到我们应该努力去做什么。"[91]

　　政府的解决方案将是官僚主义：将国家划分为不同的地区，并对每个地区的教育可行性进行调查，以确定应该提供什么。福斯特说，英国在市政组织方面远远落后于其他欧洲国家和美国，国家只会在必要时提供服务。他说，迄今为止一直是按宗派进行视察，不应该再继续下去了，这是歧视性的，也是低效的。他说，如果纳税人资助教育，这就应该是一种他们不会再去反对其宗教性质的教育。其中将包括一项良心条款，允许儿童放弃任何其父母不赞成的宗教教育。然而，所有的孩子都会被教授《圣经》，以便接受"基督教训练"。[92]

　　毫无疑问，除了已经拨付的补助金之外，国家还要支付教育费用。它无法——或者说不愿——负担。1869年入学的孩子的父母为此支付了120000英镑。有些人希望废除这些费用，但福斯特担心，如果所有人都免费接受教育，总成本可能是这个数字的两到三倍。如果工人阶级享有免费的教育，中产阶级也会有这样的要求。他问道，"我们为什么要免除父母应该支付的孩子的教育费用呢?"[93]在绝对困难的情况下，将向儿童提供"免费票"，而这些票将"不带有贫穷的污名"。教育经费的1/3将由家长提供，1/3由税收提供，1/3由地方基金提供。如果这些措施不足，将征收教育费。无论这有多不受欢迎，福斯特认为这将"降低犯罪率和贫困率"。

438

　　福斯特随后处理了强制入学的问题。"放任自流就等于不让孩子们受教育，迫使纳税人和地方税纳税人为无用的学校买单。"[94]他说，他正在向下院提出直接强制的原则。人们已经认识到，除非孩子们在一天中的某个时段去上学，否则他们不可能工作。因此，该法案将赋予父母送孩子上学的责任，并由当地委员会使用委员会通过的一项细则来执行该法案。没有合理缘由——包括他们居住的地方方圆一英里内没有学校——却逃避这一义务的家长，可能被处以最高5先令的罚款。

　　政府的目标是"让每个英国家庭都能接受基础教育，当然，也包括那些无家可归的孩子"[95]这场革命——因为它不亚于革命——将需要"巨大的劳动力"，但这是国家的责任。他的结论是洛直接提出的一个论点：

　　　　我们不能拖延。基础教育的迅速提供决定了我们工业的繁荣。未受过基础教育就试图给我们的工匠传授技术是没有用

的；没有受过教育的劳动者——我们的许多劳动者也完全没有
受过教育——在很大程度上是没有技能的劳动者。如果我们放
任工人缺乏技能，尽管他们肌肉发达，精力充沛，也将在世界
性的竞争中被打败。我完全相信，这一迅速的规定还取决于我
国宪法制度的良好和安全运作。为了荣誉，议会最近决定英国
将来由人民政府统治。我是那种不会等到人民接受教育后才相
信他们拥有政治权力的人。如果我们这样等待，为了教育，我
们可能会等待很长时间；但是，现在我们已经赋予他们政治权
力，在让他们接受教育方面，我们不能再等待下去。[96]

国会议员赞扬福斯特提出的举措和勇气。然而，持不同意见的
人不希望资助英国国教的学校，或被迫把孩子送到这些学校就读，
因为在某些地区，只有这些学校可以入学。为了使入学成为强制性
的，这一点必须加以克服。人们担心，学校董事会的选举将成为宗
派主义的战场。因此，3月14日，伯明翰三位自由党议员之一的
乔治·迪克森（George Dixon）动议了一项修正案，强制所有接受
该费用援助的学校实现非宗教性质；并确保在其他学校，宗教教育
可以在特定的时间进行，而不同教派的孩子可以不参加。修正案
称，不能让地方当局决定他们学校的宗教教学内容。迪克森的修正
案与乔·张伯伦（Joe Chamberlain）在1867年为伯明翰教育协会
起草法案的原则是一致的。

张伯伦是全国教育联盟的幕后推手，尽管他还没有进入议会，
也不为自由党的前议员所知，但他将塑造关于教育的辩论，虽然这
场辩论当时还没有引起人们的注意。他代表该联盟向其所有分支机
构发出了他所说的"煽动性"通知，建议不信国教者让他们的议
员知道他们反对福斯特提案的力量。[97]他向迪克森通报了情况，并

安排他于 3 月 9 日率领一个由 46 名议员和 400 多名不信国教者组成的代表团前往唐宁街。张伯伦加入了代表团，这是他第一次见到格莱斯顿。

他代表联盟致信首相，主要是由于他们担心该法案会将教育移交给英国国教会，但同时也说明了国家为那些父母无力支付学费的孩子支付学费的重要性。张伯伦还认为，"良心条款"将是不可操作的。值得注意的是，正是在这一点上，政府和那些不信国教者将产生分歧。自由党人威廉·哈考特（William Harcourt）认为，敌对教派在课余时间教授宗教的想法"只会让教派主义变得疯狂"。[98] 政府同意修改法案，让所有不同的情绪都能得到表达：正如洛在 3 月 15 日所说，这主要是因为，在国家认识到"英国政府毫无疑问有责任为人民提供教育"之前，它所做的一切，都要归功于自愿制度。[99] 自愿制度不应被统一的愿望所践踏。然而，福斯特对各种自由派和神职人员之间的明争暗斗感到恼火。1870 年 4 月 1 日，他写信给全国联盟的支持者查尔斯·金斯利，"我仍然完全相信我的法案会通过"，他对金斯利说，"但是我希望教区牧师、教会和其他人，都能像你一样记住，当孩子们试图阻止别人帮助他们时，他们正在成长为野蛮人"。[100]

440

直到 5 月，内阁才制定出合适的妥协方案。其中包括选择不接受宗教教育和停止对该问题的调查。他们还允许学校董事会向教派学校提供资金，前提是这些资金只用于世俗教育；而由该税费补贴的学校应该提供不受宗派控制的宗教教育。然而，洛是唯一持反对意见的内阁成员，尤其是允许资金用于"世俗教育"。他感到对这样一项提议的反对是如此之强烈，以致该法案将会失败。

他向格莱斯顿建议，这些钱从财政部出，而不是地方税费，"把枢密院的拨款增加一半，事情就会按照受赠人最喜欢的方式一而再、再而三地进行。如果这样做了，应该解除纳税人组成的董事会与学校之间的任何联系，而不是与税费所支持学校之间的任何联系。因此，你将获得双重好处，即限制令人畏惧的地方当局的职能，并使你的建议避开因税费新负担而导致的谩骂。"[101]格莱斯顿同意了，并在几个小时内说服了内阁的其他成员。由于拒绝接受最初的计划，洛建立了后来被称为"双重体系"的基础：董事会负责的学校和民办学校并存。

6月16日，格莱斯顿在法案仍处在委员会阶段的时候向下院概述了这一点。"他没有让国家卷入宗教争议，而是将其核心职能严格限制在获取有益的世俗成果的工作上……这是基础教育巨大和至高无上的优势和祝福。"[102]迪斯雷利说，他的政党已经准备好支持目前的法案。他愿意承认，"这个国家绝大多数人的决心是，'国民教育'就是'宗教教育'"。[103]然而，他"不知道"格莱斯顿刚刚提出的方案将如何实现这一目标。相反，他看到的是"目标的动摇"。[104]他不仅对那些不愿接受校董会资助的民办学校没有一个"准确而清晰的想法"，而且他认为董事会的成员同样没有这样的想法。[105]因此，该法案是假的，他和他的阵营无法支持它。他想要更长的时间来考虑政府的提议，而不只是几个小时。

441   有人担心英国国教学校将实现垄断，对此存在严重的反对意见。即使承诺学校可以在没有教派进行宗教指导的情况下由税费提供资金，也被认为不足以防范这些学校的宗派主义化。人们担心董事会会被拖入与当地学校的争吵中，很多这样的抱怨最终会由枢密院处理，而枢密院对此也无能为力。没有人想要停止教授宗教：正如一位国会议员所说，人们觉得宗教学习特别有益，"正是为了这个阶级，小学教育制度是专门为这个阶级而设计的，这个阶级就是我们千百万劳苦的同胞，目的是缓和他们命运的严酷，用充满不朽希望的光明照亮他们当前的黑暗生活"。[106]然而，要想设计出一种普世的教育形式，这种教育形式能够得到所有宗教和教派的支持，这似乎是不可能的。

福斯特希望学校能提供基本的宗教教育。他怀疑，如果只在校外提供这样的教学，它是否会组织得那么好，或者授课是否会顺利进行。他也怀疑，无论是孩子还是他们的父母，是否会在晚上或周六下午参加这样的教学，或者确保学生的出勤率。他无法理解，为什么其他自由党人准备利用"宗教和教派狂热的力量"，阻止早期对"大量无知、贫困、苦难和犯罪"的攻击，而这正是底层阶级的命运。[107]经过4天的辩论，世俗主义以421票对60票被否决。该法案又回到了正轨，但这仅仅是因为保守党的支持，以及自由党内部圣公会派和非国教派的分歧。6月21日，乔治·特里维廉（George Trevelyan）给格莱斯顿写信说，"教派学校的补助延期"已经"明确提出并被接受为教育法案的一个主要条件"，这意味着他将不得不辞去海军部文官一职。[108]他解释说，"我不能在这件事情上牺牲我未来的行动"。

一些议员不明白，如果要强迫下层阶级去上学，为什么不应该强迫中上层阶级也去上学。政府必须回应这样的断言：如果他们的孩子被迫上学，而不是帮助农场工作，农业地区的家庭将受到严重的经济影响。因此，在普遍的强制下做出了让步。该法案也做了修改，允许父母基于良心的理由，在与他们的信仰不符的宗教教育的特定时间让孩子暂时离开学校。其中一项条款——第25条——一致同意由学校董事会支付教派学校里贫困儿童的学费。在王室同意之后，该法案引起了不信国教者的愤怒，他们害怕资助那些他们不赞成其教义的学校的孩子。

7月22日，对该法案进行了第三次宣读。它的反对者威胁说，

442

一旦议会回到 1871 年议程，他们将寻求修改法案。还有人担心，尚
未获得国家资金来确保所有家庭都能支付最低限度的费用。在强制
和收费方面，几年之内就会发生变化。反对者主要是自由党的不信
国教者，他们认为，该法案能够通过主要是因为保守党的支持：回顾
起来，这是迪斯雷利自 1874 年以来改革基调的一个明确的早期迹象。

这也是格莱斯顿所在政党内部不和的开始，导致他在 1874 年
的大选中落败。格莱斯顿承认最终的措施并不"完美"，但他警告
他的反对者不要对其"宣战"，暗示当人们意识到让更多的孩子接
受教育在民族和道德上的重要性时，这个国家将不会原谅进一步的
敌意了。他赞扬民办学校避免了对基督教的狭隘理解，并表示希望
它们的慈善意识将帮助它们克服任何教派的困难。他欢迎校长应该
"自由解释圣经"的观点，并呼吁那些仍然不同意这一观点的人不
要进一步反对，以免会妨碍无数年轻人接受教育。[109] 一旦上院通过
法案，英格兰和威尔士就会拥有一套全国教育体系，能够惠及每个
孩子，为 100 万到 150 万以前没有机会上学的孩子提供一所学校。
在上院中，沙夫茨伯里指出，300 所为贫民儿童提供的免费学校的
平均入学人数超过 32000 人，教师来自各个教派，在它们存在的
25 年里，从来没有遇到过宗教方面的任何问题。[110]

然而，不信国教者不会放过宗教问题。他们抗议说，该法案
"不符合宗教平等的原则"，尤其反对"目前在全国学校董事会中
引起骚动的，为贫困儿童上教会学校支付学费的具体提议"。[111] 该法
案确实允许学校董事会为贫困儿童建立免费学校，或将正常支付的
学费汇往学校，或向教派学校支付学费。尽管如此，福斯特已经在
利物浦告诉了董事会，"如果它没有使用整个部门的道德力量反对
那些急于避免使用教育税费维持教派学校的校董会成员，对那些希
望在学校董事会控制而非私人管理者控制下的学校里为贫困儿童提

供免费教育的人来说"，就是不公正的。[112]他的政党从上到下发生分裂，已经无可挽救：阻止补贴英国国教圣公会学校的运动继续由张伯伦领导，为他在 1886 年爱尔兰地方自治问题上与该党决裂奠定了基础。格莱斯顿政府的其他成员则试图废除允许资助圣公会学校的条款。它只是成功地凸显了自由党的分歧。

仅仅 4 年之后，一位自由党政治家就会将该法案斥为"本质上微不足道的一场改革"。约翰·莫利声称，"没有人假装认为这是一个复杂问题的最终解决方案。但政府坚称，无论对错，这个法令是公众舆论准备支持或容忍的最大程度的举措。很明显，政府及其背后的全体党员一致认为，如果要使公共教育真正生效，在某个时候，无论远近，私人的、民办的还是教派的体系都必须被一个全国性的体系所取代"。[113]然而，莫利认为，政府引入的措施将加强它想要取代的体系，从而使最终目标更难实现。尽管如此，已经确立了一项重要的原则——即国家介入。

五

尽管政府收到了纽卡斯尔的报告，而且似乎也受到了该报告的很大影响，但人们对一流公立学校的愤怒情绪却日益高涨，尤其是针对普遍认为是最伟大、最富有的伊顿公学。两家发行量很大的期刊刊登了对该校进行严厉批评的文章。1860 年 5 月至 1861 年 3 月，老伊顿校友、记者马修·希金斯（Matthew Higgins）以"家长"的笔名在《康希尔杂志》（*Cornhill Magazine*）上发表了三篇文章；包括年轻的剑桥哲学家亨利·西奇威克（Henry Sidgwick），他的观点极为激进，后来这些观点也导致大学考试的取消，1861 年 2 月，他在《麦克米伦》（*Macmillan's*）上发表了一篇文章。希金斯声

444

称，学校的董事们——管理者——正从用于教育穷人的资金中抽走钱款，西奇威克给非法赚钱的勾当定价——每名校友每年"只从事最少量的工作，收入却达到 1000 英镑左右；也许有人会怀疑，这一最低限度工作的免除是否最为有利"。[114]他将这种现象称为"闲散主义"，并指出，"很少有突然从一个苦差事的圈子里转到每年收入 1000 英镑又无所事事的岗位上的人，会被认为是有用的社会成员"。[115]西奇威克还观察到，伊顿公学的教师们并不是靠该基金会每年 45 英镑的薪水赚钱，而是通过招收更多的学生，这可能使他们每年赚 1000 英镑至 2000 英镑。每多招收一个男孩就意味着每年多赚 20 英镑，因此有扩大学校规模的动机，使其超过能够令人满意地教育和容纳孩子们的水平。

据说，伊顿公学不仅管理不善、对捐赠基金处置不当，而且未能教授足够广泛的课程——在其他地方，随着改革步伐的推进，这一点变得更加明显——还败坏了学生们的道德。由于伊顿公学被视为英国政治家的摇篮——格莱斯顿只是其中的一位老前辈——这被视为具有极深的腐蚀性和更广泛的意义。西奇威克写道："我们希望伊顿公学不会因对过时形式的不合时宜的崇敬，以及创始人的遗嘱，而阻碍我们为了让伊顿公学更适合她所从事的光荣工作——教育英国贵族——所付出的努力。"[116]此外，在一个新闻媒体越来越警惕和刨根问底的时代，公立学校的丑闻不能像上一代人那样被忽视或掩盖。西奇威克称这所学校是"那些'舒适团体'的完美例子"，我们无情的改革时代坚持要让这些"舒适团体"变得不舒服，但并没有完全把它们清除。它们是过去时代无用的遗物——修道院生活的残余；理想的生活是一种自我克制的隐居生活，但实际上常常变成一种奢侈而无知的懒散生活。

格莱斯顿敦促帕默斯顿按照纽卡斯尔的路线，对各大学校的行

为展开新的调查。1861 年 7 月 18 日，英国政府宣布，它决定任命 445
一个皇家委员会，这个委员会不仅调查英王亨利六世在伊顿公学的
基金会，还调查其他八家主要机构：哈罗公学、查特豪斯公学、威
斯敏斯特公学、圣保罗公学、温彻斯特公学、拉格比公学、什鲁斯
伯里公学和麦钱特泰勒斯公学。前外交大臣克拉伦登勋爵被任命为主
席。这对帕默斯顿来说是个有用的任命，因为克莱伦登与他本人和他
的外交大臣罗素（罗素将在两周内以伯爵的身份进入上院）在意大利
政策上存在严重分歧，而意大利即将统一。虽然他们想完全抛弃克拉
伦登，但他很受女王和阿尔伯特亲王的重视，所以他们为他找到一个
重要的公共职位，让他远离外交事务，这是第二个最佳选择。

克拉伦登的客观性得益于他所获得的成就——这在他那一代人
中是罕见的——在没有上过公立学校的前提下，他在 16 岁进入剑
桥圣约翰学院（St John's College）之前，曾在基督医院（Christ's
Hospital）接受过一位教师的私人辅导。他强烈反对学校课程的狭
隘和对拉丁语和希腊语的过分强调。他的委员包括一位唯美主义
者、一位剑桥大学教授和一位牛津大学教授、另外两位贵族和一位
议员。埃尔金的自由党议员格兰特·达夫（M. E. Grant Duff）回
忆说，公众舆论认为，公立学校的教育"极其糟糕"，"极为可悲，
不能满足"这个时代的要求。[117]

19 世纪 50 年代，大学开始现代化，尽管进展和中小学一样缓
慢。阿尔伯特亲王在剑桥大学读书时，曾被剑桥大学课程的局限性
所震惊。1847 年，他成为一名校长，一些开明的教师被吸收进来，
这些教师希望将学习的科目扩展到数学和古典文学之外。三一学院
的威廉·休厄尔（William Whewell）是当时该校最有权势的哲学教
授，他曾对阿尔伯特说，他希望学习包括"现代科学和文学中一
些最有价值的部分"。[118]休厄尔和地质学家查尔斯·莱伊尔写了一篇

论文，描述了剑桥大学奄奄一息的状态，并把它寄给了阿尔伯特。这所大学的主要目的是培养神职人员，当时的教育水平也很低，牧师主持着他们完全没有资格教授的科目，人文学科几乎完全被忽视了。阿尔伯特将剑桥大学发生的一切与其故乡德国大学的广泛学习进行了比较，并宣扬了改革的重要性和紧迫性。

446

　　1847 年晚些时候，阿尔伯特对课程进行了研究，发现除了数学之外，还有一个完全基于经典作品和圣经知识的考试体系。不久，阿尔伯特发现休厄尔试图阻挠他，后者对变革的热情仅限于缓慢实施的改革——他建议，在 100 年内不应该教授任何新的科学理论，这样才能判断它们的准确性。然而，阿尔伯特得到了当时的校长罗伯特·菲尔普斯（Robert Phelps）和后来的校长亨利·菲尔波特（Henry Philpott）的支持。菲尔波特意识到，这所大学似乎是一所非常棒但很落后的神学院，于是向阿尔伯特建议，应该开始教授自然科学和历史。将为自然科学和道德科学设立一个"三角凳"考试或学位课程，后者又包括历史、法律、道德哲学和政治经济学。休厄尔仍然不同意，但阿尔伯特说服了他。1848 年底，牛津大学的理事会批准了这项改革，以及一项新的数学"三角凳"考试，牛津很快就不得不现代化，否则就会落后。

　　19 世纪 50 年代，这两所大学都在议会法令的框架下进一步规范和改革。1854 年是牛津大学，两年后是剑桥大学。这促使不信国教者可以被大学录取，并获得神学以外的学位，但他们仍没资格获得奖学金或高级职位，因为只有圣公会教徒才能加入大学基金会。一个委员会调查了每一所大学的运作情况，在两所大学几乎遭受到了一致的敌意：两所大学都不认为自己的管理方式与政府有任何关系，两位校长都拒绝合作。尽管牛津大学在 1850 年成立了自然科学学院、法律学院和历史学院，但一直因观念狭隘而饱受批评。第二年，剑桥大学在自然科学和道德科学方面设立了"三角凳"考试。

　　这两所大学的行为之所以重要，是因为牛津和剑桥几乎垄断了英国的高等教育。苏格兰有圣安德鲁斯、格拉斯哥、阿伯丁和爱丁堡的古老基础（1413 年至 1583 年）；都柏林三一学院建于 1592 年。威尔士从 1822 年开始在兰彼得设立学院。尽管 19 世纪早期在伦敦和达勒姆建立了大学基础，但英国其他地区在高等教育方面进展缓慢，除了这两个古老的机构外，英国的教学和研究水平很难称得上典范。

447

　　大学正在摆脱限制性做法，从而破坏了这些基金会的最初目标。戈德温·史密斯（Goldwin Smith）是牛津大学的一名学者，后来成为牛津大学委员会的秘书。1894 年，他写道："自由主义很快就采取了实际行动来改革和解放大学，在大学和它的学院中消除中世纪法规的束缚，使它摆脱教会主义的主导地位，使其恢复正常的工作，并恢复到国家的层面。"[119]类似的事情也会发生在公学身上，稍后还会发生在捐赠的文法学校身上。进步的教师，如当时牛津大学的关键人物之一、贝列尔学院的乔伊特，主张扩大"知识贵族阶层"。他写道："在人们的头脑中，唤醒一种对哈罗、温彻斯特、伊顿等所承载学生数量以外的人进行自由教育的必要性是极为有用的。被滥用的文法学校和慈善基金会提供了丰富的手段。"[120]

　　1862 年 5 月和 6 月，克拉伦登在学校里巡视，并在纽卡斯尔调查报告出版一年后的那个夏天开始收集证据。克拉伦登主要考虑三个因素：基金会的财产和收入、基金会的行政和管理，最重要的是"基金会所奉行的制度和课程，对男孩们的宗教和道德训练，他们的课程和通识教育"。[121]与纽卡斯尔一样，调查问卷被发送给校长和校长助理，委员们不仅参观了每一所学校，他们还从管理者、以前的学生和知名学者那里获得了证据。他们发现了巨大的财富差异：伊顿公学每年能够筹集 20000 英镑的捐款，而哈罗公学只有 1000 英镑。他们发现，良好的管理能带来更好的结果："拉格比公学的阿诺德博士引入了一种做法，即每隔一段时间就与他的助手们会面，进行咨询。这种做法在他的继任者那里一直延续着，只是偶有中断，目前由坦普尔博士继续推行。结果似乎是最令人满意的。"[122] 伊顿公学和哈罗公学也采用了这种学院制，克拉伦登发现它们也因此受益。然而，委员会对伊顿公学和温彻斯特公学等学校表示谴责。这些学校的校长来自狭隘和特定的某个学术领域，不是牛津大学和剑桥大学的老同学，就是两校的董事会成员，而且排除了所有其他学校的候选人。

448　　　报告所称的"绅士教育"最初仅限于学习古典语言。[123] 随着时间的推移，这一范围略有扩大，包括了古代历史，甚至是地理，后者想必是为了让孩子们了解古代文明的遗址位于何处。他们发现，"除非注意力是因为害怕受到惩罚或希望能够获得某种形式的奖励而被调动起来，否则花在其他未被检查的科目上的时间似乎是浪费"。[124] 委员会批评了灌输古典文学的方法，这些方法集中在广泛的阅读、解释及语法课上，反复出现。它所谓的"孜孜不倦的重复练习"是"再没用不过了"，因为它所带来的无聊让它变得"懒散"。[125] 伊顿公学扩大了古典课程的范围，约翰·柯勒律治爵士这个老男孩曾说，"荷马、维吉尔（Virgil）和贺拉斯（Horace）是伊顿公学的食谱；我们从未停止过研读荷马、维吉尔和贺拉斯的著作。现在读的则是希腊的圣经，《奥德赛》、埃斯库罗斯、欧里庇得斯、忒俄克里托斯、修昔底德、德摩斯梯尼、维吉尔的《田园诗》（Georgics）、卢克莱修、贺拉斯、塔西佗和西塞罗。"[126]

　　　尽管如此，进步是触手可及的：一些学校正在教授新奇的算术和数学课程，甚至利用考试结果来影响男孩在学校中的位阶。除了伊顿公学，所有学校现在每周都有两个小时用来学习现代语言：主要是法语和德语。在伊顿公学，这种教学也是可行的，但前提是一个男孩可以花费时间去学习；教法语的老师说，在这种情况下，校长"似乎不喜欢干预"。[127]从1851年起，哈罗公学就要求学生必须学法语，从1837年起，学生就必须学习数学。伊顿公学校长爱德华·鲍尔斯顿博士（Dr Edward Balston）说，学校的存在是为了教孩子们在家里学不到的东西，他说："有些东西男孩子们可以自学或在家里学习，法语就是其中之一。"[128]在被问及这个问题时，鲍尔斯顿说，他认为如果一个男孩想学法语，他应该在进入伊顿公学之前就这么做。在伊顿公学，学校会像对待英语学习一样，尽其所能令他"坚持下去"。然而，当被问及这一点时，他说英语教学也不令人满意。

尽管如此，鲍尔斯顿认为"所有教育和心理训练的基础"是"男孩们不喜欢的"，只有通过"艰苦的毅力"才能获得。相比之下，在温彻斯特，整个学校都教授法语，男孩子们试图给教授法语的法国人制造难题，结果他们的行为被报告给了校长，于是他们自己的学校生活也变得困难起来。[129]查特豪斯走得更远，有些上六年级的男孩在学习德语；它还教授历史，直到"乔治三世统治时期"。[130]哈罗公学有两位驻校法国人，其中一位教德语。利特尔顿勋爵问哈罗公学的校长蒙塔古·巴特勒（Montagu Butler），"一个13岁的男孩是否可能相当精通法语"。巴特勒回答说："我们这里有一个男孩，他的法语说得比英语好。"[131]

报告援引一位"经验丰富且表现杰出的校长"的话说，"我希望我们能教授更多的历史，但至于在固定课程中教授历史，我不知道如何去做"。[132]在某些较穷的学校，吸引合适的教师是一个问题：委员会发现他们的工资过低，这个问题只有通过使学校更加繁荣才能得以纠正。得益于阿诺德创造的势头，拉格比的男孩数量已超过460人，在克拉伦登进行调查的时候，它的数学和现代语言教学都达到了很高的水平，并通过奖励制度鼓励优秀学生。

除了查特豪斯之外（该校一个班级最多只有20个男生，最少有9个男生），现在看来，9所学校的师生比例是令人担忧的。拉格比最小的班级有24名男生，最大的班级有42名。然而，伊顿公学更糟，最大的班级有48名男生，最小的班级有13名男生。它也是最大的一所学校，共有806名男生，而查特豪斯只有116名。尽管如此，自19世纪20年代基特博士时代以来，伊顿公学有所改善，当时一个年级就有200名学生。委员会还赞扬了针对奖项的竞争，但确认这些奖项应该受到高度尊重，而不是以高数量的方式呈现出来。尽管如此，最糟糕的是，来自古老大学的证据表明，来自这些学校的本科生水平普遍较低，而且它们承认，许多人在考试中表现不佳，他们的水平并不高。牛津大学的一名考官证实，168名学生中有47人没有通过大学考试，"其中43个人是如此失败"，以至于被证明"完全不适合接受任何考试"。[133]委员会得出的结论是毁灭性的："某些男孩在学校的时候，完全是荒废光阴，要么是由于教学效率低下，要么是由于他们无法跟上所学的课程，要么是由于懒惰，要么是这些原因的综合作用"。[134]

450　　一位见证者谈到伊顿公学时说："一个男孩最渴望在学校获得的地位和影响力，主要是、甚至几乎完全是通过在板球场上或河流上的优异表现获得的……智力上的差别在这方面无足轻重……一个男孩没有机会通过学习成为学校里最优秀的男孩之一。"[135]这位见证者不是别人，正是奥斯卡·布朗宁（Oscar Browning），他在当时教授古典文学，后来因为不合群而被伊顿公学开除，再后来成为剑桥大学的一名伟大人物。如果一个男孩违规时看到一位老师，他的选择就是逃跑，不这样做被认为是"不尊重"。尽管在酒吧喝酒是被禁止的，但他们确实会去两个地方——克里斯托弗酒吧和龙头酒吧，而且没人会想到去干涉。[136] 至于宗教仪式，男孩们认为工作日下午到教堂做礼拜"只不过是点个名"。[137] 布朗宁还淡化了伊顿公学是知识分子摇篮的说法。他说，他只知道两个男孩堪称"思想高雅，彬彬有礼，喜欢文学"。[138]

克拉伦登问布朗宁，是否认为教堂的礼拜仪式"令人满意"。他的回答是，"这些服务对孩子们没有产生令人满意的效果"。[139]克拉伦登接着问道："难道它们不会制造出任何虔诚的感觉吗？"布朗宁回答说："我看不行。孩子们的目的当然是尽快出去。"克拉伦登后来问他有关现代语言教学的问题，布朗宁赞成这种教学，但他说应该由古典大师来做。"你认为一个法国老师不能在课堂上确保秩序和纪律吗？"克拉伦登问他。"经验证明他做不到，"布朗宁回答。克拉伦登说："也就是说，还没有找到这样一位法国人。"[140]布朗宁说，现在的法语老师是英国人，但被认为不如他的同事，因为他不教古典文学。布朗宁补充说，曾经有一位法国助理，"是个杰出的人，但他不了解英国男孩"。

伊顿公学教务长古德福德（Goodford）承认，在任命员工时，如果有类似资质的竞争对手，他总是更喜欢老伊顿校友。他坚称，如果出身伊顿的候选人"水平低下"，他会"无畏地"任命一名非伊顿出身的候选人，"但我还是要说，我首先想要的无疑是一名优秀的伊顿人"。[141]像布朗宁一样，伊顿公学的许多职员都是刚从大学毕业——剑桥大学国王学院的姐妹基金提供了（正如西奇威克在他于《麦克米伦》上发表的文章中所指出）不成比例的学校教师。克拉伦登问古德福德，"你有没有认为在像伊顿这样的大牌学校里，拥有经验丰富的初级古典教师助理是非常重要的？""没有，"

451

教务长答道。他后来告诉克拉伦登，为了维护学校的精神，"最可取的"做法是，所有的教师都应该是"伊顿人"。[142]

看到这些证据，鲍尔斯顿不得不承认，他不是自己学校的主人。他可以随心所欲地处理影响寄宿生的事情——750 个男孩，他们的父母支付他们的教育费用——但是他必须得到教务长的许可才能做任何可能影响领取基金会奖学金的 70 个男孩的事情。克拉伦登问他，他管理学校的方式与阿诺德管理拉格比有何不同。"如果允许我发表意见的话"，鲍尔斯顿不耐烦地回答，"我得说阿诺德博士不是一个普通人，这意味着他所取得的成就并非其他所有校长都能达到的。"[143]鲍尔斯顿作为一名牧师，随即话锋一转。"我也愿意对他宣讲的结果提出疑问，虽然他的宣讲本应是非常成功的，也的确非常成功。我认为它所形成的宗教特征并不像它本应该形成的那样真实……我所注意到的伊顿公学的男生没有任何的矫饰，如果我可以这样称呼它，那是一种不炫耀的自由，他们自觉地履行他们作为基督徒的责任。"

由于这些学校大约只有 1/3 的男孩上了牛津大学或剑桥大学，因此大学的质量并没有得到改善，而且有很大一部分人进入军队，在他们能够发挥任何作用之前，往往需要在那里接受初步的教育，尤其是数学教育。当时几乎不存在自然科学，委员会认为每个男孩都应该有自然科学的基础。也有像温彻斯特这样试图教授自然科学的学校，但是方法却"毫无价值"。[144]这九所学校以外的一些学校，特别是切尔滕纳姆学院、伦敦金融城学校和伦敦国王学院，都曾以这种方式进行试验，并被树立为更古老、更宏伟的机构需要学习的榜样。该委员会认为，有可能提供一种古典教育之外的良好教育。

温彻斯特的校长、牧师乔治·莫伯利博士从 1835 年开始任职，退休后将成为索尔兹伯里的主教，有人向他提问："难道物理科

学不是一门有价值的思想学科吗?"他回答说:"我几乎不知道它 452
们的价值。我确实认为年轻人和老年人应该知道这些事情，这是非
常可取的。我认为这是每个人都应该具备的素养和知识。但是，作
为思想的教育和训练，这是我们作为教师的特殊职责，我并没有感
知到它们的价值。"[145]另一名见证者告诉委员会，"切尔滕纳姆现代
教育部门的存在使教育体系更加完善，为我们的孩子们提供了更多
的能力和知识，如果只有传统的教育体系占主导地位，这是不可能
实现的。我确信它提供了真正的教育，而不仅仅是各种学科的教
学"。[146]不过，委员会行事谨慎，认为学校中"现代部门"的存在
时间不够长，其结果也没有得到充分的证实，因此建议先在这九所
学校设立"现代部门"。

"高尚的精神来自健全的体魄"是持久考虑的问题。委员会不
仅喜欢体育训练和游戏，而且喜欢建立军校学员团。这在五所学校
中很盛行——伊顿公学、温彻斯特公学、哈罗公学、拉格比公学和
什鲁斯伯里公学——也曾在威斯敏斯特尝试过，但失败了。它是志
愿团体，大家一致认为这最好不过。然而，委员会注意到步枪现在
已经像长弓一样成为"国家武器"，教孩子们如何使用它可能不是
一件坏事。[147]委员会发现，这些学校的卫生安排总体上是可以接受
的：尽管已经有举措将伦敦的一些学校迁往郊外，在那里他们可以
购买更多的土地，扩大规模，拥有广阔的操场。查特豪斯公学和麦
钱特泰勒斯公学迈出了这一步，圣保罗离开了大教堂的庇护，搬到
了哈默史密斯（Hammersmith），后者迅速城市化。威斯敏斯特说
过要离开，但一直待到今天。

道德上的幸福感——让阿诺德博士如此着迷的东西——仍然很
重要。用阿诺德的话说，委员们接受了一些男孩对他们的同伴施加
纪律的做法，但他认为，"这种权威不应该仅仅是体力上的，所谓

453　　专制，也不只是个人的影响，即一种劣等的东西，而是应该属于那些在年龄、性格和地位上都适合在学校中取得最高地位的男孩，应该有一种公认的责任，并受既定规则的控制"。[148]委员会承认有男孩滥用职权的例子，但这种情况很少见；而且如果老师们不是简单地把惩罚权力交给男孩，而是对如何实施惩罚保持兴趣和警惕，这种情况就会继续存在。它认为，监测系统帮助创造和保持了一种崇高而健全的感情基调和意见氛围，促进了独立性和男子气概，并使充分的自由与秩序和纪律的结合成为可能，这是我们伟大英国学校的最好特征之一，这也是阿诺德博士在设立指导生时所要达到的目的。[149]

　　道德问题源于年长、愚蠢的男孩因为无法跟上学校高年级的课程而被关在满是年轻人的班级里。委员会观察到，"年长和落后男孩和年轻且更前卫男孩的混合是一个邪恶温床"。[150]然而，拉格比因其堪称楷模的"道德腔调"而受到委员们的特别关注："在私下祈祷时，人们刻意保持沉默。到目前为止，亵渎或淫秽的语言是不被允许的，如果出现非常糟糕的情况，一个六年级的男孩会向校长报告。吸烟通常被谴责为矫揉造作，喝酒则是虚张声势。"[151]

　　虽然学生间的使唤是不幸的——限制了低年级学生玩游戏的机会，或者让他做一些委员会认为应该交给佣人去做的事情——但这里面没有"暴政"的成分，而且这在男孩中很受欢迎。[152]梅里克（W. S. Meyrick）于1862年被父亲从威斯敏斯特赶了出来。在那之前的两年里，他只不过是一名家庭佣人，经常遭受专横的惩罚。他有不同的看法，年龄大的男孩最喜欢的消遣是让年龄小的男孩把一条腿放在水槽上，而另一条腿直立，他被踢的次数由年龄大的男孩决定。[153]根据梅里克的证据，19世纪60年代初的威斯敏斯特是一个野蛮的地方，不仅因为经常踢人，还因为一些男孩习惯用纸刀割其他男孩的手。

人们觉得老师和学生之间的关系比过去更加"友好"。"由强大的头脑和善良的性格所产生的任何具有理智和品格、自身对男孩非常感兴趣，习惯把男孩当作朋友，而不会纠缠不休或刨根问底而使他烦恼，也不会将自己的癖好强加在学生身上的人都能拥有的健全的个人影响，或许比以前更容易被了解，也更容易发挥运用。"

老师们不再像过去那样频繁地抨击对他们的指控，这一点很有帮助。"鞭笞在二三十年前曾被运用于最微不足道的罪行，现在一般很少使用，只适用于严重的罪行。"莫伯利说，虽然鞭笞比他小时候少了很多，但他仍然会"每年鞭笞 10 到 20 次，也许几年之后会更多"，不过，他会选择在公共场合进行鞭笞，以起到警诫其他人的目的。[154]在圣保罗，没有人被鞭打；而在威斯敏斯特，男孩们似乎要对制度上的野蛮行为承担责任，几乎没有例外。在哈罗，领头的男孩可以在全校面前鞭笞一个严重的犯规者，这是一个被称为"公开抽打"的仪式。[155]在查特豪斯，校长理查德·埃尔温（Richard Elwyn）非常高兴，领取基金会奖学金的一个男孩说，他大概每周鞭打其他男孩两三次，但这并不被认为是一种严厉的惩罚，没有人对此感到害怕。[156]

然而，也有一些管理较差学校里出现虐待狂的案例，尤其是托马斯·霍普利（Thomas Hopley）。1860 年，他在伊斯特本的一所私立学校用一根一英寸厚，尾部有黄铜包裹的棍子和一根跳绳打死了一名 15 岁的男孩。在霍普利和他的妻子试图掩盖罪行但被曝光后，他在刘易斯巡回法庭因过失杀人罪被判四年。这传达了一个信息，适度展示这种特殊嗜好可能才是明智的。他之所以逃过了谋杀指控，只是因为他作为那个男孩的校长，是代替父母践行着他认为合理的惩罚。霍普利在被定罪期间和之后都没有悔悟或悔改，因此收到了大量的恐吓信。公众对孩子们的态度正在发生深刻的变化，尽管霍普利事先得到了男孩父亲的许可，允许他殴打男孩，这是为了阻止男孩（他被证明患有脑积水）变得"难于控制"。[157]

克拉伦登说，在私立学校的高年级中，"更注重宗教教学……更依赖于责任感"。在温彻斯特，孩子们的祈祷是被监督执行的；在其他地方，如圣经学习班和颁发宗教知识优胜奖的地方也是如此。这也正是阿诺德的本意，委员会因此向他致敬："管理孩子的原则主要是通过他们自己的正义感和荣誉感，这无疑是唯一正确的原则；但是，要保持意见的基调和标准，就必须十分警惕，并采取坚定、节制和明智的行政措施，而这些基调和标准很容易出现波动，它的衰落很快会把一所好学校变成一所坏学校……它非常成功，而且……在过去的三四十年里取得了很大的进步，部分是由于一般的原因，部分是由于阿诺德博士和其他伟大教师的个人影响和努力。"[158]为了证实这一点，报告援引知名大学人士的话，他们指出，他们所在学校的本科生的道德品质在过去几年里有了很大程度的提高。

克拉伦登敦促对管理机构进行改革，使它们更加负责和有效。还要设定费用和假期，特别考虑了受基金会资助学者的福利，基金会应该有权雇用和解雇校长，确保有足够的卫生安排，确保参加礼拜，同时还要监督新学科的引进。考试很严格，跟不上的男孩应该被要求离开。然而，研究结果在某些方面相当保守：在学校董事之下，校长将对教职工、学生和课程保留巨大的权力，尽管需要更多的数学和科学知识，但古典著作仍将占据主导地位。不过，校长们要向董事们提交年度报告，并将其打印出来。

委员们发现，与他们自己的学生时代相比，"轻微的暴政和轻率的残忍"已经不复存在。"孩子们获得了更好的住宿条件和关爱照顾，他们的健康和舒适也得到了更多的关注。"[159]我们的目标必须是确保学校为学生提供适应快速变化的世界的能力，在这个世界上，一个国家的繁荣不仅取决于制造商，而且取决于受过高等教育的专业人士。此外，"这些学校是我们政治家的主要摇篮；在这些学校里，在以他们为榜样的学校里，组成英国社会的各个阶层的成员，命中注定要从事各种职业，他们都是在社会平等的基础上成长起来的……在塑造一个英国绅士的性格方面，他们也许起到了最重要的作用"。

　　克拉伦登打破了古典著作对公立学校教育的束缚。1865年，上院的一个特别委员会讨论了科学教学。它问赫胥黎什么该教，什么不该教，以及如何教；应该如何审查；以及是否应该强制执行。赫胥黎对物理学和人体生理学特别感兴趣，但他只教那些可以教得很透彻的东西。尽管他是自由主义者，因此不信任政府，但他认为强迫学校教授科学是一种"智慧和正义"的行为。在拉格比公学、哈罗公学和伦敦金融城学校之后，温彻斯特于19世纪70年代初也开始了科学教学。伊顿公学脱颖而出，1879年赫胥黎被任命为伊顿公学理事。在此之前，尽管遭到了教师们的强烈反对，教授科学的举措还是开始了，但赫胥黎的到来加速并完成了这一进程，新建了实验室，也重新装备了旧实验室。他还在大学里从事科学教学，并取得了类似的成功：然而，在一场要求废除希腊语的运动中，他失败了。直到1919年，那些研究范围不断扩大的科学学科的人还只是需要一点点对语言的掌握。

　　每所学校都收到了建议，甚至连一直努力追求完美的拉格比也收到了67项建议，其中许多建议与治理、财务和奖学金有关。当议会在1864年5月收到这份报告时，它震惊地发现，对学校状况的偏见被证明是正确的，这令人沮丧。议员们抓住了课程的局限性，以及教授古典著作的乏味和适得其反的方式。格兰特·达夫引

用了其中一份最具说服力的声明："我们被迫得出这样的结论：这
些学校在不同程度上过于纵容学生，或者是徒劳地与之做斗争。因
此，他们培养出了大量习惯懒散、思想空虚、缺乏教养的人。"[161]这
是一个快速发展的国家及其帝国的领导人的摇篮。格兰特·达夫还
表示，九所学校中有七所学校，它们的校长——拉格比是值得尊敬
的例外，它的教学受到了广泛的赞扬，也包括什鲁斯伯里——对这
篇"低劣的文章"如此关注，以至于他们中的任何一个都拒绝接
受委员会的采访。[162]伊顿公学受到了特别的批评：尤其是教务长霍
特雷（Hawtrey）对经验丰富的校长、鲍尔斯顿的前任古德福德的
阻挠，以及校长助理在任何事情上从来没有被咨询过的现象。然
而，伊顿公学并不是最糟糕的犯规者。

一些学校的野蛮行为引起了特别的愤怒：尤其是威斯敏斯特学
校的男孩被踢以及其他有关该机构的爆料，"反映出一段时间以来
所有参与管理的人都蒙受了最大的耻辱"。[163]作为威斯敏斯特的前教
务长，都柏林大主教对学校的管理负有一定责任。格兰特·达夫向
他的继任者迪恩·斯坦利（Dean Stanley）发起挑战，他宣称，作
为阿诺德博士的传记作者，他不可能允许这种"耻辱"继续下去。
报告引用了校长斯科特博士提供的证据，指出学校的学术水平
"很差劲，甚至低得可笑"。

格莱斯顿承认古典作品被强加给太多无法从中获益的人。但他
希望，能够将这些课程的核心内容提供给那些有能力的人。他还为
意大利语、德语和法语的教学提出了一个比报告更有力的理由，不
是为了实用主义的目的，而是为了那些"自身重视修养和文学"的
人。[164]尽管他承认还有改进的空间，但他也提到了克拉伦登对学生父
母的批评，这些父母没有费心鼓励孩子在家里学习和培养文化习惯。
他准确地引用了这份报告："我们调查过的几位老师，都对男孩在被

送去上学之前的准备不足和无知状态进行了严厉的批评……很明显，有许多男孩，他们的教育在他们入学之前还很难说已经开始，当十二三岁，甚至更晚的时候，在一所通常有几百人的学校里，一个非常落后的孩子所需要的那种个别的教学是比较少的。"[165]

格莱斯顿也批评了社会的衰落，矛盾的是，这个社会的财富和影响正在扩大：

> 当我们说错误在父母身上，这意味着什么？这意味着我们生活在一个极度奢侈的时代，在这种社会中，自我放纵越来越多地渗透到一个不断增长的社会阶层的习惯之中，我们可以看到，这种习惯的迅速扩展，不仅表现在大街上，而且表现在整个地区，在本身就是大城镇的地方，不断地向大都市扩展。自我放纵的一个必然结果是，对于学习和教育始终要求的严格纪律，人们越来越不适应……从某种意义上说，在我们改善公立学校的努力中，我们是在与时代做斗争。我们变得越富有，就越难以将其应用到我们的孩子身上，或意识到严格自律的必要性。我这样说不是为了减轻这种伤害，而是为了表明这种伤害是深刻的。[166]

458

正是由于学校无法控制的因素——但如果它们想生存下去，就必须适应这些因素——格莱斯顿警告下院，"在这个问题上不会有野蛮或仓促的立法"。他建议扩大课程设置，指出应该包括"八个或九个"学习分支。宗教排在第一位，古典文学排在第二位，"然后是数学、自然科学、英语作文、历史、地理，还有绘画和音乐"。[167]这符合克拉伦登的建议；但格莱斯顿意识到，要把所有这些都纳入进来并不容易，尤其是因为运动的新的重要性：学校已经进入了肌肉发达的基督教时代。

第二年，格莱斯顿问自己，教育的意义是什么，对教育的要求是什么："专业教育之间的真正关系是什么？它的目标是在某一特定的职业中取得卓越的成就，而通识教育的目标则是在智力和资质方面取得最高的卓越吗？哪些课程将加入这一方面，或者另一方面，在每一个班级它们的相对范围如何调整？这些问题完全隐藏在当前的目标背后……还有一种东西叫普通训练，它必须作为文明的一部分而存在，至少作为文明的组成部分而存在，有它自己的目的和范围。"[168]他问道，古典研究一直是实现"世界神圣政府"的核心，现在它是否已经足够了。

1864 年，曾任教育专员的诺斯科特表示，这些伟大的学校一直难以与时俱进，原因是它们的创始人对这些学校施加了限制，这些创始人又建立了小型文法学校。这些人从来没有设想过一个距离不断缩小、人口不断增长的工业化世界。诺斯科特希望这些学校能"对国民性格的形成产生重要影响"。他说，这些学校应该是"培养 12 岁至 18 岁之间的男孩的道德、身体和智力的学校，这些男孩应该成为年轻的男人——彻头彻尾的男人"。[169]这是对格莱斯顿"有教养的"思想——实际上也是马修·阿诺德的思想——的补充：一个帝国的生存与强大需要它的领导人对男子气概的崇拜。

几天后，克拉伦登本人也在上院中进一步阐述了这一核心发现。他提议每周在学校上课 37 个小时：其中包括 20 个小时的教学，每节 1 小时；另外 10 个小时准备古典文学，2 个小时准备现代语言，5 个小时准备作文。他对一些被揭露出来的态度感到愤怒——"虽然大家都认为一个英国绅士必须懂法语，但伊顿公学的权威人士却坚决拒绝将法语作为学校教育的一部分。"[170]然而，他最担心的是反对教授自然科学，而德国人在这方面尤为勤勉。

他说："我们相信它作为一种开放思想和训练能力的手段的价值，这一观点得到所有那些不易获得它的人的认可，无论是商务人士还是休闲人士。它能直接促进和培养观察力，而观察力在许多人的一生中几乎处于休眠状态；它能培养准确而迅速地概括事物的能力；它使年轻人习惯于追踪因果的顺序，这使他们熟悉了一种令他们感兴趣的推理，并且能够迅速理解。"[171]他在表达"对与我们在这个问题上意见不同的著名校长的真诚尊重"的同时，也强调"正规的科学课程"是"可取的"，他补充说，委员会宁愿听取著名科学家，例如皇家天文学家对这一问题的意见，也不愿听取教育学家的意见。尽管达尔文和其他人的例子令人兴奋，但缺乏对科学的热情是普遍现象。1861 年 1 月 25 日，英国皇家学会主席本杰明·布罗迪爵士写信给帕默斯顿说，他的委员会没能花掉 1859 年政府为"促进科学研究而划拨给皇家学会的 1000 英镑。这给他们留下了盈余，此外，还有他们刚刚在 1860 年获得的 1000 英镑拨款。在这种情况下，委员会认为，他们今年同样没有机会利用议会的慷慨资助了"。[172]

1864 年 5 月 30 日，克拉伦登向上院提交了《公立学校法案》。它主要监督管理机构的任命，认为这样的改革将有助于指导学校进行正确的改革。6 月 7 日，在第二次宣读时，威斯敏斯特的一位老男孩、一位陆军上将、英国首席男爵德罗斯说，被高年级的学生使唤是"男孩们面临的最有用的考验之一"。他补充说，"早年，他有幸经常为主教席［坎特伯雷大主教查尔斯·朗利（Charles Longley）］前面最受尊敬的高级教士擦鞋，他从未发现自己因此而受到损害。从那以后他的风度就一直表现如此，他从来没有因为做这样辛苦的工作而感到丢脸"。[173]不过，德罗斯身上确实有一个激进

460

的元素，他承认，用希腊语抑扬格的进一步训练来取代法语或德语"要好得多"。

六

在克拉伦登调查之后，有一种持久不变的感觉，那就是，在政府进行充分的引导之前，无论多少个皇家委员会调查了这个问题，教育都不会得到改善；在认识到有必要在一位有奉献精神的大臣领导下成立一个合适的教育部门之前，它将无法发挥这种带头作用。目前负责拨款的枢密院委员会由从事其他工作的男性组成。洛在代表委员会发言时掌管着卫生委员会，其他成员包括枢密院院长、财政大臣、第一司库、外交大臣、枢密院掌玺大臣、海军部第一勋爵和济贫法委员会的主席。

这些大臣的工作量非常大，所以无论他们每个人对教育事业有多么投入，教育在他们的政治生活中只能是位列后面的考虑。1865 年，帕金顿试图任命一个特别委员会来讨论是否应该建立一个更好的教育监督体系。他声称，由于管理不善，在英国 1.5 万个教区中，至少 11024 个教区没有从 70 万英镑左右的拨款中受益。[174] 政府以外的力量——尤其是慈善家安吉拉·伯德特-库茨（Angela Burdett-Coutts）——提出了一些改进建议，比如将由一名认证教师来管理农村教区组织——来抵消帕金顿所说的该委员会自 1839 年以来相对"无所作为"的现象。

1863 年，洛辞职了，原因在于他认为自己的荣誉受到了轻视。他强调，政府的作用应该是帮助民办系统——尽管它有责任确保它所帮助的学校足够好，值得帮助。他觉得纽卡斯尔的目标是研究枢密院的委员会是否胜任。那个委员会的成员不断受到审查，再审查，洛觉得审查并没有发现他们的不称职。[175]他担心，任何像帕金顿所需要的那种官僚机构都会耗尽原本可以用于学校建设的资金。另一些人担心，官僚机构将不得不本地化，以提供适当的问责制，这也将是昂贵的。然而，下院不得不承认，目前的安排可能无法满足现代国家的要求：帕金顿拥有了他的特别委员会，并被任命为主席。

然而，克拉伦登的建议直到1868年才最终成为法律。该进程还包括设立和审议一个特别委员会，该委员会包括3名成员，由克拉伦登本人担任主席。1865年，他提出了一项法案，但已经耗尽了议会议程的时间。它在1866年以一种经过多次修改的形式被重新引入，但是由于经历了1866年6月的内阁换届，克拉伦登担心他的工作不会有任何结果，于是在7月8日写信给格莱斯顿，向他询问："你会让《公立学校方案》在下院享受保护待遇吗？如果不会，你会让我们后来的同事负责吗？在不可避免地发生延期之后，我应该为法案被推迟一年而感到遗憾，我认为不会有太多反对意见，虽然我们必须努力增加一项条款，授权执行专员改革各理事机构的权力，但德比在上院以一票优势将其否决，尽管他在特别委员会经过多次审议后同意了这项建议。"[176]

1867年，保守党政府提出了另一项经过修订的法案，因此它采取的是不那么激进的路线。1868年夏天，激进的议员们怀疑伊顿公学和温彻斯特公学的财政改革力度不够，对其进行了猛烈抨击。虽然仍是激烈批评的对象，但经过进一步修订，1868年7月该法案终于得到王室的同意，自由党人仍然抱怨他们的观点没有得到充分的考虑。然而，它确实启动了一个自上而下的英国中等教育体系改革进程，尤其是在课程设置方面，它将为1870年《福斯特法令》通过之后成长起来的较为简陋的机构树立榜样。

七

阿诺德和格莱斯顿相识于 1859 年，当时格莱斯顿读了阿诺德写的一本关于意大利的小册子，并给阿诺德的出版商朗曼寄去了一封感谢信。"能被您读到是更大的荣幸，"阿诺德对他说："最大的荣幸是一本关于意大利的书能被您读到——因为您自己就为此写了很多书。"[177] 1864 年，他进一步感谢格莱斯顿寄给他一本荷马著作译本，他们同意见面讨论六步格诗的功用。在与一位如此杰出而有权势的政治家建立了思想上的和谐之后，阿诺德进一步设想，他们之间的关系将有助于使他的两个观点进入最高政治圈子，即关于向中产阶级提供高质量教育的观点，以及国家在教育中需要发挥比当代所能接受的更大作用的观点。"同时，请允许我再一次打扰您，寄给您一本关于法国大众教育的书，该书将在几周后出版……如果你能抽出时间看一下引言，以及后面的一两章，我将非常高兴。"[178]

1859 年，阿诺德代表纽卡斯尔去了法国几个月，"调查了法国公共教育法的运作情况"，正如他告诉格莱斯顿的那样。[179] 1859 年 8 月 5 日，他在多佛写道："在过去的几个月里，我几乎走遍了法国的每一个地方，看到了社会的各个阶层，从大主教、地方行政长官到乡村教师和农民。"他旅行的结果是在 1864 年首次出版了一本名叫《法国伊顿公学》（*A French Eton*）的书，书的开头是这样一个笑话："在那所著名的学府里，一大笔钱花在了教育上，得到的结果是一份关于大脑空空的贫乏报告。"[180]

463　　1864 年 6 月 10 日，他给格莱斯顿寄去了一本书，称其为"一篇关于中产阶级教育的小论文，没有人比你更能胜任这个主题"。[181]

洛——阿诺德最讨厌的人——把中产阶级的教育定义为：那些永远不会把孩子送到下层阶级光顾的小学，但又没有钱把孩子送到公立学校的人。[182]汤顿委员会的调查结果在很大程度上是阿诺德预料到的，而且不可避免地超出了他的预料。他知道中产阶级拥有大量的人才，而且这种人才往往伴随着一种动力和能量，而这种动力和能量并不总是存在于较为懒散和享有特权的上层阶级。他的作品可以被解读为对英国官方思想的攻击，他认为英国官方思想缺乏洞察力和智慧，当然也缺乏激进主义。他还认为它受到功利主义的污染，被死记硬背所破坏。这些假设，加之阿诺德经常断言欧洲大陆的秩序得到了改善，有助于解释为什么他在当权机构中不受欢迎，以及为什么他在监查机构中难获晋升。

阿诺德敦促格莱斯顿不要以英国财政大臣的身份，而是以牛津大学议员的身份提出自己的建议，"我不时注意到你反对国家干预的言论；但是，尽管最终要达到的完美目标可能是每个人都应该为自己做好所有的事情，但我不得不想到，在达到这一目标之前，为了实现这一目标，我们这个国家必须比以往更加自由地运用政府的帮助。"他希望格莱斯顿至少能听听他的观点。他补充说，"在我与英国全国各地的学校及其推广者打交道的 12 年里，我可能拥有比一般人更多的机会来研究英国中产阶级，特别是其中最强大、最具特色的一部分——新教徒中的非国教派；这一点，以及这项研究不可抗拒般唤醒的反射作用，是我触及一个无疑是社会和政治而非文学主题的借口"。

阿诺德怀疑伊顿公学能否教授"高深的智慧"，但他认为伊顿公学确实能向"它的贵族学生教授美德，这些美德是贵族最为优秀的美德的组成部分——不做作、有男子气概、精神崇高、朴实无华"。[183]他希望这能对非贵族学生产生影响，却又担心不切实际的期

望："向伊顿公学传达这样一个信息：香槟酒不能浇灌整个地球，

464 那里也有年收入低于 5000 英镑的人，这对英国的一大群父母来说是一种恩惠，他们满怀自豪，但并不富裕。"[184] 后来，他提出了这样一个观点，"对于经常去伊顿公学的学生来说，教育的伟大目标应该是给予他们出生和养育所不可能给予的美好事物：给他们（除了书本知识以外的）一种共和交谊的概念，过普通生活的习惯，自助的习惯"。[185]

这正是中产阶级所需要的，但克拉伦登不会帮助他们。"我希望这个想要提高整个国家中等教育水平——中等教育是基础教育之后进行自由教育的第一阶段，教授母语和最简单以及必不可少的知识科目；高等教育则是由大学进行的第二阶段和最后阶段的教学——的阶级不要心存幻想，认为任命一个皇家委员会针对现有的 9 所学校做出分析报告，就能够真正帮助它实现自己的目标。"[186] 他说委员们觉得自己无法从更远的地方寻找例证，这令他感到遗憾，原因是，他认为法国就有很多东西可以教给英国。

阿诺德注意到，中学教育体系是由国家组织的，部分由国家资助，部分由地方资助，学生只需支付少量费用——从每年 4 英镑 8 先令 4 便士到每年 7 英镑 4 先令 2 便士。如果没有国家监查员的批准，任何一所学校都不可能收取这么少的费用，这么少的费用也不可能与学校承担的责任相匹配。阿诺德还认为，通过锻炼和保健，他所见过的年轻人的身体健康状况要优于英国同龄人。他也欣赏学校的课程设置。这让他想到了一个大问题："为什么我们不能在整个英格兰都这样做呢——像法国人在整个法国，德国人在整个德国，瑞士人在整个瑞士，荷兰人在整个荷兰所做的那样——为我们的中产和职业阶层的孩子创建他们可以就读的学校，如果他们是寄宿生，每年的费用为 20 英镑至 50 英镑；如果他们是日校生，每年的费用为 5 英镑至 15 英镑；像同阶级的法国孩子所受的教育一样，有良好的保证，有良好的社会品质，有将来在世界上从事职业的优势。"[187]他承认，法国没有伊顿公学，"英国公立学校培养出了世界上最好的男孩"。他补充说，"不过，在英国只有五六所学校可以培养这种具有典型特征的孩子；他们不能被廉价制造出来"。拉格比和温彻斯特培养一名学生每年的花费是 120 英镑；伊顿公学和哈罗公学（伊顿公学的男生或许被理所当然地认为是这一备受赞誉的阶级中最完美的学生类型）一年的学费不可能低于 200 英镑。阿诺德若有所思地说，只花 30 英镑，你没办法获得高质量。

465

他说，中产阶级不会为孩子支付与他们经济能力极其不成比例的学费。[188]他嘲笑那些名为"教育之家"的机构，他们宣称能够为这个阶级的男孩提供教育，费用为每年 20 英镑或者 30 英镑，而那些了解教育的人知道这些机构是垃圾。他们缺乏适当的监督和公众监督，也不害怕失去名誉。"大多数人不太清楚教学与训练的好坏之别；他们不知道他们应该要求什么，因此，不能指望这种要求给我们提供正确的东西。即使他们知道他们应该要求什么，他们也没有办法测试这些东西是否真的提供给我们了。"[189]

他说法国做得更好，因为国家扮演了最重要的角色，"整个法国建立了一个完整的中学体系，学校数量充足，有可靠的保证和合理的收费，可以确定一般的学校成本，即使是最成功的私立学校也不敢冒险超过这个水平"。其他人，尤其是蓝星中学（Lancing）的创始人纳撒尼尔·伍达德（Nathaniel Woodard），以及其他 10 所公立学校，都注意到了中产阶级的一个问题：这或多或少是唯一一个国家或慈善机构没有为其提供教育的阶级。穷人有贫困儿童免费学校，工人阶级有教会学校；大学和伟大的公立学校都有巨额的捐赠。伍达德曾说，"中下层阶级（阿诺德不明白为什么要加上'下层'这个词）在政治上非常重要，他们的教育却在很大程度上依赖于私营事业的杂乱无章。在这片教育的土地上，从每年给予每个阶级（唯独不包括中产阶级）的数百万英镑中，中产阶级除了依赖于自己，什么也得不到"。[191]阿诺德嘲笑伍达德为新学校寻求公众捐款，询问中产阶级是如何免受"私营事业杂乱无章"的影响。阿诺德认为，只有国家体系才能做到这一点。伍达德可以在苏塞克斯建立学校，而且可能是好学校；但他能为英国其他地方做些什么呢？

466   阿诺德认为，"对中产阶级来说，教育的伟大目标应该是赋予他们灵魂的博大和人格的尊严；对下层社会，则是感受、温柔、人性"。[192]只有国家才能这么做。"教育是、也必须是一个公共机构的问题。其他国家已经用一种符合实际情况的新体制取代了中世纪为教育而建立的有缺陷的公共体制。在英国，我们保留着古老的公共教育机构……我们不能忘记要为事物的实际情况做准备。"[193]他否认有任何"宠物计划"。尽管如此，他坚决反对狄更斯在《艰难时世》里所讥讽的，在麦卓康赛（M'Choakumchild）先生的学校里，占统治地位的葛擂硬（Gradgrind）先生的体系所要求的死记硬背的学习方式；还有金斯利《水孩子》中的内容，作者在提到扫烟囱的格莱姆斯口音浓重的兰开夏方言时表示，"你可能会觉得格赖姆斯先生没有上过一所经过严格审查的政府国立学校"。[194]对于洛的审查系统被精确地校准以衡量教学"事实"的成绩，阿诺德再次表达了他的愤怒。然而，在几年内，甚至连洛都将倡导至少要对中产阶级进行自由教育，包括学习英国文学、法语、德语——以训练心智——以及至少一门物理科学。[195]

人们有一种偏见，认为接受国家教育无异于贫穷。阿诺德对此进行了嘲笑，"以个人身份接受帮助所感到的羞辱就像在联合与团体身份中彰显自己一样！作为纳税人，他自己的钱在帮助他人时也做出了贡献；作为整个社会在运用其权力时所产生的共同精力和智慧的结果，他自己也应该得到一些赞扬！他不再因为领取查特豪斯或温彻斯特基金会提供的奖学金，在牛津大学或剑桥大学获得奖学金而感到耻辱……与他走过伦敦桥，或走在国王大道上，或参观大英博物馆时相比，他并不觉得更丢脸"。[196]

这引发了对这个国家更广泛的讨论。有人说，"这个国家破坏了它所触及的一切。它试图为私人做一些事情，但私人可以自己做得更好"。[197]他援引《泰晤士报》一篇社论的话说，"国家几乎不可能在不限制和不扭曲教育增长，不错误干预教育自然发展规律的情况下对教育进行援助"。阿诺德认为，有些面对全体国民必须去做的事情，只能要求政府去做，但"我们可以让它成为我们的代理人，而不是主人"。[198]他说，中产阶级之所以做得这么好，正是因为他们让国家陷入了困境，同时为自己确保了"人格的中心和道德力量，我说过，这是建立完美的不可或缺的基础"。[199]他会在《文化与无政府状态》一书中重申这一点。这一阶层的学生被"广泛的精神运动"所吸引，表明他们具有更大的求知欲和好奇心。这场运动会继续下去并取得成果吗？它会把中产阶级的文化和智力引导到一个高高在上、发号施令的层面吗？这取决于中产阶级对完美的敏感性；这取决于它改造自身的能力。[200]这确实是《文化与无政府状态》传递的信息："我要完美无缺！"

阿诺德对"转型"的中产阶级寄予厚望，希望他们能成长为一个更高级、更友善的文化群体。[201]他说："对于那个伟大的阶级而言，它以其数量、能量和勤奋而强大，以其免于轻浮而强大，而不是以任何倾向于思想静止的自然法则而强大。实际上，在这个时刻，它被正在蔓延的思想骚动所刺激……那将是一种多么强大的力量，将是英格兰新生活中多么重要的一部分！然后，让中产阶级来统治，让他们在自我完善后肯定自己的精神。"这取决于他们为这一进展寻求的国家帮助。他概述总结的规范将在接下来的 80 年里巩固国家的教育体系。

468

第十三章　特权的终结：创造精英制度

一

19世纪中期，英国仍然受到任命制度的束缚——任命的对象几乎完全是男性——根据人们的社会地位、社会关系、财富和宗教信仰，而不是功绩来任命职位。特别是在国家的相关部门，这是事实，这方面最突出的两个例子是公务员的高级职位和军队的军官阶层。英国的两所古老大学也受到了某种形式的歧视，这意味着学术自由只存在于国教教会成员之中，而那些并非国教教会成员的人，发现更高的学位、高级学院和大学职位对他们都是关闭的。在国家需要尽可能利用其人才的时代里，这是一个严重的障碍。一个正在崛起的中产阶级——尤其是如果它不信国教，没有私人财富，而且缺乏社会影响力——就会发现白厅、军队和古老的大学都把他们拒之门外。

公务员制度的主要问题是，男子进入公务员制度的年龄太小，往往无法估计他们的能力，如果在后来发现他们才智三流，也不可能摆脱他们。但至少，私营部门接受了激烈的竞争，如果一个人对生意造成了巨大损失，他通常会被解雇。然而，在公务员制度中，许多被任命的年轻人花了数年时间抄写文件，却并没有取得更大的进步，这让他们感到无聊和沮丧。晋升是基于进入系统的时间顺序。当一个真正的高级职位出现时，往往没有一个人具备填补这一职位空缺的技能，因此，必须从外部提拔一个人，让他的职位高于长期公务员的职位，而长期公务员则因此士气低落。男性也没有机会从一个部门跳槽到另一个部门，这使得他们眼界狭窄，升职的机会也受到限制。

英国政府对克里米亚战争的处理是灾难性的，并提出了彻底改革的理由。但在当时面临的许多国内外问题中，有证据表明，前后矛盾和无能让事情变得更糟。随着人口的增长，以及随之而来的国家的财富、影响范围和影响力的增加，以及为应对不断增长的人口而提出的种种要求，旧的公务员制度已无法胜任这项工作。只有严重的不当行为才会导致一名公务员被解雇，但是很少人有智力和精力达到这种地步。正如1853年对公务员制度的一份官方报告所言，"安全感往往会助长懒惰，从而降低公务员的品格"。[1]

公务员制度改革的想法遭到了强烈的抵制，这不仅仅来自裙带关系派和反动派，他们看到了平庸绅士的职业机会正在消失，可能会落入有才能的人手中。1854年，前殖民办公室副大臣、剑桥大学现代史教授詹姆斯·斯蒂芬爵士曾表示，他觉得公务员的工作要求不高，不应该交给能力出众的人，他们会对此感到厌倦。他发现他以前的同事们都是低水平的，尽管如此，他们还是完成了人们对他们的期望。高级职员的年薪在700英镑至1000英镑之间，而初级职员的年薪在160英镑至300英镑之间，他们的薪水并不高——在他看来，他们也不应该获得高薪——他问道，"为什么要指望用这样的诱惑来吸引任何一个有突出才能的人，而他的生活中还有其他道路可走呢？"[2]愚钝的人很适合做这件事，因为"他在晦涩难懂的环境中工作，而这种环境是不可避免的"，而且他可能也不会理解别人要求他做的事情，如果他理解了，他可能会不同意。此外，斯蒂芬还表现出了他杰出的儿子菲茨詹姆斯（我们稍后会提到他）

在很大程度上继承下来的残酷的愤世嫉俗，他不明白为什么公务员制度应该规范择优录取，因为在大多数领域中，择优录取并没有体现出来。这不仅仅是为了防止腐败的目的。"在生活里所有其他的追求中，以裙带关系的精神行使的恩惠成为弱者和其他无助者的避难所，这不无道理。而那些通过自然环境和训练变得强壮的人通常可以自助。"[3]

470

还有一些激进分子，他们的声音不那么彬彬有礼，但也像詹姆斯·斯蒂芬爵士那样被人听到：比如爱尔兰记者马修·希金斯，他在 1855 年《关于行政改革的信》（*Letter on Administrative Reform*）中写道，"上层的一万名人士"垄断了"迄今为止王室下面的每一个荣誉、托管和薪酬职位，从高到低，无一幸免。他们拿走了自己想要的东西；把他们不需要的东西分配给了他们的亲戚、朋友和家属。反过来，他们都已经偿还了所欠下的友谊和感情债，也为年幼的儿子和疲惫不堪的仆人安排了公职"。[4]另一位评论家格雷格（W. R. Greg）宣称，"每个英国人都为自己的国家感到骄傲，但没有一个英国人以他的政府为荣"。[5]

格莱斯顿同意这一观点。1852 年年底成为英国财政大臣之后，他委托查尔斯·特里维廉爵士（Sir Charles Trevelyan）和斯塔福德·诺斯科特爵士撰写了一份关于公务员制度改革的报告。诺斯科特曾是格莱斯顿在贸易委员会中的私人秘书——格莱斯顿写信给他在伊顿公学的一位朋友，请他推荐一位最令人印象深刻的前学生，最后择优录取，诺克斯特从中脱颖而出。这两个人对彼此的评价都很高。诺斯科特曾在贝列尔学院与克拉夫一起当过学者，由于克拉夫天生性格腼腆，他对克拉夫的了解并不多。

1851 年，他接替祖父成为准男爵，1855 年成为议员，1874 年至 1880 年担任迪斯雷利政府的大臣，1886 年至 1887 年在索尔兹伯里执政期间短暂地担任过外交大臣。在19世纪50年代后期，他将通过立法来改善、改造和建立工业学校，以便使年轻的罪犯可以学习一门手艺，为社会做出贡献，而不是面临终生的犯罪和过早的死亡。当上大臣后，他将规范和疏导通往友好社会的道路，这为他赢得了许多工人阶级成员的喜爱，这些工人阶级成员试图通过成立殡葬协会在艰难的环境中自救。最近，他是1851年委员会的一位卓有成效的秘书。

特里维廉比诺斯科特年长（在两人推动这项事业时，特里维廉46岁，诺斯科特35岁），在成为财政部助理大臣之前，他曾是

471 一名杰出的殖民地公务员，他协调了对爱尔兰马铃薯饥荒的救济，而历史并没有因此善待他。他深受经济学家托马斯·马尔萨斯思想的影响，认为饥荒是"减少过剩人口的一种机制……上帝的审判让这场灾难给爱尔兰人上了一课，那就是灾难不能过度缓和……我们必须与之斗争的真正邪恶不是饥荒带来的物质邪恶，而是人民自私、乖谬和混乱性格所带来的道德邪恶"。[6]

特里维廉和诺斯科特的报告于1853年11月签署，1854年发表，题为《常任公务员制度的建立》（*The Orangisation of the Permanent Civil Service*）。这是一本简明扼要的杰作——只有23页，是关于重大主题的公共文件的典范——它试图结束任人唯亲的录取方式，根据通过竞争考试获得的成绩来录取，"公共事业巨大和不断增长的积累"使改革成为必要：国家的责任随着繁荣和扩张而增长，目前的力量"远远不够完善"，无法处理这些问题。[7]工作的轻松意味着"强烈鼓励患病青年的父母和朋友努力为他们谋得为政府服务的就业机会"，报告评论说，请病假或提早领取退休金的公务员是以牺牲公众利益为代价，他们的人数必须曝光以取信于民。[8]研究报告的作者并没有指责所有的公务员，但他们确实注意

到，选择这条路的人可能很少，他们选择这条路的目的是提升自己在公众中的地位。

他们提出的关键问题分为两个部分："向（公务员制度）提供优秀人才，并在他们被录取后充分利用他们的最好方法是什么？"[9] 通过考试被录取，然后有一段试用期，并了解到晋升将"完全取决于他们的专业知识和履行职责的能力"，这些都被认为是必不可少的。[10] 国家的某些部门开始启动某种形式的审查，包括财政部、陆军部、贸易委员会和殖民地办公室（众所周知，内政部和外交部对任何可能破坏恩赐制的事情都持抵制态度）。这个新的招考过程必须集中管理（尽管他们认为应该在地区中心进行，以鼓励更广泛的报考），在固定的时间进行，而不是留给各个部门自行决定。它还必须是独立的，要考察范围广泛的科目，而不仅仅是有利于少数人的拉丁语和希腊语。报告强调了"在智力劳动和机械劳动之间建立适当区别的重要性"。[11]

诺斯考特和特里维廉为改革提出了强有力的论据。该报告还在公务员制度工作方面区分了高级决策人员和普通文职人员。这种区分虽然合情合理，但往往会将高级公务员限制在贵族和富裕阶层，他们能够负担得起一所像样的公立学校的学费，随后就会进入牛津或剑桥。特里维廉承认这一点，但他为这一提议辩护的理由是，那些达到标准的贵族至少是"有价值的"，而不是"家庭中闲散、无用、愚笨的人、患有肺病、疑病症、有精神错乱倾向的人"。特里维廉希望这个国家"邀请我们的青年精英来从事公共服务事业"。

根据卡德威尔在1854年1月给格莱斯顿的一封信，晋升的难易问题在更早以前就已经出现了，当时格莱斯顿在贸易委员会有几个空缺。"我认为，在不同的阶级之间划定一条宽阔的界线是明智的，但对于把这些界线划得不可逾越的政策，我深表怀疑。"[13] 他补

472

充道："如果后辈们不想成为绅士，他们在任何情况下都不适合升职；他们从教育和培训中获得的能力不适合从事高级工作。另一方面，如果你确立了努力工作、低工资、无权升职和试用期，那么我认为你会在很大程度上排斥优秀的绅士，而真正的、勤奋的绅士们会凭借自己的力量，凭借卓越的功绩获得自由。"卡德威尔还建议改变已经设立的任何一个审查委员会的组成，并"在服务方面建立更严格的规定。而对于这一点，取消任命权将是趋势——因为现在一个部门的负责人很难解雇不称职或不情愿的人"。诺斯科特和特里维廉希望晋升取决于能力、努力和成效，这是一个革命性的概念。

473 　　格莱斯顿起草了一份关于公务员制度改革的备忘录，以回应诺斯科特和特里维廉的意见。备忘录指出，"那些试图继任在年轻时被任命的公务员职位的候选人，将接受分组考试：所有合格人士均可参加考试"。与职位空缺数量相对应的席位将由审核员根据成绩选择。[14] 格莱斯顿明白，这对老手来说将是多么不稳定，他说，"相对于因为才能被录取的人，那些因为恩宠被优先纳入这个体系的人，如果因为一项计划被剥夺了晋升机会，必然会对此计划持抱怨的态度，这是可以理解的，因为如果计划周到，他当初就不会被录取进来"。

　　1854 年 7 月 8 日，特里维廉告诉格莱斯顿，《威斯敏斯特公报》（Westminster Gazette）上刊登了一篇关于公务员制度改革的文章，"说我们的计划比现在的制度有很大的改进，但它充满了危险。然而，没有比这更好的安排了"。[15] 特里维廉继续施加压力，他在 1855 年 1 月 17 日的一封信中告诉格莱斯顿："人们普遍认为，这个国家的无能青年被公共服务所吸引。因此，无论在何种程度上遏制这种趋势，公共利益都会得到促进。目前，通过各部门的考试，人们承认这一目标实现得很不完美。而且，所有最好的专家都承认，最好以最高安全级别的公务员机构来取代部门考试，而这些公务员机构专门按照既定的规则和目的行事。"[16]

他承认，对于哪种考试是最好的，他有不同的看法，但他敦促说，不管是哪种考试，"都可以完全或部分地根据竞争原则进行"。常任公务员制度的建立调查委员会（Committee of Inquiry into The Organisation of The Permanent Civil Service）曾建议，"应成立一个中央委员会，对所有可能被认为有权接受这种测试的公务员候选人进行考试。该委员会应由具有独立地位并能获得普遍信任的人组成；它的头目应该是一名枢密院官员"。[17]

诺斯科特和特里维廉在他们最初的报告中说："我们认为，这次考试无论如何都应该是一场竞争性的文化考试。但不应排除此前对候选人年龄、身体健康状况和道德健康状况的仔细调查……我们看不出还有什么别的方式可以达到这样的双重目的：选择最合适的人，避免任人唯亲的罪恶。"[18]他们也迫切希望确保入选要求应包括身体健康。1855 年 2 月 9 日，他对格莱斯顿说："没有什么比年轻男性因为身体虚弱而进入公职更常见的了，而且这一点可能并不总是通过一次体检就能发现。"[19]特里维廉试图寻找一位主考人，首先是本杰明·乔伊特，在职业生涯的这个阶段，他是贝列尔学院的一名教师，也是改革委员会的一员，接着是弗雷德里克·坦普尔，他是一名督学（监查员），曾是贝列尔学院的研究员，后来成为坎特伯雷大主教。乔伊特——可能是这个国家的领军人物，他的学生们经常取得一连串的第一——强烈支持改革，认为（事实证明这是正确的）改革将极大地促进大学教育。

下院希望能够拥有决策权，但格莱斯顿和特里维廉希望通过枢密院令来实现这些改变。当年 5 月，《威斯敏斯特公报》和《北部英国评论》（*North British Reiews*）都称赞了这项改革，这让特里维廉大为振奋。7 月 14 日，特里维廉写信给格莱斯顿，感谢对方"为我辩护，为我伸张正义，您个人表现出了极大的善意"。[20]一旦这一原则在国内得到贯彻，就会对政府施加压力，要求新进入印度公务员系统的人采用它；并且为炮兵部队的潜在军官和工程师寻找"数学成绩优秀"的年轻人提供了入口。[21]

1855 年，竞争性考试进入了不那么确定的启动阶段，首先用于筛选预先选定的一组候选人，而不是开放给整个领域。1857 年，当狄更斯写《小杜丽》时，他描述了办事拖拉的官僚机关，并讽刺了公务员制度的运作，称其为"兜圈子部"。该机关的最高职位由一个自我延续的寡头政治关系网组成。骗子默德尔非常圆滑，利用他妻子在哈利街的沙龙，给显赫的德西默斯·泰特·巴纳克尔勋爵（Lord Decimus Tite Barnacle）行贿，为他的继子谋得一个职位。年轻人没有任何优点或资格，和他的继父一样，也是个骗子，"兜圈子部"的目的就是什么也不做，把一切可以做的事都搅乱，对他的任命仅仅是为了给庸俗的人提供生计。"过了一两天，镇上所有人都知道了世界知名的默德尔先生的女婿埃德蒙·斯帕克勒（Edmund Sparkler）被任命为'兜圈子部'的一名官员；并向所有真正的信徒发布公告，这一令人钦佩的任命将被誉为一种优雅而亲切的敬意，由优雅亲切的德西默斯吹着号角向一个商业大国里确定无疑的商业利益和所有余下的部分宣扬。"[22]

不可避免的是，特罗洛普嘲讽地称之为"宏大的现代竞争考试计划"的逻辑被扩展了，而且不只是针对那些部门主管希望邀请参加考试的人。[23]但正如特罗洛普所言，在它"注定要复兴、澄清和完善国家的公务员制度"之前，必须打破许多古老的偏见。[24]直到 1870 年，诺斯科特－特里维廉的教父格莱斯顿才最终决定让这一体系适应现代需求。

第二轮改革的动力来自洛。1853 年，他第一次尝试将精英制度引入公共服务，当时他加入了由《诺斯科特－特里维廉报告》引发的国内公务员公开选拔运动。格莱斯顿作为财政大臣和倡议者，不得不放弃这些改革计划，原因在于 1854 年春末在下院和上院中压倒性的反对意见。1855 年，议会下令成立公务员事务委员会，批准新聘公务员，但在 1855 年至 1868 年间，只有不到 30% 的职位空缺是公开竞争的。洛的观念根深蒂固，但是在国内无人支持，议会和格莱斯顿的内阁里都是如此。1869 年 11 月 10 日，他写信给格莱斯顿说："由于我一直以来都徒劳无功，您今天会把公务员问题提交内阁讨论吗？必须做出决定。我们不能把事情保持在这种不光彩的搁置状态。如果内阁不考虑公开竞争的想法，难道我们不能至少为每个空缺要求更多的竞争者吗，5 个、7 个或 10 个？"[25]

他把这个问题强加给了格莱斯顿，认为财政部应该通过公开竞争来招聘。格莱斯顿承认，这种策略"非常有可能……是正确的选择"。[26]他担心克拉伦登和布赖特的强烈反对，希望避免出现辞职。他建议与其他大臣广泛协商，并最大限度地保持灵活性。1869 年 12 月，内阁同意国家的行政部门可以自行决定是否使用公开竞争：只有内政和外交部门拒绝这样做。洛告诉任何打算开倒车的部门，不按这种方法征聘的公务员的养恤金应享权利将被剥夺。这结束了旧的恩赐制，除了外交部，该机构直到第一次世界大战后才有所改变，不过就算到了 1911 年，教育部仍在通过提名任命。

洛为三个不同级别的竞争考试制定了规则。1871 年 6 月，贸易委员会常任秘书长托马斯·法雷尔（Thomas Farrer）提请他的同事们注意，根据洛的安排，公务员事务局将更改有关部门的组织规则。他概述了洛提出的三类公务员：

1. 高级职员，一种相对较小的固定职员阶层，工资高、拥有
   固定任期和养老金。由高级职员的公开竞争选出；

2. 中等阶层的固定职员，工资较低，但有固定的任期和养老
   金，也是通过公开竞争选拔出来的，等级较低。

3. 从公务员专员中选出的一组写作者，每小时工作 10 天（或
   每周 30 天），但没有固定的任期、养老金或任何形式的报
   酬或前景。

所有进入这些类别中的人，将在第一次进入公务员系统时认识
到这一点：只要他们继续担任公职，他们就将继续属于他们应该属
于的阶层，而且不可能升到较高的阶层或降至较低的阶层。

洛规定，在参加 1 类和 2 类的竞争之前，每个人都必须参加一
个初步测试，以证明自己具备良好的基础教育水平。优等生的考试
包括英语作文、语言和文学；英国史（特别是宪制史）；希腊语和
拉丁语、文学和历史；法国、意大利和德国的语言、文学和历
史——尽管现代语言的分数只有古典著作分数的一半；数学和自然
科学、道德科学、法学和政治经济学也进行了测试。那些以第 2 类
课程为目标的学生面临的要求要少得多，比如书写、索引和文档处
477 理、拼写和算术。洛把他的精英制度限制在受过大学教育的人身
上：因为只有他们才能在考试中争取到最高的分数，只有他们才有
机会在公务员制度中晋升到最高水平。他确保只有最聪明、受教育
程度最高的人才能进入高层。然后就由社会来推动其他方面的改
革——尤其是在录取来自更广泛学校和背景的学生方面。

法雷尔关于晋升不可能的观点说得很好，但洛对此不屑一顾。
他明白，在公共服务的最高等级中，智力水平很重要，但处世技巧
和社交技能也很重要。那些所受教育能使他们进入中等阶层的人，

几乎肯定不会有轻松地与全国最高等级的人打交道的机会，因此提拔他们是不可能的。1873年，洛向一个特别委员会表达了他的观点："公立学校和大学的教育，以及诸如此类的东西，在人们之间产生了一种类似共济会的圈子，这种共济会不容易描述出来，但每个人都能感觉到。我认为这是非常可取的。在那些职位上，有许多人与这个国家的上层阶级有接触，他们应该属于这个阶层，这样他们才能代表政府坚持自己的立场。"他补充说："在我认为很有价值的上流社会的事情上，可能会发现助理职员的欠缺；也许他不会发 h 音，也会犯类似的拼写错误，这对一个部门来说，在谈判中可能是最严重的伤害。"[28]

法雷尔说，虽然竞争是良性的，但新规定的其他方面"将使情况比现在糟糕得多"。他说，这些等级之间的划分是"武断的"。他认为，一些通过了最高等级考试的学生"回到了过去，而不是继续前进，如果他们知道自己无法被比自己低一级的学生超越，他们更有可能这么做"。至于那些生活在这一链条底层的，"肯定会有一些精力充沛、有能力的人，他们在20多岁时还没有通过一流的考试，但是他们的教育、能力和性格都是随着生活的进行而发展的。根据我的经验，这些人是服务体系中最有价值的人。但是对于这样的人，新计划关闭了晋升和希望的每一扇门"。他谴责该计划的"贵族或富豪性质。它通过竞争性考试选拔男性，要求被选拔者早年接受昂贵的高等教育，而这只有富人才能负担得起"。[29]他承认，更灵活的晋升方案可能会被滥用，但必须尝试一些更灵活的办法。然而，格莱斯顿只能做到这一点。

关于"抄写"这一等级，14岁至18岁之间的男孩将接受"书写、正确拼写和算术（小学水平）"的测试，18岁以上的男孩也将接受这些科目的测试，此外还有"抄写手稿"（由于当时的许多笔

478

迹难以辨认，抄写极其困难）和一个可选的"比例、习题、普通分数和小数"测试。[30]在天平的另一端，洛的改革为大学提供了新的动力，使它们的教学提高到使毕业生能够进入这个高阶层和高薪职业的水平。这扩充了它们通常所做的事情，以前它们的目标是让男人成为校长、教师或牧师；现在它们变得更外向、更现代、更有意义。它们，就像他坚决支持的那些学校一样，成为英才统治的强大引擎，确保了英国在 20 世纪的繁荣和成功。

二

克里米亚战争发生在 1854 年至 1856 年间，当时英国、法国和奥斯曼帝国联合起来对抗俄罗斯。奥斯曼帝国、法国和俄罗斯在谁拥有保护基督徒的神圣权利的问题上发生了争执，当时奥斯曼帝国正在逐步衰落，拥有强烈帝国主义心态的英国看到了在中东获得影响力的机会。然而，令人震惊的是，它的军队往往是由顽固而愚蠢的老人领导的，这些老人购得了军队的指挥权。结果，有些战斗一败涂地，正如丁尼生在《轻骑兵的冲锋》（*the Charge of the Light Brigade*）中所描述的那样，他不朽的名言"有人犯了错误"成为整个战争的有益格言。在最初的几个月里，即使在弗洛伦斯·南丁格尔控制了那里的医疗救治之后，仍然有更多的人死于疾病，而不是伤口。英国共有 21097 人死亡，其中 2755 人在战斗中丧生，2019 人因伤死亡，16323 人因病死亡。如前所述，战争是推动公务员制度改革的主要原因之一。这也将成为军队改革的主要原因，军队的低效和管理不善在这次战争中已经暴露无遗。

就像公务员制度那样，改革不会很快到来。克里米亚溃败后的各种调查都建议进行改革，但到 1868 年，也就是最后一枪打响十几年后，深度的改革还没有完成，这要感谢军官阶级根深蒂固的抵抗，他们的既得利益是一个无法移动的障碍。军队的薪水还算不错，但钱是通过出卖晋升机会赚来的。当一个人想要升职的时候，他从一个即将退休或升职的军官那里购买下一级别的职位。当一名军官最终退休时，他可以卖掉他的职位，并根据他的资历，期望在年老时用收入维持良好的生活。兵团的敏捷和优秀程度也影响了价格：克里米亚指挥官卡迪根勋爵以 4 万英镑的价格买下了第 11 轻骑兵团上校的身份，这在当时是一笔巨额财富。那些 25 年后退休的人，做这件事情只需付一半的价钱；30 年后退休的人，则需要全额支付。

1857 年的一个皇家委员会颁布了一项法令，规定出售委任状的做法"与当今公众的情绪相抵触，也同样与军职的荣誉相抵触"。[31] 它还说，这种制度给了"财富过多的优势，抑制了努力，压抑了优点"。此外，由于一名男子的委任状随着他的死亡而终止，战场上的士兵们知道，除了死亡之外，他们经常不得不担心失去一笔可观的家庭财产。在委任状市场上，为了商业考虑，牺牲了荣誉和利益。卡德威尔还赞同报告的观点，认为军队中的一些职位是如此重要，无数人的生命取决于一名高级军官的正确判断，因此，这些职位的填补应只根据功绩，而不应根据谁能负担得起。1860 年，帕默斯顿接受了这些批评。但 11 年后，由于成本问题，他们什么也没做。

剑桥公爵乔治亲王（Prince George）是英国女王的表兄，自1856 年以来一直担任英国最高统帅。公爵的军事生涯并没有真正体现出他的才能，他 18 岁时是上校，26 岁时已是少将。他曾在克里米亚指挥一个师，但由于健康状况不佳，他在那里的行动中断了。1862 年，他成为一名陆军元帅。公爵认为公务员阶层在社交

480　上是排外的，并打算保持这种状态。他对战争或组织的理论问题不感兴趣，也不鼓励任何人去研究这些问题。在军队中实行精英统治以改善现状的想法对他来说是一种诅咒。然而，在19世纪50年代末和60年代初，他一直是马背卡宾枪的早期倡导者，并制定了年度演习计划，以保持军队的敏锐性。他支持建立参谋学院和皇家军事音乐学院，在法律做出限制之前，他曾限制对惯犯的鞭刑。

　　格莱斯顿任命爱德华·卡德威尔为陆军大臣，他随即着手启动改革。即将卸任的政府减轻了这项事业的刑罚性质（包括鞭刑和其他残酷惩罚），它的《兵变法令》废除了鞭刑，除了军事法庭审判之后可以在军事监狱中执行外，这使得刑罚与民事法庭对暴力犯罪的判决相当。军队中对此一直存在抵制——威灵顿公爵是一个坚定的鞭答者，尽管他1852年就去世了，但他是剑桥公爵和军队高级官员所效法的榜样。卡德维尔瞄准的目标非常明确：购买委任状。他要确保军队的进步是靠能力而不是出身，就像公务员一样。他不希望这仅仅是为了他自己的平等主义信念，而是因为所有其他事业的结构性改革都源于其内部精英制度的建立。

　　当时年轻的自由主义国会议员乔治·奥托·特里维廉曾就此问题写过一本小册子，并于1868年7月将其寄给格莱斯顿，主张废除购买行为，"其理由既是出于公共道德，也是出于国防道德"。[32]他和弗洛伦斯·南丁格尔曾通信谈到军队的不足之处。1868年11月，特里维廉说，他很高兴南丁格尔看到了"现行军队制度的不可辩护性，以及无论有什么困难都应该修正的必要性"。[33]南丁格尔也曾向特里维廉抱怨说，"目前的制度存在着大量混乱的、复杂的、零散的工作方式"，而且这种情况完全可以追溯到购买制度。除此之外，南丁格尔还担心"没有购买，我们的军队能否生存下去"。特里维廉说："购买的实际效果是将军队成员局限在贵族或

希望获得军衔的人，以及社会上的渣滓、流浪儿和流浪者当中。中 481
产阶级和真正的工人阶级目前在军队中没有立足之地，这既不能给
他们提供有报酬的工资，也不能给他们提供一个开放的职业。"论
及混乱的花费，他还说，"要减少团队的各种花费，唯一的办法就
是增加以军人为职业、以军队为生活来源的军官的比例，而这只能
通过废除购买来实现"。

　　南丁格尔关心的是社会后果，特里维廉安慰她说："如果工人
的儿子（我们的意思是）受教育程度低、举止粗俗、不适合绅士
社会，伯爵就不必以军官的身份与工人的儿子见面。"不过，有一
条规则是，"每个团中空缺的军官职位都应按一定比例分配给士
官，条件是候选人各方面都有资格胜任女王陛下的职位"。军官们
自己就是法官，就像奥地利和普鲁士军队中的贵族一样，大多数军
官都是按照军衔提拔起来的。

　　然而，特里维廉对社会的流动性持乐观态度，"我不能承认，
这个国家的上层阶级不愿意与下层阶级自由交往。恰恰相反，正是
我们贵族的荣耀和力量，使他们不断地经历着一个自下而上的革新
过程，他们毫无保留地在议会、在私人社会、在教会、在法律、在
英国和印度的公务员制度、在各种针对公共和私人目标的协会中，
与地位较低的人交往。我们的贵族阶层和社会的其他阶层之间并没
有什么严格的界限。"[34]他补充道："尽管我们的军队建立在排他的
体制之上，但和其他地方一样，英国绅士慷慨大方、心胸开阔的态
度在那里盛行，没有什么比全体一致地欢迎那些被提拔到委员会的
值得尊敬的士官更值得注意的了。即使是现在，当被提拔的人在很
大程度上受的教育和举止都很差的时候，情况也是如此。"南丁格
尔仍然担心废除购买会威胁到贵族阶层，但特里维廉告诉她，"如
果没有军队这种东西，贵族原则在英国社会仍然会很强大。真正的

平等在人类事务中是不可能的，尤其是在个人活动和竞争日益激烈的国家"。

482　　在内阁层面，主要考虑的是如何处置剑桥公爵：如果不能将他免职，如何才能以最好的方式绕开他。格莱斯顿知道"公爵的任命没有任何期限，只要君主高兴，他就能够被任命"。[35]剑桥公爵和大臣之间总是很难相处。1870 年 2 月，卡德威尔向格莱斯顿提出，如果认为军队纪律不令人满意，并且"如果总司令的行为中有任何需要大臣干涉的事情，那么大臣不仅有权干涉，而且有义务干涉"。[36]格莱斯顿对此总结道："你最好把你对这个问题的看法提交给女王。"

　　公爵很敏感。1869 年年初，特里维廉在霍威克的一次演讲中说，"我确实认为，将一位王室公爵永远放在总司令的位置是不合适的"，公爵和女王对这番话都感到愤怒。[37]特里维廉是海军大臣，几周前刚刚被任命。格莱斯顿觉得有必要写信给他的父亲查尔斯·特里维廉爵士（Sir Charles Trevelyan），要求就他所说的"令人尴尬和严重的事情"进行必要的卑躬屈膝的道歉。[38]于是，卡德威尔花费两个星期的大部分时间去安慰公爵和女王，同时从年轻的乔治那里得到了适当的忏悔。特里维廉的父亲帮助了他，用模棱两可的官话对格莱斯顿说，"没有人能比我儿子更强烈地感觉到他在暗指殿下时犯的错误"。[39]

　　特里维廉这个恶棍本人在 1 月 8 日写信给格莱斯顿，部分地指责了媒体。这些评论被复制到了《蓓尔美尔公报》（*Pall Mall Gazette*）上。在《蓓尔美尔公报》上，这些评论看起来甚至比实际更加轻率。我随函附上一份完整的报告，但即使是在这种情况下，我觉得——而且在话一说完的时候就觉得——这些话是极其不明智的。[40]然而，他主要的愤怒还是留给了"记者"，因为"他们似乎从来没有想到过，除了总司令之外，还有谁会被提及"。不过，他又开始忏悔，并说："我得到了一个永远不会忘记的教训。""不管你认为最好采取什么办法，我都欣然同意……这要由你来判断，我如何做才能提供最好的服务，造成最小的损失。"

　　格莱斯顿安慰他。他有过"一次口误，我很清楚，我们大家都有责任"。[41]他补充说，试图解释只会加重他的错误。最好是毫无保留地道歉，"坦率地，我的意思是毫不吝啬地，写封信给我"。然后他会把这封信寄给奥斯本。特里维廉做到了这一点，再次向格莱斯顿道歉，表示是因为他对军队改革的"欣喜"导致了这种过度的热情。[42]格莱斯顿对他所说的每一句话都表示赞同，这对他很有帮助。这是对女王的安慰。公爵是另一回事，特里维廉和卡德威尔必须讨论如何对付他。

　　1870年春天，卡德威尔提出了军队改革的问题。由于法国在那年7月19日对普鲁士宣战，造成了邻近大陆的不稳定，这一问题变得更加紧急。8月1日，格莱斯顿通知迪斯雷利，由于紧急情况，他将要求议会批准为两支军队额外拨款200万英镑，并为军队再招募20000名士兵。人们担心英国可能会像1914年那样，不得不对比利时的中立性受到攻击做出回应，而英国是比利时中立的保证人。人们还认为，一个规模更大、要求更高的军事机构，不能与这样一个过时的制度并存，那是购买左右着任命和晋升的制度。那一年，一个皇家委员会发现，在规范委任状价格的问题上，少将军衔以下的各级军官经常违反法律，这种行为得到了长期形成的习惯的支持，不受任何权威的制约。[43]

　　格莱斯顿和卡德威尔开始讨论在秋季废除购买行为的细节。格莱斯顿认为，废除不仅是为了提高军官阶级的标准，而且是为了使一个变得懒惰、对社会贡献不足的阶级重新悔过自新。1870年10

月 13 日，他为此写了一份很长的备忘录，这是关于他的思想如何运作的一个有趣例证。他认为，如果军队组织的某一部分要进行改革，那么整个组织都要进行改革，制度改革应以一种"全面和明确"的方式进行。[44]要求现代化的不仅是本土军队，还有印度和殖民地军队以及民兵。由于普鲁士取得了压倒性的胜利，格莱斯顿认为这个国家的军队是他所期望的典范，特别是在军队的管理安排方面。

这将是有争议的，尤其是将格莱斯顿的道德框架强加给一群并不完全认同它的人。他决定，必须"在工作、薪酬和特权之间进行准确而全面细致的调整"。这就是士官和其他军衔的情况，他不明白为什么军官阶级的情况不应该一样。最昂贵的委任状不可避免地是那些带来最大闲差的职务。随着购买行为的废除，闲职应该被削减，幸存下来的职位持有者应该得到更低的工资。他写道，由于这个国家有庞大的休闲和富裕阶层，"由于它在无薪的地方行政长官当中和议会中具有优势，因此，当我们着手重新调整军队的管理制度时，应该牢记我们社会的同一部宪法。这种劳动力的类型虽然重要，但不应该是昂贵的，而应该是廉价的"。

格莱斯顿还担心年轻人参军的年龄太小，于是他尖刻地指出，"我们参军的那部分年轻人，在求知欲方面，整体上无疑低于平均水平"。然而，到目前为止，他们还只是和同学隔离开，过早地获得了成年特权，周围充满了懒散的危险。令人高兴的是，英国试图避免战争："事实上，最大的困难是，在和平时期从懒散中拯救军官的生命……在和平时期，这一职业往往达不到持续精力充沛的正常标准，而在战争时期，它又往往高于这一标准。"为了做到这一点，格莱斯顿想要一个欧洲风格的军校，在那里，年轻人可以像普通士兵一样学习参军的艺术。这将成为位于桑赫斯特的英国陆军士官学校的惯例——自 1813 年以来，英国陆军士官学校一直位于伯克郡/萨里郡边境地区，为骑兵、步兵和印度军队培训"绅士学员"——也将成为其他军官训练学校的惯例。

首相不抱任何幻想，他认为这项改革将是"一项巨大的事业"，而且在实施之前必须有一个详细的替代体系。[45]他还明确指出，在法国和普鲁士达成和平之前，不能做任何事情来扰乱军队的平衡，以防不得不采取行动。1871 年 1 月，就在议会召开新一届会议之前，财政大臣洛提出了一个问题。他告诉格莱斯顿，对那些委任状代表其主要资产之一、但这种资产将不再被允许出售的官员，涉及的赔偿金额是如此之大，以至于英国将需要举债支付。

格莱斯顿告诉卡德威尔，这个消息是"一枚完美的炸弹"，构成了"我掌权时所采用或建议的对我们的财政最具破坏性的措施"。[46]他继续说道："我担任这个国家的财政大臣已经将近十年了，因贷款用于偿还每年的委任状支出而令我的职业生涯结束，这是不可能的。"他说，他"不可能"同意目前的提议。第二天，内阁对此进行了讨论，并同意增加 300 万英镑的军队预算，重要的是，大家一致认为，应该废除购买行为。19 世纪中期，购买一个警卫团中校的军衔需要花费 7250 英镑，但是军官可以以 5350 英镑的价格卖掉他的军衔，所以他必须筹集 1900 英镑来晋升自己。当时，一名少校的年薪为 315 英镑，而中校的年薪则升至 427 英镑。[47]

卡德威尔被叫到奥斯本，他请求女王于 1871 年 1 月 22 日原则上批准废除购买行为和改变预备役军官的雇佣条件：这就需要将军事大臣的职位公开，使其不再充当公爵的私人参谋。[48]他对女王说，"所有人都需遵守 5 年规则，要为他职位的绝对例外辩护是不可能的"。女王告诉卡德威尔，她会写信给公爵，大概是在和公爵进一步讨论之后，"她希望能够赞成这些提议"，也会要求公爵把他的

485

办公室从皇家骑兵卫队搬到陆军部，在那里，卡德威尔可以更密切地监视他。据女王说，公爵是在被迫的情况下同意了最后这一点。女王在信中采用了她感情用事时所特有的随机和大胆的下划线，说"只有在对方清楚理解公爵意思的情况下，他才会临时这么做，他这么做是为了方便交易，并打算尽快建立一个新的陆军部与现有的皇家骑兵卫队保持联系，而且他进一步说，总司令必须有一个明显独立的入口，能使其进入分配给他的位于蓓尔美尔街的建筑，那个地方必须被称为'皇家骑兵卫队'。"[49]

486　　这项事务于 1871 年 2 月 16 日提交下院审议。内阁已决定，今后进入军队服役并获得军衔的人将是来自桑赫斯特的学员，"在那里通过竞争性考试才可以获得承认"；以及来自民兵群体中服役两年的中尉，考试合格，并且由地区参谋推荐；还有来自士官队伍中的成员，通过公开竞争选拔；最后是来自陆海军官学校的学员。[50]此后的晋升将以"选择原则"为基础。兵团将决定从中尉到上尉的晋升，其余职位由军队决定。民兵的控制权从郡首席治安长官移交给了国务大臣。

《陆军条例法案》本身提到，从技术上讲，在爱德华六世和 1809 年乔治三世的统治下，重要官职的买卖行为已经被废除，"但军队中任何委任状的买卖或交换"都可以豁免。现在提议将所有买卖都定为"非法"，[51]那些购买了他们现在无法出售的职位的人，退休后将获得补偿。在 1868 年至 1870 年的三年里，军官阶层的新聘人员中，有 330 名是通过晋升来实现的，另外的 932 名通过购买来实现。在通过晋升实现新聘的 330 人当中，桑德赫斯特就提供了 268 人，其他的 62 人来自军队，尽管这个数字从 1868 年的 36 人下降到了 1870 年的 8 人。[52]英国将实行渐进式退休制度，因此所需的大笔资金——可能为 750 万英镑至 850 万英镑——不必一次性全部支付，但对于支付这笔费用，仍然存在巨大的反对意见。由于无法再购买最初的委任状，卡德威尔宣布，它们将被授予在桑德赫斯特完成学业的人，作为他们适合担任军官的证明；要进入桑德赫斯特学习需通过竞争性考试。这样，军官仍然是绅士；但是，他们不可能通过负担得起在桑赫斯特的教育费用和维持军官的尊严来获得委任。大学毕业生也有资格获得任命，公众也可以通过竞争性考试来进行申请。晋升将以成绩为依据，并以关于该官员的行为和能力的详细报告为基础。

这份意向声明还以剑桥公爵继续统治的形式捅开了一个马蜂窝；但因为捅开它的人是乔治·特里维廉，因此它并没有使自由党领导层感到完全失望：尽管此事已经公开，但卡德威尔还是力劝特里维廉不要把这个问题推向表决。2月21日，他在下院提出一项决议，认为除非改变总司令任期，"使大臣能够自由地利用英国军队中不时存在的最好的行政才能和最新的军事经验，否则不可能完成任何军事重组"。[53]没有人可以自称这样的定义包括公爵。后来，这个玩笑开得更大了，因为特里维廉决议的第二部分敦促说，考虑到废除购买制度所涉及的成本，迫切需要立即消除过时的军费来源。

问题出在双重政府体制上：公爵在皇家骑兵卫队的办公桌旁指挥军队，而卡德威尔也试图在陆军部的办公桌旁指挥军队。特里维廉指出，"不使总司令蒙受耻辱"就撤换掉他是不可能的，并声称公爵在服役期间做的事情令他无法为自己开脱。[54]不过，他建议，这个职位应该由一名现役高级军官担任，由军队中最优秀的军官轮流担任，这样，大臣的首席军事顾问就应该是具有全新的军人艰辛生涯经验的人。特里维廉的建议与该部门的行政管理在20世纪的演变情况极为相似，总参谋长的任期通常为三年。特里维廉不想太直接地侮辱剑桥公爵，而是提到了威灵顿公爵的顽固，直到1852年，威灵顿公爵还像在半岛战争期间那样管理军队，使用陈旧的武器（毛瑟枪比步枪更受欢迎），对所有现代化的进步和做法都极为憎恶，对过分和野蛮的身体惩罚极为狂热。这使军队看起来更像一个监狱，而不是一支像样的战斗部队。威灵顿公爵长期占据这一职位对军队来说是一场灾难，考虑到其反对任人唯贤，将晋升的控制权交给他是完全不可取的。

特里维廉担心，随着购买可能被废除，公爵仍将拥有极大的权力，可以促进或阻碍年轻军官的职业生涯。公开竞争必不可少：自从诺斯科特－特里维廉改革以来，这一形式一直在公务员制度中运作，而自从克拉伦登改革以来，它就一直在公立学校中运作，因此根本没有理由不让它在一个像军队这样重要的机构中运作。他的一部分目的是强调公爵反对废除购买：总司令显然不了解今后由政府控制的委任状的获得方式，他曾表示，废除是不起作用的，因为它将被私下购买所取代。

此外，特里维廉还指出，由于公爵的懒散和纵容，一些高级军官什么都不做却得到了丰厚的养老金，而一些在职军官，尤其是警卫旅的军官，也没有做什么事情，就换取了他们丰厚的报酬。代表众多自由党议员的特里维廉表示，将军队控制权从宫廷移交给民选政府的时机已经成熟。另外，正如在随后的辩论中显示的那样，托利党仍然喜欢公爵，并在辩护中声称他得到了军队的支持。当然，他也在自由党执政期间履行了这一职责，阻挡了自由党，以确保托利党的利益。卡德威尔试图平息事态。他宣布，双重政府已经结束，枢密院令已经确定了大臣对军队的权力；此外，正如与女王达成的协议，公爵将进入陆军部，与卡德威尔更密切地合作。他还为现任公爵的任职进行了辩护，虽然并非真心诚意，因为他担心轮换任命会被政治化。然而，特里维廉还是推动了投票；尽管最终以83比201宣告失败，他还是展示了有相当一部分人对现状不满。

当《陆军条例法案》进行第二次宣读时，一些下院中的前官员大力捍卫特权，并攻击拟议中的贤人制度。尽管一些人展示了他们与生俱来的势利感——南丁格尔指出，非绅士的人可能会被漏掉——但主要的借口是补偿那些即将退休的人。由于普法战争和六个星期前德国刚刚实现统一，欧洲局势紧张，一位前官员因此认为，如果所有这些钱（讨论的数字在800万英镑到1400万英镑之间，改革支持者抓住了这个不准确的数字）都存在的话，它们不是可以更好地用于保卫国家吗？有着利害关系的下院议员查尔斯·怀特上校（Colonel Charles White）对择优录取的好处不屑一顾。他说，目前的体制"还有很多优点需要挖掘"。[55] "几个世纪以来，在伯明翰、曼彻斯特和其他地方，它使我们的军队配备了一批军官，他们使'英国军官'和'绅士'成为同义词，全世界都知道这一点。几个世纪以来，我们的军队都是由它来指挥的，尽管你不会相信——我们士兵都知道这一点——目前的英国士兵更愿意心甘情愿地服从命令、愉快地服役，忠诚地追随。英国军官属于一个领导过英格兰军队的阶级——我非常怀疑他们的继任者是否真的有能力去领导这支军队——一个令你不敢贬低他们品格或效率的阶级。"

怀特嘲笑这样一种观点：择优录取或择优晋升可以很公平，可以令人满意地推行下去，因为这将建立在"秘密报告"制度的基础上，这是"非英国式的"。这将使军官们从"男子汉气概、慷慨大方、心胸开阔"变成"阿谀奉承的人、马屁精和混日子的人"。[56] 他指的是"一个下级军官的例子，他得到了所有狩猎许可，因为他每天早晨都小心翼翼地为他上校的妻子提供温室里的鲜花"。他的最后咆哮是断言政府的立法是一个人的心血来潮——这是对特里维廉的挖苦，考虑到自由党议员们废除购买的决心，这是荒谬的。

　　辩论持续了五天，当卡德威尔最后在第四天发言时，他总结了他面对的反对意见，并针对他的一位军事批评者说："永远不会有废除购买的合适时机，因为这位先生根本不希望购买被废除。"[57]他坚持认为，"我的印象是，如果我们使这项法案通过成为法律，它的效果将是吸引有功绩和专业才能的贵族参军，毕竟这才是真正的贵族"。[58]格莱斯顿在结束辩论时表示，废除购买本身并不是一项伟大的改革，而是"消除了我们认为不可逾越的基本改革的障碍"。[59]该法案进入了二读，迪斯雷利明白这个体系不能再像以前那样继续下去了，尽管他承诺在法案提交委员会时对其进行修改：这场斗争现在才真正开始。格莱斯顿在 1871 年 3 月 8 日的一份备忘录中表达了"他的担忧，他担心废除购买的沉重代价将导致许多自由党人在投票时犹豫不决……尤其当他们将其与预估成本数字的大幅增长联系起来时，就会怀疑是否要提供支持"。[60]几天后，他指出，"这个国家的现政府成员在获取重要职位之前所抱有的期望，并没有得到他们提交议会的有关军事开支提案的支持"。[61]

　　5 月 8 日，委员会的审议阶段开始，由一位伯爵的儿子奥古斯都·安森上校（Colonel the Hon Augustus Anson）主持，他将按功绩晋升形容为"一种与士兵本能相对抗的制度，因此对它充满仇恨"。[62]他说，军官之间的委任状交换对许多士兵的社会生活和职业前景至关重要，而改革完全忽视了这一点。他指责特里维廉误导了公众舆论，政府忽视了它是如何从销售委任状中赚钱的：在过去的 9 年里，66 个陆军上校的身份被以总计 276000 英镑的价格售出，平均每个身份花费将近 4500 英镑。然而，所有的指控都是针对那些本应是该制度唯一受益者的官员，他声称，现在首相指控他们对目前的困难负有责任。他说，他们已经受够了。

这对格莱斯顿来说有些过分了，他介入并告诉安森，他和政府没有做过这样的事。安森对此表示异议，称格莱斯顿认为政府在交易发生时扮演了一名官员和另一名官员之间的"管家"角色。安森还问刚刚为委任状支付了 450 英镑的少尉会如何，如果他不立即退休，他是否会失去每一分钱？那些没有购买的军官呢——他们中的许多人属于不那么敏捷的兵团——当他们被告知，在服役 20 年后，他们委任状的价值将获得全额支付时，他们又会如何？他认为，如果军官购买了比同级别的人更高的资历，那么按照功绩原则，他们的资历就会因为其他人的晋升而被抵消，这难道公平吗？他预计，"无限的嫉妒和怒火"将导致"军队现有纪律和士气的彻底消亡"。[63]

尽管一些资深和进步的保守党人士对该法案提出质疑——1874年后迪斯雷利政府的伟大改革力量理查德·克罗斯承认它将改善军队，但代价是需要巨额赔偿而使军队陷入贫困——但捍卫旧有体制的主要还是军队中的保守势力。卡德威尔煽动他们，他向安森暗示，他一点也不关心士兵、士官或贫穷的官员，只关心富人资产的价值。1871 年 5 月 27 日至 28 日，在委员会会议进行到一半时，格莱斯顿和卡德威尔交换了关于法案进展情况的信件。格莱斯顿发现很难理解，为什么一名 18 岁的年轻人接受一个委任状——无论是通过购买还是其他方式——实际上就拥有了一份终身工作，而他最终很有可能会成为一个无用的军官。"我建议，我们应该给初次进入军队的人的委任状加上一个临时的性质。你们现在有许多临时的或暂时的军官，以后也一定会有。为什么他们要这样随心所欲呢？"[64]他认为，在未来的几年里，临时接纳新军官会令很多人被扫地出门，并将加强选拔的原则，他和卡德威尔都希望以此来推动军队向前发展。

第二天，卡德威尔回答说："废除购买制度对富人和穷人都有明显的好处。反对它的呼声是不真实的，正如维维安（一位自由党议员）所说，他们只是在尝试'我们还能得到什么？'但是，废除买卖交易的做法是把懒惰和任性的人排除在这项事业之外，禁止其他人从他们现在享受的通过帮助懒惰和任性的人的过程中获得的利益，这些人的服务是完全可以省略掉的。"[65] 他激动地总结说："总之，我们的原则是，军官应该为军队服务，而他们的原则是，军队是为军官而生的。"随着讨论的深入，关于钱的争论压倒了其他所有的争论，虽然卡德威尔也单独承诺，他们的上级将来会对所有军官做出更详细的报告，所以总司令在推荐军官晋升之前，可以对他的性格和能力有最全面的了解。虽然卡德威尔太圆滑，不便多说，但这样一来，公爵就不用再对一个他在社交层面上并不认识的绅士评断是非曲直了。在下院中，顽固的托利党人对该法案没抱任何成功的希望，他们开始威胁说，该法案可能永远无法在上院获得通过。在上院，他们的政党控制着多数席位，而且该党历来顽固不化。他们声称对纳税人的征税太高，尽管他们承认，公众舆论支持废除购买，即使在任何一年里，被允许出售的官员的数量都将受到法律的严格管制，以避免破坏国库。

在长时间的辩论中出现的一个丑闻是价格监管过度：由于供需规律对卖家有利，官员们为某个特定职位支付的费用超过了设定的金额。这是非法的，但多年来一直受到陆军部和军队的纵容，19世纪30年代，威灵顿公爵等三军统帅曾主张，之所以要提高一名军官的薪酬，是因为他必须付出额外的代价才能保住自己的职位。据称，现役军官非法支付了300多万英镑。当他们得到补偿时，他们得到的只是收费标准所规定的价格，因此他们将因违反规则而受到经济上的惩罚。政府并不认为这是自己的问题。

　　然而，过度购买对军队来说是个问题，它玷污了每一个参与或谴责这一行为的人，从公爵以下都是如此。它创造了另一种对军官阶级的看法，1871年春天，军官们的荣誉、体面和无私一直在下院展示，在某些情况下，他们显得并不比商人高明多少。考虑到军官阶层对金钱的痴迷，卡德威尔针对他们的薪水与他最钦佩的普鲁士军官的薪水做了一些研究。在军队改革中，卡德威尔也以普鲁士为榜样。1871年6月，他试图对两支军队的工资进行比较。[66]研究发现，步兵中校的年薪为360英镑4先令，而普鲁士中校的年薪为266英镑8先令。然而，两国的购买力差别很大，研究人员指出，"在普鲁士，钱的价值是英国的三倍"。[67]一个更好的对比是，在美国，一名中校的年薪是514英镑，一名陆军部官员补充道："值得注意的是，普鲁士军官本质上是一个贵族团体，通常都极其节俭。"

　　7月9日，格莱斯顿告诉剑桥公爵，法案在下院通过后，由于对价格进行过度监管是违法的，购买问题已经到了"必须由政府（无论是哪一种政府）来处理的阶段，因此，认识到这一必要性不能构成对某一个政府的特别依附，也不能构成与任何其他政府发生争吵或误解的理由"。[68]如果不这样做，就等于宽恕一个现在已被证明助长了非法行为的制度。格莱斯顿告诉他，为了防止公爵在上院表决时仍在考虑弃权，这一观点"实际上得到了英国王室的认可"。格莱斯顿还主动提出去见他，并指出了公爵的前任威灵顿公爵支持政府措施的先例。五天后，格莱斯顿把这件事告诉了公爵，"在没有要求他们就购买价值发表任何声明的情况下，购买就消失了。剩下的唯一问题是废除的方式；我很高兴地从YRH那里了解到，就目前的情况来看，你认为通过这项法案是最好的方式。"[69]自

493

从揭露了这实际上是一场骗局之后，对现状的支持已经下降，顽固分子变得更加边缘化。直到今天，卡德威尔和格莱斯顿废除购买的决定在看上去越来越明智，也越来越鼓舞人心。

然而，尽管有了这一充满希望的观察结果，但根据格莱斯顿1871年7月初在温莎与朝臣托马斯·比达尔夫爵士的一次谈话，这位公爵"一直在做出巨大努力，措辞相当强硬"，他仍然是改变的一大障碍。[70]公爵声称他打算告诉上院照顾军官的利益；格莱斯顿只是希望他建议通过这项法案。公爵曾试图拉拢他的女王堂妹，使格莱斯顿同意他的观点，公爵向他解释说，王室成员在上院投票是错误的（尽管公爵曾多次这样做）：但在一次令首相和君主关系亲密的交流中，他拒绝被吓倒。"我说，内阁主要讨论的是公爵向下院提出的建议，这将体现在一次演讲中。但我注意到，如果公爵建议上院采取某种措施，而他自己却不敢采取，那他自己的地位就会非常令人不满，也几乎没有什么价值了。"格莱斯顿在给卡德威尔的另一封信中，甚至在写给内阁的信中，都把公爵未来的地位描述为"没有男子气概"。[71]

"对于这一点，我很高兴得知我同事们的看法，"格莱斯顿继续说道："我不认为，如果公爵拒绝投票，我们可以保证他的立场是站得住脚的；不过，在有利的情况下，也可以允许他提出这样的请求，即弃权是他的通例。"爱尔兰大臣哈廷顿勋爵建议格莱斯顿，"如果剑桥公爵建议上院通过法案，理由是购买迟早会被废除，而且本措施的条款对官员们是宽松的，那么我认为他已经做了所有可以合理要求他做的事情。如果公爵平时不投票，我想在这件事上没有必要坚持"。[72]掌玺大臣哈利法克斯勋爵同意他的看法。然而，枢密院院长里彭勋爵在第一点上赞同哈廷顿。但他说，如果他在敦促上院通过该法案后无法投票，他会对自己的决定感到遗憾，但在我看来，这样的立场是站不住脚的。[73]贸易委员会主席奇切斯特·福特斯库（Chichester Fortescue）同意里彭的观点。

卡德威尔自己也问，如果公爵不帮忙，他将如何安排公爵的余下任期——尤其是因为卡德威尔希望公爵下台，他同意延长公爵的任期以换取他的合作。"在我看来，这是一个非常严肃的问题，公爵殿下应该清楚地意识到，如果他不履行自己作为代表应该履行的契约精神，他将陷入和政府相对立的位置。"[74]英国第一海军大臣乔治·戈申（George Goschen）对此表示赞同。大法官哈瑟利说，如果公爵弃权，他的立场将被视为"敌对"。[75]英国内政大臣亨利·布鲁斯（Henry Bruce）和殖民大臣金伯利勋爵（Lord Kimberley）的态度也是如此。洛宣称：

> 无限期任命总司令是合理的，他的理由是，如果他的观点与当时政府的观点不一致，他就根本不应该留任……我一直认为，这一决定表明，这不是一个职员的任命，而是一个政治任命，当然也要给予其相应待遇……众所周知，公爵在这个问题上投入很多精力，他的直接随从们协助他反对我们的法案……应该告诉他，只有在投票且毫无保留地支持该法案的情况下，他才能保住自己的位置，我们应该下定决心，使我们所表达的观点充分发挥作用，否则，我认为你不能指望借助下院的支持，来为战争改革筹措资金，而且你将得到欺骗和不守信用的罪名。[76]

上院试图阻止二读，直到它具备更多关于进行任命和允许晋升的新方法的细节。该法案不仅废除了购买，还寻求让民兵具备更有效的基础，并重组民兵组织和正规军。上院的托利党人认为关于这些问题尚没有提供足够的细节。有传言说要成立一个皇家委员会，这将导致进程推迟一两年。这一切都发生在公爵的粗暴无礼和他决心尽可能多地挽救古老的威灵顿秩序的基础之上。内阁在 7 月 12 日的会议上审议了其备选办法。其中一项是停止诉讼程序，重新开始下一届会议：议会将在一个月的长休会期间举行会议。这一想法本来会大大削弱政府，但没有被采纳。然而，另一种选择——通过王室许可证废除购买，让上院对法案做它想做的事——被采纳了。在花了那么多时间讨论废除购买之后，这次政变引发了众怒，贵族和议员们纷纷质问，为什么以前没有采用这种办法。格莱斯顿的借口是，非法的过度购买行为现在已经曝光，不能再继续下去了。由于在 1809 年，这种违法行为已经得到了王室许可证的赦免，所以王室许可证当然也可以终止这种行为。它也确实做到了。政府还抗议说，军队组织的问题不是议会法令所能解决的，而是行政机构日复一日所要面对的，但是，如果购买体系仍然存在，就像代表上院陆军部发言的诺斯布鲁克勋爵（Lord Northbrook）所说的"既得利益的蜘蛛网"（既得利益者）继续存在，就无法实现有效管理。[77]他举例说，由于高级军官会赔钱，整个军团的重建都受到了阻碍；并强调在购买制度下不可能将军官从正规军调到民兵部队，反之亦然。

在上院的辩论中，剑桥公爵不可避免地成为关键人物，他在 1871 年 7 月 14 日赢得了议会的信任。他意识到，如果该法案获得通过，"最严重的责任……是选择，所有人都承认选择是困难的，很多人认为这几乎是不可能的，但选择的责任将落在他的肩上"。[78]他谈到他对军团制度的忠诚，并补充说，"除非我大错特错，否则我的意思是，在购买走向终结后，通过选择确定高级职位。举个例子，如果一个军官不适合指挥一个团，他在晋升的过程中就不会获得这个团的指挥权，而在另一方面，杰出的专业才能将得到承认和鼓励；但据我所知，我们会尽可能谨慎地保留军团体制，前提是购买不会以新的形式复苏"。[79]

496

公爵承认，当他接管军队时，军队已经是一片混乱，而普法战争最终使人们的注意力集中在使军队"建立在一个更安全、更令人满意的基础上"。[80]然而，他也说——有人认为，主要是对他的兄弟军官们——作为总司令，他没有权力制订政策，这是女王大臣们的职责。为了避免被认为是彼拉多（Pontius Pilate）的行动，公爵毫不含糊地阐述了他的观点。他说，对于购买行为而言，"一刻也无法为它辩解"。[81]它应该被废除，即使他在调查该问题时提出了相反的证据。他解释了他的 180 度大转弯，"我觉得，在军队里，晋升的流动是绝对必要的，因为购买体系维持了这样的流程，钱从军官的口袋里流出。不过现在，这个国家准备做出必要的牺牲，并且愿意花费巨资来终结这个体系，愿意提供良好的退休条件，废除购买带来的不公平和保留购买的好处已经完全消失了"。他根本不相信下院会投票赞成如此慷慨的费用，但它投了。女王劝他不要投反对票，于是他投了弃权票。

对于反对该法案的特权阶级来说，通过王室许可令废除购买制度有一个严重的缺陷：它无法提供给他们任何法案所允诺提供的补偿。如果法案通过，就会有补偿。一瞬间，在众怒之下，上院通过了该法案，确保了他们所在阶级的财务权利。卡德威尔和格莱斯顿可以松一口气了，但是花在这项措施上的时间太多，以至于耽搁了政府为那届会议制定的其他立法计划。尽管如此，军队已经有了现代化的基础，它的军官阶层被迫按照格莱斯顿在社会底层所推崇的贤能主义原则生活。

　　格莱斯顿请求维多利亚女王干预她堂兄的事情，这并没有缓解他与女王之间的紧张关系。然而，他两人之间真正的问题是女王的反复无常。她一次又一次地用"不可思议"这个词来形容这位曾四次担任首相的人。[82] 1869 年 9 月，格莱斯顿到巴尔莫勒尔堡后，女王写信给她的女儿普鲁士王妃，信中说："我觉得他不太讨人喜欢，而且他总是滔滔不绝。"[83] 与她后来在他的首相任期内所说的话相比，这算是温和的。1872 年 2 月，她断言"格莱斯顿先生是一位非常危险的大臣——而且出奇地冷漠无情"。[84] 在先前的观察中，她只是重复了帕默斯顿对她说过的话。[85] 与格莱斯顿卸任后女王对他的看法相比，这些看法也算温和的，此时他已经开始关心东方问题了。女王认为他对此的看法令人反感，因为她觉得他想把君士坦丁堡交给俄国人。到 1877 年，她称他为"那个半疯子"。[86] 不到几个星期，他就升级了，成了"那个疯子"。[87]

　　她的女儿，从柏林那样比较安全的距离出发，完全没有关于格莱斯顿的日常印象，猜测"政府是由非常聪明、有才能、杰出和有教养的人组成的——他们坚持所有的原则，从哲学上看，这些原则在今天看来无疑是正确的，但是，他们似乎缺乏那种机智和手腕，而这是政治家风度的精髓所在，它并不仅仅依赖于知识，无论如何，关于这种机智和手腕，我们在最高领导人身上看到的最多，但在受过最高教育和最有学问的人身上却看不到"。换句话说，格莱斯顿太聪明、太有原则，不像他的一些前任和同事那样善于摇尾乞怜。英国王室将这一现象归因于知识分子的傲慢和缺乏教养。王妃所说的"现代中产阶级政府"可能就是这样的，她认为这是社会变化的必然反映，但（对王室）有其不利之处。

　　不幸的是，格莱斯顿和女王需要彼此。虽然她从未承认，但她需要他的支持，因为她的行为让她非常不受欢迎。公众对她的不满是由于她拒绝适当参与公共生活，这使纳税人付出了不合理的代价。1873 年 7 月 30 日，赫尔共和党俱乐部（Hull Republican club）名誉秘书乔治·利珀（George Leaper）致信格莱斯顿，附上一份"昨晚在赫尔举行的一次大型会议上全体通过的决议"，谴责爱丁堡公爵在即将到来的婚礼上继续接受公款。[88]但格莱斯顿为她辩护，反驳针对她铺张浪费的指责。在一本名为《她如何处理此事？》的小册子出版之后，有人询问这些钱都到哪里去了，格莱斯顿写了一篇反驳文章。文章的开头是这样的："在这个问题上没有准确的信息。"[89]他是一位忠诚的首相，尤其是因为在与剑桥公爵的斗争中，他需要她的支持。

498

三

除了军队和公务员改革，格莱斯顿的政府还决定为了贤能主义的利益而接纳其他僵化守旧的精英，那就是古老的牛津大学和剑桥大学。这两所大学由国教主导，他们更像是神学院而不是发展智力的地方。虽然政府拘泥于最低纲领，但自由党希望做出改变，使穷人受益，提高社会流动性。1868 年 11 月，莱亚德在索斯沃克参加竞选时对选民说："我曾经支持过一些有利于改善人民状况的自由主义措施。"[90]因此，1869 年，政府决定在大学里强制规定"女王所有科目的宗教自由，至少在之前的场合中，下院以压倒性多数宣布它的想法是公正和正确的"。[91]最新的一个不公正的例子来自剑桥大学，获得该校考试第一名的是犹太人，但其不被允许接受这种荣誉。1854 年的《牛津法案》和 1856 年的《剑桥法案》已经不再需要那些希望进入大学或攻读学位的人签署《三十九条信纲》。然而，无法签署这些条款的人对学术成就的追求仍然受到阻碍，从获得文学硕士学位，到获得博士学位，到获得奖学金，再到获得大学的奖励和荣誉，皆是如此——克拉夫在 20 年前就遇到了这个问题。具有讽刺意味的是，寻求纠正这些弊端的政府领导人很可能是 19 世纪最虔诚的基督教首相，而且很可能是英国历史上最虔诚的基督教首相。

尽管世俗化被认为是一种进步，但英国国教的许多人，尤其是牛津大学和剑桥大学的许多人，并不承认这一点。他们还坚称，国家没有为牛津和剑桥的财富、捐赠或工作做出贡献，因此无权决定大学的管理方式。人们还担心，如果允许这些大学放弃宗教考试，它们将成为不信国教者的磁石，学校作为宗教教学的场所会遭到破坏。但是，支持废除这项试考试的人不能理解教会感到如此不安的原因，以致它希望继续拒绝向那些不愿签署《三十九条信纲》的人提供奖学金。

1869 年，著名功利主义哲学家亨利·西奇威克辞去剑桥三一学院的研究员职务，因为他不会再签署这些信纲，并且觉得自己不应该担任一个需要他这样做的职务。此后，该大学的一些人决定寻求废除宗教考试。然而，1870 年 1 月 13 日，学校向格莱斯顿寄出了一份由该校"主要成员和理事会资深成员"签署的纪念文件，对任何促进这类事情的立法获得通过表示谴责。他们认为，这将"严重危及上述大学和学院的基督教性质及其作为宗教教育场所的效率"，并补充说，他们"强烈反对任何将政府和牛津大学、剑桥大学或同等大学的教学全部或部分移交给非国教成员的立法"。[92] 然而。推动改革的人之一是剑桥圣约翰学院（St John's College）院长贝特森（W. H. Bateson）。1870 年 2 月，贝特森写信给格莱斯顿说，随着两所大学的代表团体前去与格莱斯顿会面，进一步的磋商证明对废除该法案的事业"极其满意"。[93]他提交了一份由两所大学代表起草的法案草案。格莱斯顿承受着来自他自己支持者要求通过该法案的巨大压力，而这种境遇的形成是为了推进"宗教自由事业"。[94]

古老大学面临的一个困难，不仅仅是他们的很多成员都赞成取消宗教考试：问题还在于，正如福斯特在1869年的一次演讲中所说，"那些不信国教者团体在没有大学的情况下做得似乎更好，他举出了一些例子，说明他们之所以在科学上取得繁荣和进步，是因为他们没有接受过大学教育"。[95]1870年5月，副检察长约翰·柯勒律治爵士提出了"大学考试法案"，它的目的是完全废除考试，而不是像前一年未获通过的一项法案所设想的那样，允许个别大学决定是否需要对考试进行管理。这是为了在大学里保持"情感的统一"，但也是为了确保宗教教学和礼拜能像以前一样进行，人们担心废除统一法案可能会危及这一点。[96]柯勒律治认为，以牛津和剑桥各学院为代表的受过教育的阶层与英国国教渐行渐远是"极不可能发生的事情"。[97]教会如此富有，对教育有如此大的控制权，它不可能因为宗教考试的废除而受到影响。相反，他相信，这种举措将给这些旧机构注入新的活力。

代表剑桥大学的议员、前内政大臣斯宾塞·沃波尔表示，他不希望剥夺非圣公会教徒在旧大学接受教育的权利；但他认为，大学与教会的疏远将很快导致教会的解体。他认为该法案给了不信国教者太多的东西，但对大学的宗教性质却没有多少保障。他对法案规定了取消强制礼拜而苦恼；其措辞似乎在鼓励罗马天主教徒填补圣公会神职人员的职位，或成为大学校长。沃波尔还注意到，该法案承诺废除《统一法令》的一部分，该法令规定，"除了共同祈祷书规定的内容外，任何形式的祈祷、执行圣事、仪式和典礼均不得在任何一所大学的任何教堂、礼拜堂或其他公共场所出现"。[98]他问，为什么要废除这个？它并不是为了排斥异见者，而是将在圣公会教堂做礼拜的仪式置于议会的保护之下。

埃德蒙·菲茨莫里斯勋爵（Lord Edmond Fitzmaurice）最近刚从剑桥大学毕业，他是兰斯顿勋爵的小儿子，他嘲笑这样一个事实：13 世纪，犹太人被赶出英国时，牛津就收留了他们。然而，一位在 19 世纪取得第一名成绩的犹太人却不能成为三一学院的一员。年仅 20 岁的菲茨莫里斯在思考这些问题时表现出了一代人的转变。因为《统一法令》把大学拉回了"其历史上最黑暗、最沉闷的一个半世纪之前。不仅在英国，它们在整个欧洲大陆都成了人们的口头语。它们是雅各宾派托利主义的大本营；它们发表了反对公民和宗教自由的宣言……当时只有很少的教育工作或根本没有，宗教主要通过祭奠时使用的波特酒来体现自身的存在，这令吉本印象深刻"。[99]当针对持异议者的阻碍逐渐放松时，情况才开始有所改善，这项法案的通过，将宣告这一过程的完结。

501　　格莱斯顿提出了自己的信条，"如果切实可行，加上我所不完全了解的保护措施，在取消每一种宗教考试的基础上解决这一问题将是明智的，这种考试构成了障碍，使女王陛下的臣民，无论其宗教职业如何，除了纯粹的宗教和精神职务之外，都不能享有自由和平等的个人职务"。[100]这正是乔伊特的观点，他是牛津大学改革运动的领导者之一。

还有一种截然相反的观点。查尔斯·纽德盖特（Charles Newdegate，）是沃里克郡保守党议员，比菲茨莫里斯年长 30 岁，是一位地主，也是保守党的"极端分子"，一贯反对救济残疾的天主教信徒，强烈主张新教定居点及其特权。他认为那些反对考试的人嫉妒古老大学和它们伙伴享有的特权。他认为，持不同政见者试图让国家干预大学等机构的私有产权，其行为"只符合专制政府"的特征。[101] 最重要的是，他直接警告持不同政见者，如果他们试图羞辱英国国教，"报复将成为必要"，"你忘了你是在拿一个大问题开玩笑。你们忘记了，你们欢天喜地地违背了英格兰国教教会成员心中的每一种新教徒的感情，你们践踏了属于他们的自由所特有的那些权利和特权，你们是在要求我们无须尊重你们自己的权利和特权。"[102] 维多利亚时代的高尚思想不仅体现在坚定地信奉圣公会，而且体现在 18 世纪对国家干预的坚定抵抗。

　　尽管众怒不断，法案还是进行了二读。蒂弗顿的议员乔治·丹曼（George Denman）发挥了有益作用，他回忆起剑桥大学三一学院的前院长休厄尔博士对他的警告，如果一个礼拜天下午不去教堂，他就会一文不名。但是他没有受到任何伤害，他意识到随波逐流是不存在的。该法案平静地通过了委员会审议阶段，但随后被上院否决，贵族们称他们不希望大学里的宗教教学受到破坏。针对此问题启动了一项调查，并已圆满完成，该法案也于 1871 年被再次提出。当时，格莱斯顿认为有必要通过该法案，以丰富大学的人才库，改善和扩大大学的教学。

　　然而，格莱斯顿所在阵营的一些人想要更多。他不得不抵制日益增长的要求，即允许非圣职人员担任许多学院中某些特定团体的领导职位。相反，他主张该法案应以 1870 年的相同形式提交给上院，以使其成功的机会最大化。这是第二次宣读，没有人反对，但后来有人试图修改它，以扩大非圣职人员的机会。"法案的目的"，菲茨莫里斯说，"是要彻底推翻大学里的宗教不平等；但是，只要占据某些特定团体职位的人不仅限于某一教派的成员，502

而且实际上还限于该教派的神职人员，谁还能承认这个目标会实现呢？"[103]他觉得没有必要送出一份完全相同的法案来安抚上院。尽管如此，格莱斯顿——辩解说提出团体成员资格问题将是一个错误——和他的副检察长均表示反对修正案，最终以微弱的优势获胜。

金伯利勋爵是推动该法案在上院通过的先驱，他告诉同行们，允许不信国教者进入大学的决定将不能避免地使宗教测试变得不可接受。他还声称，"牛津大学和剑桥大学的很多毕业生都支持这项法案"，在牛津大学，我相信"大多数不同学院的导师都支持这项法案"。[104]他认为，所有的利害攸关之处都是特权，而特权正是阻挡"在大学本应发挥作用的每一个知识领域促进健全和有用学习"的障碍。[105]索尔兹伯里试图修改该法案，迫使大学教师郑重声明，他们不会教授任何违反《圣经》的内容，并声称牛津的思想自由已经逐渐失控。金伯利拒绝了索尔兹伯里提出的这个新方案，尤其是基于这样一个理由：不可能定义什么是与《圣经》相反的教导。支持他的是约克大主教，他说，"如果牛津像人们所说的那样陷入不忠——尽管我否认这一说法的真实性——那么，这是对现有考试体系的强烈批评"。[106]他认为索尔兹伯里的提议"毫无用处"，并表示这对保护英国国教的教义毫无帮助。他觉得索尔兹伯里试图通过立法消除"恐慌"。[107]在经历了过去 30 年宗教舆论环境的种种变化之后，令人吃惊的是，一位最资深的教士竟然承认了现代英国精神生活的现实。

在几位主教与大主教唱反调，并特别强调牛津的堕落之后，修正案以五票优势通过。另一项修正案禁止不信国教者在大学担任某些职位。其他贵族所说的与下院的"冲突"现在看来是不可避免的，索尔兹伯里拒绝让步。[108]他试图阻止的是仅有的两名叛逆的自由党同僚之一利特尔顿勋爵所说的"大学导师对《圣经》的公开攻击"。[109]该法案在上院通过了第三次宣读，并进行了修正：冲突仍在继续。1871 年 5 月 23 日，下院推翻了将议会领袖豁免于法案条款之外的修正案。6 月 13 日，索尔兹伯里表示，他将坚持对那些在学院任职的人进行"测试"。他推动再次投票，这一次，他输了40 票，他脾气相当暴躁，拒绝在其他任何问题上进行投票。下院最终通过了法案。

这是古老大学历史上的决定性时刻，不仅是它们迈出现代化的关键一步，也是提升它们利用现代世界所提供机遇的能力的关键一步。就在该法令获得王室批准后不久，迪恩·斯坦利在牛津大学布道。他谈到了牛津大学"光辉的前景"，现在牛津大学变成了"中立的圣地，在那里，康复的天才和无私慷慨的年轻人平等交往，将把长期疏远的犹大、以法莲、耶路撒冷和撒玛利亚团结起来"。[110]更重要的是，没有人会因为自身的信仰而受到阻碍，从而取得最高的学术成就。

然而，一些人认为废除考试不仅是走向世俗化的又一步，而且是对圣公会的破坏。1871 年出版了一本题目为《我们该放弃它吗?》(*Shall We Give It Up?*) 的匿名小册子，作者在其中若有所思地谈到，支持保守党是否还有任何意义，他提到，考试的终结是衡量保守党无能的一个指标。他写道，牛津大学和剑桥大学现在"不会对英国国教表现出愚蠢的依恋，实际上，也不会对任何宗教表现出任何愚蠢的依恋，而只会走上运气或宗教冷淡主义碰巧可能引领的道路"。[111]

他还说，"该法案的通过并不是英国国教在上次会议中挨的唯一一记耳光。下院再次通过了一项法案，使所有教派的牧师都能在教堂墓地主持仪式……那些所谓的保守党人，那些会在格莱斯顿先

504

生和迪斯雷利先生之间的任何个人问题上勇敢团结起来的保守党人，却认为不值得为此进行一场党派斗争。我不可能假设自己是一个自由主义者，而且像往常一样对英国国教怀有自由主义的仇恨，但我很难想象还有什么比这一措施即将取得胜利更能使我高兴的了"。作者说道，原因在于：当葬礼在教堂内举行时，是否会要求一位持不同政见的牧师站在教堂外——尤其是在天气恶劣的时候？他还说，在要求进行无记名投票的呼声中，以及格莱斯顿显然暗示普选不能拖延太久的情况下，"我无法想象向世俗主义和民主疾驰的速度会有多快"。[112]

第十四章　妇女权利：离婚、投票和教育

一

在格莱斯顿的第一个首相任期内，精英原则在军队、公务员和大学的延伸只适用于男性。解放妇女将被证明是一项更具争议、更加困难的工作。约翰·斯图亚特·密尔把 19 世纪中期所有阶层女性的处境比作奴隶制，这种说法并非毫无道理。"妇女的权利"是一个矛盾的说法：妇女和她们带到婚姻中或在婚姻期间继承的任何财产都属于她们的丈夫；女人一旦结婚，就不能拥有任何财产；女人没有权利获得她可能挣到的任何收入；女人不能立遗嘱；女人在法律上不是独立的存在；女人不能与另一方签订合同或租赁合同。如果她试图逃离她的丈夫，丈夫便有权进入任何庇护她的人的领域，并以武力将她驱逐。她可以因为"危及生命或肢体的残忍行为"提起诉讼，但如果她在此之前宽恕了这种行为，她的诉讼就会失败。无论她丈夫的行为有多恶劣，她都不能提出离婚诉讼。如果他为了要离婚而起诉她，根据国会法令，要求在教会法庭上举行听证会，然后在普通法法庭上举行针对"私通"（或通奸）行为的听证会，那么她无法为自己辩护，也无法在法律辩论中出庭。她的丈夫也不是一定要留住她，他一定要看到的是任何人都不能动用那笔钱。如果一个被遗弃或受虐待的妻子有钱，她应该自己养活自己，

506　但在她离婚之前，她的丈夫可以挪用这些钱。这在很大程度上是中产阶级和上层阶级女性的问题。工人阶级的妇女不得不留在婚姻里，接受这种状态。

除了法律上的不利条件外，妇女还要承受生儿育女的致命负担。19世纪婴儿死亡率的急剧下降，只是部分地反映了分娩中或分娩后不久死亡妇女人数的下降。即使是维多利亚女王也没能省下最昂贵的医疗费用，生下九个孩子时，她也经历了一些艰难而痛苦的分娩。对于地位较低的女性来说，如果她们幸存下来，这种经历往往是可怕的。

虽然妇女保健的改善在一定程度上取决于科学进步，但促进她们的自由则有赖于一个普遍由男性组成的议会。直到1919年，才出现第一位女议员；虽然也有一些女性贵族——这种现象大多数出现于古代，允许女性继承血统，但也包括同时代的例子，比如慈善家伯德特－库茨男爵夫人（Baroness Burdett-Coutts，）——但她们被禁止进入上院。1928年才实现女性普选权，1975年才实现平等就业权，2010年才认为有必要通过《平等法令》（Equality Act），维多利亚时代为赋予女性权利而采取的措施是漫长道路上的第一步。唯一有完全行动自由的女性是女王本人，因为她在这些方面不受法律约束。

其他出身高贵的女性数量很少，她们过着安逸的生活，但也常常感到郁闷无聊。19世纪60年代，弗朗西丝·科布（Frances Cobbe）小姐的父母每年付给她500英镑，让她去布莱顿的一所学校上学，这所学校的目标是生产"社会装饰品"。她主要学习音乐和舞蹈。[1]《菲利克斯·霍尔特》中可怜的特朗瑟姆夫人曾经很美丽，但现在干瘪了，她50多岁，是19世纪中期甚至享有特权女性的命运的缩影："日常刺绣一直是特朗瑟姆夫人生活中不可或缺的一部分；当时，许多出身名门、生活不幸的妇女都有这样一种消遣，那就是缝纫，缝出自己和别人都不想要的东西。"[2]

由于无法期望这些女性去工作，她们的父亲认为教育是毫无意义的。我们将看到，南丁格尔姐妹，即帕特诺普（Parthenope）和弗洛伦斯是个例外。然而，当她们找不到有用的职业时，未受到完整训练的头脑只会增加她们的挫折感。尽管这使弗洛伦斯被迫从事护理工作，具有伟大的社会公益性质，但这似乎也使她成了一个强迫症患者：就像她的妹妹一样。更糟糕的是，帕特诺普精神崩溃了。南丁格尔姐妹所受的家庭教育是人们所能期望的最好教育：为女孩和年轻妇女提供工作的正规机构相对较少。中产阶级妇女可能被要求以家庭教师或教师的身份谋生，她们更幸运：尤其是因为他们的父亲通常经由教育向上攀爬，并把教育的价值和必要性视为一种改善命运的手段。但也有例外，例如勃朗特五姐妹，在被送到兰开夏郡一所专门为神职人员的女儿开设的残酷学校后，其中较大的两姐妹在少女时代就去世了，她们的困境最终只引起了丧偶父亲的担忧。妇女从事医学或法律等职业的权利到来得很慢——尽管 19 世纪 70 年代中期就有了女医生，但直到 1922 年，才有妇女获得律师资格。她们几乎很难获得必要的教育。

对于工人阶级妇女来说，她们几乎没有或根本没有接受严肃教育的希望，生活是残酷的苦差事。那些没有死于分娩的人，由于繁重的体力劳动而缩短了寿命。1843 年，阿什利成功地使议会阻止了妇女因去煤矿而遭受的苦难；但她们每周要在工厂和血汗工厂工作五天半的时间。1851 年，仅纺织厂就有 600000 名女工。工人阶级妇女将依靠同性群体的社会上层来获取她们面前的自由，这是她们独立争取自由的必要前奏。

二

　　如果说有一种社会不公最突出地体现了女性权利的缺失，那就是她们无法逃脱一段不幸福的婚姻，在某些情况下，甚至是完全残酷的婚姻。受冤枉的妇女寻求离婚，但未能如愿，最著名的案例是卡罗琳·诺顿（Caroline Norton）的离婚，她后来成了法律改革运动的领袖。她是剧作家理查德·布林斯利·谢里丹（Richard Brinsley Sheridan）的孙女。虽然她是一个具有异国情调的美人，但谢里丹家经济拮据，使她缺少理想丈夫的人选。1827 年，她嫁给了格兰特利勋爵（Lord GranHey）的弟弟乔治·诺顿（George Norton），这看上去像个孤注一掷的行为，当时他 27 岁，她 19 岁。诺顿是托利党议员和律师，但更重要的是，他的兄弟没有孩子，他有望继承家族财产。

　　从一开始，诺顿就在生理和心理上虐待卡罗琳：他的妻子似乎比他更聪明、反应更快，这激起了他的怒火。她用这些武器对付他，缺乏他所期望的顺从。她后来作证说，他向她施加的暴力"如同被带到警察法庭"。[3] 夫妇俩因为钱的问题发生了争吵，家庭经济状况导致婚姻出现了困难的转折。卡洛琳有一定的写作天赋，她用诗集的收入来补贴家用。1829 年至 1833 年间，他们家添了三个儿子，这使得财政更加吃紧。诺顿生性懒散，依托内政大臣墨尔本勋爵的恩惠，获得了一个年薪 1000 英镑的地方治安法官职位。这一恩惠还是通过她找来的，但这并没有使他对妻子的脾气有所好转。认识墨尔本的是她，而不是诺顿，墨尔本是一个不会在政治或社会层面同情诺顿的辉格党人。对于依靠妻子的收入来支持家庭，诺顿在社会上抬不起头，当他对妻子身为作家的名声感到嫉妒时，

508

这种屈辱之感又加深了。狄更斯、迪斯雷利、萨克雷和丁尼生都是卡罗琳的朋友，这为她的政治沙龙增添了文学气息。

她同文学界的交往越深入，就越令诺顿感到厌烦和不快，因此她和他也日益疏远。她开始写小说，这增加了她的收入，但也使得诺顿更加心烦意乱。她丈夫那些粗野的贵族朋友和他们迟钝的妻子发现卡罗琳庸俗而浮华。然而，她让一些男人着迷——尤其是1834年成为首相的墨尔本，他常常趁诺顿不在的时候，到位于斯托雷的诺顿家去拜访主人。诺顿在妻子的书桌里发现了来自墨尔本的信件，于是和她争吵起来。

谣言四起：不仅仅是因为托利党人格兰特利看到了让辉格党首相难堪的机会。诺顿意识到，如果墨尔本与他的妻子通奸，他就能起诉墨尔本要求赔偿损失，从而为他带来可观的收益。婚姻破裂了：卡罗琳被拒之门外，她的孩子也被带走了。作为分居的一方，诺顿拒绝向卡罗琳提供经济补偿。他在感情上敲诈她，提供她偶尔探望孩子的权利，条件是她同意他不为她提供资金。最后，他指控墨尔本与妻子进行了"私通"（通奸的专业术语），并试图起诉他，要求10000英镑的赔偿。据称，墨尔本因此惊慌失措，病倒在床。[4]

我们无法判断墨尔本和卡罗琳是否通奸。陪审团认为他们没有，并在几个小时内驳回了诺顿的诉讼，认为他的前仆人提供的证据完全不可靠，不仅是因为他们的坏性格，还因为他们受到了格兰特利的贿赂。作为诉讼当事人的妻子，卡罗琳被禁止出庭作证。要是诺顿赢了，他本来可以起诉要求离婚的，但现在不可能了。然而，卡罗琳有很多理由和诺顿离婚，尤其是诺顿行使了他的权利，把她的孩子带到离她很远的地方——孩子们被送到了约克郡——查封了从法律意义上说是诺顿的、但实际上是卡罗琳的钱。当她在1836年离开他，试图靠自己的版税生活时，诺顿扣留了她的收入。

509

从她的作品和其他人的证词来看，卡罗琳似乎是一个善于操纵的女演员。然而，她比她的丈夫有一个很大的优势，这在拥有此种品质的人当中并不少见，那就是受欢迎。尽管社会上有些人把她看作一个淫荡的女人而回避她，但她有足够多的朋友，不仅可以获取精神上的支持，而且有社会地位足够高的朋友帮助她发起一场离婚法改革运动。她的开场白是 1837 年出版的一本小册子，题目是《关于母亲自然要求婴儿监护权的意见——受到普通法授予父亲权利的影响》（Observations on the Natural Claim of the Mother to the Custody of her Infant Children; as affected by the Common law Rignts of the Father）。萨金特·塔尔福德（Sergeant Talfourd）是一位杰出的法官，也是议会议员，他在版权法方面的开创性工作至今仍为人们所铭记，他被说服在下院提出一项婴儿监护权的法案，但没有成功。卡罗琳写了更多的小册子，她甚至写信给《泰晤士报》，抱怨自己和像她这样的女性受到的不公正待遇。

写给《泰晤士报》的这封信引发的刺激在于《英国和国外季度评论》（British and Foreign Quarterly Review）上发表了一篇针对她的"十分长、非常粗鲁，又非常猛烈的攻击"，她读的时候"惊讶不已"。[5] 她有充分的理由坚决否认写过一本题目为《阐述妇女的冤屈》（Statement of the Wrongs of Women）的小册子，《评论》认为小册子是她写的；她很生气，因为这是一本女权主义小册子，不管她的立场是什么，卡罗琳都不是女权主义者。她写道，"我相信，一个女人的美丽和性格上的忠诚主要取决于她对男人的自卑意识，而一个有正义感的女人能感受到的最大痛苦就是无法尊重和尊敬她的丈夫"。她自己的小册子颂扬了"一个女人对她丈夫的宗教责任"。《评论》还指责她在塔尔福德的帮助下共同撰写了《观察报告》（Obervations），她认为这是纯粹的谎言，因为当时她并不认识他。她被激怒了，因为那是"一个狡猾而貌似有理的企图…把我的事情和它的讨论混为一谈，对［婴儿监护权］法案造成偏见"。

塔尔福德再次进行了尝试。1839 年，在前大法官林德赫斯特勋爵的帮助下，《婴儿监护权法令》（Infant Custody Act）被写入法典。法律界的观点在很大程度上有利于它：《法学季刊》（*Quarterly Review of Jurisprudence*）认为，现行规章被"令人震惊地滥用"。[6]这是妇女权利的一个里程碑。如果一名妇女没有在法庭上被证明犯有通奸罪，她可以监护任何 7 岁以下的儿童。卡罗琳的三个儿子中，只有一个还很年幼，而诺顿的报复心是无限的，他让孩子们搬到了苏格兰，那里不适用这项法令。直到 1842 年，她最小的儿子死于破伤风，她才被允许照管另外两个男孩——当时分别为 13 岁和 11 岁——半年。这一悲剧成为另一件反对诺顿的武器：她后来写道，小儿子死于一次骑马事故中受感染的伤口，"因为缺乏一个母亲会给她的家庭提供的最普通的照顾"。[7]

19 世纪 40 年代，卡罗琳是西德尼·赫伯特（Sidney Herbert）的情妇，后者后来成为弗洛伦斯·南丁格尔护理事业的赞助人。卡罗琳当然不能嫁给他。他在 1846 年结婚的时候，这段维持了五年之久的风流韵事总算告一段落了。随着他们的儿子长大，诺顿在经济上对卡罗琳越来越刻薄。1851 年，她继承了一小笔年金，这促使诺顿进一步压缩资金，并重新激发了她对离婚改革事业的积极参与。诺顿不仅有权得到她文学作品的收益，而且有权得到她的遗产，尽管他们已经有 15 年没生活在一起了。

卡罗琳试图玩弄诺顿玩弄的把戏。她没有合法权利的唯一好处是她的债权人不能起诉她，而必须起诉他。1853 年，卡罗琳的一辆四轮马车因维修和保养而欠下了 49 镑 4 先令 6 便士的费用。在随后披露她的财务细节时，人们发现，墨尔本在 1848 年去世时给她留下了一笔小小的遗产。诺顿的律师又用这个来诽谤卡罗琳。这一次她至少能为自己辩护，而且做得很好，"如果诺顿先生没有犯下人类有史以来最严重的背信行为，这些商人就会获得报酬。"[8]这是指诺顿已经停发给她的津贴。法官说她的攻击是"不正常的"，但正如报纸报道所说，她"有决心"坚持。这是她最好的表演。

在其中一次曝光中，卡罗琳讲述了她和丈夫的商业秘密，这在维多利亚时代引起了极大的震动，甚至连高尚文雅的《泰晤士报》编辑们也清楚，这条新闻将使报纸极为畅销。她讲到，"我相信诺顿先生的年收入大约是 3000 英镑……1836 年，我和他分手了。第二年，他提出每年给我 500 英镑，直到我们能够解决好我们的事情，但最后成了每年 400 英镑的强制津贴。他明确要求我应该放弃我的孩子，我说我宁愿饿死也不愿失去他们"。诺顿在 1852 年 3 月停止支付给她的津贴。"我丈夫可以欺骗我，因为我是他的妻子。她承认，她通过帕默斯顿夫人从墨尔本的遗产里得到了一笔津贴，分为两次，分别是 1852 年 1 月和 7 月，每笔是 291 英镑 5 先令。"她说这涉及自由裁量权，"墨尔本勋爵死了。没有人一定要给我一分钱。"

法庭判诺顿胜诉。卡罗琳重新开始了她作为《泰晤士报》撰稿人的职业生涯，她丈夫的律师声称，只有在她没有得到墨尔本遗产支持的情况下，他才会向她支付津贴，卡罗琳对此进行了抨击。[9]她认为，由于诺顿同意支付她的赔偿金是在墨尔本去世前达成的，因此不可能考虑到她从墨尔本那里得到的遗产。她说他为了节省每年 500 英镑的开销已经撒了谎，她写道："我永远不会因为墨尔本勋爵而离开我的丈夫，墨尔本勋爵也与我们的争吵无关。我和诺顿先生分手了，因为我坚持要把我的孩子带到我哥哥的家里去，由于我丈夫自己的行为，在那里他没有受到接待。"1853 年 8 月 24 日，他"作为一名地方法官和司法行政人员"写信给《泰晤士报》，目的是维持他的"公众形象"——"我的私人形象在认识我的人那里是安全的。"[10]诺顿不仅在起诉书的开头几段攻击了法官，甚至还攻击了他自己的律师。在解释法庭为什么允许分居的妻子在法庭上诽谤他的时候，他说："不幸的是，法官和所有支持或反对她的人似乎都被诺顿夫人的举止压倒了，而那些喜欢戏剧效果的人（不幸的是，我自己的律师也是其中之一）则无法发声、呆若木鸡。"

他承认他把这件事作为提供津贴的条件：即她没有从墨尔本那里得到任何金钱。但是他又说，在墨尔本死后，他哥哥打开了墨尔本的一封信，信中要求给她一笔年金。诺顿写道："我既惊讶又感到厌恶。"她否认当时收到了这笔钱，这是真的，但是三年之内她就收到了这笔钱。他叫他们的大儿子和卡罗琳确认这件事，她还是不承认，大儿子把情况告诉了诺顿。诺顿指责卡罗琳对他们两个说谎，并哭诉他的两个儿子花了他太多钱——一个儿子在外交部门，另一个儿子在牛津大学。看来没有人给他出主意：他的名誉受到的最大损害是他自己造成的。

9月2日，卡罗琳再次写信给报社。与其说这是一封信，不如说这是一部自传的片断，而且是一个重要的片断。她以讽刺的口吻开始，她表示感激，说他把她自己谨慎隐瞒的事情公之于众：不过她想驳斥他所谓的铺张浪费和其他种种指责，"这项指控来自于一个欠我687英镑的人，他甚至不否认这项债务，只是说他不会在压迫下偿还，因为，正如法庭上所述，他不受法律约束，而只是受制于'一个有荣誉感的人'。"[11]她主要的抱怨是，"在我的一生中，他两次假意想要剥夺我的名誉"。在这方面，她把社会报纸上所有的丑事都洗白了。她谈到了对她的"诽谤"，以及她如何"像溺水的人一样与耻辱抗争"。

19 世纪 40 年代曾有过离婚改革的尝试，辉格党议员霍华德·埃尔芬斯通爵士（Sir Howard Elphinstone）曾在 1843 年试图提出一项《婚姻与离婚法案》。目前正在审理的离婚案件由教会的地方法院负责，最近的一起案件花费了 1500 英镑，这笔费用落在了这名女子身上，因为她通奸的丈夫无力偿还债务。他认为，现有的程序——普通法方面的诉讼、向教会法庭的上诉，以及最终进入议会的法案——过于复杂。他只想要一个离婚法庭，因为他说，"除了我国，其他新教国家都有相关法律"。[12] 他的助手威廉·尤尔特表示，离婚的平均费用为 800 英镑至 900 英镑；在有离婚法庭的苏格兰，这一数字是 30 英镑，这意味着即使是非常贫穷的人也能负担得起。因为教会的抵制，政府反对法案；这项措施失败了，1852 年的另一次尝试也是如此。

在与丈夫公开争吵之后，卡罗琳意识到她必须从自己的处境出发，拓宽争论的范围，转而应对英国女性的困境。她力劝她认识的几位政治家在议会里为这项事业发言。这场新运动的第一次冲击是她的小册子《为 19 世纪英国妇女的立法》（*English Law for Women in the Nineteenth Century*），但它几乎没有受到公众的关注，因为人们已经厌倦了她和她的案件。由 19 世纪 50 年代著名女权主义者芭芭拉·博迪雄（Barbara Bodichon）领导的一场更广泛的争取妇女财产权的运动已经展开。博迪雄和其他支持她的女性都对卡罗琳的活动进行了批评，认为她的动机多是出于自身利益，而不是针对一般女性的状况。和在 19 世纪 30 年代的立场一样，即便在 50 年代，卡罗琳也不是女权主义者，她发现博迪雄的活动缺乏吸引力。

大法官克兰沃斯勋爵（Lord Cranworth）于 1855 年向上院提交了一项法案，旨在示使离婚更加方便可行，这与卡罗琳的活动无关。该法案刺激卡罗琳撰写了另一本小册子，名为《给女王的关于克兰沃斯勋爵婚姻和离婚法案的信》（*A Letter to the Queen on Lord Cranworth's Marriage and Divorce Bill*）。信件根据卡罗琳自己的经历，提出分居妇女有权拥有自己的财产。她写信给女王，用她自己的话说，"作为一个深受痛苦的人"，她的个人兴趣使别人越来越难以帮助她。[13] 她给君主写信不是因为她想把自己的过错"推到王位脚下"，而是因为女王同样是一位有孩子的已婚女性。卡罗琳说："我想指出一种荒唐的反常现象，即按照规定，已婚妇女在一个由女性君主统治的国家里是'不存在'的。"[14] 她还意识到，任何法律改革都需要得到女王的同意。

514

卡罗琳承认，"存在坏的、放荡的、无可救药的女人，就像存在恶毒的、挥霍无度的、专横的男人一样。但区别在于：惩罚和约束坏妻子，有法律和非常严厉的法律（更不用说社会谴责了）；但是惩罚或约束坏丈夫，在英国却没有适当的法律"。[15] 她声称，现行法律对不忠行为的重视程度更高：一名女子因通奸而离婚，随后嫁给了给她丈夫戴绿帽子的男子，她所受的伤害远远小于不应该受到任何伤害的被不公正对待的妻子。她将离婚的代价描述为"英国贵族神圣的放纵"。[16] 这个可怜的男人被他的第一任妻子背叛了，他唯一的依靠和寻找第二个妻子的办法就是重婚，还有私生子。她说，这些都与苏格兰无关。在苏格兰，离婚是可能的，妇女有权保护自己的财产，她们可以像丈夫一样提出离婚诉讼。在边界以南，阶级和性别的司法行政占了上风。

在英格兰和威尔士的离婚案件中，由于法律的存在，对双方的审查都在上院进行，一名贵族近年来谴责这种做法"令人作呕，令人泄气"。[17] 另一位议员圣莱昂纳德勋爵（Lord St Leonards）则称这种法律状态是"国家的耻辱"。那些反对修改法律使之与苏格兰惯例一致的人——即遗弃和通奸是妇女提出离婚诉讼的理由——似乎暗示苏格兰是一个比英格兰更不道德的国家。卡罗琳说，她理解罗马天主教国家的这种做法，那里的婚姻被认为是不可分割的；但她不明白，在信奉新教的英国，为什么只有男性才能确定婚姻是可以解除的。无论如何，自1836年约翰·罗素勋爵发起允许民间举办婚礼的议会法案以来，许多婚姻都与教会无关了。她写道："要么让男人放弃离婚的特权，放弃婚姻是一种不可分割的契约的主张，要么让较弱的一方避开不可容忍的错误，他们声称这对他们自己是必要的。"[18]

这些话大部分是对的，但卡罗琳无法抗拒对诺顿的进一步攻击。"就墨尔本勋爵而言"，她写道，她对女王直呼墨尔本的名字，墨尔本和卡罗琳一样都深受女王的喜爱，"他认为这完全是为了赚钱……他认为这是托利党一小部分人的政治阴谋，目的是毁掉他的首相生涯。我知道，陛下的叔父威廉四世国王完全同意这种看法"。[19]她甚至引用了当时在克里米亚的弗洛伦斯·南丁格尔的女英雄地位，作为女性要求改善法律权利的一个理由：尽管南丁格尔未婚，但她拥有自己的财产权。克兰沃斯的法案在阿伯丁政府倒台时失败了，尽管他在帕默斯顿的领导下继续担任大法官。卡罗琳在她的小册子中所倡导的很多东西都被写进了这个法案，因此她可以说是约翰·弥尔顿（John Milton）200多年前首次倡导的改革的设计者之一。残忍、遗弃、重婚和乱伦将成为妇女提出离婚诉讼的理由，但并非如最初提议的那样是通奸：通奸仍然是男子的一项理由。

卡罗琳在1857年1月的一篇文章中提到了设立离婚法庭的必要性，她说，"正是因为我认为这样一个法庭会减少而不是增加分居和离婚者的数量，我才希望看到它的建立"。[20]她认为，在许多情况下——包括她自己的情况——离婚法庭的存在本身就会促使冲突

中的夫妇达成妥协。事实上，正是由于没有这样一个法庭，以至于
她自己的婚姻纠纷变得漫长而激烈，现在她和丈夫不可能和解了。

卡罗琳试图安抚那些认为这是对他们的权利和婚姻制度进行侵
犯的男人，"男人可以作为法官，这无疑是一个巨大的保障，可以
防止因妻子的请求而造成的大量离婚的虚假警报。我从不主张离婚
的便利。我相信，即使它存在，它也将是一般妇女寻求的最后一种
补救办法。成千上万的女人（我也是成千上万的女人中的一个），
如果没有正当原因，也是反对离婚的，她们宁愿忍受任何程度的贫
穷和孤独，也不愿看到继母接管她们的孩子。"她总结道："我希
望在下一次会议中看到这样的改革，使某些独特的法庭获得这一权
力。许多愤怒的年轻夫妇，站在导致彻底分裂的悬崖边缘，可能会
从中得到益处：不是离婚，而是获救的未来，这样，在我们热烈的
光芒隐入坟墓的黑暗之后，'和平与阳光'就可能长久地照耀他们
的生活。"单引号括注的这个表达是她丈夫多年前使用的一个具有
讽刺意味的词语，其实什么都没有。

1857 年 2 月 3 日，英国女王在演讲中宣布了一项法案，允许
法院批准离婚，且无须证明有犯罪行为。该法案的通过引起了激烈
的争议：喜欢玩弄女性的首相帕默斯顿遭到了他最终的继任者之一
格莱斯顿的持续攻击，后者认为该提案是对教会权威的攻击。矛盾
的是，改革的主要支持者之一是坎特伯雷大主教，尽管他的数千名
神职人员强烈反对该法案。该法案几乎与下院之前通过的一项法案
完全相同，那次上院也拒绝了，只不过它删掉了一项修正案，允许
除通奸者以外的所有当事人再次结婚。克兰沃斯说，他认为该条款
"最令人反感"，因为"它涉及对女性最残酷的惩罚，我担心十有
八九的情况下，这将对通奸者大有裨益"。[21]换句话说，男人——通
常是那些通奸的男人——将永远无法坚持到底，并与他们渴望的对

象结婚，据推测，这让他们松了一口气。

在威斯敏斯特只有一个离婚法庭。另一位支持离婚的埃克塞特主教抱怨说，这并不能实现他对改革的初衷，即能够同等地帮助穷人和富人：那些生活在英格兰北部、收入有限的人不能指望利用法院。他为全国各地的地方法院辩护。他的哥哥、牛津主教苏比·萨姆·威尔伯福斯（Soapy Sam Wilberforce）有一个更传统的反对意见。他认为"这会极大地扰乱人们对婚姻神圣性的看法，不会带来永久的、纯洁的后果"。[22]

上院的一个委员会在 5 月底审查了该法案。主要由主教们互相引用《圣经》，并争论对《圣经》的解释。6 月 23 日，在全体议员面前进行三读的时候，威尔伯福斯继续说道："毫无疑问，我们的上帝禁止这个通奸的女人在她丈夫有生之年再婚。"[23]他还说，如果法案获得通过，那些负有责任的人就会"有意且明知故犯地宣称，英格兰的法律应该与基督的法律相抵触"。尽管邓甘农子爵（Viscount Dungannon）在表决前宣布，该法案是"提交给议会的有史以来最胡闹的法案之一"，"旨在破坏社会的所有道德原则"，但第三次宣读表明，上院最终批准了该法案。[24]现在由下院决定是否将离婚合法化。

甚至在它到达下院之前，就有人在 7 月 24 日试图阻止对它的讨论。牛津郡议员约瑟夫·亨利（Joseph Henley）试图将其否决，原因是没有足够的时间进行适当的讨论。他还指出，有 6000 名神职人员签署了一份反对该法案的请愿书（每天都有新签名）。他补充说，这是一个"粗糙、消化不良、考虑不周的措施"。内政大臣乔治·格雷爵士反驳道，现有的离婚法制造了"丑闻"，这使得格莱斯顿加入了战斗。

"我必须承认"，格莱斯顿说，"我几乎不知道那些丑闻是什么"。他承认，有一些涉及女性财产的问题是可耻的，但拟议的措施不包括这些问题。他觉得富人可以离婚，而穷人却不能，这是一件可耻的事；但这需要长时间的讨论。他觉得，这是当时不进行讨论的一个原因。他还觉得格雷试图把这个问题政治化，"坦率地说，我对目前措施所涉及的主要问题毫不怀疑。我指的是基督教婚姻法的真正解释问题"。[27]由于议会将于 8 月中旬召开，格莱斯顿怀疑下院不得不等到 7 月 24 日才开始考虑一项他称之为"极其草率"的法案。[28]他觉得自己和其他像他一样的人，正在被推进一场深刻的社会变革，这场变革与几个世纪以来的基督教教义背道而驰。

他充分展示了自己善于分析的头脑：

> 如果法案只给了我们两种选择——一种是不可分割的婚姻，自从英国成为英国以来，我们就一直坚持这种婚姻；另一种婚姻是破裂的婚姻，很好理解，小心翼翼地加以限制，维持下去，通过学者们的明确权威和其他国家的立法——这一领域将会变得更加清晰和简单；但是，没有一个国家以同样的方式确立旨在使婚姻解体的法律。这一建议不仅是关于英国法律的，而且是关于基督教世界的法律的，它在世界历史上从来没有被采纳过。它违背了教会的法律，违背了自然的法律，违背了上帝的法律，而且，无论好坏，这是人类以前从未有过的智慧。任何国家制定的使婚姻破裂的法律，所依据的原则都不会比我们采纳的原则要广泛。

518

尽管他反对这一原则，但他也认为，如果要改变法律，就必须公平地改变它。他也抱怨拟议中的法院的集权性质。他将其与苏格兰作了比较，说苏格兰并没有真正的离婚法庭，但位于爱丁堡附近的那部分地区却有。至于苏格兰其他地区，除非当事人富有，否则离婚基本上是不可能的。相反，他认为应该建立一个适当的地方法院系统。如果不能考虑到这一点，就不应修改法律。[29]离婚必须有平等的权利：

> 再没有比现在开始的事情更具有破坏性的了：在19世纪中叶撤销18世纪以前为妇女们所做的缓慢的事情，并说，丈夫有权根据妻子无权提出离婚的那些理由提出离婚。如果基督教有一个被我们认为极其珍贵的广泛而明显的结果，那就是全能的上帝在所有与权利有关的事情上盖上了男女平等的印记，我将坚决反对任何企图诱使这个议院采取一种我认为会导致妇女堕落的措施。[30]

格莱斯顿比许多主教更像一位神学家，他的论点不可避免地转向宗教问题。议会是否有义务根据《圣经》的法律来制定本议院的立法？这是一个"极其严肃和困难的问题；但我要说的是，在我看来，通过这项法案意味着我们在处理本不属于我们的问题，这显得前所未有地轻率。"[31]他继续说："我指的是我们信奉的宗教，我要说的是，在我们的婚姻法中，我们不能通过将举行神圣的仪式——由使徒自己指定最高的称谓——纯粹视为我们意志的产物，就像某种收费公路信托基金或健康委员会，我们今天可以创造，明天就可以毁灭，从而亵渎这种宗教，这是件非常重要的事情。"在谈到罗素1836年提出的引入民事婚姻的法案时，他问议会是否也可以提议引入民事离婚和民事再婚：这是另一个需要更多时间考虑的问题。

帕默斯顿决定结束这场辩论。他表示惊讶，一群议员竟然试图将该法案推向下一个会期——这意味着程序会从头开始，再次经过上院——只是因为他们认为现在没有足够的时间来讨论这个问题，而且在下院就这个问题进行辩论之前，他们就没有时间来讨论了。他认为这是一种"伪装"，是一种"肤浅"的伪装。[32]他说，如果在二读时提出反对意见，而不是阻止这种情况的发生，将会"更体面"，这番话激怒了那些寻求拖延的人。他嘲笑格莱斯顿的反对意见，声称自己的演讲口才如此之好，才智如此之高，以至于他在12个月后也会像现在一样准备讨论法案的缺点。全国人民知道该法案所包含的内容，并做好了准备。然而，他坚称，签署反对该法案请愿书的牧师并不知道其中的规定。他说，如果事情能够圆满解决，他愿意任职到9月中旬。下院以217票对130票支持他，第二场宣读辩论在一周后举行。

检察总长理查德·贝塞尔爵士试图缓和反对意见，他说，该法案只是将一些在另外两场法庭听证会之后需要立法会议批准的内容移交给了法庭，其中包括"最恶劣的程序"、私通行为，以及一种"对这个国家来说是极大耻辱"的制度。[33]英国对离婚的接受可以追溯到宗教改革时期：没有什么特别的事情发生，尽管他承认，如果丈夫的行为令人震惊，不能指望她和他住在一起，那么这个女人会被赋予一个反对他的理由。一些人仍未被说服。威廉·希斯考特爵士（Sir William Heathcote）谈到"一群放荡堕落的人已经在为即将从立法机关手中获得的许可而欢欣鼓舞"。[34]亨利·德拉蒙德（Henry Drummond）认为，这项措施只会"延续目前存在的那种男性对无助女性的暴政"。[35]很多人都在说，如果现在允许因为通奸行为就可以离婚，那么不久之后就可以由于其他原因允许离婚。

格莱斯顿仍然毫不留情。在第二天的辩论开始时，他指出，在检察总长第一天站出来反对他之后，有 8 位发言者轮流起来反对他：该法案的支持者决定不发表意见，而是要尽快通过该法案。他说，他收到了来自全国各地的信件，称将有更多的请愿书反对该法案。他听说康沃尔的劳动阶级完全反对它。在林肯郡，法案"在广大中产阶级和穷人眼中是完全可恨的"。[36]他看到的证据表明，即使在受过教育的阶层中，也普遍不了解该法案的条款。格莱斯顿说，他认为立法机构有权免除一个人在上帝面前所做的精神誓言，这是"可以向文明人提出的最可耻的教义之一"。[37]最后，他谈到了性节制的问题。

他觉得这种情况高发生率的原因是：

> 根据英国法律，婚姻是不可分割的……婚姻处于完全的、绝对的变化状态。你越过一个你知道无法越过的深渊；你进入一个新的状态，承担它的一切义务；但是你现在要把这条到目前为止还不能跨越的鸿沟变成可以跨越的；你要对犯罪的女人说（虽然她可能在最强大的诱惑下犯罪），"你们的罪必不可赦免。你们要离了婚，无论什么都不能使你们与那个离开你们的人和好。你可以再婚，你也可以无节制地犯罪，你得罪了人，他必不能饶恕你的罪，虽然他可能愿意全心全意地饶恕你"。对我来说，把忏悔者关在门外，这是一种最令人怀疑的情况；但更令人怀疑的是，英国人对婚姻契约这一伟大理念的动摇。我们在对待人类的时候，不要把他们当作纯粹有智慧的生物，认为他们的生活由信念所支配。一个人从前人那里继承的过去时代的传统、社会规则和风俗习惯，对生活的支配远远高于其他因素。英国人的婚姻坚不可摧，这一观念在英国人的头脑中从未动摇过。英国的中下层阶级从来就不知道婚姻是可

以解除的。那么，当心你是如何损害同胞的品格的。你知道英国人的天性是多么容易摆脱束缚和控制；你知道英国人心中蕴藏着怎样的激情；但是，在你们的人民中间，有一种强烈的克制感，自从英国成为英国以来，这种克制感就一直盛行，那就是婚姻关系的不可分割。[38]

格莱斯顿那史诗般的、包罗万象的两小时演讲——他的对手为此向他表示祝贺——简直令人无法应答。在场的人没有一个有能力和他交谈；格雷支持他，只是反驳了他的话。唯一一个试图参与神学争论的人是斯宾塞·沃波尔，他并不属于格莱斯顿的阵营。他勇敢地得出结论，关于"英国家庭现在所拥有的魅力、幸福和难以言表的祝福"，拥有离婚法比没有离婚法能更好地将这些保存下来。[39]然而，政府有统计数字，不需要依赖争论的力量：第二次宣读的票数是 208 比 97。

到目前为止，已有 10000 名神职人员在反对该法案的请愿书上签名。反对者关注的主要问题是，该法案将允许离婚中有罪的一方再婚，牧师可能会被要求为他们证婚，这似乎已成为症结所在。请愿书本身要求："记住，上帝曾经说过，与一个离异的女人结婚是通奸行为，我们虔诚地祈祷，这个国家的神职人员永远不会沦落到痛苦的境地，要么拒绝服从他们必须始终愿意服从的国家法律，要么违背自己的良心，违反上帝的律法，把在圣言中被定为通奸的婚姻庄严化。"[40]

522

下院全体委员会逐条审议了该法案。米德赫斯特的托利党议员塞缪尔·沃伦问道："如果每个人对法律的服从都取决于他自己对法律是否符合上帝律法的看法，那么社会将变成什么样？"沃伦毫不怀疑基督教立法机构应该遵循《圣经》，他在那里找不到离婚的先例。相反，将会有一种制度，在这种制度下，国家会对那些被证明有通奸行为的人说，"别管教堂了——去吧，在国家的权威下结婚"。[41] 人们普遍认为，只有受冤枉的一方才应该被允许再婚；特别是神职人员，完全不应该和离过婚的人结婚。

新一波的宣传浪潮不仅刺激了更多的神职人员来反对该法案，而且也激起了更多的公众请愿，超过 16000 名女性签署了一份协议。沃伦认为，该法案所做的好事——比如保护女性免受"残忍和挥霍"的丈夫的伤害——可以在不宽恕离婚的情况下实现。一位议员震惊地指出，在允许离婚的旧金山，前一年就批准了 130 宗离婚——或者说每三天就有一宗——他相信这里的情况永远不会达到那种程度。

政府的多数票击败了几乎所有的反对意见。然而，激进主义的某些观念太过分了。有人试图将一个女人的收入与她丈夫的收入分开，即使他们和谐地生活在一起，这种做法也被认为是"荒谬的"。[42] 然而，政府未能阻止允许地方管辖离婚案件的行动：一个更大的问题浮出水面，那就是对作为通奸受害者的男女进行平等救济。他们的观点是，虽然上帝认为，无论男女，不贞洁都是同样令人厌恶的，但如果犯错的是一名妇女，则对社会的危害要大得多。正如一位议员所说，贞操是女性的荣誉所在，但对男性则不然。女性的通奸行为"导致后代的血统充满不确定性"。[43] 还有一种观点认为，"如果女性和男性同样享有离婚的便利，那么一个自私的丈夫将有权借助通奸，把妻子带进离婚法庭"。她似乎应该咧嘴笑着忍受。

格莱斯顿将这一点描述为"可以提交讨论的最严肃、最伟大的道德和社会问题之一"。[44] 他仍然反对法律改革，但他看到这是不可避免的，因此更加坚定了他的信念，认为法律应该尽可能公平地运作。反对平等的人士表示，赋予女性因通奸而提起诉讼的权利，将增加离婚的数量。然而，他说，"我承认，当被驱使在某种程度上增加离婚案件数量的恶作剧和在法律条文中书写不平等原则的恶作剧之间做出选择时……我愿意选择支持［平等］"。[45]更大的罪恶是引入不平等，"我首先要表明我的立场，如果假定婚姻的不可分割是基督教在地球上运作的结果，那么我认为更重要的是，同样可以假定男女平等的原则也是基督教的结果。"

福音书中有许多例子表明，必须把男人和女人都作为基督徒进行平等对待。他问道："如果在上帝看来，通奸可以导致婚姻关系的解除，完全废除婚姻关系，使犯了通奸罪的人不再结婚——如果是这样的话，你有什么资格不让女人享受男人的补偿呢？是出于社会利益的考虑吗？我随时准备反驳和否认这些考虑。但如果是这样，你又有什么权利设定这些法律来反对上帝亲自写下的宪章呢？"[46]

赋予女性离婚的权利，会使她们的丈夫表现得更好：那些通奸倾向更加明显的丈夫们需要平等带来的约束。根据该提案，女性可以因残忍而离婚：

> 侮辱的残酷不是也和武力的残酷一样恶心、一样邪恶、一样可恶吗？这不是一种很常见的情况吗？在很多情况下，没有寻求补救办法，或者我们的法律不允许——丈夫的淫乱不仅是偶然的，而且是连续不断的；不仅是连续的，而且是开放的；不仅公开，而且在他的屋檐下，以及与妻子关系最密切的人有关？在这种情况下所受的侮辱，难道不是把铁深深地打入灵魂的那种侮辱吗？难道不是比任何物质工具对身体的损害还要更甚吗？那么，在丈夫施暴的情况下，你是根据什么原则给妻子

524

一个补救办法，而在残暴指向灵魂的地方，尽管这可能造成十倍的更大折磨，你却宣布根本没有补救办法？[47]

格莱斯顿认为，如果该法案在缺少这种平等权利的情况下通过，男性会觉得他们得到了议会的默许，可以肆意挥霍，创造出一个"受压迫和无助的妻子"。[48]然而，他确实招致了这样的指控，丈夫和妻子串通一气，使丈夫通奸，这在社会上是一种较低的耻辱，从而结束婚姻：一旦法律通过，这一行为确实成为法律最普遍的特征之一，同时也成为妓女和私家调查人员的收入来源，直到 20 世纪仍是如此。就连帕默斯顿也承认，他不可能赢得这场辩论，并将接受这一原则，尽管这与他自己的检察总长刚才所说的背道而驰。帕默斯顿坚称，社会对平等没有真正的要求。

检察总长寻求了一条中间道路，提出了一项修正案，允许妻子在丈夫把情妇带到家里的情况下提起离婚诉讼：法国法律允许在丈夫的"情妇"进入家里的情况下提起离婚诉讼。德比郡贸易委员会主席约瑟夫·亨利拒绝了这一说法，理由是"在英国社会，几乎不可能找到一个恶棍，足以触犯所有法律，而被他归入这一类"。[49]亨利补充道："一个男人可能会与女佣、夫人的侍女或其他任何类型的女仆通奸，但这并不属于贵族绅士将情妇带到夫妻共同居住的家里的范畴。"帕默斯顿占了上风，但妇女仍然没有获得平等地位。虽然男人可以仅仅因为妻子通奸而离婚，但通奸只会成为女人与丈夫离婚时的一个问题，还要有其他罪行——例如鸡奸、重婚、残忍或遗弃的辅助。直到 1937 年出台的《婚姻诉讼法》才纠正了这种错误。

525　　该法案于 1857 年 8 月 21 日进行了第三次也是最后一次审议。委员会对其做了 13 项实质修改，10 项未经表决——政府承认其措施不完善。最重要的是对妇女的让步和加强对儿童的监护权；同样重要的是建立地方法庭，以及有效实施针对神职人员的良心条款。帕默斯顿为自己送别了格莱斯顿和其他决定阻止该法案的下院议员而得意扬扬。

上院仅以两票的多数同意考虑修正案，而不是否决该法案。8月25日，即议会休会的前一天，该法令终于成为法律条文，离婚可因配偶中任何一方的通奸而获准；妇女可因丈夫为期两年以上的虐待或遗弃而提出离婚。1857年有3起离婚案件，1858年有300起，该法令于1858年1月1日生效。

三

1867年，随着选举权扩大到所有男性，思想更为激进的人自然会把注意力转向将选举权扩大到女性身上。1866年、1867年和1868年，约翰·斯图亚特·密尔曾三次组织向国会提交请愿书，试图推动这一进程，但均未能成功。1870年5月，约翰·布赖特和早期争取妇女投票权的活动家普里西拉·布赖特·麦克拉伦（Priscilla Bright McLaren）的弟弟雅各布·布赖特（Jacob Bright）提出了一项法案，试图达到这一目标。布赖特的措施是给各行政区的女性投票权，"如果这些女性是户主，如果她们的名字出现在税率册上，如果她们缴纳了税款"，就符合这一标准。[50]在这些郡，如果户主的房屋价值在12英镑或以上，或者房屋具有男性获得投票权的财产资格，女性就可以获得投票权——这远远谈不上普选。布赖特的研究使他估计，在巴斯，女子和男子拥有投票权的比例是1：3.8，而在沃尔索尔，这一比例为1：22.9。在布里斯托尔和约克，这个比例是1：7；在曼彻斯特是1：6；纽卡斯尔是1：8；

526　北安普顿是1∶13。针对这项提案的反对者，他说："我们提议通过这项法案授予投票权的人数太少了，现在无须担心。"[51]被赋予选举权的妇女人数太少，不足以引发一场社会和政治革命。

布赖特说，他正在"基于公共正义和实际需要"追求这一目标。他指出，户主获得选举权导致男性以惊人的无知程度被允许投票。然而，那些缴纳税款、为国家做出宝贵贡献的女性——他援引了弗洛伦斯·南丁格尔的名字——却并非如此。布赖特说，1867年以前要求投票的人认为，拒绝我们投票"等于宣布我们的道德和智力低下"。[52]他强调了他所认为的税收和代表权之间的联系，甚至比要求女性投票更激进地强调了女性薪酬的不公平："没有男性和女性的税额，但有男性和女性的工资和收入金额。除了少数显著的例外，世界各地的女性得到的薪酬都比男性少得多，她们必须为同样的钱而工作更长时间；而且，当她们做与男性完全相同的工作时，工资甚至要低得多。因此，妇女的税赋一定比男子的税赋要重一些。"他抗议说，"在生活的各个阶层中都有地位低下的男人，他们主张贬低妇女，使她们处于下贱的地位"。[53]

符合条件的女性已经可以在市政选举中投票，但议会认为她们不适合就"帝国事务"投票。布赖特的法案不会给已婚妇女投票权，他认为，如果他的法案想要获得任何成功的机会，这是必要的，虽然他明确表示他后悔使用这个权宜之计。"美国革命（内战）之前，在美国南部各州，已婚妇女在财产权方面处于黑人的地位。"《已婚妇女财产法案》曾三次由下院通过，但两次被上院否决。如果下院能看到该法案试图纠正的不公正现象，为什么不能看到剥夺有财产的女性投票权这样的不公正现象呢？

布赖特明确指出，这位君主本身就是一位女性，她拥有的巨大权力与她拒绝向所有与她性别相同的其他英国人授予适度的政治权

力之间存在矛盾。他强调，这并不是他原创的观点，迪斯雷利在早
些时候的一次演讲中就谈到过这一点。他再次提到了美国内战的影
响：在此之前，黑人一直被轻视，但现在他们中有 400 万人拥有投
票权。他也提到，越来越多的女性团体鼓动人们采纳他提出的法案，
这证明了女性的智慧和政治意识——而反对者对此却不予承认。其
中超过 10 万人签署了请愿书，强调停止不公正待遇的重要性。他恳
请国会议员们为自己的妻子、母亲、姐妹和女儿着想，承认她们中
的许多人对政治很感兴趣——这一点从前往女性展厅参观的人数就
可以看出。最后，他恳请以正直和睿智闻名的格莱斯顿支持他。

　　反对布赖特的是彭布罗克郡的托利党议员约翰·斯库菲尔德
（John Scourfield）。他小心翼翼地避免讨论所谓女性低人一等的问
题，而是集中讨论了所谓的"缺乏足够的证据证明英国女性希望
享有赋予她们的这种特权"。斯库菲尔德声称，他问妇女们是否愿
意投票，她们总是回答说不愿意。她们不寻求与选举权相伴而来的
责任，她们觉得这会侵蚀她们的社会地位。他发现有必要引用约翰
逊博士关于女性的侮辱性台词，他说一个女人鼓吹自己像一只能够
靠后腿站立的狗："它做得不好，但你会惊讶地发现它竟然完成
了。"他很清楚她们的人生目标是什么："她们的使命是让生活变
得可以忍受，"他说，他只是希望她们继续"令人钦佩、和蔼可
亲、令人愉快"。[54]

　　剑桥议员威廉·福勒（William Fowler）表示，如果女性获得
投票权，那么女性不应该进入下院就是没有逻辑依据的，因此他强
烈反对该法案。妇女有责任教育她们的子女，有责任"装饰她们
生活的领域"，但如果允许她们参与政治，这些责任就会受到阻
碍。他并不否认有些妇女在公共场合讲得很好，但他不认为这是
"女性的自然地位"。[55]他确实认为她们的财产权状况是不公平的，

他将支持任何纠正这一点的举措，但是给她们投票权就超出了合理的范围区间。他说，对于布赖特的动机是"把她们（女人）从与其说是祝福不如说是伤害中解救出来"，他不予支持。[56]

查尔斯·迪尔克爵士（Sir Charles Dilke）为女性辩护，嘲笑反对女性拥有投票权的理由。他本人的议会生涯也将因过于欣赏女性引发的丑闻而受损：

> 除了精神病患者，只有一类成年居民在议会的选举中被忽略。你不能忽视黑人，因为全国几乎每个区都有黑人选民；但是你忽略了一个阶层——女性。很明显，你由于严重的无能而忽略了她们。如果在事例的总体性质上看不清楚这一点，那么从黑石（Blackstone）（英国法律评论）的说法中就能看出来。黑石在谈到那些有政治残疾的人时说，"疯子、白痴、未成年人、外国人、女性、被判作伪证的人、受伪证指使的人、行贿受贿的人、处理不当或施加不正当影响的人、犯有重罪的人或在刑事诉讼中被宣布为非法的人，都不能投票"。如果你把外国人排除在外——没有一个国家允许外国的臣民行使本国议会的选举权——残疾人就会把自己分成两类，一类是被判有罪的人，另一类是心智不健全的人。很明显，没有人会建议将妇女列为罪犯，而她们似乎被列成了无能之辈。[57]

里昂·普莱费尔也提到了这一点。他说，"女性是有能力的公民，这一点必须从我们的财产法和她们拥有的市政选举权中得到承认"。

> 宪法进一步承认她们的能力，这使她们在政府中拥有最高

的份额。女性君主可以坐在王位上，在过去，就像现在一样，她们可以装饰自己的高位。但是，如果她们能够行使政府的最高职能，她们就必须适合履行最低的职能。将她们的利益委托给一名代表，该代表可以保护她们的财产不被过分征税，保护他们的个人不受不良立法的有害影响……人们认为，作为妻子和母亲，参与政治既不合适，也不适宜，因为政治的作用与其说是公民的，不如说是家庭的。我们不要求那些身为妻子并让丈夫代表其利益的人具有投票权。但有 487000 名寡妇和 2110000 名未婚女人缺少针对她们利益的天然代表。她们当然有权关心家庭以外的事务。[58]

529

他补充说："正是弗洛伦斯·南丁格尔小姐、哈里特·马蒂诺小姐和伯德特·库茨小姐的名字为这次投票提供了理由。""我承认，女性作为一个阶层所受的教育，并不具备吸引她们从事政治活动的特质。这是谁的错？男性垄断了所有的高等学校和大学，从而降低了女性的受教育水平。给予她们我们现在所要求的选举权，我向你们保证，她们将很快要求在这个国家的教育资源中享有更公平的份额。赋予妇女权利，她们行使权利的能力就会得到迅速发展。我们过去的历史已经证明了这一点，即使你把选举权降低到当时的教育水平以下。"[59]

这些论点很有力。布赖特和他的朋友们取得了胜利，法案通过了第二次审议。一旦它进入委员会，麻烦就开始了。帕默斯顿第一届政府的济贫法委员会主席爱德华·普雷德尔－布维里（Edward Pleydell-Bouverie）担心，赋予未婚妇女投票权最终将不可避免地导致已婚妇女也获得投票权。他说，这样做的结果将是在每个议院中都有一个双重投票和一个双重政府。我必须抗议这种国内的无政府状态。[60]他补充说："这项法案的真正意义在于，我们要让所有女性无性化。她们是人类创造中较弱的部分。这是大自然的安排。难道我们要让她们从她们所在的位置上走下来，与他人展开激烈的竞争吗？难道她们要到议院里来，坐在这些长凳上吗？如果是这样，她们为什么不坐上财政部的席位呢？"[61]这并不是潜在恐惧的极限。"有人宣布，我们将成为一个由积极进取和强有力的女性（Amazons）组成的国家；我们将有女律师、女医生，也许还有女主教。"

爱德华引用一位女权主义者的话来结束自己的论点，这位女权主义者说她希望女性能成为陪审团成员；紧随其后的是埃尔乔勋爵，他立刻驳斥了投票是女性"正当权利"的观点："最糟糕的服务……他们能对这个国家的妇女做的就是给她们投票权。"[62]最后，格莱斯顿亲自出面干预。他解释说，政府没有发表意见，不是因为它不认为这项措施是重要的，而是因为它不希望侵犯独立成员的自由。不过，他不得不承认，推进这项法案将是一个非常大的错误。[63]他解释说，"真正的问题要广泛得多，因为真正的问题在于是否有必要，不仅如此，甚至在于是否存在对这种措施的愿望或要求。我必须说，我两者都认不出来，这就证明这种令人不安的现象是有道理的，更不必说要把社会的旧日界碑连根拔起了，因为旧时的社会界碑比现在坐在这些席位上的先生们和坐在其他席位上的先生们之间的政治差别要深刻得多。我不知道有这样的情况"。[64]尽管布赖特在最后一分钟做出呼吁声称如保持现状，英国1/7的业主和户主仍将被排除在选举权之外，但该法案还是被否决了。

四

尽管有这些挫折，妇女选举权运动从 19 世纪 60 年代末开始势头强劲。赫胥黎坚信男女平等，他在 1865 年 5 月的一篇杂志文章中提出了妇女的社会和政治权利问题。他问他的读者，如果他们接受"所谓的女性缺陷"，那么"批准并维持一种似乎特别刻意夸大所有这些缺陷的教育体系，难道不是有点荒谬吗？"[65]他称现有的女性教育体系"本质上是荒谬的"，并呼吁"解放女孩"。他接着说："要认识到，他们拥有和男孩一样的感官、知觉、情绪、推理能力和情感，而且普通女孩的心智和普通男孩的差别并不大，就像一个男孩的心智和另一个男孩的差别一样；因此，能证明为所有男孩提供特定的教育是合理的论据，也必然适用于女孩。"[66]他认为没有理由不让她们成为"商人、律师、政治家"，他觉得男人对此没有什么好害怕的。"无论何时，只要涉及与最优秀的女性竞争生命的奖项，最优秀男性健壮的胸膛、硕大的头颅、强健的肌肉和结实的体格就会占据上风。"他的结论没有丝毫讽刺的意味："人的责任是确保没有一粒粮食超出自然的负荷，这种不公平并没有加剧不平等。"[67]

531

　　有几位女性，如埃米莉·戴维斯和芭芭拉·博迪雄，在争取女性接受高等教育的运动中发挥了重要作用，她们都积极参与了选举权运动。密尔是通过他的继女海伦·泰勒（Helen Taylor）被吸引到这项事业中的。在 1867 年的《改革法案》通过期间，他试图修改法案，允许妇女投票，但以失败告终，几十名国会议员对他表示同情。不过，该法案的通过以及支持女性投票的少数核心力量，促使密尔认为这项事业并没有失败。1867 年 7 月，他确保弗洛伦斯·南丁格尔被邀请加入伦敦全国妇女选举权协会委员会。[68]该委员会已经包括科布小姐、汉普森、黑尔和劳埃德，以及梅斯达梅斯·福塞特、卢卡斯和斯坦斯菲尔德。密尔想让南丁格尔参加这场战斗，因为他读了南丁格尔的《护理笔记》（*Notes on Nursing*），明白了她的信念："妇女不应因法律或惯例而被排除在任何向男子开放的活动之外，她们有选择的自由，一旦失败，她们将自担风险。"[69]1860 年，他们还就这个问题进行了通信，当时密尔已经批评了一些女权倡导者——包括他眼中的南丁格尔——因为她们"打算就某些相对不适合女性的职业做出在密尔看来太大的让步"。[70]虽然南丁格尔不愿意表达冒犯他人的观点，但她还是在密尔的选举权请愿书上签名了。

密尔告诉她，他知道"你已充分地认识到，现有的群众观点对女性的性格产生了许多不良影响（并导致她们自身和他人幸福的毁灭）"，他说，他把她推向伦敦全国妇女选举权协会是因为他认为这是"针对……你所痛惜的一切罪恶的根源，你一生都在与之斗争"。[71]1867 年 8 月，南丁格尔在回信中说："女性应该拥有选举权，我想没有人能比我更深信这一点了。作为一个女人，尤其是已婚女性，尤其是一个聪明的已婚女性，成为一个'人'是非常重要的。"[72]不过，她以一种预言性的现实主义口吻补充说，要让女性获得选举权可能还需要很多年。她还问道，是否存在"比没有投票权更压迫女性的罪恶……我不知道。我很谦卑地问这个问题，恐怕你会嘲笑我"。[73]她有她自己的想法："难道目前的立法机构不能扫除现存的妇女财产和影响方面的缺陷吗？男女应该享有平等的权利，承担平等的责任，是吗？"她做过护士长，有这样的女人在她手下工作，所以她知道这一点。"在一个已婚妇女拥有财产之前，不可能有爱情和正义。"[74]

她写道："在过去的 14 年里，我太忙了（从来没有给我 10 分钟的空闲时间——甚至没有生病的时间），没有时间去投票，没有时间去追求个人的政治影响力。事实上，在我担任政府官员的 11 年里，如果我是一个选区的两名议员之一，我的行政影响力会更大。"[75]她说她愿意为密尔做任何事情，但她太忙了，不能参加委员会——"我没有参与工作，所以不能签署我的名字"。她补充说，她是一个"无法治愈的病人"。4个月后，1867年新年前夜，密尔从阿维尼翁给她回信，他说，"如果你更喜欢暗中做你的工作，而不是让世界知道你真正在做的事情，那么我对这种偏爱不作任何评论……我很遗憾，这种偏爱在女性中如此普遍"。[76]他对她说："我认为男人和女人都是没有心肝的懦夫，不会因为想到女人所受的痛苦而热血沸腾。"

他试图让她明白，如果妇女获得选举权，她所寻求的许多其他改革——比如让妇女更容易进入职业领域，其中一些领域，比如法律，仍然完全禁止她们进入——将会从中受益。他知道她的名字和名声的力量，对她不带头参加这场运动感到沮丧和愤怒。"政治权力"，他告诉她，"是对抗任何形式压迫的唯一保障……目前，在英国，与针对自身地位进行的任何其他重大改革相比，妇女争取与被赋予选举权的男子享有同样的政治权利要容易得多"。最后，他含蓄地责备道："虽然我很遗憾地看到你很少参加公益活动，但我从来没有认为你错了，因为我认为你的节制是由于你对公益事业的某一特定领域的献身精神所致。"她不顾他的请求，坚持自己的立场，但最终在1868年12月将会费（一个畿尼金币）送到了伦敦全国妇女选举权协会。[77]

533

密尔谴责"妇女权利的倡导者"准备"就相对不适合女性的某些职业做出太大的让步"。南丁格尔告诉他，在女性开始成为医生的美国，"她们没有取得任何进步：她们只是想成为'男人'，而且她们只成功地成了三流男人"。[78]她又说："我只是在这里陈述一个事实。我不像你所认为的那样推理。"密尔回答说，考虑到女性进入这一行业的新颖性，"她们一开始会成为学生，而不是老师，这是可以预料的"。[79]他坚持认为她们有进入这个职业的"道德权利"。

到了19世纪70年代，有更多的人齐心协力地争取妇女选举权。对于密尔这样的激进分子来说，这已成为一个超越党派政治的问题。1872年11月，他告诉乔治·克劳·罗伯逊（George Croom Robertson），"此外，我认为，在议会选举中，一个愿意为妇女选举权投票的保守派，一般来说应该比一个不愿意为妇女选举权投票的公开宣称的自由主义者更受欢迎……仅仅是支持格莱斯顿先生的事实，已经不足以使一个人宣称比另一个在公共讨论中为所有政治改革中最重要的一项改革投票的人更受欢迎了"。[80]

1875年4月，马利伯恩的自由党议员威廉·福赛斯（William Forsyth）提出了一项法案，允许在行政区或郡具备适当财产资格的未婚女性拥有投票权。尽管福赛斯是个进步主义者，但他仍然强烈反对已婚女性投票，因为这样做会"给婚姻生活带来不和谐"。[81]他认为，公众舆论强烈支持允许具备财产资格的未婚妇女投票：女性对政治和议会进程表现出了积极的兴趣，通过向议会大量请愿，支持《已故妻子的妹妹的法案》（一项旨在让鳏夫娶亡妻妹妹的长久措施）——废除《传染病法》（一项高度限定性和有争议的措施，旨在使妓女远离军营和海军造船厂，这是对女性的极大侮辱）。福赛斯声称迪斯雷利和格莱斯顿都有条件地支持女性参政——就格莱斯顿而言，这样的声明出现在1871年的一次演讲中，由一位男性代理人表达。包括南丁格尔在内的英国一些最杰出的女性签署了支持福赛斯法案的请愿书。

534

然而，妇女选举权的支持者们遇到了一些可怕的史前论点。一名议员辩称，由于在兰尼米德的贵族们迫使约翰国王签署《大宪章》（Magna Carta）时，女性没有站在他们一边，因此女性不应该拥有投票权。另一位是亨利·卓别林（Henry Chaplin），他认为

"时代的集体智慧，各种形式、各种伪装的所有宗教教义，以及我相信的整个人类的本能"都反对女性拥有投票权。[82]女性也不是"伟大的逻辑学家"。[83]人们广泛认为，给予妇女平等权利将在立法和行政领域带来对这种权利的要求：换句话说，这将是使妇女在生活的每一个领域都享有平等权利的最后一个障碍。剑桥议员帕特里克·斯莫利特充分展示了那个时代对女性的虚伪。妇女"歇斯底里地反对《传染病法》运动"的这个例子已经成为妇女"支持她们堕落的姐妹们在海港城镇和营地向勇敢的保卫自己国家的人传播疾病的事件"。[84]当另一名议员对此提出质疑，称《传染病法》"极不公正、违宪、不道德"时，他的声音被压倒了。[85]辩论期间公布的另一项统计数据显示，一些男性反对赋予女性更多权利的一个原因是：英国女性的数量超过男性，比男性多出925764人。[86]

1864年的《传染病法》就是一个最好的例子，这类法律只有在没有任何女性（除了女王）参与政治的情况下才能通过。它在议会两院都没有经过辩论就被写进了法典。在此之前，一个公务员委员会于1862年对军队中性病的高发率进行了调查。它授权英格兰和爱尔兰11个警备和船坞镇的警察向地方法官申请，对任何涉嫌卖淫和携带性病的女性进行医学检查。如果一名妇女被发现患有某种疾病，她可能被拘留长达3个月。1864年的法令寿命很短，于1866年被一项新的法案所取代，这次只是在下院进行了一次粗略的辩论。这使得妇女每12个月的时间就需要接受医学检查，如患病，将被拘留长达6个月。1868年，有人试图扩大该法令，更多的驻防城镇被添加到名单上。

535

这一野蛮的立法得到了医生和神职人员的广泛支持。然而，反对它的人包括密尔、南丁格尔和哈里特·马蒂诺。密尔对警察虐待妇女的行为感到愤怒，警察的"滥用职权"并不是"可以预防的偶然事件。我认为这是彻底执行这样一项计划的必然后果"。[87]他认为这些行为是一种压迫手段，远远超过了它们可能给予军人的任何好处。密尔还想知道为什么士兵们一直处于"懒惰和邪恶"的状态，为什么这个国家"养了一大群妓女来迎合他们的恶习"，他认为这种情况"骇人听闻"。[88]他还对这些行为造成的"男女之间的严重不平等"感到愤怒，他认为应该根据政府的民主原则，"消除这种不平等……"。

这场争论持续了数年，并促使格莱斯顿的内政大臣布鲁斯于1872 年 2 月提出了一项新法案，这项新法案不仅旨在控制传染病，也带有保护妇女的目的。布鲁斯的法案将适用于整个国家而不仅仅是驻军和造船厂。他说，一名妇女可能因卖淫而被捕，如果在她被定罪后发现患病，在服刑后可能被拘留至多 9 个月。该法案从未生效。那些法令的条款则被越来越少的使用，在 1886 年被彻底废除。

<h1 style="text-align:center">五</h1>

关于女性获得投票权还有近半个世纪的争论。与离婚一样，另一个不公平现象也得到了更快的纠正。在《女性选举权法案》失败一周后，《已婚妇女财产法案》进行了第二次宣读。该法案提议，允许女性把挣来的或继承的钱保留为自己所有，而不是作为丈夫的财产。已经做出了几次努力来确保进行改革，为此，议会收到了许多请愿书，越来越多的人深信现状是不公正的，呼吁进行改革。其中一个特别不公正的后果是，"虽然丈夫可能抛弃妻子，与其他人通奸，而妻子要养家糊口，但部分财产将归丈夫或他的债权人所有"。[89]英国衡平法院曾表示，虽然应该考虑妻子和孩子的命运，但也应该考虑分居丈夫债权人的妻子和孩子，于是他受了冤枉

的妻子的钱将被抢夺，以偿还他的债务。

这种影响不限于那些拥有房子或土地的富裕家庭，合作社的女股东也发现她们的丈夫有权要求她们的分红。然而，"在罗奇代尔，公众强烈支持将这些利润支付给女性，以至于没有人敢强制执行他们的要求"。[90]另一个令人震惊的案例是关于苏珊娜·帕尔默（Susannah Palmer），一位来自伦敦的受虐妻子，她被丈夫赶出了家门。她出去工作，挣了足够的钱，并为自己和孩子们租了一个房间。但很快，她的丈夫就意识到她的新情况，他出现了，并声称她的房子是他的——他有合法的权利这么做。只有当她的住所以伦敦治安官的名义登记时，她才能够安然无恙地住在那里。丈夫养活妻子和孩子的责任——即使是用妻子的钱——也仅限于《济贫法》所规定的不让妻儿挨饿的要求。

早前曾有过几次纠正这些不公正现象的尝试。1869年，多佛自由党议员乔治·杰塞尔（George Jessel）附和密尔的学说，称现行法律是奴隶制的遗留物——除了剥夺妻子的财产权，法律还允许丈夫殴打和监禁妻子，就像对待奴隶一样。一个女人不能以诽谤或人身伤害为由提起诉讼，但如果她丈夫想要的话，他则可以这样做。这些不平等之所以能存在这么久，是因为"这个国家的法律是富人为富人制定的"。[91]

然而，仍然有人严重反对这样一项法律。梅西·洛佩斯（Massey Lopes）是反对1869年法案的人之一，他这样做是因为"这将严重损害夫妻之间本应存在的信心，而这种信心是家庭幸福的主要源泉"。[92]最后，法案失败了，不仅因为这个提议似乎是国家对已婚夫妇私生活的干涉，也因为对儿童利益的保护不足，无法防止母亲出现这样一种现象：尽管目前拥有她自己的财产，却必须将其交给丈夫，或者自身挥霍无度。1870年的法案"提议只有在假定有必要进行这样的程序时，才干预夫妻之间的关系"。[93]

又有人提出了罗奇代尔合作社的问题。提出这项措施的罗素·格尼（Russell Gurney）说：

> 罗奇代尔有一个合作社，有 7000 名成员，其中许多已婚妇女以自己的名义持有股份。在某些情况下，丈夫要求得到这些股份，当然，他们有法律上的权利；但是，这个完全由工人组成的委员会始终抵制这一要求，公众的感觉就是，在任何情况下，丈夫的权利都没有得到执行。我听说另一个合作社也采取了类似的方针。因此，按照我的建议，在立法时，我们不应被公众感情左右，而应使在这些情况下无视法律而做出的行为合法化。目前的法律状况对丈夫和妻子的影响似乎同样不好。正如一位目击者所说，这使得"男人们无所事事，女人们不计后果"。[94]

前一年，亨利·莱克斯（Henry Raikes）在法案第三次宣读时就动议否决该法案，现在他改变了主意，他看到了"法律的悲惨和可耻的状况"同"进行巨大和迅速变革的绝对必要性"。[95]同一天，另一项赋予妇女财产权的法案将重新审议，它提出了另一种保护妇女免受欺凌或犯罪丈夫侵害的方法。议院听说，每个星期六的晚上，女人们的收入都会被她们残暴的丈夫拿去买酒喝。该法案得到了政府的全力支持。1882 年的另一项法案将允许已婚妇女保留自己所有的财产，无论其来源如何。尽管进行了这些改革，妇女教育也取得了进展，但妇女仍然被剥夺了参政权利。然而，在法律上确立妇女有独立于丈夫的生命和财产这一原则，可以被看作今后一538个世纪实现全面妇女解放的道路开端。

六

妇女解放的关键之一是教育她们：这需要一个过程，但在维多利亚统治初期几乎不存在任何这样的手段。到 19 世纪 40 年代中期，女性受良好教育的愿望再也不能被忽视。女童学校主要是作为教授仪态和管理家庭的机构而存在的；或者它们是原始的、严酷的、未开化的机构，就像勃朗特姐妹所参加的那种机构，它们并不假装在培养智力。大多数受过教育的女孩都是由家庭教师教的，通常也只是达到了基本标准，不能期望教育有任何用处——没有妇女能够接受高等教育的地方，职业也对她们关闭。对她们中的大多数人来说，家庭生活是唯一的希望。

弗雷德里克·丹尼森·莫里斯和他的弟子查尔斯·金斯利领导了这场改革运动。莫里斯的兴趣来自他的妹妹，他的妹妹是一位家庭教师，曾跟他谈过训练像她这样的女性，使她们能够胜任教育工作的重要性。与此同时，女王的侍女之一默里小姐正在为妇女教育筹集资金。两股力量相互撞击，结果是诞生了伦敦哈利街的女王学院。莫里斯还创办了职业男子学院，后来又创办了职业女子学院，并于 1847 年成为该学院的院长。女王学院推动了两所最好的女子学校的发展：该学院招收的第一批学生中包括弗朗西斯·巴斯（Frances Buss），她后来创办了北伦敦大学学院（North London Collegiate School）；多萝西娅·比尔（Dorothea Beale），她于 1858 年接管并改造了切尔滕纳姆女子学院（Cheltenham Ladies'College），这是英国第一所女子寄宿学校。巴斯小姐和比尔小姐体现了女王学院成立的目标：训练女性走出去，用比以往更高的标准教育女孩，帮助女性进入一个她所希求的远离炉边和家庭的世界。

在聪明独立的女性中，女王学院的成立引起了一种类似接触传染的现象。日记作家亨利·克拉布·鲁滨逊（Henry Crabb Robinson）在 1848 年 4 月的一篇报道中说，他在一次晚宴上见到的伊丽莎白·杰瑟·里德（Elizabeth Jesser Reid）"对为家庭教师教育而设立的新女子学院十分了解"。[96]里德夫人是信奉一神论的慈善家。她以热心坚持自己的观点而闻名，她不怕挑起战争并树敌。女王学院的成功激发了她想要复制它的想法，该事业的支持者赞同建立另一个机构的想法，以满足富裕中产阶级女儿们的需求。

1849 年春天，一群女士——索菲娅·德·摩根夫人（Mrs Sophia de Morgan）、斯科特（Ann Scott）夫人、茱莉亚·史密斯小姐、里奇夫人、亨斯莱·韦奇伍德夫人——聚在一起，决定成立这所学院。在当时一封未注明日期的信中，里德夫人告诉德·摩根夫人："让我们的指导原则是爱，而不是恐惧。让我们把它作为我们的目标，看到我们的学院尽可能的完美，而不用担心别人的偏见。"[97]她已经是埃克塞特厅反奴隶制运动和其他活动的坚定支持者，她告诉德·摩根夫人，她非常喜欢莫里斯的演讲——"这个男人真挚虔诚的精神中有一种魅力"。对里德夫人而言，上帝在万物中存在："我相信关于旧约的讲座会变得非常有趣和有教育意义，我们不想要一个工作日的布道来取代它。9/10 的教徒不知道他们所乐于区分的神圣和世俗的历史之间有什么联系——他们实际上是同一个人。"宗教信仰将不受重视，学生也不需要接受宗教教育。之所以选择贝德福德广场作为地址，是因为它是一个富裕的邻里社区，正是创始人所寻求的客户的聚居区。虽然宗教不是问题，但学生们的"尊严"是问题，需要参考。[98]

德·摩根夫人警告她，启动这样一项事业的困难，作为支持者的里德夫人将面临财务风险。但里德夫人很坚决。"就像你说的那样，我非常乐意冒这个险，而且我对这件事的成功非常有信心，愿意在这件事上做出任何慷慨之举。"[99]她打算把钱借给她们，并说如果她们付给她利息，她就把钱花在学生身上。如果她们有能力偿还她，这笔钱将用于类似的慈善用途。

起初，她发现找到潜在的学生和老师很容易，于是在贝德福德广场 46 号安顿下来。接着，他们开始寻找"赞助人和女赞助人"，重点是女赞助人。委员会的熟人中有各式各样的贵族夫人，也有各个学术领域的杰出女性，尤其是小说家和儿童作家玛丽亚·埃奇沃斯（Maria Edgeworth）。女王学院院长艾米丽·泰勒（Emily Taylor）向委员会成员安·斯科特建议说，在音乐教学方面，她最好选择一位优秀的钢琴女教师，把和声课放在后面的序列，即使它也非常重要。如果你先找一位著名的和声教授，你得让他把一切必要的音乐都安排好，依靠这些的话，女性就没有机会了；但是，如果一位教授推荐（很有可能是这样）年轻男性担任教师，你就会遇到麻烦，因为这样的男性未必总会到场。[100]她推荐了一位名叫斯佩尔的小姐，她曾是门德尔松的学生。

1850 年 1 月，里德夫人告诉鲁滨逊，她"将为任何一个性格和地位适合的女孩提供教育，只要她们愿意"。[101]这远非易事，尤其是因为里德向许多家庭宣传女儿受教育的好处时，他们对这个概念完全不感兴趣。1851 年 5 月，哈里特·马蒂诺写信安慰她说："你告诉我父母们在女儿教育方面的所作所为和感受，我感到非常惊讶，也非常悲痛。"[102]两年前，当里德向她发送学校简介时，她曾质疑是否有必要这么做，而此时距女王学院成立仅一年。她说，除非第一所大学人满为患，否则我不明白为什么要再建一所大学。是教学的不同还是计划的不同？还是为了一个新的社区？[103]然而，她赞扬她推动了女权主义学说和抱负。到 1851 年秋，里德开始四处招

540

徕生意，试图说服她的朋友们四处宣传，招收任何符合条件的年轻女性前来接受教育。马蒂诺帮不上什么忙。"我希望我能帮助学院，但我不认识年轻人，除了那些不切实际的年轻人。"[104]

招收学生的问题不可避免地引发了招聘教师的问题，部分原因是缺乏学生，部分原因是由此导致的支付工资所需资金的短缺。罗宾逊在 1851 年 10 月 14 日写道："里德夫人……发现很难把女子学院的教授名额都招满，而她在很大程度上是这所学院的创始人，所以她的日子很不好过。"[105]他找到有学问的人并把他们介绍给里德，她可以设法说服他们到她的大学里去工作。然后问题就变成了如何付钱给他们。19 世纪 50 年代，她不得不花费大量时间筹集资金来维持这一计划。1858 年，她告诉鲁滨逊，"我们经常会提到这一点——带着些许失望和好奇，卡特先生（他是一名律师，女儿在大学读书）和您应该是英国仅有的捐出 50 英镑来促进女性高等教育的绅士"。她补充说："如果他们能像我一样看到和感觉到，在男人有更好的母亲之前，我们永远不会有更好的男人，那么他们就会蜂拥而来……目前，我们最需要的不是教书，而是成为委员会的一员，随时准备在私下里提供建议和帮助，即我们需要一个有教育经验和闲暇的人。"[106]她在寻找男教师时遇到了反女权主义造成的麻烦。1856 年 6 月 17 日，她对鲁滨逊说："困难在于能够找到一个完全认同女性教育、同意女性道德和心理教育的提升会对社会具有重要意义的人；而一直以来，一个好男人可能会被一个非常愚蠢和令人讨厌的妻子取笑，她正在毁掉他的孩子们的思想。"[107]她雇了一个叫比斯利的人，他是鲁滨逊的朋友，大学历史学教授，教女孩子们拉丁语。但 1861 年 10 月，她对他"不满"，因为他"在一节课上介绍'女人是男人的附属'这个词汇时，没有对此进行解释和修正"。[108]他嘲笑废奴主义者，当时美国内战正在进行，这已经冒犯了她，因此她没有任命他为教授。她深知莫里斯支持女权主义的资历，试图雇用他，但他拒绝了，因为 F. W. 纽曼在那里工作。

里德经常缠着她的朋友来寻求帮助。1854 年 5 月 10 日，马丁瑙给她写了一封信，主要是对描述学院财政困境的回复，并针对富有的潜在捐助者征求她的意见。她提到了伊拉斯谟·达尔文、舒特尔沃思夫人和一位"戴维斯医生"（一个吝啬的犹太人），尽管她对戴维斯的看法并不友好，但出于绝望，她还是去找了戴维斯医生。[109]马丁瑙已经借出了 500 英镑，没有更多了。然而，到 1857 年 10 月 16 日，鲁滨逊在日记中写道，他拜访了里德夫人和位于贝德福德广场的学院，"她所代表的学院正在蓬勃发展"。[110]然而，那年 12 月，贝德福德公爵要求里德的学生们搬走，因为这样一项事业违反了她的租约条款，谈判接踵而至，但在一段时间内，双方的关系并不稳定。

542

里德担心她的房屋主人会把客人赶走。1856 年，她对鲁滨逊说："我敢肯定，我们内部的卑鄙和寒酸让我们损失了许多学生，但我们能做什么呢？我的 1500 英镑已经化为乌有了；我可以再拿出这笔钱吗？我很乐意这样做，但我现在只能靠我的积蓄生活。你不会建议我把下蛋的鹅杀死的。'它应该是自给自足的'，绅士们对我说。也许这是应该的，但事实并非如此，而且在很长一段时间内不会实现。谁能告诉我一所不为人知的自力更生的男子学院，它们自古以来都是如此，而我们的学校则是［原文如此］新一代且超前于舆论的？我们开始时也没有充分考虑到神职人员的反对。"[111]

她说，"照顾年轻女孩，帮助她们变得善良和有用，这是我的职业，也是我人生的目标之一"。[112]在她死后发现的写给同事简·马蒂诺（Jane Martineau）和伊丽莎·安·博斯托克（Eliza Ann

Bostock）的一封信中，她换了一种说法："女性道德和智力品质的提升。"[113]在同一封信中，她说："妇女的境况从来没有像现在这样好，或者说是充满希望——敌人全神贯注地清醒着，全力以赴地活动着，这就是真理的证明——然而，只要我们不屈不挠地努力，抱有最大的耐心，在上帝的祝福下，我们就可以获得一个光荣的结果，获得一个平静、不引人注目但不可抗拒的成功。"

里德深受安吉拉·伯德特–库茨1858年出版的小册子《中产阶级的女儿》（*Daughters of the Middle Classes*）的启发。她觉得她的学生可以在学校为穷人做伟大的工作。1858年3月，她对鲁滨逊说："我深信，一位女士到我们学院去教最低等最卑贱的学生，只不过和一位牧师到牛津去教书那样，并不合适。欲望就是一切。我还得说，我们这些年轻的小姐，也许有一半人与其说出身高贵，还不如说举止得体、多才多艺，而且，如果你知道有人愿意把另一个这样的人交给兰金小姐照看三四年，每年付50英镑，那他真是个爱国者！"[114]她曾希望一个慈善基金会能支持这所大学，使其成为一神教牧师女儿们接受教育的地方。由于她和支持者的努力，她的事业蓬勃发展，随着中产阶级的壮大，以及女王学院和贝德福德学院等机构对年轻女性教育价值认识的加深，学院的地位很快就得到了保障。到了1869年，贝德福德学院非常成功，以至于开始扩充。1874年，贝德福德学院搬到了贝克街外围，占据了更大的地方。

女孩缺乏教育令有资格接受大学教育的人数受限。里德于1853年创办了自己的女子学校，但问题仍然很严重。19世纪60年代，汤顿委员会严厉批评了为女孩设立的捐赠学校的短缺现象，并警告政府需要提供更多的资金来使她们受教育。19世纪60年代以后，除了修订法典，年轻妇女进入教学领域的新机会也越来越多，这成为一个具有相当高社会地位的职业和使命。1870年《福斯特法令》促进了学生教师的大量增加，其中大部分是年轻女性。1870 年，有 6384 名男性和 228 名女性在小学接受教育。到 1880 年，这一数字分别为 10822 和 21306。[115]

七

1868 年，剑桥大学承认女孩为当地考试的候选人，这使得女孩缺乏体面中学教育的状况更为突出。虽然这些女孩的成绩没有达到大学"三角凳"考试的标准——女性将在几年内开始参加这项考试，而不被允许毕业——但即便获得这些成绩，大多数女孩也没有足够的标准成为真正的候选人。这促使阿瑟·休·克拉夫的妹妹安妮在主要城镇和城市提供讲座，她是一位女性高等教育的活动家，其举动也暗示了大学扩张运动的开始。事实上，部分由于乔伊特和牛津大学的倡议，1874 年发起了一场运动，在布里斯托尔建立了一所大学，并于 1876 年开放。成立新的机构来教育年轻女性并帮助她们获得学位已经够困难的了。然而，接下来的挑战是打破这两所英国古老大学的围墙，促使它们接受女性。艾米丽·戴维斯是这一运动的先驱。和女性教育领域的许多先驱一样，她带来了一整套女权主义观点，这些观点遵循了女性教育的理念，得出了一个合乎逻辑的结论：女性也应该拥有投票权，不应该出现任何一种禁止她们从事的职业。

544

戴维斯出生于 1830 年，父亲约翰·戴维斯是一名牧师，他的学术声誉足以令他担任伦敦大学道德与政治经济学教授。他把儿子们送到了里普顿，但他教育孩子的想法并没有延伸到他的女儿们身上。她们被委以重任，帮助家里做针线活，长大后在戴维斯先生的教区盖茨黑德行善。艾米丽对此已经习以为常。尽管如此，在她

20 多岁的时候，她遇到了两位女性，她们激励她为女性的教育和选举权而奋斗。其中一位是比她小 6 岁的伊丽莎白·加勒特（Elizabeth Garrett），她将成为英国第一位女医生，另一位是比她大 3 岁的芭芭拉·博迪雄。

当时，博迪雄因其改革妇女财产权的运动而闻名，但她也是兰厄姆广场（Langham Place）女权主义者团体里最杰出的成员之一。从 1858 年起，在博迪雄的领导下，该团体出版了激进的《英国妇女杂志》（*English Woman's Journal*），戴维斯后来成为该杂志的主要撰稿人和编辑。博迪雄的祖父曾是支持威尔伯福斯废除奴隶制的议员之一，她的父亲本杰明·史密斯是一位激进的国会议员。她本人是南丁格尔的堂妹，因为南丁格尔的母亲是她父亲的妹妹，但鉴于她私生女的身份，家里很多人都拒绝承认她。为了使女儿与他的信念保持一致，史密斯让芭芭拉接受私人教师和不同学校提供的教育。1848 年，当她成年时，她的父亲赠予她股份和财产作为私人收入，让她保持独立，可以追求自己的主要职业兴趣（她打算成为一名艺术家）并参与政治竞选活动。通过密尔的继女海伦·泰勒和乔治·艾略特，她与密尔建立了密切的联系。她认为自己的钱是"一种行善的力量……这是我们必须承担的责任"。[116] 她也是 21 世纪所谓的"凶猛的致力于建立关系网的人"，但她能够如此出色地推动各种女权主义事业，并不仅仅是因为她的关系网。

戴维斯还通过哥哥卢埃林（Llewellyn）与莫里斯的圈子建立了联系。卢埃林是莫里斯的朋友，也是倾向女权主义的国家社会科学促进协会（National Association for the Promotion of Social Science）的成员。1859 年访问伦敦时，她和加勒特参加了伊丽莎白·布莱克威尔（Elizabeth Blackwell）的讲座。布莱克威尔是英国女性，后来成为美国第一位女医生。博迪雄敦促布莱克威尔到英国来帮助加

545

勒特参加竞选活动。戴维斯还加入了促进妇女就业协会，并在返回盖茨黑德后成立了一个分会。这进一步激发了她为女性教育摇旗呐喊的渴望，她加入了加勒特的阵营，推动伦敦大学向女性授予学位。她致力的一项运动是允许女孩参加剑桥当地的考试，在运动中她得到了马修·阿诺德的支持，后者希望女性教师具备认证资格。[117]当运动成功时，戴维斯发现，6个星期内有83个女孩参加了考试，其中25个来自位于弗朗西斯·巴斯的北伦敦大学学院。同样是由于戴维斯领导的一项运动，汤顿委员会对中产阶级男孩和女孩的教育开始一视同仁。1865年，当她提交证据时，这是皇家委员会首次审查一位女性。

随后，戴维斯参与起草了密尔于1866年提交给下院的妇女选举权请愿书。她曾在肯辛顿协会（Kensington Society）赞助下的一个选举委员会担任过一段时间的秘书，该协会还包括芭芭拉·博迪雄、伊丽莎白·加勒特、巴斯小姐和比尔小姐。然而，戴维斯担心，她在这次运动中的角色可能会损害她为女性创造更多教育机会的理想，因此她退出了。1866年，她在《女性高等教育》（*The Higher Education of Women*）一书中提出了自己的目标，主张大学课程和职业应该向女性开放。她冷静理性地驳斥了女性在生理上不如男性的观点，这一观点认为女性既不能应付考试的压力，因为她们有歇斯底里的倾向，也不能满足严肃职业的要求。

她的下一个组织是伦敦女校长协会（London Schoolmistress' Association），该协会提出了成立一所女子学院并授予学位的想法。最初的想法是说服女王学院要求伦敦大学允许其女性学生攻读学位。但事实证明，这是不切实际的，于是人们就设想为剑桥的女子学院筹集资金，之所以选择剑桥，是因为牛津被认为过于敌对此事，而剑桥的几位知名教师则表示支持。1867年12月，在戴维斯的指导下，一个委员会召开了会议，着手筹集所需的 30000 英镑。

546 委员会中包括一些早些时候对此表示支持的学者，如历史学家西利
（J. R. Seeley）和诸如奥古斯塔·斯坦利夫人（Lady Augusta
Stanley）等社会中坚，斯坦利夫人是女王的密友，也是阿诺德博士
传记作者的妻子。1854 年到 1863 年的大部分时间，芭芭拉·博迪
雄在伦敦用部分资金资助了一所男女同校的世俗学校。自 19 世纪
40 年代末去剑桥看望哥哥以来，她一直是女子大学教育的倡导者。
然而，戴维斯最初将她的名字从支持者名单中删除，因为博迪雄与
激进女权主义有很强的关联。

　　戴维斯为她的学院所寻求的目标，与另一群有着类似抱负的人
在剑桥所希望实现的目标明显不同。亨利·西奇威克关于伊顿公学
的文章是克拉伦登委员会成立的原因之一，他辞去三一学院研究员
的职务将导致大学考试被废除。他曾与安妮·克拉夫达成协议，为
女学生设立特别考试，但这种考试无法拿到剑桥学位。部分原因是
西奇威克和克拉夫认为，由于女孩受教育的不足，拿到学位的愿望
是不切实际的。西奇威克和安妮·克拉夫成为朋友，绝不是因为他
对她哥哥的诗歌怀有敬意：他也像诗人一样，是拉格比毕业生。当
他在 1869 年以叛教为由辞职时，他已经认同 20 年前克拉夫在奥里
尔的经历。三一学院立即任命他为讲师，这样他就可以在没有奖学
金的情况下继续他的大学教学，并对废除考试的运动给予了相当大
的支持。自从克拉夫被强制孤立以来，局势发生了根本性的变化。

　　西奇威克写道，就像在他之前的克拉夫一样，"我既不能使信
仰充分合理化，也不能使信仰与理性调和，更不能压制理性"。[118]他
补充说："我觉得没有必要也没有能力去宣传宗教，除非它涉及对
真实自我的忠诚。"在密尔哲学思想的强烈影响下，西奇威克投身
于女子教育事业，参与了为实现新的高等地方考试而进行的大学扩

招教学。他和剑桥大学的其他人看到了建立一所学院的好处，不仅是为了给这些考生授课，而且是为了把女性提升到通过"三角凳"考试所需的水平。这一承诺，以及他在三一学院的克拉夫式行为，使他受到安妮·克拉夫的崇敬。

戴维斯对西奇威克和克拉夫的提议感到失望，认为这种降低效果后的考试是"为适应苦苦挣扎的女家庭教师而设计的"。[119]她希望她的学生学习同样的课程，参加同样的讲座，获得与男性相同的学位。拒绝妥协在逻辑上是合理的，但在战略上存在问题：这疏远了戴维斯的支持者，也损耗了她的资金。她对女子学院的设想并不是首先在剑桥大学实现，而是在赫特福德郡希钦的一所租来的别墅里实现的，戴维斯认为，位于伦敦和剑桥之间的某处是一个绝佳的地点，这里远离了男性大学生的干扰。

戴维斯在报纸上登广告宣传这项计划，为此寻求资金。未经思考的人受到了强烈的冲击，《帝国评论》（*The Imperial Review*）谴责道，"我们这个时代充满了荒谬，我们再也无需对一个愚蠢计划的酝酿过于惊讶了"。[120]它接着谴责"这一为英国男人的潜在妻子提供大学生涯的荒谬提议"，称这一提议"针对的是不健康的女性去从事的工作……只有女性才会被吸引和适应"。戴维斯和她的支持者们不可避免地因这样的偏执而坚定目标，偶尔会出现一种女人们陷入狂热境地的感觉。1868年秋，戴维斯将学院描述为剑桥大学不可分割的一部分，并宣称"它的目标不会比三一学院更高"。[121]这引起了《泰晤士报》的注意，该报指出，"这种程度的谦逊并不过分"。[122]

枢密院教育部门拒绝批准这项计划。具有讽刺意味的是，《泰晤士报》自己也承认，"女性教育体系的进步无疑会带来好处"。它承认，"我们确实已经超越了一个只懂法语会话和'造诣'的

547

'成熟'女孩的时代"。然而，正如它所看到的那样，"致命的缺陷"是"女孩通常不具备进行细致而彻底学习所需的体力……一个简单的事实是，人类所擅长的智力工作不仅需要头脑，而且需要艰苦的体能劳动"。这一显而易见的事实得到了广泛的承认，这意味着老师对女孩的要求将永远不会像对男孩那样严格，这也就意味着女孩注定要失败。可以看到建立一所大学的好处，在这所大学里，妇女的教育水平最终将提高到一般公立学校男生的水平。没有理由不去尝试戴维斯小姐让女性追求超越这一目标的计划：但没人应该期望它会成功，在这个世界上，女人被设计成"使她们的丈夫幸福，抚养和教育她们的孩子"的角色，而在这个世界上，"她们的美德就是依赖别人"。

548

1869 年春天，吸引学生的招生说明被送到女子学校，那年 7 月，18 名年轻女子在戴维斯的监督下参加了伦敦大学的入学考试，其中 13 名通过了考试。10 月，在博迪雄位于伦敦的家里，又有 3 人参加了考试，不久之后，5 个女人开始了她们的学业。老师们从剑桥乘火车来教导他们，戴维斯希望在希钦建立一个更大的机构。然而，博迪雄和其他人敦促她搬到剑桥，1871 年秋，在距剑桥西北几英里处的格顿村，选到了一处校址。这不仅是因为城外的土地更容易获得；人们还认为，如果年轻女性与男大学生保持一定的距离，她们的荣誉会得到更好地维护。

戴维斯把她对经费的预期从 30000 英镑下调至 10000 英镑，其中超过 1/4 的资金需要通过借款实现。乔治·艾略特见过戴维斯并表达了她的支持，他"以《罗摩拉》（Romola）作者的身份"寄了 50 英镑。[123] 博迪雄承诺，如果她的朋友伊丽莎白·布莱克威尔被任命为该校的卫生学教授，她将出资 1000 英镑修建这所大学。它完全是世俗的，建在剑桥市中心。每一次她都会失望，尽管如此，她还是捐出了这笔钱，担任了修建更多建筑的筹款委员会主席，并加入了管理学院的执行委员会。房子建好后，她捐了书和家具。除了这些花费，戴维斯仍然能够聘请阿尔弗雷德·沃特豪斯担任她的建筑师，而最初的学院建筑正是他早期最优秀的作品之一：具有艺术审美的博迪雄密切监督着所有的细节。沃特豪斯主体建筑的一半于1873年10月开放，有13名学生被录取，她们在仍然属于建筑工地的地方学习和生活。当年早些时候，有3名女性非正式地参加了"三角凳"考试，其中两名是古典文学专业，另一名是数学专业：戴维斯没有降低标准，但这些女性仍然不被允许攻读学位。

549

从1872年起，在剑桥学习的女性可以根据讲师的意愿参加讲座。1881年，她们不再需要偷偷地参加"三角凳"考试，而是可以公开参加。1880年，格顿的斯科特小姐（C. A. Scott）在非正式的数学"三角凳"考试中获得了第8名的成绩。据报纸报道，剑桥大学发起了一场声势浩大的运动，争取女性正式参加考试和获得学位的权利。亨利·西奇威克努力让理事会通过一项决议，即教学和考试应该处于平等的地位，即使女性在考试结束时无法获得学位。1881年2月24日，以331票对32票的优势，决议通过，敌人撤退了。

戴维斯在1875年之前一直担任女教师，然后担任格顿学院执行委员会的秘书，直到1904年。她监督了学院的快速扩张，决心让尽可能多的年轻女性有机会在那里接受教育。到1884年，格顿的建筑有了很大的发展，出现了图书馆和大厨房，包括了更多的住处，能够接纳80名女性入学。这导致了戴维斯和老师之间的紧张关系，老师们本来更愿意筹集资金支持他们的工作和研究。但戴维斯坚持认为，扩大准入应始终是格顿的首要任务。1884年，博迪雄给了学院5000英镑，1891年去世时，她在遗嘱中又留下了

10000 英镑，并捐出了她借给学院的照片。这种慷慨为格顿的财政提供了保障。虽然在 1924 年被王室特许状承认为女子高等教育机构，但直到 1948 年，它才成为剑桥大学的学院，女性学生才最终可以进入剑桥大学攻读学位。

　　1871 年 10 月，剑桥大学的另一个先驱女子学院纽纳姆学院诞生于剑桥的一所房子里。格顿学院是一个以女权主义为主导的事业，纽纳姆的出现则主要是因为剑桥大学教师们的决心。西奇威克在它的建立上发挥了突出的作用。一个筹款委员会在剑桥大学米莉森特·福西特（Millicent Fawcett）家的客厅里开会。她是伊丽莎白·加勒特的妹妹，也是亨利·福西特的年轻妻子。亨利·福西特是自由党议员和女权运动家，目前是剑桥大学政治经济学教授。米莉森特在早年就受到莫里斯的影响，是妇女选举权运动的坚定成员。西奇威克等人提供的服务是免费的，而教学经费则是筹集来的：密尔和海伦·泰勒在三年内每年提供 40 英镑，但具有讽刺意味的是，资金的流入又增加了为学生寻找住处和为教学寻找空间的压力。

　　正如艾米丽·戴维斯所发现的那样，为食宿筹集资金更难。尽管还有一些人谨慎地捐款，但西奇威克决定采取主动。"西奇威克先生为了自己的利益，在摄政街为五个女孩租了一所房子，并布置了家具。他为此放弃了假期。'我没有钱'，他解释说，'因为必须履行家庭的责任。就像一个朋友说的，我将享受结婚的所有乐趣，却没有妻子的负担'。"124 "女孩"并不是一个完全准确的描述：一个姑娘叫艾拉·布利（Ella Bulley），30 岁；另一个叫玛丽·肯尼迪（Mary Kennedy），26 岁，是王室希腊语教授（Regius）的女儿。关于这个时代女大学生不招人喜欢的传说，在现实中有着坚实的基础。西奇威克被玛丽·佩利（Mary Paley）和玛丽·肯尼迪的美貌搅得心神不宁，未来主教的妻子皮尔夫人听到他绝望地低声嘟囔：
"是她们的外貌，她们不幸的外貌！"[125]

西奇威克和福西特邀请曾在英格兰北部经营一所女子学校的克拉夫来监督摄政街的房子。1841 年，在她父亲于利物浦经营棉花生意失败后，克拉夫开办了学校，并在学校里教书谋生。自从她哥哥死后，为了教育他的孩子，她和她寡居的嫂子住在一起。他哥哥的其中一个孩子布兰奇·雅典娜成了她的门徒，并把自己的一生奉献给了纽纳姆。克拉夫创立了英格兰北部促进妇女高等教育委员会，她自己担任秘书，约瑟芬·巴特勒（Josephine Butler）担任主席，她是著名的女权主义者，以为妓女谋福利而闻名。"人们普遍认为，受过更严格的智力训练的女性会变得不像女性，冷酷无情、不可爱、迂腐、不愿承担家务，而男性医生则悲观地预测了她们身体健康受损的危险。"[126]巴特勒太太的回答是："不！这不会损害家庭；它将把最好的家庭影响从她们目前身处的地方扩展出去，使机械的慈善机构和冰冷的大型男性机构具有人情味。这将是一种女性力量的解脱，帮助她们摆脱狭隘和无趣的生活。"克拉夫曾为期刊撰写文章，论述学校在培养女孩心智方面的优势，而不是在家里教授她们。她因此而出名，也因推动剑桥大学的学者到各省进行讲座而出名，这是运动扩张的起点。

戴维斯对竞争对手的项目感到愤怒，对西奇威克的印象则不那么深刻，但后者对标准的妥协激怒了她。西奇威克说，戴维斯曾写信给他，形容他是"正在吞噬她生命的毒蛇"。[127]1873 年，当格顿学院开业时，西奇威克和克拉夫正式呼吁建筑资金，乔伊特从遥远的牛津大学发来声援。妇女演讲委员会成为剑桥大学致力于促进妇女高等教育的协会。西奇威克的第一次成功是在 1874 年：两位女性——玛丽·佩利（后来的阿尔弗雷德·马歇尔夫人）和艾拉·

551

布利（后来的布鲁克夫人）——在肯尼迪教授的监督下，非正式地在道德科学的"三角凳"考试中获得优胜。

对职位的需求快速稳步增长。1874 年，圣约翰学院出售了纽纳姆学院所在土地的租约。纽纳姆学院于 1875 年开业，与格顿学院的距离很合适，只有三英里，第二年便拥有了 60 名学生。克拉夫仍然是校长，虽然没有薪水。考虑到她已故哥哥在宗教问题上所受的折磨，她坚持要求纽纳姆不牵扯宗派主义，不过为了避免有人说这所大学鼓励不信神，她还是特别询问了每个学生的礼拜地点。如果 21 岁以下的人回答说自己没有礼拜地点，那么只有在女孩的父母同意后，这样的表达才可以被容忍。在早期，纽纳姆和格顿的设施都很简陋：1879 年以前，没有留出任何地方作为礼拜堂，只能将浴室用作实验室。同一年，国王学院和基督学院的管理机构都同意，妇女可以在她们的学院里参加讲座，这是仿效 19 世纪 70 年代中期以来几位教授允许妇女参加讲座的做法，算是取得了突破。尽管纽纳姆进入这一领域的时间比格顿晚，但到 1880 年，纽纳姆有 258 名学生，格顿仅有 113 名，这要归功于它的灵活性，可以为有需要的女性提供更多课程。

1876 年，西奇威克娶了埃莉诺·米尔德丽德·"诺拉"·贝尔福（Eleanor Mildred "Nora" Balfour）为妻，她是未来首相阿瑟·詹姆斯·贝尔福（Arthur James Balfour）的妹妹，也是政客和知识分子贵族圈子的一员。她的丈夫在为纽纳姆寻求精神和经济上的支持时认识了她；人们不相信他们的幸福婚姻是圆满的。她博览群书，笃信宗教，积极参加丈夫创办的心理研究协会。她写道，19 世纪 60 年代是激动人心的十年，新思想层出不穷，"即使是思维迟钝的人也会被潮流所吸引，进入新的领域"。[128]诺拉并不是照片上所暗示的那种毫无幽默感的女学究。她的侄女在回忆录中谈到了

1872 年她是如何陪同她的妹妹和妹夫——未来的诺贝尔奖得主、科学家雷利勋爵（Lord Rayleigh）——来到埃及的。诺拉回忆道，"在大约 80 岁时，有人问她是否吸烟，'我曾经在闺房里吸过烟'她回答道"。[129]诺拉为纽纳姆学院的创立捐赠了 500 英镑，并设立了一项奖学金；最终，她的捐款总额达到 30000 英镑。她在纽纳姆担任了 39 年的财务主管，负责纽纳姆的发展和扩张，她的丈夫与她一起同圣约翰学院进行了谈判，旨在获得该地块的永久所有权。1880 年，她成为副校长。

格莱斯顿的女儿海伦于 1877 年来到纽纳姆，后来成为西奇威克夫人的秘书。诺拉使那些遇见她的妇女产生敬畏之情。1881 年，海伦娜·鲍威尔说，"当我看到副校长的时候，她非常虚弱，她那光滑的金发上戴着一顶花边小帽，就像当时年轻的已婚妇女戴的那种，几乎和我一样害羞，恐惧感立刻消失了，取而代之的是一种奇怪的敬畏，随着岁月的流逝，这种敬畏感越来越强烈，我慢慢明白了，所有的伟大都是精神上的伟大"。[130]

克拉夫一直担任校长，直到 1892 年去世，西奇威克夫人接替她的职位。在第一次世界大战之前，受过大学教育的妇女可以轻松地达到任何标准，虽然许多妇女仍然因为缺乏正规的学校教育而智力不足。然而，到 20 世纪第二个十年，一个不断扩大的女子学校网络已经提高了女大学生的水平。该网络的师资和领导人员多半是格顿大学和纽纳姆大学的女校友。大多数女性都能参加男性参加的考试并取得成功，尽管她们仍无法获得学位。

19 世纪 70 年代，议会开始对妇女教育产生积极的兴趣，这主要是由于当时普遍存在的一种情绪，即国家忽视了这种人力资源，并将因此而遭受损失。1874 年 6 月 12 日，前自由党大臣威廉·考珀－坦普尔（William Cowper-Temple）在下院辩论中说：

在妇女高等教育方面，欧洲的主要国家领先于英国。当时巴黎大学有10名女学生，英国女性去那里攻读医学学位。妇女可以在里昂和蒙彼利埃的大学、意大利所有的大学、维也纳和莱比锡的大学获得学位。在圣彼得堡，250名年轻妇女正在接受医学教育；有些人从俄国来到苏黎世大学，由于政治原因被召回，因为苏黎世是波兰人的流亡地。在这一重要问题上起带头作用的英国大学是伦敦大学、剑桥大学和爱丁堡大学。[131]

当时女性刚刚搬到格顿，纽纳姆正在发展中，在伦敦大学学院，约有300名女性参加了专门为她们开设的课程，约150名女性参加了混合班。伦敦大学授予她们能力证书，但由500名大学学院毕业生签署的一份备忘录称，学位应该授予女性。牛津紧随剑桥之后。1878年，一群教师和女教育家组成了一个委员会，旨在创立一所大学，但是，在宗教这个始终困扰教育的问题上，两派很快产生了分歧。一派想建立圣公会学院，另一派则表示反对。他们最终分道扬镳，1878年圣公会派建立了玛格丽特女子学院，那些希望教育不受宗教因素影响的人在1879年建立了萨默维尔学院。

尽管有证据表明女性有能力应对学术上的严格要求，但仍有一些政客对学术上的平等感到不安：究竟是出于对受过良好教育的女性可能会对男性特权造成何种影响的恐惧，还是出于对女性福利的真诚而又居高临下的关心，则很难确定。在1874年的下院辩论中，里昂·普莱费尔指出，"由于长期以来的经验，大学已经适应了男性，因此现在的大学形式可能并不适合女性。至少，对这个问题有足够的怀疑使我们在立法上更谨慎。就美国混合型大学的经验而言，从智力教育和道德角度来看，两性的适应程度是一样的——但从健康的角度来看，女性是否能承受大学学业的压力仍是值得怀疑

的。目前，美国医学界正在充分讨论这一问题，这个问题也使整个　554
国家产生了浓厚的兴趣"。[132]

　　然而，普莱费尔至少愿意对看起来较弱的女性做出让步。"我
不太赞成这种反对意见，因为我认为可以通过推迟招收女学生来消
除这种反对意见。但是，我并不认为不可能对男女学生采用不同的
学习方法。我们应该给予这个国家的妇女更高级、更高尚的教育，
而不是她们现在所接受的狭隘、琐碎的教育。但是，如果我们的大
学明天就对女性开放，那么在任何一个大学城里，通过学校的培
训，会有6个人能够跟得上我们的学位所必需的课程吗？"

　　在某种程度上，这是一个公平的观点——这也是西奇威克和克
拉夫的论点，前者遭到了埃米莉·戴维斯的抨击。虽然她不愿意做
出任何让步，但普莱费尔认为，没有这些让步，妇女将处于严重的
不利地位。"艺术、法律、神学或医学学位都涉及希腊语知识。据
我所知，只有两所小型学校把它列入女性教育的课程。我所举的关
于希腊语的例子，在一定程度上也适用于其他基础研究，例如拉丁
语和数学。因此，你们必须使女性的学位低于男性的学位，也就是
说，你们必须从根本上改变针对毕业的教育要求，或者你们必须彻
底改革这个国家有关女性教育的预科学校。"

八

　　考珀－坦普尔并不仅仅对使女性进入大学感兴趣：他知道，下
一步是让她们进入职业领域，其中最重要的是医学领域，这不仅是
因为许多妇女希望成为医生，而且因为更多的妇女希望她们生病时
能够有同性照顾她们。考珀－坦普尔将这一职业描述为"她们天
生最适合的职业。一个女人在病床边或医院里处于最佳状态，而那

555　些天生就是护士的人，教育很容易就能把他们培养成医生。一份由 16000 多名妇女签署的请愿书提交给了下院，声明她们希望有机会咨询好的医学顾问或有资格的同性别的人。她们认为这个国家的法律禁止任何妇女以行医为职业，这是一个很大的困境"。[133]

他知道：

> 大学里的医学专业对此有很大的反对意见：但他注意到，在拟于陆军、海军或法律等专业领域进行的修改或革新中，公众不能接受专业意见。一种职业的从业者往往不能不带偏见地考虑与他们自己有关的创新。尽管他很尊重医学专业，他仍然会说，议会不应该对他们可能在与他们自己职业有关的问题上提出的反对意见给予不应有的重视。让他们更关注公众的需求和愿望吧，他们会看到伦敦和伯明翰的女性医生已经满足了无数病人的需求。

考珀－坦普尔为争取下院反对派的支持而斗争，但大力支持他的是科教机构。1869 年，爱丁堡大学打破了英国的传统，录取了一位攻读医学的 29 岁的女性，索菲亚·杰克斯－布莱克（Sophia Jex-Blake），她曾是英国女王学院的数学老师。杰克斯－布莱克重申了考珀－坦普尔后来提出的观点：许多女性希望从同性那里获得医疗护理。当杰克斯－布莱克被爱丁堡大学录取时，她寻找其他志同道合的女性加入她的行列。但她们遭到了大学内部人士的强烈反对，被剥夺了听课的权利。她们必须筹集资金，支付讲师单独授课的费用，但即便如此，爱丁堡大学也不会授予她们学位。1874 年，她成为伦敦女子医学院（London School of Medicine for Women）的创始人之一。她发起了一场立法运动，使检查机构能够像对待男性那样对待女医科学生，但并不强制要求这样做。杰克斯－布莱克并不是这项法律的受益者，她首先获得了伯尔尼大学（University of Berne）的认证资格。爱尔兰医师学院（College of Physicians of Ireland）是英国第一个允许女性获得医学学位的学院，杰克斯－布莱克随后在那里参加了执照考试，这使她得以在英国医学理事会（General medical Council）注册，成为英国第三位注册女医生。她在爱丁堡执业，并于1886年创办了爱丁堡女子医学院。

伊丽莎白·加勒特是登记册上的第一个。1849年，她的父亲足够明智地把13岁的她送到了由罗伯特·布朗宁的继母经营的布莱克希思女子学校。教学并不怎么令人印象深刻——课程要求学生举止得体——但伊丽莎白确实爱上了阅读，并由此产生了一种深刻的求知欲。教育结束后，她继续读书，并利用自己的时间更深入地学习拉丁语和数学。她读了伊丽莎白·布莱克威尔在《英国妇女杂志》（*English Woman's Journal*）上发表的一篇文章，萌生了成为一名医生的念头。埃米莉·戴维斯和她一起参加了布莱克威尔在伦敦的讲座并全力支持她。尽管如此，仍然存在巨大的障碍。

幸运的是，加勒特的父亲在经济上支持她。她在米德尔塞克斯医院（Middlesex Hospital）当护士，这是她接受培训的唯一途径。当她在那个职业中表现出色，并被允许参加手术后，她申请加入那里的医学院。1860年10月，她写信给戴维斯，"我不应该假借护士之名继续接受教育，而且，我有权要求学院当局允许我支付这些特殊科室的正常费用，以维持医院目前的运行情况，从而进行医学观察"。[134] 她的申请被拒绝了；但医院的药剂师在她继续护理工作的同时给了她私人指导，作为她向医院捐款的回报。

在她晚上休息的时候，她父亲给她请了一位解剖学和生理学的导师；最终她被允许参加化学讲座和解剖。然而，由于加勒特所说的"学生们普遍的调皮捣蛋"，最后这项措施引起了非常棘手的问题。[135]她富有同情心的老师、学院的院长纳恩先生，想看看是否可以为女学生提供一个单独的解剖室：这促使她和戴维斯去寻找其他潜在的女医生。这一点，加上她在学习上的成功，引起了一些学生的反感。一些男人预感到可能会发生什么事，就抗议并反对录取她。因此，她不得不于 1861 年离开，尽管她并不是没有化学和药剂方面的证书，尽管她得到了医学院几位著名医生的鼓励。"是的"，她对戴维斯说，"这非常讨厌，但我想人总会活着看到出头的这一天"。

她私下里获得了解剖学和生理学的证书，同时向该国大多数医学院提出了申请，但都遭到了拒绝。她的父亲向伦敦大学请愿，该校正在寻求制订一项新的宪章，尝试将接纳女性的权力纳入其中。理事会以微弱多数否决了该法案；几周后的第二次尝试只因为校长的关键一票而失败。戴维斯在 1862 年全国社会科学促进协会年会上发表了一篇题为《妇女的医学职业》（*Medicine as a Profession for Women*）的论文，随后作为小册子出版。因此，一场宣传运动开始了，《英国妇女杂志》（*English Woman's Journal*）的专栏成了主要战场。

赫胥黎向妇女开放了他在南肯辛顿的讲座，并让加勒特去上课。1865 年，她和其他 6 位候选人一起参加了药剂师协会的考试。包括加勒特在内的 3 名学生通过了考试，她获得了最高分。不过，她向戴维斯承认，"考试太容易了，让人不太高兴"。[137]这使她成为协会的会员，并被允许参与制药。该协会为了纪念她的成就，修改了规则，阻止其他女性效仿她：这是男性试图把平等的精灵放回瓶子里的一个更极端的例子。5 年后，当巴黎索邦大学决定招收女性攻读医学学位时，加勒特学习了法语，并在那里取得了更高的资格。1873 年，她嫁给了斯凯尔顿·安德森（Skelton Anderson），成为英国医学协会第一个也是唯一一个女性会员。该组织迅速效仿先例，禁止任何其他女性加入。

在此期间，由于性别原因，加勒特被禁止担任任何医院的职位，她在伦敦西区为女性门诊病人开设了自己的诊所。到 1872 年，她的诊所变成了新的妇幼医院，后来成为伊丽莎白·加勒特·安德森医院；1876 年，她与杰克斯－布莱克共同创办了伦敦女子医学院（London School of Medicine for Women），赫胥黎明确支持该学院。她后来成为这所学院的院长，并任职近 20 年，这所学院最终并入了伦敦大学院医学院。

这家妇幼医院包括在欧洲医学院取得资格的女医生，但由于受到全国医学总会接受学位的限制，她们无法在英国注册。1875 年，作为一种保护病人的手段，支持全国医学总会的议员之一考珀－坦普尔敦促政府停止这种歧视。全国医学总会本身也提出了一项单独的考试，按照与男性相同的标准对女性进行测试，如果女性通过考试，就可以注册。坦普尔说，如果政府不支持这项举措，他会提案迫使政府就范。桑登勋爵回应他说，政府已经咨询了全国医学总会，正在考虑该怎么办。另一位支持女权主义的国会议员罗素·格尼指出，全国医学总会"经过长期而焦虑的思考，已经明确表示，女性不应该再被排除在这个职业之外。"在发表了这样一项声明之后，就很难想象现有的状况还能够保持不变了。[138]政府领会了这一暗示，很快又取消了对女性的另一项限制。

加勒特·安德森（Garrett Anderson）试图消除男医生对女性疾病的无知，这些疾病被认为是由女性天生的弱点引起的。她深知，大多数女性仍然过着无聊和没有成就感的封闭生活，因此她直言不讳地指出，需要让女性像男性一样拓宽视野，并驳斥了女性受教育程度过高会导致她们患上神经性和精神疾病的观点。虽然不像她妹妹那样积极涉足更广泛的妇女政治权利领域，加勒特·安德森仍是妇女选举权的支持者，她认为自己帮助妇女在医学上取得的进步只是所有需要争取斗争中的其中一项。

九

弗洛伦斯·南丁格尔已经成为维多利亚时代中期英国女性进步的灯塔，尽管她自己对女权主义的信仰至少可以说是模棱两可的。她从克里米亚战争中归来，成为英国最著名的女性之一，但在她的形象之下，隐藏着大量的矛盾、复杂和歇斯底里。她来自一个富裕的家庭，她的父亲（在他位于汉普郡和德比郡的房产周围资助了几所学校）把他对教育的信念扩展到了他的女儿身上，这在那个时代是不寻常的。弗洛伦斯接受了现代语言和古典语言以及其他学科的良好教育。19 世纪 30 年代末，如果牛津和剑桥有女性，她也会让大多数男人感到竞争的激烈。

她的母亲维护着一所沙龙，弗洛伦斯十几岁的时候就遇到了当时许多著名的男性人物。在弗洛伦斯 18 岁的时候，她的母亲范妮·南丁格尔（Fanny Nightingale）写道："弗洛伦斯因为她的美丽而受到人们的钦佩，她也被认为非常聪明和有趣，但是她庄重的举止使人们与她保持一定的距离，所以我不认为她的生活中会经常出现爱情的篇章。"[139]弗洛伦斯从来没有结婚，但她是一个高大、苗条、朴素的美人，她的崇拜者中最引人注目的是辉格党政治家和（包括其他特质）原教旨女权主义者理查德·蒙克顿·米尔恩斯。他本想娶她为妻，他们的恋爱关系差不多持续了 9 年。然而，弗洛伦斯似乎只是在为时已晚的时候才意识到，这是她想要的东西，而此时米尔恩斯已经准备和别人结婚了。

不考虑——或者也许正因为——她所受的教育，弗洛伦斯变得沮丧和失望。在她的作品中，偶尔有歇斯底里的绝望和宗教狂热的音符。她的主要问题是她唯一的兄弟姐妹、比她大一岁的姐姐帕特诺普也没有结婚。帕特诺普——在家里被称为"波普"——对她的妹妹非常着迷，以至于在和她分开之后，她的精神崩溃了。弗洛伦斯把"波普"的崩溃看作一个有益的警告，警告那些想象力过于活跃、天生聪明的女性可能会经历什么，她们被囚禁在生活中，而且就她们两个的状况而言，她们都过了 30 岁还待在家里。然而，弗洛伦斯决定不追求婚姻的一个因素似乎是，她相信如果她真的结婚了，她自己成就一番伟业的机会就会被扼杀。她在妇女解放运动中所起的作用是显而易见的，却是以没有丈夫和孩子为代价的。

560

她认为护理是一种逃避的方法。她认为是上帝派她去照顾病人。就像达尔文之前那个时代的许多思想家一样，她开始拒绝把《圣经》当作字面上的真理。然而，她相信上帝赋予人们完成工作的使命，毫无疑问，她已经找到了自己的使命。她的父母不赞成她认为是上帝派她来的这个倾向，这并不奇怪。在那个时代，护理被认为是一种主要由仆人阶层的女性从事的职业，而且以酗酒和不道德而闻名。她到莱茵兰的凯泽沃斯去观看现代护理是如何进行的，回来时，她确信自己能设计出一套更好的系统。1853 年，在她生病期间，通过各种关系，她成了哈利街（Harley Street）"淑女协会"（Gentlewomen）的负责人，并很快在她的新职业中成名。她的父亲最终默许她接受这份工作，给了她每年 500 英镑的零用钱，这已经足够支持她了。当米德尔塞克斯医院在 1854 年霍乱流行期间不堪重负时，她也在那里提供帮助：她还为克里米亚战争提供了非常有用的培训。

　　南丁格尔是在家族的朋友西德尼·赫伯特的帮助下发展她的护理事业的。1854 年秋，当英国军队第一次进入克里米亚时，他不幸成为负责战争事务的大臣。前线的消息很快传回英国，病人和伤员因缺乏适当的护理而奄奄一息，赫伯特安排南丁格尔带领 38 名护士前往斯库塔里，她们于 11 月 4 日到达那里。南丁格尔立即展现了自己坚定的意志和性格。当军医和其他军官阻挠时，她毫不犹豫地直接与大臣通话。她的首要任务是改善卫生条件，她成功了，但她解雇了一些她带来的护士，她认为这些护士的资质不够。

　　除了拯救了许多士兵的生命，南丁格尔在其他方面的成就也是革命性的。女性通常不像她那样担任领导角色（君主被认为是个例外）。一位贵妇人不会像她那样把手弄脏，也不会像她那样到普通的士兵中间去。这在她周围创造了一个传奇，当她感到被迫要扩大自己在克里米亚的职权范围时，她得到了满足，她游说赫伯特说，战地不仅需要更好的医疗用品，还需要更好的衣服、食物和烹饪。她甚至安排了改革俱乐部的厨师长对这方面的工作进行改革。巴拉克拉瓦战役之后，大量的人员伤亡使她承受了巨大的压力：她勇敢面对，通过独裁的手段提高了救护准则，但她的健康也受到了损害。

　　正是在那时，由于《时代杂志》（*The Times*）上的一句话，她被称为"提灯夫人"，她在疾病面前和可怕条件下的无私和英雄主义巩固了这个传说。为了感谢她对康复的贡献，一笔 45000 英镑的基金被筹集，尽管她不知道该如何处理这笔钱。1856 年 3 月战争结束时，南丁格尔得出结论，惊人的死亡率和伤亡率在很大程度上是可以避免的。在被派往克里米亚的 94000 人中，有 1/5 的人死于疾病，只有 4000 人受伤，另有 13000 人残废。当约翰·布赖特说死亡天使在战地游荡时，他没有说自己携带的是传染病，而不是步枪。

　　她的堂兄阿瑟·休·克拉夫描述了南丁格尔在克里米亚不得不应对的问题，这些问题不仅仅限于疾病和糟糕的卫生条件。他在1855 年 9 月 14 日写给拉尔夫·沃尔多·爱默生的一封信中谈道："一般来说，护士们都过于忠实于他们古老的城市习惯，如酗酒、偷窃等，因此不得不进行大量的清退。"[140]正因如此，在她回到英国后，有人敦促她用 45000 万英镑的基金建立南丁格尔护士培训学校。她觉得这个要求很无聊，比起给政府写一篇关于军队医疗保健问题的长篇报告，以及如何最好地纠正医疗保健问题，这项计划在她的优先事项清单上排得更靠后。

　　1856 年夏天，南丁格尔回到英国，她的身材和性格都与 1854年 10 月离开英国的那个女人截然不同。她被邀请到巴尔莫勒尔与女王和阿尔伯特亲王分享她的经历。她利用自己与他们的联系，要求成立一个皇家委员会，设在陆军医疗服务部门。在多次犹豫之后，在她威胁要就这个问题发表自己的报告（这将令政府极度难堪）之后，委员会最终成立了。她自己撰写并私下分发了一份长达 830 页的报告，报告显示，如果医院的标准更高一些，克里米亚的许多死亡事件可以避免。由于南丁格尔的坚持，医疗辅助队进行了改革，这是她第一次获得巨大成功。

　　学校最终成立了，尤其是在任命忠心耿耿的克拉夫为基金秘书之后。政府打算为公共卫生管理部门提供最优秀的护士来填补重要的职位，因此南丁格尔很快获得重用。战争大臣约翰·帕金顿爵士要求她推荐一个"正式的人来担任院长一职——同时也推荐一个人担任奈特利医院的护士长"。[141]她回答说："我很高兴能按照大臣的要求，尽我所能为女王陛下的医院招聘和培训一名高效的护理人员。"她还发现自己需要在医院建设和创建更多的民办医院方面提供咨询，

562

这些医院是为了照顾那些本来是在家里或在济贫院里遭受折磨的人，后者的情况更为糟糕，那里的看护标准往往糟糕透顶。

1857 年夏末，在连续数月不停撰写报告之后，她被自认为是斑疹伤寒的疾病击倒，但随后，医疗当局认为她在克里米亚期间感染了梅氏布鲁氏杆菌（Brucella melitensis）。她的生命处于危险之中，但她恢复了健康。包括女王在内，从上到下，英国人民都在等待她的消息，并为她祈祷。为了增加她作为英国继女王之后最著名女性的声誉，她又获得了英国最著名病人的称谓。毫无疑问，她忍受了痛苦和令人虚弱的疾病发作，但她也变得有点歇斯底里，有时似乎是为了榨取它的所有价值。

疾病使她成了一个隐士，看上去比实际年龄要老。然而，在帕克巷（Park Lane）附近的房子（由她父亲提供）中，她领导了一场改革运动，不仅要改革医疗保健，还要改革英国最弱势群体的生活水平。她开始着迷于健康数据，但她解释这些数据的方法很快就被广泛采用，被认为更准确、更有用。大规模变革的副产品之一是，官员和个人倾向于收集统计数据，对于那些寻求证据支持进一步改革的人来说，无论是在健康、卫生改革还是教育方面都是如此。当伟大而善良的人们想要建立一所医院，或者谋求一所医院的现代化水平时，他们会咨询南丁格尔如何去做、如何提高那里的护理水平。然而，1860 年，年仅 40 岁的她又一次完全垮掉了，虽然她再次恢复了健康，但感到恶心和沮丧，开始了又一段漫长的病程。鉴于她的病，医生建议她完全休息，这给了她一个离开社会、专注于改善医疗保健的理由。

她成了一名惊人的书信作者：面对她的信件，大英图书馆抱怨叹气。因为生病，她拒绝拜访任何人，她用这个借口——还有她的名气——把他们召唤到她位于帕克巷房子的床边或沙发边。这都是她独裁主义的一部分：只要她能负责协调针对该领域的所有问题的反应，她在任何她拥有具体知识的领域（无论是护理、卫生还是军队）就都非常有效。南丁格尔护理学院于1860年成立，这是她的另一项伟大成就：但在最初的阶段，她病得太重，无法顾及学校，她任命的主席和秘书——赫伯特和克拉夫——到1861年底都已去世。幸运的是，她家族中的其他杰出成员也继承了她的衣钵：她的堂兄亨利·博纳姆-卡特（Henry Bonham-Carter）接替了克拉夫，她的姐夫——波普最终在她快40岁时结婚——哈里·维尼爵士（Sir Harry Verney），一位自由党议员，成了主席。

密尔是她心目中的知识分子英雄之一，他带着文雅和尊重接受了这个表扬，尽管他至少能看出他们的意见并不一致。密尔和她有大量的通信往来，在信中，她把自己描述为"您最忠实的信徒之一"，并告诉他"您的逻辑"——尤其是关于"法律"、"自由意志"和"必要性"的逻辑，对它（一篇关于宗教的文章，由她撰写并寄给他）的形成和"我"本身产生的影响。[142]南丁格尔写了一本关于宗教信仰形式的专著，这种宗教信仰要求不带传统崇拜和信仰的装饰而从事上帝的工作。在1860年，她给密尔写了这篇文章——由于她的隐居，他们没有见过面，但通过埃德温·查德威克，她和他取得了联系——南丁格尔说："许多年前，我在英格兰北部和伦敦的工匠中结识了很多具有求知欲的人。那时我才了解到，他们没有任何宗教信仰，虽然仍在努力追求一种信仰，主要是在孔德和他的学校里。回到所谓的基督教似乎是不可能的。"[143]密尔同意就《对宗教真理探索者的思考建议》（*Suggestions for Thought to Searchers after Religious Truth*）提供意见，"因为我可能和那些读者们一样，都需要皈依"。[144]

有一次，他读了一段他称之为"专著"的摘录，密尔尽可能委婉地告诉南丁格尔自己在宗教信仰问题上的缺点，"多年前，我尝试过用这个假设来做些什么；一个完美的人可以做任何事，除了创造另一个完美的人——接下来要做的就是做一个可以达到完美的人——而完美只能通过与邪恶的斗争来实现"。[145] 他不得不承认："我承认，在我看来，没有任何一种宗教理论与宇宙的事实相一致，除了（以这种或那种形式）这两条原则中古老的那一条。在宇宙的结构中，有许多迹象表明一种智慧的力量，祝福人类和其他有知觉的生物。不过，我可以告诉你，也许没有那么多，但存在相当于一个或多个的智慧力量极其相反的作用力，这一迹象也非常明显。然而（不要坚持这一点）仁慈力量的意志必须在它自身的不完全性中，或者在某些外部环境中，找到阻碍整个仁慈目的实现的非常严重的障碍。"[146] 密尔补充说，对他的世俗主义至关重要的一点是，"我不能同意你的另一个观点，那就是，在我们把法律称之为自然的安排的意义上，它只能产生于一种意志……对于人类的心灵来说，在那些尚未认识到顺序不变的事件中看到神的旨意，要比在那些已经认识到顺序不变的事件中看到神的旨意自然得多"。[147]

1867 年，密尔曾试图使南丁格尔变得激进，他告诉南丁格尔："政治权力是对抗任何形式压迫的唯一保障。"[148] 为了让她参与女权运动，他还告诉她，"有很多人，特别是妇女，由于缺乏反省政治的习惯，很难实现政治的巨大力量，也就是说，立法的力量，这种力量赋予幸福，也影响被统治者的意见和道德性质"。[149] 他继续说道："我相信，这种权力是迄今为止为了人类幸福所能运用的最强大的力量。我既不赞同那些拒绝行使这种权力的女性，也不赞同那些将女性拒之门外的男性。"

565　　密尔几乎不知道她已经变得多么激进了。她在 1868 年指出："劳动应该比偷窃获得更好的报偿。" 目前，情况更糟。英国贫困的原因是什么？无限的自由和贫乏的法律。[150]她写了一篇关于贫困的论文，寄给了弗劳德，"虽然不能以你的熟人的名义……来问你能不能用它做点什么"。[151]弗劳德自己解决贫困问题的方法就包括希望加拿大成为英国的一部分，用于移民目的，他认为这是"最有用和最有意思的"。

南丁格尔随后发现了一个新的挑战：在英国最不卫生的属地印度进行卫生改革。女王麾下的士兵死于和平跟死于战争的概率几乎一样，通常是因为军事当局无力或缺乏应对霍乱的意愿。她成了一名印度问题专家，召集其他权威人士到帕克巷向她介绍情况，让自己沉浸在统计数字中，最重要的是，她为获得洁净水而争论不休。她与总督和总督们交上了朋友，他们都听从她在这方面的专业知识，尽管她从未到过这个国家。她开始质问格莱斯顿这样的大人物，并恳求他们能够把更好的卫生原则应用到那里的士兵身上，并最终应用到当地的土著人身上（在下孟加拉，人们呼吁立法使村民们能够自己从事卫生工作）。[152]

1864年，她写信给格莱斯顿，并给他寄了一本小册子，讲述了在印度饱受霍乱折磨的士兵的苦难，并警告他，她所写的仅仅是开始："我被禁止（全面披露），因为这些事情都包含在秘密的官方文件中。"[153]对弗洛来说，给任何一位公众人物写信都是一个展示自己的机会。格莱斯顿做了一个关于工业阶级所遭受苦难的演讲，她写信给他说："在我生命的最后10年里，我一直在苦役中成全我自己，和任何工人做的一样多（或更多）——加上持续不断的疼痛和疾病，这使得工作和工作之间的空隙成为一种'不自然的忍受'。很少有人能像我这样同情你说的话。"

南丁格尔要求很高，而且特别容易令人厌烦，但她的高要求和讨人厌很少是出于私利。她的神圣使命是治愈病人，或防止人们生

566 病，这就是她的人生目标。她的专制作风和把自己的意志强加于人都是这一事业的一部分，而且是为了纠正一种不应该存在的丑陋事件。19世纪60年代，越来越多的护士以她的名义、在她的学校里用她的方法接受培训。

或许最重要的是，她领导了一场改善济贫院医务室的运动，其中一些医务室的条件几乎不比她在斯库塔里发现的好多少。这促使1867年通过了《大都会济贫法法令》（Metropolitan Poor Law Act），她为此提供了意见。1888年，一种新形式的政府在当地建立，这也是创建社区医院的第一步。她也支持并协助训练社区护理人员，以便照顾家中的贫困病人。在她从克里米亚回国后的20年里，她领导了一场针对下层社会医疗保健的革命，这或许第一次表明，他们的生活质量并不比高于他们阶层的生活更可有可无。

十

经过二十多年来在教育、民权和职业领域推动的严肃女权主义项目，这场运动终于获得了一种哲学基础。密尔在1869年出版了《女性的屈服》（*The Subjection of Women*）。他早在10年前就写好了这本书，但他决定"在这本书看起来最有用的时候"出版。[154]他现在认为，随着《改革法案》的通过和议会不断增加对普选的支持，是时候向世界分享他的看法了。他对女性平等的坚定信念，部分来自他的理性主义信念，部分来自他与哈丽特·泰勒（Harriet Taylor）的长期交往和短暂婚姻的经历。泰勒夫人是一位受过良好教育、观点坚定的女性。丈夫死后，泰勒于1851年与密尔结婚，她本人于1858年去世。密尔声称，他的作品"最引人注目、最深刻的地方"都要归功于他的妻子。在他与泰勒夫人交往之前，他

就相信男女平等，这是他运用逻辑思维来回答这个问题的结果。他
还认为，在他们结婚 20 年前，她对他最初的兴趣是因为他倾向女
权主义。对密尔来说，最重要的是：

> 在我认识她之前，这个观点在我脑海里只是一个抽象的原
> 则。我看不出为什么女人应该在法律上服从于别人，正如我看
> 不出为什么男人应该……但是，在《女性的屈服》一书中所
> 体现出来的关于妇女无能看法的巨大实际影响，主要是通过她
> 的教学获得的，要归功于她对人性的罕见了解以及对道德和社
> 会影响的理解。虽然我一定会坚持我现在的观点，但是我对将
> 妇女地位低下的后果与现存社会的一切罪恶和人类进步的种种
> 困难联系在一起的认知方式却无法理解。[155]

567

密尔认为剥夺妇女的权利是一种暴行，他的文章经常将其比作
奴隶制。然而，他还有另一个不那么明显的灵感：南丁格尔宗教论
文的第二部分，他在 1860 年读过这篇论文的手稿。它包含了对维
多利亚时代中期英国中产阶级女性生活的描述，这种生活的开始就
像一部几乎不加掩饰的自传体小说。在她的作品中，她谈到了
"紧张能量的积累……让她们觉得……当她们上床睡觉的时候，就
像疯了一样"。[156]在她看来，家庭已成为压迫妇女的机构。这深深地
影响了密尔，因为当他阅读南丁格尔的作品时，他正在撰写《女
性的屈服》，而他所面临的证据恰恰是他所发现的问题。他向南丁
格尔致敬，感谢她启发了他关于传统家庭对女儿的专制，并提到
"在一部我希望有一天能出版的作品中，一位著名的女性真实地评
论道，一个女人做的每件事都是在奇怪的时候完成的"。[157]
然而，他对 20 世纪著名的女权主义的承诺，不仅是由人道主

义，也是由功利主义推动的。他断言，把妇女从奴役中解放出来，就能使大多数人获得最大的幸福；不仅因为他们将享受和受益于她们的解放，而且社会通常会因此而得到改善。他写道："从法律上讲，一种性别对另一种性别的从属地位本身就是错误的，如今这是人类进步的主要障碍之一。"[158]他举了一个具体的例子，关于女性在下院的席位："在选举领域的任何限制都剥夺了有能力的人服务社会的一些机会，因此从未把它从无能力的人手中拯救出来。"[159]他还写道，允许女性充分参与社会将使"为人类提供更高服务的脑力资源的数量翻倍"。密尔蔑视他的同胞积极参与剥削妇女，并容忍社会进步迟缓的行为，表达方式也呼应了他对宗教的冷嘲热讽："我们每天都看到，他们对上天的感激似乎是由对他们同胞的沉思所激发的，而上帝对他们并不像对自己那样仁慈。"[160]

密尔在美国废除奴隶制四年后写道，英国妇女的状况是"延续至今的原始奴隶制状态"，尽管他承认这一问题已经得到了缓解跟缓和，但"野蛮起源的污点"仍然存在。[161]他明白，反对妇女权利的想法将来自那些把奴役描述为"自然"的人，就像直到最近，南方各州的奴隶主还认为他们的行为是"自然"的一样。[162]他认为妇女的地位实际上比奴隶的地位还要差。"妻子实际上是她丈夫的奴隶，就法律上的义务而言，并不比一般所谓的奴隶地位高。她在圣坛上向他发誓终身顺服，并且在她的一生中都要遵守这条律法。诡辩家可能会说，顺从的义务并不包括参与犯罪，但它肯定会扩展到其他任何事情上。她只能得到他的允许，至少是心照不宣的允许。她只能为他获得财产；一旦财产成为她的，甚至是继承下来的，财产事实上也就成为他的了。在这方面，根据英国普通法，妻子的地位比许多国家法律中奴隶的地位还要低下。"[163]

密尔认为，即使是汤姆叔叔，在他的小屋里也有自己的生活，而女人是她丈夫的动产。基督教社会中的女奴隶有权拒绝她的主人，密尔委婉地称之为"最后的亲密关系"：妻子没有这种权利。她的丈夫"可以向她提出要求，强迫她堕落到身为一个人的最低层面，被当作一种只具有动物性功能的工具，而这与她的意愿相反"。[164]任何因为这种兽性行为，甚至是出于爱而生下的孩子，都是他们父亲的财产，只有他有权监管他们。如果父亲去世，母亲甚至不能自动成为子女的合法监护人，除非在父亲的遗嘱中指定了这种任命。这种残忍类似于近乎不可能实现的离婚，密尔还把离婚比作奴役，"在某些奴隶法典中，在某种情况下，奴隶可以合法地强迫主人把他卖掉。但是在英国，再多的虐待，在没有通奸行为的情况下，也不能使妻子从折磨她的人手中解脱出来"。[165]

在一个男性制定规则的社会里，这些规则歧视女性。但密尔认为，他们这样做了，却从未理解或评估过女人的真实天性，因为他们的规则扭曲和压制了这种天性。这种情况不会持续太久。除了希望获得选举权，"人们越来越强烈地要求妇女接受与男子同样扎实的教育，而且在同样的知识领域接受这样的教育，这大有成功的希望；与此同时，对女性进入迄今为止对她们封闭的职业的要求也一年比一年紧迫"。[166]他还开玩笑地说："不幸的是，在现有的社会结构中，读书和写作的女性要多得多，这是一种矛盾和令人不安的因素。把女性培养成一个只具备美丽外表的女奴或家政服务技能的人是错误的。"[167]精灵从瓶子里出来了。密尔敦促女性以美国和欧洲大陆部分地区的姐妹为榜样，组织起来，确保她们的不满能更强烈地传达给男性主导的当局。

白手起家的新中产阶级男性在经济和政治上变得越来越重要，他们的社会流动性对女性提高自己的地位是一个更重要的推动因素。在过去的 25 年里，宗教缺陷在很大程度上已经消失。现在只有一场出生事故能够使一半的人类处于不利地位。这是"旧世界思想和实践的一个单一遗迹，它在其他一切事物中被打破，唯独保留在最普遍感兴趣的一件事物中"。[168]这是一股阻止世界正常现代化的力量，并且与社会流动性的增加越来越不一致。"婚姻中的奴役法则"，他写道，"是与现代世界所有原则的巨大矛盾，以及所有这些原则被缓慢而痛苦地制定出来的经验的巨大矛盾。考虑到黑人奴隶制度已经废除，它成了唯一的例子，在这种情况下，一个人的所有能力都充分地交付给另一个人，要接受对方的温柔怜悯，希望对方将仅仅为受其支配的人的利益而使用权力……除了每户人家的女主人之外，再也没有合法的奴隶了"。[169]和密尔的其他哲学观点一样，他认为男性和女性之间的竞争将确保最优秀的人晋升到高层。他没有寻求现在所谓的针对妇女的"逆向歧视"：仅仅是为了让她们享有与男人同样的权利。

　　密尔知道为什么有那么多职业禁止女性。"我认为，她们在其他地方的无能只是为了坚持在家庭生活中保持从属地位；因为一般的男性还不能容忍与平等的人生活在一起。如果不是这样，我想，几乎每一个人，在目前的政治观念和政治经济观念状态下，都会承认把一半的人类排除在更多有利可图的职业和几乎所有的高级社会功能之外，以及从她们的出生就规定她们不适合，也不可能适合那些在法律上对最愚蠢、最卑鄙的异性开放的工作是不公平的。"[170]那些纵容这种行为的人认为自己是在为社会利益服务，"他们的意思是为男人的利益服务"。他补充说："我们不能得出这样的推断，即一个女人不可能成为荷马、亚里士多德、米开朗琪罗或贝多芬那样的伟大人物，原因是迄今为止还没有哪个女人真正创作出能与他们作品媲美的优秀作品……但可以肯定的是，一个女人可以成为伊丽莎白女王，或者黛博拉，或者圣女贞德。"[171]男人根本不知道女人是什么样的："到目前为止，她们一直在一种如此不自然的状态中自然发展，她们的天性不能不被极大地歪曲和掩饰：如果解放女性的天性，让她们像男性一样自由地选择方向，如果除了人类社会所要求的条件以外，没有人为的扭曲，对男女都一样，不会有任何实质性的差别，或者可能根本就没有差别，那么她的性格和能力将会展现出来。"[172]那些认为女性智力低下是因为他们没有写出任何伟大的哲学或科学思想著作的人是错误的，因为她们被剥夺了在这些领域取得进步的教育机会。

女性不喜欢暴力可能有助于避免战争和冲突。人们将不再因生活中不公平的优势而被腐化。女性将学会自尊和自助的方法。她们也将学会如何在不利用性别特点向男性施加权力的情况下，依靠她们的智慧和理性的力量继续生活下去。他写道，"对权力的爱和对自由的爱是永远对立的"。[173]"在自由最少的地方，对权力的向往是最热烈、最肆无忌惮的。"否则，女性就会沦为"有害的奢侈与社会不道德行为"的牺牲品。他说："任何没有改善的社会都在恶化。"[174]"只有当最基本的社会关系被置于平等正义的统治之下，当人类学会培养他们对平等权利和修养最强烈的同情时，人类的道德复兴才真正开始。"[175]他提出了一种几乎所有男性都无法接受的最激进的改革方法。他不会活着看到他的思想取得胜利，但是他的思想一定会胜利。1869 年 6 月，格莱斯顿在收到他的书后给他写了一封信，信中说："无论我能否接受你的广泛建议，我都将从仔细阅读您的著作中获得极大的益处，到处都能找到值得我同情的东西。"[176]他的政府在解放妇女的议题上将采取试探性的步骤，但这一进程将持续到下个世纪。

与此同时，一些妇女遭受丈夫的虐待，而国家的放任纵容了这种行为。1874 年 5 月，保守党议员埃格顿·利上校（Colonel

571

Egerton Leigh）请求政府处理"男性因暴力袭击女性而受到的惩罚非常不足的问题"。[177]他知道很多关于妇女权利的言论，但他认为议会的首要职责是纠正妇女的错误。媒体报道了"男性对女性的无耻且懦弱的攻击"。他补充道："有时候一个结婚才两周的女人出现在治安官面前，眼眶青肿……有时男人把妻子推到火里，有时他们猛扑到她们身上。"许多这样的女人会撒谎——"没有一个女人不准备通过谎言来拯救这些无赖的男人，使他们免受惩罚。有一次，一位女士的鼻子受了重伤，她声称是自己咬的"。他补充说，如果一个男孩看到他的父亲打他的母亲，他也会对自己的妻子做同样的事情——"孩子们在某些家庭里的所见所闻，足以让整整一代人堕落"。

他有一个现成的解决办法。19 世纪 60 年代流行的绞刑，已被坚决而无情地使用九尾鞭的方法取代。如果这种罪行重复发生，鞭打的次数将会越来越多，想必这会使控制丈夫们的残忍行为。他还说，这可能不会成功，"但如果真的能够采取这种方法，那将是一件伟大的举措，将终结这种可耻的事情，因为在所有大陆国家的眼中，这种事情是英国的耻辱，他们认为，虽然英国人不能卖掉妻子，他们却几乎可以在妻子活着的时候把她们打死"。[178]同其他许多有关妇女权利的问题一样，政府选择充耳不闻。

维多利亚女王和阿尔伯特亲王，以及他们的 5 个孩子（绘制于 1846 年）。

自然历史博物馆入口大厅建筑装饰手稿，由建筑师阿尔弗雷德·沃特豪斯设计。

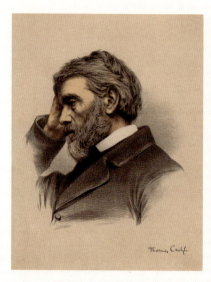

托马斯·卡莱尔，苏格兰出生的英国作家
和历史学家。

约翰·拉斯金，英国评论家、诗人
和艺术家。

弗洛伦斯·南丁格尔，英国护士和
统计学家、护理事业开创者和护理教育
奠基人，被誉为"提灯夫人"。

理查德·阿什顿·克罗斯，英国政治家、
迪斯累利第二届政府中的核心人物。

海德公园骚乱（1866）

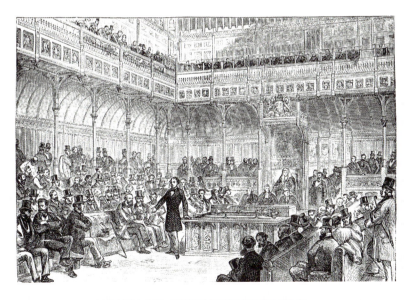

1867 年议会改革，迪斯累利在下院介绍他的改革法案。

英国外交部大楼，由建筑师斯科特设计建造。

乔治·威廉·弗里德里克·查尔斯，
第二代剑桥公爵、维多利亚女王的表兄、
英国陆军总司令。

爱德华·卡德威尔，陆军大臣、
军事改革家，在军队现代化的观念之争中
击败了剑桥公爵。

位于伦敦史密斯菲尔德的贫困儿童免费学校，文明进程最艰巨的任务。

马修·阿诺德，英国诗人、评论家和
教育家，拉格比公学校长托马斯·阿诺德
的长子，著有《文化与无政府状态》。

威廉·爱德华·福斯特，1870 年
《教育法案》的推动者，全民教育之父。

卡罗琳·诺顿，争取女性离婚权利的先驱。

米莉森特·福西特，英国女权主义者，
争取妇女选举权运动领袖。

剑桥大学先驱女子学院纽纳姆学院的约翰逊小姐在"三角凳"考试中击败
所有男性竞争对手，同学们围着她欢呼庆祝。

威廉·布斯，传教士、救世军创始人，
"给最黑暗的英格兰带来一点光亮"。

位于皇家霍洛威学院的霍洛威夫妇塑像

奥克塔维亚·希尔，社会改革家、慈善家，
教导穷人有尊严的生活。

安吉拉·伯德特－库茨，慈善家，被称为
"小贩皇后"和"穷人的女王"。

GEORGE GILBERT SCOTT, ESQ.

乔治·吉尔伯特·斯科特，维多利亚时代
最伟大的英国建筑师之一。

乔治·埃德蒙·斯特里特，与斯科特齐名
的哥特式建筑大师。

圣殿教堂（1850–1859 年建造）内部，
建筑师威廉·巴特菲尔德的杰作，
位于伦敦玛格丽特街。

第四部分　现代的诞生

第十五章　追求完美：维多利亚知识分子与新英国

一

就自由党统治阶级而言，19世纪50年代和60年代尝试改革的思想氛围是由托马斯·巴宾顿·麦考莱塑造的。在19世纪40年代和50年代，麦考莱出版了他的《英国史》(*The History of England*)，该书为这个时代树立了一种自信的基调，这种自信根植于20世纪所谓的"辉格党人对历史的诠释"：这是在一个安全的、新教的和日益自由的社会中，从黑暗走向光明的不可阻挡的历程。没有人比卡莱尔更不同意这种分析，而《改革法案》的通过正好给了他表达这一看法的机会。他是那个时代几位伟大的思想家之一——密尔、拉斯金、赫胥黎、阿诺德和斯蒂芬是另外几位——他们利用改革的大地震重塑了自己对英国新未来的看法。这场辩论使1867年之后的这段时期成为19世纪智力最动荡的时期之一。但是，与其他伟大的动荡时期不同，这次危机的导火索是新的世俗主义及其帮忙创建的日益民主的社会，而不是宪章运动之前那个以神学为中心的旧英国。

卡莱尔在《麦克米伦杂志》上以小册子的形式重新发表了他

的文章，表达了他的愤怒。尽管新闻界不断向前发展，杂志和评论仍然是一种强有力的媒介，也许是最有力的媒介，它们把知识分子或政治家的思想传播给更广泛、更聪明的公众。《射击尼亚加拉：之后呢？》（*Shooting Niagara；and After?*）是卡莱尔最后一次重要的政治声明：此时他 71 岁，健康状况不佳，虽然他能活到 1881 年，但他针对自己严肃文学作品的回忆仍有待撰写。他在前一年丧父，正忙着修改著作《腓特烈大帝》。《腓特烈大帝》像俗语说的磨石一样挂在他的脖子上，而且他还患有消化不良。他告诉他的兄弟医生约翰："我的消化系统等器官已经变得相当混乱了。"[1]他承认自己的悲观和不快乐使作品显得"非常激烈、夸张、粗糙、杂乱和有缺陷"。

所有这一切，加上卡莱尔对民主的厌恶，对政治阶层构成了残酷的攻击。1867 年，他在自己的日记中记录了对改革的看法，其中有一个比喻格外引人注目："英国比我预想的更快地进入了尼亚加拉急流。"[2]他感觉到了末日的来临："有人告诉我，报纸编辑们在私下里以一种异乎寻常的镇定，对各种阶层的人谈论着即将到来的'革命'、'联邦'、'共同的疾病'，或诸如此类的话题，这些都很有洞察力，在一定程度上对我来说也是显而易见的。"到目前为止，卡莱尔似乎只代表他自己的观点，不代表其他任何观点。但当以小册子形式印制的法案在议会通过后，3 周内就售出了 4000 本。然而，卡莱尔的影响力正在减弱，这是菲茨詹姆斯·斯蒂芬三年前就指出的："把卡莱尔视为英国思想的伟大领袖，把他描述为英国理想主义的代表，是完全误解了他。他的想法……对世界的影响微乎其微……他对英国哲学……政治学、伦理学、神学、形而上学、政治经济学……几乎没有什么明显的影响。"斯蒂芬补充说，"他并没有对这个国家在重要问题上的主流思想产生实质性的影

577

响"。[3]斯蒂芬是一个坚定的功利主义者，这是卡莱尔所憎恶的，他在后来的小册子中将其称为"猪的哲学"。[4]斯蒂芬的理性主义在很大程度上借鉴了卡莱尔的学说，即他对英雄的追寻和对封建主义终结的悲叹，这一点令人不快。然而，这两个人彼此欣赏，以至于卡莱尔任命斯蒂芬为他的遗嘱执行人，把他的写字桌留给了他。

在《射击尼亚加拉》中，卡莱尔一开始就断言，"自七国统治结束以来"，英国历史上从未出现过一个"对这个贫穷国家来说，关于究竟是彻底的死亡，还是更高贵的新生的问题是如此不确定"的时代。[5]他将"完成民主的尼亚加拉飞跃"与俾斯麦将普鲁士打造成主导力量的决心相提并论，含蓄地预言了英国将屈从于德国。[6]他担心民主已经把人类变成了一个"蜂群"，并暗示在"人的选举权"之后也会有"马的选举权"和"狗的选举权"。[7]他觉得美国内战后解放的奴隶不会有好下场；同样，对于那些原本没有选举权的人来说，他们在英国也不会有什么好处。他咆哮道："增加投票将清除普遍的腐败和谎言的泥潭，可怜的英国正被这些谎言淹没；只要英格兰投出足够的票，一切就又干净和甜蜜了。我必须说，这是改革运动中一种非常独特的喧嚣。"[8]

他谴责《改革法案》"是在召唤新的傻瓜主义、轻信、贿赂、酗酒和胡言乱语……一个相信有可能通过这种方法'改进'的人，他的智力对我来说是一种封闭的智力，我不会与之争辩：我们之间就这类话题交换意见纯粹是浪费时间"。他毫不怀疑为什么会发生这种对尼亚加拉急流的轻率追求："背信弃义的政客们抓住选票，甚至是乌合之众的选票，从而把事情搞大了。"[9]他的主要目标是"他们称作迪齐（迪斯雷利）的那个人"，"这个聪明的、有意识的魔术师，也是一个最高级的希伯来魔术师，用这种方式把所有英国的大领主、大政党、大利益集团都绑在他的手上，并牵着他们的鼻子，就像他们是无助的、迷惑不解的、阴郁的牛那样，将他们引到这个问题上——世界上以前见过这么巨大的嘲弄吗？"[10]拉丁语的意思是"一场为之哭泣的闹剧"："我们可怜的传统英国（这样一个我们最终培育的英国）的终结不是因为一场含泪的悲剧，而是因为一场可耻的闹剧！"

他嘲笑改革联盟的领袖埃德蒙·比尔斯得到了"乌合之众"的帮助；指控沃波尔受到胁迫而采取绥靖政策。他还暗示，政府的行为与它对待已故牙买加总督爱德华·艾尔（Edward Eyre）的态度是一致。这位牙买加总督曾因镇压叛乱时的严厉态度而被召回，并受到弹劾的威胁。卡莱尔"斥责了君主的大臣们，他们并没有奖励总督艾尔，而是把他扔出窗外，扔给一小群吵闹的人。像现在这样，只有一小群狂热的黑鬼慈善家在阴沟里狂吠，以失去某些朋友和选票来威胁《改革法案》"。[11]他嘲笑政府向比尔斯投降："想想你脖子上的绳索，哄哄暴徒比镇压他们更安全。"[12]

显然，卡莱尔对下院的期望并不高。他发现上院对该法案的支持令人震惊。"那么，你们有什么用呢？"他对贵族们喊道，"给我们看看，给我们看看，要不就消失！"[13]然而，他仍然表达了这样的愿望：他认为仍保留着许多古老美德的贵族阶层将前来拯救英国；如果不是这样，可能会出现一个有才能和勇气的贵族阶层，就像克伦威尔时期那样，来拯救这个国家。正如他在近30年前所说的那样，这又是老一套的口号："这些无记名投票箱、解放黑奴、空虚和肮脏的日子。"[14]然而，它成功的希望并不比1840年更多：事实上更少了。与此同时，在改革的推动下，工会"手握暗杀的手枪，将立即敦促自己推动议会改革"。[15]

他认为，要想改善社会，就必须有一个"帝王般的灵魂"，比如建立学校，"合适的学校从来没有像现在这样令人向往。通过公众的叫嚣和不满，也不会比现在更难以实现"。[16]他认为现代教育主要是教人们讲话，而不是思考。像卡莱尔自己一样，演讲是银，沉默是金。《改革法案》只会让事情变得更糟。在这篇文章的结尾，他只是在咆哮，绝望地咆哮，因为他认为这种情况是不可挽回的。他注意到，在一定程度上，让每个人都参与军事训练并不是一个坏主意，"命令和服从，这难道不是所有人类文化的基础吗？"[17]

　　他的结论是典型卡莱尔式的：没有提议，只是一个戏剧性的预言。无政府主义和反无政府主义之间必然会有一场"纯粹的战斗"，"只有一场生死决斗才能消除那场大争吵"。[18]然而，他相信，"对于无政府状态，即便有百万人带头，都不可能取得胜利"，因为正派的人——那些曾在克伦威尔领导下的新模范军中服役的人——最终会投入战斗。"什么是比尔斯和他的 50000 名暴徒所反对的；在百万对一的多数所组成的无政府主义议会中，反对的又是什么？"他残留的希望是，"贵族作为一个阶层，尚没有想过要放弃这种游戏，或者不再使用被阿谀奉承的语言称为'统治阶层'的称谓。"[19]他是对的，贵族们还会斗争一段时间，直到被 1911 年的议会法令击败。但即使是他自己，在大喊大叫中，似乎也看到游戏出了问题。

580

二

　　卡莱尔已沦落到咆哮的地步。1873 年出版的詹姆斯·菲茨詹姆斯·斯蒂芬的《自由·平等·博爱》一书，对第二个《改革法案》之后的民主情绪进行了更为理性的抨击。斯蒂芬是一名律师，曾作为记者享有令人羡慕的声誉，作为知识分子，他也令人敬畏。他刚从印度回来两年，试图编纂那个国家的法律。他来自英格兰，在他看来，暴乱发生后不到 15 年，一小撮受过牛津大学教育的公务员精英在没有诉诸民主的情况下，牢牢地统治着印度，这给他留下了深刻的印象。

1829 年，斯蒂芬出生于一个知识分子贵族家庭，父亲詹姆斯·斯蒂芬是一位杰出的法学家和公务员，1849 年成为剑桥大学现代史教授。虽然根基牢固，但年轻的菲茨仍是一个局外人。19 世纪 40 年代中期，他的父亲在温莎买了一栋房子，这样他和哥哥莱斯利（Leslie）——弗吉尼亚·伍尔夫（Virginia Woolf）的父亲、《国家名人传记词典》的设计师——就可以在伊顿公学做走读生了。只要有一丝不规矩的地方，其他的孩子就会马上扑过去欺负他。不出所料，这似乎在不止一个方面影响了年轻菲茨的心态。他在一本未出版的自传中写道，"我身处学校，但不属于学校，是一种被社会遗弃的人"。[20]

"不过，常和父亲在一起有一个很大的好处，我越来越了解他对各种问题的看法。斯蒂芬认为这才是真正的教育，并谈到这"让我看不起伊顿公学的浅薄"。他父亲和孩子们的讨论涉及文学、宗教、政治和历史，书中经常提到当时的伟大人物及其在事件中扮演的角色：斯蒂芬本人就认识这些伟人，他儿子对他们的故事非常着迷，"我可以永远听下去……"他谈到麦考莱，"这个人比斯蒂芬本人更有口才，更有学问"。还有卡莱尔，"引人注目，性格独特"。尽管年轻的菲茨后来发现卡莱尔肤浅，长于言辞，缺乏分析，但在 40 多岁和 50 岁出头的时候，他也开始懂得卡莱尔对权力和威权主义的诠释有很多可取之处。

菲茨想成为一名显赫的作家，以便涉足伦敦的沙龙和文学生活。他的表达能力和思考能力足以让他在评论文章中占据一席之地。19 世纪 60 年代，就像历史学家卡莱尔、艺术评论家拉斯金或学校督学阿诺德一样，他成了一位令人敬畏的政治和社会评论家。从 19 世纪 50 年代中期开始，他就在《周六评论》（*Saturday Review*）上暴得大名。他猛烈抨击狄更斯和盖斯凯尔夫人等著名作家的多愁善感。他的作品有一个共同的主题，那就是追求真理，在达到目的之前，多愁善感是一个需要清除的障碍。斯蒂芬是一个理性主义者，对他来说，这些小说家的世界根本没有理性可言。他谴责小说，认为它是一种宣传工具，并痛斥"政治小说家……草率的概括和错误的结论，具有非常广泛和非常有害的政治和社会影响"。[21]

尽管斯蒂芬嘲笑狄更斯，通过牢笼的门闩捅刺卡莱尔，但他文学生涯中攻击的最大牌知识分子是密尔。这是无法预测的，因为斯蒂芬——一个边沁主义者——欣赏密尔的逻辑和他的著作。而且，尽管智力发育较晚，但斯蒂芬并没有暗示他具备能与密尔较量的学术成就。尽管他曾是一名使徒，但他在剑桥的生涯以一个普通的学位结束。目前还不清楚，他是否具备能够动摇当时公认思潮的个人素质。逻辑是斯蒂芬所放弃的感伤主义的对立面，在他年轻的时候，密尔对逻辑的阐述深深地吸引了他。他认为逻辑框架可以应用于社会科学——如历史、经济学、政治学和社会学——并帮助灌输更多的知识严谨性，从而使它们更可信。他的著作包含了很多针对这种必要性的思考，密尔的逻辑体系就是斯蒂芬的模型。

然而，随着时间的推移，斯蒂芬逐渐感到，密尔的逻辑与他本人希望将其应用于生活中的一些现实并不相符，尤其是因为密尔的另一部作品《论自由》似乎与之相矛盾。这些矛盾促使斯蒂芬在多年的崇敬和钦佩之后，开始挑战密尔：他曾在 1859 年评论过《论自由》，并表示赞同。19 世纪 70 年代，斯蒂芬试图将逻辑应用于法理学，这是一场漫长而徒劳的编纂英国刑法的尝试：他成为

19 世纪普通法方面最重要和最有影响力的思想家之一。然而，当运用到他的社会和政治思想时，他与逻辑的关系更能说明问题，因为它揭示了知识分子之间关于人类条件和社会完美性的紧张关系。然而，他后来写道："在我看来，密尔是那种逻辑思维能力与视觉能力完全不成比例的人。说到组织他的思想并使它们彼此适当地联系起来，他是无与伦比的，是无法企及的，但是他思想本身的性质是极其贫乏的。在我看来，他对人性的整个概念是一种没有吸引力的浪漫，但这是一个男人的浪漫，在某些方面是非常好的。"[22]

当他的作家生涯一有进展，斯蒂芬就寻求密尔做他的导师。1864 年 4 月，他写信给密尔说："我一直有这样的想法，准备写一本关于宗教和道德基本问题的书籍。我有过这样的机会，虽然我还没有一个固定的计划来决定我应该用什么形式来做这件事。"他希望写一本"具有高度重要性和永久价值"的书，并询问"如果您对我的写作有所了解，您是否认为我有可能写出这样一本书？"[23]他自告奋勇到布莱克西斯去和这位圣人讨论想法。密尔认为这是一个很难，甚至不可能有令人满意答案的问题："我不敢事先肯定会有这样一个活生生的人，他可能写一篇关于宗教和道德基本问题的论文。我不敢事先肯定，如果他宁愿放弃自己喜欢的职业，改变自己的人生规划，也要写这篇论文，这是否对他有益。"[24]他认为，"它至少可以包含很多有价值的东西。然而，值得考虑的是，即使是我们这个时代所能写的关于道德和宗教的最优秀的书，是否也比通过不断阐述和讨论这些主题的要点，与特定的思辨性或实践性问题相联系所能做得更好呢？"斯蒂芬被这个回答吓了一跳。他对密尔说："我想我很可能会顺其自然。"[25]

尽管如此，斯蒂芬和密尔仍然保持着友好的关系：他对密尔的著作进行了有益的评论，甚至要求后者在 1865 年 5 月写一份推荐信给他，推荐他在法律教育委员会底下担任宪法和法律史的审读人。[26]直到 1869 年，斯蒂芬还很高兴地从他的朋友那里收到了密尔父亲的一本新书，同年，他在与历史学家莱基（W. E. H. Lecky）就功利主义展开的一场争论中，敦促密尔继续写下去。[27]1871 年，他甚至从印度写信给密尔，讨论在该国编纂证据法方面的趣味。[28]在同一次旅行中，他把《论自由》作为写作《自由·平等·博爱》的基础。另一件事影响了斯蒂芬对密尔的感情，当时这位哲学家请律师就爱德华·艾尔总督一案发表法律意见。艾尔严厉镇压了牙买加的叛乱，实行戒严令，并下令处决 300 人，鞭打数百人。1865年末，当消息传到伦敦时，以密尔为首的自由主义者感到愤怒。密尔和牙买加委员会的其他成员寻求的意见是，艾尔和当地驻军指挥官纳尔逊将军是否可能因谋杀而受审。斯蒂芬觉得他们可能会，他争辩说，艾尔的行为是"暴力、暴虐和堕落的，几乎达到了我无法想象的程度"。[29]

斯蒂芬成功地使纳尔逊因谋杀罪受审，但陪审团驳回了这个案子。他没能说服法官们对艾尔进行审判。然而，密尔拒绝接受"不"的回答，斯蒂芬觉得他固执、倔强、心胸狭窄。斯蒂芬开始看出，不管艾尔的行为多么过分，他在处理法律和秩序崩溃的问题上一直承受着巨大的压力。如果民众没有得到安抚，英国可能已经在改革引发的动乱中接近崩溃。令斯蒂芬恼火的是，密尔看不到故事的另一面，暴露了他作为英雄的局限性。

印度改变了他的许多观点。1872 年 5 月，他告诉他的嫂子埃格顿夫人（Lady Egerton）：

今天我回到了密尔身上，又朝他开了几枪。奇怪的是，在某种程度上，我可以说是他忠实的信徒和忠实的支持者，后来却终于发现我不可能和他继续交往下去了。他的政治和道德与我毫不相干，尽管我相信并钦佩他的逻辑和哲学的一般概念。我记得大约三四年前，我和哥哥莱斯利在这些问题上有过一场激烈的争论，最后得出的结论是，我们之间真正的区别在于，他对人类的看法比我乐观。说来话长，为了表明这种差异不仅影响一个人的政治，而且影响一个人的道德和宗教信仰——但确实如此，我更倾向于把密尔后期的作品作为我多年来形成的关于这个问题的各种学说的基础。他确实给我提供了一个很好的攻击目标。[30]

1872年9月12日，斯蒂芬从考斯给她写信，宣布："我做过的最独家的新闻是一组尚未发表的文章，但不久将发表，是关于自由、平等和博爱的文章，尽我所能去攻击约翰·密尔——在他那现代的、最富有人情味的心境中，或者更确切地说，在他那多愁善感的心境中——这总让我觉得，他否认了自己成长过程中所遵循的刚性和坚韧不拔的正确原则。"[31]在与嫂子的通信中，他明确表示，他不会含糊其辞，例如"迫害的道德取决于教义的真理"。[32]

你问道，谁来决定什么是真实的？我的回答是，每个人都必须自己做决定——结果将是战争和冲突，我们应该回想自己的错误，认真地加以修正。我不相信有可能设计出一种方案，使所有的人类事务都能始终和谐而良好地进行，因为推动这些事务的人无知、软弱，而且常常是邪恶的。你必须在冲突的罪恶和对糟糕情况默认的罪恶之间做出选择，我认为在这两种罪恶中，如果前者包括勇敢、诚实和宽容，那么它是较小的罪恶。完全的宽容意味着完全的冷漠，完全的和谐甚至可能是个人无法达到的，尽管有时可能需要考虑周到的方法。人的一生都处于这两者之间，而且可能倾向于两者之一。我宁可试着和睦相处，同意什么是真实的，也不愿试着漠不关心。

斯蒂芬对艾米丽·埃格顿（Emily Egerton）针对他如何对待彼拉多发表的一句评论很敏感。她的这段话是："要表明彼拉多是如何看待基督的，而不是我如何看待他。这是密尔关于宽容的学说的最好例证。"他承认自己很喜欢写这些文章："这些文章对很多事 585 情都有非常全面的见解，在英国也受到了很多人的关注。"1873 年 2 月，他向她确认："这些文章只以一种低调的形式表达了我最强烈的信念；而信念并不是因为它们非常含糊而不那么强烈，而是有意识如此。如果可以这样说的话，随着年龄的增长，我越来越意识到我们无知的程度，越来越觉得我们所拥有的那点光亮是有价值的。"[33]他们很快决定把这些文章重新出版成书，埃格顿夫人为他读了校样。他声称，他们之间的差异"与其说是物质上的，不如说是肤色上的。我想我和我的邻居一样富有人情味和公益精神"[34]。

这本书不仅仅是对《论自由》进行的仔细、批判性和愤世嫉俗式的重读，也是斯蒂芬在《改革法案》出台后对英国进行数年思考的结果：这些变化不仅会影响普通民众，而且会影响他们选出的人，进而对英国未来的方向产生影响。从 1852 年到 1867 年，他成年后的早期生活一直处于政治不稳定状态，改革的失败使没有选举权的人变得更加好战和好斗。对于斯蒂芬这样一个墨守成规的人，这使他感到不安，使他作为一个自由主义者，坚定地加入了阿杜拉姆派阵营。当他思考改革问题时，他越来越深刻地认识到密尔立场的矛盾。这个人和他一样是边沁主义者，密尔认为多数决定原则是好的，因为这意味着大多数人的愿望得到了实现。但密尔也将工人阶级描述为"惯于说谎的人"，在他的政治经济学著作中写道："一个没有受过教育的英国工人一旦有了平等的思想，他就会转过头来。当他不再卑躬屈膝时，他就变得傲慢无礼。"[35]

斯蒂芬能理解。20 年来，他一直在为罪犯辩护和起诉他们，后来当上法官（他从 1868 年起就担任记录员，并于 1881 年晋升为高等法院法官），他看到了最糟糕的人性，他有充分的理由认为自己是这一社会阶层的鉴赏家，而这是密尔所不能假装承认的。（然而，在担任利物浦地区法官时，有一次他问到什么是全国赛马大会时，这让人大吃一惊。）他不是个宽宏大量的人，他相信社会对是非的区分远远不够，对前者支持不够，对后者又缺乏谴责。这就是为什么斯蒂芬最终成为法官，找到了他真正的职业。

1868 年 8 月 8 日，他写信给他的妻子："就在昨天，我平生第一次以'法官'的身份坐下来，对人民进行了五六个小时的审判。在我看来，这是我做过的最简单的工作。它只是吸引了一个人的全部注意力，并省去了一个人在思考时的所有麻烦，这相当有趣。在我面前有一群难得的无赖，我不得不做出一些严厉的判决。一个老家伙（他因为吵架而朝某人脸上泼了硫酸）号叫着请求宽恕，陪审团竟把他放了，这使我非常厌恶，这说明陪审团有时会做出多么愚蠢的事情。"[36]他将一位高等法院法官描述为"人类道德义愤的发泄者"，并坚持认为有些人纯粹是邪恶的，必须这样对待。[37]他自己对宗教的看法是非传统的，但他把宗教视为一种社会控制的武器——尽管随着世俗主义的盛行，这种武器的作用逐渐减弱。在缺乏神学约束的情况下，他认为必须对潜在的罪犯做出明确的惩处："至少让他清楚知道哪些行为会使他遭受耻辱，被公开训斥，并被带上绞刑架、带进监狱或遭受鞭刑。"[38]

在对《论自由》的溢美之词中，斯蒂芬针对密尔主张的个人主义的衰落和集体主义的相应吸引力提出了警告。在随后的13年或14年里，这一点在他的思想中得到了极大发展，并构成了《自由·平等·博爱》的伟大主题之一。斯蒂芬相信合法权威是对抗无政府状态的堡垒，这一点在海德公园骚乱时似乎已迫在眉睫。这要更多地归功于托马斯·霍布斯（斯蒂芬极为崇拜的一个人），而不是密尔知识罗盘上的任何东西。一个崇敬霍布斯的人，是不会崇敬密尔的。正如约翰·莫利后来所写，这本书是"对密尔教皇式权威的第一次有效攻击"。[39] 斯蒂芬机智而直率地运用了它，使他的对手们精疲力竭；例如，当他反省后，回应了密尔所谓他"宁愿下地狱，也不崇拜上帝，因为上帝把人送到那里惩罚他们"的说法。斯蒂芬的回应是，"如果密尔在那里待了半个小时后，他会怎么说？"

这本书不仅仅是对密尔的抨击。它是对书名中的三个概念的探索，也是对自由主义者中占主导地位的一种观点的探索，即人类状况的完美性已经在望。书中批判了对这种完美性的追求。在这一点上，密尔的前信徒也承认霍布斯（Thomas Hobbes）论点的力量。他与密尔的主要问题是，他可能曾经怀有《论自由》中所表达的关于完美的乐观信念。作为一个理性主义者，斯蒂芬认为国家权力的概念是基于使用武力的手段；他的一种看法是，人口中的很大一部分人，无论是粗野的人还是没有受过教育的人，都将被迫了解针对他们使用武力的情况，而对其他情况则所知甚少。

在《自由·平等·博爱》的开篇段落中，斯蒂芬把密尔描绘成英国孔德学派的代表人物，因此他也是实证主义教条在当地的代言人。于是，读者被警告说，乐观对待人性看上去似是而非，追求完美是一种错觉。斯蒂芬把针对"自由、平等、博爱"的崇拜确定为一种宗教，并明确表示，"我不相信它"。[40] 他说，他既不支持"奴隶制、种姓制度，也不支持仇恨"，但他觉得那些支持宗教信

587

仰的人夸大了它的好处，掩盖了它的缺点。他还怀疑一个完全接受邪教的社会，是不是一个"理性的人应该充满热情去对待的社会"。密尔创造了一种"不健全"的哲学。而且，尽管斯蒂芬说他很自豪——在某种程度上——将自己描述成密尔的一个弟子，"他的教诲中有一个方面却令人反感，就像其他方面对我很有吸引力那样，而且这个方面在最近几年里已经成为最突出的一部分"。密尔颁布了自由的"宗教教条"，他关于女性受压迫和功利主义的著作也证明了斯蒂芬对平等和博爱的反感。[41]

斯蒂芬认为自己在政治上是一个自由主义者，但他对人类状况的看法中充满了他对同胞持有的极度悲观态度，这是最深刻的托利党人的典型特征。他写道："我不得不认为，许多人肯定都有这种厌恶的感觉，因为我经常读到或听到人们对总体慈善事业的表达。"[42] "在文学作品中，我几乎不知道有什么比卢梭在《忏悔录》中表达的对人类的爱更令人作呕的了。'把你的爱留给你自己，不要用它来涂抹我或我的爱。'这是阅读他的书时经常做出的评论。"
588 实证主义者弗雷德里克·哈里森（Frederic Harrison）写了一篇关于《自由·平等·博爱》的野蛮而又难以理解的书评，他认为这证实了斯蒂芬是一个"自我主义者和厌世者"。[43]

然而，斯蒂芬所看到的只是把其余人类称作他兄弟姐妹的虚伪，因为他对绝大多数人完全漠不关心，而且发现还有许多人特别令人讨厌。在斯蒂芬的分析中，密尔对他同胞的乐观看法赋予他进步的潜力，前提是他得到了足够的爱和自由。斯蒂芬不认为这与现实有任何关系，"我进一步相信，在所有人之间，存在着并将永远存在着真正的敌意和冲突，即使是好人，也可能并经常被迫将彼此视为敌人，要么是因为利益冲突，要么是因为他们对善的理解方式不同。"[44]正如他在其他地方所说的，"在我看来，密尔先生后期作品的最大缺陷，是他对人性形成了过于有利的评价"。[45]某些强制对人类的精神是有益的：学会与之斗争培养了性格和智谋。

斯蒂芬与宗教的关系复杂而勉强，但有一件事他是肯定的。永恒诅咒的可能性对下层社会的人施加了某种约束，这些人面对不断的诱惑，却选择抵制它，"虽然基督教表达了温柔和慈善的情感与激情，但它也有可怕的一面。基督徒的爱只是暂时的，有条件的。它在地狱的入口停了下来，地狱是整个基督教计划的重要组成部分。"[46]从这个意义上说，这个被大肆吹嘘的宗教，和任何独裁、世俗的政府一样，都是依靠高压手段来达到目的。他以另一种观点嘲笑密尔："一个为了保护某人而惩罚任何人的上帝，按照他的原则，将是一个践踏自由的暴君。"[47]他认为密尔的学说是不道德的，他争辩说，他认为在最后的审判那天说出"我取悦自己，不伤害任何人"是件好事。

尽管斯蒂芬对卡莱尔提出了种种批评，但他的社会观却极度倾向卡莱尔，善只能通过强制而不是放任来实现。他为这一观点引用了许多历史先例，可以追溯到英国内战和宗教改革时期。他认为，英国之所以类似于一个有凝聚力的社会，只是因为人们是被迫进入这个社会的，并且已经开始接受由强迫建立的制度的价值。这令他与一个受 1867 年《改革法案》影响而形成的社会格格不入；但是，他觉得有趣的是，在他看来，强迫是通过其他方式进行的。

斯蒂芬在审视现状时写道："议会政府只不过是一种温和的、伪装的强迫。我们同意通过数人头来谋求力量，而不是打破人头，但原则是完全相同的，"[48]"少数人让步并不是因为他们确信自己是错的，而是因为他们确信自己是少数人。"在过去，伟人之所以成为领袖，是因为他们具有镇压无政府状态、团结政体的战略意识。他以查理曼大帝为例，也以亚伯拉罕·林肯为例来取笑他的批评者，林肯已经是一个自由主义的半神，"林肯总统通过使用一定程度的武力达到了他的目的，这种武力足以粉碎查理曼大帝和他的圣骑士和同僚们，就像粉碎许多蛋壳一样。"[49]一个文明的社会仍然可以使用武力，但在使用武力的方式上必须比粗暴的社会更加谨慎。

尽管斯蒂芬本人对宗教持保留态度，但他支持反对言论自由的法律，包括对褒渎神明的惩罚，他说："在我看来，发表关于道德、政治和宗教的观点，是任何人都可能做的重要的事情；攻击我们社会框架所赖以存在的观点是一种危险，也将会是危险的过程。我并不是说在很多情况下不应该这样做，而是应该在手里有武器的条件下这样做，一个人如果这样做了，就像一个士兵攻击对法律的破坏一样，没必要因受到激烈抵抗而感到惊讶。"[50]

在为强制辩护时，斯蒂芬举了一个特别的例子，在这个例子中，强制即使没有成功，也是出于善意。"彼拉多钉死基督是对的吗？我回答说，彼拉多最重要的责任是维护巴勒斯坦的和平，对实现这一目标所需的手段做出他的最佳判断，并在判断形成时根据它采取行动。因此，如果他在诚意跟合理的基础上相信他所做的对维护巴勒斯坦和平是必要的，那么他是对的。他有责任冒着被误解的风险，尽管密尔先生对自由，尤其是对表达意见的自由有自己的原则。"[51]彼拉多不是无所不知的，他不知道，像基督教这样有益的事情，竟然是他判断的结果：这就是强制的重要性。

斯蒂芬的社会是这样一种社会，阶级制度在其中把受过教育的人和没受过教育的人、负责任的人和不负责任的人划分开来，这是不可避免的，必须加以正视。这让人再次想起卡莱尔的主张，即唯一值得拥有的人权是愚者受智者统治的权利。如果有必要，负责任的人必须以近乎严厉的坚定态度管理不负责任的人，如果他们所建立的社会及其制度要得到保护的话。出于这个原因，他在一篇即使以他的标准来看也很有力度的文章中，强烈谴责密尔试图将某些行为描述为"利己主义的"，因此，国家没有能力限制或惩罚。他以通奸为例，但他也在考虑是否应该将许可证扩展发放给那些想成为皮条客或经营赌场的人。

斯蒂芬称这是对一种"生活实验"的许可，并对这一想法感到愤怒。他说，如果国家或公众没有能力判定严重的恶习是一件坏事，那么他们怎么有能力决定任何问题呢？我认为国家不应该与皮条客互相恭维。[52]在斯蒂芬看来，社会必须有标准，有教养的阶层有责任实施这些标准，并确保那些最容易受到诱惑的人遵守这些标准；当这么多下贱的人现在有了选举权，当随之而来的权力感冲昏他们头脑的时候，这一点还没有得到足够的重视。如果他遇到这样一个经验老到的皮条客，斯蒂芬会说："你这个肮脏的流氓，也许问题在于，你是应该保持你自己的原始污秽不受影响，还是应该把我对你的看法印在你赤裸的后背上。确定这个问题时将不会涉及你的愿望和感情，但是，关于我对你的看法的性质，那是毫无疑问的。"[53]关于纯粹的政治问题，斯蒂芬指出，"在这些日子里，我们确实没有太多名义上的不平等。的确，我们成功地把政治权力切成了很小的一部分，我们一如既往地唱着胜利的赞美诗，装模作样，直到出现似乎不太可能的情形，即许多人可能会认为：一个人的那份财富根本不值得拥有。"[54]如果分配权创造了平等，斯蒂芬列出了所有那些持续存在的、更深层次的不平等——财富、天赋、教育、情感和宗教信仰，等等。

"几乎每一份报纸，以及相当大比例的现代政治投机书籍，都把民主的进步、普选的来临，看作某种与宗教热情接近的东西。就这点而言，我为了一个目标。"[55]他对改革的效果不屑一顾。他说："政治权力的形态改变了，但它的本质没有改变。把它切成小块的结果很简单，就是能把最多小块聚集在一起的人，就能统治剩下的那部分。以某种形式存在的最强大的人将永远统治……在一个纯粹的民主国家里，执政的人将是幕后操纵者和他们的朋友。"这实际上与平等或自由无关，"普选……倾向于颠覆我本应认为的智慧和愚蠢之间真实而自然的关系。我认为聪明善良的人应该统治那些愚蠢邪恶的人。"[56]

通过格莱斯顿的检察总长约翰·柯勒律治爵士，斯蒂芬帮助自由党政府在 1873 年制定了《证据法案》。1873 年 8 月，在敦提（Dundee）举行的中期选举中，他以自由党人的身份参选。他哀叹道，这让他花费了 1000 英镑，"而我不知道法官的薪水是多少"。[57]斯蒂芬自己找到了一名代理人，建立了一个委员会，但在一些公开会议之后，他意识到"他们和我之间没有任何相似之处。他们想要一个彻底的激进分子，而我不是一个激进分子，也不能假装自己是一个激进分子——这一点在任何场合、以任何可能的方式都能得到证明"。[58]几天之后，他发现所有"受过教育的人"都支持他，8月 2 日，他向妻子吐露："我确定，我一定会赢。"[59]但他已力不从心，他在知之甚少或一无所知的问题上被选民"纠缠"。8 月 5 日，他对妻子说："我讨厌这次选举，讨厌为它所做的一切。"当他输掉竞选时，他告诉她："虽然我摔得很重，但我并不真的很失望。"

斯蒂芬的失败也无妨，他并不欣赏格莱斯顿，1875 年，他告诉埃格顿夫人，他读到了一篇关于格莱斯顿的文章，"第 20 次显示了他本质上是多么渺小和软弱。我认为，通过一种迂回的方式，看到一个在现实政治中扮演了如此重要而又充满活力的角色的人，竟然在投机问题上如此愚蠢，多少算是一种安慰。这似乎表明，我无权享受议会生活这一事实并不能证明我是个傻瓜……我很惭愧地说，这句话在我最沮丧的时候给了我安慰"。[60]

三

在这样一个其认知态度受到卡莱尔和罗斯金等人谴责、不再自动服从上帝和既定秩序的国家中，必须找到其他手段来稳定社会，确保社会最终得到改善。马修·阿诺德于1867年秋季撰写了《文化与无政府状态》一书，同时还在《康希尔杂志》上发表了几篇文章，试图提出一种避免绝望的方法。卡莱尔和斯蒂芬认为野蛮人不可救药；阿诺德认为他们是可以被教育的野蛮人。然而，研究出应该教授他们什么至关重要。阿诺德不希望功利主义和中产阶级的价值观被灌输到那些等待接受教育的人的头脑里。他的确是老阿诺德的儿子，呼吁将教育和文明作为堡垒，抵御无政府状态和对社会秩序的破坏。他已经表示，他希望鼓励英国采取"疗愈措施和一种有吸引力的文明形式"。从第一页开始，《文化与无政府状态》就致力于追求完美，尽管这一理想似乎遥不可及。

这部作品在某种程度上是他与克拉夫友谊的结晶，从19世纪40年代起，他们反复讨论阿诺德提出的关于文明和文明进程的想法，但这也很大程度上得益于阿诺德作为学校督学的经验。很少有人比他更了解英国文明的本质，也很少有人比他更了解普通个体与社会之间关系的本质。《文化与无政府状态》——就像阿诺德的许多作品一样——是一部杰出的作品，是新闻工作的扩展，其效果在很大程度上要归功于阿诺德在其中使用的直接而有说服力的语言。然而，正如他在1866年7月27日写给母亲的信中所说，他和梅恩住在同一个广场，"周一晚上，我们在阳台上看到人群闯入广场，向对面梅恩爵士的窗户扔了几块石头，然后被警察驱散……在这里，一个人感到压迫他的力量是托利党、上层阶级、贵族，等等；

有了这种感觉，在不失去自尊的情况下，他当然永远不会接受正式的殴打，所以事情就这样郁积下来"。[61]这种对暴力的第一手见证对阿诺德的写作产生了深远的影响。

593   阿诺德和那些像他一样认为教育具有更广泛影响的人认为：战胜庸俗文化不仅需要学校和大学，还需要博物馆、音乐厅、画廊、夜校和图书馆，这是由阿诺德的《文化与无政府状态》和《批评随笔》（*Essays in Criticism*）播下的最成功的种子。这两部著作在提倡为大众谋教育的同时，也看到在一个日益世俗的社会中，教育是预防动乱和革命的一项政策措施。然而，阿诺德认为，在教化新获得选举权的阶级之前，新富起来的资产阶级需要进一步的训练。阿诺德在法国的经历告诉他，中产阶级有能力做得更好。莱昂内尔·特里林（Lionel Trilling）在批评阿诺德的文章中，运用了艾略特针对阿诺德试图"让欧洲的过去与未来同步前进"的象征说法。[62]阿诺德在《当代批评的功能》（《批评随笔》的开篇文章）中指出，一旦人的身体舒适下来，"这种进步很可能最终促使一种精神生活的出现，尽管这并不确定"。[63]在获得安慰之后，一个人"可能会开始记住他有个头脑，而这个头脑可能会成为巨大快乐的源泉"。然而，庸俗主义——中产阶级的偏见，尤其是功利主义——介入其中：安慰似乎只带来了"一种自我满足，这是一种迟缓和庸俗的满足"，而批判的真正功能——对追求真理的生活进行公正的审视——将会杜绝人身上的这种恶习，"引导他走向完美，让他的思想专注于事物本身的优秀之处，以及事物的绝对美与合情合理"。[64]不幸的是，中产阶级本应树立一个积极的榜样，却沉湎于沾沾自喜之中，把"无与伦比的幸福"定义为他们的财产是安全的，拥有言论自由，能够"安全地从英格兰的一端走到另一端"。

阿诺德知道，那些说这种话的人——通常是政客——要么是被骗了，要么是为了宣传，要么两者兼而有之。他将自称世界上最优秀的"老盎格鲁－撒克逊种族"的自我满足与他在报纸上读到的诺丁汉儿童谋杀案的故事进行了对比。他说："一个叫雷格的姑娘礼拜六早上带着她的私生子离开了济贫院。这孩子不久就被发现死在马佩雷山上，是被勒死的。雷格被拘留了。"[65]"雷格！"阿诺德说，这个故事的堕落和悲惨已经够糟的了。但他也问道："如果我们要谈论理想的完美，谈论'世界上最好的'，有没有人反映出我们的种族有多么粗鄙，这种丑恶的名字——希金博特姆、斯蒂金斯、巴格——在我们中间自然地发展起来了，这显示出我们在更微妙的精神知觉方面具有多么原始的缺陷啊！"这些词汇反映了女孩所生活的"阴暗"环境——"愁闷、烟雾、寒冷、被勒死的私生子"。[66]

　　这家报纸甚至都没能给雷格起一个基督教的名字。他写道："这样的对比对这种精神是有益的，批评有助于建立完美主义。"然而，培养这样一个敏感过程所需的公正思想，以及传播启蒙运动和真正进步，却很少能实现。他悲叹道："人类大众永远不会有热情去查验事情的本来面目，""非常不充分的想法总会令他们满意。"[67]在追求完美的过程中，只有达到最终的目标，才会有满足感。政客和他们的客户，那些自我满足的中产阶级，将不会看到"英国宪法本身"是"一台制造庸人的巨大机器"。[68]它不可能培养出阿诺德认为对追求完美至关重要的那种具有批判能力、具有学习能力和判断力的人，从而使得"一种无私的努力学习并传播世界上已知和所认为的最好东西"成为可能。[69]这种情绪并没有获得普遍的赞同，即使在知识分子中也是如此，斯蒂芬激烈地表示反对。塞缪尔·巴特勒可能想到了阿诺德，他说："批评家之所以成为批评家，通常不是因为他们适合做这件事，而是因为他们不适合做其

594

595 他任何事。"[70]

阿诺德早期关于海涅的文章也有类似的观点，"现代社会发现自己拥有一个庞大的制度体系，包括既定事实、公认的教条、习俗和规则，这些都不是来自现代。在这个体系中，他们的生活必须继续下去；然而他们有一种感觉，即这个体系不是他们自己创造的，它不完全符合他们实际生活的需要，对他们来说，这是习惯的，不是理性的……消除这种缺乏沟通的情况，已开始成为大多数有识之士的既定目标。"[71]变革是一个挑战：它必须得到掌控，人们带来变革，感觉它时时存在。创造更多"判断力强的人"是必要的。

《文化与无政府状态》也呼应了阿诺德1861年发表的一篇介绍法国大众教育的文章，从某种程度上来说，这是一个有趣的发展。这是他关于纽卡斯尔委员会的少数报道，经该委员会批准发表。1879年，该书的序言被结集重新出版，名为《民主》（*Democracy*）。就像在《法国伊顿公学》（*A French Eton*）里一样，他认为"毫无疑问，总会有这样一个时期，当政府的环境和条件发生变化时，政府的指导原则也应该改变"。[72]英国或许没有经历过一场革命，但工业化却深刻地改变了一切，必须处理这些变化的影响。

他在1861年的一篇文章中指出，自由党（包括一些激进分子）和保守党已经取代了辉格党和托利党。旧政党一直是"贵族"，他们的权力植根于土地或宫廷。他们有着共同的文化和"上层社会的情感和习惯"。[73]贵族也许并不聪明，但他们有崇高的目标；而且，就像罗马贵族一样，"他们每个人都在他们所统治的人民群众中培养了一种伟大的精神……他创造了……伟大的民族，伟大的国家和以伟大方式行事的人们"。[74]然而，贵族是唯一天生领导者的观点现在不得不被忽视。他写道："时机已经成熟，英国的贵族阶层再也不可能领导和支配英国了。"他从法国了解到，贵族们

"不可避免地"无法理解，甚至没有意识到，"这种本能促使大众走向广阔和更充实的生活"；结果，"他们失去了对大众的控制"。[75]自从 1839 到 1842 年的宪章运动骚乱和 1848 年的动乱以来，任何一个英国人都会看到，这种情况以各种形式发生。阿诺德说，这种缺乏理解是贵族们的古老缺点，也是他们为什么总是失败的原因。

　　和他的父亲一样，阿诺德支持民主：不是因为它是不可避免的，而是因为它是公正的。不过，他认为，"如果英国发生了民主史上最严重的灾难，那将不是因为我们没有预见到新情况的出现，而是因为尽管我们都预见到了，但我们应对它的努力方向是错误的"。[76]文化进步的主要障碍不是国家，而是骄傲的新中产阶级，他们只想独处，觉得自己可以很好地养活自己。然而，他们缺乏训练有素的头脑和文化上的经验，无法创建出最好的学校。这又一次印证了他父亲的观点，即中产阶级倾向于离开学校，去当学徒或做一些行业的学徒，没有时间去教授甜蜜和光明的基本知识。

　　他承认，中产阶级一直是自由的狂热者和勤奋的典范，但"世界上所有的自由和勤奋都不能确保这两点：崇高的理性和良好的文化"。[77]没有这些，英国就不可能成为"一个独立的、充满活力的、成功的国家"——它也不可能成为"一个伟大的国家"。他觉得理性所起的作用越来越大，而不是越来越小：如果一个国家不能在其人民中培养理性，它就会落后。他觉得法国人有这种精神——1870 年他们与普鲁士陷入灾难性的战争，或许掩盖了这一点——英国永远不会落在法国人后面。一个真正伟大的民族既有个性又有文化，没有文化的个性是"某种原始的、盲目的、危险的东西"。[78]他以古代雅典为例，"一个民族文化的奇观……是中产阶级和下层阶级的人性已经达到了最高的发展水平"。这不仅是一个社会可以达到的高度，也证明了古典教育不是"贵族式的无礼"，也不是古代世界的残余物"那么笨拙的东西"，而这些是他视为"进步之友"的人们的观点。

中产阶级必须决定是让自己变得文明，还是放弃让英国变得伟大的机会。他担心，如果他们拒绝政府在改善学校和课程方面提供的帮助，"如果他们继续夸大他们的个人主义精神，如果他们坚持嫉妒所有的政府行为，如果他们不能认识到过去时代的反感和陈词滥调对他们来说已经过时了，他们也许能控制自己的国家，但对国家却没有什么好处"。[79]用他的贬义词来说，他们会把它"美国化"：把它从甜蜜和光明中分离出来，从真正的文化中分离出来，把它简单地变成一台机器。没有文化——这也为他后来十年的伟大作品埋下了种子——"社会有陷入无政府状态的危险"。

他的演说使《文化与无政府状态》的出版不可避免，因为这本书是对演说最后一段的延伸和呼应。

597

> 毫无疑问，我们正在走向巨大的变革；对于每一个国家来说，最需要做的事情就是清楚地了解自己的处境，以便找到最适合自己的特殊方式。在这种情况下，开放和灵活的心态是首要的美德。基督教创始人说，"做个完美的人。"它最伟大的使徒说，"我不认为自己已经做到了这一点。"完美永远不会实现，但是，当变革来临时，认识到变革的时期，并诚实而理性地使自己适应其规则，也许是人类和国家能够做到的最接近完美的方法。任何习惯或依恋都不应阻止他们这样做；事实上，从长远来看，他们也做不到。人类的思想使一切制度不可避免地衰竭，只停留在绝对的和永恒的东西上。[80]

在这篇文章的结尾——以"我们要完美无缺"为结尾！——七年

后,《文化与无政府状态》出现了。

　　阿诺德所说的"文化"指的是一种文明体系,在这种体系中,人们被赋予了充分的人性。文化包含真理、道德、理性和信仰,达到这种境界就是达到完美,这是不可能的,虽然阿诺德从来不这么说。一些严肃的目标也许能接近它,但是整个社会这样做是完全不现实的。这本书必须被解读为对一种抱负的劝诫,写于一个令人恐惧的剧变时期。《文化与无政府状态》标志着他从自由主义走向社会保守主义。它指出,对制度和良性国家的尊重应该在英国人的生活中发挥更大的作用,书中一个重要的章节致力于攻击"随心所欲"的观念,以及对个人的崇拜。阿诺德似乎觉得,要让英国走上正确的道路,就需要某种程度的威权主义。这也是他与斯蒂芬的共同点,尽管斯蒂芬仍在批评他。

　　他特别反对那些构成新中产阶级很大一部分的非国教徒。在他的计划中,新中产阶级将把英国从无知的统治中拯救出来,传播甜蜜与光明,引领人们追求完美,因此,英国需要做得更好。其成员痴迷于他所谓的"机械",即物质而非形而上的目标。如果所有的改革都意味着更多的人获得解放,去追求一种根植于平庸和无知的生活,那么阿诺德也将不得不考虑绝望这个词。他希望"推荐文化来帮助我们摆脱目前的困境;文化是一种通过了解世界上所有我们最关心的事情、我们所想所说的最好的事情,来追求我们的十足完美;通过这一知识,使我们在自己的固有观念和习惯基础上产生一股新鲜自由的思想洪流。我们现在坚定而机械地遵循着这些观念和习惯,幻想着坚定地遵循这些观念和习惯就会产生一种美德,可以弥补机械地追随它们带来的危害,但这是徒劳的"。[81]

　　阿诺德将《文化与无政府状态》的副标题定为"论社会与政治批评"。明辨是非的公众早已习惯了他作为诗人、文学评论家、

598

教育家和神学学者的身份：所有这一切在《文化与无政府状态》中交织在一起。该书的第一章《甜蜜与光明》（*Sweetness and Light*），是阿诺德辞去牛津大学诗歌系主任一职时发表的一篇热情洋溢的演讲。他看到一个社会由于政治权力的扩大而突然发生了变化，但在教育、道德和精神方面却需要变革。他抨击了各种各样的公众人物（这是一本深度讽刺和幽默并存的书），这些人在错误的方向上发挥了领导作用，尤其是布赖特先生，善于煽动乌合之众；还有洛，学校督学阿诺德没有原谅他修改了校规。他抨击布赖特利用自己"高尚的演讲才能"单独为物质上的进步唱赞歌：

> 尽管我们的贫穷和无知，且所有被称为社会问题的问题现在似乎都在他的脑海中萦绕，但他仍然继续颂扬那些伟大的城镇、自由党人，以及他们在过去 30 年中的活动。他似乎从来没有想到，我们目前社会生活的混乱状态与他自己和我们的自由党朋友三十年来盲目崇拜他们的秘方有任何关系，或者这使人们对该崇拜的充分性产生任何怀疑。但他认为，仍然存在的问题是托利党的愚蠢，这将通过各大城市的深思熟虑和智慧，以及自由党人一如既往地继续他们辉煌的政治活动而得到解决；或者它会自我治愈。因此，我们明白了布赖特先生所说的体贴和智慧是什么意思，以及在他看来，我们将以何种方式在这些方面成长。[82]

阿诺德可能会因为智力上的势利眼而受到批评：他对曼彻斯特、罗奇代尔或布拉德福德能够代表一条追求完美的道路的想法感到不安。但是他对布赖特和像他这样的人的批评是公正的，也是重

要的：通过一切手段取得物质进步，使人们摆脱贫困，确实改善了 599
整个地区和城市；但不要以为这些是唯一值得认真对待的进步。要
使社会幸福和谐，就需要有"甜蜜与光明"（阿诺德借用了斯威夫
特的一句话）、美丽与智慧。阿诺德坚持说，他"把我们目前的大
部分不适都归咎于这些东西的缺乏"。[83]他特别指责那些不信国教者
的"地方主义"，他的目标是"铲除"这些人。他的语言有时带有
暴力的意象，反映出他认为英格兰正处于一个转折点，谁打得最努
力，谁就会赢。中产阶级必须结束对真正文化的背叛，放弃毒害他
们世界观的功利主义。

　　事实上，阿诺德想象自己仍在打内战，与清教主义划清界限，
并发现了共同的狭隘之处。[84]他在寻找一个新的权威中心——开明、
善良、求知欲强、重视智力增长。这样的领导者将帮助新选民理解
他们的责任，并以无私而非利己的态度行使他们的投票权。他写
道："对人类来说，唯一的、永远神圣的、有约束力的行为，是朝
着自己的完美迈进。"[85]在此基础上，他进行了扩展，说道："文化
在追求完美的道路上不断尝试，看到事物的本来面目，看到一件事
在人的宗教方面是多么有价值和神圣。这进一步使他反对他在不一
致中所看到的狭隘，那种狭隘如此盛行于受布赖特推崇的大城
市。"[86]

　　阿诺德从小就被培养成一个自由主义者，至今仍自称如此——
"然而，我是一个由经验、反思和否认所洗礼的温和自由主义者，
对我而言，最重要的是相信文化。"[87]这就是使他脱离自由主义群众
的原因。这不仅仅是因为一些人——包括洛——将文化贬低为学习
死语言，而不是理解，或者选择不去理解那些语言是智慧、历史和
哲学的关键。阿诺德觉得，他们认为文化"要么纯粹出于虚荣心
和无知，要么作为一种社会和阶级区分的引擎而受到重视，就像徽

章或头衔一样，把掌握它的人与其他没有文化的人区分开来"。[88]他继续说道："没有一个严肃的人会把这种东西称为'文化'，或者重视它。对他来说，文化并非源于求知欲，而是源于对完美的热爱，它是对完美的研究。它的动力，仅仅是或主要是对纯粹知识的科学激情，而且是对行善的道德和社会激情。"[89]他用孟德斯鸠的一句话来解释他的定义——"使一个有智慧的人变得更有智慧"——阿诺德甚至还引用了 18 世纪威尔逊主教的一句格言（他是在父亲的藏书室里发现的）："使理智和上帝的意志占上风！"

格莱斯顿在 1869 年《文化与无政府状态》一书问世时担任英国首相。两人共进的早餐，以及格莱斯顿对阿诺德作品孜孜不倦的阅读，都表明了这位政治家对这位批评家的尊重。格莱斯顿认为，批评不仅可以应用于创造性工作，也可以应用于社会，这使人们能够"看到事物的本来面目"。阿诺德还帮助他跨越了自由主义的障碍：他把国家的权力看作一种文明的力量，这是他从法国的经历中学来的，这使阿诺德有别于大多数自由主义者。他们把国家看作破坏自由的工具，怀有一种英国人的理想，认为普通人可以不受干涉。格莱斯顿将国家纳入教育管理领域，很大程度上归功于阿诺德的倡导，而不是自由主义传统。

所有论述改革危机的重要作者——卡莱尔、拉斯金、斯蒂芬以及阿诺德——对可以或应该做些什么都有不同的看法。但他们一致认为理性是必要的，因为所有人都认为理性是一种供不应求的商品。阿诺德认为，精神上的力量，而不是时间的力量或强制，可以激发它。文化不仅是看到和学习上帝意志的手段，而且是使上帝意志占上风的手段：在这一点上，"文化的道德、社会和慈善性质就会显现出来"。[90]尽管阿诺德对信仰的海洋充满了怀疑和悲观情绪，但他不得不把宗教（在英语语境中，他指的是国教）视为自己论点的核心。他写道："宗教是人类最伟大和最重要的努力之一，它显示了人类完善自身的冲动——宗教是人类最深刻体验的声音——它不仅要求和支持文化的伟大目标，也要求我们确定什么是完美，并使之成为主流。"[91]这是对世俗社会的攻击：阿诺德认为，没有信仰就没有真正的文化。正如神的国在你们心里，文化"把人的完美置于一种内在状态，置于我们人类自身的成长和优势中，区别于我们的动物性"。他的任务是把英国从野蛮人手中拯救出来。他本可以与他父亲的榜样做斗争；他也许会产生怀疑，看到他最亲密的朋友也被怀疑；但最终，宗教仍然是文明、理性和看清事物本质的关键。

601

然而，对完美的追求将与物质主义的压倒性力量做斗争，"把完美作为一种精神和精神内在状态的想法，与我们所尊重的机械文明和物质文明是不一致的，正如我所说的，没有一个地方比我们这儿更受尊敬"。[92]过去30年巨大的物质胜利并不是"目的本身"，不管情况看起来如何。阿诺德曾用一句话来形容那些屈服于这种危险的人："那些最相信我们的伟大和幸福来自于我们的富有，那些把自身的生活和思想全部用来致富的人，就是我们所说的'庸俗人士'。"

如果这些中产阶级没有受到如此糟糕的领导，他们可能会了解得更清楚。"文化说道，'那么，考虑一下这些人的生活方式、习惯、举止以及他们说话的语调；仔细观察他们：观察他们所读的文学作品，那些使他们快乐的东西，从他们口中说出的话，那些构成他们思想的观念；如果一个人因为拥有财富而变得和这些人一样，那么他拥有任何数量的财富都是值得的吗？'"[93]阿诺德希望，这种理解可能产生的对物质主义的不满，将"正如人们所希望的那样，拯救未来，使其免于庸俗化，即使它不能拯救现在"。

他的敌人——比如布赖特，阿诺德经常指责他——之所以是敌人，不是因为他们的恶意（即使布赖特最坏的敌人也很难指责他），而是因为他们的无知。追求完美理念的核心是对甜蜜和光明的认可，这是一个希腊理念，希腊人赋予它"巨大的精神意义"。[94] "而布赖特先生对文化的误解，也就是对希腊语和拉丁语的一丁点了解，最终来自希腊人对我们教育机制的影响，以及对它本身的一种敬意。"如果有人想要证明目前的情况正好相反，你只要看看"伦敦，就知道它那难以言说的丑陋外表及其内部的公营腐败、私有富裕……这种状况简直举世无双！"[95]

该市有一份世界上发行量最大的报纸——《每日电讯报》，阿诺德对其大加斥责。它证明了该市的居民离人类的完美还有很长的距离。洛曾试图在最后一搏中为他们战斗至死，因为他表现出了"中产阶级自由主义的冷酷和庸俗"。[96] 现在，他们被洛抵制的民主浪潮赶下了台，一个让他们认识到物质主义并非一切的机会出现了。在自由主义的另一个极端，代表新民主派的领袖是布赖特。阿诺德还嘲笑他引导"他的门徒们相信——英国人总是太容易相信了——拥有选举权，就像拥有一个大家庭、一个大企业或一块大肌肉，其本身就对人性具有某种熏陶和完善的作用"。[97] 阿诺德认为，"甜蜜与光明"的理念是新的民主主义所需要的，远远超过"选举权的幸福，或其自身工业表现的奇妙"。"追求完美，"他命令道，"就是追求甜蜜和光明。"[99]

阿诺德遭到了一些人的嘲笑，比如《每日电讯报》的编辑，他指责阿诺德不了解生活的现实。阿诺德反驳说，如果人们受过更好的教育——如果有人不辞辛劳地培养他们的智力——那么"更粗糙和更粗俗的动作"可能会少一些粗糙，少一些粗俗。[100] 相反，工人阶级——阿诺德称其为平民——"不断受到日常物质需求的强烈压力"。正如他所意识到的那样，"做自己喜欢做的事是人类理想的权利和幸福，这是我们国家理念的核心和堡垒"。[101]

　　尊重的减少意味着"我们对自由崇拜的无政府主义倾向，就像我说的，我们对机械的迷信信念正变得非常明显。"由此带来的是英国人的权利观念："有权在他喜欢的地方游行，在他喜欢的地方集会，进入他喜欢的地方，他喜欢叫什么就叫什么，他喜欢威胁什么就威胁什么，他喜欢砸什么就砸什么。我说，这一切倾向于无政府状态。尽管有很多优秀的人，尤其是我的自由党或进步党朋友，正如他们自称的那样。他们好心地安慰我们说，这些都是小事，几次短暂的争吵毫无意义，我们的自由制度本身就治愈了它所引发的一切罪恶，受过教育和有智慧的阶层具有压倒性的力量，一直在庄严的休息中，像我们在暴乱中的军事力量一样，随时准备采取行动。"[102]阿诺德从不沾沾自喜，在这一点上，他与卡莱尔、拉斯金和斯蒂芬不谋而合。他知道，打破海德公园栏杆的那种心态已经平息了，而不是得到了改善，它仍然是对文明的一种威胁。

　　在一个被阶级差异撕裂的社会里，问题在于人们无法就权力中心的位置达成一致。对卡莱尔来说，它属于贵族阶层，但那只是幻想。对洛来说，它属于中产阶级，但他们已经被打败了。对于布赖特和改革联盟来说，它属于工人阶级，但他们并不适合。阿诺德追问，1867年后的英国是由什么构成的：什么是"最能代表国家正当理由的权力，因此是最值得统治的权力——在情况需要的时候行使对我们所有人的权力？"[103]正是"对完美进行无私追求的文化，试图看到事物本来面目，以便抓住最好的东西，并使它占上风"的文化，将有助于人们对新权威的位置做出最好的判断。

　　尽管卡莱尔笔下的贵族们很甜蜜，但他们缺少光明。当中产阶级内部的自由主义者希望有一个男人可以娶他亡妻的妹妹时，他们遭到了阿诺德的嘲笑。他们过于痴迷于生活的机制，他们当中也几乎没有光明。受教育程度的提高带来了"无与伦比的自我满足"。[104]中产阶级的思想总是狭隘的；面对无政府主义的威胁，其太过顺从，太过担心让潜在的无政府主义者为所欲为，成为权威的安全靠山。庸俗人士选择了"一种阴郁、狭隘的生活，而不是光明"，他们无法进行理性的思考。[105]

工人阶级"与工业中产阶级在精神上是一致的"，这只有在他们注视着阶梯上的下一个梯级时才能预料到。[106]阿诺德说："这是臭名昭著的，我们的中产阶级自由主义者早就盼望着实现这一成就，当工人阶级与他们联合起来时，工人阶级将全心全意地帮助他们发扬伟大的事业，全身心地参加他们的茶会，总之，使他们能够实现他们的千禧年。"他对试图通过工会运动建立独立于自由主义者的工人阶级权力保持警惕：第一次工会大会于1868年召开。这一运动建立在个人利益而非无私的基础上，没有任何迹象表明这是对完美的追求。

除此之外，还有"很大一部分……的工人阶级，他们是原始的和半发达的，半隐半掩地生活在贫穷和肮脏之中，现在正从它的藏身之地冒出来，以维护一个英国人与生俱来的特权，做他喜欢做的事，在他喜欢的地方行军，在他喜欢的地方相遇，痛哭他喜欢的事，打破他喜欢的事，这让我们感到迷惑"。[107]这显然吓坏了阿诺德，尤其是因为他很难找到一个愿意控制或决心改善现状的人。阿诺德没有直接提到密尔，尽管这一章《为所欲为》是对《论自由》的批判，并在自由主义家族中开启了一场新的辩论。

他认为，在野蛮人（贵族）、庸俗人士甚至平民中，都存在这样的"天性"，他们理解"爱和追求完美"，以及"甜蜜和光明是追求完美的真正品质"的重要性。[108]他补充说："这种观念总是倾向于把他们从所属的阶级中拉出来。使他们与众不同的特点不是野蛮或庸俗，而是他们的人性。"他们是"局外人"，不是由阶级精神领导，而是由"普遍的人道精神，对人类完美的爱"领导。[109]正是在这些罕见的人身上，浮现了英国未来的希望，如果他们能够摆脱别人的挤压，做自己喜欢做的事，并具有声称自己是个骗子的自由。阿诺德又回到了古典主义的教学中，他受到了强烈的嘲笑，而洛则鄙视这种教学，认为它毫无用处：比如苏格拉底的"最好的人是最努力完善自己的人，最幸福的人是最感觉到自己在完善自己的人"。[110]"希腊主义"是阿诺德用来形容追求甜蜜和光明的一个词，他把它与希伯来主义进行了对比。希伯来文化"在清教主义中表现出来，在过去的200年里对我们的历史有很大的影响"。[111]

然而，现在理性的敌人——阿诺德在这里预见到了斯蒂芬在《自由·平等·博爱》一书中的论点——是"我们每个人最主要的权利和幸福的概念，使我们每个人都能肯定自己，肯定自己平凡的一面；做他喜欢做的事，自由自在地做他喜欢做的事"。[112]他说，这是"我们目前不稳定状态的根源"。因此，人们"不相信作为合法权威的正确理性"。希伯来主义对英国社会的长期影响是，人们"被引导去关注他们自己。有一件事是必须意识到的，要具备良心的严明，坚决遵守我们已经具有的某种固定的行为法则，它会不断地扩大我们的整个行为法则，这不是依靠意识的自发性能够做到的"。这就是为什么不从众滋生了狭隘主义：它没有考虑阿诺德所认为人天性中希腊特征所占的一半，也没有考虑智力发展的柏拉图式方面。当这种本性萎缩或受到限制时，社会也会萎缩或受到限制。阿诺德称赞希腊的艺术与美是"冲动地看到事物的本来面目"的主要例证，但被布赖特摒弃，被洛故意封闭起来。[113]希腊艺术建立在对自然的忠诚之上，允许"对这种最好的本性进行微妙辨别"。[114]

　　阿诺德的最后一个实质性章节的标题是《我们的自由实践者》（*Our Liberal Practitioners*），这是针对过去 30 年统治我们的政党的攻击，因为它自满。但正如他所写的，它很快就会重新掌权，他注意到，自由贸易的新宗教使 1/19 的人沦为穷光蛋：他不清楚为什么贸易和人口的增长本身就应被视为商品。他指的是伦敦东区，作为一名督学，他对那里很熟悉。当经济形势好的时候，一切都相当好；但是当贸易放缓，当码头安静下来，当血汗工厂的商品需求下降，就会出现肮脏、贫穷和苦难。这就是工业社会的供需规律，正如卡莱尔自 19 世纪 40 年代初以来所言，过去的情况则完全不同。对此，自由主义者似乎没有给出答案。

　　然而，阿诺德知道：追求完美必须是一场群众运动。"追求完美的人越少，找到完美的路就越难。"[115] 他补充道："因此，如果我们自己真的像我们自称的那样想要变得完美，那么伦敦东部和其他地方的所有人都必须和我们一起迈向完美；我们绝不能让对任何神灵、任何机械的崇拜，如制造业或人口——虽然我们认为完美是绝对的善，但它们本身并不像完美那样是绝对的善——给我们造就一大批可怜的、沉沦的、无知的人，要把他们都带在身边是不可能的，而且他们多半会在堕落和悲惨中被我们抛弃。""我们的自由主义实践者"的经济思想的继续将创造出更多的穷人，而且无论如何，这种负担将变得无法承受。

　　阿诺德知道他的要旨的政治性质。在 1868 年的运动中，他及时把这段文字发给迪斯雷利：迪斯雷利是开始领会这篇庄重的散文，还是层层叠叠的讽刺？事实上，阿诺德本人认为，两党各有不同的做法，阻碍了他们的公正无私，他对此无能为力，因为他认为两党不仅存在偏见和偏执，而且存在大量的不一致之处。阿诺德知道，他对唯一需要的东西的高尚看法永远不可能与政治阶层达成一致，更不用说与他们所统治的群众达成一致了。如果迪斯雷利不理解他，格莱斯顿——一个比他聪明得多的人，和阿诺德是同一类人——会理解的。但即使格莱斯顿想做些什么，他又能做什么呢？在世的人当中，很少有人比他在支持和设计当前的经济体系方面做得更多，而且他也不会轻易相信这一体系正在遭受失败。

阿诺德的结论带有实用主义色彩，海德公园的骚乱和工人阶级的骚乱使他感到不安。他谈到了社会，"无论谁管理它，无论我们如何设法剥夺他们的行政权力，在他们管理的时候，我们必须坚定地、全心全意地支持他们镇压无政府状态和混乱，因为没有秩序就没有社会，没有社会就没有人类的完美"。[116]他引用了父亲的话，引用了他记忆中的一句话："至于暴乱，古罗马的处理方式总是正确的；鞭打普通士兵，并从塔尔佩安岩石上把头目扔下去！斯坦利认为这可能是'钉死奴隶'而不是鞭打，但阿诺德确信他做得对。"[117]他支持他的父亲（尽管他的家人对博士狭隘的一面十分不满，因此他被说服在第二版中删去了这段话），嘲笑自由党人认为"有一点骚乱……有时对他们自己的利益有用"。无论在必要时展示铁腕是多么重要，他仍然拒绝相信"这个世界需要的是火和力量，而不是甜蜜和光明"的观点。[118]

他担心时间已经不多了：不久布雷德洛和他的朋友奥杰（Odger）"就会带着他们的使命来到这里，赶走野蛮人和庸俗人士，为平民争取遗产。"[119]此外，作为对文化、甜蜜与光明之战的贡献，自由党寻求"用不信国教者对体制的反感的力量来废除爱尔兰教会，或者让一个男人娶亡妻的妹妹"。[120]

"这是一个完美的建议，"特里林写道，"它变成了一个绝望的建议。"[121]特里林对完美的定义——完全合理——是"每个人有意识地努力实现他的完整人性"。他也许太看重阿诺德的表面价值了。阿诺德所寻求的社会和道德上的机会总是可望而不可即；正如他的父亲 30 年前在教会和国家之间寻求的统一那样。他们需要民族意识的转变，这是像英国这样的社会，尤其是以个人主义为荣的英国社会所无法想象的。但阿诺德将为建立一个由国家支持的教育体系设定道路。他没有详细说明将在其中教授什么，或如何教授。

金斯利对阿诺德说，《文化与无政府状态》是"一本极其明智和真实的书，就其本身而言，今年秋天可能鲜为人知，但它会沉到地下，死去，等到第二年春天来临的时候就会结出果实"。[122]约翰·莫利说："当支持和反对他对神学贡献的价值的理由都被说尽时，自由主义欠阿诺德的债，作为一个对我们的需求进行全面批判的人，他将值得我们长期严肃纪念。"[123]迪斯雷利总结了非知识分子的观点，他在《文化与无政府状态》出版之后告诉阿诺德，他是唯一在他有生之年成为文豪的英国人。到了第二版的时候，阿诺德寻求更多的神圣指引，去了伏尔盖特，并从那里借用了圣马太福音中的一句话作为标题，这句话是一些诋毁他的人听不懂的："Estote ergo vos perfecti!"——所以，你们要完美。

四

赫胥黎（阿诺德对金斯利说，"我非常喜欢和钦佩他，但又觉得他非常专横和不公正"）也接受了这些观点。[124]1868 年 1 月，他在伦敦南部工人学院（South London Working Men's College）的就职演说中，将工人阶级的教育描述为"伟大的工作……所有这些作品中最伟大的作品就在眼前，就在一个人的手中。"[125]教育工作是由工业中心主导的，因为"除了农业利益团体，现在没有人敢说教育是件坏事"。在农村，教育被认为是"不好的"，因为教育将破坏土地所有者所依赖的廉价、有约束力的劳动力供应。普遍的观点是，如果这个国家不想马上走向衰败，每个人都必须接受教育。

虽然赫胥黎并不功利，但他看到，如果浪费人力资源，英国就会落后。他鄙视那些别有用心的人，因为他们把他眼中的人权延伸到了很大一部分人身上："政客们告诉我们，'你必须教育大众，因为他们将成为主人。'"牧师们也加入到教育的呼声中来，因为他们肯定人们正在远离教堂，走向最广泛的不忠。制造商们和资本家们异口同声地大声疾呼，他们宣称无知造就糟糕的工人，英国将很快无法生产出比其他国家更便宜的棉织品或蒸汽机。赫胥黎的观点完全不同："有少数人高声赞成这样一种学说，即群众应受到教育，因为他们是具有无限生存、行动和忍受痛苦能力的男女。现在和从前一样，人民因缺乏知识而灭亡。"

他蔑视那些妨碍减轻这种痛苦的人。"把普通的工匠和普通的乡绅做个比较，你会不会就无知、阶级感情或偏见而言在两者之间做出选择，这也许值得怀疑。"[126]如果要发生变化，那么"为什么我们在一个政权下比在另一个政权下更糟糕？"他对那些他没有就读过的旧大学进行了猛烈抨击，认为他们的姿态是"半神职研习班，半赛马课程，在这些课程中，人们被训练去赢得考试第一名，或是在一两门学科中获得优秀的成绩，就像马被训练去赢得一个奖杯一样。对人来说，赛后的生活需求和赛马的需求几乎没有关系"。他主张义务教育，如果能就义务教育应该是什么达成一致意见，他认为，简单地教授阅读、写作和算术"就像让一个孩子练习使用刀叉和勺子，而不给他一块儿肉一样"。[127]他把教育定义为"在自然法则中对智力的指导"，"在这个名称下，我使其不仅包括事物及其力量，还包括人及其行为，以及将情感和意志塑造成一种真诚和爱的欲望，从而与这些法则相协调"。

有些孩子接受的小学教育根本不是这样的。尽管学校有阅读和写作方面的指导，但很少有孩子喜欢阅读，或者能够正确地书写最普通的信件。他们学习了"大量教条主义神学，其中十次有九次，孩子几乎什么都不懂"；再加上"一些最广泛和最简单的道德原则"、"大量的犹太历史和叙利亚地理"以及"一定程度的规则、专注的服从和对他人的尊重"。[128]他想让劳动人民了解品行正直和社会稳定之间的关系，并希望结束令"孩子对自己国家的历史或政治组织一无所知"的体系。[129]

教育下层阶级的危险在于，他们会意识到，谁才是对他们的生活条件真正负责的人；而且，当他们有投票权时，他们可以根据这一知识采取行动。赫胥黎指出，教育穷人既不会减少人类大众的痛苦，也不会减少犯罪。他断言："如果我是一个无赖或傻瓜，教我读书和写字并不会让我变得不无赖或者不傻——除非有人教我如何把读书和写作变成明智而美好的事情。"需要的是智慧，而不是死记硬背："教一个人读书写字，你就把智慧宝盒的伟大钥匙交到他手里了。"但是他不得不打开盒子，并被指导如何使用他在其中发现的东西。

赫胥黎认为中学比小学更可耻，更加玩忽职守。学生们花时间死记硬背欧几里得、代数和教义问答，这意味着"现代地理、现代历史、现代文学；作为一种语言的英语教学；整个科学领域，包括物理的、道德的和社会的，在高等学校甚至比在低等学校更被完全忽视"。[130]他说，在克拉伦登委员会之前，"一个男孩可能以最优异的成绩和最高的荣誉通过任何一所最好的公立学校考试，但可能从未听说过我刚才提到的任何一门课程"。他永远不会知道地球绕着太阳转，也不会知道英国在 1688 年爆发了一场革命，法国在 1789 年爆发了一场革命，也不会知道乔叟、莎士比亚、弥尔顿、伏尔泰、歌德或席勒曾经存在过。他担心，"总有一天，英国人会把这些作为他们祖先在 19 世纪迟钝愚蠢的典型例子"。

赫胥黎最担心的是，中产阶级——许多是新近获得选举权——的学校模仿旧的公立学校，只教授古典文学，却教得很差。他对古典作品表示极大的同情，它们是"人类古生物学的一大部分"，但他希望这些文字"不只是作为语言，而是作为语言学的例证"来教授，并让"一幅两千多年前地中海沿岸生动的生活画面""铭刻在学者们的脑海中"。[131]他想让学习古代文学的孩子们因"学者们对人类生活中永恒问题极其简洁的表述，而非语言和语法上的独特之处"印象深刻。[132]在这一点上，他与阿诺德完全不同，他似乎接受了这位《文化与无政府状态》的作者希望将英国从其中拯救出来的庸俗主义。在前进的道路上必定会有一场战斗。

610

五

19 世纪 40 年代初，约翰·拉斯金从牛津大学毕业不久就开始出版《现代画家》（*Modern Painters*），自那时起，他就被誉为英国首屈一指的艺术评论家。和同时代的许多人一样——他和克拉夫同龄，比阿诺德大 3 岁——他受到了卡莱尔的影响，但与克拉夫和阿诺德不同的是，他一直没有转变。他是个怪人，据说，因为看到妻子尤菲米娅·埃菲·格雷（Euphemia Effie Gray）的阴毛，他未能在震惊中圆满完成他的婚姻。格雷曾写信给父亲说，拉斯金"第一天晚上就对我的身体感到厌恶"。他从古典雕像中推断出他对女性的解剖学知识，但这些细节并没有被强调出来。[133]他们的婚姻被宣布无效。

后来，在他快 40 岁的时候，他对 10 岁的罗斯·拉图什（Rose

La Touche）产生了感情，后来他在 47 岁时向她求婚，当时她年仅 18 岁。在罗斯的自传片段中，她成了一个宗教狂热者，她写道："我认为，是拉斯金先生在我 12 岁左右的时候的教诲，让我第一次开始照顾穷人——至少让我觉得这是一件正确的事，是基督爱的一部分，我很容易喜欢他们，并且喜欢这样做。所以我常常把小册子放在一个篮子里（爸爸给我的），并且经常给他们读《圣经》，在他们生病的时候去看他们（也很好），我想我的来访有足够的孩子气，使他们既愉快又'有利可图'。我总是喜欢穷人。"[134] 罗斯死于 27 岁，可能是由于厌食症。在此之前，拉图什的父母曾多次禁止拉斯金与她交流，尤其是因为拉图什曾与埃菲·格雷〔现为约翰·埃弗雷特·米莱斯夫人（John Everett Millais）〕交谈过。拉斯金注定是不快乐的，并使别人也不快乐。

在某种程度上，他是维多利亚时代中期超凡脱俗的人物，这是其他主要知识分子所不具备的品质。这或许是因为他植根于艺术和建筑的精英环境。他还表现出一种比同时代大多数更理智的人更为坚定的基督教信仰，而他们中的大多数人根本就不愿公开自己的信仰。拉斯金日记的编辑们在序言中写道："只有孤独的人才会记日记；尽管拉斯金从未独自生活，也很少独自旅行，但他注定要在智力和精神上独处。"[135] 1900 年，在经历了十多年的疯狂之后，他去世了。他不仅被尊为艺术评论家，而且被新兴劳工运动中的许多人尊为该运动的主要影响人物之一。很少有人认真对待他关于政治经济学的观点，但这些观点产生了影响，因为拉斯金在其他地方享有声誉，也因为他雄辩的表达能力。

拉斯金是一个关系紧张而不寻常家庭的独子。他的父母是第一代堂兄妹。他的父亲靠进口雪利酒发了一笔小财，他的母亲是克罗伊登一个酒吧老板的女儿。他的祖父约翰·托马斯·拉斯金

（John Thomas Ruskin）有精神问题和经济问题的历史。1817 年，也就是拉斯金父母结婚的前一年，也是他孙子出生的前两年，他自杀了。小约翰在其中成长的家庭很成功，但成功是建立在努力工作的基础上，拉斯金的父亲直到 1832 年才还清了约翰·托马斯的债务。年轻的约翰在家里和老师那里接受教育，没有儿时的朋友，导致他成年后性格孤僻。他的父亲是一位严肃的收藏家，也是特纳（William Turner）的赞助人。正是从父亲那里，他对艺术产生了兴趣，也正是从父亲那里，他学会了画画，爱上了沃尔特·斯科特爵士的小说。

从他的母亲那里，他吸收了一种宗教的热情，这种热情将为他所有的艺术或政治作品增色。从 3 岁起，他的母亲就强迫他每天早晨阅读《圣经》，并背诵其中的段落：他的文学风格，近乎宏伟〔例如，《威尼斯之石》（Stones of Venice）第一卷的开头和结尾的几行〕在很大程度上归功于此。然而，在他十几岁的时候，他对美学的兴趣就已经位居他求知欲的最前沿，他的父母尽其所能来激发他的好奇心。14 岁时，他已经见识了英国的大部分美景和宝藏。然后，他开始环游欧洲，尤其是法国、意大利和瑞士。在伦敦国王学院的一个短期讲座课程结束后，1837 年 1 月，他去了牛津的基督教堂。

对拉斯金来说，幸运的是，他的父亲准备在艺术批评的基础上资助他的文学生活；正是出于捍卫自己和父亲的朋友特纳的原因，他才创作了《现代画家》。从 1842 年到 1860 年，拉斯金的时间和精力主要用于完成一部多卷的作品。在这段时间里，他继续他的欧洲旅行，并在欧洲大陆的大画廊和博物馆里学习，最终，他离开了父母，在 19 世纪 40 年代末从绘画转向建筑。这种发展兴趣的第一个成果是 1849 年出版的《建筑的七盏灯》，这是一部重要的文化著作，进一步推动了哥特式的复兴。

　　然而，《建筑的七盏灯》在很多方面都是拉斯金的杰作《威尼斯之石》的开胃菜。19 世纪 50 年代早期，拉斯金和埃菲（两人于 1848 年结婚）在这座城市度过了两个冬天，先住在达涅利，然后住在私人公寓，而威尼斯当时被奥地利占领。两本书都颂扬了建筑的道德层面：虔诚的哥特风格胜过了堕落的巴洛克风格。考虑到他对这个主题的处理方式，从建筑评论到社会和政治评论只是一个短暂的跋涉；这一进步得益于拉斯金在 1850 年遇到了卡莱尔，并被他对封建主义的热爱所吸引。

　　1854 年 4 月，埃菲出乎意料地——或者说似乎是出乎意料地——向拉斯金递交了一些文件，要求解除他们的婚姻关系，理由是拉斯金的性无能，婚姻没有圆满。拉斯金并未否认没有圆房——埃菲已经接受了医学检查，这消除了对此事的任何怀疑——但他否认自己性无能。1854 年 7 月，当他和父母在查莫尼克斯时，这段婚姻结束了。拉斯金和埃菲在婚姻生活中大部分时间都是分开的，显然拉斯金无法与父母断绝关系，埃菲的父亲也越来越为她担心。1855 年 7 月，埃菲与拉斐尔前派画家约翰·埃弗雷特·米莱斯结婚，后者曾与拉斯金合作绘制《威尼斯之石》的插图。

　　在拉斯金开始社会和政治评论之前，他对维多利亚时代的下一代艺术家产生了最深远的影响，尽管那时他才 35 岁左右。但丁·加布里埃尔·罗塞蒂（Dante Gabriel Rossetti）、威廉·莫里斯（William Morris）和爱德华·伯恩－琼斯（Edward Burne-Jones）都被他的美学批评所吸引。他从国家美术馆的遗产中收集了一些特纳的作品用来展览，这显示出他是一个品味的引领者。拉斯金不仅熟悉卡莱尔家族和他们的圈子，还结识了伦敦许多著名的文学人物：弗劳德、坦尼森、布朗宁一家、考文垂·帕特莫尔（Coventry

Patmore）和威廉·阿林厄姆。他还遇到了莫里斯。莫里斯把他招进了伦敦工人学院（London Working Men's College）的智库，他在那里教画画。

到 1860 年，拉斯金的性格和人生观发生了根本性的变化。他与父母的关系在婚姻结束后变得紧张，他经历了一段时间的宗教怀疑，这使他与母亲保持了一定的距离，他的反资本主义情绪变得更加明显，尤其是在他把资本主义视为美的破坏者之后。他还患有抑郁症，这就是他 1860 年在《康希尔杂志》（*Cornhill Magazine*）上发表的四篇政治经济学文章的背景，这四篇文章由萨克雷（W. M. Thackeray）编辑，并于 1862 年以《给未来者言》（*Unto This Last*）的名称再版。

拉斯金选择《康希尔杂志》是因为它的中产阶级读者群，但前三篇文章的反功利论调令他们义愤填膺，以至于萨克雷告诉他，第四篇必须是最后一篇。的确，这种论调不仅是反功利的，而且可以看作对资本主义和商业制度的攻击。为了照顾那些第一次不能领会他观点的人，拉斯金在四篇论文再版的前言中阐明了社会改善的愿景，即建立一个福利国家，并将工业国有化，这一过程还需要 85 年才能完成。他不止一次暗示资本主义是不诚实的，"只有在特定的社会道德条件下，才能最终获得财富"，这表明了他思想的高度理想主义。[136]

他的愿景分为四个部分。第一，应该建立青年培训学校，由国家承担费用，允许所有儿童（在某些情况下，还需受到惩罚）接受学校教育。[137]在这些学校中，青年人可以学到健康的法则和其中所规定的运动，温和与公正的习惯，以及赖以生存的技能。第二，政府还将设立和管理工厂和车间，不仅是为了生产，而且是为了销售"生活必需品"，私营企业有望与之竞争。[138]第三，政府将帮助失业者找到工作。如果他们没有接受足够的教育来做一份工作，他们就要接受培训。如果他们病得太厉害，他们会受到照顾，直至痊愈。如果他们仅仅是反对工作，他们将被给予最"痛苦和可耻"的劳动，直到他们改过自新。第四，为老年人和贫困者提供"舒适和家"。在自由党的个人主义和自由市场力量达到顶峰之际，这一转向社会主义的托利家长式作风的宣言引发如此愤怒，也就不足为奇了。

拉斯金对财富的攻击，除了具有超凡脱俗的特质外，似乎还表现在他对财富赋予一个人凌驾于他人之上的权力的怨恨。他引用了亚当·斯密的格言，"在最便宜的市场买，在最昂贵的市场卖"，但他对这一过程的道德性提出了质疑：正是这一过程让维多利亚时代的英国变得如此繁荣。[139]拉斯金已经到了这样一个阶段，他认为财富是无法用金钱来衡量的——几年之后，当他继承父亲的可观遗产和艺术收藏品时，他将在实践中证实这一观点，当时他把大部分财产捐献了出去。他对商业阶级——维多利亚时代繁荣的引擎——的攻击是肆无忌惮的。他将"因为贫穷而抢劫穷人"的概念描述为"商业形式的盗窃，即利用一个人的必需品，以较低的价格获得他的劳动力或财产"。[140]他认为主人和仆人之间的关系本质上是不公平的；自由主义者认为市场是行使各种自自由意志的集会场所，他认为这也不公平，他认为权力总是掌握在富人手中，而从不会掌握在穷人手中。他重复了自己在《现代画家》中写下的一句话，希望现在它能有更广泛的读者，"政府与合作在任何事情上都是生活的法则；无政府状态和竞争是死亡的法则。"[141]

在第三篇文章《谁是正义的人》（*Qui Judicatis Terram*）的末尾，拉斯金指责社会已经变得极其不信奉基督教："我没有在历史上见过这样的先例，一个国家系统地违背其公开宣称的宗教的首要原则。""我们（字面上）认为是神圣的书写，不仅谴责对金钱的爱是一切邪恶的根源，以及是对邪神的崇拜，而且宣布对财富的服务是对上帝服务的准确和不可调和的对立面；并且，每当他们提到绝对的财富和绝对的贫穷时，就要向富人宣布悲哀，同时祝福穷人。"[142] 考虑到他的读者群，萨克雷冒险让拉斯金写第四篇也是最后一篇抨击他们价值观的文章。事实上，最后一篇文章是一篇拙劣的讽刺文章，是对拉斯金朴素经济学思想的宗教表达。然而，在早期的文章中，一个像拉斯金这样反对资本主义邪教的人所造成的损害已经够严重的了。

到了 1867 年，和卡莱尔一样，出于同样的原因，拉斯金怀疑改革是否能带来幸福。他在写给桑德兰软木切割工托马斯·狄克逊（Thomas Dixon）的信中概述了自己的观点，并在那年秋天以《时代与潮流》（*Time and Tide*）的题目出版。在序言中，拉斯金陈述了他写信的意图："你渴望的改革可能会给你在议会中带来更多的影响力；但是，在你明智决定你希望议会为你做些什么之前，你在那里的影响力对你当然毫无用处——也许比毫无用处更糟——当下定决心的时候，你们会发现，你们不仅可以在不受议会干预的情况下为自己做这件事，而且最终只有你们自己能做到。"[143] 这就是完美！（estote ergo vos perfecti）再一次，用不那么博学的术语表达出来。

这些信件与其说是拉斯金对改革的看法，不如说是他对资本主义以及主仆关系的一些早期研究。和阿诺德一样，他也觉得资本主义远非不受约束的好东西。然而，他试图将无记名投票要求与那些对更短工作时间和更高工资的要求区分开来。正如阿诺德指出了经济衰退对伦敦东区的影响一样，拉斯金也察觉到了"英国中产阶级下层正在遭受的极度悲痛"。他把这比喻为"我好像住在一个巨大的教堂墓地里，周围的人都无力地抓住敞开的坟墓边缘，当他们掉回坟墓时，在看不见的地方呼救"。[144]

他表示蔑视供求法则，当需求减少时，就会毁掉家庭。他建议工人阶级应该组织起来，不要对他们不喜欢的法律"大声疾呼"，"也不要不顾栏杆和警察，在公园里召开会议讨论这些法律；但要把它们放在自己的思想和视野中，作为需要耐心争取的目标和未来以和平的力量取得成就的目标"。[145]他警告他们，革命会带来贫困，资本会逃到安全的避风港，"你们会在暴乱和饥荒中灭亡"。相反，他提倡诚实和教育；并警告他的上层阶级读者，要认识到那些为他们制作鞋子或挖掘花园的人的劳动尊严。

在《威尼斯之石》一书中，他呼吁建立国家教育体系，提倡一种福利主义理想，而这种理想是"我们的自由实践者"所深恶痛绝的。他在《时代与潮流》中重复了这句话："最后，我认为无可争辩的是，一个国家的首要职责是确保国内出生的每一个孩子都得到良好的住房、衣服、饮食和教育，直到自己可以负责的年龄。但是，为了实现这一目标，政府必须对人民拥有一种权威，而我们现在对这种权威连做梦都不敢想。"[146]教育是限制犯罪的唯一途径，他认为教育是教授或发展"尊重和同情"。[147]

他不怀疑"把真理作为一种习惯的教导，将是教师必须做的主要工作"。[148]他和阿诺德有着共同的基督教信仰，就像阿诺德一样，他相信完美的可能性。与斯蒂芬不同，在某种程度上也与卡莱尔不同——两人都在与正统宗教做斗争——他对人性持乐观态度。他回忆说，当他走到大英博物馆时，在圣吉尔斯贫民窟里看到了肮脏的小孩：但是，"在那些受到最坏待遇的英国孩子身上，我看到了绅士和淑女的气质——而不是像他们的父母那样，成为偷狗跟喝杜松子酒的人；即使在今天，一个普通的英国商人或农民的孩子，如果受过良好的教育，就不会表现出使他永远被束缚在泥土上或柜台边的天性"。[149]

1873 年，拉斯金发布了他在 1865～1866 年发表的关于社会批评方面三次演讲的集合《野橄榄之冠》（*The Crown of Wild Olie*），并增加了第四次重要演讲《英格兰的未来》（*The Future of England*）。这些讲座涉及一些已经在诸如《给未来者言》和《时间与潮流》等作品中表达出来的观点。序言集中讲述了萨里郡一个曾经美丽的乡村被资本主义的发展所摧毁；在新开的酒店前，用精心设计的栏杆围起一小块地，以便形成一个垃圾场，这样做毫无意义。甜蜜和光明依然缺失。

1869 年 12 月，在伍尔维奇，年轻军官们聆听了《英格兰的未来》。拉斯金再次强调了《时代与潮流》的一个主题："新生的民主力量与明显衰落的封建主义力量之间的斗争正在逼近；另一场斗争同样迫在眉睫，但危险得多，那就是财富和贫困之间展开的斗争。"[150]他惋惜地说，这两种斗争被看作是相同的，而他自己却觉得它们是不同的。他认为财富对贵族不利——伟大的王朝总是由穷人建立的，真正的骑士从不为自己保存财富。此外，"一切无政府状态都是贫穷的先导，一切繁荣都始于服从"。[151]

然而，拉斯金承认，19 世纪对国王和贵族统治的冷嘲热讽是有一定道理的——"人民受到了错误的统治"，这导致他们寻求一种没有主人的统治形式。[152]他很有先见之明地想到，"这个世界也许会满足于怀着这种新的希望忍受许多苦难，并对无政府状态保持信心，不管它会带来什么，直到它再也无法忍受为止"。下层阶级认为他们做了所有的苦工，他们的主人拿走了他们劳动的全部利润，这是对的。自都铎时代以来，商业国家的发展造就了一个"下层社会的阶级"，这个阶级"丧失了崇敬的能力，而崇敬是人类灵魂

617

中最珍贵的部分"，"下层社会现在特别难以治理"。[153]他赞同阿诺德的观点，认为"广大民众"只存有"对自身的崇拜，他们既看不到周围美好的事物，也无法想象上面有什么高尚的品德；它对一切善良和伟大都怀有一种最低等的感情——恐惧、仇恨和饥饿；一群在本质上已经堕落到你的号召力之下的平民，因为他们的数量已经超过了你的力量；像加法器那样无趣，像夏天的飞蛾那样缺少自律"。[154]他说，如果想要消除他所描绘的"黑暗"，现在就需要"光明"——人们无法判断这种对阿诺德学说的参照是否是有意识进行的。若不然，就有新福音传开——"愿软弱的人尽其所能，愿邪恶的人尽其所愿。"[155]

尽管拉斯金说的话有些带着阿诺德的味道，但他仍受卡莱尔的影响。"'统治我们吧，'他们齐声喊道，尽管他们有许多想法，但他们的心是一致的。这些英国人仍然可以被统治，他们仍然是人，不是昆虫，也不是蛇。"[156]然而，他的解决方案是最理想主义的，只不过根植于他的政治经济学的古怪想法。他同意要让人们变得有治理能力，他们必须接受教育，但他不同意阿诺德对教育的看法。"教育并不意味着教人们知道他们不知道的东西。这意味着教他们如何做他们不想做的事。"[157]他说，这不是为了学习阅读和计数，因为这样的才能可能被用于邪恶的用途，而是"进行使他们变得完美的练习，使他们的身体和灵魂保持帝王般的自制"。[158]

他声称，在英国，一年内花在训练马匹和教育儿童上的费用一样多，均为800000英镑；在缺少义务的、国家资助的教育体系的状况下，为了维持穷人的生活和监禁罪犯所付出的花费会适得其反。"我们每花1英镑在教育上，我们就要花12英镑在慈善或惩罚上。"[159]. 然而，他的其他补救办法是不可信的：强制实行全国劳动制度（没有任何迹象表明该制度将如何得到资金或进行管理），随着机器的发展，那些失业的人不得不去修补基础设施，美化风景。拉斯金身上带有一丝劳工主义的色彩，这从他19世纪50年代末最早发表的政治经济学论文，到1862年发表的《给未来者言》都可以看出。人们感觉到，当卡莱尔为一段无法企及的过去哀叹时，他知道游戏已经结束；但对拉斯金来说，永远不会承认失败。他继续规劝并期待一个因资本主义而富裕起来的阶层，通过投资产生的效应，与那些失业或无法享受繁荣的人公平分享他们的战利品。拉斯金是一个正统的托利党——"守旧派的暴力托利党——属于沃尔特·斯科特的派别，也就是荷马的派别"，但从《野橄榄之冠》可以清楚地看出，他为什么被誉为英国社会主义之父。[160]

他的——也是卡莱尔的——派别与密尔的派别之间的鸿沟继续扩大。1874年10月30日，拉斯金在日记中提到卡莱尔对密尔的蔑视，这显示出卡莱尔的情绪对拉斯金的影响力。"我们转而看密尔关于用爱国主义取代宗教的文章。'实际上，最微不足道的一件事'——一连串的谩骂和轻蔑，来得太快，我都没注意到——'落在我的头上了。在我所认识的人当中，我从来没有见过一个人谈论他所不了解的事情。'"他愤怒的原因是，密尔认为，如果上帝没有让每个人都"幸福"，那是因为他没有足够的力量——"条文没有提供足够的力量……没有什么比这种对'幸福'的贪念更让卡莱尔感到轻蔑的了。"[161]

六

1873年6月，《自由·平等·博爱》出版三个月后，米莉森特·加勒特·福西特对这本书进行了评论。几周后，她在一本名为 619

《菲茨詹姆斯·斯蒂芬先生关于妇女地位》（*Mr Fitzjames Stephen on the Position of Women*）的小册子中重新发表了自己的观点。在斯蒂芬这本书里的所有保守派观点中，就属他对女性的蔑视和对女性"权利"的蔑视很难经受住时间的考验。埃格顿夫人责备了他，但他毫不介意。"你认为凯特（他的女儿）可能受到了与男孩同等的教育。我想，如果她不把自己塑造成一个女人的话，她会被宠坏的——事实上，我对我真正关心的女人的热情，是我不希望她们与男人竞争的一个主要原因。这就像用瓷或玻璃的强度来对抗……黄铜……或者把一个用大脑工作的人和一个用四肢工作的人放在一起测试四肢的力量。"[162]

虽然《自由·平等·博爱》通常被认为是对《论自由》的攻击，但它也在一定程度上是对《女性的屈服》的攻击，是企图破坏密尔整个信仰体系的一部分。他说："世界上所有的言论都不会动摇男人比女人在任何方面都强的观点。""他们有更强的肌肉和神经力量，更强的智力，更强的性格活力。"他补充说，这是一个"普遍的事实"。斯蒂芬对女性的看法，或许比他书中的其他观点更基于断言，而非推论：他简直无法想象一个"男孩和女孩（受到）毫无差别的教育……而且被教导做同样的事情'……'女孩子是要打板球，划船，像男孩子一样被训练吗？我不能和一个对此说是的人争论"。

斯蒂芬为妇女在婚姻中的低人一等所做的辩护引起了极大的愤慨。他说，重要的是，婚姻不应被解除，否则妇女将成为丈夫的奴隶，而不仅仅是他们的下属。他写道："一个女人失去了使她对男人有吸引力的品质，比男人失去那些对女人有吸引力的品质要早得多。"[164]这个阶段的菲茨是44岁，应该注意到，他有着摔跤运动员的体格和外貌，但他也非常幸福地结婚了。"一般来说，女性和孩子之间的关系要比孩子们和父亲之间的关系亲密得多。"因此，如果丈夫可以在他高兴的时候结束婚姻，十有八九，一个不再年轻、有孩子的妇女将完全掌握在他的手中。然后，他阐述了他对婚姻契约的看法，他说这"就像欧几里得的命题一样清晰"： 620

1. 婚姻是一种契约，其主要目标之一是对家庭的管理。
2. 这种管理必须由法律或合同赋予这两名已婚人士之一。
3. 如果该安排是由合同做出的，则针对违反该安排的补救办法，必须是通过法律或由缔约双方自愿解散合伙企业。
4. 在这种情况下，法律不能给予补救。因此，违反合同的唯一补救办法就是解除婚姻关系。
5. 因此，如果婚姻是永久的，在法律和道德上，家庭的管理必须控制在丈夫手中，因为没有人打算把它给妻子。[165]

斯蒂芬声称"密尔先生完全无法满足这个论点"，鉴于这一论点在多大程度上取决于断言和一系列令人费解的问题，这一点几乎不值得怀疑。然而，想要回答这个问题的不是 1873 年 5 月 8 日去世的密尔，而是福西特夫人。

斯蒂芬对福西特夫人的企图不以为然。在 1874 年该书的第二版中，他在一个脚注中回应了她的观点，她提到一个男人，这个男人把他的合法权利行使到极致，表现出"非常野蛮的行为"。斯蒂芬用他的编辑所说的"不耐烦的急躁态度"观察到，"这既是事实，也是无关紧要的。这是福西特夫人提出的唯一一句我认为有必要注意的评语，我注意到这句话只是为了说明她通过辩论所理解的东西"。我们可以推断出，当菲茨与别人的观点不一致时，他对辩论的理解是，作为回报，他会表现出攻击性。

福西特夫人嘲笑这本书是"根据圣斯蒂芬最新的福音启示"，并建议应该把"就是这样，走进去吧"这句箴言"印成一英尺高的字母，放在书的每一页的顶部"。[166]她还说，读者在阅读这些段落时，会觉得作者是在对着自己的耳朵大喊大叫。她质疑斯蒂芬的观点，斯蒂芬认为女性作为弱者，应该服从于她们的丈夫，这是普通法的训诫，她问道，"当妻子在服从丈夫的过程中，做了她认为是错误的事情时，她会服从丈夫吗？如果答案为'是'，那么丈夫的财产可能会成为各种罪恶的掩护，从谋杀到抢劫，无所不包。如果答案为'否'，那么婚姻平等的倡导者所要求的一切都是可以接受的，因为许多妻子确实认为，总是让丈夫的权威至高无上，从而助长丈夫的专制精神是错误的。"[167]

福西特夫人不同意斯蒂芬把家庭比喻成一艘船，丈夫是船长。她把家庭比作一个政府，丈夫和妻子就像议会的两个议院，孩子们长大后就可以参加秘密会议。有关决定将进行辩论并达成一致，而不是一蹴而就，"法律批准了船长理论，但许多人的道德情操高于法律，因此有许多美满的婚姻。"[168]在不幸的婚姻中，要摆脱滥用职权是不容易的。她写道，婚姻的不可分割性使得所有这些所谓的相似之处都是完全错误的，为了保护妻子，妻子有必要在实际中或法律上不受丈夫约束。[169]她嘲笑斯蒂芬的前提，即作为服从的回报，妇女得到保护。"也就是说，作为对已婚妇女服从丈夫的回报，她们得到了失去对自己财产控制权的保护；她们还有一个不可估量的优势，那就是，即使在她们的丈夫死后，她们也没有任何法律权利来监护自己的子女。"她调转矛头，指出，"作为对女人顺从的回报，出于诱惑的目的，12 岁的小女孩在法律上被视为女人——这是一个最值得注意的例子，这是目前法律所提供的保护"。

她还指出，无论男性为妻子提供何种"保护"，法律体系似乎均就男性对妻子的过分攻击进行了宽容处理。她引用了1872年4月《泰晤士报》上的一篇文章："每天，我们的警察法庭和刑事法庭的报告仍在重复对妇女的野蛮和懦弱的暴行：我们每天都有理由对我们的一些法官对这类罪行的宽大处理感到惊奇，但也不无愤慨。"[170]文章得出的结论是："在一定限度内，一个英国男人可以随心所欲地打他的妻子。"这一结论遭到了强烈的反对。福西特在四个月后引用了同一份报纸的报道，她说，"最近的审判显示，英国人普遍对虐待女性漠不关心，这是对英国人本性的极大羞辱"。[171]

福西特表示，在较好的阶层中，女性得到一些小的恩惠——"晚宴结束后被人送回家，在晚宴上得到帮助，男性会为她们提供椅子，打开门，带伞，等等"——但她们不仅仅是"通过缝制扣子、穿着拖鞋工作和为他们家庭圈子里的人做布丁"来回报这种恩惠。不过，她指出："得知贝格蕾维亚的琼斯夫人总是像瘸子一样被人搀扶着进进出出她的马车，对于住在怀特查佩尔的南希·琼斯来说，这只是一个小小的安慰。因为她的丈夫曾随意地对她拳打脚踢。"作为一个孩子被从身边带走，交给一个陌生人看管的寡妇而言，知道一个绅士永远不会在她前面走出房间，而她可以永远走在人行道的内侧，这也是一种小小的安慰。[172] 622

福西特夫人还认为：

> 如果妇女们明白，她们现在所享受的礼遇，仅仅是由于她们在法律上和实际上服从于男子才给予她们的，那么，很少有妇女不会立即声明，她们为这个条款付出了过高的代价，而且这些小特权变得毫无价值，除非她们是完全自愿的……对于一个女性来说，这是一个令人震惊的想法，因为在这个女性身上，英国人抵制专制的美德得到了强有力的发展。尽管她对这

一事实一无所知，但她每天都会收获让步，并为她自己做上千件事，条件是她绝不愿意屈服。当和解日到来时，她将没有任何东西可以满足债权人的要求。[173]

不过，她承认，斯蒂芬反对妇女平等的理由是"众多证据之一，证明了妇女解放运动日益重要"，因为他是如此的"重炮"。她将他的观点与内政大臣在下院就女性参政权展开的辩论中使用的软弱论点进行了对比，后者可怜到不值得回答。

到 19 世纪 70 年代，很明显，对于大多数受过教育的男性来说——除了密尔或西奇威克等古怪的铁杆女权主义者以外——他们的阶级通过改革措施稳定社会的责任已经通过给予所有男性投票权得到了履行。考虑到这令卡莱尔、斯蒂芬和拉斯金等人的惊恐程度，以及改革最后阶段阿诺德对此的保留态度，改革的最后阶段——邀请女性参与政治进程，结束她们作为男性财产的角色——还需要付出更多努力。幸运的是，对她们来说，生活中还有其他重要的领域——比如慈善事业，我们将在第十六章中探讨——尽管男性剥夺了她们的资格，但她们可以在这些领域留下自己的印记。

623

七

尽管 19 世纪中叶的英国充满了具有侵略性的现代特征，但中世纪生活的某些方面仍然挥之不去。然而，这是一个迅速变化的时期，正如对选举权和妇女权利的改革所表明的那样，古老的偏见和做法可以毫不迟疑地被抛弃。然而，直到 19 世纪 60 年代，尽管关于废除公开处决的辩论已经持续了 20 多年，但社会对待犯罪和惩罚的方式仍然是返祖的。1845 年，理查德·蒙克顿·米尔恩斯在下院曾说过，"这个国家以前执行死刑是为了给人民看的。人们认为这会影响公众的思想，从而预防犯罪"。他对此表示怀疑，并声称"文明的进步"已经阻止了体罚的公开进行，并要求对死刑也采取同样的措施。

他说，对犯人宣判的法官也应该被授权说出行刑地点（在监狱围墙内）。他建议处决应该在有权威人士在场的情况下进行，而且应该允许公共媒体记者进入。他补充说："为公开处决辩护的理由是，它们改善了人们的道德。但事实并非如此，因为他们认为，那些参加行刑的人都是放荡和绝望的人，行刑被视为一种角斗表演，被视为一种野蛮的消遣。"[174]

狄更斯与废除公开处决事业有着密切联系。1849 年 11 月 13 日，他参加了弗雷德里克·曼宁（Frederick Manning）和玛丽亚·曼宁（Maria Manning）在萨瑟克郡马塞梅尔巷监狱外的绞刑。曼宁夫妇——丈夫是职业罪犯，妻子在一个瑞士 - 法国家庭帮佣——被判谋杀了富有的朋友帕特里克·奥康纳（Patrick O'Connor），他们邀请奥康纳共进晚餐后将其杀害，并将其埋在厨房地板下。他们被捕，身上带着奥康纳的钱，很快就被定罪，成为 150 年来第一对被绞死的夫妇。狄更斯被眼前的景象惊呆了，为此他两次写信给《泰晤士报》说："我相信，没有人能想象得出，在行刑时聚集的这么多邪恶和轻浮的人会有如此可怕的表现。"[175]他写道，这"让我毛骨悚然"，不是绞刑本身，而是"小偷、妓女、恶棍和各式各样的流浪汉"的声音。在狄更斯看来，对曼宁一家命运的无情反应就像"这个世界上从来没有听到过基督的名字"。他称公开处决是一种需要"根除"的"道德罪恶"。他没有记录下他对尸体所受待遇的看法：为了颅相学的目的，专业人员用他们的头骨做了石膏（颅相学家发现他们的头骨形状与其他谋杀者的一致），并采集了他们的大脑样本。

《泰晤士报》称赞狄更斯是"一位伟大的小说家，他对人心及其在变化无限且意外情况频发的现代生活中产生效果的了解不需要我们的赞扬。"尽管如此，他的激进解决办法招致反对："如此重大的具有全国影响的杀人犯罪行为，应该公开且庄重判决执行，这对我们而言是理所当然的，公众的猜忌也要求这么做。否则，广大人民群众将永远无法确定那些犯下重罪的人是否真的被处决了……监狱围墙内的神秘是无法忍受的。"5 天后，狄更斯又写了一篇文章，详细描述了这一场面的堕落：刽子手卡尔克拉夫特（Calcraft）说，"应该克制自己不得体的活泼、笑话、誓言和白兰地"。[176]他呼吁成立一个由 24 名来自不同阶层的公众人士组成的"证人陪审团"，如果是在私下进行的，则应召唤他们出席执行死刑的现场，监狱官员也应到场；镇上所有教堂的钟都要在绞索的一端挂着尸体的时候敲响，所有的商店都要关门，"好让所有人都想起正在发生的事情"。多年来，这些争论没有产生任何影响。然而，到了 19 世纪 60 年代，这种场面似乎与维多利亚时代人们所认为的他们正在创造的社会格格不入。1864 年 2 月 23 日，在奥尔德姆的自由党议员约翰·希伯特（John Hibbert）的动议下，英国下院讨论了这个问题。就在前一天，5 名外国强盗因袭击一艘英国船只，被控犯有海盗罪和谋杀罪，在纽盖特被绞死。希伯特认为这是一场"令人作呕的表演"，落后于过去半个世纪的其他刑罚制度改革。[177]

狄更斯也在场，他把这个场合描述为"恶魔般的集市"。[178]希伯特认为，公开绞刑是一个时代的遗留物，在那个时代，妇女因巫术而被烧死，囚犯因拒绝说话而受到折磨。他不认为大场面是一种威慑。"至于犯罪阶层"，他补充说，"人们发现，大都有代表代替他们出席那种场合，而且这种场面对他们的影响远远没有那么健康。在受害者自己身上，死刑的公开往往会造成虚张声势和冷酷无情"。[179]大多数议员都熟悉纽盖特绞刑的场景。希伯特回忆了1862年在利物浦附近的柯克代尔绞死两名谋杀犯的经过，当时的人群由专列运送，人们从乡下的兰开夏郡和柴郡步行数英里前往车站，"以满足他们贪婪的欲望"。铁路公司一旦获得了更多的利润，就会对绞刑保持警惕，这进一步降低了他们在政治阶层中的声望。希伯特观察到妇女和儿童也在场，"处决前的几个小时是在放荡和沉迷酒色中度过的"。他的副手、谢菲尔德自由党议员乔治·哈德菲尔德（George Hadfield）激进地表示，由于自从伪造货币不再是死罪以来，这种行为并没有增加，政府可能会因此关注判处死刑的意义。

英国内政大臣乔治·格雷爵士认为，对海盗公开处以绞刑是一种有益的尝试，他不认为这种场面令人沮丧。他认为，人群之所以这么多，只是因为绞刑明显比以前少了；下层社会的人无论在什么地方，无论在绞刑或其他什么场合，都表现得令人厌恶。他问道："这是否表明执行死刑的效果完全丧失了呢？"[180]也许还好有这么多的罪犯现身这样的场合，因为"谁能说得清，对于一些甚至最显著的犯罪阶级而言，这在多少情况下，会给他们留下深刻而持久的印象，从而会阻止他们走上犯罪的道路，诱使他们放弃激情、恶习和早期交往所促使他们走上的道路，进而把他们从同样可耻的结局中拯救出来呢？"

亨利·伦诺克斯勋爵（Lord Henry Lennox）前一天早晨到纽盖特去查看他所读到的关于死刑的记载是否准确。他发现情况的确如此，并感到恶心。"他从未见过任何比这更失败的向人们传达一种道德的尝试。"[181]他详细阅读了当天早上的《每日新闻》（*Daily News*），内容包括："船员们嘲弄传教士时的下流和亵渎神明的哭

626

声，鼓励不断战斗的强烈欢呼声，尖叫和口哨声，可怕的呻吟和不雅的歌曲，作为一种被抛弃的堕落和猥獗的罪恶的公开表达，可能从世界诞生之日起就没有被超越过。"因为绞刑通常在礼拜一举行，所以伦诺克斯很生气，因为那些在礼拜天前来观看美好景色的人经常违反安息日，从事这样或那样的堕落行为。他要求格雷把行刑日期改一下，如果后者坚持要把行刑场合公开的话。

有些人希望讨论对死刑的彻底废除。适用于绞刑的犯罪种类已逐步缩小，尤其是因为很少有人因伪造文书、入室行窃、偷羊或其他以前的死罪而被处以绞刑，这鼓励了人们犯罪。邓弗里斯的国会议员威廉·尤尔特辩称，现在有如此多的人被判谋杀罪不成立，因为陪审团认为他们不应该被绞死，以至于死刑已经声名狼藉。死刑的无罪开释率如此之高，以至于已经被判死刑的人无罪开释的可能性是被判非死刑的人无罪开释的 4.5 倍。他引用一家报纸的话说，"对谋杀的惩罚已经变成了彩票"。[182] 他声称，每年有 800 人杀婴，但由于该行为将被判死刑，因此没有人被起诉。格雷反对废除死刑，而且相信这个国家也持同样的观点。在这个时候，即使是密尔和狄更斯这样的自由主义者也认为，某些情况下，死刑是唯一合适的惩罚。

1864 年 11 月 14 日，德国杀人犯弗朗茨·穆勒（Franz Müller）在纽盖特监狱门前被处决，准备工作揭示了公开处决的不便，更别提它的色情效果了。"处决迫近造成的兴奋出乎意料"。《泰晤士报》当天上午的报道是：[183]

昨天下午 3 点到 5 点，虽然天气很潮湿，但还是有一群人聚集在监狱前。大部分人群随后被一场大雨驱散，但雨停后又重新聚集起来。昨晚 8 点钟，在监狱对面的空地上，实际是在从卢德盖特山到纽盖特街的整个老贝利街上，强大的壁垒已经竖立，大约相隔20英尺，主要是为了减轻群众的压力，特别是防止可怕的人数激增，特别的场合很容易出现这种情况，而身体柔弱者很容易抵挡不住。

在周围的街道上也采取了类似的预防措施，即使在那里只能看到"遥远"的景色。"老贝利法院的窗户和圣墓教堂的窗户都被堵住了，大约30年前，圣墓教堂就发生过死人的事件，当时人们聚集在教堂周围的矮墙顶上，有一道栅栏挡住了去路。"

　　穆勒被处以绞刑，"我们希望这样的一个集会永远不会再举行，人们聚集在这里，要么是为了他们所看到的壮观场面，要么是为了昨天在绞刑架周围发生的那种目无法条的暴行"。[184]他们是一群"阴郁、肮脏的流浪汉……懒汉……在绞刑的前一天晚上，一群又蠢又坏、吵吵闹闹的男男女女像蜜蜂一样聚集在最近的栅栏周围"。那里有一种聚会的气氛："穿着得体的人和邋邋遢遢的人，老男人和小伙子，妇女和姑娘。许多人拿着啤酒；至少有一半人在吸烟。"凌晨时分，绞刑架被推出了大门，当时大约有5000人在欢呼。警察包围了断头台。然后，随着天渐拂晓，人们可以看清在整个漫长的雨夜里所听到的一切可怕的现实。女性属于"最低等和最贫穷的阶层"，男性是"骗子、小偷、赌徒、拳击赛的出局者、砖瓦匠、码头工人、德国工匠和制糖师，还有那么一个级别很低，几乎可以说是最差的一个等级——来自伦敦廉价歌厅和台球室的年轻的'绅士'们。这样的……只有这样的场景才能把这些人聚在一起"。正如《泰晤士报》的记者所言，"只有一件事比描述这群人更困难，那就是忘记它"。穿着考究出席的人犯了错误，发现他们的帽子被打掉了，口袋被扒窃了，"只有那些瞧不起昨天可怕的人群的家伙，才会相信抢劫和拦路抢劫是大规模、公开、喧嚣地进行的。"到绞刑开始执行的时候，估计有 50000 人挤在监狱外面的街道上。8 点钟的时候，那个被判有罪的人被带出来了，一声"脱帽"的喊声响起！成群的人就像一个人那样移动。监狱牧师戴维斯先生走在前面，朗读着葬礼上的句子。穆勒脸色苍白，但举止僵硬，他走上台阶，站在套索下的陷阱上。

"跟在他后面的是那个普通的刽子手，他立刻把一顶白帽子拉到死刑犯的脸上，用皮带把他的脚绑紧，在一阵低低的嘶嘶声中摇摇晃晃地走下了断头台。"一个陪穆勒上绞刑架的路德教牧师劝他在行刑前认罪；他用德语认了罪，然后门闩拉了下来。就这样，人群安静了 5 到 10 分钟，"被这从生到死的平静且迅速的过程所震撼，一动不动"。但这并没有持续多久："在身体轻微而缓慢的震动之前，到处都已经是暴力抢劫、大笑、咒骂、打架、猥亵的行为和更肮脏的语言"。一首关于行刑的民谣被写成书出版，卖出了 28 万册，证明了这一场面能够抓住公众的想象力。[185]

终止公开处决的运动仍在继续——每一件这样的事情都给了它极大的动力，这些事情似乎属于一个喝着杜松子酒的妓女和小偷组成的贺加斯式的伦敦，一个具有当代特征的社会，竭力使自己相信它已经落在后面了。彻底废除绞刑的运动因此变得更加强大了。威廉·塔拉克（William Tallack）是一位 30 岁出头的贵格会教徒，于 1863 年成为废除死刑协会的秘书，并试图招募强大的力量为次年成立的皇家委员会提供证据。然而，废除死刑是极端的少数人的利益，即使在先进的自由主义者中也是如此。1865 年 1 月，塔拉克写信给密尔，请求他的支持，但得到的答复是，"我有一个非常强烈的意见，反对完全废除它，因为我相信它的责任……比任何其他足以对付最恶劣罪行的刑罚都具有更大的威慑作用，且以更少的实际痛苦为代价"。

　　密尔表达了他的歉意，并恳求说，如果委员会希望传唤他作为证人，那么在塔拉克看来，他不会站在"正确的一边"。[186]实际上，他本人与他可能被误认为的心肠狠毒的自由主义者形象恰恰相反。1860年，当弗洛伦斯·南丁格尔呼吁社会宽容时，他对南丁格尔说："在许多人看来，惩罚是罪恶带来的自然结果中唯一能够给他们留下印象的一种。在这种情况下，惩罚是开始改造罪犯的唯一手段；害怕受到类似的惩罚是唯一的诱因，它阻止了许多人针对他人的行为，而这些行为不仅剥夺了他们自己的幸福，而且阻碍了他们对自己和他人行善的一切企图。"[187]

　　当皇家委员会在1866年提出报告时，它关于废除公开处决的建议终于得到采纳。那年5月1日，英国最高法院大法官克兰沃斯勋爵（Lord Cranworth）对英国上院表示，"理论上，反对私人处决的大多数理由都是荒谬的"。[188]马姆斯伯里勋爵不同意这种观点：他认为，公开处决带来的"对耻辱的恐惧"是死刑威慑作用的重要组成部分。[189]他还认为，"英国人的头脑"会对"秘密"处决的想法产生"反感"，而将处决秘密化的必然结果将是彻底废除绞刑。[190]沙夫茨伯里驳斥了关于耻辱的观点，他彬彬有礼地说，"他不认为羞耻感对那个阶级有多大影响；的确，他深信，在把杀人犯从一个伟大的阶级中揪出来的时候，那种羞耻感已经完全消失了；这样的人常常盼望着有一天他们会出现在断头台上，在一群同伴面前公开展示他们的铁石心肠"。[191]

　　在接下来的两年里，随着《改革法案》的审议，导致了进一步的拖延。但是，在1868年春天，《监狱内死刑法案》被提交到下院，并获得通过。1868年5月29日，刽子手威廉·卡尔克拉夫特（William Calcraft）在纽盖特绞死了费尼安·迈克尔·巴雷特

(Fenian Michael Barrett)，这将是英国最后一次公开执行死刑。巴
630 雷特在上一年 12 月参与了克莱肯维尔的爆炸案，造成 12 人死亡，
50 人受伤。在英国，死刑还将持续近百年，但此后一直远离民众
的视线。

在某些方面，维多利亚时代的英国人使刑罚体系人性化，但在
另一些方面，《旧约》中关于惩罚的信念继续影响着他们的政策。
在这段时间里，象征着严酷监狱制度的新监狱陆续开放，其中许多
至今仍然存在：本顿维尔监狱建于 1842 年，达特穆尔监狱（原是
拿破仑战争时期囚禁战俘的监狱）建于 1850 年，旺兹沃思监狱建
于 1851 年，霍洛威监狱建于 1852 年。许多监狱采用的是"隔离"
系统，囚犯被隔离，在进行任何公共活动时，比如在跑步或摘麻絮
时，禁止交谈。隔离系统需要许多牢房，而且狱卒的劳动强度非常
大，因此有时需要招募囚犯去做狱卒通常会做的工作。1853 年颁
布的《刑役法》规定，任何人不得在 14 年内被运送到殖民地，这
对监狱施加了进一步的压力。1857 年流放被彻底废除。然而，惩
罚有时变得更严厉。1863 年针对绞刑的流行，出台了《绞刑法令》
（Garrotters Act），该法令规定，犯下这种时髦罪行的人将被判处
"九尾鞭刑"（cat-o'-nine-tail）以及一段刑期。这种野蛮的惩罚
达到了预期的效果：绞刑很快就不流行了。维多利亚时代的人觉得
631 他们在推进人类的事业，但并不是以牺牲个人的安全为代价。

第十六章　行善：慈善家和人道主义冲动

一

格莱斯顿很清楚，迪斯雷利在 1874 年重新掌权时也同样清楚，人民的巨大进步最好由国家干预来启动。然而，主流观点——自由党人比保守党人更相信，后者越来越相信家长式作风是国家的责任——是拥护个人责任。人们希望穷人尽其所能养活自己，富人则应该注意自己作为基督徒的义务，帮助那些不幸的人。富人缴纳的赋税很低，主要是奢侈品税。因此，他们有可支配收入来支持他们钟爱的事业。然而，对一些富人来说，很明显，如果他们是雇主，慈善事业会带来额外的好处，比如员工的健康和忠诚；在一个更加世俗的时代，基督教的义务远没有以前那么重要，慈善是一个有益的想法。

一些富人还意识到，社会的稳定（他们从中获得了特别的好处）可以部分地通过慈善工作来换取，这些慈善工作让穷人变得温顺，甚至更有用，对优于他们的人更加心存感激。1866 年海德公园暴动让统治阶级想起了存在于他们中间的怪物。尽管英国各地都存在严重的贫困，但震中位于伦敦。伦敦是最大的城市，其贫困人口（尤其是穷人）增长迅速。伦敦最糟糕的地方是东区，不仅因为生活在斯皮塔尔菲尔德、利姆豪斯、瓦平、贝斯纳尔格林、迈尔恩德、哈克尼和斯蒂芬尼等地的大量贫困人口，还因为 18 世纪在这些地方建造了精美房屋的中产阶级几乎抛弃了这些房屋，从而在这一过程中使社会断裂，并使最底层失去了任何支持或榜样。最后，此区域对中产阶级影响的需求被广泛接受：中产阶级的许多成员也开始意识到，重返这些已经变得贫穷的社区，在道德和社会层面具有重要意义。

这就是比阿特丽斯·韦伯（Beatrice Webb）在她的自传中提到的希伯来诗句，她称之为"知识分子和有产阶级中的一种新的罪恶意识"。[1]她发现了这一意识的各个阶段："首先是慈善和实践的阶段——理查德·奥斯特勒（Richard Oastler）［沙夫茨伯里在争取通过《工厂法令》运动中的同事］、沙夫茨伯里和查德威克；然后是文学和艺术的阶段——狄更斯、卡莱尔、拉斯金和威廉·莫里斯；最后是分析的、历史的和阐释的阶段——晚年的约翰·斯图亚特·密尔；卡尔·马克思及他的英文阐释者。"她说的不是个人的罪恶，而是"集体意识或阶级意识。人们越来越感到不安，甚至深信，这个工业组织曾经以惊人的规模产生租金、利息和利润，却没能为大不列颠的大多数居民提供一种体面的生活和可以忍受的条件"。

维多利亚时代的人把穷人进行了划分，分为被迫陷入困境的人和主动选择穷困的人。前者发现陷入贫困并不是由于他们自己的过错——寡妇、孤儿、病人和残废者、自由市场反复无常的受害者，而自由市场正是英国繁荣的基础。许多人尽管长时间从事卑微的工作，常常是在户外，拼命地想通过自己的劳动赚到足够的钱来支付基本的食物和最简陋的住所，但还是很穷。后者是罪犯，还有那些决心选择过着无所事事生活的人，即查尔斯·狄更斯《我们共同的朋友》（*Our Mutual Friend*）中恶毒的船夫瑞德胡所声称的那种人。在维多利亚时代的道德观念中，这些人如同罪犯。工作是上帝赋予我们的责任：劳动是最伟大的。然而，以卡莱尔为首的一些人认为，为失业者提供工作是国家的义务。贫穷带来绝望和耻辱。对大多数人来说，这只是一种暂时的状况，是在经济衰退期间经历的。对少数不负责任的人来说，这是一场永久性的、不可避免的缩短生命的事件，其中大多数是酒鬼。在 19 世纪 60 年代和 70 年代，英格兰和威尔士大约有 100 万贫民，每一千人中大约有四五十人是贫民。[2]

慈善家们主要通过两种方式帮助穷人：一是捐钱，二是奉献时间。有些捐钱的人也会抽出时间，不过通常不是在施粥场所分发汤饭，而是参加董事会的委员会会议。有些人不仅在街道上寻找孤儿，还从事宣传活动，抗议社会未能改善或提高穷人的生活条件：最著名的是狄更斯，还有金斯利、拉斯金和其他作家。有一种倾向是帮助应该得到帮助的穷人，尤其是因为在如此贫穷和痛苦的情况下，首先帮助不应该得到帮助的穷人会给应该得到帮助的穷人带来进一步的不公正，而且援助的手段本身也极为有限。

<h2 style="text-align:center">二</h2>

没有一个名人像狄更斯那样为穷人奔走。他这样做并非出于宗教责任——他对宗教有一种先入为主的怀疑——而是出于一种个人的愤怒感，这种愤怒后来变成了政治动机。狄更斯对于理解维多利亚时代中期的英国很重要，不仅仅因为他是一位杰出的文化人物，通过他微妙的宣传口吻塑造了读者的思想；也是因为他经久不衰的人气，确保了他仍然是一个棱镜——对许多人来说，确实是唯一的棱镜——从 1837 年到 1870 年这段时期，人们通过他来看待那个时

代。他的世界包含了所有的人类生活——从比尔·赛克斯的恶毒和摩德斯通先生的虐待狂，到科波菲尔、皮普和丘泽利特的天真烂漫，再到辟果提、拉利伯尔斯、布朗洛先生和潘波趣先生的仁慈；梅德尔、乌利亚·希普、斯奎尔斯和佩克斯列夫的排斥。他向我们展示了那个时代的贫穷、阶级的僵化、容易犯罪的倾向、不公正和虚伪。

狄更斯可能是 19 世纪 60 年代英国最有名的人——事实上，考虑到他在美国的名气，他可能是世界上最有名的人之一。19 世纪 30 年代末，他凭借《匹克威克外传》和《雾都孤儿》一举成名。狄更斯利用不断增长的受教育人口，为两份连载了他小说的出版物——《家常话》和《一年四季》杂志——编辑和写作，杂志还登载伊丽莎白·盖斯凯尔和威尔基·柯林斯（Wilkie Collins）等作家的作品。狄更斯的一生经常被放在这样的背景下讨论：1824 年，12 岁的狄更斯不得不在一家黑鞋油工厂给锅贴标签，当时他的父亲因债务入狱；并且，他与人世堕落的经历有关，他能够为那些不幸和贫困的人争取人道待遇。

在黑鞋油工厂之前，狄更斯的童年主要是在查塔姆度过的，他的父亲曾在那里的海军薪酬办公室做职员。他是个永不知足的读者，查塔姆和罗切斯特的日常生活为他提供了小说中常见的人物和类型。但他的贫困岁月、他对父亲无能和未能养活儿子和家庭的愤怒，也同样发挥了作用。当狄更斯的父亲最终被解雇时，年轻的狄更斯离开了黑鞋油工厂，只是因为他的父亲和老板发生了争执。他的母亲试图把事情平息下来，好让男孩重回黑鞋油工厂，这也让狄更斯讨厌她。

这种与生活艰辛的联系将成为他写作的主要灵感来源。他的小说要么让读者想起他们自身的经历，要么让更文雅的读者获得安

634

慰，认为自己完全避开了这样的生活。最重要的是，他成功地向读者呈现了一种他们都能认同和认可的生活。他笔下的许多人物，以及通常不可避免的大团圆结局，都是精心设计的，没有激起人们的怀疑，否则其结局将是致命的失败。

在黑鞋油工厂的经历之后，他又回到了学校，在一家后来成为多特男童学校的机构上学。他 15 岁时，这段经历就永久地结束了，在那之后，他成了一名初级律师的书记员，因为这个有利的位置，他后来构建了贾迪斯告贾迪斯的诉讼案。这很快就使他厌烦了。他自学速记，后来成为一名议会记者。在业余时间，他致力于自我完善：经常待在大英博物馆的阅览室里，他如饥似渴地阅读着他童年时期读过的那些英文名著。20 岁出头的时候，他开始以自己的笔名博兹（Boz）为期刊撰写短篇小说，并以每周 5 基尼的可观工资在《早间纪事报》（*Morning Chronicle*）当记者。正是在此基础上，他辉煌的事业得以起飞。

他的第一个《匹克威克外传》的故事诞生于 1836 年 3 月底，即他与妻子凯瑟琳·贺加斯（Catherine Hogarth）结婚的前两天。《匹克威克外传》是他成名的动力。到 1837 年 11 月连载结束时，其发行量已达 40000 份。狄更斯开始以一种最终会害死他的速度写作：他在写《匹克威克外传》的时候写了《雾都孤儿》，在写《雾都孤儿》的时候写了《尼古拉斯·尼克比》（*Nicholas Nickleby*）。1842 年，狄更斯第一次到美国旅行，尽管像他后来所有的旅行一样，他觉得非常疲惫，但每一次经历都为他的写作提供了素材，尤其为《马丁·翟述伟》（*Martin Chuzzlewit*）提供了素材。当他赚钱时，他继续支持穷人的需要。他的政治主张是激进的，当他的朋友约翰·福斯特（后来成为他的传记作家，也是狄更斯所有文学项目的主要顾问）经营激进的报纸《审查员》（*Examiner*）时，狄更

635

斯以匿名的方式为它写了一些讨论社会问题的文章，这些问题激怒了他。1850 年后，他编辑了《家常话》，并在小说和散文中进行了辩论。他连载的《儿童英国史》（*Child's History of England*）显示出对顺从和等级制度的漠视，尤其是对那些无所事事的富人的蔑视。

当英国在 19 世纪 40 年代初变得更加繁荣时，他越来越愤怒，因为新的财富没有被用来减轻最可耻的痛苦。他对《济贫法》的抨击始于 1837 年的《雾都孤儿》。在 1854 年的《艰难时世》中，庞得贝先生讽刺了新富阶层对下层社会的无情和冷漠的态度，这与地主乡绅和贵族们的观点形成了鲜明对比，后者习惯于在几个世纪以来封建主义的条件下照顾佃农。庞得贝发现，对每日工作量和工资的公平性需求，相当于要求用金汤匙给穷人喂海龟汤和鹿肉。《我们共同的朋友》（1864 ~ 1865）中的贝蒂·希格登（Betty Higden）是狄更斯笔下的人物，一个上了年纪的洗衣妇必须找到一种谋生的方法，而不是在垂暮之年还不得不投身教区。1865 年 9 月 2 日，狄更斯在《我们共同的朋友》的附言中写道："我相信，自斯图亚特王朝以来，英国没有哪条法律如此臭名昭著地施行，没有哪条法律如此公然地被违反，也没有哪条法律如此缺乏监督。在大多数令公众震惊、使国家蒙羞、因贫穷而导致疾病和死亡的可耻案件中，违法行为相当于不人道行为——而已知的语言无法再描述他们的目无法纪。"[3]

他告诉卡莱尔，他创作《艰难时世》是要"震撼一些人"。[4]它的下一部作品《小杜丽》虽然被广泛认为是对因债务而入狱的概念的攻击，但同样也是对顽固保守的国家制度的攻击，体现在诺斯科特 - 特里维廉改革之前的办事拖拉的官僚机构中；还有资本主义的危险，不仅被描绘成肆无忌惮、装腔作势的马德尔，还被描绘成他的客户——贪婪的白痴。20 年后，特罗洛普在《我们现在的生活方式》(*The Way We Live Now*) 中踏上了这条路，不再那么原始，也不再那么辛辣。

狄更斯的许多小说中都有慈善人物，这不仅是为了赢得读者的喜爱，也是为了树立榜样：《雾都孤儿》中的救世主布朗洛先生；雇了尼古拉斯·尼克尔比，让他养家糊口的拉利伯一家；《老古玩店》(*The Old Curiosity Shop*) 里的加兰先生；还有《我们共同的朋友》中的博芬夫妇，狄更斯似乎把他们描述成人类善良和正直的理想，他们的价值观经受住了他们为之献身的严酷雇主的考验。他们是"无可救药的不时髦的一对"，但"这两个无知、粗俗的人却凭着一种宗教责任感和想做正确事情的愿望，在人生的旅途上指引着自己走了这么远。在这两个人的心中，可以看出一万种软弱和荒谬；在这个女人的胸中，可能还有一万种额外的虚荣心。但是，在他们最快乐的日子里，他们所遭受的痛苦、愤怒和肮脏的折磨已经使他们付出了尽可能多的努力，因为只要能得到很少的钱，就可以在最坏的情况下赶快行动，这种做法从来没有像现在这样扭曲过，但他们的道德正直为人所知，并且获得尊重。"[5]

三

狄更斯与英国最富有的女人合作，在帮助穷人方面取得了巨大的成功。1837 年，年仅 23 岁的安吉拉·伯德特从外祖父托马斯·库茨 (Thomas Coutts)（库茨兄弟俩曾一起开办以自己名字命名的银行）的遗孀那里继承了 180 万英镑。报纸注意到，要将价值一镑的英国金币排列起来，这一数额将需要 24 英里。她每年还有 50000 英镑的收入，来自她在银行的一半股份。根据她继祖母的遗嘱，她以祖父的名义获得王室许可，成为安吉拉·伯德特－库茨。

637 遗嘱还禁止她嫁给外国人，也禁止她干涉银行的运作。她的父亲弗朗西斯·伯德特爵士（Sir Francis Burdett）曾是一位激进的议员，在她父母的家里，她见过当时的大多数伟人，包括格莱斯顿、迪斯雷利和查尔斯·狄更斯。

她从小就是虔诚的福音派教徒，她的信仰影响了她的一生。她主要致力于慈善事业。尽管有很多拜金的追求者，但她直到1881年才结婚——嫁给了她29岁的美国秘书——部分原因是，如果她这样做了，在法律改变之前，她的财产就会变成她丈夫的财产；部分原因是她对布朗夫人的爱，那是她的伴侣和前家庭教师，活到了1878年。她没有理会坎特伯雷大主教的建议，即她可以收养她的未婚夫，而不是嫁给他。由于他是外国人，她把自己财产的很大一部分给了妹妹，但在过去的44年里，她已经花了足够的钱来改变成千上万人的生活。她让女王感到震惊，女王有理由认为，自从布朗夫人去世后，伯德特－库茨变得不平衡，可能会"嫁给一个不合适的人"。[6] 新娘对这个警告无动于衷。这段婚姻似乎直接出自狄更斯的小说。

教会是她的首要任务。到1840年，她知道伦敦当时有170万亡灵，但教堂只能容纳其中的101000人，牧师和志愿者可以用来承担社会工作的资源很少。因此，她建造并捐赠教堂：第一个教堂是位于她父亲的老选区威斯敏斯特的圣斯蒂芬教堂，尽管有议会和修道院的存在，这个教区仍然存在伦敦一些最萧条、最危险的贫民窟。她资助学校，尤其是圣斯蒂芬教堂赞助的学校。她意识到，在教会贫困儿童生存的实用技能之前，试图教给他们任何东西都是没有意义的——尤其是女孩应该学习烹饪、洗衣和卫生的基础知识。她是全国防止虐待儿童协会的创立者，也是英国皇家防止虐待动物协会的支持者。1870 年，她成为该委员会的主席，在那里她提出了自己的原则，即所有的生命，无论人还是动物，都是神圣的："不人道对待动物应该被视为一种错误和罪恶。"[7]她经常写信给《泰晤士报》，对她目睹的针对狗或马的残忍行为表示愤慨，这是她关注的主要对象。

伯德特 - 库茨不仅致力于改善英国的状况，她还为世界各地的人道主义事业和教育提供资金，尤其是在非洲，在那里（和帝国的其他地方一样），她资助传教工作。她在南非、澳大利亚和加拿大为来自英国的移民捐赠主教辖区，希望他们的新生活是基督教的生活。她还帮助那些想要工作却找不到工作的人实现移民：出口过剩劳动力是维多利亚时代英国主要的商业活动之一。她担心孩子们挨饿，因此不适合工作。于是，她在 1866 年成立了"贫困儿童晚餐协会"。她为狗和人建造了饮水器：其中一个由她最喜欢的建筑师达比希尔（H. A. Darbishire）设计，位于哈克尼的维多利亚公园，非常壮观，尽管有些夸张得可笑。她帮助沙夫茨伯里贫困儿童免费学校联盟。她出钱让数百名贫困男孩加入皇家海军和商船训练队。她资助戒酒协会。1879 年，她还在布伦瑞克广场为艺术系学生建立了第一所住宅。她是苦苦挣扎的艺术家们的重要赞助人。

和她的朋友格莱斯顿一样，她也担心妇女堕落到卖淫的地步，甚至在她所居住的皮卡迪利大街的上流社会里，这种行为的普遍存在也对她产生了影响。这就是她与狄更斯的友谊所结出的最慈善的果实。1847 年，她在伦敦西部的谢泼德丛林（Shepherd's Bush）为那些想逃离罪恶的妇女们建立了一家名为乌拉尼亚小屋的招待所。她的主要合作者是狄更斯，他成了她在慈善事务上的主要顾问，把她的大部分捐赠从教堂和教育工作中转移出来。狄更斯有拯救堕落女性的想法，他给伯德特 - 库茨写了一封 14 页的信，把这个计划

638

概述为她们的"家"，即她们完全康复的中途之家。他热衷于亲自采取强有力的措施来管理它。他对她说："不必说，我应该全身心地投入这项任务。"[8]他通过两个伦敦监狱——科尔德巴斯菲尔德监狱和位于托希尔菲尔德的米德尔塞克斯监狱——的长官朋友，认识了一些可能的合适人选，他迫切希望帮助这些女性，这促使他敦促她为该计划提供资金。

伯德特－库茨是在继承遗产前后与狄更斯相识的。在伯德特家里，狄更斯颇受尊敬。其中《雾都孤儿》对《济贫法》的抨击达到了作者所期望的效果。在1839年和1840年，她常常请他一同进餐，他却常常拒绝，他对上流社会并不特别着迷。然而，他很快就对她产生了好感，以致在1841年5月他决定杀死李特尔·内尔时，只有六个朋友在《老古玩店》出版之前得到了通知，她就是其中之一。[9]

到1843年，狄更斯和伯德特－库茨已经非常亲近了。她付钱让作家的儿子查理去伊顿公学，这也说明了她与这位伟大作家的关系的动态，他要孩子去哈罗公学的愿望被他的女赞助人否决了。狄更斯被贫困儿童免费学校运动所吸引，并向约翰·福斯特提到，他那位富有的朋友愿意资助这样的学校。他给她寄了一份"对于贫困儿童免费学校的描述"，因为她在牧师教育基金的捐赠名单上名列前茅。[10]他煞费苦心地向她表明，"宗教的神秘和难以理解的信条对这样的学生是行不通的。我也告诉她，他们应该接受洗礼，这是非常重要的"。狄更斯用他的文学技巧概述了他在访问这些学校时看到的情况，在那里，他发现老师们正在努力使资金发挥最大效用，但是这些费用仍远远不足。狄更斯告诉她，伯德特－库茨的第一项贡献是为一所学校提供公共浴室和一间更大的教室。她会满足狄更斯提出的任何要求，从来没有让他失望。"她是一个最优秀的

人，我向上帝表示，我对她怀有最完美的爱和敬意。"狄更斯把
《马丁·翟述伟》献给了她，标志着他们的关系进入下一个阶段。

目前，他们的主要项目是乌拉尼亚。现有的妓女收容所有两种
形式：一种是临时住所，给妇女提供基本的食宿，然后再把她们送
回街上；另一种是修女院。这将是不同的。妇女们将在里面学习基
本技能，如编织和缝纫，这将帮助她们抵制重返卖淫的可能。她们
将接受小学教育，将得到一块花园的土地——牧羊人的灌木丛——
用来照料，狄更斯理想的房子就坐落于此，当时那里还是农村。她
们分担家务。她们会做汤分发给穷人，让她们明白服务他人的好
处。每天早晚都有祷告，礼拜天上教堂。她们要么在伦敦找工作，
要么准备在某个殖民地开始新的生活。房子以每年 60 英镑的租金
获得了担保，马厩可以改造成洗衣房。狄更斯浪漫地想象着囚犯们
可以坐在花园里唱歌或照料鲜花。

他后来将这个家庭的目的描述为"帮助那些陷入犯罪泥沼的
年轻女性重获希望，其次是拯救那些有陷入类似危险境地的年轻女
性"。[11]他曾在 1846 年 5 月 26 日的提案中告诉这位女赞助人："我
将把这件事交由伦敦监狱的任何一个监狱长去支配，让一个不幸的
人（当然是由她自己选择的）在她的刑期结束后，直接从监狱转
移到庇护所去。我要让任何一个悔过的人都有力量去敲门，并且
说：看在上帝的份上，将我带进去吧。"[12]他设想了两个阶段的过
程，首先是预备阶段，然后进入"房子里的社会"。[13]

在预备阶段，一个女孩会被告知她是来忏悔和改过自新的；尽
管她造成了那么多伤害，但最具破坏性的影响还是在她自己身上。
她可能堕落，但并没有迷失。她会被告知，"通往幸福的道路现在
将掌握在她自己手中，完全由她自己掌握"。[14]对她的试用观察时间
不是固定的，而是会有一个分数系统，当她通过良好的行为获得足

够的分数时，她就可以成为这个家庭的正式成员。不良行为——"脾气暴躁、无礼、脏话、任何形式的爆发"——将被扣分。其目的是证明一个女人能够对自己负责，并且能够理解她的进步（或缺乏进步）完全在她自己的掌控之中。狄更斯对这一体系的赞赏之处在于，它是一种"……为在外面正确地履行职责，为养成坚定和自制的习惯所做的准备"。[15]

狄更斯说，他明白这个制度必须"毫无疑问地建立在宗教基础上"。[16]然而，这必须辅之以一种训练制度，"这种制度虽然稳定而坚固，却是令人愉快和充满希望的。秩序、守时、清洁、日常的家务——如洗衣、缝补、烹调——和机构本身为每个人提供了实用的教学手段。这样，我就能让所有人都明白——我要把它写在每一个房间里——她们并不是在那儿开始和结束一种单调的职业生涯并自我克制，而是在那所房子里开始，或者继续，最后，在上帝的保佑下，在他们自己幸福的家里结束"。

他告诉伯德特－库茨：

> 像米德尔塞克斯教养院的切斯特顿先生和冷水浴场特雷西中尉这样的绅士，还有布瑞德威尔（我跟他们都很熟），他们很了解这些可怜的人心底的善良，也很了解她们前世的全部历史；她们从监狱里被释放出来以后，却没有一个地方可以容身，这经常使我感到遗憾。我们有必要注意到，这些不幸的妇女中有许多人不断地进出监狱，不是因为其他过失，也不是因为犯罪，而是因为她们最初的堕落。警察就是那样一种人，几乎可以在任何想要这样做的时候，就在街上重新把她们带走；法官判她们短期监禁。当她们出来的时候，只能回归她们原来的职业，然后再回到监狱……她们中的许多人在受到约束的时

候是善良的、优秀的，具有稳定的性格——即使缺少在这个机构受过系统训练的优势，她们也是病人温柔的护士，像最好的女人一样善良和温柔。[17]

狄更斯十分清楚如何扮演伯德特－库茨这个角色，他强调了那些被认为特别缺乏美德的女性的道德品质。他认为，应该允许对那些潜逃女性的重新接纳，但前提是家庭的管理人员认为她们仍有可能进行改造，而且不会对其他家庭成员产生腐败影响。道德劝诫将是该组织的重要组成部分，慈善行为将被描述为不仅仅对接受善意的人产生影响，"我要让她们记住，日复一日，试验的成功取决于她们自己，对成千上万尚未出生的妇女的拯救取决于她们的行动"。这个试验成功的比例是多少，很难预测；但是我认为，如果机构建立在一个经过深思熟虑的制度之上，并且管理得当，那么半数的囚犯将会从一开始就被感化，一段时间后，这个比例将会大大增加。我相信这个估计是在非常合理的范围内。在这一点上，他是有道理的。[18]

伯德特－库茨选择了一个合适的牧师，为妇女们设计了宗教指导。狄更斯找到了房子，也找到了护士长霍尔兹沃思夫人。他在米德尔塞克斯监狱找到了第一批囚犯。他给她们读了一份使命宣言，其中写道："在这个镇上，有一位女士从她家的窗户看到你们这样的人在夜里经过，她看到这样的情景，感到自己的心在流血……想到这些堕落的女人，她在床上就感到不安。"[19]后来，他会在简陋的学校里找到适合的女孩，她们居住在济贫院。伯德特－库茨每年支付约720英镑的费用，用于与房屋相关的所有支出，包括那些坚持学习课程的人的移民费用。[20]一些女孩由于无知，对移民的前景感到震惊，她们认为移民和流放是一样的。狄更斯对伯德特－库茨说："令人震惊的是，普通民众中几乎没有人受过（在任何方面都配得上这个名字的）教育。"[21]

1847 年秋，狄更斯几乎每天都去参观这座房子，为它的开放做准备。在监督他购买的这座房子的改建工作的同时，他还从托特纳姆法院路（Tottenham Court Road）的一家商店大批购进了"非常整洁、朴素"的女式制服以及亚麻布。他还找到了一架钢琴。他认为音乐是文明进程的一部分，是家庭宗教生活的附属物。"我认为助理至少应该能够在钢琴上演奏简单的曲子，这一点非常重要；我到处找，到处找，想找一个便宜的二手货，放在霍尔兹沃思太太的房间里。一般来说，这些人对音乐的喜爱是最为显著的；我想象不出有什么比发现她们与这种艺术为伴，听她们在睡前唱晚祷赞美诗更能打动或软化一个新来的人了。"[22]

他唯一担心的是，伯德特－库茨对这个家的宗教渴望会疏远囚犯。他担心普通的神职人员不知道如何对待普通的妓女：巴特勒在《众生之路》中举了一个典型的例子，那就是欧内斯特·庞蒂费克斯和这样一个女人分手时候的表现。尽管如此，还是找到了一个人人都喜欢的牧师。狄更斯对伯德特－库茨说：

> 这些年轻生命中的任何一个细节，对于一个远离这些知识的好人来说，都是既陌生又困难的，因此，世界上最好的人永远不可能了解这些人的真实情况，除非他满足于非常缓慢地取得胜利，并且始终怀着对她们所经历的一切所产生的结果的最好感知。如果处理不当，她们肯定会弄虚作假。我觉得，与这个计划有关的最大的焦虑是——比我对你的责任感所引起的焦虑还要大，尽管这也并不轻微——我希望和我在一起的牧师是一个完全值得信任的人，他不仅应该像我相信的大多数牧师一

样，是一个心地善良的人，而且应该是一个最善良、最体贴、最明智、对命令最不苛求的人。[23]

宗教是一个迫在眉睫的问题，但并不像狄更斯所担心的那样。副总管是费希尔夫人，狄更斯对她评价很高，但伯德特－库茨因为她不信国教而解雇了她。她被解雇的原因其实并非如此，而是因为狄更斯会晤她时，她没有向他承认这个事实。他强烈反对解雇她。但是至少大部分女人很开心，当其中一个女人看到她床铺的时候，喜极而泣。[24]在提供了资金之后，伯德特－库茨保持着一定的距离，不时来访，偶尔参加她和狄更斯任命并负责监督的委员会每月举行的会议。日常事务的管理权落到了狄更斯的肩上，当家里或女人的问题需要解决时，女管家就会去找他，这成为他接下来 10 年的主要慈善工作。事情总是起起伏伏。很难找到一位像狄更斯和伯德特－库茨所认为的能够正确执行他们指令的总管，而且这两位主要人物不能总是就他们所做事情的目的达成一致。即便有这样一位总管，对此也并没有帮助。狄更斯比赞助人更了解下层妇女的思想，他认为最好的目标是让她们结婚。伯德特－库茨认为她们没有理由不被拯救，没有理由不能结婚，很明显，她被为她们寻找丈夫的前景所困扰。

1847 年 11 月 3 日，狄更斯告诉伯德特－库茨，"毫无疑问，在这里，她们过去的生活不应该被提及。我想说的是，负责人的任何这种提法都是一种盲目的错误，其本身就足以使她被解雇"。[25]过去已无关紧要：狄更斯所关心的只是女孩们和照顾她们的人应该集中精力抓住新的开始机会。狄更斯仍然坚信劝诫：

在她们客厅里，我贴了两张从杰里米·泰勒和巴罗的布道文中挑选出来的两小段献词——它们本身既简单又漂亮，而且非常适合（我希望你会这样认为）这个目的。还有一段我自己的献词，指的是秩序、守时和好脾气的优点；另一篇则阐述了救世主对我们的责任，对上帝的责任，对邻居的责任。每一间卧室里都有另外一段献词，告诫他们永远不要躺下休息，不要彼此不亲热，不和睦。现在我正在写一个小便条，霍尔兹沃思太太一进来就会念给大家听。[26]

　　并不是所有的女孩都认同。1850 年 4 月 17 日，狄更斯在给伯德特－库茨的报告中写道，其中一位名叫杰迈玛·希斯科克（Jemima Hiscock）的女子持刀闯入酒窖，"喝得酩酊大醉"。[27]在那一刻，"她用了最可怕的语言，做出了一个非常令人厌恶的自我展示"。她怂恿另一个女人跟她一起喝酒。希斯科克将被开除，她的同伙一直蒙受耻辱，直到狄更斯有机会调查这件事。希斯科克喝得酩酊大醉，狄更斯怀疑单靠啤酒能否做到这一点，他怀疑她从外面走私烈酒进来。两个女人带着亚麻布逃走了，更糟糕的是，那是在亚麻布洗好熨好之后。

　　另一个女人塞西娜·伯拉德（Sesina Bollard）——她自己听起来就像狄更斯小说中的人物——是如此的不道德，在他看来，她会"在两周内毁掉一座修道院"。[28]被赶出家门的妇女往往又去卖淫、坐牢，有时甚至早逝。1850 年被开除的汉娜·迈尔斯（Hannah Myers）几乎很快犯下重罪，回到米德尔塞克斯监狱服刑一年。另外两个女孩，都是 17 岁，抢劫了总管价值 7 英镑 10 先令的物品，但她们自首了，她们认罪后被判入狱 6 个月。然而，其他女性的救赎抵消了这些失败。她们中的许多人在殖民地开始了新的生活，伯德特－库茨在阿德莱德或开普敦建立的教区内的支持网络，确保了她们能够诚实正直地生活。她的移民计划产生了超出家庭范围的影响：1850 年，通过与狄更斯的合作，盖斯凯尔夫人设法在开普敦（Cape Town）安置了一名来自曼彻斯特的堕落女孩。然而，殖民地社会在某些方面比英国本土更注重道德且冷酷无情。狄更斯对盖斯凯尔夫人说："让我提醒你注意海角（Cape）的事吧，""她在那儿一定是极其沉默的，至于她过去的历史，那些带她出去的人一定非常清楚。库茨小姐和我刚刚收到了那个地区可靠的情报（我们派了三个姑娘去那里），这使我确信，必须谨慎行事，否则她要么会痛苦不堪，要么会被扔回你抚养她长大的那个海湾。"[29]

建立在同情和严格纪律基础上的康复过程似乎起了作用：后来，其他类似的家庭和收容所也将会效仿。1851 年，狄更斯对伯德特－库茨说，"想象一下这些女人过去是什么样子，可能是什么样子，想象一下她们的孩子可能是什么样子，你不可能估计出你做了多少好事"。[30]1858 年之前，一切都很顺利。但在 1858 年，狄更斯与女演员艾伦·特南（Ellen Ternan）有染，婚姻破裂。在随后的丑闻中，他觉得自己再也不能在机构中扮演什么角色了；究竟是因为他觉得暴露了自己的性道德而受到了损害，还是因为他不想让少数几个知道伯德特－库茨在这场事业中所扮演角色的人蒙羞，这还有待猜测。很快，人们就发现狄更斯在机构背后有着多么重要的力量：不仅是在行政工作和管理方面，而且是作为收容者的中间代理人。到 1862 年，没有了他，这个家就不复存在了。

狄更斯开始为伯德特－库茨扮演一个角色，这个角色与阿瑟·休·克拉夫为南丁格尔所做的事情相呼应。日复一日，他的角色，还有其他职责——他的小说写作，他的新闻工作，他的《家常话》编辑工作，以及后来《一年四季》的编辑工作，令他像克拉夫一样被弄得筋疲力尽。他充当了向伯德特－库茨发出私人呼吁的渠道；他为她承担了管理工作；他还就她的资源下一步的分配目标提出了建议。狄更斯本质上是一个记者，他的新闻直觉告诉他，伯德特－库茨的所作所为是一个好故事，应该使其更广为人知。不过，她不喜欢抛头露面：她从事慈善事业不是出于商业原因，也不是为了提高自己的声誉或地位。最后，狄更斯说服她允许他在《家常话》上描写乌拉尼亚，但前提是他必须隐瞒这位恩人的身份。

646

然而，发表于 1853 年的这篇文章确实揭示了这项事业的相对成功之处：自 1847 年以来，在 56 名女性中，有 30 人被认为以优异成绩毕业，其中包括"饥饿的妇女，贫穷的打劫妇女……因在管理不善的济贫院里捣乱而被监禁的暴力女孩，来自贫困儿童免费学校的可怜女孩，向警察局申请救济的贫困女孩，来自街头的年轻妇女——在监狱里因扰乱秩序，或因入店行窃，或因盗窃他人财物而受到惩罚后，从监狱中被带走的同级别年轻妇女；被诱奸的家仆；以及因企图自杀而被保释的两名年轻妇女"。[31]

乌拉尼亚项目让伯德特－库茨了解到贫困的现实，在那之前，"穷人"对她来说一直是一个抽象的概念。这促使她想要做更多的事情来预防疾病的起源，而不仅仅是治疗症状。狄更斯鼓励她成为大都会协会（Metropolitan Association）的股东，该协会致力于改善勤劳阶层的住房条件，她和其他人在那里投资为贫困人口建造新住房。其目的是"为劳动者提供更多的生活舒适和便利，并向资本家提供充分的补偿"：这是维多利亚时代一个明确的项目。[32] 1847 年12 月，它在伦敦圣潘克拉斯老路（Old St Pancras Road）为 110 户家庭建成了第一栋公寓楼。这个街区被认为是卫生生活的一个巨大进步。狄更斯认为该协会"明智且真正有用"，认为它在改善劳动阶级条件方面比沙夫茨伯里的福音派协会更胜一筹。

然而，伯德特－库茨想要做得更多，于是选择把注意力集中在

伦敦东区最肮脏的地区之一贝斯纳格林（Bethnal Green）。狄更斯
再次受到了影响：《雾都孤儿》中的妓女南希（Nancy）曾住在贝
斯纳格林。伯德特-库茨已经为斯特普尼的教会学校提供了资金，
1856 年，斯特普尼被《泰晤士报》描述为"圣彼得大教堂这个悲
惨地区的中心地带，它是附近最肮脏的地方之一，是罪恶的温
床"。[33]她想在那里建造模范住宅。狄更斯建议，在她去之前，她应
该去参观一些已经建成的建筑，以了解哪些是可行的，哪些是必需
的。狄更斯为她勘察过这样的地方，并把她介绍给他的姐夫亨利·
奥斯汀（Henry Austin）。奥斯汀是一名建筑师和卫生工程师，后来
成为她的顾问。达比希尔很快就被聘为建筑师：他后来为住房慈善
家乔治·皮博迪（George Peabody）工作。

　　狄更斯主张用大厦而不是传统住宅的街道来控制伦敦的扩张。
他说，供水、供气和排水等服务将更容易提供。被称为哥伦比亚广
场的开发项目于 1862 年开放。它建在伦敦最糟糕的贫民窟之一。
在 19 世纪 30 年代，这里也是一些最臭名昭著的抢尸事件的发生
地，因此臭名远不止于此。开发项目的四个街区中，每一个都包含
45 套公寓，大多是拥有两室的家庭套房：即使在这些相对豪华的
住宅中，整个家的成员也必须在一个房间里睡在一起，在另一个房间
里共同生活，卧室只有 12 英尺乘 8 英尺。但至少它们很明亮，通
风良好，温暖，不潮湿。每个街区都有自己的洗衣间，里面有一个
巨大的旋转式烘干机，每层楼都有垃圾槽。在伯德特-库茨的坚持
下，每个街区都有自己的阅览室。首都其他地方也效仿她的做法，
尤其是伦敦市政委员会，该委员会在克莱肯维尔预留了土地，并为
工人阶级建设了投资总额达 120000 英镑的公寓楼。美国慈善家乔
治·皮博迪正是在看到伯德特-库茨所做的一切后，才为斯皮塔菲
尔德和伊斯灵顿订购了类似的建筑。

在 19 世纪 60 年代后期，为了鼓励哥伦比亚广场租户的商业生活，她资助并建立了哥伦比亚路市场，位于达比希尔设计的一栋盛期维多利亚时代风格的建筑里，建筑质量好得惊人，当地商人可以在这里出售商品，当地居民也可以更容易地以合理的价格购买新鲜健康的食品，特别是在穷人容易受到掺假食品（有时甚至是有毒食品）影响的时候，他们还能买到新鲜的牛奶。她还担心手推车垃圾的腐烂会对卫生造成影响，认为市场建筑更容易保持清洁。然而，当叫卖小贩们的街头交易受到当局的骚扰时，她雇了自己的律师来代表他们，确保他们有谋生的权利；她也因此被称为小贩皇后。她对动物的热爱也使她敏锐地意识到动物贸易的重要性。她在哥伦比亚广场附近建了马厩，并在那里和英格兰周围的其他城镇搭起饮水槽给牲畜饮水。

然而，这座在二战后被拆毁的杰作，宏伟得令人难以置信，也不切实际。这里不允许骂人，这挑战了多数人一生的习惯；它也不能在周日这个传统的交易日开门营业，尤其是因为该地区有很多犹太人。1869 年 4 月，威尔士亲王宣布开放这座宏伟的哥特式大厅，不到 6 个月的时间里，就发生了这种情况。伯德特－库茨想出了一个新计划：她将把这个大厅作为交易鱼类的场所，打破伦敦鱼市场的垄断，并为当地人提供廉价鱼类的来源。这也没有任何结果，尤其是因为伦敦鱼市场的限制措施。她把这栋楼交给了伦敦金融城，但他们无能为力，几年后又把它还给了她。在接下来的 10 年里，她尝试了其他各种各样的计划——建立一个肉类市场，然后又尝试销售鱼类——但都没有成功。最终，她把它变成了一家烟草工厂，为当地妇女提供就业机会。

在伦敦东区另一个衰落的地方斯皮塔菲尔德，她为当地丝绸行业萎缩时失业的妇女开办了一所缝纫学校，树立了重新培训技能的理念，同时，她还希望这能阻止她们卖淫。她资助了夜校，在夜校工作的人可以学到新技能或发展现有技能。这些学校成为向贫困者分发衣服、食物和医疗用品的中心，并协调护士去看望家里的重病人。她雇了一名会计约翰·萨斯福德（John Sapsford）为她在伦敦东区的救济工作做会计助理，最初的预算是每年 6000 英镑，但随着 1867 年霍乱疫情的爆发，预算增加到了 20000 英镑，因为食品包裹需要被送到病人家属手中，而护理人员和卫生工作者的费用也由她承担。

　　她的市场建设让人们注意到她在伦敦东区和其他地方所做的一切，以及多年来一直在做的事情。1871 年 5 月 4 日，格莱斯顿给上院领袖格兰维尔写了一封信，指出伯德特－库茨已将哥伦比亚市场委托给伦敦市政委员会，这将节省后者在伦敦鱼市场方面的开支。有没有什么方法可以证实伯德特－库茨小姐为公众提供的卓越服务？[34]格兰维尔同意这一点，而且鉴于她 30 年来对穷人的慷慨和服务，贵族身份将是合适的。格莱斯顿同意了。虽然授予女性的贵族头衔并不是前所未有的，却是极不寻常的，女性贵族也不能进入上院。[35]伯德特－库茨对这份工作很感兴趣，但考虑了几天之后，她才与格莱斯顿就她的头衔进行了通信。她的同伴布朗太太劝她接受。然而，对公众来说，除了"小贩皇后"，她又获得了另一个头衔，进入一个新的领域，她成为众所周知的"穷人的女王"。[36]

　　她资助了布朗普顿医院，从而促进了癌症研究。她给医院的创始人威廉·马斯登（William Marsden）提供了一笔无息贷款，这样后者就可以建造以他的名字命名的皇家马斯登医院。1859 年，她奠定了基金会的基石，并继续每年捐款 50 英镑。医院的资金尤其不稳定，病人几乎完全在家接受照料。医院被视为企业而非慈善机构，如果被视为慈善机构，则会因为税收问题而使它们的收入减少——对此沙夫茨伯里曾在 1863 年向格莱斯顿抱怨。他在那年 5 月 2 日敦

649

促格莱斯顿说"为了救济生病的穷人，你必须取消对医院征税的提案，但不是义务。你会给劳动阶级带来许多痛苦，而这正是他们所担心的"。[37]沙夫茨伯里担心，如果这项提议得以实施，将导致没有足够的钱来支付医生费用的情况。沙夫茨伯里的上诉最终成功了。

伯德特－库茨特别热衷于推进科学教育，1861 年，她在牛津大学捐赠了地质学和自然科学奖学金，同时也向牛津大学捐赠了一批来自德文郡的稀有化石。她认识到职业教育的重要性，这种教育将使工人阶级具备谋生和自我提高的技能。她创办了威斯敏斯特技术学院，这是她在这方面取得的最大成功。伯德特－库茨还资助了一群"擦鞋男孩"，他们穿着制服，在伦敦街头为路过的绅士擦皮鞋。批评人士认为，所有这些都是失业的男孩，他们多年来一直在擦亮鞋子，却没有人帮他们做生意。对于贫困和失业的人，她设立了分发实物的场所；但她也鼓励低下阶层的进取精神。她把自己的保护范围扩大到花童，这些花童经常被当作妓女对待，不时面临男人的搭讪，为此她提供资金和支持，把她们组织成像擦鞋匠那样的一支队伍。她所有的国内慈善事业并不都是集中在大都市，她还资助了德文郡农村地区的"流动校长"项目——她在托基度过了一个冬天——试图让一位领薪水的客座校长来帮助提高女子学校的标准。后来，她又在苏格兰农村复制了这一过程。

1906 年，92 岁的伯德特－库茨去世，据估计她捐了 300 万英镑到 400 万英镑。自从她结婚以来，由于嫁给一个外国人，她的收入减少了。她从不寻求认可，但在她生命的最后半个世纪里，公众，尤其是直接从她的慷慨中受益的那部分人，向她致敬，表达了他们的感激之情。1866 年 12 月，在皮卡迪利大街的一场伟大的改革示威游行中，从她窗下走过的人们为她欢呼了两个小时，他们意识到，贵族阶层里也有人关心他们的利益。

四

那些有崇高理想的人，当他们在自己的标准上妥协时，有一种不寻常的震撼力量。格莱斯顿对色情作品的强烈兴趣产生了这样的影响，狄更斯也不例外，他成了那个时代堕落的性伪善的牺牲品，使他的私生活与他的公众形象格格不入。他的婚姻已经给他带来了10个孩子，但从19世纪50年代初开始，这段婚姻就陷入了困境。在他的传记中有一段非常坦率的文字——在弗劳德彻底改变卡莱尔的写作风格之前，他就已经开始写作了——福斯特注意到，到19世纪50年代中期，"他在家里已经找不到家庭所能提供的满足了，而这些正是他的天性所要求的"。[39]他的确写信给福斯特，"我总算松了一口气，总算可以把我心里闷了很久的话说出来了。可怜的凯瑟琳和我不是天生的一对，没有什么办法可以补救。她不仅使我不安和不快乐，而且我也使她不安和不快乐——而且更甚……上帝知道，如果她嫁给了另一种男人，她会快乐一千倍，她对命运的逃避至少对我们双方都有好处。我常常伤心欲绝，心想，为了她自己的缘故，我竟成了她的绊脚石，真是太可惜了"。[40]

福斯特没有提到的是，狄更斯从1857年起就向一位比他小26岁的19岁女演员艾伦·特南寻求安慰。1858年，他寻求与妻子合法分居，在《泰晤士报》和《家常话》上发表了一份声明，大意是关于他与另一个女人调情的谣言（据称，谣言是凯瑟琳家族成员散布的）是不真实的。这次分离一点也不友好。一封写给朋友的，暗示凯瑟琳精神不稳定的信最终被公开发表。伯德特-库茨想做一个诚实的中间人，结果狄更斯告诉她，凯瑟琳给他带来了"无法形容的精神痛苦"，他不想再和她来往了。从那一刻起，伯德特－库茨成了狄更斯的敌人。在 12 年后狄更斯去世前，他只给她寄了三封短信，且都是对她询问的答复。

从那时起，狄更斯生活在一个非常奇怪的家庭中。他在罗切斯特附近的盖德山的房子——是斯迈斯的风格，当他还是个小男孩的时候，他就对它赞赏有加，几十年后，他买下了它——不仅由他的一个女儿（这在当时很常见）经营，而且同时由乔治娜·贺加斯（Georgina Hogarth）经营，她是他备受非议的妻子的妹妹（其实不是）。在他众多幸存的孩子中，大多数人认为，一旦他们的母亲去世，他们的父亲就可能不关心他们，并尽可能早地让他们离开家。与此同时，狄更斯在伦敦北部给内莉买了一所房子，她和母亲以及两个姐妹住在那里。正如我们不知道卡莱尔婚姻的确切细节一样，我们也不知道内莉·特南究竟是狄更斯的情妇，还是狄更斯的养女。考虑到狄更斯对生育的兴趣，选择前者可能更保险。

这些动荡给狄更斯带来了巨大的损失。在过去 10 年左右的时间里，他为了赚钱，花了很多时间在公众阅读上。1870 年冬天，他在美国和英国进行了最后一次阅读之旅，疲惫不堪。在他去世前不久，他会见了女王，在那里，他抱怨阶级分化，并希望阶级分化逐渐消失。1870 年 6 月 8 日，他在盖德山工作时中风，第二天去世。另一种说法是，他在佩克汉姆拜访内莉时中风了，她和她母亲已经搬到那里去了。他是被一辆出租马车秘密带回来的，这被认为是"狂野而不可思议……但并非完全不可能"，他最新的传记作者克莱尔·托玛林（Claire Tomalin）是这样说的。[41] 具有深刻讽刺意味的是，一个把如此多的慈善精力用于堕落女性的男人，竟然在652 自己的个人生活中造成如此大的破坏。他的最后一个愿望，即葬在罗切斯特城堡旁边的墓地里，却被忽视了：英国最有名的人去了这个国家的名人通常会去的地方，威斯敏斯特大教堂。

五

托马斯·巴纳尔多（Thomas Barnardo）是另一位伟人，他的生活有阴暗的一面。19 世纪 60 年代末，他开始在伦敦东区的贫困儿童中工作。巴纳尔多发展出一种令人耳目一新的 20 世纪筹款方式：他伪造了儿童获救"之前"和"之后"照片，鼓励人们为他的工作捐款，并一度谎称自己是一名"医生"。与狄更斯一样，公共意图和私人行为之间也存在某种矛盾。巴纳尔多是一个有着犹太普鲁士血统的都柏林皮货商的儿子，是一个中产阶级，收入有限。他代表了维多利亚时代以安吉拉·伯德特－库茨为代表的慈善事业的另一股力量。他和伯德特－库茨一样，对穷人的处境充满愤怒，但他却缺乏她的资源，于是他把自己的时间和精力都用来去直接减轻痛苦，并鼓励别人资助他的工作。

巴纳尔多与伯德特－库茨有着共同深厚的基督教信仰。这激发了他的慈善事业和他的工作方式。他出生于 1845 年，在他母亲和哥哥的影响下，他在 16 岁时皈依了新教福音主义，加入了开放的普利茅斯兄弟会（Open Plymouth Brethren）。1866 年，他来到伦敦，在伦敦医院注册成为一名医科学生。他身高 5 英尺 3 英寸，但好斗弥补了他身材上的不足。当他调查周围的城市时，他震惊地发现孩子们露宿街头，忍饥挨饿，乞讨为生，有些孩子在工业事故中致残。在伦敦最不卫生的地区，有 1/5 的人在 5 岁生日之前就去世了。他第一次涉足慈善事业是在 1867 年霍乱流行期间，通过与普利茅斯兄弟会的联系，在斯特普尼欧内斯特街的一所贫困儿童学校免费教书。在疫情最严重的时候，他还成为一名街头传教士，在麦尔安德（Mile End）的荒地上，救世军创始人威廉·布斯也会在那里布道。估计有 3000 人死于这种流行病，其中包括许多需要挣钱养家糊口的人，导致他们的家庭陷入贫困。

653　　巴纳尔多与欧内斯特街的其他人发生了争执，尤其是因为在资金使用方面存在争议。这是他第一次（但不是最后一次）用犀利的手法引发争议。他与其他权威从来没能和平相处，他筹集了资金，接管了两间工人的小屋，并建立了一所贫困儿童免费学校，确立了自己的使命。新学校就在旧学校的拐角处，欧内斯特街的经营者对巴纳尔多分散人们对他们工作的注意力、甚至可能破坏他们工作的行为感到愤怒：这是像巴纳尔多这样的慈善人士有时会从事的竞争性慈善活动的众多例子之一。

　　1969 年至 1870 年的冬天，一个名叫吉姆·贾维斯（Jim Jarvis）的孤儿带着巴纳尔多在伦敦东区四处看看，了解有多少孩子住在那里：有些孩子睡在屋顶上，有些睡在排水沟里。贾维斯前一天晚上睡在怀特查佩尔的干草市场的稻草上。他们本来可以选择济贫院，但贫穷的耻辱以及此类机构的严苛制度，让许多人望而却步。巴纳尔多目睹的极度贫困改变了他的一生。到目前为止，他主要关心的是儿童的精神福利，现在他看到了满足他们物质和实际福利的紧迫性。然而，当贾维斯告诉他，他相信耶稣是"罗马教皇"时，他很震惊。[42] 他开始筹集资金为贫困的孩子们建立一个家。1870 年，他在斯特普尼堤道（Stepney Causeway）建立了第一个类似住宅的全国性网络。他的医学研究暂停了。

　　他到贫民窟去寻找被收容者。这所房子的名声很快就传开了，也很快就住满了人。一天晚上，11 岁的男孩约翰·萨默斯（John Somers）被拒之门外，因为已经客满。两天后，他被发现死于营养不良和暴露在外，当时他睡在一个糖桶里。此后，学校门口贴了一块牌子，上面写着："从来没有一个贫困的孩子被拒绝接纳。"[43] 巴纳尔多决心让他的孩子们有能力谋生。在斯特普尼建立收容之家后不久，他发展了伯德特－库茨的旅团原则，最初是由城市使者和伐木者组成的旅团开始的。他也有自己的一群擦鞋匠。在资金允许的情况下，他开办了一些作坊，让男孩们学习制鞋、刷毛和木工。届时会有移民方案和培训船只。

　　在他东区少年团第一年的经历结束时，巴纳尔多报告说，他有容纳 50 个贫困男孩的房间，到那时为止，已经住了 33 个。他设法（部分从富有的福音派信徒那里）筹集到了惊人的 2428 英镑 5 先令 4 便士，远远超过了这次任务 933 英镑 16 先令 7 便士的花费：他还从房客那里筹集了 53 英镑 2 先令 6 便士，这些男孩都在工作，有能力支付自己花费。[44] 大约在这个时候，沙夫茨伯里听说了巴纳尔多，并邀请他和其他伦敦东区使团的领导人讨论他们正在处理的问题。沙夫茨伯里在福音派世界的名声并没有损害巴纳尔多对资金的呼吁。

　　和布斯一样，巴纳尔多也把酒精视为主要的罪恶，并为戒酒运动改变了信仰。他计算出，收容之家 85% 的男孩都是因为酒精对父母或监护人的影响而一贫如洗。[45] 他闯入一家酒吧，试图通过宣传戒酒来传播救赎的可能性，结果遭到殴打，两根肋骨骨折。1872年，他在爱丁堡城堡莱姆豪斯买下了一家声名狼藉的酒吧和音乐厅，此前他曾为戒酒申请资金，为的就是买下这座"撒旦城堡"。他把它改造成一所教会和咖啡馆，并称之为英国工人的咖啡宫殿。音乐厅成了福音派的布道场所。迄今为止，大型会议只能在夏季的帐篷里举行，现在一年四季都可以举行。

　　第二年，他娶了西利·埃尔姆斯利（Syrie Elmslie），他们的女儿将嫁给萨默塞特·毛姆（Somerset Maugham）。埃尔姆斯利是他在伦敦西南部一所贫困儿童免费学校演讲时认识的。作为结婚礼

654

物，一个富有的支持者给了他们埃塞克斯郡巴肯赛德地区一所大房子的租约。巴纳尔多夫妇也想帮助孤儿，他们的财产使这一愿望成为可能。巴纳尔多对儿童卖淫的程度感到震惊。巴纳尔多夫妇发起了一项最初的实验，把 60 个女孩安置在他们家的马房里，但效果并不令人满意。他们意识到，如果女孩们想要茁壮成长，就需要一个传统的家。巴纳尔多的设想是，在一位"母亲"的监督下，建造一个由村舍组成的"村庄"，让数量较少的女孩住在每个村舍里。而且，在没有学校任务的时候，巴纳尔多照顾的男孩会在外面工作，而女孩则充当她们自己的家庭佣人。

　　1874 年至 1875 年，他召开公开会议，为自己的村社筹款。他认为，女孩需要被区别对待，不仅要使她们归化，而且要给予她们"一切可以训练她们尊重自己的身体、保持上帝赋予她们灵魂纯洁的东西"。[46]他知道济贫院在这方面是失败的，于是就讲了一个故事（这可能是杜撰的：巴纳尔多和真相有时是让人感到陌生的），说从一个济贫院里出来的 80 多个姑娘都成了妓女。联系成功了，钱进来了。多亏了富有的福音派，巴纳尔多建造了 30 座小屋，最终在一个小村庄里收留了 1500 名贫困的女孩。1875 年 6 月，巴纳尔多的另一位贵族支持者阿伯丁勋爵（Lord Aberdeen）为前 9 所村社奠定了基石。

　　"孤儿、被忽视和贫困女孩村之家"的第一座小屋是为了纪念一个死去的孩子而建的，后来的几座小屋也是如此。1876 年 7 月 19 日，大法官凯恩斯勋爵（Lord Cairns）开办了第 14 座小屋。现在的口号是："从来没有贫困儿童被拒绝接纳"。《泰晤士报》的报道称，巴纳尔多花费了 4000 英镑至 5000 英镑将"爱丁堡城堡歌厅"改造成一个礼拜场所；在斯特普尼，"超过 120 名的街头阿拉伯人受到庇护，免受邪恶侵蚀，并受到基督教教义和榜样的影响"。[47]在巴纳尔多夫人的监督下，这个新村庄的目的是把与"邪恶联想"有关的女孩招进来，培养出"一群厨房女侍、挤奶女工、客厅女侍、女佣、洗衣女工和厨师，以满足世界各地对干净、有教养女佣的需求"。开幕式上宣读了一份关于如何实现这一目标的报告。《泰晤士报》写道："在帐篷里，东区少年宣教团的乐队演奏了一系列欢快的曲调。""凯恩斯夫人开动机器，宣布洗衣店开门。"

当巴纳尔多建立起自己的家园时，他也提出了自己的原则。他将接纳儿童而不使他们受到任何形式的歧视：根据他的定义，任何儿童都是应受救济的穷人的一部分。

在开始讨论细节之前，最好把家庭所遵循的宗教原则放在首位。

这些房屋从一开始就完全按照宗教路线建造。它们是基督教的机构，以福音的精神继续存在。当然，他们是新教徒，但没有任何信仰或政党可以独享他们的工作。每一位候选者，或对其负责任的监护人，在申请时都清楚地知道，这些都是新教徒的家庭，除了按照上帝之道教导以外，不提供任何其他宗教教导。在过去，面对一个真正贫困和无家可归的孩子，我不能让任何教派或信仰的问题把我的大门关上，而接纳任何人都不是为了改变信仰。

家庭是在最广泛的基督教基础上组建的，这与对福音真理的忠诚是一致的。它们是不同教派的住宅，具有下列非常重要的意义：

1. 他们接受各种信仰或无信仰的孩子，而不考虑教派；

2. 他们得到了基督教会所有教派同情者的支持，不论教派如何；

3. 他们是由工人来执行和管理的，这些工人和捐款人一样，几乎属于普世教会的每一个部分，这个教会是由所有诚心爱我们主耶稣基督的人组成的。

4. 因此，教会做出了认真的努力，把每一个孩子都抚养成人，而他们的父母名义上是属于教会的。我必须补充说，所有与我有关系的人（不论教会或教派）的主要目的都是实验性地把这些孩子带大，让他们敬畏主，并以信心和爱心把他们吸引到我们的救主基督面前。

然而，他开始引起那些缺乏活力和魅力的慈善家的嫉妒。他给一些孩子穿上最脏的衣服，以更好地强调他工作的有益效果，并通过出售臭名昭著的"之前"和"之后"照片来筹集资金。他被控为自己的目的使用资金，并在没有医学资格的情况下自称"巴纳尔多医生"。还有传言称，他在医学院读书时曾与女房东有染。有关他私生活和财务状况的一些传闻，似乎是由他的福音派信徒，酿酒王朝的弗雷德里克·查林顿（Frederick Charrington）传播的。查林顿对巴纳尔多闯入他在麦尔安德的地盘表示不满。查林顿对自己家族的兴旺途径感到羞耻，他在托尔哈米茨执行一项任务，爱丁堡城堡改建后，那里的人已寥寥无几。家族酿酒厂就在麦尔安德的尽头，离巴纳尔多的工作区很近，这对查林顿来说是一种侮辱。

让查林顿忍无可忍的是，巴纳尔多答应在麦尔安德开一家名为657 都柏林城堡的咖啡馆。查林顿要求巴纳尔多不要这么做；但巴纳尔多似乎在神的启示和妄自尊大之间摇摆不定。他拒绝服从，并出版了一本小册子，捍卫自己这样做的权利，但查林顿认为这是宣战。

慈善总会（稍后将详细介绍其工作）秘密地帮助另一位诋毁巴纳尔多的人，浸礼会牧师乔治·雷诺兹（George Reynolds）在1875年出版了一本攻击他的小册子，名为《巴纳尔多医生的家：惊人的启示》（*Dr Barnardo's Homes: Startling Revelations*）。雷诺兹和查林顿是一伙的。这件事引起了公众的注意，慈善总会可以正式调查他了。1875年，巴纳尔多筹集了23000英镑，这主要归功于他的表演才能。他是在没有受托人或财务主管的情况下这么做的，只有他自己仔细审查他的钱是怎么花的。即使他是完全诚实的，这种做法也是极不规范的。慈善总会将巴纳尔多列入黑名单，这促使他向雷诺兹发出了一纸诉状，他对雷诺兹进行了不明智的攻击。更不明智的是，巴纳尔多出示了一份文件，声称自己有资格在盖森大学（University of Geissen）担任医生，结果文件被证明是伪造的。

双方在媒体上激烈争论。一份报纸以一位牧师的笔名发表了几封信，这位牧师自称从小就认识巴纳尔多，他敢担保巴纳尔多是个多么好的人。不幸的是，这些证词——除了维护巴纳尔多的荣誉，也对他的对手进行了猛烈的攻击——都是巴纳尔多自己写的。就连他也意识到自己做得太过火了，他又给报纸写信，谴责自己用假名写的东西，这使他的欺骗行为更加荒谬。巴纳尔多经营慈善事业的方式经不起推敲。他意识到了这一点——在一些支持者（他们表达了自己的失望之情）的帮助下——慈善机构被赋予了新的管理结构。巴纳尔多留下来了，但不再是所有者，而是董事，他受雇于受托人，对受托人负责。各种各样的财产，比如爱丁堡城堡和巴特金赛德的房子——由于维护费用和与斯特普尼的距离，巴纳尔多一家已经搬离了这座房子——都得到了信托。这本该令他恢复信心，但捐款减少了。巴纳尔多意识到，如果他的项目要生存下去，他就必须诚实行事。（在他结婚前后，他告诉别人叫他"巴纳尔多医生"）他来到爱丁堡，用四个月完成了医学教育，并于 1876 年获得医生资格。

658　　　关于不当使用资金的指控是 1877 年正式仲裁中受到考验的众多指控之一。受托人已命令巴纳尔多撤回对雷诺兹的诉状，并成功说服雷诺兹接受仲裁程序。巴纳尔多还被指控虐待儿童，并在有人参观的时候，把孩子们打扮得比平时漂亮，以显示孩子们得到了良好的照顾。也许最具破坏性的是，据称这些家庭没有得到足够的宗教指导。凯恩斯勋爵为巴纳尔多筹措了一笔辩护费用。由于对这位新获得医生资格的医生完全缺乏信心，慈善总会资助了主任洛赫（C. S. Loch）。它还利用自己的资源对巴纳尔多实施了进一步的调查，希望找到更多的证据来对付他。

　　仲裁似乎对巴纳尔多有利，因为查林顿承认，雷诺兹散发的反对巴纳尔多的小册子是他买来的。然而，仲裁的结果并不令人满意，因为雷诺兹退出了这个过程，而且巴纳尔多拒绝承认他在 1875 年以笔名攻击雷诺兹以报复他写的那些小册子。此外，沙夫茨伯里站在了查林顿一边（他是查林顿在托尔哈姆莱茨执行任务的主席）对抗巴纳尔多，因为巴纳尔多曾激怒过他。

　　仲裁持续了 38 天。巴纳尔多的对手占据了前 20 天，而他自己的证据占了 18 天。"巴纳尔多医生的这项无理行为"，官方报告提到他拒绝回答关于他攻击雷诺兹的小册子作者问题，"和雷诺兹先生在仲裁员的劝告下，于最后一个小时内的撤出，使他们丧失了对巴纳尔多的证据进行检查所产生的全部影响"。[49] 然而，巴纳尔多没有任何不当行为。有些指控过于极端，很容易被驳回。仲裁员们说，没有证据表明坏孩子们被锁在一个"满是老鼠"的房间里，也没有证据表明这些孩子们被钉在了一座活坟墓里。男孩特别装扮的证据被驳斥为"最模糊的一类问题"。至于没有适当宗教教导的主张，最高法院认为"道德和宗教教导占据了重要地位，而坏习惯、坏语言和谎言则得到了防范和纠正。"另一项指控称，由于巴纳尔多给孩子们的可怕饮食，孩子们被疾病折磨得千疮百孔，这项指控被描述为"完全没有事实根据"。

659

　　不过，法院谴责了巴纳尔多伪造照片的行为，称这种做法"在道德上是错误的"，而且有可能发展成为"一种欺骗体系，对其所代表的事业构成危险"。他承认了这些照片的不恰当之处，停止了制作和销售。仲裁员们称他位于斯特普尼的男孩之家和位于巴克金赛德的女孩之家是"真实而有价值的慈善机构，值得公众的信任和支持"——这是一个重要的发现。

　　然而，慈善总会继续试图败坏他的名声，洛赫认为巴纳尔多是个江湖骗子，侥幸逃过一劫。尽管仲裁员们敦促双方停止"诽谤性指控"，并坚持"绅士间公认的行为准则和基督教慈善的要求，其义务主要是约束那些声称在宗教和慈善工作中起带头作用的人"。慈善总会开始因为对巴纳尔多的仇恨而招致有敌意的评论。有人就其为此目的使用稀少资源提出了问题。然而，它所带来的公众效应使巴纳尔多的名字广为人知，但也让他付出了代价。他在严重的债务中结束了仲裁，不再是自己家里的主人，而如果没有这场官司，慈善机构本来可能比现在更穷。

　　巴纳尔多声誉的重建花了数年时间。该慈善机构经常因为其无所不包的政策而负债，而巴纳尔多似乎确实把自己的私人财产与慈善机构的财产混为一谈，尽管他并非有意欺诈。雷诺兹在证人席上的过激表现使他损失惨重。丑闻导致巴纳尔多离开普利茅斯的兄弟会，这给他造成了严重的痛苦。除了受到公众怀疑的困扰外，从30岁出头开始，他就饱受健康问题的困扰，身心俱疲。更糟糕的是，他所有的私人投资都是灾难性的，1883年，他被迫要求受托人给他发工资，他们毫不犹豫地答应了。

凯恩斯接管了董事会的运作。这是仲裁员的建议，结束了将单独监禁作为惩罚的做法，并让政府监查员检查房屋。凯恩斯仍然是大法官，他是一个非常正直的人，他自己的名声为慈善事业增添了光彩和信誉。如果没有他的名字，这项慈善事业可能会在19世纪70年代末崩溃。事实上，由于全国范围内的扩张，到19世纪80年代末，其债务高达200000英镑，让人害怕。而且，直到20世纪，财政才得到规范：到那时，这些村社都获得了王室的资助。幸运的是，银行没有收回他们的抵押贷款。

到1905年去世时，巴纳尔多已经在全国建立了96个家庭。他还在印度河流域建立了男孩和女孩俱乐部——在工厂工作的年轻人可以在这些试验区参加一些完整的活动，并接受不同程度的微妙的道德教育。巴纳尔多去世后的几年里，这个慈善机构才开始蓬勃发展，到那时，他所帮助的孩子已经有成千上万，其中许多人在英国和殖民地过着体面的、自给自足的生活。

救世军创始人威廉·布斯的工作环境与巴纳尔多相似。布斯生于1829年，最初是当铺老板，但他讨厌自己的工作，因为这份工作让他看到了许多人生活在极度贫困之中，以及由此带来的痛苦。"当我还是个孩子的时候"，他后来写道，"我家乡那些贫穷的牲畜贩子堕落且无助，极为痛苦，他们在街上游荡，憔悴不堪，饥肠辘辘，哼着忧郁的小曲，挤在工会里，或者像苦役犯一样在救济工作上苦干，只为了糊口，这些景象点燃了我心中想要帮助穷人的渴望，这种渴望一直持续到今天，并对我的一生产生了巨大的影响"。[50]当了两年学徒后，他承认自己在典当行业的欺诈行为，从而皈依了循道宗，并开始改变信仰。[51]他还对宪章运动产生了同情。

他搬到了伦敦，成为一名业余传教士，但几乎找不到传教的机会。所以他开始在户外、肯宁顿公园和街上传教。1851 年，他加入循道宗改革教会（Methodist Reform Church）。次年 4 月，在他 23 岁生日那天，他成了一名全职的巡回传教士，常驻克拉彭的教会总部。布斯有一种革命性的、戏剧性的风格，他的灵感来自于一位来访的美国复兴主义者。他坚信，那些不信福音、又不明白悔改必要性的人，等候他们的是永远的惩罚。1865 年，他在麦尔安德路的盲人乞丐酒吧外讲道时，一群传教士听到了他的声音，他们对他印象深刻。他们邀请他在怀特查佩尔的一系列会议上布道，1865 年 7 月 2 日，他全神贯注地指挥着人群。他意识到自己找到了真正的职业。他成立了自己的运动，他称之为"基督教复兴协会"，后来改名为"基督教布道所"。每天晚上，该组织都在伦敦东区的一个仓库里碰头，街上的顽童从仓库的窗户里扔进石头和鞭炮。在讲台上，布斯敦促这个社区的流浪者——小偷、妓女和酒鬼——忏悔并寻求救赎。他还开设了救济厨房，这让慈善总会感到非常失望，他们认为这是在鼓励穷人不要工作。

他的工作很辛苦，有时很危险。他在伦敦较穷的地区传教，回家时筋疲力尽，经常被人打得满身是血。他的组织是当时伦敦东区 500 个慈善和宗教团体之一。直到 1878 年，当他把自己的布道所改名为救世军时，这一计划才真正开始实施。当时，布斯正在口述一封信，并使用了"我们是一支志愿军"这句话。他的儿子布拉姆威尔（Bramwell）积极参与了这项任务，他抗议说自己不是志愿者，而是常客。布斯的秘书被要求划掉这个词，代之以"我们是救世军"。这个名字的改变是受到启发的，一支与罪恶做斗争以拯救可怜的罪人的军队，这一想法激起了公众的想象，其影响不仅局限于英国。

他们像一支军队一样行进，有队伍、乐队、制服和旗帜。救世军在饮料行业有一个死敌，担心它的存在主要是为了阻止下层阶级饮酒。19世纪80年代，英国有190000家酒馆，每年有200000人因醉酒被捕。布斯的一群对手骷髅军（Skeleton Army）开始破坏他们的集会，尤其是袭击他和他的士兵。1882年，共有662名士兵遭到袭击，其中251名是女性。由于布斯的妻子凯瑟琳的影响，拯救妓女的工作完全由女士兵来承担，这使得救世军成为女性平等的引擎。

卡莱尔对英国人对待穷人的方式进行了严厉批评，尤其是他认为英国人更有可能为他们的动物提供体面的待遇。布斯深受卡莱尔的影响，他把最穷的人比作赶出租马车的人：如果他们吃得不够，甚至工作过度，他们就会垮下来。他还提出了卡莱尔的观点，即英国已经废除了奴隶制，但没有采取任何措施解放穷人。"那么，这沉在水里的1/10难道是剩余9/10人群触手难及的吗？在他们的房屋周围腐烂、死亡？"[52]

和巴纳尔多一样，布斯也忍受着自私、贪婪和腐败的指控。英国国教充满敌意，沙夫茨伯里将布斯描述为反基督者。这位将军是出了名的不屈不挠，在他的地盘上以绝对君主的身份统治着。然而，这个想法不仅在英国散播，而且在国外流行开来。当布斯在《黑暗的英格兰及其出路》（*In Darkest England and the Way Out*）中写下他的遗嘱和使命宣言时，1890年，救世军在英国的资产为377000英镑，全世界的资产总额为641000英镑。它的使命是多元的，从拯救贫民窟的使命到建立堕落妇女的家园，在被释放的囚犯离开监狱时帮助他们走上正确的道路，实现劳动力交流，为饥寒交迫的人建造房屋，为醉酒的人建造房屋，建造食品仓库和为失业者建工厂。它还利用其在澳大利亚、加拿大、新西兰、南非和美洲的网络，协助和提供移民方面的咨询意见。1902年，布斯被邀请参加加冕典礼。到 1912 年他去世时，他的运动已经传播到 58 个国家。

六

一些理想主义者希望为下层阶级创建社区，从而在一开始就消除伯德特－库茨、狄更斯、巴纳尔多和布斯试图解决的问题。其中一位就是提图斯·索特（Titus Salt），他是一个羊毛制造商，他在布拉德福德以西建造了一个以他名字命名的模范小镇，索尔泰尔，以安置他的工人及其家人。索特的父亲是世界精纺中心布拉德福德的一名羊毛商人。提图斯生于 1803 年，早年曾立志成为一名医生。然而，他一看到血就会晕过去，于是就跟着他父亲干了起来。在为父亲工作了十年之后，他建立了自己的公司，垄断了马海毛和羊驼毛混合面料的市场。这让他在 19 世纪 40 年代变得出奇的富有：他决定把他的工厂搬到别处，这不仅是为了建造一个更好的工厂来生产他的产品，也是为了摆脱布拉德福德的肮脏环境。该镇的人口从 1801 年的 13000 人增加到 1851 年的 104000 人，被认为是英国污染最严重的城镇。到 1851 年，该镇已有 200 家工厂排放浓烟，污水直接排入贝克河，该镇的饮用水就是从贝克河获得的。

1851 年，索特开始建造索尔泰尔。他想把他在布拉德福德的 5 家工厂所做的工作集中在一个厂址上，这样的工作使他筋疲力尽。然而，索特对慈善机构进行大量捐赠，他似乎也真诚地希望，通过把他的工人从乌烟瘴气和放荡的生活中解放出来，给他们所谓的"甜蜜和光明"，从而改善他掌控的那一小部分世界。他认为，如果工人们快乐、健康、受过良好教育，就能更好地获得高生产率和竞争优势。他似乎受到了半个世纪前在苏格兰新拉纳克（New

Lanark）工作的罗伯特·欧文的影响，将工人的高绩效与健康的生活和工作条件联系起来。

索尔泰尔的大工厂——它的南侧长 545 英尺，和圣保罗大教堂一样长，有 5 层楼高——是在 1853 年 9 月 20 日索特 50 岁生日那天开放的。到场祝贺的大约有 3500 名客人，包括 2400 名从布拉德福德乘火车来的工人，在梳理羊毛厂房举行的宴会上庆祝开幕。他们吃了"全牛一只，牛排 40 条，羊腿 120 条，羊肉 100 道，火腿 40 条，牛舌和羊舌 40 条，鸽子派 50 个，烧鸡 50 只，烤鸭 20 只，松鸡 30 只，鹧鸪 30 只，各种罐头 50 道，梅子布丁 320 个，蛋挞 100 道，果冻 100 道等"。[53]此外还有半吨土豆、各种甜点、香槟和其他葡萄酒。

当政府还在努力为此事立法时，索特为他的男性雇工制定了每天最多 10 小时的工作时间。无论如何，产量是巨大的：14 台蒸汽锅炉每天消耗 50 吨煤。这个织布场有 1200 台织布机，每天生产30000 码布料，相当于将近 18 英里（主要是羊驼呢），一年的产品足够从布拉德福德延伸到羊驼的故乡秘鲁。到了 1871 年，因为在埃尔河上有一个巨大而宏伟的工厂，他的工人及工人的家庭使得索尔泰尔的人口达到 4400 人。和索尔泰尔的其他建筑一样，工厂也是按照拉斯金所不喜欢的意大利风格建造的。

664　　　工作和居住条件是干净的。喝酒是不受欢迎的——镇上没有酒喝，只有在特殊场合由索特提供才能喝。索特本身并不反对酒，而是反对酒吧，因为在那里人们可以聚集在一起谈论政治。索尔泰尔没有工会，也没有警察。索特工厂的监工监视着每一个人。他反对公共场所的另一个理由是，当他在 1848 年担任市长期间，布拉德福德经历了一场霍乱流行，他注意到许多受害者也是酗酒者，他认为这削弱了他们的体质。他还发现了饮酒与犯罪之间的紧密联系，出于"父亲般的对国民道德和身体健康的关心"，他禁止酒吧营业。[54]他的人民似乎很感激他：1871 年 3 月的《萨尔泰尔月刊》（*Saltaire Monthly Magazine*）感谢他"严格行使了自己的所有权，通过这些权利，他保护了居民……使他们摆脱了烦恼与酒馆和啤酒商店的诱惑"。[55]

索特以身作则。正如他的朋友兼传记作家罗伯特·巴尔加尼牧师（Reverend Robert Balgarnie）所写，他起得很早，工作努力、守时。他也是一个"有条不紊、一丝不苟"的人，巴尔加尼接着说："他对文件的安排一丝不苟，而且知道在需要的时候应该把手放在什么地方。写给他的信总是很快得到答复。他的账目写得很准确，他说的话也很精确——从来没有夸张的色彩——他的买卖也很精准。"[56]正是由于巴尔加尼所概括的"全身心的奉献精神"，索特成为维多利亚时代白手起家的典型。

索特宽敞、明亮、通风良好的工厂是世界上同类工厂中最大的一座，所有将羊驼毛变成布料的过程都在同一个屋顶下进行，它提供了一个令人愉快的工作场所，比其他地方的条件要先进数光年。他安装了厕所，这是不寻常的，虽然目的是将尿液带走，在染色过程中使用。在工厂之外，追求完美的手段无处不在。他建造了近850 所房屋，它们显然不是背靠背的不卫生房屋。除了一个后花园，平均每户人家还有三间卧室、一间客厅、一间厨房和一间食品储藏室；还有一些公寓和一些供大家庭居住的房子。索特对工业条件的处理可能有些激进，但他对等级制度有着严格的理解。索尔泰尔的房屋分为四类：供高管居住的大别墅、供监工使用的设备齐全的露台、上面描述的工人的基础小屋和寄宿公寓。[57]整个城镇的建设成本为 106562 英镑。索特的慈善事业并没有止步于索尔泰尔：他捐钱给整个约克郡的教堂和小教堂，包括约克郡的牧师，还有他最喜欢的水源地斯卡伯勒；他捐钱给布拉德福德、兰开斯特的医院

665

和收容所，也包括布拉德福德文法学校。

镇上有商店，一个公理会教会（他是一个虔诚的教派成员）；卫斯理教堂，为 750 名儿童开设的学校（尽管索特不信国教，但是规定应当服从国家的检查），一个俱乐部，一个有阅读室、浴室和洗衣房的工人学院（他曾经因为看到洗衣房把衣服晾在外面，破坏了他城市房产的美丽而感到不快），一个图书馆，一个实验室，一所艺术学校和一个体育馆，救济院和一个大公园，在那里可以打板球和槌球。音乐会和讲座是学院的常规活动。他还建了一个医务室，主要是为了迅速治疗任何一个受伤的工人。任何严重受伤而不能工作的人将获得终身养老金；老人和体弱多病的人免费住在济贫院里。那里有一个 50 万加仑的蓄水池，可以从他的建筑的巨大屋顶上收集雨水，从而避免饮用受污染的水。煤气提供了热和光，每所房子都有一个室外厕所。索尔泰尔的主要道路是以女王和她丈夫的名字命名的，次要道路是以索特一家的名字命名的，甚至是以他的建筑师洛克伍德（Lockwood）和莫森（Mawson）的名字命名的。

索特有一种深刻的道德态度，他希望——也期望——在他的员工中鼓励一种强烈的道德。为了把索特对他们的期望编成法典，他制定了一打规则。第 1 条规则是"全村必须保持清洁、快乐和秩序至上"；第 2 条规则是"只有善良、听话、诚实和勤奋的人才会分配到村里的一所房子"；第 3 条规则是"任何醉酒的人都将立即被驱逐；规则 4 到规则 7 涉及维护财产、修复损坏物品和禁止饲养动物的重要性，创始人会定期检查以确保一切正常。规则 8 是美学考虑，通过禁止晾衣服来保持创始人的平衡感。其他规则规定，12 岁以下的儿童必须上学，禁止转租，禁止 8 人以上的团体在街上集会。第 9 条规则或许是索特严格的家长式作风的最典型体现：创始

人建议所有居民每天早上洗澡，规定每个礼拜至少要洗两次，时间666
是礼拜一早上和礼拜四早上；任何人有未清洗的物品，一经发现将
被处以 3 便士罚款"。[58]并未说明检查的方法。

从 1859 年开始，索特以自由党议员身份在议会任职两年（尽
管他从不说话，沉默寡言是他的标志之一，他因此成了卡莱尔式的
英雄），并被封为准男爵。由于他的仁慈，他似乎缓解了劳资之间
的冲突；许多人认为，如果所有的雇主都像他一样，革命的威胁就
会消失。其他人则认为他的家长式作风是压迫和控制。有些人，尤
其是拉斯金，觉得他对自己的员工使用了太多的权力。拉斯金认
为，索特只是做了一个体面的雇主应该做的事情：他不会承认索特
的善举远远超出了大多数雇主的承受能力，或者大多数雇员的期
望。这是拉斯金典型的反复无常：毕竟，索特只是按照拉斯金为开
明资本主义开出的处方行事。他热衷于将自己的作品作为一个样板
向更广泛的资产阶级展示。在最初的几年里，游客到达索尔塔雷，
并在这里享受为他们提供的各种设施。不过，很快，索特发现限制
游客人数对他最有利，这不仅仅是因为游客们分散了工人的注意
力，他们还从事工业间谍活动，仔细观察索特最先进的机器。

<h1 style="text-align:center">七</h1>

尽管富有的慈善家们慷慨解囊，包括其他人为穷人们做出的奉
献，但资源仍然匮乏。不加选择的慈善行为在两个方面受到了冒
犯：它浪费了一些资源，向不值得帮助的人提供了帮助，打击了那
些自力更生的人的士气，进一步阻止了不值得帮助的人改正错误。
那些愿意做好事的人所面临的挑战，不仅是要解决一个矛盾的问
题，这个问题是随着经济繁荣而发展起来的，而且要以最富有道德

成效的方式来解决这个问题。甚至像狄更斯这样软心肠的人也认为，帮助那些能够自力更生却没有这样做的人，是在破坏社会的基础。这是 20 世纪一种思潮的开端，这种思潮认为，只有在一个最终代表着国家的中央官僚机构的监督下，慈善——或者现在的福利——才可能有效。

667　　1869 年，成立了一个机构：慈善总会，将那些寻求行善的慈善团体聚集在一起，并在一定程度上对它们进行监管。正如我们所见，该组织是一个正直、或许有些保守的组织，与巴纳尔多和布斯等伟大的慈善家进行了交锋。狄更斯在慈善总会出现之前的三十年的大部分时间里都成功地从事慈善工作，他在小说《埃德温·德鲁德之谜》（*The Mystery of Edwin Drood*）中讽刺道，埃德温·德鲁德是慈善事业的"避风港"。[59]对该组织的一些批评者来说，由于它被认为对它所服务的贫困阶层有着严格的道德态度，它的首字母缩写代表"畏缩或挨饿"。该组织自己的历史学家——其创始人之一的孙子——"持一种更具建设性的观点，认为慈善总会体现了一种慈善的理念，这种理念主张调和社会分歧，消除贫困，建立一个幸福、自立的社区"。[60]

　　慈善总会的意识形态激怒了狄更斯等自由慈善家，这种意识形态观念就是"不加区别的慈善只会使事情变得更糟；它使人士气低落"。[61]慈善总会实际上是在寻求建立一个由"更幸运的阶层"参与的社会工作项目，这是一种友谊的形式，能够"恢复一个人的自尊，恢复他养活自己和家人的能力"。在这种意识形态的推动下，一个旨在协调慈善工作的组织以"一场改革慈善精神和社会精神的运动"而告终。它把不加选择的施舍等同于社会主义。然而，慈善总会的确创立了社会福利工作的理念，并由此产生了社会工作者的理念。社会工作者是穷人需要的朋友，以帮助他们获得新生。

慈善总会成立于众多慈善机构涌现之时，当时，由于市场、中产阶级和消费主义的增长，富人变得非常富有，而穷人在没有政府帮助的情况下，正越来越远离大多数劳动者享受的不断提高的生活水平。人口在迅速增长，但支持这些人的基础设施几乎不存在，尤其是卫生住房、学校（1870年以前）、医院和有报酬的工作。对于那些陷入犯罪的人，司法惩罚是严厉的——即使在1857年《刑役法》废除了流放之后，在女王陛下的造船厂里，对谋杀、叛国罪、海盗罪和纵火罪的死刑判决、对年轻人和男性的鞭刑、对男性和女性的长期劳役，都被例行公事地执行。

19世纪60年代，伦敦的贫困人口在人口中所占比例有所下降，但由于城市人口的迅速增长，贫困率的绝对值有所上升。其中一个不足之处是对病人的照顾，1867年伦敦爆发的霍乱疫情就凸显了这一点。那年，托利党政府通过了《大都会济贫法法令》，为整个都市建立了一个共同基金，用于提供医护场所和收容所。每个教区的工会都为该项基金捐款，但它们是集中管理的。在此之前，以任何文明的标准来衡量，照顾智障人士和精神病患者都是一种耻辱：但它至少在伦敦地区为"白痴、低能者和无害的白痴"（这一术语不久将被改为"弱智者"）建立了三个收容所——尽管那些对社会构成威胁的人被称为"疯子"——这很快成为各郡的先例。[62]然而，直到1889年，法律才最终将无害的疯子和危险的疯子区分开来。1875年，由查尔斯·特里维廉爵士担任主席的一个委员会还主张，国家应该支持那些需要体制照顾但负担不起花费的中下层和体面的工人阶级，以确保他们不会被归入最底层的疯子之列。阶级差别很重要，即使在精神错乱中也是如此。

到19世纪60年代末，另一个普遍存在的问题是街头乞讨，一些是真正的穷人，但也有一些只是见利忘义的剥削——比如父母给肮脏的孩子穿破衣服，让他们赤脚上街乞讨。有些乞丐咄咄逼人，针对妇女，恐吓她们打开钱包。随着中上层阶级寻求强制执行反对流浪和乞讨的法律，他们也开始觉得，一种更有组织的慈善提供的形式将消除这种行为。很明显，这一过程中发生了许多欺诈行为，其结果是钱从应得的人那里转移到了不应得的人身上。

在农村地区，绅士们会拜访当地的穷人，看看他们的需求是否得到了满足；并努力树立榜样，告诫人们要节俭，这样可以用储蓄来应对偶尔的困难时期。但是，正如年轻的国会议员、主教之子爱德华·丹尼森（Edward Denison）所哀叹的那样，在伦敦东区没有这样富有的阶层，只有贫穷、犯罪和堕落的海洋。1869 年，正是丹尼森关于停止滥发善举的著作引发了慈善总会的成立。它将成为社会的主要角色之一，招募"友好的访客"到穷人中间去，不是像出手大方的女慈善家那样，而是向那些能够自立的人提供实际的帮助、建议和支持。这将成为慈善的原则，因为慈善不是出于宗教义务，而是出于友谊，出于永远放在心中的，关切接受者最大利益的友谊。

慈善总会的前身之一是成立于 1860 年的赈灾协会（Society for the Relief of Distress）。它提倡在最贫困地区设立一系列的地区官员，协调当地的慈善工作，并与《济贫法》监护人密切合作。随着慈善机构数量的增加，要求成立审计机构的呼声也越来越高。1867 年霍乱爆发后，许多新的慈善机构搬到了伦敦东区，一些人认为，救济的增加正在鼓励一些穷人提出他们本来不会提出的要求。

正是在这个时候，亨利·索利（Henry Solly）这个色彩斑斓的人物出现在故事中。索利的父亲是伦敦的一位木材商人，但 1837 年的经济破产意味着他的儿子不得不以工作谋生。索利不喜欢商业，但在维多利亚统治的初期，他经历了宗教和政治上的激进主义。他很幸运地娶了一个有钱的人——他的表妹，埃塞克斯一位地主的女儿——这使他成为萨默塞特郡的一神教牧师。他的家庭长期以来都是不信国教者，尽管索利很快发现他不太喜欢成为一神论者。他主要在约维尔活动，那里有手套厂，他与那里工人的接触使他参与了宪章运动。约维尔的一神论者认为这是煽动群众的行为，于是他被开除了神职。在接下来的10年里，他在德文郡、萨默塞特郡和格洛斯特郡的各种讲道坛上布道，同时他对激进事业的承诺也超越了宪章主义的六点原则，扩展到了反奴隶制、反《谷物法》运动、教育改革与合作运动。1852年，他在伦敦金融城卡特巷找到了一个讲坛，但他认为自己在那里的工作是失败的。1858年，他去了兰开斯特，但1862年后，他放弃了牧师一职。

然而，这一决定是索利作为社会改革家的决定。关于他针对已有秩序的所有政治激进主义信仰，他致力于改善秩序的理念，尤其是对下层阶级，他希望为他们铺平通往体面的道路。1862年6月，他创立了工人俱乐部和学院工会，这是他实现这一目标的伟大构想之一。工会也帮助了索利：他没有讲坛，没有收入，第二年成为工会的第一位专业秘书。他对俱乐部的直觉是，它们应该是联谊和娱乐的场所，但对劳动者来说，酒吧是另一个吸引他们的地方。索利一生滴酒不沾。他努力工作，创立了这项运动，并旅行了数千英里。很快，整个英格兰就形成了一个俱乐部网络：唯一的困难是索利为他们树立的高尚理想与他们成员的愿望不一致。1867年，在一场争吵之后，他离开了该运动，但不久之后又回归，直到1873年，他认为会员们想在俱乐部里买酒喝的欲望太强烈时，他才永远地离开了。

然而，索利并没有完成社会改革。他决心通过鼓励努力工作和节俭来帮助穷人，在1868年成立伦敦预防贫困和犯罪协会

670

（London Association for the Prevention of Pauperism and Crime）的过程中发挥了重要作用。那年，他在英国艺术学会的一次会议上读了一篇论文，题目是《如何对待伦敦失业的穷人、暴徒和犯罪阶层》。慈善机构的董事们讨论了贫困现象的悖论：越是努力减轻贫困，贫困现象就越严重。结论是，《济贫法》监护人无法评估其教区的需要，因此需要一个更正式的分配救济制度。有人建议设立一个机构，通过对所有慈善机构征收1%的税款获得资金，以此提供审计和管理服务，调查穷人的所有求助申请，这些是形势的迫切需要。

第二年，索利的巨型集团（另一个是工业村庄的想法，尽管他们没有取得进展，却给花园城市的思想运动提供了萌芽）形成，演变成慈善总会，其目的是确保更负责任和有针对性的慈善基金的支出。利奇菲尔德勋爵（Lord Lichfield）于1869年3月在阿德尔菲成立了新的机构，其全称是"组织慈善救济和抑制乞丐协会"，从而描述了该协会创始人的重点所在。该协会的宗旨是，通过慈善活动满足街头乞丐的需求，或者，如果发现乞丐是假的，将会把他们带入警方的怀抱。

慈善总会从一开始就采用了社会工作的元素，为其所帮助的案例提供咨询和建议，鼓励他们自力更生。它正式区分了应获得帮助和不应获得帮助的穷人：前者是那些已经准备好，如果得到支持，就能够自力更生的人。因此，慈善事业被转移为个人责任的跳板，而不是取代它或在某些情况下使它变得不必要。它还发挥了协调慈善事业的重要作用，确保那些建立慈善机构的人真正在帮助穷人。为了确保自己的诚意坚如磐石，它招募了副主席和全国最高委员会成员，包括公爵、侯爵夫人、大主教和主教、国会议员、杰出的公务员，如特里维廉、拉斯金和奥克塔维亚·希尔，他们中的后两位都有自己的计划，为穷人提供住房。唯一没有提到的名字是维多利亚时期慈善事业的大祭司沙夫茨伯里，但没过几年，他就被列入了名单。

慈善总会的第一份年度报告宣布，它打算在每个《济贫法》区域设立一个办事处，由一个当地委员会管理，并置于专业代理的领导下。效果因地区而异。伦敦最早设立这类委员会的地区是极度富裕地区与贫困地区并存的区域——肯辛顿、马里波恩、帕丁顿和圣乔治、汉诺威广场。在诸如伦敦东区这样的地区，没有上层或中上层阶级，甚至没有中产阶级，要找到志愿者和资金就困难得多：这是传教工作，而不是睦邻友好。毕竟，慈善总会的目的是协调慈善事业，他们试图让更富有的委员会帮助更贫穷的委员会，但收效甚微。

该代理人的工作是与当地的慈善机构、《济贫法》官员以及其他可能帮助照顾穷人的神职人员保持联系。他的工作还包括审查现有的慈善和教区救济体系没有充分处理的严重困难案件；而且，在他感到真正需要帮助的时候，他就会伸出援手。穷人得到了换食物的票，而不是用来买酒或烟草的钱。在其第二份报告中，它声称给予每个人在应得的和想要的条件下的"物质救助、食物或金钱，即使对这些条件进行最仔细的核查，也不可避免地会弊大于利，尽管在前一两年中这些可能还无法显露出来"。[63]

672

慈善总会不喜欢施粥所，有些施粥所提供的汤和其他基本食物是免费的，而有些施粥所则以补贴价格出售。它们是"不分青红皂白"的慈善组织，慈善总会认为这是在浪费金钱，鼓励乞讨，阻止自给自足。不需要购买食物的穷人有钱用于其他目的，尤其是喝酒。正如慈善总会的历史所表明的，19世纪70年代初，伦敦东区每平方英里有165家酒吧，年营业额450000英镑。但很多家长说他们负担不起该地区2便士的学费，这一地区只能筹集1053英镑。[64]许多关于学费的请求都被拒绝了：在 1875 年的第七次年度报告中，慈善总会记录说，"要不是社会采取了彻底的调查制度，救济往往会被给予那些不值得救助和没有价值的人，如果他们没有因为放纵的习惯而浪费了收入，他们就能够满足家庭的需要"。[65]

政府批准了慈善总会的使命：乔治·戈申在格莱斯顿的第一届政府里管理着济贫法委员会，于 1869 年 11 月发表了一篇题为《大都市中穷人的救济》（Relief of the Poor in the Metropolis）的文章。它试图对"济贫法委员会"进行区分，这将帮助穷人；私人慈善机构可以通过例如补充寡妇的低收入，或帮助一个找工作的人购买工具或支付旅行费用的方式帮助那些非常贫穷的人。《济贫法》无法支付这样的费用。戈申还建议慈善机构不应该帮助那些得到《济贫法》委员会帮助的人。因此，双方将定期进行合作，以便了解彼此在做什么。在政府的鼓励下，慈善总会开始开设分部办事处，并在 1871 年覆盖了大都市里的大部分地区。

然而，慈善总会不仅依赖于政府的合作，它还需要慈善机构和神职人员的合作，而这并不是必然会得到的。在伦敦的一些地区，主要的慈善机构都全力支持和配合慈善总会：马里波恩的奥克塔维亚·希尔的慈善机构就是其中之一，在 1872～1873 年的严冬，当地的《济贫法》监护人每天都向她提供一份申请救济的名单。然而，在另一些实验中，却没有这样的互动。尽管伦敦的慈善活动从来没有得到过完全的协调，但是所有的济贫法部门都能够成立一个委员会来决定谁应该得到救济，谁不应该得到救济，并进一步"促进天意和自力更生的习惯，以及那些对穷人和整个社会的福祉至关重要的社会和卫生原则"。[66]

地区办事处的工作人员通常是妇女，她们每天工作几个小时，以补充有薪工作人员的不足。但是，志愿人员往往是最精明的，他们会见穷人，并为他们起草案件。当一个案件被受理时，志愿者会定期拜访这家人，直到这家人要么重新站起来，要么无法得到帮助，以至于济贫院或济贫法律委员会的其他干预成为唯一的选择。然而，除非绝对不可避免，否则绝不会放弃使那些得到帮助的人能够自助的目标。慈善总会将安排贷款、移民补助、学徒培训、疗养院选址；并提供实际的帮助，比如让那些找工作的人能够买衣服，或者给寡妇一个轧干机，让她们能够洗衣服，或者给她们一台缝纫机，让她们能够制作和缝补衣服。在极端的情况下，慈善总会为那些受人尊敬的老人安排少量的养老金，因为他们已经不能再工作了：直到1908年，国家才有这一举措。

许多人申请了医疗救助，这使得慈善总会检查了有限资金的分配运用。没有适合下层阶级的医疗救助组织：但是慈善总会发现，如果想要这样做，考虑到大约一半申请帮助的人——那些给出正确地址的人中的一半——本可以负担这项费用。它成立了一个小组委员会来研究建立这样一个协会的前景，并于1879年成立了大都会药房协会：查尔斯·特里维廉爵士承担了建立该协会所需的大部分工作。

尽管最初遇到了种种困难，但慈善总会为伦敦的扶贫工作做出了宝贵的贡献。1871年（该组织运作的第三年），它共处理12506宗个案。委员会将其中3909个转交其他机构，包括转交给《济贫法》监护人的1482个。它直接帮助了4360人，其中2446人获得了直接资助，828人获得了贷款，295人找到了工作。它拒绝了另外4237个人：其中286个提供了假地址。其他的拒绝分为三类：818人"不需要救济"，因为只要表现出自律和节俭，他们的收入就足以维持生存；另有1983人"不符合资格"；最后的1150人"不值得"，显示出这个社会与慈善事业相关的道德水准。

这种强硬的态度可能影响了 19 世纪 70 年代伦敦贫民的数量，也可能还有其他因素：1871 年，伦敦每千人中有 44.2 人是贫民，但到 1878 年，这一数字已降至 23.4 人每千人。考虑到 1873 年之后的经济衰退，这些数字更加引人注目。[67] 慈善总会的历史概述了一些"不值得"的例子，这表明了这条道路有多么的艰难。一位锁骨骨折的寡妇因伤无法工作，因此无法为她 10 岁的儿子购买干活所需要的靴子。委员会进行了调查，发现她每天晚上都出现在当地的酒吧里，是因为喝醉时摔断了锁骨。一对有 4 个孩子的已婚夫妇在父亲失业时被拒之门外，因为调查显示他"非常懒惰"，而且他和妻子都喝醉了。[68] 这些人会被送到济贫院，在那里，人们认为生活将是如此不愉快，因此很快就会改过自新。慈善总会对于父母将罪孽加在孩子身上没有感到丝毫的不安。道德问题是双向的：当一个带着 4 个孩子的女人因为被丈夫抛弃而痛苦地来到慈善总会时，慈善总会逮捕了她的丈夫，并把他送到监狱，关了三个月。到 19 世纪 80 年代，由于担心被打上过于武断的烙印，慈善总会修改了其措辞。那些过去"不值得"帮助的人现在"得不到帮助"了。[69]

八

奥克塔维亚·希尔将因其为穷人建立卫生住房而闻名。当她的母亲决定和附近的穷苦妇女交朋友，每周邀请她们到家里过一次缝纫之夜，并与她们交谈时，她就开始在贫困人群中工作了。这不仅给女性提供了如何生活的微妙指导，还帮助她们建立了一种社区意识，而慈善总会认为"友谊"类型是最好的慈善形式。这是在城市环境中重建责任感的另一种尝试，这种富人对穷人的责任感在一定程度上仍然存在于农村。

奥克塔维亚出生于 1838 年，之所以如此命名，是因为她是詹姆斯·希尔（James Hill）的第 8 个女儿。希尔是剑桥郡的一名谷物商人，也是乌托邦作家罗伯特·欧文（Robert Owen）的原始社会主义信徒。她父亲在她两岁时破产了，放弃了对家庭的责任。她的母亲，也就是他的第三任妻子，在她的父亲托马斯·索思伍德·史密斯（Thomas Southwood Smith）的帮助下抚养了自己的 5 个女儿。托马斯·索思伍德·史密斯是一位著名的医生、一神论者、反对儿童在矿山工作的强有力的活动家，也是一名贫民窟清理的倡导者。史密斯在伦敦东区的穷人中工作，是阿什利的密友和合作者，这也刺激了他孙女的慈善意识。奥克塔维亚·希尔在海格特的房子里度过了大部分的成长岁月，她没有受过正规教育。

675

1852 年，希尔 14 岁的时候，她的母亲成为妇女行会的经理，这是一个位于霍尔本的联合手工艺作坊，旨在为工人阶级妇女提供一份职业，其存在受到了莫里斯的基督教社会主义运动的启发。莫里斯另一个在霍尔本做过社会工作的门徒是托马斯·休斯，他写了《汤姆·布朗的学生时代》（*Tom Brown's Schooldays*）。莫里斯在林肯旅馆的小礼拜堂里讲道，希尔经常在他的教堂里做礼拜。奥克塔维亚成长于一个不信国教家庭，但在莫里斯的影响下，她和两个姐妹转向英国国教，莫里斯在她受洗时担任教父。奥克塔维亚成了母亲的助手，照顾着当地一所贫困儿童免费学校里的女孩，她们在作坊里做玩具。在这个过程中，希尔开始意识到姑娘们所居住的霍尔本的贫民窟的可怕条件。

莫里斯鼓励希尔从事社会工作。然而，她慈善事业的最大影响来自约翰·拉斯金，她在行会里遇见了他，她热切地读着他的著作。1856 年，这个行会在商业上失败了，莫里斯为她提供了一份工作，去霍尔本的工人学院（Working Men's College）女子班做秘书，每周收入为 10 先令，从 1854 年起，他一直担任该学院的院长。副院长卢埃林·戴维斯（Llewelyn Davies）是一名牧师，也是艾米莉的弟弟。这些课程从来就不是专门为工人阶级妇女开设的，而是因为下午男人们去工作，有空闲的时间；男人们晚上才会来上课。拉斯金也在那里教书，并聘请希尔担任抄写员，在达利奇艺术画廊和国家美术馆为他工作，为他制作图片的副本，作为教学辅助。希尔也开始在工人学院教书。她通过这项工作提高了对妇女缺陷的认识。1856 年至 1857 年，她为一份支持《已婚妇女财产法》的请愿书征集了 24000 个签名。她还自愿在芭芭拉·博迪雄位于帕丁顿的世俗的、男女同校的学校教书。

希尔渴望为非常贫穷的人，特别是不熟练的工人提供更好的住房，她认为这些人没有得到各种法案的照顾，也没有得到照顾更有成就的工匠的慈善事业的援助。然而，她不仅缺乏伯德特－库茨或皮博迪那样的经济来源，她的家庭也从未从父亲的破产中恢复过来，而且他们自己的生活水平也仅仅略高于养家糊口。然而，在 1864 年拉斯金的父亲去世后，她的机会来了。第二年，拉斯金用 120000 英镑遗产的一部分，在玛丽波恩（Marylebone）的天堂广场买了三套房子，供工人阶级在希尔的管理下居住。"有一天，他和奥克塔维亚·希尔小姐进行了一次友好的交谈"，希尔的一位朋友在 1905 年回忆道。"他哀叹着，除了日常的生活之外，没有其他目标的生活是多么乏味…… '一个人渴望做一些更令人满意的事情'。"希尔表示同意，当拉斯金问她想做什么时，她回答说："为穷人提供更好的家园。"拉斯金在座位上猛地转过身来，问道："这怎么可能？你有商业计划吗？"[70]希尔很快给了他一个计划。对拉斯金来说，这是一项商业风险投资，而不是一项直接的慈善行为，意志坚定的希尔不仅理解这一点，而且对此表示欢迎：拉斯金借了钱，在通过永久持有房产获得5%的租金回报和通过租赁获得3%的租金回报的承诺下。

拉斯金在《时代与潮流》中描述了该计划是如何运作的，他允许自己同时对密尔进行抨击，他把密尔——尤其是在卡莱尔的影响下——变成了对手。

> 伦敦穷人住的最恶劣的房子往往还要付给房东10%或15%的费用；我知道一个例子，卫生立法被阻碍了，为了不减少贵族从穷人的生活必需品中获得的租金，牺牲了数百人的生命。看到密尔先生口吐白沫，这对我来说是件奇怪的事，因为他认为一个人被不公正地绞死了。而由于他自己（我相信是有意的失败）没有向公众清楚地陈述他所宣称的科学的第一个基本真理，他正在帮助和教唆每年针对成千上万的人实施的最残忍的任何可能形式的谋杀，仅仅是为了把钱放进房东的口袋里。我强烈地感觉到这种罪恶，于是在伦敦最糟糕的地方，我购买了一套不动产和一套租赁权，提供给最底层的人居住；为了试着改变他们的舒适度和生活习惯，我只能要求一个公平合理的租金，但我的决心是坚定的。[71]

希尔最初想在她居住的玛丽波恩的诺丁汉广场附近买几套房子，结果发现潜在的卖主在得知她的打算后改变了主意。她在不远的地方发现了一些条件差的房子，一旦修好，就能派上用场。天堂广场建于19世纪30年代，是许多工薪阶层家庭的家园，房间里挤得满满的，人们生活在完全不卫生的环境中。新房东给每个家庭分配了两个房间而不是一个。希尔可以看出，在以前制度的制约下，住在那里的妇女被迫陷入如此难以忍受的肮脏境地，以至于她们干脆放弃了照料。她希望，让她们住在可以引以为傲的房子里，她们就能更好地照顾它，并对自己和家人生出责任感。房子重新装修了，下水道也清理干净了；她们的房子得到了更好的通风和良好的修复。希尔在给一位朋友的信中写道："长期以来，我一直想把穷人中的朋友聚集在我们身边，安排在一所房子里，让他们住得健康、方便。实际上，这是一所小型的私人样房，我可以在那里认识每一个人，为了使他们的生活更健康、更幸福而做一些事情。"[72]

她的意识形态的核心是穷人必须尽可能自助。她是塞缪尔·斯迈尔斯的信徒，并试图将他的榜样付诸实践。那些违反她的规定，不付房租、破坏财产或制造骚乱的人被赶了出去。她自己或一小群精心挑选、训练有素的女助理中的一员，每周都来收房租，并监督事态的发展。她们继续与她的"佃户"保持"友谊"，这让她的"地主"身份成为社会工作的一个方面，也让她与慈善总会的目标和政策保持一致。希尔和她的同事们可以在她的小屋里观察孩子们，看到他们被树立了榜样，并被引导着接受教育，帮助他们成为负责任、受人尊敬的成年人。希尔认为，小家庭是社会进步的基础，尤其是因为树立榜样的能力和承担责任的要求，而且她的家庭所居住的房子正是实现这一目标的理想场所。

天堂广场项目之后，一系列的房屋形成了。希尔实际上是女房东，也是房客们的导师，她教给房客们家庭管理和节俭的基本知识。她的租户通常是临时工或季节工，因此没有资格获得新的样板房——但并不一定是因为性格问题。社会工作方面，她和她的助手的角色之一是为那些愿意工作的人找工作，这样他们就可以避免拖欠房租。尽管希尔没有多少钱——她依靠自己在工人学院的职位和为拉斯金工作来维持偿付能力——但她低估了她的许多租户不得不履行义务时所面临的困难。

1869 年，在慈善总会成立之初，她在一篇同名的论文中提出了"不施舍而帮助穷人的重要性"，[73]这就是她经营财产的基础。她还写道，"如果一个人坚持不努力，外部的帮助不会收到效果，反而更糟"。[74]她的观点深受拉斯金的影响，他后来成为慈善总会的副主席。但她也把友谊的概念，或者说树立一个榜样的作用，带到新的高度。她开始上歌唱课和缝纫课，还为孩子们修建了操场。她邀请来自她贫困儿童免费学校的孩子们和她家里的孩子做朋友。她为孩子们安排了有教育意义的户外活动，让他们睁开眼睛，看看公寓外面的世界。她让租户负责房屋的维护并保持清洁，当他们找不到工作无法支付房租时，她会让其中一些人充当清洁工。一旦拉斯金获得了 5% 的回报，租户们就可以利用剩余资金改善环境。在女房东的指导下，他们知道了该如何使用这笔钱，也增强了自己的责任感。

到 1874 年，希尔有了 15 个项目，共有 3000 名租户。项目的成功吸引了更多的投资者，这意味着可以获得更多的房产，更多的志愿者可以接受有效的社会工作者培训。拉斯金投入了更多的资金，为希尔买了更多的别墅。王室成员和贵族以及商人们都认购了。比阿特丽斯·韦伯等一些志愿者从希尔的例子中学到了很多东西，后来在其他地方从事慈善事业。希尔是一位出色的公共演说家，足迹遍及世界各地，向其他社会改革家和慈善家群体描述了她的体制以及该如何复制这种模式。事实上，情况的确如此：不仅英国各地的城市复制了这一模式，在国外也是如此。

在她的计划中所提供的个人服务，以及由她的志愿者所提供的服务，在后来的岁月里，将使她对没有人情味的、由政府资助的计划更加冷酷无情。一旦她建立了更好的家园，她就着手制造设施，使其有一种社区的感觉，并允许改善其成员的生活和思想——就像索特在索尔泰尔所做的那样，但并没有像后者那样关注共同工作的场所。她为音乐晚会和戏剧制作建造了音乐厅。伦敦发展迅速，开放空间也很昂贵。希尔努力保护那里的东西，但并不总是成功的，虽然国会山球场的生存部分取决于她。对保护自然和美丽的信念是促使她在19世纪90年代成立国家信托基金的重要原因；在她为穷人提供更好住房的工作中，她还寻求给他们的生活带来一种审美愉悦的标准，她本能地分享着阿诺德式的观点，即人人都有可能看到完美。

希尔的名声如此之好，以至于在1872年，她得到了一个《济贫法》督查的职位，这是一项从未给予过女性的工作。她拒绝了，部分原因是她决心继续参与租户的生活，部分原因是她经常生病。她最严重的一次崩溃发生在1877年，当时她病了好几个月。一系列事件共同促成了这一结果，其中最重要的是她与慈善机构的一名志愿者，议员爱德华·邦德（Edward Bond）一次失败的订婚，以及一位密友简·纳索（Jane Nassau Senior）的去世，她是第一位女性《济贫法》的督查。

但拉斯金遭受了最沉重的打击。那些熟悉他的人（包括希尔，她对此非常清醒）都知道他不稳定。他与艾菲·格雷的婚姻失败，以及他对罗斯·拉图什异乎寻常的迷恋，足以证明这一点。在19世纪60年代，他还策划了一场荒谬的与卡莱尔的长期争吵（后来又和好了）；他在美学方面的许多著作都揭示了一种专制主义，以及对他人观点的不宽容，这表明他与其他人的关系并不稳定。他曾试图改变与希尔的交易基础，将他在这些房屋中的股份转让给圣乔治行会（St George's Guild）。圣乔治行会是他的慈善信托机构，成立的宗旨是在谢菲尔德行善，不过财产仍由希尔管理。他选择在《福尔斯·克拉维格拉》（Fors Claigera）的第16页中宣布这一点，这是他在整个19世纪70年代出版的一系列面向工人的小册子和信件的结集。他解释说："我已经通过利息收回了它的价值，现在没有理由再保留它了。"[75]

希尔对拉斯金的商业头脑持怀疑态度，因为她目睹了拉斯金试图在帕丁顿经营一家茶店，店里雇用了他母亲的两名女佣。它的目标是为当地的穷人提供一个文明的地方，而且它的商品相对便宜，他坚持在非盈利的基础上运营。然而，在他的坚持下，茶的味道如此高雅——此外既不卖糖，也不卖咖啡——以至于当地的无产阶级几乎不去那里。希尔担心，他的资金管理方式的改变将使他对这些房产的持续所有权面临风险。拉斯金希望行会购买农田，建立一个乌托邦式的农业体系。希尔的父亲在 19 世纪 40 年代也曾尝试过类似的做法，但最终导致了他的破产，所以她有理由担心，她所管理的房产即将被纳入这样的风险投资。拉斯金听到了她的意见，他很生气。

随后，他在《福尔斯·克拉维格拉》（*Fors Clavigera*）中写道："在过去的三四年里，我从未自奥克塔维亚·希尔小姐的朋友或弟子那里得到过一丁点的圣乔治基金捐款，这让我越来越感到惊讶。"拉斯金觉得希尔对圣乔治计划负有责任，但她却不准备参与。他形容自己"非常失望"，并继续说："令我更为吃惊的是，希尔小姐对这个问题的任何直接询问都不作答复，只是在我最后一次收到这样的答复时，用充满赞美之词的书信，宣告我的信仰、爱心和耐心，那次答复是针对我询问玛丽波恩工作的梗概。出于礼貌，我不可能把她的回复打印出来。"[76]他承认，让他最心烦意乱的是，"因为听说希尔小姐对我是否有能力成功开展任何实际活动表示怀疑，协会的一位潜在捐助者被劝阻不要提供资金"。[77]希尔在给拉斯金的一封热情洋溢的信中否认了这一指控，这封信以及两人之间长期的通信都被收录在《福尔斯·克拉维格拉》中，这说明希尔在她的纯真中犯了一

681 个错误，她试图与一个非常病态的头脑争辩：比如，"在我所从事过的业务中，没有一件是由于我所挑选的人的过失而导致失败的。那么，至少告诉我两个吧。然后我再向你提出一两个要求，我对你永远是深情的；拉斯金"。[78]在一篇更加歇斯底里的后记中，他补充道："在所有你可能造成的伤害——不是对我，而是对我手头的事业——中，对低俗暴徒不切实际的要求献出的一点同情是最致命的。"

拉斯金本不应该发表这封信：这是他不稳定的进一步迹象，他确实发表了。离他第一次全面精神崩溃还有几个月的时间，那次崩溃让他沉寂了两年多。1888 年，当他修改《福尔斯·克拉维格拉》时，他并没有试图缓和这种情绪，但他承认，他希望为自己的"愤怒和骄傲""请求原谅"。考虑到拉斯金自己承认，他有很多财富是通过糟糕的投资、礼物和其他嗜好浪费掉的，希尔——她和慈善总会一样决心要让资金发挥最大的道德效果——说得有道理。希尔从崩溃中恢复过来后，在苏塞克斯建了一座小屋，在那里她可以休息；她还找到了一位名叫哈里奥特·约克（Harriot Yorke）的女性伙伴，在 1912 年希尔去世之前，她一直与她共同承担行政管理方面的负担。

这并不是希尔慈善事业的终点，但她确实进入了一个不同的阶段。19 世纪 80 年代，教会委员们发现教堂变成了贫民窟的地主，于是要求她接手改善它们诸多的城市财产。这对志愿人员来说任务过于繁重，于是成立了一支训练有素的领薪妇女住房干事队伍。1885 年，她向一个皇家委员会提供了关于主房的证据，但被内政大臣威廉·哈考特爵士否决，当时他在委员会任职。从 1905 年开始，她在一个调查《济贫法》改革的委员会工作了三年。然而，正是 19 世纪 70 年代的开创性工作使她脱颖而出，在一个不那么轻易忽视妇女成就的时代，她将获得毋庸置疑的荣誉和官方尊重。

九

除了做上帝的工作或试图让穷人保持温顺之外，慈善之所以会发生，还有第三个原因：它是一种有用的手段，让卑微的、甚至狡猾的商人们获得尊重和尊严，这将为 20 世纪的许多实践树立一个标准。在维多利亚时代中期，打开报纸或期刊时，很难不看到这则广告或它的一个版本：

> 霍洛威的药片和软膏
> 在半个多世纪的时间里，我们在世界各地进行了不断的探索和试验
> 赢得了对所有疾病最可靠的治疗方法的声誉
> 特别推荐用于肝胃疾病、痛风、风湿等。也适用于所有喉咙和肺部的不适。[80]

托马斯·霍洛威（Thomas Holloway）的药丸和软膏是否有丝毫作用，这是值得怀疑的，尽管前者声称可以缓解消化系统和 19 世纪中叶疑病症患者可能感到的任何其他的体内不适，而后者自称是痛风和风湿病的理想改善剂。尽管这两种药物的成分在整个 19 世纪的剩余时间里明显没有变化——科学的发展对霍洛威没有吸引力——但它们可以治疗的疾病范围却在不断扩大。维多利亚时代晚期的一则广告称，这种药片可以治疗“消化不良、胆汁过多、头痛、食欲不振、神经过敏、心悸、烧心、失眠、乏力等”。至于软膏，这对腰痛、坐骨神经痛、胸膜炎、抽筋、关节僵硬、腺体肿胀、支气管炎、哮喘、咽喉痛、扁桃腺言、声音嘶哑等也将是

682

"福音"，更不用说它对"疮肿、老伤、腿不好、痔疮、瘘管、皲裂、冻疮、烧伤、烫伤、坏血病和所有的皮疹是必不可少的了"。[81] 有了这些产品，维多利亚时代的药柜似乎不再需要别的东西了。在消费社会的早期表现中，许多人（尤其是中下阶层和中产阶级）不再（或从未想过）怀疑这些物质的性质，而是大量购买。结果使霍洛威变得非常富有。

1800 年，霍洛威出生于德文郡，父亲是一名面包师，后来又搬到了康沃尔，成为一名酒吧老板。在彭赞斯接受了基础教育后，他帮助母亲经营杂货生意，直到 28 岁才去往法国做一名普通商人。1836 年，他搬到伦敦，开始从事商业活动。在遇到一个叫菲利克斯·阿尔比诺洛（Felix Albinolo）的托里纳江湖郎中和卖水蛭的人之后，他在自己的软膏生意上寻求合作。他把白化病的治疗方法介绍给圣托马斯医院的一名医生，医生检查了他的药膏，发现它是一种类似于医院已经使用的油和蜡的混合物。霍洛威原以为自己已经嗅到了商机，但突然发现这个商机似乎没有那么吸引人了。

然而，一个想法生根发芽了。1837 年秋天，霍洛威在他母亲的厨房里自制了这种药膏，并在伦敦的报纸上做了广告。他在临终前的一封信中回忆道："我做的第一个药膏，使用了我母亲的平底锅，装了大约六夸脱，然后在一个长长的鱼缸里，装了大约 40 磅。"[82] 他先是忍受了阿尔比诺洛一连串的谩骂，因为他打破了迄今为止对方的垄断地位，然后又面临法律诉讼的威胁，因为他窃取了这位意大利人的配方，并使用了阿尔比诺洛认为是他的证据的东西。两人开始了一场广告大战，最终双双破产。最后，霍洛威因债务被关进了怀特克罗斯街监狱，直到他的母亲把他保释出来。从那以后，他就立下了一条铁律，那就是他必须在债务发生的当天将它们全部还清。

　　他也开始生产促进消化的药片。他在斯特兰街的一家商店出售蓖麻油和生姜制成的泻药，这家商店在 19 世纪 60 年代末被拆除，目的是给街道法院腾出空间。他在 1840 年结婚，他的妻子和他一起工作，他声称每天工作 18 个小时。他们没有孩子，这是影响他慈善事业的一个因素。起初他的生意很艰难，只好派他的弟弟亨利到商店里去取买药和药膏，并对店主们没有听说过这些表示震惊。当天晚些时候，霍洛威本人会以商业旅行者的身份打电话给他们，把自己的货物卖给他们。

　　他迅速掌握了广告和销售之间的联系，并投入了大量的广告预算。他的策略奏效了，而且不仅限于国内媒体。他研究了海外市场，并在那里做广告，建立了一个庞大的出口业务。他会参观码头，把他的药丸卖给即将踏上航程的人们，希望他们能将消息传遍世界。它做到了。在国内外，人们越来越意识到自己的疼痛，并寻求治疗。到 1842 年，他每年要在广告上花费 5000 英镑，到 1883 年，在他生命的尽头，他花费了大约 50000 英镑的广告费用。他依靠专利药物中获得的资金，成为其他业务的重要投资者，并花了很多时间管理自己的投资组合。

684

　　到了 19 世纪 60 年代，他成了百万富翁——极其富有，以至于 1871 年他向法国人提供了一笔贷款，帮助他们在与普鲁士的战争后重建家园——但他过着简朴的生活。公平地说，他似乎确实培养了一种社会责任感，使他的慈善事业超越了自助服务。他曾提出要在他的出生地德文波特建立一个慈善基金会，但市民们不想要一个庸医的钱。《建筑商》杂志上张贴了一张告示，邀请人们就如何实现他的慈善冲动提出建议。1871 年冬天，霍洛威开始检查疯人院，走访了 15 个郡的 20 个疯人院，由此他开始发展起建造更好更人性化建筑的想法。他曾经参加过沙夫茨伯里组织的一次会议，他在会上谈到了为受人尊敬的阶层设立这样的机构的必要性。他决定花费50万英镑，并宁愿将其花在一两个大项目上，也不愿花在许多小项目上。根据后来的报道："他的想法是，那些不幸患有脑病的富人不需要金钱援助，而穷人已经在公共收容所接受治疗。"[83]在维多利亚时期的主要慈善家中，霍洛威变得与众不同，因为他旨在帮助中产阶级而非工人阶级；而且他这样做完全不是出于宗教动机。

在咨询了沙夫茨伯里的意见后，霍洛威决定在自己位于萨里郡埃格姆（Egham）的庄园基础上建造一座"为中产阶级男性和女性提供治疗精神障碍的霍洛威疗养院"。他强调，这座疗养院将"自给自足"，可容纳240名患者。[84]只有可治愈的病例才会被收治，任何人的治疗都不能超过12个月。一旦开放，来自中上层阶级和贵族阶层的人也必须被接纳，以确保财政健康，因为霍洛威并没有投入所需的全部资金。这座建筑耗资300000英镑，规模很大，这在很大程度上是因为他坚持每个病人都应该拥有自己的房间。为了避免建筑延误，他购买了自己的砖厂。除了建筑上的独特之处，疗养院还通过引入直到20世纪中叶才在英国成为惯例的标准，推动了一场精神疾病治疗方面的革命。

这种捐助使霍洛威的名字出现在国家高层面前。格莱斯顿夫人安排他在1873年6月17日会见自己和首相。正如格莱斯顿在日记中所记录的："我们与霍洛威先生就他的慈善计划（药片）进行了长时间的交谈，并对此非常感兴趣。"[85]格莱斯顿是否对霍洛威意图的转变负有责任，我们不得而知：但他的第二个伟大的慈善计划——建造一个大型疗养院和医院——并没有被推行，而是被另一个更雄心勃勃的想法所取代。1874年12月，霍洛威宣布，他打算在埃格姆建立一所"女子大学"，将耗资20多万英镑（最终的账单接近70万英镑），但他并不打算捐赠。[86]他说，这片地产上的一些建筑用地将收取租金，大学可以用这些地皮维持最初几年的教学运作，直到从学费中获得收入。这些费用将是"与高效率相称的最低标准"。[87]

霍洛威还宣布，"通常如此显著的宗教影响将被限制在最低程度"。霍洛威一生都对帕森斯（帕森斯曾下令禁止牧师进入疗养院）、律师以及医生抱有偏见。他学院的管理机构不允许任何人进入。他想为 400 位女士招聘 20 位教授，并且对课程设置有一个清晰的概念："现代语言、法语、德语、意大利语、拉丁语、希腊语、代数、几何、物理、化学、植物学、音乐、绘画、密尔的逻辑学、密尔的政治经济学、格林的英国历史、英语作文、生理学、自然科学以及福西特教授和其他称职的顾问可能建议的其他学科。"女士们必须通过剑桥大学的考试才能入学，然后她们将为普通的文学学士学位做准备。1874 年至 1855 年，当他起草最初的计划时，他考虑过奖学金的问题。[88]他说："我的志向是令它如此完整，以至于在欧洲或美国找不到与之媲美的机构。"

霍洛威热切地希望自己的基金会能与维多利亚时代其他许多机构的宏伟和永恒保持一致，并符合旧式大学所熟悉的标准。他的"女子学院"将"以某种程度上值得我为之献身的国家所能接受的代价和方式"建设。[89]他承诺，"为了完成这一目标，将不惜代价"，并表示他希望它以文艺复兴的风格建造，"这可能有点贵，但对于一座公共建筑来说，我并不后悔。"他谦虚地补充说："这座建筑可能会成为其他人做得更好的起点。"为霍洛威的学院和疗养院进行设计的建筑师是威廉·亨利·克罗斯兰（William Henry Crossland），他是斯科特的学生，也是罗奇代尔市政厅的建筑师。后者的灵感来自伊普尔的布艺厅，展示了斯科特作品中哥特风格的核心，而前者的灵感来自卢瓦尔河上的香堡（他曾与霍洛威一起参观过），但是并

686

未体现斯科特的影响。

他希望他的女士们能够"获得硕士或学士学位，甚至是双学位"。为了宣传他的计划并呼吁支持，他在 1875 年 2 月 10 日召开了一次公开会议，邀请了当时的许多杰出女性：尤其是米莉森特·福西特、伊丽莎白·加勒特·安德森和艾米莉·戴维斯。詹姆斯·凯-沙特尔沃思爵士和霍洛威的主要政界朋友大卫·查德威克（David Chad wick）也出席了。克罗斯兰把学院的初步规划纲要摆在桌面上，让每个人都能看到霍洛威打算为学院建造的宏伟建筑。

霍洛威对这个机构雄心勃勃。在公开会议之前，他告诉查德威克，他希望这所大学"可以被视为剑桥的姐妹学院"，并希望剑桥大学能够认可他的学校的女士们所获得的学位的质量，并授予她们有资格获得的学位。[90] 与剑桥的比较扩展到了建筑方面。克罗斯兰曾告诉霍洛威的建筑商詹姆斯·比尔，"创始人的想法是，欧洲不会有类似的建筑"。霍洛威和克罗斯兰遇到了凯-沙特尔沃思，后者建议将学院分成四个部门，其中一个是教师培训学院，另一个是可以测试接受培训的人的技能的高中。这不是霍洛威的设想。他对查德威克说，"他必须把学院留给可以很方便地付出 25 万英镑的人去做这件事。但就他自己而言，他要么执行自己的计划，把它建成一所女子高等教育学院，在各方面都类似于牛津大学和剑桥大学，要么就什么也不做"。

霍洛威向约翰·莫利表达了自己的担忧，即除非牛津或剑桥授予学位，否则女性不会觉得受到鼓励。[92] 他对莫利说："谈论一个年轻女子在上大学可能意义不大，但如果她能声称她已经获得了学位，那么有多少母亲会对她们的女儿说，'现在你必须努力做同样的事情呢'？如果他发现自己的这个计划不受公众欢迎，他就会放弃整个计划，把钱花在别的地方。"[93]

　　为了与他反对牧师的偏见保持一致，霍洛威想要一个世俗的机构。"如果我的行为能阻止它，它现在或以后都不会教授英格兰教会的宗教教义，因此我希望这一点能够明确下来。"[94]他不希望在这片土地上建造教堂或会议室。"我已经准备好了一个非常漂亮的小教堂，在那里可以宣讲一种不会冒犯任何人的教义。"克罗斯兰在1875年4月和霍洛威一起访问了剑桥，寻找灵感，然后回到弗吉尼亚沃特，开始起草计划。霍洛威的弟弟对纽约的瓦萨学院进行了一次探索性的访问，并进行了汇报。

　　他对最细微的建筑细节都非常感兴趣，经常与克罗斯兰通信，内容涉及疗养院和学院。"锅炉"，他在1874年11月11日写道："应该是16英尺还是18英尺长？"[95]他在描述自己想要克罗斯兰做什么时，经常会用到形容词"宏伟的"。[96]他以25000英镑买下了埃格汉姆的李山庄园（Mount Lee estate），并告诉克罗斯兰，他有150000英镑的预算来做好这项工作。为了激励他，他告诉克罗斯兰，"它将比威灵顿学院更大，年轻女性将在那里接受古典教育……欧洲再也不会有类似这样的事情了"。

　　霍洛威称查德威克为"女子学院的教父或赞助人之一，你以一种更像父亲而非教父的方式履行着自己的职责"。[97]霍洛威与格顿的埃米莉·戴维斯取得了联系，并征求了意见。她告诉他不要招收任何17岁以下的女孩，以确保女学生们最后通过严格的考试，不要费力教授音乐。他同意了所有三点建议。不可避免的事情随后还是发生了：1875年6月4日，他写信给她说："我想你以后不会再想离开格顿去当'霍洛威学院'的女校长了吧？"[98]

　　奠基石——确切地说是砖——是在1879年9月铺砌的。格莱斯顿很欣赏霍洛威所做的一切，1881年，他在给查德威克的一封信中提到了他"如此慷慨"的行为。[99]不过，他担心霍洛威会将反

688　对宗教的狂热写入章程，这样就会把那些有宗教信仰的人排除在外。在理解霍洛威希望他的学院打破旧大学模式的同时，他反对章程否定"旧传统"，但没有说明那些"旧传统"是什么。霍洛威最后的慈善行为是在他的大学里花了 83000 英镑买了一个画廊。

霍洛威去世前一周，《泰晤士报》发表了一篇恭敬的文章，介绍了他的大学和疗养院。"仅仅花在它们身上的钱就超过了迄今为止任何私人方式的花费，因为它们已经花费了 100 多万英镑，其中包括 300000 英镑的大学捐赠基金。"[100] 这篇文章解释说，这两家机构都是创始人专门为中产阶级的利益而设计的，它们的设计宗旨是"自给自足"，这样就不必进一步依赖慈善。这家疗养院被描述为"非常宏大，非常漂亮"，"一切都像在家里一样舒适"，而且"秘密地想要建立一所研究精神疾病的有价值且有利可图的学校"。疗养院将于明年开业，"墙壁上装饰着乡村生活的欢快画面，这些画都是由女艺术家创作的"。

文章说，这所学院"比这个国家的任何学院都要大，比剑桥的三一学院大得多"。它描述了学院的设施：总共有 1000 个房间，250 名学生各有一间独立的书房和卧室，以及"餐厅、音乐室、图书馆、博物馆、教堂和画廊，所有这些都非常宏大"。这位创始人现在正在等待议会法案或王室特许状的通过，该法案将允许学院授予学位。校长女士有权安排任何可能被认为是必要的宗教仪式，但不得以任何方式将学院与任何特定的基督教教派或其他教派联系起来。最后，还将设立创始人奖学金制度。

1883 年圣诞节的最后一个工作日，霍洛威去世。1886 年 6 月 30 日，女王宣布霍洛威学院为"皇家霍洛威学院"。《泰晤士报》在他去世时专门予以介绍，称他是"世界上最知名的专利药品制造商，他更应该以其他资历而闻名，而不是频繁地、不那么咄咄逼

人地出现在公众面前"。[101]它还说："正是由于这些高贵的基础，霍
洛威的名字才会在未来的几代人中被记住。对现代人来说，它主要
与药膏和药丸的制造、广告和销售有关。关于这些被大肆吹嘘的药
物的内在价值，我们不能假装知情。如果拥有所赋予它们的 1/10
的美妙美德，那么它们的发现就可以安全地被认为标志着一个在治
疗术的发展中具有相当重要意义的时代。"关于药物，文章提到的
最好的评语是，在公众使用它们的许多年里，"没有证据表明使用
它们会带来不良后果"。

689

约翰·贝特曼（John Betjeman）称霍洛威学院和疗养院是
"英国最令人惊叹的两座建筑……只有亲眼所见才能相信这一点，
一旦看见，它们就像一个反复出现的、令人兴奋的梦一样萦绕在我
们的脑海中"。[102]霍洛威学院是英国维多利亚时代慈善事业的主要实
体纪念碑：它不仅是对一个人慷慨程度的纪念，也是对整个时代雄
心壮志的纪念。

690

第十七章　我们现在的生活方式：
维多利亚时代城市的创建

一

　　19 世纪中期英国城镇的发展所带来的一些挑战超出了慈善家的能力范围，无论他们多么慷慨，无论他们的慈善组织多么完善，都无法应对这些挑战。环境卫生、公共卫生和基础设施发展等问题需要地方当局（直到 1888 年才以现在的形式存在）或中央政府通过指导和干预进行战略性处理。人口统计数据说明了这个问题。1801 年伦敦人口为 958863 人。到了 1881 年，这个城市已经发展到埃塞克斯、肯特、萨里和米德尔塞克斯。1801 年，曼彻斯特有75281 名居民；1851 年是 303382 人，1881 年超过 50 万人。利兹从1801 年的 100000 上升到 1881 年的 430000，利物浦从 90000 上升到 650000，伯明翰从 95000 上升到 530000。这些城市需要医院、污水系统、公路和铁路，需要大量的住房，最终需要墓地（直到1884 年，火葬都是非法的）。

　　在博览会之后的 20 年里，城市的扩张速度特别快，这段时期的经济增长是英国历史上前所未有的，但 1873 年的经济衰退使其戛然而止。此时的英国确实是世界工厂，来自欧洲，尤其是德国和美国的竞争还没有挑战英国商品的霸主地位。其他的国内因素也起了作用：《谷物法》的废除，宪章运动的平息以及铁路网络的急剧扩张。尽管在"世界博览会"上，英国人的每件展品获得的奖项都比法国人少，但这一活动激发了英国制造商和商人的灵感，并促进了国内产业的发展。里昂·普莱费尔于1852年6月4日写信给格雷上校，汇报说，一位陶工告诉他，"展览后的9个月比前10年对陶艺的发展做出了更大的贡献"，其实际成果是出口200万英镑。[1]同样的进步也被广泛报道，并推动了社会的繁荣。甚至在1852年11月11日，女王在国会开幕式上发表的演讲中也体现了这一点，她说："我很高兴，在上帝的保佑下，祝贺国家的总体状况有所改善，特别是勤劳阶层的状况有所改善。"[2]

未来几十年，工业中心对劳动力的需求依然强劲，吸引了更多来自农业区的移民。这些移民所做的工作推动了城市的实际扩张。到1860年，英国的人均年收入为32英镑12先令。相比之下，德国仅为13英镑6先令。1851年，英国国民总收入估计为5.233亿英镑。到1871年，这个数字达到了9.166亿英镑。[3]在1846~1850年至1871~1875年间，出口收入增长了229%。[4]不过，这是对19世纪50年代和60年代经济实力的一种衡量，即使是人口迅速减少的农村也变得更加繁荣。铁路使农民能够为他们的产品找到更多更好的市场，并使运输更加廉价和容易；不断增长的工业和城市人口构成了主要的、增长最快的市场。到1881年，70%以上的人口将是城市人口。劳动力的价值，以及它所能生产的东西，正在被最大化：这个国家可以从制成品中获得比农产品更多的利润。

城镇扩张的动力不仅来自房屋和就业场所（无论是工厂还是办公室），还来自文明生活的所有其他标志：商店、公园、音乐厅、剧院、博物馆和图书馆。阿尔伯特城的例子在英国各地被复制，通常由当地的慈善行为资助。当地的慈善机构逐渐为这些扩张的城镇建造了新的医院，比如乔治·吉尔伯特·斯科特于 1869 年在利兹建造的富丽堂皇的医院。繁荣带来了一种期望，即社区将确保提供某种照顾人们从摇篮到坟墓的服务。

692

19 世纪 50 年代至 70 年代，资金的涌入，以及更便捷的交通，改变了英国的城市面貌，尤其是伦敦。随着教育的普及，许多工人阶级变成了中下层阶级，从体力劳动者变成了文书工作者。郊区为他们提供了住所，通勤族的现象就这样诞生了。那是一个经常发生难以理解的变化的时代。尽管有相当一部分人的社会状况得到了改善，但救世军创始人威廉·布斯所说的 "被淹没的 1/10" 仍然处于贫困之中，够不着社会流动的阶梯，生活在黑暗的贫民窟里，容易罹患致命疾病，或处于或接近犯罪的境地。像所有快速转型时期一样，这是一个极端的时代。社会上唯一的安慰是穷人在人口中所占的比例越来越小。1849 年的数字显示，18.9% 的人口接受室内或室外救济；到 1877 年，这一比例为 8.7%。[5] 然而，各个阶层对基础设施的要求越来越高，越来越多。如果要避免混乱，国家将别无选择，只能改变整个政治文化，并实施干预以规范应对快速城市化和人口膨胀所需的各种机制。

二

功利主义者对公共卫生问题有着浓厚的兴趣。这部分是因为处理糟糕的卫生条件所带来的后果耗费了经济，部分是因为希望将 21 世纪所谓的 "人力资源" 最大化。在那个时代的卫生改革家中，埃德温·查德威克是主要人物。查德威克是一名边沁主义者，也是一名刑事律师，1832 年，他被邀请参加《济贫法》调查委员会，这使他对穷人的生活状况产生了终生的兴趣。他与边沁关系密切，边沁给他留了一绺头发，一枚戒指，以及他的许多法律书籍。他帮助起草了 1833 年的第一部《工厂法》和 1834 年的《济贫法》报告。查德威克的传记作者承认，这份报告催生的糟糕的济贫法体系是"盲目的、残酷的、极不受欢迎的"。[6]查德威克本人认为他提出的制度为资本主义的进一步发展创造了基本条件：他还设想济贫院是教育、避难和休养的场所，而不是屈辱和压迫的场所。边沁主义者相信社会的完美性是通过开明的利己主义来实现的，这使得查德威克致力于将教育作为启蒙的一种手段。他认为教育是防止贫困儿童成为贫困成人或罪犯的途径。他还认为济贫法委员会将监督劳动力的自由流动，但它没有这样做。因此，查德威克，这个制度的始祖之一，成为其最严厉的批评者之一。

693

这一点，以及他在政界人士中越来越不受欢迎——这些政界人士对一位官员告诉他们在哪些地方犯下了重大错误感到不满——使他在济贫法委员会被边缘化，并使他对公共卫生问题产生了更大的兴趣。1837 年，他敦促建立流行病登记制度。他认为，地方贫困法律联盟花在清理臭气弥漫的垃圾和空置的污水池上的钱最终会带来回报，因为这样做可以避免更高的治疗霍乱和伤寒的费用，以及此类疾病爆发造成的经济损失。疟疾也是伦敦贫民窟的一个问题，而且由于靠近水源的屠宰场和其他污染企业——尽管所有的"专家"都认为霍乱和伤寒等疾病不是由水传播的，而是通过接触"瘴气"而获得的。查德威克对他从贫困统计中发现的情况感到震惊。他调查了 27000 起贫困案例，发现其中 14000 人因发烧而沦为乞丐。其中 13000 人死亡。除了人力成本，疾病的经济成本也是巨大的。

当查德威克开始传播关于事情有多糟糕的事实时，他被指责为夸大其词：一位贵族——诺曼比勋爵，被查德威克的一位同事带到贝斯纳尔格林去实地观看，勋爵非但没有发现事情被夸大，反而意识到对恐怖的描述还远远不够。[7]1839 年 8 月 19 日，布卢姆菲尔德主教进入上院，要求对劳动阶级的疾病原因进行正式调查。两天后，约翰·罗素勋爵要求济贫法专员发起这样的调查，结果是诞生了查德威克的《关于劳动人口卫生状况的报告》。调查的时间正值经济萧条，《济贫法》根本无力应对，更不用说公共卫生的概念了。到 1842 年，卡莱尔市 1/4 的人口几乎死于饥饿。1836 年至 1842 年间，曼彻斯特的粮食消费量下降了 1/3。在艾宁顿，每 9000 人中只有 100 人在工作，一家人靠煮荨麻生活好几天。谢菲尔德的贫民救济税从 1836 年的每季度 142 英镑上升到 1842 年的每季度 4253 英镑（这意味着贫困人口的增加——译者注）。可以预见，新一波极端贫困对健康的不确定影响是非常巨大的。

到 1841 年底，查德威克已经完成了他的报告，最后的草案是密尔帮助他修订的，密尔告诉他："我在这件事上没有发现任何一个错误或可疑的立场，而你所做的一切都具有实践观点的力量和广泛性。"[8]查德威克曾经认为，所有罪恶的根源都在于个别住宅的糟糕状况，现在他认为，外部卫生和排水是改善的关键。它不仅需要主排水系统，还需要持续的高压供水。这些提议让政府和济贫法委员会感到不安。因此，作为妥协，该报告以查德威克自己的名义发表。正如他的传记作者所指出的，这不仅确保了他的名字永远与卫生改革联系在一起。它还提醒英国人，在一个污染严重、人口不断增长的新兴工业化世界里，他们生活在粪堆上。

查德威克认为，正如英国在工业上领先世界一样，它在工程上也同样如此，这给了它建造一个完美卫生系统的手段。迫切需要这样做，因为从 1831 年到 1841 年的 10 年里，利兹、伯明翰、布里斯托尔、曼彻斯特和利物浦的平均死亡率从 20.69‰ 上升到

30.8‰。[9]这些城镇在19世纪头四十年里的巨大发展超过了任何行政或卫生方面的进步，而这些进步本可以使严格的公共卫生制度成为可能。例如，伦敦的人口从1801年的958000增长到1841年的1948000。水的供应，以及处理工业和生活垃圾的方法是完全不足的。也没有法定机构来处理这个问题。工厂在河流上筑起了水坝，使它们停滞不前，并把垃圾灌入河里，使它们像开放的下水道一样。房屋没有排水沟，通风不足，在城市地区，人的粪便会从容量不足的粪坑溢出到街道和庭院中。水往往来自公共竖立式水塔，由于缺乏污水处理系统，这些水塔的供水会受到污染；一间厕所将由 695 30间房屋共用，这些房屋的建造标准都是最低的。更糟的是，单一家庭的房子最多竟可以容纳12个人。

查德威克建议进行行政改革，以确保制定和执行住房、工业与废物处理条例。在咨询了工程师之后，他想要为城市地区建造一套排水系统，该系统的水流速度可以把废水带到远处的排水口。这将由查德威克改革的关键驱动：水力发电，而这就需要持续不断的供水。正如查德威克后来所说，"如果获得充分的考虑，经济的建立和持续供水的效率将被发现是一项伟大的工作——完成我冒昧地称之为城镇的静脉和动脉系统"。[10]最困扰他的是如何处理污水：因为理想情况下，应该有一条无污染的河流，水从那里通过水龙头进入水柜，然后再进入污水系统。他决定让这种"液体肥料"流向边远地区，在那里可以促进作物的生长。为了监督和规范这一点，查德威克建议成立当地排水当局和地区医疗官员。1847年的《济贫法》更好地确立了议会对济贫院的控制，这些机构的不人道受到了严厉的批评，尤其是它们对待病人的方式。最终，1853年和1867年的《疫苗接种法》强制儿童接种某些疾病的疫苗。

三

伦敦的大规模发展需要新的设施，尤其是公园。1850 年，西摩勋爵（Lord Seymour）接管了森林管理局，他接待了来自芬斯伯里的人民代表，后者要求在当地建一个公园。他犹豫了一年，然后咨询了财政部，财政部建议他做一个调查。当他完成调查的时候，一个投机的建筑商已经买下一些土地，并提出与政府做交易，但被拒绝了。在任何情况下，财政部都拒绝在调查之时和调查完成之前提供资金。西摩开始支持这一计划，政府买下土地，卖给建筑商，为公园提供资金。他告诉格莱斯顿，这个"理想的目标"将花费60000 英镑。[11]19 世纪 50 年代，英国其他 11 个城镇也纷纷效仿，当地的实业家（如提图斯盐业公司）经常提供大笔资金，购买用于娱乐的土地。

1844 年，随着伦敦东区的扩张，政府在贝斯纳尔格林划出 262 英亩土地，用于后来成为维多利亚公园的地方，其中 179 英亩土地已经归公共所有，由森林委员会管理。其余的将被强制购买，尽管现有的房东感觉到他们房产的价值，要求更高的价格。城市扩张得越多，对开放空间的需求就越迫切——不仅是为了娱乐，也是为了通风——但建筑投机商和不断壮大的中产阶级的需求意味着，靠近市中心的绿地——尤其是伦敦——很容易受到开发的影响。中央政府帮助地方政府的一个经典例子是 1866 年的《都市公地法》（Metropolitan Commons Act），该法案授权都市治安区域内的地方当局使用税费来维护和保护开放空间。这是 1878 年之前通过的一系列法案中的第一个，这些法案使克拉彭公地得以保存。一项《艾草灌木法案》保护了伦敦西北部的那片公地，供当地居民使用。

类似的法案允许伦敦以外的政府为公园购买土地，尽管这可能会引发争议。1867 年，利物浦公司斥资 250000 英镑从塞夫顿伯爵手中买下 375 英亩土地，以建立一个仍以他的名字命名的公园，因为这座日益拥挤的城市迫切需要一个开放的空间。这个价格引起了公愤，尽管部分原因是为了要提高城市的质量，而在公园周边修建了大型别墅。

维多利亚时代给英国大多数城市留下的另一个同样可见的遗产是郊区的公墓。到 1845 年，议会被迫考虑公共卫生的一个方面：埋葬死者的问题，这个方面由于城镇的巨大发展而日益恶化。在旧城镇的范围内，在现有的教堂院子里实施的传统做法已经变得不可行了。改革派希望在城镇外修建更大的墓地，而政府则以民众情绪为由反对这一做法。英国下院任命的一个医学专家委员会建议结束大城市的葬礼，并谈到了"大城市墓地中普遍存在的令人震惊的做法"。[12] 委员会说，斑疹伤寒已经变得很常见，鉴于墓土的坟穴很浅，"腐烂的瘴气"和"渗出物"很容易渗透进过于拥挤的墓地土壤之中。[13] 这在人口激增的地方市镇也是个问题：例如北部和南部的希尔兹、桑德兰、考文垂、切斯特和约克。然而，伦敦是最糟糕的。查德威克曾写过一份报告，详细描述了德鲁里巷附近的一个庭院是如何"腐败成风"的，罗瑟希特的"土堆如此之多，以至于那些半腐烂的有机物经常被扔出来，为新的坟墓让路，暴露出令人作呕的景象，并散发出恶臭"。[14] 他还报告说，即使是在教堂石板下的富裕阶层的墓葬，且位于完好的棺材中，也存在问题："早晚，埋在教堂地下室的每具尸体都会通过我们呼吸的空气传播分解产物，就像从未封闭过一样。"威廉·麦金农（William MacKinnon）是一位新墓地的主要活动家，也是利明顿议员兼该问题特别委员会主席，他曾说过，他对人们"仍然希望延续将死者葬在生者中间的习俗"的说法感到不解，因为在他的调查中没有发现任何这样的要求。[15]

麦金农阅读了一封来自伦敦圣克莱门特酒店老板乔治·布拉斯（George Brace）的信，这勾勒出了比浅墓穴更糟糕的问题：结构不完整的地窖和墓穴。布拉斯提到一所婴儿学校，只有一层木地板隔开，其中的椽子甚至没有用板条和灰泥保护，而地下室在 1823 年至 1840 年间存放了超过 10000 具尸体，如果没有一个公共下水道连接，"其中的 1/5 不可能被塞进单独的棺材中。当新的补给到来时，地下室就清除旧的设施"。[16]信件接着说：

> 地窖里现在还有人的尸体，臭气有时会从地板下面散发出来，令人无法忍受，因此绝对有必要打开天窗屋顶的窗户。在夏天的几个月里，一种奇特的昆虫出现了；在邻近的一条叫圣克莱门特街的狭窄街道上，住着许多穷人，我不用多说，热病、霍乱和其他一些疾病已经流行到了可怕的程度。在我所提到的那一大堆腐烂的东西上面，有数量从一到两百不等的孩子，他们一次挤在一起好几个小时，到了晚上，孩子们就由成人来接替，他们继续在死人上面跳舞，一直跳到凌晨三四点钟。整晚都有一支乐队在演奏，而这座小礼拜堂附近的一间屋子里，则有人在打牌。

显然，道德、宗教以及卫生方面的考虑都在起作用。

另一位演讲者约瑟夫·休谟引用了里德医生关于"墓地瘴气引发的邪恶程度"的观点。[17]医生"发现了从 20 英尺深的坟墓中逸出的有害气体，并说他在许多教堂墓地的地面上发现了完全饱和的碳酸气体"。休谟说，那些"雇用了成千上万的人，为他们一无所知的外国人民谋福利"的慈善家们，可能会把他们的人道主义意图转向关注本国同胞的状况。然而，对此负有责任的格雷厄姆声称，英国人宁愿固守自己的习俗，把死人埋在活人中间。他对现存的墓地传播疾病的说法提出了异议——他引用了下院与圣玛格丽特教堂墓地的距离，并认为威斯敏斯特那部分地区的每个人看起来都非常健康。

尽管格雷厄姆一直在谈论不要冒犯"社会和宗教情感"，但他的反对也提出了其他考虑，尤其是在为墓地购买土地时，可能会耗费大量公共开支。他还试图嘲笑查德威克，正是查德威克提出了这一政策，让政府来负责安全卫生地处理尸体。[18]格雷厄姆不能保证这一点：这是他拒绝不可避免的改变的又一个例子，直到他被迫这样做，这也是他的历史声誉很差的另一个原因。后来的发言者攻击他，说他忽视了城市地区一些教区教堂举行葬礼的负担过重：其中一人提到，一个教堂在同一小时内安排了 15 场葬礼。[19]

林肯勋爵表示，郊区的公墓将不可能供穷人使用，因为将遗体和哀悼者从圣吉尔斯（St Giles）运送到汉普斯特德（Hampstead）或哈罗需要"非常昂贵的"费用，[20]林肯还抨击了查德威克，声称他的提议将"让富人为穷人买单"，因为必须提高税收来满足新的举措。格雷厄姆回到公文箱前，再次坚称"在他看来，查德威克先生提出的补救办法完全不适用于当前社会的情感和需要"。[21]他还说，"镇外的葬礼也受到了困扰，因不信国教者的反对而产生了同样的困难。几乎每一个不信国教者的礼拜堂都有一块墓地，供所有在礼拜堂里做礼拜的人使用：此举不仅涉及他们的经济利益，还牵扯他们的感情"。

格雷厄姆接着说："如果他们决定，教士和不信国教者不应该葬在传统的坟墓里，而应该葬在离城镇很远的地方，那么每一个想

699

要送朋友回家的穷人就必须放弃一天的工资；冬天，他必须从家里出发，来回走上四五英里。除非有交通工具，否则参加葬礼极为不便；但如果提供交通工具，穷人的花费又将是沉重的。人类心中有一种愿望，要把我们的尸骨与死去的亲人和朋友的尸骨放在一起。这种感觉……比理性更强大，与人性中最美好的情感相联系。"

四

自 1815 年起，伦敦的生活垃圾被允许倒进泰晤士河。与此同时，随着城市人口的大幅增长，以及南岸工业的发展，这一政策显得再糟糕不过了。穷人生活在极度肮脏的环境中，许多人住在同一个房间里，没有任何类似于现代设施的东西。那些要么买不起污水池，要么想把它们倒空的人，干脆把垃圾倒进排水沟里，希望垃圾能被冲走。在内燃机出现之前，街道上撒满了马粪，由穿越马路的清洁工把马粪倒进水沟里（过马路的时候，他们会因为清扫马粪而得到一两便士的小费）。马和人的粪便每天晚上都被运出城市，但这几乎没有解决问题。据估计，到 19 世纪 50 年代，每周大约有 1000 匹马被杀死，这就带来了处理腐烂马匹尸体的问题。[22] 在超过 30 年多一点的时间里，很明显，伦敦的污水处理政策将不得不改变，否则将会发生一场灾难，而这并不完全是因为霍乱疫情。

19 世纪 40 年代的英国仍然容易受到霍乱的影响，因为那里的污水被循环饮用：有 52000 人死于 1848 年至 1849 年的霍乱爆发，其中估计有 14000 人死于伦敦，关闭所有污水池的要求又使这个城市雪上加霜。规定这一要求的 1848 年《公共卫生法》也设立了一个中央健康委员会，并强制要求死亡率超过 23‰的城镇设立地方健康委员会，同时允许其他城镇在 10% 人口要求的情况下设立委员会。该法令还在伦敦设立了大都会下水道委员会（Metropolitan Commission of Sewers），委员会的政策受到该委员会主席埃德温·查德威克的强烈影响。它开始试图清空首都所有的污水池——据估计有200000个污水池——并将所有污水泵入泰晤士河。1778年，约瑟夫·布拉玛（Joseph Bramah）为抽水马桶申请了专利，维多利亚统治初期，大多数富裕家庭都拥有抽水马桶。它的流行导致受污染的水大大增加，污水池经常溢出。1854年，内科医生约翰·斯诺（John Snow）提出霍乱是通过水传播的，尽管其他人不太相信他的观点，宁愿认为它是通过空气传播的，尤其是通过"瘴气"传播的。

1854年，帕默斯顿告诉下院，下水道专员（查德威克因为委员会的官僚作风混乱，以及与工程师们的一系列分歧，长期以来一直被解除职务）制定了一个计划，他"曾认为可能会采用平行线作为伦敦的大动脉排水系统，或者至少与泰晤士河的河道有关，以防止伦敦的污水流入河中"。[23]关于小口径下水道与大口径下水道孰优孰劣的争论仍在继续，帕默斯顿提到，前者显然更便宜。西萨里的国会议员亨利·德拉蒙德谈到霍乱在过去的七八年里一直是一个威胁，却没有采取任何措施。随着时间一天天过去，伦敦的抽水马桶越来越多，"泰晤士河每天都在变得越来越脏，因为流入穷人住宅的水越多，流入泰晤士河的污物就越多"。[24]

尽管有修建新的主要污水管道的计划，但人们还是认为成本太高了。甚至有人计划通过使污水适合农业用途来负担成本：但是在1854年泰晤士河沿岸的下水道计划中，并没有包括将污水从远离河流的其他社区分流出去的规划。所以还是什么也没做，因为世界上最富有的国家负担不起这个代价。这并不是说委员会完全是惰性的，从1849年到1854年（含1854年），它铺设了163英里的公共下水道和 366 英里的私人下水道。然而，《泰晤士报》在 1855 年 7 月的报道说，"目前仍急需约 400 英里的公共下水道，另外大约 20 英里长的下水道有严重缺陷，需要重建"。[25]据估计成本为 150 万英镑，这是由议会委员会提出的，该委员会正在研究发行债券筹集资金的问题，就像巴黎塞纳河的筑堤防护工程一样。

在接下来的三年里，这样的对话在下院发生了好几次，要求设定一个日期，在此日期之后，任何下水道都不允许接入泰晤士河。1855 年，在公众和媒体对这条河的状况进行了大量批评之后，国会法令设立了大都会工务理事会（Metropolitan Board of Works），负责改善大都会的卫生状况。理事会缺钱。《泰晤士报》在 1855 年 7 月写道："多年前，伦敦人就被警告过，这条高贵的溪流本来就不应该用作下水道，而这样使用它，是对天意的恶劣歪曲。"[26]这篇文章指出了一个显而易见的事实：人们越有效地从他们的房子里移走污水，他们就越有效地污染了这条河，现在污水池已经被禁止了，这是泰晤士河污水唯一的容器。文章表达了自身的愤怒，因为考虑到必要的工程科学仍然可用〔正如排水系统的最终工程师约瑟夫·巴泽尔杰特（Joseph Bazalgette）在半个世纪之前所指出的那样〕，大都会没有继续在这上面投入精力，没有为遥远的排水口修建必要的排水系统。另一种选择——重新打开污水池——是不可想象的，但这条河不能继续"如此肮脏、如此恶臭、如此彻底地污染"。被污染的不仅是泰晤士河，还有它的支流。

沿河的各个教区委员会（或修女会）无法找到资金来解决这一健康隐患。它不仅需要下水道，还要求从切尔西（Chelsea）周围到伦敦塔的两岸建造堤防，因为漂浮在河上的人和动物的排泄物经常会溢出来，散发着恶臭和刺鼻的气味，落在沿着河道流经伦敦和威斯敏斯特的卵石前滩上。目前，议会无意为该项目投票。

这个问题在夏天总是变得更加紧迫，尤其是在热浪来袭的时
候。这种情况在 1858 年 6 月变得尤为严重，当时泰晤士河和流入
其中的城市小溪都溢满了污水。大部分日子的气温都在华氏 80 度
左右，没有雨水可以冲走污水，到 6 月中旬，泰晤士河估计有
20% 的污水，"大部分都摊在泥岸上，在阳光下沸腾着"。[27]一些过
桥的人需要嗅盐。一位记者在 6 月 16 日给《泰晤士报》的信中写
道："上周六，我带着我的妻子和一位乡下女士从伦敦桥顺流而
下，来到皇家植物园……水里的臭气令人无法忍受。我们的乡下朋
友在这样的气氛中感到'非常奇怪'。"[28]另一个人形容泰晤士河是
"一个巨大的下水道"，气味"难闻"。两天后，另一位通信员，住
在坦普尔的律师写道，"如果我打开窗户，臭气就会迅速进入，我
会吸入大量有毒物质……我很清楚自己正在几英寸的距离内被杀
死"。[29]他对政府的不作为感到愤怒："我想知道他们是否在等待瘟
疫爆发，然后再做任何事情；如果他们认为是时候开始行动了，死
亡的车辆也要开始运转了。"

6 月 15 日，伦敦的阴凉处温度达到了 91.2 华氏度。第二天是
92.6 度。也许对伦敦人来说，最先受到河水恶臭影响的是立法委
员。爱尔兰议员约翰·布雷迪说，议员们坐在委员会会议室和图书
馆里，"由于河水散发出恶臭，我们根本无法待在那里"。首席工
程专员约翰·曼纳斯勋爵只是耸了耸肩，回答道，"泰晤士河不在
他的管辖范围内，因此也不在他的控制之下"。[30]《泰晤士报》的一
位记者抨击这种态度是"胡说八道"，他写道："如果现在他们面
对的不是技术上的事，那么他们很容易转到技术上来；议会是说一
不二的。"[31]几天后，当气味变得更难闻时，曼纳斯一再强调，这条
河与他本人或政府无关，是由大都会工务理事会负责，该机构是根
据 1855 年的一项法令成立的，旨在协调伦敦基础设施的维护。理

事会对这一问题采取了一种缓慢的方式，导致一名议员提议将其成员安置在一条河的汽船上，让他们在河中来回移动，以观察（可能还会闻到气味）这一问题。[32]有人警告说，如果伦敦发生霍乱，按照目前的河流态势，死亡人数将达到 1665 年鼠疫以来的最高水平。每天都有一车又一车的鱼被从泰晤士河中拖出来，它们是被毒死的，而在人们的记忆中，河里曾经是有过鲑鱼的。

　　问题是把污水排往何处，以及如何把污水排入那里。前来咨询的专业工程师曾表示，"几年后"伦敦的规模可能会扩大两倍，因此，采取不彻底的行动计划来建设一个新的排水系统是没有意义的。成本将是 1000 万英镑或 1100 万英镑。1855 年，人们曾计划在河的北侧修建 51 条下水道，南侧修建 20 条，预计在 1860 年底之前完工。但由于不愿花钱，什么也没能实现。在威斯敏斯特宫，敞开窗户里的帆布窗帘被锌和石灰的混合物润湿，以净化空气。一船又一船的石灰被铺在河边的泥岸上，试图从源头上消除这种气味；然而，这些措施的效果之差，应该已经体现在皇宫里每一个人的呼吸上了。

　　气味更难闻了。一位愤愤不平的记者于 6 月 21 日写信给《泰晤士报》，推测"如果我们议会里的人突然都染上了英国霍乱，那么能够闻到泰晤士河蒸发物气味的一个委员会很快就会报告说，这条河必须净化，尽管面临所有资助方的反对，但是指令将基于对个体的考虑而实施"。[33]一周后，有人呼吁成立一个皇家委员会，"毫不拖延"地在泰晤士河沿岸修建下水道。[34]下院的工务主管告诉议长，"他不能再为议会的健康负责了；臭气在两天内迅速上升"。瘴气也占领了法院，然后蔓延到威斯敏斯特大厅和毗邻它的地方。一名在那里出庭作证的医生说，呼吸那里的空气不安全，那些在法庭上有业务的人留在那里也不安全；疟疾和斑疹伤寒是一个迫在眉睫的威胁。男爵大人曾说过："河里的臭气是最难闻的，我认为应该引起公众的注意，在审理这个案件时，我们实际上是坐在一个臭气熏天的讨厌鬼中间。"[35]那里曾有过霍乱病例，气味从切尔西一直传到格林威治。

每天大约有 90000000 加仑的污水排入泰晤士河；只有 4 倍的纯净水顺着河流流下，不足以稀释它。花费 250 万英镑，污水可以被运到 10 英里外的巴金克里克；或者可以向东流 20 英里，然后注入大海——但这将导致大部分水在涨潮时被带回河里。约瑟夫·帕克斯顿爵士提到了约瑟夫·巴泽尔杰特（Joseph Bazalgette）的计划，他说只要 600 万英镑，他就可以把污水带到德国的海洋——北海，"重要的是，这件事不能做得太小气，如果要把伦敦的水抽干，就必须有效地把水抽干。"但他不认为有任何筑堤的必要。他认为这可以通过"截流下水道"来实现——截流现有的下水道，并将所有污水带到巴金克里克。考虑到紧迫性，他看不出成立正式委员会的意义：这项工作应该简单地完成。

然而，资金仍然是最大的障碍。几年前维多利亚街建成时的下水道估价为 12000 英镑。事实上，它花费了 70000 英镑，而且这个数字还在上升，一些人担心它最终会花费 200000 英镑。修建两条大型下水道——一条在河的北面，另一条在河的南面——将是一笔巨大的资金投入。议员们意识到，政府将不得不筹集资金来净化这个毕竟是帝国首都的城市。这些工作需要数年时间；但如果它们不开始，就永远不会结束。与此同时，《泰晤士报》发表了一篇发泄中上层阶级愤怒的文章："外国人在伦敦总是感到失望，但现在他们感到震惊，更不用说厌恶了……伦敦正变得越来越脏、越来越破旧、越来越臭。巴黎人、维也纳人、纽约人都对这些房屋的简陋、商店的窄小和促狭，以及人们所看到的普遍的懒散和缺乏照料感到惊讶。"[37]

　　两天后，来自伯蒙德西的医生约翰·查里斯（John Challice）说，"每天都有人向我咨询，他们说自己感到恶心、呕吐、腹泻，原因是河水的溢出物"。有些人抱怨这种特殊的味道在他们的味觉上停留了好几天。他警告说，这条河的毒性越来越强，如果爆发霍乱疫情，其影响将是"前所未有的"。[38]议员们一个接一个地讲述自己的遭遇，以表明纳税人将不得不为下水道提供资金。[39]然而，关于金钱的争论可以产生多种效果。诺福克郡议员乔治·本廷克强烈反对让纳税人为下水道买单，因为伦敦是如此富裕，而且其自身将成为主要受益者。作为财政大臣，迪斯雷利赞同政府并没有法律责任来处理这个大问题；但他认为，政府有道德责任"防止公共灾难"。他说，现在绝对是有必要采取行动的时候了。[40]他批评帕默斯顿建立了大都会工务理事会，却没有为其提供资金——它依赖于从伦敦的个人投资者或教区收取的税费，而这些税费对于严肃的项目来说是不够的。他将确保理事会得到资金支持，最终解决巨大恶臭的问题。第二天，查尔斯·格雷维尔在日记中写道，"泰晤士河的污秽状况……突然有了巨大的分量"。[41]

　　7月份，议会委员会的审议工作在下院投票结束，要求对伦敦居民的每一英镑税款征收 3 便士，为期 40 年。1859 年，大都会工务理事会开始了这项浩大的工程。主要责任落到了大都会工务理事会的总工程师约瑟夫·巴泽尔杰特身上。尽管斯诺的论点与此相反，但人们仍然认为霍乱是由臭味生出的"瘴气"引起的，而非源于污水对于水源的污染。巴泽尔杰特的计划是先把污水带到下游很远的地方，然后再排放到河里——在下游这么远的地方，污水不会被冲回大都市——这消除了臭味，但也无意中消除了问题。1866 年，伦敦东部又爆发了一次霍乱，但这是由于受污染的利河的水进入了水库。一旦纠正——进一步证明斯诺关于霍乱是通过水传播的观点——伦敦就不再有流行病了。

巴泽尔杰特在 19 世纪 40 年代开始从事大型铁路项目，同时也从事土地排水和填海工程。1849 年，他加入大都会下水道委员会，担任助理测量员。3 年后，他接任了工程师一职，原因是当时的工程师弗兰克·福斯特（Frank Forster）因压力和过度劳累而逝世。巴泽尔杰特本人是在为委员会工作的同时，由于在"铁路热"期间的努力而从精神崩溃中恢复过来的。他在委员会的早期发现对他的精神健康并未产生帮助。他对现有的下水道进行了非正式检查，发现它们经常处于令人震惊的维修状态，而且需要大规模更换。正是在这些年里，巴泽尔杰特和他的同事们更新了福斯特为伦敦主要排水系统制定的计划，该计划将不得不继续成为一个白日梦，主要原因是缺乏资金，或者实际来说，是缺乏政治远见。

1853 年的另一场霍乱疫情夺去了 10738 个伦敦人的生命。1855 年，在帕默斯顿的首席工程专员本杰明·霍尔爵士（Sir Benjannin Hall）的倡议下，大都会工务理事会接替了委员会，巴泽尔杰特成为总工程师，主要是在他的朋友依桑巴德·金德姆·布鲁内尔的推荐下。他的计划是在泰晤士河南岸和北岸修建截流污水渠，不是通过挖隧道来修建，而是沿着受污染的海滩和前滩修建，并将它们隐藏在新的混凝土堤岸内，堤岸上方有道路和公共花园。它们将与他早先计划的伦敦主要排水系统相关联。他提出的不仅仅是一个卫生改善计划，而且是一个庞大的基础设施项目，该项目还将用于修建从塔山到威斯敏斯特的地下铁路。这是伦敦历史上最现代化的项目之一。

巴泽尔杰特想要建造 1300 英里长的污水渠，将泰晤士河以北的 3 条污水渠和南面的两条污水渠连接起来。在巴金克里克下游几

706

英里处倾倒的垃圾在那个阶段被雨水稀释了，虽然仍旧没有得到处理——而且将会持续很多年——但至少这个问题已经从人们的心中消除了。为了有助于污水的通行，巴泽尔杰特在切尔西、德普特福德、利谷和伊利斯沼泽建造了几个泵站。然而，他最大的天才在于使他的主要下水道具有很宽的口径。他已经计划好了这个规模，以便为伦敦市民申请一笔可观的个人日常生活污水津贴，但他随后又把这个数字翻了一番。因此，现代伦敦仍在使用巴泽尔杰特的基础设施。他是维多利亚时代决心建设持久设施和面向未来的化身。

　　在一条下水道沿河铺织，折向东北方接近伦敦塔之前，另一条下水道将从肯辛顿穿过西区，通往伦敦东北部，在那里（就像泰晤士河的下水道一样），它将连接利谷和一条从汉普斯特德（Hampstead）一直延伸到巴金地区河流的下水道。在人口较少的泰晤士河以南，将有两条污水渠连接德特福德，然后再继续排水。这个主系统的 82 英里的容量是 4 亿加仑。所有下水道的建设都进展迅速，除了泰晤士河沿岸最重要的下水道，原因是担心其建设成本和对商业生活的破坏。直到 1862 年，议会才同意修建从威斯敏斯特到黑修士的堤坝，从那里开始，下水道将沿维多利亚女王街分散到城市。大都会工务理事会还负责监督城市的道路建设，这与地下排水沟和下水道的铺设恰好吻合。

　　1868 年，北方网络正式运作，1875 年，南方网络开始运作。3 个主要的筑堤工程已经完成，从 1868 年的阿尔伯特开始，南岸与威斯敏斯特宫相对，北岸与维多利亚相对，到 1870 年的黑修士，1874 年的切尔西。这些任务完成后，巴泽尔杰特负责将泰晤士河大桥从收取过路费的私人承包商手中移交给政府：这不仅要求他对桥梁进行估价，还要求他设计新的桥梁（虽然他设计的塔桥没有建成）。保护伦敦免遭自身污秽之害的过程，从夸张地说，走的是典型的维多利亚式路线：政客们无休止地争论是否要花钱，最终承认大规模社会变革不可避免，并决心尽可能建设永久必要的东西。

五

伦敦卫生改革的成功促使议会在全英国范围内更广泛地实施这一原则，并对促进健康生活产生了更积极的兴趣。1866 年的《卫生法》强制提供下水道、水和街道清洁，禁止过度拥挤，并设立了卫生检查员。这个早该出台的措施填补了 1848 年法案中的一个漏洞，使许多城镇得以逃避责任。弗朗西斯·纽曼（F. W. Newman）在 1851 年给金斯利的信中描述了当时的下水道是如何工作的："每条正在运行的下水道都会产生有害气体。臭名昭著的是，每条阴沟都有孔，这些孔是定期打开的，以便向附近不幸的房屋排放毒气。如果它们不这样做，阴沟就会爆炸。因此，下水道比污水池更糟糕，因为它们的表面积要大得多。公共卫生领域的绅士们说，'流动'的下水道污水不会产生气体，只会产生气味。我还不相信他们。"[42]巴泽尔杰特拥有广泛的私人业务，许多正在扩张的城镇都请求他帮助设计主要的排水系统。

1835 年的一项法案允许大城市获得特许并成立市政公司。到 1861 年，共有 29 个城市这样做了，但是根据新法案，一个城镇的唯一义务就是建立一支警察队伍。同当时的许多立法一样，它只是使地方当局能够主动而不是被迫采取某些行动。即使立法是宽松的，它也开始对改善生活质量以及寿命产生影响，利物浦的总体死亡率从 1850 年至 1855 年间的平均 31‰ 下降到 1885 年的 25.6‰。但在 19 世纪 50 年代，大多数英国城市的贫民窟仍然随处可见，这些贫民窟能带来致命的疾病。例如，在这个时候，布拉德福德的工业运河污染严重，释放出有毒气体，以至于年轻人在炎热的夏天可以在河上放火。[43]

然而，从新的市政总部开始，许多这样的城市都开始进行改善，以指导该地区的现代化。工业的日益成功和财富的创造为这一进程提供了资金，在许多新扩张的城镇中产生了一种公民自豪感的想法，这推动了市政厅和其他公民机构的建设。像利物浦、曼彻斯特、利兹、布拉德福德、格拉斯哥和泰恩河畔的纽卡斯尔这样的城镇拥有了巨大的市政厅和其他市政建筑，这些建筑表达了社区的地位。一个半多世纪后的今天，我们对这些城市的印象仍然植根于它们在 19 世纪最辉煌的时期，并与它们所在行业的成功息息相关。

城市的发展方式和原因各不相同。曼彻斯特以棉花贸易为基础，布拉德福德以羊毛贸易为基础。乔·张伯伦的传记作家加文（J. L. Garvin）将这个时代的伯明翰描述为"机械时代密集的、无形的创造……道德和物质能量的发电站"。[44]在 19 世纪早期，该镇被描述为一个小型制造业企业聚集的地方，那里的企业发展迅速。如果说它因什么而闻名，那就是枪支贸易，在克里米亚战争期间异常繁荣。但它也专营各种金属制品，从钢笔笔尖到张伯伦家族制造的螺丝。它是一个依靠自由贸易繁荣起来的城市，但它必须确保自己领先于竞争对手。19 世纪 50 年代末，张伯伦年轻时的工作就是确保公司握有他的叔叔和父亲从美国获得的这种新型尖头螺钉及制造它的宝贵专利权，从而不仅能主导英国市场，还能主导欧洲市场。

那时，蒸汽驱动的机器所制造的商品也提高了企业的盈利能力，促进了城市的繁荣。现代化带来了受害者，或者至少是被迫适应形势的男性。许多小制造商生产钝头手工螺钉，内特尔福德和张伯伦把他们赶出了市场，最终他们往往是在仇人的工厂里工作：这要感谢乔·张伯伦作为推销员的成功，以及他征服的新市场，这些市场设法为许多没有赶上变革潮流的人提供了工作。然而，这还不及问题的一半：正如加文所回忆的那样，"更大、更轻的建筑，更好的卫生条件，更有规律的就业，更短的工作时间和更高的工资，以及公司的'福利工作'，都远远超过了一般的例子，为劳动者带来了好处"。[45]这就是进步的伯明翰，失去了在曼彻斯特的席位，约翰·布赖特将在议会中代表伯明翰，而张伯伦将成为一个激进的成功的市长。

布赖特和张伯伦是自由派的两个极端，但他们有一些重要的共同点。和布赖特一样，张伯伦在年轻时就失去了他的第一任妻子，那是在1863年他的第一个儿子奥斯汀出生后两天。和布赖特一样，张伯伦全身心地投入到工作中，以麻醉自己，缓解丧亲之痛。这不仅仅发生在螺丝厂。他是一个笃信宗教的人——一个唯一神论者，而布赖特是一个贵格会教徒——他利用大部分业余时间做好事，并在主日学校教书。然而，1865年伯明翰自由协会成立时，他成为该协会的创始人之一，这也成为他的政治权力基础。

由于布赖特与伯明翰的关系，该市在1886～1897年成为改革运动的中心：那时张伯伦觉得自己被卷入了政治。1866年8月，格莱斯顿的《改革法案》失败后，估计有25万人在城外参加了一次改革集会。张伯伦被迫前往集会地点，当晚在伯明翰市政厅听到了布赖特所做的一场规模较小、听众却很多的精彩演说。改革后，张伯伦像许多其他中产阶级一样，担心没有受过教育的人获得投票权。吸引他进入地方政府的首要原因是伯明翰需要为穷人提供学校。1867年，这个城市大约有一半的孩子没有接受过任何教育，而新获得选举权的人中大约有一半是文盲。张伯伦是该城市教育协会的创始人之一，该协会一直在思考如何最好地改善现状。

710

在一场让人想起沙夫茨伯里贫困儿童免费学校的运动中，志愿者们在街道上搜寻孩子。为了支付其中一些学校的学费，学校发起了一场筹款运动：尽管筹集到的资金不足以完成这项任务。张伯伦自己也深受鼓舞。他在 1867 年写道，国家有责任让孩子们接受教育，也有责任让他们吃饱喝足。他还说，享受这一权利不应取决于慈善事业的反复无常或父母的意愿。[46]该协会的目标是为所有父母负担不起教育费用的人提供免费教育，并在所有新建或公立学校提供非宗派教育。他的担忧预见到了 1870 年围绕教育法案进行的辩论，但对他个人来说，这些担忧意义更大，因为它们是促使他进入政界的动力。

张伯伦于 1869 年 11 月成为议员，他这样做主要是为了获得一个平台来倡导教育改革。他在 1870 年教育法案通过时的担忧已经被描述过了。一旦它成为法律，允许持不同政见者和不信国教者资助圣公会学校，他就在政治活动中变得更加激进。他威胁要在伯明翰领导一场针对税费的罢工，并和其他许多人一起，让法警来没收他的财产，而不是给出一分钱来维持一所教会学校。事情没有发展到这一步，因为控制伯明翰学校董事会的圣公会信徒失去了他们的多数席位，而由自由主义者主导的议会支持张伯伦的立场。然而，他的演讲是一个强有力的例子，说明了"新人"如何决心塑造英国新的工业城市，而不是让旧体制或他们的代表来做这些。不仅如此，在政治圈之外，他的生意也取得了成功，他建立了新的工厂，并创办了自己的钢铁厂。到 19 世纪 70 年代初，张伯伦已经接管了几乎整个伯明翰的螺丝交易，先是吞并了他的主要对手，然后蚕食了剩下的小鱼小虾。

到 1873 年末，已经没有人可以跟他竞争市长一职了，他决心把拥有 300000 人口的伯明翰完全带入现代世界。他决定实施一项计划，包括卫生改革、新的街道照明和大量的建筑改进。他利用自己在商业上的丰富经验，为这座城市找到了推动所有这些事情的收入来源。他说服市议会同意收购在该市拥有垄断地位的两家当地天然气公司。他采取商业化的经营方式，而不是像20世纪通过国有化产生的社会服务行业那样。在市属企业经营的头6个月里，他实现了25000英镑的利润。随着盈利能力的持续，改善伯明翰的资金也源源不断地流入进来。

完成这一任务后，张伯伦获批对市政供水系统实施强制购买。与天然气公司相比，自来水公司不太愿意出售该系统。张伯伦认为，自然形式的垄断不该由私人控制，而应由人民代表控制。现在，至少有其他五六十个大城市都拥有了自己的供水系统，并对其进行了升级，使其盈利。张伯伦并不是为了筹集更多的资金来管理供水系统，而是为了给伯明翰的每个人提供干净、可靠的供水系统，并降低供水成本。随后，最大的健康改善出现了：贫民窟的清理、对烟尘排放的限制以及医院的扩建。他还翻修了100英里长的人行道，并拿出自己的一大笔钱用于改善画廊。也许最重要的是，他确保在伯明翰建立了一个巡回法院。以前，这是一个中世纪城镇的特权，它的建立表明现代伯明翰已经到来。

六

1840年以后城市的增长很大程度上直接归因于"铁路热"。不仅商品可以更便宜地运输，人也可以。"劳动力流动"第一次开始有了意义。这些好处不仅仅是经济上的，思想也得到了开阔和拓宽。几乎没有走出过邻村的人得以穿过各郡县。他们中的一些人比任何人都更广泛地观察到了这个国家：比如马修·阿诺德，作为一名巡视员，他的巡回生活使他不得不在火车站的候车室里花费过多的时间，但也使他对英国的真实面貌有了更深刻的了解。

工程师们，诸如伊桑巴德·金德姆·布鲁内尔，大西部铁路的建筑师和三艘大汽船的设计师，成为这个运动的同义词。乔治·帕克·比德尔（George Parker Bidder）也取得了同样的成就，他不仅帮助建造了伦敦至伯明翰的铁路，还在伦敦建造了维多利亚码头，并负责沿着铁路网和在海底扩建电报网。英国在扩张，但它和世界都在缩小。这场社会和工业革命也是由罗伯特·斯蒂芬森（Robert Stephenson）推动的，今天人们仍记得他在铁路桥梁工程方面的成就；以及丹尼尔·古奇（Daniel Gooch），他是那个时代最伟大的机车工程师。

早期，各国政府看到了铁路的经济潜力，但也看到了潜在的危险：1830 年利物浦至曼彻斯特铁路开通时，著名政治家威廉·胡斯基森（William Huskisson）为斯蒂芬森的成就所惊吓。格莱斯顿在 1844 年担任贸易委员会主席，为了保护公众，他制定了规章制度，规定了铁路建设的标准。1845 年，伦敦和西北铁路的平均特快列车以惊人的 37 英里每小时的速度行驶，这对许多人来说几乎是一个令人震惊的景象。[47]

然而，保护乘客的人身安全要比保障投资者的财务安全更加容易。同样在 1844 年，格莱斯顿提出了一项法案来规范铁路的商业活动，该法案将为下层阶级提供廉价旅行作为运营铁路的条件（后来被称为"议会列车"）。法律规定，"在每个工作日，每家公司需至少有一列火车在其线路上运行，这列火车在运送三等车厢乘客时，车厢里要有座位，而且要防风雨，车速不低于每小时 12 英里，包括中途停车，成人每英里的乘车费用不超过 1 便士，12 岁以下的儿童半价，3 岁以下的儿童免费，可携带 56 磅的行李"。[48] 三等车厢所提供的铺位往往超出了基本要求：在某些情况下，一辆低矮的车厢里会安装木板。1841年圣诞前夜，在伯克郡的桑宁就发生了一起臭名昭著的事故，当火车遭遇山体滑坡时，人们从车厢里摔了出来，扭断了脖子；或者人们乘坐的是一辆功能近乎牛车的工具，只能站着无法坐下。格莱斯顿认识到，铁路将像高速公路一样成为国家资源，该法案还赋予政府购买任何在法案通过21年后建成的铁路的权力。

虽然铁路缩短了距离并输送繁荣，但它们并未被视作单纯的祝福：货物更为快速的移动便利了贸易并增加了消费者的选择，此外，诸如伦敦、曼彻斯特和伯明翰等城市周边居民的移动更为便捷，推动了郊区的发展。不过郊区削弱了乡村，正如英格兰和威尔士的人口在1851～1861年间增长了10个百分点还多。铁路自身横贯数百英里的直线距离，穿越了迄今为止尚未被打扰的田园生活；通过连接乡村和城镇，它们改变了社群的内聚力；它们制造出噪音，更重要的，是带来变化。它们协助扩大地平线并创造了焦躁感和好奇心。更平淡无奇的是，许多人在这项投机事业中压上了最后的赌注，并输得一干二净。

约翰·拉斯金是这种赤裸裸进步的早期敌人，他的名字在19世纪40年代和50年代的文化世界中大放异彩。他关于建筑道德力量的极具影响力的论文《建筑的七盏灯》于1849年出版，当时正值铁路热的高潮。他在信中写道，"当今，另一种奇怪而邪恶的倾向是对火车站的装饰。现在，如果世界上有一个地方剥夺了人们欣赏美所必需的那部分性情和判断力，那么这个地方就是火车站。这是不适感的圣殿，建造者能给予我们的唯一的仁慈就是向我们表明，而且可能很明显，如何最快地逃离它"。

然而，他的批评不仅限于此。

整个铁路旅行系统都是说给那些赶时间的人听的，因此，在那个时刻他们显得悲惨。没有人会以那种方式旅行，谁也没有办法——他们有时间悠闲地翻过小山，穿过树篱，而不是穿过隧道，穿过河岸。至少那些愿意这样做的人，并不需要我们在车站去请教他们的敏锐美感。这条铁路的所有方面都是一件严肃的事情，必须尽快完成。它把一个人从一个旅行家变成一个活生生的包裹。他暂时放弃了人性的高尚品质，而去追求行星的运动能力。不必要求他欣赏任何东西。关于这一点，你不妨问问风。[49]

拉斯金称这些"悲惨东西"的问题，不仅在于他们不恰当地利用美，而且在于他们破坏了美：自然想要的景观——拉斯金是一位景观鉴赏家——被"铁路"破坏了。1800 年前，一位古代英国人在考察罗马筑路时，可能也说过类似的话，但没有写出来。正如他所言，这条铁路只是关于"商业"，而商业正在丧失人性：正如我们将看到的，社会和政治评论员拉斯金将在 19 世纪 60 年代以一种激进的方式重新提出这些主题。对他和其他不那么善于表达的人来说，铁路代表了资本主义的非自然需求对自然的破坏，并将成为进步与有序、舒适的过去之间斗争的护身符。他们所提供的自由和繁荣，通常最直接地造福了一个阶级，而这个阶级不包括拉斯金这样的人，以及他那些高尚、唯美的追随者。

19 世纪 40 年代，议会被允许修建铁路的私人法案压得喘不过气来。尽管一些土地所有者反对，并进行了艰苦的讨价还价，但公众普遍支持，整个英国的社会生活发生了革命性的变化。英国贸易委员会曾因监管铁路扩张而受到批评，尤其因为它似乎最终创建并支持了垄断。一两个政客反对铁路本身——尤其是西布索普上校——但大多数人看到了铁路崛起的必然性，并试图利用铁路为国家谋福利。当务之急是确保体制内尽可能多的竞争，以便为了经济增长的利益，尽可能便宜地运送穷人及其商品。西布索普对铁路的厌恶是基于他认为铁路对公共安全的危险，以及对投资者的诱惑，这些投资者后来在经济上破产了。即使是这样一个人，也于1847年乘火车前往林肯参加竞选。[50]

到1844年，议会正在寻求合并法案的方法——一次通过若干项——以减轻对机构的压力。据说，在可预见的将来，下院或许会收到248项可能的法案。[51]这不可避免地意味着审查减少了，一些地主和地方当局感到他们受到了不公正待遇。仅在1845年一届会议上，审议铁路法案的一个委员会的5名议员就不得不审议23条新线路；在那一年，所有被考虑的铁路项目的总投资约为1亿英镑，新建线路总里程达4000英里。在该届会议上，240项法案被提交下院，其中119项已获得贸易委员会的批准。审查不可能完成。公司经常违反有关票价和运费的协议，从而引起公众的愤怒；对政治后果的愤怒，这是许多议员所担心的问题。此外，政府希望通过铁路运送邮件，并在紧急情况下让铁路运送军队和警察。政治风险变得很高，股东们对政府干预的前景感到恼火。到1848年年底，国会批准了12000英里的铁路：然而，直到19世纪60年代末，铁路网络才真正达到这个规模。

与此同时，一些股东也赚了一大笔钱。有指控称，某些在铁路局任职的议员存在利益冲突。律师们还抱怨，如此庞大的建设和房地产开发项目的受益者不可避免地会创造财富。例如，考虑到拟议中的从伦敦到约克的186英里铁路途经300个教区，议员们不仅作为股东，而且作为土地所有者，很有可能获得利益。然而，投机很可能是毁灭性的，尤其是如果针对某项计划筹集的资金被扩展到为其进行的法律和议会准备上面，而该计划却以失败告终。布鲁厄姆勋爵在 1845 年告诉上院，由于陪审员的既得利益，法律行动失败了，一位牧师曾投资 5000 英镑购买铁路股票，为家人筹集资金，并被承诺将获得四倍的资金回报，结果却发现投资一落千丈。[52]另一些人借钱买股票，期望股价上涨，结果却发现股价下跌了，他们无法偿还债务。西布索普告诉下院，铁路投机不可避免的后果是"毁灭、犯罪、疯狂和自杀"。[53]

716　　　铁路大大便利和降低了煤炭和工业制成品的运输，有益于城市发展。1845 年，曼彻斯特鳕鱼的价格已降至每磅 1.5 便士和 2 便士之间，之前的价格是 8 便士和 1 磅 1 先令之间，因为要从东海岸运输足够的补给，同时又要保持新鲜是很困难的。东海岸渔船队也相应受到了有利影响。[54]铺设铁路的成本也下降了：早期铺设大西部铁路的成本为每英里 50000 英镑，但现在成本降到了每英里 10000 英镑至 12000 英镑之间。[55]随着铁路的延伸，公共马车公司纷纷倒闭，运河也在短暂的繁荣之后走向衰落。

　　然而，到了 1846 年，皮尔不得不对下院说，"我想这个房子里的每一个人都目睹了去年冬天和前年秋天发生的铁路投机活动，对此我深感遗憾"。[56]他观察到，"然后我们看到，铁路建设并不是出于任何合法的投机目的，也不是为了在投机者所在区域附近修建公共事业工程，但在一场投机热潮中，这个国家在很多情况下都遭受了如此严重的损失"。大量资金从资本家手中转移到土地所有者手中。后者，连同律师，是铁路狂热的最大赢家。截至 1845 年 12 月 31 日，注册的计划不少于 1400 个。19 世纪 40 年代初，当伦敦以外的一些主干线建成，并给投资者带来可观回报时，建造更多主干线的愿望开始高涨，甚至似乎不受资金可用性的限制。

　　到 1846 年，除了一些投资者外，所有人都清楚地看到，许多拟议中的计划无法实现，或者即使实现了，也永远不会赚钱。越来越多的人因为认购了他们希望在付款之前就能卖出的股票而破产，他们的唯一发现是必须在获得利润之前付款——无论如何，这种利润很少出现。有时认购者的名字是虚构的，以使投机计划看起来比实际更具吸引力。这将推高股价，使内部人士能够卖出股票，并将收益转换为健康的股票，让那些持有铁路股票的人在崩盘时损失殆尽。任何明智的投资者都应该明白，即使议会允许开发，接二连三地要将任意两个不受欢迎的地方城镇连接起来的计划也不可能奏效。

　　1845 年 8 月，克兰里卡德侯爵夫人向上院讲述了一桩案件，案件涉及 "格恩齐（Guernsey）家的两兄弟，他们的母亲是住在安杰尔法院阁楼上的一名女佣，其中一人以 12500 英镑的价格签约，另一人以 25000 英镑的价格签约，后者是一位名叫希区柯克（Hitchcock）的葡萄酒商的搬运工"。[57]这两个人一共赚了大约 "一个畿尼和半周的时间"。其中一位是 "查尔斯·格恩齐（Charles Guernsey），他说自己从未申请过任何股票，但一位股票经纪人给他带来了上述金额的配股信。当他在契约上签字时，经纪人拿走了那张代币券，他一分钱也没收到；他才 19 岁，每周只挣 12 先令"。[58]次年 5 月，克兰里卡德抱怨称，铁路投机行为只是助长了"股票交易所的赌博业务"。毫无疑问，许多人的名字被记在股票上，却没有办法付款。

　　这座投机建筑只是大扩张的开始，这种扩张一直持续到 19 世纪 50 年代到 80 年代。在 1845 年和 1846 年的大繁荣之后，发展速度有所放缓，但仍保持稳定。1846 年修建了大约 4540 英里的铁路；1847 年，泡沫破裂，只有 1295 英里。从唐卡斯特到伦敦的铁路及时开通，赶上了世界博览会，往返票价为 5 便士。从伦敦到索尔兹伯里的铁路线在 1857 年完工，1860 年到达埃克塞特。到 19世纪 80 年代，从伦敦到英国北部和西部的主要干线都已经建成，通往诺里奇的铁路也建成了，包括通往霍利黑德负责运送邮件（以及英国官员）往返爱尔兰的线路。如果铁路旅行最初是富人的专利，那么铁路运营商很快就看到了将三等车厢连接到列车尾部的好处，票价低至每英里 1 便士，大大超过了议会的规定。格莱斯顿认为，必要的监管措施并没有抑制铁路网络的扩展。1850 年，铁路共运送旅客 6740 万人次。到 1875 年，这一数字已达到 4.901亿，货运量是同期的 3 倍。[60]

　　一项重要的规定是对铁轨的尺寸进行标准化。开始的时候是一系列地方性的系统，很快它们就会联合起来形成一个全国性网络。这意味着，当工程师们在快速开发牵引列车的机车时，这些机车可能只适用于网络的有限部分，因此很快就会过时。缺乏统一性也阻碍了铁路的经济贡献。货物必须在两种不同的铁轨轨距相遇的地方卸货和重新装货，这增加了运输成本，延误了运输，并常常对货物造成本可避免的损坏。斯蒂芬森在利物浦和曼彻斯特的铁路上使用了一种 4 英尺 8.5 英寸的轨距，这种轨距后来被称为标准轨距。然而，布鲁内尔公司对此进行了顽强的抵抗，该公司建造的伟大西部铁路的轨距是 7 英尺 1/4 英寸。布鲁内尔认为，宽轨列车将更加稳定，能够达到更高、更安全的速度。布鲁内尔的困难在于，在 1844 年底，他只有 223 英里的宽轨铁路，而斯蒂芬森式轨距铁路已经有 2013 英里。

　　东郡铁路始于 1843 年，使用的轨距精确到 5 英尺。它很快意识到一个不兼容的铁轨的困难，并在两年内改用了斯蒂芬森式轨距。然而，即使在 1845～1846 年，一个皇家委员会建议普遍采用斯蒂芬森的轨距标准，布鲁内尔仍然不为所动，立场坚定。一群议员目睹了格洛斯特装卸货物的景象，从而表达了国会强制执行一种标准轨距的意愿。在格洛斯特，从布里斯托尔到伯明翰的货物必须更换轨距。1846 年晚些时候的一项法案强迫所有的新铁路都按标准轨距建造。布鲁内尔坚持了下来，他的轨距标准在他死后很长一段时间仍然有效。但是在 1892 年，伟大西部终于承认了失败，并最终改用了标准轨距。

　　尽管西布索普一家对铁路所代表的进步感到恐惧，但建造这些铁路的人至少想让它们与当时最高的建筑标准保持一致。拉斯金不浪费金钱和精力而让火车站更具吸引力的训谕被广泛忽视。正如许多幸存下来的车站所证明的那样，这个铁路地产包含了维多利亚时代中期一些最优秀的建筑。斯科特和巴洛联合创造的伦敦圣潘克拉斯火车站至今仍是最著名的；但无数的地方和乡村车站都以装饰性的铁艺、华丽的檐篷和漂亮的红砖或石头为傲。高架桥让人联想起古罗马的高架渠；最大的终点站模仿了大教堂。在某些地方，和平、宁静和孤立可能会永远消失；但铁路系统开始成为维多利亚时代试图将功能、工艺和美结合起来的主要例子。这在某种程度上是对 19 世纪一十年代和二十年代的工厂建设浪潮的一种反抗，除了某些杰出的例外，布莱克把工厂描述为"黑暗、邪恶的"是有道理的。 719

　　铁路的发展也让想象力的发展成为可能。这条线后来成为中央铁路，从曼彻斯特到彭宁，再到谢菲尔德，然后到伦敦，原本计划一直延伸到肯特海岸，在那里它将隐没在一条英吉利海峡隧道中，最终到达法国北部：这一愿景直到 20 世纪 90 年代初才得以实现。然而，1844 年，从伦敦经克罗伊登、唐布里奇和阿什福德到达多佛的线路开通了，该线路可以加快旅客抵达多佛后，从海峡乘汽船到首都的速度。从 1841 年 7 月起，游客们可以从伦敦到布莱顿去玩一天，而且在 19 世纪 40 年代，苏塞克斯郡的其他海岸地区都可以很容易通过支线到达。

到 19 世纪 60 年代，铁路公司已拥有大约 1/3 的运河系统。到 1870 年，铁路已经基本摧毁了高速公路系统，随着收费公路的破产，地方政府不得不在经济窘迫的纳税人的资助下，接管道路的维护工作。在汽车问世之前的四五十年里，除了骑着小马和马车在当地旅行外，这些道路将一片寂静。然而，在整个 19 世纪 50 年代和 60 年代，道路被标记为电报线所在的位置。

19 世纪 40 年代，铁路开始体现资本主义不可接受的一面。这一教义的邪恶被特罗洛普——通过《我们现在的生活方式》（*The Way We Live Now*）中令人讨厌的梅尔莫特——和狄更斯——通过《小杜丽》中的梅德尔——描绘得淋漓尽致。在现实生活中，铁路大王乔治·哈德逊（George Hudson）等人就表现出这种肮脏的投机行为，狄更斯写给梅德尔的墓志铭很好地描述了这种行为：

已故的梅德尔先生抱怨的只是伪造和抢劫。他，这个广受奉承的粗野的对象，大人物宴会的座上宾，伟大女子议会的虚幻之物，排他性的压制者，骄傲的平等者，赞助人中的赞助人，和办事拖拉的官僚机构讨价还价的人，在大约 10 年或 15 年内比英格兰所有和平的公共捐助者、所有科学和艺术的领导人凭借他们的作品，在至少两个世纪里获得的认可还要多的人——他，这个闪亮的奇迹，这个将被那些带来礼物的智者所追随的崭新星座，直到它成为浴缸底部的一块腐肉，消失不见——他简直就是有史以来，曾逃脱绞刑的最大的作伪者和最大的小偷。[61]

　　乔治·哈德逊自己的生活甚至超出了最优秀小说家的想象。他生于1800年，是一个农民的儿子，15岁辍学，在约克郡的一家报社当学徒。学徒期结束后，他得到了公司的一份股份，然后与另一位合伙人的女儿结婚。27岁时，他从一位叔祖父那里继承了当时数额巨大的30000英镑。像此后的许多富人一样，他觉得自己有资格进入政界。他成为一名托利党积极分子，并于1837年成为约克市市长。四年前，他第一次投资修建铁路，这条铁路是连接约克和利兹到塞尔比的铁路。他成为最大股东，并于1837年成为董事长。他的公司——约克和北米德兰铁路公司——雇用了乔治·斯蒂芬森作为工程师。

　　哈德逊在约克郡、英国北部和中部的其他地方修建了铁路。即使在1842年经济大萧条最严重的时候，他仍在寻找资金进行扩张，并满怀信心地这样做，这预示着更好时代的到来。到1844年，他拥有了从南部伯明翰到北部纽卡斯尔的1000英里的铁路，并开始被称为"铁路之王"：他没有拒绝这个称呼。1844年6月，一列直达车从尤斯顿开出，它行驶在伦敦和西北铁路的轨道上，继续前往哈德逊在拉格比修建的线路，然后向北前往盖茨黑德，在9小时21分钟内行驶了303英里（不包括停车的时间是8小时11分钟，或平均时速37英里）。当时，在一个工作日内覆盖如此广阔的英格兰地区，就像20世纪50年代的太空旅行一样。这表明，如果需要的话，英国将成为一个小国，而且会变得更小。接下来的一个月，哈德逊开通了一条从爱丁堡到伯威克的铁路，并在第二年争取到了议会的一项法令，将伯威克与他在纽卡斯尔的现有铁路连接起来，从而形成了后来的英国北部铁路。多亏了合并，他控制了一个从布里斯托尔开始，一直延伸到拉格比，再从那里向北到达爱丁堡的铁路网络。

他还反对格莱斯顿对铁路的监管。哈德逊的方法很少合乎道德。他买地是为了防止竞争对手通过此地建立竞争线路。他试图阻止"伟大北部"（Great Northern）从伦敦到约克修建铁路的企图，但没有成功——因此通往伦敦的线路是"铁路之王"皇冠上缺失的一颗宝石。在其他地方，他的王国几乎发展到一个帝国的规模。除了向西到达布里斯托尔，他还拥有通往东盎格鲁的东郡铁路。1847 年阿尔伯特就任剑桥大学校长时，女王曾乘坐他的一列火车前往剑桥。

然而，即便是哈德逊，也缺乏永远将竞争对手拒之门外的资源，而且由于未能确保修建一条从北方到伦敦的铁路线，他被边缘化了。1844 年的一项提案（赢得了议会的支持）威胁到了他，他也知道这一点。该提案建议修建一条从国王十字车站经亨廷顿和彼得伯勒（Peterborough）至约克的铁路线，大致沿着北方大铁路方向。1847 年 12 月 17 日，奥克森霍尔姆和卡莱尔之间的铁路线开通，连接格拉斯哥和爱丁堡与伦敦。试图从国王十字车站运营这条铁路的"伟大北部"也陷入了困境：1848 年 3 月至 7 月的四个月里，它的收入为 2502 英镑 19 先令，却花费了 250 万英镑。[62]哈德逊看到了他们的困境，想到了一个摆脱困境的办法，他与北方大铁路达成协议，允许其使用他在约克北部的线路。他的米德兰公司的股东们感到愤怒，因为与北方大铁路的交易创造了一条比经由拉格比更短的从伦敦到北方的路线。

1848 年 8 月，银行要求哈德逊偿还欠下的 400000 英镑债务。消息传开后，他的股价下跌。当时的会计准则很原始，哈德逊充分利用了这一点。他从自己的企业中拿出巨额个人红利，在约克郡购置地产，在骑士桥购买一座房子。由于他旗下各公司的股东嗅到了某种令人不快的味道，于是展开了调查。人们发现，他一直在操控股价，为自己谋利，用资本而非利润支付股息。他对几乎所有的企业都撒了谎。事实证明，公司的钱本来是打算付给承包商的，却被转到他的银行账户里去了。

哈德逊试图为自己辩护，称在商业上与北方大铁路达成交易比寻求对抗更明智——他长期以来一直试图这么做，但收效甚微。他被迫辞去米德兰铁路公司董事长一职，而对他的其他公司——尤其是东部各郡——错综复杂账目的调查显示，他的确在操控数据来改变股价。更糟糕的是，事实证明，他的一些经理也有欺诈行为，欺骗股东。哈德逊还愚蠢地以诽谤罪起诉一家报纸，结果输了。到1849 年中期，他被迫辞去了所有的主席职务，尽管他在 1847 年被选为桑德兰的议员，并在 1852 年和 1857 年同样顺利当选，这使他在议会开会时免于因债务被捕。当议会休会的时候，他逃到国外去了。然而，他的当选也使他成了激进分子和媒体的攻击目标，创立于 1843 年的《笨拙》（*Punch*）也开始令他成为经常遭到讽刺的对象。他的政治声望也引发了对他商业交易的审查，这导致了他的垮台。

722

1859 年，他失去了在议会中的席位，留在了国外。尽管他的行为触犯了法律，但人们普遍认为，在铁路狂热时期，宽松的公司法为他提供了这样做的手段：国家可悲地未能保护公众。最终，1865 年，当他回到英国惠特比竞选时，他的债权人以债务为由逮捕了他。他被判入狱三个月，直到他的债权人意识到他们永远也拿不到钱，才放弃追捕他。1871 年去世前不久，他甚至被选为卡尔顿俱乐部吸烟室的主席。

对于卡莱尔来说，哈德逊是一个不可抗拒的目标。卡莱尔一直在寻找资本主义邪恶与现金关联的新例子。1850 年 7 月出版的《末世手册》（*The Latter Day Pamphlets*）第 7 期以哈德逊为主题，卡莱尔后来将其描述为"极度悲观和深不可测的怀疑"，[63] 这或许可以解释为何对哈德逊的攻击格外凶猛。卡莱尔认为，鉴于哈德逊是现代英国行事方式的化身，应该有人为哈德逊修建一座雕像。这将令国家表明，"你看，在英国只有一个上帝；这是他的先知"。[64] 他鄙视最近对"神圣的哈德逊"的崇敬，并吼道："哈德逊是铁路之王，如果以普选为规则的话，在我看来，他是世界上现存最真实的国王。"哈德逊是"人民选出来的……他的选票是无声的、自愿的，不可能是假的；他做了一件不善辞令的人们在心里觉得值得花钱去做的事；他们也的确付了钱。哈德逊所做的，或似乎做到的，是每个人心中的愿望：拥有可以从中赚钱的票据"。[65]

723　　卡莱尔的另一个反对意见是，铁路的变革和现代化永远摧毁了他寻求回归的封建英国的基础。人们不再被固定在他们的社群里，以前即使是几英里的旅程，对他们来说都是困难的。"铁路正在使英国所有的城镇发生转变，重新确立它们的位置；没有一个城镇会屹立在它曾经屹立过的地方，在很长一段时间里，也没有人知道它会屹立在哪里。这是一个意想不到的、实际上也是最灾难性的结果……雷丁即将接近伦敦，贝辛斯托克降到了戈斯波特或南安普敦的位置，邓弗里斯接近利物浦和格拉斯哥；在克鲁和其他地方，我看到了新的人类群体中心的建立，以及之前从未听说过的冶金城市的预言。"[66] 他觉得，那些曾申请修建铁路的城镇是在"自掘坟墓"，因为他们的生意已转到别的地方去了。他说，这些地方的商店和房屋现在"无声地流血致死"。

　　工业革命和铁路革命相比简直是小巫见大巫。前者改变了人口，改变了英国国力的经济基础，但没有产生流动性带来的真正革命性影响。这一点尤其让卡莱尔精神错乱。在他看来，在工业革命之后，英国的大部分地区仍然可以辨认出来：现在，它将永远地移动、转移、改变，并日复一日地与它的历史根源切断联系。

尽管有些胡言乱语，哈德逊的野心却与当时的时代主旨十分契合。米德兰和北方大铁路繁荣昌盛，直到1923年它们分别合并为伦敦米德兰和苏格兰铁路（London Midland and Scottish Railway），以及伦敦和东北铁路（London and North Eastern Railway）。与此同时，当时英国最大的车站国王十字车站于1852年建成，10月14日黎明，第一辆前往约克的火车从该车站启程。维多利亚时代英国的进步所依赖的通信系统——货物、人员和邮件的长距离快速移动——已经建立。

七

由于其至关重要的战略意义，铁路业务在最初的大规模扩张结束后，仍长期处于政治审查之下。政府在1865年对铁路运输人员和货物的价格进行了调查：因为在很多领域，它们是有效的垄断，限制了经济增长。格莱斯顿解释说，"铁路委员会的目的是通过仔细调查，确定解决部分公众现在所遭受的特殊不幸或不便的方法，以及如何最大程度地增加铁路已经给英国臣民带来的巨大优势，而这些优势是易于受到影响的"。

"现在保护系统已经被打破，工业和资本所释放出的伟大工作，人民的舒适和物质福利主要取决于此，改善和降低人员和商品运输的价格是最有效地促进这两方面的途径。"[67]格莱斯顿补充说，铁路收入现在已经超过全国总收入的一半，它拥有全国1/15的财产。他希望票价能下降1/4，这主要对"劳动阶级"有利，但也能通过降低货运成本来帮助农业。委员会将有权"强制铁路公司提供信息"，这正是格莱斯顿所关注的经济的重要性。

作为此事的序曲，1864 年 12 月 31 日，贸易委员会铁路司司长道格拉斯·高尔顿（Douglas Galton）（也是弗洛伦斯·南丁格尔的另一位表亲）曾写信给格莱斯顿，谈到"铁路问题的困难之处"。[68]他试探了铁路行业的各位领导。一位名叫乔治·比德尔的"土木工程师对伟大东部铁路的管理非常感兴趣"，他也是土木工程师学会主席，高尔顿谈到，他是"铁路人中唯一一个愿意将铁路移交给国家的人——其他人将修复现有的系统"。"不过有一个例外，另一位土木工程师霍克肖先生（Mr Hawkshaw）一直在与罗兰·希尔就岗位调动问题进行沟通，他说最好还是保持现状。"

高尔顿说，是私营部门而非国家提供的铁路在更短时间内创造了更持久的方式，"比任何其他系统可能需要的时间都要短"。然而，这并不意味着这是未来最好的制度。对客户不利的卡特尔化和避免竞争正悄悄混进来，竞争对手公司的经理们正在达成"只有官员才知道"的协议。他认为，"过去几年国家财富的快速增长主要是因为铁路的存在——英国国内的煤炭储量充足，但尚未开发，这使得此种发展能够持续数代人。这将需要继续延长铁路，但铁路系统越接近受保护的利益，新公司对竞争的呼吁就会越没有空间，这些新公司迄今一直在推动铁路系统的发展。因此，可能会出现一段时期，该国的进步可能需要一些新的安排，以防止工业受到束缚。"

高尔顿认为有五点特别需要解决：票价和税率的统一；票价和税率的规模"将是与公平利润相匹配的最低水平——三等列车将更便宜、数量更多"；公司有义务对乘坐其他公司线路列车的旅客收取与本公司相同税率费用；发展新的交通类别；时间表的协调，以避免在枢纽站长时间的延误。他说，问题在于，这些公司是会自行处理这些事情，还是必须由政府接管。高尔顿自己也不确定：

"无论哪一种方式，都会给公众带来很多变化。"

　　铁路部门也有它们的不满。它们被征了太多的税；当地税率过高；事故的赔偿是无限制的，甚至可能导致破产。高尔顿向格莱斯顿建议，作为两家公司合作的回报，他要设法解决这些不满。高尔顿看到了国有化的危险，这在80多年后被证明是正确的。"我针对大型国有企业的经验是，企业的普遍趋势是增加工资并削减个人的工作。"他认为，引入私营企业的援助将更为经济，而将线路租给私营企业，租期为7年、10年或14年，可能会为公众带来进一步改善的好处。高尔顿说，很明显，这一体系还不完善，但同时他也说，政府不可能在不承担政治工作风险的情况下建设新铁路。他的结论是，卡特尔化不利于国家利益，可能需要干预，"铁路公司之所以能够成立，是因为当财产购买是为了社会利益的时候，那么就要推行强制购买财产的原则；因此，它们不能理直气壮地反对同样适用于它们的原则。"

726

　　格莱斯顿希望有一个很好的安排，允许新公司进入这一领域，并防止它们遭到未来出租人或现有线路承租人的反对。[69]1865年1月晚些时候，高尔顿回信说，铁路公司很乐意考虑降低三等车厢乘客的票价，以换取某些优惠，尤其是向那些希望扩张但已耗尽资本的公司提供贷款。[70]铁路热潮不会重演，但会增加新的线路，设计出更快、更可靠的机车，而且在一段时间内，乘客的体验会不断改善。作为进步和现代化的象征，甚至是一种创造全新社会的象征，铁路独树一帜。

727

第十八章　哥特风格一瞥：建立一种民族风格

一

维多利亚时代人最引人注目的遗产是他们的建筑，它们代表了改善，并创造出经久不衰艺术作品的雄心。他们所处的时代决心利用新的繁荣在世界上留下自己的印记，使建筑物配得上最伟大的帝国力量。在19世纪中期的建筑物中，正如在那个时期的绘画中一样，不仅可以看到那个时代的社会和技术变革的后果，还可以看到知识和精神潮流的后果。与上帝的联系，以及基督教的某种理念，驱使一些人去建造，另一些人以特定的方式去诠释建筑，这被注入了该时期的大部分作品中。现在，当我们把维多利亚时期的建筑看作一个时代特征的时候，它们的坚固性和对中世纪风格的有意模仿显得尤为突出。维多利亚时代的人在建造它们时也同样自觉地认为：神圣是他们的目标。

维多利亚时代的大多数人都摒弃了自两个多世纪前伊尼戈·琼斯（Inigo Jones）时代以来流行的古典主义，正如在政治和牛津运动中一样，他们回到了宗教改革之前的欧洲。1836年，查尔斯·巴里赢得了重建威斯敏斯特宫的竞标——威斯敏斯特宫在两年前被烧毁——并被要求建造今天矗立在泰晤士河上的哥特式宫殿。但是，最能让这些建筑成为杰作的是其内部装饰，尤其是巴里委托当时最杰出的哥特式艺术家奥古斯塔斯·威尔比·诺斯莫尔·普金设计的上议院，以及大本钟所在的钟楼，这是普金在 1852 年去世前设计的最后一件作品。中世纪是普金的名片。在伟大的展览会上，除了先进的、前瞻性的机器和产品之外，还有一个由他设计的中世纪宫廷，展现了一个唯美主义者的决心，决心在英国似乎只关心未来的时候，让英国扎根于一个光荣、神圣的过去。尽管游客们对这些新机器赞不绝口，并目睹了机器的运行，看到了它们改变着自己的未来，但他们仍然有一种想要停留在过去的冲动。

　　这是卡莱尔所谓的"完美的封建时代"、埃格林顿锦标赛和青年英格兰的辉煌过去。普金对公众的品味产生了巨大的影响，因为当时的突然繁荣，如经常发生的那样，提供了一种炫耀的诱惑。然而，他提供给其他建筑师的经验教训不能被低估，尤其是巴特菲尔德（William Butterfield）这样的建筑师，他们建造了装饰华丽的教堂以符合牛津运动的盎格鲁天主教美学。他们所返回的哥特式建筑从未完全消失过，而是在 18 世纪（以哥特的名字）复兴了。在这个瞬息万变、动荡不安的时代，它所唤起的中世纪浪漫主义精神几乎是一张舒适的毯子：这与驱使卡莱尔拥抱和颂扬封建主义的心态有关联。在 1852 年普金英年早逝之前，他一直是封建幻想的总设计师。在维多利亚统治初期，哥特小说也因为类似原因而流行起来，而沃尔特·斯科特爵士的作品中融入的那种古物主义是另一股强大的社会潮流。1851 年，当弗洛林，也就是 2 先令的硬币被重新设计时（两年前，2 先令刚被引入，可能是十进制的前驱，2 先令相当于 1/10 英镑），硬币的设计和字体都是哥特式的。在建筑、文学、文化乃至造币时代，哥特似乎已经成了一种民族风格。

　　尽管普金早期的主导地位是作为一种品味的指引，但在他英年早逝后，约翰·拉斯金将哥特式建筑视为神圣建筑方式的想法，很

728

快就成为最有影响力的观念。拉斯金并没有激发哥特复兴，但他为哥特复兴所做的宣传使其持续了很长时间。在 19 世纪 50 年代和 60 年代，他的声音是如此之强，以至于它塑造了人们的品味，他还告诉人们，一个希望把自己视为先进、进步、文明和基督教的国家在建设时应该做些什么。虽然《威尼斯之石》中争论的重点是哥特式相对于文艺复兴时期风格的优越性，而文艺复兴时期风格在威尼斯也十分盛行，但在《建筑的七盏灯》中，这条道路已经清晰可见。这两部作品都旨在营造一种美学氛围，在这种氛围中，哥特式复兴可以蓬勃发展，并提出了关于这种风格的道德优越性的论点。一个沉浸于古典文学中的国家可以追溯中世纪，尤其是因为中世纪不同于古代，它也不同于 19 世纪中期，它是一个明确的基督教世界。

729

拉斯金的旅行范围很广，他的研究也很勤奋，所以很少有人见过或研究过这么多东西，因而无法反驳他。不过，他说话的时候也很自负，除了那些有同样博学见解的人以外，他把所有的人都压倒了。他在《七盏灯》中对圣保罗大教堂的随意攻击是典型的。拉斯金详细地描述了哥特式建筑装饰的适宜性，以及文艺复兴时期的装饰是如何显得完全不自然的。拉斯金问道："在注视着这座建筑的人群中，有谁会停下来欣赏圣保罗大教堂的花艺？它尽可能地小心和丰富，然而，这并没有给这座建筑增添任何欢乐。这不是建筑的一部分，只是一个丑陋的累赘。我们总是设想没有它的建筑，如果我们的设想不被它的存在所干扰，我们会更快乐。它使建筑的其他部分看起来低劣，而不是崇高。"[1]

《七盏灯》提升了建筑的宗教性。它被认为是对纪律道德力量的一种阐述。七盏灯是建筑应该体现的七种精神：牺牲、真理、力量、美丽、生命、记忆和服从。在它问世后的二三十年里，拉斯金的影响力最大，建筑师、建筑爱好者和崇尚艺术的知识分子对该书如痴如狂。具有讽刺意味的是，哥特复兴运动的主要倡导者乔治·吉尔伯特·斯科特对拉斯金怀有一种亲切的厌恶之情，就像一个经常行动的人对一个单纯教书的人怀有的厌恶之情一样；尽管他自己的建筑背后也有类似的宗教动机，而且最初还受到了《七盏灯》和《威尼斯之石》的影响。《七盏灯》出现的时候，斯科特已经是一个相当有名的建筑师，他已经在英格兰各地建造哥特式复兴教堂好几年了。斯科特本人对哥特式风格的偏爱，以及他认为哥特式风格的退化导致古典风格如此流行的信念，自 19 世纪 40 年代中期以来一直是其艺术信条，与拉斯金的信条类似。斯科特最终对拉斯金的漠视，很大程度上是因为他的自我意识，他的某些建筑同样具有里程碑式的意义。

在"服从之灯"中，拉斯金提出了一些他认为哥特式复兴的基本原则："古典式还是哥特式的选择……当它涉及某些单一的和重要的公共建筑时，可能是值得怀疑的；但是，就一般的现代用途而言，我一时想不出它有什么可疑之处：我想不出有哪位建筑师疯狂到能把希腊建筑庸俗化。"[2]除此之外，拉斯金还清楚哪些哥特式风格更受欢迎：比萨罗马式、意大利西部共和国早期的哥特式、威尼斯的哥特式（"发展最纯粹"）或英国最早的装饰风格。"最自然，或许也是最安全的选择，是最后一个，它被很好地保护起来，不会再次变硬成为垂线。"拉斯金还试图定义采用"非自然"窗饰的那一刻，那也就是哥特式建筑在 14 世纪开始衰落的时候。

卡莱尔对中世纪的崇敬与拉斯金的信念相辅相成，拉斯金认为建筑应该表现出一个民族最好的道德品质：建筑有政治、哲学和美学根源。拉斯金和斯科特这一代人也受到了马修·霍尔贝克·布洛克桑（Matthew Holbeche Bloxam）的《哥特式教会建筑原则》（*Principles of Gothic Ecclesiastical Architecture*）的影响。该书于 1829

年出版，是一本薄薄的小册子，在作者漫长的一生中，该书进行了大量修订，1882年第11次印刷时，已增加到三卷本。不考虑——或者可能正是因为——世俗化的压力，国教圣公会和不信国教者都在努力建造教堂和小教堂，让它们看起来像中世纪的机构。布洛克桑所称的在不列颠群岛发现的"古代遗迹"对他非常重要，又使这些遗迹成为许多同胞和妇女的关切重点，迄今为止，他们一直认为过去的物质表现是理所当然的。[3]除了灌输对过去的意识，布洛克桑还为不同类型的哥特形式描绘了蓝图。这对于像斯科特和拉斯金这样的专家来说是众所周知的，但是对于牧师、实业家、政治家和那些将成为斯科特和其他建筑师赞助人的个体来说却并非如此。

731　　哥特式教堂是小城镇的人们都较为熟悉的维多利亚时代的遗产，其他的维多利亚时代的建筑也随处可见。19世纪下半叶人口的增长，意味着为所有阶层的人建造了更多的房屋。学校、医院、法院、市政厅、商业街、大学和学院、疯人院、图书馆、博物馆、美术馆、市场、酒吧、浴室、剧院、音乐厅和火车站仍然是那个时代的纪念碑。它们设计者的名字也引起了共鸣：尤其是斯科特、巴特菲尔德、斯特里特、普金、沃特豪斯和鲍德利。私人和公共机构的大量委托使建筑师这一职业空前繁荣，但直到19世纪末，第一批建筑学的大学课程才建立起来：斯科特（像其他人一样）让学生给他当了5年的学徒，他们在工作中学习。从这项工作的持久质量来判断，这是一项不错的训练。

二

　　拉斯金领导了哥特主义者和古典主义者之间的斗争。在19世纪60年代末的布拉德福德，在他加入牛津一个保护哥特式建筑社团的 30 年后，在决心于此地建立一个新交易所的演讲中，他说，他注意到，在北部的新城镇里，"教堂和学校几乎都是哥特式的，而豪宅和工厂从来都不是哥特式的"。[4]他不明白为什么。"哥特风格刚发明的时候，房子和教堂都是哥特式的；当意大利风格取代哥特风格时，教堂和房屋都是意大利风格的。"他问，为什么"你生活在一个建筑学派里面，而崇拜另一个"[5]他担心，如果人们把哥特式建筑看得如此崇高，以至于它只能保留给宗教建筑（以及通常属于宗教基金会或宗教事业的学校），"这意味着你已经把你的宗教信仰从你的生活中分离出来了"。商业世界——建立布拉德福德新交易所的成果——已成为一种替代宗教。正如他在《威尼斯之石》里所写的那样，"威尼斯的哥特建筑的所有特征都表明，它源于一种纯粹的民族信仰和家庭美德的状态；而……它的文艺复兴时期的建筑则产生于一种隐蔽的不忠于国家和国内腐败的状态，其所有特征都表明了这一点"。[6]

对于拉斯金和他的追随者来说，这两种建筑流派的划分有着深刻的神学意义。一种表明了虔诚、信仰、神的荣耀；另一种表明了利己主义和财富的荣耀，以及世俗主义的进步。哥特式风格中有一种对完美的追求，文艺复兴时期的风格则表现了放纵和自我满足。"那么，你的意思是"，拉斯金在布拉德福德问他的听众，"把自己塑造成基督徒还是异教徒？""因为"，他补充道，"在我过去所有的作品中，我一直努力展示好的建筑本质上是宗教的——是一个忠诚和善良之人的作品，而不是一个异教徒和腐化之人的作品"。

这并不意味着好的建筑必须是教会的，但它必须是"善良和有信仰的人"的工作。[7]拉斯金说，因为"每一个伟大的民族建筑都是伟大民族宗教的成果和典范"。[8]现在，基督教已经成为"名义上的宗教，我们向它支付 1/10 的财产和 1/7 的时间；但我们也有

732

一个务实而认真的宗教，我们把 9/10 的财产和 6/7 的时间奉献给它……掌权的女神可能是'市场之神'或'大不列颠'"。[9]在谈到作为这种信仰圣殿的港口、仓库和交易所时，他说："要我告诉你怎样为她去建造，那是完全白费力气的。你比我懂得多。"[10]

牛津运动影响了教会建筑。信徒们认为，对宗教完美的追求只有在哥特式的教堂建筑中才可能实现。也许对建筑师影响最大的是威廉·巴特菲尔德，他是维多利亚时代最长寿的建筑家——1900年，他在快满 86 岁时才去世。他的父亲是一位不信国教的化学家，他 16 岁时在皮姆利科建筑公司当学徒，24 岁时，他被伍斯特的建筑师哈维·埃金顿（Harvey Eginton）雇佣，并于 1840 年在林肯酒店（Lincoln 's Inn Fields）正式执业。像斯科特和斯特里特一样，他在欧洲大陆广泛旅行，了解哥特式建筑，并接受它们的影响。巴特菲尔德加入了基督教协会，该协会于 1839 年在剑桥成立，当时名为剑桥卡姆登协会（Cambridge Camden Society），致力于哥特式建筑的研究和推广——并定期为其杂志《教会学家》（*Ecclesiologist*）撰稿并发表设计作品。后来，牛津运动塑造了他。他的宗教情怀不仅体现在宗教改革前的设计中，而且体现在室内装饰中。在赞同基督教协会的目标时，他承认教堂必须按照圣礼和敬拜的精神功能的隐喻来规划。这就是为什么他的教堂与同时代的新教徒斯科特建造或修复的教堂显得大不相同。

要走进巴特菲尔德的杰作：玛格丽特街的圣殿教堂（All Saints, Margaret Street），你就得穿越时空，要么去意大利的某个地方，要么回到墙壁上涂满了华丽色彩，到处都是天主教——或者更确切地说，是盎格鲁天主教形象的英国中世纪。这座教堂位于伦敦粗俗的牛津街以北几十码处的 18 世纪玛格丽特小教堂（Margaret Chapel）的旧址上。到 19 世纪 30 年代末，玛格丽特小教堂已成为牛津运动崇拜的中心。据说，圣殿教堂设计于1850年（蒲塞为其奠基的那一年），并完成于1859年，开创了盛期维多利亚时代的哥特式风格。普金可能会反驳这一点：很少有哪个地方比上院的内部设计与圣殿教堂更为相似了。教堂的高塔尖——几乎是唯一一个可以从远处轻易看到的部分，因为其他建筑把它围在西区这个拥挤的地方——受到了德国北部的影响，使用的砖也让人想起德国的教堂。巴特菲尔德的余生都在摆弄着教堂的装饰——在它被认为完工后的又一个40年内——但华丽的地砖、大理石和花岗岩讲坛都是按照最初的计划建造的。

巴特菲尔德的赞助人是基督教协会，其中两名协会成员对此特别感兴趣：斯蒂芬·戈德利爵士（Sir Stephen Glynne）和亚历山大·贝雷斯福德·霍普（Alexander Beresford Hope）。霍普是一位保守派政治家，1865年成为英国建筑师学会会长。贝雷斯福德·霍普是一位顽固不化的中世纪学者，支付了70000英镑的大部分费用。圣殿教堂体现了协会成员崇拜基督教的理想。它计划被制作成一个"模范"教堂，广泛使用彩饰。外面由黑色或蓝色的砖砌成。在巴特菲尔德最初的计划中也有这一因素，但在1849～1850年间，这些计划被广泛修订。这是在顾客和建筑师的要求下实现的，颜色的使用受到了《七盏灯》的影响。塔尖上有几条石带，里面有镶嵌的瓷砖和装饰性的瓷砖，以及对于大理石的恰当使用。正是这些粉刷过的墙壁和彩色屋顶让它看起来好像意大利风格。然而，窗饰、拱门和柱顶模仿了早期英国的一种风格，并加以装饰。在没有窗户的北走道上有五颜六色的装饰，这是意大利风格的缩影，尽管高级的维多利亚式浮华令人讨厌……但对上帝的赞美，从四面八方涌入你的心里。这些图案无一例外地大而不雅。[11]即使是教堂建筑及装饰学家也认为它很丑，尽管他们承认其装饰的力量。

734

在接下来的 20 年里，巴特菲尔德将在其他著名的委托任务中使用多色彩装饰。1868 年至 1876 年，他以这种风格在拉格比学校和牛津大学基布尔学院（Keble College）建造了一座大楼。他还建造了许多其他的教堂和小教堂，主要在南部地区，尤其是威尔特郡。他也修复了许多教堂，彻底抹去了真正哥特式建筑的特征，这是他与斯科特的共同之处。

三

哥特式也许是一种神圣的风格，但许多不得不在哥特式建筑中生活和工作的人都讨厌它。19 世纪 50 年代末和 60 年代，出现了一场关于古典风格是否应该成为英国公共建筑主导风格的激烈争论。就像维多利亚时代其他许多关于高尚问题的争论一样，它通常是在恶劣的社会环境下进行的。

甚至在威斯敏斯特宫建成之前，它就非常不受欢迎，尤其是在 1855 年至 1858 年以及 1859 年至 1865 年两次担任首相的帕默斯顿勋爵那里。这是一个"臭气熏天"的时代，议会只在狩猎季节之外开会，通常从 2 月初到 8 月中旬。会议的最后两个月随着气温的升高变得无法忍受。大楼里很热，通风不足，窗户打不开，因为气味太难闻了。帕默斯顿不喜欢哥特风格的原因有很多，比如，他年轻时不得不在光线昏暗的大楼里工作，因此不想把这种经历强加给别人——但他对哥特式下院（作为一名爱尔兰贵族，他曾在下院担任议员）的不满可能也与此有关。他觉得自己年轻时摄政时期的建筑代表了建筑成就的高度，认为它们更适合用作政府办公室，而不是类似于"欧洲大陆式大教堂"的建筑。[12]在公共建筑中，哥特式建筑是一种他不愿重复的实验。帕默斯顿在建筑学上是个平庸

之辈。当他在汉普郡的布罗德兰兹扩展他的地产时，由于它们不符
合他对摄政时期的偏见，因此他推倒了一座古老的庄园和农舍，这
使当地的古物学家大为恼火。

英国外交部办公大楼是位于唐宁街的一座乔治王朝时期的早期
建筑，对于一个不断壮大的帝国和如日中天的世界强国来说，它是
不够的。英国首席工程专员本杰明·霍尔爵士（威斯敏斯特钟楼
上的钟也将以他的名字命名）不仅设立了一个建造新的外交部大
楼的竞争计划，还包括一个新的陆军部大楼。政府已经意识到，在
一个扩张的时代，可能会发生更多的战争。英国和欧洲的建筑师提
交了许多作品；他们的设计作品在威斯敏斯特大厅展示；已经任命
了这些作品的评审。1857 年 8 月 10 日，当霍尔向下院解释为什么要
用符合维多利亚时代中期英国理念的东西来取代这个不完善的建筑
时，他发现自己因为设计建筑方案竞争计划的举动而受到了攻击。

去年夏天，关于这笔巨大公款项的花费，一个委员会只调查了
两名证人。他们是公共工程的官方评估人亨特先生和查尔斯·特里
维廉爵士，亨特先生本应该知道自己的面包是涂在哪一边的。特里
维廉发出了警告，不是针对这个想法，而是关于过程，他曾建议，
"在重建公共办公室的问题上采取任何行动之前，应该先达成一项
综合计划，将行政效率、完美的膳宿条件和建筑美感结合起来，并
根据需要逐步修建这些建筑"。[13]

霍尔将这个问题提出，安排竞赛，部分原因是他不赞成政府
提供赞助，部分原因是他对政府的官方建筑师詹姆斯·彭尼索恩
的评价很低。自 1854 年以来，彭尼索恩一直在为政府的选址构
思。竞赛结果很混乱。"一位法国绅士获得了这个街区改造计划
的一等奖，该计划包括外交部和陆军部办公大楼；一个英国人获
得了外交部的奖项，但该方案却不能被纳入街区改造计划；而另

736 一个英国人获得了陆军部的奖项，但他的方案与街区的整体计划和外交部的计划都不一致。"这些获奖者中不包括乔治·吉尔伯特·斯科特。据称，他能获得这些委任并不是经常发生的事情，而是任人唯亲和假公济私的结果。霍尔以计划不充分为由，迅速驳回了评审们选择的由苏格兰建筑师科（Coe）和霍夫兰德（Hofland）为外交部设计的最佳方案（有些人强烈反对这一方案）。霍尔在绝望中再次选择了彭尼索恩，这引起了业内人士的进一步抱怨。[14]其中一个抱怨声来自斯科特，他在外交部竞赛中获得了第三名，并且已经因为自吹自擂而赢得了声誉。在回忆录中，斯科特严厉指责评审们"对他们的审查对象知之甚少"，"不喜欢我们的风格"。[15]巴特菲尔德的赞助人贝雷斯福德·霍普认为，整个项目应该暂时搁置，由一个皇家委员会进行深入研究，而不是像之前已经看到的那样，匆忙考虑如何解决改善白厅的整个问题。他召集了一次著名建筑师参加的会议，其中包括斯科特、巴里和迪格比·怀亚特（Digby Wyatt），安排他们对这一侮辱提出抗议，并提出重新开放竞赛。

英国财政大臣乔治·科尔纽瓦尔·刘易斯（George Cornewall Lewis）是个博学多才的人，业余时间写过语言学、天文学、哲学和法律方面的书。他希望项目不会延误，能够迅速推进，但这并不意味着政府应该"抓住缺少政府办公楼的机会，用一系列宏伟的宫殿来装点这座大都市"。[16]他得到了罗素的支持，罗素指出"建筑师们很自然地发挥了他们的想象力，一系列美丽的建筑平面图和草图，由每一件昂贵的建筑装饰来润色，在我看来，这些设计和草图是为了满足公众的视线，展示法国和英国建筑师的独创性和能力，才被录取进来的，除此之外别无他用"。[17]罗素表现出对浮夸的极端反感，认为他这一代人不需要用建筑的力量来炫耀自己。相反，他说，我希望未来政府在建造新建筑时，能准确考虑到建筑的用途和需要。他声称表达了君主的观点，在皮尔担任首相期间，她拒绝了为自己和家人建造一座新宫殿的提议，而在罗素的领导下，她又一次拒绝了这个提议。我们现在提出的计划，更像是在建造宫殿而非政府办公楼。

737

霍尔以略带夸张的口吻为他的倡议辩护，他说："世界上没有任何一个政府的办公楼像我们的政府办公楼那样不方便，也没有一个像我们的办公楼那样破败不堪。"他对陆军部的看法当然是有道理的，"陆军部有几个分支……位于伦敦西区的不同位置"。他针对自己的奢侈花费进行辩解的时候说，膳宿的要求是外交大臣克拉伦登和战争大臣潘穆尔提出的。霍尔认为，"当然，如果他们要重建政府机关，他们最好能出台一个真正配得上这个国家高度的设计，因为人们经常抱怨大都市的公共建筑都是些破烂不堪的东西"。[19]然而，霍尔受到了惩罚：他同意暂时在唐宁街留出土地，但只有在下院批准后才会动工，并同意筹集资金。

380000英镑用于购买和清理土地，这是相当可观的。巴斯的国会议员威廉·泰特说，改造获奖街区的成本将在500万英镑到1000万英镑之间，"没有哪个谨慎的国家会实施这样的计划"。[20]然而，身为建筑师的泰特也提出了品味问题：一些设计是文艺复兴时期的，或者是法国风格，或者是意大利风格，如果其中之一采用了这种风格，"就将会与查尔斯·巴里爵士的建筑产生巨大的不协调"——威斯敏斯特的新宫殿，它的成本也超出了预算。事实上，"建筑问题"并没有得到考虑：仅仅考虑了"是否适当地获得一处场地和足够的土地，以便进行与政府办公楼建造有关的工作"的问题。[21]忽视了这个问题，就同时忽视了利用这些样板办公楼展示英国地位的愿望。同样令人担忧的是，也忽视了那些希望推广哥特风格的人和反对哥特风格的人之间的派系之争。建造什么、建成什么样的风格、建造得多么奢华的问题才刚刚开始。

斯科特不是那种等着听队长指挥的人：他就是自己的团队，自己的队长。1857年8月26日，他写信给《泰晤士报》，要求不考虑科（科是他以前的学生之一）、霍夫兰德以及班克斯和巴里（巴里获得第二名）的获奖作品，但他推荐了自己的作品，理由是："我的设计被评审们置于那些基于我们中世纪建筑发展的设计的首位，这更符合当前的目的，首先需要将这两个办公楼视为一个基本的、不可分割的整体。"[22]在把外交部和陆军部建筑进行结合方面，他比其他任何人都做得更好，这也是"该项目成功的最重要因素"；尽管上天不允许任何人认为这样做是"为了推动我自己的主张"。然而，决定为这两座建筑的独立设计举行竞赛，将它们建在单独的地块上，是冒着"把它分割成互不相连的块体，从而毁掉这一宏伟建筑计划"的风险，在这一点上，他说的没错。其结果仅仅是一场建筑竞赛，有些人因此获奖，但它对"既美化了议会大厦的周边环境，又为公众提供了巨大必需品的宏伟工程"毫无贡献。为了推进自己的事业，他引用了这句话："没有一个有品位的人愿意把文艺复兴时期的建筑（更不用说古典建筑了）建在国会大厦和威斯敏斯特大教堂旁边。"然而，这正是将要发生的事情，斯科特将成为建筑师。

有一段时间，斯科特似乎不仅会得到这个委任，而且还能按照自己的意愿建造。帕默斯顿政府于1858年2月垮台，即将上任的托利党政府由拉特兰公爵之子约翰·曼纳斯勋爵接替霍尔。曼纳斯改变了措辞：政府办公楼将是外交部和印度办公室，因为印度在前一年的兵变之后正处于直接控制之下。印度办公室的资金将来自单独的预算，其税收来自印度，因此英国纳税人的成本将会下降。1858 年 11 月，在一个新的特别委员会审议之后，作为哥特主义者的曼纳斯任命了斯科特。对斯科特有利的是，该委员会的主席正是贝雷斯福德·霍普。

1859 年 2 月议会复会时，作为该委员会成员的泰特抨击斯科特，称他的设计"不方便而且造价昂贵"。[23]泰特的主要抱怨是，他认为斯科特的建筑不会有带窗框的窗户，他想，"每一位曾在议院的委员会中任职的尊贵的绅士都会同意他的观点，在炎热的日子里，简单拉下窗扇是一种比在更复杂的房间里通风更好的方式。不管多巧妙的设计都应该考虑这一问题"。他也有私人的观点："巴里先生是巴里爵士的儿子，但与这位杰出的人物没有其他任何关系，他觉得自己受到了不公平的对待。"这是因为巴里在比赛中超过了斯科特，但最终仍没能胜选。在接下来的十年里，巴里会花很多时间在这件事和其他事情上，抗议自己受到的不公平对待，并且即将成为职业生涯中遭遇不公平的专家。斯科特称泰特的批评——以及帕默斯顿对此的支持——"荒谬至极，毫无根据"。[24]

曼纳斯表示，该委员会只是建议应该任命一位成功的（即排名靠前的）竞争对手。他们还说，就建筑风格而言，"在经济、宽敞和公共设施方面，两种风格之间没有实质性的差异"。[25]他一直受到场地大小的限制，需要依据场地设置新的印度办公室，需要找到一位能够从该空间中提取最大效用的建筑师，将两个办公机构结合起来。那个人就是斯科特。他说，"我每天都期待着收到这些图纸和计划，如果议院批准的话，我提议采取的做法将有助于促进公共便利，并符合应有的节约原则"，"将建立一个与国家相称的外交部。"

霍尔敏锐地观察到，"如果决定在没有哥特式的建筑群中间，建造一座哥特式建筑，那么没有一个建筑师比吉尔伯特·斯科特先生更了解这种建筑风格了"。[26]不过，他想知道为什么要决定任命一名排在第三位的人。贝雷斯福德的希望启发了他，他说："在展示的设计评审名单上，只有一位职业绅士……还有两名专业评估人员。"[27]这位"职业绅士"是建筑师伯恩，当时他正在为巴克卢公爵重建蒙塔古的房子，而巴克卢公爵恰好是评审主席。大多数评委排在首位的人，却被专业人士排在第六位，专业人士将巴里和班克斯放在外交部的第一位，没有把他们纳入陆军部，却把斯科特放在陆军部的第二位，斯科特在这两项中都名列第二。"那么，根据职业绅士的判定，不管业余选手多么有技巧，他们对这件事的了解肯定没有专业选手多。竞赛的全部成绩则要取决于斯科特先生的位置了。"

　　他补充说，如果不选择斯科特，"将是不公正的误判，是对一个最杰出的人造成巨大伤害"。他说斯科特做了一些修改以确保在炎热的天气里空气流通良好；他也摒弃了风格不协调的概念，提醒议会威斯敏斯特宫和修道院的哥特式建筑将位于同一地点，"所有形式的哥特式建筑都只是相同风格的不同阶段"。他的致命观点是，巴里的父亲（Barry pere）（反对斯科特的团体曾祈求他的观点能够有所帮助）曾"说过，如果他要在圣保罗大教堂附近建造一座伟大的建筑，他不一定会采用意大利风格；当有人问他是否愿意在圣保罗教堂的墓地里建一座哥特式建筑时，他回答说，他还没有准备好说不。"

　　帕默斯顿随后宣布，"在建筑师的选择和外交部建筑风格的选择方面，我从来没有听到过比作为首席公共工程专员的这位勋爵更令人失望的解释"。[28]他嘲笑对斯科特的任命，"我想，原则应该是双重否定等于肯定"。他接着说："这当然是一种新的学说。如果把它应用到赛马比赛中，在两场预赛中获得第二名的那匹马就有资格获得奖杯，那会怎么样呢？"

　　让他心烦意乱的不是斯科特，而是哥特式风格。"我们听说它被采用是因为它是一种民族风格，适合日耳曼民族，以及诸如此类的东西。如果要在我们的公共建筑中贯彻民族理论，高贵的印度事务大臣阁下在建造他的新办公室时，应该把他安置在一座宝塔或一座塔吉玛哈尔庙中。"这仅仅是个开始。他说："在我看来，本应建造一座属于我们所生活时代的建筑，却回归了黑暗时代的野蛮主义。""据说，我们打算用哥特式的建筑来填补唐宁街和威斯敏斯特大教堂之间的整个空间，因此，我们希望从哥特式的外交办公楼开始。在我看来，这是反对该项提议的一个理由……它不会成为伦敦的一件装饰品，反而会在这座大都市中制造一个污点。"这在很大程度上是误解和夸大。"我们应该把皇家骑兵卫队哥特化，"他谈到将威斯敏斯特新宫殿改成哥特式的"大错特错"。后人所认为的维多利亚时代建筑的确定性，在他们建筑的构思上，甚至诞生之后，都很少表现出来。

　　帕默斯顿所能做的就是发怒、吹牛和讲笑话。斯科特对他的干预不屑一顾，称其是"只有帕默斯顿勋爵这个年龄才允许表演的拙劣闹剧"。[29] 然而，让斯科特感到不幸的是，1859年6月，英国举行了大选，自由党获胜，把这个老小丑重新推上了首相宝座。[30] 斯科特的主要希望是，由于自由党吸收了一些老的皮尔派，他至少可以在宫廷中有一个朋友。格莱斯顿是英国财政大臣，几年前，斯科特曾在格莱斯顿位于哈瓦登的庄园里建造了一座教堂。斯科特抓住了机会。1859年7月19日，斯科特写信给格莱斯顿说，他"在一些与他的使命有关的问题上，由于先入之见或误解而遭受了严重的痛苦"。[31]

　　对我来说，最重要的是，在做出任何决定，无论是精神上的还是其他方面的决定之前，都应该彻底了解我的立场的所有方面——或者我觉得不经意间对我造成了非常严重的不公正的危险……我已明确和无条件地被任命为一项伟大和最重要公共工程的建筑师……作为这项伟大工程的建筑师，我的名字早已传遍欧洲。我想你会看到，在这之后，仍然仅把我当作一个竞争对手，用我无法躲避的理由来威胁我的地位，这是我几乎没有权利期待的一个过程，也不符合职业人士的习惯行为。

　　我带着最大的热情和激情进入这个行业，我深信，女王陛下的政府会看到，在他们的保护和支持下，我在道义上的要求是不寻常的：我不得不感到（尽管我几乎没有权利发表意见），我所提议的建筑是未来时代认为值得的，现在这项建筑计划的草图（现在可以按草图执行）已提交政府审阅。

他的结论是，他"在这个非常困难和痛苦的处境下，诚挚地请求您的帮助"。

　　帕默斯顿开始的时候很强硬。他似乎希望将如此不合理的条件强加给斯科特，从而使这位建筑师辞去委员会的职务：这表明帕默斯顿并不十分了解斯科特这个人。7月26日，他写信给斯科特，要求他提交一份新的、意大利风格或古典风格的设计，以回应斯科特之前写给他的一封信。信上说，"我确信我需要向您道歉，因为这封信表达的意思会令您失望"。[32] 斯科特抱怨他的劳动被浪费了，但帕默斯顿认为，"无论外部立面的风格如何，你为所谈到的两个办公室做的内部安排将同样适用；如果要决定的问题是一栋造价超过200000英镑，并且要花200多年去装饰或与这座大都市的建筑完全相悖的建筑，那么对个人感情的考虑必须让位于更高层的考虑"。

帕默斯顿指责曼纳斯——"考虑到1858年议会会议中下院强烈表达了反对选用哥特式风格，稍后工务理事会竟然鼓励你继续执行哥特式计划，这是非常遗憾的"。然而，他强调问题不在于普通民众的感受，而在于他自己（帕默斯顿）的感受，"你说哥特式是英国和英国国家的公共建筑风格，但我想知道在英国哪里可以找到这种风格的公共建筑。"他说，他了解的主要的公共建筑都是其他风格的，"出于民用和世俗目的修建的公共建筑"就是这种情况。

斯科特曾对帕默斯顿说，"您的哥特式建筑紧邻另一种风格的建筑，这种对比不会冒犯观众的眼睛"。不过，首相坚称，"如果这种说法是正确的，那么它可能会转向另一个方向，唐宁街的意大利建筑与更偏远的议会大厦和威斯敏斯特大教堂之间的对比，会让人们的眼睛更少受到冒犯"。然后他脱下手套："我承认，我无法不警惕地想到，在唐宁街和大乔治街之间的整个空间里，将充满哥特式风格的阴郁建筑。"他做了最后一击："我一点也不能怀疑，像你这样有天赋、有能力的建筑师，会发现用意大利风格或古典风格设计立面是件容易的事，尤其是那些风格比哥特式简单，不需要如此细微的细节。"他告诉斯科特，他只是想请求议会为修建大楼的地基拨款，"因此，你没有必要赶着去准备修改后的计划，或者我应该说，立面图"。

743

驱逐斯科特的企图激怒了这个行业，并损害了帕默斯顿的声誉。斯科特受到同行支持的鼓舞，去拜访了格莱斯顿。他们于8月2日见面。斯科特当天晚些时候写信给他，以他一贯的自我中心来审视他们的谈话，他说，"我觉得自己的一致性要求我必须以某种表面上的方式陈述我对将这种风格应用于政府办公室的看法，我已经公开并频繁地表明自己是哥特式建筑的拥护者"。[33]不过，他解释说，"事实上，全国各地，甚至更广泛地支持复兴这种风格的人，都把我视为持这种观点的人的领袖之一；在这类问题上，我必须不失时机地阐述我个人的观点，这对我与他们的立场以及我个人的一贯立场都是必要的——尽管我相信我这样做是有节制的，并且出于对那些与我意见不同的人的考虑和尊重"。

8 月 4 日，辉格党议员埃尔乔勋爵利用下院的一场辩论来抱怨该项目的拖延。"现在的外交部就是这样，每当外交大臣举行招待会时，总要把它支撑起来，外交大臣坐在自己的房间里写重要的公文，屋顶随时都有可能塌下来砸到他的脑袋。"[34] 埃尔乔还公开了帕默斯顿几天前在一次私人会议上说过的话，这句话后来被媒体报道了："斯科特先生的设计是他所见过的最可怕的东西之一——它比任何东西都更适合建造修道院，而且只要他在位，他永远不会同意采纳斯科特先生的计划。" 1868 年曾短暂担任内政大臣的亨利·布鲁斯强调了让斯科特按自己习惯的风格建造房屋的重要性。"他们必须小心谨慎"，他警告下院，"不要犯关于克里斯托弗·雷恩爵士的类似错误。作为帕拉第奥派的著名建筑师，雷恩爵士曾受雇为威斯敏斯特大教堂建造两座哥特式塔楼。很自然地，他以最不成功的方式完成了这项工作，他那两座笨重的建筑物是对这座高贵建筑之美的极大贬低"。[35] 查尔斯·巴克斯顿（Charles Buxton）是最后一位在首相面前发言的人，他说 "斯科特先生的设计将会成为这个国家最漂亮的建筑之一"，"意大利风格正在变得衰弱"。[36]

下院即将休会，帕默斯顿表示，在再次开会之前不会做出最终决定：再推迟 6 个月的黄金时间。埃尔乔毫不客气地表达了他对斯科特计划的感受，"哥特式建筑可能非常适合建造隐修院、修道院或耶稣会学院，但无论是内部还是外部，它都不适合现在的用途。" 对此，斯科特并不感到尴尬。埃尔乔也没有因计划的改变可能对斯科特造成的影响所动摇："毫无疑问，斯科特所展示的模型是付出大量工作的结果，如果把这些努力丢掉，对他来说将是非常不幸的，但这不是他（帕默斯顿）的过错。"[37]然后出现了一个评论，大概是为了迫使斯科特起草辞职信："尽管如此，他的观点是，斯科特先生和其他聪明的建筑师一样，能够根据初步规划建造一座不同的建筑，他不认为斯科特先生和哥特式建筑风格之间有什么必然的联系，因此不应该阻止政府邀请他在另一个规划上努力设计他的立面。"

帕默斯顿对这种荒谬的行为感到十分恼火："那位曾说过斯科特先生是个偏执狂的贵族大人，现在又说他在职业上很有名望，毫无疑问，他能把一座意大利风格的建筑建造得和哥特式建筑一样好。但是，如果一个人因为他在一种建筑风格上的成功而获得了世界声誉，在他看来，会有人委托他以一种完全不同的风格来完成一项工作吗？有哪个理性的人会委托以画动物而闻名的埃德温·兰西尔爵士来画一幅神圣家族的画呢？"[38]

8月23日，斯科特再次写信给格莱斯顿，"一个建筑师代表团最近拜访了帕默斯顿勋爵，并表达他们对他观点的赞同。当然，当一门艺术被分成两个对立的分支时，这只是一个老生常谈，——因此，即使在适当的时候，出于最佳的动机，这种表达也没有什么道德价值。就目前的情况而言，我坚决认为，这种表达的恰当时机早就过去了，在一个软弱的时刻挺身而出，给一位建筑师兄弟一个额外的打击，绝不是一种慷慨的行为"。[39]斯科特觉得这"或多或少与一种想要取代我，代之以另一名建筑师的愿望直接相关。这位建筑师是查尔斯·巴里爵士的儿子，虽然他是第一批祝贺我获得任命并祝我成功的人之一，但他并没有（我很遗憾地说）停止利用他的一切权力来试图取代我的职务"。

斯科特补充到：

　　我深信，他的拥护者会利用在下院发言支持我设计的人所使用的某些表达，大意是说，作为一名哥特式建筑师，要求我用另一种风格设计是前后矛盾的；我想情况就是这样，对于帕默斯顿勋爵来说，虽然他到目前为止一直说，由于知道我受过古典建筑的教育，他毫无疑问地认为我可以设计出任何一种风格，昨天他告诉我，他一直在考虑约翰勋爵和其他人的言谈举止，觉得其中大有文章。因此，他一直在考虑让另一位建筑师与我合作，帮助我这样做。在我提出规劝之后，他同意推迟这一步骤，从那以后，我写信给他，说明我认为这完全不符合我立场的理由。

　　他对格莱斯顿说，按照帕默斯顿的建议，这样的安排"完全不可能"，"我是根据一个特别委员会的报告由约翰·曼纳斯勋爵任命的"作为"设计和执行必要工作的建筑师"，"没有提到风格的主题，尽管我自然会遵循我的竞争对手的设计"。他补充道：

　　现在，我把它简单地放在道德权利的基础上，如果这个设计受到一个不赞成这种风格的新政府或持同样观点的下院的干扰，我有权拒绝或接受委员会做出新设计，如果给我指定一个竞争对手，这将是对这一权利的明显侵犯……从道义上讲，两个艺术家不可能在同一项设计上合作，除非其中一个是真正的设计师，而另一个完全从属于他……我在我的专业中所处的特殊地位，以及我对我们乡土建筑的改革和"新鲜血液"的需求所表达的强烈意见，迫使我可能会在所有新的设计中要求相当大的自由和创意，并拒绝做普通的设计，在我看来，沉闷和破旧的风格在这个国家一直被认为是所谓的"经典"或"意大利式"建筑。

斯科特从来都不是懂得自我平衡的人，现在他发现自己"完全失去了健康，经历了我所重复经历的纠缠、焦虑和痛苦的失望"。[40]他请了两个月的假，这是他多年来第一次休假。他下定决心要揭穿帕默斯顿的虚张声势，并同意设计一座意大利风格的建筑。他这么做不仅是为了报复帕默斯顿，也是为了报复那些游说他的建筑师同行们（他怀疑：他很可能是对的），因为他们嫉妒斯科特的卓越和成功。"辞职"，他写道，"将意味着放弃天意赋予我家族的某种财产，而这只是对我职业对手的一种奖励，因为他们史无前例地试图从一位建筑师兄弟手中夺走工作"。他的设计将是"拜占庭式的……通过借鉴那些受拜占庭作品影响的文艺复兴时期的例子，使之成为一种更加现代和实用的形式"。[41]尽管他很不情愿，但他声称自己觉得这"既新颖又令人愉悦"。

然后斯科特发现了帕默斯顿建议他可以与另一位建筑师合作设计这座建筑的原因。帕默斯顿曾私下请小查尔斯·巴里为外交部做一个设计。斯科特是通过一个朋友听到这个消息的，"帕默斯顿勋爵起初希望迫使我接受这位先生作我的同事；但是，他没有做到这一点，却暗中鼓励那位先生也做了一个计划，让他'弓上有两根弦'。"[42]帕默斯顿仍然对巴里的设计抱有希望，他要求斯科特将他拜占庭式的计划"现代化"：他想尽办法做出荒唐举动，想迫使斯科特最终放弃。工程办公室试图迫使斯科特对意大利的概念做进一步的改变。斯科特很不高兴，但还是这样做了。

辩论泄露给了新闻界。斯科特的一位支持者写信给《泰晤士报》说，哥特式和古典风格一样方便，但更便宜，这促使马修·阿诺德写道，"我们眼前的一个著名实验似乎与这一假设相悖：议

747   会大厦极其不便，而且极其昂贵"。[43]在抨击巴里"不是一个优秀的哥特式建筑师"之后，阿诺德还嘲笑了"哥特式是英国国家建筑的说法。如果没有文学的复兴，没有宗教改革，没有伊丽莎白时代，没有 1688 年的革命，没有法国革命，也许会是这样。但事实并非如此"。阿诺德曾是一名福音派教徒，很难指望他会赞同普金和拉斯金的封建天主教幻想。

1860 年议会休会时，帕默斯顿立即派人去找斯科特，告诉他可以不必惦记任何原来使用的哥特式设计，他的意大利风格设计是"一件常规的杂交事务"，他不会参与其中。[44]斯科特回忆说，帕默斯顿发出了他几个月来一直在酝酿的最后通牒："他必须坚持让我用普通的意大利风格设计，尽管他不想取代我，但如果我拒绝，他必须取消与我的约定。"另外，他说，整个办公楼的结构必须改变，正如他决定的，印度事务办公室将与外交部共享大楼前的圣詹姆斯公园。

斯科特"吃了一惊，带着痛苦的困惑走了，考虑是该辞职，还是吞下这颗苦果"。[45]他的朋友告诉他要考虑到他的家庭和名声，对于一个建筑师来说，接受客户的意见并不是一件坏事。为了摆脱"可怕的精神混乱状态"，斯科特买了一堆关于意大利式建筑的书，咬了咬嘴唇，"干劲十足地开始工作"。他的自负驱使着他："我下定决心不会落后于古典主义者，我似乎比平常更有力量。"帕默斯顿赞成这个设计；下院的哥特党在斯科特暗中怂恿下对该计划进行了攻击。

斯科特后来承认，如果他知道这将意味着什么，他就永远不会开始这个过程。事实证明，他建造的是维多利亚时代最宏伟的建筑之一，但这座建筑完全不符合时代精神，超出了他的计划的正常实施。"我一步步陷入了最恼人的境地，以一种与我毕生努

力方向相反的方式完成我最大的工作。有一段时间，我极端羞愧
和悲伤，但令我惊讶的是，公众似乎理解我的立场，并对我的立
场表示同情，我从未受到任何恼人而痛苦的指责，甚至拉斯金也
告诉我，我做得很对。"他竟然求助于拉斯金对自己的支持，这表
明斯科特受到了多么严重的伤害，他感到自己的声誉和诚实受到了
深刻的影响。

　　毫无疑问，如果在斯科特的意大利风格建筑那里打造一座哥特
式的宫殿，就像西蒙·布拉德利（Simon Bradley）所说的那样，会
"让白厅在视觉上失去平衡"。[47]布拉德利还观察了斯科特是如何设
法压制住"他自己一贯所倾心的风景如画的多样性"，尽管如此，
他和其他评论家还是发现这座宏伟的建筑风景如画，尤其是靠近圣
詹姆斯公园的尽头，那里曾是印度事务办公室的所在地。斯科特偷
偷融入这栋建筑的不对称塔楼，暗示了这位建筑师的哥特式倾向。
否则，它就是一座对称的建筑，斯科特原本打算在它的四个角上各
建一座圆顶塔，后来发现造价太高。这座建筑展示了热那亚和威尼
斯的文艺复兴风格，但还有一些树叶形状装饰的窗间壁的柱头进一
步显示了斯科特的真实色彩。

　　斯科特一直令政客们感到恼火，通常是由于一些微妙或不那
么微妙的招揽生意的行为。例如，1872年1月2日，他写信给格
莱斯顿说，威斯敏斯特的分会堂的修复工作——斯科特谄媚地称
之为"显然是您自己的工作"——已经完成。[48]"当它接近完工
时，您已经看到了它，因此，要知道正是因为您及时的介入，这
座建筑的美才从毁坏和废墟中恢复过来。"斯科特的讨好是有目
的的。"不过，您一定注意到了一个明显而痛苦的缺点。而且，
如果您在一个阳光明媚的日子里前往此处，您会对此处留下更深
刻的印象。我指的是没有彩色玻璃，这座庄严美丽的建筑仅仅是

一个温室。”他继续说道：“内部空间可能被更多的玻璃所包围，而不是墙——所以说建筑被‘修复’而没有经过任何调整和修饰，这是用词不当的。”他说彩色玻璃将花费6000英镑：“我写这封信的目的是恳求您完成您已经开始并进行了很好的工作，直到成功完成为止，请您允许提供必要的资金来完成这非常重要的一部分。”

在斯科特看来，钱很少成为目标。1873年12月8日，他从罗马写信给格莱斯顿，说曾收到首席工程专员艾尔顿的通知，“通知我说，女王陛下的政府对我支持两翼塔楼的呼吁不以为然，两翼塔楼是我为新住宅和殖民地办公室规划设计的一部分。
749 请原谅我这样说，这个消息使我非常失望，请您再考虑一下这个问题，好吗？”[49]他说，这些塔楼是设计的“固有部分”，如果不加以考虑，原来的设计将被“缩减为一个没有理想的整体”。他继续说：

> 作为一个艺术家，我请求坚守我的立场，尽管我认为这一疏忽在任何意义上都是一个巨大而严重的错误，我对相关抗议表示尊重。作为此项设计的作者，我觉得我有责任尽一切努力促使您允许我完整地按此项设计执行。此外，如果该设计丧失了其主要特征，我将无法（我真诚地相信，情况不会是这样）保护我未来的声誉，如果就这样失去了它的主导性特征，设计就会夭折。但是，与毁坏一座伟大的公共建筑相比，我未来的声誉又算什么呢？就算我在欧洲的每一所学院都张贴我的设计图纸，并抗议它的残缺不全，与矗立……在世界上主要城市的一条最伟大的大道上，且失去了它最显著特色的建筑相比，也是毫无意义的！

斯科特"恳求"格莱斯顿再次行动，敦促他"避免严重打击我们国家的建筑声誉！"格莱斯顿的私人秘书在信的背面写道，"他一定是疯了？"格莱斯顿问道："圆屋顶最初是什么时候被谁淘汰的？"事实证明，1870 年，时任财政大臣洛开始做出了将斯科特的预算降低 1/3"等各种改变"，包括从一开始艾尔顿就不喜欢的圆顶。在英国引以为豪的时期，政府的资助对那些幸运的建筑师来说是一种莫大的恩惠；但在功利主义时代，每一分钱都要精打细算，艺术（哥特式或古典主义）则屈居第二。

正如布拉德利所说，斯科特将哥特式外交办公室的设计方案重新用到了这栋被许多人视为杰作的建筑上面，即伦敦圣潘克拉斯车站的米德兰酒店，这是一个"经久不衰的传奇"。[50]该建筑展示了许多细节，以及斯科特在政府办公楼设计中投入的研究证据。一位近现代的评论家说，这些作品让人想起"伦巴第和威尼斯的砖造哥特式建筑"，"米兰风格和其他陶土建筑点缀其间，还夹杂着温彻斯特和索尔兹伯里大教堂、威斯敏斯特大教堂的精美复制品的细节"，甚至包括"亚眠、卡昂和其他法国建筑的装饰品"。[51]这座建筑是由诺丁汉的砖块建成的，诺丁汉是这条铁路北线上的一个车站。如果斯科特能够自由行事，它会再增加一层楼的高度，而且有一个更高的钟楼。这座建筑具有盛期维多利亚建筑的风格，因此它吸引了许多 20 世纪的评论家，他们想要拆除它，包括它的所有者英国铁路公司。毫无疑问，设计一座宏伟哥特式建筑的经历是对米德兰酒店产生影响的因素之一，它是一个时代最伟大、最有力的代表之一，在那个时代，建筑不仅是为了经久耐用，而且是为了向未来展现整个文化的理念。

四

　　然而，哥特式和古典式之间的战争还没有结束。下一个伟大的政府任务将给哥特主义者一个机会来重申自己，尽管仍然面临诸多艰难困苦，但他们还是抓住了这个机会。19 世纪 60 年代中期，政府决定在靠近律师学院的地方设立新的法院，斯特兰德大街与伦敦舰队街在此交汇。1861 年，政府开始对该地区的房产发布强制购买令，其中大部分都是大都市中最令人反感的贫民窟。为政府工作的测量员亨利·亚伯拉罕（Henry Abraham）曾希望受邀设计新的法院，他生动描述了规划地点的糟糕景象："在某些地方几乎不可能停留太久，臭味太难闻了。至于人民的状况，我只能用'可怕'来形容；年轻人的堕落和悲惨，中年人的衰老，以及过早衰老的人的可怕状况，都是骇人听闻的。"[52] 在调查过程中，他遭到一些当地人的袭击，甚至差点被抢劫。这片区域的大部分看起来像一个巨大的妓院，没有任何能够描绘出来的排水系统。

　　正如狄更斯所讽刺的那样，法律上存在大量的积压案件，许多诉讼当事人身无分文，得不到公正的对待。最终，这一点得到了承认，在 19 世纪中期，法律程序发生了变革，建立了上诉法院和审理民事案件的高级法院。约翰·索恩爵士曾在威斯敏斯特大厅周围修建了一些高级法院，但现在已经不够了。为了与议会和白厅实体的现代化保持一致，人们认为，一座新的司法宫殿将象征着英国法律的新时代。然而，花费将是巨大的，格莱斯顿被 1861 年和 1862 年的规划吓坏了。他对这项事业的雄心壮志——他是该事业最引人注目的支持者——与他个人和职业上对经济的信念之间的冲突是明显的，而且显然是不可调和的。1865 年 2 月，他报告说成本为

892895 英镑。[53]他的想法和后来提交设计的人一样，是建立一个会堂、法院、办公室、退休办公室和其他设施将分设在四个楼层。

1865 年夏，当格莱斯顿提出一项计划时，引发了人们考虑在当时正在开发的河堤上选址的需求。河堤位于萨默塞特宫以东，但毗邻正在沿河修建的地铁和公路。彭尼索恩调查了这片土地，他估计仅这片土地就价值 100 万英镑。还有一个问题，如果 4175 人的 343 套住房被强制购买，他们将被赶出凯里街，将如何安置这些人呢？这是一个衡量贫民窟的标准，工人阶级被设定为 3082 人，住在 172 所房子中的 1163 个房间里。在罗宾汉的宅邸里，52 人住在两所房子中。[54]贫民窟里的人数甚至比这些数字还要多，因为许多建筑都是晚上能容纳更多人住宿的公寓。尽管一些自由派议员要求建造新的住所，但政府认为，居民们将毫无疑问会找到比现有住所更好的地方，于是并没有提出任何帮助他们的建议。同提供教育一样，为穷人提供住房在当时并不被视作国家的事情，而是私人慈善机构的事情，如果有必要的话。

1865 年夏天，一个新的皇家委员会成立，决定如何进行这项工作。委员会决定在新的大楼里安置更多的职能部门，包括那些精神病专家委员会和枢密院的司法委员会。这需要一个更大的建筑和更多的土地，额外的成本估计为 488620 英镑，这震惊了格莱斯顿。威斯敏斯特有一种强烈的感觉，认为该设计应该反映这个国家的伟大地位；遴选委员会——包括格莱斯顿勋爵、大法官、检察总长和工程专员——在经过长时间的考虑后，做出了一个明智的决定。

在最初受邀参加委托竞争的 6 位建筑师名单上，有乔治·埃德蒙·斯特里特。斯特里特生于 1824 年，曾是斯科特的学生，历史对他和斯科特的评价几乎在伯仲之间。他父亲的职业是律师，一开始并不成功。后来，斯特里特成为温彻斯特建筑师欧文·卡特

（Owen Carter）的徒弟。卡特的杰作是温彻斯特谷物交易所（Winchester Corn Exchange）。卡特对哥特风格也有浓厚的兴趣，并建造了几座哥特风格极为显著的汉普郡教堂。斯特里特继续他自己的哥特式建筑研究，在 1844 年加入斯科特的实践时，他对此已经非常精通。他是通过一个熟人介绍认识斯科特的，并被雇用为临时助理。斯科特很快意识到他的能力，给了他一份永久性的工作。斯科特非常钦佩他的学生，不仅因为他对建筑的思考，还因为他的绘画技巧。在斯科特的实践中，与他同时代的是博德利和威廉·怀特（William White），他们一起开始修正哥特风格的概念，摆脱了普金所倡导的纯粹主义。在整个 19 世纪 50 年代和 60 年代，他们的观点占了上风：这就是后来被称为"盛期维多利亚风格"的学派。

斯特里特与斯科特共事了 5 年，并于 1847 年在康沃尔赢得了他的第一个设计教堂的任务。1849 年，他创立了自己的事务所，并以设计教堂而闻名，其中许多教堂都位于牛津教区，这是对 13 世纪早期英国风格的复兴。斯特里特坚信哥特式建筑的优越性，其根源在于他对拱形建筑技术优势的赞赏，以及它用小块石头连接大空间的能力，尤其是它在拱顶上的应用。随着名气的增长，他建造了更多的世俗建筑，并开始广泛写作。和拉斯金一样，他四处游历，描写了大量他所看到的东西，并受到他的评论家同行的崇拜：与拉斯金不同，或许是因为斯特里特有实际经验，他的设计必须付诸实践，所以他心胸开阔，缺乏拉斯金特有的超凡脱俗。斯特里特成了一位伟大的建筑导师，他的名字在 19 世纪后期引起了人们的共鸣，尤其是诺曼·肖（Norman Shaw）和威廉·莫里斯。

在法院街的竞争发生的时候，他正处于职业生涯的顶峰。然 753 而，古典风格建筑与中世纪风格建筑之间的紧张关系仍有待解决。斯科特被帕默斯顿所击败表明，体制的偏见在于前者。斯特里特决心把高雅的维多利亚时代特征变成一种风格，在这种风格中，中世纪的美既可以被视为原始的、现代的，也可以被后世称为"艺术的状态"。正如斯特里特的传记作家之一戴维·布朗利（David Brownlee）所言："斯特里特坚持认为，通过从哥特研究中提取这些原则，中世纪可以变得现代，通过承认比四十年代纯粹主义者所认可的更广泛的历史和地理范围的先例，并通过一个称为'发展'的过程来改造哥特式建筑，可以满足 19 世纪的需要。"[55] 斯特里特的盛期维多利亚时代风格不是对几百年前的模仿，而是在其基础上的一种进步。"模仿主义"是普金所做的。

法院的设计方案必须在 1866 年 10 月之前提交。去年 4 月，当这个问题在下院被提出时，约翰·曼纳斯勋爵抛出了一个完全可以预见的难题，他问道："被邀请参加女王陛下政府偏爱的建筑风格竞赛的建筑师们，是否得到了任何暗示？"由于遗漏了这一提示，导致了六年前的一个错误。因此，我们很想知道，女王陛下的政府是否已经决定了现在采用的式样。负责此事的大臣亨利·考珀（Henry Cowper）在接受《风尚》（Manners）杂志采访时表示，风格是个"悬而未决的问题"。[56]

1866 年 3 月 22 日，乔治·本廷克在下院抨击了一项仅邀请 6 名建筑师参加竞赛的计划。他抱怨说，像 30 年前的议会大厦一样，这样规模的委员会应该向所有人开放。这 6 个人分别是斯特里特、沃特豪斯、亨利·加尔林（Henry Garling）、托马斯·迪恩、拉斐尔·布兰登和乔治·萨默斯·克拉克。除了加尔林之外，所有人都奉行中庸之道。爱德华·巴里、斯科特、哈德威克（Hardwick）和怀亚特拒绝参加。有人认为，这是因为一个条件，即在建造法院所需的三年时间里，如果没有财政部的同意，成功的建筑师不能承担任何其他工作。然而，这一限制并不被认为是不合理的，因为建筑师的酬劳将占成本的 5%，即 3 年内 37000 英镑，是一笔不小的财富。最终，这个领域扩大到 11 人，包括巴里。

754　　　评委会主席是帕默斯顿的继子、其政府的首席工程专员威廉·考珀。福克死后，考珀选择了沃特豪斯来建造自然历史博物馆，所以他似乎倾向于哥特式风格，这一点和他的继父不同。检察总长、未来的大法官朗，包括已经选择沃特豪斯来建造他的乡间别墅的朗德尔·帕尔默（Roundell Palmer），也在这个小组中。格莱斯顿自封为评委，作为财政大臣，他会开出支票。他对哥特风格的喜爱是有据可查的。他了解斯特里特，很欣赏他在卡德斯顿的工作，斯特里特就是在那里建造了神学院，格莱斯顿还读过他的一些作品。斯特里特和斯科特、巴特菲尔德一样，偶尔会来参加格莱斯顿的周四早餐。

　　法院对这个时代来说，就像议会大厦于统治初期一样：这是当时最重要的一座建筑，旨在反映一个领导世界、享有最大繁荣的帝国力量的新实力和影响力。1867 年 2 月，政府邀请公众来细看这些草图。在林肯律师学院里，一个特殊的亭子被搭建起来，用于展示这些草图。很明显，所有的设计都是哥特式的，甚至两位可能被认为是古典主义者的建筑师也提交了中世纪风格的设计。《教会学家》认为这是一个胜利，《建造者》（Builder）则认为这是一种倒退，他们仍然在寻找一种这个时代特有的建筑风格。

　　《季度评论》的态度甚至更加轻蔑。虽然它承认，为法院而拆除的这片区域是"伦敦的一个污点"，但它也指出，拟议将取代它的东西会构成"一个无法弥补的错误"。[57]法院是"现代最伟大的建筑"，《季度评论》想知道这些计划是否满足"实用这一首要条件"。相反，它所看到的反映出的是一种"对浩瀚物质日益增长的品味"，自从新议会大厦建成以来，这一理念就在英国生根发芽。

它认为威斯敏斯特宫"仅仅是一个机械的壮举"，因为它的设施"在任何意义上都是最令人沮丧和反感的"——除非位于河对面，自从河堤使得臭味消失后，河水已经改善了。

　　文章接着写道，其结果是"对哥特式建筑产生了如此强烈的反感……他们下令在本该有议院的地方建一座宫殿；正如我们现在要求法庭一样，他们给我们提供了一个审判所。宫殿是国家住宅，而不是公共事务场所。它们不是为了方便或舒适而建造的，只是为了排场和仪式"。主要的抱怨是，从新建筑的外观上看，根本看不出议会两院；此外，在这 11 座拟建的宫殿中，任何一座的外观上都看不出法院的存在：只是"一个屏风，掩盖了建筑的基本部分"。[58]因此，一个人——或者 11 个人——对完美的追求是另一个人的审美死胡同。还有人认为，这座建筑与斯特兰德"一条商店街，一个长长的街市"的定位格格不入。

　　《季度评论》想要一个更大的场地，使住宿不那么拥挤，并使伦敦摆脱更多的贫民窟。并没有钱来做这件事：这就意味着 11 位建筑师又要重新开始了，所以这完全是一个毫无意义的，几乎是恶作剧的观察。它主张修建一条从圣克莱门特戴恩（St Clement Dane's）到河边的"高贵大道"（这确实发生了），以及一条从法院到地铁的路（这没有发生）。[59]它曾谴责这些设计使法院看起来像一座宫殿，也曾谴责它们看起来像教堂：这使得《季度评论》在谴责建筑师以大教堂为模型时，对这些设计提出了根本性的抱怨：它们是哥特式的。

　　它反对"哥特式模仿"。它提到了伊尼戈·琼斯，说"那个时候地球上有巨人"。它说，建筑师们"不得不满足一群无知而又苛求的人，他们有钱，也有出头之日"。[60]它不公平地暗示（考虑到格莱斯顿的博学和美感），评委会的存在"仅仅是因为财富和地位"，

755

而不是因为他们的"智慧和文化"，在世俗领域里使用教会建筑的例子只会导致"堕落"。这一连串的谩骂以响亮的高潮结束："简单可悲的事实是，英国的建筑是一门已经消亡的艺术。我们现代建筑师的作品是用外语创作一种适合我们法庭的风格，就像大律师用希腊语或中世纪拉丁语辩护，或像从前用诺曼人的法语判决一样。"

这篇文章的结论在哀叹中世纪主义的现代诠释时，提出了一个时至今日仍能引起共鸣的观点，即维多利亚时代的哥特主义者对许多古建筑结构的影响：这些建筑师只不过是"一群优秀的机械师，他们的作品，无论是木制的还是金属的，都在摧毁每一座教堂和大教堂的个人艺术特色，而这些教堂和大教堂都属于'恢复狂热'的范畴"。[61]其中还写道："我们对每一件事都太讲究了。哥特风格的城市仓库必须要有长老会大教堂使用的那种大理石和丰富装饰；即使是乡村教堂也不能只有简朴的尊严，如果不漂亮就什么都不是。"[62]它抨击了建筑的政治化，这是不可避免的，因为许多重大任务都是由国家资助的。因此，可以认为这是对哥特风格的攻击，但这篇文章的结尾希望必要的风格是"纯粹英国式的"："让我们从14世纪纯粹的哥特式开始，让每一个进步都是对这种风格的真诚和富于同情心的发展，而不仅仅是添加不一致和不连贯的形式。"这是假惺惺的：已经太晚了，而且已经晚了500年。然而，它揭示了一个标志着维多利亚时代建筑的真理："建筑是一个时代特征的不朽纪念碑。"[63]

当时的时代思潮反对这些限制，含蓄地支持古典主义。1866年夏天，自由主义者离任之前，支持哥特式建筑的不仅有格莱斯顿任命的委员，而且还有知情的公众，他们对建筑的认识是由强烈的历史主义或返祖主义所支撑的。哥特式复兴定义了一种新的当代风格。这是一场秀，由一个繁荣的国家来买单（不管格莱斯顿可能多么节俭）。这就是那个时代的精神，自从那次伟大的展览以来，在许多方面都呈现出一种更大的炫耀和更少的克制。大多数建筑师之所以采用这种风格，是因为公众的需求：如果不这样做的话，他们就没有工作了。

斯特里特的传记作者将他的作品描述为斯科特的"意识形态盟友"，具有一定的规律性，并发展出盛期维多利亚时代典型的中世纪风格，低矮、可预测的屋顶是四边形建筑，中间点缀着强制性的塔楼。[64]与斯特里特早期的许多建筑一样，尤其是他的教堂，其风格是早期的法国哥特式风格，经过14世纪英国装饰的调和。最终建成的法院内部完全是14世纪的英国风格。就其本身而言，它受到了《教会学家》的赞扬，却遭到《建造者》的摒弃。他的批评者说，这些建筑的立面单调乏味，缺乏想象力。他的设计当然不像其他设计那样漂亮，也没有通过室内的实用性来弥补自己的不足：斯特里特最初的设计并没有充分考虑到公众和律师的单独沟通，而法律专业人士（在每个阶段都会受到咨询）认为这是最重要的特征。不过，如果照他的设计执行，将在预算允许的范围内。而且，他似乎确实在努力追求盛期维多利亚时代的风格要素、古典的秩序和规律性，以及哥特式的画风。

757

五

1867年2月到7月，评委们进行审议。他们想要的是斯特里特的立面和巴里的室内设计。这是两个互不相容的人，他们的审美观和工作方式截然不同，委员会提出这样的要求，至少被一位评委——格莱斯顿——认为是可能出现的最糟糕的结果。1868年6月，他遗憾地说，他和其他评委在选择设计方案时"完全没有为政府提供有效的帮助"。[65]结果一宣布，财政部就试图宣布该裁定无效，因为规则规定只能任命一名建筑师。评委们被要求重新考虑这个问题。他们在去年11月开会，并宣布陷入僵局，在选择巴里还是斯特里特的问题上，他们之间仍然存在分歧。为了平息事态，其他建筑师纷纷宣布支持评委的决定，尤其是两位获胜者，他们声称可以合作。

几乎没有人同意这一点，包括《泰晤士报》，它于11月19日观察到，巴里先生的设计展示了最接近便利的方式，而斯特里特先生的设计被认为是最不难看的，而且由于没有一位候选人被发现能够将实用性和装饰性结合在一起，因此委员会似乎认为这两种设计是最具吸引力的，两位绅士可以合作。[66]它嘲笑这11个设计是"对立面、塔楼群的模糊记忆，是比克里特迷宫还要复杂和难以理解十倍的计划"。理解了各自不同的艺术气质，这位首席作者怀疑，一个建筑师必须不断地向另一个建筑师请教，而不是去求教缪斯，这样的合作是否行得通。这样的工作需要孵化，这是一个单独的过程。它鼓励另一种竞争。它说，"我们中世纪的祖先把他们的需求作为建筑的规则，并让外部适应内部"。事情就是这样进行的，风格也可以由此而生。

758　　1868年5月14日，即下院辩论该项目的前一天，检察总长宣布评委授予联合委任的决定对财政部不具有约束力。经过两周的考虑，英国财政大臣乔治·沃德·亨特（George Ward Hunt）宣布，财政部将行使其权利，任命唯一的一位建筑师，他将是斯特里特。很多人猜测他们为什么会做出这样的选择：斯特里特最好的政治联系人是格莱斯顿，他当时并不掌权。理论上的原因包括：巴里的设计花费更大，办公室网络的复杂性，为档案保存设计的空间不方便（这是遗嘱认证部门的一个特殊抱怨），甚至包括迪斯雷里对中世纪风格的喜爱，因为他与"青年英格兰"有联系。巴里刚刚被宣布为新的国家美术馆（从未建造过）的竞赛获胜者，这可能是他输掉法院竞赛的安慰，也可能不是。不管出于什么原因，巴里感到愤怒，开始在大街上进行一场自我毁灭的运动，这位成功的建筑师很快痛苦地意识到了这一点。

6月8日，巴里给财政部写了一封信，并提醒政府他的内部装修被认为是最令人满意的。他列出了评委们提出的条件，并讲述了他是如何满足这些条件的，而斯特里特却没有。他说，规则规定，评委们的决定是最终决定，但事实并非如此。他抱怨说，"我必须公正地说，通过评委们的裁决，我的要求比任何其他竞争对手的要求都高，其他任何人都不应该优先于我"。[67]他敦促政府坚持最初的裁决，因为对他来说，另一种选择将是"严重的损失和伤害"。他声称写这封信时"对我的朋友斯特里特先生毫无敌意"，但斯特里特对这封信的发表却不以为然，因为这封信在保密的情况下已经充分说明了它的观点。

斯特里特于6月22日向财政部递交了一份冗长的防御性备忘录，并抄送给了莱亚德。斯特里特在一封介绍信中对莱亚德说，巴里就拟议中的房间安排发表了一份"非常不正确的声明"，企图以此来诋毁他，并在即将到来的特别委员会辩论中寻求莱亚德的支持。[68]一周后，他写信给当时的反对党领袖格莱斯顿。在写完关于西班牙哥特式建筑的书后（"我在这方面下了很大的功夫，因为这个主题从来没有被讨论过"），他问格莱斯顿是否同意在书中写明这本书是献给他的，[69]"我从不怀疑你在工作的过程中，会对这样一个问题产生浓厚的兴趣。不过，我实在无法说出口，如果我能通过这种方式表达对您的品格长久以来的极度尊敬和钦佩，我将会感到多么高兴。"

759

他本来不愿意利用这种关系，但现在觉得时机已经成熟了。斯特里特说，"过去两年我一直非常小心，自从我被要求竞争新的法院建设项目，一直在避免所有想见你的企图，要与一个跟这个决定有很大关系的人交朋友，我感到有些为难"。[70]然而，斯特里特补充说，"你在下院的一位追随者——可能是莱亚德——现在强烈建议，我不应该再让这种感觉存在下去了"。他告诉格莱斯顿，他一直在"夜以继日地执行这个计划"。然而，他发现自己受到了洛当晚在下院提出的一项动议的"威胁"，该动议承诺"重新讨论整个问题"。

这是巴里唆使洛干的。"我不能假装推测，由于设计方案的评委们认为我和巴里的优点是一样的，他们现在很可能会做出完全不同的裁决。但毫无疑问，你会看到，巴里先生坚持认为，如果要任命一位建筑师，他就应该是那个人。相反，我认为如果奖项无效，政府有权选择我。"还有一个微小事实是，一旦预算被考虑进来，那么斯特里特的计划比巴里的计划便宜90000英镑。"我觉得，如果在被政府任命为建筑师后，我的任命又遭到质疑或取消，对我来说将是非常不公平的，"他在表示愿意做出任何必要的修改后总结道："作为一名艺术家，在处理这些悬而未决的议会攻击时，我感到的困难是难以言表的。"

他恳求格莱斯顿说："因此，我冒昧地希望您能运用您的权威来支持我的任命——我冒昧地说，从来没有哪一次任命像这次这样完全没有个人偏见。我完全不认识任何现任政府成员。"他补充说："我没有料到我遇到了巴里先生的反对。"自从三周前巴里写信给他，抱怨说"我在法庭项目上没有被很好地利用，因此在这件事上，你再也听不到关于我的消息了……我完全理解你天生喜欢独立自主，我毫不怀疑这样做的结果是一栋有价值的建筑"。他提到沃特豪斯曾写信说："我们的共同事业将因你的工作而得到巨大的激励，这将是你的巨大荣耀。"斯特里特显然很痛苦，于是补充道："在这场伟大的比赛中，我没有做任何一件令我作为一个绅士或一个艺术家会感到羞耻的事情——我没有说过反对其他竞争者的话，你一定也知道，我是用我自己的双手来竞争的，完全相信我自己的设计图，也没有借用别人的才能来为我的设计增添魅力。"

斯特里特意识到他早期作品的不足之处，于是制定了修改后的计划，力求更加生动。然而，旧时的风格之争之所以重新打响，部分原因在于一场新的讨论：到底是要利用凯里街的旧址，还是要利用河堤上萨默塞特宫（Somerset House）的一处空地，这是巴泽尔杰特在为泰晤士河筑堤时规划的。1869 年，洛告诉莱亚德，在格莱斯顿政府中当上了首席工程专员后，他在这件事上有了一些官方的发言权，他说，如果河堤的场地被使用，新的法院"必须与萨默塞特宫保持某种和谐"。[71]他补充说："因此，我们应该阻止斯特里特先生建造一座哥特式教堂的计划。"斯特里特对此反应非常得体，他说，虽然法院和办公室的布局"几乎已经决定"，但"毫无疑问，它们很可能被转移到另一个计划中去，而我将很乐意去执行这样一个计划"。我们征询了律师学院的意见，他们也表达了们对河堤选址的支持。[72]

下院于 1869 年 4 月 20 日讨论了这个问题。洛关于选择堤岸场地作为基址的想法得到了广泛支持。[73]第二天，莱亚德告诉首席男爵菲茨罗伊·凯利爵士（Sir Fitzroy Kelly），"政府现在必须提出一项计划，而昨晚由伦敦商品交易所草拟的计划提供了很多非常重要的优势"。人们会记得，莱亚德当时也想把自然历史博物馆建在这个地点，或者毗邻它。1869 年 5 月 11 日，他请菲茨罗伊爵士就泰晤士河堤岸选址的问题"代表你本人和普通法法官发表意见"。[75]他说，现在，这将是非常重要的，并将为政府将法院迁出凯里街的努力提供大力支持。莱亚德一提出他的法案，法律协会就表示反对——"法院和办公室的集中将不能实现计划中的目标，除非集中在律师事务所附近……凯里街就是这样的地点，一旦转移到堤岸，就会失去这一优势"。

5月18日，洛进行了干预。他同意莱亚德的观点，即所需的建筑不能选址在凯里街。他说，和律师战斗起来很难。我的意见是，他们的影响将压倒一切对品味和公共利益的考虑。要想击败他们，唯一的机会就是向他们表明，他们正在使我们付出巨大的代价，换句话说，像议会批准的150万英镑这样的费用，是无法在凯里街的地址上修造建筑和严格必要的通道的。[77]然而，莱亚德已经承认失败，并要求斯特里特为凯里街制定修订后的计划。至少斯特里特很高兴，他在5月19日写道，"我对我的计划的实施方式感到非常高兴，我现在希望它能经受住反对派的威胁"。[78]

6月21日，斯特里特给莱亚德发了一份长长的备忘录，展示了他的计划是如何在工地上实施的——尽管他表示，为了适应所有的办公空间，可能需要建得更高一些，他说，这将"严重损害我的计划的便利性和实用性"。[79]此外，他还强调，不应该"减少建筑内所有开放的庭院、区域、四方院子或街道的规模，这些空间是办公室和法院获得光线的来源或通道"。莱亚德被问及政府是否会坚持他在5月份的声明，即该建筑将是"15世纪早期意大利人使用的哥特式建筑"，以及斯特里特的建筑是否真的属于这种风格。[80]还有人问他，设计中的三座塔是用来存放文件的，还是仅仅是通风井？他极力为斯特里特辩护，说"他从来不曾有这样的幸运，能看到一件比这更漂亮、更艺术的作品了"；他关于15世纪意大利的话是被错误地引用的，他只是指出意大利人在15世纪也曾为类

似的目的使用哥特式；而那三座塔只是一个草图，最后，这座建筑
的模型将被放置在公共场所供人们检视。

　　当最终的设计发表时，斯特里特遭到了来自几个方面的攻击，
特别是1872年1月詹姆斯·弗格森（James Fergusson）在《麦克
米伦》（Macmillan's）杂志上的攻击。弗格森在1871年8月就这个
问题给建筑商写过信，当时《泰晤士报》上有大量的信件。他曾
在1871年给《建造者》写过相关的信件，与《泰晤士报》更是有
大量的书信往来。在《建造者》那里，他"毫不犹豫地说，对于
我们这个时代如此重要且自命不凡的建筑的主要正面来说，这是最
卑鄙的设计"。[81]他说中央大厅"毫无用处"，是个"无孔"、"阴暗
的地下室"。在一本特别印制的小册子中，斯特里特把这种批评斥
为"品味问题"；他继续抨击弗格森的观点，认为这种观点是"建
立在偏见中，并且被一种无知所强化，除了弗格森先生自己的解释
之外，这确实很难解释，即'建筑不是一天能够形成的艺术，也
不是业余爱好者能实践的艺术。长期的学徒生涯和严格的学习是成
功的必要条件，建筑一旦脱离专业人士之手，那么艺术将成为一种
令人畏惧的东西。'没有人比弗格森先生本人更能准确地理解这句
话了"。[82]

　　弗格森确实表现得很差。在《麦克米伦》的文章中，他说政
府"对该建筑的竞争者的主张感到担忧和困惑"，并向斯特里特提
交了委托，"因为他的设计是最差的——一个完全有能力的评审委
员会在比赛中只给了他3分，却给了爱德华·巴里43分"。斯特里
特称，政府选择最糟糕的设计是"不可能的"，或者"当爱德华·
巴里的朋友们对下院的决定提出质疑时，下院以2比1的多数通过
了这个决定"。[83]竞争的"两个最重要"标准是，为那些在新法院里
拥有合法业务的人提供充足且不间断沟通和能够住宿的空间，"这

种设计的相对成本将是决定竞争的一个重要因素"。

　　然而，让斯特里特特别恼火的是弗格森对自己建筑品味的质疑，他认为"1377 年爱德华三世去世时，艺术的太阳就静止不动，从那以后再也没有前进过"。[84]弗格森说，律师们必须满足于在拱形大厅里闲逛，狭窄的窗户上布满了彩绘玻璃，光线太暗，他们看不见也看不清里面写的东西。他们必须徜徉在走廊里，走廊的幽暗让人想起中世纪僧侣般的隐居生活。他们必须坐在高背直背的椅子上，对奇形怪状的家具感到满意，这足以使人患上风湿。斯特里特反驳道，"这种长篇大论没有一句是真话"。

　　弗格森指控斯特里特抄袭中世纪哥特式建筑。斯特里特说，这表明他的评论者对这种风格多么无知，"我喜欢哥特式的原因在于它是一种真实、自由和生活化的风格，在这种风格中，任何一个对自己的艺术非常了解的人都没有必要或不太可能沉迷于模仿。"[85]弗格森是对他批评最严厉的评论家，但不是唯一的。《泰晤士报》觉得这座建筑"太英式，太教会化"。另一位评论家批评他没有模仿。最后，"悉尼·斯默克先生抱怨说，我的法院不像弗莱维恩圆形剧场，而 E. M. 普金先生（如果我没听错的话）抱怨说，它们不是以拉姆斯盖特的格兰维尔酒店为蓝本的！"[86]但对于斯特里特来说，这种争论无关品位，"我相信，如果不能看到他们之间夹杂了多少个人恩怨的话，是没有人会读我写的东西，或者能够持续关注我在《泰晤士报》上受到的攻击的。"[87]他嘲笑弗格森说他"自豪地称我为他的朋友"。[88]"如果他是我的敌人，对我有最大可能的蔑视，我不知道，他又能对我做些什么呢？"

　　直到 1873 年 5 月 27 日，斯特里特才"按照我提议的方式"修建了法院。[89]这是盛期维多利亚时代最后一座伟大的建筑，得到了格莱斯顿的批准。首相本人坚持采用斯特里特的设计，不仅因为这是一件反映他自己对哥特式崇高思想的看法的建筑作品，而且，尽管它是一座世俗建筑，却体现了一种风格，极大地彰显了上帝的荣耀。正如巴里和普金为纯粹的哥特式建筑建造了一座终极纪念碑一样，斯特里特也将建造一座盛期维多利亚时代风格的终极神庙。就一座建筑所能体现的完美理念而言，按理说，非它莫属。这是哥特式复兴的高潮，因为规模宏大，直到 1882 年，也就是斯特里特死后一年，该建筑才最终完成。它仍然是维多利亚时代最著名和最引人注目的纪念碑之一。

第十九章　改革思想：议会与文明进步

一

19 世纪 40 年代，在废除《谷物法》之前，国家干预公众生活几乎被视为一种诅咒。到了 19 世纪 70 年代，人们的态度发生了戏剧性的变化。人们普遍认为，只有国家做出某些战略决策，并通过议会法案加以执行，英国才能得到有效治理，才能保障其繁荣。这尤其是因为 1867 年《改革法案》正式确立了传统体制之外人士的政治参与水平，以及他们对体制忽视民众后果的担忧。一旦人们清楚地认识到这项立法已得到多么彻底的接受，似乎就有可能和有必要在选举改革之后进行社会改革。

在格莱斯顿决心强化政府部门的集体责任之后，政府本身变得更加专业和现代化。1869 年 6 月 21 日的内阁会议纪要草案宣称："内阁希望政府的所有成员都能注意到……［如果］有关人士在做出任何性质的声明或进行任何公开程序前，先与财政部联络，以便考虑有关事宜，并达成共识，即可避免很多不便。"[1]

正如我们所看到的，自由党还通过促进精英统治促进了社会改革。然而，从 1868 年格莱斯顿的胜利到 1880 年迪斯雷利的失败，这十几年间的主题是国家寻求改善公共管理，以提高大众的生活水平，同时继续发展穷人的教育。除了已经讨论过的改革，格莱斯顿的第一届政府还通过了 1872 年的《公共卫生法》（*Public Health Act*），将英国划分为农村和城市卫生区：前者由监护委员会管辖，后者由市议会、改善专员或根据《公共卫生或地方政府法》任命的地方委员会管辖，它还允许任命卫生官员。同年颁布的《酒类经营许可证法》限制了酒类销售的地点和时间，1874 年保守党通过的一项法令放宽了这一限制，原因是新法令对酒类行业的保守党支持者造成了严重影响。

然而，一些重大问题仍没有得到解决，因为政府正在失去支持。例如，自由主义法学家渴望将刑法编纂成法典，并使之现代化。刑法在 19 世纪得到了极大的发展，但仍保留着中世纪法律实践的元素。1872 年，在印度成功编纂刑法之后，詹姆斯·菲茨詹姆斯·斯蒂芬主张在英国也这样做，以克服成文法的复杂性。他说：

> 对一位英国律师来说，看到神秘面纱被揭开后事情变得如此容易，是一种全新的体验。有一次，我曾经向一位军官请教一些与惯犯有关的问题。他的一生都是在马鞍上度过的，他追捕暴徒和土匪，就像他们是猎物一样。我说了几句话，他从口袋里掏出一本像备忘录一样装订着的刑事诉讼法，翻出了与手头这件事有关的那一节，非常精确地指出了它是如何运作的……唯一阻止英国人认识到法律是世界上最有趣和最有教育意义的研究之一的原因在于，英国律师把它塑造成一种只能用"刻意排斥"来形容的东西。[2]

他列举了 11 个主题，这些主题组成一项法规："私人生活关系（夫妻、父母和孩子、监护人和被监护人）；财产继承；土地财产；合同；过失；信托；犯罪；民事程序；刑事程序；证据；限制和时效。然后我们应该拥有一项法规——我几乎说的是某些人对这个词的先验感觉——但是，我们应该把法律的工作核心以这样一种形式表述出来：只要付出必要的持续不断的努力，任何人都可以熟悉它。"[3] 然而，到 1872 年，自由党政府实现这一目标的政治手段还不够，他们在其他重大改革上花费了太多的资金。

二

格莱斯顿的崇高兴趣，尤其是他对英国国教神学和神权政治问题的痴迷，使他与自己的政党失去了联系。正如他日记的编辑所指出的那样，格莱斯顿的高智商并没有使他对流言蜚语产生兴趣，而流言蜚语本可以让他意识到困难：他令人生畏的、说教的态度阻止了别人告诉他一些对他有用的事情。[4] 自从有关《教育法案》的辩论以来，他就没有意识到不信国教者是多么的不安，事实上，他也没有意识到这个因素对他的影响有多大。当《教育法案》在 1873 年 3 月被《爱尔兰大学法案》击败时，政府辞职了，结果迪斯雷利拒绝就职。迪斯雷利的计算很高明，他看到自由党还有更大的被削弱的空间，在赢得后来更全面的选举胜利之前，他不希望失去这种快乐。

自由党面临的另一个困难是全国教育联盟候选人在 1872 年和 1873 年的补缺选举中与自由党竞争。这些闯入者几乎没有取得什么进展，却成功地迫使许多自由党人放弃了投票。1873 年 8 月，在格林威治举行的补缺选举中，有 6 名候选人参选，其中 5 名是不同类型的自由党人。格莱斯顿是该区的另一位议员，但不可避免的是，保守党候选人加入了他在下院的阵营。在 1871 年至 1873 年间，自由党及其伟大的改革政府输掉了 20 场补缺选举。包括罗奇代尔和巴罗在内的一些市镇议会拒绝支付教育费用，理由与伯明翰相同。试图修改 1870 年的法案，将征税的权力从学校董事会转移到当地的济贫法监护人手中，这是一场灾难。在那些不信国教者看来，他们似乎忽视了他们认为的事关重大的原则，并进一步疏远了它们。他们还对政府忽视了将有法定义务的出席写入法律的机会感到遗憾。

热情高涨得有些荒谬。1873 年夏天，布赖特谴责 1870 年通过的法案——现在被认为是为普及自由教育铺平道路的里程碑式的变革——是"自 1832 年以来自由党政府通过的最糟糕的法案"。[5] 然而，就在联盟以为自己已经签下了当时最伟大的演说家和活动家，布赖特却以兰开斯特公国财政大臣的身份重新加入内阁，并使自己保持沉默：他从 1868 年开始担任贸易委员会主席，但两年后因健康问题辞职。在晚间议会休会时宣布的同样改组中，格莱斯顿任命自己为财政大臣，并把洛（他在财政部的管理不够严格）调到内政部。格莱斯顿声称，他极不情愿接受这个职位，但在同事的敦促下不得已才接受。

格莱斯顿当时已经是英国首相，他已经接受了王室的一项有薪职位，因此，根据《七年法令》（*Septennial Act*），他应该辞去自己的席位，进行补选，以确保新任命得到选民的批准，无论他是否这样做，这都是一个很好的时机。在 1873 年后期，政治家、立宪主义者和官员们就是否有法律上的要求进行了大量的讨论。他援引 1867 年《改革法案》中的一项条款来支持自己的立场，因为该条款规定，那些以另一职位取代现有职位的人不应被视为已经离职。然而，事实并非如此。他请教了他的两位检察官，他们支持他的论点，即他在担任首席财政大臣时已获得连任，无须再度当选。然而，当新一届议会开会时，格莱斯顿已经有了一名新的检察总长和一名新的副检察长，他们不太确定他应该采取什么行动。有人怀疑，一旦 1874 年 2 月 5 日议会重新召开，这个问题就会被提出来。格莱斯顿已准备好打一场持久战。

成为财政大臣的几天后，格莱斯顿向卡德威尔吐露了他在 1874 年废除所得税的愿望，这要感谢财政部账簿上意外出现的盈余。他认为，如果他的政党有机会赢得 1875 年底的选举，这种雄心壮志是必不可少的。但 1874 年 1 月，这种雄心壮志却迫使议会突然解散。一些内阁成员表示，选民将需要授权削减陆军和海军预算 60 万英镑至 100 万英镑。他意识到，要以负责任的财政方式执行该计划。然而，卡德威尔认为这样的节约是不可能的，并准备强行说明这一点。如果格莱斯顿继续推行他废除所得税的计划，选举就不可避免了。

大多数议员——除了内阁和格莱斯顿的密友——都是在 1 月 24 日礼拜六的报纸上读到议会解散的消息时才听说的，当时他们已经休会五个多月了。"起初人们认为这是一场骗局，"理查德·克罗斯写道。当时他正和德比伯爵夫妇住在诺斯利，女主人在早餐时把这个消息告诉了他。[6]德文郡公爵也在《泰晤士报》上读到这篇文章，他怒不可遏，认为格莱斯顿——他相识最久的政治盟友之一——应该把他当作心腹。

托利党认为格莱斯顿废除所得税的计划是对选民的贿赂，是以牺牲国家安全为代价的。这似乎是在贿赂新获得选举权的阶级，他们迄今为止一直都明白，税收决定了他们是否具有代表权。然而，许多激进的自由党人认为，这是对富人的贿赂。当时，避税作为一种技巧还处于萌芽阶段，富人缴纳的所得税最高。乔·张伯伦称该提议"仅仅是对中产阶级自私的呼吁"。[7]这个国家给了格莱斯顿一个惊吓，令他措手不及：他以 48 个席位的劣势输掉了选举，这主要归因于迪斯雷利开发的集中竞选组织，它为未来一个多世纪的保守党机构树立了模式。他曾指示他的政党在一个反对阶级冲突的平台上战斗，该党自 1841 年以来首次赢得了彻底的胜利。

许多自由党议员已经预见到失败的来临：格莱斯顿一如既往地对政治中琐碎、人性的一面不感兴趣，他看上去似乎还没有结束挣扎。他将自己的失败归咎于 1872 年的《特许经营法》。它限制了饮酒的时间，而且关门时间的规定在工人阶级中尤其不受欢迎。它还限制了哪些场所可以获颁许可证，并规定了在公共场所醉酒属于犯罪。然而，没有证据表明格莱斯顿是由酿酒商和酒吧老板共同策划的政变的受害者。

这次选举标志着英国民主的又一次进步。尽管损失惨重，格莱斯顿还是决定与议会会面，直到他的同事说服他放弃。他认为解散政府是议会的职责，而不是选举人的职责。他的同事们说，就像 1868 年的迪斯雷利一样，他应该接受人民的决定。他看到时代变了，时代也确实变了。当格莱斯顿失败时，一个几乎无法掩饰喜悦的人无疑就是女王。她对自己的女儿普鲁士王妃说："你见过一位大臣被解职会产生如此普遍且势不可挡的结果吗，就像格莱斯顿先生遭到反对那样？这表明他是多么不受信任，多么不受欢迎！你以前经常对我说的关于他和他那些才华横溢的同事的话是千真万确的。"

三

然而，迪斯雷利在格莱斯顿的第一个内阁任职到一半时，就遭到许多保守党人士的反对，他的政党因立法削弱了宗教信仰、推进了民主而士气低落。《我们应该放弃吗？》（*Shall We Give It Up?*）的匿名作者在 1871 年问道："当密尔先生称我们为'愚蠢的政党'时，他是否大错特错了？"[9]谈到保守主义的目的时——"英国国教的投射和发展……捍卫王位、维持上议院、捐赠基金的完整性……选举权的安排是为了防止少数的专制，保护我们的殖民地，提高我们陆军和海军的效率，在公共开支中提倡适当而不过分节省开支，贫困现象的减少，劳动阶级住房的改善，我国法律的逐步修订和编纂，以及普遍采取一项同时能够容忍合理变化和不受无休止的革新影响的政策"——作者问他的通讯员："你能看着我的脸，严肃地告诉我，如果我们再次把《洛泰尔》的作者放在首相的位置上，这些目标，尤其是那些明显更为保守的目标很可能会得到推进吗？"[10]他补充道："迪斯雷利对保守党的领导是一个巨大的恶作剧……有史以来得到英国议会批准的最民主措施的主要发起者竟然领导英国绅士反对民主，这本身就比他自己小说中最疯狂的结合更引人注目。"

770　　1867 年迪斯雷利成为首相后，传统势力开始发挥作用：克拉伦登在 1868 年秋季的两封书信中称他为"犹太人"。在信中，他揭露了迪斯雷利对外交的误解。[11]对迪斯雷利的不信任在他自己的党内根深蒂固，这并非完全建立在种族主义萌芽的基础上。当迪斯雷利赢得 1874 年 2 月的选举后，他的几乎全部首要任务居然是清算索尔兹伯里。索尔兹伯里没有原谅迪斯雷利，因为 1867 年时，他是上院保守党议员中的一位重要人物，本来有权让迪斯雷利的生活变得悲惨。在索尔兹伯里"激烈的精神斗争"和其继母德比伯爵夫人的干预下，两人和解了。[12]但他对迪斯雷利的看法没有改善，至少目前没有。索尔兹伯里在 1874 年 2 月 18 日就任时对他的妻子说："迪斯雷利完全是无知的。"四天后，他告诉她："我们根本没有讨论政策，但我的印象是，迪斯雷利的头脑和以往一样有创造性，因此这个尝试将令人难以忍受。"

　　迪斯雷利是主要的操控者。在职业生涯的早期，他曾机智地获得别人的支持，就像在任何操场上对待不受欢迎的男孩一样。他对维多利亚女王的过分奉承，是他玩世不恭地利用那些他需要顺从才能提升自己的人的最好例证。19世纪40年代，他与王室关系的开端并不好。阿尔伯特亲王曾与皮尔关系密切，攻击皮尔的凶手一定程度上就是迪斯雷利。在阿尔伯特的影响下，女王一直是一个坚定的自由贸易主义者，并且怀疑迪斯雷利反对这一信条。迪斯雷利通过对具有一定年龄的女性展示精心编织的礼貌和风度来获取对方的信任；他的手段在女王那里格外奏效，原因是从来没有男人敢这样对待她。他和她说长道短，对她毫无隐瞒。他们实际上成了犯罪的同伙。然而，迪斯雷利最大的成就在于他不是格莱斯顿。1874年，在他与女王握手之前，女王的一位侍女曾对他说："我亲爱的女主人会很高兴再见到你的。"格莱斯顿从来没有接收到这样的情绪。

　　她毫不含糊的支持意味着他可以为所欲为。为了加深他们之间的亲密关系，迪斯雷利甚至和她就他的痛风问题进行了一次有趣的通信。他对她说，"这种病是在晚年发作的，但现在人们明白了，只要小心谨慎，饮食有节，就可以克服它。一个王室的仆从，竟会将这样的细节呈现在一位过于殷勤的女统治者面前！他的脸羞得通红。这几乎等于轻微的叛国"。[15]正如他在去世前不久告诉马修·阿诺德的那样，他完全是有意识地这样做，以达到他的目的，"你听人说我是个马屁精，这是真的。我是个马屁精，我发现它很有用。人人都喜欢阿谀奉承；当你面对王室成员，你应该更卖力气的奉上恭维。"[16]他还恭维阿诺德，几乎是情不自禁地恭维他："年轻人读你的书，他们不再读我的。你还发明了人人都引用的短语，比如'庸俗'与'甜蜜和光明'。"[17]

　　1874年迪斯雷利执政的前奏是他作为反对党领袖于1872年在曼彻斯特和水晶宫的两次演讲。他落选已经快四年了。保守党被指责在政策上破产，因此无法为扩大的选民提供一个真正的选择。4月3日，迪斯雷利在曼彻斯特的自由贸易大厅发表讲话。他以一贯的厚颜无耻斥责了声称他毫无想法的人，"先生们，如果一项政治计划是掠夺教堂和地主的政策，那我承认保守党没有任何政治计划；如果一项政治计划是攻击或威胁全国每一个利益团体、每一个机构、每一个阶层和每一个职业的政策，那我承认保守党没有任何政治计划。"[18]他将自己的信条描述为"一致且不可改变的……维持君主政体的政策，将受到国家各阶层权力的共同限制"。他暗示，最近共和情绪的爆发是由自由党激发和助长的。

迪斯雷利几乎逐字逐句地引用沃尔特·白芝浩五年前出版的《英国宪法》（*The English Constitution*），来为君主制辩护。他指出了一位长期在位的君主（女王即将登基 35 年）的智慧，以及英国是如何成为一个"家庭国家的……这将是一个国家，适当地由一个家庭来代表——一个王室家庭"。[19]他驳斥了有关王室开支的抱怨，提到了王室应该具有的"尊严"，以及女王的生活水平不低于一些最伟大臣民的重要性。他说，如果女王没有把王室财产的收入上缴国库，她就可以过得很好；既然她做到了这一点，那么把这些收入的一部分用来充分支持她和她的家庭就很公平了。

772

这是一个合理的观点，它解决了一个紧迫的问题：但它不构成保守党的一项计划，不会立即对选民产生任何吸引力；就像迪斯雷利接下来所说的，维持世袭的上院和国教的重要性一样。然而，更微妙的东西在起作用。迪斯雷利描绘的是一个由古老而有用的机构组成的国家，这些机构运转良好，提供了安全性与连续性，可以在其中进行巩固和改进。这片土地与法国不同，它没有经历反复的革命；它有一个贵族阶层，"向所有有权进入它的人开放"；它可能有阶级制度，但所有人在法律面前都是平等的。[20]

他把40年前第一次看到的曼彻斯特和现在看到的曼彻斯特做了对比，并宣称工人阶级取得了"巨大的成果"，"他们的工资提高了，每天的工作时间减少了——作为文明伟大源泉的休闲方式增加了。"最重要的是——多亏了上届保守党政府——男性工人阶级的政治参与有所增加，对完美的追求似乎已经结束了。他赞扬"正在进行的改革，向工人们打开了世界，开阔了他们的视野，增加了他们的自然和艺术知识，极大地扩充了他们生活中有益的消遣、娱乐和乐趣"[21]。

1840年以来的廉价邮资带来了"道德上的好处……这一点不能被夸大。自从1855年印花税取消后，现在有了一个不受束缚的新闻业"，"它提供了无穷无尽的教育、信息和娱乐，增加了他的思想，提高了他的自尊，使他的生活更加丰富多彩和愉快"，其结果是"工人阶级的智力、幸福、普遍富裕和自尊得到了大幅提高"。这两项重要的改革都不是托利党政府的工作；但即便是在提到历史的支持时，迪斯雷利也是一个机会主义者。他同时寻求成为所有人的一切。意识到在这种情况下，他的言论会被解释为适用于产业工人阶级，他强调农业工人也会从中受益，但农村地区的工资较低，而且由于北美粮食生产者的效率不断提高，英国正处于农业萧条的边缘。

773

这张玫瑰色的图景并没有阻止迪斯雷利表达还有更多的事情可以做：他的重点是"卫生立法"。他说，纯净的空气、纯净的水、对不健康居所的检查、禁止食品掺假，这些以及许多类似的问题都可以由立法机关合法处理[22]。他开了个玩笑，使《圣经》拉丁通行本的《虚空的虚空，一切都是虚空》能适应《恢复健康，所有的健康》，但他这样做是为了强调"这个主题的重要性是不可能被高估的"。他说，大臣的首要考虑应该是人民的健康，因为如果人口每十年减少一次，种族的地位每十年降低一次，那么这个国家的历史将很快成为过去的历史。

他曾说过，他不是来发表党派演讲的，但后来又攻击了政府。他曾为之辩护的机构遭到了"非难"；他说，不仅仅因为这是"我所知的第一次英国政府公开以暴力为原则组建"。[23]这指的是爱尔兰的宽松政策，他说这导致了"煽动猖獗，叛国行为几乎不加掩饰"，新议员现在"发誓要颠覆国家"。这是一种令人发指的说法，因为没有迹象表明，在芬尼亚阴谋之后，面对爱尔兰的局势，保守党的反应会比自由党更好地避免这些后果。

迪斯雷利举了一个自由毁灭的例子，卡德威尔的改革将对军队的职业化产生深远的影响：但他没有提出明确的批评，"他们控制了军队。他们做了什么？我不会对他们的所作所为发表评论。我将从历史的角度来阐述它，让你们来得出结论。"他把话题引到一个笑话上，这个笑话使这次演讲令人印象深刻。"当我坐在财政部工作人员座席的对面时，大臣们让我想起了南美洲海岸上的一处常见海洋景观。你可以看到一系列筋疲力尽的火山，没有一束火焰在一个苍白的山峰上闪烁。但形势仍然很危险，偶尔会有地震，不消片刻就会有深海的隆隆声。"[24]这不仅是一场政党演讲，而且是一场软弱无力的演讲——几乎没有证据表明，如果他拥有权力，他会如何处置权力，也没有具有杀伤力的证据证明自由党可能造成的损害。

11个礼拜后，6月24日，在西德纳姆的水晶宫举行的保守党全国联盟和宪法协会的宴会上，迪斯雷利再次发言。作为炮轰那些指责他没有政策的人的第二桶子弹，迪斯雷利这次演讲的重点是大英帝国，以及保守党对它的支持和捍卫。他重申了对制度的信念，但似乎又强化了这样一种观点，即对他来说，权力的机会如果再来一次，将是维持现状。卫生改革很重要：但它不会占据议会长达7

年的时间，迪斯雷利似乎希望，这7年将主要用来管理帝国和处理外交事务。这在某种程度上是正确的：但新获得选举权的阶层对国内进步和改革的需求将超过迪斯雷利所意识到的程度。将不得不由一个更明智、更实际的人把他引向那个方向，幸运的是命运会给他带来一个这样的人。

四

迪斯雷利最杰出的选择是任命理查德·阿什顿·克罗斯（Richard Assheton Cross）为内政大臣。任何伟大的创举都必须由大臣们自己而不是迪斯雷利来设计，而且很少有比克罗斯更富有思想的大臣了。1908年，克罗斯写下了强烈的失望之情，他感到首相"缺乏创意"，在出席第一次内阁会议时，他发现迪斯雷利几乎不知道如何处置他所赢得的权力："从他所有的演讲中，我都希望他脑中充满立法计划，但事实证明这并非如此。相反，他不得不完全依赖同僚们的建议，不过考虑到他们自己也是刚上任，于是突然之间，在构思女王的演讲时就出现了一些困难。"[25]当女王的次子爱丁堡公爵的一些关于外交事务和婚姻的陈词滥调被公开宣扬后，克罗斯觉得这篇演讲"没什么可吹嘘的"。演讲中提出的措施，只有一项成了法律，但它表明了克罗斯的目的和政府的教化倾向：它规范了酒精的销售。

克罗斯于1823年出生在兰开夏郡的一个贵族家庭，是阿诺德在拉格比公学的学生，他的生活正是博士所喜欢的那种灵感来源。他是一个著名的多面手：他在大学里是一流的桨手，还是剑桥大学联盟的主席。他进入法律界，成为北方巡回法庭上最成功的律师之一。1857年，他被选为普雷斯顿的保守党议员，但1862年离开议会，接替父亲成为一家私人银行的合伙人，并最终成为这家银行的董事长。然而，当他回到威斯敏斯特时，他人生中的这段时期对他作为一名政治家的成功至关重要：因为当他同时作为银行家和律师工作时，他开始在兰开夏郡的几家慈善机构，在他当地的季度会议、监护人委员会和公路局中显露名声。与后来成为他上司的迪斯雷利不同，克罗斯曾在工业英国的前线生活，因此积累了丰富的第一手经验。

克罗斯以一种不同寻常的方式重新进入议会，他在1868年兰开夏郡西南部新选区的选举中击败了格莱斯顿，这一胜利归功于克罗斯在当地的巨大声望。在迪斯雷利任命他为内政大臣之前，克罗斯尚未在政府中担任过职务。然而，迪斯雷利——在德比的帮助下——意识到克罗斯的特殊经历对他在曼彻斯特和水晶宫演讲中承诺的那种改革政府来说是无价的，因为迪斯雷利自己不知道该如何实施改革。这就是为什么克罗斯成了政府里的指挥人物。

迪斯雷利在1874年的竞选演说中几乎没有提到将成为其政府特征的社会改革，原因是他没有想到这一点。[26]然而，在接下来的几年里，克罗斯和他的同事们会发现，他们的才能被运用到某些不同类别的立法中，因为他们发现了困扰这个国家的一些需要关注的问题。法案将赋予地方当局改善人民生活的权力，例如《工匠住宅法》。将会有一些强制性改变，例如姗姗来迟的立法将雇用烟囱男孩定为犯罪。另一些人将处理长期存在的争论，但由于持续缺乏共识，这一事业仍属未完成状态，尤其是在教育领域。不仅如此，如果迪斯雷利的政府不是一个愤世嫉俗的政府，那它就什么都不是，因此会通过一些法律，其主要目的是确保他在大选的时候能够连任。

新的许可证法案就属于这一类。对于克罗斯这样一个原则性很高的人来说，这并不是一个最有利的开端，因为许可证法案的目的是使酒类贸易摆脱保守党的控制。克罗斯不得不承认"醉酒的恶果……是由于廉价酒的广泛供应而给社会带来的犯罪、痛苦和不幸"。[27]即使有上届政府采取的措施，在 1873 年仍有大约 182000 人因醉酒而被起诉。英国公民的消费是惊人的；同样在 1873 年，估计消耗了 6350 万蒲式耳麦芽，4000 万加仑烈酒和 1800 万加仑葡萄酒。人口增加了：但是在 1853 年到 1873 年间，公共房屋的数量从 87625 所增加到了 97132 所。[28]克罗斯暗指实际工资的增长是消费增长背后的一个因素，但也将其归咎于"想要一个幸福的家"。他补充道："如果你想弄清这件事的真相，你必须走得更远。你们必须改善人民的教育，努力使他们认识到，除了一时的感官享受之外，还有其他的乐趣，如果你能使他们的家庭幸福舒适，你就会这样做。"这预示着他自己改善工人阶级住房的计划，他以此为借口放宽了许可法，声称更好的住房条件"比你可能通过的任何防止酒精饮料销售的措施都更能让人清醒"。然而，马车被放了了马的前面（有点本末倒置了——编者注）。

克罗斯承认，有些人想要完全禁止饮酒，他说这个想法是"不可能的"，因为人们不能"在公众舆论之外立法"。也有一些人想要完全不受限制，这在利物浦已经尝试过了，在那里，任何想要获得执照的人都得到了执照，结果就是地方性的醉酒。因此，他承认有必要对营业时间进行监管，关于营业时间的监管，他更愿意由地方来决定，而不是全国统一。这将允许一些酒吧维持更长时间的营业，这是酿酒商们最热衷的措施。他计划减少对开设妓院的惩罚，并使得品行良好的人更容易进入有执照的行业，这将进一步安抚他们。这一愤世嫉俗的立法采纳了一项体面的保守原则——这是克罗斯作为一名政治家展现微妙之处的一个标志，向地方当局提供权力，而不是由中央强制推行——该原则被认作是为更广泛、更少党派色彩的改革铺平道路。

777　　一旦他将自己的智慧应用到工厂立法上，他就清楚地看到，自19世纪40年代沙夫茨伯里在下院的斗争以来，工人阶级的待遇问题已经有了多大的发展，而如今童工问题与教育问题又在多大程度上不可分割。随着中产阶级的崛起，以及更进步的价值观的传播，在过去的30年里，人们的态度发生了巨大变化。一个以文明程度更高而自豪的国家发现了一些令人震惊的社会弊病，甚至一个致力于劝服而非强制的保守党政府，在某些情况下，也确实制定了法律。1874年的《工厂法》进一步规范了纺织厂中妇女和儿童的工作。自由派人士继续以某种理由辩称，连续几部法令为工厂里的儿童制定的教育规定效果有限。下院被告知，在曼彻斯特一所缝纫学校就读的963名年龄在16岁至23岁之间的年轻女性中，只有199人能够读写。[30]1870年《教育法令》颁布之前，斯托克波特有2000名处于工作年龄的儿童接受过非全日制教育，其中识字的不到400名。然而，更好的教育并不是自由党试图在下院修改克罗斯《工厂法》的原因，而是一个有见识的健康问题，涉及当时从事纺织行业的574000名13岁以上女性的健康状况。

谢菲尔德下院议员安东尼·蒙德拉将在格莱斯顿的第三届和第四届政府任职，他认为让13岁至18岁的女孩开始工作（还有许多13岁以下的女孩，也在工厂非法工作），会在生命中的脆弱时期危及她们的健康。蒙德拉说，压力过大会导致"肺结核、消化不良、各种肺部疾病以及大量子宫疾病"。[31]他补充说，虽然孕妇不可能被取消工作资格，但"当妇女生完孩子，在三天之后回到工厂时，无疑应该采取一些措施来防止她们这样做的危险和不雅"。尽管如此，蒙德拉说，他提出的修正案将意味着妇女有更多的工作，而非更少，因为修正案提高了童工的年龄限制。

　　自 19 世纪 40 年代以来，人们熟悉的一个主题仍在延续：议员们强烈反对减少工作时间，他们认为，与欧洲大陆相比，英国的竞争力将受到损害。据称，欧洲大陆的平均工作时间为每天 12 小时。[32]克罗斯对棉花产区很熟悉，所以行事谨慎。工厂监查人员的最新报告显示，450 万人直接或间接地依赖于棉花产业的繁荣，因此政府的干预是危险的。英国有 2484 家纺织厂，涉及 8700 万英镑的资本。[33]数小时的限制会损害交易，进而损害向其放贷的银行，从而降低操作人员的工资。他引用的数据显示，在过去 30 年左右的时间里，欧洲大陆市场的棉花消费量大幅增长，但英国的棉花出口仅占增长的一小部分，进一步的反竞争举措将产生可怕的后果。克罗斯准备考虑修改《工厂法》以避免骚动，但希望有更多的时间进行磋商。蒙德拉的修正案被撤回，这是对其合理性的一种评估，也是对他在上下两院都受到尊重的一种衡量。到 1874 年 6 月中旬，克罗斯已准备好他的法案来规范纺织厂妇女的工作。妇女、儿童和 18 岁以下的人将被禁止每周工作超过 56 小时和每周工作超过 5 天半，并在周末留出额外的半小时用于打扫卫生。任何人每天在工厂的工作时间都不得超过 12 小时，这 12 小时中有 2 小时是预留给吃饭和"娱乐"的。克罗斯认为，妇女和儿童的健康应有"极大的保障"，她们不应被允许工作超过 4 个半小时而不吃饭。[34]他还提议将孩子在工厂开始兼职工作的年龄从 9 岁提高到 10 岁（其中一些时间必须用于教育），将那些可以全职工作的孩子的年龄从 13 岁提高到 14 岁。

　　甚至这些相当温和的规定也引发了反对，反对派由亨利·福西特（Henry Fawcett）领导，他将成为格莱斯顿第二届政府里的邮政大臣。他想知道为什么纺织企业被认为"特别缺乏独立性，缺乏管理自己事务的能力"，以至于需要立法禁止这种做法。[35]他声称，如果所有的女人都比男人早一个小时回家，工厂就不得不停工，因为每个人的工作都是相互依赖的。他还声称，提供给政府的医学证据显示，这些工厂对女性健康的危害往往被夸大了：163 名医生接受了一个皇家委员会的调查，其中 131 名医生表示，女性的工作时间并不长。

更重要的是，该委员会自己也承认，在纺织行业工作的女性中，有 3/4 受雇于"不损害健康"的行业分支。[36]他嘲笑沙夫茨伯里，指责他夸大其词，说他身边总有一个某种工厂主式的"无名的怪物或不为人知的怪物"，并用它来恐吓和吓唬胆小的和有偏见的人。福西特认为，和其他许多社会问题一样，改善女性和儿童健康的关键是改善住房条件，而不是缩短工作时间。他列举了一些例子，比如工厂为他们的工人建造了新的房屋，一位来自曼彻斯特的休·梅森（Hugh Mason）先生看到了有益的结果，他所在地区的死亡率比英国最健康的乡村地区要低。[37]我们需要的是更多的主排水系统，以及更少的污水池。福西特抨击了政府只为工厂立法的逻辑：他问道，为什么不为那些在商店工作的女性，或者那些在农业领域工作的女性立法呢，"在菜地除草的时候，她们身上沾满了泥巴，腰部都湿透了"？[38]

当然，后者尤其会影响支持政府的土地利益集团。而且，在减少工作时间方面，即使是一个谨慎的政府也必须从某个地方着手。此外，正如蒙德拉所指出的，1870 年的《教育法》完全是"一纸空文"，除非进一步限制孩子们的工作时间。[39]他还为一项条款大声疾呼，该条款禁止一名妇女在产后六周内返回工厂：他说，当阿尔萨斯引入这一措施后，第二年婴儿死亡率下降了 80%。如果不以这种或其他方式保护妇女，英国就会像比利时一样，对妇女所能做的事或能做多久没有限制，"结果是，当那个国家的妇女在矿井里工作时，男人们却在卡巴莱餐馆里喝酒"。[40]克罗斯最后同意这样的观点：如果妇女不因工作而疲惫不堪，她们的孩子不因工作而衰弱，英国人民的未来就会改善，繁荣也会随之而来。第二次宣读以绝对多数通过。

一方面，尽管过去曾试图立法，但有一种交易仍然残酷剥削儿童。1834 年和 1864 年出台了两项规范扫烟囱的法令，以改善做这种工作的男孩们的生活。事实上，第一次引入这种法令是在 1788 年。尽管如此，在 1875 年冬天，一个名叫乔治·布鲁斯特的 14 岁男孩死于剑桥的一根烟道里。验尸官对雇主做出过失杀人罪的判决。1874 年，一个 10 岁的孩子死于盖茨黑德的一个烟囱里。沙夫茨伯里一直反对男孩的这种待遇，他毫不犹豫地将其称作 "谋杀"。[41]这个问题并不存在于大城市：它似乎只发生在较小的城镇。剑桥的这名男孩死于窒息，原因是肺部和气管中的烟尘。沙夫茨伯里认为，问题在于，一些地方法官使用了他们的自由裁量权，没有将案件提交给更高一级的法院。

这个丑闻引出了更多的信息。事实证明，利默里克的许多烟囱都被攀爬男孩清扫过，那里的法律在很大程度上被规避了。在这种法律被藐视的地方，政府命令地方当局执行现有的法规。然而，沙夫茨伯里认为，现行法律不够严格，执行不足，惩罚不足。他提出了自己的法案，试图加强法律。在 1875 年 5 月 11 日的第二次宣读中，沙夫茨伯里说，早期措施的特点是 "胆怯"。[42] 1834 年的法令禁止 21 岁以下的人爬烟道，但被广泛地回避。然而，过去最糟糕的行为——父母把四岁、五岁、六岁的孩子卖掉，让他们爬上烟囱——在 1834 年之后并没有消失：因此，1864 年的法案，由沙夫茨伯里自己发起。1863 年的一项调查发现，年龄只有 4 岁半的孩子就接受了这份工作的培训，完全无视现有的法律，培训的性质非常可怕。

诺丁汉的拉夫先生被称为扫烟囱能手，他说："没人知道一个男孩在学习过程中会遭受多么残酷的对待。皮肤必须变硬。要做到这一点，必须用最浓的盐水在靠近火炉的地方摩擦，主要是在肘部和膝盖上。你必须要用拐杖顶住他们，如果他们能再忍受几次摩擦，就答应给他们半个便士。起初，他们从工作中回来时，浑身是血，膝盖看起来就像帽子被扯掉了一样。然后他们必须再用盐水擦一遍。"[43]还有更多关于小孩子被鞭打、殴打，被钉有钉子的靴子踢打和践踏的故事，在这个过程中，孩子们往往会留下终生的伤疤，直到他们完全按照别人告诉他们的去做。另一个扫烟囱师傅，一个叫斯特兰斯菲尔德的人说："在教育孩子时，你必须使用暴力。现在我一想到它就不寒而栗，我上床睡觉时，膝盖和肘部都生了痂，大腿内侧也都磨破了。"[44]他补充说："我听说有些男孩的皮肤多年来都没有变硬。"孩子们用尿和烧热的煤渣制成的"洗液"来擦拭他们的皮肤。

一些男孩正在攀爬的烟道着火了。自1840年以来，已有23个男孩被闷死。然而，这些男孩受雇于清洁工，他们没有投资购买伦敦、格拉斯哥、爱丁堡等大城市和无数其他市镇常见的现代化设备，那些城市几十年来都没有攀爬男孩的影子了。在使用男孩的地方，地方法官会找借口不把犯罪当回事。他们要么不相信那些是明显还不到21岁的小男孩；或者，他们宁愿相信一个男孩曾经待过的烟道就在他自己的家里，他完全有权利爬上去。沙夫茨伯里认为，拒绝执行法律的地方法官自己也利用了这些男孩的服务。

沙夫茨伯里想要修改法律，这样任何人都不可以在没有许可证的情况下从事扫烟囱的生意，而且许可证必须经过主管当局的审查。他的想法在上院受到了欢迎。伦敦主教约翰·杰克逊（John Jackson）进一步建议，户主有义务在使用之前确保他们的清扫工作得到许可，否则雇主将受到惩罚。一旦该法案在上院通过，沙夫茨伯里便要求克罗斯让它在下院通过。维多利亚时代的情感终于转向反对剥削儿童。

五

　　然而，不剥削儿童是一回事，对他们保持自由放任的态度则完全是另一回事，这将导致那些接近社会底层的人仍然处于无知和肮脏之中。1870 年颁布的福西特《教育法》现在被正确地视为社会改革和提高弱势群体地位的里程碑，但由于规定并没有惠及全国所有儿童，因此持续引发争议。由于没有强迫，那些认为教育是必要的人不可避免地把这个问题看作未完成的事业。1874 年，一项试图强制入学的私人法案被否决。这样的措施得到了广泛的支持，但也遭到了普遍的冷嘲热讽，而且并不总是来自人们可能预期的各个方面。早在 1867 年，在拟定年度总报告时，马修·阿诺德曾透露，在他视察过的地区，强制教育正"成为一种常见的想法"，但他写道，修订规则后的学校状况就是这样，"困难的事情不是通过一项强制教育的法律；困难的事情是在他得到这样一项法律之后再去执行它"。[46]普鲁士推行强制入学取得了巨大的成功，它经常被引证为英国应该效仿的榜样。然而，正如阿诺德所指出的，在普鲁士，"教育不是因为强制而繁荣，而是因为繁荣才强制"。[47]

　　他补充说，"因为那里的人真的很重视教育和文化，而且喜欢它们胜过其他东西，所以他们毫不费力地把获得教育和文化的规则强加给自己"。在我们这个国家，人们更喜欢政治、地位、商业、

782

赚钱、娱乐和许多其他的东西；除非我们不再喜欢这些东西，否则我们就不能指望有一条法则能使我们有力量去干预它们，尽管我们可能会受到突然冲动的驱使而建立起这种法则。阿诺德还提出了收费问题。普鲁士体系平均每周收费 1 便士。在法国，是每周 4 便士，但许多孩子有免费学习的地方，法国正朝着一个由纳税人资助的国家教育体系迈进。在英国，除非更多的贫困阶层能够负担孩子的学费，否则强迫孩子上学将是困难的。

1875 年，伯明翰的国会议员乔治·狄克逊（George Dixon）发起了另一项立法尝试。他在前一年已经做了类似努力。迪克森设想了一个由学校董事会组成的网络来监控和提高出勤率。官僚主义的前景是 1874 年该法案失败的主要原因。反对强制入学的偏见似乎正在消失：1875 年 6 月，迪克森告诉下院，即使在那些父母希望孩子帮忙干农活的农业区，一种反对无知的情绪也在增长。迪克森说，在多塞特郡和萨默塞特郡，人们呼吁设立学校董事会，"这样，在这个所谓的基督教国家里，这么多不会读写，信仰巫术、鬼魂和仙子的男男女女的耻辱就不会继续下去了"。[48] 1875 年 5 月，5 万名农业工人的代表在伯明翰开会，一致通过了一项赞成强制入学的决议；不久之前，全国小学教师工会也一致通过了一项决议，要求对 10 岁以下的儿童实行义务教育，《工厂法》要求所有的孩子在 13 岁之前都必须接受学校教育：孩子们必须达到一定的教育水平，才能获得允许他们在工厂工作的证书。

伦敦和其他一些大城市也有学校董事会。学校的入学人数平均增加了 53%，但伯明翰增加了 94%，赫尔增加了 99%，谢菲尔德增加了 120%。[49] 狄克逊希望董事会强迫那些没有工作的孩子去上学，就像那些想工作的孩子被要求去上学一样，这是被允许工作的一个条件。此外，他也不明白为什么城镇认识到教育应该更广泛而农村却没有。他承认，在某些村庄里，乡绅和牧师的结合确保了良好教育水平的提供，但他担心，很多议员知道在他们自己的地区存在这样有公益精神的人，所以想象这样的人无处不在。狄克逊断言，"成千上万"的村庄"确实非常落后"，正是代表这些"落后地区"，他敦促下院通过该法案。[50]落后地区是农业劳动力比例最高的地区；他认为，只有学校董事会体系才能确保这些地区的家长送孩子上学。董事会的另一个优势是，只要他们有少量的国家资金，他们就可以接管那些资金不足且失败的民办学校（主要是教会学校），教会本身也承认在某些地区确实如此。

狄克逊的反对者认为，强制措施应该来自政府的行动，而不是私人的法案。还有人认为，不需要学校董事会的地区的纳税人将受到财政上的惩罚。此外，教育似乎——如果以数字为指导的话——在没有强制的情况下做得很好。1870 年《教育法》通过前的最后一年，全国共有 7845 所学校，在校生 1765000 人，平均入学人数为 106200 人。1874 年，当 1870 年法案允许在缺少学校的地区修建学校时，学校的数量增加到了 12167 所，能够为 2871000 人提供住宿，平均入学人数为 1678000 人。然而，在这些增加的学校中，只有 838 所由校董会管理，提供了 245000 个座位。这其中平均每天只有 131000 人上学，尽管董事会有权通过附例强制执行。因此，有人认为该制度没有发挥作用。[51]

一位反对者，彭布罗克郡的国会议员约翰·斯库菲尔德将强制措施描述为"非英国式的"，并会给公众带来"沉重的代价"——监查员的年薪在 80 英镑到 100 英镑之间，而且还需要更多。然而，事实继续表明教育正在经历失败。据估计，有 300 万儿童到了应该上学的年龄，而实际到校的儿童为 1678000 人。瑞士人口占英国人口的 1/11，但通过六级标准考试的学生人数却是英国的两倍。另一位发言者指责狄克逊是"狂热分子"，他说狄克逊应该满足于1870 年的"实验"，这是在没有强迫的情况下取得的"进步"。[52] 人们也不清楚强制是如何起作用的：尽管 1872 年苏格兰通过了一项单独的法律，即父母将会因为不送孩子上学而被传唤，事实证明，一旦父母被定罪，该法律就取得了成功。

然而，作为苏格兰议会副主席的桑登子爵（Viscount Sandon）是责任大臣，他拒绝相信政府，并表示，苏格兰的法律实施时间还不够长，无法从中得出任何合理的结论。他也不确定城市地区入学率较高是否可归因于这些地区的董事会，也许是应归因于民办机构的"巨额"额外开支。[53] 他还认为，教派学校对强制性教育更感兴趣，因为强制入学将导致更多家长支付学费，不是与扩大知识有关，而是与筹集额外资金有关。他说，在 1874 年 5 月至 1875 年 5 月之间成立的 515 个董事会中，只有 10 个通过了强制执行的附例，因此，董事会与强制执行之间的联系似乎并不重要。[54] 他说，强制也意味着那些能够在没有强制的情况下管理教育的学校董事会将被强制执行。桑登的观点受到福斯特的批评，后者重申了狄克逊的观点，即城市儿童接受的是初等教育，而农村儿童则没有。

1876 年，政府本身试图解决这个问题。自 1870 年以来，无论785 是在城市还是农村地区，上学人数都有所增加，但数量仍然不理想：据估计，生活在伦敦的 614670 名儿童中，只有 288497 人在前半年入学。桑登于 1876 年 5 月 18 日提出了一项法案，以帮助学生参加考试。他提出，对工人阶级和英国雇主来说，改善教育等如此重要的事情不应成为党派政治问题，尽管这一提议并不完全成功。两个单独的委员会调查了儿童在工厂里和土地上的所做的工作——这是不上学的主要原因。政府建议根据他们的调查结果立法。桑登宣称，"全国人民最终的坚定愿望"是，"这个国家的任何儿童今后都不应在没有我们现在的文明所需要的那些简单工具的情况下，为生存而苦苦挣扎"。[55]他认为，社会将不再容忍"粗鄙的无知"——即使是那些从童工劳动中获益良多，进而提高收入的地主和农民，也不例外。

政府现在每年为教育拨款100万英镑。每年收取的费用也是类似的数额，660000英镑来自民办机构。结果，3150000名小学生获得了入学名额，还有100000名就读于桑登所说的"私立冒险学校"，这些学校的标准低得惊人，而且不受国家监查，这意味着应该上学的1450000名儿童仍然没有上学。桑登说，作为改革后国家的一项教义，如果"所有的人才和品德都有上升的机会"，那就需要做更多的工作，[56]但即使是没有天赋的孩子也需要基本的教育。他提醒下院，这是洛等自由派和布赖特等激进派公开表达的愿望。

半工半读制适用于10岁至12岁的工厂童工，并强制执行，苏格兰获得了自己的法律权力。孩子们只有在出示入学证明的情况下才能在土地上工作。根据儿童从事的行业，有大量不同的规定，这些规定既没有保护儿童的利益，也没有确保儿童接受良好的基础教育。一些学校董事会强制执行，但这只是在没有民办学校的地区。桑登担心，国家强制执行的普遍命令将终结民办机构。相反，他提出了一种教育证书，没有这种证书，孩子就无法工作；而且，由于孩子的工作通常要符合父母的利益，因此他们会有动力确保孩子的出勤率。在收获的季节会有一些明确定义的豁免。

政府仍不愿考虑直接强制的一个原因是，它害怕与雇主、土地所有者以及（或许最糟糕的是）不信国教者发生冲突。孩子们可以工作的年龄和他们需要证书的年龄是10岁，地方当局会执行这项权力。拒绝遵守的父母将受到法律的惩罚，即那些允许他们孩子成为"废物"的家长，这些孩子在10岁以上，无所事事，不上学，不工作，抢劫果园，偷猎。这样的孩子可能会被勒令进入一所工业学校——一所经过批准的学校的前身，从事艰苦的工作并服从严格的纪律。里昂·普莱费尔抨击了最后一项提议，称这样的行为会惩罚孩子，而国家本应惩罚家长。"工业学校"，他说，"实际上是一个关押处于犯罪边缘的孩子的监狱；人们应该把教育看作一件好事，而把这些孩子和其他处于犯罪边缘的人联系起来，是否符合引领获得美好事物的教育利益呢？"[57]

福斯特祝贺政府为防止 10 岁以下儿童工作而做的举措，但是他不明白，为什么父母不重视其教育的孩子会因为没有必要的证书，就被禁止在 10 岁到 13 岁之间工作，孩子们毁灭性的懒散并不是他们自己的过错。桑登说，地方当局的责任是发现儿童何时不上学，并为这些被忽视的受害者提供帮助：因此不应出现这种情况。贫困地区将得到额外的资源。为了提高入学率，在某些情况下，国家将不得不代替家长的角色。

自由主义者对此表示欢迎，但他们不明白，为什么不存在明确的、集中的、普遍的强制。有迹象表明文明进程正在向前推进，有人要求为盲童和聋哑儿童提供更好的服务。仍然有土地利益集团的代表反对限制田里的童工，因为在收获季节需要集中力量。其中一位是南诺福克的保守党议员克莱尔·里德（Clare Read），他说，在工厂里休息是一回事，但在农业领域，这一规定"简直荒谬可笑"。[58]

在该法案于 6 月 15 日进行的第二次宣读中，蒙特拉发起了一项建立全民学校董事会的要求。他反驳了桑登的说法，他承认国家有"数百万儿童根本没有上学"。[59]这些孩子所在的地区没有学校董事会——1870 年前，民办机构为当地所有孩子提供了足够的入学名额。学校董事会以他们的强制权力确保所在地区的大多数孩子上学。管理工厂和农业工作的各种劳工法除了造成混乱之外没有取得任何成果：一个董事会制度会好得多。《入学法》的规定不足，受其约束的儿童所达到的标准遭到嘲笑。负责检查工厂和儿童教育的委员会曾表示，应该让 5 岁至 13 岁的儿童接受教育，每天至少 5 小时，只有 10 岁以上长期就业的儿童才允许上半天课。政府似乎在淡化这一点。

"为什么"，蒙德拉问道，"英格兰的城镇应该有一个良好的教育体系，而农村地区的体系却如此糟糕？对强制的反对并非来自工匠或农业工人"。[60]教育已成为"一项重大的公共必需品"，无知造成的损害是显而易见的。由于缺乏教育，英国工人越来越无法与其他发达国家的工人竞争。这个国家的道德品质有待改进。选举权已经扩大了，"随着时间的推移，农业劳动者将拥有它，既然如此，国家有责任确保他受过足够的教育，了解自己所拥有的权利的价值"。像蒙德拉这样的自由主义者不准备在开支问题上吹毛求疵。与其他强国（尤其是美国）相比，世界上最富有的国家对教育的贡献竟然相对较少，而且大部分支出来自教会，而非纳税人。政府很乐意为军队购买装甲舰和新步枪，但它对所有儿童的基本教育都缺少热情。蒙德拉本可以补充说，与此同时，一项惩罚严重虐待动物的法案正在议会迅速通过，这似乎比针对儿童问题的惩罚更重要，也更能引起一致赞同的意见。

788

宗教问题一如既往地出现了。尽管成立董事会的理由很有说服力，但一些自由党人承诺，他们将坚持要求，只要自己的政党重新执政，就会在每个董事会下至少建立一所非教派学校。否则，不信国教者和罗马天主教徒可能会冒险将他们的孩子送进圣公会学校。城镇需要强制执行，这在学校董事会的规章制度下是可行的，在乡村，事情则完全不同。宗教偏见将一如既往阻碍所有城市或农村儿童接受他们所需要的教育。

桑登所推行的这类法案既没有冒犯宗教团体，也没有过多地扰乱农业利益，而农业利益正是他所在的政党执着追求的。它的问题在于实现所有这些目标的手段过于官僚主义。对于谁将颁发证书以允许儿童合法工作，存在着严重的担忧：如果让校长来决定，就会有虐待的余地；如果把这项任务交给地方当局，只会增加他们的负担，这种负担可以通过直接的强制来避免。《车间法》、《矿业法》和《工厂法》都规定了孩子们应该入学多少小时：这项法案会覆盖这些规定，还是仅仅与之冲突？这个问题也可以通过直接的强制来解决。在教育问题上，议会遵循了詹姆斯·凯－沙特尔沃思的意见，后者对摆在他们面前的"软弱、半心半意、效率低下的法案"表示遗憾，之所以如此，是因为要努力安抚不信国教者和农业地主阶级。[61]

尽管桑登一再恳求，讨论还是变成了赤裸裸的党派之争。保守党人承认了法案的缺陷，但他们辩称，该法案试图扩大 1870 年法令的范围。由于自身的缺陷，自由党人没有资格批评该法令。有人担心，由于父母不称职而没有资格获得入学证书的孩子，将会因为无法工作而受苦，并无法为家庭收入做出贡献，因此将处于半饥饿状态。此外，正如一位爱尔兰议员所说，"义务教育在很多情况下等同于宗教迫害"，它将允许教会以一种不恰当和不公平的方式传播其教义。但是，研究这个问题的专员们建议直接强制：为什么议会不想执行这项建议？强制执行的代价是昂贵的：所涉及的法庭程序意味着让一个孩子上学要花费 7 基尼，而在大量儿童不上学的地区，官僚机构无法解决这个问题。

福西特本人在 1870 年就不得不小心翼翼地对待那些不信国教者，而现在，他从奢侈的反对中走出来，他说直接的强迫是必不可少的。桑登不同意他的观点："毫无疑问，这将是一场大灾难，但如果对每个穷人说，他的孩子在任何情况下都必须每天上学，这将是一件坏事，是一件不受欢迎的事情。"[63]这表明，在儿童是否应该被迫上学的问题上，保守党和自由党的意见存在分歧。如今，在福西特法令问世 6 年之后，自由党人毫不含糊地支持国家以这种方式干预的观点：保守党人只能通过走后门，通过间接的金钱激励，使下层阶级把孩子送去上学，从而达到一种强迫的目的，即鼓励父母对孩子负责。

强迫的主要障碍来自原始的、劳动密集型的农业，以及摘啤酒花、摘水果等工作领域。然而，由于宗教原因，一直存在着强烈的反对意见。亨利·理查德（Henry Richard）是梅瑟蒂德菲尔（Merthyr Tydfil）的一名不信国教的议员，他将该法案形容为"自博林布鲁克勋爵（Lord Bolingbroke）在安妮女王（Queen Anne）统治时期提出分裂主义法案以来，提交给议会的最糟糕、最不公平、最反动、最残暴的法案"。[64]他抗议说，"试图让国民教育宗派主义化是荒谬的，是自相矛盾的，不可能把一个教派制度强加给那些良心权利有充分保障的人"。1870 年通过的法案中的违法条款——允许学校董事会用纳税人的钱支付贫困儿童的学费——将被废除，穷人的学费将移交给当地的监护人董事会。没有考虑宗教观点，这是一个很大的问题。然而，一项法案又一次未能将所有人的世俗教育与其他地方的宗教教育分开。自 1870 年以来，一切都没有改变。然而，政府却成功地使其更具吸引力，让父母把孩子送进学校，而非强制他们这么做。

790

六

由于还没有就强制上学达成协议，雇主仍然有可能以一种冒犯议会和公众日益进步的价值观念的方式使用童工。1878 年的《工厂法》试图通过强制而不是宽容的立法来解决这个问题，巩固早期的法律，并根据 1876 年皇家委员会的建议采取行动。1833 年以来的工业管理方案是零零碎碎的，到 1878 年，议会共通过了 15 项法令，涉及各种行业，如农业、煤矿、矿砂、纺织厂、漂白剂和染料厂、炼铁厂和造纸厂，等等。1870 年，少于 50 人的小型制造商受到《车间管理法令》的约束。大规模的监管不仅造成了工作场所的不平等，还造成了官僚主义的执法噩梦。孩子们有一些特殊的问题，还有许多漏洞，使得他们仍然可以利用：一个孩子可以工作的时间，或者应该花在学校的时间，将取决于他从事的行业。煤矿里的孩子 12 岁就可以全职工作；在纺织业，这个年龄是 14 岁；在农业上没有年龄的限制。1876 年《教育法》的条款解决了一些（但不是全部）反常现象。

还有一个更根本的问题。许多孩子在 13 岁时不能达到规定的教育标准。他们停止上学，但不能全职工作，所以一直无所事事。在西赖丁最大的羊毛加工厂之一，62% 的孩子无法达到允许他们在不到法定年龄的情况下工作的标准：他们被迫无所事事，估计每年每个孩子的家庭要为此付出 11 英镑或 12 英镑的代价。当时国家正处于经济萧条时期，对许多家庭来说，这样的收入损失是难以承受的。工厂的法律是荒谬的：教育特权被给予某些行业的人，而另一些行业则禁止。卫生规则因工厂而异。在一个危险的行业，安全规则要比另一个同样危险的行业严格得多。工厂监查人员知道这些安排是荒谬的，并敦促政府规范整个行业的标准。然而，皇家委员会驳回了统一的必要性，因为工业本身并不要求统一。

791　　利兹的国会议员罗伯特·坦南特（Robert Tennant）希望政府超越这些建议。他承认，与第一部《工厂法》通过时相比，工人的工作条件在"当前这个舆论启蒙和教育普及的时代"好得难以辨认。不过，他辩解说，"只要劳工需要国家的保护，就应该平等地、普遍地给予保护；我相信向议会提交的诉求不是徒劳的，一方面，不能使某些生产阶级受到令人反感的限制和不公平竞争；另一方面，也不能阻止大批工人享受社会、教育和卫生福利，而这些福利应该同样地惠及所有人"。[65] 在更实际的层面上，大多数父母都不知道他们的孩子多大年龄可以在任何一家工厂合法就业。

该法案提议至少将车间和工厂归入同一类别。但是，正如蒙德拉所指出的那样，由于不同的行业雇用了不同的劳动力，一致性很难实现。在纺织业，76％的工人是妇女和儿童；一些以车间为基础的行业几乎全是男性，只有几个男孩学徒。蒙德拉报告说，1876年的法案似乎很有效，在基特利，有 400 名儿童接受了工作许可审查，340 名儿童因受教育程度太低而被拒绝。他声称，"这些事实表明，没有什么比这更能激励父母关注孩子的教育了"。[66] 但他承认，在一些地区，如混合经济的英国中部地区，存在着不统一的地方，这是一个令人遗憾的漏洞。孩子们可以在 10 岁时离开学校，全职从事农业工作，而无须证明任何教育程度。孩子们可以这样做，直到 14 岁，那时他们可以在工厂工作，年龄足够大，不需要出示学校的证书。

另外两类儿童（通常是男孩）也普遍避开了立法限制，他们在街上工作：卖报纸的和卖火柴的，数量庞大。克罗斯认为，应该取缔他们的当局是学校董事会，这些董事会主要是城市实体，在火柴和报纸销售商最常见的地方运营。同样，他说，监护董事会应该设法防止在农村发生虐待行为。他说，该法案提出了尽可能多的一致性。

然而，一旦该法案进入委员会，要求从事农业工作的儿童不被剥夺受教育的权利的呼声仍在继续。10 岁至 13 岁的儿童每周必须上 13 个半小时的课才能从事非全日制工作，如果儿童在 13 岁时没有达到所要求的水平，则可强制到校，直到 14 岁。但是对于在这片土地上工作的孩子们，正如一位议员所说，地方政府在 10 岁时就"彻底放弃了对他们的教育"。亨利·福西特说，反对的部分原因是，将需要一支由监查员组成的军队在农村巡逻，以确保孩子们上学。但是，由于国家已经勉强接受在工业地区拥有一支这样的军队，所以他看不出有什么困难。然而，土地利益团体不希望孩子们在他们应该收获或处理耕作和播种的时候上学。一位议员说，两类儿童的平等只会"扰乱这个国家最大的产业之一"。[68] 这一论点占了上风：虽然大家都同意可以使工厂的法律更加一致，但没有心情将农业工人纳入同样的规定。

克罗斯还热衷于确保成人的条件也达到现代标准。他确保卫生法规标准化，特别是改善工厂和车间的通风，以限制疾病的传播和发病率。部分问题是业主提供通风设备，但工人们更喜欢在温暖的环境下工作，不愿打开窗户和天窗。然而，某些疾病是由生产过程中使用的有毒物质引起的，比如用于给陶器上光的油漆导致的铅麻痹：有人呼吁禁止使用这种物质。制陶业是肺病在劳动人口中蔓延的一个领域。法国已经立法防止这种问题发生；英国什么时候会这样做呢？

该法案还提议将危险的机器围起来，防止操作人员被移动的部件伤害，并遮挡有可能使他们掉进去的大桶。对运转中机器的清洗也被禁止，任何人可以不间断工作的时间被固定为 4 个半小时：尽管有人抱怨这种僵化，因为它们可能会中断技术上需要不间断的工作和过程。很明显，绝对禁止在工厂和车间雇用 10 岁以下的儿童，礼拜天也绝对禁止雇用妇女、儿童和青年：犹太人可以例外。

该法案还规定，如果不允许员工享受法定公共假日，雇主将受到惩罚——格莱斯顿在 1871 年引入了更多的法定假日，承认了娱乐活动的好处，并对因受教育程度和健康状况而获准工作的儿童进行标准化认证。此外，还必须建立一个由外科医生组成的检查网络，以确保工厂工人在身体上能胜任这项工作，这一花费相当可观。克罗斯证明这项法案合理的主要理由在于：它是卫生的。对造成人员伤亡的事故实行统一的处理程序。现在被称为健康和安全立法的细节是引人注目的：例如，在对土耳其红染色中自燃的危险发出警告后，克罗斯确保会采取特别的额外预防措施。

　　这需要一个相当大的监查团队在主要城镇和城市附近工作。克罗斯拒绝了在这些城镇设立办事处的呼吁，他说，他将公布监查人员的地址，以便公众能够找到他们。他不能容忍办公场所的费用。他还限制了监查人员进入属于住宅一部分的车间的权利。然而，这是有争议的，因为许多血汗工厂都在村舍里运作，而且众所周知，其中一些血汗工厂的儿童受到虐待。工厂和车间也接到指示，要保留自己的登记册和记录，并将法令的有关摘录展示给工人阅读。

　　虽然自从 19 世纪 40 年代有关工厂的肮脏报道传播来，已经采取了很多行动，但在某些方面，原始条件仍在持续，而这项法案是消除这些条件的一个机会。沃尔索尔的议员查尔斯·福斯特爵士（Sir Charles Forster）曾试图阻止 16 岁以下的女孩受雇于链条和钉子工厂。他引用黑区（Black Country）的一家报纸的报道来证实他的论点，"'我是一个陌生人，出于好奇来看看这个生产链条的国家'。'你来了一个坏地方'，一个老妇人说，'这是上帝创造的最糟糕的国家。女人要做所有的工作，而男人几乎什么都不做'。'但他们有时会工作'，我斗胆说。'是的，有时是这样'，她回答，'但他们总是把挣来的钱都花光了，而且还花得更多'。"报告接着描述了一排大约四五家链条厂的店铺，就在一些令人不快的污水池附近。

> 这些车间的火都在燃烧，只有妇女在工作。然而，决不能假定男人缺席——一点也没有缺席。创世之主们在那里充分发挥了威力，但他们并没有工作。他们开着玩笑，向那些正在不停地敲打铁链的姑娘们求爱。
>
> 在克拉德利的尽头，靠近大路的地方有一个游泳池，他看见人们在那里洗澡，光着身子跑来跑去。附近有几家铁链店铺，还有一个小砖厂，年轻姑娘们在那里干活。他会问，一个上演这种事情的地区的道德状况究竟如何？

他补充说：

> 阅读关于这个问题的报告时，不可能不得出这样的结论，即年轻妇女的健康肯定受到这种劳动的严重危害。在皇家委员会收到的证据中，他们听到了许多关于一种叫作"奥利佛"的工具的说法，这种工具是用来焊接铁链上的链环的，它的重量与链环的大小成正比，有一些会比另外的重，也比另外的更费力。有证据表明，"奥利佛"会晃动下半身，因此对怀孕的女性来说是危险的……但也有一些例子说明这些工具在妇女分娩后一周内就被使用了。那么，在需要这样一种工具的行业里，对年轻女性的劳动是否应该像他建议的那样加以限制，这样的要求是太过分了吗？[69]

克罗斯对这一论点表示同情，但他建议说，皇家委员会听取了证人的证词，证人们认为制作钉子和小铁链并不比当地妇女做的任何其他事情更有害。然而，委员会本身并没有同意：它认为对妇女来说，制作更重的钉子和铁链所需要的劳动太辛苦了。然而，它不知道足够轻的工作和不够轻的工作之间的界限在哪里。克罗斯选择依靠女性的意识去判断，不让她们去承担过于繁重的工作，而不是寻求立法。法案顺利通过三读，除了福西特抱怨说：当英国贸易面临前所未有的激烈竞争时，拟议的法令将是对商人商业活动的无理干涉。

在经历了前几年的动荡之后，他提出了一种非常类似于18世纪的观点。

> 一种理想的社会状态是，每个女人，当她到了一定的年龄，应该结婚，并享有一个舒适的生活条件，丈夫为她工作，她在家里照顾家庭，照顾她的孩子……（然而）没有一个事实比这更真实，也没有一个事实比这更明显，即几十万，甚至可以说几百万的妇女并不是由丈夫这样供养的，她们必须尽其所能地谋生。如果她们把所依靠的正当工作的机会拒之门外，那么，请相信，她们同时也把通向罪恶、苦难和毁灭的大门敞开了。[70]

福西特知道，下院反对他，国家也反对他。但总有一天，舆论——他说舆论已经开始转变了——会要求男女在工作场所享有同样的自由。克罗斯尊重他的意见，但同时，作为兰开夏郡的代表，他知道在过去的40年里，《工厂法》使人民的生活条件得到了很大的改善，他相信这一法案将进一步改善人民的生活条件。他承认男人可以按他们的意愿来决定工作时长，但他也相信国家有责任保护妇女，使她们不受可能损害她们福利事情的伤害。

　　当该法案到达上院时，沙夫茨伯里赞扬了它。他自己在劳工改革方面的工作可以追溯到 45 年前。他总结了克罗斯的成就，克罗斯"巩固了现有的所有工厂法律——他对内务大臣在起草这项法案时所付出的艰辛、细致的调查和坚韧不拔的精神感到惊讶。这位正直的先生不得不处理 45 项法案，时间跨度超过 50 年，而且这些法案在许多情况下相互矛盾，往往无法理解，也无法付诸实施。通796 过这项法案，所有这些分散的立法将被纳入一个清晰和谐的整体"。[71]沙夫茨伯里暗示了自 19 世纪 30 年代以来，尽管通过了相关法律，但仍然存在的暴行：比如 4 岁的孩子每天都要在火柴厂工作很长时间。相比之下，在正规工厂工作的孩子们看起来"硬朗结实"，他们的外表与一两代以前的孩子截然不同。他说，"当克罗斯先生被邀请成为内政大臣时，这个国家大约有 200 万人会祝福他"。[72]

七

　　1878 年的《工厂法》代表了社会对待妇女问题的重大进步，但在许多方面，妇女的境况不仅和男性不平等，而且完全令人震惊。尽管自 19 世纪 50 年代以来，人们做了很多努力来承认女性拥有或应该拥有法律权利——主要是为了保护她们免受男性的侵犯——尽管推动妇女参政的力量只是缓慢地积聚起来，但对待她们的其中一个方式还是激起了文明舆论的愤怒。《传染病法》于 1864 年通过，并于 1866 年和 1869 年得到延长。它赋予警察权力，在某些特定地区可以逮捕任何妓女（或怀疑是妓女的妇女），并对她们进行强制性的性病检查。如果被发现携带病毒，她将被关在一个叫作"性病医院"（lock hospital）的地方，在"治愈"之前她不会被释放。最初的法案是对陆军和海军中所谓性病流行的回应，只有先进的女权主义者认为，这可能更多的是男性的错，而不是受剥削的女性的错误。卖淫在 19 世纪 60 年代是一种普遍的活动，据警方估计，在伦敦有 5000 多名这样的妇女在工作，在整个英格兰和威尔士有 30000 名。[73]

1875 年有人试图废除该法案，尽管提出废除该法案的下院议员哈考特·约翰斯通爵士（Sir Harcourt Johnstone）为将一件"如此令人反感、如此令人厌恶"的事情提交下院而道歉。[74]他说，这项法律变得越来越"专制"，"对公众自由构成威胁"。[75]如果妇女的唯一罪行是在船舶或要塞附近喝醉酒，她们可能会被拘留，并因此而毁了自己的生活。那些调查这些行为影响的人也未能证明，由于这项立法，服务部门中的性病发病率是否有所减少。一个委员会调查了这些法令的运作情况，在 45 天内调查了 80 名证人，因此调查是彻底的。

委员会指出，自从法案开始实施以来，妓院的数目已经减少，从事这一行业的年轻女孩也少了。有证据表明，通过接受治疗，根据该法令被拘留的妇女帮助降低了患病人数。然而，这些行为的矛盾之处在于，它们有效地管制了卖淫，并为士兵和水手提供了一种经过批准的接受医学检查的妇女阶层。那些想要废除法令的人这么做不仅仅是出于道德上的原因。约翰斯通说，他和他的朋友们有三个主要的动机。

> 他们首先认为，为这个国家或其他地方的陆军、海军或任何其他社会阶层提供自我放纵的手段不是国家的职责；其次，国家不应该纵容和维护声名狼藉的场所，而是压制它们，不是通过中央机构，而是通过地方当局；他们坚持的第三大原则

是——只要在议院里，他们就应该努力确保不让议会通过允许任何一个办公室或部门，无论是内政部还是其他部门，制定和执行与人民自由和宪法相抵触的规定的法令。[76]

查塔姆和朴茨茅斯等港口的居民强烈反对这种行为，因为它们造成了卖淫的进一步加剧。有人认为，他们鼓励非常年轻的女孩——允许的年龄仍然只有 13 岁——走入堕落的生活。该法令还将卖淫活动转移到法令管辖范围之外的地方。那些不希望在温莎受到监管的妇女（因为在那里有驻军的缘故），直接到几英里外的达切特村提供服务。然而，在地理上限制更大的地区，后果甚至更有害。约翰斯通说："从一个女人被检查和获得解放的那一刻起，大家都知道，她已经被开除了，不适合担任公职。"[77] 在现有的法律中，根本没有改造的元素——或者格莱斯顿所说的"救援工作"。它们没有为改善国家的道德健康做任何事，本身"对私人自由和公共道德有害，而且对基督教和文明有着同样的厌恶"。[78]

就像卡德威尔试图废除购买一样，那些自称代表军队在下院发言的人说，如果取消对妇女自由的这种严酷压迫，士兵的健康和福利将受到威胁。亚历山大上校（Claud Alexander）就是其中之一，"如果你们坚持从事不道德的职业，我们必须要注意，不能让你们把可怕的疾病传播给我们的士兵和水手。为了有效地做到这一点，我们认为定期检查是必要的，如果你被发现生病住院的话。在拘留期间，你不会受到不应有的限制。牧师、医务人员和主妇将为你提供精神上和世俗上的必需品。你将受到人性化机构的影响，如果你愿意改过自新，你将被安置在某种的环境中或回到你的朋友身边"。[79]

他补充说，这些检查对女性很有用：如果在早期发现了严重的性病，她们的治疗会很简单。然而，如果一名妇女不希望遭受这种待遇，她的选择是明确的。他指出，要求废除该法令的请愿书几乎完全来自没有实施该法令的地区。牛津郡 80 多岁的议员约瑟夫·亨利提出了另一种观点："为人民赎罪与国家无关。"[80] 然而，下院支持该委员会的证据，即自强制实施该法令以来，卖淫和疾病已经减少：废除该法令的提案被否决了。又过了 11 年，约瑟芬·巴特勒发起了一场强有力的运动来揭露男人的虚伪和双重标准，才最终废除了这些侮辱性的法令，顺便提一下，妓女从业的许可年龄也提高了。

八

也许就像 19 世纪 40 年代那样，在 19 世纪 70 年代破坏城市生活的最根本和最持久的问题仍是最底层阶级肮脏和疾病肆虐的住房。保守党议员乌特雷德·凯－沙特尔沃思回忆说，在曼彻斯特的讲话中，首相已经阐明了"恢复健康，所有的健康"的座右铭。[81] 凯－沙特尔沃思讲述了他在伦敦贫困地区散步时看到的景象：狭窄的院子里堆满了人的粪便，房屋建得很差，对风雨和害虫都不设防：所有这些地方都非常拥挤。然而，在伦敦金融城附近仍有许多被遗弃的土地，他呼吁提供强制购买权，以便将其用于开发。1868 年的《工匠住宅法》在这方面是不够的，它所能做的只是强制修理和拆除，而不是进一步的建设，为此目的，上院的土地所有者已经取消了一项规定。至于为这些购买筹集资金，支持凯－沙特尔沃思动议的西德尼·沃特洛爵士（Sir Sydney Waterlow）表示，对伦敦的房产征收每英镑一便士的费用，持续四十年，将支付 200 万英镑贷款的利息，用于支付拆除伦敦所有不适合人类居住的房屋的费用。此类拆迁将降低死亡率和发病率，从而产生有益的经济效果。[82]沃特洛声称，每当有一个人死于疾病，就有两个以上的人因患病而不适合工作。

英国皇家医师学院和慈善总会都曾游说克罗斯，要求他鼓励为穷人更换住房。克罗斯赞扬皮博迪信托公司（Peabody Trust）设法在其于伦敦购买的土地上建造大厦的做法，但他认为议会必须做得更多。他承诺尽快采取措施，《工匠和工人住房改善法案》在几周内就出台了。它引入了地方政府为清理贫民窟而强制购买土地的原则，允许地方政府出租或出售土地，为下层阶级建造住房。它还确保新建地区由公共卫生官员和卫生监查员监督，确保这些地区不会再次陷入肮脏，并鼓励建立更多的排水总管道。而且，为了避免城市的过度集中，克罗斯还确保所有大城市附近都保留开放空间，这是仿效《都市公地法》（Metropolitan Commons Act）的做法。1875年的《公共卫生法》进一步规范了食品（自1860年的《食品和药品法》问世以来，食品已不再掺假）、街道照明和市场，以及疾病通报。

他在1875年2月8日提出了《工匠住宅法案》。该法案履行了在上届会议中向一名后座议员所做的承诺，该议员要求以立法手段清除拥挤的工业城镇的贫民窟。它将成为过去30年里为缓解大多数下层阶级住房的不卫生和破旧状况而采取的一系列措施中最新的措施，但也是迄今为止最激进的措施：比如1866年的《工人阶级住房法》允许土地所有者或企业向公共工程贷款委员会借款，购买土地建造房屋。政府本身并没有提供住房的意图——公共住房仍然需要几十年的时间，但它决心让私人开发商更容易这么做，尤其是允许地方政府清理他们可以用于建设的土地。

克罗斯强调，他提出了一项"促进"措施。[83]他承认，去年出版的慈善总会的一份报告促使政府采取行动，他引用了这段话：

"在大都市的各个地方，穷人的住宅由于年代久远、建筑缺陷和使用不当而处于这样一种状态，以至于对居民的物质和道德福利，以及整个社区的福利都造成了严重的损害。"[84]更能说明问题的是，英国皇家医师学会曾向政府表示，"过度拥挤，尤其是在不卫生、结构不良的居所中造成的过度拥挤，会引发疾病，导致醉酒和不道德行为，并可能在较贫困人群中引发不满"。

私人慈善家的慷慨——克罗斯特别提到了皮博迪信托基金，该基金当时已在伦敦斥资 600000 英镑修建大楼——为解决伦敦的问题开了个好头。与其他慈善家一起，皮博迪信托基金为大约 30000人提供了住房，但在过去 10 年里，伦敦人口每年都以 40000 人的速度增长，"如果我们希望从根本上解决问题，就必须做得更多"。[85]慈善总会曾向政府建议，在城市地区成立具有强制购买权的公共机构；类似的事情在格拉斯哥、爱丁堡和利物浦也发生过。克罗斯在意识形态上反对公共住房，他特别指出："我认为，作为一个起点，政府没有义务向任何阶层的公民提供任何生活必需品，在生活必需品中，我们必须纳入最主要的必需品之一——良好的可居住的住房。这不是国家的责任，因为如果它这样做了，这将不可避免地使这一阶层不是依靠他们自己，而是依靠其他力量为他们所做的东西，而且不可能教出比这更糟糕的一课——'如果你不照顾自己，国家就会照顾你'。"[86]他还反对大型慈善机构，如皮博迪信托基金以低于市场价格的租金提供住房。如果供应增加，租金无论如何都会下降。

他辩解说，他的提议属于国家的职权范围，因为它是在卫生改革的标题下提出的，没有人怀疑卫生改革是政府的职能之一。他认为，健康就是财富：如果英国希望继续繁荣富强，就必须确保国民健康，这从根本上要求改善住房条件。他谈到了现有人口

801

中生命和力量的浪费。全国范围内的死亡率是 22.5‰，而伦敦是 24.5‰，曼彻斯特是 30‰，利物浦在过去的 10 年里是 38‰。利物浦的部分地区是疾病的温床，在曼彻斯特的某个地区，发烧的流行使死亡率高达 67‰。在曼彻斯特的另一个地区，每 100 例死亡案例中有 49.7 例是 5 岁以下儿童。[87]这个年龄组的全国死亡率为 18%。

　　他亲眼见过诸如伦敦圣吉尔斯这种地区的肮脏庭院，他坚决认为唯一能对这些庭院做的就是拆除它们。克罗斯说："一家人接一家人进了这所房子，他们肯定会发烧，像以前的住户那样被杀死，""除非你介入干预，否则这种情况将持续很长时间"。[88]他还访问了利物浦、格拉斯哥和爱丁堡，在这些地方，地方议会法令允许强制购买。他走访的目的是了解他们犯了什么错误，以便在他提出的国家立法中寻求避免这些错误。在利物浦，由于补偿的复杂性，费用已经超出了必要的水平。爱丁堡获得了更广泛的许可，破获了许多犯罪窝点，并在 1870 年至 1873 年的三年间将妓院的数量从 204 家减少到 20 家。

　　政府提议将立法限制在伦敦和其他大城市，权力将授予伦敦大都会工务理事会和其他地方的市政委员会。地方当局不再需要私人法案，也不再需要纳税人的同意，就可以接管贫民窟的财产，清理并改善它们。将在当地任命一名仲裁员，就强制购买土地的价格达成协议。委员会还将被授予建造房屋的权力，以确保被清理的土地仍不会空置，空置的前提是没有建筑商对开发空置土地感兴趣，但克罗斯认为这是不太可能发生的事情。为此，公共工程专员亦有规定，将按一定利率向委员会贷款。

　　克罗斯说，这些措施一旦实施，将不会立即产生效果。但他宣称：

我们渴望铲除的邪恶是几代人的工作；尽管我相信，从长远来看，纳税人的钱将得到充分补偿，但至少在一段时间内，这项措施必须付出一些代价。但是，考虑到目前人民的状况，考虑到为他们做得太少，又考虑到提高这个几乎是堕落的阶级的绝对必要性，这个阶级是在疾病中长大的，如果我们不给他们改善生活条件的手段，他们将永远患病。我请求你给那些不幸洞穴里的人们，投下一线希望和幸福；我请求你们，无论如何，在疾病和死亡的萦绕之处，呼吸一次健康和生命的气息；那些庭院和小巷里面的黑暗不仅是呈现出来的，而且是感觉上的——一种精神、身体和灵魂的黑暗——我请求你帮助执行上帝最好的、最早的律法之一——"让光明存在"。[89]

反对派要求将这些规定扩大到只有 10000 名居民的城镇，而不是拟议的 25000 人的限制。克罗斯对此表示反对，他说，较小的城镇在离市中心较近的地方有多余的土地，在那里可以建造比大型城镇更接近市中心的新住房，因此，它们不需要像大型城镇那样拥有同样的强制购买权，以保持适当的卫生。克罗斯已经做出了让步，将限制从 50000 人往下调：他不愿进一步扩大强制购买等权力，以免给纳税人带来极大的负担，使本应伟大的改革措施不受欢迎。此外，迪斯雷利已经决定不强制执行这项立法，以免被认为是对地主的攻击，迪斯雷利所在政党的支持者主要是地主。

正如克罗斯所说，这些规定需要时间来发挥作用。《工匠住宅法》的目的是开始清除贫民窟。但布莱克注意到，到 1881 年，该法所适用的 87 个英格兰和威尔士城镇中，只有 10 个开始执行其规定。由于商业和制造业上的成功，英国的住房质量随着繁荣的蔓延而得到改善。1870 年至第一次世界大战期间，中产阶级和下层中产阶级的城郊住宅区相继出现，并出现了大量投机建筑。克罗斯的判断是，该法令已经开始实施，但应在首都实施，而不是肮脏的北方工业城镇。1903 年，他写道："伦敦所有的大型破旧拥挤的住房群都被这一法令扫地出局"。[90] 然而，也正是这项措施使张伯伦得以清理伯明翰的贫民窟。市政委员会花了大约 150 万英镑，买下了近 50 英亩的贫民窟住房，该计划得以通过，很大程度上是因为张伯伦作为市政领导人获得了信任。他的传记作者加文写道："从那天起，伯明翰市中心开始被打扫干净。曾经是贫民窟所在地的杂乱场所，如今成为市政街，它有 22 码宽，两边都是高大的商店、办公室和公共机构，创造了新的建筑景观。"[91] 街道两侧的后面都是新建的、经过改善的住房街道，该地区的死亡率逐年下降。在 1873 年至 1885 年间，贝利街每千人中就有 97 人死亡。到 1879 年至 1881 年，这一数字为 25.6。"孩子们不再像从前那样死掉，或者发育不良。良好的照明、纯净的水、清新的空气、干净的街道、更多的内外空间、严格监控的卫生措施——所有这些好处都被带到了重建区。"

九

1876 年 6 月，女王通过她的私人秘书得知迪斯雷利年事已高，身体越来越虚弱——他已经 72 岁了——便给了他一个伯爵爵位。在提供爵位的时候，女王写道："她知道他对自己和国家有多么重要。""女王把这句话发表出去，因为她觉得他对王位和国家的重要性比以往任何时候都要大——而且她比以往任何时候都更希望他的政府能够长久维持下去。"[92] 她的这种强烈的感情丝毫不符合宪法，但不能用她害怕格莱斯顿的回归（格莱斯顿已不再领导反对党）作为理由来解释。

迪斯雷利的本能是完全退休。他仍然是痛风的受害者，而且；越来越多地受到支气管炎的折磨，容易疲劳。他声称对贵族没有兴趣，因为他没有继承人。然而，女王说服他继续担任她的大臣，不过是在上院。他征求了里士满公爵的意见，后者是上院的领袖（迪斯雷利去后，他将被取代）。里士满说了他想听的话，如果他退休，对党来说将是"致命的"，而进入上院是显而易见的解决办法。德比和索尔兹伯里也支持他。[93] 早些时候，女王曾封他已故的妻子为比肯斯菲尔德子爵夫人；当迪斯雷利决定往上爬的时候，他选择了比肯斯菲尔德伯爵的头衔，他坚持要读比肯斯菲尔德，而不是贝肯斯菲尔德。

当明白迪斯雷利会继续从政时，女王松了一口气，她告诉她的女儿普鲁士王妃"他的退休将是一场非常严重的灾难"。[94]迪斯雷利的恭维则有过之而无不及，谈到他的爵位（他也被封为胡根登子爵）时他说，"即使对最高贵的人来说，它们也不意味着平庸的荣誉，但对他来说，更重要的是，对一个仆人的奖赏，体现了陛下对他个人的感激之情，不管他有什么缺点，他都衷心希望他能效忠于陛下"。[95]

迪斯雷利为自己使"宽容的立法"通过而自豪。《工匠住宅法》就是一个很好的例子：通过立法让个人、机构或地方当局有可能做出改进，从而使国家与之保持一定距离。迪斯雷利的观点是，这样的做法更符合当时的民主情绪。1875 年，在一项改革农业租约的法案上，他说："老爷绅士们以蔑视的姿态对待这样的观念（即我们的立法应该建立在宽容的基础上）倒是不错，但宽容的立法是自由人民的特征。当你不得不对付那些唯命是从的人时，采取强制立法是容易的；但在一个自由的国家，尤其是在英国这样的国家，如果你想使人们在风俗习惯上做出重大的改变，你必须相信说服和榜样是两大要素。"[96] 比肯斯菲尔德政府倒台时，克罗斯已经成功地"净化"了保守党的品牌，并向仍在执政的贵族们表明，只有不断关注穷人的状况，他们才有希望避免国内动乱。尽管取得了这么大的进步，比肯斯菲尔德还是会发现自己无法获胜。

805

他进入上院的同时，英国政治也开始重视外交事务。东方问题在 1878 年柏林会议上达到了高潮，它成了政府的考虑重点：在保加利亚暴行后——奥斯曼帝国穆斯林对基督徒的迫害——格莱斯顿谴责了英国政府的外交政策，政策不仅激发了他在 1880 年大选前组织的米德洛锡安运动，而且不可避免地使他恢复了自己政党领袖的地位，并担任了女王的首相。40 年来，英国一直被环境所迫，不得不处理工业化、财富扩散、人口爆炸和通信革命所引发的大规模且紧迫的社会问题。如今，英国再次放眼海外。具有讽刺意味的是，尽管两党政府都进行了十多年的深刻社会改革，1880 年的选举还是被外交政策问题所左右了。

对于英国政府向土耳其人提供经济支持，帮助奥斯曼帝国在克里米亚战争后作为一支对抗俄罗斯的力量是不道德的这一说法，格莱斯顿予以反驳。当时，高级政客在议会外发表重要讲话仍属罕见——尽管帕默斯顿做到了，迪斯雷利也有过引人注目的一次性演讲，比如曼彻斯特演讲和水晶宫演讲——格莱斯顿这样做引起了轰动：对政府政策的抨击，对其措辞的抨击，以及对格莱斯顿已经退休这一说法的驳斥，都加剧了这种轰动效应。在担任财政大臣和首相期间，格莱斯顿曾不遗余力地讨好游说记者，他擅长我们现在所说的媒体管理。他还看到，通过发表一篇耸人听闻的演讲，他将获得众多的媒体报道。米德洛锡安运动的一个后果是，它改变了英国政治行为的性质，其他主要政客也越来越多地寻求通过同样的方式

获得曝光。这场运动本身就是 1867 年选举权扩大的必然结果，它
为后来一个世纪的英国政治行为树立了模板。

在接下来的三年半时间里，针对比肯斯菲尔德外交政策的不道　806
德，格莱斯顿开始变得凶残，甚至近乎狂热。比肯斯菲尔德从来不
喜欢格莱斯顿：现在，针对外交政策的攻击激怒了他。在比肯斯菲
尔德看来，那些高尚到相信政治，尤其是外交具有道德层面的人，
在公共生活中是没有立足之地的。1876 年 10 月，比肯斯菲尔德写
信给他的外交大臣德比，称格莱斯顿是一个"无原则的疯子"，是
"嫉妒、报复、虚伪和迷信的非凡混合体"。[97] 一名保守党人刚刚在
补选中获得了比肯斯菲尔德之前在白金汉郡的席位，很明显，格莱
斯顿的猛烈抨击已经产生了效果，而且在接下来的几年里，这个话
题会变得越来越响亮和清晰。

除了东方问题之外，其他外交问题占据了政府最后 2/3 的时
间。这些问题包括：有可能发生的与俄国的战争，正在发生的阿富
汗的战争，埃及的动乱和南部非洲的祖鲁战争。然而，正是爱尔兰
的动乱和爱尔兰自治论者在下院的阻挠，最终导致精疲力竭的比肯
斯菲尔德于 1880 年 3 月要求女王解散议会。格莱斯顿已经在他的
苏格兰米德洛锡安选区抨击了外交政策；但是，随着选举的临近，
他开始在全国各地发表讲话。数千人参加了他的集会；新闻界对此
进行了广泛报道。在这些支持的信息中，有几则来自弗洛伦斯·南
丁格尔。1879 年 1 月，格莱斯顿写信给她说："在我一生中最痛苦
的东方问题论战中，得知你的同情，我感到安慰。"[98]

保守党不是他的对手。这次选战是在格莱斯顿的选择基础上进
行的。有一次，他扩大了攻击范围，主要通过在选区发表的演讲：
包括国内政策被忽视，国际不稳定损害了商业，公共财政陷入赤
字。不仅仅是外交政策，比肯斯菲尔德的整个政府行为也成了一个

道德问题。这种理想主义，这种基督教基本教义对国家事务的灌输，正是阿诺德博士所梦想的。在 1880 年的竞选活动中，这一学说一次又一次地阻挡了世俗主义的潮流，并取得了胜利。顺便提一句，这也确立了格莱斯顿主义作为自由政治的主导力量，并确保了他的第二个首相职位。

格莱斯顿的信仰，从他年轻时起就始终如一，在这个日益世俗的社会中继续塑造着他的公共生活。4 月 5 日，当他回到米德洛锡安时，他在日记中写道："在所有这些事情上，上帝处理一切的指导之手是奇妙的。"[99] 第二天，回到哈沃登，格莱斯顿写道："旅行了一整晚，尚有时间沉思上帝如此明显所展示的伟大之手。"4 月 8 日，他听说自由党议员塞缪尔·普里姆索尔（Samuel Plimsoll）等人计划在伦敦举行一场集会，实际上是要求他成为英国首相。"胜利越来越接近，越来越接近"，他记录道："感谢上帝。"[100] 第二天，普林姆索尔——"一个有独创性和孩子气的人"——来看格莱斯顿，格莱斯顿说服他放弃集会的想法。[101] 4 月 10 日，格莱斯顿接到消息说，哈廷顿和格兰维尔想见他，他说："上帝会安排好的。"在某种程度上，格莱斯顿的一生是一种宗教体验，而这一刻似乎是它的高潮，他把自己描绘成神学牧师。

三天后，格莱斯顿向沃尔弗顿勋爵表明了这一点——沃尔弗顿勋爵（Lord Wolverton）从辉格党的显赫人物那里得到了这一信息——只有一种形式和申请理由对他有效，即他应该成为首相。[102] 他认识到自己是党内政治的主导人物，没有理由假装不是：在这个时候，他的很多作品都在宣扬他的信仰，他在上帝的掌控中，按照上帝的旨意，肩负着神圣的使命，来强化这个国家的道德基础和道德目标。正如他的日记编辑马修所指出的，这就是 1875 年的小说《我们现在的生活方式》中所处的时代，特罗洛普在其中详细描述了资本主义明显固有的腐败。马修解释说，格莱斯顿悲叹"道德教育未能跟上资本主义的进步"。[103]他的反对者，包括女王，都没有理解这一点，但这并非他们认为他发疯，认为他是一个煽动者的理由；不过，对于格莱斯顿来说，这已经成为他唯一能够进行政治活动的基调。

这次大选对比肯斯菲尔德和他的政党来说是一场灾难。自由党赢得了下议院 652 个席位中的 352 个；保守党失去了近 1/3 的议员，仅获得 237 席，这是该党历史上最糟糕的选举结果之一。1874年运转良好的政党机器，到 1880 年只能勉强维持。这是比肯斯菲尔德政治生涯的丧钟：一年后，他去世了，他死于 1881 年 4 月 19日，享年 77 岁。自 1875 年 1 月以来，哈廷顿一直领导着格莱斯顿的政党参加竞选活动。但是，无论党内还是党外，没有人怀疑格莱斯顿在道德上起的带头作用。领导这个国家的是他，而不是哈廷顿。

米德洛锡安运动标志着格莱斯顿的复活，在这场战役中，他最终不仅展示了自己作为那个时代杰出政治家的风采，而且展示了他卓越的道德力量。他对保守党政府失败的谴责，似乎使这个国家充满了信心。比肯斯菲尔德年事已高，身体欠佳，意志消沉，再也不能愚弄公众了。当然，他本人并不这么看。克罗斯称比肯斯菲尔德"感到羞耻"，并补充说，"他觉得这个国家给他带来了本不属于他的指责"。从谴责的规模来看，这个国家显然不同意他的看法。[104]

1880 年 4 月，人们一直在猜测如果自由党获胜会发生什么。比肯斯菲尔德向保守党议员巴林顿勋爵（Lord Barrington）简要介绍说，"女王肯定会派人去请格兰维尔，无论格莱斯顿喜欢与否，他和哈廷顿肯定会组建一个政府"。[105]比肯斯菲尔德原以为格莱斯顿会拒绝在 1868 年至 1874 年间为格兰维尔效力，后者当时担任外交大臣，但比肯斯菲尔德将在一年左右后罢免他。比肯斯菲尔德谴责格莱斯顿，说他的行为像一个"不负责任的煽动者"。不管比肯斯菲尔德是否与女王有过同样的感受，据说女王"陷入了绝望"。她对米德洛锡安运动的"粗鄙的吸引力"感到"厌恶"，并没有想到她的人民会有任何不同的感受。现在，正如她对比肯斯菲尔德所说，"等待我的只有烦恼和考验。我认为这是公众的一大不幸"。

女王在盛怒之下，很容易对事实置之不理。她在 4 月 4 日写信给比肯斯菲尔德说，她确信自由党组建政府将会遇到"最大的困难"，当时他的政党已经明显遭到惨败。[107]她说，如果她真的不得不与她深爱的首相分手，她希望那将是"非常短的一段时间"。五天后，随着自由党多数派的崛起，她告诉他，"我当然不愿理会⋯⋯格莱斯顿先生"。[108]那天，她还告诉殖民地事务大臣迈克尔·希克斯-比奇爵士，她更喜欢哈廷顿而不是格兰维尔，原因是格兰维尔"太容易受到激进影响"，尽管他年纪更大，经验更丰富。[109]希克斯-比奇警告她，这将使格莱斯顿陷入危险的处境——也就是说，对女王是危险的。他暗示，如果哈廷顿担任首相，格莱斯顿将拥有无须承担责任的权力。

女王认为格莱斯顿只会接受最高职位，她是对的，但她也从他最近演讲中的一些言论中感觉到，格莱斯顿甚至不想要这个职位，这是一种错觉。不管发生什么事，她一开始都不会派人去召唤格莱斯顿。她也不需要；他在 1875 年辞去了领导职务，把指挥棒交给了格兰维尔，他认为格兰维尔是他的继任者，自由党议员选择了哈廷顿来领导他们进入下议院。因此，她只能在两院领袖之间做出选择。然而，正如所有人都知道的那样——尽管她是最后一个承认这一点的人——自由党的道德领袖是格莱斯顿。4 月 16 日，约翰·布赖特去见他，他们花了一整天的时间讨论形势：布赖特在当天晚上的日记中说，格莱斯顿除了担任首相外，不会担任其他职务。

　　根据宪法规定，女王没有义务寻求比肯斯菲尔德的建议，但她对他的信任程度如此之高，她不可避免地寻求了他的建议。他们于4月18日会面，女王在会议记录中写道，比肯斯菲尔德建议她派人去找哈廷顿，"在他的内心深处，他是一个保守的人，一个绅士，他的行为非常直率。"[110]相比之下，格兰维尔"不那么无私"；格莱斯顿"只被激进分子所拥护"。比肯斯菲尔德告诉她，虽然一些像布雷德洛这样"可怕的人"当选了，但许多自由派人士都是老式的辉格党人；如果一个辉格党人被邀请来领导这个党，他会有自己的人在身边。女王向她的首相证实，她绝对不会派人去找格莱斯顿，这是"不可能的"。[111]对她来说，他是一个捣蛋鬼，他在执政期间竭尽全力削弱她的政府。她确信，她安慰自己，无论如何他是不会希望这样的。"这不是一次普通的政府更迭"，她接着说，这是格莱斯顿先生最不公正和最可耻的迫害造成的。比肯斯菲尔德的建议含有偏见，事实上是错误的：哈廷顿在党内的支持者远少于格莱斯顿。

　　格莱斯顿于4月19日回到伦敦，仍然由上帝掌控：他在日记中写道："愿这位近来一直给予我如此奇妙指导的人，在即将到来的关键日子里，继续指引我。"[112]他对宪法进程放缓毫不怀疑，他在4月20日的信中写道："我认为，这是一个空白的日子，可能是因为女王的犹豫或不情愿，大臣们必须想办法掩盖这一点。"他会见了哈廷顿、格兰维尔和沃尔弗顿，而所有的自由党领导人都在等待温莎的消息。

　　4月22日，女王召见了哈廷顿。在按照她即将卸任的首相的幻想生活了三个星期之后，她与自由党领袖的对话使她回到了现实。她显得"很尴尬"，并"强烈要求他履行自己的责任，成为一

810

个负责任的政党领袖并帮助她，目前该党已占多数"。[113]她向哈廷顿
强调并特别称赞了他的"中庸"。格莱斯顿指出，最近几天《每日
电讯报》就经常使用这个词来形容他。自1877年以来，《每日
电讯报》已成为比肯斯菲尔德主义家庭杂志。哈廷顿直截了当地告
诉女王，除非格莱斯顿是自由党的一员，否则就不可能成立自由党
政府，而他唯一能接受的职位就是她的首相。哈廷顿建议她派人去
召唤他。女王被吓坏了，于是责成哈廷顿直接询问格莱斯顿，他是
否愿意在哈廷顿或者格兰维尔手下工作。那天晚上7点，哈廷顿在
伦敦遇到了格莱斯顿，格莱斯顿给了他一个意料之中的答案。他不
会寄人篱下，但如果他们在没有他的情况下组建政府，他保证不
干涉。

　　第二天午饭时，哈廷顿和格兰维尔都去了温莎，告诉女王她必
须派人去召唤格莱斯顿。她的恐惧加深了，因为她意识到自己别无
选择。她私下里问比肯斯菲尔德该怎么办，他颇不寻常地地建议她
派人去召唤格莱斯顿，询问他是否能组建一个政府，但要让公众明
白，她这样做是"本着宪法的精神"，而不是因为个人意愿。[114]
1880年圣乔治节那天，她派人去召唤格莱斯顿，她的口信是格兰
维尔当着哈廷顿的面转达给他的。

　　下午6时30分，他在温莎露面。他花了一个下午的时间就前
一天与哈廷顿的会面写了一份备忘录。女王让他等了20分钟，但
她"彬彬有礼地接待了他，没有一丝怠慢"。[115]她解释了没有先召
唤他来的原因，格莱斯顿同意了她的决定，接受了她的委托。女王
问他是否一定会组建政府，或者他是否会尝试这样做。他决定组建
政府，她无法抗拒，也许是因为情不自禁，她斥责了他。正如格莱
斯顿回忆那次会面时所说："她说，我必须坦率地对你说，格莱斯
顿先生。我必须公正地说，我想要表达我自己的想法，我想她说了

811

一些引起她关注或导致她痛苦的小事情。"

　　他向她保证，他意识到了自己的责任，对她的坦诚心存感激，并承认，"如果我是一个政党的领导人或首相候选人，那么我使用的语言和言谈方式在某种程度上与我应该使用的会有所不同"。毫无疑问，使她最高兴的是格莱斯顿的断言，因为年事已高——他70岁了——"我只能指望短期行使权力和相对较早的退休"。女王"以某种善意的狡黠"警告他，他将不得不承担自己言语过激的后果，"从各方面来看，我都很高兴。最后我吻了陛下的手。"

　　"他说他接受所有事实"，女王在一封电报中对比肯斯菲尔德说，"那种痛苦的感觉已经过去了"。[116]当天晚些时候，她在一封信中悲叹道，"她的审判是伟大的……格莱斯顿先生看起来病得很重，他老了，他憔悴不堪，声音微弱"。她极不得体地与比肯斯菲尔德保持着私人通信，直到后者去世。她向比肯斯菲尔德吐露了她对格莱斯顿的感情。她一直在哀叹，她崇拜的迪斯雷利（Dizzy）并不是她的首相。哈廷顿拒绝就职，可能会给女王带来痛苦，但他迫使她认识到民主的后果。具有讽刺意味的是，格莱斯顿的第二次首相任期正是他反对的1867年《改革法案》的红利。

　　因此，所有人中最高尚的头脑回到英国，重新领导英国的政治生活，领导国家。格莱斯顿的第二个任期与他的首个任期截然不同，作为一名政治家，他将再次带来他所具备的所有阿诺德式的美德。如果《文化与无政府状态》是一个民族的人道主义、明智治理和文明的蓝图，格莱斯顿是能想象到的实施它的最优秀的人。他对阿诺德的评价最高：令阿诺德吃惊的是，格莱斯顿在1883年授予他每年250英镑的王室专款养老金，这让他在1886年退休。养老金并不是对他作为一名监查员所做工作的奖励，而是因为"公众对他他为英国诗歌和文学所做贡献的承认"。[117]1882年4月，阿

812 　　诺德给格莱斯顿寄了一本小册子，内容是关于作家死后需要延长作品的版权。格莱斯顿有可能是受到了这本小册子的启发。阿诺德还不到 60 岁，但有人告诉他，他也有着导致他父亲逝世的那种心脏缺陷。他的经济状况并不稳定，但他出版了许多作品，拥有大量的读者，如果他去世很早的话，他希望他的家人在他死后能从他的作品中受益。[118] 养老金将有助于缓解这些担忧。格莱斯顿认为，为了甜蜜和光明的利益，对文学男女的资助与他可能推进的任何社会措施都是同等重要的。

　　1873 年 3 月，他曾试图说服丁尼生接受男爵爵位，但丁尼生回信说，"不仅因为我对你的感情，也为了我们共同的记忆，我跟你说实话，我宁愿我们还是普通的先生和太太，如果可能的话，这个头衔应该先由我们的儿子来继承，无论他什么年龄，都可以"。[119] 他补充说："但这完全违反了所有先例，无法实施；而且，考虑到女王把它解释成一种轻微荣誉的可能性是最小的，因此我决不会提出这样的建议。"他又附上了第二封信，表示接受这一荣誉，并指示格莱斯顿，如果不这样做会冒犯女王的话，那么就立即采取行动。格莱斯顿准备就这一前所未有的程序进行谈判；但两周后，丁尼生写信给他说："哈勒姆……不愿在我有生之年拥有这份荣誉。"[120]

　　他向哈里特·马蒂诺提供养老金，但遭到后者的拒绝，"在我忙碌的岁月里，我的工作满足了一个安静晚年的需要和愿望。在我以前拒绝领取养老金的时候，我很穷……现在，我有了能力，我就更没有理由动用公款了。"[121] 但格莱斯顿也考虑了这位训练有素的评论家对生活的敏锐鉴赏力，正如马修·阿诺德所希望的那样。1881年初，卡莱尔去世后，格莱斯顿写道："卡莱尔的虚荣并非出于庸俗的虚荣。如果他是自私的，如果他是不宽容的，或者无论他有什么缺点，这些缺点总是与众不同的。正是这种个性比天才更吸引人。"[122]格莱斯顿在出版物上读到了弗劳德的生平，并做了注解，这让他对这位圣人有了进一步的思考，当他与罗斯伯里勋爵待在杜丹斯（Durdans）时，他草草写下："他需要尊敬、顺从、宽容和耐心；他是鲁莽的。"[123]

然而，文化领域也在改变，就像其他所有领域一样。1881年7月的一封信——进入到格莱斯顿第二届任期的那一年——问道："您能赏光收下我的第一卷诗集吗？——作为我对他深深的钦佩和忠诚的一个小小的象征，他一直热爱生活和艺术中高尚、美丽和真实的东西，是希腊政治家理想的一面镜子。"[124]信件的落款是："您最顺从的仆人，奥斯卡·王尔德。"

813

814

后 记

　　1948 年，英国剑桥大学国王爱德华七世英语文学教授巴兹尔·威利写道，"在这个令人不快的世纪里，我们中的大多数都流离失所，很多人都想逃到 19 世纪，就像逃到一片乐土中，像非法移民一样在那里度过余生。在那个遥远的山区，似乎富含我们现在所缺乏的一切：不仅有和平、繁荣、富足和自由，还有信念、目标和活力"。在经历了两次灾难性世界大战之后的艰苦时期，威利的这种怀旧情绪是可以原谅的。毫无疑问，他和其他许多人都有这样的感受：那些对阅读斯特雷奇作品孜孜不倦的人，还有在一战之后那个令人兴奋的时期，曾试图嘲笑和贬低维多利亚时代的人们，现在开始意识到，他们或许对前辈不公。

　　然而，威利的眼镜带着一种玫瑰色。正如我们所看到的，可能有过国际和平（尽管我们不应该忘记克里米亚、非洲和印度次大陆的帝国冲突，以及爱尔兰的苦难），在 19 世纪 40 年代的饥饿和 70 年代中后期的大萧条之间，也曾出现过繁荣。然而，严格来说，并非所有人都能够分享这种富足。当时，信仰不断受到冲击：对于受过教育的阶层，牛津运动是一个开端；而对于其他人，则是工业化带来的剧变的结果。

　　然而，维多利亚时代的人拥有多重的目标，这是他们取得成就的关键。19 世纪 30 年代末至 80 年代初的这段时间，急剧的变化不仅体现在抽象的理念方面，也包括物质世界发生的许多根本变

化。19 世纪中期，真正推动社会生活领域发生活剧变的是知识群
体所具有的决心，他们不接受现状，而是让社会随着科技的进步而　815
进步。更多的人获得了选举权；妇女开始获得一些接近她们权利的
东西；儿童受教育程度提高，受剥削程度降低；人际关系的基调发
生了变化。这些抽象的变化是显而易见的——在某种程度上——受
到了物质变化的推动。由于铁路和电报的出现，英国各地之间的距
离缩小了。它的繁荣，以及工人阶级的政治意识，都因持续的工业
化而得到了增强。数英里长的下水道和排水沟，遍及每平方英里土
地上的卫生设施，通风良好的住房，共同改善了人民的健康和福
利。蓬勃发展的新闻界和日益增长的识字率，不仅使群众了解统治
者为他们做出的决策，而且有助于他们参与这一进程。

　　一个拥有财富的国家建立了反映其新地位的机构：不仅是实用
的建筑物，如法院、政府机关、火车站、学校和学院，而且还包括
博物馆、画廊、图书馆和教堂，这些机构表明了知识和精神层面对
数百万人生活的重要性。很多建筑都是当时流行的中世纪风格；然
而，这是一个抛弃了许多前民主社会传承下来的遗迹的时代。这段
时期结束时，女王被迫任命选民选派给她的人，而不是她想要选择
的人，来作为她的首相。随着契约法和叛乱法则的改革，她的臣民
在法律面前变得更加平等。直到 1911 年，上院才结束了对民选议
院的统治，但它越来越意识到，当它这样做时所激起的愤怒，因此
它更少这样做了。

　　也许最重要的是，英国国教对许多地区和私人机构的控制被严
重削弱。学校不再拥有近乎垄断的地位，它实际上失去了古代大学
那种录取的权利。随着经济的繁荣，慈善事业虽然常常以基督和他
的榜样的名义进行，但更多地进入了私人手中。科学的进步使神祇
处于守势。在 19 世纪 80 年代，一些中世纪的习俗是不可想象的：

再也不会有人因为宣扬异端邪说而导致自己的书被当作公开的奇观
而烧掉，再也不会有人因为无法接受英国国教会的仪式而不得不放
816 弃大学教师的生计。

1838 年的英国与 1880 年的英国只有表面上的相似之处。现代
国家的基础已经奠定。特权并未被剥夺，但精英统治正在逐步取代
特权。到了 19 世纪 80 年代，一个爱国、自信甚至沙文主义的民族
对财富和地位的渴望，不是现有统治阶级能够满足的，而是需要一
支拥有不同动机、不同才能的团队。一个竞争性的、自力更生的社
会框架已经建立。现在要靠个人来推动它。

这一时期的伟大政治家们都被激励改善人民的生活，这些政治
家包括皮尔、格莱斯顿、卡德威尔、迪斯雷利、克罗斯。像密尔、
阿诺德、狄更斯、艾略特、拉斯金这样的人，如同一座即将喷发的
火山一样，在整个时期抱怨不休，卡莱尔为政治家们指明了道路。
最重要的是，哲学家、宣传家和政治家们劝导和鼓励了许多把理想
主义转化为现实的人：伯德特－库茨、皮博迪、南丁格尔、奥克塔
维亚·希尔、艾米莉·戴维斯、安妮·克拉夫、霍洛威、布斯、巴
纳尔多，以及另一位经常出现的人物沙夫茨伯里。那个时代最杰出
的例子是阿尔伯特亲王，他既是政治家和哲学家，又是实干家。

这个时代的伟大，是技术革命、财富、能源和崇高思想共同作
用的产物。它可能推动了世界上有史以来最大的财富神庙的建造，
一个只向功利主义之神致敬的地方。更重要的是，格莱斯顿、阿诺
德、沙夫茨伯里、密尔、艾略特和狄更斯等形形色色的人，在社会
构造板块以前所未有的速度发生变化的时刻来到了这个世界上。如
果完美仍然难以捉摸，他们帮助培育的更伟大的文明却并非如此。
追求完美，在 1838 年是少数人的活动，到 1880 年几乎变成了一种
817 义务。

致　谢

　　皇家档案馆中阿尔伯特亲王（Prince Albert）文件的摘录，已得到女王陛下的亲切许可。我还要感谢英国皇家档案馆的帕梅拉·克拉克女士及其同事的帮助。欧文·沃尔顿博士也帮我指出了一些关键的研究领域。我感谢大英图书馆的工作人员让我有机会接触到那里的许多手稿收藏，尤其是威廉·尤尔特·格莱斯顿、罗伯特·皮尔爵士和弗洛伦斯·南丁格尔等人的论文。剑桥大学图书馆手稿部的弗兰克·鲍尔斯先生和约翰·威尔斯先生以及他们的同事也给予了极大的帮助。我特别感谢马西森公司允许我引用剑桥大学图书馆帕克斯论文中有关詹姆斯·菲茨詹姆斯·斯蒂芬爵士的内容。经剑桥大学圣约翰学院的院长和教职工们的许可，塞缪尔·巴特勒的画作复制品及其作品集的引文得以出现。我要特别感谢凯思琳·麦基夫人和丽贝卡·沃茨小姐，感谢她们帮助使用圣约翰学院的藏品。伦敦大学皇家霍洛威学院让我接触到了托马斯·霍洛威的论文和有关贝德福德学院成立的材料，我非常感谢学院和维姬·福尔摩斯，感谢她在这些收藏品上给我的帮助。我必须感谢伦敦大学帝国理工学院，让我得以接触1851年委员会的档案，并感谢安吉拉·肯尼为此提供便利。杰基·科德雷指导我浏览了皇家阿尔伯特礼堂档案，对此我向她表示感谢。苏·斯特罗克在皇家音乐学院帮助我完成了一项调查，我也非常感谢劳拉·彭森比小姐允许我参观 C. 休伯特·H. 帕里爵士的档案，以及我参观时她的热情好客。

现代作家亏欠那些确保许多主要来源可以在网上获得的人一笔可观的债务。米尔班克系统公司提供了 200 多年的议会议事录，值得我特别感谢。

帕特·温特太太和加文·富勒先生帮我找到了一些材料，对此我表示感谢。我还要感谢英国电报传媒集团首席执行官默多克·麦克伦南，在我开始为撰写本书而从事研究期间，我在那家报社工作，并因此获得了学术休假。感谢剑桥大学基督圣体学院的教师和职员，感谢他们允许我在这项工作开始的那一年里与他们同住。

弗兰克·普罗恰斯卡博士给了我很多有用的建议，并向我指出了有关 19 世纪中叶的许多有用的资料。牧师马克·琼斯、牧师约翰·威瑟里奇和卡瑞娜·乌尔巴赫博士都为我阅读手稿做出了不可估量的贡献，为此我向他们表示衷心的感谢。感谢弗格斯·沙纳汉先生在后期阅读了这些校样。

我的经纪人乔治娜·卡佩尔引导我回到维多利亚时代的主题，从此书孕育到出版的整个过程，她都给予了我极大的支持。我深深感激我在兰登书屋的出版商奈杰尔·威尔考克森，不仅仅是因为他的宽容。在写这本书的过程中，他对本书的结构也提出了很有见地的意见，还有他在书中主题方面的智慧和专业知识，都让我身为作者的工作比原本可能要容易得多。这本书由玛丽·张伯伦精心编辑，凯特·福克纳为其编制了索引。

在撰写样稿的最后阶段，我的妻子戴安娜用一种无法估量的犀利目光和敏锐智慧阅读了样书。但我真正和最大的感激，是她在我写这本书的三年中给予的持续支持、理解和陪伴。我的儿子弗雷德

和约翰尼也发挥了他们的作用，我深深地感谢他们在使这本书成为
可能的过程中所扮演的重要角色。

西蒙·赫弗

大利斯（Great Leighs）

（英格兰埃塞克斯郡的一个村庄——编者注）

2013 年 6 月 3 日

参考书目

手稿来源

脚注中的重要档案如下所示：

BC: Samuel Butler Collection, St John's College, Cambridge.
BC RF: Bedford College Archive, Royal Holloway College, Egham.
BL: British Library, London.
RA: Royal Archives, Windsor.
RAH: Royal Albert Hall Archive, London.
RC: 1851 Commission Archive, Imperial College, London.
RHC: Royal Holloway College Archive, Egham.
UL: Cambridge University Library.

包括一些线上资源，尤其是剑桥大学的"达尔文项目"，该项目实现了达尔文书信的线上阅读；纽约摩根博物馆和图书馆的收藏；以及巴纳尔多的网站，包含了托马斯·巴纳尔多大部分的历史纪录。大英图书馆的目录可以充分检索，将提供以下特藏中文件和主题的查询：

Prince Albert: Royal Archives, Windsor; Imperial College (1851 Commission Archive).
Thomas Barnardo: www.barnardos.org.uk/.
William Booth: British Library.
John Bright: British Library.
Baroness Burdett-Coutts: British Library.
Samuel Butler: British Library; Cambridge University Library; St John's College, Cambridge.
Edward Cardwell: British Library.

Thomas Carlyle: National Library of Scotland, Edinburgh.

Joseph Chamberlain: British Library.

4th Earl of Clarendon: British Library.

Richard Cobden: British Library.

Henry Cole: Imperial College (1851 Commission Archive); Royal Albert Hall Archive.

Richard Cross: British Library.

Charles Darwin: www.darwinproject.ac.uk.

Charles Dickens: British Library; Morgan Museum and Library, New York (online collection, www.themorgan.org/collections/works/dickens/).

George Eliot: British Library.

W. E. Forster: British Library.

James Anthony Froude: National Library of Scotland, Edinburgh.

W. E. Gladstone: British Library.

Sir George Grove: Shulbrede Priory.

Octavia Hill: British Library.

Thomas Holloway: Royal Holloway.

Charles Kingsley: British Library.

Sir A. H. Layard: British Library.

F. D. Maurice: Cambridge University Library; British Library.

Henry Mayhew: British Library.

John Stuart Mill: British Library.

John Henry Newman: British Library.

Florence Nightingale: British Library.

Caroline Norton: British Library; Pierpoint Morgan Library, New York.

Parkes Papers: Cambridge University Library.

Sir C. H. H. Parry: Shulbrede Priory.

Sir Robert Peel: British Library.

Elizabeth Jesser Reid: Royal Holloway.

Sir George Gilbert Scott: British Library.

Henry Sidgwick: Cambridge University Library.

Sir James Fitzjames Stephen: Cambridge University Library, Parkes Papers.

G. E. Street: British Library.

Charles Trevelyan: British Library.

George Otto Trevelyan: British Library.

印刷品来源

图书

The books are listed under the author's abbreviations for them as used in the notes to the text. Some are titles, but most are under the name of the books' authors.

A&C: *The Life and Letters of Benjamin Jowett, MA,* by Evelyn Abbott and Lewis Campbell (John Murray, 2 Vols, 2nd Edition, 1897).

Arnold, C&A: *Culture and Anarchy: An Essay in Social and Political Criticism,* by Matthew Arnold, edited by J. Dover Wilson (CUP, 1950).

Arnold, Essays 1: *Essays in Criticism,* by Matthew Arnold (Macmillan, 1886).

Arnold, Essays 2: *Essays in Criticism, Second Series,* by Matthew Arnold (Macmillan, 1921).

Arnold, Eton: *A French Eton or Middle-Class Education and the State,* by Matthew Arnold (Macmillan, 1892).

Arnold, Letters: *The Letters of Matthew Arnold,* edited by Cecil Y. Lang (University of Virginia Press, 6 Vols, 1996–2001).

Arnold, MW: *The Miscellaneous Works of Thomas Arnold, DD, Collected and Republished* (B. Fellowes, 1845).

Arnold, Poems: *New Poems,* by Matthew Arnold (Macmillan, 1867).

Arnold, Reports: *Reports on Elementary Schools 1852–1882,* by Matthew Arnold, edited by Rt Hon. Sir Francis Sandford (Macmillan, 1889).

Arnold, Sermons: *Sermons,* by Thomas Arnold (Longmans, Green, 6 Vols, 1878).

Bagehot: *The English Constitution,* by Walter Bagehot (Oxford's World's Classics, 1928).

Balgarnie: *Sir Titus Salt, Baronet: His Life and its Lessons,* by Rev. R. Balgarnie (Hodder & Stoughton, 1877).

Bamford: *Thomas Arnold on Education,* edited by T. W. Bamford (CUP, 1970).

Bayley: *The Albert Memorial: the monument in its social and architectural context,* by Stephen Bayley (Scolar Press, 1981).

B&B: *The Great Exhibitor: The Life and Work of Henry Cole,* by Elizabeth Bonython and Anthony Burton (V&A Publications, 2003).

Beer: *Darwin's Plots: Evolutionary Narrative in Darwin, George Eliot and Nineteenth-Century Fiction,* by Gillian Beer (Routledge & Kegan Paul, 1983).

Best: *Mid-Victorian Britain, 1851–75,* by Geoffrey Best (Fontana, 1979).

Bibby, Education: *T. H. Huxley on Education: A Selection from his Writings,* by Cyril Bibby (CUP, 1971).

Bibby, Scientist: *T. H. Huxley: Scientist, Humanist and Educator,* by Cyril Bibby (Watts, 1959).

Biswas: *Arthur Hugh Clough: Towards a Reconsideration,* by R. K. Biswas (OUP, 1972).

Blake: *Disraeli*, by Robert Blake (Eyre & Spottiswoode, 1966).

Bloxam: *The Principles of Gothic Ecclesiastical Architecture*, by Matthew Holbeche Bloxam (W. Kent & Co, 10th Edition, 1859).

Booth: *In Darkest England and the Way Out*, by General Booth (The Salvation Army, 1890).

Bostridge: *Florence Nightingale: The Woman and Her Legend* by Mark Bostridge (Penguin, 2007).

Bradley: *St Pancras Station*, by Simon Bradley (Profile Books, 2007).

Briggs, Cities: *Victorian Cities*, by Asa Briggs (Odhams, 1963).

Briggs, People: *Victorian People*, by Asa Briggs (Odhams, 1954).

Briggs, Things: *Victorian Things*, by Asa Briggs (Batsford, 1988).

Bright: *The Diaries of John Bright*, with a foreword by Philip Bright (Cassell, 1930).

Brown: *Palmerston, a Biography*, by David Brown (Yale, 2010).

Brownlee: *The Law Courts: The Architecture of George Edmund Street*, by David B. Brownlee (Architectural History Foundation, 1984).

Burn: *The Age of Equipoise*, by W. L. Burn (George Allen & Unwin, 1964).

Butler, Flesh: *The Way of All Flesh*, by Samuel Butler (Oxford World's Classics, 1936).

Butler, Haven: *The Fair Haven*, by Samuel Butler (Watts & Co., 1938).

Butler, Note-Books: *The Note-Books of Samuel Butler*, edited by Henry Festing Jones (Fifield, 1912).

Butler, Savage Letters: *Letters between Samuel Butler and Miss E. M. A. Savage 1871–1885* (Jonathan Cape, 1935).

Carlyle, Letters: *The Collected Letters of Thomas and Jane Welsh Carlyle* (Duke University Press, Duke-Edinburgh Edition, 39 Vols, 1970–2011).

Carlyle, Reminiscences: *Reminiscences*, by Thomas Carlyle, edited by C. E. Norton (Dent, 1932).

Carlyle, Works: *The Works of Thomas Carlyle* (Chapman & Hall, Centenary Edition, 30 Vols, 1897–1902).

Cate: *The Correspondence of Thomas Carlyle and John Ruskin*, edited by George Allan Cate (Stanford University Press, 1982).

Cecil: *The Life of Robert Marquis of Salisbury*, by Lady Gwendolen Cecil (Hodder & Stoughton, 2 Vols, 1921).

Chadwick: *The Secularization of the European Mind in the Nineteenth Century*, by Owen Chadwick (CUP, 1975).

Chedzoy: *A Scandalous Woman: The Story of Caroline Norton*, by Alan Chedzoy (Allison & Busby, 1992).

Clapham: *An Economic History of Modern Britain: Free Trade and Steel, 1850–1886*, by J. H. Clapham (CUP, 1932).

Clarendon: *Report of Her Majesty's commissioners appointed to inquire into the Revenues and Management of certain Colleges and Schools, with the Studies pursued and Instruction given therein; with an Appendix and Evidence* (HMSO, 4 Vols, 1864).

Clark: *The Royal Albert Hall*, by Ronald W. Clark (Hamish Hamilton, 1958).

Clough, Letters: *Correspondence of Arthur Hugh Clough*, edited by F. Mulhauser (OUP, 2 Vols, 1957).

Clough, Poems: *Poems*, by Arthur Hugh Clough (Macmillan, 1862).

Clough, Remains: *Prose Remains*, by Arthur Hugh Clough (Macmillan, 1888).

Cobbett: *Rural Rides*, by William Cobbett (Dent, 2 Vols, 1912).

Cockshut: *Truth to Life: the Art of Biography in the Nineteenth Century*, by A. O. J. Cockshut (Collins, 1974).

Collini: *Arnold*, by Stephan Collini (OUP, 1988).

Cook: *The Life of John Ruskin*, by E. T. Cook (George Allen, 2 Vols, 1911).

Cowling, 1867: *1867: Disraeli, Gladstone and Revolution, the Passing of the Second Reform Bill*, by Maurice Cowling (CUP, 1967).

Cross: *A Political History*, by Richard Cross (privately printed, 1903).

Curl: *Victorian Architecture: Its Practical Aspects*, by James Stevens Curl (David & Charles, 1873).

Daiches: *Some Late Victorian Attitudes*, by David Daiches (Andre Deutsch, 1969).

Darley: *Octavia Hill: A Life*, by Gillian Darley (Constable, 1990).

Darwin, LL: *The Life and Letters of Charles Darwin, including an Autobiographical Chapter*, edited by Francis Darwin (John Murray, 1887).

Darwin, OS: *On the Origin of Species*, by Charles Darwin (Wordsworth Classics of World Literature, 1998).

Davenport-Hines: *Gothic: Four Hundred Years of Excess, Horror, Evil and Ruin*, by Richard Davenport-Hines (Fourth Estate, 1998).

Davis: *The Great Exhibition*, by John R. Davis (Sutton Publishing, 1999).

Dickens, ED: *The Mystery of Edwin Drood*, by Charles Dickens (Popular Edition of the Complete Works, Chapman & Hall, 1907).

Dickens, HT: *Hard Times*, by Charles Dickens (Popular Edition of the Complete Works, Chapman & Hall, 1907).

Dickens, Letters: *The Letters of Charles Dickens* (Oxford University Press, 12 Vols, 1965–2002).

Dickens, LD: *Little Dorrit*, by Charles Dickens (Popular Edition of the Complete Works, Chapman & Hall, 1907).

Dickens, OMF: *Our Mutual Friend*, by Charles Dickens (Popular Edition of the Complete Works, Chapman & Hall, 1907).

Disraeli, Coningsby: *Coningsby*, by Benjamin Disraeli (Dent, 1911).

Disraeli, Sybil: *Sybil, or The Two Nations*, by Benjamin Disraeli (Oxford World's Classics, 1925).

D&M: *Victorian Architecture*, by Roger Dixon and Stefan Muthesius (Thames & Hudson, 1978).

Dunn: *James Anthony Froude, A Biography*, by Waldo Hilary Dunn (OUP, 2 Vols, 1961–3).

Eliot, Holt: *Felix Holt, the Radical*, by George Eliot (Oxford World's Classics, 1911).

Ellis: *British Railway History 1830–1876*, by Hamilton Ellis (George Allen & Unwin, 1954).

Engels: *The Condition of the Working-Class in England in 1844*, by Frederick Engels (George Allen & Unwin, 1892).

Eyck: *The Prince Consort*, by Frank Eyck (New Portway, 1975).

Ferriday: *Victorian Architecture*, edited by Peter Ferriday (Jonathan Cape, 1963).

Festing Jones: *Samuel Butler, Author of Erewhon (1835–1902): A Memoir*, by Henry Festing Jones (Macmillan & Co., 2 Vols, 1919).

Finer: *The Life and Times of Sir Edwin Chadwick*, by S. E. Finer (Methuen, 1970).

Finlayson: *The Seventh Earl of Shaftesbury*, by Geoffrey B. A. M. Finlayson (Eyre Methuen, 1981).

Flanders: *The Victorian City: Everyday Life in Dickens' London*, by Judith Flanders (Atlantic Books, 2012).

Forster: *The Life of Charles Dickens*, by John Forster (Dent, 2 Vols, 1927).

Froude, Carlyle: *Thomas Carlyle, A History of the First Forty Years of his Life* and *Thomas Carlyle, A History of his Life in London*, by J. A. Froude (Longmans, Green & Co., 4 Vols 1882–4).

Froude, MT: *The Reign of Mary Tudor*, by James Anthony Froude (Dent, 1910).

Froude, Nemesis: *The Nemesis of Faith*, by J. A. Froude (John Chapman, 1849).

Froude, Remains: *Remains of the Late Reverend Richard Hurrell Froude, MA* (Rivington, 1838, 2 Vols).

Fulford, DC: *Darling Child: Private Correspondence of Queen Victoria and the Crown Princess of Prussia 1871–1878*, edited by Roger Fulford (Evans Brothers, 1976).

Fulford, DM: *Dearest Mama: Letters between Queen Victoria and the Crown Princess of Prussia 1861–1864*, edited by Roger Fulford (Evans Brothers, 1968).

Fulford, YDL: *Your Dear Letter: Private Correspondence of Queen Victoria and the Crown Princess of Prussia 1865–1871*, edited by Roger Fulford (Evans Brothers, 1971).

Gardiner: *The Life of Sir William Harcourt*, by A. G. Gardiner (Constable, 2 Vols, 1923).

Garvin: *The Life of Joseph Chamberlain* (Vol. 1), by J. L. Garvin (Macmillan, 1935).

Gash: *Sir Robert Peel: the Life of Sir Robert Peel after 1830* by Norman Gash (Longman, 1972).

Gaskell, MB: *Mary Barton,* by Elizabeth Gaskell (Oxford World's Classics, 1906).

Gaskell, N&S: *North and South,* by Elizabeth Gaskell (Oxford World's Classics, 1908).

Girouard: *Alfred Waterhouse and the Natural History Museum,* by Mark Girouard (Yale, 1981).

Gladstone, Diaries: *The Gladstone Diaries,* edited by M. R. D. Foot and H. C. G. Matthew (OUP, 14 Vols, 1968–94).

Gloag: *Victorian Taste: Some Social Aspects of Architecture and Industrial Design from 1820–1900,* by John Gloag (A&C Black, 1962).

Greville: *The Greville Memoirs (Second Part): A Journal of the Reign of Queen Victoria,* by Charles C. F. Greville (Longmans, Green & Co., 3.Vols, 1885).

Harrison-Barbet: *Thomas Holloway, Victorian Philanthropist,* by Anthony Harrison-Barbet (Royal Holloway, 1994).

Hartley: *Charles Dickens and the House of Fallen Women,* by Jenny Hartley (Methuen, 2008).

Hawkins: *The Forgotten Prime Minister: The 14th Earl of Derby,* by Angus Hawkins (OUP, 2 Vols, 2007–8).

Healey: *Lady Unknown: The Life of Angela Burdett-Coutts,* by Edna Healey (Sidgwick & Jackson, 1978).

Heffer: *Moral Desperado: A Life of Thomas Carlyle,* by Simon Heffer (Weidenfeld & Nicolson, 1995).

H&I: *Punishment: Rhetoric, Rule and Practice,* by Christopher Harding and Richard W. Ireland (Routledge, 1989).

Himmelfarb: *Marriage and Morals among the Victorians, and other essays,* by Gertrude Himmelfarb (Faber, 1986).

Hobhouse: *The Crystal Palace and the Great Exhibition – Art, Science and Productive Industry: A History of the Royal Commission for the Exhibition of 1851,* by Hermione Hobhouse (Continuum, 2002).

Holloway: *The Victorian Sage: Studies in Argument,* by John Holloway (Macmillan, 1953).

Honan: *Matthew Arnold, A Life,* by Park Honan (Weidenfeld & Nicolson, 1981).

Hughes: *Tom Brown's Schooldays,* by Thomas Hughes (Dent, 1906).

Hutton: *Literary Essays,* by R. H. Hutton (Macmillan, 1888).

Inglis: *Churches and the Working Classes in Victorian England,* by K. S. Inglis (Routledge & Kegan Paul, 1963).

Isba: *Gladstone and Women,* by Anne Isba (Continuum, 2006).

JL&S: *Saltaire: The Making of a Model Town,* by Neil Jackson, Jo Lintonbon and Bryony Staples (Spire Books, 2010).

Kemp: *The Desire of My Eyes: A Life of John Ruskin*, by Wolfgang Kemp, translated by Jan van Heurck (HarperCollins, 1991).

Kincaid: *The Novels of Anthony Trollope*, by James R. Kincaid (Clarendon Press, 1977).

Kingsley, AL: *Alton Locke*, by Charles Kingsley (Macmillan Pocket Edition, 1895).

Kingsley, W-B: *The Water-Babies: A Fairy-Tale for a Land Baby*, by Charles Kingsley (Penguin, 2008).

La Touche: *John Ruskin and Rose La Touche: Her Unpublished Diaries of 1861 and 1867*, introduced and edited by Van Akin Burd (OUP, 1979).

Lang: *Life, Letters and Diaries of Sir Stafford Northcote, First Earl of Iddesleigh*, by Andrew Lang (Blackwood, 2 Vols, 1890).

London 3: *The Buildings of England: London 3: North West*, by Bridget Cherry and Nikolaus Pevsner (Penguin, 1991).

London 4: *The Buildings of England: London 4: North*, by Bridget Cherry and Nikolaus Pevsner (Penguin, 1998).

London 6: *The Buildings of England: London 6: Westminster*, by Simon Bradley and Nikolaus Pevsner (Yale, 2003).

Lowry: *The Letters of Matthew Arnold to Arthur Hugh Clough*, edited by Howard Foster Lowry (OUP, 1932).

Lutyens: *Effie in Venice: Her Picture of Society and Life with John Ruskin 1849–1852*, edited by Mary Lutyens (John Murray, 1965).

Macaulay: *Critical and Historical Essays, Contributed to the Edinburgh Review*, by Lord Macaulay (Longmans, 1899).

Mann: *Census of Great Britain, 1851: Religious Worship in England and Wales*, abridged from the Official Report made by Horace Mann, Esq, to George Graham, Esq, Registrar-General (George Routledge, 1854).

Martin: *The Dust of Combat: A Life of Charles Kingsley*, by R. B. Martin (Faber, 1959).

Martineau: *Autobiography*, by Harriet Martineau (Smith, Elder, 3 Vols, 1877).

Maurice: *The Life of Frederick Denison Maurice, Chiefly Told in his own Letters*, edited by Frederick Maurice (Macmillan, 2nd Edition, 2 Vols, 1884).

Maxwell: *The Life and Letters of George William Frederick, Fourth Earl of Clarendon*, by Sir Herbert Maxwell (Edward Arnold, 2 Vols, 1913).

Mayhew: *London Labour and the London Poor*, by Henry Mayhew; a Selected Edition, edited by Robert Douglas-Fairhurst (OUP, 2010).

M&B: *The Life of Benjamin Disraeli, Earl of Beaconsfield*, by William Flavelle Monypenny and George Earle Buckle (John Murray, 6 Vols, 1910–20).

McCrum: *Thomas Arnold, Head Master*, by Michael McCrum (OUP, 1989).

Milford: *Essays, Mainly on the Nineteenth Century, Presented to Sir Humphrey Milford* (OUP, 1948).

914 高远之见：维多利亚时代与现代英国的诞生（下）

Mill, *Autobiography*: *Autobiography*, by J. S. Mill (Oxford World's Classics, 1924).

Mill, *Later*: *The Later Letters of John Stuart Mill, 1849–1873*, edited by Francis E. Mineka and Dwight N. Lindley (University of Toronto Press, 4 Vols, 1972).

Mill, *Liberty*: *Utilitarianism, Liberty and Representative Government*, by J. S. Mill (Dent, 1910).

Mill, *Subjection*: *The Subjection of Women*, by J. S. Mill (Hackett, 1988).

Mill, *C.W.*: *The Collected Works of John Stuart Mill*, edited by John M. Robson (University of Toronto Press, 33 vols, 1965–96).

Morley, *Compromise*: *On Compromise*, by John Morley (Watts, 1933).

Morley, *Gladstone*: *The Life of William Ewart Gladstone*, by John Morley (Macmillan, New Edition, 2 Vols, 1905).

Morley, *Recollections*: *Recollections*, by John, Viscount Morley (Macmillan, 2 Vols, 1917).

Mowat: *The Charity Organisation Society 1869–1913: Its Ideas and Work*, by Charles Loch Mowat (Methuen, 1961).

Newcastle: *Report of the Commissioners appointed to inquire into the State of Popular Education in England* (HMSO, 19 Vols, 1861).

N-T: *Report of the Organisation of the Permanent Civil Service, together with a Letter from the Rev. B. Jowett* (HMSO, 1854) [The Northcote–Trevelyan report].

Osborne: *Arthur Hugh Clough*, by James Insley Osborne (Constable, 1920).

Parry: *Democracy and Religion: Gladstone and the Liberal Party, 1867–1875*, by J. P. Parry (CUP, 1986).

Porter: *The Thames Embankment: Environment, Technology and Society in Victorian London*, by Dale H. Porter (University of Akron Press, 1998).

R&A: *The Parliamentary Career of Charles de Laet Waldo Sibthorp, 1826–1855*, by Stephen Roberts and Mark Acton (Edwin Mellen Press, 2010).

Raby: *Samuel Butler, a Biography*, by Peter Raby (Hogarth Press, 1991).

Reid: *Life of the Right Honourable William Edward Forster*, by T. Wemyss Reid (Chapman & Hall, 2 Vols, 1888).

Reid, MM: *The Life, Letters and Friendships of Richard Monckton Milnes, First Lord Houghton*, by T. Wemyss Reid (Cassell, 2nd Edition, 2 Vols, 1890).

Rhodes James: *Albert, Prince Consort*, by Robert Rhodes James (Hamish Hamilton, 1983).

RIBA 1871–2: *Papers read at the Royal Institute of British Architects*, session 1871–2.

Ridley: *Lord Palmerston*, by Jasper Ridley (Constable, 1970).

Roberts: *Salisbury: Victorian Titan*, by Andrew Roberts (Weidenfeld & Nicolson, 1999).

Ruskin, *Crown*: *The Crown of Wild Olive: Four Lectures on Industry and War*, by John Ruskin (George Allen, 1902).

Ruskin, Diaries: *The Diaries of John Ruskin*, edited by Joan Evans and J. H. Whitehouse (OUP, 3 Vols, 1956–9).

Ruskin, Fors: *Fors Clavigera: Letters to the Workmen and Labourers of Great Britain*, by John Ruskin (George Allen, 4 Vols, New Edition, 1896–9).

Ruskin, Lamps: *The Seven Lamps of Architecture*, by John Ruskin (Dent, 1907).

Ruskin, Last: *Unto This Last, and other Essays on Art and Political Economy*, by John Ruskin (J. M. Dent, 1907).

Ruskin, Praeterita: *Praeterita: Outlines of Scenes and Thoughts perhaps worthy of Memory in my past Life*, by John Ruskin (George Allen, 3 Vols, 1896).

Ruskin, T&T: *Time and Tide by Weare and Tyne: Twenty-Five Letters to a Working Man of Sunderland on the Laws of Work*, by John Ruskin (George Allen, 1906).

Russell: *History of Western Philosophy: And its connection with Political and Social Circumstances from the Earliest Times to the Present Day*, by Bertrand Russell (George Allen & Unwin, 1946).

Russell, G.: *Collections and Recollections*, by One Who Has Kept a Diary [G. W. E. Russell] (Smith, Elder, New Edition, 1899).

Sanders: *Harriet Martineau: Selected Letters*, edited by Valerie Sanders (Clarendon Press, 1990).

Scott: *Personal and Professional Recollections*, by Sir George Gilbert Scott, edited by Gavin Stamp (Paul Watkins, 1995).

Shannon: *Gladstone: God and Politics*, by Richard Shannon (Hambledon Continuum, 2008).

Shrosbree: *Public Schools and Private Education: The Clarendon Commission 1861–64 and the Public School Acts*, by Colin Shrosbree (Manchester University Press, 1988).

Sidgwick: *Mrs Henry Sidgwick: a Memoir by her Niece Ethel Sidgwick* (Sidgwick & Jackson, 1938).

Silver: *The Family Letters of Samuel Butler 1841–1886*: Selected, Edited and Introduced by Arnold Silver (Jonathan Cape, 1962).

Smiles: *Self Help: with Illustrations of Conduct and Perseverance*, by Samuel Smiles (Institute of Economic Affairs, 1996).

Smith: *James Fitzjames Stephen: Portrait of a Victorian Rationalist*, by K. J. M. Smith (CUP, 1988).

S&S: *Matthew Arnold and the Education of the New Order*, by Peter Smith and Geoffrey Summerfield (CUP, 1969).

Stanley: *Life and Correspondence of Thomas Arnold, DD*, by Arthur Penrhyn Stanley, DD (Ward, Lock & Co., undated single-volume edition).

Stephen: *Liberty, Equality, Fraternity,* by James Fitzjames Stephen, 2nd edition, edited by R. J. White (CUP, 1967).

Stephen, B.: *Emily Davies and Girton College,* by Barbara Stephen (Constable, 1927).

Strachey: *Eminent Victorians,* by Lytton Strachey (Chatto & Windus, New Edition, 1921).

Sutherland: *Faith, Duty and the Power of Mind: The Cloughs and their Circle,* by Gillian Sutherland (CUP, 2006).

Sylvester: *Robert Lowe and Education,* by D. W. Sylvester (CUP, 1974).

Symonds: *The Memoirs of John Addington Symonds,* edited and introduced by Phyllis Grosskurth (Random House, 1984).

Tennyson: *Poetical Works, Including the Plays,* by Lord Tennyson (OUP, 1953).

T&L: *The Poetry of Matthew Arnold: A Commentary,* by C. B. Tinker and H. F. Lowry (OUP, 1940).

Tomalin: *Charles Dickens: A Life,* by Claire Tomalin (Viking, 2011).

Trevelyan: *The Life of John Bright,* by G. M. Trevelyan (Constable, 1913).

Trilling: *Matthew Arnold,* by Lionel Trilling (George Allen & Unwin, 2nd Edition, 1949).

Trollope, *Autobiography*: *An Autobiography,* by Anthony Trollope (Oxford World's Classics, 1923).

Trollope, *TC*: *The Three Clerks,* by Anthony Trollope (Oxford World's Classics, 1907).

Vicnius: *Suffer and be Still: Women in the Victorian Age,* edited by M. Vicnius (Methuen, 1980).

Wagner: *Barnardo,* by Gillian Wagner (Weidenfeld & Nicolson, 1979).

Waller: *The English Marriage,* by Maureen Waller (John Murray, 2009).

Ward: *William George Ward and the Oxford Movement,* by Wilfrid Ward (Macmillan, 1889).

Webb: *My Apprenticeship,* by Beatrice Webb (Longmans, Green, 1926).

Willey: *Nineteenth Century Studies,* by Basil Willey (Penguin, 1964).

Wilson: *The Victorians,* by A. N. Wilson (Hutchinson, 2002).

Winter: *Robert Lowe,* by James Winter (Toronto University Press, 1976).

Woodward: *The Age of Reform,* by Sir Llewellyn Woodward (Oxford University Press, 2nd Edition, 1962).

W&WM: *Life of Carlyle,* by David Alec Wilson and David Wilson MacArthur (6 Vols, Kegan Paul, Trench, Trübner & Co., 1923–34).

参考工具书

The Annual Register, HMSO, various years.

Burke's Peerage, Baronetage and Knightage.

The Dictionary of National Biography [DNB].
Hansard.
The New Dictionary of National Biography.

小册子

Anon.: *Shall We Give It Up? A Political Correspondence* (Robert Hardwicke, 1871).
Disraeli, Manchester: *Speech of the Right Hon. B. Disraeli MP, at the Free Trade Hall, Manchester, April 3, 1872* (National Union of Conservative and Constitutional Associations, 1872).
Fawcett: *Mr Fitzjames Stephen on the Position of Women*, by Millicent Garrett Fawcett (Macmillan, 1873).
Festing Jones, D/B: *Charles Darwin and Samuel Butler: A Step towards Reconciliation*, by Henry Festing Jones (Fifield, 1911).
Norton: *A Letter to the Queen on Lord Chancellor Cranworth's Marriage and Divorce Bill*, by the Hon. Mrs Norton (Longman, Brown, Green & Longmans, 1855).
Street: *The New Courts of Justice: Notes in Reply to Criticisms*, by George Edmund Street, RA (Rivingtons, 1872).
Weir: *Primary Education Considered in Relation to the State* (Edinburgh, 1868).

报纸和期刊

The Builder
Carlyle Studies Annual
The Edinburgh Review
The London Gazette
Macmillan's Magazine
Nature
The Nineteenth Century
Quarterly Review
Quarterly Review of Jurisprudence
Saturday Review
The Times
Transactions and Proceedings of the Modern Language Association (PMLA)
Victorian Studies
Weekend Telegraph
The Artisan

The Examiner / John Bull / Morning Herald
Westminster Review
Morning Post
Fraser's Magazine
Cornhill Magazine
The Ecclesiologist
The Illustrated London News

注　释

所有的缩写都可以在参考书目中找到

绪论

1. Bamford, p. 5.
2. Stanley, p. 104.
3. Collini, p. 19.
4. Stanley, p. 30.
5. Strachey, p. 180.
6. *Ibid.* p. 181.
7. Arnold, *Sermons*, Vol. II, p. 81.
8. Stanley, p. 58.
9. *Ibid.* p. 66.
10. *Ibid.* p. 74.
11. McCrum, pp. 45–6.
12. Arnold, *Sermons*, Vol. V, p. 66.
13. *Ibid.* p. 35.
14. *Ibid.* Vol. IV, p. 9.
15. *Ibid.* p. 30.
16. Stanley, p. 59.
17. Lowry, p. 3.
18. Stanley, p. 61.
19. Strachey, p. 188.
20. Arnold, *MW*, p. 399.
21. McCrum, p. 65.
22. Stanley, p. 56. 'Liberal party' is an anachronism for the late 1820s.
23. *Ibid.* p. 79.
24. *Ibid.* p. 60.
25. *Ibid.* p. 66.
26. *Ibid.* p. 67.
27. *Ibid.* p. 136.
28. Strachey, p. 180.
29. Stanley, p. 69.
30. *Edinburgh Review*, April 1859, p. 557.
31. Stanley, p. 62.
32. *Ibid.* p. 57.
33. *Ibid.* p. 74.
34. McCrum, pp. 101–3.
35. Strachey, p. 188.
36. *Ibid.* p. 190.
37. Stanley, p. 65.
38. *Ibid.* p. 67.
39. Strachey, p. 199.
40. *Ibid.* p. 183.
41. *Ibid.* p. 186.
42. Stanley, p. 109.
43. *Ibid.* p. 265.
44. Strachey, p. 191.
45. *Ibid.* p. 193.
46. Stanley, p. 161.
47. *Ibid.* p. 58.
48. *Ibid.* p. 73.
49. Arnold, *Sermons*, Vol. II, pp. 264–6.
50. Arnold, *MW*, p. 232.
51. *Ibid.* p. 233.
52. Stanley, p. 223.
53. Arnold, *MW*, p. 234.
54. Stanley, p. 216.
55. Arnold, *MW*, p. 423.
56. Stanley, p. 227.
57. Arnold, *MW*, p. 496.
58. *Ibid.* p. 497.
59. *Ibid.* p. 453.
60. *Ibid.* p. 454.
61. *Ibid.* p. 456.
62. *Ibid.* pp. 459–60.
63. *Ibid.* p. 499.
64. *Ibid.* p. 500.
65. Strachey, p. 202.
66. Stanley, pp. 313–4.

67. BL Add. MS 45241, ff. 8–9.
68. BL Add. MS 45241, f. 10.
69. Stanley, p. 104.
70. Clough, *Letters*, Vol. I, p. 119.
71. Stanley, (Preface), p. ix.
72. Hughes, p. 104.
73. *Ibid.* p. 105.
74. *Ibid.* p. 261.
75. Strachey, p. 178.
76. *Ibid.* p. 185.
77. *Ibid.* p. 206.
78. BL Add. MS 45241, ff. 11–12.
79. Lowry, p. 111.
80. Willey, p. 60.
81. Cockshut, p. 88.
82. Briggs, *People*, p. 142.
83. Symonds, p. 94.
84. *Ibid.* p. 96.
85. *Ibid.* p. 97.
86. *Ibid.* p. 98.
87. *Ibid.* p. 112.
88. *Ibid.* p. 113.
89. Butler, *Flesh*, p. 23.
90. Mill, *Later*, Vol. III, p. 1246.

第一部分：英国的状况

第一章　愤怒的19世纪40年代
（第37页）

1. *The Times*, 31 May 1842, p. 5.
2. BL Add. MS 40434, ff. 121–2.
3. BL Add. MS 40434, ff. 161–2.
4. BL Add. MS 40434, ff. 163–4.
5. BL Add. MS 40434, f. 174.
6. BL Add. MS 40434, f. 178.
7. BL Add. MS 40434, f. 183.
8. BL Add. MS 40434, ff. 184–5.
9. BL Add. MS 40434, ff. 188–9.
10. Carlyle, *Letters*, Vol. XIV, pp. 215–16.
11. BL Add. MS 40434, ff. 65–6.
12. BL Add. MS 40434, f. 81.
13. Carlyle, *Letters*, Vol. XIV, p. 183.
14. Gash, p. 339.
15. Carlyle, *Letters*, Vol. XIV, p. 183.
16. Hansard, Vol. 64, cols 785–7.
17. *Ibid.* Vol. 64, col. 885.
18. *Ibid.* Vol. 64, col. 867.
19. *Ibid.* Vol. 64, col. 870.
20. *Ibid.* Vol. 64, col. 862.
21. *Ibid.* Vol. 64, cols 920–1.
22. Carlyle, *Works*, Vol. X, p. 169.
23. Hansard, Vol. 66, cols 1168–9.
24. Gaskell, *MB*, p. 66.
25. Kingsley, *AL*, p. 95.
26. Dickens, *LD*, pp. 32–3.
27. Hansard, Vol. 65, col. 412.
28. *Ibid.* Vol. 65, col. 440.
29. *Quarterly Review*, December 1842 (Vol. LXXI), pp. 158–9.
30. Gash, p. 342.
31. Greville, Part II, Vol. II, p. 98.
32. *Ibid.* p. 119.
33. *Ibid.* p. 136.
34. *Quarterly Review*, December 1842 (Vol. LXXI), p. 134.
35. *Ibid.* p. 137.
36. *Ibid.* p. 144.
37. BL Add. MS 40613, f. 53.
38. *Quarterly Review*, December 1842 (Vol. LXXI), p. 156.
39. *Ibid.* p. 153.
40. *Ibid.* p. 154.
41. *Ibid.* p. 171.
42. Hansard, Vol. 66, col. 449.
43. *Ibid.* Vol. 66, col. 463.
44. *Ibid.* Vol. 66, col. 474.
45. BL Add. MS 44777, f. 108.
46. Hansard, Vol. 66, col. 834.
47. *Ibid.* Vol. 66, col. 835.
48. *Ibid.* Vol. 66, col. 1163.
49. *Ibid.* Vol. 66, cols 1179–80.
50. BL Add. MS 40483, f. 37.
51. *Ibid.* Vol. 66, col. 1205.

第二章　贵族义务
（第55页）

1. Stanley, p. 284. The Latin implies that the vulgar will not take notice until they are threatened with going hungry.
2. *Ibid.* p. 293.
3. Carlyle, *Letters*, Vol. X, p. 15. Elliot was 'The Corn Law rhymer'.
4. Carlyle, *Letters*, Vol. XI, pp. 83–4.
5. *Ibid.* p. 160.

6. *Ibid.* p. 161.
7. Carlyle, *Letters*, Vol. XII, pp. 278–9.
8. Carlyle, *Works*, Vol. XXIX, p. 118.
9. *Ibid.* p. 119.
10. *Ibid.* p. 123.
11. *Ibid.* p. 130.
12. *Ibid.* p. 135.
13. *Ibid.* p. 155.
14. *Ibid.* p. 157.
15. *Ibid.* p. 162.
16. *Ibid.* p. 204.
17. Carlyle, *Works*, Vol. X, p. 2.
18. *Ibid.* p. 18.
19. *Ibid.* p. 30.
20. *Ibid.* p. 169.
21. *Ibid.* p. 184.
22. *Ibid.* p. 207.
23. *Ibid.* p. 212.
24. *Ibid.* p. 215.
25. *Ibid.* p. 179.
26. *Ibid.* p. 177.
27. Disraeli, *Coningsby*, p. 91.
28. Blake, p. 175.
29. *Ibid.* p. 184.
30. Holloway, p. 87.
31. Disraeli, *Sybil*, p. 67.
32. *Ibid.* p. 63.
33. *Ibid.* p. 64.
34. See, for example, Cobbett, Vol. II, pp. 151–6.
35. Beer, p. 63.
36. Disraeli, *Sybil*, p. 99.
37. *Ibid.* p. 170.
38. *Ibid.* pp. 127, 140.
39. *Ibid.* p. 423.
40. Finlayson, p. 15.
41. *Ibid.* p. 14.
42. Hansard, Vol. 67, col. 48.
43. *Ibid.* Vol. 53, cols 1092–3.
44. Kingsley, *W-B*, p. 1.
45. Hansard, Vol. 53, col. 1093.
46. *Ibid.* Vol. 55, col. 109.
47. *Quarterly Review*, December 1840 (Vol. LXVII), p. 94.
48. *Ibid.* p. 95.
49. *Ibid.* p. 96.
50. *Ibid.* p. 97.
51. *Ibid.* p. 98.
52. Gash, p. 280.

53. BL Add. MS 40483, ff. 44–5.
54. BL Add. MS 40483, f. 46.
55. BL Add. MS 40483, ff. 47–8.
56. BL Add. MS 40483, ff. 49–50.
57. BL Add. MS 40483, f. 51.
58. Gash, p. 332.
59. BL Add. MS 40483, f. 53.
60. Finlayson, p. 179.
61. Hansard, Vol. 63, col. 1321.
62. *Ibid.* Vol. 63, col. 1322.
63. *Ibid.* Vol. 63, col. 1327.
64. *Ibid.* Vol. 63, col. 1328.
65. *Ibid.* Vol. 63, col. 1337.
66. *Ibid.* Vol. 63, col. 1353.
67. *Ibid.* Vol. 63, col. 1354.
68. *Ibid.* Vol. 63, cols 1357–8.
69. *Ibid.* Vol. 63, col. 1359.
70. BL Add. MS 40483, ff. 68–70.
71. Hansard, Vol. 64, cols 538–9.
72. *Ibid.* Vol. 64, col. 540.
73. *Ibid.* Vol. 64, cols 541–2.
74. *Ibid.* Vol. 64, col. 616.
75. BL Add. MS 40483, f. 79.
76. BL Add. MS 40483, ff. 80–1.
77. Hansard, Vol. 65, col. 1101.
78. *Ibid.* Vol. 64, cols 999–1000.
79. *Ibid.* Vol. 64, col. 1001.
80. *Ibid.* Vol. 65, col. 101.
81. BL Add. MS 40483, ff. 108–9.
82. BL Add. MS 40483, ff. 110–11.
83. BL Add. MS 40483, f. 124.
84. BL Add. MS 40483, f. 192.
85. Hansard, Vol. 65, cols 1094–5.
86. *Ibid.* Vol. 65, col. 1098.
87. Finlayson, p. 212.
88. BL Add. MS 40483, f. 194.
89. BL Add. MS 44777, f. 149.
90. Hansard, Vol. 73, col. 1155.
91. *Ibid.* Vol. 73, col. 1626.
92. Gash, p. 444.
93. Hansard, Vol. 67, col. 70.
94. Carlyle, *Letters*, Vol. XV, p. 3.
95. Finer, p. 9.
96. Hansard, Vol. 67, cols 60–1.
97. *Ibid.* Vol. 67, col. 66.
98. *Ibid.* Vol. 67, col. 71.
99. *Ibid.* Vol. 67, col. 76.
100. Gash, p. 383.
101. Hansard, Vol. 67, col. 106.

102. BL Add. MS 44777, f. 103.
103. Hansard, Vol. 72, cols 280–1.
104. *Ibid.* Vol. 72, col. 281.
105. *Ibid.* Vol. 80, cols 916–7.
106. Finlayson, p. 250.
107. *Quarterly Review*, December 1846 (Vol. LXXIX), p. 128.
108. *Ibid.* p. 129.
109. *Ibid.* p. 130.
110. *Ibid.* p. 131.
111. *Ibid.* p. 132.
112. *Ibid.* p. 137.
113. *Ibid.* p. 136.
114. Dickens, *Letters*, Vol. VI, p. 167.
115. *Quarterly Review*, December 1846 (Vol. LXXIX), p. 140.
116. *Ibid.* p. 141.

第三章 资产阶级的崛起 （第89页）

1. Eliot, *Holt*, p. 33.
2. *Ibid.* p. 464.
3. Disraeli, *Coningsby*, p. 136.
4. Gaskell, *N&S*, p. 18.
5. *Ibid.* p. 42.
6. *Ibid.* p. 51.
7. *Ibid.* p. 50.
8. *Ibid.* p. 195.
9. Kingsley, *W-B*, p. 68.
10. Gaskell, *N&S*, p. 233.
11. Kingsley, *W-B*, p. 69.
12. Gaskell, *N&S*, p. 136.
13. *Ibid.* p. 137.
14. *Ibid.* p. 367.
15. *Ibid.* p. 368.
16. *Ibid.* p. 181.
17. Engels, p. 61.
18. *Ibid.* p. 60.
19. *Ibid.* p. 63.
20. *Ibid.* p. 64.
21. *Ibid.* p. 104.
22. *Ibid.* p. 105.
23. *Ibid.* p. 148.
24. *Ibid.* p. 149.
25. *Ibid.* p. 15.
26. *Ibid.* p. 76.
27. *Ibid.* p. 86.
28. *Ibid.* p. 18.
29. *Ibid.* p. 17.

30. *Ibid.* p. 76.
31. *Ibid.* p. 80.
32. *Ibid.* p. 29.
33. *Ibid.* pp. 29–30.
34. *Ibid.* p. 37.
35. *Ibid.* p. 40.
36. Trevelyan, p. 43.
37. *Ibid.* p. 31.
38. Hansard, Vol. 59, col. 233.
39. *Ibid.* Vol. 59, col. 235.
40. *Ibid.* Vol. 59, col. 241.
41. *Ibid.* p. 59.
42. Hansard, Vol. 69, col. 59.
43. Trevelyan, pp. 86–7.
44. Hansard, Vol. 73, col. 944.
45. Carlyle, *Letters*, Vol. XII, p. 23.
46. Carlyle, *Works*, Vol. X, p. 165.
47. *Ibid.* p. 181.
48. Hansard, Vol. 75, col. 1353.
49. Gash, p. 457.
50. Hansard, Vol. 78, col. 785.
51. BL Add. MS 40447, f. 134.
52. BL Add. MS 40479, f. 523.
53. BL Add. MS 40479, ff. 525–6.
54. Greville, Part II, Vol. II, p. 301.
55. Trevelyan, p. 138.
56. *The Times*, 4 December 1845, p. 4.
57. BL Add. MS 44777, f. 233.
58. BL Add. MS 40479, ff. 538–41.
59. Greville, Part II, Vol. II, p. 330.
60. Gladstone, *Diaries*, Vol. III, p. 506.
61. BL Add. MS 40479, f. 555.
62. Clough, *Letters*, Vol. I, pp. 175–6.
63. Hansard, Vol. 83, col. 238.
64. *Ibid.* Vol. 83, col. 252.
65. *Ibid.* Vol. 83, col. 260.
66. Greville, Part II, Vol. II, p. 323.
67. Hansard, Vol. 83, col. 1003.
68. *Ibid.* Vol. 83, col. 1008.
69. *Ibid.* Vol. 83, col. 1009.
70. Greville, Part II, Vol. II, p. 354.
71. Hansard, Vol. 83, col. 1319.
72. *Ibid.* Vol. 83, col. 1335.
73. *Ibid.* Vol. 83, col. 1346.
74. *Ibid.* Vol. 83, col. 1347.
75. *Ibid.* Vol. 84, col. 19.
76. *Ibid.* Vol. 84, col. 348.
77. Greville, Part II, Vol. II, p. 372.
78. *Ibid.* p. 367.

79. Hansard, Vol. 84, col. 431.
80. *Ibid.* Vol. 84, col. 435.
81. Greville, Part II, Vol. II, p. 368.
82. Eyck, p. 37.
83. Greville, Part II, Vol. II, p. 380.
84. BL Add. MS 44777, f. 245.
85. Hansard, Vol. 87, col. 1043.
86. *Ibid.* Vol. 87, col. 1047.
87. *Ibid.* Vol. 87, col. 1054.
88. BL Add. MS 44780, f. 175.
89. Hansard, Vol. 87, col. 1055.
90. Trevelyan, p. 144.
91. *Ibid.* p. 179.
92. Blake, p. 407.
93. Clapham, p. 3.
94. BL Add. MS 44777, f. 245.

第四章　宪章运动（第123页）

1. Hansard, Vol. 51, cols 1233–4.
2. Engels, p. 126.
3. *Ibid.* p. 75.
4. *Ibid.* p. 130.
5. *Ibid.* p. 200.
6. Kingsley, *AL*, (Preface), p. lxxxix.
7. *Ibid.* pp. 114–15.
8. *Ibid.* p. 114.
9. Eliot, *Holt*, p. 187.
10. Gaskell, *MB*, pp. 96–7.
11. Clough, *Letters*, Vol. I, p. 234.
12. *Ibid.* p. 238.
13. Gaskell, *MB*, p. 23.
14. *Ibid.* p. 24.
15. Trevelyan, p. 45.
16. Hansard, Vol. 49, col. 231.
17. *Ibid.* Vol. 49, col. 236.
18. *Ibid.* Vol. 49, col. 247.
19. *Ibid.* Vol. 49, col, 252.
20. *The Times*, 31 July 1839, p. 5.
21. *Ibid.* 2 August 1839, p. 5.
22. Hansard, Vol. 62, col. 1376.
23. *Ibid.* Vol. 62, col. 1373.
24. *Ibid.* Vol. 62, cols 1374–5.
25. *Ibid.* Vol. 62, col. 1377.
26. *Ibid.* Vol. 62, cols 1379–80.
27. *Ibid.* Vol. 63, cols 16–17.
28. *Ibid.* Vol. 63, cols 21–2.
29. *Ibid.* Vol. 63, cols 22–3.
30. *Ibid.* Vol. 63, col. 41.
31. *Ibid.* Vol. 63, col. 43.

32. *Ibid.* Vol. 63, col. 71.
33. *Ibid.* Vol. 63, col. 76.
34. *Ibid.* Vol. 63, col. 77.
35. *Ibid.* Vol. 63, cols 77–8.
36. *Ibid.* Vol. 80, col. 913.
37. *Ibid.* Vol. 80, col. 916.
38. Greville, Part II, Vol. III, p. 164.
39. *Ibid.* p. 165.
40. RA/VIC/MAIN/C/56.
41. RA/VIC/MAIN/C/56/14.
42. RA/VIC/MAIN/C/56/12.
43. Eyck, p. 161.
44. RA/VIC/MAIN/C/56/18.
45. RA/VIC/MAIN/C/56/19.
46. Arnold, *Letters*, Vol. I, p. 100.
47. RA/VIC/MAIN/C/56/20.
48. RA/VIC/MAIN/C/56/34.
49. Greville, Part II, Vol. III, p. 165.
50. RA/VIC/MAIN/C/56/50.
51. RA/VIC/MAIN/C/59/18a.
52. RA/VIC/MAIN/C/56/55.
53. RA/VIC/MAIN/C/56/56.
54. RA/VIC/MAIN/C/56/60.
55. RA/VIC/MAIN/C/56/65.
56. *The Times*, 19 May 1848, p. 6.
57. RA/VIC/MAIN/C/56/66.
58. RA/VIC/MAIN/C/56/68.
59. *The Times*, 19 May 1848, p. 4.
60. *Ibid.* 20 May 1848, p. 5.
61. RA/VIC/MAIN/C/56/72.
62. RA/VIC/MAIN/C/56/73.

第二部分　维多利亚时代的思想

第五章　神圣的信念（第149页）

1. Davenport-Hines, pp. 223–4.
2. Chadwick, p. 12.
3. BL Add. MS 44792, f. 24.
4. BL Add. MS 44793, f. 133.
5. BL Add. MS 44793, f. 289.
6. BL Add. MS 44766, f. 195.
7. BL Add. MS 44409, f. 207.
8. RA/VIC/MAIN/F/24/59, 63.
9. Butler, *Flesh*, p. 209.
10. Gaskell, *N&S*, p. 270.
11. *Ibid.* p. 279.

12. Gladstone, *Diaries*, Vol. III, p. 89.
13. Martin, p. 47.
14. Gladstone, *Diaries*, Vol. III, p. 321.
15. *Ibid.* p. 322.
16. Willey, p. 85.
17. Froude, *Remains*, Vol. I, p. 404.
18. Morley, *Gladstone*, Vol. I, p. 306.
19. Froude, *Remains*, Vol. I, (Preface), p. xi.
20. *Ibid.* p. 433.
21. Greville, Part II, Vol. II, p. 25.
22. Morley, *Compromise*, p. 56.
23. Morley, *Gladstone*, Vol. I, p. 306.
24. Engels, p. 125.
25. Inglis, p. 3.
26. *Ibid.* p. 12.
27. *Ibid.* p. 15.
28. Mann, (Preface), p. vii.
29. *Ibid.* p. 13.
30. *Ibid.* p. 14.
31. *Ibid.* p. 55.
32. *Ibid.* p. 57.
33. *Ibid.* p. 58.
34. *Ibid.* p. 59.
35. *Ibid.* p. 64.
36. *Ibid.* p. 89.
37. *Ibid.* p. 93.
38. *Ibid.* p. 94.
39. *Ibid.* p. 96.
40. *Ibid.* p. 97.
41. *Ibid.* pp. 102–3.
42. Inglis, p. 41.
43. Chadwick, p. 91.
44. Parry, p. 6.
45. Inglis, p. 75.
46. BL Add. MS 44819, f. 83.

第六章 怀疑的心
（第168页）

1. Gaskell, *N&S*, p. 13.
2. *Ibid.* p. 36.
3. *Ibid.* p. 38.
4. *Ibid.* p. 420.
5. Strachey, p. 201.
6. Clough, *Letters*, Vol. I, (Preface), p. xvi.
7. *Ibid.* p. 61.
8. Strachey, p. 202.
9. Clough, *Letters*, Vol. I, p. 20.
10. Ward, pp. 109–10.
11. Clough, *Letters*, Vol. I, p. 96.
12. *Ibid.* p. 100.
13. *The Nineteenth Century*, Vol. 43, p. 106.
14. Honan, p. 72.
15. Clough, *Remains*, p. 91.
16. Clough, *Letters*, Vol. I, p. 140.
17. *Ibid.* p. 191.
18. *Ibid.* p. 193.
19. *Ibid.* p. 194.
20. *Ibid.* p. 197.
21. Lowry, p. 47.
22. Clough, *Letters*, Vol. I, p. 219.
23. *Ibid.* p. 220.
24. *Ibid.* p. 221.
25. Clough, *Letters*, Vol. I, p. 242.
26. *Ibid.* p. 237.
27. Lowry, p. 99.
28. Clough, *Letters*, Vol. I, pp. 247–8.
29. *Ibid.* p. 249.
30. Clough, *Remains*, p. 419.
31. Clough, *Letters*, Vol. I, p. 127.
32. *Ibid.* p. 128.
33. *Ibid.* p. 153.
34. *Ibid.* p. 207.
35. *Ibid.* p. 209.
36. *Ibid.* p. 215.
37. Lowry, pp. 109–11.
38. Clough, *Remains*, p. 40.
39. Clough, *Letters*, Vol. I, p. 298.
40. *Ibid.* p. 299.
41. *Ibid.* p. 303.
42. Lowry, pp. 122–3.
43. Lowry, p. 125.
44. Clough, *Letters*, Vol. II, p. 400.
45. *Ibid.* p. 430.
46. *Ibid.* p. 432.
47. *Ibid.* p. 447.
48. *Ibid.* p. 502.
49. *Ibid.* p. 504.
50. *Ibid.* pp. 546–7.
51. *Ibid.* p. 557.
52. BL Add. MS 45795, f. 9.
53. BL Add. MS 45795, f. 19.
54. Clough, *Letters*, Vol. II, p. 579.
55. BL Add. MS 45795, ff. 25–6.
56. Clough, *Letters*, Vol. II, p. 588.

57. *Ibid.* p. 594.
58. *Ibid.* p. 596.
59. *Ibid.* p. 597.
60. *Ibid.* p. 604.
61. *Ibid.* p. 605.
62. *Ibid.* p. 606.
63. *Ibid.* p. 608.
64. Bostridge, p. 384.
65. Lowry, p. 157.
66. *Ibid.* p. 159.
67. Osborne, p. 176.
68. Honan, p. 45.
69. Arnold, *Letters*, Vol. I, p. 37.
70. Martin, p. 44.
71. Arnold, *Letters*, Vol. I, p. 117.
72. *Ibid.* p. 82.
73. Lowry, p. 111.
74. Arnold, *Letters*, Vol. I, p. 91.
75. Clough, *Letters*, Vol. I, p. 215.
76. Lowry, p. 68.
77. *Ibid.* pp. 72–3.
78. *Ibid.* p. 79.
79. Clough, *Letters*, Vol. I, p. 215.
80. *Ibid.* p. 251.
81. Lowry, p. 27.
82. Arnold, *Essays 2*, p. 186.
83. Arnold, *Letters*, Vol. I, p. 227.
84. Lowry, p. 130.
85. *Ibid.* p. 143.
86. *DNB*, Vol. XXII, Supplement, p. 72.
87. See Professor Collini's article on Arnold in the *New Dictionary of National Biography* at http://www.oxforddnb.com/view/article/679.
88. *DNB*, Vol XXII, Supplement, p. 73.
89. Dunn, Vol. I, p. 17.
90. *Ibid.* p. 18.
91. *Ibid.* p. 26.
92. *Ibid.* p. 34.
93. *Vide infra*, Chapter 12.
94. Dunn, Vol. I, p. 39.
95. *Ibid.* p. 75.
96. Maurice, Vol. I, p. 517.
97. Dunn, Vol. I, p. 146.
98. *Ibid.* p. 131.
99. *Ibid.* p. 132.
100. *Ibid.* p. 134.
101. Froude, *Nemesis*, p. 8.

102. *Ibid.* p. 10.
103. *Ibid.* p. 11.
104. Arnold, *Letters*, Vol. I, p. 144.
105. Carlyle, *Letters*, Vol. XXIV, p. 13.
106. Froude, *Nemesis*, p. 35.
107. *Ibid.* p. 156.
108. *Ibid.* p. 84.
109. *Ibid.* p. 92.
110. *Ibid.* p. 144.
111. Dunn, Vol. I, p. 74.
112. Froude, *Nemesis*, pp. 144–5.
113. *Ibid.* pp. 145–6.
114. *Ibid.* p. 147.
115. *Ibid.* p. 148.
116. *Ibid.* p. 157.
117. *Ibid.* p. 158.
118. *Ibid.* p. 148.
119. Lowry, p. 140.
120. Dunn, Vol. I, p. 148.
121. Sanders, p. 139.
122. Froude, *MT*, p. 76.
123. *Ibid.* p. 137.
124. *Ibid.* p. 143.
125. *Ibid.* p. 320.
126. Mill, *Later*, Vol. II, p. 633.
127. BL Add. MS 41298, f. 8.
128. BL Add. MS 41298, f. 16.
129. Maurice, Vol. I, p. 225.
130. BL Add. MS 41299, ff. 7–8.
131. Maurice, Vol. II, p. 35.
132. BL Add. MS 41299, f. 53.
133. BL Add. MS 41297, f. 15.
134. BL Add. MS 41297, f. 23.
135. BL Add. MS 41297, f. 136.
136. BL Add. MS 41297, ff. 147–8.
137. BL Add. MS 41297, f. 154.
138. *Westminster Review*, October 1855.
139. Milford, p. 34.
140. Clough, *Poems*, p. 60.
141. Arnold, *Poems*, pp. 112–14. In later editions 'ebb' in line 8 is replaced by 'sea', accentuating the metaphor, and 'suck' in line 10 by 'draw'.
142. Honan, p. 234.
143. Arnold, *Letters*, Vol. I, p. 214.
144. *PMLA*, Vol. 66, No. 6, December 1951, p. 920.
145. See, for example, T&L, p. 177.

146. *PMLA*, Vol. 66, No. 6, December 1951, p. 924.
147. Hutton, p. 350.

第七章　理性思维
（第219页）
1. Russell, p. 801.
2. *Ibid.* p. 803.
3. *Ibid.* p. 804.
4. Mill, *Autobiography*, p. 33.
5. *Ibid.* p. 36.
6. Dickens, *HT*, p. 2.
7. *Ibid.* p. 1.
8. *Ibid.* p. 113.
9. *Ibid.* p. 192.
10. *Ibid.* p. 123.
11. BL Add. MS 44392, f. 115.
12. Chadwick, p. 30.
13. Mill, *Liberty*, pp. 72–3.
14. Morley, *Recollections*, Vol. I, p. 64.
15. *Ibid.* p. 90.
16. *Ibid.* p. 102.
17. Chadwick, p. 108.
18. BL Add. MS 44249, f. 282.
19. Chadwick, p. 184.
20. BL Add. MS 44402, ff. 24–8.
21. BL Add. MS 44407, ff. 91–2.
22. BL Add. MS 44409, f. 242.
23. BL Add. MS 44439, ff. 23, 52.
24. Smiles, (Preface), p. xv.
25. *Ibid.* p. 1.
26. *Ibid.* p. 2.
27. *Ibid.* p. 193.
28. *Ibid.* p. 229.
29. *Ibid.* p. 200.
30. *Ibid.* p. 202.
31. *Ibid.*, p. 234.
32. *Ibid.* p. 236.
33. *Ibid.* p. 244.
34. *Ibid.* p. 249.
35. *Ibid.* p. 13.
36. *Ibid.* p. 41.
37. *Ibid.* p. 59.
38. *Ibid.* p. 167.
39. *Ibid.* p. 191.
40. *Ibid.* p. 176.
41. *Ibid.* p. 181.
42. Kingsley, *AL*, (Preface 'To the Undergraduates of Cambridge'), pp. xcii–xciii.
43. BL Add. MS 44793, f. 170.
44. Butler, *Flesh*, p. 52.
45. Darwin, *OS*, p. 214.
46. *Ibid.* p. 353.
47. http://www.darwinproject.ac.uk/entry-319.
48. http://www.darwinproject.ac.uk/entry-1862.
49. Darwin, *OS*, p. 11.
50. http://www.darwinproject.ac.uk/entry-2294.
51. http://www.darwinproject.ac.uk/entry-2496.
52. Himmelfarb, p. 51.
53. www.darwinproject.ac.uk/entry-2694.
54. J. R. Lucas, Wilberforce and Huxley: A Legendary Encounter, found at http://users.ox.ac.uk/~jrlucas/legend.html.
55. Himmelfarb, p. 52.
56. Darwin, *OS*, p. 362.
57. http://www.darwinproject.ac.uk/entry-12845; http://www.darwinproject.ac.uk/entry-12851.
58. BC RF 103/14/21.
59. Bibby, *Education*, p. 41.
60. *Ibid.* p. 20.
61. *Ibid.* p. 113.
62. *Ibid.* p. 23.
63. *Ibid.* p. 33.
64. *Ibid.* p. 45.
65. Kingsley, *W-B*, p. 8.
66. http://www.darwinproject.ac.uk/entry-2565.
67. Kingsley, *W-B*, p. 109.
68. Darwin, *LL*, p. 287.
69. Kingsley, *W-B*, p. 37.
70. *Ibid.* p. 40.
71. *Ibid.* p. 85.
72. *Ibid.* p. 41.
73. *Ibid.* p. 135.
74. *Ibid.* p. 48.
75. Beer, p. 128.
76. Chadwick, p. 174.
77. Himmelfarb, p. 69.
78. Trevelyan, p. 268.

79. Burn, p. 39.
80. Ruskin, *Diaries*, Vol. II, p. 466.
81. BL Add. MS 45801, ff. 131–2.
82. Chadwick, p. 37.
83. UL Add. 7349 1/9/12a–b.
84. UL Add. 7349 1/6/1.
85. UL Add. 7349 1/6/4.
86. UL Add. 7349 1/13/3.
87. UL Add. 7349 1/13/6.
88. Burn, p. 275.
89. UL Add. 7349 2/21.
90. UL Add. 7349 2/22.
91. Stephen, p. 94.
92. *Ibid.* p. 101.
93. Mill, *Later*, Vol. III, p. 1478.
94. *Ibid.* p. 1479.
95. *Ibid.* p. 1483.
96. *Ibid.* p. 1487.
97. Morley, *Compromise*, p. 15.
98. *Ibid.* p. 17.
99. Ruskin, *Diaries*, Vol. III, p. 843.
100. *Ibid.* p. 844.
101. Butler, *Note-Books*, p. 9.
102. Raby, p. 23.
103. Butler, *Note-Books*, p. 31.
104. BL Add. MS 44027, f. 20.
105. Festing Jones, Vol. I, p. 58.
106. BC VIII/I/3a.
107. Raby, p. 95.
108. BL Add. MS 44027, f. 63.
109. BL Add. MS 44027, f. 67.
110. BL Add. MS 44027, f. 68.
111. Silver, p. 94.
112. *Ibid.* p. 114.
113. BL Add. MS 34486, f. 56.
114. Silver, p. 121.
115. BL Add. MS 44027, f. 240.
116. BL Add. MS 44028, f. 23.
117. BL Add. MS 44028, f. 24.
118. BL Add. MS 44439, f. 48.
119. BL Add. MS 44439, f. 55.
120. BL Add. MS 44439, f. 62.
121. http://www.darwinproject.ac.uk/ entry-4902.
122. Festing Jones, Vol. I, p. 173.
123. BL Add. MS 44027, f. 239.
124. Butler, *Haven*, pp. 66–7.
125. *Ibid.* pp. 70–71.
126. *Ibid.* p. 207.
127. *Ibid.* p. 142.
128. *Ibid.* p. 148.
129. *Ibid.* p. 211.
130. *Ibid.* pp. 222–3.
131. BC, VIII/38/12.
132. *Ibid.*
133. *Ibid.*
134. Butler, *Savage Letters*, p. 40.
135. BL Add. MS 44028, f. 162.
136. Festing Jones, Vol. I, pp. 257–9.
137. *Ibid.* p. 260.
138. BL Add. MS 34486, f. 69.
139. BL Add. MS 34486, ff. 72–3.
140. BL Add. MS 34486, ff. 74–5.
141. BL Add. MS 34486, f. 77.
142. BC VIII/38/13, letter of 22 July 1878.
143. http://www.darwinproject.ac.uk/ entry-12545.
144. BC, VIII/4/2.
145. *Nature*, 27 January 1881, p. 285.
146. BL Add. MS 44029, f. 14.
147. Festing Jones, *D/B*, p. 19.
148. *Ibid.* p. 9.
149. Butler, *Note-Books*, p. 66.
150. *Ibid.* p. 183.
151. Festing Jones, Vol. I, (Preface), p. xiv.
152. *Ibid.* p. 203.
153. BL Add. MS 44028, f. 149.
154. Butler, *Flesh*, p. 395.
155. *Ibid.* p. 241.
156. *Ibid.* pp. 245–6.
157. *Ibid.* p. 279.
158. *Ibid.* p. 290.
159. Festing Jones, Vol. II, p. 1.
160. BC VIII/14/1.
161. BC VIII/38/2.

第八章　政治头脑
（第281页）

1. Maurice, Vol. I, p. 445.
2. Hansard, Vol. 118, col. 1187.
3. *Ibid.* Vol. 118, col. 1213.
4. *Ibid.* Vol. 118, col. 1323.
5. *Ibid.* Vol. 118, col. 1332.
6. *Ibid.* Vol. 118, col. 1337.
7. *Ibid.* Vol. 118, col. 1356.
8. *Ibid.* Vol. 126, col. 754.

9. *Ibid.* Vol. 126, col. 755.
10. *Ibid.* Vol. 126, col. 761.
11. *Ibid.* Vol. 126, col. 763.
12. *Ibid.* Vol. 126, col. 765.
13. *Ibid.* Vol. 126, col. 773.
14. *Ibid.* Vol. 149, col. 1758.
15. *Ibid.* Vol. 149, col. 1760.
16. *Ibid.* Vol. 149, col. 1767.
17. *Ibid.* Vol. 149, col. 1776.
18. *Ibid.* Vol. 149, col. 1793.
19. *Ibid.* Vol. 150, col. 1156.
20. *Ibid.* Vol. 151, col. 697.
21. Greville, Part III, Vol. II, p. 204.
22. Hansard, Vol. 151, col. 1894.
23. *Ibid.* Vol. 151, col. 2106.
24. *Ibid.* Vol. 151, col. 2107.
25. Carlyle, *Letters*, Vol. XIV, p. 240.
26. Macaulay, p. 468.
27. BL Add. MS 40469, ff. 6–9.
28. BL Add. MS 40469, ff. 11–14.
29. Gladstone, *Diaries*, Vol. III, (Preface), p. xliv.
30. *Ibid.* (Preface), p. xlv.
31. *Ibid.* Vol. IV, p. 525.
32. *Ibid.* Vol. XIII, p. 428.
33. Trollope, *Autobiography*, p. 236.
34. Blake, p. 149.
35. *Ibid.* pp. 161, 164.
36. Hansard, Vol. 86, cols 674–5.
37. *Ibid.* Vol. 86, col. 677.
38. Greville, Part II, Vol. II, p. 392.
39. Woodward, p. 116.
40. Hansard, Vol. 86, col. 689.
41. *Ibid.* Vol. 86, col. 707.
42. Blake, p. 239.
43. Greville, Part II, Vol. II, p. 392.
44. Blake, p. 164.
45. BL Add. MS 44374, f. 43.
46. Disraeli, *Coningsby*, p. 33.
47. *Ibid.* p. 36.
48. BL Add. MS 44792, ff. 49–50.
49. Hansard, Vol. 123, col. 1666.
50. M&B, Vol. III, p. 477.
51. BL Add. MS 44374, f. 75.
52. M&B, Vol. III, p. 478.
53. BL Add. MS 44374, f. 104.
54. BL Add. MS 44374, f. 106.
55. BL Add. MS 43385, ff. 5–6.

56. BL Add. MS 44389, ff. 225–8.
57. BL Add. MS 44389, ff. 233–5.
58. BL Add. MS 44433, ff. 85–6.
59. BL Add. MS 44438, f. 201.
60. BL Add. MS 44439, f. 271.
61. BL Add. MS 44440, ff. 119–20.
62. BL Add. MS 44440, f. 121.
63. BL Add. MS 44440, f. 173.
64. BL Add. MS 44440, f. 175.

第九章 进步的思想（第318页）

1. BL Add. MS 40432, f. 204.
2. BL Add. MS 40432, f. 218.
3. BL Add. MS 40432, f. 220.
4. BL Add. MS 40432, f. 262.
5. BL Add. MS 40432, f. 268.
6. BL Add. MS 40432, ff. 256–9.
7. BL Add. MS 40432, f. 67.
8. Bagehot, p. 34.
9. Hobhouse, p. 5.
10. *Ibid.* p. 8.
11. *Ibid.* p. 8.
12. RA/VIC/MAIN/F/24/1.
13. RA/VIC/MAIN/F/24/1A.
14. RC/H/1/2/1.
15. Hobhouse, p. 11.
16. RA/VIC/MAIN/F/24/6.
17. RA/VIC/MAIN/F/24/9a.
18. *The Times*, 18 October 1849, p. 6.
19. RA/VIC/MAIN/F/24/17.
20. RA/VIC/MAIN/F/24/30.
21. B&B, p. 123.
22. RA/VIC/MAIN/F/24/14.
23. RA/VIC/MAIN/F/24/20.
24. RA/VIC/MAIN/F/24/33.
25. B&B, p. 126.
26. RC/H/1/2/57.
27. B&B, p. 127.
28. RC/H/1/2/58.
29. RC/H/1/2/66.
30. B&B, p. 129.
31. *The Times*, 22 March 1850, p. 5.
32. B&B, p. 131.
33. Hobhouse, p. 19.
34. *Ibid.* p. 20.
35. *The Times*, 27 June 1850, p. 5.
36. *Ibid.* 28 June 1850, p. 8.

37. Hansard, Vol. 113, col. 334.
38. *Ibid.* Vol. 113, cols 352–3.
39. *Ibid.* Vol. 113, col. 353.
40. Hobhouse, p. 22.
41. Hansard, Vol. 110, col. 1237.
42. RA/VIC/MAIN/F/24/66.
43. *The Times*, 3 May 1850, p. 3.
44. *Ibid.* 6 May 1850, p. 4.
45. Ferriday, p. 163.
46. RA/VIC/MAIN/F/24/67.
47. RA/VIC/MAIN/F/24/72.
48. RA/VIC/MAIN/F/24/73.
49. Hobhouse, p. 34.
50. B&B, p. 139.
51. Ruskin, *Praeterita*, Vol. I, p. 57.
52. RC/H/1/B/6, 10.
53. RC/H/1/B/9.
54. RA/VIC/MAIN/F/24/89.
55. Rhodes James, p. 200.
56. RA/VIC/MAIN/F/24/100.
57. RA/VIC/MAIN/F/24/107.
58. RA/VIC/MAIN/F/24/108.
59. *The Times*, 25 April 1851, p. 5.
60. *Ibid.* 26 April 1851, p. 5.
61. *Ibid.* 1 May 1851, p. 5.
62. RA/VIC/MAIN/F/24/129.
63. *The Times*, 2 May 1851, p. 4.
64. *The Times*, 2 May 1851, p. 5.
65. RA/VIC/MAIN/F/24/130.
66. RA/VIC/MAIN/F/24/144.
67. *The Times*, 2 May 1851, p. 4.
68. Greville, Part II, Vol. III, p. 405.
69. RA/VIC/MAIN/F/24/153.
70. RA/VIC/MAIN/F/24/162.
71. Briggs, *People*, p. 38.
72. Briggs, *Things*, pp. 52–102.
73. Garvin, pp. 51–3.
74. Rhodes James, p. 202.
75. The following figures are taken from RA/VIC/MAIN/F/25/112.
76. Hobhouse, p. 76.
77. RA/VIC/MAIN/F/25/1.
78. RA/VIC/MAIN/F/25/15.
79. Hansard, Vol. 78, col. 387.
80. *Ibid.* Vol. 78, col. 391.
81. B&B, p. 154.
82. RA/VIC/MAIN/F/25/83.
83. RC/H/I/B/26.
84. RC/H/1/B/60.
85. Hansard, Vol. 120, cols 1357–8.
86. RA/VIC/MAIN/F/25/97.
87. RC/H/1/B/45.
88. RA/VIC/MAIN/F/25/102–3.
89. RA/VIC/MAIN/F/25/104.
90. RA/VIC/MAIN/F/25/110.
91. RC/H/1/B/64.
92. RA/VIC/MAIN/F/25/124–5.
93. RA/VIC/MAIN/F/25/131.
94. RA/VIC/MAIN/F/25/127.
95. RA/VIC/MAIN/F/25/146.
96. RA/VIC/MAIN/F/25/137.
97. RA/VIC/MAIN/F/25/170.
98. RA/VIC/MAIN/F/25/171.
99. RC/H/1/B/85.
100. RC/H/1/B/106, 109.
101. RC/H/1/B/110.
102. BL Add. MS 44743, ff. 121–2.
103. Clough, *Letters*, Vol. II, p. 472.
104. *Ibid.* p. 473.
105. RA/VIC/MAIN/F/25/159.
106. RA/VIC/MAIN/F/25/175.
107. RA/VIC/MAIN/F/25/176.
108. RA/VIC/MAIN/F/25/168.
109. RC/H/1/B/168.
110. RA/VIC/MAIN/F/26/19.
111. RA/VIC/MAIN/F/26/20.
112. RC/H/1/B/174.
113. RC/H/1/C/294.
114. RA/VIC/MAIN/F/26/34.
115. RA/VIC/MAIN/F/26/35.
116. RA/VIC/MAIN/F/26/43.
117. Hobhouse, p. 108.
118. *Ibid.* p. 109.
119. RC/H/1/C/297.
120. Hobhouse, p. 115.
121. RA/VIC/MAIN/F/27/24.
122. RC/H/1/D/393.
123. RA/VIC/MAIN/F/27/20.
124. Girouard, p. 7.
125. RA/VIC/MAIN/F/27/114.
126. Hansard, Vol. 166, col. 1903.
127. *Ibid.* Vol. 166, col. 1904.
128. Girouard, p. 13.
129. Hansard, Vol. 166, col. 1915.
130. RC/H/1/D/412.
131. RC/H/1/D/413.

132. BL Add. MS 44617, f. 42.
133. BL Add. MS 38996, f. 114.
134. BL Add. MS 38996, f. 171.
135. BL Add. MS 38996, f. 183.
136. BL Add. MS 38996, f. 274.
137. BL Add. MS 38996, f. 334.
138. Hobhouse, p. 155.
139. Clark, p. 16.
140. *Ibid.* p. 17.
141. RAH Minute Book 1, p. 8.
142. *Ibid.* p. 12.
143. RC/75/1, p. 2.
144. RC/75/1, p. 3.
145. RAH Minute Book 1, p. 48.
146. RC/75/1, p. 4.
147. RC/75/1, p. 5.
148. Clark, p. 29.
149. B&B, p. 223.
150. RAH Minute Book 1, pp. 42–3.
151. *Ibid.* pp. 81–2.
152. RIBA 1871–2, paper by Major General Scott, diagram facing p. 83.
153. *Ibid.* p. 83.
154. RAH Minute Book 1, p. 90.
155. *Ibid.* p. 40.
156. Clark, p. 35.
157. *Ibid.* p. 50.
158. *Ibid.* p. 59.
159. RAH Minute Book 1, p. 153.
160. RC/72/2/4.
161. Hobhouse, p. 172.

第十章 英雄精神
（第378页）

1. *Illustrated London News*, 18 September 1852, p. 214.
2. Greville, Part III, Vol. I, p. 7.
3. *Ibid.* p. 8.
4. Carlyle, *Letters*, Vol. 27, p. 362 (n).
5. Rhodes James, p. 267.
6. Bayley, p. 16.
7. RA/VIC/ADDH/1/1.
8. Maxwell, Vol. II, p. 258.
9. Hansard, Vol. 165, col. 88.
10. RC/75/2/28.
11. Dickens, *Letters*, Vol. X, p. 54.
12. RC/75/2/29.
13. RA/VIC/ADDH/1/211.
14. RC/H/1/D/408.
15. RC/H/1/D/409.
16. RA/VIC/F/27/152.
17. RA/VIC/ADDH/1/353.
18. RA/VIC/ADDH/1/368.
19. RA/VIC/ADDH/1/434.
20. Scott, p. 124.
21. *Ibid.* p. 125.
22. RC/75/2/41.
23. RA/VIC/ADD/1/456–7.
24. RC/75/2/42.
25. RC/75/2/43.
26. RC/H/1/D/414.
27. RC/75/2/35.
28. RC/75/2/26.
29. RC/75/2/25.
30. RC/H/1/D/416.
31. RA/VIC/ADDH/1/480–1.
32. RA/VIC/ADDH/1/574–7.
33. Bayley, p. 24.
34. *Ibid.* p. 40.
35. *London 3*, p. 489.
36. RA/VIC/ADDH/1/574–7.
37. RA/VIC/ADDH/1/580.
38. RA/VIC/ADDH/1/625.
39. RC/H/1/D/424.
40. RA/VIC/ADDH/2/354.
41. RA/VIC/ADDH/2/355.
42. RA/VIC/ADDH/2/356.
43. Hansard, Vol. 170, col. 601.
44. *Ibid.* Vol. 170, col. 608.
45. *Ibid.* col. 604.
46. Fulford, *DM*, p. 65.
47. Hansard, Vol. 170, col. 607.
48. RA/VIC/ADDH/2/469.
49. Maxwell, Vol. II, p. 261.
50. RA/VIC/ADDH/2/515.
51. RA/VIC/ADDH/2/518.
52. RA/VIC/ADDH/2/566.
53. RC/H/1/D/425.
54. RA/VIC/ADDH/2/276.
55. Dickens, *Letters*, Vol. X, p. 425.
56. RC/75/2, f. 38.
57. RA/VIC/ADDH/2/866.
58. RA/VIC/ADDH/2/1333.
59. BL Add. MS 38992, f. 165.
60. RA/VIC/ADDH/2/1356.
61. BL Add. MS 38991, f. 275.

62. BL Add. MS 38993, f. 1; 38992 f. 194.
63. BL Add. MS 38993, f. 11.
64. BL Add. MS 38993, f. 133.
65. BL Add. MS 38993, f. 39.
66. BL Add. MS 38993, f. 244.
67. BL Add. MS 38992, f. 250.
68. BL Add. MS 38992, ff. 268–9.
69. BL Add. MS 38992, f. 271.
70. BL Add. MS 38993, ff. 202–3.
71. BL Add. MS 38993, ff. 322–3.
72. BL Add. MS 38993, f. 340.
73. BL Add. MS 38993, f. 349.
74. BL Add. MS 38993, f. 353.
75. RA/VIC/ADDH/2/2010.
76. BL Add. MS 38993, ff. 356–9.
77. BL Add. MS 38993, f. 379.
78. BL Add. MS 38993, f. 389.
79. RA/VIC/ADDH/2/1778.
80. BL Add. MS 38894, f. 1.
81. BL Add. MS 38894, f. 20.
82. BL Add. MS 38894, ff. 45–6.
83. BL Add. MS 38894, f. 47.
84. RA/VIC/ADDH/2/2028.
85. BL Add. MS 38894, ff. 61–3.
86. BL Add. MS 38994, ff. 69–70.
87. BL Add. MS 38994, f. 81.
88. BL Add. MS 38994, ff. 161–5.
89. RA/VIC/ADDH/2/2043.
90. RA/VIC/ADDH/2/2044.
91. BL Add. MS 38994, f. 174.
92. RA/VIC/ADDH/2/2051.
93. RA/VIC/ADDH/2/2057.
94. BL Add. MS 38994, ff. 202–4.
95. BL Add. MS 38994, ff. 251–7.
96. BL Add. MS 38994, ff. 287–9.
97. BL Add. MS 38994, f. 301.
98. RA/VIC/ADDH/2/2078.
99. RA/VIC/ADDH/2/2079.
100. RA/VIC/ADDH/2/2428.
101. BL Add. MS 38995, ff. 1–4.
102. RA/VIC/ADDH/2/2430, 2436.
103. BL Add. MS 38995, ff. 27–8.
104. RA/VIC/ADDH/2/2462.
105. BL Add. MS 38995, ff. 141–2.
106. BL Add. MS 38995, ff. 145–6.
107. BL Add. MS 38995, f. 156.
108. BL Add. MS 38995, f. 159.
109. BL Add. MS 38995, ff. 163–4.

110. BL Add. MS 38995, f. 165.
111. BL Add. MS 38995, f. 166.
112. BL Add. MS 38995, f. 174.
113. BL Add. MS 38995, ff. 291–2.
114. BL Add. MS 38995, f. 348.
115. BL Add. MS 38995, f. 388.
116. BL Add. MS 38996, f. 81.
117. BL Add. MS 38996, f. 85.
118. BL Add. MS 38996, f. 82.
119. BL Add. MS 38996, f. 86.
120. BL Add. MS 38996, f. 87.
121. BL Add. MS 38996, ff. 87–8.
122. BL Add. MS 38996, f. 321.
123. BL Add. MS 38996, f. 345.
124. Bayley, p. 142.
125. *London 3*, p. 489.

第三部分　英国的转型

第十一章　黑暗的跳跃
（第417页）

1. BL Add. MS 44402, ff. 53–4.
2. *Ibid.* f. 55.
3. Kingsley, *AL*, (Preface), pp. lxxxix–xc.
4. Hansard, Vol. 182, cols 1255–6.
5. *Ibid.* Vol. 182, col. 1263.
6. Gladstone, *Diaries*, Vol. VI, p. 391.
7. BL Add. MS 44793, f. 125.
8. BL Add. MS 44793, f. 126.
9. BL Add. MS 44793, f. 130.
10. Gladstone, *Diaries*, Vol. VI, p. 414.
11. Lang, Vol. I, p. 246.
12. Hansard, Vol. 182, col. 151.
13. *Ibid.* Vol. 182, col. 164.
14. *Ibid.* Vol. 182, col. 219.
15. *Ibid.* Vol. 182, col. 220.
16. *Ibid.* Vol. 182, col. 1124.
17. *Ibid.* Vol. 182, cols 146–7.
18. Sylvester, p. 27.
19. Hansard, Vol. 182, col. 1132.
20. *Ibid.* Vol. 182, col. 1133.
21. *Ibid.* Vol. 182, col. 1137.
22. *Ibid.* Vol. 182, col. 1445.
23. *Ibid.* Vol. 182, col. 1459.
24. BL Add. MS 38993, ff. 41–2.
25. Hansard, Vol. 182, col. 2095.
26. *Ibid.* Vol. 182, cols 2096–7.

27. *Ibid.* Vol. 182, col. 2103.
28. *Ibid.* Vol. 182, col. 2107.
29. *Ibid.* Vol. 182, col. 2118.
30. *Ibid.* Vol. 183, col. 89.
31. *Ibid.* Vol. 183, col. 93.
32. *Ibid.* Vol. 183, col. 113.
33. *Ibid.* Vol. 183, col. 131.
34. *Ibid.* Vol. 183, col. 148.
35. *Ibid.* Vol. 183, cols 151–2.
36. Gladstone, *Diaries*, Vol. VI, p. 433.
37. *Ibid.* p. 439.
38. *Ibid.* p. 444.
39. *Ibid.* p. 446.
40. *Ibid.* p. 447.
41. *Ibid.* p. 446.
42. Maxwell, Vol. II, p. 322.
43. *The Times*, 29 June 1866, p. 8.
44. *Ibid.* 20 July 1866, p. 12.
45. Cowling, *1867*, p. 131.
46. *The Times*, 23 July 1866, p. 9.
47. *Ibid.* 24 July 1866, p. 9.
48. *Ibid.* 25 July 1866, p. 8.
49. Cowling, *1867*, p. 31.
50. Mill, *Autobiography*, p. 246.
51. *The Times*, 25 July 1866, p. 5.
52. *Ibid.* 26 July 1866, p. 12.
53. Maxwell, Vol. II, p. 321.
54. Hansard, Vol. 184, col. 1390.
55. *Ibid.* Vol. 184, col. 1401.
56. *Ibid.* Vol. 184, col. 1411.
57. *The Times*, 28 July 1866, p. 9.
58. Hawkins, Vol. II, p. 315.
59. Mill, *Later*, Vol. II, p. 655.
60. Hansard, Vol. 185, col. 6.
61. *Ibid.* Vol. 185, col. 215.
62. *Ibid.* Vol. 185, col. 243.
63. Roberts, p. 91.
64. Cecil, Vol. I, pp. 233–4.
65. Roberts, p. 89.
66. Briggs, *People*, p. 272.
67. Hawkins, Vol. II, p. 337.
68. Hansard, Vol. 185, col. 966.
69. Cecil, Vol. I, p. 237.
70. Hansard, Vol. 186, cols 42–3.
71. BL Add. MS 44133, f. 107.
72. Gardiner, Vol. I, p. 177.
73. Cecil, Vol. I, p. 255.
74. Reid, *MM*, Vol. II, pp. 174–5.

75. *The Times*, 2 May 1867, p. 7.
76. *Ibid.* 20 April 1867, p. 9.
77. *Ibid.* 26 April 1867, p. 12.
78. BL Add. MS 44118, f. 229.
79. *The Times*, 2 May 1867, p. 7.
80. *Ibid.* 6 May 1867, p. 9.
81. Cowling, *1867*, p. 42.
82. *The Times*, 7 May 1867, p. 9.
83. Cowling, *1867*, p. 46.
84. Gladstone, *Diaries*, Vol. VI, p. 536.
85. Hansard (Lords), Vol. 189, col. 952.
86. A&C, Vol. I, p. 423.
87. BL Add. MS 44118, f. 234.
88. Fulford, *YDL*, p. 174.
89. Cecil, Vol. I, p. 291.
90. M&B, Vol. IV, p. 557.
91. Blake, p. 487.
92. Blake, pp. 500–501.
93. Eliot, *Holt*, p. 139.
94. *Ibid.* pp. 185–6.
95. Hansard, Vol. 194, col. 1499.
96. Cross, p. 12.
97. Hansard, Vol. 194, col. 1504.
98. *Ibid.* Vol. 200, col. 12.
99. *Ibid.* Vol. 205, col. 1053.
100. *Ibid.* Vol. 207, col. 561.
101. *Ibid.* Vol. 207, col. 774.
102. BL Add. MS 44300, ff. 56–9.
103. Hansard, Vol. 211, col. 1450.
104. *Ibid.* Vol. 211, col. 1455.
105. *Ibid.* Vol. 211, col. 1460.
106. Cecil, Vol. II, p. 25.
107. *Ibid.* p. 26.
108. Hansard, Vol. 212, col. 350.
109. BL Add. MS 44541, f. 147.
110. BL Add. MS 44541, f. 148.

第十二章 开阔视野
（第456页）

1. Hansard, Vol. 188, cols 1548–9.
2. Sylvester, p. 120.
3. Briggs, *People*, p. 256.
4. *The Times*, 24 November 1860, p. 8.
5. Hansard, Vol. 155, col. 329.
6. Gash, p. 228.
7. Hansard, Vol. 125, col. 1148.
8. Shrosbree, p. 45.

9. Dickens, *Letters*, Vol. VI, pp. 752–3.
10. Winter, p. 174.
11. Hansard, Vol. 138, col. 1803.
12. *Ibid.* Vol. 138, col. 1804.
13. *Ibid.* Vol. 164, cols 700–1.
14. Newcastle, Vol. I, p. 7.
15. *Ibid.* p. 36.
16. *Ibid.* p. 37.
17. *Ibid.* p. 45.
18. *Ibid.* p. 72.
19. *Ibid.* p. 204.
20. *Ibid.* p. 205.
21. *Ibid.* pp. 215–6.
22. *Ibid.* p. 91.
23. *Ibid.* p. 93.
24. *Ibid.* p. 93.
25. *Ibid.* pp. 82–3.
26. *Ibid.* p. 85.
27. *Ibid.* p. 101.
28. *Ibid.* p. 107.
29. *Ibid.* p. 149.
30. *Ibid.* p. 165.
31. *Ibid.* p. 169.
32. *Ibid.* p. 89.
33. *Ibid.* p. 273.
34. *Ibid.* p. 273.
35. *Ibid.* p. 274.
36. *Saturday Review*, 3 December 1864, p. 683.
37. Newcastle, Vol. I, p. 356.
38. *Ibid.* pp. 374–5.
39. *Ibid.* p. 384.
40. *Ibid.* pp. 409–10.
41. *Ibid.* p. 411.
42. *Ibid.* p. 413.
43. *Ibid.* p. 414.
44. Hansard, Vol. 164, col. 720.
45. *Ibid.* Vol. 164, col. 722.
46. *Ibid.* Vol 164, col. 753.
47. Winter, p. 176.
48. Hansard, Vol. 164, col. 736.
49. Winter, p. 178.
50. *Ibid.* p. 178.
51. *Fraser's Magazine*, March 1862, p. 347.
52. *Ibid.* p. 348.
53. *Ibid.* p. 349.
54. *Ibid.* p. 351.
55. *Ibid.* p. 354.
56. *Ibid.* p. 358.
57. *Ibid.* p. 360.
58. *Ibid.* p. 365.
59. Arnold, *Reports*, p. 97.
60. *Ibid.* p. 99.
61. *Ibid.* p. 104.
62. *Ibid.* p. 110.
63. *Ibid.* p. 111.
64. Sylvester, p. 100.
65. BL Add. MS 44404, ff. 126–7.
66. Sylvester, p. 91.
67. *Ibid.* p. 161.
68. *Ibid.* p. 164.
69. Weir, [Pamphlet] pp. 5–14.
70. Winter, p. 169.
71. *Ibid.* p. 171.
72. BL Add. MS 44536, f. 137.
73. Hansard, Vol. 194, col. 1359.
74. *Ibid.* Vol. 194, col. 1361.
75. *Ibid.* Vol. 194, col. 1367.
76. *Ibid.* Vol. 194, col. 1373.
77. *Ibid.* Vol. 194, col. 1382.
78. *Ibid.* Vol. 196, col. 1761.
79. *Ibid.* Vol. 196, col. 1763.
80. *Ibid.* Vol. 199, col. 2.
81. BL Add. MS 43897, f. 12.
82. A&C, Vol. I, p. 393.
83. *Ibid.* p. 394.
84. BL Add. MS 44611, ff. 99–102.
85. BL Add. MS 43513, f. 282.
86. Mill, *Later*, Vol. III, p. 1348.
87. *Ibid.* Vol. I, p. 80.
88. Hansard, Vol. 199, col. 440.
89. *Ibid.* Vol. 199, col. 441.
90. *Ibid.* Vol. 199, col. 442.
91. *Ibid.* Vol. 199, col. 443.
92. *Ibid.* Vol. 199, col. 458.
93. *Ibid.* Vol. 199, col. 455.
94. *Ibid.* Vol. 199, col. 459.
95. *Ibid.* Vol. 199, col. 464.
96. *Ibid.* Vol. 199, col. 465.
97. Garvin, p. 109.
98. Gardiner, Vol. I, p. 216.
99. Hansard, Vol. 199, col. 2065.
100. Reid, Vol. I, pp. 490–1.
101. BL Add. MS 44301, f. 146.
102. Hansard, Vol. 202, cols 284–5.
103. *Ibid.* Vol. 202, col. 286.

104. *Ibid.* Vol. 202, col. 287.
105. *Ibid.* Vol. 202, col. 290.
106. *Ibid.* Vol. 202, col. 503.
107. *Ibid.* Vol. 202, col. 595.
108. BL Add. MS 44335, ff. 23–4.
109. Hansard, Vol. 203, col. 749.
110. *Ibid.* Vol. 203, col. 845.
111. BL Add. MS 44617, ff. 14–15.
112. BL Add. MS 44617, ff. 22–3.
113. Morley, *Compromise*, p. 113.
114. *Macmillan's Magazine*, February 1861, p. 294.
115. *Ibid.* p. 298.
116. *Ibid.* p. 299.
117. Hansard, Vol. 175, col. 108.
118. Rhodes James, p. 177.
119. A&C, Vol. I, p. 177.
120. *Ibid.* p. 184.
121. Clarendon, Vol. I, p. 1.
122. *Ibid.* p. 6.
123. *Ibid.* p. 11.
124. *Ibid.* p. 13.
125. *Ibid.* p. 14.
126. *Ibid.* p. 75.
127. *Ibid.* p. 85.
128. *Ibid.* Vol. III, p. 114.
129. *Ibid.* p. 350.
130. *Ibid.* Vol. IV, p. 19.
131. *Ibid.* p. 170.
132. *Ibid.* Vol. I, p. 17.
133. *Ibid.* p. 24.
134. *Ibid.* p. 26.
135. *Ibid.* p. 91.
136. *Ibid.* p. 95.
137. *Ibid.* p. 97.
138. *Ibid.* Vol. III, p. 177.
139. *Ibid.* p. 176.
140. *Ibid.* p. 180.
141. *Ibid.* p. 73.
142. *Ibid.* p. 74.
143. *Ibid.* p. 100.
144. *Ibid.* Vol. I, p. 146.
145. *Ibid.* Vol. III, p. 345.
146. *Ibid.* Vol. I, p. 38.
147. *Ibid.* p. 42.
148. *Ibid.* p. 42.
149. *Ibid.* p. 43.
150. *Ibid.* p. 109.

151. *Ibid.* p. 259.
152. *Ibid.* p. 44.
153. *Ibid.* Vol. III, p. 485.
154. *Ibid.* Vol. I, p. 153.
155. *Ibid.* p. 221.
156. *Ibid.* Vol. IV, p. 64.
157. H&I, p. 189.
158. Clarendon, Vol. I, p. 44.
159. *Ibid.* p. 56.
160. Bibby, *Scientist*, p. 166.
161. Hansard, Vol. 175, col. 107.
162. *Ibid.* Vol. 175, col. 108.
163. *Ibid.* Vol. 175, col. 122.
164. *Ibid.* Vol. 175, col. 129.
165. *Ibid.* Vol. 175, cols 132–3.
166. *Ibid.* Vol. 175, cols 133–4.
167. *Ibid.* Vol. 175, col. 135.
168. BL Add. MS 44754, ff. 162–3.
169. Hansard, Vol. 175, cols 139–40.
170. *Ibid.* Vol. 175, col. 714.
171. *Ibid.* Vol. 175, cols 716–7.
172. BL Add. MS 44395, f. 97.
173. Hansard, Vol. 175, col. 1242.
174. *Ibid.* Vol. 177, col. 856.
175. *Ibid.* Vol. 177, col. 877.
176. BL Add. MS 44133, f. 86.
177. BL Add. MS 44392, ff. 109–10.
178. BL Add. MS 44395, ff. 174–5.
179. BL Add. MS 44392, ff. 109–10.
180. Arnold, *Eton*, p. 1.
181. BL Add. MS 44403, ff. 107–8.
182. Sylvester, p. 173.
183. Arnold, *Eton*, pp. 2–3.
184. *Ibid.* p. 4.
185. *Ibid.* p. 62.
186. *Ibid.* pp. 4–5.
187. *Ibid.* pp. 37–8.
188. *Ibid.* p. 41.
189. *Ibid.* p. 44.
190. *Ibid.* p. 47.
191. *Ibid.* p. 51.
192. *Ibid.* pp. 62–3.
193. *Ibid.* p. 69.
194. Kingsley, *W-B*, p. 4.
195. Sylvester, p. 173.
196. Arnold, *Eton*, pp. 80–81.
197. *Ibid.* p. 83.
198. *Ibid.* p. 99.

199. *Ibid.* p. 108.
200. *Ibid.* p. 114.
201. *Ibid.* p. 126.

第十三章　特权的终结
　　（第519页）
1. N-T, p. 5.
2. Burn, p. 141.
3. *Ibid.* p. 142.
4. *Ibid.* p. 143.
5. *Ibid.* p. 144.
6. Quoted in a Cork University project at http://multitext.ucc.ie/d/ Charles_Edward_Trevelyan.
7. N-T, p. 3.
8. *Ibid.* p. 4.
9. *Ibid.* p. 8.
10. *Ibid.* p. 9.
11. *Ibid.* p. 17.
12. Briggs, *People*, p. 109.
13. BL Add. MS 44118, ff. 60–61.
14. BL Add. MS 44743, ff. 132–4.
15. BL Add. MS 44334, f. 61.
16. BL Add. MS 44334, f. 181.
17. BL Add. MS 44334, f. 183.
18. N-T, p. 11.
19. BL Add. MS 44334, f. 192–3.
20. BL Add. MS 44334, f. 208.
21. BL Add. MS 44334, f. 213.
22. Dickens, *LD*, p. 541. 'Father-in-law' was the contemporary term for 'stepfather'.
23. Trollope, *TC*, p. 4.
24. *Ibid.* p. 126.
25. BL Add. MS 44301, f. 104.
26. BL Add. MS 44537, f. 149.
27. BL Add. MS 44617, f. 37.
28. Sylvester, p. 202.
29. BL Add. MS 44617, f. 38.
30. BL Add. MS 44617, f. 40.
31. Hansard, Vol. 204, col. 339.
32. BL Add. MS 44334, f. 223.
33. BL Add. MS 45801, ff. 141–4.
34. BL Add. MS 45801, ff. 141–4.
35. BL MS Add. 44119, f. 50.
36. BL MS Add. 44119, ff. 96–7.
37. BL MS Add. 44334, f. 230.
38. BL MS Add. 44334, f. 226.
39. BL MS Add. 44334, f. 230.
40. BL MS Add. 44335, ff. 10–11.
41. BL MS Add. 44335, f. 15.
42. BL MS Add. 44335, ff. 16–17.
43. BL MS Add. 44617, f. 60.
44. BL MS Add. 44759, f. 169.
45. Gladstone, *Diaries*, Vol. VII, p. 376.
46. BL MS Add. 44539, f. 140.
47. http://www.cwreenactors.com/~crimean/purchsys.htm.
48. BL MS Add. 44119, ff. 212–14.
49. BL MS Add. 44119, ff. 224–5.
50. BL MS Add. 44617, f. 67.
51. BL MS Add. 44617, f. 45.
52. BL MS Add. 44617, f. 47.
53. Hansard, Vol. 204, col. 590.
54. *Ibid.* Vol. 204, col. 593.
55. *Ibid.* Vol. 204, col. 1411.
56. *Ibid.* Vol. 204, col. 1412.
57. *Ibid.* Vol. 205, col. 123.
58. *Ibid.* Vol. 205, col. 137.
59. *Ibid.* Vol. 205, col. 254.
60. BL Add. MS 44760, f. 15.
61. BL Add. MS 44760, f. 17.
62. Hansard, Vol. 206, col. 406.
63. *Ibid.* Vol. 206, col. 414.
64. Gladstone, *Diaries*, Vol. VII, p. 501.
65. BL Add. MS 44119, ff. 239–40.
66. BL Add. MS 44617, ff. 1–6.
67. BL Add. MS 44617, f. 7.
68. BL Add. MS 44431, ff. 106–7.
69. BL Add. MS 44431, ff. 132–3.
70. BL Add. MS 44760, ff. 53–4.
71. BL Add. MS 44540, f. 68.
72. BL Add. MS 44760, ff. 55–6.
73. BL Add. MS 44760, f. 56.
74. BL Add. MS 44760, f. 58.
75. BL Add. MS 44760, f. 59.
76. BL Add. MS 44760, ff. 61–2.
77. Hansard, Vol. 207, col. 1550.
78. *Ibid.* Vol. 207, col. 1690.
79. *Ibid.* Vol. 207, col. 1690.
80. *Ibid.* Vol. 207, col. 1693.
81. *Ibid.* Vol. 207, col. 1694.
82. Fulford, *DC*, p. 222, for example.

83. Fulford, *YDL*, p. 248.
84. Fulford, *DC*, p. 29.
85. *Ibid.* p. 162.
86. *Ibid.* p. 242.
87. *Ibid.* p. 251.
88. BL Add. MS 44439, ff. 227–8.
89. BL Add. MS 44617, f. 159.
90. BL Add. MS 38995, f. 371.
91. Hansard, Vol. 194, col. 1042.
92. BL Add. MS 44424, ff. 93–6.
93. BL Add. MS 44424, f. 224.
94. BL Add. MS 44424, f. 247.
95. BL Add. MS 44157, f. 7.
96. Hansard, Vol. 201, col. 1194.
97. *Ibid.* Vol. 201, col. 1195.
98. *Ibid.* Vol. 201, col. 1204.
99. *Ibid.* Vol. 201, col. 1211.
100. *Ibid.* Vol. 201, col. 1234.
101. *Ibid.* Vol. 201, col. 1244.
102. *Ibid.* Vol. 201, col. 1249.
103. *Ibid.* Vol. 204, col. 512.
104. *Ibid.* Vol. 205, col. 41.
105. *Ibid.* Vol. 205, col. 42.
106. *Ibid.* Vol. 206, col. 358.
107. *Ibid.* Vol. 206, col. 360.
108. *Ibid.* Vol. 206, col. 604.
109. *Ibid.* Vol. 206, col. 706.
110. A&C, Vol. II, p. 25.
111. Anon., p. 5.
112. Anon., p. 6.

第十四章　妇女权利
（第559页）

1. Burn, p. 31.
2. Eliot, *Holt*, p. 96.
3. *The Times*, 2 September 1853, p. 8.
4. Chedzoy, p. 119.
5. *The Times*, 29 August 1838, p. 5.
6. *Quarterly Review of Jurisprudence*, Vol. XXI, p. 145.
7. Norton, p. 69.
8. *The Times*, 19 August 1853, p. 10.
9. *Ibid.* 20 August 1853, p. 8.
10. *Ibid.* 24 August 1853, p. 7.
11. *Ibid.* 2 September 1853, p. 8.
12. Hansard, Vol. 68, col. 1244.
13. Norton, p. 3.
14. *Ibid.* p. 4.
15. *Ibid.* p. 13.
16. *Ibid.* p. 14.
17. *Ibid.* p. 17.
18. *Ibid.* p. 59.
19. *Ibid.* p. 65.
20. *The Times*, 28 January 1857, p. 7.
21. Hansard, Vol. 144, col. 1687.
22. *Ibid.* Vol. 144, col. 1707.
23. *Ibid.* Vol. 146, col. 210.
24. *Ibid.* Vol. 146, col. 228.
25. *Ibid.* Vol. 147, col. 380.
26. *Ibid.* Vol. 147, col. 383.
27. *Ibid.* Vol. 147, col. 385.
28. *Ibid.* Vol. 147, col. 389.
29. *Ibid.* Vol. 147, col. 392.
30. *Ibid.* Vol. 147, col. 393.
31. *Ibid.* Vol. 147, col. 394.
32. *Ibid.* Vol. 147, col. 412.
33. *Ibid.* Vol. 147, col. 723.
34. *Ibid.* Vol. 147, col. 742.
35. *Ibid.* Vol. 147, col. 743.
36. *Ibid.* Vol. 147, cols 828–9.
37. *Ibid.* Vol. 147, col. 832.
38. *Ibid.* Vol. 147, cols 853–4.
39. *Ibid.* Vol. 147, cols 885–6.
40. *Ibid.* Vol. 147, col. 1028.
41. *Ibid.* Vol. 147, col. 1031.
42. *Ibid.* Vol. 147, col. 1230.
43. *Ibid.* Vol. 147, col. 1270.
44. *Ibid.* Vol. 147, col. 1271.
45. *Ibid.* Vol. 147, col. 1272.
46. *Ibid.* Vol. 147, col. 1273.
47. *Ibid.* Vol. 147, col. 1276.
48. *Ibid.* Vol. 147, col. 1277.
49. *Ibid.* Vol. 147, col. 1557.
50. *Ibid.* Vol. 201, col. 194.
51. *Ibid.* Vol. 201, col. 195.
52. *Ibid.* Vol. 201, col. 197.
53. *Ibid.* Vol. 201, col. 198.
54. *Ibid.* Vol. 201, cols 211–12.
55. *Ibid.* Vol. 201, col. 213.
56. *Ibid.* Vol. 201, col. 216.
57. *Ibid.* Vol. 201, cols 220–21.
58. *Ibid.* Vol. 201, col. 231.
59. *Ibid.* Vol. 201, col. 232.
60. *Ibid.* Vol. 201, col. 611.
61. *Ibid.* Vol. 201, col. 612.
62. *Ibid.* Vol. 201, col. 614.
63. *Ibid.* Vol. 201, col. 619.

64. *Ibid.* Vol. 201, col. 620.
65. Bibby, *Scientist*, p. 67.
66. *Ibid.* p. 68.
67. *Ibid.* p. 69.
68. BL Add. MS 45787, f. 34.
69. BL Add. MS 45787, f. 2.
70. BL Add. MS 45787, f. 7.
71. BL Add. MS 45787, f. 36.
72. BL Add. MS 45787, f. 38.
73. BL Add. MS 45787, f. 39.
74. BL Add. MS 45787, f. 40.
75. BL Add. MS 45787, f. 41.
76. BL Add. MS 45787, f. 43.
77. BL Add. MS 45801, f. 148.
78. BL Add. MS 45787, f. 11.
79. BL Add. MS 45787, f. 18.
80. Mill, *Later*, Vol. IV, p. 1917.
81. Hansard, Vol. 223, col. 419.
82. *Ibid.* Vol. 223, col. 432.
83. *Ibid.* Vol. 223, col. 437.
84. *Ibid.* Vol. 223, col. 450.
85. *Ibid.* Vol. 223, col. 453.
86. *Ibid.* Vol. 223, col. 460.
87. Mill, *Later*, Vol. IV, p. 1681.
88. *Ibid.* p. 1688.
89. Hansard, Vol. 195, col. 762.
90. *Ibid.* Vol. 195, col. 764.
91. *Ibid.* Vol. 195, col. 771.
92. *Ibid.* Vol. 195, col. 774.
93. *Ibid.* Vol. 199, col. 285.
94. *Ibid.* Vol. 201, col. 882.
95. *Ibid.* Vol. 201, col. 887.
96. BC RF/104/2/21.
97. BC RF/103/3/2.
98. BC RF/103/3/18.
99. BC RF/103/3/4.
100. BC RF/103/3/12.
101. BC RF/104/1/37.
102. BC RF/103/14.
103. BC RF/103/14/7.
104. BC RF/103/14/11.
105. BC RF/104/2/25.
106. BC RF/104/2/41–2.
107. BC RF/104/2/34–6.
108. BC RF/104/1/117.
109. BC RF/103/14/15.
110. BC RF/104/1/90.
111. BC RF 104/2/36–7.
112. BC RF 104/2/41.

113. BC RF 104/2/45.
114. BC RF/104/2/42.
115. Sylvester, p. 101.
116. Stephen, B., p. 34.
117. Arnold, *Letters*, Vol. II, pp. 360 and 387.
118. Sutherland, p. 85.
119. Stephen, B., p. 217.
120. *Ibid.* p. 173.
121. *Ibid.* p. 175.
122. *The Times*, 10 October 1868, p. 8.
123. Stephen, B., p. 173.
124. Sidgwick, pp. 39–40.
125. *Ibid.* p. 63.
126. *Ibid.* pp. 30–31.
127. *Ibid.* p. 40.
128. *Ibid.* p. 22.
129. *Ibid.* p. 33.
130. *Ibid.* p. 76.
131. Hansard, Vol. 219, cols 1526–7.
132. *Ibid.* Vol. 219, col. 1545.
133. *Ibid.* Vol. 219, cols 1535–6.
134. Stephen, B., p. 61.
135. *Ibid.* pp. 63–4.
136. *Ibid.* p. 66.
137. *Ibid.* p. 80.
138. Hansard, Vol. 226, col. 270.
139. Bostridge, p. 66.
140. Clough, *Letters*, Vol. II, p. 506.
141. BL Add. MS 45801, f. 102.
142. BL Add. MS 45787, f. 1.
143. BL Add. MS 45787, f. 2.
144. BL Add. MS 45787, f. 7.
145. BL Add. MS 45787, f. 14.
146. BL Add. MS 45787, f. 14.
147. BL Add. MS 45787, ff. 15–16.
148. BL Add. MS 45787, f. 44.
149. BL Add. MS 45787, ff. 36–7.
150. BL Add. MS 45801, f. 170.
151. BL Add. MS 45801, ff. 191–2.
152. BL Add. MS 45807, f. 229.
153. BL Add. MS 44404, ff. 102–3.
154. Mill, *Autobiography*, p. 225.
155. *Ibid.* p. 207.
156. Bostridge, p. 372.
157. Mill, *Subjection*, ch. 3.
158. *Ibid.* p. 1.
159. *Ibid.* p. 19.
160. *Ibid.* p. 36.

161. *Ibid.* p. 6.
162. *Ibid.* p. 12.
163. *Ibid.* p. 32.
164. *Ibid.* p. 33.
165. *Ibid.* p. 35.
166. *Ibid.* p. 14.
167. *Ibid.* p. 30.
168. *Ibid.* p. 21.
169. *Ibid.* p. 86.
170. *Ibid.* p. 53.
171. *Ibid.* p. 57.
172. *Ibid.* p. 61.
173. *Ibid.* p. 105.
174. *Ibid.* p. 101.
175. *Ibid.* p. 103.
176. BL Add. MS 44536, f. 170.
177. Hansard, Vol. 219, cols 396–7.
178. *Ibid.* Vol. 219, col. 398.

第四部分　现代的诞生
第十五章　追求完美
（第635页）

1. Heffer, p. 358.
2. Froude, *Carlyle*, Vol. IV, p. 350.
3. Smith, p. 36.
4. Carlyle, *Works*, Vol. XX, p. 315ff.
5. *Ibid.* Vol. XXX, p. 1.
6. *Ibid.* p. 3.
7. *Ibid.* p. 4.
8. *Ibid.* p. 9.
9. *Ibid.* p. 10.
10. *Ibid.* p. 11.
11. *Ibid.* p. 12.
12. *Ibid.* p. 13.
13. *Ibid.* p. 15.
14. *Ibid.* p. 30.
15. *Ibid.* p. 31.
16. *Ibid.* p. 39.
17. *Ibid.* p. 41.
18. *Ibid.* p. 44.
19. *Ibid.* p. 47.
20. UL Add. 7349 2/19/29.
21. Smith, p. 16.
22. UL Add. 7349 1/8/13.
23. UL Add. 7349 1/11/1.
24. UL Add. 7349 1/11/2.
25. UL Add. 7349 1/11/3.
26. UL Add. 7349 1/11/4.
27. UL Add. 7349 1/11/6–7.
28. UL Add. 7349 1/11/8.
29. Smith, p. 147.
30. UL Add. 7349 1/8/16–17.
31. UL Add. 7349 1/8/57.
32. UL Add. 7349 (c) 1/8/3–5.
33. UL Add. 7349 (c) 1/8/20.
34. UL Add. 7349 (c) 1/8/24.
35. Mill, CW, Vol. XIX, p. 338; *ibid.* Vol. II, p. 146.
36. UL Add. 7349 1/7a/64.
37. Stephen, p. 4.
38. *Ibid.* p. 5.
39. Morley, *Recollections*, Vol. I, p. 55.
40. Stephen, p. 53.
41. *Ibid.* p. 54.
42. *Ibid.* p. 221.
43. *Ibid.* p. 240 (fn).
44. *Ibid.* p. 226.
45. *Ibid.* p. 81.
46. *Ibid.* p. 259.
47. *Ibid.* p. 58.
48. *Ibid.* p. 70.
49. *Ibid.* p. 71.
50. *Ibid.* p. 103.
51. *Ibid.* p. 110.
52. *Ibid.* p. 137.
53. *Ibid.* p. 138.
54. *Ibid.* p. 207.
55. *Ibid.* pp. 210–11.
56. *Ibid.* p. 212.
57. UL Add. 7349 1/7a/80.
58. UL Add. 7349 1/7a/82.
59. UL Add. 7349 1/7a/83.
60. UL Add. 7349 (c) 1/8/36.
61. Arnold, *Letters*, Vol. III, p. 58.
62. Trilling, (Preface), p. xv.
63. Arnold, *Essays 1*, p. 17.
64. *Ibid.* p. 21.
65. *Ibid.* p. 23.
66. *Ibid.* p. 24.
67. *Ibid.* p. 25.
68. *Ibid.* p. 26.
69. *Ibid.* p. 38.
70. Butler, *Note-Books*, p. 107.
71. S&S, p. 4.
72. *Ibid.* pp. 41–2.

73 Ibid. p. 43.
74. Ibid. p. 45.
75. Ibid. p. 51.
76. Ibid. p. 61.
77. Ibid. p. 68.
78. Ibid. p. 69.
79. Ibid. pp. 69–70.
80. Ibid. pp. 74–5.
81. Arnold, C&A, p. 6.
82. Ibid. pp. 18–19.
83. Ibid. p. 22.
84. Ibid. p. 23.
85. Ibid. p. 29.
86. Ibid. p. 30.
87. Ibid. p. 41.
88. Ibid. p. 43.
89. Ibid. pp. 44–5.
90. Ibid. p. 46.
91. Ibid. p. 47.
92. Ibid. p. 49.
93. Ibid. p. 52.
94. Ibid. p. 54.
95. Ibid. p. 59.
96. Ibid. p. 63.
97. Ibid. p. 64.
98. Ibid. p. 65.
99. Ibid. p. 69
100. Ibid. p. 73.
101. Ibid. p. 75.
102. Ibid. pp. 76–7.
103. Ibid. p. 82.
104. Ibid. p. 90.
105. Ibid. p. 102.
106. Ibid. p. 104.
107. Ibid. p. 105.
108. Ibid. p. 108.
109. Ibid. p. 109.
110. Ibid. p. 134.
111. Ibid. p. 142.
112. Ibid. p. 145.
113. Ibid. p. 147.
114. Ibid. pp. 147–8.
115. Ibid. pp. 192–3.
116. Ibid. p. 203.
117. Arnold, Letters, Vol. III, p. 273.
118. Arnold, C&A, p. 205.
119. Ibid. p. 210.
120. Ibid. p. 212.
121. Trilling, p. 252.
122. Arnold, Letters, Vol. III, p. 448.
123. Morley, Recollections, I, p. 131.
124. Arnold, Letters, Vol. III, p. 449.
125. Macmillan's Magazine, March 1868, p. 367.
126. Ibid. p. 368.
127. Ibid. p. 369.
128. Ibid. p. 371.
129. Ibid. p. 372.
130. Ibid. p. 373.
131. Ibid. p. 374.
132. Ibid. p. 375.
133. Lutyens, pp. 20–21.
134. La Touche, p. 159.
135. Ruskin, Diaries, Vol. I, p. v.
136. Ruskin, Last, p. 110.
137. Ibid. p. 111.
138. Ibid. p. 112.
139. Ibid. p. 142.
140. Ibid. p. 146.
141. Ibid. p. 160.
142. Ibid. p. 161.
143. Ruskin, T&T, (Preface), pp. ix–x.
144. Ibid. p. 138.
145. Ibid. pp. 18–19.
146. Ibid. p. 87.
147. Ibid. p. 116.
148. Ibid. p. 118.
149. Ibid. p. 130.
150. Ruskin, Crown, p. 173.
151. Ibid. p. 174.
152. Ibid. p. 175.
153. Ibid. p. 177.
154. Ibid. p. 178.
155. Ibid. p. 181.
156. Ibid. p. 182.
157. Ibid. p. 185.
158. Ibid. p. 186.
159. Ibid. p. 188.
160. Ruskin, Praeterita, Vol. I, p. 1.
161. Ruskin, Diaries, Vol. III, p. 821.
162. UL Add. 7349 (c) 1/8/11.
163. Stephen, p. 194.
164. Ibid. p. 195.
165. Ibid. p. 196.
166. Fawcett, [Pamphlet] p. 5.
167. Ibid. p. 7.

168. *Ibid.* p. 9.
169. *Ibid.* p. 11.
170. *Ibid.* pp. 11–12.
171. *Ibid.* p. 13.
172. *Ibid.* pp. 13–14.
173. *Ibid.* pp. 14–15.
174. Hansard, Vol. 81, cols 1413–14.
175. *The Times*, 14 November 1849, p. 4.
176. *Ibid.* 19 November 1849, p. 5.
177. Hansard, Vol. 173, col. 941.
178. Dickens, *Letters*, Vol. X, p. 361.
179. Hansard, Vol. 173, col. 942.
180. *Ibid.* Vol. 173, col. 948.
181. *Ibid.* Vol. 173, col. 952.
182. *Ibid.* Vol. 174, cols 2056–7.
183. *The Times*, 14 November 1864, p. 10.
184. *Ibid.* 15 November 1864, p. 9.
185. Briggs, *People*, p. 5.
186. Mill, *Later*, Vol. III, p. 987.
187. *Ibid.* Vol. II, p. 713.
188. Hansard (Lords), Vol. 183, col. 241.
189. *Ibid.* Vol. 183, col. 242.
190. *Ibid.* Vol. 183, col. 243.
191. *Ibid.* Vol. 183, col. 257.

第十六章　行善
（第697页）

1. Webb, p. 155.
2. Mowat, p. 5.
3. Dickens, *OMF*, p. 779.
4. Dickens, *Letters*, Vol. VII, p. 367.
5. Dickens, *OMF*, pp. 95–6.
6. Healey, p. 198.
7. *Ibid.* p. 173.
8. Hartley, p. 25.
9. Healey, p. 66.
10. Forster, Vol. I, p. 282.
11. Healey, p. 116.
12. http://www.themorgan.org/collections/works/dickens/letter?page=7.
13. http://www.themorgan.org/collections/works/dickens/letter?page=8.
14. http://www.themorgan.org/collections/works/dickens/letter?page=9.
15. http://www.themorgan.org/collections/works/dickens/letter?page=10.
16. http://www.themorgan.org/collections/works/dickens/letter?page=11.
17. http://www.themorgan.org/collections/works/dickens/letter?page=12.
18. http://www.themorgan.org/collections/works/dickens/letter?page=14.
19. Healey, p. 98.
20. Hartley, p. 59.
21. Dickens, *Letters*, Vol. VI, p. 83.
22. http://www.themorgan.org/collections/works/dickens/letter?page=30.
23. http://www.themorgan.org/collections/works/dickens/letter?page=30.
24. Healey, p. 99.
25. http://www.themorgan.org/collections/works/dickens/letter?page=22.
26. http://www.themorgan.org/collections/works/dickens/letter?page=28.
27. http://www.themorgan.org/collections/works/dickens/letter?page=32.
28. http://www.themorgan.org/collections/works/dickens/letter?page=36.
29. Dickens, *Letters*, Vol. VI, p. 29.
30. *Ibid.* p. 323.
31. Healey, pp. 117–8.
32. Dickens, *Letters*, Vol. VI, p. 752.
33. *The Times*, 3 January 1857, p. 7.
34. BL Add. MS 44430, f. 179.
35. Healey claims that Burdett-Coutts was the first woman to be recognised in this way, but that is not so. One earlier example from the nineteenth century is the Rayleigh barony, created for the wife of a Member of Parliament by George IV in 1821. Burdett-Coutts was the first to be ennobled for her own, as opposed to her husband's, deeds.
36. Healey, p. 177.
37. BL Add. MS 44300, f. 19.
38. *The Times*, 19 January 1865, p. 6.
39. Forster, Vol. II, p. 193.
40. *Ibid.* p. 198.
41. Tomalin, p. 396.
42. Wagner, p. 33.
43. http://www.barnardos.org.uk/barnardo_s_history.pdf.
44. Wagner, p. 35.
45. *Ibid.* p. 55.
46. *Ibid.* p. 81.
47. *The Times*, 20 July 1876, p. 10.

48. http://www.barnardos.org.uk/
barnardo_s_christian_heritage.pdf.
49. *The Times*, 19 October 1877, p. 6.
50. Booth, (Preface), p. i.
51. See Frank Prochaska's article on
Booth in the *Dictionary of National
Biography*, http://www.oxforddnb.
com/view/article/31968?docPos=4.
52. Booth, p. 23.
53. Balgarnie, p. 98.
54. *Ibid.* p. 174.
55. Curl, p. 102.
56. Balgarnie, pp. 64–5.
57. JL&S, p. 72ff.
58. Taken from 'Rules for Living in
Saltaire Village', available from
Saltaire.
59. Dickens, *ED*, p. 176.
60. Mowat, p. 1.
61. *Ibid.* p. 2.
62. *Ibid.* p. 59.
63. *Ibid.* p. 25.
64. *Ibid.* p. 53.
65. *Ibid.* p. 54.
66. *Ibid.* p. 26.
67. *Ibid.* p. 35.
68. *Ibid.* p. 36.
69. *Ibid.* p. 37.
70. Cook, Vol. II, p. 119.
71. Ruskin, *T&T*, pp. 175–6.
72. Darley, p. 91.
73. Mowat, p. 25.
74. Darley, p. 115.
75. Ruskin, *Fors*, Vol. IV, p. 88.
76. Darley, p. 193. This passage was post-
humously excised from *Fors*.
77. Cook, Vol. II, p. 397.
78. The excised correspondence is to be
found in full at http://www.pseudo-
podium.org/repress/
ForsClavigera/86.html.
79. *Ibid.* p. 396.
80. RHC RF/103.
81. See image at http://www.fulltable.
com/vts/h/holl/10.jpg.
82. Harrison-Barbet, p. 22.
83. *Ibid.* p. 44.
84. RHC GB/130/1/77–8.
85. Gladstone, *Diaries*, Vol. VIII, p. 341.

86. RHC GB/130/1/101.
87. RHC GB/130/1/166.
88. RHC GB/130/1/167.
89. RHC GB/131/50/1.
90. RHC GB/130/1/178.
91. Harrison-Barbet, p. 51.
92. RHC GB/130/1/181.
93. RHC GB/130/1/202.
94. RHC GB/130/1/231–2.
95. RHC GB/130/1/48.
96. RHC GB/130/1/18–19.
97. RHC GB/130/1/253.
98. RHC GB/130/1/267.
99. RHC GB/131/4/4.
100. *The Times*, 19 December 1883, p. 3.
101. *Ibid.* 28 December 1883, p. 7.
102. *Weekend Telegraph*, 19 March 1965,
p. 27.

第十七章　我们现在的生活方式（第764页）

1. RC/H/1/B/43.
2. RA/VIC/MAIN/F/25/127.
3. Best, p. 21.
4. Burn, p. 16.
5. Best, p. 167.
6. Finer, p. 93.
7. *Ibid.* p. 161.
8. *Ibid.* p. 210.
9. *Ibid.* p. 213.
10. *Ibid.* p. 223.
11. BL Add. MS 44374, f. 299.
12. Hansard, Vol. 79, col. 330.
13. *Ibid.* Vol. 79, col. 331.
14. Finer, p. 231.
15. Hansard, Vol. 79, col. 332.
16. *Ibid.* Vol. 79, col. 333.
17. *Ibid.* Vol. 79, cols 336–7.
18. *Ibid.* Vol. 79, col. 341.
19. *Ibid.* Vol. 79, col. 345.
20. *Ibid.* Vol. 79, col. 353.
21. *Ibid.* Vol. 79, cols 357–8.
22. Flanders, p. 138.
23. Hansard, Vol. 131, col. 200.
24. *Ibid.* Vol. 131, col. 197.
25. *The Times*, 16 July 1855, p. 12.
26. *Ibid.* 19 July 1855, p. 8.
27. Porter, p. 71.
28. *The Times*, 16 June 1855, p. 5.

29. *Ibid.* 18 June 1855, p. 12.
30. Hansard, Vol. 150, col. 1921.
31. *The Times*, 18 June 1858, p. 12.
32. *Ibid.* Vol. 151, col. 28.
33. *The Times*, 21 June 1858, p. 6.
34. Hansard, Vol. 151, col. 421.
35. *Ibid.* Vol. 151, col. 423.
36. *Ibid.* Vol. 151, col. 430.
37. *The Times*, 22 June 1858, p. 8.
38. *Ibid.* 25 June 1858, p. 9.
39. Hansard, Vol. 151, col. 436.
40. *Ibid.* Vol. 151, col. 440.
41. Greville, Part III, Vol. II, p. 203.
42. BL Add. MS 41299, ff. 17–18.
43. Porter, p. 52.
44. Garvin, p. 54.
45. *Ibid.* pp. 56–7.
46. *Ibid.* p. 92.
47. Clapham, p. 180.
48. Ellis, p. 129.
49. Ruskin, *Lamps*, p. 122.
50. R&A, p. 20.
51. Hansard, Vol. 77, col. 265.
52. *Ibid.* Vol. 79, col. 228.
53. *Ibid.* Vol. 79, col. 1069.
54. *Ibid.* Vol. 78, col. 1214.
55. *Ibid.* Vol. 78, col. 1215.
56. *Ibid.* Vol. 85, col. 593.
57. *Ibid.* Vol. 82, col. 1421.
58. *Ibid.* Vol. 85, col. 1350.
59. Ellis, p. 163.
60. Best, p. 92.
61. Dickens, *LD*, p. 675.
62. Ellis, p. 172.
63. Carlyle, *Reminiscences*, p. 85.
64. Carlyle, *Works*, Vol. XX, p. 256.
65. *Ibid.* p. 264.
66. *Ibid.* p. 266.
67. BL Add. MS 44754, ff. 61–3.
68. BL Add. MS 44404, ff. 226–32.
69. BL Add. MS 44405, f. 23.
70. BL Add. MS 44405, ff. 53–4.

第十八章 哥特风格一瞥
（第804页）

1. Ruskin, *Lamps*, p. 115.
2. *Ibid.* p. 213.
3. Bloxam, p. 1.
4. Ruskin, *Crown*, p. 83.
5. *Ibid.* p. 84.
6. *Ibid.* p. 88.
7. *Ibid.* p. 89.
8. *Ibid.* pp. 90–91.
9. *Ibid.* p. 96.
10. *Ibid.* p. 97.
11. *London 3*, p. 598.
12. Ridley, p. 518.
13. Hansard, Vol. 147, cols 1296–7.
14. Porter, p. 8ff.
15. Scott, pp. 179–80.
16. *Ibid.* Vol. 147, col. 1302.
17. *Ibid.* Vol. 147, cols 1302–4.
18. *Ibid.* Vol. 147, col. 1305.
19. *Ibid.* Vol. 147, col. 1306.
20. *Ibid.* Vol. 147, col. 1309.
21. *Ibid.* Vol. 147, col. 1311.
22. *The Times*, 26 August 1857, p. 9.
23. Hansard, Vol. 152, cols 262–3.
24. Scott, p. 182.
25. Hansard, Vol. 152, col. 264.
26. *Ibid.* Vol. 152, cols 266–7.
27. *Ibid.* Vol. 152, cols 267–9.
28. *Ibid.* Vol. 152, cols 270–2.
29. Scott, p. 182.
30. *Ibid.* p. 185.
31. BL Add. MS 44392, ff. 66–7.
32. BL Add. MS 48581, ff. 13–14.
33. BL Add. MS 44392, ff. 103–4.
34. Hansard, Vol. 155, cols 920–3.
35. *Ibid.* Vol. 155, cols 926–7. The architect of the towers was actually Nicholas Hawksmoor.
36. *Ibid.* Vol. 155, cols 929–30.
37. *Ibid.* Vol. 155, col. 934.
38. *Ibid.* Vol. 155, col. 937.
39. BL Add. MS 44392, ff. 139–48.
40. Scott, p. 191.
41. *Ibid.* p. 192.
42. *Ibid.* p. 193.
43. *The Times*, 1 November 1859, p. 10.
44. Scott, p. 197.
45. *Ibid.* pp. 197–8.
46. *Ibid.* p. 199.
47. *London 6*, p. 265.
48. BL Add. MS 44433, ff. 6–8.
49. BL Add. MS 44441, ff. 198–9.
50. Bradley, p. 46.
51. *London 4*, p. 363.

52. Brownlee, p. 69.
53. *Ibid.* p. 74.
54. *Ibid.* p. 76.
55. Brownlee, p. 21.
56. Hansard, Vol. 183, col. 184.
57. *Quarterly Review*, July 1867, pp. 49–50.
58. *Ibid.* p. 51.
59. *Ibid.* p. 55.
60. *Ibid.* p. 56.
61. *Ibid.* p. 60.
62. *Ibid.* p. 61.
63. *Ibid.* p. 62.
64. Brownlee, p. 138.
65. Hansard, Vol. 193, col. 330.
66. *The Times*, 19 November 1867, p. 6.
67. *The Times*, 15 June 1868, p. 5.
68. BL Add. MS 38995, ff. 233–4.
69. BL Add. MS 44404, ff. 172–3.
70. BL Add. MS 44415, ff. 237–40.
71. BL Add. MS 38996, f. 3.
72. BL Add. MS 38996, f. 160.
73. BL Add. MS 38996, ff. 162–3.
74. BL Add. MS 38996, f. 164–5.
75. BL Add. MS 38896, f. 186.
76. BL Add. MS 38996, f. 192.
77. BL Add. MS 38996, f. 200.
78. BL Add. MS 38996, f. 203.
79. BL Add. MS 38996, f. 297.
80. Hansard, Vol. 196, col. 1210.
81. Street, p. 4.
82. *Ibid.* p. 5.
83. *Ibid.* pp. 6–7.
84. *Ibid.* p. 9.
85. *Ibid.* p. 10.
86. *Ibid.* p. 12.
87. *Ibid.* p. 17.
88. *Ibid.* p. 21.
89. BL Add. MS 44438, f. 325.

第十九章　改革思想
（第846页）

1. BL Add. MS 44637, f. 73.
2. Parkes 29/4, p. 8.
3. Parkes 29/4 p. 9.
4. Gladstone, *Diaries*, Vol. VIII, (Preface), p. lxxxiii.
5. Garvin, p. 139.
6. Cross, p. 19.
7. Gladstone, *Diaries*, Vol. VII, (Preface), p. lxxxvii.
8. Fulford, *DC*, p. 129.
9. Anon., p. 8.
10. *Ibid.* p. 10.
11. BL Add. MS 44133, ff. 131 and 133.
12. M&B, Vol. V, p. 284.
13. Cecil, Vol. II, p. 50.
14. M&B, V, p. 286.
15. *Ibid.* p. 351.
16. Russell, G., p. 253.
17. *Ibid.* p. 249.
18. Disraeli, Manchester, p. 4.
19. *Ibid.* p. 6.
20. *Ibid.* p. 18.
21. *Ibid.* p. 19.
22. *Ibid.* pp. 21–2.
23. *Ibid.* pp. 22–3.
24. *Ibid.* p. 25.
25. Cross, p. 25.
26. *The Times*, 24 and 26 January 1874, *passim.*
27. Hansard, Vol. 218, col. 1226.
28. *Ibid.* Vol. 218, col. 1228.
29. *Ibid.* Vol. 218, col. 1231.
30. *Ibid.* Vol. 218, col. 1759.
31. *Ibid.* Vol. 218, col. 1762.
32. *Ibid.* Vol. 218, col. 1771.
33. *Ibid.* Vol. 218, col. 1791.
34. *Ibid.* Vol. 219, col. 1416.
35. *Ibid.* Vol. 219, col. 1421.
36. *Ibid.* Vol. 219, cols 1424–5.
37. *Ibid.* Vol. 219, col. 1426.
38. *Ibid.* Vol. 219, col. 1430.
39. *Ibid.* Vol. 219, col. 1463.
40. *Ibid.* Vol. 219, col. 1467.
41. *Ibid.* Vol. 222, col. 392.
42. *Ibid.* Vol. 224, col. 438.
43. *Ibid.* Vol. 224, col. 440.
44. *Ibid.* Vol. 224, col. 441.
45. BL Add. MS 51272, ff. 81–2.
46. Arnold, *Reports*, p. 125.
47. *Ibid.* p. 126.
48. Hansard, Vol. 224, col. 1565.
49. *Ibid.* Vol. 224, col. 1567.
50. *Ibid.* Vol. 224, col. 1569.
51. *Ibid.* Vol. 224, cols 1580–1.
52. *Ibid.* Vol. 224, cols 1591–2.

53. *Ibid.* Vol. 224, col. 1603.
54. *Ibid.* Vol. 224, col. 1605.
55. *Ibid.* Vol. 229, col. 931.
56. *Ibid.* Vol. 229, col. 933.
57. *Ibid.* Vol. 229, col. 958.
58. *Ibid.* Vol. 229, col. 957.
59. *Ibid.* Vol. 229, col. 1899.
60. *Ibid.* Vol. 229, col. 1904.
61. *Ibid.* Vol. 230, col. 31.
62. *Ibid.* Vol. 230, col. 48.
63. *Ibid.* Vol. 230, col. 1407.
64. *Ibid.* Vol. 231, col. 566.
65. *Ibid.* Vol. 237, col. 1466.
66. *Ibid.* Vol. 237, col. 1469.
67. *Ibid.* Vol. 238, col. 64.
68. *Ibid.* Vol. 238, col. 76.
69. *Ibid.* Vol. 238, cols 880–1.
70. *Ibid.* Vol. 239, cols 261–2.
71. *Ibid.* Vol. 239, col. 947.
72. *Ibid.* Vol. 239, col. 948.
73. Vicnius, p. 77.
74. Hansard, Vol. 225, col. 351.
75. *Ibid.* Vol. 225, col. 352.
76. *Ibid.* Vol. 225, col. 357.
77. *Ibid.* Vol. 225, col. 362.
78. *Ibid.* Vol. 225, col. 368.
79. *Ibid.* Vol. 225, col. 370.
80. *Ibid.* Vol. 225, col. 401.
81. Hansard, Vol. 218, col. 1945.
82. *Ibid.* Vol. 218, col. 1969.
83. *Ibid.* Vol. 222, col. 97.
84. *Ibid.* Vol. 222, col. 98.
85. *Ibid.* Vol. 222, col. 99.
86. *Ibid.* Vol. 222, col. 100.
87. *Ibid.* Vol. 222, cols 101–2.
88. *Ibid.* Vol. 222, col. 104.
89. *Ibid.* Vol. 222, cols 110–11.
90. Cross, p. 34.
91. Garvin, p. 198. Haussmann was
rebuilding Paris at around the same
time.
92. M&B, Vol. V, p. 491.
93. *Ibid.* p. 492ff.
94. Fulford, *DC*, p. 222.
95. M&B, Vol. V, p. 519.
96. Hansard, Vol. 225, col. 525.
97. M&B, Vol. VI, p. 67.
98. BL Add. MS 45805, f. 131.
99. Gladstone, *Diaries*, Vol. IX,
p. 498.
100. *Ibid.* p. 499.
101. *Ibid.* p. 500.
102. BL Add. MS 44349, f. 132.
103. Gladstone, *Diaries*, Vol. IX,
(Preface), p. lxv.
104. Cross, p. 65.
105. M&B, Vol. VI, p. 524.
106. *Ibid.* p. 525.
107. *Ibid.* p. 526.
108. *Ibid.* p. 528.
109. *Ibid.* p. 532.
110. *Ibid.* p. 534.
111. *Ibid.* p. 535.
112. Gladstone, *Diaries*, Vol. IX,
p. 503.
113. BL Add. MS 44764, f. 43.
114. M&B, Vol. VI, p. 538.
115. BL Add. MS 44764, f. 50.
116. M&B, Vol. VI, p. 539.
117. http://www.oxforddnb.com/view/
article/679.
118. BL Add. MS 44475, ff. 5–6.
119. BL Add. MS 44438, ff. 137–8.
120. BL Add. MS 44438, f. 207.
121. BL Add. MS 44439, f. 13.
122. BL Add. MS 44766, f. 82.
123. BL Add. MS 44766, f. 175.
124. BL Add. MS 44470, ff. 239–40.

索 引

（索引页码为原著页码，即本书边码）

图书在版编目（CIP）数据

高远之见：维多利亚时代与现代英国的诞生：全二
册 /（英）西蒙·赫弗（Simon Heffer）著；徐萍，汪
亦男译 . -- 北京：社会科学文献出版社，2020.8
（思想会）
书名原文：High Minds：The Victorians and the
Birth of Modern Britain
ISBN 978 - 7 - 5201 - 6629 - 4

Ⅰ.①高… Ⅱ.①西… ②徐… ③汪… Ⅲ.①英国 -
近代史 Ⅳ.①K561.44

中国版本图书馆 CIP 数据核字（2020）第 078337 号

·思想会·

高远之见：维多利亚时代与现代英国的诞生（全二册）

著　　者／［英］西蒙·赫弗（Simon Heffer）
译　　者／徐　萍　汪亦男

出 版 人／谢寿光
责任编辑／刘学谦

出　　版／社会科学文献出版社·当代世界出版分社（010）59367004
　　　　　地址：北京市北三环中路甲 29 号院华龙大厦　邮编：100029
　　　　　网址：www.ssap.com.cn
发　　行／市场营销中心（010）59367081　59367083
印　　装／北京盛通印刷股份有限公司

规　　格／开　本：889mm × 1194mm　1/32
　　　　　印　张：31.25　插　页：0.5　字　数：772 千字
版　　次／2020 年 8 月第 1 版　2020 年 8 月第 1 次印刷
书　　号／ISBN 978 - 7 - 5201 - 6629 - 4
著作权合同
登 记 号　　／图字 01 - 2019 - 3638 号
定　　价／188.00 元（全二册）

本书如有印装质量问题，请与读者服务中心（010 - 59367028）联系